本成果为国家社科基金重点项目“中国儒学学科建设”（批号09AZD051）最终成果之一

本成果为山东大学“985”二期工程资助项目成果之一

国家社科基金重点项目

中国经学学术编年（第四卷）

主编 郑杰文

隋唐五代经学学术编年（上）

孔德凌 张巍 俞林波 著

凤凰出版社

图书在版编目（CIP）数据

隋唐五代经学学术编年 / 孔德凌，张巍，俞林波著
. -- 南京 : 凤凰出版社，2015.7
（中国经学学术编年 / 郑杰文主编）
ISBN 978-7-5506-2118-3

Ⅰ. ①隋… Ⅱ. ①孔… ②张… ③俞… Ⅲ. ①经学－学术研究－中国－隋唐时代②经学－学术研究－中国－五代十国时期 Ⅳ. ①Z126.274

中国版本图书馆CIP数据核字(2015)第115018号

书　　名	隋唐五代经学学术编年
著　　者	孔德凌　张巍　俞林波
责任编辑	王淳航　卞岐
出版发行	凤凰出版传媒股份有限公司 凤凰出版社(原江苏古籍出版社) 发行部电话025-83223462
出版社地址	南京市中央路165号，邮编:210009
出版社网址	http://www.fhcbs.com
经　　销	凤凰出版传媒股份有限公司
照　　排	江苏凤凰制版有限公司
印　　刷	南通印刷总厂有限公司 南通市通州经济开发区朝霞路180号，邮编:226300
开　　本	880×1230毫米　1/32
印　　张	31.125
字　　数	838千字
版　　次	2015年7月第1版　2015年7月第1次印刷
标准书号	ISBN 978-7-5506-2118-3
定　　价	200.00元（全二册）

(本书凡印装错误可向承印厂调换，电话:0513-80237871)

总 序

儒家思想体系的形成肇始于周公制礼作乐，经后人发挥、补充而反映在儒家早期原典中。这类儒家早期“经典著述”，到孔子传学时有“六经”(即《易》、《书》、《诗》、《礼》、《乐》、《春秋》)，秦汉间“乐经”亡佚而剩“五经”。汉武帝“独尊儒术”，立“五经博士”，使广大学子对传承、阐释、发挥儒家经典趋之若鹜，出现了数量众多的经学著述。经学著述所承载的经学成为历代王朝的主导学术，经汉学、宋学(理学)、清学(朴学)等发展阶段，留下了数以千计的注经、说经乃至改经的著述(如《中国丛书综录》即收此类著述 7646 种)；20 世纪的一些中国学人继续从事此类研究，出现了数以千计的经学论著和数以万计的经学论文(参见林庆彰等《经学研究论著目录》各编)；研究汉学的国外学者如日本学者也多涉此而留下数量众多的著述(参见林庆彰等《日本研究经学论著目录》)，经学研究从而成为中国学术史乃至世界学术史上最为重要的学术研究门类之一。可以说，不了解中国经学的发展变化史，就难以真实把握历代封建王朝的政治思想和统治方略，就难以深刻认识历代文人的学术思想和文化品格，就难以切实了解中华民族的性格品质和文化风俗。

中国经学史的专门研究最迟从明代就开始了(如明人朱睦㮮有《授经图》20 卷)。其成果若按通史和断代史区分，前者流传较广的有清人皮锡瑞的《经学历史》(有中华书局出版周予同注释本等)、近人马宗霍的《中国经学史》(有上海书店 1984 年影印本等)、今人吴雁南等《中国经学史》(福建人民出版社 2001 年)和姜广辉等《中国经学思想史》(中国社会科学出版社陆续出版)，另有周予同《中国经学史讲义》(上海文艺出版社)、朱维铮《中国经学史十讲》(复旦大学出版社)，以及徐复观《中国经学史的基础》(学生书局)、甘鹏云《经学源流考》(广文书局)、李威熊《中国经学发展史论》(文史哲出版社)、日本人安井小太郎等《经学史》(林庆彰、连清吉译,万卷楼图书公司)、日本人本田成之《中国经学史》(孙俍工译,广文书局)等。流传较广的经学断代史类著作有章权才的《两汉经学史》(万卷楼图书公司)、王葆玹的《西汉经学源流》(东大图书公司)、洪乾祐的《汉代经学史》(国彰出版社)、程元敏的《三国蜀经学》(学生书局)、汪惠敏的《三国时代之经学研究》(汉京文化事业公司)、汪惠敏的《南北朝经学初探》(嘉新水泥公司文化基金会)、章权才的《魏晋南北朝隋唐经学史》(广东人民出版社)、汪惠敏的《宋代经学之研究》(台湾师大书苑)、章权才的《宋明经学史》(广东人民出版社)、吴雁南主编的《清代经学史通论》(云南大学出版社)、李新霖的《清代经今文学述》(台湾师大国研所硕士论文)、田汉云的《中国近代经学史》(三秦出版社)等。

这些著述各有优长,但是也有一个共同的缺陷,那就是像姜广辉研究员批评皮锡瑞《经学历史》和马宗霍《中国经学史》时所说的那样,"此类著作的基本资料和问题意识来自于正史中的《儒林传》以及陆德明的《经典释文》、孔颖达的《五经正义》、朱彝尊的《经义考》等"(国际儒学联合会网,2006 年 1 月 20 日登载姜广辉《经学研究的回顾与展望》),基础研究资料的选取面失之过窄。这不能过分责怪他们,在不能使用电子检索的时代,单凭作者一个人或者十几个人,要处理数以千万计的基础研究资料,在短时间内是不可能的。

但是,任何学术问题的研究都应建立在最充分地占有最广泛的研究资料的基础上,才能全面而不偏颇、深入而不肤浅。要想写出一套真实反映中国经学历史面貌和规律走向的《中国经学通史》,必须首先从梳理数以千万计的基础研究资料入手。这种梳理工作历代都有人在做,其成果如简博贤有《今存三国两晋经学遗籍考》(三民书局)、《今存南北朝经学遗籍考》(黎明文化事业公司)、《今存唐代经学遗籍考》(台湾师大国研所硕士论文)等。但是,现今还没有一种全面系统地概括这类基础研究资料的著作问世。

上个世纪末,我曾约庄大钧、王承略、刘心明、宋开玉、刘保贞等同仁合作撰著六卷本《中国经学通史》。着手撰写时，大家共同的感觉是难以在创新性方面超越前代著说。分析其原因，主要在于基础资料掌握不全。于是决定先从经学学术资料编年入手。2005 年，为了促进山东大学文史哲研究院科研工作的开展，时任院长的王学典教授主持策划了 4 个重点项目、18 个一般项目作为研究院科研课题，《中国经学学术编年》被列为重点项目。

经学编年这种形式，可以细致真实地表现某朝、某代、某时、某地的经学流派、经生经师、经学传承、经学著述、经学思想、经学主潮的面貌，并通过由点及线、由线及面的系联方式，来反映某时、某地、某朝、某代的主导学术著述、主导学术思想、主导学术思潮的发展、变化，以为今后撰写多卷本《中国经学通史》提供研究基础。而当今电子检索手段，又为我们处理经学史基础研究资料众多与时间短、人手少的矛盾，提供了解决路径。

《中国经学学术编年》以时间为经，以相关传世文献资料和出土资料的编排为纬，以编年形式来全面反映西周至清末三千年间的经学史面貌和规律走向。其主要内容有五大方面：一、经学著述资料（依据其影响程度分"重点"和"一般"两类，收录时前详后略），如儒家原典的萌生、经典化过程资料，及其后历代注经解经乃至改经的著作提要等，含经书校刻、流布等资料；二、经生经师资料（亦依其影响程度分"重点"和"一般"两级收录），如经生经师的生平大事、性格思想、师法家法，以及经学传授系统等资料；三、经学事件资料，如历代王朝的经学政策诏令、"焚书坑儒"之类历史事件资料，特别是历次古今文经学斗争等资料，并含礼乐制度、馆阁校书、科举、书院等资料；四、经学思潮资料：在上述资料之外的可反映历代经学思潮的资料和反映经生经师学术思想的资料；五、经学背景资料：与经学相关的各朝各代政治、经济、文化、风俗、民情等资料。

《中国经学学术编年》的编写形式为：按朝代分为"先秦"、"秦汉"、"魏晋南北朝"、"隋唐五代"、"两宋"、"辽金元"、"明代"、"清代"8 卷，卷下分年（标出帝王年号、干支纪年、公元纪年），年下按月份为序排列各条资料，各条先列月份和题目(题目要概括其下的文献原文大意)，后有文献原文摘录(类似文献用“互见法”)，再后是考论(有必要考订年代、考察事件或人物思想时)，最后是后人“相关研究论著举目”。其中，“文献原文摘录”是重点，每条必不可少。

全书分工撰著，各卷进度不一。陆续交稿后，我在审读前，先请某些同学校核文献原文，并将所用文献版本(见各卷后《主要参考书目》)的页码标注出来，便于读者使用。今年春天，最晚一卷稿子交来。全部8卷稿成，郭淼、殷仁允同学在体例统一及抽核文献方面付出了很多心力。至今审读编辑完成，交凤凰出版社出版。请同仁们在使用时多加批评，以利于改进。

郑杰文　2011年7月17日撰
2014年12月27日补

编纂凡例

一　收录内容

（一）《中国经学学术编年》以时间为经，以相关传世文献和出土文献的编排、考证为纬，以学术编年形式来全面反映西周初年至清末(1911)三千年间的经学历史面貌。

（二）《中国经学学术编年》收录的主要内容含五大方面：

1. 经学著述资料（收录详略，依据其影响性大小分详、略二级），如儒家原典的萌生、经典化过程，及其后历代注经、解经乃至改经的资料（含经书校刻流布资料）等。

2. 经学人物资料（收录详略，依据其重要性大小分详、中、略三级），如经生经师的生平大事、思想性格、师法家法，以及经学传授系统等。

3. 经学事件资料，如历代王朝的经学政策资料、“焚书坑儒”之类历史事件资料，特别是历次古今文经学斗争资料，以及礼乐制度、馆阁校书、科举、书院资料等。

4. 经学思潮资料：上述资料之外的可反映历代经学思潮的资料和反映经生经师在此经学思潮下产生的学术思想的资料。

5. 经学背景资料：与经学相关的各朝各代政治、经济、文化、风俗、民情等资料。

（三）《中国经学学术编年》的收录重点是经学著作、经学人物、经学事件的原始文献资料。

二　编录形式

（一）《中国经学学术编年》按朝代分为"先秦"、"秦汉"、"魏晋南北朝"、"隋唐五代"、"两宋"、"辽金元"、"明代"、"清代"八卷。

（二）《中国经学学术编年》各卷以"二级历史分期"为卷下一级目录，如《秦汉卷》下分《秦代经学学术编年》、《西汉经学学术编年》、《东汉经学学术编年》；以"帝王年号、甲子纪年、公元纪年"为二级目录；以事件条目为三级目录。

（三）每卷先列本卷目录，次为正文，后有附录（除依据书名首字笔划为序附录本卷所用书目、版本外，还依据各卷情况附录无法编年的、却富有参考价值的经学资料，如先秦之"出土文献"，秦汉之"纬书所见秦汉经学学术"。

（四）每卷正文分年（标出帝王年号、甲子纪年、公元纪年）编排；年下按月份排列各条编年资料（无月份者排在此年之月份资料后）。

（五）每条编年的结构为：先列月份和题目（题目要概括其条文献大意），后有文献原文摘录（在索引文献之书名和篇目后标出所选版本的页码），再后是"考论"（有必要时），最后是近现代"相关论著举目"。

（六）"文献原文摘录"是每条编年资料的重点，先录最早出现者，后录后世有新见者，其它相似内容之文献的处理用"互见法"。

（七）"考论"主要考辨著作或事件之疑年，或发表针对本条编年人物的思想或著述的新见解等。

（八）近现代"相关论著举目"收录与此条资料相关的近现代论著目录。

三　【文献】及【考论】所定通用版本

为保证全书各卷体例统一，特规定【文献】及【考论】中引用频率高的古文献之通用版本如下：

《十三经注疏》，中华书局 1980 年影世界书局缩印阮元十三经注疏本。

“二十四史”，中华书局点校本。

《新编诸子集成》，中华书局点校本。

《太平御览》，李昉等，中华书局 1960 年影涵芬楼影宋本。

《艺文类聚》，欧阳询，上海古籍出版社 1982 年新 1 版整理本。

《经典释文》，陆德明，中华书局 1983 年影印本。

《北堂书钞》，中国书店 1989 年影印光绪十四年（1888）南海孔氏刊本。

《初学记》，徐坚，中华书局 1962 年版整理本。

《文选》，萧统，上海古籍出版社 1986 年版整理本。

《四库全书》，影印文渊阁本。

《四库全书总目》，纪昀等，中华书局 1987 年整理本。

前 言

一 隋唐五代经学概说

清代学者皮锡瑞在《经学历史》中把中国经学史发展历程一分为十，即经学开辟时代、经学流传时代、经学昌明时代、经学极盛时代、经学中衰时代、经学分立时代、经学统一时代、经学变古时代、经学积衰时代、经学复盛时代。大体而言，其说可以成立；但具体而言，其说又有可以商榷之处。即以唐代经学而言，总体上可以认为是经学统一时代，实则于统一之际经学已经开始新变，并且由此开启了宋学的先河。恩师郑杰文教授《经学振荡式发展的原因及启示》一文（《齐鲁学刊》2001 年第 3 期）指出"我国古代的经学，由西汉今文经学到东汉古文经学，到魏晋王学，到南北朝隋唐疏注之学，到宋明义理之学，到乾嘉考据之学，经过了四次振荡式发展"，总结出中国经学发展史上的五个高峰。就中国经学发展史而言，一般来说，这五个高峰中其中三个分别对应着"汉学"、"宋学"和"清学"之称，魏晋时期则对应着玄学。除此之外，五个高峰中间的"南北朝隋唐疏注之学"也是应当特别注意的，尤其是隋唐经学既上承南北朝、隋朝的义疏之学，集汉魏经传之学和南北朝义疏之学之大成，融汇南北朝经学于一体，又下导"宋学"之先路，具有承前启后、继往开来的重要地位。在儒、释、道三教之争中，隋唐经学在对抗佛学的过程中形成了独有的特色。

若对隋唐五代经学进行分期研究，主要应从经学内部变化入手来进行划分。隋代（581—617）不仅在政治上统一天下，而且也是南北经学合流时代（此说采用焦桂美之说，参见《南北朝经学史》，上海古籍出版社 2009 年版，第 414 页），在经学上结束了南北分立的局面，下开唐代经学统一之端绪。唐代经学大体可以分为三段：从唐高祖武德元年直至唐高宗弘道元年（618—683），实乃经学统一时代；从唐中宗嗣圣元年至唐玄宗天宝十五年（684—756），是增广经学思想的时代；从唐肃宗至德二年以至唐哀帝天祐三年（757—906），则是经学新变的时代。统经、广经、变经，成为唐代经学三阶段的学术标志。五代经学（907—960）实为唐代经学统一之余绪。

二　隋唐五代经学发展概貌和特点

（一）南北经学合流时代

春秋末年，孔子修订六经并且以之传授弟子，经学开始发展起来。经历了秦代焚书坑儒之祸，至两汉“独尊儒术”，经学复炽，达至极盛，此乃经学发展史上之黄金时期。此后的魏晋时期，经学思想与老庄思想混融而发展为玄学。东晋南北朝时期，分裂割据，战祸频仍，由此带来思想文化上的极大变动，表现在经学上则是南学、北学的分立和南学、北学一定程度上的交流。隋朝建立之后，隋文帝、隋炀帝皆习儒典、兴儒学、重儒士，虽然也都曾经有过废弃之时，总起来说却推动了经学的发展，使得社会研经、习经风气复兴，由此形成了南北经学的合流时代。隋朝经学的特点主要表现在南北经学合流、三教合一思想开始形成两个方面。

其一，隋朝社会统一，南北文化融合，加上经学家的努力，使南方经学北传，南北经学合流。隋朝经学承上启下，上承南北朝的传统，结束了南北经学分立的局面，下开唐代经学统一之端绪，乃唐代经学统一之前奏，正如马宗霍《中国经学史》中所说：“南北分立，至隋统一，学术政教，于焉混同。虽享国不永，其道未弘，然上拾周、陈之坠绪，下启李唐之始规，当绝续之交，隋实介其中而为之系。”隋朝南北分立局面的结束、南北经学合流趋势的形成，主要原因大约有二：一方面，诏征儒者，复开庠序，所征学者之中南北尽有，由此极大推动了南北经学的合流与融通。隋文帝、隋炀帝均曾有意于修复儒学，皆下诏征求儒者,复开庠序之教。隋朝初立,隋文帝下《劝学求言诏》,以为"京邑庠序,爰及州县,生徒受业,升进于朝"。此诏一出,习儒渐成风尚,《北史·儒林传序》曰:"(隋文)于是超擢奇秀,厚赏诸儒,京邑达乎四方,皆启黉校。"《隋书》卷七十五《儒林传序》亦曰:"炀帝即位,复开庠序,国子郡县之学,盛于开皇之初。征辟儒生,远近毕至,使相与讲论得失于东都之下,纳言定其差次,一以闻奏焉。"由南北朝而来的经学家人才济济,其中融会贯通南学、北学的经学家尤其受到推崇,因此马宗霍《中国经学史》谓:"故平陈已后,南学遂得以乘之,不兼通南北学,几不能胜博士之任。"《隋书》卷七十五《房晖远传》记载了在负责策试的博士无法判断国子生是非的情况下,房晖远却使应试的四五百举子不敢饰非、无敢异议之事,因此诸儒皆称赞其学通博。另一方面,朝廷废除了九品中正制,新设科举,所选人才南北皆有,由此大大促进了南北经学的合流。九品中正制肇始于曹魏时期,在选拔官吏时采用"九品官人法",其选拔重"家世",因此"上品无寒门,下品无势族"。隋文帝始于开皇三年(583)正月下诏举"贤良",继之于开皇七年令"诸州岁贡三人",其后又于开皇十八年(598)实行"京官五品以上,总管、刺史,以志行修谨、清平干济二科举人",废除了九品中正制,实为中国科举制之滥殇。隋炀帝继续实行并且进一步发展了科举制。此举重在选才,不分南北,由此促进了南北经学的合流。

其二,在三教均获得长足发展的文化背景下,儒、佛、道三教合一思想开始形成,经学发展受到释、道的渗透和影响,这主要是由两方面原因促成。一是由南朝、北朝经学发展而来的隋朝经学既受玄学影响,又受佛教影响,先天带有三教合一的因素。值此更代频仍之时,许多经学家经历数代,或由北朝而来,或由南朝而来,更有南北朝皆曾经历者,因此或多或少受到佛、道二教的影响,并且由此发展出三教可一的思想来。例如颜之推《颜氏家训》以儒家的伦理思想为核心,却又表现出融儒、释、道三教于一体的思想倾向,强调儒、释、道义旨相通,开三教合一之先声。《中说》亦载王通曾曰:"三教于是乎可一矣。”二是隋文帝、隋炀帝思想比较开放，以为三教各有其价值，在即位后都大力实施复兴儒、佛、道三教的政策，为三教融合提供了可能，使得三教在各自发展的同时又呈现出融合的态势。在此情境下，经学的发展不像汉代那样纯粹，体现出与释、道互相渗透的特点。同时，隋文帝、隋炀帝对佛教的提倡，又使经学的发展受到很大限制，在地位上亦受到极大挑战。

（二）经学统一时代

唐朝历代统治者都采取了尊儒崇经的政策，把儒学作为封建统治的正统思想，由此推进了经学的继往开来、推陈出新。从唐高祖武德元年直至唐高宗弘道元年（618—683），中国经学走向统一。唐王朝是统一强盛的封建国家，在此背景下经学走向统一也就势所必然。中国经学此时走向统一，主要由三方面原因促成。

首先，唐代经学统一是在前代经学资料积累和社会思潮发展的基础上展开的，是由经学本身的发展规律所决定的。唐朝初建之时，由南北朝隋朝发展而来的经学，经典并无定本，文字缺讹，诸儒众说纷纭，莫衷一是，异端蜂起，这时统一异本、异说迫在眉睫。在这种情况下，“太宗又以经籍去圣久远，文字多讹谬，诏前中书侍郎颜师古考定《五经》，颁于天下，命学者习焉”（《旧唐书·儒学序》）。颜师古校《五经》定本既成后，唐太宗“悉诏诸儒议，于是各执所习，共非诘师古。师古辄引晋、宋旧文，随方晓答，谊据该明，出其悟表，人人叹服”（《新唐书》卷一百九十八《颜师古传》）。《五经》定本于贞观七年（633年）作为官方教材，颁行全国，成为中央官学至地方州县各级学校的标准教科书。至此《五经》文字趋于统一，不复歧说。在统一了《五经》异本之后，还需有统一《五经》义疏之异说。同年，唐太宗“又以儒学多门，章句繁杂，诏国子祭酒孔颖达与诸儒撰定《五经》义疏，凡一百七十卷，名曰《五经正义》，令天下传习”。（《旧唐书·儒学序》）。《五经》定本和《五经正义》颁行天下，标志着南学、北学分立局面的结束和经学的统一。皮锡瑞说：“自《正义》、《定本》颁之国胄，用以取士，天下奉为圭臬。唐至宋初数百年，士子皆谨守官书，莫敢异议矣。”(《经学历史》)马宗霍总结说：“自汉以来，经学统一，未有若斯之专且久也。”(《中国经学史》)除此之外，主要活动于贞观时的杨士勋，既参加了《春秋正义》的审定工作，亦撰成《春秋穀梁传注疏》，与此同时的贾公彦撰成《周礼义疏》、《仪礼义疏》，《十三经注疏》中八部经典的义疏都在贞观、永徽年间完成，标志着经学至此已经统一。

其次，经学的统一，既是适应政治上重新统一的需要而出现的，又与唐初统治者的大力提倡分不开。面对“隋季版荡，庠序无闻，儒道坠泥涂，诗书填坑阱”的局面，唐高祖李渊即位后即着手于兴化崇儒，既立周公和孔子庙、兴办儒学、复开科举，又任用儒臣、征召儒者。唐太宗即位后也致力于重树儒学地位，升孔子为先圣，褒扬前代经师，重视儒学教育，统一儒家经典，既诏颜师古考定《五经》，又诏孔颖达与诸儒撰定《五经》义疏。《五经正义》的成书经历了一个漫长的过程，初稿成后曾遭到马嘉运的质疑。马嘉运校定其非，指摘其误，诸儒称为允当。贞观十六年(642)太宗遂命孔颖达等详审重修。唐高宗李治亦遵循尊孔崇儒的方针，推动了《五经正义》的最终成书，直至永徽四年(653)《五经正义》颁行天下。在初唐三位帝王的提倡下，经学有了很大的发展，并且走向了统一。

再次，由隋朝发展而来的科举制度发展至此已经逐渐成熟，迫切需要统一的定本和定说，由此也推动了经学的统一。唐高宗永徽四年，《五经正义》颁行天下后，即令依准考试。儒生士子们为科举应试计，一般也遵守《五经正义》之定说。

(三) 经学增广时代

唐代从唐中宗嗣圣元年至唐玄宗天宝十五年(684—756)，国力昌盛，经济繁荣，政治开明，文化发达，尤其是唐玄宗在位时期的开元、天宝年间，史上称之为盛唐，这一时期的经学也有一定发展，是增广经学思想的时代。

首先，经学思想的增广表现在经学统一进程继续向前推进上。

随着唐初《五经》定本、《五经正义》等规范经学文字和注疏著作的出现，《孝经》的整理工作提上了日程，《十三经注疏》中的《孝经注》即唐玄宗所著。相传《孝经》是孔子所作，因此汉代儒者对《孝经》格外垂青，既有“孔安国为之传”，“又有郑氏注”（《隋书·经籍志》“《孝经》类小序”）。到了唐代，以郑《注》和孔《传》为代表的《孝经》今古文之争达至顶峰，开元七年（719）三月一日唐玄宗下诏“令诸儒并访后进达解者”，六日又下诏令诸儒“详其可否奏闻”，从而引起了以司马贞为首的今文郑注派和刘知幾为首的《孔传》古文派的一场空前大讨论，同年五月五日，唐玄宗下诏郑《注》“依旧行用”，孔《传》“宜存继绝之典”，“其孔、郑二家，可令仍旧行用”（《行孔郑所注书诏》）。至此，孔、郑之争得以平息。开元十年唐玄宗以其所注《孝经》颁于天下及国子学，天宝二年增补后重新颁行天下。天宝四年九月刻石于太学，即“石台《孝经》”，今存于西安碑林博物馆。宋咸平二年，邢昺为之作疏，“玄宗此注之立，自宋诏邢昺等修此疏始”（《四库总目提要》卷三十二）。李注与邢疏今并存于今本《十三经注疏》中。这些书极大提高了《孝经》在儒家经典中的地位，并且加强了儒家伦理思想的政治影响。此外，还有刘子玄所撰《孝经注义》、元行冲所撰《孝经疏》等，也共同促成了《孝经》注释的统一局面。

其次，经学思想的增广表现在经学家对儒家经典文献研究的反思、怀疑和创新、拓展上，并且影响了唐代中后期经学的发展走向。唐代政治开明，学术自由，一些通达之士便有机会表现其特识新见，而不用拘守陈规旧说。《五经正义》成于众手，的确有错可以指摘，其初稿成书之际就曾经遭到马嘉运的质疑，之后经历数年重订方始定稿。武则天长安年间（701—704）又有濮州名儒王元感（其生卒年不详）上其所撰《尚书纠谬》、《春秋振滞》、《礼绳愆》，与《五经正义》立异，曾受到魏知古、徐坚、刘知幾等儒者的申理和联疏推荐，并被魏知古推为“《五经》指南”，于是武则天乃下诏褒美，以为儒者之宗。唐代虽为经学统一时代，但其学术思想并不完全一致，武则天能容纳不同见解，亦足见其政治之开明。此外开元时官江陵少尹的东乡助曾撰有《周易物象释疑》。唐苏州司户参军郭京所撰《周易举正》，纠正王、韩《易》注之舛驳，慎思明辨，论断精审，颇有可取之处。西汉儒术独尊后，儒家经书即被赋予了至高无上的神圣地位。著有《史通》的刘知幾，敢于冲破儒学传统观念的束缚，怀疑儒家经典，挑战儒学经典权威，首开“六经皆史”思想之先河，不再专从微言大义方面评衡《左传》，而是放在史学、文学中进行研究，在著书观念、著书体裁、文学语言、叙事手法等多方面对《左传》作了新鲜的论述，推动了经学研究的新发展，开辟了经学研究的新道路，对唐以后的《春秋》学有很大影响。

再次，经学思想的增广表现在对孔子的推崇日益隆崇上。武则天至唐玄宗统治的时期，在文化观念和思想政治上极具包容性，儒、道、佛三教均得到发展，虽然武氏尊佛、李氏崇道有所不同，但在总体上而言都是承继高祖、太宗、高宗时期一贯的宗教政策，对于儒、道、佛思想兼容并蓄。唐睿宗在位时间短暂，却致力于兴儒崇教，实行了劝讲明经、修饰孔庙、搜检经籍等一系列措施。玄宗即位后重学尊儒，兴贤造士，移风易俗，敦成教化，开元五年(717)颁布《令明经进士就国子监谒先师敕》，这一举措大大增强了先师孔子在人们心中的分量，切实提高了先师孔子的地位，极大推动了儒学发展。开元十三年(725)十一月，玄宗亲幸孔子宅。开元二十七年(739)八月，玄宗诏追谥孔子为“文宣王”，并褒赠“十哲”。此举作为政治手段，利用儒学来达到政治教化的目的，因而更侧重儒学中的政治伦理观念。

（四）经学新变时代

从唐肃宗至德二年以至唐哀帝天祐三年(757—906)，是史上所称的中晚唐时期，乃是经学新变的时代。此时传统经学走入困境，其发展已经开始变得迟滞，经学需要从自身内部来进行改变，由此引发了唐代中后期经学自身的新变。

首先，在经学新变的过程中，经学统一的进程依然在向前推进。经学统一进程的推进，一方面体现在出现了《春秋公羊传注疏》、《周易集解》、《周易口诀义》等一些集大成之作上。代宗宝应初年李鼎祚所献《周易集解》,汇集了两汉以来的《易》学成果,网罗各种《易》说,兼收并蓄,择善而从,实为一次《易》学之大总结,可以"刊辅嗣(王弼)之野文,补康成(郑玄)之逸象",是继《周易正义》后的又一部集大成之作。《周易集解》尤其侧重于以象数解易的荀爽、虞翻两家,发扬了汉《易》系统的《易》学,一定程度上改变了孔颖达《周易正义》"专崇王注,而众说皆废"一派专行的局面。史征深感《易》自丁宽、焦贡等人以后异文奇说竞起和浮夸诞妄,欲纠正其弊,故撰《周易口诀义》,既旁搜博引各说,又遵王《注》、孔《疏》,以王弼注为宗旨,用孔颖达疏作补充,举其宏纲要领,编撰枢义精华,串讲各卦爻辞。贞元、长庆年间学者徐彦为《春秋公羊传》所作义疏,后来被纳入《十三经注疏》之中。主要活动于僖宗、昭宗年间的陈岳,撰有《春秋折衷论》,意欲重塑《春秋》至高无上的经典地位,并且融合《三传》之说用以解经。刘轲所撰《三传指要》,以为"三家者,盖同门而异户",乃"会三家必当之言,列于经下"(《全唐文》卷七百四十二《三传指要序》)经学统一进程的推进,另一方面体现在出现《五经文字》、《九经字样》、《开成石经》上。中唐以后,内忧外患不绝,唐帝国由开放转向封闭,科举考试中加大了经学的力度,重新制定经书用字标准迫在眉睫。在这种背景下,大历十年夏六月张参奉诏勘校《五经》文字,分经钩考,以类相从,大历十一年(776)成书,元和十四年(819)刊于屋壁,后改木版,文宗开成二年刻石。《五经文字》是针对时人用字"趋便不求当否",以致"《五经》本文荡而无守"的混乱情况,为考证《五经》中文字形体变化及音义变化而作,为强化和巩固楷体正字的地位做出了积极贡献。文宗大和四年郑覃奏请校定《六经》,被批准后于大和七年(833)二月刻成《九经》,立于国子监讲堂两廊。唐玄度覆定《九经》字体,成为《九经字样》。开成二年(837)又增刻《孝经》、《论语》、《尔雅》成《十二经》,此即著名的《开成石经》。石经乃官定经本,为群经之遗则,影响颇大,"由京师而风天下,覃及九泽,咸知宗师"(刘禹锡《国学新修《五经》壁本记》)。王国维曰:"唐时所写本经传,致不画一。今日所传唐写本足以证之。自开成石经出，而经文始有定本。”（《五代监本考》）皮锡瑞《经学历史》认为此乃“一代之盛举，群经之遗则也”。宋代以降，经书刻本渐多，文字讹误，多可据开成石经考证其误。

其次，中晚唐的经学新变，主要反映在对《易》、《诗》、《礼》、《春秋》等儒家经典研究的推陈出新和韩愈、李翱等人对经学发展方向的转折上，这两方面既是传统经学开始变古的标志，又是宋明理学、宋明疑经辨伪之先声。

其一，经学新变率先反映在《易》、《诗》、《礼》、《春秋》等儒家经典研究的反思怀疑、推陈出新上。安史之乱爆发后，唐王朝由盛而衰。随着其衰落的国运而起的，则是经学上新风气的出现，并且形成了一股潮流，因此《新唐书·啖助传》曰：“大历时，助、匡、质以《春秋》，施士匄以《诗》，仲子陵、袁彝、韦彤、韦茝以《礼》，蔡广成以《易》，强蒙以《论语》，皆自名其学。”所谓“自名其学”，也即抛弃原来固守的成说，即官方所指定的注疏之学，另辟蹊径。其怀疑创新精神，开启了经学新风。在《易》学上，蔡广成撰有《周易启源》和《周易外义》，韦颛著有《易蕴解》“推演潜亢终始之义，甚有奥旨”，徐郿著有《周易新义》，均为唐代《易》学研究注入了新的活力。在《诗经》学上，《毛诗正义》定于一尊，故《诗经》研究日渐僵化，而成伯玙不依传统，怀疑经典，所撰《毛诗指说》、《毛诗断章》等书对《诗序》作者问题提出新解，以为《毛诗》序首句为子夏所传，其下为毛苌所续，并以文学的观点说《诗》。施士匄明毛、郑《诗》，曾公开讲授《诗经》，其解《诗》异于汉代经师拘泥古训、墨守师说的章句之学，往往另立新说，表达新见。成伯玙、施士匄开宋代《诗经》学新风，是汉、宋学转承时期的代表著作之一，有重要的经学价值。在《礼》学上，仲子陵、袁彝、韦彤、韦茝等以《礼》自名其学。仲子陵精通后苍、大小戴礼，曾以地方官身份入朝与“京官”同议“禘祫”大礼，其礼学修养为时人所共赞。在《春秋》学上，啖助深忧《公羊》、《穀梁》殆绝，而习《左氏》者亦仅限于“谈其事迹，玩其文彩，如览史籍”，与其弟子赵匡、陆淳（因避宪宗讳而改名质）等一起主治《春秋》，形成深具创新意义的《春秋》学派，开启了新《春秋》学。啖助撰有《春秋集传》和《春秋统例》，陆质著有《集注春秋》二十卷。此学派在治学方法上主要倾向于经世致用，突破唐代官学义疏的樊篱，主张不必守家法、师法，其治学目的是维护以郡县制为特征的大一统国家政体和中央皇权，反对分封和分裂割据，强调王德、民本，以一种全新的治学方式，下启宋明理学，“实为宋人言学志在经世之先驱”（吕思勉《隋唐五代史》下册），故“宋人说《春秋》，本啖、赵、陆一家”（皮锡瑞《经学通论·春秋》）。施士匄曾撰《春秋传》，文宗以为“穿凿之学，徒为异同”，故其传未广。昭宗光化二年司空图撰有《疑经》、《疑经后述》二文。自魏晋南北朝以来，随着道教的建立和佛教的广传，经学受到了严峻挑战，必须求变才能发展，由此中晚唐的经学家在《易》、《诗》、《礼》、《春秋》等儒家经典研究上进行了变革和改易，开经学变古的先声。

其二，经学新变更是集中反映在韩愈、李翱等人对经学发展方向的转折上。魏晋南北朝以来，儒学在佛、道兴盛局面下不复独尊，日趋衰微。在唐代统治者崇佛、道的环境下，韩愈力排佛、道，以复兴儒学为己任，为中国儒学发展起到了重要作用。韩愈复儒、排佛主要表现在两方面。一方面，韩愈否定汉唐时期儒生的治学方式，倡导儒学发展的新方向。韩愈认为佛、道二教之所以能够在魏晋以后盛行不衰，并与儒学分庭抗礼，其内在原因就在于汉唐时期儒生丢弃了孔孟儒学的精髓，使得“《春秋》三传束高阁，独抱遗经究始终”（《韩昌黎集》卷五《寄卢仝》）。要复兴儒学，就应该抛弃汉唐儒生的学风。这一思想对北宋儒者反对传统的章句训诂之学有相当影响。另一方面，韩愈、李翱用对《论语》的新解和对《孟子》的推崇、对《礼记》中《大学》、《中庸》这两篇的特别关注以及所提出的“道统说”，来对抗佛教，从而引导出两宋退《五经》、尊《四书》的新局面，开启了宋明理学之先河，由此实现了从汉学向宋学的转变。二人同著的《论语笔解》或论道谈性理，或考据论证，或引前人注释，或断以己意，彼此相互发明，极力褒奖孔子及其弟子，真正表明了经学的转折、宋学的开启。韩愈著有《原性》、《原道》、《原毁》、《原人》、《原鬼》，合称“五原”，以辟佛教。《原性》探讨心性问题,引发了后人对心性问题的深入探讨。《原道》提出"道统说",不仅解决了儒学的传承问题,而且对宋明理学有直接的启发,成为宋明儒学与释道进行斗争的有力武器。韩愈从政治伦理哲学层面来阐扬《大学》的思想,重视其维护社会的宗法秩序与伦理纲常的作用,强调其齐家治国平天下的经世致用的作用,把儒家"正心诚意"的"内圣之学"与"修齐治平"的"外王之道"相结合的"治心",作为批判佛教舍离"此世"讲"治心"的思想武器,同时也为该书在宋代成为"四书"之一奠定了基础。李翱《复性书》以孟子的"性善说"、《中庸》的"至诚"论作为其理论根据,提出一套以《中庸》为中心的"道统",主张"性善情邪",认为"人之性皆善",而"情者,妄也,邪也",只有"灭情复性"方可成圣,是理学家"存天理,灭人欲"的思想渊源,其对性、情之分别亦是理学家所谓"天地之性"与"气质之性"及"心统性情"思想的重要来源。李翱于孔子与孟子外加上子思,以为子思作《中庸》传给孟子,由此提高了《中庸》的地位。其后很多宋代的理学家接受了韩、李之论,推尊子思、孟子在道统中的地位,并把《大学》、《孟子》、《论语》、《中庸》并称为《四书》。

(五)经学统一时代之余绪

五代经学(907—960)实为唐代经学统一之余绪。隋唐五代时期的经学统一进程一直持续不断,以隋朝的南北经学合流为开端,下开唐代经学统一之端绪,到唐代初年经学形成统一之态势,直至盛唐和中晚唐经学统一进程的持续推进,同时经学新变已经开始形成规模,到五代时出现了雕版"九经",成为唐代经学统一之余绪为止。唐代之后,五代乱世继起。总体上说,五代时的经学进一步走向统一,主要表现在雕版刻印的"九经"印板推动了经典版本的统一和一些儒者集合众说而成的《三礼图》、《春秋纂例》等的撰作上,但乱世之中五代未能延续中晚唐形成的经学新变的良好势头,使之走向岑寂。

"九经"的刻印成书目的在于统一和规范经学典籍的文字。后唐明宗长兴三年(932 年)二月,在宰相冯道、李愚判令国子监田敏校定

“九经”之后，中书奏请依唐石经文字刻印《易》、《诗》、《书》和《三礼》、《三传》，也即《九经》，之后奏准实施。后晋出帝天福八年（943）国子祭酒兼户部侍郎田敏以印本《五经》上进。后汉隐帝乾祐元年（948年）国子监奏《周礼》、《仪礼》、《公羊》、《穀梁》四经未有印板，随即开始雕印，直到周广顺三年（953）六月印版刻成，田敏随即进印板《九经》和《五经文字》、《九经字样》各二部。《九经》刻成后，虽值乱世，但传布甚广，于儒学传播、理学发展皆有裨益。板刻经书即始于此，世称《九经》监本，实为一代盛事。长兴监本经、注合刊，故王国维谓：“自五代监本出，而注文始有定本。”（《王国维文集·五代监本考》，第230页）后周太祖广顺三年（953）蜀毋昭裔出私财营造学馆，并请刻板印《九经》传布，蜀主从之，从而带动了蜀中经学的发展与繁盛。

儒者聂崇义奉旨纂辑《三礼图》二十卷，以郑康成、阮谌等六家图进行刊定，把古代礼器的形状用图形描绘下来，使后人在制作祭祀礼器时有所遵循，从而成为一部综括前贤成果的集大成之作，对于保持儒教礼仪的连续性，从而保证儒教信仰的稳固性，具有重要意义。姜虔嗣撰有《春秋纂例》，“以《春秋·左氏》、《公》、《穀》三家之传学者钞集之文”。冯继先撰有《春秋名号归一图》、《尚书广疏》、《尚书小疏》、《春秋名字同异录》等。由于《左传》所载君臣名、氏、字、号、爵、谥等互见错出，学者每每苦其纷错难记，故冯继先集其同者，为《春秋名号归一图》以一之。徐锴撰有《说文解字韵谱》、《说文解字系传》等，在文字学史和训诂学史上都有很重要的地位。此外徐锴又有《说文解字韵谱》十卷，把《说文》的字按韵书的韵部来排，检索十分方便。

三　隋唐五代经学总说

隋唐五代经学家面对的经学命题主要有三：如何实现经学统一以结束异说纷纭、用本不一的局面？经学如何自新来实现经学自身的突围以发挥其经世致用的作用？经学如何发展以对抗兴盛的佛、道二教？

实现经学统一，结束异说纷纭、用本不一的局面，是摆在隋唐五代经学家面前的首要的经学命题。魏晋以及南北朝的长期分裂割据，造成了经学上南学、北学的分立，加上从汉代以来经学各家各派的师法、家法本就不同，因此统一的隋唐社会，必须结束南北经学分立、众说纷纭的局面，实现经学的统一，来保证科举制的顺利进行，满足学校教材的统一以及天下文人学士习经、研经的需要。唐代初年经学家统一诸多异本形成《五经》定本，总结汉代经注之学、南北朝义疏之学撰成《五经正义》，而后经义无异说。同时，唐代还出现了一些经学上的集大成之作《周易集解》、《周礼义疏》、《仪礼义疏》、《春秋公羊传注疏》、《春秋穀梁传注疏》等，也为经学的统一推波助澜。

经学如何自新来实现经学自身的突围以发挥其经世致用的作用，是摆在隋唐五代经学家面前的重要的经学命题。一方面，唐初《五经》定本、《五经正义》的出现，标志着经学统一，而且其统一"未有若斯之专且久也"。但另一方面，《五经正义》解经"疏不破注"，形成定说，使得经学自身的发展日渐僵化，缺乏活力；同时作为科举考试的必需品，文人学士仅仅把他作为通往仕途的敲门砖，以之应付科举考试，使得"《春秋》三传束高阁"，从而不再引起文人学士内心兴趣和真诚信仰。经学必须自新，来发挥其经世致用的作用，因此从唐初经学统一起，不断有经学家探索经学发展的新途径，开拓经学推陈出新的新局面。加上唐代政治开明，学术自由，给一些通达之士提供了推陈出新的机会。在这种情况下，既有怀疑经典的马嘉运、王元感、成伯玙等，也有自名其学的啖助、赵匡、陆淳、施士匄、仲子陵、袁彝、韦彤、韦茝、蔡广成等，还有力图转变经学研究方向、建立"道统说"的韩愈、李翱等，都致力于抛弃官方所指定的注疏之学，推陈出新，另起炉灶，以大胆的创新精神，开启了经学新风，实现了经学自身的突围，发挥了经学经世致用的作用。

经学如何发展以对抗兴盛的佛、道二教，是隋唐五代经学家必须要面对的命题。从中国古代思想史的发展历程来看，东汉时期佛教和道教相继兴起，魏晋南北朝时期二教均获得了长足发展，而与此同时“独尊儒术”的局面一去不返，儒学在和佛教、道教分庭抗礼中，不得不面对三教并立的格局。在这种文化背景下，隋朝开始形成儒、佛、道三教合一的思想趋向。李渊建唐后，出于遵祖敬宗思想的政治需要，制定了道先、儒次、佛后的三教共济的政策，遂开启了关于三教之序的持续不断的争论。武则天因特定的政治原因，曾于天授二年(691)诏令“释先、道后”。睿宗敕僧道“齐行并进”，遂成定制，促进了三教在思想文化层面的相互吸收、相互融合。三教之中，儒家的实际地位却并不乐观。隋唐时代，除却武宗会昌年间短暂的毁佛之外，无论是上层统治者，还是下层百姓，多信佛崇佛，形成了浩大的声势，因此唐初傅奕就曾多次上疏废除佛法，韦嗣立上疏谏造佛寺，韩愈更是为排佛而不断努力。隋唐经学家在面对佛、道二教时，一种表现是三教兼容，比如陆德明、王通、孔颖达、柳宗元等，其思想以儒为主，又兼融佛、道，由此体现了三教合一的大体趋势；另一种表现是韩愈的坚决排斥佛教，通过构建儒家“道统”体系，对传统的儒家思想正本清源，试图构架一套适应封建社会后期需要的经学理论体系，用以区别于佛教，并与佛教的“法统”相抗衡。李翱受韩愈影响颇深，但是其说有与韩愈立异之处，其“以佛理证心”(《与本使杨尚书请修寺观钱状》)说，吸收了禅宗“见性成佛”说，建立起儒、佛合一的人性论和“成圣”理论，以此完善了先秦儒家的心性学说。

在隋唐五代时期三教合一、兼容并蓄的统治思想之下，隋唐五代的经学家从多方面进行努力以发展经学，既实现了经学统一，结束了异说纷纭、用本不一的局面，也在经学推陈出新上实现了经学自身的突围，发挥了其经世致用的作用，还以儒家“道统”对抗兴盛的佛、道二教，开启了经学新风，引领了宋学的发展方向。

《隋唐五代经学学术编年》先由张巍作为其博士论文的基础资料撰作了大部分，后由孔德凌副教授补充并通稿，由俞林波核查文献原文。另外，齐荣军、吴宪贞、孔莉、康廷山、张倩、王皓、康传勇、葛洪春、陈恳等十数位友生在资料收集、查找、核校等方面付出了诸多劳动。

目　录

隋代经学学术编年

唐代前期经学学术编年

唐代中期经学学术编年

唐代后期经学学术编年

五代经学学术编年

隋代经学学术编年

文帝开皇元年（陈宣帝太建十三年） 辛丑（581）

○二月，隋朝建立

【文献】

《隋书》卷一《高祖纪》（P13）："开皇元年二月甲子，上自相府常服入宫，备礼即皇帝位于临光殿。设坛于南郊，遣使柴燎告天。是日，告庙，大赦，改元。"

【考论】

公元581年二月甲子，隋王杨坚夺权，皇位禅让，隋朝建立。589年，隋灭陈，结束了长期分裂的局面，统一全国。隋统一后，社会较为安定，南北经济文化融合。隋朝的建立，为政治、经济、思想、礼仪、教育等诸多方面的改革提供了政治前提和经济保障，为三教融合提供了可能，也为经学的统一和发展提供了客观条件。文、炀二帝习儒典，兴儒学，重儒士，在一定程度上推动了经学的发展，使社会上形成了研经、习经的风气。隋朝的统一，经学家的努力，使南方儒学北传，南北经学融为一体，故《北史》卷八十一《儒林传序》（P2707）曰："隋文膺期纂历，平一寰宇，顿天网以掩之，贲旌帛以礼之，设好爵以縻之，于是四海九州，强学待问之士，靡不毕集焉。天子乃整万乘，率百僚，遵问道之仪，观释奠之礼。博士罄悬河之辩，侍中竭重席之奥，考正亡逸，研核异同，积滞群疑，涣然冰释。于是超擢奇俊，厚赏诸儒，京邑达乎四方，皆启黉校。齐、鲁、赵、魏，学者尤多，负笈追师，不远千里，讲诵之声，道路不绝。中州之盛，自汉魏以来，一时而已。"隋朝的文化学术继往开来，承上启下，上承南北朝的传统，下开唐朝的新局面，正如马宗霍《中国经学史》第九篇《隋唐之经学》（P89）中所说："南北分立，至隋统一，学术政教，于焉混同。虽享国不永，其道未弘，然上拾周陈之坠绪，下启李唐之始规，当绝续之交，隋实介其中而为之系。"

【相关论著举目】

洪文堃:《论隋朝在中国历史上的地位》,《文学界》(理论版),2011 年第 12 期

李映发:《隋朝在中国通史上的地位》,《西华大学学报》(哲学社会科学版),2010 年第 2 期

何德章:《隋朝的统一:先进文明的胜利》,《郑州大学学报》,2004 年第 5 期

王洪军:《论隋朝统治者的宗教政策》,《齐鲁学刊》,2004 年第 4 期

胡如雷:《隋朝统一新探》,《历史研究》,1996 年第 2 期

王大建:《隋代文化政策的调整与改革》,《文史哲》,1995 年第 3 期

韩国磐:《简论隋朝的统一》,《历史教学》,1962 年第 5 期

○颜师古生

【文献】

《旧唐书》卷七十三《颜师古传》(P2594、2595):"颜籀字师古,雍州万年人……(贞观)十九年,从驾东巡,道病卒,年六十五,谥曰戴。"

【考论】

颜师古(581—645),《旧唐书》本传谓名籀,字师古,以字行,《新唐书》则称名师古,字籀,京兆万年(今陕西西安)人。隋末唐初儒学家、经学家、语言文字学家、历史学家。贞观十九年(645)卒,年六十五,逆推当生于是年。

○文帝倡佛事

【文献】

《隋书》卷三十五《经籍志四》(P1099):"开皇元年,高祖普诏天

下，任听出家，仍令计口出钱，营造经像。而京师及并州、相州、洛州等诸大都邑之处，并官写一切经，置于寺内；而又别写，藏于秘阁。天下之人，从风而靡，竞相景慕，民间佛经，多于六经数十百倍。”《佛祖统纪》卷三十九《法运通塞志》(P512)：“开皇元年，帝初受禅，沙门昙延谒见，劝兴复佛法，乃下诏：周朝废寺咸与修营，境内之人任听出家。仍令户口出钱建立经像，由是民间佛经，多于六艺之籍。”《资治通鉴》卷一百七十五《陈纪九》(P5449)：“是岁，隋主诏境内之民任听出家，仍令计口出钱，营造经像。于是时俗随风而靡，民间佛书，多于《六经》数十百倍。”

事又见《全隋文》卷一《五岳各置僧寺诏》、《续高僧传》卷二《彦琮传》。

【考论】

佛教自汉代哀、平时初传中国，经两晋南北朝的进一步传播，佛法在中原已广为流行。梁武帝萧衍倡佛，北魏又以佛教为国教，佛法更盛。北魏太武帝西征长安，始毁佛倡儒，使佛教经受了自传入以来第一次较大冲击。其后，北周武帝宇文邕亦推行灭佛政策，又一次使佛教传播遭受重创。隋文帝(541—604)即位后，改变了毁灭佛法的政策，而以佛教作为巩固统治权的方针之一，这与他出生在冯翊(今陕西大荔县)般若尼寺受智仙尼的抚养和即位时昙延力请兴复佛教不无关系。文帝“每以神尼为言，云我兴由佛”，多次表示“朕尊崇三宝，归向情深，恒愿阐扬大乘，护持正法”(《全隋文》卷二《诏释灵裕》P17)，“朕归依三宝，重兴圣教，思与四海之内，一切人民，俱发菩提，并修福业，使当今现在，爰及来世，永作善因，同登妙果。宜请沙门三十人，谙解法相兼堪宣导者，各将侍者二人，并散官各给一人，薰陆香一百二十斤，马五匹，分道送舍利往前件诸州起塔；其未注寺者，就有山水寺，所起塔依前山。旧无山者，于当州内，清静寺处，建立其塔。所司造样，送往当州”(《全隋文》卷二《立舍利塔诏》P24)，并于开皇元年普诏天下，任听出家，营造经像。自京师及诸州官写佛教经籍(史称写《一切经》)置于寺内，世人多从风景慕，民间佛经已数十倍于儒家经典。在隋文帝执政的24年间，佛教得到了长足发展，据《大正藏》卷五十二《辨正论》卷三载，其间度僧23万人，立寺3792所，写经46藏、132086卷，修故经3853部，造像106580区。隋文帝对佛教的复兴做出了巨大贡献，其宗教政策对后代影响极为深远。

【相关论著举目】

付玉贞：《隋文帝与隋代佛教》，《宁夏大学学报》2008年第4期

芮沃寿：《隋朝意识形态的形成（581—604年）》，载于费正清编《中国的思想与制度》，世界知识出版社，2008年

阮丽：《隋代佛像的分类与造型》，中央民族大学硕士学位论文，2006年

王洪军：《论隋朝统治者的宗教政策》，《齐鲁学刊》2004年第3期

华方田：《隋文帝与隋代佛教的复兴》，《佛教文化》2003年第1期

武荣益：《隋文帝》，北京图书馆出版社，2001年

○隋初，文帝崇道教

【文献】

《隋书》卷六十九《王劭传》（P1606—1607）："又年号开皇，与《灵宝经》之开皇年相合，故曰协灵皇。"《全唐文》卷九百三十三杜光庭《历代崇道记》（P9714）："开皇三年……隋高祖文皇帝迁都于龙首原，号大兴城，乃于都下畿内造观三十六所，名曰元坛，度道士二千人。"《全隋文》卷一《五岳各置僧寺诏》（P4）："（开皇元年）朕伏膺道化，念存清净，慕释氏不贰之门，贵老生得一之义，总齐区有，思至无为，若能高蹈清虚，勤求出世，咸可奖劝，贻训垂范。"

事又见《长安志》卷十八、《三洞拾遗》第八十三《古楼观志》。

【考论】

隋文帝即位之前为相时，即大力复兴佛、道二教，即位后更崇佛、道二教，开皇元年不仅下诏"伏膺道化，念存清净"，"贵老生得一之义"，而且下令修复盩厔县（今陕西周至）内的老子庙，其所选"开皇"

年号亦与道教有渊源关系。

【相关论著举目】

杨会萍:《隋朝二帝与道教》,《江西金融职工大学学报》,2009 年第 S1 期

段塔丽:《试论杨隋政权与道教的关系》,《人文杂志》,1998 年第 3 期

段塔丽:《略论隋朝统治与道教》,《晋阳学刊》,1998 年第 2 期

李刚:《隋文帝与道教》,《福建论坛》,1992 年第 1 期

○萧该拜国子博士于此年,后不久撰《文选音》、《汉书音义》、《范汉音》

【文献】

《隋书》卷七十五《萧该传》(P1715—1716):"兰陵萧该者,梁鄱阳王恢之孙也。少封攸侯。梁荆州陷,与何妥同至长安。……开皇初,赐爵山阴县公,拜国子博士。奉诏书与妥正定经史,然各执所见,递相是非,久而不能就,上谴而罢之。该后撰《汉书》及《文选音义》,咸为当时所贵。"《隋书》卷三十三《经籍志二》(P953):"《汉书音义》十二卷,国子博士萧该撰。"同卷又载(P954):"《范汉音》三卷,萧该撰。"《隋书》卷三十三《经籍志》(P957)曰:"唯《史记》、《汉书》,师法相传,并有解释。《三国志》及范晔《后汉》,虽有音注,既近世之作,并读之可知。梁时,明《汉书》有刘显、韦稜,陈时有姚察,隋代有包恺、萧该,并为名家。"《隋书》卷三十五《经籍志四》(P1082):"《文选音》三卷萧该撰。"《旧唐书》卷四十六《经籍志上》(P1988、1989):"《汉书音》十二卷萧该撰"、"《后汉书音》三卷萧该撰。"

事又见《北史·萧该传》、《文献通考》卷二百七十四、《册府元龟》卷五百九十八《学校部·教授》、《册府元龟》卷六百《学校部·师道》、《册府元龟》卷七百六十八《总录部·儒学》第二。

【考论】

萧该，南兰陵（今江苏常州西北）人，隋代著名学者，《文选》学家，是首撰《文选》研究专著的学者。萧该生性笃学，通诸经大义，并精通音律，通晓《诗经》、《尚书》、《春秋》、《礼记》，尤其精通《汉书》，在当时很得礼敬。隋开皇初赐爵山阴县公，拜国子博士。其后奉隋文帝旨与何妥正定经史，由于持议不合，被罢免职。萧该著有《汉书音义》、《后汉书音》、《文选音》，所著书为时所重，可惜均佚，《文选音》仅留三十九条佚文存世。

【相关论著举目】

万献初：《萧该〈汉书音义〉音切考辨》，《古汉语研究》，2009 年第 3 期

王书才：《萧该生平及其〈文选〉研究考述》，《安康师专学报》，2005 年第 2 期

○时有杨伯丑、临孝恭、刘祐，以阴阳术数知名

【文献】

《隋书》卷七十八《杨伯丑传》（P1777—1778）："杨伯丑，冯翊武乡人也。好读《易》，隐于华山。开皇初，被征入朝，见公卿不为礼，无贵贱皆汝之。人不能测也。高祖召与语，竟无所答。上赐之衣服，至朝堂舍之而去。……国子祭酒何妥尝诣之论《易》，闻妥之言，倏然而笑曰：'何用郑玄、王弼之言乎！'久之，微有辩答，所说辞义，皆异先儒之旨，而思理玄妙，故论者以为天然独得，非常人所及也。竟以寿终。"《隋书》卷七十八《临孝恭传》（P1778—1779）："临孝恭，京兆人也。明天文算术，高祖甚亲遇之。每言灾祥之事，未尝不中，上因令考定阴阳。官至上仪同。著《欹器图》三卷，《地动铜仪经》一卷，《九宫五墓》一卷，《遁甲月令》十卷，《元辰经》十卷，《元辰厄》一百九卷，《百怪书》十八卷，《禄命书》二十卷，《九宫龟经》一百一十卷，《太一式经》三十卷，《孔子马头易卜书》一卷，并行于世。"《隋书》卷七十八《刘祐传》（P1779）："刘祐，荥阳人也。开皇初，为大都督，封索卢县公。其所占

候，合如符契，高祖甚亲之。初与张宾、刘晖、马显定历。后奉诏撰兵书十卷，名曰《金韬》，上善之。复著《阴策》二十卷，《观台飞候》六卷，《玄象要记》五卷，《律历术文》一卷，《婚姻志》三卷，《产乳志》二卷，《式经》四卷，《四时立成法》一卷，《安历志》十二卷，《归正易》十卷，并行于世。”

○王隆向隋文帝奏《兴衰要论》七篇

【文献】

《四库全书》第696册《中说》所附杜淹《文中子世家》(P577)：“铜川府君，讳隆，字伯高，文中子之父也，传先生之业，教授门人千余。隋开皇初，以国子博士待诏云龙门。时国家新有揖让之事，方以恭俭定天下。帝从容谓府君曰：‘朕何如主也?’府君曰：‘陛下聪明神武，得之于天，发号施令，不尽稽古，虽负尧、舜之姿，终以不学为累。’帝默然曰：‘先生，朕之陆贾也，何以教朕?’府君承诏著《兴衰要论》七篇。每奏，帝称善，然未甚达也。府君出为昌乐令，迁猗氏、铜川，所治著称，秩满退归，遂不仕。”

【考论】

王氏一族家学渊源深厚，王通之父王隆，曾于隋开皇初，以国子博士待诏云龙门，向隋文帝奏《兴衰要论》七篇，纵论六代之得失，文帝虽称善，究未甚达。此事缺乏其他文献佐证，故暂系于此年。

文帝开皇二年(陈宣帝太建十四年)壬寅(582)

○十二月，文帝赐国子生经明者束帛

【文献】

《隋书》卷一《高祖纪》(P18)：“(开皇二年)丙戌，赐国子生经明者束帛。”

◯文帝诏议正乐，积年不定

【文献】

《隋书》卷十四《音乐志中》(P345)："开皇二年，齐黄门侍郎颜之推上言：'礼崩乐坏，其来自久。今太常雅乐，并用胡声，请冯梁国旧事，考寻古典。'高祖不从，曰：'梁乐亡国之音，奈何遣我用邪？'是时尚因周乐，命工人齐树提检校乐府，改换声律，益不能通。俄而柱国、沛公郑译奏上，请更修正。于是诏太常卿牛弘、国子祭酒辛彦之、国子博士何妥等议正乐。然沦谬既久，音律多乖，积年议不定。高祖大怒曰：'我受天命七年，乐府犹歌前代功德邪？'命治书侍御史李谔，引弘等下，将罪之。谔奏：'武王克殷，至周公相成王，始制礼乐。斯事体大，不可速成。'高祖意稍解。"

事又见《文献通考》卷一百二十九、《通典》卷一百四十二、《全隋文》卷二十李谔《奏原牛弘等正乐不成》。

【考论】

"开皇乐议"是隋开皇年间朝廷里君臣间进行的一次有关律学的大辩论，这场争论的实质是讨论"在音乐领域内如何对待外来文化与传统文化"(刘再生《中国古代音乐史简述》)。这场讨论前后进行了十几年，最后的结果是隋文帝采用陈朝古乐，排斥外来音乐，甚至连"还相为宫"的古代乐律理论也一并否定。在长达十几年的讨论中，涌现出了许多有才华的音乐家，催生出了中外乐律交流的许多理论，如苏祇婆的五旦七调理论，郑译的"七始"制律方法，万宝常的八十四调理论等等，从而极大推动了音乐发展。这些理论见存于史籍，无疑为后人的研究提供了很大便利。

【相关论著举目】

葛恩专：《开皇乐议研究》，陕西师范大学硕士学位论文，2011年

陈四海、葛恩专：《何妥与开皇乐议》，陕西师范大学学报(哲学社会科学版)，2010年第4期

李明明：《中国古代雅乐文化分期研究》，河南大学硕士学位论

文,2008 年

王立增:《开皇乐议与隋初政治》,《天津音乐学院学报》,2003 年第 4 期

郑祖襄:《“开皇乐议”中的是是非非及其他》,《中国音乐学》,2001 年第 4 期

李石根:《隋代的一次声律学大辩论——开皇乐议》,《交响—西安音乐学院学报》,2001 年第 1 期

文帝开皇三年(陈后主至德元年) 癸卯(583)

○四月,文帝诏天下“劝学行礼”

【文献】

《隋书》卷一《高祖纪》(P19):“丙戌,诏天下劝学行礼。”《隋书》卷四十七《柳昂传》(附于《柳机传》内)(P1277—1278):“昂见天下无事,可以劝学行礼,因上表曰:‘臣闻帝王受命,建学制礼,故能移既往之风,成惟新之俗。……若行礼劝学,道教相催,必当靡然向风,不远而就。家知礼节,人识义方,比屋可封,辄谓非远。’上览而善之,因下诏曰:‘建国重道,莫先于学,尊主庇民,莫先于礼。自魏氏不竞,周、齐抗衡,分四海之民,斗二邦之力,递为强弱,多历年所。……王者承天,休咎随化,有礼则祥瑞必降,无礼则妖孽兴起。人禀五常,性灵不一,有礼则阴阳合德,无礼则禽兽其心。治国立身,非礼不可。……宣扬朝化,其若是乎?古人之学,且耕且养。今者民丁非役之日,农亩时候之余,若敦以学业,劝以经礼,自可家慕大道,人希至德。岂止知礼节,识廉耻,父慈子孝,兄恭弟顺者乎?始自京师,爰及州郡,宜祗朕意,劝学行礼。’自是天下州县皆置博士习礼焉。”

【考论】

儒学之所以能在魏晋南北朝的分裂与衰颓中发展宏大起来,隋

代起到了很重要的恢复作用。隋朝实现天下统一之后，文帝随即偃武修文，有意于崇儒兴学。柳昂见天下无事，乃上疏“劝学行礼”。文帝遂下诏，提出“建国重道，莫先于学；主庇民，莫先于礼”。“劝学”，即兴办学校，教化百姓；“行礼”即践行儒家的礼乐制度。从此天下州县置博士习礼遂成风气。可见崇儒兴学，已成隋之国策；三教并用，已成为新的格局。

文帝此诏，在《柳昂传》中未提及时间，然《隋书·高祖纪》载开皇三年四月，文帝“诏天下劝学行礼”，此诏应当是开皇三年所下，吕思勉《隋唐五代史》即谓：“此即《本纪》所云三年四月之诏。”今从。秋七月壬戌，文帝又诏曰“行仁蹈义，名教所先，厉俗敦风，宜见褒奖”。参见张岂之主编、刘学智副主编《中国学术思想编年》之《隋唐五代卷》。

【相关论著举目】

刘晓等：《浅析隋朝文教事业的发展及其现实意义》，《河南商业高等专科学校学报》，2012 年第 2 期

王心喜：《隋文帝“不悦儒术”辨正》，《杭州教育学院学报》，1996 年第 3 期

曹治怀：《隋文帝不悦儒学专尚刑名辨析》，《安庆师范学院学报》，1996 年第 2 期

王大建：《隋代文化政策的调整与改革》，《文史哲》，1995 年第 3 期

赵云旗：《隋文帝评价中的问题商榷》，《学术月刊》，1991 年第 4 期

赵云旗：《隋代儒学的发展及其地位》，《山西师大学报》，1990 年第 3 期

赵云旗：《论隋文帝与隋代的儒学》，《孔子研究》，1988 年第 3 期

赵云旗：《隋文帝政治思想研究》，《天津师范大学学报》，1984 年第 4 期

○牛弘表请搜访民间所藏异本书

【文献】

《隋书》卷三十二《经籍志序》(P908):“隋开皇三年,秘书监牛弘,表请分遣使人,搜访异本。每书一卷,赏绢一匹,校写既定,本即归主。于是民间异书,往往间出。及平陈已后,经籍渐备。检其所得,多太建时书,纸墨不精,书亦拙恶。于是总集编次,存为古本。召天下工书之士,京兆韦霈、南阳杜頵等,于秘书内补续残缺,为正副二本,藏于宫中,其余以实秘书内、外之阁,凡三万余卷。炀帝即位,秘阁之书,限写五十副本,分为三品:上品红琉璃轴,中品绀琉璃轴,下品漆轴。于东都观文殿东西厢构屋以贮之,东屋藏甲乙,西屋藏丙丁。又聚魏已来古迹名画,于殿后起二台,东曰妙楷台,藏古迹;西曰宝迹台,藏古画。又于内道场集道、佛经,别撰目录。”

《隋书》卷四十九《牛弘传》(P1297—1300):“开皇初,迁授散骑常侍、秘书监。弘以典籍遗逸,上表请开献书之路,曰:‘经籍所兴,由来尚矣。爻画肇于庖羲,文字生于苍颉,圣人所以弘宣教导,博通古今,扬于王庭,肆于时夏。故尧称至圣,犹考古道而言,舜其大智,尚观古人之象。《周官》,外史掌三皇五帝之书及四方之志。武王问黄帝、颛顼之道,太公曰:“在《丹书》。”是知握符御历,有国有家者,曷尝不以《诗》、《书》而为教,因礼乐而成功也。昔周德既衰,旧经紊弃。孔子以大圣之才,开素王之业,宪章祖述,制《礼》刊《诗》,正五始而修《春秋》,阐《十翼》而弘《易》道。治国立身,作范垂法。及秦皇驭宇,吞灭诸侯,任用威力,事不师古,始下焚书之令,行偶语之刑。先王坟籍,扫地皆尽。本既先亡,从而颠覆。臣以图谶言之,经典盛衰,信有征数。此则书之一厄也。汉兴,改秦之弊,敦尚儒术,建藏书之策,置校书之官,屋壁山岩,往往间出。外有太常、太史之藏,内有延阁、秘书之府。至孝成之世,亡逸尚多,遣谒者陈农求遗书于天下,诏刘向父子雠校篇籍。汉之典文,于斯为盛。及王莽之末,长安兵起,宫室图书,并从焚烬。此则书之二厄也。光武嗣兴,尤重经诰,未及下车,先求文雅。于是鸿生巨儒，继踵而集，怀经负帙，不远斯至。肃宗亲临讲肄，和帝数幸书林，其兰台、石室，鸿都、东观，秘牒填委，更倍于前。及孝献移都，吏民扰乱，图书缣帛，皆取为帷囊。所收而西，裁七十余乘，属西京大乱，一时燔荡。此则书之三厄也。魏文代汉，更集经典，皆藏在秘书、内外三阁，遣秘书郎郑默删定旧文。时之论者，美其朱紫有别。晋氏承之，文籍尤广。晋秘书监荀勖定魏《内经》，更著《新簿》。虽古文旧简，犹云有缺，新章后录，鸠集已多，足得恢弘正道，训范当世。属刘、石凭陵，京华覆灭，朝章国典，从而失坠。此则书之四厄也。永嘉之后，寇窃竞兴，因河据洛，跨秦带赵。论其建国立家，虽传名号，宪章礼乐，寂灭无闻。刘裕平姚，收其图籍，五经子史，才四千卷，皆赤轴青纸，文字古拙。僭伪之盛，莫过二秦，以此而论，足可明矣。故知衣冠轨物，图画记注，播迁之余，皆归江左。晋、宋之际，学艺为多，齐、梁之间，经史弥盛。宋秘书丞王俭，依刘氏《七略》，撰为《七志》。梁人阮孝绪，亦为《七录》。总其书数，三万余卷。及侯景渡江，破灭梁室，秘省经籍，虽从兵火，其文德殿内书史，宛然犹存。萧绎据有江陵，遣将破平侯景，收文德之书及公私典籍，重本七万余卷，悉送荆州。故江表图书，因斯尽萃于绎矣。及周师入郢，绎悉焚之于外城，所收十才一二。此则书之五厄也。后魏爰自幽方，迁宅伊、洛，日不暇给，经籍阙如。周氏创基关右，戎车未息。保定之始，书止八千，后加收集，方盈万卷。高氏据有山东，初亦采访，验其本目，残缺犹多。及东夏初平，获其经史，四部重杂，三万余卷。所益旧书，五千而已。今御书单本，合一万五千余卷，部帙之间，仍有残缺。比梁之旧目，止有其半。至于阴阳河洛之篇，医方图谱之说，弥复为少。臣以经书，自仲尼已后，迄于当今，年逾千载，数遭五厄，兴集之期，属膺圣世。伏惟陛下受天明命，君临区宇，功无与二，德冠往初。自华夏分离，彝伦攸斁，其间虽霸王递起，而世难未夷，欲崇儒业，时或未可。今土宇迈于三王，民黎盛于两汉，有人有时，正在今日。方当大弘文教，纳俗升平，而天下图书尚有遗逸，非所以仰协圣情，流训无穷者也。臣史籍是司，寝兴怀惧。昔陆贾奏汉祖云“天下不可马上治之”，故知经邦立政，在于典谟矣。为国之本，莫此攸先。今秘藏见书，亦足披览，但一时载籍，须令大备。不可王府所无，私家乃有。然士民殷杂，求访难知，纵有知者，多怀吝惜，必须勒之以天威，引之以微利。若猥发明诏，兼开购赏，则异典必臻，观阁斯积，重道之风，超于前世，不亦善乎！伏愿天鉴，少垂照察。’上纳之，于是下诏，献书一卷，赉缣一匹。一二年间，篇籍稍备。进爵奇章郡公，邑千五百户。”

事又见《全隋文》卷二十四牛弘《上表请开献书之路》、《册府元龟》卷六百三、《册府元龟》卷六百二十、《文献通考》卷一百七十四、《北史》卷七十二《牛弘传》、《太平御览》卷六百一十九、《资治通鉴》卷一百七十五《陈纪九》。

【考论】

南北朝时，战乱频仍，秘阁经籍散佚于兵火动乱，诸多典籍散落民间。隋统一，上承六朝余绪，重整学术事业，大力搜集经籍。开皇三年，秘书监牛弘表请分遣使人搜访异本，此次搜救整理异书凡三万余卷。这一访书举动意义重大，为隋唐文化的繁荣奠定了坚实的基础。陈登原《古今典籍聚散考》曰：“自弘言以后，隋文从其议，搜括天下书，成绩可观。是弘之所言，在历史上有权威矣。”

牛弘是我国历史上系统总结文献聚散规律的第一人，他所提出的典籍“五厄”说对后世产生了较大影响。“五厄”，一厄是秦始皇焚书坑儒，二厄是王莽之乱，三厄是东汉末年社会动乱，四厄是西晋末年各少数民族进入中原，五厄是北周灭萧绎时，萧绎将典籍“焚之于外城”。继牛弘之后，唐人封演，宋人洪迈、周密，明人胡应麟在牛弘“五厄”说的基础上，或推而密之，或继而续之，对历来典籍聚散的情况进行归纳总结，推动了历来的统治者和学者对典籍兴衰命运的关注。

【相关论著举目】

蔺熙民：《牛弘与杨隋文化制度建设》，《大众文艺》，2011年第9期

杜志强:《牛弘姓氏、著述考》,《中国典籍与文化》,2010 年第 4 期

罗康泰:《牛弘〈请开献书之路表〉简析》,《上海高校图书情报工作研究》,2009 年第 4 期

张晓颖:《牛弘、胡应麟与“图书厄运”的历史探析》,《韶关学院学报》,2006 年第 4 期

王昭义:《牛弘与隋朝的文化制度建设》,《河西学院学报》,2006 年第 1 期

郭康松:《搜访逸籍 制礼定乐——论牛弘的文化贡献》,《湖北大学成人教育学院学报》,2004 年第 4 期

梅海燕:《对牛弘〈请开献书之路表〉的探讨》,《河南图书馆学刊》,2002 年第 3 期

○刘炫造伪书

【文献】

《隋书》卷七十五《刘炫传》(P1720):“时牛弘奏请购求天下遗逸之书,炫遂伪造书百余卷,题为《连山易》、《鲁史记》等,录上送官,取赏而去。后有人讼之,经赦免死,坐除名,归于家,以教授为务。”《文献通考》卷一百七十五《经籍考二》(P1514—1515):“《连山》十卷,《北史·刘炫传》:‘时牛弘奏购求天下遗逸之书,炫遂伪造书百余卷,题为《连山易》、《鲁史记》等,录上送官,取赏而去。后人有讼之,经赦免死,坐除名。’夹漈郑氏曰:‘夏后氏《易》,至唐始出,今亡。……’按:《连山》、《归藏》,乃夏、商之《易》,本在《周易》之前。然《归藏》,《汉志》无之;《连山》,《隋志》无之。盖二书至晋、隋间始出,而《连山》出于刘炫之伪作,《北史》明言之;度《归藏》之为书,亦此类耳。夹漈好奇,独尊信此二书与古《三坟》书,且咎世人以其晚出而疑之。然殊不知《毛氏诗》、《左氏春秋》、《小戴氏礼》与《古文尚书》、《周官六典》,比之当时,皆晚出者也;然其义理,其文辞,一无可疑,非二《易》、《三坟》之比,不谓之《六经》,可乎?故今叙二《易》,不敢遽指为夏、商之书,

姑随其所出之时，置之汉之后、唐之前云。”

事又见《北史》卷八十二《刘炫传》、《太平御览》卷六百一十九、《册府元龟》卷九百二十四《总录部(诈伪)》、《停骖录摘抄》卷二、《庶斋老学丛谈》卷一、《汝南遗事》卷下。

【考论】

孔子“信而好古”，孟子言必称尧舜，故梁启超说“好古”是中国人的特性之一，“文化发达愈久，好古的心事愈强。代远年湮，自然有许多后人伪造古书以应当时的需要”(梁启超《古书真伪及其年代》)。历史上每经战争丧乱，书籍佚失严重时，朝廷总要重金求书，于是便有人搜奇造假，邀功请赏，因此“每失一回，每收一回，伪书愈多一回”，“因为造一部伪书既可卖钱，又可作官，利之所在，人争趋之，伪书就层出不穷了”(梁启超《古书真伪及其年代》)。

隋代儒者刘炫，字光伯，河间景城人，学识渊博，但宦途不遂。隋文搜访图籍，刘炫因此伪造《连山易》、《鲁史记》。《连山易》古多只称《连山》，其名初见于《周礼·春官·宗伯·大卜》、《筮人》。桓谭《新论》卷中《正经》云：“《易》：一曰《连山》，二曰《归藏》，三曰《周易》。《连山》八万言，《归藏》四千三百言。《连山》藏于兰台，《归藏》藏于太卜。”此书北魏时尚行于世，故郦道元尚得见而引之，至《隋书·经籍志》已不著录，则其时已经失传。梁元帝萧绎著《连山》三十卷，《金楼子》卷五《著书篇》(P855)曰“《连山》三袟三十卷”，注曰：“金楼年在弱冠著此书，至于立年其功始就。躬亲笔削，极有其劳。”继梁元帝《连山》之后，隋代的刘炫又造了一部《连山》。刘炫著书多种，而《连山》乃其所造伪书之一。《连山》虽然被发现作伪，但并没有遭毁，《隋志》和《旧唐志》里虽然不著录，在《新唐书·艺文志·经部·易类》里却著录了《连山》十卷，不著撰人名，司马膺注，应当即是刘炫伪造的《连山》。马国翰《玉函山房辑佚书》辑《连山·附诸家论说》引胡应麟曰：“《连山易》十卷，见《唐·艺文志》。按班氏《六经》首《周易》，凡夏、商之《易》绝不同。”

【相关论著举目】

王利器:《跋敦煌唐写本刘炫毛诗述议》,《文献》,1983年第3期

○牛弘等修撰《五礼》

【文献】

《隋书》卷四十九《牛弘传》(P1300):"三年,拜礼部尚书,奉敕修撰《五礼》,勒成百卷,行于当世。"《隋书》卷六《礼仪志一》(P107):"高祖命牛弘、辛彦之等采梁及北齐《仪注》,以为五礼云。"《隋书》卷八《礼仪志三》(P156):"开皇初,高祖思定典礼。太常卿牛弘奏曰:'圣教陵替,国章残缺,汉、晋为法,随俗因时,未足经国庇人,弘风施化。且制礼作乐,事归元首,江南王俭,偏隅一臣,私撰仪注,多违古法。就庐非东阶之位,凶门岂设重之礼?两萧累代,举国遵行。后魏及齐,风牛本隔,殊不寻究,遥相师祖,故山东之人,浸以成俗。西魏已降,师旅弗遑,宾嘉之礼,尽未详定。今休明启运,宪章伊始,请据前经,革兹俗弊。'诏曰:'可。'弘因奏征学者,撰《仪礼》百卷。悉用东齐《仪注》以为准,亦微采王俭礼。修毕,上之,诏遂班天下,咸使遵用焉。"

事又见《资治通鉴》卷一百七十六。

○牛弘请依古制修立明堂,不准

【文献】

《隋书》卷四十九《牛弘传》(P1300—1305):"弘请依古制修立明堂,上议曰:'窃谓明堂者,所以通神灵,感天地,出教化,崇有德。《孝经》曰:"宗祀文王于明堂,以配上帝。"《祭义》云:"祀于明堂,教诸侯孝也。"黄帝曰合宫,尧曰五府,舜曰总章,布政兴治,由来尚矣。《周官·考工记》曰:"夏后氏世室,堂修二七,广四修一。""夫帝王作事,必师古昔,今造明堂,须以礼经为本。形制依于周法,度数取于《月令》,遗阙之处,参以余书,庶使该详沿革之理。其五室九阶,上圆下

方，四阿重屋，四旁两门，依《考工记》、《孝经》说。堂方一百四十四尺，屋圆楣径二百一十六尺，太室方六丈，通天屋径九丈，八闼二十八柱，堂高三尺，四向五色，依《周书·月令》论。殿垣方在内，水周如外，水内径三百步，依《太山盛德记》、《觐礼经》。仰观俯察，皆有则象，足以尽诚上帝，祗配祖宗，弘风布教，作范于后矣。弘等学不稽古，辄申所见，可否之宜，伏听裁择。'上以时事草创，未遑制作，竟寝不行。"

参见《全隋文》卷二十四牛弘《依古制修立明堂议》一文，事又见《资治通鉴》卷一百七十五《陈纪九》、《北史》卷七十二《牛弘传》、《册府元龟》卷五百八十四《掌礼部(奏议第十二)》。

○沈重卒，撰《毛诗义疏》、《周官礼义疏》、《礼记义疏》等

【文献】

《北史》卷八十二《沈重传》(P2741—2742)："沈重字子厚，吴兴武康人也。性聪悟，弱岁而孤，居丧合礼。及长，专心儒学，从师不远千里。遂博览群书，尤明《诗》及《左氏春秋》。梁武帝欲高置学官，以崇儒教。中大通四年，乃革选，以重补国子助教。后除《五经》博士。梁元帝之在藩也，甚叹异之。及即位，乃遣主书何武迎重西上。……开皇三年卒，年八十四。隋文帝遣舍人萧子宝祭以少牢，赠使持节、上开府仪同三司、许州刺史。重学业该博，为当世儒宗。至于阴阳图纬、道经、释典，无不通涉。著《周礼义》三十一卷、《仪礼义》三十五卷、《礼记义》三十卷、《毛诗义》二十八卷、《丧服经义》五卷、《周礼音》一卷、《仪礼音》一卷、《礼记音》二卷、《毛诗音》二卷。"《隋书》卷三十二(P917、P919、P922、P927)："《毛诗义疏》二十八卷萧岿散骑常侍沈重撰，《周官礼义疏》四十卷沈重撰"《礼记义疏》四十卷沈重撰"，《乐律义》四卷沈重撰。"《旧唐书》卷四十六《经籍志上》(P1972、P1973、P1975)："《周礼义梳》四十卷沈重撰"、"《礼记义疏》四十卷沈重撰"、"《钟律》五卷沈重撰。"

事又见《廿二史札记》卷十五、《册府元龟》卷六百六。《全梁文》卷六十八、《周书》卷四十五、《册府元龟》卷七百八十四沈重有传。

【考论】

沈重(500—583),字子厚,南北朝时期的著名儒者。吴兴武康(今浙江德清县武康镇)人,专心儒学,博览群书,尤其精通《诗经》和《左氏春秋》。梁武帝时任国子助教,后为《五经》博士,北朝周武帝礼聘至京师,诏令讨论《五经》义,并校定钟律,又于紫极殿讲三教义,朝士、儒生、桑门、道士听者二千余人。沈重辞义优洽,枢机明辩,凡所解释,为诸儒所推。授骠骑大将军、开府仪同三司、露门博士。后复归梁。沈重学业该博,为当世儒宗,至于阴阳图纬、道经、释典,无不通涉。著有《周礼义》、《仪礼义》、《礼记义》、《毛诗义》、《丧服经义》等,均佚。清马国翰《玉函山房辑佚书》有辑本。隋开皇三年(583)卒,年八十四。

【相关论著举目】

吴昌叶:《"一代儒宗"沈重述略》,《社会科学论坛》,2010 年第4期

◯隋文帝迁都,造道观,曰玄坛,度道士

【文献】

《隋书》卷一《高祖纪》(P18—19):"三年春正月庚子,将入新都,大赦天下。……三月……丙辰,雨,常服入新都。京师醴泉出。"《全唐文》卷九百三十三《历代崇道记》(P9714):"隋高祖文皇帝迁都于龙首原,号大兴城,乃于都下畿内造观三十六所,名曰元坛,度道士二千人。"

【考论】

开皇元年(581),杨坚代周称帝,沿袭西魏、北周之旧,都于西汉所建之长安。开皇二年,营建新都,名为大兴城。三年迁都,仍称新都为长安,并于都下畿内造观三十六所,名曰玄坛,其时度道士二千人。

文帝开皇四年(陈后主至德二年) 甲辰(584)

○《四部目录》撰成

【文献】

《隋书》卷三十二《经籍志一》(P906—908):"东晋之初,渐更鸠聚。著作郎李充,以勖旧簿校之,其见存者,但有三千一十四卷。充遂总没众篇之名,但以甲乙为次。自尔因循,无所变革。其后中朝遗书,稍流江左。宋元嘉八年,秘书监谢灵运造《四部目录》,大凡六万四千五百八十二卷。元徽元年,秘书丞王俭又造《目录》,大凡一万五千七百四卷。……齐永明中,秘书丞王亮、监谢朏,又造《四部书目》,大凡一万八千一十卷。齐末兵火,延烧秘阁,经籍遗散。梁初,秘书监任昉,躬加部集,又于文德殿内列藏众书,华林园中总集释典,大凡二万三千一百六卷,而释氏不豫焉。梁有秘书监任昉、殷钧《四部目录》,又《文德殿目录》。其术数之书,更为一部,使奉朝请祖暅撰其名。故梁有《五部目录》。……隋开皇三年,秘书监牛弘,表请分遣使人,搜访异本。每书一卷,赏绢一匹,校写既定,本即归主。于是民间异书,往往间出。及平陈已后,经籍渐备。检其所得,多太建时书,纸墨不精,书亦拙恶。于是总集编次,存为古本。召天下工书之士,京兆韦霈、南阳杜頵等,于秘书内补续残缺,为正副二本,藏于宫中,其余以实秘书内、外之阁,凡三万余卷。"《隋书》卷三十三《经籍志二》(P991):"《开皇四年四部目录》四卷,《开皇八年四部书目录》四卷。"

【考论】

四部目录此前已有多部,据《七录序》附《古今书最》、《隋书·经籍志·簿录篇》,南朝四部目录,先有东晋李充《四部》,继有宋谢灵运《元嘉八年秘阁四部目录》,及王俭《元徽元年秘阁四部书目录》,又有齐王亮、谢朏《永明元年秘阁四部目录》,都为时人所重;梁时既有刘孝标《天监四年文德正御四部目录》及殷钧《天监六年四部目录》,又有殷淳《四部书大目》、刘遵《梁东宫四部目录》;陈时有《天嘉六年寿安殿四部目录》、《德教殿四部目录》。隋从建立至灭亡不过三十余年,却连续不断地征集图书,整理图书,优先发展文化事业。开皇三年(583),牛弘于民间搜求异本书籍,遗篇复出,平陈以后,经籍逐渐齐备,于是朝廷组织人力加以整理,韦霈、杜頵等于秘书监补续残缺部分,形成正、副二本,藏于宫中。开皇四年(584)成《四部目录》,开皇八年(588)又有《四部书目录》。此后开皇九年(589)隋灭陈,收其图籍,成《香厨四部目录》四卷。开皇二十年(600)秘书监王劭又撰《开皇二十年书目》四卷。隋开皇年间,还有秘书丞许善心仿照前代《七录》旧例,撰官书目录《七林》,于各类冠以总序,"又于部录之下,明作者之意,区分其类例焉"。

○王通约生于此年

【文献】

《四库全书》第696册《中说》附杜淹《文中子世家》(P578):"开皇四年,文中子始生。"

【考论】

王通(584—617,一说生年为580),字仲淹,绛州龙门(今山西稷山县西,一说万荣县通化镇)人。事详其卒年之条目。旧史家多以《文中子世家》为据,认为王通生于隋开皇四年,当为陈、隋之际。然其弟王绩《游北山赋》自注(P443)谓:"吾兄通,字仲淹。生于隋末。"其孙王勃在《续书序》中亦谓:"我先君文中子,实秉睿懿,生于隋末。"考其卒年为大业十三年,实为隋末,故生于隋末说实难成立。皮日休《四库全书》第1083册《文薮》卷四《文中子碑》(P180)谓:"文中子王氏,讳通,生于陈、隋之间。"开皇四年,正是陈后主至德二年,正与此合。又据尹协理考,《文苑英华》载王绩《游北山赋》自注(P444):"吾兄仲淹以大业十三年卒于乡,余时年三十三",大业十三年为公元617年,是年绩三十三岁,故王绩当生于开皇五年(585)。然在王通与王绩之间尚有王凝，王通之生当在开皇五年之前。《文中子世家》(P578)又说："开皇九年，江东平，铜川府君叹曰：'王道无叙，天下何为而一乎?'文中子侍侧，十岁矣，有忧色。"据此，开皇九年王通十岁，上推当生于北周静帝大象二年(580)，正与阮逸在《元经》大业十三年注中说王通卒时"三十八岁"合，此可备一说。

【相关论著举目】

黄清发:《王通生平著述新证——以新出〈王劢墓志〉为中心》,《晋阳学刊》,2012 年第 3 期

陈启智:《王通生平著述考》,《东岳论丛》,1996 年第 6 期

刘宽亮:《王通生年考》,《晋阳学刊》,1987 年第 4 期

尹协理、魏明:《王通论》,中国社会科学出版社,1984 年

文帝开皇五年(陈后主至德三年) 乙巳(585)

○四月，文帝征马光等六人，时称"六儒"

【文献】

《隋书》卷一《高祖纪》(P22)："乙巳，诏征山东马荣伯等六儒。"《隋书》卷七十五《马光传》(P1717)："开皇初，高祖征山东义学之士，光与张仲让、孔笼、窦士荣、张黑奴、刘祖仁等俱至，并授太学博士，时人号为'六儒'。然皆鄙野，无仪范，朝廷不之贵也。士荣寻病死。仲让未几告归乡里，著书十卷，自云此书若奏，我必为宰相。又数言玄象事。州县列上其状，竟坐诛。孔笼、张黑奴、刘祖仁未几亦被谴去。唯光独存。"

事又见《册府元龟》卷九十八《帝王部》、《册府元龟》卷五百九十七《学校部》、《册府元龟》卷七百六十八《总录部》、《册府元龟》卷八百三十五《总录部》、《北史》卷十一《隋本纪》上、《太平御览》卷二百三十六。

【考论】

开皇初，隋文帝征山东义学之士马光、张仲让、孔笼、窦士荣、张

黑奴、刘祖仁等六人，并授太学博士，时人号为“六儒”。其中马光、孔笼、刘黑奴、窦士荣等四人，皆出自北方硕儒熊安生门下，表明此时经学“北学”犹盛。然朝廷以诸人鄙野无仪轨而蔑视之，反映出朝廷尚有轻北学、重南学之倾向，故清儒皮锡瑞《经学历史·经学统一时代》(P135)谓：“隋平陈而天下统一，南北之学亦归统一，此随世运为转移者也；天下统一，南并于北，而经学统一，北学反并于南，此不随世运为转移者也。”《经学历史·经学统一时代》(P135—136)又谓：“北人笃守汉学，本近质朴；而南人善谈名理，增饰华词，表里可观，雅俗共赏。故虽以亡国之余，足以转移一时风气，使北人舍旧而从之。”马宗霍《中国经学史》(P92)谓：“故平陈已后，南学遂得以乘之，不兼通南北学，几不能胜博士之任。”参见《中国学术思想编年》之《隋唐五代卷》。

文帝开皇六年(陈后主至德四年)　丙午(586)

○刘焯、刘炫考定《石经》

【文献】

《隋书》卷七十五《刘焯传》(P1718)：“六年，运洛阳《石经》至京师，文字磨灭，莫能知者，奉敕与刘炫等考定。”

事又见《北史》卷八十二《刘焯传》、《邵氏闻见后录》卷六。

文帝开皇七年(陈后主祯明元年)　丁未(587)

○正月，废九品中正制，是为中国科举制之雏形

【文献】

《隋书》卷一《高祖纪上》(P25)：“七年春正月……乙未，制诸州岁

贡三人。"《隋书》卷二《高祖纪下》(P43):"(开皇)十八年秋七月,丙子,诏京官五品已上,总管、刺史,以志行修谨、清平干济二科举人。"《通典》卷十四《选举典二》注(P328):"南朝至于梁、陈,北朝至于周、隋,选举之法,虽互相损益,而九品及中正至开皇中方罢。"

【考论】

曹魏时期开始施行九品中正制,延康元年(220),曹丕用吏部尚书陈群之议在选拔官吏时采用"九品官人法",即将当地士人按"才能"分为九等,之后按等级加以选用。曹芳时,司马氏当政,又在各州设大中正,在郡国设小中正。其选拔均为士施子弟,故此制实为士族地主操纵政权的工具,高门权贵的子弟无论优劣都可做官,寒门才俊却得不到重用,正所谓"上品无寒门,下品无势族"。隋文帝革除弊政,于是年废除九品中正制,始于开皇三年(583)正月下诏举"贤良",继之于开皇七年令"诸州岁贡三人",其后又于开皇十八年(598)实行"京官五品以上,总管、刺史,以志行修谨、清平干济二科举人",此举实为中国科举制之滥觞。

【相关论著举目】

段锐超:《十六国北朝九品中正制的发展演变》,《北华大学学报》(社会科学版),2012 年第 2 期

王明前:《从"唯才是举"到九品中正——魏晋之际的"才"、"德"之辛评》,《苏州科技学院学报》(社会科学版),2011 年第 2 期

王晓毅:《再论曹魏九品中正制的历史真相》,《文史哲》,2010 年第 2 期

张旭华:《曹魏九品中正制再探讨——与王晓毅先生商榷》,《文史哲》,2008 年第 6 期

王晓毅:《曹魏九品中正制的历史真相》,《文史哲》,2007 年第 6 期

胡克森:《九品中正制度再评价》,《贵州社会科学》,2005 年第 1 期

张旭华:《魏晋九品中正制名例考辨》,《中国史研究》,2001 年第 2 期

景有泉:《近年来九品中正制研究综述》,《中国史研究动态》,

1999年第8期

陈清泉:《略论“九品中正”制度的弊病及其影响》,《学术月刊》,1980年第9期

文帝开皇八年　戊申(588)

○李士谦卒,曾论三教优劣

【文献】

《隋书》卷七十七《李士谦传》(P1753—1754):“士谦善谈玄理,尝有一客在坐,不信佛家应报之义,以为外典无闻焉。士谦喻之曰:‘积善余庆,积恶余殃,高门待封,扫墓望丧,岂非休咎之应邪?佛经云轮转五道,无复穷已,此则贾谊所言,千变万化,未始有极,忽然为人之谓也。佛道未东,而贤者已知其然矣。至若鲧为黄熊,杜宇为鶗鴂,褒君为龙,牛哀为兽,君子为鹄,小人为猿,彭生为豕,如意为犬,黄母为鼋,宣武为鳖,邓艾为牛,徐伯为鱼,铃下为乌,书生为蛇,羊祜前身,李氏之子,此非佛家变受异形之谓邪?’客曰:‘邢子才云,岂有松柏后身化为樗栎,仆以为然。’士谦曰:‘此不类之谈也。变化皆由心而作,木岂有心乎?’客又问三教优劣,士谦曰:‘佛,日也;道,月也,儒,五星也。’客亦不能难而止。……开皇八年,终于家,时年六十六。赵郡士女闻之,莫不流涕曰:‘我曹不死,而令李参军死乎!’会葬者万余人。乡人李景伯等以士谦道著丘园,条其行状,诣尚书省请先生之谥,事寝不行,遂相与树碑于墓。”《册府元龟》卷八百二十一《崇释教》(P9759):“李士谦,赵郡平棘人也,为员外郎,善谈玄理。……客又问:‘三教优劣?’士谦曰:‘佛,日也;道,月也;儒,五星也。’客亦不能难而止。”

事又见《隆兴佛教编年》卷十九、《续高僧传》卷二十三等。《全隋文》卷九《李士谦》亦记李卒于开皇八年。

【考论】

李士谦(522—588)为赵郡平棘(今河北赵县)人,家境富有,却躬处节俭,乐善好施,进学修德。雅好佛学,又善谈玄,有人问及三教优劣,则答以佛为日,以道为月,儒为五星,并以儒家学说解释佛教报应之义。李士谦是隋代对三教之地位较早排出次第者,并以佛为高,推为中心,道、儒次之。这种排列与南北朝时的三教顺序已有很大不同。关于儒、释、道三教之先后顺序,在东晋南北朝时期已有争论。如东晋道士葛洪以道为高,《四库全书》第1059册《抱朴子》卷十《明本》(P51)论儒、道之关系曰:"或问儒道之先后?抱朴子答曰:'道者,儒之本也;儒者,道之末也。'"又如东晋僧人道安作《二教论》,论儒佛二教大旨及其优劣,"以儒、道九流为外教,释氏为内教",这种排序显示出在中土崇佛倾向日益明显,表明佛教在传播过程中已经日益深入人心,几与儒教、道教鼎足而三。北齐魏收所作《魏书》卷一百一十四《释老志》,《佛祖历代通载》(参见《大正藏》卷四十九)称其"兼三圣人难兼之学,平四作者不平之心",其行文"不偏不倚,不毁佛,亦不佞佛,具有史家之客观心态"(蓝吉富:《我国传统史籍中佛教专篇史料之检讨》,《中国佛教史学史论集》)。《广弘明集》(P320)虽载北周武帝曾主张用儒学统一三教,"至天和四年岁在己丑三月十五日,敕召有德众僧、名儒、道士、文武百官二千余人,帝御正殿,量述三教:以儒教为先,佛教为后,道教最上",但周武帝仍以"道教最上",《四库全书》第1048册《广弘明集》卷八《叙周武帝集道俗议灭佛法事》(P320)又载:"又敕司隶大夫甄鸾,详度佛道二教,定其深浅,辨其真伪。天和五年,鸾乃上《笑道论》三卷,用笑'三洞'之名。五月十日,帝大集群臣详鸾上论,以为伤蠹道法。帝躬受之,不惬本图,即于殿庭焚荡。"甄鸾所作《笑道论》,讥笑道教浅陋,被周武帝"于殿庭焚荡"。此事又见于《续高僧传》卷二十三。为了增加收入、扩充军队、增强国力,周武帝却于论佛、道二教优劣的次年禁佛、道二教,强制沙门、道士还俗,给在中土刚开始勃然兴起的佛教以沉重打击。

至隋统一,佛教复兴,李士谦所排之序以佛为上,这一方面反映了隋代重佛的大体趋向,展示出佛教重新兴盛的局面;另一方面折射了隋朝统治者的心态,实际上是投其所好。“佛,日也;道,月也;儒,五星也”的说法说明了在隋代儒学的地位仅限于佛道的陪衬而已。隋文帝征辟儒生,宣讲儒道,扶持儒学,使儒家学术获得了长足发展。但这一切仅限于表面,并没有真正像汉代一样儒术独尊。隋文帝及其后继者隋炀帝对佛教极为提倡,使儒学的发展受到很大限制。

《佛祖统纪》卷三十九曰:“(开皇)九年,李士谦雅好佛学,兼善玄谈。有客问三教优劣,士谦曰:佛,日也;道,月也;儒,五星也。时以为至论。”李卒于开皇八年,《佛祖统纪》记李士谦论三教先后于“开皇九年”,当误。

文帝开皇九年(陈后主祯明三年)　己酉(589)

○四月,文帝诏偃武修文,倡导天下习儒典

【文献】

《隋书》卷二《高祖纪下》(P32—33):“壬戌,诏曰:‘往以吴、越之野,群黎涂炭,干戈方用,积习未宁。今率土大同,含生遂性,太平之法,方可流行。凡我臣僚,澡身浴德,开通耳目,宜从兹始。丧乱已来,缅将十载,君无君德,臣失臣道,父有不慈,子有不孝,兄弟之情或薄,夫妇之义或违,长幼失序,尊卑错乱。朕为帝王,志存爱养,时有臻道,不敢宁息。内外职位,遐迩黎人,家家自修,人人克念,使不轨不法,荡然俱尽。兵可立威,不可不戢,刑可助化,不可专行。禁卫九重之余,镇守四方之外,戎旅军器,皆宜停罢。代路既夷,群方无事,武力之子,俱可学文,人间甲仗,悉皆除毁。有功之臣,降情文艺,家门子侄,各守一经,令海内翕然,高山仰止。京邑庠序,爰及州县,生徒受业,升进于朝,未有灼然明经高第。此则教训不笃,考课未精,明勒所由,隆兹儒训。官府从宦,丘园素士,心迹相表,宽弘为念,勿为

踊促，乖我皇猷。朕君临区宇，于兹九载，开直言之路，披不讳之心，形于颜色，劳于兴寝。自顷逞艺论功，昌言乃众，推诚切谏，其事甚疏。公卿士庶，非所望也，各启至诚，匡兹不逮。见善必进，有才必举，无或噤默，退有后言。颁告天下，咸悉此意。”

又见《全隋文》卷二《劝学求言诏》。

【考论】

南北朝以来，战争连年不断，政权频繁更替。隋朝初立，天下统一，战乱结束，隋文帝担忧丧乱以来儒家礼乐崩坏、社会道德沦丧，及时制定出由武功向文治转化的重大决策，并于是年诏告天下，“戎旅军器，皆宜停罢”，“武力之子，俱可学文，人间甲仗，悉皆除毁”，“京邑庠序，爰及州县，生徒受业，升进于朝”。此诏宣告了隋代以儒兴国时代的到来，反映出隋文帝进行儒学建设的坚决、果断、务实的态度，是隋文帝为改变长期以来恶劣的社会风气所采取的必要措施。此诏颁发后不久，社会上就已形成习儒之风尚，正如《隋书》卷七十五《儒林传》(P1706)所说学者“负笈追师，不远千里，讲诵之声，道路不绝”。参见《中国学术思想编年》之《隋唐五代卷》。

○十二月，牛弘等议乐

【文献】

《隋书》卷二《高祖纪下》(P34)：“十二月甲子，诏曰：‘朕祗承天命，清荡万方。百王衰敝之后，兆庶浇浮之日，圣人遗训，扫地俱尽，制礼作乐，今也其时。朕情存古乐，深思雅道。郑、卫淫声，鱼龙杂戏，乐府之内，尽以除之。今欲更调律吕，改张琴瑟。且妙术精微，非因教习，工人代掌，止传糟粕，不足达神明之德，论天地之和。区域之间，奇才异艺，天知神授，何代无哉！盖晦迹于非时，俟昌言于所好，宜可搜访，速以奏闻，庶睹一艺之能，共就九成之业。’仍诏太常牛弘、通直散骑常侍许善心、秘书丞姚察、通直郎虞世基等议定作乐。”《隋书》卷四十九《牛弘传》(P1305—1308)：“六年，除太常卿。九年，诏改定雅乐,又作乐府歌词,撰定圆丘五帝凯乐,并议乐事。弘上议云:'谨案《礼》,五声、六律、十二管还相为宫。《周礼》奏黄钟,歌大吕,奏太簇,歌应钟,皆是旋相为宫之义。……'上曰:'不须作旋相为宫,且作黄钟一均也。'弘又论六十律不可行……上甚善其议,诏弘与姚察、许善心、何妥、虞世基等正定新乐,事在《音律志》。是后议置明堂,诏弘条上故事,议其得失,事在《礼志》。上甚敬重之。"

事又见《北史》卷十一。

○沈德威此年入隋,官至秦王府主簿

【文献】

《陈书》卷三十三《沈德威传》(P442):"沈德威字怀远,少有操行。……天嘉元年,征出都,侍太子讲《礼传》。寻授太学博士,转国子助教。每自学还私室以讲授,道俗受业者数十百人,率常如此。迁太常丞,兼五礼学士,寻为尚书仪曹郎,后为祠部郎。俄丁母忧去职。祯明三年入隋,官至秦王府主簿。年五十五卒。"《陈书》卷三十三《儒林传》(P441):"时有晋陵张崖、吴郡陆诩、吴兴沈德威、会稽贺德基,俱以礼学自命。"

事又见《南史》卷七十一《沈德威传》。

○王元规为秦王府东阁祭酒,卒于此年后不久,作《续春秋左氏经传义略》等

【文献】

《陈书》卷三十三《王元规传》(P448—449):"王元规,字正范,太原晋阳人也。……元规少好学,从吴兴沈文阿受业,十八,通《春秋左氏》、《孝经》、《论语》、《丧服》。梁中大通元年,诏策《春秋》,举高第,时名儒咸称赏之。……后主在东宫,引为学士,亲受《礼记》、《左传》、《丧服》等义,赏赐优厚。迁国子祭酒。新安王伯固尝因入宫适会元规将

讲，乃启请执经，时论以为荣。俄除尚书祠部郎。自梁代诸儒相传为《左氏》学者，皆以贾逵、服虔之义难驳杜预，凡一百八十条，元规引证通析，无复疑滞。每国家议吉凶大礼，常参预焉。丁母忧去职，服阕，除鄱阳王府中录事参军，俄转散骑侍郎，迁南平王府限内参军。王为江州，元规随府之镇，四方学徒，不远千里来请道者，常数十百人。祯明三年入隋，为秦王府东閤祭酒。年七十四，卒于广陵。元规著《春秋发题辞》及《义记》十一卷，《续经典大义》十四卷，《孝经义记》两卷，《左传音》三卷，《礼记音》两卷。"《隋书》卷三十二《经籍志一》(P930)："《王元规续沈文阿春秋左氏传义略》十卷。"《旧唐书》卷四十六《经籍志上》(P1977)："《春秋左氏传音》又三卷，王元规撰。"《清史稿》卷一百四十五《艺文志》(P4243)："陈王元规《续春秋左氏经传义略》一卷。"

事又见《全隋文》卷九、《南史》卷七十一《王元规传》、《廿二史札记》卷十五、《册府元龟》卷六百六《学校部(注释第二)》。

◯《颜氏家训》约撰于此年前后

【文献】

《北齐书》卷四十五《颜之推传》(P618)："隋开皇中，太子召为学士，甚见礼重。寻以疾终。有文三十卷，撰《家训》二十篇，并行于世。曾撰《观我生赋》，文致清远。"《金石萃编》卷一百一(第三册)唐颜真卿《颜氏家庙碑》(P7)："北齐给事黄门侍郎、待诏文林馆、平原太守、隋东宫学士讳之推，字介，著《家训》廿篇，《冤魂志》三卷，《证俗音字》五卷，《文集》卅卷，事具本传。"

【考论】

《颜氏家训》，颜之推(531—约590)撰。该书旨在以传统儒家的伦理思想劝诫子弟守道崇德、志学修业、修身齐家等，批评了当时士族子弟不学无术、骄奢淫逸的风气。晁公武《郡斋读书志》卷十(P442)谓该书："述立身治家之法，辨正时俗之谬，以训诸子孙。"虽名为家训，实则是据儒家"修齐治平"的古训和传统的道德观念来整饬家庭关系。该书以儒家思想为核心，在实践中又吸收玄、释的思想，表现出融儒、释、道三教于一体的思想倾向。书中对佛、道皆有不同程度的肯定和褒扬，认为儒、佛义旨相通，“内外两教，本为一体，渐积为异，深浅不同”，如《归心篇》(P29)谓佛教“五戒”与儒学“外典仁、义、礼、智、信，皆与之符”。颜之推以儒学证明佛学不诬，借以融佛入儒，强调儒释道三教并无根本的冲突，开三教合一之先声。颜之推提出文学源于经学的观点，《文章篇》(P19)谓“文章者，原出五经：诏命策檄，生于《书》者也；序述论议，生于《易》者也；歌咏赋颂，生于《诗》者也；祭祀哀诔，生于《礼》者也；书奏箴铭，生于《春秋》者也”。他还对南北朝以来的社会习俗、人物轶事、文字音韵以及训诂考证等亦多有涉及，故《四库》列其入子部“杂家类”。《四库全书总目》(P1010)谓：“今观其书，大抵于世故人情深明利害，而能文之以经训，故《唐志》、《宋志》俱列之儒家。然其中《归心》等篇，深明‘因果’，不出当时好佛之习，又兼论字画音训，并考正典故，品第文艺，曼衍旁涉，不专为一家之言，今特退之‘杂家’。”惟因其“杂”，使是书成为研究该时期文化史的重要文献。

关于《颜氏家训》的撰写时间，《四库全书总目》(P1010)谓“旧本题北齐黄门侍郎颜之推撰……旧本所题，盖据作书之时也”，此说似有误。余嘉锡《四库提要辨证》卷十四《子部五》(P851)云：“考《家训》屡叙齐亡时事，其《书证篇》云：‘开皇二年五月，长安民掘得秦时铁称权，旁有铜涂镌铭二所，其书兼为古隶。余被敕写读之，与内史令李德林对，见此称权，今在官库。’是《家训》之作于隋时，本书有明文可考。其《终制篇》云：‘先君、先夫人皆未还建邺旧山，今虽混一，家道罄穷，何由办此奉营经费。’则《家训》实作于隋开皇九年平陈之后，《提要》以为作于北齐，盖未尝一检原书，姑以臆说之耳。”余氏对《提要》舍正史不引，而旁征陆法言之《切韵序》颇为不解(P850—851)。有以为《家训》作于隋仁寿年间(601—604)(参见《哲学大辞典·中国哲学史卷》，上海辞书出版社1985年版)者，亦误。《北齐书》卷四十五《文苑传·颜之推传》(P618)谓：“隋开皇中，太子召为学士，甚见礼重，寻以疾终”,可见,之推卒于开皇中,不太可能在仁寿年间尚存并著书。今从余说,志于此年。参见《中国学术思想编年》之《隋唐五代卷》。

【相关论著举目】

郝玲:《〈颜氏家训〉虚词研究》,内蒙古师范大学硕士学位论文,2011年

钱国旗:《学问修身与文化传家——论〈颜氏家训〉的勉学重教思想》,《青岛大学师范学院学报》,2010年第1期

荣亮:《〈颜氏家训〉时间副词研究》,陕西师范大学硕士学位论文,2010年

詹祥粉:《〈颜氏家训〉伦理思想的特征及其现代意义》,《重庆社会科学》,2009年第1期

孙丽萍:《近十年来〈颜氏家训〉研究概述》,《华夏文化》,2009年第1期

李健:《哲学视域中的〈颜氏家训〉研究》,湘潭大学硕士学位论文,2009年

刘小双:《试论〈颜氏家训〉中的儒家思想》,《安徽文学》,2009年第6期

钱国旗:《血脉传承与扬名显亲——论〈颜氏家训〉的齐家之道》,《孔子研究》,2007年第4期

王进生:《试论〈颜氏家训〉对南北文学思想的调合》,《井冈山学院学报》,2007年第3期

程时用:《〈颜氏家训〉研究》,暨南大学硕士学位论文,2006年

顾向明、王大建:《〈颜氏家训〉中南北朝士族风俗文化现象探析》,《郑州大学学报》2006年第4期

王玲莉:《〈颜氏家训〉的人生智慧及其现代价值》,《广西社会科学》,2005年第10期

卢万成:《〈颜氏家训〉家庭思想教育研究及对当代的启示》,首都师范大学硕士学位论文,2005年

朱明勋:《中国传统家训研究》,四川大学博士学位论文,2004年

闫续瑞:《汉唐之际帝王、士大夫家训研究》,南京师范大学博士

学位论文,2004 年

钱国旗:《在礼与情之间——〈颜氏家训〉对礼俗风尚的论述和辨正》,《孔子研究》,2004 年第 5 期

余颖:《〈颜氏家训〉"书证篇"研究》,上海师范大学硕士学位论文,2003 年

夏剑钦:《〈颜氏家训·音辞篇〉的音韵学地位》,《湘潭大学社会科学学报》,2002 年第 5 期

钱国旗:《〈颜氏家训〉及其文学史意义》,《青岛大学师范学院学报》,2002 年第 2 期

曾永胜:《〈颜氏家训〉思想研究》,湖南师范大学硕士学位论文,2001 年

尹旦平:《〈颜氏家训〉的道德教育思想》,《江汉论坛》,2000 年第 1 期

陈东霞:《试论〈颜氏家训〉中的儒家思想》,《东岳论丛》,1999 年第 3 期

曾凡贞:《传统家训及其现代意义》,《广西师范大学学报》,1998 年第 4 期

王启涛:《〈颜氏家训·音辞〉新论》,《四川师范大学学报》,1996 年第 3 期

马玉山:《"家训""家诫"的盛行与儒学的普及传播》,《孔子研究》,1993 年第 4 期

张亚群:《"务先王之道,绍家世之业"——颜之推思想辨析》,《齐鲁学刊》,1992 年第 4 期

文帝开皇十一年　辛亥(591)

○辛彦之卒,撰有《五经异义》、《新礼》等

【文献】

《隋书》卷七十五《辛彦之传》(P1708—1709):"辛彦之,陇西狄道

人也。祖世叙,魏凉州刺史。父灵辅,周渭州刺史。彦之九岁而孤,不交非类,博涉经史,与天水牛弘同志好学。……高祖受禅,除太常少卿,改封任城郡公,进位上开府。寻转国子祭酒。岁余,拜礼部尚书,与秘书监牛弘撰《新礼》。吴兴沈重名为硕学,高祖尝令彦之与重论议,重不能抗,于是避席而谢曰:'辛君所谓金城汤池,无可攻之势。'高祖大悦。后拜随州刺史。于时州牧多贡珍玩,唯彦之所贡,并供祭之物。高祖善之,顾谓朝臣曰:'人安得无学!彦之所贡,稽古之力也。'迁潞州刺史,前后俱有惠政。彦之又崇信佛道,于城内立浮图二所,并十五层。开皇十一年,州人张元暴死,数日乃苏,云游天上,见新构一堂,制极崇丽。元问其故,人云潞州刺史辛彦之有功德,造此堂以待之。彦之闻而不悦。其年卒官。谥曰宣。彦之撰《坟典》一部,《六官》一部,《祝文》一部,《礼要》一部,《新礼》一部,《五经异义》一部,并行于世。"

事又见《北史》卷八十二《辛彦之传》、《册府元龟》卷八百二十一《总录部(崇释教)》。

【考论】

辛彦之(?—591),陇西狄道(今甘肃临洮)人。九岁而孤,博涉经史,与天水牛弘同志好学。后入关,迁居京都长安,北周太祖重其才,引为中外府礼曹。时国家草创,朝臣各种仪注均出自彦之之手。北周闵帝即位,由彦之与少宗伯卢辩专掌朝中仪制。后历任太祝、乐部、御史等四曹大夫。封爵五原郡公、拜少宗伯。杨坚称帝,任太常少卿、国子祭酒、礼部尚书,曾与秘书监牛弘撰《新礼》。亦曾奉命与沈重论议,沈重不能以学识对抗,赞曰:"辛君所学谓金城汤池,无可攻之势。"后拜随州刺史,政绩显著。隋统一后,辛彦之制朝廷礼典,修定仪注,著有《坟典》、《六官》、《礼要》、《新礼》、《五经异义》等,皆佚亡。卒后谥为"宣"。

○颜之推约卒于此年

【文献】

《北齐书》卷四十五《颜之推传》(P617—618):“颜之推,字介,琅邪临沂人也。……世善《周官》、《左氏》,之推早传家业。年十二,值绎自讲《庄》、《老》,便预门徒。虚谈非其所好,还习《礼》、《传》,博览群书,无不该洽。词情典丽,甚为西府所称。……隋开皇中,太子召为学士,甚见礼重。寻以疾终。有文三十卷,撰《家训》二十篇,并行于世。曾撰《观我生赋》,文致清远。”事又见《北史》卷八十三《文苑传》、《金石萃编》卷一百一(第三册)颜真卿《颜氏家庙碑》(P7)。钱大昕《疑年录》卷一(P19):“颜之推六十余,生梁中大通三年辛亥,卒隋开皇中。本传不书卒年,据《家训·序致篇》云‘年生九岁,便丁荼蓼’,以《梁书》颜协卒年证之,得其生年。又《终制篇》云‘吾已六十余’,则其卒盖在开皇十一年以后矣。”

文帝开皇十三年　癸丑(593)

○文帝令私家不得藏纬候图谶

【文献】

《隋书》卷二《高祖纪下》(P38):二月,“丁酉,制私家不得隐藏纬候图谶。”

又见《资治通鉴》卷一百七十八《隋纪二》。

○诏民间有撰集国史、臧否人物者,皆令禁绝

【文献】

《隋书》卷二《高祖纪下》(P38):“五月癸亥,诏人间有撰集国史、

臧否人物者，皆令禁绝。"《隋书》卷六十九《王劭传》(P1601)："高祖受禅，授著作佐郎。以母忧去职，在家著《齐书》。时制禁私撰史，为内史侍郎李元操所奏。上怒，遣使收其书，览而悦之。于是起为员外散骑侍郎，修起居注。"

【考论】

自汉代，至隋代以前，虽有历代帝王敕令修史之事，但当时的史书大多为私家著述，至隋唐则逐渐恢复了先秦官修史书之制。是年，文帝下诏凡民间有撰修国史、臧否人物者，"皆令禁绝"，表明皇家意欲垄断国史撰集之事，实开唐代官修史书之先例。史载，此令出后，著佐郎王劭因在家私撰《齐书》，为内史侍郎李元操所告发，文帝大怒，"遣使收其书"，虽阅后并未治其罪，且委以修史，但这也说明当时此诏已付诸实施。参见《中国学术思想编年》之《隋唐五代卷》。

○议立明堂

【文献】

《隋书》卷六《礼仪志一》(P121—122)："高祖平陈，收罗杞梓，郊丘宗社，典礼粗备，唯明堂未立。开皇十三年，诏命议之。礼部尚书牛弘、国子祭酒辛彦之等定议，事在《弘传》。后检校将作大匠事宇文恺依《月令》文，造明堂木样，重檐复庙，五房四达，丈尺规矩，皆有准凭，以献。高祖异之，命有司于郭内安业里为规兆。方欲崇建，又命详定，诸儒争论，莫之能决。弘等又条经史正文重奏。时非议既多，久而不定，又议罢之。及大业中，恺又造《明堂议》及样奏之。炀帝下其议，但令于霍山采木，而建都兴役，其制遂寝。终隋代，祀五方上帝，止于明堂，恒以季秋在雩坛上而祀。其用币各于其方。人帝各在天帝之左。太祖武元皇帝在太昊南，西向。五官在庭，亦各依其方。牲用犊十二。皇帝、太尉、司农行三献礼于青帝及太祖。自余有司助奠。祀五官于堂下，行一献礼。有燎。其省牲进熟，如南郊仪。"《通典》卷四十四《礼四·沿革四·吉礼三》(P1221)："隋文帝开皇十三年，议立明堂，繁役不就。终隋代，季秋祀五方上帝于雩坛上，其用币各依其方。人帝各在天帝之左。太祖在太昊南，西向。五官在庭，各依其方。牲用犊十二。皇帝、太尉、司农行三献礼于青帝及太祖。自余有司助奠。五官位于堂下，行一献礼。有燎。其省牲进熟，如南郊礼。”

事又见《文献通考》卷七十三《郊社考六》。

【考论】

辛彦之卒于开皇十一年，“开皇十三年，诏命议之”，此事辛彦之应该没有参与，《隋书》卷六《礼仪志一》所载当有误。

文帝开皇十四年　甲寅(594)

◯三月，乐定并撰歌辞三十首

【文献】

《隋书》卷十五《音乐志下》(P359)：“十四年三月，乐定。秘书监、奇章县公牛弘，秘书丞、北绛郡公姚察，通直散骑常侍、虞部侍郎许善心，兼内史舍人虞世基，仪同三司、东宫学士饶阳伯、刘臻等奏曰：‘臣闻蒉桴土鼓，由来斯尚，雷出地奋，著自《易经》。邃古帝王，经邦驭物，揖让而临天下者，礼乐之谓也。秦焚经典，乐书亡缺，爰至汉兴，始加鸠采，祖述增广，缉成朝宪。魏、晋相承，更加论讨，沿革之宜，备于故实。永嘉之后，九服崩离，燕、石、苻、姚，递据华土。此其戎乎，何必伊川之上，吾其左衽，无复微管之功。前言往式，于斯而尽。金陵建社，朝士南奔，帝则皇规，粲然更备，与内原隔绝，三百年于兹矣。伏惟明圣膺期，会昌在运。今南征所获梁、陈乐人，及晋、宋旗章，宛然俱至。曩代所不服者，今悉服之，前朝所未得者，今悉得之。化洽功成，于是乎在。臣等伏奉明诏，详定雅乐，博访知音，旁求儒彦，研校是非，定其去就，取为一代正乐，具在本司。’于是并撰歌辞三十首，诏并令施用，见行者皆停之。其人间音乐，流僻日久，弃其旧体者，并加禁约，务存其本。”

【考论】

隋朝建立初期，原北齐黄门侍郎颜之推，认为礼崩乐坏，由来已久，太常雅乐，杂有胡音，因而上言要求根据南朝梁国音乐加以订正。隋文帝以为梁乐是亡国之音，未采其议。后隋文帝接受郑译建议，命牛弘、辛彦之、何妥等共同制定新乐，但众说纷纭，长期未就。开皇九年，平定陈国，获南朝音乐。牛弘上奏认为隋朝沿袭的乃是杂有边裔之声的北周音乐，“戎音乱华”，不可再用，而前获梁乐和今获陈乐，乃是合古的正乐，应以此为准作为新乐。开皇十四年三月，新乐完成，并新撰歌词三十首，隋文帝下诏颁布新乐，停用旧乐。隋炀帝时，又对新乐进行了修订，至此隋朝音乐日趋完备。

◎令牛弘等创定仪注

【文献】

《隋书》卷七《礼仪志二》(P140)：“开皇十四年，群臣请封禅。高祖不纳。晋王广又率百官抗表固请，帝命有司草《仪注》。于是牛弘、辛彦之、许善心、姚察、虞世基等创定其礼，奏之。帝逡巡其事，曰：‘此事体大，朕何德以堪之。但当东狩，因拜岱山耳。’”《隋书》卷七十五《辛彦之传》(P1709)：“高祖受禅，除太常少卿，改封任城郡公，进位上开府。寻转国子祭酒。岁余，拜礼部尚书，与秘书监牛弘撰《新礼》。”《隋书》卷四十九《牛弘传》(P1300)：“三年，拜礼部尚书，奉敕修撰《五礼》。勒成百卷，行于当世。”

事又见《文献通考》卷八十四、《通典》卷五十四、《旧唐书》卷二十三《礼仪志三》、《太平御览》卷五百三十六《礼仪部十五(封禅)》、《册府元龟》卷三十五《帝王部(封禅)》。

【考论】

名儒拜服，制礼工作由此顺利展开。牛弘等人所主持制定的礼仪百卷，得到了朝野认可，被付诸实行。《文献通考》卷八十四、《通典》卷五十四未记辛彦之创定仪注事，《册府元龟》卷八百二十一《总录部》载辛彦之开皇十一年卒，不可能开皇十四年去创定仪注。《旧唐书》卷二十三《礼仪志三》(P881)“隋开皇十四年，晋王广率百官抗表，固请封禅。文帝令牛弘、辛彦之、许善心等创定仪注”，《太平御览》卷五百三十六《册府元龟》卷三十五《帝王部(封禅)》及《隋书》卷七《礼仪志二》，均载辛彦之参与了此次创定仪注的活动。两者必有一误，未知孰是，姑两存其说，以俟新考。

○明克让卒，撰有《孝经义疏》、《古今帝代记》、《续名僧记》等

【文献】

《隋书》卷五十八《明克让传》(P1415—1416)：“明克让字弘道，平原鬲人也。父山宾，梁侍中。克让少好儒雅，善谈论，博涉书史，所览将万卷。《三礼》礼论，尤所研精，龟策历象，咸得其妙。年十四，释褐湘东王法曹参军。……高祖受禅，拜太子内舍人，转率更令，进爵为侯。太子以师道处之，恩礼甚厚。每有四方珍味，辄以赐之。于时东宫盛征天下才学之士，至于博物洽闻，皆出其下。诏与太常牛弘等修礼议乐，当朝典故多所裁正。开皇十四年，以疾去官，加通直散骑常侍。卒，年七十。上甚伤惜焉，赙物五百段，米三百石。太子又赠绢布二千匹，钱十万，朝服一具，给棺椁。著《孝经义疏》一部，《古今帝代记》一卷，《文类》四卷，《续名僧记》一卷，集二十卷。”《先秦汉魏晋南北朝诗·隋诗卷二》(P2645—2646)：“明克让……开皇十四年卒。年七十。”

事又见《北史》卷八十三《明克让传》、《太平御览》卷九百六十二。

○授王劭著作佐郎

【文献】

《隋书》卷六十九《王劭传》(P1601—1609)：“王劭字君懋，太原晋

阳人也。父松年，齐通直散骑侍郎。劭少沈默，好读书。弱冠，齐尚书仆射魏收辟参开府军事，累迁太子舍人，待诏文林馆。时祖孝征、魏收、阳休之等尝论古事，有所遗忘，讨阅不能得，因呼劭问之。劭具论所出，取书验之，一无舛误。自是大为时人所许，称其博物。后迁中书舍人。齐灭，入周，不得调。高祖受禅，授著作佐郎。以母忧去职，在家著《齐书》。时制禁私撰史，为内史侍郎李元操所奏。上怒，遣使收其书，览而悦之。于是起为员外散骑侍郎，修起居注。……劭在著作，将二十年，专典国史，撰《隋书》八十卷。多录口敕，又采迂怪不经之语及委巷之言，以类相从，为其题目，辞义繁杂，无足称者，遂使隋代文武名臣列将善恶之迹，堙没无闻。初撰《齐志》，为编年体，二十卷，复为《齐书》纪传一百卷，及《平贼记》三卷。"《隋书》卷三十二《经籍志一》(P943)："《俗语难字》一卷，秘书少监王劭撰。"《隋书》卷三十三《经籍志二》(P958、P962、P981)："《齐事》十卷，后齐事。王劭撰"，"《隋书》六十卷。未成。秘书监王劭撰"，"《舍利感应记》三卷。王劭撰。"《全隋文》卷二十一有传。《新唐书·艺文志》录其著。

事又见《资治通鉴》卷一百七十五。

○王劭撰成《皇隋灵感志》，奏上

【文献】

《隋书》卷六十九《王劭传》(P1608)："劭于是采民间歌谣，引图书谶纬，依约符命，捃摭佛经，撰为《皇隋灵感志》，合三十卷，奏之。上令宣示天下。劭集诸州朝集使，洗手焚香，闭目而读之，曲折其声，有如歌咏。经涉旬朔，遍而后罢。上益喜，赏赐优洽。"又《资治通鉴》卷一百七十八《隋纪二》(P5547)："员外散骑侍郎王劭言上有龙颜戴干之表，指示群臣。上悦，拜著作郎。劭前后上表，言上受命符瑞甚众，又采民间歌谣，引图书谶纬，捃摭佛经，回易文字，曲加诬饰，撰《皇隋灵感志》三十卷奏之。上令宣示天下。"

○辛德源与王劭同修国史，于务隙撰《集注春秋三传》

【文献】

《隋书》卷五十八《辛德源传》(P1422—1423)："辛德源字孝基，陇西狄道人也。……由是除员外散骑侍郎，累迁比部郎中，复兼通直散骑常侍。聘于陈，及还，待诏文林馆，除尚书考功郎中，转中书舍人。及齐灭，仕周为宣纳上士。因取急诣相州，会尉迥作乱，以为中郎。德源辞不获免，遂亡去。高祖受禅，不得调者久之，隐于林虑山，郁郁不得志，著《幽居赋》以自寄，文多不载。德源素与武阳太守卢思道友善，时相往来。魏州刺史崔彦武奏德源潜为交结，恐其有奸计。由是谪令从军讨南宁，岁余而还。秘书监牛弘以德源才学显著，奏与著作郎王劭同修国史。德源每于务隙撰《集注春秋三传》三十卷，注扬子《法言》二十三卷。蜀王秀闻其名而引之，居数岁，奏以为掾。后转谘议参军，卒官。有集二十卷，又撰《政训》、《内训》各二十卷。"《册府元龟》卷六百六《学校部·注释第二》(P7276)："辛德源为著作郎，王邵同修国史，德源每于务隙撰《集注春秋》三十卷，注扬子《法言》二十卷。"《册府元龟》卷六百二十三(P7501)："牛弘为秘书省，以辛德源才学显著，奏与著作王邵同修国史。"

《全隋文》卷二十、《先秦汉魏晋南北朝诗·隋诗卷二》辛德源有传。

文帝开皇十七年　丁巳(597)

○许善心除秘书丞，制《七林》

【文献】

《隋书》卷五十八《许善心传》(P1427)："十七年，除秘书丞。于时秘藏图籍尚多淆乱，善心放阮孝绪《七录》更制《七林》，各为总叙，冠于篇首。又于部录之下，明作者之意，区分其类例焉。又奏追李文博、陆从典等学者十许人，正定经史错谬。”

事又见《册府元龟》卷六百八、《陔余丛考》卷二十二。

文帝开皇十八年　戊午(598)

○十二月，李世民生

【文献】

《旧唐书》卷二、卷三《太宗纪》(P21、P62)：“太宗文武大圣大广孝皇帝讳世民，高祖第二子也。母曰太穆顺圣皇后窦氏。隋开皇十八年十二月戊午，生于武功之别馆。”“己巳，上崩于含风殿，年五十二。”《新唐书》卷二《太宗纪》(P48)：“(二十三年五月)己巳，皇帝崩于含风殿，年五十三。”

【考论】

李世民(598—649)，即唐太宗，祖籍陇西成纪(今甘肃秦安)，一说陇西狄道人，又说钜鹿郡人，唐高祖第二子。公元626年至649年在位。即位后，积极纳谏，厉行节约，休养生息，使得社会出现了国泰民安的局面，开创了历史上的“贞观之治”，并为后来的开元盛世奠定了基础，将中国社会推向鼎盛。唐太宗是中国史上最出名的政治家与明君之一，卒于贞观二十三年(649)，年五十二。《旧唐书》卷二本纪谓其生于隋开皇十八年(598)十二月戊午。《新唐书》卷二谓其卒于贞观二十三年，年五十三，则当生于隋开皇十七年。今从《旧唐书》。

文帝开皇十九年　己未(599)

○九月，牛弘为吏部尚书

【文献】

《隋书》卷二《高祖纪》(P44)：“九月乙丑，以太常卿牛弘为吏部尚书。"事又见《北史》卷十一《隋本纪上》。

○徐孝克卒，撰有《孝经讲疏》、《论语讲疏文句义》

【文献】

《全隋文》卷十二《徐孝克》(P125)："孝克，东海郯人，陈左仆射陵第三弟。……入隋，授国子博士，侍讲东宫。开皇十九年卒，年七十三。"《隋书》卷三十二《经籍志一》(P934、P937)："《孝经讲疏》六卷，徐孝克撰"，"《论语讲疏文句义》五卷(残缺)，徐孝克撰。"

事又见《册府元龟》卷六百六《学校部·注释第二》。

文帝开皇二十年　庚申(600)

○何妥卒于此年前不久，撰有《周易讲疏》、《孝经义疏》等

【文献】

《隋书》卷七十五《何妥传》(P1709—1715)："何妥字栖凤，西城人也。……高祖受禅，除国子博士，加通直散骑常侍，进爵为公。妥性劲急，有口才，好是非人物。时纳言苏威尝言于上曰：'臣先人每诫臣云，唯读《孝经》一卷，足可立身治国，何用多为！'上亦然之。妥进曰：'苏威所学，非止《孝经》。厥父若信有此言，威不从训，是其不孝。若无此言，面欺陛下，是其不诚。不诚不孝，何以事君！且夫子有云："不读《诗》无以言，不读《礼》无以立。"岂容苏绰教子独反圣人之训乎？'威时兼领五职，上甚亲重之，妥因奏威不可信任。又以掌天文律度，皆不称职，妥又上八事以谏。……六年，出为龙州刺史，时有负笈游学者，妥皆为讲说教授之。为《刺史箴》，勒于州门外。在职三年，以疾请还，诏许之。复知学事。……除伊州刺史，不行，寻为国子祭酒。卒官。谥曰肃。撰《周易讲疏》十三卷，《孝经义疏》三卷，《庄子

义疏》四卷，及与沈重等撰《三十六科鬼神感应等大义》九卷，《封禅书》一卷，《乐要》一卷，《文集》十卷，并行于世。”《先秦汉魏晋南北朝诗·隋诗卷二》(P2657)：“妥，字栖凤，西城人，仕梁及周，隋高祖受禅，除国子博士，奉诏考正钟律，累迁国子祭酒，开皇末卒，有《周易讲疏》十三卷、《大隋封禅书》一卷、《乐要》一卷、《集》十卷。”《全隋文》卷十二何妥有传。《隋书》卷三十二《经籍志一》(P912、P926、P938)：“《周易讲疏》十三卷，国子祭酒何妥撰”，“《乐要》一卷，何妥撰”，“《五经大义》五卷，何妥撰。”《新唐书》卷五十七《艺文志一》(P1425)：“何妥《讲疏》十三卷。”《旧唐书》卷四十六《经籍志上》(P1968)：“《周易讲疏》又十三卷，何妥撰。”《册府元龟》卷六百六《学校部·注释第二》(P7276)：“何妥为国子祭酒，通直散骑常侍，撰《周易讲疏》三卷、《孝经义疏》二卷。”

【考论】

何妥字栖凤，西城人，为隋初大儒，隋初任国子博士，加通直散骑常侍，进爵为公。其性劲急，有口才，好是非人物，反对苏威之父所言“唯读《孝经》一卷，足可立身治国”之说，恪守孔子“不读《诗》，无以言；不读《礼》，无以立”之古训。曾奉诏与萧该等“正定经史”，但未就。开皇六年(586)为龙州刺史时，“有负笈游学者，妥皆为讲说教授之”。在任三年，以疾归。不久知学事，遭苏威等排挤，除伊州刺史，寻为国子祭酒，卒，谥曰“肃”。著有《周易讲疏》十三卷、《孝经义疏》三卷、《庄子义疏》四卷、《封禅书》一卷。与沈重等撰《三十六科鬼神感应》等大义九卷、《乐要》一卷、《文集》十卷，并行于世。此外尚著《五经大义》五卷、注《象经》一卷。其卒年史籍不详，据载约卒于开皇末年，暂志于此，以俟新考。

何妥著作今皆佚，唯《周易讲疏》为孔颖达《周易正义》和李鼎祚《周易集解》所引用，尚有若干文句可以查考。何妥之学，儒道兼研，所涉甚杂。

【相关论著举目】

陈四海、葛恩专:《何妥与开皇乐议》,《陕西师范大学学报》(哲学社会科学版),2010 年第 4 期

赵小鹏:《"何妥知乐"辩》,《艺术百家》,2006 年第 1 期

○文帝晚年佞佛道鬼神日甚

【文献】

《隋书》卷二《高祖纪下》(P45—46):"十二月……辛巳,诏曰:'佛法深妙,道教虚融,咸降大慈,济度群品,凡在含识,皆蒙覆护。所以雕铸灵相,图写真形,率土瞻仰,用申诚敬。其五岳四镇,节宣云雨,江、河、淮、海,浸润区域,并生养万物,利益兆人,故建庙立祀,以时恭敬。敢有毁坏偷盗佛及天尊像、岳镇海渎神形者,以不道论。沙门坏佛像,道士坏天尊者,以恶逆论。'"《资治通鉴》卷一百七十九《隋纪三》(P5586):"帝晚年深信佛道鬼神,辛巳,始诏:'有毁佛及天尊,岳、镇、海、渎神像者,以不道论;沙门毁佛像,道士毁天尊像者,以恶逆论。'"

文帝仁寿元年　辛酉(601)

○陆法言等撰《切韵》

【文献】

《四库全书总目》卷四十二《小学类三》(P358):"《重修广韵》五卷,宋陈彭年、邱雍等奉敕撰。初,隋陆法言以吕静等六家韵书各有乖互,因与刘臻、颜之推、魏渊、卢思道、李若、萧该、辛德源、薛道衡八人撰为《切韵》五卷。书成于仁寿元年。唐仪凤二年,长孙讷言为之注。后郭知元、关亮、薛峋、王仁煦、祝尚丘递有增加。天宝十载,陈

州司法孙愐重为刊定，改名《唐韵》。”《文献通考》卷一百八十九《经籍考十六》(P1612)：“《广韵》五卷，晁氏曰：隋陆法言撰。其后唐孙愐加字，凡四万二千三百八十三，前有法言、长孙、愐三序。陈氏曰：开皇初，有刘臻等八人同诣法言，共为撰集，长孙纳言为之笺注。唐朝转有加增，至开元中陈州司法孙愐著成《唐韵》，本朝陈彭年等重修。《中兴书目》云不知作者。按《国史志》有《重修广韵》，皇朝陈彭年等。《景祐集韵》亦称真宗令陈彭年、邱雍等因陆法言《韵》就为刊益。今此书首载景德、祥符敕牒，以《大宋重修广韵》为名，然则即彭年等所修也。”《全隋文》卷二十七陆法言有传(P314)：“法言名慈，以字行，魏郡临漳人。开皇中，为承奉郎。父爽，尝奏更皇太子诸子名字。及太子废，而爽先卒，文帝追案，坐除名。有《切韵》五卷。”《隋书》卷五十八《陆法言传附陆爽传》所记略同。《国学讲演录·小学略说》(P26)：“《广韵》之先为《切韵》。隋开皇初，陆法言与刘臻等八人共论音韵，略记纲纪，后定为《切韵》五卷。唐孙愐勒为《唐韵》，至宋，陈彭年等又增修为《广韵》。古今音之源流分合，悉具于是。”《四库全书总目》卷四十一《小学类二》(P355—356)：“《御定清文鉴》三十二卷……陆法言《切韵》一万二千五十六字，陈彭年等《重修广韵》已增至二万六千一百九十四字。”参见《郡斋读书志》卷四。

《全隋文》卷二十七《切韵序》(P314—315)：“昔开皇初，有仪同刘臻等八人，同诣法言门宿。夜永酒阑，论及音韵，以今声调，既自有别，诸家取舍，亦复不同。吴楚则时伤轻浅，燕赵则多伤重浊，秦陇则去声为入，梁益则平声似去。又支脂鱼虞，共为一韵；先仙尤侯，俱论是切。欲广文路，自可清浊皆通；若赏知音，即须轻重有异。吕静《韵集》、夏侯该《韵略》、阳休之《韵略》、周思言《音韵》、李季节《音谱》、杜台卿《韵略》等，各有乖互。江东取韵，与河北复殊。因论南北是非，古今通塞。欲更捃选精切，除削疏缓。萧、颜多所决定，魏著作谓法言曰：‘向来论难，疑处悉尽。何不随口记之？我辈数人，定则定矣。’法言即烛下握笔，略记纲纪。博问英辩，殆得精华。于是更涉余学，兼从薄宧，十数年间，不遑修集。今返初服，私训诸弟子：凡有文藻，即须明声韵。屏居山野，交游阻绝，疑惑之所，质问无从。亡者则生死路殊，空怀可作之叹；存者则贵贱礼隔，以报绝交之旨。遂取诸家音韵，古今字书，以前所记者，定之为《切韵》五卷。剖析毫厘，分别黍累，何烦泣玉，未得县金？藏之名山，昔怪马、迁之言大；持以盖酱，今叹扬雄之口吃。非是小子专辄，乃述群贤遗意。宁敢施行人世，直欲不出户庭。于时岁次辛酉，大隋仁寿元年。”

【考论】

《切韵》是现今可考的最早的检韵韵书，是在隋文帝开皇(581—600)年间，陆法言的父亲陆爽在朝廷为官时，由陆法言执笔，记录刘臻、颜之推、卢思道、李若、萧该、辛德源、薛道衡、魏彦渊八位学者在陆家聚会时讨论商定的审音原则，书成于隋文帝仁寿元年(601)。全书共5卷，收1.2万字，分193韵：平声54韵，上声51韵，去声56韵，入声32韵。唐代初年被定为官韵，增订本甚多。《切韵》原书已失传，其所反映的语音系统因《广韵》等增订本而得以完整地流传下来。现存最完整的增订本有两个，一为唐写本王仁昫《刊谬补缺切韵》，一为北宋陈彭年等编的《大宋重修广韵》。陆法言在《切韵序》中提出“欲广文路，自可清浊皆通；若赏知音，即须轻重有异”，认为诗文用韵可以从宽，而审音正音则必须从严。《切韵》开创了韵书修撰的体例，从隋唐至近代一直沿用不废。而其归纳的语音体系，经《唐韵》、《广韵》、《集韵》等一脉相承的增补，一直是官方承认的正统。《切韵》“时俗共重，以为典范”(王仁煦《刊谬补缺切韵序》)，是一部承前启后的重要韵书，在汉语语音研究史和中国古代语言学史上占有重要地位。

【相关论著举目】

马德强：《〈切韵〉音系四等韵的介音研究平议》，《汉语史学报》，2011年第11辑

曾晓渝、刘春陶：《〈切韵〉音系的综合性质再探讨》，《古汉语研究》，2010年第1期

郑民：《论〈切韵〉敦煌写本及传世本之正字观》，《中国典籍与文化》，2007年第3期

熊桂芬:《从引书看〈广韵〉的文献学价值》,《中国典籍与文化》,2006年第1期

徐朝东:《〈切韵〉系韵书中四种异常音切之考察》,《语言研究》,2006年第1期

邓文彬:《早期韵书的产生与陆法言〈切韵〉在音韵学史上的地位和影响》,《西南民族大学学报》,2004年第3期

熊桂芬:《试论从〈切韵〉到〈广韵〉辞书职能的演变》,武汉大学博士学位论文,2003年

储泰松:《隋唐音义反切研究的观念与方法之检讨》,《复旦学报》,2002年第4期

高永奇:《试论陆法言的语言观及〈切韵〉音系之性质》,《殷都学刊》,2000年第3期

李晓春:《〈切韵〉系韵书的演变过程》,《淮北煤炭师院学报》,1999年第3期

黄笑山:《〈切韵〉于母独立试析》,《古汉语研究》,1997年第3期

余迺永:《再论〈切韵〉音——释内外转新说》,《语言研究》,1993年第2期

张民权:《试论〈切韵〉一书的性质——读〈切韵·序〉和〈颜氏家训·音辞〉》,《南昌大学学报》(人文社会科学版),1993年第4期

刘恒志、牛守祯:《〈切韵〉研究述评》,《潍坊教育学院学报》,1991年第2期

胡和平:《也谈〈切韵〉音系的性质》,《郑州大学学报》,1987年第2期

李大星:《陆法言》,《河北学刊》,1984年第3期

古德夫:《〈广韵〉、〈王韵〉、〈切韵〉大韵异同考》,《徐州师范大学学报》,1983年第4期

黄典诚:《〈切韵〉性质的探讨》,《厦门大学学报》,1982年第3期

黄典诚:《〈切韵〉的作者——陆法言》,《辞书研究》,1981年第4期

罗伟豪：《从〈颜氏家训·音辞篇〉论〈切韵〉》，《中山大学学报》，1963年第1期

○六月，文帝废天下之学，唯存国子学

【文献】

《隋书》卷二《高祖纪下》(P46—47)："乙丑，诏曰：'儒学之道，训教生人，识父子君臣之义，知尊卑长幼之序，升之于朝，任之以职，故能赞理时务，弘益风范。朕抚临天下，思弘德教，延集学徒，崇建庠序，开进仕之路，伫贤隽之人。而国学胄子，垂将千数，州县诸生，咸亦不少。徒有名录，空度岁时，未有德为代范，才任国用。良由设学之理，多而未精。今宜简省，明加奖励。'于是国子学唯留学生七十人，太学、四门及州县学并废。"《资治通鉴》卷一百七十九《隋纪三》(P5588—5589)："乙丑，诏以天下学校生徒多而不精，唯简留国子学生七十人，太学、四门及州县学并废。殿内将军河间刘炫上表切谏；不听。秋，七月，改国子学为太学。"《隋书》卷七十五《儒林传序》(P1706—1707)："自正朔不一，将三百年，师说纷纶，无所取正。高祖膺期纂历，平一寰宇，顿天网以掩之，贲旌帛以礼之，设好爵以縻之，于是四海九州强学待问之士靡不毕集焉。天子乃整万乘，率百僚，遵问道之仪，观释奠之礼。博士罄悬河之辩，侍中竭重席之奥，考正亡逸，研核异同，积滞群疑，涣然冰释。于是超擢奇隽，厚赏诸儒，京邑达乎四方，皆启黉校。齐、鲁、赵、魏，学者尤多，负笈追师，不远千里，讲诵之声，道路不绝。中州儒雅之盛，自汉、魏以来，一时而已。及高祖暮年，精华稍竭，不悦儒术，专尚刑名，执政之徒，咸非笃好。暨仁寿间，遂废天下之学，唯存国子一所，弟子七十二人。"

事又见《文献通考》卷四十一《学校考三》。《隋书》卷七十五《刘炫传》所载时间有异，记在开皇二十年(600)，《北史》卷八十二《刘炫传》、《册府元龟》卷六百三《学校部(奏议第三)》所记时间亦同。参见《全隋文》卷二《简励学徒诏》(仁寿元年六月乙丑)。

【考论】

文帝即位后立即着手大兴儒学，注重教育，开办庠序，延集学徒，多次幸国学，"亲临释奠"。此崇儒政策，使隋初曾一度出现儒学兴盛景象，"学者尤多，负笈追师，不远千里，讲诵之声，道路不绝"。至其晚年，"不悦儒术，专尚刑名"，以至于仁寿元年，废天下之学（隋初有国子、太、四门、书、算五学），仅存国子一所，弟子七十二人。此一事件反映出隋文帝针对儒学教育之弊对儒学教育政策作出了重要调整。

（一）对文帝此一儒学教育政策之调整，吕思勉认为"论史者多訾文帝之不悦学，其实非也"。文帝初颇有意于兴学，开皇三年（583）四月曾"诏天下劝学行礼"，且颇有成效，然最终效力不佳。"其期望之意尤笃，然其效终不可睹，乃有仁寿二年废学之举"，"《儒林传序》谓'高祖暮年，不悦儒术，专尚刑名'。其实合前文观之，即知舍儒术而任刑名，乃历代相沿之积习，高祖特欲革之而未能耳。独指为不悦学，岂得事理之平？抑历代之于学校，皆视为粉饰升平之具，本不期有何实效，故虽成具文，亦不失望，文帝则凡事务求实际，故睹其无效，即必从而裁撤之，则观其废学，正可见其初意之诚也"（《隋唐五代史》下）。考文帝前对儒学之重视，似暮年不会如此过激，当从吕说。文帝于开皇九年（589）即已发现"京邑庠序""未有灼然明经高第"之情况，直至仁寿元年（601）仍未变崇儒初衷，谓："朕抚临天下，思弘德教，延集学徒，崇建庠序，开进仕之路，伫贤隽之人。"直到发现"国学胄子，垂将千数，州县诸生，咸亦不少，徒有名录，空度岁时。未有德为代范，才任国用，良由设学之理，多而未经"之时，遂提出"宜简省明加奖励"之措。因此文帝废学可谓是针对当时儒学教育时弊的务实应变之举。

（二）关于废国子、四门诸学之时间，《隋书》卷一《高祖纪》记在仁寿元年（601），同书卷七十五《刘炫传》（P1720—1721）记在开皇二十年（600），谓："开皇二十年，废国子四门及州县学，唯置太学博士二人，学生七十二人。炫上表言学校不宜废，情理甚切，高祖不纳。"而吕思勉《隋唐五代史》则记在仁寿二年（602），又将《隋书》所载"置太学博士二人”误为“二十人”。《儒林传》所说“仁寿间”与《高祖纪》所说“仁寿元年”相合，今从《高祖纪》，志于此年。以上内容参见《中国学术思想编年》之《隋唐五代卷》。

【相关论著举目】

张先昌、许瑛：《试论隋代前期的文化教育政策——兼评隋文帝不悦儒术说》，《贵州社会科学》，2009 年第 9 期

谢广山：《秦始皇焚书与隋文帝废学》，《济源职业技术学院学报》，2009 年第 1 期

王心喜：《隋文帝“不悦儒术”辨正》，《杭州教育学院学报》，1996 年第 3 期

文帝仁寿二年　壬戌(602)

○十月，文帝诏撰定《五礼》

【文献】

《隋书》卷二《高祖纪下》(P48)：“己丑，诏曰：‘礼之为用，时义大矣。黄琮苍璧，降天地之神，粢盛牲食，展宗庙之敬，正父子君臣之序，明婚姻丧纪之节。故道德仁义，非礼不成，安上治人，莫善于礼。自区宇乱离，绵历年代，王道衰而变风作，微言绝而大义乖，与代推移，其弊日甚。至于四时郊祀之节文，五服麻葛之隆杀，是非异说，踳驳殊途，致使圣教凋讹，轻重无准。朕祗承天命，抚临生人，当洗涤之时，属干戈之代。克定祸乱，先运武功，删正彝典，日不暇给。今四海乂安，五戎勿用，理宜弘风训俗，导德齐礼，缀往圣之旧章，兴先王之茂则。尚书左仆射、越国公杨素，尚书右仆射、邳国公苏威，吏部尚书、奇章公牛弘，内史侍郎薛道衡，秘书丞许善心，内史舍人虞世基，著作郎王劭，或任居端揆，博达古今，或器推令望，学综经史。委以裁缉，实允佥议。可并修定五礼。’”《资治通鉴》卷一百七十九《隋纪三》

(P5593)："闰月，甲申，诏杨素、苏威与吏部尚书牛弘等修定五礼。"《隋书》卷五十八《许善心传》(P1427)："仁寿元年，摄黄门侍郎。二年，加摄太常少卿，与牛弘等议定礼乐，秘书丞、黄门，并如故。"

参见《全隋文》卷二《修定五礼诏》(仁寿二年闰十月己丑)。事又见《北史》卷十一《隋本纪》。

【考论】

文帝于是年冬诏诸儒修定五礼，以为"道德仁义，非礼不成，安上治人，莫善于礼"。此前因多年征战，无暇顾及修礼之事。现海内既晏安太平，则应"弘风训俗，导德齐礼"，于是敕令杨素、苏威、牛弘、薛道衡、许善心、虞世基、王劭等学界博达令望者，撰修五礼。参见《中国学术思想编年》之《隋唐五代卷》。

◎牛弘定仪注

【文献】

《隋书》卷二《高祖纪下》(P48)：闰十月，"壬寅，葬献皇后于太陵"。《隋书》卷四十九《牛弘传》(P1309)："仁寿二年，献皇后崩，三公已下不能定其仪注。杨素谓弘曰：'公旧学，时贤所仰，今日之事，决在于公。'弘了不辞让，斯须之间，仪注悉备，皆有故实。素叹曰：'衣冠礼乐尽在此矣，非吾所及也！'弘以三年之丧，祥禫具有降杀，期服十一月而练者，无所象法，以闻于高祖，高祖纳焉。下诏除期练之礼，自弘始也。"

事又见《太平御览》卷二百一十四。

文帝仁寿三年　癸亥(603)

◎王通西游，献《太平十二策》

【文献】

《四库全书》第696册《中说》附杜淹《文中子世家》(P579)："仁寿

三年，文中子盖冠矣。慨然有济苍生之心，遂西游长安，见隋文帝。帝坐太极殿，召而见之。因奏太平之策十有二焉。推帝皇之道，杂王霸之略，稽之于今，验之于古，恢恢乎！若运天下于掌上矣。”司马光《资治通鉴》卷一百七十九《隋纪三》(P5599)：“是岁，龙门王通诣阙献《太平十二策》，上不能用，罢归。通遂教授于河、汾之间，弟子自远而至者甚众，累征不起。”《四库全书》第 696 册《中说》卷八《魏相篇》(P567)：“子谒见隋祖，一接而陈十二策，编成四卷。”《佛祖统纪》卷三十九(P516)：“三年，洛阳龙门王通诣阙献《太平十二策》，上不能用，归而教授河洛之间，续《六经》以见志。子曰：吾续《书》以存汉晋之实，以汉统天下，除残秽与民更始，起汉高，止晋武(凡碑五十篇)。吾修《元经》，以断南北之疑，以天下无赏罚三百载矣。故始晋惠，讫隋开皇，寓褒贬以代赏罚。……续《诗》以辨晋、宋、后魏、齐、周、隋六代之俗(凡三百六十篇)。正《礼》曰以旌后王之失。……赞《易》道以申先王之旨。……世称王氏六经。”(《四库全书》第 1054 册)《佛祖历代通载》卷十(P396—397)：“癸亥三年文中子王通，既冠，慨然有济世之志，西游长安见帝，坐太极殿召见，因奏《太平策》十有二道，尊王道，推霸略，稽古验今，恢恢乎运天下于掌上。帝大悦曰：‘得生既晚，天不以生赐朕也。’下其议于公卿，公卿不悦。时将有萧墙之忧，通知谋之不用也，作《东征》之歌而归，乃续《诗》《书》、正礼乐、修《六经》、赞《易》道，九年而《六经》大就。”

【考论】

是年，王通西游长安，见隋文帝，遂上其《太平十二策》，主张“尊王道，推霸略，稽古验今，运天下于指掌”，虽然深得文帝赞赏，但下议公卿时却遭冷落。此后，虽被任命为蜀郡司户书佐、蜀王侍读，但王通度已终不能见用，于是作《东征》之歌而归。王通居河汾期间续《诗》《书》、正礼乐、修《元经》、赞《易》道，以见其“服先人之义，稽仲尼之心。天下之事，帝王之道，昭昭乎”之志。王通在中国社会从动荡走向统一之时适时地提出振兴儒学的口号，并付诸行动，讲学于河汾之间，自远方而至之弟子甚众，盛况空前，有“河汾门下”之称。王通教学以明“王佐之道”为己任，希望在经历了社会动乱、儒学衰败之后能重振孔学，不仅为儒学理论和学术发展注入了更为新鲜的内容，而且为儒学在隋唐之际的恢复与发展做了充分的思想和舆论准备。

【相关论著举目】

黎顺清：《文中子的教育方法》，《人民教育》，1983年第10期

文帝仁寿四年　甲子（604）

○刘焯造《皇极历》

【文献】

《隋书》卷十九《天文志上》（P520）：“仁寿四年，河间刘焯造《皇极历》，上启于东宫。”

【相关论著举目】

刘钝：《〈皇极历〉中等间距二次插值方法术文释义及其物理意义》，《自然科学史研究》，1994年第4期

○隋代著名经学家张文诩，此年前后策杖而归

【文献】

《隋书》卷七十七《张文诩传》（P1760—1761）：“张文诩，河东人也。父琚，开皇中为洹水令，以清正闻。有书数千卷，教训子侄，皆以明经自达。文诩博览文籍，特精《三礼》，其《周易》、《诗》、《书》及《春秋三传》，并皆通习。每好郑玄注解，以为通博，其诸儒异说，亦皆详究焉。高祖引致天下名儒硕学之士，其房晖远、张仲让、孔笼之徒，并延之于博士之位。文诩时游太学，晖远等莫不推伏之，学内翕然，咸共宗仰。其门生多诣文诩，请质凝滞，文诩辄博引证据，辨说无穷，唯其所择。治书侍御史皇甫诞一时朝彦，恒执弟子之礼。适至南台，遽

饰所乘马，就学邀屈。文诩每牵马步进，意在不因人以自致也。右仆射苏威闻其名而召之，与语，大悦，劝令从官。文诩意不在仕，固辞焉。仁寿末，学废，文诩策杖而归，灌园为业。州郡频举，皆不应命。事母以孝闻。每以德化人，乡党颇移风俗。……州县以其贫素，将加振恤，辄辞不受。每闲居无事，从容长叹曰：'老冉冉而将至，恐修名之不立！'以如意击几，皆有处所，时人方之闵子骞、原宪焉。终于家，年四十。乡人为立碑颂，号曰张先生。"

事又见《北史》卷八十八《张文诩传》、《太平御览》卷五百六、《册府元龟》卷七百六十八《总录部(儒学第二)》、《册府元龟》卷七百七十九。

○房晖远卒于仁寿年间

【文献】

《隋书》卷七十五《房晖远传》(P1716—1717)："房晖远字崇儒，恒山真定人也。世传儒学。晖远幼有志行，治《三礼》、《春秋三传》、《诗》、《书》、《周易》，兼善图纬，恒以教授为务。远方负笈而从者，动以千计。齐南阳王绰为定州刺史，闻其名，召为博士。周武帝平齐，搜访儒俊，晖远首应辟命，授小学下士。及高祖受禅，迁太常博士。太常卿牛弘每称为五经库。吏部尚书韦世康荐之，为太学博士。寻与沛公郑译修正乐章。丁母忧解任。后数岁，授殄寇将军，复为太常博士。未几，擢为国子博士。会上令国子生通一经者，并悉荐举，将擢用之。既策问讫，博士不能时定臧否。祭酒元善怪问之，晖远曰：'江南、河北，义例不同，博士不能遍涉。学生皆持其所短，称己所长，博士各各自疑，所以久而不决也。'祭酒因令晖远考定之，晖远览笔便下，初无疑滞。或有不服者，晖远问其所传义疏，辄为始末诵之，然后出其所短，自是无敢饰非者。所试四五百人，数日便决，诸儒莫不推其通博，皆自以为不能测也。寻奉诏预修令式。高祖尝谓群臣曰：'自古天子有女乐乎？'杨素以下莫知所出，遂言无女乐。晖远进曰：'臣闻"窈窕淑女，钟鼓乐之"，此即王者房中之乐，著于《雅》、《颂》，不得言无。'高祖大悦。仁寿中卒官，时年七十二，朝廷嗟惜焉，赗赙甚厚，赠员外散骑常侍。"

事又见《北史》卷八十二《房晖远传》、《册府元龟》卷五百九十七、《册府元龟》卷七百八十六。

炀帝大业元年　乙丑(605)

○七月，炀帝诏重开庠序，精研学术

【文献】

《隋书》卷三《炀帝纪上》(P64—65)："丙子，诏曰：'君民建国，教学为先，移风易俗，必自兹始。而言绝义乖，多历年代，进德修业，其道浸微。汉采坑焚之余，不绝如线，晋承板荡之运，扫地将尽。自时厥后，军国多虞，虽复黉宇时建，示同爱礼，函丈或陈，殆为虚器。遂使纡青拖紫，非以学优，制锦操刀，类多墙面。上陵下替，纲维靡立，雅缺道消，实由于此。朕纂承洪绪，思弘大训，将欲尊师重道，用阐厥繇，讲信修睦，敦奖名教。方今宇宙平一，文轨攸同，十步之内，必有芳草，四海之中，岂无奇秀！诸在家及见入学者，若有笃志好古，耽悦典坟，学行优敏，堪膺时务，所在采访，具以名闻，即当随其器能，擢以不次。若研精经术，未愿进仕者，可依其艺业深浅，门荫高卑，虽未升朝，并量准给禄。庶夫恂恂善诱，不日成器，济济盈朝，何远之有！其国子等学，亦宜申明旧制，教习生徒，具为课试之法，以尽砥砺之道。'"《隋书》卷七十五《儒林传序》(P1707)："炀帝即位，复开庠序，国子郡县之学，盛于开皇之初。征辟儒生，远近毕至，使相与讲论得失于东都之下，纳言定其差次，一以闻奏焉。"参见《全隋文》卷四《劝学诏》(大业元年闰七月丙子)。

【考论】

仁寿元年(602)，文帝曾欲改变儒学教育徒有形式而收效甚微的

状况，遂废太学、四门及州县诸学。炀帝于即位之初欲矫其弊，随即下诏，重开庠序，精研学术，力图振兴儒学。对于炀帝建学兴儒的动机和实效，史多微词。《隋书》卷七十五《儒林传序》(P1707)谓："于时旧儒多已凋亡，二刘拔萃出类，学通南北，博极今古，后生钻仰，莫之能测。所制诸经义疏，搢绅咸师宗之。既而外事四夷，戎马不息，师徒怠散，盗贼群起，礼义不足以防君子，刑罚不足以威小人，空有建学之名，而无弘道之实。其风渐坠，以至灭亡，方领矩步之徒，亦多转死沟壑。凡有经籍，自此皆湮没于煨尘矣。遂使后进之士不复闻《诗》、《书》之言，皆怀攘夺之心，相与陷于不义。《传》曰：'学者将植，不学者将落。'然则盛衰是系，兴亡攸在，有国有家者可不慎欤！诸儒有身没道存，遗风可想，皆采其余论，缀之于此篇云。"由此可见，炀帝虽然好事兴儒，却不务实，故其兴学有其名而无其实。参见《中国学术思想编年》之《隋唐五代卷》。

【相关论著举目】

李建华、钟翠红：《论隋炀帝的三教观》，《宝鸡文理学院学报》，2008 年第 4 期

韩隆福：《隋炀帝与宗教》，《常德师范学院学报》，2003 年第 4 期

韩隆福：《论隋炀帝的道教政策》，《湖南省社会主义学院学报》，2003 年第 2 期

王大建：《隋代文化政策的调整与改革》，《文史哲》，1995 年第 3 期

◎授徐文远国子博士、包恺太学博士，授褚徽、鲁世达、陆德明为学官

【文献】

《旧唐书》卷一百八十九上《徐文远传》(P4943)："大业初，礼部侍郎许善心举文远与包恺、褚徽、陆德明、鲁达为学官，遂擢授文远国子

博士，恺等并为太学博士。”《北史》卷八十二《儒林传下》(P2767)：“时儒学之士，又有褚晖、顾彪、鲁世达、张冲、王孝籍并知名。”《隋书》卷五十八《许善心传》记此事于“大业元年”。

事又见《新唐书》卷一百九十八《徐文远传》、《北史》卷八十三《许善心传》、《册府元龟》卷四百六十八。

○(一) 徐文远

【文献】

《旧唐书》卷一百八十九上《徐文远传》(P4943)：“文远方正纯厚，有儒者风。窦威、杨玄感、李密皆从其受学。开皇中，累迁太学博士。诏令往并州，为汉王谅讲《孝经》、《礼记》。及谅反，除名。……时人称文远之《左氏》、褚徽之《礼》、鲁达之《诗》、陆德明之《易》，皆为一时之最。文远所讲释，多立新义，先儒异论，皆定其是非，然后诘驳诸家，又出己意，博而且辨，听者忘倦。”《册府元龟》卷五百九十七(P7166)：“唐徐文远，雒州偃师人，博览《五经》，尤精《左传》。隋开皇中累迁太学博士，大业初擢授国子博士，时人称文远之《左氏》为一时之最。”《新唐书》卷一百九十八有传。

○(二) 鲁世达

【文献】

《隋书》卷七十五《鲁世达传》(P1724)：“余杭鲁世达，炀帝时为国子助教，撰《毛诗章句义疏》四十二卷，行于世。”《隋书》卷三十二(P916、P917)：“《毛诗并注音》八卷秘书学士鲁世达撰”、“《毛诗章句义疏》四十卷鲁世达撰。”《旧唐书》卷四十六《经籍志上》(P1971)：“《毛诗音义》二卷鲁世达撰。”《新唐书》卷五十七《艺文志一》(P1430)：“鲁世达《音义》二卷。”事又见《北史》卷八十二、《廿二史札记》卷十五。

◯（三）褚辉

【文献】

《隋书》卷七十五《褚辉传》(P1723)："吴郡褚辉字高明，以《三礼》学称于江南。炀帝时，征天下儒术之士，悉集内史省，相次讲论。辉博辩，无能屈者，由是擢为太学博士。撰《礼疏》一百卷。"事又见《册府元龟》卷五百九十七、《册府元龟》卷七百六十八《总录部》、《册府元龟》卷六百六《学校部》。

◯（四）陆德明

【文献】

《旧唐书》卷一百八十九上《陆德明传》(P4945)："隋炀帝嗣位，以为秘书学士。"

◯（五）顾彪

【文献】

《隋书》卷七十五《顾彪传》(P1724)："余杭顾彪字仲文，明《尚书》、《春秋》。炀帝时为秘书学士，撰《古文尚书疏》二十卷。"《隋书》卷三十二《经籍志》(P913、P913、P914、P914)："《今文尚书音》一卷秘书学士顾彪撰"、"《大传音》二卷顾彪撰"、"《尚书疏》二十卷顾彪撰"、"《尚书文外义》一卷顾彪撰。"《册府元龟》卷六百六《学校部(注释第二)》(P7276)："顾彪为秘书学士，明《尚书》、《春秋》，为《古文尚书疏》二十卷、《今文尚书音》一卷、《大传音》一卷、《尚书文义》一卷。"《旧唐书》卷四十六《经籍志上》(P1970)："顾彪撰《尚书文外义》三十卷"，"《古文尚书音义》五卷。"《新唐书》卷五十七《艺文志一》(P1428)："顾彪《古文音义》五卷。"

事又见《北史》卷八十二本传、《册府元龟》卷六百六《学校部(注释第二)》。

○(六) 张冲

【文献】

《隋书》卷七十五《张冲传》(P1724):"吴郡张冲,字叔玄。仕陈为左中郎将,非其好也,乃覃思经典,撰《春秋义略》,异于杜氏七十余事,《丧服义》三卷,《孝经义》三卷,《论语义》十卷,《前汉音义》十二卷。官至汉王侍读。"《廿二史札记》卷十五(P313):"张冲撰《春秋义略》,异于杜氏者七十余事,及《丧服义》三卷、《孝经义》三卷、《论语义》十卷。"《廿二史札记》卷二十(P441):"又有张冲撰《汉书音义》十二卷。"《隋书》卷三十二《经籍志一》(P930、P937):"《春秋义略》三十卷陈右军将军张冲撰、《论语义疏》二卷""张冲撰(梁有《论语义注图》十二卷,亡)。"《旧唐书》卷四十六《经籍志上》(P1977):"《春秋左氏义略》三十卷张冲撰。"《新唐书》卷五十七《艺文志一》(P1438):"张冲《春秋左氏义略》三十卷。"

事又见《北史》卷八十二本传。

○(七) 王孝籍

【文献】

《隋书》卷七十五《王孝籍传》(P1724、1726):"平原王孝籍,少好学,博览群言,遍治五经,颇有文翰。与河间刘炫同志友善。开皇中,召入秘书,助王劭修国史。劭不之礼,在省多年,而不免输税。孝籍郁郁不得志,奏记于吏部尚书牛弘。……弘亦知其有学业,而竟不得调。后归乡里,以教授为业,终于家。注《尚书》及《诗》,遭乱零落。"

事又见《北史》卷八十二、《册府元龟》卷五百九十八《学校部(教授)》、《册府元龟》卷九百十五、《册府元龟》卷七百六十八《总录部(儒学第二)》。

○禁图谶，并尽焚与谶纬相涉之书

【文献】

《隋书》卷三十二《经籍志一》(P940—941)："《易》曰：'河出图，洛出书。'然则圣人之受命也，必因积德累业，丰功厚利，诚著天地，泽被生人，万物之所归往，神明之所福飨，则有天命之应。盖龟龙衔负，出于河、洛，以纪易代之征，其理幽昧，究极神道。先王恐其惑人，秘而不传。说者又云，孔子既叙六经，以明天人之道，知后世不能稽同其意，故别立纬及谶，以遗来世。其书出于前汉，有《河图》九篇，《洛书》六篇，云自黄帝至周文王所受本文。又别有三十篇，云自初起至于孔子，九圣之所增演，以广其意。又有《七经纬》三十六篇，并云孔子所作，并前合为八十一篇。而又有《尚书中候》、《洛罪级》、《五行传》、《诗推度灾》、《氾历枢》、《含神务》、《孝经勾命决》、《援神契》、《杂谶》等书。汉代有郗氏、袁氏说。汉末，郎中郗萌，集图纬谶杂占为五十篇，谓之《春秋灾异》。宋均、郑玄，并为谶律之注。然其文辞浅俗，颠倒舛谬，不类圣人之旨。相传疑世人造为之后，或者又加点窜，非其实录。起王莽好符命，光武以图谶兴，遂盛行于世。汉时，又诏东平王苍，正五经章句，皆命从谶。俗儒趋时，益为其学，篇卷第目，转加增广。言五经者，皆凭谶为说。唯孔安国、毛公、王璜、贾逵之徒独非之，相承以为妖妄，乱中庸之典。故因汉鲁恭王、河间献王所得古文，参而考之，以成其义，谓之'古学'。当世之儒，又非毁之，竟不得行。魏代王肃，推引古学，以难其义。王弼、杜预，从而明之，自是古学稍立。至宋大明中，始禁图谶，梁天监已后，又重其制。及高祖受禅，禁之逾切。炀帝即位，乃发使四出，搜天下书籍与谶纬相涉者，皆焚之，为吏所纠者至死。自是无复其学，秘府之内，亦多散亡。今录其见存，列于六经之下，以备异说。"

【考论】

谶纬，其实是谶与纬的合称，谶纬之学是对未来政治预言的一种学问。谶起自先秦，与《易经》中的《河图》、《洛书》的传说有关，到了秦汉巫师、方士、儒生又利用谶来预示吉凶。纬是汉代附会儒家经义衍生出来的一类书，在汉光武帝刘秀之后被称为“内学”，而真正的儒家经典反被称为“外学”。汉代因董仲舒“天人感应”神学目的论，谶纬得以广泛流行，成为统治者权力斗争的工具。西汉末至东汉时期，谶纬之学极度兴盛。王莽“改制”、光武“中兴”，皆以谶纬来论证和标榜其合法地位。光武帝刘秀曾以符瑞图谶起兵，即位后“宣布图谶于天下”，谶纬之学遂成为东汉统治思想的重要组成部分，不论是用人施政、重大决策，还是对儒家经典的解释，都要以谶纬为依据，因此谶纬具有极为崇高的地位，一度凌驾于经典之上。谶纬与经学的结合，推动了汉代以来经学的神学化。南朝刘宋时始禁图谶，梁武帝亦复其制，至隋文帝受禅，益禁之。开皇十三年(593)和大业元年(605)，隋文帝、隋炀帝曾两次大规模地禁绝和焚毁谶纬之书，结果使自西汉末以来盛行于世的谶纬之学在历史上“寖传寖微，几于灭绝”。大业元年炀帝使人四处搜寻天下书籍，对凡与谶纬相涉者，皆予以焚毁。通过这次比较彻底的禁毁，谶纬之书绝大部分失传，谶纬之学逐渐销声匿迹，故《隋书·经籍志》曰“录其见存列于六经之下，以备异说”。纬书的吉光片羽可参看《玉函山房辑佚书》。

【相关论著举目】

曾德雄:《谶纬的起源》,《学术研究》,2006 年第 7 期

李梅训、庄大钧:《谶纬文献的禁毁和辑佚》,《山东大学学报》,2002 年第 1 期

叶荻:《隋代大力禁绝谶纬之书》,《出版发行研究》,1989 年第 5 期

李勤德:《隋代的禁纬与焚纬》,《郑州大学学报》,1986 年第 2 期

◎始设进士科，标志着科举制之创立

【文献】

《通典》卷十四《选举典二》(P343):“炀帝始建进士科。又制，百

官不得计考增级，其功德行能有昭然者乃擢之。"《隋书》卷三《炀帝纪上》(P66—68)：大业二年七月，"庚申，制百官不得计考增级，必有德行功能，灼然显著者，擢之"。大业三年四月，"甲午，诏曰：'天下之重，非独治所安，帝王之功，岂一士之略。自古明君哲后，立政经邦，何尝不选贤与能，收采幽滞。……夫孝悌有闻，人伦之本，德行敦厚，立身之基。或节义可称，或操履清洁，所以激贪厉俗，有益风化。强毅正直，执宪不挠，学业优敏，文才美秀，并为廊庙之用，实乃瑚琏之资。才堪将略，则拔之以御侮，膂力骁壮，则任之以爪牙。爰及一艺可取，亦宜采录，众善毕举，与时无弃。以此求治，庶几非远。文武有职事者，五品已上，宜依令十科举人。有一于此，不必求备。朕当待以不次，随才升擢。其见任九品已上官者，不在举送之限'"。《唐会要》卷七十六《制科举》(P1391)："炀帝嗣兴，又变前法，置进士等科。"《北史》卷二十六《杜铨传》(P962)称杜正藏："大业中，与刘炫同以学业该通，应诏被举。时正藏弟正仪贡充进士，正伦为秀才，兄弟三人同时应命，当世嗟美之。"《旧唐书》卷七十七《杨纂传》(P2673)："大业中，进士举。"

参见《全隋文》卷四《求贤诏》(大业三年四月甲午)。

【考论】

秦朝以前，中国社会采用分封制，选士采取世袭制。汉朝提拔人才采用察举制，由各级地方推荐德才兼备的人才，由州推举的称为秀才，由郡推举的称为孝廉。三国魏文帝时，陈群创立九品中正制，由中央特定官员，按出身、品德等考核民间人才，分为九品录用。此后晋、南北朝，一直沿用此制。九品中正制造成了"上品无寒门、下品无势族"的恶果，使得世族把持朝廷，寒族却无法参政。隋文帝为了适应经济、政治形势的发展变化，把选拔官吏的权力收归中央，创立科举制，废除九品中正制。开皇七年(587)文帝废除魏晋以来实行的九品中正制，开皇十八年(598)始设"志行修谨，清平干济二科举人"，至大业二年，设立进士科，实行试策取士，此为科举制之雏型。大业三年(607)，炀帝即发布设科取士的诏令，"文武有职事者，五品已上，宜令十科举人","十科",即孝悌有闻、德行敦厚、节义可称、操履清洁、强毅正直、执宪不挠、学业优敏、文才美秀、才堪将略、膂力骁壮等。其后,炀帝又将"十科"归纳为"四科"。科举制是以设科考试来选拔官吏的制度,因分科取士而得名。科举制从根本上改变了九品中正制重门第的状况,转而趋向于重才学,逐渐改变了世族垄断政权的状况,给予了庶族士子参与政权的机会。严格意义上的科举是以进士科出现作为起始标志的。进士科在中国绵延了1300年,对中国历史上社会政治、文化教育等各方面均产生了重大而深远的影响。科举制是隋代政治上的一项重大的改革措施,在中国历史上有深远的影响,为历代政权所效仿,此制直到清光绪三十一年(1905)方废除。

关于进士科的起始时间,学术界存在不少争论。一派主张始于隋文帝时,或认为始于开皇七年(587),或从房玄龄卒年推断其进士及第年份,认为科举制创置不迟于开皇十五年或十六年。一派主张始于隋炀帝时,其中又有大业元年、大业二年、大业三年、大业十年,笼统而言始于"大业中"等不同说法。还有一派主张始于唐代。各种观点聚讼纷纭,令人莫衷一是。刘海峰《科举制的起源与进士科的起始》一文分析甚详,故从其"炀帝始建进士科最有可能在大业元年闰七月,与恢复国学同时进行"(参见《中国科举史》)之说。

【相关论著举目】

路莉莉:《隋代科举制度考论》,曲阜师范大学硕士学位论文,2011年

周怀宇:《隋朝科举制形态探赜》,《学术月刊》,2001年第8期

刘海峰:《科举制的起源与进士科的起始》,《历史研究》,2000年第6期

韩宾娜:《从进士科看唐代科举制的流弊》,《松辽学刊》,1994年第3期

庄昭:《进士科起源试探》,《史学月刊》,1985年第2期

何忠礼:《科举制起源辨析——兼论进士科首创于唐》,《历史研究》,1983年第2期

李正中：《科举制度的产生和考试程序的发展》，《史学月刊》，1964年第9期

○《北堂书钞》约撰于此年

【文献】

《旧唐书》卷七十二《虞世南传》(P2566)："大业初，累授秘书郎，迁起居舍人。"《四库全书》第1035册刘禹锡《刘宾客嘉话录》(P464)："虞公之为秘书，于省后堂集群书中事可为文用事，号为《北堂书钞》，今北堂犹存，而《书钞》盛传于世。"《四库全书》第1035册《唐新语》卷八(P354)："太宗尝出行，有司请载书以从。太宗曰：'不须。虞世南在，此行秘书也。'南为秘书监，于省后堂集群书中奥义，皆应用者，号《北堂书钞》。今此堂犹存。其书盛行于世。"《新唐书》卷五十九《艺文志三》(P1563)："虞世南《北堂书钞》一百七十三卷。"《旧唐书·经籍志》亦著录为一百七十三卷。《四库全书总目》卷一百三十五(P1142)："《北堂书钞》一百六十卷，唐虞世南撰。世南字伯施，余姚人。官至银青光禄大夫，弘文馆学士。谥文懿。事迹具《唐书》本传。北堂者，秘书省之后堂。此书盖世南在隋为秘书郎时所作。刘禹锡《嘉话录》曰虞公之为秘书，于省后堂集群书中事可为文用者，号为《北堂书钞》，今北堂犹存，而书钞盛行于世，云云，是其事也。分八十卷，八百一类。《唐志》作一百七十三卷，晁公武《读书志》因之。《中兴书目》作一百六十卷，《宋史·艺文志》因之。"

【考论】

虞世南(558—638)，字伯施，越州余姚人。《新唐书》卷一百二(P3969)云："大业中累至秘书郎，炀帝虽爱其才，然疾峭正，弗甚用，为七品十年不徙。"隋炀帝拒谏饰非，虞世南官卑职小，无所用事，故藉摘抄图书以自娱，而竟成此不朽之著。《北堂书钞》为隋唐之际重要的私撰类书，与欧阳询等编纂的《艺文类聚》以及白居易辑、宋人孔传续辑的《白氏六帖》及徐坚等撰集的《初学记》，合称为"四大类书"。

所谓北堂，指隋秘书省的后堂。唐刘禹锡《刘宾客嘉言录》(P464)叙其事曰："虞公之为秘书，于省后堂集群书中事可为文用者，号为《北堂书钞》。今北堂犹存，而《书钞》盛行于世。"《旧唐书》本传谓虞世南于隋大业初为秘书郎，故其书应撰于此年。其编辑此书，大抵是供文人撰文时采录参考资料所用。《北堂书钞》先立类，类下摘引字句作标题，标题之下征引古籍，征引资料重在溯源。《北堂书钞》全书分为帝王、后妃、政术、刑法、封爵、设官、礼仪、艺文、乐、武功、衣冠、仪饰、服饰、舟、车、酒食、天、岁时、地共十九部，八百一类，立类略显芜杂，引文亦有断章取义、首尾不连贯处，征引材料或有不注明出处的。但由于在现存类书中，此书不仅成书早，而且引书极博，其所引原书达八百余种，诗文集尚不在内，其中十之八九已亡佚，且均为隋以前古书，因此在辑佚、校勘现存古书等方面极为有用，其中还保存有大量史料，因而是一部极为重要的类书。

《北堂书钞》的版本流传颇为复杂，《旧唐书·经籍志》、《新唐书·艺文志》著录此书为一百七十三卷，宋晁公武撰《郡斋读书志》同；《中兴馆阁书目》与《宋史·艺文志》则皆作一百六十卷，可见宋时此书已非全帙。距离隋唐较近的宋代已不常见此书，宋真宗竟然已难寻踪。宋王应麟《玉海》载："二馆旧缺《书钞》，惟赵安仁家有本，真宗命内侍取之，手诏褒美。"《四库总目提要》(P1142)谓："今本卷帙与《中兴书目》同，其《地部》至泥沙石而毕，度非完帙，岂原书在宋已有亡佚耶？王应麟《玉海》云：'二馆旧阙《书钞》，惟赵安仁家有本，真宗命内侍取之，手诏褒美。'盖已甚珍其书矣。此本为明万历间常熟陈禹谟所校刻。……盖明人好增删古书，逞臆私改，其庸妄无识，诚有如钱、朱二氏所讥。然今嘉禾旧本及《大唐类要》均已不可得见，独禹谟此本犹存。"据上可知，此书宋元以来流传未广，且有残缺，直到明万历二十八年(1600)才有明常熟陈禹谟刻本，陈氏有所增删，尽失原貌。传之于今世之善本，有清光绪十四年(1888)南海孔氏三十有三万卷堂影宋刊本。清代学者孙星衍得之，约严可均、王引之等分别校订，有数十卷未校完。后南海孔广陶又约林国赓、孔昭熙、傅以礼等续校成书，镂版梓行，使本书总体上复其旧貌。学苑出版社 2002 年据以影印，可参看。

【相关论著举目】

王飞飞：《〈北堂书钞〉引经考》，广西师范大学硕士学位论文，2011 年

郭醒：《〈北堂书钞〉成书年代考论》，《社会科学辑刊》，2010 年第 3 期

宋华玲：《虞世南和〈北堂书钞〉》，《文史杂志》，2007 年第 3 期

梁玲华：《〈北堂书钞〉初探》，四川大学硕士学位论文，2004 年

吴树平：《曹寅藏本〈北堂书钞〉述略》，《文物》，1984 年第 7 期

朱太岩：《〈北堂书钞〉小考》，《西北大学学报》，1981 年第 1 期

○萧吉卒于此年后不久，曾撰有《五行大义》

【文献】

《隋书》卷七十八《萧吉传》(P1774—1777)："萧吉字文休，梁武帝兄长沙宣武王懿之孙也。博学多通，尤精阴阳算术。……及炀帝嗣位，拜太府少卿，加位开府。……后岁余，卒官。著《金海》三十卷，《相经要录》一卷，《宅经》八卷，《葬经》六卷，《乐谱》二十卷及《帝王养生方》二卷，《相手版要决》一卷，《太一立成》一卷，并行于世。"《全隋文》卷十三有传，存其文《五行大义序》。《旧唐书》卷四十七《经籍志下》(P2040、P2044、P2044)："《金海》四十七卷萧吉撰"，"《五行记》五卷萧吉撰"，"《葬经》又二卷萧吉撰。"

事又见《北史》卷八十九、《通志》卷一百八十三本传。

【考论】

隋代学者萧吉所著的《五行大义》五卷，共二十四章节，统包了五行的全部内容。《全隋文》中萧吉《五行大义序》(P152)自称为著此书，"博采经纬，搜穷简牒"，用力颇勤，加之"博学多通，尤精阴阳算术"，因此此书成为研究五行的集大成之作，李约瑟称此书为"关于五行的最重要的中古时代的书籍"。《五行大义》不仅是我国古代唯一

的大型的系统整理研究五行思想的专著,也是一部大量保存隋以前文献资料的重要古籍。

【相关论著举目】

钱杭:《萧吉与〈五行大义〉》,《史林》,1999 年第 2 期

朱渊清:《〈五行大义〉版本述略》,《古籍整理研究学刊》,1996 年第 2 期

王葆玹:《〈五行大义〉所引王弼〈周易大演论〉佚文考释》,《哲学研究》,1983 年第 8 期

○隋代"汉书学"之兴

【文献】

《隋书》卷七十六《刘臻传》(P1731—1732):"精于两《汉书》,时人称为汉圣。开皇十八年卒,年七十二。有集十卷行于世。"《隋书》卷五十六《杨汪传》(P1393):"其后问《礼》于沈重,受《汉书》于刘臻,二人推许之曰:'吾弗如也。'"《隋书》卷七十五《包恺传》(P1716):"又从王仲通受《史记》、《汉书》,尤称精究。大业中,为国子助教。于时《汉书》学者,以萧、包二人为宗匠。聚徒教授,著录者数千人。"《隋书》卷七十五《萧该传》(P1715—1716):"该后撰《汉书》及《文选音义》,咸为当时所贵。"

【考论】

自南朝梁、陈以来,"《史记》传者甚微",而《汉书》由于"纲纪有别",尊崇正统,所以研究与传播日益兴盛。隋统一后,承继了这一传统,颇推崇《汉书》,时习《汉书》者亦众,史载开皇年间,刘臻精于两《汉书》,时人称为"汉圣"。又有杨汪受业于刘臻,其学不亚于刘臻。至隋大业年间,《汉书》学走向高潮,学者以萧该、包恺为宗匠,讲授时聚徒竟达千人之多,其《汉书》学著作"咸为当时所贵"(《隋书》卷七十五《萧该传》P1716)。隋树立正统而溯源于汉,正是《汉书》学炽兴于隋的深层原因,"正统观念、垄断修史、推崇《汉书》,这种历史意识的强化,都是反映了政治统治上的要求"(参阅瞿林东《中国史学史

纲》)。近人陈直先生亦曰:“在《汉书》中项羽削去本纪,陈涉削去世家,完全表现儒家正统思想。”(陈直《汉书新证·序》P6)《汉书》富含的儒家正统思想,给后世封建王朝寻求正统理论提供了史学依据,故“始自汉末,迄乎陈世,为其注解者凡二十五家,至于专门受业,遂与《五经》相亚”(《史通》卷十二《古今正史》P89—90)。“汉书学”几与《五经》相埒,可见其在正史中不可撼动的地位。参见《中国学术思想编年》之《隋唐五代卷》。

【相关论著举目】

王光照:《“〈汉〉圣”刘臻与隋代〈汉书〉学》,《江淮论坛》1998年第1期

○孔颖达举明经高第于此后不久

【文献】

《旧唐书》卷七十三《孔颖达传》(P2601):“隋大业初,举明经高第,授河内郡博士。时炀帝征诸郡儒官集于东都,令国子秘书学士与之论难,颖达为最。时颖达少年,而先辈宿儒耻为之屈,潜遣刺客图之,礼部尚书杨玄感舍之于家,由是获免。补太学助教。”

炀帝大业二年　丙寅(606)

○王劭卒于此年前后,著有《齐书》、《隋书》等

【文献】

《隋书》卷六十九《王劭传》(P1601—1609):“王劭字君懋,太原晋阳人也……迁秘书少监,数载,卒官。”《隋书》卷三十二《经籍志一》(P935):“至隋,秘书监王劭于京师访得《孔传》,送至河间刘炫。炫因序其得丧,述其议疏,讲于人间,渐闻朝廷,后遂著令,与郑氏并立。”

《隋书》卷三十三《经籍志二》(P958):"《齐志》十卷。后齐事。王劭撰。"(P962):"《隋书》六十卷。未成。秘书监王劭撰。"

事又见《资治通鉴》卷一百七十八《隋纪二》、《北史》卷三十五《王慧龙附劭传》。

【考论】

王劭,隋史学家,太原晋阳(今山西太原)人,字君懋。王劭出身于官宦世家,其祖父王遵业、其父王松年历任高官。王劭一生"好学不倦,究极群书",博学多识,雅好著述。北齐时官至中书舍人,隋初任著作郎,后因守母丧去职。开皇十三年(593)有诏禁私撰史书,王劭因在家私著《齐书》,被内史侍郎李元操告发,文帝遣使收其书稿,览之大悦,起为员外散骑侍郎,修起居注,并迁著作郎。炀帝时官至秘书少监,曾于京师访得孔传《孝经》,送至刘炫处,刘炫为之序其得失,述其议疏,遂使之与郑氏所传并立。约在大业二年(606)卒官。

在隋开皇初至仁寿年间(585—604)近二十年时间里,王劭"专典国史",所著史书传于当时者,主要是《齐志》、《隋书》,均为《隋志》所著录。其所撰《隋书》八十卷,采录隋朝开皇、仁寿年间旧事,多套用《尚书》体例,内容庞杂,"多录口敕,又采迂怪不经之语及委巷之言,以类相从"(《隋书》卷六十九《王劭传》P1609),又未用汉代以来盛行的史书纪传体,使隋代文人名臣事迹堙没无闻,故受嗤当代。另有编年体史书《齐志》二十卷、《齐书》纪传一百卷、《平贼记》三卷。所撰史书,《隋书》本传(P1613)史臣评曰:"雅好著述,久在史官,既撰《齐书》,兼修隋典。好诡怪之说,尚委巷之谈,文词鄙秽,体统繁杂;直愧南、董,才无迁、固,徒烦翰墨,不足观采。"此论不免过激。不可否认的是,这些史书成为唐代官修《隋书》、《北齐书》的主要资料来源之一,因此在我国史学上颇有贡献。《齐志》、《隋书》已佚,刘知幾《史通》对其有较全面的评价,成为后人研究王劭及其所著史书的主要依据。王劭还指摘经史谬误,写成《读书记》三十卷,被时人称为精博之作。开皇十四年(594),撰《皇隋灵感志》三十卷,"采民间歌谣,引图书谶纬,依约符命,捃摭佛经"(《隋书》卷六十九《王劭传》P1608),取悦文帝，美化政治，文帝遂令宣示天下。

【相关论著举目】

杨绪敏：《论隋朝修史》，《广西师范大学学报》，2004 年第 3 期

谢保成：《王劭史学二题》，《史学史研究》，2001 年第 4 期

王志刚：《王劭史学二题》，《山西师大学报》，2001 年第 2 期

杨绪敏：《论王劭魏澹修史》，《史学史研究》，2000 年第 3 期

傅玉璋：《隋代史学家王劭的〈齐志〉与〈隋书〉》，《安徽史学》，1984 年第 2 期

○六月，《长洲玉镜》撰成

【文献】

《隋书》卷七十六《虞绰传》（P1739）："大业初，（虞绰）转为秘书学士，奉诏与秘书郎虞世南、著作佐郎庚自直等撰《长洲玉镜》等书十余部。"《新唐书》卷五十九《艺文志》（P1562）："虞绰等《长洲玉镜》二百三十八卷。晁载之《续谈助》（P95）："（大业二年）六月，学士秘书监柳顾言、学士著作佐郎王曹等撰《长洲玉镜》一部，四百卷。"

○制百官不得计考增级

【文献】

《隋书》卷三《炀帝纪上》（P66）："庚申，制百官不得计考增级，必有德行功能，灼然显著者，擢之。"

炀帝大业三年　丁卯（607）

○增设十科举人

【文献】

《隋书》卷三《炀帝纪》（P67—68）："（大业三年四月）甲午，诏曰：

"天下之重,非独治所安,帝王之功,岂一士之略。自古明君哲后,立政经邦,何尝不选贤与能,收采幽滞。……夫孝悌有闻,人伦之本,德行敦厚,立身之基。或节义可称,或操履清洁,所以激贪厉俗,有益风化。强毅正直,执宪不挠,学业优敏,文才美秀,并为廊庙之用,实乃瑚琏之资。才堪将略,则拔之以御侮;膂力骁壮,则任之以爪牙。爰及一艺可取,亦宜采录,众善毕举,与时无弃。以此求治,庶几非远。文武有职事者,五品已上,宜依令十科举人。有一于此,不必求备。"

炀帝大业四年　戊辰(608)

○立孔子后为绍圣侯

【文献】

《隋书》卷三《炀帝纪上》(P72):"冬十月丙午,诏曰:'先师尼父,圣德在躬,诞发天纵之姿,宪章文、武之道。命世膺期,蕴兹素王,而颓山之叹,忽逾于千祀,盛德之美,不存于百代。永惟懿范,宜有优崇。可立孔子后为绍圣侯。有司求其苗裔,录以申上。'"参见《全隋文》卷五《立孔子后为绍圣侯诏》。

○刘焯卒,撰有《尚书义疏》等

【文献】

《隋书》卷七十五《刘焯传》(P1718—1719):"刘焯字士元,信都昌亭人也。……少与河间刘炫结盟为友,同受《诗》于同郡刘轨思,受《左传》于广平郭懋当,问《礼》于阜城熊安生,皆不卒业而去。武强交津桥刘智海家素多坟籍,焯与炫就之读书,向经十载,虽衣食不继,晏如也。遂以儒学知名,为州博士。刺史赵煚引为从事,举秀才,射策甲科。与著作郎王劭同修国史,兼参议律历,仍直门下省,以待顾问。

俄除员外将军。后与诸儒于秘书省考定群言，因假还乡里，县令韦之业引为功曹。寻复入京，与左仆射杨素，吏部尚书牛弘，国子祭酒苏威，国子祭酒元善，博士萧该、何妥，太学博士房晖远、崔崇德，晋王文学崔赜等于国子共论古今滞义，前贤所不通者。每升座，论难锋起，皆不能屈。杨素等莫不服其精博。……后因国子释奠，与炫二人论义，深挫诸儒，咸怀妒恨，遂为飞章所谤，除名为民。于是优游乡里，专以教授著述为务，孜孜不倦，贾、马、王、郑所传章句，多所是非。《九章算术》、《周髀》、《七曜历书》十余部，推步日月之经，量度山海之术，莫不核其根本，穷其秘奥。著《稽极》十卷，《历书》十卷，《五经述议》，并行于世。刘炫聪明博学，名亚于焯，故时人称"二刘"焉。天下名儒后进，质疑受业，不远千里而至者，不可胜数。论者以为数百年已来，博学通儒，无能出其右者。然怀抱不旷，又啬于财，不行束修者，未尝有所教诲，时人以此少之。废太子勇闻而召之，未及进谒，诏令事蜀王，非其好也，久之不至。王闻而大怒，遣人枷送于蜀，配之军防。其后典校书籍。王以罪废，焯又与诸儒修定礼律，除云骑尉。炀帝即位，迁太学博士，俄以疾去职。数年，复被征以待顾问，因上所著《历书》，与太史令张胄玄多不同，被驳不用。大业六年卒，时年六十七。刘炫为之请谥，朝廷不许。"

《旧唐书》卷四十六《经籍志上》(P1970)："《尚书义疏》二十卷刘焯撰。"《新唐书》卷五十七《艺文志一》(P1428)："刘焯《义疏》三十卷。"《隋书》卷十七《律历中》(P435)："其开皇十七年所行历术，命冬至起虚五度。后稍觉其疏，至大业四年刘焯卒后，乃敢改法，命起虚七度，诸法率更有增损，朔终义宁。"《隋书》卷十八《律历志下》(P461)："四年，驾幸汾阳宫，太史奏曰：'日食无效。'帝召焯，欲行其历。袁充方幸于帝，左右胄玄，共排焯历，又会焯死，历竟不行。"《经学历史·经学统一时代》(P135)："于时旧儒多已凋亡，惟信都刘士元、河间刘光伯拔萃出类，学通南北，博极古今，后世钻仰。所制诸经议疏，缙绅咸师宗之。"

【考论】

刘焯(约544—610),隋代著名经学家、天文学家,字士元,信都昌亭(今属河北)人,系刘献之的三传弟子。少时与河间刘炫(生卒不详)为友,同受《诗》于刘轨思,受《左传》于广平郭懋当,问《礼》于熊安生,皆不卒业而去。后与刘炫从刘智海"就之读书,向经十载","遂以儒学知名"。初为州博士,刺史赵煚引为从事,举秀才,射策甲科,与著作郎王劭同修国史,不久除为员外将军,后与诸儒于秘书省考订群言。复入京后于国子共论古今滞义,"杨素等莫不服其精博"。刘焯之学贯通南北,对贾逵、马融、王肃、郑玄所传章句,多所是非,而对《九章算术》、《周髀》、《七曜历书》等"莫不核其根本,穷其秘奥","论者以为数百年已来,博学通儒,无能出其右者","拔萃出类,学通南北,博极今古,后生钻仰,莫之能测。所制诸经义疏,搢绅咸师宗之"(《隋书》卷七十五《儒林传序》P1707)。因学冠当代,与刘炫并称"二刘",在当时影响颇大。后因遭忌恨诽谤,被除名为民,优游乡里,著书教授。著有《稽极》十卷、《历书》十卷、《五经述议》,时行于世,今亦不传,但孔颖达所撰《五经正义》之《诗》、《书》多本于"二刘",其《毛诗正义序》(《十三经注疏》P261)谓:"近代为义疏者,有全缓、何胤、舒瑗、刘轨思、刘丑、刘焯、刘炫等。然焯、炫并聪颖特达,文而又儒。擢秀干于一时,骋绝辔于千里;固诸儒之所揖让,日下之所无双。其于作疏内,特为殊绝。今奉敕删定,故据以为本。"孔颖达《尚书正义序》(《十三经注疏》P110)亦谓:"惟刘焯、刘炫最为详雅。……今奉明敕,考定是非,谨罄庸愚,竭所闻见。"据此,则刘焯曾对唐代儒学产生了广泛影响。参见《中国学术思想编年》之《隋唐五代卷》。

关于刘焯的卒年,《隋书·律历志》与《隋书》本传所载不同,张胄玄在刘焯死后改动其历法,张胄玄《大业历》上元积年算到大业四年,故刘焯卒年应为大业四年,故志于此年。

【相关论著举目】

沈雷强:《刘焯律探究》,《音乐探索》,2011年第2期

栗希荣、刘晓燕:《博学通儒的著名天文学家——刘焯》,《衡水学

院学报》,2010 年第 3 期

李坤:《刘焯生平考》,《燕赵历史文化研究之三·冀州历史文化论丛》,2009 年 9 月 18 日会议论文

王兴文:《〈隋书·刘焯传〉刘焯卒年记载有误》,《温州师范学院学报》,2006 年第 6 期

王子初:《刘焯律研究中的几个问题》,《交响》(西安音乐学院学报),1988 年第 3 期

管成学:《刘焯卒于 608 年》,《社会科学战线》,1984 年第 4 期

炀帝大业六年　庚午(610)

○十二月,牛弘卒,撰有《隋朝仪礼》

【文献】

《隋书》卷四十九《牛弘传》(P1297、1309):“牛弘字里仁,安定鹑觚人也,本姓尞氏。”“大业二年,进位上大将军。三年,改为右光禄大夫。从拜恒岳,坛场珪币,墠畤牲牢,并弘所定。还下太行,炀帝尝引入内帐,对皇后赐以同席饮食。其礼遇亲重如此。弘谓其诸子曰:‘吾受非常之遇,荷恩深重。汝等子孙,宜以诚敬自立,以答恩遇之隆也。’六年,从幸江都。其年十一月,卒于江都郡,时年六十六。帝伤惜之,赗赠甚厚。归葬安定,赠开府仪同三司、光禄大夫、文安侯,谥曰宪。”《资治通鉴》卷一百八十一《隋纪五》(P5652):“冬,十二月,己未,文安宪侯牛弘卒。弘宽厚恭俭,学术精博,隋室旧臣,始终信任,悔吝不及者,唯弘一人而已。”《隋书》卷三十三《经籍志二》(P970):“《隋朝仪礼》一百卷牛弘撰。”《新唐书》卷五十八《艺文志二》(P1489):“牛弘、潘徽《隋江都集礼》一百二十卷。”《隋书》卷三《炀帝纪上》(P75):“十二月己未,左光禄大夫、吏部尚书牛弘卒。”

事又见《北史》卷十二、《北史》卷七十二《牛弘传》。

【考论】

牛弘(545—610),隋代儒家学者,字里仁,安定鹑觚(今甘肃泾川)人,性宽厚恭俭,笃志于学,学术精博。其本姓尞,父牛允为西魏侍中、工部尚书、临泾公,遂赐姓牛。后袭封临泾公,加威烈将军、员外散骑侍郎,转内史下大夫,进位使持节、大将军、仪同三司。隋开皇初,迁散骑常侍、秘书监,后拜为礼部尚书。牛弘曾针对隋初儒学典籍遗逸状况,历数儒家图籍所受之“五厄”,特别谴责秦朝“任用威力,事不师古,始下焚书之令,行偶语之刑。先王坟籍,扫地皆尽”,故上表请开献书之路,购赏图籍。牛弘认为史上有国家者皆能“以《诗》、《书》而为教,因礼乐而成功”(《隋书》卷四十九《牛弘传》P1298),“经邦立政,在于典谟。为国之本,莫此攸先”,儒家的经义教化乃治国安邦之本,因此应大弘文教,提倡儒学,从而推动了隋代儒学复兴。开皇三年(583),曾奉敕修撰《五礼》。开皇六年(586),又奉敕改正雅乐,推行《周礼》的五声十二律,废止原六十律。并请依古制修立明堂,认为“明堂者,所以通神灵,感天地,出教化,崇有德”(《隋书》卷四十九《牛弘传》P1300)。大业二年(606)进位大将军,大业三年(607)改右光禄大夫。大业六年卒,年六十六,谥曰“宪”。其著述有明人所辑《牛奇章集》。《隋书》(P1310)赞曰:“采百王之损益,成一代之典章,汉之叔孙,不能尚也。”参见《中国学术思想编年》之《隋唐五代卷》。

【相关论著举目】

杜志强:《牛弘姓氏、著述考》,《中国典籍与文化》,2010 年第 4 期

焦海民:《牛弘研究——隋唐士族文学个案研究》,西北大学硕士学位论文,2009 年

炀帝大业七年　辛未(611)

○此年前后,炀帝将改置宗庙,褚亮依礼论之

【文献】

《旧唐书》卷七十二《褚亮传》(P2578—2581):“褚亮字希明,杭州钱塘人。……陈亡,入隋为东宫学士。大业中,授太常博士。时炀帝将改置宗庙,亮奏议曰:‘谨按《礼记》:“天子七庙,三昭三穆,与太祖之庙而七。”郑玄《注》曰:“此周制也。七者,太祖及文王、武王之祧,与亲庙四也。殷则六庙,契及汤与二昭二穆也。夏则五庙,无太祖,禹与二昭二穆而已。”玄又据《礼》:“王者禘其祖之所自出而立四庙。”案郑玄义,天子唯立四亲庙,并始祖而为五。周以文、武为受命之祖,特立二祧,是为七庙。王肃注《礼记》曰:“尊者尊统上,卑者尊统下。故天子七庙,诸侯五庙。其有殊功异德,非太祖而不毁,不在七庙之数。”案肃以为天子七庙,是百代之言。又据《王制》,天子七庙,诸侯五庙,大夫三庙,降二为差。是则天子立四亲庙,又立高祖之父、高祖之祖父、太祖而为七。周有文、武、姜嫄,合为十庙。汉世诸帝之庙各立,无迭毁之义。至元帝时,贡禹、匡衡之徒始议其礼,以高帝为太祖,而立四亲,是为五庙。唯刘歆以为天子七庙,诸侯五庙,降杀以两之义,七者其正法,可常数也。宗不在此数内,有功德则宗之,不可豫设为数也。是以班固称“考论诸儒之议,刘歆博而旧矣”。

光武即位,建高庙于洛阳,乃立南顿君以上四庙,就祖宗而为七。至魏初,高堂隆为郑学,议立亲庙四,太祖武帝犹在四亲之内,乃虚置太祖及二祧以待后世。至景初间,乃依王肃更立六庙,二世祖就四亲而为六庙。晋武受禅,博议宗祀,自文帝以上至六世祖征西府君,而宣帝亦序于昭穆,未升太祖,故祭止六世。江左中兴,贺循知礼,至于寝庙之议,皆依魏、晋旧事。宋武初受命为王,依诸侯立亲庙四,即位之后,增祠五世祖相国掾府君、六世祖右北平府君,止于六庙,逮身没

主升，亦从昭穆，犹虚太祖之位也。降及齐、梁，守而勿革，加宗迭毁，礼无违旧。

臣又按姬周自太祖已下，皆别立庙，至于禘祫，俱合食于太祖。是以炎汉之初，诸庙各立，岁时常享，亦随处而祭，所用庙乐，皆像功德而歌舞焉。至光武乃总立一堂，而群主异室，斯则新承寇乱，欲从约省，自此已来，因循不变。皇隋太祖武元皇帝仁风潜畅，至泽傍通，以昆、彭之勋，开稷、契之绪。高祖文皇帝睿哲玄览，神武应期，拨乱返正，远肃迩安，受命开基，垂统圣嗣，鸿名冠于三代，宝祚传于七百。当文明之运，定祖宗之礼。且损益不同，沿袭异趣，时王所制，可以垂法。自历代已来，杂用王、郑二义。若寻其旨归，校以优劣，康成止论周代，非谓经通；子雍总贯皇王，事兼长远。今请依据古典，崇建七庙，受命之祖，宜别立庙祧，百世之后为不毁之法。至于銮驾亲奉，申孝享于高庙；有司行事，竭诚敬于群主。俾夫规模可则，严祀易遵，表有功而彰明德，大复古而贵能变。

臣又按周人立庙，亦无处置之文。据冢人职而言之，先王居中，以昭穆为左右。阮忱所撰《礼图》，亦从此义。汉京诸庙既远，又不序禘祫。今若依周制，理有未安，杂用汉仪，事难全采，谨详立别图附之。”

◎大业年间，包恺为国子助教

【文献】

《隋书》卷七十五《包恺传》(P1716)：“东海包恺，字和乐。其兄愉，明《五经》，恺悉传其业。又从王仲通受《史记》、《汉书》，尤称精究。大业中，为国子助教。于时《汉书》学者，以萧、包二人为宗匠。聚徒教授，著录者数千人。卒，门人为起坟立碣焉。”

事又见《北史》卷八十二《包恺传》。

炀帝大业八年　壬申（612）

○此年前后，曹宪撰《博雅》

【文献】

《旧唐书》卷一百八十九上《曹宪传》（P4945—4946）："曹宪，扬州江都人也。仕隋为秘书学士。每聚徒教授，诸生数百人。当时公卿已下，亦多从之受业。宪又精诸家文字之书，自汉代杜林、卫宏之后，古文泯绝，由宪此学复兴。大业中，炀帝令与诸学者撰《桂苑珠丛》一百卷，时人称其该博。宪又训注张揖所撰《博雅》，分为十卷，炀帝令藏于秘阁。贞观中，扬州长史李袭誉表荐之，太宗征为弘文馆学士，以年老不仕，乃遣使就家拜朝散大夫，学者荣之。"《隋书》卷三十二《经籍志一》（P937、P945）："《广雅音》四卷秘书学士曹宪撰"、"《古今字图杂录》一卷"。《旧唐书》卷四十六《经籍志》（P1984、P1984、P1985）："《尔雅音义》又二卷曹宪撰"、"《博雅》十卷曹宪撰"、"《文字指归》四卷曹宪撰。"《郡斋读书志》卷四（P151—152）："《博雅》十卷，右隋曹宪撰。魏张揖尝采《苍雅》遗文为书，名曰《广雅》。宪因揖之说，附以《音解》，避炀帝讳，更之为'博'云。后有张揖《表》。宪后事唐，太宗尝读书，有奇难字，辄遣使问宪，宪具为音注，援验详复，帝叹赏之。"《四库全书总目》卷四十《小学类一》（P341）："《广雅》十卷，魏张揖撰。揖字稚让，清河人。太和中官博士。其名或从木作楫。然证以稚让之字，则为揖让之揖，审矣。后魏江式《论书表》曰：'魏初博士清河张揖，著《埤仓》、《广雅》、《古今字诂》。究诸《埤》、《广》，增长事类，抑亦于文为益者也。然其《字诂》，方之许篇，或得或失矣。'是式谓《埤仓》、《广雅》胜于《字诂》。今《埤仓》、《字诂》皆久佚，惟《广雅》存。其书因《尔雅》旧目，博采汉儒笺注及《三苍》、《说文》诸书以增广之，于扬雄《方言》亦备载无遗。隋秘书学士曹宪为之音释，避炀帝讳，改名《博雅》。故至今二名并称，实一书也。前有揖《进表》，称凡万八千一百五十文，分为上中下。《隋书·经籍志》亦作三卷，与《表》所言合，然注曰：'梁有四卷。'《唐志》亦作四卷。《馆阁书目》又云：'今逸，但存《音》三卷。'宪所注本，《隋志》作四卷，《唐志》则作十卷，卷数各参错不同。盖揖书本三卷，《七录》作四卷者，由后来传写，析其篇目。宪《注》四卷，即因梁代之本。后以文句稍繁，析为十卷。又嫌十卷烦碎，复并为三卷。观诸家所引《广雅》之文皆具在，今本无所佚脱，知卷数异而书不异矣。然则《馆阁书目》所谓逸者，乃逸其无注之本。所谓存《音》三卷者，即宪所注之本。揖原文实附《注》以存，未尝逸，亦未尝阙。惟今本仍为十卷，则又后人析之以合《唐志》耳。考唐玄度《九经字样序》，称音字改反为切，实始于唐开成间。宪虽自隋入唐，至贞观时尚在，然远在开成以前。今本乃往往云某字某切，颇为疑窦。殆传刻臆改，又非宪本之旧欤？"《文献通考》卷一百八十九《经籍考十六》(P1609)："陈氏曰：魏博士张揖撰。凡不在《尔雅》者著于篇，仍用《尔雅》旧目。《馆阁书目》云今逸，但存《音》三卷。今书十卷，而音附逐篇句下，不别行。揖又有《埤仓》、《三苍》、《训诂杂字》、《古文字训》，凡四书，见《唐志》，今皆不传。"

事又见《新唐书》卷五十七《艺文志》、《册府元龟》卷六百八。

【文献】

《博雅》原名《广雅》，隋避炀帝杨广讳，故改名《博雅》。《博雅音》是曹宪为《广雅》作所的音释。曹宪，扬州人，生卒年不详。关于《博雅音》的撰写年代，《旧唐书》本传载"宪又训注张揖所撰《博雅》，分为十卷，炀帝令藏于秘阁"。据此可知《博雅音》成于大业年间(605—617)，比陆法言于公元601年写成的《切韵》时代稍晚。《博雅音》不仅是研究隋、唐时期语音的重要资料，而且是印证《切韵》音系的重要材料。

【相关论著举目】

吴波：《〈博雅音〉的唇音分合问题》，《中国语文》，2009年第5期

雷昌蛟：《〈博雅音〉中的特殊音切》，《遵义师范高等专科学校学报》，1999年第1期

雷昌蛟:《〈博雅音〉声类考》,《贵州大学学报》,1996 年第 1 期。

炀帝大业十三年(恭帝义宁元年) 丁丑(617)

○五月,王通卒,著有《文中子》等

【文献】

《旧唐书》卷一百九十二《王绩传》(P5116):“王绩……兄通,字仲淹,隋大业中名儒,号文中子,自有传。”《旧唐书》卷一百九十上《王勃传》(P5004—5005):“王勃字子安,绛州龙门人。祖通,隋蜀郡司户书佐。大业末,弃官归,以著书讲学为业。……义宁元年卒,门人薛收等相与议,谥曰文中子。”《新唐书》卷一百九十六《王绩传》(P5594):“王绩字无功,绛州龙门人。……兄通,隋末大儒也,聚徒河、汾间,仿古作《六经》,又为《中说》以拟《论语》。不为诸儒称道,故书不显,惟《中说》独传。通知绩诞纵,不婴以家事,乡族庆吊冠昏,不与也。”《新唐书》卷二百一《王勃传》(P5739—5740):“王勃字子安,绛州龙门人。……初,祖通,隋末居白牛溪,教授门人甚众。尝起汉、魏尽晋作书百二十篇,以续古《尚书》,后亡其序,有录无书者十篇,勃补完缺逸,定著二十五篇。”《文苑英华》卷九十七载王通之弟王绩《游北山赋》自注(P443):“吾兄通,字仲淹。生于隋末,守道不仕。大业中隐居此溪,续孔氏《六经》近百余卷。门人弟子相趋成市。故溪今号王孔子之溪也。”《四库全书》第 696 册《中说》附杜淹《文中子世家》(P577—579):“文中子王氏讳通,字仲淹。……开皇四年,文中子始生。……仁寿三年,文中子盖冠矣。慨然有济苍生之心,遂西游长安,见隋文帝,帝坐太极殿召见之。因奏《太平策》十有二策。尊王道,推霸略,稽今验古,恢恢乎!运天下于指掌矣,帝大悦。……乃续诗、书,正礼、乐,修《元经》,赞《易》道,盖有事于述者九年,而《六经》大就。……十三年,江都难作,而文中子有疾……盖寝疾七日而终。”《四库全书》第 1171

册《龙川集》卷十四《类次文中子引》(P625—626):“初,文中子讲道河汾,门人咸有纪焉。其高弟若董常、程元、仇璋,盖尝参取之矣。薛收、姚义始缀而名之曰《中说》,凡一百余纸,无篇目卷第,藏王氏家。……盖文中子没于隋大业十三年五月。”(P170):“天地之经,纷纷然不可以复正。文中子始正之,续经之作,孔氏之志也。”

参见《旧唐书》卷一百六十三、《新唐书》卷一百六十四《王质传》、《唐文粹》卷九十九、《王无功集》。宋司马光为补《隋书》之缺,作《文中子补传评》,并全文抄录于《资治通鉴》卷一百七十九《隋纪三》。

【考论】

(一)关于疑王通其人之事。首疑者,是北宋初年的宋咸,明焦竑《焦氏笔乘》卷二“文中子”(P42)谓:“宋咸作《驳中说》,谓文中子乃后人所假托,实无其人。”然宋咸《驳中说》不传于世。南宋王明清《挥麈前录》卷三亦云“文中子王通,隋末大儒,欧阳文忠公(欧阳修)、宋景文(宋祁)修《唐书》,房(玄龄)、杜(如晦)传中略不及姓名,或云其书阮逸所撰,未必有其人”。然唐人陈叔达(?—635)、通之弟王绩(585—644)及王勃(650—?)以及与通之五代孙王质同时代的刘禹锡(772—842)等均提及王通事,王绩、王勃等确有其人,其文章、书信当为确证。如陈叔达与王绩书云:“苟能宅郊禋,建社稷,树师长,抚黎元,虽复五裂山河,三分躔次,规模典式,岂徒然哉!是贤兄文中子知其若此也。恐后之笔削陷于繁碎,宏纲正典暗而不宣,乃兴《元经》以定真统。盖获麟之事,夫何足以知之?叔达亡国之余,幸赖前烈。有隋之末,滥尸贵郡,因沾善诱,颇识大方。”(《四库全书》第1344册《唐文粹》卷八十二《答王绩书》P255)。又如唐初诗人杨炯(650—?)为王通孙王勃之集序中亦说其“祖父通,隋秀才高第、蜀郡司户书佐、蜀王侍读。大业末,退讲艺于龙门。其卒也,门人谥之曰文中子”(《四库全书》第1065册《盈川集》卷三《王勃集序》P208)。唐人李翱(772—841)曾将《中说》与《人物志》、《太公家教》并提,谓其书“其理往往有是,而词章不能工”(《李文公集》卷六《答朱载言书》)。《四库全书总目》卷九十一《子部一》(P774)谓:“炯为其孙作序,则记其祖事必不误。杜牧《樊川集》首有其甥裴延翰序，亦引‘文中子曰：言文而不及理，王道何从而兴乎’二语，亦与今本相合。知所谓文中子者，实有其人。”王通确有其人，尹协理、魏明《王通论》（中国社会科学出版社1984年版）等考之颇详。参见《中国学术思想编年》之《隋唐五代卷》。

（二）关于王通的生卒年。邓小军《王通生平事迹考》（《唐代文学的文化精神》，文津出版社，1993年版）据薛收《隋故征君文中子碣铭》“大业伊始……时年二十二矣”，《文中子世家》“开皇四年，文中子始生”，“仁寿三年，文中子盖冠矣”，推其生年为隋文帝开皇四年（584），并云《王通论》谓“生于北周大象二年（580）”误。另据《全唐文》卷一百三十三薛收《隋故征君文中子碣铭》“以大业十三年五月甲子，遘疾终于万春乡甘泽里第”，王绩《游北山赋》自注“吾兄仲淹，以大业十三年卒于乡”（《文苑英华》卷九十七），《文中子世家》“大业……十三年，江都难作，而文中子有疾……盖寝疾七日而终”，及《旧唐书》卷一百九十谓“义宁元年（即大业十三年）卒”，陈亮谓“盖文中子没于隋大业十三年五月”（《四库全书》第1171册《龙川集》卷十四P626），志其卒年于此。其门人有薛收、李靖、魏征、杜如晦、房玄龄等，显于世。王通卒后，门人私谥为“文中子”。

王通（584—617），河东郡龙门通化（今属山西万荣县）人，隋代思想家。自幼受儒学熏陶，十八岁游历问学。仁寿三年（603）西游长安，见隋文帝“献太平十二策”，不见用，归乡里，遂著述教授，累征不起。王通一生致力于重建儒学权威，为周孔之道的复兴呼号。自晋宋之后，佛教在统治者的支持下日渐兴盛，道教也有了长足发展，儒学却在动乱中失去了在汉独尊的地位，儒学发展面临佛、道二教的挑战。王通深忧佛道炽盛、儒学复兴无力之现状，指出“天子失道则诸侯修之，诸侯失道则大夫修之，大夫失道则士修之，士失道则庶人修之。修之之道，从师无常，诲而不倦，穷而不滥，死而后已，得时则行，失时则蟠，此先王之道所以续而不坠也”（《中说》卷九《立命篇》《四库全书》第696册P574）。王通以复兴儒学为己任，“生以救时，死以明道”,提出要以儒家思想为核心,内修仁义礼智信,外建王道政治,倡扬儒学道统,重建王道理想。王通是儒学发展史上承先启后的重要人物,他所承的是孔孟原儒,“吾视千载已上,圣人在上者,未有若周公焉,其道则一,而经制大备,后之为政有所持循;吾视千载而下,未有若仲尼焉,其道则一,而述作大明,后之修文者有所折中矣”(《中说》卷二《天地篇》P533)。

王通主张以儒学为主,儒、释、道三教可一。王通认为三教各有短长,均“不可废”(《中说》卷四《周公篇》P542),以为可在儒学的基础上将三教统一起来。这既是出于正视佛、道存在现实的政治考虑,主张容忍佛、道二教独立存在,又是站在儒家立场,对佛、道所进行的批判和扬弃,拒斥它们的虚诞以及与儒学传统格格不入的东西,认为儒学的复兴与发展应该利用、吸收和凭借解释二者的思想资源达到最终重建儒学新体系的远大目标,其根本目的是为了推行传统的“王道”政治理想。“王通则又浑三家之学,而无所讥贬”,王通的努力对于“浮屠、老氏之教,遂与儒学鼎列于天下”(《四库全书》第 1156 册《象山集》卷二十四《策问》P464)思想格局的形成起了一定的推动作用。他探讨了道的超越性与普遍性,研究了性情善恶等问题,在价值取向与基本思路上为后来的理学探索了新路。王通虽未明确提出“三教归儒”的说法,但经过唐代诸多思想家的努力,在儒家基础上,儒、释、道三教日渐融合并最终以理学的形式兴盛于宋、元、明历朝。王通为之所做的理论准备确有助焉。王通所提出的儒学新思想观念,使他无形中成为理学先导。王通的主张,上接原典儒学,下启宋明理学,对儒学的发展做出了重要贡献。正因如此,理学家特别是早期的石介以及程颐给他较高的评价。石介曰:“晋、宋、齐、梁、陈并时而亡,王纲毁矣,人伦弃矣,文中子续经以存之。”(《徂徕集》卷十三《上蔡副枢书》P267)程伊川亦曰:“文中子格言,前无荀卿、扬雄也。”(《闻见后录》卷四 P233)任继愈《中国哲学发展史》中有《王通的哲学与新经学》一章(P27—54)对王通的新经学及政治思想、哲学思想详加介绍分析。

（附）○王通撰《中说》、《元经》

【文献】

《旧唐书》卷一百九十上《王勃传》(P5004)："祖通……依《春秋》体例，自获麟后，历秦、汉至于后魏，著纪年之书，谓之《元经》。又依《孔子家语》、扬雄《法言》例，为客主对答之说，号曰《中说》，皆为儒士所称。"《旧唐书》卷四十七《经籍志下》(P2025)："《中说》五卷王通撰。"《新唐书》卷五十九《艺文志三》(P1512)："王通《中说》五卷。"《郡斋读书志》卷十(P443—444)："《阮逸注中说》十卷，右隋王通之门人共集其师之语为是书。……今观《中说》，其迹往往僭圣人，模拟窜窃，有深可怪笑者。独贞观时，诸将相若房、杜、李、魏、二温、王、陈皆其门人。予尝以此为疑。及见李德林、关朗、薛道衡事，然后知其皆妄也。通生于开皇四年，而德林卒以十一年，通适八岁，固未有门人。通仁寿四年，尝一到长安，时德林卒已九载矣，其书乃有'子在长安，德林请见，归，援琴鼓《荡》之什，门人皆沾襟'。关朗在太和中见魏孝文，自太和丁巳，至通生之年甲辰，盖一百七年矣，而其书有问《礼》于关子明。《隋书·薛道衡传》称道衡仁寿中，出为襄州总管，至炀帝即位，召还。《本纪》：仁寿二年九月，襄州总管周摇卒。道衡之出，当在此年也。通仁寿四年始到长安，是年高祖崩，盖仁寿末也。又《隋书》称'道衡子收，初生即出继族父孺，养于孺宅，至于长成，不识本生。'其书有'内史薛公见子于长安，语子收曰："汝往事之。"'用此三事推焉，则以房、杜辈为门人，抑又可知矣。"《四库全书总目》卷九十一《儒家类一》(P774)："《中说》十卷，旧本题隋王通撰。《唐志》文中子《中说》五卷，《通考》及《玉海》则作十卷，与今本合。凡十篇。末附序文一篇及杜淹所撰《文中子世家》一篇，通子福畤录唐太宗与房、魏论礼乐事一篇，通弟绩与陈叔达书一篇，又录关子明事一篇。卷末有阮逸《序》，又有福畤贞观二十三年《序》。晁公武《郡斋读书志》尝辨通以开皇四年生，李德林以开皇十一年卒，通方八岁，而有'德林请见，归援琴鼓《荡》之什，门人皆沾襟'事。关朗以太和丁巳见魏孝文帝，至开皇四年通生，已相隔一百七年，而有问礼于朗事。薛道衡以仁寿二年出为襄州总管，至炀帝即位始召还。又《隋书》载道衡子收，初生即出继族父儒，及长，不识本生，而有仁寿四年通在长安见道衡，道衡语其子收事。洪迈《容斋随笔》又辨《唐书》载薛收以大业十三年归唐，而《世家》有江都难作，通有疾，召薛收共语事。王应麟《困学纪闻》亦辨《唐会要》载武德元年五月始改隋太兴殿为太极殿，而书中有隋文帝召见太极殿事。皆证以史传，牴牾显然。今考通以仁寿四年自长安东归河汾，即不复出。故《世家》亦云'大业元年一征又不至'。而《周公篇》内乃云'子游太乐，闻龙舟五更之曲'。阮逸注曰：'太乐之署，炀帝将游江都，作此曲。'《隋书·职官志》曰：'太常寺有太乐署。'是通于大业末年复至长安矣。其依托谬妄，亦一明证。考《杨炯集》有《王勃集序》，称祖父通，隋秀才高第，蜀郡司户书佐，蜀王侍读。大业末退，讲艺于龙门。其卒也，门人谥之曰文中子。炯为其孙作序，则记其祖事必不误。杜牧《樊川集》首有其甥裴延翰序，亦引《文中子》曰'言文而不及理，王道何从而兴乎'二语，亦与今本相合。知所谓文中子者实有其人。所谓《中说》者，其子福郊、福畤等纂述遗言，虚相夸饰，亦实有其书。第当有唐开国之初，明君硕辅不可以虚名动。又陆德明、孔颖达、贾公彦诸人老师宿儒，布列馆阁，亦不可以空谈惑。故其人其书皆不著于当时，而当时亦无斥其妄者。至中唐以后，渐远无征，乃稍稍得售其欺耳。宋咸必以为实无其人，洪迈必以为其书出阮逸所撰，诚为过当。讲学家或竟以为接孔、颜之传，则傎之甚矣。据其伪迹炳然，诚不足采，然大旨要不甚悖于理。且摹拟圣人之语言自扬雄始，犹未敢冒其名。摹拟圣人之事迹则自通始，乃并其名而僭之。后来聚徒讲学，酿为朋党，以至祸延宗社者，通实为之先驱。坤之初六，履霜坚冰。姤之初六，系于金柅。录而存之，亦足见儒风变古，其所由来者渐也。"参见《文献通考》卷二百九。

《四库全书总目》卷四十七《史部·编年类》(P419—420)："《元经》十卷，旧本题隋王通撰。唐薛收续，并作传。宋阮逸注。其书始晋太熙元年，终隋开皇九年，凡九卷，称为通之原书。末一卷自隋开皇十年迄唐武德元年，称收所续。晁公武《读书志》曰：‘案《崇文》无其目，疑阮逸依托为之。’陈振孙《书录解题》曰：‘河汾王氏诸书，自《中说》以外，皆《唐・艺文志》所无。其传出阮逸，或云皆逸伪作也。’唐神尧讳渊，其祖景皇讳虎，故《晋书》戴渊、石虎皆以字行。薛收，唐人，于传称戴若思、石季龙，宜也。《元经》作于隋世大业四年，亦书曰若思，何哉？今考是书，晋成帝咸和八年书张公庭为镇西大将军，康帝建元元年，书石虎侵张骏。公庭即骏之字，犹可曰书名书字，例本互通。至于康宁三年书‘神虎门’为‘神兽门’，则显袭《晋书》，更无所置辨矣。且于周大定元年直书杨坚辅政。通生隋世，虽妄以圣人自居，亦何敢于悖乱如是哉？陈师道《后山谈丛》、何薳《春渚纪闻》、邵博《闻见后录》并称逸作是书，尝以稿本示苏洵。薳与博语未可知。师道则笃行君子，断无妄语，所记谅不诬矣。逸，字天隐，建阳人，天圣五年进士，官至尚书屯田员外郎。《宋史・胡瑗传》，景祐初，更定雅乐，与镇东军节度推官阮逸同校钟律者，即其人也。王巩《甲申杂记》又载其所作诗，有‘易立太山石，难芳上林柳’句，为怨家所告，流窜以终，生平喜作伪书，此特其一耳。《文献通考》载是书十五卷，此本止十卷，自魏太和以后，往往数十年不书一事，盖又非阮逸伪本之全矣。至明邓伯羔《艺彀》，称是书为关朗作。关朗，北魏孝文帝时人，何由书开皇九年之事？或因宋人记关朗《易传》与此书同出阮逸，偶然误记耶？其书本无可取，以自宋以来，流传已久，姑录存之。而参考诸说，附纠其依托如右。”又见《郡斋读书志》卷十、《文献通考》卷一百九十三。

【考论】

据载王通著有《太平十二策》、《续六经》（即《续诗》、《读书》、《礼论》、《乐论》、《易赞》、《元经》）和《中说》，然前者多佚，《四库全书》卷四十七《编年类》收有《元经》，晁公武《郡斋读书志》、陈振孙《直斋书录解题》皆谓为宋阮逸伪托而作之，唯《中说》（即《文中子》）十卷传于世。《太平十二策》反映了王通早期的思想，其思想仍限于汉儒的天人感应神学目的论、三统三正等。其《续六经》为大业初年所作，“为匡扶之要略"(王绩《答程道士书》)。《中说》非其自著,而是在其门人记录和后人追记的基础上形成的,集中反映了王通的政治思想和哲学思想。

(一)对于王通所著《中说》,史多怀疑。余嘉锡《四库提要辨证》(P567)在引述司马光《文中子补传》后谓"温公(司马光)虽为通作传而表彰之,而疑《中说》者,实莫先于温公"。此书(P568)又谓:"唐人若杨炯、刘禹锡、李翱、裴延翰、皮日休、陆龟蒙、司空图之徒,皆著书称述《文中子》,所言多与《中说》合。"

(二)关于《元经》。邓志峰认为《元经》的撰写从晋惠帝"八王之乱"始,至隋文帝开皇九年南北统一终(参见《义法史学与中唐新史学运动》,《复旦学报》2004年第6期)。王通所作《续六经》已佚,然《四库全书》卷四十七《编年类》收有《元经》十卷,宋人阮逸为之注。晁公武《郡斋读书志》(P445)谓:"案《崇文》无其目,疑阮逸依托为之。"陈振孙《直斋书录解题》亦谓:"河汾王氏诸书,自《中说》以外,皆《唐·艺文志》所无,其传出阮逸,或云皆逸伪作也。"认为该书系宋人阮逸所伪托。《四库全书总目》引述了宋人的观点,以《元经》为伪,理由有二:一是书中不该有避讳,二是宋人陈、何、邵提到的阮逸以所伪之《元经》稿本示苏洵。对此,余嘉锡进行了有力批驳,《四库提要辨证》卷四《史部二》引皮锡瑞《师伏堂笔记》卷三(P223)云:"王通《元经》,宋阮逸注。晁公武曰疑阮逸依托为之,陈振孙曰河汾王氏诸书,自《中说》外,或云皆逸伪作。陈师道、何薳、邵博皆称逸作是书。锡瑞案:阮逸宋人,诸人皆与逸年代不相远,而其说相同,且谓逸以稿本示苏洵,似为逸作,可无疑矣。乃考《宋史》,有可疑者。太祖建隆三年四月,太常寺博士聂崇义上《三礼图》,尹拙驳正,诏下中书集议。吏部尚书张昭等奏议曰:'尹拙所述礼神之六玉,称取梁桂州刺史崔灵恩所撰《三礼义宗》,崇义非之,以为灵恩非周公之才,无周公之位,一朝撰述,便补六玉阙文,尤不合礼。臣等窃以刘向之论《洪范》,王通之作《元经》,非必挺圣人之姿,而居上公之位。有益于教,亦为斐然。'据此奏议,则王通《元经》宋初已有其书。阮逸天圣五年进士,建隆三年至天圣五年凡六十七年，当时逸尚未生，而奏议引之，则书必出宋前。不得以《崇文目》不载，遂指为逸作也。晁、陈诸人殆未见张昭奏议乎?”因此今流传之《元经》决非阮逸所伪。

【相关论著举目】

黄清发:《王通生平著述新证——以新出〈王劢墓志〉为中心》,《晋阳学刊》,2012 年第 3 期

范赟:《论王通思想对儒家心性学说的推进》,《广西社会科学》,2011 年第 12 期

王东:《论王通与王阳明王道本义之会通》,《长治学院学报》,2011 年第 4 期

郭畑:《宋儒对于王通续经的不同评价及其原因》,《河南师范大学学报》(哲学社会科学版),2011 年第 4 期

朱卫:《论王通的儒家民族思想》,《青海民族大学学报》(社会科学版),2011 年第 4 期

张沛:《斯文在中:王通〈中说〉大义抉要》,《晋阳学刊》,2009 年第 6 期

李建军:《王通〈春秋〉学考述》,《西华大学学报》(哲学社会科学版),2006 年第 3 期

罗维明:《王通及其〈文中子〉辨析》,《台州学院学报》,2006 年第 1 期

张怀承:《王通“道在五常”的思想简论》,《湖南师范大学社会科学学报》,2006 年第 6 期

王明钦:《王通主体思想管窥》,《史学月刊》,2005 年第 11 期;

李小成:《文中子考论》,西北师范大学博士学位论文,2005 年

胡萍:《王通的哲学思想及其历史地位》,湘潭大学硕士学位论文,2005 年

熊海:《〈中说〉文学思想研究》,湖北大学硕士学位论文,2005 年

李小成:《王通的〈续诗〉与〈诗经〉》,《齐鲁学刊》,2004 年第 6 期

卢开万:《文中子王通的私学教育思想及其源流》,《魏晋南北朝

隋唐史资料》,2004 年

景云:《论王通哲学对宋明理学的开启》,《晋阳学刊》,2004 年第 2 期

董虹凌:《试论王通〈中说〉之“道”观》,《华南理工大学学报》,2004 年第 2 期

孙昊、李静:《王通与经学更新》,《江淮论坛》,2003 年第 3 期

郭颖:《中说校释》,东北师范大学硕士学位论文,2002 年

卢敏:《文中子和宋儒》,复旦大学硕士学位论文,2001 年

徐朔方:《王通门人辨疑》,《浙江大学学报》,1999 年第 4 期

李金河:《论王通在儒家思想发展史上的三大贡献》,《中华文化论坛》,1998 年第 2 期

刘宽亮:《从〈中说〉看王通的思想体系》,《运城高专学报》,1997 年第 1 期

陈启智:《王通生平著述考》,《东岳论丛》,1996 年第 6 期

周庆义:《王通思想简论》,《齐鲁学刊》,1992 年第 6 期

杨明:《王通与〈中说〉》,《复旦学报》,1989 年第 5 期

刘宽亮、卢庆芬:《论王通的思想特质》,《晋阳学刊》,1989 年第 4 期

刘宽亮:《王通生年考》,《晋阳学刊》,1987 年第 4 期

尹协理、魏明:《论王通的伦理思想》,《浙江学刊》,1986 年第 4 期

尹协理、魏明:《王通论》,中国社会科学出版社,1984 年

张凯:《王通思想研究》,河南大学硕士学位论文,2011 年

杨云:《抉择与会通——王通“三教可一”思想研究》,陕西师范大学硕士学位论文,2010 年

○刘炫约卒于此年，著有《论语述议》、《春秋攻昧》、《毛诗述议》等

【文献】

《隋书》卷七十五《刘炫传》(P1719—1723)："刘炫字光伯，河间景城人也。少以聪敏见称，与信都刘焯闭户读书，十年不出……岁余，奉敕与著作郎王劭同修国史。俄直门下省，以待顾问。又与诸术者修天文律历，兼于内史省考定群言，内史令博陵李德林甚礼之。炫虽遍直三省，竟不得官，为县司责其赋役。兹自陈于内史，内史送诣吏部，吏部尚书韦世康问其所能。炫自为状曰：'《周礼》、《礼记》、《毛诗》、《尚书》、《公羊》、《左传》、《孝经》、《论语》孔、郑、王、何、服、杜等注，凡十三家，虽义有精粗，并堪讲授。《周易》、《仪礼》、《穀梁》，用功差少。史、子、文集，嘉言美事，咸诵于心。天文律历，穷核微妙。至于公私文翰，未尝假手。'吏部竟不详试，然在朝知名之士十余人，保明炫所陈不谬，于是除殿内将军。……及蜀王废，与诸儒修定《五礼》，授旅骑尉。……纳言杨达举炫博学有文章，射策高第，除太学博士。岁余，以品卑去任，还至长平，奉敕追诣行在所。或言其无行，帝遂罢之，归于河间。……时在郡城，粮饷断绝，其门人多随盗贼，哀炫穷乏，诣郡城下索炫，郡官乃出炫与之。炫为贼所将，过城下堡。未几，贼为官军所破，炫饥饿无所依，复投县城。长吏意炫与贼相知，恐为后变，遂闭门不纳。是时夜冰寒，因此冻馁而死，时年六十八。其后门人谥曰宣德先生。炫性躁竞，颇俳谐，多自矜伐，好轻侮当世，为执政所丑，由是官途不遂。著《论语述议》十卷，《春秋攻昧》十卷，《五经正名》十二卷，《孝经述议》五卷，《春秋述议》四十卷，《尚书述议》二十卷，《毛诗述议》四十卷，《注诗序》一卷，《算术》一卷，并行于世。"

《全隋文》卷二十七刘炫有传(P305—306)："炫字光伯，河间景城人。周建德末，为州户曹从事，后署礼曹从事。……有《尚书述义》二十卷，《毛诗述义》四十卷，《注诗序》一卷，《春秋左氏传述义》四十卷，《春秋左氏传杜预序集解》一卷，《春秋攻昧》十二卷，《规过》三卷，《古

文孝经述义》五卷,《论语述义》十卷,《五经正名》十二卷,《算术》一卷。"《隋书》卷三十二《经籍志一》(P914、P916、P917、P917、P934、P937、P937、P930、P930):"《尚书述义》二十卷国子助教刘炫撰"、"《毛诗谱》二卷太叔求及刘炫注"、"《毛诗集小序》一卷刘炫注"、"《毛诗述义》四十卷国子助教刘炫撰"、"《古文孝经述义》五卷刘炫撰"、"《论语述义》十卷刘炫撰"、"《五经正名》十二卷刘炫撰"、"《春秋左传杜预序集解》一卷刘炫撰"、"《春秋左氏传述义》四十卷东京太学博士刘炫撰。"《旧唐书》卷四十六《经籍志上》(P1970、P1971、P1978、P1978、P1978、P1980、P1982、P1983):"《尚书述义》二十卷刘炫撰"、"《毛诗述义》三十卷刘炫撰"、"《春秋攻昧》十二卷刘炫撰"、"《春秋规过》三卷刘炫撰"、"《春秋述议》三十七卷刘炫撰"、"《孝经述义》五卷刘炫撰"、"《论语章句》二十卷刘炫撰"、"《五经正名》十五卷刘炫撰。"《新唐书》卷五十七《艺文志一》所记同。《文献通考》卷一百八十二《经籍考九》(P1567):"《春秋述议传》,《崇文总目》:隋东京太学博士刘炫撰。本四十篇,唐孔颖达《正义》盖据以为说而增损之。今三十九篇亡。"

《隋书》卷三十二《经籍志一》(P934—935):"夫孝者,天之经,地之义,人之行。自天子达于庶人,虽尊卑有差,及乎行孝,其义一也。先王因之以治国家,化天下,故能不严而顺,不肃而成。斯实生灵之至德,王者之要道。孔子既叙六经,题目不同,指意差别,恐斯道离散,故作《孝经》,以总会之,明其枝流虽分,本萌于孝者也。遭秦焚书,为河间人颜芝所藏。汉初,芝子贞出之,凡十八章,而长孙氏、博士江翁、少府后苍、谏议大夫翼奉、安昌侯张禹,皆名其学。又有《古文孝经》,与《古文尚书》同出,而长孙有《闺门》一章,其余经文,大较相似,篇简缺解,又有衍出三章,并前合为二十二章,孔安国为之传。至刘向典校经籍,以颜本比古文,除其繁惑,以十八章为定。郑众、马融,并为之注。又有郑氏注,相传或云郑玄,其立义与玄所注余书不同,故疑之。梁代,安国及郑氏二家,并立国学,而安国之本,亡于梁乱。陈及周、齐,唯传郑氏。至隋,秘书监王劭于京师访得《孔传》,送至河间刘炫。炫因序其得丧,述其议疏,讲于人间,渐闻朝廷,后遂著令,与郑氏并立。儒者誼誼,皆云炫自作之,非孔旧本,而秘府又先无其书。又云魏氏迁洛,未达华语,孝文帝命侯伏侯可悉陵,以夷言译《孝经》之旨,教于国人,谓之《国语孝经》。今取以附此篇之末。”

参见《册府元龟》卷六百六《学校部(注释第二)》、《廿二史札记》卷十五、《清史稿》卷一百四十五《艺文志一》、《孝经注疏序》等。

【考论】

刘炫(约550—617),隋经学家,字光伯,河间景城(今河北献县东北)人,为刘献之三传弟子。少聪敏,与刘焯结盟为友,曾于武强刘海智家读经十载,善强记默识。开皇中奉敕与著作郎王劭同修国史。又与诸术士修天文律历,兼与内史省考定群言,深得内史令李德林的礼遇。后与诸儒修定五礼。隋文帝废国子、四门及州县学(仁寿元年,刘炫传记在开皇末),炫曾上表言学校不宜废,未得采纳。炀帝即位后,吏部尚书牛弘引炫修律令,后除太学博士,岁余即除归乡里。时值隋末大乱,谷食踊贵,学校尽废,经籍道息,教授不行。终因饥寒无所,冻馁而死,时年六十八岁,其门人谥曰“宣德先生”。刘炫与刘焯于开皇间均为“拔萃出类,学通南北,博极古今”的一代名儒,时称“二刘”。曾因伪造《连山易》、《鲁史记》等而被官府除名,归于家,故每被指为“品卑”。著《论语述议》十卷,《春秋攻昧》十二卷,《五经正名》十二卷,《孝经述议》五卷,《春秋述议》四十卷,《尚书述议》二十卷,《毛诗述议》四十卷,《注诗序》一卷,《算术》一卷,行于时,惜其著作均佚散。其所著诸经义疏“缙绅咸宗师之”,且对唐代儒学发生过广泛影响。孔颖达撰《五经正义》,其《诗》、《书》多本之于“二刘”。《毛诗正义序》(P261)谓:“焯、炫并聪颖特达,文而又儒。擢秀干于一时,骋绝辔于千里;固诸儒之所揖让,日下之所无双。其于作疏内,特为殊绝。今奉敕删定,故据以为本。”《尚书正义序》(P110)亦谓:“惟刘焯、刘炫最为详雅……今奉明敕,考定是非,谨罄庸愚,竭所闻见。”惟其“性躁竞颇俳谐,多自矜伐,好轻侮当世,为执政所丑,由是官途不遂。”《经学历史》(P52):“隋刘炫伪作《古文孝经》,唐、宋人多惑之。

浅人但见古文二字，即为所震，不敢置议，不知前汉经师并不信古文也。”

刘炫卒年，史书未见明载。本传只说“时年六十八”。台北广文书局印行的《历代名人生卒录》亦只说“大业末卒，年六十八”。考《隋书》卷七十五《刘焯传》，大业六年（610）刘焯卒后，炫曾“为之请谥”，其卒当在此年后。又本传谓炫曾建议隋炀帝不可伐辽东，然“大业之季，三征不克，炫言乃验”，故其卒当在征东之后。而隋末丧乱，盖起于辽东之役，隋自大业九年（613）第二次征东后已始乱，至十三年（617）年，局面已不可收拾。是时炫“在郡城，粮饷断绝，其门人多随盗贼，哀炫穷乏，诣郡城下索炫，郡官乃出炫与之。……贼为官军所破，炫饥饿无所依，复投县城。长吏意炫与贼相知，恐为后变，遂闭门不纳。是时夜冰寒，因此冻馁而死，时年六十八”。刘炫显然是在隋末战乱中死去的，故志于此，以俟新考。以上内容参见《中国学术思想编年》之《隋唐五代卷》。

【相关论著举目】

田寓共：《也谈刘炫——与李烈辉同志商榷》，《档案天地》，1997年第2期

李烈辉：《刘炫与档案》，《档案天地》，1997年第1期

王利器：《跋敦煌唐写本刘炫毛诗述议》，《文献》，1983年第3期

恭帝义宁二年（大业十四年）　戊寅（618）

○三月，许善心卒

【文献】

《隋书》卷五《恭帝纪》（P101）：“三月丙辰，右屯卫将军宇文化及杀太上皇于江都宫，右御卫将军独孤盛死之。齐王暕，赵王杲，燕王倓，光禄大夫、开府仪同三司、行右翊卫大将军宇文协，金紫光禄大

夫、内史侍郎虞世基，银青光禄大夫、御史大夫裴蕴，通议大夫、行给事郎许善心，皆遇害。”《隋书》卷五十八《许善心传》(P1424—1431)：“许善心字务本，高阳北新城人也……九年，摄左翊卫长史，从渡辽，授建节尉。帝尝言及高祖受命之符，因问鬼神之事，敕善心与崔祖璿撰《灵异记》十卷。初，善心父撰著《梁史》，未就而殁。善心述成父志，修续家书，其《序传》末，述制作之意曰：‘……先君昔在前代，早怀述作，凡撰《齐书》为五十卷；《梁书》纪传，随事勒成，及阙而未就者，《目录》注为一百八卷。梁室交丧，坟籍销尽。冢壁皆残，不准无所盗，帷囊同毁，陈农何以求！秦儒既坑，先王之道将坠，汉臣徒请，口授之文亦绝。所撰之书，一时亡散。有陈初建，诏为史官，补阙拾遗，心识口诵。依旧目录，更加修撰，且成百卷，已有六帙五十八卷，上秘阁讫……自入京已来，随见补葺，略成七十卷。《四帝纪》八卷，《后妃》一卷，《三太子录》一卷，为一帙十卷。《宗室王侯列传》一帙十卷。《具臣列传》二帙二十卷。《外戚传》一卷，《孝德传》一卷，《诚臣传》一卷，《文苑传》二卷，《儒林传》二卷，《逸民传》一卷，《数术传》一卷，《藩臣传》一卷，合一帙十卷。《止足传》一卷，《列女传》一卷，《权幸传》一卷，《羯贼传》二卷，《逆臣传》二卷，《叛臣传》二卷，《叙传论述》一卷，合一帙十卷。凡称史臣者，皆先君所言，下称名案者，并善心补阙。别为《叙论》一篇，托于《叙传》之末。’……十四年，化及杀逆之日，隋官尽诣朝堂谒贺，善心独不至。……其党辄牵曳，因遂害之，时年六十一。”

事又见《北史》卷十二《隋本纪下》、《北史》卷八十三《许善心传》、《先秦汉魏晋南北朝诗·隋诗卷六》、《资治通鉴》卷一百八十五《唐纪一》。

【考论】

许善心(558—618)字务本，高阳北新城人，其父许亨，陈时学者。少孤，聪明有思理，多闻默识，为当世所称。家有旧书万余卷，皆遍通涉。十五解属文，父友徐陵称为神童。起家新安王法曹，太子詹事。江总举秀才，对策高第，授度支郎中转侍郎，称撰史学士。陈祯明二年(588),加通直散骑常侍,使隋,留絷宾馆。陈亡,衰服号哭,以本官值门下省。善心入隋为秘书丞。开皇十六年,有神雀降于含章阁。隋文帝召百官赐宴,告以此瑞。于是许善心于座请纸笔,制《神雀颂》,累迁通议大夫。开皇十七年(597),仿阮孝绪《七录》而撰成《七林》,并各为总叙,冠于篇首,以辨章学术之旨;又于各部录之下,以明作者之意,区分类例。姚名达谓:“起而革命者遂有三家,宋之王俭,梁之阮孝绪,隋之许善心,其魁首也。”(《中国目录学史》)《隋志》各部分之小序,多摘《七林》而成,故可视为《七录》与《隋志》之间的重要环节,有承先启后之功。惜其书已佚。此书《隋志》已不见著录,余嘉锡认为此是“史氏之疏”(《目录学发微》卷三)。仁寿二年(602),曾奉诏修《五礼》。大业初,为礼部侍郎。大业四年(608),撰《方物志》(《隋志》著录20卷),九年(613),与崔祖濬撰《灵异记》十卷,又撰《梁史》(未成而卒),继父志撰《齐书》五十卷。曾与姚察、何妥等修新乐(见《音律志》)。所著多佚,《新唐书·艺文志》惟著录“许善心《皇隋瑞文》十四卷”,另有著作多种,唐后不见著录。其学术涉及史学、目录学、音律学、礼学等方面。大业末,被宇文化及所杀,年六十一。

〇(附)经书在隋以前的流传及保存情况

〇(一)《易》类

【文献】

《隋书》卷三十二《经籍志一》(P912—913):“昔宓羲氏始画八卦,以通神明之德,以类万物之情,盖因而重之,为六十四卦。及乎三代,实为三《易》:夏曰《连山》;殷曰《归藏》;周文王作卦辞,谓之《周易》。周公又作《爻辞》,孔子为《彖》、《象》、《系辞》、《文言》、《序卦》、《说卦》、《杂卦》,而子夏为之传。及秦焚书,《周易》独以卜筮得存,唯失《说卦》三篇。后河内女子得之。汉初,传《易》者有田何,何授丁宽,宽授田王孙,王孙授沛人施仇、东海孟喜、琅邪梁丘贺。由是有施、孟、梁丘之学。又有东郡京房,自云受《易》于梁国焦延寿,别为京氏学。尝立，后罢。后汉施、孟、梁丘、京氏，凡四家并立，而传者甚众。汉初又有东莱费直传《易》，其本皆古字，号曰《古文易》。以授琅邪王璜，璜授沛人高相，相以授子康及兰陵毋将永。故有费氏之学，行于人间，而未得立。后汉陈元、郑众，皆传费氏之学。马融又为其传，以授郑玄。玄作《易注》，荀爽又作《易传》。魏代王肃、王弼，并为之注。自是费氏大兴，高氏遂衰。梁丘、施氏、高氏，亡于西晋。孟氏、京氏，有书无师。梁、陈郑玄、王弼二注，列于国学。齐代唯传郑义。至隋，王注盛行，郑学浸微，今殆绝矣。《归藏》，汉初已亡，案晋《中经》有之，唯载卜筮，不似圣人之旨。以本卦尚存，故取贯于《周易》之首，以备《殷易》之缺。"

【考论】

隋代《易》类经书保存下来的计六十九部，五百五十一卷。连同亡佚者，共九十四部，八百二十九卷。孔颖达等撰定的《五经正义》，即以王弼的《周易注》为底本。

◎(二)《书》类

【文献】

《隋书》卷三十二《经籍志一》(P914—915)："《书》之所兴，盖与文字俱起。孔子观《书》周室，得虞、夏、商、周四代之典，删其善者，上自虞，下至周，为百篇，编而序之。遭秦灭学，至汉，唯济南伏生口传二十八篇。又河内女子得《泰誓》一篇，献之。伏生作《尚书传》四十一篇，以授同郡张生，张生授千乘欧阳生，欧阳生授同郡兒宽，宽授欧阳生之子，世世传之，至曾孙欧阳高，谓之《尚书》欧阳之学。又有夏侯都尉，受业于张生，以授族子始昌，始昌传族子胜，为大夏侯之学。胜传从子建，别为小夏侯之学。故有欧阳，大、小夏侯，三家并立。讫汉东京，相传不绝，而欧阳最盛。初汉武帝时，鲁恭王坏孔子旧宅，得其末孙惠所藏之书，字皆古文。孔安国以今文校之，得二十五篇。其《泰誓》与河内女子所献不同。又济南伏生所诵，有五篇相合。安国并依古文，开其篇第，以隶古字写之，合成五十八篇。其余篇简错乱，不可复读，并送之官府。安国又为五十八篇作传，会巫蛊事起，不得奏上，私传其业于都尉朝，朝授胶东庸生，谓之《尚书古文》之学，而未得立。后汉扶风杜林，传《古文尚书》，同郡贾逵为之作训，马融作传，郑玄亦为之注。然其所传，唯二十九篇，又杂以今文，非孔旧本。自余绝无师说。晋世秘府所存，有《古文尚书》经文，今无有传者。及永嘉之乱，欧阳，大、小夏侯《尚书》并亡。济南伏生之传，唯刘向父子所著《五行传》，是其本法，而又多乖戾。至东晋，豫章内史梅赜，始得安国之传，奏之，时又阙《舜典》一篇。齐建武中，吴姚方兴，于大桁市得其书，奏上，比马、郑所注，多二十八字，于是始列国学。梁、陈所讲，有孔、郑二家，齐代唯传郑义。至隋，孔、郑并行，而郑氏甚微。自余所存，无复师说。又有《尚书逸篇》，出于齐、梁之间，考其篇目，似孔壁中书之残缺者，故附《尚书》之末。”

【考论】

隋代《书》类经书保存下来的计三十二部，二百四十七卷。连同亡佚者共四十一部，共二百九十六卷。孔颖达等撰定的《五经正义》，即以孔安国《尚书传》为底本。

○（三）《诗》类

【文献】

《隋书》卷三十二《经籍志一》(P918)：“《诗》者，所以导达心灵，歌咏情志者也。故曰：‘在心为志，发言为诗。’上古人淳俗朴，情志未惑。其后君尊于上，臣卑于下，面称为谄，目谏为谤，故诵美讥恶，以讽刺之。初但歌咏而已，后之君子，因被管弦，以存劝戒。夏、殷已上，诗多不存。周氏始自后稷，而公刘克笃前烈，太王肇基王迹，文王光昭前绪，武王克平殷乱，成王、周公化至太平，诵美盛德，踵武相继。幽、厉板荡，怨刺并兴。其后王泽竭而诗亡，鲁太师挚次而录之。孔子删诗，上采商，下取鲁，凡三百篇。至秦，独以为讽诵，不灭。汉初，有鲁人申公，受《诗》于浮丘伯，作诂训，是为《鲁诗》。齐人辕固生亦传《诗》，是为《齐诗》。燕人韩婴亦传《诗》，是为《韩诗》。终于后汉，三家并立。汉初又有赵人毛苌善《诗》，自云子夏所传，作《诂训传》，是为'《毛诗》古学'，而未得立。后汉有九江谢曼卿，善《毛诗》，又为之训。东海卫敬仲，受学于曼卿。先儒相承，谓之《毛诗》。《序》，子夏所创，毛公及敬仲又加润益。郑众、贾逵、马融，并作《毛诗传》，郑玄作《毛诗笺》。《齐诗》，魏代已亡；《鲁诗》亡于西晋；《韩诗》虽存，无传之者。唯《毛诗郑笺》，至今独立。又有《业诗》，奉朝请业遵所注，立义多异，世所不行。"

【考论】

隋代《诗》类经书保存下来的计三十九部，四百四十二卷。连同亡佚者共七十六部，六百八十三卷。孔颖达等撰定的《五经正义》，即以郑玄的《毛诗笺》为底本。

○（四）"三礼"类

【文献】

《隋书》卷三十二《经籍志一》（P924—926）："自大道既隐，天下为家，先王制其夫妇、父子、君臣、上下、亲疏之节。至于三代，损益不同。周衰，诸侯僭忒，恶其害己，多被焚削。自孔子时，已不能具，至秦而顿灭。汉初，有高堂生传十七篇，又有古经，出于淹中，而河间献王，好古爱学，收集余烬，得而献之，合五十六篇，并威仪之事。而又得《司马穰苴兵法》一百五十五篇，及《明堂阴阳》之记，并无敢传之者。唯古经十七篇，与高堂生所传不殊，而字多异。自高堂生，至宣帝时后苍，最明其业，乃为《曲台记》。苍授梁人戴德及德从兄子圣、沛人庆普，于是有大戴、小戴、庆氏，三家并立。后汉唯曹元传庆氏，以授其子褒。然三家虽存并微，相传不绝。汉末，郑玄传小戴之学，后以古经校之，取其于义长者作注，为郑氏学。其《丧服》一篇，子夏先传之，诸儒多为注解，今又别行。而汉时有李氏得《周官》。《周官》

盖周公所制官政之法，上于河间献王，独阙《冬官》一篇。献王购以千金不得，遂取《考工记》以补其处，合成六篇奏之。至王莽时，刘歆始置博士，以行于世。河南缑氏及杜子春受业于歆，因以教授。是后马融作《周官传》，以授郑玄，玄作《周官注》。汉初，河间献王又得仲尼弟子及后学者所记一百三十一篇献之，时亦无传之者。至刘向考校经籍，检得一百三十篇，向因第而叙之，而又得《明堂阴阳记》三十三篇、《孔子三朝记》七篇、《王史氏记》二十一篇、《乐记》二十三篇，凡五种，合二百十四篇。戴德删其烦重，合而记之，为八十五篇，谓之《大戴记》。而戴圣又删大戴之书，为四十六篇，谓之《小戴记》。汉末马融，遂传小戴之学。融又定《月令》一篇、《明堂位》一篇、《乐记》一篇，合四十九篇；而郑玄受业于融，又为之注。今《周官》六篇、古经十七篇、《小戴记》四十九篇，凡三种。唯《郑注》立于国学，其余并多散亡，又无师说。”

【考论】

隋代“三礼”类经书保存下来的计一百三十六部，一千六百二十二卷。连同亡佚者共二百一十一部，二千一百八十六卷。但实际上，“三礼”仅重《礼记》，《周礼》、《仪礼》并不特别受重视。唐代科举考试，《礼记》为大经，《周礼》、《仪礼》仅为中经。故孔颖达等撰定的《五经正义》，仅以郑玄的《礼记注》为底本。

○（五）“三传”类

【文献】

《隋书》卷三十二《经籍志一》（P932—933）：“《春秋》者，鲁史策书之名。昔成周微弱，典章沦废，鲁以周公之故，遗制尚存。仲尼因其旧史，裁而正之，或婉而成章，以存大顺，或直书其事，以示首恶。故有求名而亡，欲盖而彰，乱臣贼子，于是大惧。其所褒贬，不可具书，皆口授弟子。弟子退而异说，左丘明恐失其真，乃为之传。遭秦灭学，口说尚存。汉初，有公羊、穀梁、邹氏、夹氏，四家并行。王莽之乱，邹氏无师，夹氏亡。初齐人胡母子都，传《公羊春秋》，授东海嬴公。嬴公授东海孟卿，孟卿授鲁人眭孟，眭孟授东海严彭祖、鲁人颜安乐。故后汉《公羊》有严氏、颜氏之学，与穀梁三家并立。汉末，何休又作《公羊解说》。而《左氏》，汉初出于张苍之家，本无传者。至文帝时，梁太傅贾谊为训诂，授赵人贯公。其后刘歆典校经籍，考而正之，欲立于学，诸儒莫应。至建武中，尚书令韩歆请立而未行。时陈元最明《左传》，又上书讼之。于是乃以魏郡李封为《左氏》博士。后群儒蔽固者，数廷争之。及封卒，遂罢。然诸儒传《左氏》者甚众。永平中，能为《左氏》者，擢高第为讲郎。其后贾逵、服虔并为训解。至魏，遂行于世。晋时，杜预又为《经传集解》。《穀梁》范宁注、《公羊》何休注、《左氏》服虔、杜预注，俱立国学。然《公羊》、《穀梁》，但试读文，而不能通其义。后学三传通讲，而《左氏》唯传服义。至隋，杜氏盛行，服义及《公羊》、《穀梁》浸微，今殆无师说。”

【考论】

隋代“三传”类经书保存下来的计九十七部，九百八十三卷。连同亡佚者共一百三十部，一千一百九十二卷。其实，《三传》不重《公羊》、《穀梁》，北朝已然如此。何休的《公羊注》初盛终衰，范宁的《穀梁注》始终没有受到重视。到了隋代，《隋书·刘炫传》载炫自为状，乃云《穀梁》“用功差少”。而“三传”仅重《左传》，南朝亦已如此。《梁书》、《陈书》的《儒林传》，记当时儒士研习“三传”，仅称通《春秋左传》（如梁之严植之、陈之沈文阿），从未提到《公羊》、《穀梁》。至于《左传》惟重杜预注。到了唐代，情况相同。唐代科举考试，《左传》为大经，《公羊》、《穀梁》为小经。孔颖达等撰定的《五经正义》，也仅以杜预的《左传注》为底本。

○（六）《孝经》类

【文献】

《隋书》卷三十二《经籍志一》（P934—935）：“夫孝者，天之经，地之义，人之行。自天子达于庶人，虽尊卑有差，及乎行孝，其义一也。先王因之以治国家，化天下，故能不严而顺，不肃而成。斯实生灵之至德，王者之要道。孔子既叙六经，题目不同，指意差别，恐斯道离散，故作《孝经》，以总会之，明其枝流虽分，本萌于孝者也。遭秦焚书，为河间人颜芝所藏。汉初，芝子贞出之，凡十八章，而长孙氏、博士江翁、少府后苍、谏议大夫翼奉、安昌侯张禹，皆名其学。又有《古文孝经》，与《古文尚书》同出，而长孙有《闺门》一章，其余经文，大较相似，篇简缺解，又有衍出三章，并前合为二十二章，孔安国为之传。至刘向典校经籍，以颜本比古文，除其繁惑，以十八章为定。郑众、马融，并为之注。又有郑氏注，相传或云郑玄，其立义与玄所注余书不同，故疑之。梁代，安国及郑氏二家，并立国学，而安国之本，亡于梁乱。陈及周、齐，唯传郑氏。至隋，秘书监王劭于京师访得《孔传》，送至河间刘炫。炫因序其得丧，述其议疏，讲于人间，渐闻朝廷，后遂著令，与郑氏并立。儒者諠諠，皆云炫自作之，非孔旧本，而秘府又先无其书。又云魏氏迁洛，未达华语，孝文帝命侯伏侯可悉陵，以夷言译《孝经》之旨，教于国人，谓之《国语孝经》。今取以附此篇之末。”

【考论】

隋代《孝经》类经书保存下来的计十八部，合六十三卷。连同亡佚的共五十九部，一百一十四卷。到了隋代，仍仅郑玄《孝经注》处于独尊地位。

○(七)《论语》类

【文献】

《隋书》卷三十二《经籍志一》(P939)：“《论语》者，孔子弟子所录。孔子既叙六经，讲于洙、泗之上，门徒三千，达者七十。其与夫子应答，及私相讲肄，言合于道，或书之于绅，或事之无厌。仲尼既没，遂缉而论之，谓之《论语》。汉初，有齐、鲁之说。其齐人传者，二十二篇;鲁人传者,二十篇。齐则昌邑中尉王吉、少府宗畸、御史大夫贡禹、尚书令五鹿充宗、胶东庸生。鲁则常山都尉龚奋、长信少府夏侯胜、韦丞相节侯父子、鲁扶卿、前将军萧望之、安昌侯张禹,并名其学。张禹本授《鲁论》,晚讲《齐论》,后遂合而考之,删其烦惑。除去《齐论·问王》、《知道》二篇,从《鲁论》二十篇为定,号《张侯论》,当世重之。周氏、包氏,为之章句,马融又为之训。又有古《论语》,与《古文尚书》同出,章句烦省,与《鲁论》不异,唯分《子张》为二篇,故有二十一篇。孔安国为之传。汉末,郑玄以《张侯论》为本,参考《齐论》、古《论》而为之注。魏司空陈群、太常王肃、博士周生烈,皆为义说。吏部尚书何晏,又为集解。是后诸儒多为之注,《齐论》遂亡。古《论》先无师说,梁、陈之时,唯郑玄、何晏立于国学,而郑氏甚微。周、齐,郑学独立。至隋,何、郑并行,郑氏盛于人间。其《孔丛》、《家语》,并孔氏所传仲尼之旨。"

【考论】

何晏的《论语集解》和郑玄的《论语注》唐代仍然并行。

○(八)《尔雅》类

【文献】

《隋书》卷三十二《经籍志一》(P939):"《尔雅》诸书,解古今之意,并五经总义,附于此篇。"

【考论】

隋、唐二代,郭璞的《尔雅注》一直处于独尊的地位。

○大业中,道士以术进者甚众

【文献】

《隋书》卷三十四《经籍四》(P1091):"经戒三百一部,九百八卷。饵服四十六部,一百六十七卷。房中十三部,三十八卷。符录十七部，一百三卷。右三百七十七部，一千二百一十六卷。”《隋书》卷三十四《经籍四》(P1094)：“后周承魏，崇奉道法，每帝受箓，如魏之旧，寻与佛法俱灭。开皇初又兴，高祖雅信佛法，于道士蔑如也。大业中，道士以术进者甚众。其所以讲经，由以《老子》为本，次讲《庄子》及《灵宝》、《升玄》之属。其余众经，或言传之神人，篇卷非一。自云天尊姓乐名静信，例皆浅俗，故世甚疑之。其术业优者，行诸符禁，往往神验。而金丹玉液长生之事，历代糜费，不可胜纪，竟无效焉。”

【考论】

隋文帝信崇佛法，对于道教、道士不甚重视，这种局面到了隋炀帝时有了改观。大业中，道士以术进者众多。道士所讲之经，主要以《老子》为本，其次则讲《庄子》及《灵宝》、《升玄》之属。由此可见，隋炀帝时道教发展呈现出欣欣向荣的局面。

○隋代佛经

【文献】

《隋书》卷三十四《经籍四》(P1094—1095)：“大乘经六百一十七部，二千七十六卷。(五百五十八部，一千六百九十七卷，经。五十九部，三百七十九卷，疏。)小乘经四百八十七部，八百五十二卷。杂经三百八十部，七百一十六卷。(杂经目残缺甚，见数如此。)杂疑经一百七十二部，三百三十六卷。大乘律五十二部，九十一卷。小乘律八十部，四百七十二卷。(七十七部，四百九十卷，律。二部，二十三卷，讲疏。)杂律二十七部，四十六卷。大乘论三十五部，一百四十一卷。(三十部，九十四卷，论。十五部，四十七卷，疏。)小乘论四十一部，五百六十七卷。(二十一部，四百九十一卷，论。十部，七十六卷，讲疏。)杂论五十一部，四百三十七卷。(三十二部，二百九十九卷，论。九部，一百三十八卷，讲疏。)记二十部，四百六十四卷。右一千九百五十部，六千一百九十八卷。”《隋书》卷三十四《经籍四》(P1099)：“至周武帝时，蜀郡沙门卫元嵩上书，称僧徒猥滥，武帝出诏，一切废毁。开皇元年，高祖普诏天下，任听出家，仍令计口出钱，营造经像。而京师及并州、相州、洛州等诸大都邑之处，并官写一切经，置于寺内；而又别写，藏于秘阁。天下之人，从风而靡，竞相景慕，民间佛经，多于六经数十百倍。大业时，又令沙门智果，于东都内道场，撰诸经目，分别条贯，以佛所说经为三部：一曰大乘，二曰小乘，三曰杂经。其余似后人假托为之者，别为一部，谓之疑经。又有菩萨及诸深解奥义、赞明佛理者，名之为论，及戒律并有大、小及中三部之别。又所学者，录其当时行事，名之为记。凡十一种。今举其大数，列于此篇。右道、佛经二千三百二十九部，七千四百一十四卷。道、佛者，方外之教，圣人之远致也。俗士为之，不通其指，多离以迂怪，假托变幻乱于世，斯所以为弊也。故中庸之教，是所罕言，然亦不可诬也。故录其大纲，附于四部之末。大凡经传存亡及道、佛，六千五百二十部，五万六千八百八十一卷。”

【考论】

隋代提倡佛教，不仅推动了佛教发展，而且促进了大量佛家典籍的产生，从而为唐代佛教的盛传奠定了基础。

唐代前期经学学术编年

高祖武德元年　戊寅(618)

○五月，高祖诏置国子、太学、四门生

【文献】

《旧唐书》卷一百八十九上《儒学序》(P4940)："及高祖建义太原，初定京邑，虽得之马上，而颇好儒臣。以义宁三年五月，初令国子学置生七十二员，取三品已上子孙；太学置生一百四十员，取五品已上子孙；四门学生一百三十员，取七品已上子孙。上郡学置生六十员，中郡五十员，下郡四十员。上县学并四十员，中县三十员，下县二十员。武德元年，诏皇族子孙及功臣子弟，于秘书外省别立小学。"《资治通鉴》卷一百八十五《唐纪一》(P5792)："壬申，命裴寂、刘文静等修定律令。置国子、太学、四门生，合三百余员，郡县学亦各置生员。"

事又见《新唐书》卷五十七《儒学序》。

【考论】

太原初定，唐高祖李渊即着手兴儒学。开国之初，高祖针对"自隋季版荡，庠序无闻，儒道坠泥涂，《诗》、《书》填坑穽"(《旧唐书》卷一百八十九上《萧德言传》P4952—4953)的状况，遂兴化崇儒，振兴教育，于是年诏置国子、太学、四门生约三百余人，并于各郡县置生员，秘书外省别立小学，唐代中央官学和地方官学已经初见雏形。此举表明唐初统治者兴儒重教之努力。参见《中国学术思想编年》之《隋唐五代卷》。

○六月，李世民拜尚书令、封秦王

【文献】

《旧唐书》卷一《高祖纪》(P7)："六月甲戌，太宗为尚书令，……庚

辰，立世子建成为皇太子。封太宗为秦王，齐国公元吉为齐王。”

事又见《旧唐书》卷二《太宗纪上》。

○此年后不久盖文懿为国子助教

【文献】

《旧唐书》卷一百八十九上《盖文懿》(P4951—4952)：“文懿者，贝州宗城人也。武德初，历国子助教。时高祖别于秘书省置学，教授王公之子，时以文懿为博士。文懿尝开讲《毛诗》，发题，公卿咸萃，更相问难，文懿发扬风雅，甚得诗人之致。”《册府元龟》卷五百九十七《学校部·选任》(P7167)：“盖文懿，贝州宗城人。武德初为国子助教，时高祖别于秘书省置学，教授王公之子，以文懿为博士。”

高祖武德二年　己卯(619)

○四月，温大雅为黄门侍郎，其《大唐创业起居注》约撰成于此年前后

【文献】

《旧唐书》卷六十一《温大雅传》(P2359—2360)：“温大雅，字彦弘，太原祁人也。……大雅性至孝，少好学，以才辩知名。仕隋东宫学士、长安县尉，以父忧去职。后以天下方乱，不求仕进。高祖镇太原，甚礼之。义兵起，引为大将军府记室参军，专掌文翰。禅代之际，与司录窦威、主簿陈叔达参定礼仪。武德元年，历迁黄门侍郎。弟彦博为中书侍郎，对居近密，议者荣之。……撰《创业起居注》三卷。永徽五年，赠尚书右仆射。”《唐会要》卷五十四(P931)：“武德二年四月，温大雅为黄门侍郎，弟彦博为中书侍郎，对居近侍。高祖谓曰：‘我起义晋阳，为卿一门耳。’至五年三月，彦博又为中书侍郎。”

《新唐书》卷五十八《艺文志》(P1467、P1471、P1477):"温大雅《今上王业记》六卷"、"温大雅《大唐创业起居注》三卷"、"温大雅《大丞相唐王官属记》二卷。"《郡斋读书志》卷五(P201):"《大唐创业起居注》三卷,右唐温大雅撰。纪高祖建义,至受隋禅,用师符谶受命典册事。"《旧唐书》卷四十六《经籍志》(P1998):"《大唐创业起居注》三卷温大雅撰。"《四库全书总目》卷四十七《编年类》(P420):"《大唐创业起居注》三卷,唐温大雅撰。大雅字彦宏,并州祁人,官礼部尚书,封黎国公。事迹具《唐书》本传。是书《唐志》、《宋志》皆作三卷,惟《文献通考》作五卷。此本上卷记起义旗至发引四十八日之事,中卷记起自太原至京城一百二十六日之事,下卷记起摄政至即真一百八十三日之事。与《书录解题》所云记三百五十七日之事者,其数相符。首尾完具,无所佚阙,不应复有二卷。"

事又见《文献通考》卷一百九十四、《全唐文》卷一百三十二、《新唐书》卷九十一有传。

【考论】

温大雅,太原祁人,"少好学,以才辩知名",曾仕隋东宫学士等,李渊太原起兵时引为大将军府记室参军。李渊称帝后迁黄门侍郎,不久转工部,又拜陕东道大行台工部尚书,是李氏集团特别是秦王李世民集团的重要成员,在李氏建立唐帝国的过程中起过重要作用。温大雅所撰《大唐创业起居注》,是一部编年体史书,是现存最早的起居注,也是清代以前唯一传世的起居注。温大雅据亲历亲闻,撰写是书,叙述李渊从太原起兵到正式在长安建立唐王朝的一段历史。全书共三卷,所记事始于隋大业十三年(617)五月,止于唐武德元年(618)五月,共三百五十七日。是书所记多作者耳闻目见,较两《唐书》及《通鉴》殊多出入,例如《起居注》说李渊起兵出于本人之意,两《唐书·本纪》则归功于李世民之谋;《起居注》历记李渊之雄才大略,两《唐书·本纪》则表现其庸懦无能。关于此书之价值,牛致功先生认为"《起居注》的内容不仅比新旧《唐书》和《通鉴》更加接近历史的实际,而且有助于我们对新旧《唐书》和《通鉴》的有关部分进行正确理解”(《关于〈大唐创业起居注〉中的几个问题》,载《唐史研究会论文集》,陕西人民出版社 1983 年版)。黄永年等认为“此书不仅提供太原起兵到李唐建国时的历史真实,且可借以考索唐初纂修实录、国史时如何遵太宗意旨篡改史实”(《唐史史料学》)。然亦有“为尊者讳,为亲者讳,为贤者讳”的可能性,故对其有出入之处须做具体分析。是书两《唐书》皆著录,后世少见单行本,《秘册汇函》、《津逮秘书》、《学津讨原》、《藕香零拾》、《丛书集成》等丛书皆有收录,清缪荃孙《藕香零拾》本最善。上海古籍出版社于 1983 年有李季平、李锡厚点校本单行。

关于该书写作时间,因其所记事始于隋大业十三年(617)五月至武德元年(618)五月,故一般多以刘知幾《史通外篇》卷十二所称作于“义宁、武德间”为据。今人宋大川在《〈大唐创业起居注〉成书年代考》一文中对此做了考证,认为此书当成于“武德三年初到武德八年底之间”(《史学史研究》1985 年第 4 期)。任冠文认为此一时间跨度大了些,指出“《创业注》记事止于李渊代隋称帝之时,可见其成书是较早的”(《试析温大雅〈大唐创业起居注〉的史料价值》,载《汉唐史籍与传统文化》,三秦出版社 1992 年版)。据此综合分析,故暂将其成书时间志于是年。以上内容参见《中国学术思想编年》之《隋唐五代卷》。

【相关论著举目】

杜晶晶:《温大雅与〈大唐创业起居注〉》,《沧桑》,2009 年第 5 期

杨希义:《〈大唐创业起居注〉校记》,《古籍整理研究学刊》,1991 年第 6 期

宋大川:《〈大唐创业起居注〉成书年代考》,《史学史研究》,1985 年第 4 期

李季平:《温大雅与〈大唐创业起居注〉》,《文史哲》,1984 年第 2 期

牛致功:《温大雅与〈大唐创业起居注〉》,《史学史研究》,1983 年第 1 期。

○六月，高祖诏“兴化崇儒”，立周公、孔子庙各一所

【文献】

《旧唐书》卷一百八十九上《儒学序》(P4940)：“二年，诏曰：‘盛德必祀，义存方策，达人命世，流庆后昆。建国君人，弘风阐教，崇贤彰善，莫尚于兹。自八卦初陈，九畴攸叙，徽章互垂，节文不备。爰始姬旦，匡翊周邦，创设礼经，尤明典宪。启生人之耳目，穷法度之本源，化起《二南》，业隆八百，丰功茂德，冠于终古。暨乎王道既衰，颂声不作，诸侯力争，礼乐陵迟。粤若宣父，天资睿哲；经纶齐、鲁之内，揖让洙、泗之间，综理遗文，弘宣旧制。四科之教，历代不刊；三千之文，风流无歇。惟兹二圣，道著群生，守祀不修，明褒尚阙。朕君临区宇，兴化崇儒，永言先达，情深绍嗣。宜令有司于国子学立周公、孔子庙各一所，四时致祭。仍博求其后，具以名闻，详考所宜，当加爵土。是以学者慕向，儒教聿兴。’”

《旧唐书》卷二十四《礼仪志四》(P916)：“高祖武德二年，国子立周公、孔子庙。”《通典》卷五十三《礼十三・沿革十三》(P1474)：“大唐武德二年，于国子学立周公、孔子庙各一所，四时致祭。(贞观二十一年制，左丘明以下二十二人同享。)初以儒官自为祭主，直云博士姓名，昭告于先圣。又州县释奠，亦博士为主。许敬宗奏曰：‘秦汉释奠无文，魏氏则太常行事。自晋宋以降，时有亲行，而学官为主，全无典实，在于臣下，理不合专。今请国学释奠，令国子祭酒为初献，词称“皇帝谨遣”，仍令司业为亚献，博士为终献。其州学，刺史为初献，上佐为亚献，博士为终献。县学，令为初献，丞为亚献，主簿及尉通为终献。修附礼令，以为永制。’”《新唐书》卷十五《礼乐志五》(P373)：“武德二年，始诏国子学立周公、孔子庙。”《唐会要》卷三十五《褒崇先圣》(P635)：“武德二年六月一日，诏曰：‘盛德必祀，义在方册，达人命世，流庆后昆。……宜令有司于国子监立周公、孔子庙各一所，四时致祭。仍博求其后，具以名闻，详考所宜，当加爵土。’”

事又见《旧唐书》卷一《高祖纪》、《新唐书》卷十五《礼乐志五》、

《册府元龟》卷五十。参见《全唐文》卷一《令国子学立周公孔子庙诏》。

【考论】

唐初统治者总结了历史经验，吸取隋亡教训，开国伊始即致力于复兴儒学，兴化崇儒，不仅表彰儒家先圣周公、孔子，令有司于国子监立周公、孔子庙一所（一说贞观二年立孔子庙一所），四时致祭，而且求其后人，以示优赏。在唐代，孔子的地位日益隆崇，贞观二年（628）太宗李世民尊孔子为“先圣”，贞观十一年（637）改称孔子为“宣父”，乾封元年（666）高宗李治赠孔子为“太师”，武周天授元年（690）武则天封孔子为“隆道公”，直至开元二十七年（739）玄宗李隆基封孔子为“文宣王”。孔子封号益高，一定程度上反映了唐王朝对儒学的重视。

高祖武德四年　辛巳（621）

○唐代科举始于此年

【文献】

《新唐书》卷四十四《选举志上》（P1159）：“唐制，取士之科，多因隋旧，然其大要有三。由学馆者曰生徒，由州县者曰乡贡，皆升于有司而进退之。其科之目，有秀才，有明经，有俊士，有进士，有明法，有明字，有明算，有一史，有三史，有开元礼，有道举，有童子。而明经之别，有五经，有三经，有二经，有学究一经，有三礼，有三传，有史科。此岁举之常选也。”《四库全书》第1035册《唐摭言》卷一《统序科第》（P696）：“始自武德辛巳岁四月一日，敕诸州学士及早有明经及秀才、俊士、进士，明于理体，为乡里所称者，委本县考试，州长重覆，取其合格，每年十月随物入贡。斯我唐贡士之始也。”《唐摭言》卷十五《杂记》（P802）：“高祖武德四年四月十一日，敕诸州学士及白丁，有明经及秀才、俊士，明于礼体，为乡曲所称者，委本县考试，州长重覆，取上等人,每年十月随物入贡。至五年十月,诸州共贡明经一百四十三人,秀才六人,俊士三十九人,进士三十人。”

【考论】

因隋炀帝杨广统治残暴,隋朝很快被推翻。李唐王朝建立之初,为了吸引中小地主阶层中的人才,沿用了隋朝科举制度。唐高祖武德四年恢复隋朝设置的明经、秀才、进士等科,并于武德五年正式开科取士,此后科举制度逐渐成熟完善。

【相关论著举目】

张希清:《简论唐宋科举制度的变迁》上、下,《北京联合大学学报》(人文社会科学版),2010 年第 1、2 期

贾丹丹:《论“诗赋举士”之前唐初科举与诗歌的关系》,《西南大学学报》(社会科学版),2009 年第 4 期

陈飞:《唐代明经试策形式体制考论》,《人文杂志》,2006 年第 6 期

崔岩:《论唐代科举策试的匡时济俗功能》,《扬州大学学报》,2006 年第 4 期

郑晓霞:《唐代科举诗研究》,华东师范大学博士学位论文,2005 年

刘杏梅:《论唐代进士科与社会文化发展的关系》,安徽大学硕士学位论文,2005 年

李玉霞:《科举制度与唐宋时期的儒学演变》,南开大学硕士学位论文,2005 年

刘海峰、李兵:《中国科举史》,东方出版中心,2004 年

陈秀宏:《科举制度与唐宋士阶层》,东北师范大学博士学位论文,2004 年

陈飞:《唐代进士科“止试策”考论——兼及“三场试”之成立》,《历史研究》,2002 年第 3 期

许友根:《唐代进士科举子资格研究》,《人文杂志》,2002 年第 3 期

王炳照、徐勇:《中国科举制度研究》,河北人民出版社,2002 年

陈飞:《唐代“类明经”试策考述——“官人文学”研究之一》,《郑州大学学报》,2002 年第 1 期

许友根:《唐代科举科目考述》,《海南大学学报》,2001 年第 3 期

刘海峰:《再论唐代秀才科的存废》,《历史研究》,1999 年第 1 期

余子侠:《唐代秀才科考论》,《历史研究》,1997 年第 5 期

陈飞:《唐诗与科举》,漓江出版社,1996 年

萧平学:《唐代科举与士风转变》,《南昌大学学报》,1994 年第 2 期

任爽:《科举制度与唐代教育危机》,《中国史研究》,1994 年第 3 期

吴宗国:《唐代科举制度研究》,辽宁大学出版社,1992 年

金铮:《科举制度与中国文化》,上海人民出版社,1990 年

乌廷玉:《唐代的科举制度》,《社会科学战线》,1987 年第 1 期

杨荫楼:《唐代科举制度的意义及流弊》,《齐鲁学刊》,1986 年第 1 期

傅璇琮:《唐代科举与文学》,陕西人民出版社,1986 年

左益寰:《唐代科举制度述略》,《复旦学报》,1983 年第 6 期

刘智亭:《唐代科举制度及其流弊》,《陕西师范大学学报》,1983 年第 2 期

吴宗国:《科举制与唐代高级官吏的选拔》,《北京大学学报》,1982 年第 1 期

李正中:《科举制度的产生和考试程序的发展》,《史学月刊》,1964 年第 9 期

○十月,李世民开文学馆,立十八学士

【文献】

《旧唐书》卷七十二《褚亮传》(P2582—2583):“始太宗既平寇乱,留意儒学,乃于宫城西起文学馆,以待四方文士。于是,以属大行台

司勋郎中杜如晦，记室考功郎中房玄龄及于志宁，军谘祭酒苏世长，天策府记室薛收，文学褚亮、姚思廉，太学博士陆德明、孔颖达，主簿李玄道，天策仓曹李守素，记室参军虞世南，参军事蔡允恭、颜相时，著作佐郎摄记室许敬宗、薛元敬，太学助教盖文达，军谘典签苏勖，并以本官兼文学馆学士。及薛收卒，复征东虞州录事参军刘孝孙入馆。寻遣图其状貌，题其名字、爵里，乃命亮为之像赞，号《十八学士写真图》，藏之书府，以彰礼贤之重也。诸学士并给珍膳，分为三番，更直宿于阁下，每军国务静，参谒归休，即便引见，讨论坟籍，商略前载。预入馆者，时所倾慕，谓之'登瀛洲'。"《旧唐书》卷一百八十九上《儒学序》(P4941)："至三年，太宗讨平东夏，海内无事，乃锐意经籍，于秦府开文学馆，广引文学之士，下诏以府属杜如晦等十八人为学士，给五品珍膳，分为三番，更直宿于阁下。"《新唐书》卷一百九十八《儒学序》(P5636)："太宗身櫜鞬，风缅露沐，然锐情经术，即王府开文学馆，召名儒十八人为学士，与议天下事。既即位，殿左置弘文馆，悉引内学士番宿更休，听朝之闲，则与讨古今，道前王所以成败，或日昃夜艾，未尝少息。"《唐会要》卷六十四《文学馆》(P1117)："武德四年十月，秦王既平天下，乃锐意经籍，于宫城之西开文学馆，以待四方之士。"

参见《全唐文》卷四太宗《置文馆学士教》。

事又见《新唐书》卷一百二《褚亮传》、《资治通鉴》卷一百八十九《唐纪五》、《册府元龟》卷九十七《帝王部·礼贤》、《册府元龟》卷七百十一《宫臣部·文学》、《续世说》卷二《文学》、《湛渊静语》卷二。

【考论】

李世民在计平东夏后，即锐意经籍，广揽人才，在秦王府开设文学馆，广召文学之士杜如晦、房玄龄、虞世南、褚亮、姚思廉、李玄道、蔡允恭、薛元敬、颜相时、苏勖、于志宁、苏世长、薛收、李守素、陆德明、孔颖达、许敬宗、盖文达等，号为十八学士，分三班轮番宿直，以讲解经义，论古今得失。即位后又立弘文馆，精选天下文儒之士虞世南、褚亮、姚思廉等，引入殿内讲论经义，商讨政事。此举表明太宗早有从武功向文治转变的考虑。阎立本曾画有《十八学士图》。参见

《中国学术思想编年》之《隋唐五代卷》。

关于立十八学士的时间,《旧唐书》记为武德三年,《唐会要》记为武德四年,今从《唐会要》,暂志于是年,以俟考。

【相关论著举目】

汪文学:《唐太宗与十八学士》,《文史天地》,2006年第2期

郑振卿:《秦府十八学士评探》,《河北大学学报》1991年第4期

◯授朱子奢国子助教

【文献】

《旧唐书》卷一百八十九上《朱子奢传》(P4948):"武德四年,随伏威入朝,授国子助教。"

高祖武德五年 壬午(622)

◯令狐德棻建议购募天下遗书

【文献】

《旧唐书》卷七十三《令狐德棻传》(P2596—2597):"五年,迁秘书丞,与侍中陈叔达等受诏撰《艺文类聚》,……时承丧乱之余,经籍亡逸,德棻奏请购募遗书,重加钱帛,增置楷书,令缮写。数年间,群书略备。"《唐会要》卷三十五《经籍》(P643):"武德五年,秘书监令狐德棻奏:'今乘丧乱之余,经籍亡逸,请购募遗书,重加钱帛,增置楷书,专令缮写。'数年间,群书毕备。"

事又见《新唐书》卷一百二《令狐德棻传》。

【考论】

是年,令狐德棻为秘书丞,为保存历代典籍,遂建议购募天下遗书,并令缮写。高祖采纳其建议,并购天下书,选五品以上工书者缮

写后藏入内库，此后“数年间，群书毕备”。之后，“贞观中，魏徵、虞世南、颜师古继为秘书监，请购天下书，选五品以上子孙工书者为书手，缮写藏于内库，以宫人掌之”（《新唐书》卷五十七《艺文志序》P1422）。至贞观二年(628)，“秘书监魏徵，以丧乱之后，典章纷杂，奏引学者，校定四部书。数年之间，秘府粲然毕备”（《唐会要》卷三十五《经籍》P643），贞观七年(633)，颜师古“拜秘书少监，专典刊正，所有奇书难字，众所共惑者，随疑剖析，曲尽其源”（《旧唐书》卷七十三《颜师古传》P2595）。这一系列的购书、写书举措，为唐代大规模的修史撰述、文学创作等在文献储备上做了充足准备，为唐代文化发展奠定了基础。

【相关论著举目】

王彩梅、孙欣欣：《浅析初唐史家令狐德棻的“调远”说》，《晋阳学刊》，2009 年第 1 期

秦草：《学富五车书，功垂七部史——唐代史学家令狐德棻》，《西安教育学院学报》，2002 年第 1 期

瞿林东：《令狐德棻和唐初史学》，《人文杂志》，1982 年第 1 期

◎十二月，下诏修魏、齐、周、隋、梁、陈六代史，不就

【文献】

《旧唐书》卷七十三《令狐德棻传》(P2597—2598)：“德棻尝从容言于高祖曰：‘窃见近代已来，多无正史，梁、陈及齐，犹有文籍。至周、隋遭大业离乱，多有遗阙。当今耳目犹接，尚有可凭，如更十数年后，恐事迹湮没。陛上既受禅于隋，复承周氏历数，国家二祖功业，并在周时。如文史不存，何以贻鉴今古？如臣愚见，并请修之。’高祖然其奏，下诏曰：‘司典序言，史官记事，考论得失，究尽变通，所以裁成义类，惩恶劝善，多识前古，贻鉴将来。伏犧以降，周、秦斯及，两汉传绪，三国受命，迄于晋、宋，载籍备焉。自有魏南徙，乘机抚运，周、隋禅代，历世相仍，梁氏称邦，跨据淮海，齐迁龟鼎，陈建皇宗，莫不自命正朔，绵历岁祀，各殊徽号，删定礼仪。至于发迹开基，受终告代，嘉

谋善政，名臣奇士，立言著绩，无乏于时。然而简牍未编，纪传咸阙，炎凉已积，谣俗迁讹，余烈遗风，倏焉将坠。朕握图驭宇，长世字人，方立典谟，永垂宪则。顾彼湮落，用深轸悼，有怀撰次，实资良直。中书令萧瑀、给事中王敬业、著作郎殷闻礼可修魏史，侍中陈叔达、秘书丞令狐德棻、太史令庾俭可修周史，兼中书令封德彝、中书舍人颜师古可修隋史，大理卿崔善为、中书舍人孔绍安、太子洗马萧德言可修梁史，太子詹事裴矩、兼吏部郎中祖孝孙、前秘书丞魏徵可修齐史，秘书监窦璡、给事中欧阳询、秦王文学姚思廉可修陈史。务加详核，博采旧闻，义在不刊，书法无隐。'瑀等受诏，历数年，竟不能就而罢。"

参见《唐大诏令集》卷八十一《命萧瑀等修六代史诏》、《旧唐书》卷一百八十八《赵弘智传》。

○佛僧法琳著《破邪论》以驳傅奕神灭之说，虞世南为之序

【文献】

《四库全书》第1054册《佛祖历代通载》卷十一(P405)："时法师法琳者，姓陈氏，颍川人，祖因从宦寓襄阳，后住长安齐(当作"济")法寺。作《破邪论》二卷，博引图史及道教经籍，大略申明佛教，彻万法之源。"《破邪论》卷上："武德五年正月十二日济法寺沙门释法琳启。"又《法琳别传》上："谨上《破邪论》一卷……武德六年五月二日，济法寺沙门琳等启上。时皇储等，因奏法师之论，高祖异焉。故傅氏所陈，因而致寝。"

【考论】

李渊建唐后，制定了道先、儒次、佛后的三教政策(《大正藏》卷五十二《集古今佛道论衡》卷丙)。武德四年(621)六月二十一日，曾为道士的太史令傅奕向高祖上《废省佛僧表》，请求沙汰佛教，并上益国利民事十一条(《四库全书》第1048册《广弘明集》卷十一P373—375)，云佛教传入后，"妄说罪福"，不拜父母，建寺造像，劳民伤财，专行十恶。因此上请朝廷将"胡佛邪教，退还天竺，凡是沙门，放归桑

梓”，输租揖国，则天下太平(《广弘明集》卷十一道宣《箴传奕上废省佛僧表》P373)。此疏在朝野掀起轩然大波，于是毁佛灭佛之论又起。在此之际，法琳、慧乘等僧人并群起而反攻之。僧法琳撰《破邪论》、《辩正论》，僧普应撰《破邪论》，僧明概撰《决对傅奕废佛法僧事》，门下典仪李师正撰《内德论》和《正邪论》，引经据典，批驳傅奕。僧法琳所撰《破邪论》二卷，“博引图史及道教经籍，大略申明佛教，彻万法之源”，如引《内典天地经》说“佛遣三圣化彼东土，迦叶菩萨彼称老子”，引《清净法行经》谓“佛遣三弟子震旦教化，儒童菩萨，彼称孔丘；光净菩萨，彼云颜回；摩诃迦叶，彼称老子”，以为儒、道皆源于佛，力驳《老子西升经》，指斥老子西出化胡之说为妄，从而达到贬抑道教的目的，并引《后汉书》等书历数佛教传入中国之过程，虽有杜撰或传说成分，不可作信史，却极有说服力。武德五年是书撰成后，于武德六年(623)五月由太子李建成奏上，高祖颇异之，于是傅奕所陈废僧尼及减塔寺之事未见行，而佛教也因此得以正常发展。

傅奕于武德九年(626)四月，又上疏“极诋浮屠法”，请除佛法，并集“晋、魏以来与佛议驳者为《高识篇》”(参见《新唐书》卷一百七《傅奕传》P4060—4061)反击法琳等。道士李仲卿(一说李少卿)继之而作《十异九迷论》一卷，刘进喜又著《显正论》以助傅奕反佛。双方就佛、道二教教义等重大问题展开了针锋相对的辩驳，不少儒生也卷入其中，成为唐初意识形态领域一场空前大论战，客观上促进了佛教和道教的理论建设，涌现了一批佛、道重要著作。参见李斌城《唐代文化》第十章《唐代道教典籍的搜集、整理与著述》。

高祖武德六年　癸未(623)

○徐文远发《春秋》题，诸儒皆莫能屈

【文献】

《旧唐书》卷一百八十九上《徐文远传》(P4944)：“武德六年，高祖

幸国学，观释奠，遣文远发《春秋》题，诸儒设难蜂起，随方占对，皆莫能屈。封东莞县男。”

事又见《新唐书》卷一百九十八《徐文远传》。

高祖武德七年　甲申(624)

○二月，高祖下诏叙用明经者，并诏州县及乡置小学

【文献】

《旧唐书》卷二十四《礼仪志》(P916)：“七年二月己酉，诏：‘诸州有明一经已上未被升擢者，本属举送，具以名闻，有司试策，皆加叙用。其吏民子弟，有识性明敏，志希学艺，亦具名申送，量其差品，并即配学。州县及乡，并令置学。’”

事又见《册府元龟》卷五十《崇儒术二》、《资治通鉴》卷一百九十《唐纪六》、《唐大诏令集》卷一百五《兴学敕》。

【考论】

高祖初于义宁三年(武德元年，618)初令国子学置生员、大学置生、四门学生、郡县皆置生员，于秘书外省别立小学。继于是年二月又诏诸州有明一经已上而未被擢升者，举送试策，加以叙用，并且又令州县皆置学。后于武德七年又下《赐学官胄子诏》，勉励学官胄子学经尚儒，冀望以此使得天下敦行礼让，移风易俗，由此可见其拳拳之心。

○二月，高祖幸国学释奠，命三教学者讲论，以周公为先圣

【文献】

《旧唐书》卷一《高祖纪》(P14)载七年二月：“丁巳，幸国子学，亲临释奠。”《旧唐书》卷一百八十九上《陆德明传》(P4945)：“后高祖亲

临释奠，时徐文远讲《孝经》，沙门惠乘讲《波若经》，道士刘进喜讲《老子》，德明难此三人，各因宗指，随端立义，众皆为之屈。高祖善之，赐帛五十匹。"《佛祖统纪》卷三十九(P519)："七年，上幸国学释奠，命博士徐旷讲《孝经》，沙门慧乘讲《心经》，道士刘进善(当作"刘进喜")讲《老子》。博士陆德明随方立义，遍析其要。帝说，曰：'三人者诚辩矣，然德明一举辄蔽。'"《旧唐书》卷二十四《礼仪志四》(P916)："丁酉，幸国子学，亲临释奠。引道士、沙门有学业者，与博士杂相驳难，久之乃罢。"《唐会要》卷三十五《释奠》(P640)："武德七年二月十七日，幸国子学，亲临释奠，引道士、沙门与博士杂相驳难久之。"《新唐书》卷十五《礼乐志五》(P373)："七年，高祖释奠焉，以周公为先圣，孔子配。"

事又见《册府元龟》卷五百九十九《学校部·侍讲》、卷六百一《辩博》，《大唐新语》卷十一《褒锡》。

【考论】

是年，高祖亲临国学释奠，时由儒生徐文远讲《孝经》，沙门惠乘讲《般若经》，道士刘进喜讲《老子》。陆德明遂向此三人发难，各因宗指，随端立义，众皆为之屈。高祖称其善，遂赐帛五十匹。在国学请三教学者讲论各自经典，表明此时唐廷对儒、道、释三教并无偏倚，对佛、道二教充分肯定。参见《中国学术思想编年》之《隋唐五代卷》。

【相关论著举目】

盖金伟：《论"释奠礼"与唐代学校教育》，《新疆师范大学学报》(哲学社会科学版)，2007 年第 4 期

盖金伟、孙钰华：《论"释奠礼"与唐代文化权威的构建》，《新疆大学学报》，2007 年第 1 期

刘新华：《隋唐三教关系与唐代儒学的兴起》，《南京工程学院学报》(社会科学版)，2006 年第 4 期

○七月，史孝谦二子年幼，通《孝经》，优诏奖之，为唐童子科之所由始

【文献】

《全唐文》卷三《擢史孝谦诏》记载武德七年七月诏(P37)：“自隋以来，离乱永久，雅道沦缺，儒风莫扇。朕膺期御宇，静难齐民，钦若典谟，以资政术。思宏德教，光振遐轨。是以广设庠序，益召学徒，旁求俊异，务从奖擢。宁州罗川县前兵曹史孝谦，守约邱园，伏膺道素，爰有二子，年并幼童，讲习《孝经》，咸畅厥旨。义方之训，实堪励俗。故从优秩，赏以不次。宜普颁示，咸使知闻。如此之徒，并即申上，朕加亲览，特将褒异。”徐松按：“此即童子科所由昉也。”《新唐书》卷四十四《选举志上》(P1162)：“凡童子科，十岁以下能通一经及《孝经》、《论语》，卷诵文十，通者予官；通七，予出身。”《册府元龟》卷六百四十《贡举部·条制二》(P7678)：“大历三年四月，复置童子科举。每岁，本贯申送礼部，同明经考试。取十岁以下，习一经，兼《论语》、《孝经》，每卷诵文十科，全通者与官。通七已上者与出身。仍每年冬，本贯申送礼部，同明经举人例考试，讫闻奏。”

事又见《册府元龟》卷九十七《帝王部·奖善》、《登科记考》卷一。

【考论】

童子科的设立不仅为唐政府培养和选拔了一大批优秀的人才，而且推动了儒学在当时社会上的传播。对童子科的应举条件、考试科目和录取标准，《新唐书》卷四十四《选举志上》有明确记载。童子科的考试程序同明经一样，《册府元龟》卷六百四十《贡举部·条制二》有明确记载。童子科考试时间在每年冬季，地点在礼部，考试程序同“明经举人一样”。

【相关论著举目】

洪咏梅：《唐代童子科设置时间考述》，《传承》，2009年第22期

朱红梅、王凤翔：《童子科考试在唐宋时期的发展与变化》，《邢台学院学报》，2008年第1期

金滢坤:《唐五代童子科与儿童教育》,《西北师范大学》(社会科学版),2002 年第 4 期

马秀勇、王永平:《论唐代童子科》,《齐鲁学刊》,2001 年第 3 期

○九月,《艺文类聚》撰成

【文献】

《旧唐书》卷一百八十九上《欧阳询传》(P4947):"欧阳询,潭州临湘人,陈大司空頠之孙也……虽貌甚寝陋,而聪悟绝伦,读书即数行俱下,博览经史,尤精《三史》……武德七年,诏与裴矩、陈叔达撰《艺文类聚》一百卷,奏之,赐帛二百段。"《旧唐书》一百八十八《赵弘智传》(P4921—4922):"赵弘智,洛州新安人。……学通《三礼》、《史记》、《汉书》。隋大业中,为司隶从事。武德初,大理卿郎楚之应诏举之,授詹事府主簿。又预修《六代史》。初与秘书丞令狐德棻、齐王文学袁朗等十数人同修《艺文类聚》。"《新唐书》卷五十九《艺文志三》(P1563):"欧阳询《艺文类聚》一百卷。令狐德棻、袁朗、赵弘智等同修。"《旧唐书》卷四十七《经籍志下》(P2046):"《艺文类聚》一百卷欧阳询等撰。"《唐会要》卷三十六《修撰》(P651):"武德七年九月十七日,给事中欧阳询,奉敕撰《艺文类聚》成,上之。"《郡斋读书志》卷十四(P648):"《艺文类聚》一百卷,右唐欧阳询等撰。分门类事,兼采前世诗赋铭颂文章,附于逐目之后。按《唐志》,询与令狐德棻、袁朗、赵弘智同修。"《四库全书总目》卷一百三十五《子部·类书类一》(P1141—1142):"《艺文类聚》一百卷,唐欧阳询撰。询字信本,潭州临湘人。仕隋为太常博士。入唐官至太子率更令,宏文馆学士。事迹具《唐书》本传。是书据其自序,盖亦奉诏所作。《唐书·艺文志》注令狐德棻、袁朗、赵弘智同修。《唐书》询本传又称,武德七年,诏与裴矩、陈叔达同修。殆以询董其成,故相传但署询名欤?叶大庆《考古质疑》论其正月十五日有苏味道夜游诗,洛水门有李峤游洛诗,寒食门有沈佺期、宋之问诗,四子皆后人,欧阳安得预编之?则传写又

有所窜乱，非尽询等之旧也。序称《流别》、《文选》专取其文，《皇览》、《遍略》直书其事，文义既殊，寻检难一。是书比类相从，事居于前，文列于后，俾览者易为功，作者资其用，于诸类书中，体例最善。凡为类四十有八，其中门目，颇有繁简失宜，分合未当。如山水部五岳存三，四渎阙一；帝王部三国不录蜀汉，北朝惟载高齐；储宫部公主附太子而诸王别入职官；杂文部附纸笔砚；而武部外又别出刀、匕首等为军器一门。道路宜入地部，坛宜入礼部，而列之居处；针宜入器物，钱宜入宝玉，而列之产业；案几、杖、扇、麈尾、如意之类宜入器物，而列之服饰；疾病宜入人部，而列之方术；梦、魂魄亦宜入人部，而列之灵异；以及茱萸、黄连入木部，芙蓉、菱、藤入草部，鸿之外又别出雁，蚌之外又别出蛤，鹤之外别出黄鹤，马之外别出騊駼。如斯之类，皆不免丛脞少绪。唐觐《延州笔记》尝摘其所载徐陵《玉台新咏序》，谓以'诔德'为'累德'，传讹自此书始。考刘熙《释名》，诔者累也，累其德行而述之也，则询书不误，误乃在觐。至王楙《野客丛书》摘其以《汉书》长陵一抔土事误抔为杯，收入杯门；又摘其蒲柳门中收赵高束蒲为脯事，云出《史记》，《史记》无此文；彭叔夏《文苑英华辨证》亦摘其引梁君射白雁事，云出《庄子》，《庄子》无其语，则皆中其失。然隋以前遗文秘籍，迄今十九不存。得此一书，尚略资考证。宋周必大校《文苑英华》，多引是集，而近代冯惟讷《诗纪》、梅鼎祚《文纪》、张溥《百三家集》从此采出者尤多。亦所谓残膏剩馥，沾溉百代者矣。"

参见《文献通考》卷二百二十八、《册府元龟》卷六百七、《全唐文》卷一百四十六《艺文类聚序》。

【考论】

《艺文类聚》，唐代类书，欧阳询(557—638)等奉诏撰，计一百卷。据《新唐书·艺文志》，令狐德棻、袁朗、赵弘智等同修。然欧氏本传则谓武德七年(624)诏与裴矩、陈叔达同修，但以欧阳询总其成。宋叶大庆《考古质疑》称是书引及苏味道、李峤、沈佺期、宋之问诗，在欧阳询后，知传写又有增加(参见《四库全书总目》)。前代类书专门类事，《艺文类聚》则类事之后又列诗文。该书体例新颖，事文并举，比类相从，事居于前，文列于后，且依时代先后编排，至为清晰，故《四库总目提要》(P1142)谓该书“于诸类书中，体例最善”。《四库全书》第887册欧阳询《艺文类聚序》(P139)云：“叙曰：夫九流百氏，为说不同。延阁石渠，架藏繁积。周流极源，颇难寻究。披条索实，日用弘多。卒欲摘其菁华，采其旨要，事同游海，义等观天。”又云：“《流别》、《文选》，专取其文，《皇览》、《遍略》，直书其事。文义既殊，寻检难一，爰诏撰其事且文，弃其浮杂，删其冗长。……故事居其前，列文于后，俾夫览者易为功，作者资其用。”因事、文兼备，大量保存了自汉至隋的词章名篇，从而成为后世取资的宝山玉海。陈振孙《直斋书录解题》(P423)称：“所载诗文赋颂之属，多今世所无之文集。”《四库提要》(P1142)云：“隋以前遗文秘籍，迄今十九不存。得此一书，尚略资考证。宋周必大校《文苑英华》，多引是集，而近代冯惟讷《诗纪》、梅鼎祚《文纪》、张溥《百三家集》从此采出者尤多。亦所谓残膏剩馥，沾溉百代者矣。”是书共分46部727小类，各部又分若干细目，分类按目编次，故事之后，注有出处，引用经、史、子、集等各类典籍一千四百余种。其所引古籍多已散佚，故此书在保存历史文献方面颇有功绩，是研究唐前文史必备的工具书。该书主要版本：A. 1959年中华书局影印宋绍兴刻本；B. 1965年中华书局排印汪绍楹校勘本；C. 1982年上海古籍出版社重印汪本，附《书名篇名索引》、《人名索引》，极便使用，版本最善。

《旧唐书》谓武德七年同时诏撰，撰成奏上，此说法含混不清。一本大型类书一年内完成恐为困难，余嘉锡《四库提要辨证》卷三《史部一》谓“《旧唐书》之叙事殊淆混不清”，也许与此有关。对于参与撰写作者，《旧书》本传与《旧书》志所记差异颇大，可能是诏令欧阳询与裴矩、陈叔达修撰，实际撰写者则为令狐德棻、袁朗、赵弘智等。《旧唐书》卷七十三《令狐德棻传》(P2596)即谓“(武德)五年，(德棻)迁秘书丞，与侍中陈叔达等受诏撰《艺文类聚》”可证。据《唐会要》，该书成书当在本年。

【相关论著举目】

孙麒:《〈四库全书〉本〈艺文类聚〉考论——以文渊阁本与文津阁本为例》,《图书情报工作》,2011 年第 7 期

韩建立:《分类与主题相结合的目录体系在类书编撰中的运用——以〈艺文类聚〉为例》,《孝感学院学报》,2011 年第 4 期

韩建立:《〈艺文类聚〉的索引功能及其现代价值》,《山东图书馆学刊》,2011 年第 3 期

韩建立:《〈艺文类聚〉功能考》,《图书情报研究》,2010 年第 3 期

韦臻:《当代〈艺文类聚〉研究状况综述》,《广西广播电视大学学报》,2010 年第 1 期

韩建立:《〈艺文类聚〉类目编排新探》,《图书馆理论与实践》,2009 年第 7 期

韩建立:《〈艺文类聚〉始纂时间与引用图书数量考辨》,《广西社会科学》,2009 年第 1 期

唐雯:《〈艺文类聚〉、〈初学记〉与唐初文学观念》,《西安联合大学学报》,2003 年第 1 期

李捷:《李渊下令编〈艺文类聚〉》,《教育艺术》,1997 年第 5 期

郭醒:《传统类书的文学批评意义——以〈艺文类聚〉为中心》,《沈阳师范大学学报》,2006 年第 6 期

凌朝栋:《试论欧阳询编纂〈艺文类聚〉的价值》,《渭南师专学报》,1994 年第 4 期

潘树广:《〈艺文类聚〉概说》,《辞书研究》,1980 年第 1 期

○薛收卒

【文献】

《旧唐书》卷七十三《薛收传》(P2587—2589):“薛收字伯褒,蒲州汾阴人,隋内史侍郎道衡子也。事继从父孺以孝闻。年十二,解属文。以父在隋非命,乃洁志不仕。大业末,郡举秀才,固辞不应。义

旗起，遁于首阳山，将协义举……七年，寝疾，太宗遣使临问，相望于道。寻命舆疾诣府，太宗亲以衣袂抚收，论叙生平，潸然流涕。寻卒，年三十三。太宗亲自临哭，哀恸左右。”《全唐文》卷一百三十三（P1337）亦记薛收：“武德七年卒，年三十三。”《旧唐书》卷四十七《经籍下》（P2073）：“《薛收集》十卷。”

【考论】

薛收（591—624），字伯褒，出身于河东名门望族薛氏家族，薛道衡之子，薛孺继子，被誉为“河东三凤”之首。薛收幼而识字读书，长而师从王通，学业大进。因隋炀帝杀其生父薛道衡，故志不仕隋，逃至首阳山，被蒲州通守尧君素拘禁，后寻机逃走，经房玄龄之介入秦王府，遂被任命为秦王府主簿兼陕东道大行台金部侍郎。其后跟随李世民南征北战，书写檄文，出谋划策。唐武德三年（620），李世民率兵出击王世充及其援兵窦建德两路大军时，诸将以为当避锋芒，薛收独排众议，提出围点打援、抢战成皋之策。李世民纳其议，终获胜利，为唐王朝统一全国奠定了基础。李渊加封薛收为天策室参军。薛收不仅能出谋献策，而且直言敢谏，谏猎谏奢，为李世民贞观之治“言者无罪，闻者以戒”、“臣敢于谏，尤其君能从谏”之风气开其先河。唐武德七年（624），薛收因疾英年早逝，年仅三十四岁，李世民极为哀恸。即位后图学士像，叹其早死不得与，并曾语房玄龄曰：“收若在，朕当以中书令处之。”贞观七年（633）追赠为定州刺史。唐高宗即位后追赠为太常卿，陪葬昭陵。薛收著作有《薛收集》十卷行世。

○傅奕上疏斥除佛教

【文献】

《旧唐书》卷七十九《傅奕传》（P2714—2716）：“傅奕，相州邺人也。尤晓天文历数……七年，奕上疏请除去释教，曰：‘佛在西域，言妖路远，汉译胡书，恣其假托。故使不忠不孝，削发而揖君亲；游手游食，易服以逃租赋。演其妖书，述其邪法，伪启三途，谬张六道，恐吓愚夫，诈欺庸品。凡百黎庶，通识者稀，不察根源，信其矫诈。乃追既往之罪，虚规将来之福。布施一钱，希万倍之报；持斋一日，冀百日之粮。遂使愚迷，妄求功德，不惮科禁，轻犯宪章。其有造作恶逆，身坠刑网，方乃狱中礼佛，口诵佛经，昼夜忘疲，规免其罪。且生死寿夭，由于自然；刑德威福，关之人主。乃谓贫富贵贱，功业所招，而愚僧矫诈，皆云由佛。窃人主之权，擅造化之力，其为害政，良可悲矣！案《书》云："惟辟作福威，惟辟玉食。臣有作福、作威、玉食，害于而家，凶于而国，人用侧颇僻。"降自羲、农，至于汉、魏，皆无佛法，君明臣忠，祚长年久。汉明帝假托梦想，始立胡神，西域桑门，自传其法。西晋以上，国有严科，不许中国之人，辄行髡发之事。洎于苻、石，羌胡乱华，主庸臣佞，政虐祚短，皆由佛教致灾也。梁武、齐襄，足为明镜。昔褒姒一女，妖惑幽王，尚致亡国；况天下僧尼，数盈十万，翦刻缯彩，装束泥人，而为厌魅，迷惑万姓者乎！今之僧尼，请令匹配，即成十万余户。产育男女，十年长养，一纪教训，自然益国，可以足兵。四海免蚕食之殃，百姓知威福所在，则妖惑之风自革，淳朴之化还兴。且古今忠谏，鲜不及祸。窃见齐朝章仇子他上表言："僧尼徒众，糜损国家，寺塔奢侈，虚费金帛。"为诸僧附会宰相，对朝谗毁；诸尼依托妃主，潜行谤讟。子他竟被囚执，刑于都市。及周武平齐，制封其墓。臣虽不敏，窃慕其踪。'又上疏十一首，词甚切直。高祖付群官详议，唯太仆卿张道源称奕奏合理。中书令萧瑀与之争论曰：'佛，圣人也。奕为此议，非圣人者无法，请置严刑。'奕曰：'礼本于事亲，终于奉上，此则忠孝之理著，臣子之行成。而佛逾城出家，逃背其父，以匹夫而抗天子，以继体而悖所亲。萧瑀非出于空桑，乃遵无父之教。臣闻非孝者无亲，其瑀之谓矣！'瑀不能答，但合掌曰：'地狱所设，正为是人。'高祖将从奕言，会传位而止。"

《四库全书》第1048册《广弘明集》卷二十五《叙高祖皇帝问出家损益诏表》(P637)："武德四年，有太史令傅奕者，先是黄巾深忌缁服，既见国家别敬，弥用疢心，乃上废佛法事十有一条，云：'佛经诞妄，言妖事隐，损国破家，未闻益世。请胡佛邪教退还天竺，凡是沙门放归桑梓，则家国昌大，李、孔之教行焉。'"法琳《破邪论》卷上、《集古今佛道论衡》卷上所记略同。

参见《广弘明集》卷十一《辩惑篇》，《全唐文》卷三《沙汰佛道诏》，《全唐文》卷一百三十三傅奕文《请废佛法表》、《请除释教疏》。

【考论】

此次上疏时傅奕(555—639)为太史令，站在儒家立场，称佛教为虚言，既违背人伦，又不务农桑，游手窃食，以逃租赋，于国无益，请予沙汰。傅奕曾多次上疏黜佛，数列佛教之诞妄及其危害，经济上"削民财，割截国贮"，政治上"吕光假胡而叛君"等，并特别指出佛教对传统伦理已造成了极大冲击，因此主张废除僧尼，减省塔寺，复兴李、孔之教。由此引起沙门反对，并引发对佛教价值及其存在意义的争论。高祖纳傅奕疏，乃下诏问沙门出家损益，并将从奕言，值高祖传位而止。

《佛祖统纪》卷三十九(P519)记此事在武德八年："八年，太史令傅奕上疏曰：'佛在西域，言袄路远，汉译胡书，恣其假托。使不忠不孝，削发而揖君亲；游手窃食，易服以逃租赋。夫生死寿夭出于自然，刑德威福关于人主，而愚僧矫诈，皆云由佛。窃人主之权，擅造化之力，其为害政，良可悲叹。'"当以《旧唐书》所说为是，故志于武德七年。

【相关论著举目】

曙明：《浅论傅奕反佛的道教立场》，《兰州教育学院学报》，1991年第1期

潘桂明：《唐初佛道之争的实质和影响》，《安徽师范大学学报》，1990年第1期

○高祖定职官

【文献】

《旧唐书》卷四十二《职官志序》(P1783)："高祖发迹太原，官名称

位，皆依隋旧。及登极之初，未遑改作，随时署置，务从省便。武德七年定令：以太尉、司徒、司空为三公；尚书、门下、中书、秘书、殿中、内侍为六省。”

○下兴学诏

【文献】

《全唐文》卷三《赐学官胄子诏》(P36)：“自古为政，莫不以学，则仁、义、礼、智、信五者俱备，故能为利博深。朕今欲敦本息末，崇尚儒宗，开后生之耳目，行先王之典训。而三教虽异，善归一揆，沙门事佛，灵宇相望；朝贤宗儒，辟雍顿废，王公以下，宁得不惭。朕今亲自观览，仍征集四方胄子，冀日就月将，并得成业，礼让既行，风教渐改。使期门介士，比屋可封；横经庠序，皆遵雅俗。诸王公子弟，并皆率先，自相劝励。”

【考论】

李渊以为周公制礼、孔子理经贡献极大，故其崇儒心情极为迫切，对佛、儒二教盛衰的巨大反差极为不满。在李渊看来，虽然三教劝善目的一致，但是儒教对于政治教化的作用是其他二教所无法比拟的。李渊把寺庙和辟雍做了对比，以使王公大臣生愧，警醒他们重儒兴学。

○徐文远卒于此年后不久，撰有《左传音》、《左传义疏》

【文献】

《旧唐书》卷一百八十九上《徐文远传》(P4944)：“封东莞县男。年七十四，卒官。撰《左传音》三卷、《义疏》六十卷。”《新唐书》卷五十七《艺文志一》(P1440、P1441)：“徐文远《左传义疏》六十卷，又《左传音》三卷。”

事又见《册府元龟》六百六《学校部(注释第二)》、《新唐书》卷一百九十八《徐文远传》、《大唐新语》卷十二《劝励》，《册府元龟》卷五百九十七、卷七六八、卷七百九十、卷七百九十八。

【考论】

徐文远，洛州偃师人，生卒年不详。兄长徐休，以卖书为业，徐文远每日在此读书，“博览《五经》，尤精《春秋左氏传》。”当时有名儒沈重，与徐文远讨论儒学大义，对其甚为推服。徐文远方正纯厚，有儒者风范。开皇年间几次升迁太学博士，曾为汉王杨谅讲解《孝经》、《礼记》。大业初许善心推荐其为国子博士，当时徐文远的《左传》学最受推崇。徐文远讲学时大多有新解，对先儒的不同论点敢于评定是非，然后反驳诸家学说，同时阐述自己的观点，既广博而且明辨。高祖时封东莞县男，大约此年后不久卒于任上，享年七十四岁，著有《左传音》、《左传义疏》等。

高祖武德八年　乙酉(625)

○高祖驾幸国学释奠，论三教先后

【文献】

《续高僧传》卷二十五《慧乘传》(P313)：“武德八年岁居协洽，驾幸国学，将行释奠，堂置三座，拟叙三宗。众所乐推乘为导首。时五都才学、三教通人，星布义筵，云罗绮席。天子下诏曰：‘老教、孔教，此土先宗，释教后兴，宜崇客礼。令老先、次孔，末后释宗。’当尔之时，相顾无色，乘虽登座，情虑莫安。”《旧唐书》卷一百八十九《陆德明传》(P4945)：“高祖亲临释奠，时徐文远讲《孝经》，沙门惠乘讲《波若经》，道士刘进喜讲《老子》。德明难此三人，各因宗指，随端立义，众皆为之屈。高祖善之，赐帛五十匹。”

事又见《集古今佛道论衡》卷丙。

【考论】

自晋宋以来，围绕佛道二教地位的争论旷日持久。至南北朝特别是梁、北魏诸朝，佛教地位几近于国教。虽经北魏武帝、北周武帝两次大规模毁佛，使佛教漫衍之势一度受挫，但其发展势头并未从根本上得以遏止。在毁佛前，建德二年(573)北周武帝曾论定三教先后次序，以儒为先，道为次，佛为后。隋文帝又大兴佛法，佛教寺院经像大增，以至于“民间佛经多于六艺之籍”。唐立国后，虽儒、佛、道三教并存，但高祖奉老子李耳为其祖，加之朝中傅奕等多次上疏沙汰佛教，高祖遂于是年诏令“老先、次孔、末后释宗”，将道教置于儒、佛之先。此令一出，佛僧虽“当时莫敢酬抗”，但心中不服。此后关于三教之序的争论，在唐代几未能止。唐廷又多次举行三教同堂论对，如高祖在武德七年释奠礼上，召徐文远讲《孝经》，沙门惠乘讲《波若经》，道士刘进喜讲《老子》，再命儒学大师陆德明“难此三人，各因宗指，随端立义”。是年，高祖幸国学时，以国子祭酒和国子博士为主，以僧惠乘，道士李仲卿、潘诞为宾，令“堂列三座，拟叙三宗”，反映出唐高祖以儒为主、三教共济的思想倾向。

【相关论著举目】

刘新华:《隋唐三教关系与唐代儒学的兴起》,《南京工程学院学报》(社会科学版)2006 年第 4 期

高祖武德九年　丙戌(626)

◯傅奕七次上疏请除佛法，高祖以其疏付群臣杂议

【文献】

《佛祖统纪》卷三十九(P519—520)：“九年，傅奕七上疏请除佛法，帝以其疏付群臣杂议。大臣皆曰：‘佛法兴自屡朝，弘善遏恶，冥助国家，理无弃废。’宰相萧瑀曰：‘佛，圣人也，而奕非之。非圣人者无法，当治其罪。’奕曰：‘人之大伦，莫如君父，佛以世嫡而畔其父，以匹夫而抗天子。萧瑀不生于空桑，乃遵无父之教，非孝者无亲，瑀之

谓矣。'……帝一日问群臣曰:'傅奕每言佛教无用,卿等如何?'左仆射裴寂曰:'陛下昔创义师,志凭三宝,言登九五,誓启玄门,今六合归仁,富有四海,而欲纳奕言,岂不亏往德而彰今过乎?'帝复以疏颁示诸僧,问出家于国何益?沙门法琳撰《破邪论》。"《旧唐书》卷七十九《傅奕传》(P2716):"又上疏十一首,词甚切直。高祖付群官详议,唯太仆卿张道源称奕奏合理,中书令萧瑀与之争论。……高祖将从奕言,会传位而止。"

事又见《续高僧传》卷十九、《广弘明集》卷二十五。

【考论】

太史令傅奕七次上疏,指出兴佛积弊已深,请废除佛法。高祖付群臣论议,大臣齐护佛教,以为佛法有弘善遏恶、冥助国家之功。宰相萧瑀、左仆射裴寂等与傅奕争辩,力斥奕废佛法,惟太仆卿张道源一人称赞傅奕之奏合理。佛、道两方相持不下,高祖曾有意兼汰佛、道二教,最终未能实行。参见《中国学术思想编年》之《隋唐五代卷》。

○三月,高祖李渊诏"寺留三所,京置千僧",其余"放还桑梓"

【文献】

《法琳别传》上:"后武德九年春三月,诏问皇储曰:'朕惟佛教之兴,其来自昔,但僧尼入道,本断俗缘,调课不输,丁役俱免,理应尽形寺观,履德居真,没命释门,清身养素,比年沙门乃多有愆过,违犯条章干烦正术,未能益国利化……'皇储对曰:'臣闻:三乘启辙,诸子免火宅之灾。八正开元,群生悟无为之果。是故慈云降润,不别艾兰,慧日流辉,宁分岸谷。且以立教垂范,尽妙穷微。至理深难,情量叵测。虽有周孔儒术、庄老玄风,将欲方兹,迥非伦妣,其有世代贤士、今古明君,咸共遵崇,无乖敬仰。……今欲并令还俗,无别贤愚,将恐火纵昆山,玉石同烬。霜飞柰苑,兰艾俱摧,指事为言,恐伤皇化。……'高祖又问诸群臣曰:'傅奕每言于朕云,佛教无用,朕欲从其所议。卿等如何?'时左仆射魏国公裴寂,进谏于高祖曰:'……陛下昔创义师，志凭三宝，云安九五，誓启玄门。今陛下六合归仁，富有四海，欲纳奕之狂简，而毁废佛僧，此即亏陛下之往信，彰陛下之今过，黎元失望，理不可也。'高祖虽有沙汰佛教之意，然纳皇储等谏，因降敕曰：'寺留三所，京置千僧，余并给赐王公，僧等放还桑梓。'严敕既下，皂白难分，不敢忤意而止焉。"

【考论】

傅奕多次上疏废除佛法，高祖遂下诏询及太子建成之见，建成上疏谓"周孔儒术，庄老玄风，将欲方兹，迥非伦妣，世代贤士，今古明君，咸共尊崇，无乖敬仰"，如毁佛，"并令还俗，无别贤愚……恐伤皇化"，支持佛教。高祖又听取诸位臣下意见，时魏国公裴寂亦反对沙汰佛教。面对崇佛的浩大声势，高祖虽有沙汰佛教之意，却终有所顾虑，故一再垂询后，选择了较为保守的办法，摒弃了极端的废除佛法的建议，仅下令"寺留三所，京置千僧，余并给赐王公，僧等放还桑梓"。

○下诏遏制佛、道恶性膨胀，事不行

【文献】

《旧唐书》卷一《高祖本纪》(P16—17)："夏五月辛巳，以京师寺观不甚清净，诏曰：'释迦阐教，清净为先，远离尘垢，断除贪欲。所以弘宣胜业，修植善根，开导愚迷，津梁品庶。是以敷演经教，检约学徒，调忏身心，舍诸染著，衣服饮食，咸资四辈。自觉王迁谢，像法流行，末代陵迟，渐以亏滥。乃有猥贱之侣，规自尊高；浮惰之人，苟避徭役。妄为剃度，托号出家，嗜欲无厌，营求不息。出入闾里，周旋阛阓，驱策田产，聚积货物。耕织为生，估贩成业，事同编户，迹等齐人。进违戒律之文，退无礼典之训。至乃亲行劫掠，躬自穿窬，造作妖讹，交通豪猾。每罹宪网，自陷重刑，黩乱真如，倾毁妙法。譬兹稂莠，有秽嘉苗；类彼淤泥，混夫清水。又伽蓝之地，本曰净居，栖心之所，理尚幽寂。近代以来，多立寺舍，不求闲旷之境，唯趋喧杂之方。缮采崎岖，栋宇殊拓，错舛隐匿，诱纳奸邪。或有接延鄽邸，邻近屠酤，埃尘满室，膻腥盈道。徒长轻慢之心，有亏崇敬之义。且老氏垂化，本贵冲虚，养志无为，遗情物外。全真守一，是谓玄门，驱驰世务，尤乖宗旨。朕膺期驭宇，兴隆教法，志思利益，情在护持。欲使玉石区分，薰莸有辨，长存妙道，永固福田，正本澄源，宜从沙汰。诸僧、尼、道士、女冠等，有精勤练行、守戒律者，并令大寺观居住，给衣食，勿令乏短。其不能精进、戒行有阙、不堪供养者，并令罢遣，各还桑梓。所司明为条式，务依法教，违制之事，悉宜停断。京城留寺三所，观二所。其余天下诸州，各留一所。余悉罢之。'事竟不行。"

参见《全唐文》卷三《沙汰佛道诏》。

【考论】

唐初年统治者虽对佛教、道教的作用有所肯定，但对其勃兴的势头也有所警惕，故高祖遂于是年下沙汰僧道诏。诏中肯定佛教有"断除贪欲"、"修植善根"、"检约学徒，调忏身心"之作用，同时指出有些佛教徒"嗜欲无厌，营求不息"，"进违戒律之文，退无礼典之训"，乃至"亲行劫掠，躬自穿窬，造作妖讹"，"缮采崎岖，栋宇殊拓，错舛隐匿，诱纳奸邪"，危及国计民生和社会安定，道士也"驱驰世务，尤乖宗旨"，均不利于社会，应加以遏制，遂下令诸僧、尼、道士、女冠等"不能精进、戒行有阙、不堪供养者，并令罢遣，各还桑梓"，并减少寺庙道观，"京城留寺三所，观二所。其余天下诸州，各留一所。余悉罢之"。由此诏书可见唐廷对宗教方针有所调整，开始对佛教、道教恶性膨胀的势头加以遏制。

关于太祖颁诏的时间，《旧唐书·高祖纪》、《佛祖统纪》作五月，而《新唐书·高祖纪》云"四月辛巳，废浮屠、老子法"，《资治通鉴》亦作四月。吕思勉《隋唐五代史》谓："《新书》云'四月辛巳，废浮屠、老子法'，又于六月书'复浮屠、老子法'，谬矣。惟下诏之月，《新纪》与《通鉴》同，当从之。《旧纪》之五，盖误字也。《旧纪》云事竟不行，似但未奉行而已，未尝更有诏令，而《新纪》云复者，其文承'庚申，秦王世民杀皇太子建成、齐王元吉，大赦'之后，在'癸亥，立秦王世民为皇太子,听政'之前。数日之间,必不能更有处置佛、道之诏,疑敕文中或有暂缓沙汰之语,后遂搁置未行,故《旧纪》云事竟不行,《新纪》乃书之曰复也。"今从吕说。事又见《十七史商榷》卷七十。参见《中国学术思想编年》之《隋唐五代卷》。

○八月,唐太宗李世民即位

【文献】

《旧唐书》卷二《太宗纪上》(P30):"八月癸亥,高祖传位于皇太子,太宗即位于东宫显德殿。遣司空、魏国公裴寂柴告于南郊。大赦天下。"

事又见《资治通鉴》卷一百九十一《唐纪七》。

○九月,置弘文馆

【文献】

《旧唐书》卷一百八十九上《儒学传上》(P4941):"及即位,又于正殿之左,置弘文学馆,精选天下文儒之士虞世南、褚亮、姚思廉等,各以本官兼署学士,令更日宿直。听朝之暇,引入内殿,讲论经义,商略政事,或至夜分乃罢。又召勋贤三品已上子孙,为弘文馆学生。"《资治通鉴》卷一百九十二《唐纪八》(P6023):"上于弘文殿聚四部书二十余万卷,置弘文馆于殿侧,精选天下文学之士虞世南、褚亮、姚思廉、欧阳询、蔡允恭、萧德言等,以本官兼学士,令更日宿直,听朝之隙,引入内殿,讲论前言往行,商榷政事,或至夜分乃罢。又取三品已上子孙充弘文馆学士。"《唐会要》卷六十四《宏文馆》(P1115):"贞观元年敕:'见在京官文武职事五品以上子,有性爱学书及有书性者,听于馆内学书,其书法内出。'其年有二十四人入馆,敕虞世南、欧阳询教示楷法。黄门侍郎王珪奏:'学生学书之暇,请置博士,兼肄业焉。敕太学助教侯孝遵授其经典,著作郎许敬宗,授以《史》、《汉》。'二年,王珪又奏：'请为学生置讲经博士，考试经业，准式贡举，兼学书法。'"《唐会要》卷六十四《弘文馆》(P1114)："武德四年正月，于门下省置修文馆。至九年三月，改为弘文馆。至其年九月，太宗初即位，大阐文教，于宏文殿聚四部群书二十余万卷，于殿侧置弘文馆。精选天下贤良文学之士，虞世南、褚亮、姚思廉、欧阳询、蔡允恭、萧德言等，以本官兼学士，令更宿直。听朝之隙，引入内殿，讲论文义，商量政事，或至夜分方罢。令褚遂良检校馆务，号为馆主，因为故事。其后得刘祎之、范履冰，并特敕相次为馆主。"

【考论】

武德四年(621)，唐高祖李渊曾于门下省设置修文馆，此为弘文馆之前身。至是年九月太宗即位不久，即置弘文馆于殿侧，并精选文儒之士虞世南、褚亮、姚思廉等，令更日宿直，在听朝之暇，引入殿内，商榷政事，并令三品以上子孙充弘文馆学士。翌年，太宗诏令京官五品以上子弟"有性爱学书及有书性者"，于弘文馆内学书，并令太学助教侯孝遵教授儒学典籍，令许敬宗教授《史记》、《汉书》。贞观二年(628)，又有黄门侍郎王珪建议在弘文馆置讲经博士，考试经业，准式贡举。自此，弘文馆成为中央官学的一部分，亦成为高官子弟入仕之门径。史称弘文馆与崇文馆及国子学、太学、四门学、律学、书学、算学为"六学二馆"。参见《中国学术思想编年》之《隋唐五代卷》。

【相关论著举目】

罗时进、梁尔涛：《唐初弘文馆整合与文学建设》，《学习与探索》，2005 年第 5 期

张羽琼：《论唐代官学》，《贵州社会科学》，1996 年第 5 期

○十二月，太宗召见傅奕问佛教之事

【文献】

《旧唐书》卷七十九《傅奕传》(P2716—2717)："奕武德九年五月密奏太白见秦分，秦王当有天下，高祖以状授太宗。及太宗嗣位，召

奕赐之食，谓曰：'汝前所奏，几累于我，然今后但须尽言，无以前事为虑也。'太宗常临朝谓奕曰：'佛道玄妙，圣迹可师，且报应显然，屡有征验，卿独不悟其理，何也？'奕对曰："佛是胡中桀黠，欺诳夷狄，初止西域，渐流中国。遵尚其教，皆是邪僻小人，模写庄、老玄言，文饰妖幻之教耳。于百姓无补，于国家有害。'太宗颇然之。"《资治通鉴》卷一百九十二《唐纪八》(P6029)："上召傅奕，赐之食，谓曰：'汝前所奏，几为吾祸。然凡有天变，卿宜尽言皆如此，勿以前事为惩也。'上尝谓奕曰：'佛之为教，玄妙可师，卿何独不悟其理？'对曰：'佛乃胡中桀黠，诳耀彼土。中国邪僻之人，取庄、老玄谈，饰以妖幻之语，用欺愚俗，无益于民，有害于国，臣非不悟，鄙不学也。'上颇然之。"

【考论】

李世民即位后，于十二月召见傅奕问佛教事，傅奕斥佛"无益于民，有害于国"，太宗"赐之食，颇然其说"。由此可见太宗从国家大局出发，即位之初对佛教的认识有所保留。

○十二月，诏立孔子后人孔德纶为褒圣侯，虞世南撰《孔子庙堂碑》

【文献】

《新唐书》卷十五《礼乐志五》(P373)："九年封孔子之后为褒圣侯。"《通典》卷五十三《礼・沿革十三》(P1480)："大唐贞观十一年，封孔子裔德伦为褒圣侯。"《全唐文》卷四《封孔德纶为褒圣侯诏》(P54)："宣尼以大圣之德，天纵多能。王道藉以裁成，人伦资其教义，故孟轲称生人以来，一人而已。自汉氏驭历，魏室分区，爰及晋朝，暨於隋代，咸相崇尚，用存禋祀。朕钦若前王，宪章故实，亲师宗圣。是所庶几，存亡继绝，抑惟通典。可立孔子后为褒圣侯，以隋故绍圣侯孔嗣哲嫡子德纶为嗣，主者施行。"《金石萃编》第二册卷四十一《孔子庙堂之碑》(P5)："武德九年十二月廿九日，有诏立隋故绍圣侯孔嗣哲子德纶为褒圣侯，乃命经营，惟新旧阯。"

【考论】

李世民即位之初，显然已经意识到尊孔子之教对国家长治久安的重要性，因此大兴儒学，推崇孔子，并封孔子后人孔德纶为褒圣侯。此举可以看作李世民治国之策从“武功”向“文治”转变的信号。

太宗贞观元年　丁亥（627）

○正月，太宗接受魏徵等人的偃武修文建议，从“武功”向“文治”转变

【文献】

《资治通鉴》卷一百九十二《唐纪八》（P6030）：“丁亥，上宴群臣，奏《秦王破陈乐》。上曰：‘朕昔受委专征，民间遂有此曲，虽非文德之雍容，然功业由兹而成，不敢忘本。’封德彝曰：‘陛下以神武平海内，岂文德之足比。’上曰：‘戡乱以武，守成以文，文武之用，各随其时。卿谓文不及武，斯言过矣！’德彝顿首谢。”

【考论】

贞观元年唐廷曾就如何治国问题发生过一次大讨论，魏徵主张停止武力，实行文治。宰相萧瑀、副宰相封德彝等，则仍主张以武力治天下，封德彝以为“文不及武”。太宗显然接受了魏徵等人的建议，如说“顷年已来，天下无事，方欲建礼作乐，偃武修文”（《旧唐书》卷一百八十九上《萧德言传》P4953），又说“戡乱以武，守成以文，文武之用，各随其时”。此一举措表明唐太宗已经非常明智地意识到立国伊始，应根据时势变化确定崇儒治国方针，以达到“正君臣、明贵贱、美教化、移风俗”的目的，重振儒学。这一从“武功”向“文治”转变的举措，成为此后“贞观之治”的基点。参见《中国学术思想编年》之《隋唐五代卷》。

○唐太宗开始推行儒家"仁"的施政方针

【文献】

《四部丛刊》续编第13册《贞观政要》卷五《仁义》(P1):"贞观元年,太宗曰:'朕看古来帝王以仁义为治者,国祚延长;任法御人者,虽救弊于一时,败亡亦促。既见前王成事,足是元龟,今欲专以仁义诚信为治,望革近代之浇薄也。'"《贞观政要》卷五《仁义》(P2):"贞观四年,房玄龄奏言:'今阅武库甲仗,胜隋日远矣。'太宗曰:'饬兵备寇虽是要事,然朕唯欲卿等存心理道,务尽忠贞,使百姓安乐,便是朕之甲仗。隋炀帝岂为甲仗不足,以至灭亡?正由仁义不修,而群下怨叛故也。宜识此心。'"《贞观政要》卷五《仁义》(P2—3):"贞观十三年,太宗谓侍臣曰:'林深则鸟栖,水广则鱼游,仁义积则物自归之。人皆知畏避灾害,不知行仁义则灾害不生。夫仁义之道,当思之在心,常令相继,若斯须懈怠,去之已远。犹如饮食资身,恒令腹饱,乃可存其性命。'王珪顿首曰:'陛下能知此言,天下幸甚!'"

【考论】

唐太宗振兴儒学之举贯穿"贞观之治"始终。贞观年间唐太宗再三申说其志,欲以仁义之道,使百姓安乐,并以其为治国甲仗。由此可见"贞观之治"的出现,与唐太宗提倡以儒学为治国政策密不可分。

【相关论著举目】

冯达文:《略论汉唐儒学以宇宙论为形上依据的治国理念》,《南方论丛》,2012年第2期

曹树明:《汉唐儒学基本特征与思想精华学术研讨会综述》,《孔子研究》,2011年第1期

蔡方鹿:《汉唐儒学基本思想特征探讨》,《陕西师范大学学报》(哲学社会科学版),2011年第3期

聂永华:《贞观时期儒家文学观重建刍议》,《文学遗产》,1999年第1期

○十二月，太宗以神仙为虚妄，并告诫侍臣以秦皇、汉武求仙事为戒

【文献】

《旧唐书》卷二《太宗本纪》(P33)："十二月壬午，上谓侍臣曰：'神仙事本虚妄，空有其名。秦始皇非分爱好，遂为方士所诈，乃遣童男女数千人随徐福入海求仙药，方士避秦苛虐，因留不归。始皇犹海侧踟蹰以待之，还至沙丘而死。汉武帝为求仙，乃将女嫁道术人，事既无验，便行诛戮。据此二事，神仙不烦妄求也。'"又见《贞观政要》卷六《慎所好》。

【考论】

唐太宗有感于秦始皇、汉武帝求仙无验之鉴，以为"神仙事本虚妄，空有其名"，故而不信神仙之说。但此后其体质每况愈下，亦不能免于饵金石、长生药之害。贞观十年，辽东战役后得痈疮，始服金石丹药，实由"得疾，累年不愈"所致。《新唐书》卷九十五《高俭传》(P3840)载贞观二十一年高士廉卒后，太宗"又欲临吊，房玄龄以帝饵金石，谏不宜近丧"。《旧唐书》卷三《太宗纪》(P61)记载贞观二十二年五月，"使方士那罗迩娑婆于金飚门造延年之药"。《旧唐书》卷八十四《郝处俊传》(P2799)又载"昔贞观末年，先帝令婆罗门僧那罗迩娑寐依其本国旧方合长生药。胡人有异术，征求灵草秘石，历年而成。先帝服之，竟无异效，大渐之际，名医莫知所为。时议者归罪于胡人，将申显戮，又恐取笑狄夷，法遂不行"。据此，太宗服食金石见于史载者两次，又曾服食婆罗门僧那罗迩娑寐依其本国旧方所合长生之药，此丹药应与太宗死亡有密切关系。由此可见，唐太宗作为一代明君，贞观初虽不信神仙之说，但却未能始终如一，贞观中后期竟然重蹈秦始皇、汉武帝之覆辙。

○拜李百药中书舍人，诏修《五礼》

【文献】

《旧唐书》卷七十二《李百药传》(P2572)："太宗重其才名，贞观元年，召拜中书舍人，赐爵安平县男。受诏修定《五礼》及律令，撰《齐书》。"

○阴弘道、李淳风驳傅仁均历

【文献】

《旧唐书》卷七十九《傅仁均传》(P2714)："贞观初，有益州人阴弘道，又执孝通旧说以驳之，终不能屈。李淳风复驳仁均历十有八事，敕大理卿崔善为考二家得失，七条改从淳风，余一十一条并依旧定。仁均后除太史令，卒官。"《唐会要》卷四十二《历》(P750)："至贞观元年，将仕郎李淳风，又奏驳《太史历》十有八事，诏下善为，课二家得失，其七条改从淳风，余一十一条，并依旧也。"

事又见《旧唐书》卷七十九《李淳风传》。

○阴弘道的经学著作

【文献】

《新唐书》卷五十七《艺文志一》(P1426、P1441)："阴弘道《周易新传疏》十卷，颢子，临涣令。""阴弘道《春秋左氏传序》一卷。"《旧唐书》卷四十六《经籍志》(P1968)："《周易新论》十卷阴弘道撰。"《文献通考》卷一百七十五《经籍考二》录《周易新论传疏》(P1517)："《崇文总目》：唐阴洪道撰。洪道世其父显之学，杂采子夏、孟喜等十八家之说，参订其长，合七十二篇，于《易》有助云。"

【考论】

阴弘道，史书无传，《旧唐书》卷七十九《傅仁均传》(P2714)称"贞观初，有益州人阴弘道”，《新唐书》卷五十七《艺文志》(P1426)称“颢子，临涣令”。又据《崇文总目》记载，阴颢有志于治《易》，其子阴弘道承其业，“杂采子夏、孟喜等十八家之说，参定其长，合七十二篇”，著成《周易新传疏》十卷，《崇文总目》称其“于《易》有助”。由阴弘道杂采子夏、孟喜等十八家《易》学而取众之长，可以看出他在《易》学上喜好两汉的象数《易》学，不独遵王弼的义理《易》学(参见高雨《论李鼎祚的〈周易集解〉》，《周易研究》2007 年第 6 期)。

○此年后不久拜曹宪为朝散大夫

【文献】

《四库全书》第 1035 册《唐新语》卷九《著述》(P363—364)：“江淮间为《文选》学者，起自江都曹宪。贞观初，扬州长史李袭誉荐之，征为弘文馆学士。宪以年老不起，遣使就拜朝散大夫，赐帛三百匹。宪以仕隋为秘书，学徒数百人，公卿亦多从之学。撰《文选音义》十卷，年百余岁乃卒。其后句容许淹，江夏李善、公孙罗，相继以《文选》教授。”《旧唐书》卷一百八十九上《曹宪传》(P4946)：“贞观中，扬州长史李袭誉表荐之，太宗征为弘文馆学士，以年老不仕，乃遣使就家拜朝散大夫，学者荣之。太宗又尝读书有难字，字书所阙者，录以问宪，宪皆为之音训及引证明白，太宗甚奇之。年一百五岁卒。所撰《文选音义》，甚为当时所重。初，江淮间为《文选》学者，本之于宪，又有许淹、李善、公孙罗复相继以《文选》教授，由是其学大兴于代。”《旧唐书》卷一百八十九上《许淹传》(P4946)：“许淹者，润州句容人也。少出家为僧，后又还俗。博物洽闻，尤精诂训。撰《文选音》十卷。”《旧唐书》卷一百八十九上《公孙罗传》(P4946)：“公孙罗，江都人也。历沛王府参军，无锡县丞。撰《文选音义》十卷，行于代。”《冷庐杂识》卷五(P279)：“唐初，李善与许淹、公孙罗并承江都曹宪为《文选》音训苍雅之学，而李注盛行于世，与颜师古《汉书》注并称。”

事又见《新唐书》卷一百九十八《曹宪传》，《唐新语》卷九《著述》

记此事“贞观初”。

【考论】

曹宪，隋时为秘书学士，精通诸家文字之书，尤深谙文字学，曾奉隋炀帝命参与编撰《桂苑珠丛》，又注《广雅》，另撰《古今字图杂录》一卷。唐贞观中召为弘文馆学士，以年老为由未至，遂就家拜为朝散大夫。唐太宗读书所遇奇文难字，遣使问之，曹宪皆能为之注音并作答。曹宪在家乡扬州专心教书育人，教授弟子至数百之众。曹宪开辟了《文选》研究的新途径，成为隋唐之际有深远影响的《文选》学家，他和他所培育的弟子李善等人共同把《文选》学推向了高峰。由现存于日藏《文选集注》中的曹宪《文选音》条目，可以看出曹宪为《文选》注音喜好标新立异。《文选音》佚亡的原因首先在于注音依据的是扬州音而不是以《切韵》为代表的洛阳音，其次是其注音本身多有谬误之处。（王书才《曹宪生平及其〈文选〉学考述》《郑州大学学报》2004年第4期）

【相关论著举目】

王书才：《曹宪生平及其〈文选〉学考述》，《郑州大学学报》（哲学社会科学版），2004年第4期

太宗贞观二年　戊子（628）

○九月，王珪陈述经术之重要性

【文献】

《资治通鉴》卷一百九十三《唐纪九》（P6058）：“（贞观二年）上问王珪曰：‘近世为国者益不及前古，何也？’对曰：‘汉世尚儒术，宰相多用经术士，故风俗淳厚；近世重文轻儒，参以法律，此治化之所以益衰也。’上然之。”《贞观政要》卷一《论政体》（P26）：“贞观二年，太宗问黄门侍郎王珪曰：‘近代君臣理国，多劣于前古，何也？’对曰：‘古之帝王

为政，皆志尚清静，以百姓之心为心。近代则唯损百姓以适其欲，所任用大臣，复非经术之士。汉家宰相，无不精通一经，朝廷若有疑事，皆引经决定，由是人识礼教，理致太平。近代重武轻儒，或参以法律，儒行既亏，淳风大坏。'太宗深然其言。"

【相关论著举目】

姜波：《王珪传》，《中学生百科》，2007 年第 17 期

聂永华：《王珪、魏征：儒家诗教观的履践——贞观宫廷诗风研究之三》，《郑州大学学报》(哲学社会科学版)，2000 年第 3 期

一勺：《李世民与王珪》，《教师博览》，1996 年第 7 期

邓才云：《王珪的"臣不如"》，《道德与文明》，1983 年第 6 期

○十二月，太宗诏停周公为先圣，升孔子为先圣，始立孔子庙于国学

【文献】

《新唐书》卷十五《礼乐志》(P373)："贞观二年，左仆射房玄龄、博士朱子奢建言：'周公、尼父俱圣人，然释奠于学，以夫子也。大业以前，皆孔丘为先圣，颜回为先师。'乃罢周公，升孔子为先圣，以颜回配。"《四部丛刊》续编第 13 册《贞观政要》卷七《崇儒学》(P2)："贞观二年，诏停周公为先圣，始立孔子庙堂于国学，稽式旧典，以仲尼为先圣，颜子为先师，两边俎豆干戚之容，始备于兹矣。是岁大收天下儒士，购帛给传，令诣京师，擢以不次，布在廊庙者甚众。学生通一大经以上，咸得署吏。国学增筑学舍四百余间，国子、太学、四门、广文亦增置生员，其书、算各置博士、学生，以备众艺。太宗又数幸国学，令祭酒、司业、博士讲论，毕，各赐以束帛。四方儒生负书而至者，盖以千数。俄而吐蕃及高昌、高丽、新罗等诸夷酋长，亦遣子弟请入于学。于是国学之内，鼓箧升讲筵者，几至万人，儒学之兴，古昔未有也。"《贞观政要》卷六《慎所好》(P13)："朕今所好者，惟在尧舜之道、周孔之教，以为如鸟有翼，如鱼依水，失之必死，不可暂无

耳。"《唐会要》卷三十五《褒崇先圣》(P635—636):"贞观二年十二月,尚书左仆射房玄龄、国子博士朱子奢建议云:'武德中,诏释奠于太学,以周公为先圣,孔子配享。臣以周公、尼父,俱称圣人,庠序置奠,本缘夫子,故晋、宋、梁、陈,及隋大业故事,皆以孔子为先圣,颜回为先师。历代所行,古人通允,伏请停祭周公,升夫子为先圣,以颜回配享。'诏从之。"

事又见《旧唐书》卷一百八十九上《儒学序》、《册府元龟》卷五百九十。

【考论】

太宗即位,倡佛、道二教的同时,更强调儒学的辅政作用,并极力复兴儒学教育。是年诏令停止以周公为先圣,主张以孔子为先圣,颜子为先师,大征天下儒士以为学官,并始立孔子庙堂于国学,且此后数幸国学,令祭酒博士讲论,大增生员。此后高丽、百济、新罗、高昌、吐蕃等国亦遣子弟入学,列讲筵者八千余人。至此先前周公的"先圣"地位被取而代之,孔子被诏封为"先圣",由此使得此后孔子的名望与尊崇愈益高涨。

立孔子庙一事,《旧唐书》卷一百八十九上《儒学传序》记在贞观二年,《贞观政要》所记同,同时又说高祖在武德年间诏"宜令有司于国子学立周公孔子庙各一所,四时致祭"。《新唐书》卷一百九十八则记在高祖时,可能当时虽有诏令,但未能实行。《资治通鉴》记在贞观十四年、《佛祖统纪》卷三十九亦记兴儒在十四年。据《旧唐书》卷一百八十九上《儒学列传》载太宗《致萧德言书》(P4952—4953)"自隋季版荡,庠序无闻,儒道坠泥涂,《诗》《书》填坑阱。眷言坟典,每用伤怀。顷年已来,天下无事,方欲建礼作乐,偃武修文",立孔子庙于国学应发生在"顷年已来,天下无事"的情况下。而武德年间国内战事尚未平息,官吏及旧势力反叛之事时连连出现,如武德三年二月独狐怀恩、刘师善谋反;四年二月董阿兴、李仲文谋反等等,直到武德八年,地方上杀戮之事还时有发生,高祖似无暇顾及大举兴儒之事。且《旧唐书》与《贞观政要》所记基本吻合,而《通鉴》与《佛祖统纪》所说只限于兴儒事，与上述史料并无矛盾。大举兴儒当在贞观年初，故暂志于此年。

○太宗谓侍臣应以梁武好佛老而亡国为鉴戒

【文献】

《四部丛刊》续编第13册《贞观政要》卷六《慎所好》(P12—13)："贞观二年，太宗谓侍臣曰：'……至如梁武帝父子志尚浮华，惟好释氏、老氏之教，武帝末年，频幸同泰寺，亲讲佛经，百寮皆大冠高履，乘车扈从，不以军国典章为意。及侯景率兵向阙，尚书郎以下，多不解乘马，狼狈步走，死者相继于道路。武帝及简文卒被侯景幽逼而死。孝元帝在于江陵，为万纽于谨所围，帝犹讲《老子》不辍，百寮皆戎服以听。俄而城陷，君臣俱被囚絷。庾信亦叹其如此，及作《哀江南赋》，乃云："宰衡以干戈为儿戏，缙绅以清谈为庙略。"此事亦足为鉴戒。朕今所好者，惟在尧、舜之道，周、孔之教，以为如鸟有翼，如鱼依水，失之必死，不可暂无耳。'"《资治通鉴》卷一百九十二《唐纪八》(P6054)："上曰：'梁武帝君臣惟谈苦空，侯景之乱，百官不能乘马。元帝为周师所围，犹讲《老子》，百官戎服以听。此深足为戒。朕所好者，唯尧、舜、周、孔之道，以为如鸟有翼，如鱼有水，失之则死，不可暂无耳。'"

【考论】

据前所论，即位当年十二月，太宗即表示赞同傅奕斥佛"无益于民，有害于国"之说。是年，太宗又引梁武帝好佛、老，不以军国典章为意而终致国家破亡为教训，强调其所好者尤为儒家之教，说："朕所好者，唯尧、舜、周、孔之道。"同时，唐太宗有感于秦始皇、汉武帝求仙无验之鉴，不信神仙之说。唐太宗作为一代明君，从政治角度出发，对于儒、佛、道三教的态度是不同的，对佛教和道教的认识是有所保留的，而对儒教则为其所独好，并对这一观点坚定不移，以之渗入其治国策略中。

太宗贞观三年　己丑(629)

○正月，岑文本献《藉田颂》以美太宗

【文献】

《旧唐书》卷二《太宗纪上》(P36)："三年春正月……癸亥，亲耕籍田。"《唐会要》卷十下《藉田》(P243)："太宗贞观三年正月，亲祭先农，躬御耒耜，藉于千亩之甸。初，晋时南迁，后魏来自云、朔，中原分裂，又杂以獯戎，代历周、隋，此礼久废，而今始行之，观者莫不骇跃。于是秘书郎岑文本，献《藉田颂》以美之。"

事又见《旧唐书》卷二十四《礼仪志》、《旧唐书》卷七十《岑文本传》、《新唐书》卷一百二《岑文本传》、《通典》卷四十六《礼六・沿革六》、《全唐文》卷一百五十卷《岑文本》之《藉田颂》。

○孔颖达论藉田礼

【文献】

《旧唐书》卷二十四《礼仪志四》(P912)："初，议藉田方面所在，给事中孔颖达曰：'礼，天子藉田于南郊，诸侯于东郊。晋武帝犹于东南。今于城东置坛，不合古礼。'太宗曰：'礼缘人情，亦何常之有。且《虞书》云"平秩东作"，则是尧、舜敬授人时，已在东矣。又乘青辂、推黛耜者，所以顺于春气，故知合在东方。且朕见居少阳之地，田于东郊，盖其宜矣。'于是遂定。自后每岁常令有司行事。"

事又见《全唐文》卷一百五十《藉田颂》、《通典》卷四十六《礼六・沿革六》、《文献通考》卷八十七《郊社考二十》、《唐会要》卷十下《藉田》、《新唐书》卷十四《礼乐志四》、《册府元龟》卷一百十五、《太平御览》卷五百三十七。

○孔颖达解《论语》

【文献】

《旧唐书》卷七十三《孔颖达传》(P2601—2602):“贞观初,封曲阜县男,转给事中。时太宗初即位,留心庶政,颖达数进忠言,益见亲待。太宗尝问曰:‘《论语》云:“以能问于不能,以多问于寡,有若无,实若虚。”何谓也?’颖达对曰:‘圣人设教,欲人谦光。己虽有能,不自矜大,仍就不能之人求访能事。己之才艺虽多,犹以为少,仍就寡少之人更求所益。己之虽有,其状若无。己之虽实,其容若虚。非唯匹庶,帝王之德,亦当如此。夫帝王内蕴神明,外须玄默,使深不可测,度不可知。《易》称“以蒙养正,以明夷莅众”,若其位居尊极,炫耀聪明,以才凌人,饰非拒谏,则上下情隔,君臣道乖,自古灭亡,莫不由此也。’太宗深善其对。”《贞观政要》卷六记此事于“贞观三年”。

事又见《新唐书》卷一百九十八《孔颖达传》、《全唐文》卷一百四十六孔颖达文《对论语问》、《资治通鉴》卷一百九十三。

○闰十二月,唐太宗别置史馆于禁中

【文献】

《册府元龟》卷五百五十四《国史部总序》(P6644):“唐高祖武德初,因旧制,史官隶秘书省著作局,置郎二人,佐郎四人。太宗贞观初省起居舍人,改置起居郎二人,隶门下省。三年别置史馆于禁中,专掌国史。”《旧唐书》卷四十三《职官志二》“史馆”下注(P1852):“历代史官,隶秘书省著作局,皆著作郎掌修国史。武德因隋旧制。贞观三年闰十二月,始移史馆于禁中,在门下省北,宰相监修国史,自是著作郎始罢史职。”《旧唐书》卷四十三《职官志》“史官”下注(P1852—1853):“古者天子诸侯,皆有史官,以纪言动、历数之事。至后汉明帝,召当时名士入东观,撰《光武纪》,而史官因以他官兼之。魏明帝始置著作郎,专掌国史,隶中书。晋改隶秘书省,因而不改。贞观年修《五代史》，移史馆于禁中。史官无常员，如有修撰大事，则用他官兼之，事毕日停。""监修国史"下注(P1853)又谓："贞观已后，多以宰相监修国史，遂成故事也。"《唐会要》卷六十三《史馆》(P1091)："至贞观三年，于中书置秘书内省，以修五代史。"

事又见《唐六典》卷九《史馆》。

【考论】

中国历朝历代统治者都非常重视历史著述。历代王朝都设置史官修史，至唐初始建立正式的史馆修史制度。周朝有太、小、内、外、左、右史等史官，且已有分工，春秋战国时期各国均有史官，秦有太史令，汉武帝置太史公。至东汉则正式设立政府修史机构兰台、东观等。但这只是史馆的滥觞，非专职机构，参与修史者多由他官兼任而非专职。魏晋南北朝设著作郎、著作佐郎之职。北魏史臣"杂取他官，不恒厥职"，于"秘书置著作局"，后"别置修史局"，并由大臣监修国史。宋文帝时期亦设著作佐郎，何承天时任秘书省下著作佐郎、撰国史。《宋书》卷六十四《何承天传》(P1704)载何承天："十六年，除著作佐郎，撰国史。……寻转太子率更令，著作如故。"许嵩《建康实录》载："(十五年)冬十一月……是月立儒学于北郊，延雷次宗修之。……明年，尚书尹何尚之立玄学、著作郎何承天立史学、司徒参军谢元立文学，各集门徒，多就业者。"(《四库全书》第370册《建康实录》卷十二P441)据此，宋文帝元嘉十六年(440)，设立史学馆。嗣后，宋明帝立总明观，分儒、道、文、史、阴阳为五部。这标志着史学与儒学、玄学、文学等学术门类都已独立，各为一科，分别集徒教授，形成当时的官学规模。与此相应，史学独立成为一个专门学科。北齐时著作局改修史局为史阁，亦称史馆，"史阁史馆之名，自此有也"。隋沿袭旧制，以修北朝诸史。

唐武德初年，因隋旧制，隶秘书省著作局。"贞观三年闰十二月，移史馆于门下省北，宰相监修，自是著作局始罢此职"(《唐会要》卷六十三《史馆上》P1089)。同年，"于中书置秘书内省，以修五代史"(同上P1091)。史馆取代著作局的修史之职，隶属门下、中书省，地处国家政治权力中心,宰相监修成为定制。史馆中设有修撰、直馆、典书、掌固等职,分工明确,修前代史和当代史。至此,史馆修史制度正式确立。唐正式设立史馆,是唐廷对修史机构的进一步完善与确立,是中国历史上史书编撰工作一重要变革。自此,有了独立的修史机构,官修史书遂成定制。这是史学发展的必然结果。参见朱清如《论唐初史馆》,《湘潭大学学报》(哲学社会科学版)2000 年第 2 期。

【相关论著举目】

朱清如:《论唐初史馆》,《湘潭大学学报》(哲学社会科学版),2000 年第 2 期

○太宗复敕修撰《五代史》

【文献】

《旧唐书》卷七十三《令狐德棻传》(P2598):"贞观三年,太宗复敕修撰,乃令德棻与秘书郎岑文本修周史,中书舍人李百药修齐史,著作郎姚思廉修梁、陈史,秘书监魏徵修隋史,与尚书左仆射房玄龄总监诸代史。众议以魏史既有魏收、魏澹二家,已为详备,遂不复修。德棻又奏引殿中侍御史崔仁师佐修周史,德棻仍总知类会梁、陈、齐、隋诸史。武德已来创修撰之源,自德棻始也。"《新唐书》卷一百二《令狐德棻传》(P3983):"方是时,大乱后,经籍亡散,秘书湮缺,德棻始请帝重购求天下遗书,置吏补录。不数年,图典略备。又建言:'近代无正史,梁、陈、齐文籍犹可据,至周、隋事多脱捐。今耳目尚相及,史有所冯;一易世,事皆汩暗,无所掇拾。陛下受禅于隋,隋承周,二祖功业多在周,今不论次,各为一王史,则先烈世庸不光明,后无传焉。'帝谓然。于是诏中书令萧瑀、给事中王敬业、著作郎殷闻礼主魏,中书令封德彝、舍人颜师古主隋,大理卿崔善为、中书舍人孔绍安、太子洗马萧德言主梁,太子詹事裴矩、吏部郎中祖孝孙、秘书丞魏征主齐,秘书监窦琎、给事中欧阳询、文学姚思廉主陈,侍中陈叔达、太史令庾俭及德棻主周。整振论撰,多历年不能就,罢之。"《唐会要》卷六十三

《修前代史》(P1090—1091):“武德四年十一月,起居舍人令狐德棻尝从容言于高祖曰:‘近代已来,多无正史,梁、陈及齐,犹有文籍,至于周、隋,多有遗阙。当今耳目犹接,尚有可凭。如更十数年后,恐事迹湮没,无可纪录。’至五年十二月二十六日,诏:‘司典序言,史官纪事,考论得失,究尽变通。所以裁成义类,惩恶劝善。自有魏至乎陈、隋,莫不自命正朔,绵历岁祀,各殊徽号,删定礼仪。然而简牍未编,纪传咸阙,炎凉已积,谣俗迁讹,余烈遗风,泯焉将坠。顾彼湮落,用深轸悼,有怀撰次,实资良直。中书令萧瑀、给事中王敬业、著作郎殷闻礼,可修《魏史》。侍中陈叔达、秘书丞令狐德棻、太史令庾俭,可修《周史》。中书令封德彝、中书舍人颜师古,可修《隋史》。大理卿崔善为、中书舍人孔绍安、太子洗马萧德言,可修《梁史》。太子詹事裴矩、吏部郎中祖孝孙、前秘书丞魏徵,可修《齐史》。秘书监窦琎、给事中欧阳询、秦王府文学姚思廉,可修《陈史》。’绵历数载,竟不就而罢(修撰之源,自德棻始)。至贞观三年,于中书置秘书内省,以修《五代史》。”

【考论】

武德四年十一月,起居舍人令狐德棻曾向高祖进言修近代正史,高祖虽纳其言,布置修史之事,却历数年不成,遂罢。太宗非常重视此事,即位之初,贞观三年,即于中书置秘书内省以修五代史,五代史终于修成,流传于世。

太宗贞观四年　庚寅(630)

○陆德明卒,撰有《经典释文》等

【文献】

《旧唐书》卷一百八十九上《陆德明传》(P4944—4945):“陆德明,苏州吴人也。初受学于周弘正,善言玄理。陈太建中,太子征四方名儒,讲于承光殿,德明年始弱冠,往参焉。国子祭酒徐克开讲,恃贵纵辨,众莫敢当,德明独与抗对,合朝赏叹。解褐始兴王国左常侍,迁国子助教。陈亡,归乡里。隋炀帝嗣位,以为秘书学士。大业中,广召经明之士,四方至者甚众。遣德明与鲁达、孔褒俱会门下省,共相交难,无出其右者。授国子助教。……王世充平,太宗征为秦府文学馆学士,命中山王承乾从其受业。寻补太学博士。……贞观初,拜国子博士,封吴县男。寻卒。撰《经典释文》三十卷、《老子疏》十五卷、《易疏》二十卷,并行于世。太宗后尝阅德明《经典释文》,甚嘉之,赐其家束帛二百段。"《旧唐书》卷四十六《经籍志》(P1983):"《经典释文》三十卷,陆德明撰。"(P1968)又录:"《周易文句义疏》二十四卷,陆德明撰。《周易文外大义》二卷,陆德明撰。"《新唐书》卷五十七《艺文志》(P1426、P1446):"陆德明《周易文句义疏》二十四卷、《文外大义》二卷。""《经典释文》三十卷。"《四库全书总目》卷三十三《五经总义类》(P270):"《经典释文》三十卷,唐陆元朗撰。元朗字德明,以字行,吴人。贞观中,官国子博士,兼太子中允。事迹具《唐书》本传。此书前有《自序》云:'癸卯之岁,承乏上庠,因撰集《五典》、《孝经》、《论语》及《老》、《庄》、《尔雅》等音。古今并录,经注毕详,训义兼辩,示传一家之学。'考癸卯为陈后主至德元年,岂德明年甫弱冠即能如是淹博耶?或积久成书之后,追纪其草创之始也?首为《序录》一卷,次《周易》一卷、《古文尚书》二卷、《毛诗》三卷、《周礼》二卷、《仪礼》一卷、《礼记》四卷、《春秋左氏》六卷、《公羊》一卷、《穀梁》一卷、《孝经》一卷、《论语》一卷、《老子》一卷、《庄子》三卷、《尔雅》二卷。其列《老》、《庄》于经典而不取《孟子》,颇不可解。盖北宋以前,《孟子》不列于经,而《老》、《庄》则自西晋以来为士大夫所推尚。德明生于陈季,犹沿六代之余波也。其例,诸经皆摘字为音。惟《孝经》以童蒙始学,《老子》以众本多乖,各摘全句原本。音经者用墨书,音注者用朱书,以示分别。今本则经、注通为一例。盖刊版不能备朱墨,又文句繁夥,不能如本草之作阴阳字,自宋以来已混而并之矣。所采汉、魏、六朝音切凡二百三十余家,又兼载诸儒之训诂,证各本之异同。后来得以考见古义者，注疏以外，惟赖此书之存。真所谓残膏剩馥，沾溉无穷者也。自宋代监本注疏，即析附诸经之末。故《文献通考》分见各门后，又散附注疏之中，往往与注相淆，不可辨别。此为通志堂刻本，犹其原帙。何焯点校经解目录，颇嗤顾湄校勘之疏，然字句偶讹，规模自在，研经之士终以是为考证之根柢焉。”

附《经典释文序》(P1)：“夫书音之作，作者多矣。前儒撰著，光乎篇籍，其来既久，诚无间然。但降圣已还，不免偏尚，质文详略，互有不同。汉魏迄今，遗文可见，或专出己意，或祖述旧音，各师成心，制作如面。加以楚夏声异，南北语殊，是非信其所闻，轻重因其所习，后学钻仰，罕逢指要。夫筌蹄所寄，唯在文言，差若毫厘，谬便千里。夫子有言：“必也正名乎！名不正，则言不顺；言不顺，则事不成。”故君子名之必可言也，言之必可行也。斯富哉言乎，大矣盛矣，无得而称矣！然人禀二仪之淳和，含五行之秀气，虽复挺生天纵，必资学以知道。故唐尧师于许由，周文学于虢叔，上圣且犹有学，而况其余乎？至于处鲍居兰，玩所先入；染丝斫梓，功在初变；器成采定，难复改移；一薰一莸，十年有臭。岂可易哉？岂可易哉？予少爱坟典，留意艺文，虽志怀物外，而情存著述。粤以癸卯之岁，承乏上庠，循省旧音，苦其太简。况微言久绝，大义愈乖，攻乎异端，竞生穿凿。不在其位，不谋其政，既职司其忧，宁可视成而已？遂因暇景，救其不逮，研精六籍，采摭九流，搜访异同，校之《苍》、《雅》，辄撰集五典：《孝经》、《论语》及《老》、《庄》、《尔雅》等音，合为三帙三十卷，号曰《经典释文》。古今并录，括其枢要，经注毕详，训义兼辩，质而不野，繁而非芜。示传一家之学，用贻后嗣，令奉以周旋，不敢坠失，与我同志，亦无隐焉。但代匠指南，固取诮于博识，既述而不作，言其所用，复何伤乎云尔。”

事又见《新唐书》卷一百九十八《陆德明传》、《全唐文》卷一百四十六《陆元朗》、《册府元龟》卷六百一。

【考论】

陆德明(约 556—630，一说卒年为 627)，隋唐经学家、训诂学家。名元朗，字德明，苏州吴(今江苏苏州)人。生于南朝陈，曾仕于隋，擢秘书学士，迁国子助教。晚年又仕于唐，任国子博士。其代表作为《经典释文》三十卷。针对先秦古籍中文字与意义因屡经变迁而出现的阅读困难，陆德明采集汉、魏、六朝以来的音切二百三十余家，兼收诸儒训诂，考订异同，并录古今，编成是书。陆氏收集语音资料有两个原则：一为广采博收，“或字有多音，众家别读，苟有所取，靡不毕书”；二为标举正音，“若典籍常用，会理合时，便即尊承，标之于首”。《经典释文》的条例可以归纳为八项：正读音例、正讹误例、存异文例、存佚文例、兼采众本例、兼备众说例、兼载异音例、用注音方式表示异文或误字例。此书是《切韵》以前汇集反切资料最为丰富的一部著作，也是汉、魏、六朝以来群经音义的总集。该书旨在为诸经注音，亦兼校勘、训诂，有释义之用，正如他在《序录》中所说“先儒旧音，多不音注。然注既释经，经由注显，若读注不晓，则经义难明”，“经注毕详，训义兼辩”。从注音入手释经，是陆德明在儒家经学史上的一个创举。

是书不仅在文字、音韵学上有重要意义，且对儒家经学史的研究有特别贡献。如其《序录》中叙述了历史上特别是隋代以来经学的发展沿革以及授受源流，对南北朝时期经学南北分立的状况作了合乎实际的概括说明。该书《周易》主王弼、韩康伯注，《尚书》主孔安国传，《诗经》主毛传、郑笺，《三礼》主郑玄注，《春秋左氏传》主杜预注，《公羊传》主何休注，《穀梁传》主范宁注，《孝经》主郑玄注（十八章本），《论语》主何晏集解，《老子》主王弼注，《庄子》主郭象注，《尔雅》主郭璞注。自此，道家经典《老子》、《庄子》，儒学主要经典（除《孝经》外）的标准注本基本上都被确定下来。此后孔颖达撰《五经正义》，其疏解即采用《经典释文》所选定的经注本。后来出现的儒家十三经除《孟子》（唐时尚未入经，《经典释文》未收录）外，所用注本皆遵此书。《四库全书总目》（P270）谓该书：“所采汉、魏、六朝音切凡二百三十余家，又兼载诸儒之训诂，证各本之异同。后来得以考见古义者，注疏以外，惟赖此书之存。真所谓残膏剩馥，沾溉无穷者也。”陆德明既注儒典，又好言《老》、《庄》；既重汉学郑注，亦重玄学王注，反映出其融通儒、道的思想，兼融南、北之学风，承继汉、魏传统的特征。此书对隋唐及以后的学术发展发生了较大的影响，“研经之士终以是为考证之根柢焉”(《四库全书总目》卷三十三 P270)。是书与孔颖达等所撰《五经正义》相辅相成，相需为用，前者以注音为主，兼释经义，“不惟音经，亦且音注”(马宗霍语)；后者以疏解经义为主，亦兼及字音。陆德明的《释文》，代表着隋唐之际经学研究的一个分枝，即以文字训诂为主的征实之学。清儒江藩云：“六朝经学之书，散佚略尽，惟《经典释文》岿然独存，前此止作音，惟陆氏兼释经义；前此止音经，惟陆氏兼音注。体例独别于诸家，而能集诸家之成，故为不刊之典。”(《经解入门》卷三 P71)《经典释文》开启了经学统一的先声。此外，据《唐书》本传，陆氏还著有《老子疏》十五卷，《易疏》二十卷等，尤以《易》学为著名。参见《中国学术思想编年》之《隋唐五代卷》。

(一) 关于陆德明生卒年。新、旧《唐书》均谓贞观初卒，未详年龄。据《新唐书》本传，陆德明于陈太建中时已弱冠，向上推二十年，可知其生于梁敬帝太平元年(556)。《丛书集成初编》钱大昕《疑年录》卷一(P21)：“陆元朗德明，卒唐贞观初。史不载其年寿，然常从学于周宏正，宏正卒于陈太建六年甲午。假使弱冠受学，距贞观元年丁亥亦五十四年矣，其寿当亦近八十也。”姜亮夫《历代人物年里碑传传综表》，即据此而得，并确定其生卒年为 556—627 年。《四库全书总目》(P270)谓其“贞观中官国子博士”。今从两《唐书》、《疑年录》之说，暂志于此。

(二) 关于《经典释文》撰成的时间，有两种观点：一种认为完成于唐初，一种认为完成于陈末。赞同《释文》完成于唐初者，有宋人陈振孙《直斋书录解题》、清《四库全书总目提要》；赞同《释文》完成于陈代者，则有清人钱大昕、臧镛堂及近人余嘉锡、吴承仕等。钱大昕《潜研堂文集》(P258)云：“细检此书，所述近代儒家，惟及梁陈而止，若周隋人撰音疏，绝不一及，又可证其撰述，必在陈时也。”据《经典释文序》：“癸卯之岁，承乏上庠，因撰集五典：《孝经》、《论语》及《老》、《庄》、《尔雅》等音……古今并录，括其枢要，经注毕详，训义兼辩。”《四库全书总目》(P270)谓:“考癸卯为陈后主至德元年,岂德明年甫弱冠,即能如是淹博耶?或积久成书之后,追纪其草创之始也?”《提要》作者怀疑德明于至德元年草创此著。考陈后主至德元年(583),时已至隋初(开皇三年),德明年约二十七岁,有可能已经草创此书。德明贞观元年卒,时太宗“尝阅德明《经典释文》”,可知其书最后定稿当在唐初武德年间(参见李斌城《唐代文化》第二章第一节《经典释文》的成书年代,中国社会科学出版社 2007 年版)。任继愈主编《中国哲学史》(隋唐卷)认为《释文》起草于陈,成于隋唐,历时三、四十年,今从。

(三) 陆德明雅好《老》、《庄》,“善言玄理”,说明好言名理之风,至隋唐之际,流风未绝。据《旧唐书》诸传所载,时诸儒多精于玄学,如陈希烈,史言其“精玄学”;张知謇,史言其“晓于玄理”;李玄植,史言其“博涉《史》、《汉》及《老》、《庄》诸子之说”;尹知章,史言其“尤明《易》及《庄》、《老》玄言之学。远近咸来受业……所注《孝经》、《老子》、《庄子》、《韩子》、《管子》、《鬼谷子》,颇行于时”。有的即好玄理,又兼习释教,儒与玄佛合流,几成时尚。如《杨绾传》谓绾“洞晓玄经”,“雅尚玄言。宗释、道二教……凡所知友,皆一时名流。或造之者,清谈终日,未尝及名利。或有客欲以世务干者,见绾言必清远,不敢发辞”。陆德明好玄理,乃时尚之影响。故吕思勉《隋唐五代史》下(P1304)云:“儒与玄、佛合流,好言名理者,隋、唐之际亦未尝绝。”

(四) 陆德明学术倾向于南学。马宗霍《中国经学史》(P100)谓:“陆氏南人,初受学于周弘正,善言玄理,其作《经典释文》,创始于陈后主至德元年,尚在未入隋之先,故所主《易》则王氏,(《系辞》已下王不注,用韩康伯注)《书》则伪孔,(《舜典》一篇用王肃本)《左传》则杜氏,纯为南学。”皮锡瑞《经学历史》(P146)曰:“前乎唐人义疏,经学家所宝贵者,有陆德明《经典释文》。《经典释文》,亦是南学。其书创始于陈后主元年,成书在未入隋以前。而《易》主王氏,《书》主伪孔,《左》主杜氏,为唐人义疏之先声。中引北音,止一再见。”《经典释文》南学风格上承魏晋玄学,下启唐代经学,在经学历史上具有承前启后的意义。参见《中国学术思想编年》之《隋唐五代卷》。

【相关论著举目】

周舟:《〈经典释文〉的成就与经学史意义》,《哈尔滨学院学报》,2011年第10期

朱宏胜、钱宗武:《"孔、〈易〉关系"考辨——以陆德明〈论语音义〉条例为中心》,《孔子研究》,2011年第2期

汪业全:《陆德明"韵缓改字"说新探》,《语文研究》,2008年第4期

孙照海:《陆德明学术考论》,《理论学刊》,2008年第3期

窦秀艳、杜中新:《陆德明〈经典释文〉与〈尔雅〉学研究》,《辞书研究》,2007年第5期

窦秀艳:《论陆德明〈经典释文〉的雅学文献价值》,《东方论坛》,2007年第3期

陈龙国:《〈经典释文〉异读字研究》,兰州大学硕士学位论文,2006年

肖建春:《〈经典释文〉述评》,《成都理工大学学报》,2005年第4期

时建国:《〈经典释文〉直音的性质》,《古汉语研究》,2005年第1期

万献初:《〈经典释文〉研究综论》,《古籍整理研究学刊》,2005年第1期

孙照海:《陆德明考论》,山东大学硕士学位论文,2005年

王弘治:《〈经典释文〉成书年代释疑》,《语言研究》,2004年第2期

黄亚平:《试论〈经典释文〉的"正音"性质》,《语文研究》,2004年第1期

张妮:《〈经典释文〉陆德明反切的类相关研究》,首都师范大学硕士学位论文,2004年

万献初:《〈经典释文〉音切类目研究的基本结论》,《语言研究》,2003年第4期

唐明贵:《陆德明的〈论语〉学》,《山东科技大学学报》,2003年第4期

万献初:《〈经典释文〉"某某之某"研究》,《语言研究》,2002年第2期

李秀芹:《〈经典释文〉中的舌音初探》,陕西师范大学硕士学位论文,2001年

多洛肯:《〈经典释文〉成书时间考》,《枣庄师专学报》,2000年第3期

杨荫楼:《陆德明的南学风韵及其对经学的贡献》,《孔子研究》,1999年第3期

寻仲臣:《〈经典释文〉的反切应是从邪分立》,《古汉语研究》,1999年第2期

丁忱:《论黄焯先生〈经典释文〉的研究及其成就》,《古汉语研究》,1996年第3期

吕琨荧:《论陆德明的〈经典释文〉》,《冀东学刊》,1994年第2期

邵荣芬:《〈经典释文反切研究〉内容述要》,《汉字文化》,1990年第2期

吴旭民、徐永真:《陆德明和〈经典释文〉》,《辞书研究》,1986年第3期

张文轩:《试析陆德明的"叶韵"》,《兰州大学学报》,1983年第1期

徐德庵:《〈经典释文〉去人同字异调考》,《西南师范大学学报》,1982年第3期

黄焯:《〈经典释文汇校〉引文》,《武汉大学学报》,1979年第6期

方孝岳:《跋唐写本〈经典释文〉残卷》,《中山大学学报》,1963年第1期

杨向奎:《唐宋时代经学思想——经典释文、十二经正义等书所表现的思想体系》,《文史哲》,1958年第5期

○太宗令颜师古考定《五经》

【文献】

《四部丛刊》续编第13册《贞观政要》卷七《崇儒学》(P6):"贞观四年,太宗以经籍去圣久远,文字讹谬,诏前中书侍郎颜师古于秘书省考定《五经》。及功毕,复诏尚书左仆射房玄龄集诸儒重加详议。时诸儒传习师说,舛谬已久,皆共非之,异端蜂起。而师古辄引晋、宋已来古本,随方晓答,援据详明,皆出其意表,诸儒莫不叹服。太宗称善者久之,赐帛五百匹,加授通直散骑常侍,颁其所定书于天下,令学者习焉。"《新唐书》卷一百九十八《颜师古传》(P5641—5642):"既成,悉诏诸儒议,于是各执所习,共非诘师古。师古辄引晋、宋旧文,随方晓答,谊据该明,出其悟表,人人叹服。"《册府元龟》卷六百一《学校部·辩博》(P7217):"于是异端锋起,师古一一辩答,取晋宋古本以相发明,所立援据,咸出其意表,诸儒皆惊所未闻,叹服而去也。"

事又见《旧唐书》卷七十三《颜师古传》、《旧唐书》卷一百八十九上《儒学序》。

【考论】

《五经》,指《诗》、《书》、《礼》、《易》、《春秋》。自经籍遭遇秦火,加上自汉以来师法、家法各异,今文、古文不同,遂使得经籍文字缺讹,歧说纷呈,莫衷一是。东汉蔡邕曾"以经籍去圣久远,文字多谬","奏求正定《六经》文字"(《后汉书》卷六十下《蔡邕传》P1990),但遭遇乱世,除了留下熹平残碑外,未能"正定文字"于天下。汉末动乱及魏晋南北朝的分裂,更使经学呈现形态多样、南北各异的局面。虽经历代诸儒修补缀拾,但文字多有讹谬。

唐太宗平定天下后,于是年"以经籍去圣久远,文字讹谬,诏前中书侍郎颜师古于秘书省考定《五经》"。颜师古历时两年多,所校"《五经》定本"功成。皮锡瑞推测:"师古为颜之推后人。之推本南人,晚归北,其作《家训》,引江南、河北本,多以江南为是。师古《定本》从南,盖本《家训》之说。"(《经学历史》P146)颜师古以《五经》定本呈给太宗,太宗诏房玄龄集诸儒重加议论,而诸儒多传习师说,指斥定本之谬,师古则引晋宋以来古本"随方晓答,援据详明",诸儒莫不叹服。朝廷加授师古通直散骑郎常侍以表彰之。贞观七年(633),"颁其所定书于天下,令学者习焉"(《贞观政要》卷七 P6)。至此《五经》文字趋于统一,不复歧说,"自《五经》定本出,而后经籍无异文"(马宗霍《中国经学史》P94)。颜师古校定的《五经》以封建王朝法定的经典形式,颁行全国,作为中央官学至地方州县各级学校的标准教科书。

○太宗令州、县学皆立孔子庙

【文献】

《新唐书》卷十五《礼乐志五》(P373):"四年,诏州、县学皆作孔子庙。"

【考论】

唐代开国后,崇儒兴学,天下州、县皆立官学。武德元年(618),唐高祖即下令恢复国学和州县学。次年,在国子学立庙祭孔子。武德二年(619)诏国子学立周公、孔子庙,四时致祭,于是释奠之礼遂得以重现。武德九年(626),诏封孔子后人为褒圣侯。太宗贞观二年以孔子代周公先圣之位,又于贞观四年诏州、县学作孔子庙;玄宗开元十七年(729),追封孔子为文宣王,于是孔庙亦称文宣王庙,因此州县学有庙学、学庙之称,办学与祀孔合一,相沿成为定制。太宗此诏,使得唐宋时州县之学均和孔庙合二为一。

太宗贞观五年　辛卯(631)

○九月,魏徵撰《群书治要》

【文献】

《唐会要》卷三十六《修撰》(P651):"贞观五年九月二十七日,秘书监魏徵，撰《群书治要》，上之。”下注：“太宗欲览前王得失，爰自《六经》，讫于诸子，上始五帝，下尽晋年。徵与虞世南、褚亮、萧德言等始成凡五十卷，上之。诸王各赐一本。”《新唐书》卷一百九十八《萧德言传》(P5653)：“太宗欲知前世得失，诏魏徵、虞世南、褚亮及德言裒次经史百氏帝王所以兴衰者上之，帝爱其书博而要，曰：‘使我稽古临事不惑者，公等力也！’赉赐尤渥。”

【考论】

《群书治要》，魏徵(580—643)等奉诏而撰的匡政巨著，于此年编成并进上。该书名为魏徵撰，实则出于萧德言、虞世南、褚遂良等人之手。唐太宗李世民为实现偃武修文、治国安邦的太平之治，遂命辑录前人著述以作谏书。是书以“关乎政术，存乎劝戒”为宗旨，从一万四千多部、八万九千多卷古籍中“采摭群书，剪截淫放”编辑成书，计六十五部五十余万言。又以“务乎政术”、“本乎治要”为原则，删其繁芜，择其精粹，浓缩成五十卷的珍本。因此《群书治要》的特点即“博而要”。其内容所取，“爰自《六经》，讫乎诸子；上始五帝，下尽晋年”(《四部丛刊》魏徵《群书治要》序 P6)。此书“专主治要，不事修辞。凡有关乎政术，存乎劝戒者，莫不汇而辑之。即所采各书，并属初唐善策，与近刊多有不同。如《晋书》二卷，尚为未修《晋书》以前十八家中之旧本。又桓谭《新论》、崔寔《政要论》、仲长统《昌言》、袁准《正书》、蒋济《万机论》、桓范《政要论》，近多不传，亦借此以存其梗概，洵初唐古籍也”(《研经室外集》卷二“《群书治要》五十卷提要”条 P72—73)。《群书治要》成为一部“用之当今，足以鉴览前古；传之来叶，可以贻厥孙谋”的经典之作。

原书共五十卷，《宋史·艺文志》未见著录，知唐亡后此书已在国内失传。此书在日本得以保存，惟缺第四、十三、二十卷，其目录仍为五十卷，实存四十七卷，书前有魏徵《序》。今人吕效祖辑有《新编魏徵集》，其中收录了《群书治要》一书(据日本天明七年刊印的缩印本，三秦出版社 1994 年版)，可参考。参见《中国学术思想编年》之《隋唐五代卷》。

【相关论著举目】

金光一:《〈群书治要〉回传考》,《理论界》,2011 年第 9 期

林溢欣:《从〈群书治要〉看唐初〈孙子〉版本系统——兼论〈孙子〉流传、篇目次序等问题》,《古籍整理研究学刊》,2011 年第 3 期

金光一:《〈群书治要〉研究》,复旦大学博士学位论文,2010 年

吴刚:《从〈群书治要〉看贞观君臣的治国理念》,陕西师范大学硕士学位论文,2009 年

吴金华:《略谈日本古写本〈群书治要〉的文献学价值》,《文献》,2003 年第 3 期

沈宗约:《喜得〈群书治要〉缩印本》,《收藏界》,2002 年第 9 期

吕效祖:《〈群书治要〉及中日文化交流》,《渭南师范学院学报》,1998 年第 6 期

张智武:《魏徵与〈群书治要〉》,《文博》1990 年第 3 期

○李百药讽太子

【文献】

《旧唐书》卷七十二《李百药传》(P2576—2577):"五年,与左庶子于志宁、中允孔颖达、舍人陆敦信侍讲于弘教殿。时太子颇留意典坟,然闲燕之后,嬉戏过度,百药作《赞道赋》以讽焉,辞多不载。太宗见而遣使谓百药曰:'朕于皇太子处见卿所献赋,悉述古来储贰事以诫太子,甚是典要。朕选卿以辅弼太子,正为此事,大称所委,但须善始令终耳。'因赐彩物五百段。然太子卒不悟而废。"

事又见《贞观政要》卷四《规谏太子》、《册府元龟》卷七百十一、《太平御览》卷二百四十五。参见《全唐文》卷一百四十二《李百药》之《赞道赋》。

【相关论著举目】

李晓吉、尹静:《李百药、杨师道诗论》,《北京理工大学学报》(社会科学版),2009 年第 1 期

周建英:《初唐名臣李百药》,《衡水学院学报》,2006 年第 4 期

陈允锋:《论李百药的文学思想》,《洛阳师范学院学报》,1997 年第 6 期

许总:《唐初杰出的宫廷诗人——李百药》,《古典文学知识》,1995 年第 1 期

○孔颖达、魏徵等论明堂制度

【文献】

《旧唐书》卷二十二《礼仪志二》(P849—851):"高祖受禅,不遑创仪。太宗平定天下,命儒官议其制。贞观五年,太子中允孔颖达以诸儒立议违古,上言曰:'臣伏寻前敕,依礼部尚书卢宽、国子助教刘伯庄等议,以为"从昆仑道上层祭天"。又寻后敕云:"为左右阁道,登楼设祭。"臣检六艺群书百家诸史,皆名基上曰堂,楼上曰观,未闻重楼之上而有堂名。《孝经》云:"宗祀文王于明堂。"不云明楼、明观,其义一也。又明堂法天,圣王示俭,或有蒯蒿为柱,葺茅作盖。虽复古今异制,不可恒然,犹依大典,惟在朴素。是以席惟稿秸,器尚陶匏,用茧栗以贵诚,服大裘以训俭。今若飞楼架道,绮阁凌云,考古之文,实堪疑虑。按《郊祀志》:"汉武明堂之制,四面无壁,上覆以茅。祭五帝于上座,祀后土于下防。"臣以上座正为基上,下防惟是基下。既云无四壁,未审伯庄以何知上层祭神,下有五室?且汉武所为,多用方士之说,违经背正,不可师祖。又卢宽等议云:"上层祭天,下堂布政,欲使人神位别,事不相干。"臣以古者敬重大事,与接神相似,是以朝觐祭祀,皆在庙堂,岂有楼上祭祖,楼下视朝?阁道升楼,路便窄隘,乘辇则接神不敬,步往则劳勚圣躬。侍卫在旁,百司供奉。求之典诰,全无此理。臣非敢固执愚见,以求己长。伏以国之大典,不可不慎。乞以臣言下群臣详议。'

侍中魏徵议曰:'稽诸古训,参以旧图,其上圆下方,复庙重屋,百虑一致,异轸同归。洎当涂膺箓,未遑斯礼;典午聿兴,无所取则。裴

颇以诸儒持论，异端蜂起，是非舛互，靡所适从，遂乃以人废言，止为一殿。宋、齐即仍其旧，梁、陈遵而不改。虽严配有所，祭享不匮，求之典则，道实未弘。夫孝因心生，礼缘情立。心不可极，故备物以表其诚；情无以尽，故饰宫以广其敬。宣尼美意，其在兹乎！臣等亲奉德音，令参大议，思竭尘露，微增山海。凡圣人有作，义重随时，万物斯睹，事资通变。若据蔡邕之说，则至理失于文繁；若依裴頠所为，则又伤于质略。求之情理，未允厥中。今之所议，非无用舍。请为五室重屋，上圆下方，既体有则象，又事多故实。下室备布政之居，上堂为祭天之所，人神不杂，礼亦宜之。其高下广袤之规，几筵尺丈之制，则并随时立法，因事制宜。自我而作，何必师古。廓千载之疑议，为百王之懿范。不使泰山之下，惟闻黄帝之法；汶水之上，独称汉武之图。则通乎神明，庶几可俟，子来经始，成之不日。'议犹未决。"

《新唐书》卷十三《礼乐志三》(P337—338)："《孝经》曰：'宗祀文王于明堂，以配上帝。'而三代有其名而无其制度，故自汉以来，诸儒之论不一，至于莫知所从，则一切临时增损，而不能合古。然推其本旨，要于布政交神于王者尊严之居而已，其制作何必与古同！然为之者至无所据依，乃引天地、四时、风气、乾坤、五行、数象之类以为仿像，而众说亦不克成。

隋无明堂，而季秋大享，常寓雩坛；唐高祖、太宗时，寓于圆丘。贞观中，礼部尚书豆卢宽、国子助教刘伯庄议：'从昆仑道上层以祭天，下层以布政。'而太子中允孔颖达以为非。侍中魏徵以谓：'五室重屋，上圆下方，上以祭天，下以布政。自前世儒者所言虽异，而以为如此者多同。至于高下广狭丈尺之制，可以因事制宜也。'秘书监颜师古曰：'《周书》叙明堂有应门、雉门之制，以此知为王者之常居尔。其青阳、总章、玄堂、太庙、左右个，皆路寝之名也。《文王居明堂》之篇，带弓韣，礼高禖，九门磔禳，国有酒以合三族，推其事皆与《月令》合，则皆在路寝也。《大戴礼》曰在近郊，又曰文王之庙也，此奚足以取信哉？且门有皋、库，岂得施于郊野？谓宜近在宫中。'徵及师古等皆当世名儒，其论止于如此。"

事又见《册府元龟》卷五百八十五、《唐会要》卷十一《明堂制度》、《全唐文》卷一百四十六孔颖达文《明堂议》。

【考论】

据《旧唐书·礼仪志》载，唐高祖武德初“未遑制作，郊庙宴享，悉用隋代旧仪”。太宗平定天下，即位之初“悉兴文教”，修订旧礼。贞观五年，太子中允孔颖达因诸儒立议违古，故与魏徵、颜师古等共同论议明堂制度，虽皆为博学硕儒，却因去古久远，史料匮乏，论说不一，此事遂不了了之。

○成玄英加号西华法师

【文献】

《郡斋读书志》卷十一《成玄英庄子疏》(P481)：“玄英，字子实，陕州人，隐居东海。贞观五年，召至京师，加号西华法师。”参见《全唐文》卷九百二十三《成玄英》。

太宗贞观六年　壬辰(632)

○七月，太宗诏行乡饮之礼

【文献】

《新唐书》卷二《太宗纪》(P33)：“七月己巳，诏天下行乡饮酒。”《唐会要》卷二十六《乡饮酒》(P498)：“贞观六年诏曰：‘比年丰稔，闾里无事，乃有惰业之人，不顾家产，朋游无度，酣宴是耽，危身败德，咸由于此。每览法司所奏，因此致罪，实繁有徒。静言思之，良增轸叹。自匪澄源正本，何以革兹俗弊？当纳之轨物，询诸旧章。可先录《乡饮酒礼》一卷，颁行天下。每年，令州县长官，亲率长幼，齿别有序，递相劝勉，依礼行之。庶乎时识廉耻，人知敬让。’”事又见《新唐书》卷十九《礼乐志》。

【考论】

开皇三年(583)隋文帝曾诏天下劝学行礼,以弘扬儒教,化民善俗。唐太宗诏行乡饮之礼,其意正同,亦在于导民以礼,移风易俗,化民于善。乡饮之礼仪范式详载于《新唐书》卷十九《礼乐志》。

【相关论著举目】

张作理:《唐代的礼治》,《东岳论丛》2000 年第 2 期

○孔颖达除国子司业

【文献】

《旧唐书》卷七十三《孔颖达传》(P2602):“六年,累除国子司业。岁余,迁太子右庶子,仍兼国子司业。与诸儒议历及明堂,皆从颖达之说。又与魏征撰成《隋史》,加位散骑常侍。”

○太宗罢周公祠,以孔子为先圣,以颜子为先师

【文献】

《新唐书》卷一百九十八《儒学传上》(P5636):“贞观六年,诏罢周公祠,更以孔子为先圣,颜氏为先师,尽召天下惇师老德以为学官。”

事又见《资治通鉴》卷一百九十五。

【考论】

武德七年二月,高祖曾幸国学释奠,以周公为先圣。贞观二年,太宗却从左仆射房玄龄、博士朱子奢之建言,罢周公先圣之称,升孔子为先圣,以颜回配,改变了高祖之制。贞观六年,又诏罢周公祠,更以孔子为先圣,颜氏为先师。此举无形中进一步抬高了孔子的地位,然而周公作为制礼作乐的首创者,却不被尊崇,愈益寂寞,显然失之公允。

○拜王恭太学博士、授司马才章国子助教

【文献】

《旧唐书》卷七十三《孔颖达传附王恭传》(P2603)："王恭者，滑州白马人也。少笃学，博涉《六经》。每于乡闾教授，弟子自远方至数百人。贞观初，征拜太学博士。其所讲《三礼》，皆别立义证，甚为精博。盖文懿、文达等皆当时大儒，罕所推借，每讲《三礼》，皆遍举先达义，而亦畅恭所说。"《旧唐书》卷七十三《司马才章传》(P2603)："司马才章者，魏州贵乡人也。父烜，博涉《五经》，善纬候。才章少传其业。隋末为郡博士。贞观六年，左仆射房玄龄荐之，屡蒙召问，擢授国子助教，论议该洽，学者称之。"《册府元龟》卷五百九十七《学校部》(P7167)："因征才章及王琰、王恭，俱拜为博士(才章为国子助教，王恭为太学博士)。"

事又见《新唐书》卷一百九十八《孔颖达传附王恭传》、《廿二史札记》卷二十《唐初三礼汉书文选之学》。

【考论】

王恭、司马才章均好学不倦，博涉经典，经业优洽，遂为朝廷所征用。据《册府元龟》卷五百九十七《学校部》司马才章为国子助教和王恭拜太学博士均在此年。王恭所讲《三礼》，皆别立义证，甚为精博，为当时大儒盖文懿、文达所推许。司马才章论议该洽，学者亦称之。

○赐令狐德棻爵彭阳男

【文献】

《旧唐书》卷七十三《令狐德棻传》(P2598)："六年，累迁礼部侍郎，兼修国史，赐爵彭阳男。"

○此年始，太宗数幸国学

【文献】

《唐会要》卷三十五《学校》(P633)："武德元年十一月四日，诏皇族子孙及功臣子弟，于秘书外省别立小学。贞观五年以后，太宗数幸国学、太学，遂增筑学舍一千二百间。国学、太学、四门，亦增生员，其书算等，各置博士，凡三千二百六十员。其屯营飞骑，亦给博士，授以经业。已而高丽、百济、新罗、高昌、吐蕃诸国酋长，亦遣子弟请入国学。于是国学之内，八千余人，国学之盛，近古未有。"《新唐书》卷一百九十八《儒学列传》(P5636)："数临幸观释菜，命祭酒博士讲论经义，赐以束帛。生能通一经者，得署吏。广学舍千二百区，三学益生员，并置书、算二学，皆有博士。大抵诸生员至三千二百。自玄武屯营飞骑，皆给博士受经，能通一经者，听入贡限。四方秀艾，挟策负素，坌集京师，文治煟然勃兴。于是新罗、高昌、百济、吐蕃、高丽等群酋长并遣子弟入学，鼓笥踵堂者，凡八千余人。纡侈袂，曳方履，誾誾秩秩，虽三代之盛，所未闻也。帝又雠正'五经'缪缺，颁天下示学者，与诸儒稡章句为义疏，俾久其传。"

【考论】

唐太宗对人才培养非常重视，极力兴学，曾数度亲临国学、太学，并广建学舍。贞观年间，国学盛况空前，文治煟然勃兴。太宗时，政治开明，五国酋长子弟亦得入国学。由此，中外学子荟萃一堂，推动了中国文化的传播，加强了中外文化的交流。

太宗贞观七年　癸巳(633)

○正月，制《破陈乐舞图》，后更名《七德》之舞

【文献】

《唐会要》卷三十三《破阵乐》(P612)："七年正月七日，上制《破陈

乐舞图》,左圆右方,先偏后伍,鱼丽鹅鹳,箕张翼舒,交错屈伸,首尾回互,以象战陈之形。起居郎吕才,依图教乐工一百二十人,被甲执戟而习之。凡为三变,每变为四陈,有来往疾徐击刺之象,以应歌节,数日而就。其后令魏徵、虞世南、褚亮、李百药改制歌词,更名《七德》之舞。十五日,奏之于庭,观者睹其抑扬蹈厉,莫不扼腕踊跃,懔然震悚。武臣烈将咸上寿云:'此舞皆陛下百战百胜之形容。'于是皆称万岁。"

事又见《乐府诗集》卷九十七、《新唐书》卷二十一《礼乐志十一》、《太平御览》卷五百六十六、《册府元龟》卷五百六十九。

【相关论著举目】

王怡康:《唐〈破阵乐〉考试》,河南大学硕士学位论文,2009 年

刘媛媛:《论唐破阵乐》,《黄钟》,2006 年第 51 期

陈四海:《从〈秦王破阵乐〉谈音乐的传播与传承》,《中国音乐》,2000 年第 3 期

杨宪益:《秦王〈破阵乐〉的来源》,《寻根》,2000 年第 1 期

牛致功:《魏征何以不视〈七德舞〉》,《史学月刊》,1994 年第 4 期

孔庆福:《读白居易的〈新乐府·七德舞〉——兼论李世民与"贞观之治"》,《曲靖师范学院学报》,1984 年第 2 期

◎唐廷就战乱之后施行文德"教化"事发生争论

【文献】

《四部丛刊》续编第 13 册《贞观政要》卷一《论政体》(P32—34):"贞观七年,太宗与秘书监魏徵从容论自古理政得失,因曰:'当今大乱之后,造次不可致理。'徵曰:'不然,凡人在危困,则忧死亡;忧死亡,则思理;思理,则易教。然则乱后易教,犹饥人易食也。'太宗曰:'善人为邦百年,然后胜残去杀。大乱之后,将求致理,守可造次而望乎?'徵曰:'此据常人,不在圣哲。若圣哲施化,上下同心,人应如响,不疾而速,期月而可,信不为难,三年成功,犹谓其晚。'太宗以为然。

封德彝等对曰:'三代以后,人渐浇讹,故秦任法律,汉杂霸道,皆欲理而不能,岂能理而不欲?若信魏徵所说,恐败乱国家。'徵曰:'五帝、三王,不易人而理。行帝道则帝,行王道则王,在于当时所理,化之而已。考之载籍,可得而知。……若言人渐浇讹,不及纯朴,至今应悉为鬼魅,宁可复得而教化耶?'德彝等无以难之,然咸以为不可。太宗每力行不倦,数年间,海内康宁,突厥破灭,因谓群臣曰:'贞观初,人皆异论,云当今必不可行帝道、王道,惟魏徵劝我。既从其言,不过数载,遂得华夏安宁,远戎宾服。……使我遂至于此,皆魏徵之力也。'"

【考论】

贞观七年,太宗与魏徵等讨论自古以来治国得失,魏徵认为乱后众人"思化""易教",应实行"教化"。封德彝等加以反对,认为"人渐浇讹","欲化不能",当如"秦任法律"、"汉霸王道",如魏征所言以行教化,"恐败乱国家"。魏徵反驳说"行帝道则帝,行王道则王,在于当时所理,化之而已"。太宗遂纳徵之意见,施行王道、德治,数年国内大治。此后唐太宗忆及此事,以为只有魏徵独排众议,主张教化可行,庆幸听从其言,遂得华夏安宁,远戎宾服,"皆魏徵之力也"。此次争论的实质是治国方略之争,为此后大政方针的制定奠定了政治基础,也为进一步推动尊孔、崇儒、兴学等文化事业的发展提供了理论依据。

○拜颜师古秘书少监,校定《五经》颁行天下

【文献】

《旧唐书》卷七十三《颜师古传》(P2595):"贞观七年,拜秘书少监,专典刊正,所有奇书难字,众所共惑者,随疑剖析,曲尽其源。"《旧唐书》卷一百八十九上《儒学传序》(P4941):"太宗又以经籍去圣久远,文字多讹谬,诏前中书侍郎颜师古考定《五经》,颁于天下,命学者习焉。"《旧唐书》卷三《太宗纪》(P43):"十一月丁丑,颁新定《五经》。"

事又见《新唐书》卷一百九十八《颜师古传》。

○李治初授《孝经》于著作郎萧德言

【文献】

《旧唐书》卷四《高宗纪上》(P65):“高宗天皇大圣大弘孝皇帝,讳治,太宗第九子也,母曰文德顺圣长孙皇后。……七年,遥授并州都督。幼而岐嶷端审,宽仁孝友。初授《孝经》于著作郎萧德言,太宗问曰:‘此书中何言为要?’对曰:‘夫孝,始于事亲,中于事君,终于立身。君子之事上,进思尽忠,退思补过,将顺其美,匡救其恶。’太宗大悦曰:‘行此,足以事父兄,为臣子矣。’”

事又见《太平御览》卷一百一十、《册府元龟》卷四十六。

○太宗命孔颖达与诸儒撰《五经正义》

【文献】

《旧唐书·太宗纪》(P43):“十一月丁丑,颁新定五经。”《旧唐书》卷一百八十九上《儒学序》(P4941):“太宗又以儒学多门,章句繁杂,诏国子祭酒孔颖达与诸儒撰定《五经》义疏,凡一百七十卷,名曰《五经正义》,令天下传习。”

事又见《旧唐书》卷七三《孔颖达传》、《马嘉运传》,《贞观政要》卷七《崇儒学》。

【考论】

因为儒学经籍文字多讹谬,太宗遂命颜师古考定《五经》,颁行天下。其后又因儒学经籍出自多门,章句繁杂,遂诏孔颖达与诸儒撰定《五经》义疏,此即《五经正义》。《五经正义》于贞观十六年(642)撰成,永徽四年(653)颁于天下,令学子传习。

太宗贞观八年　甲午(634)

○三月诏进士试读经史

【文献】

《唐会要》卷七十六《贡举中(进士)》(P1379):"贞观八年三月三日诏,进士试读一部经史。"

太宗贞观九年　乙未(635)

○明经兼习《周礼》并《仪礼》者于本色量减一选

【文献】

《唐会要》卷七十五《贡举上》(P1375):"贞观九年五月敕:'自今已后,明经兼习《周礼》并《仪礼》者,于本色量减一选。'"

○七月,朱子奢请准礼立七庙

【文献】

《新唐书》卷一百九十八《朱子奢传》(P5647—5648):"始,武德时,太庙享止四室,高祖崩,将祔主于庙,帝诏有司详议。子奢建言:'汉丞相韦玄成奏立五庙,刘歆议当七,郑玄本玄成,王肃宗歆,于是历代庙议不能一。且天子七庙,诸侯五,降杀以两,礼之正也。若天子与子、男同,则间无容等,非德厚游广、德薄游狭之义。臣请依古为七庙。若亲尽,则以王业所基为太祖,虚太祖室以俟无疆,迭迁乃处之。'于是尚书共奏:'自《春秋》以来,言天子七庙,诸侯五,大夫三,士二。推亲亲,显尊尊,为不可易之法,请建亲庙六。'诏可。乃祔弘农府君、高祖神主为六室。及帝崩，礼部尚书许敬宗议：‘弘农府君庙应毁。按玄成说，毁庙主当瘗，且四海常所宗享矣，举而瘗之，非神理所惬。晋范宣议别庙以奉毁庙之主，或言当藏天府。天府，瑞异所舍也。《礼》去祧有坛有墠，臣皆所未安。唐家宗庙，共殿异室，以右为首。若奉迁主纳右夹室，而得尊处，祈之祷之未绝也。’有诏如敬宗议。然言七庙者，本之子奢。”《资治通鉴》卷一百九十四《唐纪十》(P6115)：“辛亥，诏：‘国初草创，宗庙之制未备，今将迁祔，宜令礼官详议。’谏议大夫朱子奢请立三昭三穆而虚太祖之位。于是增修太庙，祔弘农府君及高祖并旧神主四为六室。”

事又见《旧唐书》卷二十五《礼仪志五》、《旧唐书》卷二十六《礼仪志六》、《新唐书》卷十三《礼乐志三》、《文献通考》卷一百二《宗庙考十二》、《通典》卷五十《礼十・沿革十》、《唐会要》卷十二、《册府元龟》卷五百八十五、《册府元龟》卷五百九十，参见《全唐文》卷一百三十五《朱子奢》之《立庙议》。

◯颜师古论寝庙之礼

【文献】

《唐会要》卷十五《庙议上》(P325)：“贞观九年十一月十八日，诏：‘太原之地，肇基王业，事均丰沛，义等宛、谯，理宜别建寝庙，以彰圣德。详览汉典，抑有成规。但先皇遗旨，务存俭约，虔奉训诫，无忘启处。宜令礼官与公卿等，详议以闻。’秘书监颜师古议曰：‘臣究观祭典，考验礼经，宗庙皆在京师，不于下土别置。至若周之酆、镐，并为迁都，乃是因事更营，非云一时俱立。其郡国造庙，爰起汉初，率意而行，事不稽古，源流渐广，大违典制。是以贡禹、韦元成、匡衡等，招聚儒学，博询廷议，据礼陈奏，遂从废毁。自斯已后，弥历年代，辍而不为。今若增立寝庙，别安神主，有乖先旨，靡率旧章，垂裕后昆，理谓不可。固宜勉割深衷，俯从大礼。’”参见《全唐文》卷一百四十七《太原寝庙议》。

【考论】

贞观九年十一月十八日太宗就于太原之地立高祖寝庙之事，令礼官与公卿等详议，秘书监颜师古以为祭典礼经所载，宗庙皆在京师，不于下土别置，郡国造庙，大违典制，因此强烈反对。

太宗贞观十年　丙申(636)

○正月，《隋书》、《梁书》等五代史成

【文献】

《旧唐书》卷三《太宗纪下》(P45—46)："十年春正月壬子，尚书左仆射房玄龄、侍中魏徵上梁、陈、齐、周、隋五代史，诏藏于秘阁。"《唐会要》卷六十三《修前代史》(P1091)："贞观十年正月二十日，尚书左仆射房玄龄，侍中魏徵，散骑常侍姚思廉，太子右庶子李百药、孔颖达，礼部侍郎令狐德棻，中书侍郎岑文本，中书舍人许敬宗等，撰成周、隋、梁、陈、齐五代史，上之。进阶颁赐有差。"《旧唐书》卷七十一《魏徵传》(P2549—2550)："初，有诏遣令狐德棻、岑文本撰《周史》，孔颖达、许敬宗撰《隋史》，姚思廉撰《梁》、《陈史》，李百药撰《齐史》。徵受诏总加撰定，多所损益，务存简正。《隋史》序论，皆徵所作，《梁》、《陈》、《齐》各为总论，时称良史。史成，加左光禄大夫，进封郑国公，赐物二千段。"《唐会要》卷六十三《修前代史》(P1090—1091)："武德四年十一月，起居舍人令狐德棻尝从容言于高祖曰：'近代已来，多无正史，梁、陈及齐，犹有文籍，至于周、隋，多有遗阙。当今耳目犹接，尚有可凭。如更十数年后，恐事迹湮没，无可纪录。'至五年十二月二十六日，诏：'司典序言，史官纪事，考论得失，究尽变通。所以裁成义类，惩恶劝善。自有魏至乎陈、隋，莫不自命正朔，绵历岁祀，各殊徽号，删定礼仪。然而简牍未编，纪传咸阙，炎凉已积，谣俗迁讹，余烈遗风，泯焉将坠。顾彼湮落，用深轸悼，有怀撰次，实资良直。中书令

萧瑀、给事中王敬业、著作郎殷闻礼,可修《魏史》。侍中陈叔达、秘书丞令狐德棻、太史令庾俭,可修《周史》。中书令封德彝、中书舍人颜师古,可修《隋史》。大理卿崔善为、中书舍人孔绍安、太子洗马萧德言,可修《梁史》。太子詹事裴矩、吏部郎中祖孝孙、前秘书丞魏徵,可修《齐史》。秘书监窦琎、给事中欧阳询、秦王府文学姚思廉,可修《陈史》。'绵历数载,竟不就而罢。(修撰之源,自德棻始。)至贞观三年,于中书置秘书内省,以修五代史。"

事又见《太平御览》卷六百三《文部十九(史传上)》、《册府元龟》卷五百五十四《国史部》、《魏郑公谏录》卷五、《陔余丛考》卷六。

【考论】

贞观三年,太宗诏令狐德棻、岑文本等修五代史。至贞观十年正月二十日,尚书左仆射房玄龄,侍中魏徵,散骑常侍姚思廉,太子右庶子李百药、孔颖达,礼部侍郎令狐德棻,中书侍郎岑文本,中书舍人许敬宗等,终于撰成周、隋、梁、陈、齐《五代史》,共同呈上,时称良史。

◎《梁书》

【文献】

《旧唐书》卷四十六《经籍志》(P1990):"《梁书》又五十卷,姚思廉撰。"《新唐书》卷五十八《艺文志》(P1456):"姚思廉《梁书》五十六卷。"《梁书》附录《梁书序》(P869):"《梁书》,六本纪,五十列传,合五十六篇。唐贞观三年,诏右散骑常侍姚思廉撰。思廉者,梁史官察之子。推其父意,又颇采诸儒谢吴等所记,以成此书。臣等既校正其文字,又集次为目录一篇而叙之。"《文献通考》卷一百九十二《经籍考十九》(P1625):"《梁书》五十六卷,晁氏曰:唐姚思廉撰。六本纪,五十列传。唐贞观三年,诏思廉同魏徵撰。思廉,梁史官察之子,推其父意,又采谢吴等所记,以成此书。徵唯著《总论》而已,笔削次序,皆出思廉。思廉名简,以字行。"《四库全书总目》卷四十五《正史类一》(P406):"《梁书》五十六卷,唐姚思廉奉敕撰。《唐书》思廉本传,称贞观三年诏思廉同魏徵撰。《艺文志》亦称《梁书》、《陈书》皆魏徵同撰。旧本惟题思廉。盖徵本监修，不过参定其《论赞》。案此据《史通·古今正史篇》‘魏徵总知其务，凡有论赞，徵多预焉’之文。独标思廉，不没秉笔之实也。是书《旧唐书·经籍志》及思廉本传俱云五十卷，《新唐书》作五十六卷。考刘知幾《史通》，谓‘姚察有志撰勒，施功未周。其子思廉凭其旧稿，加以新录，述为《梁书》五十六卷’。则《新唐书》所据为思廉编目之旧，《旧唐书》误脱‘六’字审矣。”

参见《郡斋读书志》卷五《正史类》、《曾巩集》卷十一《梁书目录序》。

【相关论著举目】

史述昭：《唐初八史与古文运动的兴起》，《船山学刊》，2008 年第 4 期

吴妍：《〈梁书〉整理研究》，南京师范大学硕士学位论文，2003 年

李少雍：《姚氏父子的文笔与史笔——读〈梁书〉、〈陈书〉札记》，《文学遗产》，2002 年第 6 期

熊清元：《姚氏父子与〈梁书〉》，《黄冈师范学院学报》，2001 年第 2 期

吴志浩：《从〈陈书〉看姚察父子的史学旨趣》，《淮北煤师院学报》(哲学社会科学版)，1998 年第 1 期

陈表义：《姚思廉及其〈梁书〉〈陈书〉浅论》，《暨南学报》，1997 年第 2 期

陈表义：《姚思廉所著梁、陈二书简论》，《西北第二民族学院学报》(哲学社会科学版)，1996 年第 2 期

赵俊《〈梁书〉、〈陈书〉的编纂得失》，《中国社会科学院研究生院学报》，1994 年第 3 期

臧世俊：《〈梁书〉略论》，《历史教学问题》，1992 年第 4 期

张国安：《〈梁书〉〈陈书〉编纂小考》，《河北师范大学学报》，1989 年第 3 期

◎《陈书》

【文献】

《旧唐书》卷四十六《经籍志》(P1990):“《陈书》又三十六卷,姚思廉撰。”《陈书》附录《曾巩序》P501:“贞观三年,遂诏论撰于秘书内省。十年正月壬子,始上之。”《文献通考》卷一百九十二《经籍考十九》(P1625):“《陈书》三十六卷,晁氏曰:唐姚思廉撰。六本纪,三十列传。其父察在陈尝删撰梁、陈事,未成,陈亡。隋文帝问之,察以所论载每一篇成辄上之,未讫而值察且死,属思廉继其业。贞观中与《梁书》同时上之。其书世以罕传,多脱误。”《四库全书总目》卷四十五《正史类一》(P406):“《陈书》三十六卷,唐姚思廉奉敕撰。刘知幾《史通》谓贞观初,思廉奉诏撰成二史,弥历九载,方始毕功。而曾巩校上序,谓姚察录梁、陈之事,其书未就,属子思廉继其业。武德五年,思廉受诏为《陈书》。贞观三年,论撰于秘书内省。十年正月壬子,始上之。”

参见《郡斋读书志》卷五《正史类》、《曾巩集》卷十一《陈书目录序》。

【考论】

梁、陈二书,是姚思廉在其父未完稿基础上修撰而成。凡每卷后题“陈吏部尚书姚察曰”者,基本可以认定是其父姚察所撰;而称“史臣曰”者,大抵是姚思廉新修。关于《梁书》、《陈书》,可参见谢保成《中国史学史》“南朝梁、陈与北朝齐、周书”一节。

◎《北齐书》

【文献】

《旧唐书》卷四十六《经籍志》(P1990):“《北齐书》五十卷,李百药撰。”《新唐书·艺文志》、《宋史·艺文志》所记亦同。《郡斋读书志》卷五《正史类》(P190):“《北齐书》五十卷,右唐李百药撰。本纪八,列传四十二。百药父德林，在齐尝撰著纪传。贞观初，诏分修诸史。百药因父书续成以献。诸史称帝号，百药避唐朝名讳，不书'世祖'、'世宗'之类。"《四库全书总目》卷四十五《正史类一》(P407)："《北齐书》五十卷，唐李百药奉敕撰。盖承其父德林之业，纂缉成书，犹姚思廉之继姚察也。大致仿《后汉书》之体，卷后各系《论赞》。然其书自北宋以后渐就散佚，故晁公武《读书志》已称残阙不完。今所行本，盖后人取《北史》以补亡，非旧帙矣。"

参见《文献通考》卷一百九十二《史(正史)》。

【考论】

《北齐书》，唐代李百药撰，共五十卷，本纪八卷，列传四十二卷，记述了从高欢起兵到北齐灭亡前后约八十年的历史，集中反映了东魏、北齐王朝的盛衰兴亡。《北齐书》成书时原名《齐书》，为区别于南朝梁萧子显所撰的《齐书》，始改称为《北齐书》，而称后者为《南齐书》。李百药所撰《北齐书》，是在其父所撰《齐书》遗稿的基础上，参考隋朝史家王劭所撰编年体《齐志》，综括而成。《北齐书》注重总结政治得失，贯彻了以史为鉴的宗旨。《北齐书》在体例上继承了陈寿《三国志》、魏收《魏书》的写作方法，在本纪中首列《神武本纪》和《文襄本纪》，追叙北齐建国前事。《北齐书》叙事简要，下笔不苟，写作严谨，值得称道。到南宋时，《北齐书》已不复为完璧，仅剩一卷帝纪、十六卷列传，其余各卷皆据李延寿所撰《北史》补修而成。

○《周书》

【文献】

《旧唐书》卷四十六《经籍志》(P1990)："《后周书》五十卷，令狐德棻撰。"《郡斋读书志》卷五《正史类》(P191)："《周书》五十卷，右唐令狐德棻等撰。本纪八，列传四十二。贞观中，德棻请撰次，乃诏德棻与陈叔达、唐俭成之。先是，苏绰秉周政，军国词令，多准《尚书》。牛弘为史，尤务清言，德棻因之以成是书，故多非实录。仁宗朝出太清楼本，合史馆、秘阁本，又募天下书，而取夏竦、李巽家本，下馆阁是正其文字，其后林希、王安国上之。”《四库全书总目》卷四十五《正史类一》(P408)：“《周书》五十卷，唐令狐德棻等奉敕撰。贞观中修梁、陈、周、齐、隋五史，其议自德棻发之。而德棻专领《周书》，与岑文本、崔仁师、陈叔达、唐俭同修。晁公武《读书志》，称宋仁宗时出太清楼本，合史馆秘阁本，又募天下书而取夏竦、李巽家本，下馆阁是正其文字。其后林希、王安国上之。是北宋重校，尚不云有所散佚。今考其书，则残阙殊甚，多取《北史》以补亡。又多有所窜乱，而皆不标其所移掇者何卷，所削改者何篇。遂与德棻原书混淆莫辨。”参见《周书·附录》。

【考论】

《周书》五十卷，唐初史学家令狐德棻等撰，成书于贞观十年(636)，包括帝纪八卷、列传四十二卷，而全书史论多出自岑文本之手。《周书》问世以前，西魏史官柳虬所写的国史和隋代牛弘撰述的周史(仅有十八卷)，都没有成书，但为《周书》的撰写提供了部分资料。《周书》虽以“周”题名，实际上记述了从公元534年东、西魏分裂到杨坚代周为止四十八年的西魏、北周的历史，基本上反映了宇文政权建立后三个封建政权之间的战争以及宇文政权集团内部斗争的情况，是今天研究和了解西魏、北周历史最基本、最原始的一部史书。主编者令狐德棻在《周书·文帝纪》中以西魏皇帝年号记述西魏文帝、废帝、恭帝二十二年的大事，又把后梁的历史载入《周书》，都反映了作者匠心独运。《周书》文笔简劲，清人赵翼称其“叙事繁简得宜，文笔亦极简劲”。但由于所据资料贫乏，再加上所载人物多本朝显官之祖先，因而《周书》不尽合事实，同时在考订史料方面也存在问题。还有五代史中，齐、周二史不仅因朝代更替衔接，而且所记内容互有交叉。《周书》在宋初已经残缺，后人以《北史》和唐人史钞补齐。《周书》最早刻印本已不存。绍兴十四年(1144)，《周书》和其他六史在眉山重刻，即所谓“宋蜀本”或“眉山七史本”，亦不存。现在流传的是南宋翻刻，并有元明两代补板的所谓“三朝本”。关于《北齐书》、《周书》,可参见谢保成《中国史学史》"南朝梁、陈与北朝齐、周书"一节。

【相关论著举目】

赵政:《〈周书〉考论》及(续),《五邑大学学报》1989 年第 1 期、1990 年第 1 期

○《隋书》成

【文献】

《隋书》附录《宋天圣二年〈隋书〉刊本原跋》(P1903—1904):"《隋书》自开皇、仁寿时,王劭为书八十卷,以类相从,定为篇目。至于编年纪传,并阙其体。唐武德五年,起居舍人令狐德棻奏请修《五代史》。五代谓梁、陈、齐、周、隋也。十二月,诏中书令封德彝、舍人颜师古修《隋史》,绵历数载,不就而罢。贞观三年,续诏秘书监魏徵修《隋史》,左仆射房乔总监。徵又奏于中书省置秘书内省,令前中书侍郎颜师古、给事中孔颖达、著作郎许敬宗撰《隋史》。徵总知其务,多所损益,务存简正。序、论皆徵所作。凡成帝纪五,列传五十。十年正月壬子,徵等诣阙上之。十五年,又诏左仆射于志宁、太史令李淳风、著作郎韦安仁、符玺郎李延寿同修《五代史志》。凡勒成十志三十卷。显庆元年五月己卯,太尉长孙无忌等诣朝堂上进,诏藏秘阁。后又编第入《隋书》,其实别行,亦呼为《五代史志》。案魏徵本传,贞观七年为侍中,十年,《五代史》成,加光禄大夫,进封郑国公。俄请逊位,拜特进。今诸本并云特进。又《经籍志》四卷,独云侍中、郑国公魏徵撰。《无忌传》又云,永徽三年,始受诏监修,疑当时先已刊修,无忌因成书而进。今纪传题以徵,志以无忌,从众本所载也。纪传亦有题太子少师许敬宗撰。案《敬宗传》,贞观八年,除著作郎,修国史,迁中书舍人。十年,左授洪州司马。龙朔三年,始拜太子少师。与今录年月官位不同,疑后人所益。房乔、志宁初并受诏。又《李延寿传》云,被诏与著作佐郎敬播同修《五代史志》。按延寿贞观三年与颜师古同被敕修《隋史》,其年以内忧去职。今诸本并不载乔等名位。《天

文》、《律历》、《五行》三志，皆淳风独作。《五行志序》，诸本云褚遂良作。案本传未尝受诏撰述，疑只为一序，今故略其名氏。天圣二年五月十一日上。”《郡斋读书志》卷五《正史类》(P192)：“《隋书》八十五卷，右唐魏徵等撰。纪五，列传五十五，长孙无忌等撰志三十。初，诏颜师古、孔颖达修述，徵总其事，序、论皆徵自作。后又诏于志宁、李淳风、韦安仁、李延寿同修《五代史志》，无忌上之，诏编第入《隋书》，人亦号《五代史志》。《天文》、《律历》、《五行》三志，淳风独作。”《四库全书总目》卷四十五《正史类一》(P408)：“《隋书》八十五卷，唐魏徵等奉敕撰。贞观三年，诏徵等修隋史。十年成纪传五十五卷。十五年又诏修梁、陈、齐、周、隋《五代史志》。显庆元年，长孙无忌上进。据刘知幾《史通》所载，撰《纪传》者为颜师古、孔颖达。案：《集古录》据《颖达墓碑》，谓碑称与魏郑公同修《隋书》，而传不著。盖但据《旧唐书》言之，未考知幾书也。撰《志》者为于志宁、李淳风、韦安仁、李延寿、令狐德棻。案宋刻《隋书》之后有天圣中校正旧跋，称同修《纪传》者尚有许敬宗，同修《志》者尚有敬播。至每卷分题，旧本十《志》内惟《经籍志》题侍中郑国公魏徵撰。《五行志序》或云褚遂良作。《纪传》亦有题太子少师许敬宗撰者。今从众本所载，《纪传》题以徵、《志》题以无忌云云。”参见《文献通考》卷一百九十二《正史》。

【考论】

《隋书》，唐魏徵、长孙无忌等撰。“五代史”中，只有《隋书》是真正意义上的官修前代史。贞观三年诏魏徵、颜师古、孔颖达和许敬宗修撰。修史学士敬播、李延寿亦有诏“诣秘书内省佐颜师古、孔颖达修隋史”。(《旧唐书》卷一百八十九上《敬播传》P4954，《北史》卷一百《序传》)先后参与其事者，共六人。《隋书》共八十五卷，计有纪五卷，志三十卷，列传五十卷。纪传为太宗贞观十年上，志则在高宗朝方完成。据刘知幾《史通·古今正史》(P92)，纪传为颜师古、孔颖达撰，因魏徵总领其事，故题魏徵撰；志则为于志宁、李淳风、韦安仁、李延寿、令狐德棻撰，因长孙无忌曾监修史，故题长孙无忌撰；所志为梁、陈、齐、周、隋五朝事，非专志隋，“虽编入《隋书》，其实别行，俗呼为《五代史志》”。《隋书》修撰去隋甚近,文献可征,撰人都是由隋入唐,又多家学渊源,所载史实较为真实可信,其中十志尤为后人所推重。但纪传非出一人之手,间有抵牾之处,可参岑仲勉《隋书求是》。(参见谢保成《中国史学史》中《〈隋书〉的特点与成就》)

【相关论著举目】

孙鑫:《〈隋书〉史论研究》,安徽大学硕士学位论文,2010 年

谢保成:《论魏徵与〈隋书〉的进步历史观》,《华南师范大学学报》(社会科学版),1986 年第 1 期

谢保成:《魏徵与〈隋书〉的鉴戒思想》,《中国社会科学院研究生院学报》,1985 年第 6 期

郭英斌:《魏徵的治国思想——读〈隋书〉札记》,《四川师范大学学报》(社会科学版),1983 年第 1 期

○加李百药散骑常侍

【文献】

《旧唐书》卷七十二《李百药传》(P2577):“十年,以撰《齐史》成,加散骑常侍,行太子左庶子,赐物四百段。俄除宗正卿。”

○慧净在佛道论辩时占据上风

【文献】

《续高僧传》卷三《慧净传》(P123):“至贞观十年,本寺开讲,王公宰辅,才辩有声者,莫不毕集,时以为荣望也。京辅停轮盛言陈抗,皆称机判委绰有余逸。黄巾蔡子晃、成世英,道门之秀,才申论击,因遂征求,自覆义端,失其宗绪。净乃安词调引,晃等饮气而旋。”

【考论】

贞观十年(636),佛、道代表人物在寺庙论辩争锋,沙门慧净安词调引,占据上风,道士蔡子晃等处于下风,遂饮气而还。此次争论以

佛教僧徒得胜结束。

太宗贞观十一年　丁酉(637)

○正月,姚思廉卒

【文献】

《旧唐书》卷七十三《姚思廉传》(P2592—2593):"姚思廉,字简之,雍州万年人。……(贞观)九年,拜散骑常侍,赐爵丰城县男。十一年卒,太宗深悼惜之,废朝一日,赠太常卿,谥曰康,赐葬地于昭陵。"《新唐书》卷一百二《姚思廉传》(P3978—3979):"姚思廉,本名简,以字行,陈吏部尚书察之子。……卒,赠太常卿,谥曰康,陪葬昭陵。"《册府元龟》卷七十六(P877):"太宗贞观十一年正月散骑常侍姚思廉卒。"

【考论】

姚思廉(557—637),字简之,以字行,吴兴(今属浙江)迁京兆万年(今陕西西安),遂称万年人,唐代史学家。曾修道,早年从父姚察读《汉书》,尽得其家学。曾仕于南朝陈、隋朝,入唐,为秦王府文学馆学士、太子洗马。贞观初,迁著作郎、弘文馆学士。后官至散骑常侍,赐爵丰城县男。贞观三年(629)曾奉诏与秘书监魏徵等同修《梁书》、《陈书》。所修二史,乃据其家所藏其父姚察旧稿,兼采谢炅、顾野王诸家言,推究综括而成。贞观十一年卒,赠太常卿,谥曰"康"。

【相关论著举目】

毛振华:《姚察、姚思廉散文特点及其对古文运动的影响》,《南昌大学学报》(人文社会科学版),2011年第2期

李少雍:《姚氏父子的文笔与史笔——读〈梁书〉、〈陈书〉札记》,《文学遗产》,2002年第6期

熊清元:《姚氏父子与〈梁书〉》,《黄冈师范学院学报》,2001年第

2期

陈表义:《姚思廉及其〈梁书〉、〈陈书〉浅论》,《暨南学报》,1997年第2期

赵俊:《〈梁书〉、〈陈书〉的编纂得失》,《中国社会科学院研究生院学报》,1994年第3期

赵俊:《姚思廉的史学》,《辽宁大学学报》,1988年第4期

○始详载制举科目

【文献】

《旧唐书》卷三《太宗纪下》(P48):"丙寅,诏河北、淮南举孝悌淳笃,兼闲时务;儒术该通,可为师范;文辞秀美,才堪著述;明识政体,可委字人;并志行修立,为乡闾所推者,给传诣洛阳宫。"

【考论】

参见傅璇琮《唐代科举与文学》第六章。

○二月,太宗再次申明道士、女冠宜在僧尼之先,引起佛、道之争

【文献】

《四库全书》第426册《唐大诏令集》卷一百一十三《道士女冠在僧尼之上诏》(P789):"自今已后,斋供行玄法,至于称谓,道士、女冠,可在僧尼之前。庶敦本之俗,畅于九有;尊祖之风,贻诸万叶。贞观十一年二月。"《集古今佛道论衡》丙(P386):"贞观十一年驾巡洛邑,黄巾先有与僧论者,闻之于上,乃下诏云:'……今鼎祚克昌,既凭上德之庆,天下大定,亦赖无为之功,宜有解张,阐兹玄化,自今已后,斋供行立。至于称谓,道士、女道士,可在僧尼之前,庶敦反本之俗。'僧等力陈佛教:'从汉魏已来,常以鬼道化于浮俗,妄托老君之后,实是左道之苗。若位在僧尼之上,诚恐真伪同流有损国化。'后太宗敕令:

‘僧等此事，久以行讫，不伏者与杖。诸大德等，咸是暮年，形疲道路，饮气而旋。智实勇身先出云：不伏此理，万刃之下，甘心伏罪。遂杖之放还。’”《四库全书》第1048册《广弘明集》卷二十五(P639)：“贞观十一年，驾巡洛邑，黄巾先有与僧论者，闻之于上，上乃下诏云：‘……自今已后，斋供行立，至于称谓，道士女冠可在僧尼之前。’”《法琳别传》卷中则谓僧推法琳上表。

事又见《续高僧传》卷二十四《智实传》、《续高僧传》卷十六《法恭传》、《佛祖历代通载》卷十一、《续文献通考》、《广弘明集》卷二八八所载《叙太祖皇帝令道士在僧前诏表》，参见《全唐文》卷六《令道士在僧前诏》。

【考论】

唐廷总体上实行儒、佛、道三教并用方针，究其所用之实仍为儒学。太宗之于佛教，仅是利用其“灭怨障之心”，以为“虽弊俗之虚术，乃有国之常经”。太宗把道教推为三教之首，则是出于政治考虑，而非其宗教信仰，借以维护其宗族地位和家族统治而已。故贞观十六年(642)，太宗幸弘福寺为太穆太后追福时，谓寺主道懿曰“朕顷以老子是朕先宗，故令居释氏先”。无论僧徒如何据理力争，唐李王朝道先佛后的顺序是不可能改变的。是年太宗驾幸洛阳，闻及僧道对其先后有争论，遂下诏，谓道教“能经邦致治，反朴还淳”，况且“国家本系出自柱下，尊祖之风形于前典”，仍令“道士、女道士可在僧尼之前”；而佛教原起西域，后入中土，其“神变之理多方，报应之缘匪一”，近世崇信滋深，从而“流遁忘返，于兹累代”。因此天下大定之时，应“赖无为之功”，推尊道教。诏下，僧尼不服，沙门智实、法琳并约法常、慧净等随驾伏阙，上表力争，太宗令岑文本宣敕严诫，众僧尼不得已而罢。智实仍不屈服，遭杖责放还。其后又有多次争论，未有大变。佛道先后顺序的暂时逆转是在武后一朝，详见后。

○七月，太宗于亳州修老君庙，于兖州修孔子庙

【文献】

《旧唐书》卷三《太宗纪下》(P48)："(贞观十一年)秋七月……丙午，修老君庙于亳州，宣尼庙于兖州，各给二十户享祀焉。"《新唐书》卷十五《礼乐志五》(P373)："十一年，诏尊孔子为宣父，作庙于兖州，给户二十以奉之。"《唐会要》卷三十五《褒崇先圣》(P636)："十一年七月二十四日，修宣尼庙于兖州，给户二十，充享祀焉。"

○修《贞观礼》毕，是年进上

【文献】

《旧唐书》卷二十一《礼仪志一》(P815—817)："《记》曰：'人生而静，天之性也；感物而动，性之欲也。'欲无限极，祸乱生焉。圣人惧其邪放，于是作乐以和其性，制礼以检其情，俾俯仰有容，周旋中矩。故肆觐之礼立，则朝廷尊；郊庙之礼立，则人情肃；冠婚之礼立，则长幼序；丧祭之礼立，则孝慈著搜狩之礼立，则军旅振；享宴之礼立，则君臣笃。是知礼者，品汇之璿衡，人伦之绳墨，失之者辱，得之者荣，造物已还，不可须臾离也。五帝之时，斯为治本。类帝禋宗，吉礼也；遏音陶瓦，凶礼也；班瑞肆觐，宾礼也；诛苗殛鲧，军礼也；厘降嫔虞，嘉礼也。故曰，修五礼五玉，尧、舜之事也。时代犹淳，节文尚简。及周公相成王，制五礼六乐，各有典司，其仪大备。暨幽、厉失道，平王东迁，周室浸微，诸侯侮法。男女失冠婚之节，《野麕》之刺兴焉；君臣废朝会之期，践土之讥著矣。葬则奢俭无算，军则狙诈不仁。数百年间，礼仪大坏。虽仲尼自卫返鲁，而有定礼之言，盖举周公之旧章，无救鲁邦之乱政。仲尼之世，礼教已亡。遭秦燔炀，遗文殆尽。汉兴，叔孙通草定，止习朝仪。至于郊天祀地之文，配祖禋宗之制，拊石鸣球之备物，介丘璧水之盛猷，语则有之，未遑措思。及世宗礼重儒术，屡访贤良，河间博洽古文，大搜经籍，有周旧典，始得《周官》五篇，《士

礼》十七篇。王又鸠集诸子之说，为礼书一百四十篇。后仓二戴，因而删择，得四十九篇，此《曲台集礼》，今之《礼记》是也。然数百载不见旧仪，诸子所书，止论其意。百家纵胸臆之说，五礼无著定之文。故西汉一朝，曲台无制。郊上帝于甘泉，祀后土于汾阴。宗庙无定主，乐悬缺金石。巡狩非勋、华之典，封禅异陶匏之音。光武受命，始诏儒官，草定仪注，经邦大典，至是粗备。汉末丧乱，又沦没焉。而卫宏、应仲远、王仲宣等掇拾遗散，裁志条目而已。东京旧典，世莫得闻。自晋至梁，继令条缵。鸿生钜儒，锐思绵蕝，江左学者，仿佛可观。隋氏平陈，寰区一统，文帝命太常卿牛弘集南北仪注，定《五礼》一百三十篇。炀帝在广陵，亦聚学徒，修《江都集礼》。由是周、汉之制，仅有遗风。神尧受禅，未遑制作，郊庙宴享，悉用隋代旧仪。太宗皇帝践祚之初，悉兴文教，乃诏中书令房玄龄、秘书监魏徵等礼官学士，修改旧礼，定著《吉礼》六十一篇，《宾礼》四篇，《军礼》二十篇，《嘉礼》四十二篇，《凶礼》六篇，《国恤》五篇，总一百三十八篇，分为一百卷。玄龄等始与礼官述议，以为《月令》禮祭，唯祭天宗，谓日月而下。近代禮五天帝、五人帝、五地祇，皆非古典，今并除之。又依礼，有益于人则祀之。神州者国之所托，余八州则义不相及。近代通祭九州，今除八州等八座，唯祭皇地祇及神州，以正祀典。又汉建武中封禅，用元封时故事，封泰山于圜台上，四面皆立石阙，并高五丈。有方石再累，藏玉牒书。石检十枚，于四边检之，东西各三，南北各二。外设石封，高九尺，上加石盖。周设石距十八，如碑之状，去坛二步，其下石跗入地数尺。今案封禅者，本以成功告于上帝。天道贵质，故藉用稿秸，樽以瓦甒。此法不在经诰，又乖醇素之道，定议除之。近又案梁甫是梁阴，代设坛于山上，乃乖处阴之义。今定禅礼改坛位于山北。又皇太子入学及太常行山陵、天子大射、合朔、陈五兵于太社、农隙讲武、纳皇后行六礼、四孟月读时令、天子上陵、朝庙、养老于辟雍之礼，皆周、隋所阙，凡增多二十九条。余并准依古礼，旁求异代，择其善者而从之。太宗称善，颁于内外行焉。”

《新唐书》卷五十八《艺文志二》(P1491)："《大唐仪礼》一百卷，长孙无忌、房玄龄、魏徵、李百药、颜师古、令狐德棻、孔颖达、于志宁等撰。《吉礼》六十篇、《宾礼》四篇、《军礼》二十篇、《嘉礼》四十二篇、《凶礼》六篇、《国恤》五篇，总一百三十篇。贞观十一年上。"《唐会要》卷三十七《五礼篇目》(P669—670)："武德初，朝廷草创，未遑制作，郊祀享宴，悉用隋代旧制。至贞观初，诏中书令房玄龄、秘书监魏徵，礼官学士，备考旧礼，著《吉礼》六十一篇，《宾礼》四篇，《军礼》二十篇，《嘉礼》四十二篇，《凶礼》六篇，《国恤礼》五篇，总一百三十八篇，分为一百卷。初，元龄与礼官建议，以为《月令》蜡法，唯祭天宗，谓日月已下。近代蜡，五天帝、五人帝、五地祇，皆非古典，今并除之。神州者，国之所托，余八州则义不相及。近代通祭九州，今唯祭皇地祇及神州，以正祀典。又皇太子入学，及太常行山陵、天子大射合朔、陈五兵于太社、农隙讲武、纳皇后行六礼、四孟月读时令，天子上陵、朝庙，养老于辟雍之礼，皆周隋所阙，凡增二十九条，余并依古礼。七年正月二十四日献之。诏行用焉。苏氏曰：五礼等威，三代沿革。盖上圣有作，情必备于吉凶；后世遵行，事岂变于文质。源清则流永，根正则苗长。我唐始基，刊定礼乐，去亡隋之繁杂，备前古之雅正，作万代法，成四海仪，光阐皇猷，永固帝业。而修礼官不达睿旨，坐守拘忌，近移凶礼，寘于末篇，斯为妄矣。房梁公、魏郑公庶务自殷，一心有限，虽统其事，无暇参详，为礼官所误。不然者，白圭无斯玷矣。暨乎永徽之初，再修典礼，遂删去《国恤礼》，以为预凶事，非臣子之所宜言，此又乖也。且礼有天子即位，为椑，岁一漆而藏焉；汉则三分租赋，而一奉陵寝。周、汉之制岂谬误耶？是正礼也。且东园秘器，曾不废于有司；国恤礼文，便谓预于凶事，何贵耳而贱目、背实而向声？有以见敬宗、义府之大妄也。"《资治通鉴》卷一百九十四《唐纪十》(P6127)："房玄龄、魏徵上所定《新礼》一百三十八篇；丙午，诏行之。"

事又见《新唐书》卷十一《礼乐志》、《通典》卷四十一《礼一》，然所记篇数有异。

【考论】

隋文帝时曾诏牛弘修定《五礼》百三十篇，共一百卷，世称《开皇礼》。唐高祖时，沿用隋礼。唐太宗即位后，悉兴文教，诏房玄龄、魏徵、李百药、颜师古、令狐德棻、孔颖达、于志宁等修改旧礼，成《贞观礼》，是年进上。《新唐书·艺文志》著录的《大唐仪礼》即指《贞观礼》。周礼"五礼"本指吉、凶、军、宾、嘉五部分，《贞观礼》多出《国恤》部分，成为六部分。《贞观礼》是唐朝官修的第一部大型礼书，于隋《开皇礼》之后，继往开来，承上启下，为《显庆礼》、《大唐开元礼》的修撰奠定了基础。高宗时，李义府等加以重修，成《永徽五礼》，因显庆三年奏上，故亦称《显庆礼》，删去《国恤》，存五礼。于是《贞观礼》、《显庆礼》并行于世。玄宗时，又由萧嵩、王仲丘等在二书基础上修改撰成《大唐开元礼》一百五十卷。以上三著为盛唐时的三部重要礼书，唯《大唐开元礼》今存，其他皆佚。

（一）关于《五礼》篇数，史书所记《五礼》篇数颇异。大约有以下几种说法：其一，《旧唐书》卷二十一《礼仪志》记为一百三十八篇，合为百卷，所记"定著《吉礼》六十一篇，《宾礼》四篇，《军礼》二十篇，《嘉礼》四十二篇，《凶礼》六篇，《国恤》五篇，总一百三十八篇，分为一百卷"。其二，《旧唐书》卷十一亦记为一百三十八篇，但各篇之数不相合："为《吉礼》六十一篇，《宾礼》四篇，《军礼》二十篇，《嘉礼》四十二篇，《凶礼》十一篇，是为《贞观礼》。"此显然是将《国恤》合于《凶礼》，实与前同。其三，《新唐书》卷五十八《艺文志》则记为一百三十篇，《吉礼》少一篇，为六十篇，仍将《国恤》分出，实则为一百三十七篇。其四，《通典·礼一》则记为百三十篇："及太宗践祚，诏礼官学士修改旧仪，著《吉礼》六十一篇，《宾礼》四篇，《军礼》十二篇，《嘉礼》四十二篇，《凶礼》六篇，《国恤》五篇，总百三十篇，为百卷。贞观七年，始令颁行。"虽仍将《国恤》分出，但《军礼》少了八篇，为十二篇，疑"二十篇"误倒为"十二篇"所致。因其书已佚，不可得见。综上所述，《旧唐书》所说百三十八篇最为可信。

（二）关于《贞观礼》上书时间，《通典》记为"贞观七年，始令颁行"，疑"七"为"十一"之误。《唐书》皆作贞观十一年进上，如《旧唐书》卷七十《王珪传》（P2529）："十一年，与诸儒正定《五礼》书成。"同书卷三《太宗纪下》(P46):“(十一年春正月)甲寅,房玄龄等进所修《五礼》,诏所司行用之。”同书卷七十二《李百药传》(P2577):“十一年,以撰《五礼》及律令成,进爵为子。”此皆可证贞观十一年《贞观礼》进上,因此《通典》贞观七年说误。以上内容参见《中国学术思想编年》之《隋唐五代卷》。

【相关论著举目】

吴丽娱:《对〈贞观礼〉渊源问题的再分析——以贞观凶礼和〈国恤〉为中心》,《中国史研究》,2010 年第 2 期

吴丽娱:《关于〈贞观礼〉的一些问题》,《文史知识》,2008 年第 9 期

吴丽娱:《关于〈贞观礼〉的一些问题——以所增“二十九条”为中心》,《中国史研究》,2008 年第 2 期

王美华:《唐宋礼制研究》,东北师范大学博士学位论文,2004 年

○孔颖达、颜师古、令狐德棻、李百药因撰《五礼》进爵为子

【文献】

《旧唐书》卷七十三《孔颖达传》(P2602):“十一年,又与朝贤修定《五礼》,所有疑滞,咸谘决之。书成,进爵为子,赐物三百段。”《旧唐书》卷七十三《颜师古传》(P2595):“俄又奉诏与博士等撰定《五礼》,十一年,《礼》成,进爵为子。”《旧唐书》卷七十三《令狐德棻传》(P2598):“十一年,修《新礼》成,进爵为子。又以撰《氏族志》成,赐帛二百匹。”《旧唐书》卷七十二《李百药传》(P2577):“十一年,以撰《五礼》及律令成,进爵为子。”

○始议封禅礼

【文献】

《旧唐书》卷二十三《礼仪志三》(P882—884):“至十一年,群臣复

劝封山，始议其礼。于是国子博士刘伯庄、睦州刺史徐令言等，各上封祀之事，互设疑议，所见不同。多言新礼中封禅仪注，简略未周。太宗敕秘书少监颜思古、谏议大夫朱子奢等，与四方名儒博物之士参议得失。议者数十家，递相驳难，纷纭久不决。于是左仆射房玄龄、特进魏徵、中书令杨师道，博采众议堪行用而与旧礼不同者奏之。……太宗从其议，仍令附之于礼。”

事又见《新唐书》卷一百九十八《颜师古传》、《唐会要》卷七《封禅》、《册府元龟》卷三十五《帝王部(封禅)》。参见《全唐文》卷一百四十七颜师古文《封禅议》。

太宗贞观十二年　戊戌(638)

○正月，修《氏族志》

【文献】

《唐会要》卷三十六《氏族》(P664)：“贞观十二年正月十五日，修《氏族志》一百卷成，上之。先是，山东士人，好自矜夸，以婚姻相尚。太宗恶之，以为甚伤教义，乃诏礼部尚书高士廉、御史大夫韦挺、中书侍郎岑文本、礼部侍郎令狐德棻，及四方士大夫谙练族姓者，普索天下谱谍，约诸史传，考其真伪，以为《氏族志》，以崔干为第一等。书成，太宗谓曰：‘我与山东崔、卢家，岂有旧嫌也，为其世代衰微，全无官宦人物。贩鬻婚姻，是无礼也；依托富贵，是无耻也，我不解人间何为重之？我今定氏族者，欲崇我唐朝人物冠冕，垂之不朽，何因崔干为一等？’列为第三等，合二百九十三姓，千六百五十一家，分为九等，颁于天下。”

事又见《旧唐书》卷八十二《李义府传》、《贞观政要》卷七《礼乐第二十九》、《资治通鉴》卷一百九十五《唐纪十一》、《册府元龟》卷五百五十四《国史部·恩奖》、《册府元龟》卷五百六十《国史部·谱牒》、

《陔余丛考》卷十七。

【考论】

《氏族志》,共一百卷,是太宗时期排列氏族高低的官修谱牒。隋唐之际,山东士族已经沦落,仍矜夸门第,崔、卢、李、郑、王等旧时大族互结婚姻,自矜高贵,嫁女于一般族姓,则多求聘财。唐太宗对此深为不满,以为"天下氏族,若不别条举,恐无所凭准",故诏命士廉等遍索天下谱牒,参考史籍,考其真伪,辨别昭穆,第其甲乙,分为九等,书成以进。唐太宗见崔干仍为第一等,极不满意,认为全国统一后不应再以崔、卢、王、谢等旧族为重,应重唐朝冠冕,"不须论数世以前,止取今日官爵高下作等级",更命刊定。高士廉等依其旨意重修,于贞观十二年(638)成书,先后用时七年,于是年进上,共收录二百九十三姓,一千六百五十一家,分为九等,颁于天下。新修《氏族志》中,崔干降为第三等。

《氏族志》以当代官爵作为升降的主要标准,改定氏族等第,贬抑门阀士族,其实质是建立以大唐李氏皇室为首,以唐朝功臣、新贵等为核心的新门阀体系,借以取代南北朝时期的旧门阀体系。这是唐统治者提高皇族社会地位,加强皇权,打击山东士族的重要举措,对于巩固统一王朝的统治具有一定作用。同时,此亦时势所趋。旧士族逐渐衰微,凭借军功晋爵、奇谋授勋等以宗室与功臣为主体的新贵族集团日渐形成。而与此极不相称的是,唐初新贵的很多成员出身庶族地主,不入士流;有的出身士族,却屈居山东士族之下。唐太宗针对此状,"专以今朝品秩为高下",使新旧士族的社会地位与政治地位相互适应,以便"厘正讹谬,舍名取实"(《资治通鉴》卷一百九十五P6136),实为时势所需。《氏族志》颁行之后,时人论曰"升降去就,时称允当"。当然由于崇尚望族的观念根深蒂固,太宗朝新贵房玄龄、魏徵等人仍与山东旧族联姻,《氏族志》的颁行并未能起到立竿见影的实际效果。

【相关论著举目】

王海虎:《浅析唐太宗修撰〈氏族志〉的原因及其启示》,《邢台学

院学报》,2011 年第 2 期

魏明孔:《唐代〈氏族志〉与〈姓氏录〉比较刍议》,《西北师大学报》(社会科学版),1987 年第 3 期

赵克尧:《〈氏族志〉与唐太宗的关陇门阀观》,《复旦学报》(社会科学版),1984 年第 2 期

◯拜孔颖达国子祭酒

【文献】

《旧唐书》卷七十三《孔颖达传》(P2602):"十二年,拜国子祭酒,仍侍讲东宫。"

◯虞世南卒,曾撰《北堂书钞》、《帝王略论》

【文献】

《旧唐书》卷七十二《虞世南传》(P2565—2571):"虞世南字伯施,越州余姚人,隋内史侍郎世基弟也。……太宗以是益亲礼之。尝称世南有五绝:一曰德行,二曰忠直,三曰博学,四曰文辞,五曰书翰。十二年,又表请致仕,优制许之,仍授银青光禄大夫、弘文馆学士,禄赐、防阁并同京官职事。寻卒,年八十一。……赐东园秘器,陪葬昭陵,赐礼部尚书,谥曰'文懿'。……有集三十卷,令褚亮为之序。"《四库全书》第 1054 册《佛祖历代通载》卷十一(P417):"戊戌十二年,尚书虞世南卒。"《新唐书》卷五十九《艺文志三》(P1563、P1536):"虞世南《北堂书钞》一百七十三卷","虞世南《帝王略论》五卷。"《旧唐书·经籍志》所载同。

事又见《新唐书》卷一百二《虞世南传》。

【考论】

虞世南(558—638),隋末唐初学者、书法家。字伯施,越州余姚(今浙江余姚)人。其性沉静寡欲,笃志勤学,少时与兄虞世基从学于

顾野王，有文名。曾师沙门智永，习王羲之书法，妙得其体，名重当时，与欧阳询并称“欧虞”体。南北朝时仕陈为建安王法曹参军，陈亡入隋，隋大业初授秘书郎，迁起居舍人。后归唐，历任秘书监、弘文馆学士、银青光禄大夫，封永兴县子，后进为县公。其思想倾向于儒家，尝与太宗论治要，“每论及古先帝王为政得失，必存规讽，多所补益”（《旧唐书》卷七十二《虞世南传》P2566），以“仁政”、“德治”等儒家思想进行规谏，对唐初儒学的复兴起过重要作用。太宗嘉其德行、忠直、博学、文词、书翰五绝兼具（同上 P2570）。其思想亦受汉代以来的天命神学的影响，以自然灾害和怪异现象示天意所在，来劝人主注重德行。虞世南亦主张儒、佛、道三教合一，认为佛、道、儒都可“止恶尚仁，胜残去杀”，从而“有益王化”（《论略》）。著有文集三十卷，多佚散。今存《北堂书钞》。此外《新唐书·艺文志三》所著录“虞世南《帝王略论》五卷”，今有敦煌残卷伯 2636（见黄永武编《敦煌宝藏》第 123 册，新文丰出版股份有限公司 1986 年版），《全唐文》卷一百三十九亦辑有《略论》等。是年卒，谥曰“文懿”。

【相关论著举目】

阮爱东：《唐音之始：虞世南诗歌新论》，《新疆大学学报》（哲学人文社会科学版），2011 年第 2 期

宋华玲：《虞世南和〈北堂书钞〉》，《文史杂志》，2007 年第 3 期

钱南：《五绝之臣虞世南》，《文史天地》，2006 年第 7 期

王登科：《虞世南与太宗事迹考略》，《鞍山师范学院学报》，1996 年第 2 期

○孔颖达撰《五经义疏》初成

【文献】

《唐会要》卷七十七《贡举下》（P1405）：“贞观十二年，国子祭酒孔颖达撰《五经义疏》一百七十卷，名曰‘义赞’，有诏改为《五经正义》。太学博士马嘉运每掎摭之，有诏更令详定，未就而卒。”

【相关论著举目】

张鸿:《儒家礼仁之治施政方略的主要命题及其思维方式——以〈五经正义〉为典型个案》,《江苏社会科学》,2012 年第 2 期

王贞:《孔颖达与〈五经正义〉研究述略》,《中国史研究动态》,2012 年第 1 期

刘顺:《〈五经正义〉诗学思想简论》,《船山学刊》,2011 年第 3 期

窦秀艳、杜中新:《〈五经正义〉与"尔雅学"研究》,《井冈山大学学报》(社会科学版),2010 年第 2 期

杨万乔、李丽琴:《唐代经学阐释学与两种文学观念的悖文——兼论〈五经正义〉的阐释学方法与原则》,《学术月刊》,2009 年第 4 期

安敏:《孔颖达主编〈五经正义〉的个人准备》,《阴山学刊》,2009 年第 2 期

潘忠伟:《〈五经正义〉与北朝经学传统》,《哲学研究》,2008 年第 5 期

白长虹:《〈五经正义〉及其研究综述》,《鞍山师范学院学报》,2007 年第 1 期

秦学颀:《从〈五经正义〉到〈五经大全〉——关于唐、明二代经学统一的比较》,《孔子研究》,2002 年第 1 期

王海英:《孔颖达〈五经正义〉与唐代文论》,《中国文学研究》,2001 年第 2 期

高林广:《〈五经正义〉诗学思想管窥》,《内蒙古师大学报》(哲学社会科学版),2001 年第 2 期

○贞观年间,于志宁撰《谏苑》、孔颖达作《孝经义疏》进谏太子李承乾

【文献】

《贞观政要》卷四《规谏太子》(P28—29):"贞观中,太子承乾数亏礼度,侈纵日甚,太子左庶子于志宁撰《谏苑》二十卷讽之。是时太子

右庶子孔颖达每犯颜进谏。承乾乳母遂安夫人谓颖达曰:‘太子长成,何宜屡得面折?’对曰:‘蒙国厚恩,死无所恨。’谏诤愈切。承乾令撰《孝经义疏》,颖达又因文见意,愈广规谏之道。太宗并嘉纳之,二人各赐帛五百匹,黄金一斤,以励承乾之意。”

太宗贞观十三年　己亥(639)

○十一月,李袭誉撰《忠孝图》

【文献】

《唐会要》卷三十六《修撰》(P651):“十三年十一月三日,扬州长史李袭誉撰《忠孝图》二十卷,奏之。”《旧唐书》卷四十六《经籍志上》(P2002):“李袭誉撰《忠孝图传赞》二十卷。”《新唐书》卷五十八《艺文志》(P1483):“李袭誉《忠孝图传赞》二十卷。”《全唐文》卷一百五十五上官仪《为朝臣贺凉州瑞石表》(P1581):“伏见凉州都督李袭誉表奏,昌松瑞石,合百一十字,文曰:……其文不次者,略而不载。敕遣礼部郎中柳逞驰驿检覆,并同所奏。”

事又见《册府元龟》卷六百七,参见《全唐文》卷十《赐李袭誉进忠孝图书》。

○太宗诏儒、释、道学者入弘文殿论三教关系

【文献】

《佛祖统纪》卷三十九(P524):“十三年,诏国子祭酒孔颖达、沙门慧净、道士蔡晃,入弘文殿谈论三教。”《续高僧传》卷三《慧净传》(P124):“乃以贞观十三年集诸官臣及三教学士于弘文殿。延净开阐法华,道士蔡晃讲论好独秀,高宗下令遣与抗论。”事又见《佛祖历代通载》卷十一。

【考论】

太宗贞观十一年(637)所下道士、女冠在佛教先之诏，曾致沙门谏诤。是年，又令国子祭酒孔颖达、沙门慧净、道士蔡子晃入弦文殿谈论三教。贞观十年(636)，佛道代表人物在寺庙论辩争锋，沙门慧净安词调引，占据上风，道士蔡子晃等失其宗绪，饮气而还。是年又于弘文殿谈论三教，道士蔡子晃虽竭力争胜，无奈慧净对答如流，乘胜剉折，晃遂蒙惭而退。由此可见，道教在政治地位上虽然略高一筹，但在现实论争中，道教代表人物却接连挫败。弘文殿谈论三教一事的时间，《佛祖统纪》、《续高僧传》等皆记于十三年(639)，《佛祖历代通载》卷十一独记在贞观十二年(638)秋八月，疑误。

○傅奕卒

【文献】

《旧唐书》卷七十九《傅奕传》(P2714—2717)："傅奕，相州邺人也。尤晓天文历数。隋开皇中，以仪曹事汉王谅。……贞观十三年卒，年八十五。临终诫其子曰：'老、庄玄一之篇，周、孔《六经》之说，是为名教，汝宜习之。妖胡乱华，举时皆惑，唯独窃叹，众不我从，悲夫！汝等勿学也。古人裸葬，汝宜行之。'奕生平遇患，未尝请医服药，虽究阴阳数术之书，而并不之信。……因自为墓志曰：'傅奕，青山白云人也。因酒醉死，呜呼哀哉！'其纵达皆此类。注《老子》，并撰《音义》，又集魏、晋已来驳佛教者为《高识传》十卷，行于世。"《金石萃编》卷八十三《玄宗御注道德经》(按语，P3)："据昶所见《道德经》注无虑数十家，皆与河上公、王弼诸注及玄宗本大同小异。而唐太史令傅奕校定《老子》古本，字句独较他本为繁，亦足以资参订。"

又见《新唐书》卷一百七本传、《资治通鉴》卷一百九十五《唐纪十一》、《佛祖统纪》卷三十九、《佛祖历代通载》卷十三。

【考论】

傅奕(555—639)，相州邺(今河北磁县，一说临章西南)人，隋唐之际学者。隋开皇中,以仪曹事汉王杨谅。唐武德初,拜太史丞,迁太史令,进《刻漏新法》,行于时。精通天文历数。鉴于隋严刑酷法,杀戮贤俊,建议改正朔,易服色,变律令,改官名,制礼作乐。傅奕从儒家思想观念出发,指斥佛教违背儒家君臣父子之伦理纲常,弃父背君,“不忠不孝,削发而揖君亲”;“游手游食,易服以逃租赋”;剥削百姓,割截国贮;妖书邪法,恐吓愚夫,骗取钱物。并且使人愚迷,妄求功德,不畏科禁,触犯法律。佛教肆行之恶果是“剥削民财,割截国贮。朝廷贵臣,曾不一悟”(《全唐文》卷一百三十三《请废佛法表》P1345),故破家破国。他用历史事实揭露佛教之害,指出佛教来至外夷,“汉译胡书,恣其假托”,为妖书邪法,“降自羲农,至于汉魏,皆无佛法”(《全唐文》卷一百三十三《请除释教疏》P1347);西晋以前,有严法禁止国人剃发为僧,万勒之后,禁令松弛,君主昏庸,梁武帝尤足为戒。傅奕主张“凡是沙门,放归桑梓,令逃课之党,普乐输租,避役之曹,恒忻效力”(《四库全书》第1048册《广弘明集》卷十一《箴傅奕上废省佛僧表》P374),以为十万僧尼以惑天下,必须禁止,可免僧尼蚕食之殃。临终前不忘告诫其子习《六经》,勿学妖胡之法。自武德四年(621)起即多次上疏废除佛法,并数与大臣辩论。在佛教盛行的唐初,傅奕最先意识到佛教过度发展的后果,首先提出废除佛法,并与支持佛法者展开斗争,在一定程度上有助于树立儒学权威,遏制佛教发展,巩固唐王朝的统治。傅奕集魏晋以来反佛思想家的言行而成《高识传》十卷(此书已佚),其反佛的思想资料保存在《旧唐书·傅奕传》、《广弘明集》及《全唐文》、《佛祖统纪》等典籍中。其所著《道德经古本篇》,乃从王弼注本发展而来,是王本之后一重要《老子》版本,许多处可刊正王本之误。另有《老子注》、《老子音义》等,均佚。是年卒。《佛祖通载》卷十三记傅奕卒于贞观十四年(640),疑误。新、旧《唐书》均作贞观十三年卒,今从《唐书》。参见《中国学术思想编年》之《隋唐五代卷》。

太宗贞观十四年　庚子(640)

○三月,幸国子监,命孔颖达讲《孝经》

【文献】

《旧唐书》卷二十四《礼仪志四》(P916—917):“贞观十四年三月丁丑,太宗幸国子学,亲观释奠。祭酒孔颖达讲《孝经》,太宗问颖达曰:‘夫子门人,曾、闵俱称大孝,而今独为曾说,不为闵说,何耶?’对曰:‘曾孝而全,独为曾能达也。’制旨驳之曰:‘朕闻《家语》云:曾晳使曾参锄瓜,而误断其本,晳怒,援大杖以击其背,手仆地,绝而复苏。孔子闻之,告门人曰:“参来勿内。”既而曾子请焉,孔子曰:“舜之事父母也,使之,常在侧;欲杀之,乃不得。小箠则受,大杖则走。今参于父,委身以待暴怒,陷父于不义,不孝莫大焉。”由斯而言,孰愈于闵子骞也?’颖达不能对。太宗又谓侍臣:‘诸儒各生异意,皆非圣人论孝之本旨也。孝者,善事父母,自家刑国,忠于其君,战陈勇,朋友信,扬名显亲,此之谓孝。具在经典,而论者多离其文,迥出事外,以此为教,劳而非法,何谓孝之道耶!’”《资治通鉴》卷一百九十五《唐纪十一》(P6152—6153):“二月,丁丑,上幸国子监,观释奠,命祭酒孔颖达讲《孝经》,赐祭酒以下至诸生高第帛有差。是时上大征天下名儒为学官,数幸国子监,使之讲论,学生能明一大经已上皆得补官。增筑学舍千二百间,增学生满二千二百六十员,自屯营飞骑,亦给博士,使授以经,有能通经者,听得贡举。于是四方学者云集京师,乃至高丽、百济、新罗、高昌、吐蕃诸酋长亦遣子弟请入国学,升讲筵者至八千余人。上以师说多门,章句繁杂,命孔颖达与诸儒撰定《五经》疏,谓之《正义》,令学者习之。”《旧唐书》卷七十三《孔颖达传》(P2602):“十四年,太宗幸国学观释奠,命颖达讲《孝经》,既毕,颖达上《释奠颂》,手诏褒美。”《新唐书》卷十五《礼乐志五》(P373):“十四年,太宗观释奠于国子学,诏祭酒孔颖达讲《孝经》。”《唐会要》卷三十五《释奠》

(P640):"贞观十四年二月十日,幸国子监,亲临释奠。"

事又见《册府元龟》卷五百九十九、《太平御览》卷六百一十五《讲说》。

【考论】

李世民意识到学习儒家典籍固然重要,但更重要的是崇礼。礼是"安上治民"的最好手段,而释奠礼尤为重要,不可或缺。所以孔庙的释奠礼,就不仅仅是对孔子的尊崇那么简单,更重要的是释奠礼"安上治民"的教化作用,以及它所起到的象征意义。

《孝经》在汉代就有特殊的地位,在唐代其特殊地位更显得异常突出。从唐高祖李渊起,就常常集合儒、释、道三教人士在一起讨论各教教义,佛教讲《般若经》,道教讲《老子》,儒教就讲《孝经》。后来,唐玄宗亲自为《孝经》作注,并命儒者为注作疏。《孝经》的尊崇地位表明,儒学的核心内容,已经从先秦时期以仁义为主要特征,转变为以忠孝为典型特征。这样的转变,适应了中央集权的政治需要。

○五月,魏徵撰《类礼》

【文献】

《唐会要》卷三十六《修撰》(P651):"十四年五月二十一日,诏以特进魏徵所撰《类礼》,赐皇太子及诸王,并藏本于秘府。初,徵以《礼经》遭秦灭学,戴圣编之,条流不次,乃删其所说,以类相从,为五十篇,合二十卷。上善之,赐物一千段。"《新唐书》卷五十七《艺文志一》(P1434):"魏徵《次礼记》二十卷,亦曰《类礼》。"

事又见《经学通论·〈三礼〉》、《旧唐书》卷七十一《魏徵传》、《新唐书》卷九十七《魏徵传》、《太平御览》卷六百一、《册府元龟》卷六百六《学校部》。

【考论】

魏徵,隋末时从大儒王通学习儒家经典,有深厚的儒家理论基础,尤其精于《尚书》和《礼记》。魏徵认为戴圣《礼记》编次不伦,条流不次，所以花费数年时间，编写成《类礼》二十卷，以类相从为五十篇，不仅削减了其书重复之处，且采先儒诂训进行了注释，甚获好评。

○魏徵、令狐德棻论丧礼

【文献】

《旧唐书》卷二十七《礼仪志》(P1019—1021)："贞观十四年，太宗因修礼官奏事之次，言及丧服，太宗曰：'同爨尚有缌麻之恩，而嫂叔无服。又舅之与姨，亲疏相似，而服纪有殊，理未为得。宜集学者详议。余有亲重而服轻者，亦附奏闻。'于是侍中魏徵、礼部侍郎令狐德棻等奏议曰：'臣闻礼所以决嫌疑，定犹豫，别同异，明是非者也。非从天降，非从地出，人情而已矣。夫亲族有九，服术有六，随恩以薄厚，称情以立文。然舅之与姨，虽为同气，论情度义，先后实殊。何则？舅为母之本族，姨乃外戚他族，求之母族，姨不在焉，考之经典，舅诚为重。故周王念齐，每称舅甥之国；秦伯怀晋，实切《渭阳》之诗。在舅服止一时，为姨居丧五月，徇名丧实，逐末弃本。盖古人之情，或有未达，所宜损益，实在兹乎！《记》曰："兄弟之子，犹子也，盖引而进之也；嫂叔之不服，盖推而远之也。"礼：继父同居，则为之期；未尝同居，则不为服。从母之夫，舅之妻，二夫人相为服。或曰，同爨缌。然则继父之徒，并非骨肉，服重由乎同爨，恩轻在乎异居。故知制服虽系于名，亦缘恩之厚薄者也。或有长年之嫂，遇孩童之叔，劬劳鞠养，情若所生，分饥共寒，契阔偕老。譬同居之继父，方他人之同爨，情义之深浅，宁可同日而言哉！在其生也，爱之同于骨肉；及其死也，则曰推而远之。求之本原，深所未谕。若推而远之为是，则不可生而共居；生而共居之为是，则不可死同行路。重其生而轻其死，厚其始而薄其终，称情立文，其义安在？且事嫂见称，载籍非一。郑仲虞则恩礼甚笃，颜弘都则竭诚致感，马援则见之必冠，孔伋则哭之为位。此并躬践教义，仁深孝友，察其所尚之旨，岂非先觉者欤？但于其时，上无哲王，礼非下之所议，遂使深情郁乎千载，至理藏于万古，其来久矣，岂不惜哉！今属钦明在辰，圣人有作，五礼详洽，一物无遗。犹且永念慎终，凝神遐想。以为尊卑之叙，虽焕乎大备；丧纪之制，或情理未周。爰命秩宗，更详考正。臣等奉遵明旨，触类旁求，采摭群经，讨论传记。或引兼名实，无文之礼咸秩，敦睦之情毕举，变薄俗于既往，垂笃义于将来，信六籍所不能谈，超百王而独得者也。诸儒所守，互有异同，详求厥中，申明圣旨。谨按曾祖父母旧服齐衰三月，请加为齐衰五月。嫡子妇旧服大功，请加为期。众子妇小功，今请与兄弟子妇同为大功九月。嫂叔旧无服，今请服小功五月报。其弟妻及夫兄，亦小功五月。舅服缌麻，请与从母同服小功。'制可之。"

事又见《新唐书》卷二十《礼乐志》。

○太宗诏崇奖梁、周、陈、隋硕儒，引擢其子孙见在者

【文献】

《旧唐书》卷一百八十九上《儒学传序》(P4941—4942)："十四年，诏曰：'梁皇侃、褚仲都，周熊安生、沈重，陈沈文阿、周弘正、张讥，隋何妥、刘炫等，并前代名儒，经术可纪。加以所在学徒，多行其疏，宜加优异，以劝后生。可访其子孙见在者，录名奏闻，当加引擢。'"

事又见《贞观政要·崇儒学》。

【考论】

太宗既倡道、佛，又崇兴儒学，是年诏梁、周、陈、隋等前代硕儒"宜加优异，以劝后生"，主张"可访其子孙见在者，录名奏闻，当加引擢"。此举表明贞观一朝已将兴儒崇儒落实为实际行动，对儒家士子格外恩宠。继西汉之后，唐太宗又一次将儒家思想落实到治国实践中去。

太宗贞观十五年　辛丑(641)

○正月，魏王李泰上《括地志》

【文献】

《唐会要》卷三十六《修撰》(P651)："十五年正月三日，魏王泰上《括地志》五十卷，上嘉之，赐物一万段，其书宣付秘阁。初，泰好学，爱文章，司马苏勖劝泰表请修撰，诏许之。于是大开馆宇，广召时俊，遂奏引著作郎萧德言、秘书郎顾允、记室参军蒋亚卿、功曹参军谢偃等，人物辐辏，门庭若市。泰稍悟过盛，欲其速成，于是分道诸州，披检疏录，凡四年而成。"《旧唐书》卷七十六(P2653—2654)："十二年，司马苏勖以自古名王多引宾客，以著述为美，劝泰奏请撰《括地志》。泰遂奏引著作郎萧德言、秘书郎顾胤、记室参军蒋亚卿、功曹参军谢偃等就府修撰。……十五年，泰撰《括地志》功毕，表上之，诏令付秘阁，赐泰物万段，萧德言等咸加给赐物。"

【考论】

李泰(618—652)字惠褒，太宗第四子，武德年间，先后封宜都王、卫王。贞观二年(628)改封越王，迭领扬州大都督、左武侯、雍州牧、鄜州大都督。十年(636)徙封魏王，遥领相州都督。"少善属文"，"好士爱文字"，深受太宗宠爱，准其"就府别置文学馆，任自引召学士"。李泰谋求夺嫡，事情败露，被囚，寻改封顺阳王，徙居均州郧乡县(今湖北郧县)。二十一年(647)进封濮王。高宗即位后，优惠有加。永徽三年(652)卒于郧乡。另有文集二十卷。

《括地志》，又名《魏王泰坤元录》、《贞观地记》、《贞观地志》、《魏王地记》、《括地象》，是记述唐贞观年间疆域政区的一部大型地理著作，由魏王李泰主编。贞观十二年(638)，李泰接受司马苏勖的建议，奏请太宗，招诸宾客萧德言、顾胤、蒋亚卿、谢偃等始修撰，历时四年而成。是年，书成进上，藏于秘阁。该书在《汉书·地理志》和顾野王

《舆地志》两书编纂基础上，创立了新的地理书撰写体裁，开后世《元和郡县志》、《太平寰宇记》撰作先河。原书五百五十卷（《唐会要》误作“五十卷”，脱“五百”二字），《序略》五卷。据《唐书·艺文志》，《序略》是全书总纲，列于卷首。其后按贞观十道排比 358 州，再以州为单位，分述辖境各县的沿革、地望、得名、山川、城池、古迹、神话传说、重大历史事件等。该书“分道诸州，披检疏录”，不仅征引广博，保存了许多六朝地理书中的珍贵资料，而且作者在做了大量实地调查和检录旧地志资料基础上写成，对贞观时期行政区划州县设置加以详述，是研究唐史地理的第一手资料。孙星衍云：“其书称述经传，山川城冢，皆本古说，载六朝时地理书甚多，以此长于《元和郡县图志》而在其先。”（《孙渊如外集》卷三）南宋后此书散佚。清嘉庆二年（1797）孙星衍将唐宋人著作中征引的《括地志》遗文辑为八卷，刻在《岱南阁丛书》中，这是《括地志》最初的辑本。后来，朱记荣在《槐庐丛书》刻本中，又附辑了陈其荣补辑遗文五条，曹元忠在《南箐札记》本中也补辑了数条。1980 年中华书局出版了贺次君《括地志辑校》，辑本虽断章摘句，非复原貌，且离原著分量相距甚远，却是迄今为止最为完整的辑本。

事又见《唐会要》卷五《杂录》、《册府元龟》卷五百六十、《全唐文》卷七《赐魏王泰诏》。

【相关论著举目】

李南：《〈史记正义〉称引〈括地志〉考校》，南京师范大学硕士学位论文，2011 年

周录祥：《〈史记正义〉引〈括地志〉札记》，《韩山师范学院学报》，2010 年第 1 期

尤德艳：《〈括地志〉佚文补辑》，《文献》，2006 年第 4 期

李泰撰、贺次君辑校：《括地志辑校》，中华书局，2005 年

华林甫：《〈括地志〉辑本校读》，《文献》，1991 年第 1 期

◎四月，太宗下诏详定有事泰山之仪制

【文献】

《旧唐书》卷三《太宗纪下》(P52)："夏四月辛卯，诏以来年二月有事泰山，所司详定仪制。"《旧唐书》卷七十三《颜师古传》(P2595)："十五年，太宗下诏，将有事于泰山，所司与公卿并诸儒博士详定仪注。太常卿韦挺、礼部侍郎令狐德棻为封禅使，参考其仪，时论者竞起异端。师古奏曰：'臣撰定《封禅仪注书》在十一年春，于时诸儒参详，以为适中。'于是诏公卿定其可否，多从师古之说，然而事竟不行。师古俄迁秘书监、弘文馆学士。"

事又见《唐会要》卷七，参见《全唐文》卷六《详定封禅仪诏》。

◎十月，《文思博要》成

【文献】

《唐会要》卷三十六《修撰》(P656)："其年十月二十五日，尚书左仆射、申国公士廉等，撰《文思博要》成，凡一千二百卷。诏藏之秘府。同撰人特进魏徵、中书令杨师道、中书侍郎岑文本、礼部侍郎颜相时、国子司业朱子奢、给事中许敬宗、国子博士刘伯庄、太常博士吕才、秘书监房玄龄、太学博士马嘉运、起居舍人褚遂良、晋王友姚思廉、太子舍人司马宅相、秘书郎宋正人。"《新唐书》卷五十九《艺文志三》(P1562)："《文思博要》一千二百卷，《目》十二卷，右仆射高士廉、左仆射房玄龄、特进魏徵、中书令杨师道、兼中书侍郎岑文本、礼部侍郎颜相时、国子司业朱子奢、博士刘伯庄、太学博士马嘉运、给事中许敬宗、司文郎中崔行功、太常博士吕才、秘书丞李淳风、起居郎褚遂良、晋王友姚思廉、太子舍人司马宅相等奉诏撰，贞观十五年上。"

事又见《册府元龟》卷六百七《学校部·撰集》。

○欧阳询卒

【文献】

《旧唐书》卷一百八十九上《欧阳询传》(P4947):"贞观初,官至太子率更令、弘文馆学士,封渤海县男。年八十余卒。"《新唐书》卷一百九十八《欧阳询传》(P5646):"卒,年八十五。"《太平广记》卷二百八《书三》(P373—374):"唐欧阳询字信本,博览今古,官至银青光禄大夫率更令。……贞观十五年卒,年八十五。询飞白、隶、行、草入妙,大篆、章草入能。"《书断列传》卷三亦记欧阳询卒于该年。

事又见《全唐文》一百四十六。

【相关论著举目】

朱关田:《欧阳询年谱》,《中国书画》,2010 年第 8 期

欧阳强:《欧阳询——中国文化伟大的传承与传播者》,《文艺生活》,2009 年第 10 期

韩理洲:《唐代著名书法家欧阳询的生卒年》,《西北大学学报》(哲学社会科学版),1992 年第 1 期

戴文葆:《历代编辑列传(十三)——欧阳询(557—641)》,《出版工作》,1987 年第 1 期

○朱子奢卒

【文献】

《旧唐书》卷一百八十九上《朱子奢传》(P4948):"朱子奢,苏州吴人也。少从乡人顾彪习《春秋左氏传》,后博观子史,善属文。隋大业中,直秘书学士。及天下大乱,辞职归乡里,寻附于杜伏威。……子奢风流蕴藉,颇滑稽,又辅之以文义,由是数蒙宴遇,或使论难于前。十五年卒。"

事又见《新唐书》卷一百九十八《朱子奢传》。

○吕才等刊正《阴阳书》

【文献】

《旧唐书》卷七十九《吕才传》(P2719—2720):“吕才,博州清平人也。少好学,善阴阳方伎之书。……太宗以阴阳书近代以来渐致讹伪,穿凿既甚,拘忌亦多,遂命才与学者十余人共加刊正,削其浅俗,存其可用者。勒成五十三卷,并旧书四十七卷,十五年书成,诏颁行之。才多以典故质正其理,虽为术者所短,然颇合经义,今略载其数篇。”《新唐书》卷一百七本传所记略同,唯其三篇残文名称不同,为《卜宅篇》、《禄命篇》、《验葬篇》,内容亦有删简。《资治通鉴》卷一百九十六《唐纪十二》(P6165—6166):“(贞观十五年)夏,四月……上以近世阴阳杂书,讹伪尤多,命太常博士吕才与诸术士刊定可行者,凡四十七卷。己酉,书成,上之;才皆为之叙,质之经史。”《唐会要》卷三十六《修撰》(P651):“其年(贞观十五年)四月十六日,太常博士吕才,及诸阴阳学者十余人,撰《阴阳书》,凡五十三卷,并旧书行者四十七卷,诏颁下之。”下注:“太宗以《阴阳书》行之日久,近代以来,渐至讹伪,穿凿既甚,拘忌亦多,遂命有司,总令修撰。”《旧唐书》卷四十七《经籍志》(P2044):“《阴阳书》五十卷吕才撰。”《新唐书》卷五十九《艺文志》(P1557):“吕才《阴阳书》五十三卷。”

【考论】

隋唐之际,阴阳术数颇为盛行,而阴阳书却穿凿附会,讹伪渐生,拘忌亦多,不堪为用。太宗遂令太常博士吕才(600—665)等人对《阴阳书》加以整理,“削其浅俗,存其可用者,勒成五十三卷,并旧书四十七卷”,吕才为之序,书成上之,诏颁天下。吕才对于以往的《阴阳书》中穿凿拘忌者,皆“以典故质正其理”。《旧唐书·经籍志》著录为“五十卷”,误脱“三”字。《阴阳书》后来亡佚。《旧唐书》本传存有《叙宅经》、《叙禄命》、《叙葬书》三篇残文,亦载《全唐文》卷一百六十,《玉函山房辑佚书》保存有关于吕才的十一条材料。参见《中国学术思想编年》之《隋唐五代卷》。

○颜师古奉太子承乾之命注《汉书》成

【文献】

《旧唐书》卷七十三《颜师古传》(P2594—2595):"颜籀字师古……时承乾在东宫,命师古注班固《汉书》,解释详明,深为学者所重。承乾表上之,太宗令编之秘阁,赐师古物二百段、良马一匹。……其所注《汉书》及《急就章》,大行于世。"《新唐书》卷五十八《艺文志》(P1456):"颜师古注《汉书》一百二十卷。"

【考论】

颜师古奉当时的皇太子李承乾之命注班固《汉书》,于贞观十五年(641)书成。《汉书》向来难读,问世以后,多有注释,到颜师古时已有二十三家之注。颜师古所注《汉书》不仅校正文字,疏通文义,而且还做了诸多如审查辨析和纠谬补阙以及注音的工作,并且皆有依据,从不妄加臆断,"上考典谟,旁究《苍》、《雅》",时人称颜氏为"班孟坚忠臣",故深为学者所推重。颜师古《汉书叙例》总结其注书原则:综合各家之注,正确者予以保留,未尽意者予以完善;似是而非者、不合原意者校正之;空泛不当、语言芜杂、征引异端邪说者,一律不取;未曾加注之疑难文字,加以详释,无不准确流畅,解释详明。李承乾撰表上呈朝廷,唐太宗命藏于秘阁,并赐给绢帛、良马等。

【相关论著举目】

胡超:《颜师古〈汉书注〉的训诂内容》,西南大学硕士学位论文,2012年

隋文娟:《颜师古〈汉书注〉词义训释体例研究》,西南大学硕士学位论文,2012年

王云专:《颜师古〈汉书注〉义训研究》,西南大学硕士学位论文,2012年

叶慧琼:《论颜师古〈汉书注〉对话源学研究的贡献》,《广东广播电视大学学报》,2011年第2期

万献初:《颜师古〈汉书注〉音义研究综论》,《古籍整理研究学

刊》,2010 年第 6 期

韦利锋:《颜师古〈汉书注〉训诂术语研究》,西南大学硕士学位论文,2009 年

时雪敏:《〈汉书〉十二帝纪颜师古注词汇研究》,四川师范大学硕士学位论文,2009 年

余光煜:《颜师古〈汉书注〉的学术贡献》,《江西社会科学》,2007 年第 11 期

何玉兰:《颜师古〈汉书注〉古今字研究》,暨南大学硕士学位论文,2007 年

叶慧琼:《颜师古〈汉书注〉同源词研究》,湖南师范大学硕士学位论文,2007 年

龙小军:《〈汉书〉颜师古注研究》,南昌大学硕士学位论文,2007 年

任国俊:《颜师古〈汉书注〉研究》,宁夏大学硕士学位论文,2005 年

姬孟昭:《颜师古〈汉书注〉文献学成就初探》,安徽大学硕士学位论文,2004 年

王智群:《二十年来颜师古〈汉书注〉研究述略》,《古籍整理研究学刊》,2003 年第 4 期

孙兵:《从〈汉书注〉看颜师古训诂学》,《郑州大学学报》(哲学社会科学版),1989 年第 4 期

祝鸿杰:《颜师古和他的〈汉书注〉》,《语文研究》,1982 年第 2 期

太宗贞观十六年　壬寅(642)

○四月,太宗赞美《经典音义》

【文献】

《册府元龟》卷九十七《帝王部·奖善》(P1154):"十六年四月甲

辰，太宗阅陆德明《经典音义》，美其弘益学者，叹曰：'德明虽亡，此书足可传习，因赐其家布帛百匹。'"

事又见《旧唐书》卷一百八十九上《陆德明传》、《新唐书》卷一百九十八《陆德明传》。

○五月，太宗幸弘福寺为穆太后追福，再申道先佛后之意

【文献】

《佛祖统纪》卷三十九(P526)："十六年，上幸弘福寺为穆太后追福。自制疏称皇帝菩萨戒弟子，谓寺主道懿曰：'朕顷以老子是朕先宗，故令居释氏先，卿等能无憾乎？'对曰：'陛下尊祖宗，降成式，讵敢有怨。'上曰：'佛老尊卑，通人自鉴。岂一时在上，即以为胜。朕宗自柱下，故先老子。凡有功德，佥向释门。往日所在战场，皆立佛寺。太原旧第，亦以奉佛。初未尝创立道观。存心若此，卿等应知。'"《集古今佛道论衡》卷丙(P386)贞观十五年(641)，太宗幸弘福寺为穆太后追福，曰："比以老君是朕先宗，尊祖重亲有生之本，故令在前。……师等宜悉朕怀。彼道士者，止是师习先宗，故位在前。今李家据国，李老在前；若释家治化，则释门居上。"

【考论】

贞观十六年太宗幸弘福寺为穆太后追福时，又一次申明道先佛后之意，明确释疑，"以老子是朕先宗，故令居释氏先"，"朕宗自柱下，故先老子"，阐明以道为先并无其他原因，仅此而已。同时，也表示"佛老尊卑，通人自鉴。岂一时在上，即以为胜"。太宗已经把意思表达得非常显明，毋庸置疑。

太宗幸弘福寺为穆太后追福一事，《佛祖统纪》记为贞观十六年，《集古今佛道论衡》记在贞观十五年。据《广弘明集》卷第二十八"贞观十六年五月，御制愿文，致弘福寺"，又据《册府元龟》卷五十一《帝王部》崇释氏"十六年五月御制愿文于弘福寺"，另据《释氏稽古略》卷三"贞观十六年五月，帝为太穆皇后追福于弘福寺，手疏愿文"，此事

当在贞观十六年五月,《集古今佛道论衡》所记疑误,故志于此。

◎十月,王玄度上书,请废旧注。崔仁师奏请罢之,诏准奏,迁给事中

【文献】

《册府元龟》卷六百六《学校部(注释第二)》(P7276):“王玄度为较书郎,贞观十六年十月,上其所注《尚书》、《毛诗》、《周易》并义决三卷,与旧解尤别者一百九十余条。付学官详其可否,诸儒皆因习先师,讥其穿凿。玄度随方应答,竟不肯屈。太宗欲广见闻,并纳之秘府。王方庆为麟台监,精《三礼》好事者多询访之,每所酬答,咸有典据,故时人编次名曰《杂礼答问》。”《旧唐书》卷七十四《崔仁师传》(P2620—2621):“时校书郎王玄度注《尚书》、《毛诗》,毁孔、郑旧义,上表请废旧注,行己所注者,诏礼部集诸儒详议。玄度口辩,诸博士皆不能诘之。郎中许敬宗请付秘阁藏其书,河间王孝恭特请与孔、郑并行。仁师以玄度穿凿不经,乃条其不合大义,驳奏请罢之。诏竟依仁师议,玄度遂废。十六年,迁给事中。”《旧唐书》卷四十六《经籍志上》(P1967、P1972):“《周易》又十卷王玄度注、《周礼义决》三卷王玄度撰。”《新唐书》卷五十七《艺文志》(P1434、P1428、P1430、P1440):“王玄度《周礼义决》三卷,王玄度注《尚书》十三卷、王玄度注《毛诗》二十卷、王玄度注《春秋左氏传》(卷亡)。”

事又见《新唐书》卷九十九《崔仁师传》。

◎太宗诸侍臣议当今国家何事最急

【文献】

《四部丛刊续编》第13册《贞观政要》卷四《太子诸王定分》(P4—5):“贞观十六年,太宗谓侍臣曰:‘当今国家何事最急?各为我言之。’尚书右仆射高士廉曰:‘养百姓最急。’黄门侍郎刘洎曰:‘抚四夷

急。'中书侍郎岑文本曰：'《传》称："道之以德，齐之以礼。"礼义为急。'谏议大夫褚遂良曰：'即日四方仰德，不敢为非，但太子、诸王，须有定分，陛下宜为万代法以遗子孙，此最当今日之急。'"

事又见《唐会要》卷四《储君》、《旧唐书》卷八十《褚遂良传》。

○褚亮进爵为侯

【文献】

《旧唐书》卷七十二《褚亮传》(P2582)："十六年，进爵为侯，食邑七百户。后致仕归于家。太宗幸辽东，亮子遂良为黄门侍郎，诏遂良谓亮曰：'昔年师旅，卿常入幕；今兹遐伐，君已悬车。倏忽之间，移三十载，眷言畴昔，我劳如何！今将遂良东行，想公于朕，不惜一儿于膝下耳，故遣陈离意，善居加食。'亮奉表陈谢。"《全唐文》卷一百四十七《褚亮传》(P1484)："十六年封阳翟县侯，卒年八十八，赠太常卿，谥曰康。"

○孔颖达奉敕复审《五经正义》

【文献】

《十三经注疏》中《周易正义》、《尚书正义》、《毛诗正义》、《礼记正义》、《春秋左传正义》各序(P6、110、261、1223、1699)皆云："至十六年又奉敕……更详审(正)。"

○杨士勋约活动于此时，撰有《春秋穀梁传注疏》

【文献】

《四库全书总目》卷二十六《经部·春秋类一》(P211)："《春秋穀梁传注疏》二十卷，晋范宁集解，唐杨士勋疏。其传则士勋疏称，穀梁子名俶，字元始，一名赤，受经于子夏。为经作传则当为穀梁子所自作。徐彦《公羊传疏》又称，公羊高五世相授，至胡母生乃著竹帛，题其亲师，故曰《公羊传》。《穀梁》亦是著竹帛者，题其亲师，故曰《穀梁传》。则当为传其学者所作。案《公羊传》'定公即位'一条引'子沈子曰'，何休《解诂》以为后师。案此注在《隐公十一年》所引'子沈子'条下。此传'定公即位'一条，亦称'沈子曰'。公羊、穀梁既同师子夏，不应及见后师。又'初献六羽'一条，称'穀梁子曰'。传既穀梁自作，不应自引已说。且此条又引'尸子曰'。尸佼为商鞅之师，鞅既诛，佼逃于蜀，其人亦在穀梁后，不应预为引据。疑徐彦之言为得其实。但谁著于竹帛，则不可考耳。《汉书·艺文志》载《公羊》、《穀梁》二家经十一卷，传亦各十一卷。则经、传初亦别编。范宁《集解》，乃并经注之，疑即宁之所合。定公元年'春王三月'一条，发传于'春王'二字之下，以'三月'别属下文，颇疑其割裂。然考刘向《说苑》，称文王似元年，武王似春王，周公似正月。向受穀梁《春秋》，知《穀梁》经文以'春王'二字别为一节，故向有此读。至'公观鱼于棠'一条、'葬桓王'一条、'杞伯来逆叔姬之丧以归'一条、'曹伯庐卒于师'一条、'天王杀其弟佞夫'一条，皆冠以'传曰'字。惟'桓王'一条与《左传》合，余皆不知所引何传。疑宁以传附经之时，每条皆冠以'传曰'字，如郑元、王弼之《易》有'彖曰'、'象曰'之例，后传写者删之。此五条，其削除未尽者也。宁注本十二卷，以兼载门生故吏子弟之说，各列其名，故曰《集解》。《晋书》本传称，宁此书为世所重，既而徐邈复为之注，世亦称之。今考书中乃多引邈注，未详其故。又《自序》有'商略名例'之句，疏称宁别有《略例》百余条，此本不载。然注中时有'传例曰'字。或士勋割裂其文，散入注、疏中欤？士勋始末不可考。孔颖达《左传正义序》，称与故四门博士杨士勋参定，则亦贞观中人。其书不及颖达书之赅洽。然诸儒言《左传》者多，言《公》、《穀》者少，既乏凭藉之资。又《左传》成于众手，此书出于一人，复鲜佐助之力。详略殊观，固其宜也。其疏'长狄眉见于轼'一条，连缀于'身横九亩'句下，与注相离。盖邢昺刊正之时，又多失其原第，亦不尽士勋之旧矣。"《宋史》卷二百二《艺文志》(P5057、P5065)："杨士勋《春秋穀梁疏》十二卷"、

"《春秋公穀考异》五卷。"

事又见《郡斋读书志》卷三。

【考论】

杨士勋，事迹不可考，贞观时人，唐初重要的《春秋》学者。由孔颖达《春秋正义序》可知其为"四门博士"，曾"对共参定"，则杨士勋亦参加《春秋正义》的审定工作。又据士勋所撰庄公二十七年《穀梁疏》，称"先师刘炫难之"云云，知士勋当为刘炫之弟子。与《左传疏》成于众手不同，《穀梁疏》完全是杨氏个人的著作。《春秋穀梁疏》成为唐代穀梁学一部最重要的著作（赵伯雄《春秋学史》第六节杨士勋的《穀梁传疏》与唐代穀梁学）。清代阮元评曰："为穀梁学者，未有能过之者也"（《十三经注疏·春秋穀梁传注疏校勘记序》P2362）。

【相关论著举目】

赵友林：《杨士勋〈春秋穀梁传疏〉考》，《聊城大学学报》（社会科学版），2009 年第 4 期

文廷海、周国林：《〈春秋穀梁传注疏〉例法研究》，《古籍整理研究学刊》，2007 年第 5 期

太宗贞观十七年　癸卯（643）

○正月，魏徵卒

【文献】

《新唐书》卷九十七《魏徵传》（P3867—3881）："魏徵字玄成，魏州曲城人。……十七年，疾甚。……是夕，帝梦徵若平生，及旦，薨。帝临哭，为之恸，罢朝五日。太子举哀西华堂。诏内外百官朝集使皆赴丧。赠司空、相州都督，谥曰'文贞'。……帝后临朝叹曰：'以铜为鉴，可正衣冠；以古为鉴，可知兴替；以人为鉴，可明得失。朕尝保此三鉴，内防己过。今魏徵逝，一鉴亡矣。'……始，丧乱后，典章湮散，

徵奏引诸儒校集秘书，国家图籍粲然完整。尝以《小戴礼》综汇不伦，更作《类礼》二十篇，数年而成。帝美其书，录置内府。”

事又见《旧唐书》卷七十一《魏徵传》、《资治通鉴》卷一百九十六《唐纪十二》、《贞观政要》等。

【考论】

魏徵(580—643)，字玄成，魏州曲城(今河北馆陶)人，唐初杰出政治家和思想家、史学家。少时父母丧亡，家境贫寒，喜读诗书，不理家业，曾出家为道士。隋大业末年，魏徵被隋武阳郡(治所在今河北大名东北)丞元宝藏任为书记。元宝藏举郡归降李密后，又被李密任为元帅府文学参军，掌文书卷宗。降唐后，不久为窦建德所获，任起居舍人。后再入唐，官太子洗马，曾劝建成先发制人。太宗即位，不计前嫌，擢为谏议大夫，贞观七年(633)任侍中。魏徵学识渊博，能深谋远虑，有治国才略，为太宗朝重要辅政大臣，以犯颜直谏闻名于世。贞观年间先后上疏二百余条，皆治国良策，被太宗采纳，对唐太宗开创的“贞观之治”的形成做出了重大贡献。其谏言着重强调“兼听则明，偏听则暗”，主张为政者要居安思危、励精图治；明辨忠奸、任人惟贤；严明法度，赏罚分明；诚信修德、以民为本；艰苦力行，俭约朴素等。唐太宗曰：“贞观之后，尽心于我，献纳忠谠，安国利民，犯颜正谏，匡朕之违者，唯魏徵而已。古之名臣，何以加也。”(《旧唐书》本传P2559)又曰：“夫以铜为镜，可以正衣冠；以古为镜，可以知兴替；以人为镜，可以明得失。朕常保此三镜，以防己过。今魏徵殂逝，遂亡一镜矣。”(同上P2561)曾奉旨与虞世南、萧德言等依据经史等典籍，将关乎治道政术、存乎劝戒者辑录成《群书治要》一书。清末王灏所编《畿辅丛书》收《魏郑公文集》，辑录有魏徵的文章二十四篇，反映了魏徵的政治思想。贞观年间，魏徵总撰五代史的修定，亲自撰写《隋书》序论及《梁书》、《陈书》、《齐书》的总论，对诸史有所损益，务存简正，时称“良史”。尤其是所修《隋书》，体现了“以史为鉴”的史学思想。据《唐书》，其著作尚有《魏徵集》二十卷、《时务策》五卷、《谏事》五卷、《隋书列传》一卷、《类礼》二十卷、《祥瑞图》十卷、《励忠节》四卷、《自古诸侯王善恶录》二卷、《周易义》六卷等，但大部分已佚。今存者仅《文集》、《群书治要》及诸史总论或序论。今人吕效祖编有《新编魏徵集》(三秦出版社1994年版)，可参考。

(一)关于其生卒年，为北周大象二年生，唐贞观十七年卒(580—643)。王先恭编《魏文贞公年谱》一卷，载《魏文贞公故事拾遗》附录本(台湾商务印书馆影印本1981年)钱保塘《历代名人生卒录》谓徵"贞观十六年薨，六十四。吴谱作十七年正月"。考《新唐书》本传说"十七年疾甚"，不久即有太宗做梦并奏徵薨之事，且《旧唐书》卷三《太宗纪》(P54)明载十七年春正月，"郑国公魏徵薨"，故当以卒于十七年为是。谓十六年卒者，盖依《旧唐书》本传。考《旧唐书》(P2561)说"十六年"徵"自陈有疾"，"及病笃"、"时年六十四"云云，自疾至卒其间应有一段时间，故"十六年"说当误。

(二)关于《隋书·经籍志》，颇有争议。吕效祖《新编魏徵集》之《绪论》谓"据李宗邺教授考证《隋书·经籍志》亦为魏徵所撰"(三秦出版社1994年版)。黄永年等编《唐史史料学》称："武德四年令狐德棻请修梁、陈、北齐、周、隋五代史，五年下诏撰修，以封德彝、颜师古任隋史，数载不就。贞观三年复敕修撰，以魏徵、孔颖达、许敬宗任隋史，房玄龄与魏徵总监诸代史。贞观十年，五代史撰成进上。当时这五代史可能合为一书，以后分别单行，本当时习惯，各以'书'称，隋史即名为《隋书》。这时的《隋书》仅有纪、传，志是贞观十五年诏于志宁、李淳风、韦安仁、李延寿等另外修的，也是包括梁、陈、北齐、周、隋五个朝代统在一起，叫《五代史志》，显庆元年修成三十卷，由长孙无忌进上，后来附《隋书》流传，不明究竟者往往误认为专为《隋书》撰写的志，其实今传本《隋书》仍于纪、传题魏徵上，而志题长孙无忌等撰，分别得很清楚。"当从。参见《中国学术思想编年》之《隋唐五代卷》。

【相关论著举目】

胡倩：《试论贞观后期唐太宗的执政变化——以魏徵〈不克终十疏注〉为视角》，《湖南科技学院学报》，2012年第3期

叶哲明：《唐太宗魏徵君相知遇和贞观治世绝唱之研究》，《台州

学院学报》,2007 年第 4 期

梁瑞:《浅论魏徵的儒学思想及其实践》,云南师范大学硕士学位论文,2006 年

王庆芳:《海峡两岸魏徵研讨会在京召开》,《石家庄日报》,2005 年 11 月 21 日

刘建新:《唐代魏徵执政思想的启示》,《云梦学刊》,2005 年第 4 期

艾新强:《从〈贞观政要〉看魏徵的治国主张》,《广西社会主义学院学报》,2005 年第 2 期

王万盈:《李世民与魏徵关系新论》,《西北师大学报》(社会科学版),2002 年第 5 期

刘高勇:《从唐太宗与虞世南、魏徵关系的差异看其文化倾向》,《湖北大学学报》(哲学社会科学版),2001 年第 5 期

刘敏:《唐代杰出的谏臣与史臣——魏徵》,《聊城师范学院学报》(哲学社会科学版),2001 年第 2 期

高红:《魏徵诤谏特点和谏法发微》,《安徽大学学报》,2000 年第 3 期

卢华语:《论魏徵的史学思想》,《西南师范大学学报》,1998 年第 4 期

魏晓虹、何锐钰:《试论魏徵的文学思想》,《山西大学学报》,1998 年第 2 期

王万盛:《在历史的表象后面——李世民与魏徵关系新探》,《甘肃社会科学》,1995 年第 1 期

盖金:《魏徵礼治思想述论》,《西部学坛》,1994 年第 4 期

孙中信:《魏徵以德治国之道》,《孔子研究》,1993 年第 3 期

李志生:《简析魏徵的制礼活动》,《历史教学》,1992 年第 3 期

杨荫楼:《魏徵的政治思想》,《齐鲁学刊》,1981 年第 3 期

许道勋、赵克尧:《魏徵与唐初政治》,《陕西师范大学学报》,1981 年第 2 期

○五月，颜师古建议设明堂制度

【文献】

《旧唐书》卷二十二《礼仪志》(P851—853)："十七年五月，秘书监颜师古议曰：'明堂之制，爰自古昔，求之简牍，全文莫睹。始之黄帝，降及有虞，弥历夏、殷，迄于周代，各立名号，别创规模。众说舛驳，互执所见，巨儒硕学，莫有详通，斐然成章，不知裁断。究其指要，实布政之宫也。徒以战国纵横，典籍废弃；暴秦酷烈，经礼湮亡。今之所存，传记杂说，用为准的，理实芜昧。……但当上遵天旨，祗奉德音，作皇代之明堂，永贻范于来叶。区区碎议，皆略而不论。'又上表曰：'明堂之制，陛下已发德音，久令详议。但以学者专固，人人异言，损益不同，是非莫定。臣愚以为五帝之后，两汉已前，高下方圆，皆不相袭。惟在陛下圣情创造，即为大唐明堂，足以传于万代，何必论户牖之多少，疑阶庭之广狭？若恣儒者互说一端，久无断决，徒稽盛礼。昔汉武欲草封禅仪，博望诸生，所说不同，莫知孰是。唯御史大夫倪宽劝上自定制度，遂成登封之礼。臣之愚诚，亦望陛下斟酌繁省，为其节文，不可谦拒，以淹大典。'寻以有事辽海，未暇营创。"

事又见《新唐书》卷十三《礼乐志》、《唐会要》卷十一《明堂制度》，《全唐文》卷一百四十七有颜师古《议明堂制度表》、《明堂议》二文。

○七月，撰成《高祖实录》、《太宗实录》

【文献】

《旧唐书》卷一百八十九上《敬播传》(P4954)："敬播，蒲州河东人也。贞观初，举进士。俄有诏诣秘书内省佐颜师古、孔颖达修《隋史》，寻授太子校书。史成，迁著作郎，兼修国史。与给事中许敬宗撰《高祖》、《太宗实录》，自创业至于贞观十四年，凡四十卷，奏之，赐物五百段。"《旧唐书》卷八十二《许敬宗传》(P2761—2764)："十七年，以修《武德》、《贞观实录》成，封高阳县男，赐物八百段，权检校黄门侍郎。……初，高祖、太宗两朝实录，其敬播所修者，颇多详直，敬宗又辄以己爱憎曲事删改，论者尤之。"《郡斋读书志》卷六(P214)："《唐高祖实录》二十卷，右唐房玄龄等撰。太宗诏玄龄与许敬宗、敬播同修，起创业，尽武德九年。贞观十七年书成。"《郡斋读书志》卷六(P215)："《唐太宗实录》四十卷，右唐许敬宗等撰。起即位，尽贞观二十三年。初，贞观十七年，房玄龄、许敬宗、敬播撰《今上实录》，止十四年，成二十卷。永徽五年，无忌与史臣续十五年后，尽昭陵事，合四十卷。其后敬宗改定。"《新唐书》卷五十八《艺文志》(P1457、P1475、P1471、P1471)："敬播注《汉书》四十卷"，"敬播《文贞公传事》四卷"，"《高祖实录》二十卷，敬播撰，房玄龄监修，许敬宗删改"，"《今上实录》二十卷，敬播、顾胤撰，房玄龄监修。"

事又见《文献通考》卷一百九十四、《新唐书》卷二百二十三上《许敬宗传》、《册府元龟》卷二十七、《册府元龟》卷五百五十四，《唐会要》卷六十三《修国史》、《文献通考》卷一百九十四、《廿二史札记》卷十六《唐实录国史凡两次散失》。

太宗贞观十八年　甲辰(644)

○诸州所举孝廉不能答太宗、皇太子问

【文献】

《唐会要》卷七十六《孝廉举》(P1395)："贞观十八年二月六日，引汴、鄜诸州所举孝廉，赐坐于御前。上问以皇王政术，及皇太子问以曾参《孝经》，并不能答。太宗谓曰：'自楚庄王以群臣莫逮，退而有忧色曰："诸侯能自得师者王，自为谋而莫己若者亡。今以不谷之不德，群臣言莫我逮，我国能免于亡乎！"朕发诏征天下俊异，才以浅近问之，咸不能答。海内贤哲，将无其人耶？朕甚忧之。'"

【考论】

自隋以来，科举制虽然已经开始实行，但孝廉制并未立即退出历史舞台，仍然存在，但已名存实亡。是年，太宗问所举孝廉以皇王政术，皇太子问以曾参《孝经》，都不能答。由此可知，汉代以来的孝廉制，流传至唐时仅仅流于形式，所举孝廉不学无术，浅近问题，尚不能对，不堪任用。故太宗退而深忧之。

○令狐德棻等改撰《晋书》，书成，除秘书少监

【文献】

《旧唐书》卷七十三《令狐德棻传》(P2598)："十八年，起为雅州刺史，以公事免。寻有诏改撰《晋书》，房玄龄奏德棻令预修撰，当时同修一十八人，并推德棻为首，其体制多取决焉。书成，除秘书少监。"

○盖文达卒，盖文懿亦卒于贞观年间

【文献】

《旧唐书》卷一百八十九上《盖文达传》(P4951)："盖文达，冀州信都人也。博涉经史，尤明《三传》。性方雅，美须貌，有士君子之风。刺史窦抗尝广集儒生，令相问难，其大儒刘焯、刘轨思、孔颖达咸在坐，文达亦参焉。既论难，皆出诸儒意表，抗大奇之，问曰：'盖生就谁受学?'刘焯对曰：'此生岐嶷，出自天然。以多问寡，焯为师首。'抗曰：'可谓冰生于水而寒于水也。'武德中，累授国子助教。太宗在藩，召为文学馆直学士。贞观十年，迁谏议大夫，兼弘文馆学士。十三年，除国子司业。俄拜蜀王师，以王有罪，坐免。十八年，授崇贤馆学士。寻卒。其宗人文懿，亦以儒业知名，当时称为'二盖'焉。"《旧唐书》卷一百八十九上《盖文懿传》(P4951—4952)："文懿者，贝州宗城人也。武德初，历国子助教。时高祖别于秘书省置学，教授王公之子，时以文懿为博士。文懿尝开讲《毛诗》，发题，公卿咸萃，更相问

难，文懿发扬风雅，甚得诗人之致。贞观中，卒于国子博士。"《册府元龟》卷七百六十八(P7127)："盖文懿为秘书博士，尝闻讲发《毛诗》题，公卿咸萃，更相问难，文懿发扬风雅，甚得诗人之致，亦以儒业被知，章句颇优而仪范不逮。文达，官至国子博士，时称二盖。"《旧唐书》卷七十三《王恭传》(P2603)："盖文懿、文达等皆当时大儒。"

事又见《新唐书》卷一百九十八《盖文达传》、《册府元龟》卷七百六十八《总录部·儒学》二。

【考论】

盖文达，冀州人，唐代名臣，为秦府十八学士之一，官至谏议大夫。盖文达博览群书，尤精《春秋》三家，由文学殿学士升谏议大夫，拜崇贤学士。其宗人盖文懿为国子监助教，晓譬密征，远近敬仰，拜国子博士。盖文达、盖文懿二人均以儒业知名，时人将两位名儒并称为"二盖"。

○李袭誉卒于此年后不久，撰有《五经妙言》、《忠孝图》等

【文献】

《旧唐书》卷五十九《李袭誉传》(P2331—2332)："袭誉字茂实，少通敏有识度。……寻转凉州都督，加金紫光禄大夫，行同州刺史。坐在凉州阴憾番禾县丞刘武，杖而杀之，至是有司议当死，制除名，流于泉州，无几而卒。撰《五经妙言》四十卷、《江东记》三十卷、《忠孝图》二十卷。"《新唐书》卷四十一《地理志五》(P1052)："贞观十八年，长史李袭誉引渠，又筑勾城塘，以溉田八百顷。"《新唐书》卷五十八《艺文志二》(P1492)："李袭誉《明堂序》一卷。"《新唐书》卷五十九《艺文志三》(P1512)："李袭誉《五经妙言》四十卷。"

【考论】

据《新唐书》卷四十一《地理志五》(P1052)所记"贞观十八年，长史李袭誉引渠，又筑勾城塘，以溉田八百顷"，可知其贬泉州及卒当在本年或稍后。

太宗贞观十九年　乙巳(645)

◯颜师古卒,注《汉书》及《急就章》

【文献】

《旧唐书》卷七十三《颜师古传》(P2594—2595):"颜籀字师古,雍州万年人,齐黄门侍郎之推孙也。……十九年,从驾东巡,道病卒,年六十五,谥曰戴。有集六十卷。其所注《汉书》及《急就章》,大行于世。"《旧唐书》卷七十三史臣评曰(P2604):"师古家籍儒风,该博经义,至于详注史策,探测典礼,清明在躬,天有才格。然而三黜之负,竟在时讥,孔子曰'才难',不其然乎?"《郡斋读书志》卷四(P149):"《急就章》一卷,右汉史游撰,唐颜师古注。游,元帝时为黄门令。书凡三十二章,杂记姓名、诸物、五官等字,以教童蒙。《急就》者,谓字之难知者,缓急可就而求焉。自昔善小学者多书此,故有皇象、钟繇、卫夫人、王羲之所书传于世。"《新唐书》卷五十八《艺文志》(P1450、P1456、P1457、P1484):"颜师古注《急就章》一卷,颜师古注《汉书》一百二十卷,《隋书志》三十卷,颜师古、孔颖达……等撰。颜师古,《安兴贵家传》。"有《颜师古集》六十卷。

事又见《新唐书》卷一百九十八《颜师古传》、《文献通考》卷一百八十九、《直斋书录解题》卷三,《全唐文》卷一百四十七有传。

【考论】

颜师古(581—645),《旧唐书》本传谓名籀,字师古,以字行,《新唐书》则称名师古,字籀,京兆万年(今陕西西安)人,隋末唐初儒学家、经学家、语言文字学家、历史学家。颜师古乃北朝文学家颜之推之孙,自幼受家学熏陶,博览群书,精于训诂,善于为文。隋文帝仁寿年间,由左丞李纲所荐,授安养县(今湖北樊城)尉。后因事免官,回到长安,十年间未被起用,因家贫遂以教授为业。隋大业十三年(617),李渊起兵后,旋投奔李渊,历任起居舍人、中书舍人等职。太宗即位后，擢升为中书侍郎，封为琅邪县男。贞观初，唐太宗以为儒家经典文字讹谬甚多，乃令师古于秘书省考定五经文字，撰成《五经定本》，颁行天下，令学者习之。其后又参与《五经正义》的修撰工作。《定本》和《正义》之颁行，使儒家经典从文字到解释都有了法定的蓝本，对唐代儒学发展有较大影响。贞观七年(633)，拜为秘书少监，专事校订古书，于众人所惑之奇书难字，皆能“随疑剖析，曲尽其源”。后又奉诏与博士撰定《五礼》，于贞观十一年(637)完成。不久便奉当时的皇太子李承乾之命注班固《汉书》，于贞观十五年(641)书成。颜师古长于训诂，解释详明，深为学者推重。后迁秘书监、弘文馆学士。贞观十九年，随唐太宗征辽，途中病卒，谥曰“戴”。颜师古一生著述甚丰，所著涉及文字学、训诂学、古音学等多个方面，注《汉书》一百二十卷，注《急就篇》一卷，著《匡谬正俗》八卷，编《字样》，参与校定《五经》，编撰《五经正义》，又有《颜师古集》六十卷等。这些书大部分已佚，流传至今的有《匡谬正俗》、《汉书注》及少部分奏议及文章等。

【相关论著举目】

孙艳秋：《论颜师古对文字学的贡献》，《商丘师范学院学报》，2011年第11期

蒋鸿青、田汉云：《论颜师古〈论语〉注在唐初的学术转型意义》，《孔子研究》，2010年第5期

曾昭聪：《颜师古〈急就篇〉注有“得名之由”的探讨述评》，《辞书研究》，2009年第1期

张金霞：《颜师古语言学研究》，齐鲁书社2006年

申屠炉明：《孔颖达、颜师古评传》，南京大学出版社2006年

张金霞：《颜师古在语源研究上的贡献》，《新疆师范大学学报》，2006年第2期

任国俊：《颜师古〈汉书注〉研究》，宁夏大学硕士学位论文，2005年

孙雪萍：《〈诗经〉颜氏学》，山东大学硕士学位论文，2004年

姬孟昭：《颜师古〈汉书注〉文献学成就初探》，安徽大学硕士学位

论文,2004 年

陈侣君:《〈汉书〉颜注以双音词释单音词现象探析》,北京师范大学硕士学位论文,2004 年

王智群:《颜师古注引方俗语研究》,华东师范大学硕士学位论文,2004 年

张金霞:《颜师古在口语词研究上的贡献》,《徐州师范大学学报》,2004 年第 5 期

程明安:《论颜师古注〈汉书〉的异文》,《语言研究》,2003 年第 4 期

王智群:《二十年来颜师古〈汉书注〉研究述略》,《古籍整理研究学刊》,2003 年第 4 期

程明安:《论颜师古注〈汉书〉的异文》,《语言研究》,2003 年第 4 期

张金霞:《颜师古的古音学》,《古汉语研究》,2003 年第 2 期

张金霞:《论颜师古对音义关系的认识》,《古籍整理研究学刊》,2003 年第 1 期

梁宗奎、李瑞生:《论一代训诂大师颜师古》,《临沂师范学院学报》,2002 年第 5 期

张金霞:《颜师古语言学研究》,山东大学博士学位论文,2002 年

刘晓东:《〈匡谬正俗〉平议》,山东大学出版社 2000 年

史鉴:《颜师古的语文规范实践》,《语文建设》,1995 年第 11 期

任福禄:《颜师古〈汉书注〉喉音反切声类再研究》,《求是学刊》,1994 年第 5 期

孙兵:《从〈汉书注〉看颜师古训诂学》,《郑州大学学报》,1989 年第 4 期

张文轩:《颜师古的"合韵"和他的古音学》,《兰州大学学报》,1987 年第 4 期

罗香林:《唐颜师古先生籀年谱》,《新编中国名人年谱集成》(第十八辑),台湾商务印书馆 1982 年

祝鸿杰:《颜师古和他的〈汉书注〉》,《语文研究》,1982 年第 2 期

○四月,岑文本卒

【文献】

《新唐书》卷二《太宗本纪》(P44):“丁未,岑文本薨。”《旧唐书》卷八十二《许敬宗传》(P2761—2762):“十九年,太宗亲伐高丽,皇太子定州监国,敬宗与高士廉等共知机要。中书令岑文本卒于行所,令敬宗以本官检校中书侍郎。”《旧唐书》卷七十《岑文本传》(P2535—2539):“岑文本字景仁,南阳棘阳人。……及将伐辽,凡所筹度,一皆委之。文本受委既深,神情顿竭,言辞举措,颇异平常。太宗见而忧之,谓左右曰:‘文本今与我同行,恐不与我同返。’及至幽州,遇暴疾,太宗亲自临视,抚之流涕。寻卒,年五十一。”

事又见《新唐书》卷一百二《岑文本传》,《全唐文》卷一百五十有传。

【考论】

岑文本(595—645),字景仁,南阳棘阳(今河南新野)人,唐代著名学者、宰相。少时即聪颖明理,博览经史,善于文词。贞观后历任秘书郎兼直中书省、中书舍人、中书侍郎、银青光禄大夫等,专典机密。皇帝诏诰,皆出其手。岑文本深通典章文物制度,名重当时。朝廷重臣颜师古因事失官,议者以为后继无人,太宗以为南阳岑文本才能远在颜师古之上。以岑为中书侍郎,专管机密,可见器重之深。岑文本推崇道家返朴归真思想,谓“去智绝巧,圣人之至德;斫雕为朴,先王之令图”(《钱不行对》),同时亦主张重农抑商,强调“农为政本”(《藉田颂》),反对奢侈,主张节俭。文辞俱佳,极富才名。贞观元年,唐太宗行藉田礼,上《藉田颂》;元日,又上《三元颂》,《新唐书·艺文志》著录其文集 60 卷,已散佚。《全唐文》存录其文 20 篇,《全唐诗》录存其诗 4 首。任中书侍郎时,曾与令狐德芬撰修《北周书》,其中史论多出自文本之手。岑文本不仅富有才华,而且重于操守。每遇升

官，不喜反忧，深感才能不足，无功于国，责重位高，故深受唐太宗赏识。据《旧唐书·东夷传》，贞观十九年(645)，对辽东之役，文本随行，负责一切后勤事宜，操劳过度，染病在身，卒于军中，年五十一。卒于此年，故其生年当为隋开皇十五年(595)。唐太宗十分悲恸，追赠为侍中、广州都督，赐谥号宪，陪葬于昭陵。岑文本以及其从子岑长倩、孙岑羲相继为相，一门三相，传为史上佳话。

其籍贯两《唐书》所记有异，《旧唐书》记为"南阳棘阳人"，《新唐书》记为"邓州棘阳人"。考《旧唐书·地理志》"山南东道邓州"条，唐高祖武德二年(619)曾改隋南阳郡为邓州，玄宗天宝元年(742)又改为南阳郡，至肃宗乾元元年(758)又复改为邓州。名称有异，实为一地。参见《中国学术思想编年》之《隋唐五代卷》。

○马嘉运卒

【文献】

《旧唐书》卷七十三《马嘉运传》(P2603—2604)："马嘉运者，魏州繁水人也。少出家为沙门，明于《三论》。后更还俗，专精儒业，尤善论难。贞观初，累除越王东阁祭酒；顷之，罢归，隐居白鹿山。十一年，召拜太学博士，兼弘文馆学士，预修《文思博要》。嘉运以颖达所撰《正义》颇多繁杂，每掎摭之，诸儒亦称为允当。高宗居春宫，引为崇贤馆学士，数与洗马秦暐侍讲殿中，甚蒙礼异。十九年，迁国子博士卒。"

事又见《新唐书》卷一百九十八《马嘉运传》。

【考论】

马嘉运，唐魏州繁水(今河南省南乐县西)人，少为沙门，还俗后治儒学。贞观初，充任越王东阁祭酒，一度退隐白鹿山，各地前去求学者多达千人。十一年，召拜太学博士、弘文馆学士。对孔颖达等所撰《五经正义》颇有研究，校定其非，指摘其误，诸儒称为允当。太宗命孔颖达等重新修订，孔颖达卒后，他人续修，直至唐高宗永徽四年

(653)才颁行。因此马嘉运有功于《五经正义》。高宗李治为太子时，引为崇贤馆学士，侍讲殿中，终国子博士，是年卒。

○张士衡卒

【文献】

《旧唐书》卷一百八十九上《张士衡传》(P4949)："张士衡，瀛州乐寿人也。父之庆，齐国子助教。士衡九岁丧母，哀慕过礼，父友齐国子博士刘轨思见之，每为掩泣，谓其父曰：'昔伯饶号"张曾子"，亦岂能远过！吾闻君子不亲教，当为成就之。'及长，轨思授以《毛诗》、《周礼》，又从熊安生及刘焯受《礼记》，皆精究大义。此后遍讲《五经》，尤攻《三礼》。仕隋为余杭令，后以年老归乡里。贞观中，幽州都督燕王灵夔备玄纁束帛之礼，就家迎聘，北面师之。庶人承乾在东宫，又加旌命。及至洛阳宫谒见，太宗延之升殿，赐食，擢授朝散大夫、崇贤馆学士。承乾见之，问以齐氏灭亡之由绪，对曰：'齐后主悖虐无度，昵近小人，至如高阿那瑰、骆提婆、韩长鸾等，皆奴仆下才，凶险无赖，是信是使，以为心腹。诛害忠良，疏忌骨肉。穷极奢靡，剥丧黎元。所以周师临郊，人莫为用，以至覆灭，实此之由。'承乾又问曰：'布施营功德，有果报不？'对曰：'事佛在于清净无欲，仁恕为心。如其贪婪无厌，骄虐是务，虽复倾财事佛，无救目前之祸。且善恶之报，若影随形，此是儒书之言，岂徒佛经所说。是为人君父，当须仁慈；为人臣子，宜尽忠孝。仁慈忠孝，则福祚攸永；如或反此，则殃祸斯及。此理昭然，愿殿下勿为忧虑。'及承乾废黜，敕给乘传，令归本乡。十九年卒。士衡既礼学为优，当时受其业擅名于时者，唯贾公彦为最焉。"

事又见《新唐书》卷一百九十八《张士衡传》、《廿二史札记》卷二十、《册府元龟》卷七百六十八《总录部(儒学第二)》。

○李玄植授业于张士衡，撰《三礼音义》

【文献】

《旧唐书》卷一百八十九上《李玄植传》(P4950)："时有赵州李玄植，又受《三礼》于公彦，撰《三礼音义》行于代。玄植兼习《春秋左氏传》于王德韶，受《毛诗》于齐威，博涉汉史及老、庄诸子之说。贞观中，累迁太子文学、弘文馆直学士。高宗时，屡被召见，与道士、沙门在御前讲说经义，玄植辨论甚美，申规讽，帝深礼之。后坐事左迁汜水令，卒官。"《新唐书》卷一百九十八《张士衡传》(P5649)："士衡以《礼》教诸生，当时显者永年贾公彦、赵李玄植。"

太宗贞观二十年　丙午(646)

○二月，皇太子于国学释奠

【文献】

《唐会要》卷三十五《释奠》(P640)："二十年二月，诏皇太子于国学释奠于先圣、先师，皇太子为初献，国子祭酒张复裔为亚献，光州刺史、摄司业赵宏智为终献。既而就讲，宏智演《孝经》忠臣孝子之义。右庶子许敬宗上四言诗，以美其事。"

○闰三月，诏修《晋书》

【文献】

《旧唐书》卷六十六《房玄龄传》(P2463)："寻与中书侍郎褚遂良受诏重撰《晋书》，于是奏取太子左庶子许敬宗，中书舍人来济，著作郎陆元仕、刘子翼，前雍州刺史令狐德棻，太子舍人李义府、薛元超，起居郎上官仪等八人，分功撰录，以臧荣绪《晋书》为主，参考诸家，甚为详洽。然史官多是文咏之士，好采诡谬碎事，以广异闻；又所评论，竞为绮艳，不求笃实，由是颇为学者所讥。唯李淳风深明星历，善于著述，所修《天文》、《律历》、《五行》三志，最可观采。太宗自著宣、武二帝及陆机、王羲之四论，于是总题云御撰。至二十年，书成，凡一百三十卷，诏藏于秘府，颁赐加级各有差。”《唐会要》卷六十三《史馆上·修前代史》(P1091—1092)：“二十年闰三月四日诏，令修史所更撰《晋书》，铨次旧闻，裁成义类，其所须可依修《五代史》故事。若少，学士量事追取。于是司空房玄龄、中书令褚遂良、太子左庶子许敬宗掌其事。又中书舍人来济，著作郎陆元仕，著作郎刘子翼，主客郎中卢承基，太史令李淳风，太子舍人李义府、薛元超，起居郎上官仪、主客员外郎崔行功，刑部员外郎辛邱驭，著作郎刘允之，光禄寺主簿杨仁卿，御史台主簿李延寿，校书郎张文恭，并分功撰录。又令前雅州刺史令狐德棻、太子司仪郎敬播、主客员外郎李安期、屯田员外郎李怀俨，详其条例，量加考正。以臧荣绪《晋书》为本，捃摭诸家，及晋代文集，为十纪、十志、七十列传、三十载纪。其太宗所著宣、武二帝，及陆机、王羲之四论，称制旨焉。房玄龄已下，称史臣，凡起例皆播独创焉。以其书赐皇太子及新罗使者各一部。”《新唐书》卷五十八《艺文志二》(P1456)：“《晋书》一百三十卷，房玄龄、褚遂良、许敬宗、来济、陆元仕、刘子翼、令狐德棻、李义府、薛元超、上官仪、崔行功、李淳风、辛丘驭、刘引之、阳仁卿、李延寿、张文恭、敬播、李安期、李怀俨、赵弘智等修，而名为御撰。”《文献通考》卷一百九十二《经籍考十九》(P1625)：“《晋书》一百三十卷，晁氏曰：唐房乔等撰。贞观中，以何法盛等十八家《晋史》未善，诏乔与褚遂良、许敬宗再加撰次，乃据臧荣绪书增损之。后又命李淳风、李义甫、李延寿等十三人分掌著述，敬播等四人考其类例。西晋四帝五十四年，东晋十一帝一百二年，又胡、羯、氐、羌、鲜卑割据中原，为五凉、四燕、三秦、二赵、夏、蜀十六国，共成帝纪十、志二十、列传七十、载记三十。例出于播。《天文》、《律历》，淳风专之。乔以宣、武纪、陆机、王羲之传论，上所自为，故曰制旨，又总题‘御撰’焉。……至唐始用众手，《晋》、《隋》二书是矣。

然亦随其学术所长者而授之,未尝夺人之所能而强人之所不及。如李淳风、于志宁之徒则授之以志,如颜师古、孔颖达之徒则授之以纪传,以颜、孔博通古今,于、李明天文、地理、图籍之学。所以《晋》、《隋》二志高于古今,而《隋志》尤详明。”《旧唐书》卷一百八十九上《敬播传》(P4954):“时梁国公房玄龄深称播有良史之才,曰:‘陈寿之流也。’玄龄以颜师古所注《汉书》,文繁难省,令播撮其机要,撰成四十卷,传于代。寻以撰实录功,迁太子司议郎。时初置此官,极为清望。中书令马周叹曰:‘所恨资品妄高,不获历居此职。’参撰《晋书》,播与令狐德棻、阳仁卿、李严等四人总其类。”

事又见《旧唐书》卷七十三《孔颖达传》、《郡斋读书志》卷五《正史类》、《全唐文》卷八《修晋书诏》、《唐大诏令集》卷八一有太宗贞观二十年闰三月《修晋书诏》、《孔氏杂说》卷二、《云麓漫钞》卷五。

【考论】

唐太宗《修晋书诏》云:“大矣哉,盖史籍之为用也!”(《唐大诏令集》卷八十一 P623)唐太宗极为重视修史,通过修史以对史上之治乱兴亡进行借鉴。现在的“二十五史”中六部史书是唐太宗时期修撰而成,其中就包括《晋书》。《晋书》共一百三十卷,包括帝纪十卷,志二十卷,列传七十卷,载记三十卷。《晋书》记载了从司马懿到晋恭帝元熙二年(420)之间西晋、东晋的历史,并用“载记”的形式论述十六国割据政权之兴亡。《晋书》从贞观二十年(646)奉太宗诏开始修撰,至二十二年(648)成书,历时不足三年。参与编写的学者前后有二十一人,其中房玄龄、褚遂良、许敬宗三人为监修。《晋书》的突出特点之一,是其内容“甚为详洽”,不仅兼记两晋史事,而且对“十六国”史事进行记述。《晋书》中的志,从三国写起,一定程度上弥补了《三国志》有纪、传而无志之不足。特点之二,是体例完备,且有所创新。《晋书》以“载记”形式记录匈奴、鲜卑等少数民族建立的“十六国”之史,在纪传体史书体例上是首创。《晋书》体例比较完备,虽头绪纷繁,却无繁杂纷乱之感。《晋书》的帝纪按时间顺序排列史事,是全书总纲;书志记载典章制度,类别清楚,叙事详明;列传记载人物,以时代为序，以类别为辅，一目了然。《晋书》颁行后，“言晋史者，皆弃其旧本，竞从新撰者焉”，当时即获世人认可。

《晋书》亦有为后人诟病处，刘知幾《史通》以为取材晋代杂书，不合圣贤之道。同时论赞之文体和内容不求笃实，仿效南朝徐庾体，失于轻浮。《四库全书总目》受刘氏影响，亦以为《晋书》采录《世说新语》乃“稗官之体”，非史传正体。

太宗贞观二十一年　丁未(647)

○二月，太宗诏左丘明等二十一人配享孔子庙堂

【文献】

《旧唐书》卷三《太宗纪下》(P59)：“二月壬申，诏以左丘明、卜子夏、公羊高、穀梁赤、伏胜、高堂生、戴圣、毛苌、孔安国、刘向、郑众、杜子春、马融、卢植、郑康成、服子慎、何休、王肃、王辅嗣、杜元凯、范宁等二十一人，代用其书，垂于国胄，自今有事于太学，并命配享宣尼庙堂。”《旧唐书》卷二十四《礼仪志四》(P917—918)：“二十一年，诏曰：‘左丘明、卜子夏、公羊高、穀梁赤、伏胜、高堂生、戴圣、毛苌、孔安国、刘向、郑众、杜子春、马融、卢植、郑玄、服虔、何休、王肃、王弼、杜预、范宁、贾逵总二十二座，春秋二仲，行释奠之礼。’初，以儒官自为祭主，直云博士姓名，昭告于先圣。又州县释奠，亦以博士为主。敬宗等又奏曰：‘按《礼记·文王世子》：“凡学，春官释奠于其先师。”郑注云：“官，谓《诗》、《书》、《礼》、《乐》之官也。”彼谓四时之学，将习其道，故儒官释奠，各于其师。既非国学行礼，所以不及先圣。至于春、秋二时合乐之日，则天子视学，命有司典秩，即总祭先圣、先师焉。秦、汉释奠，无文可检。至于魏武，则使太常行事。自晋、宋已降，时有亲行，而学官主祭，全无典实。且名称国学，乐用轩悬，樽俎威仪，盖皆官备，在于臣下，理不合专。况凡在小神，犹皆遣使行礼，释奠既准中

祀，据理必须禀命。今请国学释奠，令国子祭酒为初献，祝辞称“皇帝谨遣”，仍令司业为亚献，国子博士为终献。其州学，刺史为初献，上佐为亚献，博士为终献。县学，令为初献，丞为亚献，博士既无品秩，请主薄及尉通为终献。若有阙，并以次差摄。州县释奠，既请各刺史、县令亲献主祭，望准祭社，同给明衣。修附礼令，以为永则。”

事又见《贞观政要》卷七、《新唐书》卷十五《礼乐志五》、《旧唐书》卷一百八十九《儒学传》。《旧唐书》之《礼仪志》、《新唐书》之《礼乐志》所记略同，惟在二十一人之外增加贾逵，计二十二人。《贞观政要》所记与《儒学传》同。事又见《通典》卷五十三《礼十三·沿革十三》、《全唐文》卷一百三十六、《文献通考》卷四十三、《册府元龟》卷五百八十六、《唐会要》卷三十五《褒崇先圣》，《全唐文》卷八《左邱明等二十一人配享孔子庙诏》。

【考论】

贞观十四年唐太宗下诏崇梁、周、陈、隋前代诸儒，是年唐太宗又诏以左丘明、卜子夏、公羊高、穀梁赤、伏胜、高堂生、戴圣、毛苌、孔安国、刘向、郑众、杜子春、马融、卢植、郑玄、服虔、何休、王肃、王弼、杜预、范宁等二十一人，配享孔子庙堂。是举乃唐太宗推出的前所未有的一种崇儒方式。左氏等诸儒在中国经学发展史上贡献巨大，或注释经义，或考论制度，为后世所凭依。上述二十一人荟萃先秦、两汉以来之饱学硕儒，其师承有异，学派不同，或主古文，或主今文；或为王学，或为郑学；或为南学，或为北学。因此是举既表现了唐太宗兼容并蓄、广采博纳的崇儒精神，又是唐代经学真正走向统一的重要标志之一。太宗倡佛、道的同时，极力推崇儒学，对前代诸儒礼遇超前，使得儒学在唐代佛、道昌盛之氛围中继续发展。

○许敬宗论释奠之礼

【文献】

《唐会要》卷三十五《释奠》(P640—641)：“二十一年，中书侍郎许敬宗等奏：'按《礼记·文王世子》："凡学官春释奠于先师。"郑元注曰："官谓《诗》、《书》、礼、乐之官也。"彼谓四时之学，将习其道，故儒官释奠，各于其师。既非国学行礼，所以不及先圣。至于春、秋二时合乐之日，则天子视学，命有司典秩节，总祭先圣、先师焉，秦、汉释奠，无文可检。至于魏武，则使太常行事。自晋、宋已降，时有亲行，而学官主祭，全无典实。且名称国学，乐用轩悬，樽俎威仪，并皆官备，在于臣下，理不合专。况凡在小神，犹皆遣使行礼，释奠既准中祀，据理必须禀命。今后国学释奠，令国子祭酒为初献，祝词称皇帝谨遣。仍令司业为亚献，国子博士为终献。其诸州，刺史为初献，上佐为亚献，博士为终献。县学，令为初献，丞为亚献，博士既无品秩，请主簿通为终献。若缺，并以次差摄。州县释奠，既请遣刺史、县令，亲为献主，望准祭社给明衣。修附礼令，为永式。学令祭以太牢，乐用轩悬，《六佾》之舞，并登歌一节，与大祭祀相遇，改用中丁。州县常用上丁，无学，祭用少牢。'"《新唐书》卷十五《礼乐志》(P374)："而尼父庙学官自祭之，祝曰：'博士某昭告于先圣。'州、县之释奠，亦以博士祭。中书侍郎许敬宗等奏：'《礼》："学官释奠于其先师。"郑氏谓："《诗》、《书》、《礼》、《乐》之官也。"四时之学，将习其道，故释奠各以其师，而不及先圣。惟春、秋合乐，则天子视学，有司总祭先圣、先师。秦、汉释奠无文，魏则以太常行事，晋、宋以学官主祭。且国学乐以轩县，尊、俎须于官，非臣下所可专也。请国学释奠以祭酒、司业、博士为三献，辞称"皇帝谨遣"。州学以刺史、上佐、博士三献，县学以令、丞、主薄若尉三献。如社祭，给明衣。'会皇太子释奠，自为初献，以祭酒张后胤亚献，光州刺史摄司业赵弘智终献。"

【考论】

起初，孔庙由学官主祭，祝词之始曰："博士某昭告于先圣。"州县学释奠，亦由州县学博士主祭。中书侍郎许敬宗上奏改制，以为先圣先师乃国家帝王之师，所以学官向先圣献祭之时，不仅代表自己及其弟子，而且代表天子向先圣先师行礼。这就从理论上坚持了儒者作为天命的、国家之师的地位。但因封建社会皇帝自以为自己乃天之子，是君，而师是臣，所以皇帝不必亲自行礼。许敬宗之建议，成为此后孔庙祭祀的一项重要制度。其后不久恰逢皇太子到学校释奠，太子亲自执礼初献，祭酒亚献，光州刺史终献，开后世以皇太子或丞相代表天子向先圣先师行礼制度之先例。许敬宗的建议进一步说明，国家的祭孔制度已经逐步建立、逐步完善起来。国家以孔子为先圣先师，并逐渐使祭孔制度臻于完善，是唐王朝崇兴儒教的重要标志之一。

○褚亮卒

【文献】

《旧唐书》卷八十《褚遂良传》(P2729—2738)："褚遂良，散骑常侍亮之子也。……二十一年，以本官检校大理卿，寻丁父忧解。明年，起复旧职，俄拜中书令。"《新唐书》卷六十《艺文志四》(P1597)："《褚亮集》二十卷。"

【考论】

褚亮(555—647)，字希明，褚遂良之父。少时博览群书，善文工诗，喜交游名士。十八岁仕后陈为尚书殿中侍郎，入隋为东宫学士、太常博士。大业中，因炀帝嫉才被诬，贬为西海郡司户。大业十三年(617)，金城校尉薛举称王，任为黄门侍郎。十四年，秦王李世民消灭薛举，入为秦王府文学，随从征战。贞观元年(627)，与杜如晦等十八人授弘文馆学士，馆内轮流值宿，以备询国家大事。八年，任员外散骑常侍。其后屡有升迁。十六年，进爵为侯。褚亮支持李世民扩疆拓土政策，命子遂良从征出兵。唐太宗曾命阎立本画《十八学士写真图》，贮于凌烟阁，题上名字、爵位、像赞，褚亮获此殊荣，名列其中。年九十三卒，著有文集二十卷。

太宗贞观二十二年 戊申(648)

◎正月,太宗撰《帝范》

【文献】

《旧唐书》卷四十七《经籍志下》(P2026):"《帝范》四卷,太宗撰,贾行注。"《新唐书》卷五十九《艺文志三》(P1512):"又《帝范》四卷,贾行注。"《唐会要》卷三十六《修撰》(P656):"二十三年正月二十日,太宗撰《帝范》十三篇,赐皇太子,顾谓王公曰:'圣躬阐政之道,备在其中矣。'"《全唐文》卷十《帝范序》(P120—121):"朕闻大德曰生,大宝曰位,辨其上下,树之君臣。……汝以幼年,偏钟慈爱,义方多阙,庭训有乖。擢自维城之居,属以少海之任,未辨君臣之礼节,不知稼穑之艰难,朕每思此为忧,未尝不废寝忘食。自轩昊以降,迄至周隋,以经天纬地之君,纂业承基之主,兴亡治乱,其道焕然。所以披镜前踪,博采史籍,聚其要言,以为近诫云尔。"《全唐文》卷十《帝范后序》(P121):"此十二条者,帝王之纲,安危兴废,咸在兹焉。古人有云:'非知之难,惟行之不易。'行之可勉,惟终实难。是以暴乱之君,非独明于恶路,圣哲之主,非独见于善途,良由大道远而难遵,邪径近而易践。小人俯从其易,不得力行其难,故祸败及之;君子劳处其难,不肯安居其易,故福庆流之。"《四库全书总目》卷九十一《子部·儒家类一》(P774):"《帝范》四卷,唐贞观二十二年太宗文皇帝御撰,以赐太子者也。两《唐书》皆云四卷。晁公武《读书志》仅载六篇。陈振孙《书录解题》亦题曰一卷。此本载《永乐大典》中,凡一十二篇,首尾完具。后有元吴莱跋,谓征云南僰夷时,始见完书。考其事在泰定二年。盖此书南宋佚其半,至元乃复得旧本,故明初转有全文也。《唐书·艺文志》载有贾行注。而《旧唐书·敬宗纪》称:'宝历二年,秘书省著作郎韦公肃注是书以进,特赐锦彩百匹。'是唐时已有二注。今本注无姓名,观其体裁,似唐人注经之式。而其中时称杨万里、吕祖谦之言，盖元人因旧注而补之。其词虽不免冗赘，而援引颇为详洽，足资参考。惟传写多所脱误，谨旁考诸书，一一厘订，各附案语于下方。仍依旧史，厘为四卷，以复其旧焉。”

【考论】

《帝范》乃唐太宗李世民自撰，以赐予皇太子李治，书中谆谆告诫其为人君之道：“饬躬阐政之道，皆在其中，朕一旦不讳，更无所言。”“圣躬阐政之道，备在其中矣。”是书成于贞观二十二年(648)，全书十二篇，分四卷，言简意赅，论证有据，凡“帝王之细，安危兴废，咸在兹焉”。原书所附贾行注与韦公肃注，均佚。宋时原文佚其半，仅存六篇，元乃复得旧本，今本系四库馆臣从《永乐大典》中辑出，并刊聚珍版传世。日本传本有大正四年(1915)三色印本，有贾行注。

【相关论著举目】

吴海明：《唐太宗的为政之道——读〈帝范〉有感》，《金融管理与研究》，2010年第1期

唐政：《〈帝范〉：一代英主的执政总结》，《全国新书目》，2009年第17期

瞿林东：《一代明君的君主论——唐太宗和〈帝范〉》，《陕西师范大学学报》，2005年第6期

闫续瑞：《汉唐之际帝王、士大夫家训研究》，南京师范大学博士学位论文，2004年

○孔颖达卒

【文献】

《新唐书》卷一百九十八《孔颖达传》(P5643—5644)：“孔颖达字仲达，冀州衡水人。八岁就学，诵记日千余言。闇记《三礼义宗》。及长，明服氏《春秋传》、郑氏《尚书》、《诗》、《礼记》、王氏《易》，善属文，通步历。尝造同郡刘焯，焯名重海内，初不之礼。及请质所疑，遂大畏服。隋大业初，举明经高第，授河内郡博士。炀帝召天下儒

官集东都,诏国子秘书学士与论议,颖达为冠,又年最少,老师宿儒耻出其下,阴遣客刺之,匿杨玄感家得免。补太学助教。隋乱,避地虎牢。太宗平洛,授文学馆学士,迁国子博士。贞观初,封曲阜县男,转给事中。时帝新即位,颖达数以忠言进。帝问:'孔子称"以能问于不能,以多问于寡,有若无,实若虚",何谓也?'对曰:'此圣人教人谦耳。己虽能,仍就不能之人以咨所未能;己虽多,仍就寡少之人更资其多。内有道,外若无;中虽实,容若虚。非特匹夫,君德亦然。故《易》称"蒙以养正","明夷以莅众"。若其据尊极之位,炫聪耀明,恃才以肆,则上下不通,君臣道乖。自古灭亡,莫不由此。'帝称善。除国子司业,岁余,以太子右庶子兼司业。与诸儒议历及明堂事,多从其说。以论撰劳,加散骑常侍,爵为子。皇太子令颖达撰《孝经章句》,因文以尽箴讽。帝知数争太子失,赐黄金一斤、绢百匹。久之,拜祭酒,侍讲东宫。帝幸太学观释菜,命颖达讲经,毕,上《释奠颂》,有诏褒美。后太子稍不法,颖达争不已,乳夫人曰:'太子既长,不宜数面折之。'对曰:'蒙国厚恩,虽死不恨。'剀切愈至。后致仕,卒,陪葬昭陵,赠太常卿,谥曰'宪'。初,颖达与颜师古、司马才章、王恭、王琰受诏撰《五经》义训凡百余篇,号《义赞》,诏改为《正义》云。虽包贯异家为详博,然其中不能无谬冗,博士马嘉运驳正其失,至相讥诋。有诏更令裁定,功未就。永徽二年,诏中书门下与国子三馆博士、弘文馆学士考正之,于是尚书左仆射于志宁、右仆射张行成、侍中高季辅就加增损,书始布下。"《旧唐书》卷七十三《孔颖达传》(P2602—2603):"六年,累除国子司业。岁余,迁太子右庶子,仍兼国子司业。与诸儒议历及明堂,皆从颖达之说。又与魏徵撰成《隋史》,加位散骑常侍。十一年,又与朝贤修订《五礼》……二十二年卒,陪葬昭陵,赠太常卿,谥曰'宪'。"《旧唐书》卷四《高宗纪上》(P71):"(永徽四年)三月壬子朔,颁孔颖达《五经正义》于天下,每年明经令依此考试。"

事又见《旧唐书》卷一百八十九《儒林传序》等,参见《全唐文》卷一百四十五于志宁文《大唐故太子右庶子银青光禄大夫国子祭酒上护军曲阜宪公孔公碑铭》,《唐文拾遗》卷一中有《褒孔颖达上释奠颂手诏》,《欧阳修集》卷一百三十八《集古录跋尾卷五》中有《唐孔颖达碑》。

【考论】

孔颖达(574—648),字冲远,冀州衡水(今属河北)人。少时曾从隋代大儒刘焯问学,精于《左传》、郑氏《尚书》、《毛诗》、王氏《易》、《礼记》等,兼通数学、历法。于隋大业(605—616)初年被选为"明经",后补为太学助教。至唐,授文学馆学士,迁国子博士,后历任国子司业、国子祭酒等职。曾与魏徵等撰成《隋志》。贞观七年至九年(633—635),奉命与颜师古、司马才章、王恭、王琰等考订《五经》,主编《五经正义》,计一百八十卷,在其卒后之永徽四年(653)颁行全国,作为科举考试的标准读本。是书之编撰完成,结束了南北朝以来儒家经学的分裂局面,标志着儒家经学的统一,在中国经学史上具有极其重要的意义。其以儒为主,兼融佛、道之致思趋向,使三教合流趋势遂成格局。同时,他能融通南、北学风和见解,使唐代义疏之学得以形成和光大,故马宗霍在《中国经学史》(P94)中说:"盖自汉以来,经学统一,未有若斯之专且久也。"《五经正义》兼通南北之学,实多本之于南学。马宗霍《中国经学史》(P94)又谓颜师古《五经定本》、孔颖达《五经正义》二书,"《五经》定本颁行在前,故《正义》亦尝引之。惟师古、颖达,并以隋儒入唐,隋代已重南学,师古之祖之推,初亦南人,晚始归北,其作《家训》,《书证篇》引江南、河北本,多以江南本为优。师古承其家学,故新定《五经》,亦断从南本。颖达《正义》本奉敕而作,观贞观十四年表章先儒之诏,为梁皇侃、褚仲都,周熊安生、沈重,陈沈文阿、周弘正、张讥,隋何妥、刘炫等,中惟熊安生纯为北学,余多南人或北人而兼通南学者。此《五经正义》所以亦多从南学也。"由此可知《正义》传述者多,创造者少,其所论述,多有所因,其所因循南学为多。参见《中国学术思想编年》之《隋唐五代卷》。

【相关论著举目】

韩宏韬:《论孔颖达对〈诗经〉'六义'问题的贡献》,《理论月刊》,

2012年第6期

张鸿:《儒家礼仁之治施政方略的主要命题及其思维方式——以〈五经正义〉为典型个案》,《江苏社会科学》,2012年第2期

王贞:《孔颖达与〈五经正义〉研究述略》,《中国史研究动态》,2012年第1期

张鸿:《孔颖达论人性、王制与君渔》,《史学月刊》,2011年第10期

刘顺:《孔颖达〈周易正义〉之"象"论及其美学蕴涵》,《湖北大学学报》(哲学社会科学版),2011年第6期

欧阳小建:《孔颖达〈周易正义〉研究》,《周易研究》,2011年第5期

乔东义:《孔颖达的异象观与审美意象的建构》,《哲学研究》,2011年第4期

韩宏韬:《孔颖达〈诗经〉学的北学性质论》,《东方论坛》,2011年第2期

乔东义:《孔颖达对儒家诗学的演绎》,《安徽师范大学学报》(人文社会科学版),2010年第5期

乔东义:《孔颖达美学思想发微》,《哲学动态》,2010年第3期

粟希荣、胡恩堂:《唐代鸿儒——孔颖达》,《衡水学院学报》,2009年第6期

杨颖川:《从〈周易正义〉看贵无、崇有、独化三说的融合——试论孔颖达学派与玄学的关系问题》,《中国儒学年鉴》中国儒学年鉴社,2008年

杨金花:《论孔颖达对〈诗大序〉文学价值的开掘》,《社会科学论坛》,2008年第7期

孙雪萍:《论孔颖达对魏晋南北朝〈诗经〉学的整合》,《齐鲁学刊》,2008年第3期

乔东义:《孔颖达美学思想研究》,复旦大学博士学位论文,2008年

安敏:《〈春秋左传正义〉研究》,华中师范大学博士学位论文,2008年

刘玉建:《汉魏易学的绍承、超越与开新——孔颖达新型易学理论体系的建构》,《周易研究》,2007年第6期

乔东义:《孔颖达儒学思想的异质性考论》,《学术月刊》,2007年第6期

李金坤:《孔颖达〈毛诗正义〉对经学与诗学的贡献》,《江苏大学学报》,2007年第5期

林国兵、江玉娥:《孔颖达易学生命美学思想简论》,《黄冈师范学院学报》,2007年第4期

林国兵、江玉娥:《论孔颖达易学中的情性思想》,《湖州师范学院学报》,2007年第4期

谢建忠:《论孔颖达与唐诗》,《文学评论》,2007年第3期

韩宏韬:《〈毛诗正义〉研究》,山东大学博士学位论文,2007年

龚鹏程:《〈周易正义〉之编撰》,《周易研究》,2006年第4期

王长华、易卫华:《孔颖达〈诗〉学观论略》,第七届《诗经》国际学术研讨会论文集(一),2006年

长克军:《论孔颖达"备包有无"的易道观》,《周易研究》,2006年第2期

赵艳玲、曹迎春:《孔颖达的为政思想和从政品行简析》,《衡水学院学报》,2005年第2期

李建国:《论孔颖达对〈诗经〉创作艺术的理论总结》,《贵州文史丛刊》,2004年第4期

陈冠明:《孔颖达世系及入唐前行实考》,《阴山学刊》(社会科学版),2003年第5期

刘玉平:《孔颖达的易学诠释学》,《中国儒学年鉴》,山东《中国儒学年鉴社》,2003年

王铝:《孔颖达〈礼记正义〉及其版本》,《文教资料》,2001年第3期

王绍东:《孔颖达在文献注释方面的成就探析》,《内蒙古大学学报2001年第4期》

陈冠明:《孔颖达年谱略稿》,中华传统文化与新世纪国际学术研讨会论文集,2001年

刘敏:《通经明史的孔颖达》,《历史教学》,2000年第10期

日本内藤虎次郎编《孔颖达年谱》(于式玉译),燕京大学图书馆报第六至第七1931年3月至4月出版(《中国历代年谱总录》增订本,杨殿珣编,北京图书馆出版社1997年5月)

邓国光:《唐代诗论抉原:孔颖达诗学》,唐代文学研究——中国唐代文学学会第八届年会暨国际学术讨论会论文集,1996年

杨雅文:《孔颖达的教育思想》,《烟台师范学院学报》,1994年第1期

刘泽华、张分田:《孔颖达的道论与治道》,《孔子研究》,1991年第3期

郭继汾:《孔颖达思想略论》,《河北学刊》,1989年第3期

○李百药卒,撰有《北齐书》

【文献】

《旧唐书》卷七十二《李百药传》(P2571—2577):"李百药字重规,定州安平人,隋内史令、安平公德林子也。……开皇初,授东宫通事舍人,迁太子舍人,兼东宫学士。或嫉其才而毁之者,乃谢病免去。十九年,追赴仁寿宫,令袭父爵。左仆射杨素、吏部尚书牛弘雅爱其才,奏授礼部员外郎,皇太子勇又召为东宫学士。诏令修五礼,定律令,撰阴阳书。……太宗重其才名,贞观元年,召拜中书舍人,赐爵安平县男。受诏修定《五礼》及律令,撰《齐书》。二年,除礼部侍郎。朝廷议将封建诸侯,百药上《封建论》。……十年,以撰《齐史》成,加散骑常侍,行太子左庶子,赐物四百段。俄除宗正卿。十一年,以撰《五礼》及律令成,进爵为子……。二十二年卒,年八十四,谥曰康。"《四

部丛刊》初编《史通》卷十二《古今正史篇》(P91):“隋秘书监王邵、内令史李德林,并少仕邺中,多识故事。……李在齐预修国史,创纪传书二十七卷。至开皇初,奉诏续撰,增多《齐史》三十八篇。已上送官,藏之秘府。皇家贞观初,敕其子中书舍人百药仍其旧录,杂采他书,演为五十卷。”

事又见《新唐书》卷一百二《李百药传》、《全唐文》卷一百四十二、《唐才子传·李百药》、《册府元龟》卷七百八十四《总录部(寿考)》。

【考论】

李百药(565—648),字重规,安平(今属河北)人,唐初史学家。其父李德林(530—590)为研究北齐史的学者,曾撰有《齐书》。李百药于隋文帝时任建安郡丞、太子舍人兼东宫学士等,入唐历任中书舍人、礼部侍郎、散骑常侍。曾受命修订五礼、律令。贞观元年(627)奉诏修撰《齐书》,依据其父旧录,杂采他书,于贞观十年(636)撰成。其时有人主张复行宗室功臣分封制,他奏上《封建论》,力驳其非。是年卒,谥曰“康”。

太宗贞观二十三年　己酉(649)

○五月,唐太宗李世民卒

【文献】

《旧唐书》卷二、卷三《太宗纪》(P21、62):“太宗文武大圣大广孝皇帝讳世民,高祖第二子也。母曰太穆顺圣皇后窦氏。隋开皇十八年十二月戊午,生于武功之别馆。……八月癸亥,高祖传位于皇太子,太宗即位于东宫显德殿。……(五月)己巳,上崩于含风殿,年五十二。”《新唐书》卷二《本纪》谓其“年五十三”。《新唐书》卷六十《艺文志四》(P1597):“《太宗集》四十卷。”《直斋书录解题》卷十六(P466):“《唐太宗集》三卷。唐太宗皇帝本集四十卷,《馆阁书目》但有诗一卷六十九首而已。今此本第一卷赋四篇，诗六十五首，后二卷为碑铭、书诏之属，而讹谬颇多。世所传太宗之文见于石刻者，如《帝京篇》、《秋日效庾信体诗》、《三藏圣教序》，皆不在。又《晋书》纪、传论称'制曰'者四，皆太宗御制也。今独载宣、武二纪论，而陆机、王羲之传论不预焉。"

事又见《贞观政要》、《唐会要》、《唐大诏令集》等。

【考论】

唐太宗李世民（598—649），为开国皇帝李渊次子，公元627—649年在位，唐代著名政治家。祖籍陇西成纪（今甘肃秦安东）人，一说狄道（今甘肃临洮）人。隋末劝父起兵反隋。李渊称帝时，封为秦王，任尚书令。武德九年（626），发动玄武门之变，得为太子，遂即位。其在位期间曾采取了诸多改革措施，如推行均田制、租庸调制以及府兵制度等，发展了生产力。贞观六年（632）令"刊正姓氏"，修《氏族志》。唐太宗继承并发展完善了隋代科举制，影响深远。尝与魏徵、房玄龄、虞世南等人讨论治国之道，每以"亡隋为诫"，总结了许多有关保持国家长治久安的方策，涉及仁政、爱民、任贤、纳谏、诚信、戒骄、节俭、居安思危等方面，此即所谓"贞观论治"，参见吴兢（670—749）所辑《贞观政要》。

李世民在思想上三教并用，一方面提倡儒学，谓"朕今所好者，惟在尧舜之道，周孔之教"（《贞观政要》卷六《慎所好》P13），诏修《五经正义》，统一儒家经义；另一方面扶持佛、道二教，谓佛教为"有国之常经"，贞观十一年（637）颁《道士女冠在僧前诏》，提出"尊祖之风，贻于万叶"。其三教并用方针对唐代及其后的思想发展发生了重大影响。唐太宗三教并用、特重儒学的政策，为经学的统一和发展提供了有利条件。政治上的统一必然要求作为其主导思想的儒学的统一，儒学的统一又会巩固政治上的统一，两者相辅相成，从而给教育事业的发展奠定了基础。面对李唐王朝大力抬高的道教，面对梁、隋以来日益兴盛的佛教，儒家经学应首先消除门户之争和地域隔阂，统一经说，才能一致对外，并与佛、道相抗衡，保持其官方正统学术的地位。儒家经学经历了南北朝时期的分立与渗透，又经历了隋朝经学的初步融合，业已为大规模系统地整理经籍积累了丰富的资料和经验。因此在李世民统治期间撰成经学统一巨著《五经正义》。《晋书》中有陆机、王羲之等传，亦为太宗所撰。《新唐书·艺文志》记《太宗集》四十卷。李世民开创了大唐盛世，繁荣了大唐文化，是中国历史上著名的开明君主。参见《中国学术思想编年》之《隋唐五代卷》。

【相关论著举目】

杜华、阎续瑞：《论李世民家训的思想内容》，《文艺评论》，2012年第6期

马英俊：《李世民与〈贞观政要〉的和谐思想及现代启示》，《许昌学报》，2012年第1期

赵小华：《雅正：唐太宗礼乐文化观和文学思想的核心》，《文史哲》，2007年第2期

孙景坛：《唐代"贞观之治"的儒治问题新探》，《历史学研究》，2006年第6期

刘永刚：《儒释道三教与唐初政治》，《南华大学学报》，2006年第3期

柳红嫚：《唐太宗的太子教育》，华中师范大学硕士学位论文，2005年

朱建贞：《唐太宗与唐朝的档案工作》，《湖北大学学报》，2005年第1期

赵克尧、许道勋：《唐太宗传》，人民出版社2005年

杨圣琼：《论唐太宗的治国思想——以〈贞观政要〉为视角》，湘潭大学硕士学位论文，2004年

王秋兰：《略论刘彻与李世民对汉唐之乐的贡献》，《艺术百家》，2002年第3期

唐明贵：《唐太宗与初唐经学的复兴》，《聊城师范学院学报》，2000年第6期

陈磊：《试析隋及唐初的儒学统一》，《孔子研究》，2001年第6期

杜文玉:《唐高祖与唐太宗》,陕西人民出版社 1999 年

张海沙:《唐太宗的佛学思想及其诗作》,《暨南学报》,1999 年第 5 期

张羽琼:《略论贞观文化》,《贵州社会科学》,1997 年第 5 期

许辉:《唐太宗文治思想述论》,《江苏社会科学》,1997 年第 5 期

康占杰、陈风华:《论唐太宗统一〈五经〉文字义疏及其对儒学的影响》,《固原师专学报》,1995 年第 3 期

张学忠:《李世民的审美价值观与初唐诗风的嬗变》,《吉林大学社会科学学报》,1994 第 4 期

杨荫楼:《唐太宗的崇佛及其儒家政治观》,《孔子研究》,1990 年第 4 期

陈维谨:《唐太宗对科举制度的改革》,《文史杂志》,1986 年第 3 期

吴云:《论唐太宗的文化建设业绩》,《辽宁大学学报》,1985 年第 4 期

袁英光、王界云:《唐太宗传》,天津人民出版社 1984 年

○许叔牙卒,撰有《毛诗纂义》

【文献】

《旧唐书》卷一百八十九上《许叔牙传》(P4953):"许叔牙,润州句容人。少精于《毛诗》、《礼记》,尤善讽咏。贞观初,累授晋王文学兼侍读,寻迁太常博士。升春宫,加朝散大夫,迁太子洗马,兼崇贤馆学士,仍兼侍读。尝撰《毛诗纂义》十卷,以进皇太子。太子赐帛百段,兼令写本付司经局。御史大夫高智周尝谓人曰:'凡欲言《诗》者,必须先读此书。'贞观二十三年卒。"《新唐书》卷五十七《艺文志》(P1430):"许叔牙《毛诗纂义》十卷。"

事又见《新唐书》卷一百九十八《许叔牙传》、《册府元龟》卷六百六《学校部(注释第二)》、《太平御览》卷六百一。

高宗永徽元年　庚戌(650)

○五月,《贞观实录》上

【文献】

《唐会要》卷六十三《修国史》(P1092):“永徽元年闰五月二十三日,史官太尉无忌等修《贞观实录》毕,上之。起贞观十五年至二十三年,勒成二十卷。”

○令狐德棻受诏撰定律令

【文献】

《旧唐书》卷七十三《令狐德棻传》(P2598):“永徽元年,又受诏撰定律令,复为礼部侍郎,兼弘文馆学士,监修国史及《五代史志》。寻迁太常卿,兼弘文馆学士。”

○令狐德棻以《传》讲政道

【文献】

《旧唐书》卷七十三《令狐德棻传》(P2598—2599):“时高宗初嗣位,留心政道,尝召宰臣及弘文馆学士于中华殿而问曰:‘何者为王道、霸道?又孰为先后?’德棻对曰:‘王道任德,霸道任刑。自三王已上,皆行王道;唯秦任霸术,汉则杂而行之;魏、晋已下,王、霸俱失。如欲用之,王道为最,而行之为难。’高宗曰:‘今之所行,何政为要?’德棻对曰:‘古者为政,清其心,简其事,以此为本。当今天下无虞,年谷丰稔,薄赋敛,少征役,此乃合于古道。为政之要道,莫过于此。’高宗曰:‘政道莫尚于无为也。’又问曰:‘禹、汤何以兴?桀、纣何以亡?’德棻对曰:‘《传》称:“禹、汤罪己,其兴也勃焉;桀、纣罪人,其亡也忽焉。”二主惑于妹喜、妲己，诛戮谏者，造炮烙之刑，是其所以亡也。’高宗甚悦，既罢，各赐以缯彩。”

○薛元超荐任希古等十余人

【文献】

《旧唐书》卷七十三《薛元超传》(P2590)："元超既擅文辞，兼好引寒俊，尝表荐任希古、高智周、郭正一、王义方、孟利贞等十余人，由是时论称美。”《唐会要》卷七十五《藻鉴》(P1357)系此事于“永徽元年”。

事又见《太平广记》卷一百八十五《铨选一》、《册府元龟》卷四百六十八、《新唐书》卷九十八《薛元超传》。

○任希古注《周易》

【考论】

《旧唐书》卷四十六《经籍志上》(P1967)："《周易》又十卷任希古注。”《新唐书》卷五十七《艺文志一》(P1426)："任希古注《周易》十卷。”

○于志宁论婚嫁礼

【文献】

《通典》卷六十《礼二十·沿革二十》(P1691—1692)："大唐永徽元年正月，衡山公主欲出降长孙氏，议者以时既公除，合行吉礼。侍中于志宁上疏曰：‘伏见衡山公主出降，欲就今秋成礼。窃按《礼记》云：“女十五而笄，二十而嫁，有故，二十三年而嫁。”郑玄云：“有故谓遭丧也。”固知须终三年。其有议者云“准制，公除之后，须并从吉”。此汉文创制其仪，为天下百姓。至于公主，服是斩縗，纵使服随例除，无宜情随例改。心丧之内，方复成婚，非唯违于《礼经》，亦是人情不可。陛下方奖仁孝之日，敦崇名教之秋，此事行之若难，犹宜抑而守礼；况行之甚易，何容废而受讥。伏愿遵高宗之令轨，略孝文之权制，国家于法无亏，公主情礼得毕，则天下幸甚。'”

事又见《唐会要》卷六。

【相关论著举目】

刘敏：《从“匡主失”到“持两端”的于志宁》，《历史教学》，1999 年第 1 期

○谷那律卒于此年后不久，人称“九经库”

【文献】

《旧唐书》卷一百八十九上《谷那律传》(P4952)：“谷那律，魏州昌乐人也。贞观中，累补国子博士。黄门侍郎褚遂良称为‘九经库’。寻迁谏议大夫，兼弘文馆学士……永徽初卒官。”

事又见《新唐书》卷一百九十八《谷那律传》。

高宗永徽二年　辛亥(651)

○三月，刊正《五经正义》

【文献】

《新唐书》卷一百九十八《孔颖达传》(P5641)：“永徽二年，诏中书门下与国子三馆博士、弘文馆学士考正之，于是尚书左仆射于志宁、右仆射张行成、侍中高季辅就加增损，书始布下。”《唐会要》卷七十七《贡举下》(P1405)：“永徽二年三月十四日，诏太尉、赵国公长孙无忌及中书门下及国子三馆博士、宏文学士：‘故国子祭酒孔颖达所撰《五经正义》，事有遗谬，仰即刊正。’”

事又见《文献通考》卷一百七十五。

○奉太宗配祀于明堂

【文献】

《旧唐书》卷二十一《礼仪志一》(P821):"永徽二年,又奉太宗配祀于明堂,有司遂以高祖配五天帝,太宗配五人帝。"

○十二月,赵弘智讲《孝经》

【文献】

《册府元龟》卷五百九十九(P7195—7196):"赵弘智为陈王师。永徽二年十二月,高宗命弘智于百福殿讲《孝经》,召中书门下三品及弘文馆学士、国子学官,并令预坐。弘智演畅微言,备陈五孝之义,学士等难问连环,弘智酬应如响。帝谓弘智:'宜略陈此经要道以补不逮。'对曰:'昔者天子有争臣七人,虽无道,不失天下。微臣颛愚,愿以此言奉献。'帝甚悦,赐绢二百匹,名马一匹。"

事又见《新唐书》卷一百六《赵弘智传》、《太平御览》卷六百一十《孝经》。

○颜扬庭上其父颜师古所撰《匡谬正俗》八卷

【文献】

《旧唐书》卷七十三《颜师古传》(P2595):"永徽三年,师古子扬庭为符玺郎,又表上师古所撰《匡谬正俗》八卷。高宗下诏付秘书阁,仍赐扬庭帛五十匹。"《唐会要》卷三十六(P656):"永徽三年三月三日,符玺郎颜扬庭,上其父师古所撰《匡谬正俗》八卷,令付秘阁。"《全唐文》卷一百六十五颜扬庭《上〈匡谬正俗〉表》(P1680)则记事在永徽二年:"臣亡父先臣师古,尝撰《匡谬正俗》,稿草才半,部帙未终。以臣亹犯幽灵,奄垂捐弃。攀风罔及,陟岵增哀。臣敬奉遗文,谨遵先范,分为八卷,勒成一部。百氏纰缪,虽未可穷;六典迂讹,于斯矫革。谨斋诣阙，奉表以闻。轻触威严，伏深震悚。永徽二年十二月八日，符玺郎臣颜扬庭上。”《旧唐书》卷四十六《经籍志上》(P1983)：“《匡谬正俗》八卷颜师古撰。”《新唐书》卷五十七《艺文志一》(P1446)：“颜师古《匡谬正俗》八卷。”《郡斋读书志》卷四(P142)：“《匡谬正俗》八卷，右唐颜籀师古撰。以世俗之言多谬误，质诸经史，刊而正之。永徽中，其子扬庭上之。”《四库全书总目》卷四十《小学类一》(P341)：“《匡谬正俗》八卷，唐颜师古撰。师古名籀，以字行，雍州万年人。历官秘书监。事迹具《唐书》本传。是书永徽二年其子符玺郎扬庭表上于朝，高宗敕录本付秘阁。卷首载扬庭《表》，称‘藁草才半，部帙未终’，盖犹未竟之本。又称‘谨遵先范，分为八卷，勒成一部’，则今本乃扬庭所编。宋人诸家书目多作《刊谬正俗》，或作《纠谬正俗》，盖避太祖之讳。”

事又见《新唐书》卷一百九十八《颜师古传》、《唐会要》卷三六《修撰》、《册府元龟》卷六百一、《册府元龟》卷六百八、《全唐文》卷十四《奖颜扬庭进父师古〈匡谬正俗〉敕》。

【考论】

《匡谬正俗》八卷，颜师古撰，为札记的首创之作。是书为训诂类著作，乃师古未竟之本，“稿草才半，部帙未终”，由颜扬庭遵其父之典范，分为八卷，勒成一部，永徽二年进上。宋人避太祖“匡”之讳，故称《刊谬正俗》或《纠谬正俗》。其内容包括前四卷(55 条)对诸经的训诂音释，后四卷(127 条)对诸书字义、字音以及与俗语相承差异之辨析，考论精博，对训诂学的发展贡献很大。该书历来为音韵训诂学家所重视。由于时人对古音读今韵，颇为生疏，难免有误，古人考小学之书多已失传，故此书之存在意义非凡，《四库全书总目》(P341)云：“自颜之推《家训·音证》篇外，实莫古于是书。”

颜扬庭进表时间，新、旧《唐书》及《会要》皆作永徽三年(652)。颜扬庭《上书表》则记在永徽二年，陈振孙《直斋书录解题》、《四库总目提要》均作永徽二年(651)。今从《上书表》。

【相关论著举目】

向莉娟：《浅论颜师古〈匡谬正俗〉在文字学史上的价值》，《襄樊

职业技术学院学报》,2011 年第 6 期

孙雍长、李建国:《南北朝隋唐时期的汉字规范》,《学术研究》,2005 年第 5 期

罗晓燕:《从〈匡谬正俗〉看颜师古的语言文字研究》,四川师范大学硕士学位论文,2004 年

邓文琦、范知欧:《〈匡谬正俗〉的训诂学贡献》,《理论学刊》,2004 年第 11 期

赵伯义:《论颜师古的〈匡谬正俗〉》,《河北师范大学学报》,2004 年第 1 期

刘晓东:《〈匡谬正俗〉平议》,山东大学出版社 1999 年

刘乾:《读〈匡谬正俗〉札记》,《平原大学学报》,1995 年第 4 期

寒冬虹:《清张绍仁〈匡谬正俗〉题跋校语辑》,《文献》,1993 年第 1 期

崔文印:《〈匡谬正俗〉解题》,《史学史研究》,1991 年第 1 期

高宗永徽三年　壬子(652)

○上《留本司行格》

【文献】

《新唐书》卷五十八《艺文志二》(P1495):"《留本司行格》十八卷,太尉无忌、司空李勣、左仆射于志宁、右仆射张行成,侍中高季辅,黄门侍郎宇文节、柳奭,尚书右丞段宝玄,太常少卿令狐德棻,吏部侍郎高敬言,刑部侍郎刘燕客,给事中赵文恪,中书舍人李友益、少府丞张行实、太府丞王文端,大理丞元绍,刑部郎中贾敏行等奉诏撰定。分格为二部,以曹司常务为'行格',天下所共为'散颁格'。永徽三年上。至龙朔二年,诏司刑太常伯源直心、少常伯李敬玄、司刑大夫李文礼复删定,唯改官曹局名而已。题行格曰'留本司行格中本',散颁

格曰‘天下散行格中本’。”

高宗永徽四年　癸丑(653)

○三月，颁《五经正义》于天下

【文献】

《旧唐书》卷四《高宗纪上》(P71)：“三月壬子朔，颁孔颖达《五经正义》于天下，每年明经令依此考试。”《经学历史·经学统一时代》(P139)：“唐太宗以儒学多门，章句繁杂，诏国子祭酒孔颖达与诸儒撰定《五经》义疏，凡一百七十卷，名曰《五经正义》。颖达既卒，博士马嘉运驳其所定义疏之失，有诏更定，未就。永徽二年，诏诸臣复考证之，就加增损。永徽四年，颁孔颖达《五经正义》于天下，每年明经依此考试。自唐至宋，明经取士，皆遵此本。”《经学历史·经学统一时代》(P142)：“《正义》奉敕监修，正中此弊。颖达入唐，年已耄老；岂尽逐条亲阅，不过总揽大纲。诸儒分治一经；各取一书以为底本，名为创定，实属因仍。书成而颖达居其功，论定而颖达尸其过。究之功过非一人所独擅，义疏并非诸儒所能为也。其时同修《正义》者，《周易》则马嘉运、赵乾叶，《尚书》则王德韶、李子云，《毛诗》则王德韶、齐威，《春秋》则谷那律、杨士勋，《礼记》则朱子奢、李善信、贾公彦、柳士宣、范义頵、张权。标题孔颖达一人之名者，以年辈在先，名位独重耳。”

事又见《旧唐书·儒学传》、《贞观政要·崇儒学》、《旧唐书·孔颖达传》、《唐会要》卷七十七《贡举下》、《日知录·十三经注疏》。

(附)《全唐文》卷一百三十六长孙无忌《进五经正义表》(P1374—1375)：“臣无忌等言：臣闻混元初辟，三极之道分焉；醇德既醨，六籍之文著矣。于是龟书浮于温洛，爰演九畴；龙图出于荣河，以彰八卦。故能范围天地，埏埴阴阳，道济四溟，知周万物。所以七教八政，垂炯诫于百王；五始六虚，贻徽范于千古。咏歌明得失之迹，《雅》、《颂》表兴废之由。实刑政之纪纲，乃人伦之隐括。昔云官司契之后，火纪建极之君，虽步骤不同，质文有异，莫不开兹胶序，乐以典坟，敦稽古以宏风，阐儒雅以立训，启含灵之耳目，赞神化之丹青。姬孔发挥于前，荀孟抑扬于后。马郑迭进，成均之望郁兴；萧戴同升，石渠之业愈峻。历夷险其教不坠，经隆替其道弥尊。斯乃邦家之基，王化之本者也。伏惟皇帝陛下得一继明，通三抚运，乘天地之正，齐日月之晖。敷四术而纬俗经邦，蕴九德而辨方轨物。御紫宸而访道，坐元扆以裁仁。化被丹泽，政洽幽陵。三秀六穗之祥，府无虚月；集囿巢阁之瑞，史不绝书。照金镜而泰阶平，运玉衡而景宿丽。可谓鸿名轶于轩昊，茂绩冠于勋华。而垂拱无为，游心经典，以为圣教幽赜，妙理深元，训诂纷纶，文疏踳驳。先儒竞生别见，后进争出异端，未辨三豕之疑，莫祛五日之惑。故祭酒上护军曲阜县开国子孔颖达，宏才硕学，名振当时，贞观年中，奉敕修撰。虽加讨核，尚有未周，爰降丝纶，更令刊定。敕太尉扬州都督监修国史上柱国赵国公臣无忌，司空上柱国英国公臣勣，尚书左仆射兼太子少师监修国史上柱国燕国公臣志宁，尚书右仆射兼太子少傅监修国史上护军曲阜县开国公臣行成，光禄大夫侍中兼太子少保监修国史上护军蓚县开国公臣季辅，光禄大夫吏部尚书监修国史上柱国河南郡开国公臣褚遂良，银青光禄大夫守中书令监修国史上骑都尉臣柳奭，前谏议大夫宏文馆学士臣谷那律，国子博士宏文馆学士臣刘伯庄，朝议大夫国子博士臣王德韶，朝散大夫行太学博士臣贾公彦，朝散大夫行太学博士弘文馆直学士臣范义頵，朝散大夫行太常博士臣柳宣通，直郎太学博士臣齐威，宣德郎守国子助教臣史士宏，宣德郎守太学博士臣孔志约，右内率府长史宏文馆直学士臣薛伯珍，太学助教臣郑祖元，征事郎守太学助教臣随德素，征事郎守四门博士臣赵君赞，承务郎守太学助教臣周元达，承务郎守四门助教臣李元植，儒林郎守四门助教臣王真儒等，上禀宸旨，傍摭群书，释左氏之膏肓，翦古文之烦乱，探曲台之奥趣，索连山之元言，囊括百家，森罗万有。比之天象，与七政而长悬；方之地轴，将五岳而永久。笔削已了，缮写如前。臣等学谢伏恭，业惭张禹，虽罄庸浅，惧乖典正，谨以上闻，伏增战越。谨言。永徽四年二月二十四日，太尉扬州都督上柱国公臣无忌等上。”

【考论】

唐朝初建时太宗以当时儒学多门，章句繁杂，文字错讹，学无所从，不利于思想统一，认为经学应有标准读本，遂于贞观四年（630）诏颜师古于秘书省考定《五经》，贞观七年（633）颁行天下；又于贞观七年（633）诏孔颖达与马嘉运、颜师古、杨士勋、贾公彦诸儒修《五经》义疏，由孔颖达总其事。十四年（640）书初成，名为《义赞》。太宗褒奖下诏曰：“卿等博综古今，义理该洽，考前儒之异说，符圣人之幽旨，实为不朽。”其后“付国子监施行，赐颖达物三百段”（《旧唐书·孔颖达传》P2602—2603）。后因马嘉运“以颖达所撰《正义》颇多繁杂，每掎摭之，诸儒亦称为允当”（同传附《马嘉运传》P2603），太宗遂诏马嘉运“更令详定”，长孙无忌、于志宁、张行成、高季辅等又加增损，成于永徽四年，唐高宗颁行天下，著为功令，从此《五经正义》成为《五经》的标准解释，科举取士的标准读本。宋明时期取士皆遵此本，通行本《十三经注疏》中的《周易正义》、《尚书正义》、《毛诗正义》、《礼记正义》、《春秋左传正义》即采此本。但文人学士仅将其作为通往仕途的敲门砖，以之应付科举考试，因此带来了使儒学日渐僵化的恶果，“《春秋》三传束高阁”，儒学不再引起文人学士内心兴趣和真诚信仰。

孔颖达等所撰《五经正义》计一百八十卷，包括《周易正义》、《尚书正义》、《毛诗正义》、《礼记正义》、《春秋左传正义》，其中《诗》用毛传、郑笺，《尚书》用伪孔安国传，《礼记》用郑玄注，《周易》用魏王弼注，《左传》用西晋杜预注。《周易正义》以魏王弼《周易注》为本，在对《周易》各家注本加以“删定考察”基础上撰成，“去其华而取其实”，并使其“信而有征，其文简而理约，寡而制众，变而能通”，对王弼注多所发挥。《四库全书总目》卷一（P3）谓：“至颖达等奉诏作疏，始专崇王注，而众说皆废。”《尚书正义》基本采用孔安国之伪传，因作者认为孔氏的《古文尚书》“其辞富而备，其义弘而雅，故复而不厌，久而愈亮，江左学者悉皆祖述焉。"《毛诗正义》则"以刘焯《毛诗义疏》、刘炫《毛诗述义》为稿本,故能融贯群言,包罗古义,终唐之世,人无异词"(参见《四库全书总目》卷十五 P120),对《诗经》社会作用的阐释较为独特。《礼记正义》着重发挥儒家重"礼"的政治伦理观念,强调儒家尊卑贵贱的等级秩序,主张以仁义忠信为做人的根本,并把"礼"视为"经天纬地"的根本原则和社会人事之大本,认为"礼"即"天道"或"天理"。《春秋左传正义》则吸取杜预《春秋左氏传经解》"专取丘明之传以释孔氏之经"(《春秋左传正义序》)方法,而改变了两汉经学家"杂取公羊、穀梁以释左氏"的传统做法。《五经正义》遵循"疏不破注"的原则,不轻易改易注说,皮锡瑞解释说:"案著书之例,注不驳经,疏不驳注;不取异义,专宗一家。"(《经学历史》P141)其所撰《正义》在方法上力求做到"竭所闻见,览古人之传记,质近代之异同,存其是而去其非,削其烦而增其简"(《尚书正义序》P110),试图恢复汉学之说,去除南朝义疏所受玄学、禅学之影响,以保持正统儒学的教义。

《正义》之颁行,对中国经学的思想学术有着极为重要的影响,是中国儒学发展史上的一个重要环节。统一的国家需要统一的信仰,统一的思想,统一的经典,而儒经乃是儒家思想和信仰的核心、灵魂。因此就有必要统一经文,统一经学注释。在历代统一经文、经义的工作中,《五经正义》的修撰是最有成效的一次。《五经正义》不仅是唐代儒者的标准读本,而且一直影响到后代。皮锡瑞说:"自《正义》、《定本》颁之国胄,用以取士,天下奉为圭臬。唐至宋初数百年,士子皆谨守官书,莫敢异议矣。"(《经学历史》P146)此书虽开儒家经学史之统一局面,然其颁行之后,学者谓孔疏之失有三:"议孔疏之失者,曰彼此互异,曰曲徇注文,曰杂引谶纬"(《经学历史》P141)。皮锡瑞对此具体分析说:"案著书之例,注不驳经,疏不驳注;不取异义,专宗一家;曲徇注文,未足为病。谶纬多存古义,原本今文;杂引释经,亦非巨谬。惟彼此互异,学者莫知所从;既失刊定之规,殊乖统一之义。即如谶纬之说,经疏并引;而《诗》、《礼》从郑,则以为是;《书》不从郑,则又以为非;究竟谶纬为是为非,矛盾不已甚与!"造成彼此互异的原因，盖“以其杂出众手，未能自成一家”（《经学历史》P141—142），“疏失可嗤，不能为诸儒解矣”（《经学历史》P139），指出此书作为集体撰著文义难于统一之弊。同时《五经正义》虽有保存之名，却无开立之功，新见创意并不多见。《五经正义》的上述特点乃是由唐朝前期学术的时代性质所决定的。从中国古代思想史的发展历程来看，魏晋南北朝以来，儒学衰微，经学备受冷落，佛教和道教相继兴起，逐渐形成了三教并立的格局，唐代正处于由魏晋玄学向宋代理学转化的过渡时期，因此唐朝前期尚不具备推陈出新、另起炉灶的条件。唐代义疏之学，虽因博引众注而文义不免有相舛谬之处，但其能杂采众说，又颇能克服已往所存之门户固习，其得失互见，故不可偏废。马宗霍《中国经学史》（P94）中说：“自《五经定本》出，而后经籍无异文；自《五经正义》出，而后经义无异说。每年明经，依此考试，天下士民，奉为圭臬。盖自汉以来，经学统一未有若斯之专且久也。”此书融合南北经学家的见解，保存了汉代至南北朝的注疏章句之学，是唐代经学义疏派的代表作之一，对后世经学的发展产生了重大的影响。是书现存于《十三经注疏》中。

（一）关于该书卷数。《旧唐书》一百八十九上《儒林传》谓《五经正义》（P4941）“凡一百七十卷”，《册府元龟》亦同。《新唐书·艺文志》著录《周易正义》十六卷（孔序为十四卷），《尚书正义》二十卷，《毛诗正义》四十卷，《礼记正义》七十卷，《春秋正义》三十六卷。如《周易正义》以孔颖达《序》为准，则总计为一百八十卷。《旧唐书》卷七十四、《贞观政要》卷七亦作一百八十卷。皮锡瑞《经学历史》以《旧唐书》所言一百七十卷志之，周予同谓：“按《周易正义》，孔《序》云十四卷，与《唐志》微异。《五经正义》计共百八十卷，皮云百七十卷，盖偶误。”周说可从。

（二）关于是书编成时间，说法不一：一说贞观十四年，一说贞观十六年，一说贞观二十二年即孔颖达卒年编成。据《旧唐书·孔颖达传》，其初成书当在贞观十四年（640），后因马嘉运“以颖达所撰《正义》颇多繁杂，每掎摭之，诸儒亦称为允当”（同传附《马嘉运传》

(P2603)),于是太宗诏“更令详定”,孔颖达晚年却“功竟未就”,贞观十七年(643),颖达“以年老致仕”,二十二年卒。终贞观之世,《正义》修订未能完成,直到高宗永徽二年(651)方下诏重修,永徽四年书成,遂颁行天下。参见《中国学术思想编年》之《隋唐五代卷》。

【相关论著举目】

张鸿:《儒家礼仁之治施政方略的主要命题及其思维方式——以〈五经正义〉为典型个案》,《江苏社会科学》,2012 年第 2 期

王贞:《孔颖达与〈五经正义〉研究述略》,《中国史研究动态》,2012 年第 1 期

刘顺:《〈五经正义〉诗学思想简论》,《船山学刊》,2011 年第 3 期

潘忠伟:《〈五经正义〉与北朝经学传统》,《哲学研究》,2008 年第 5 期

王雁:《孔颖达〈五经正义〉训诂研究》,山东师范大学硕士学位论文,2008 年

白长虹:《〈五经正义〉及其研究综述》,《鞍山师范学院学报》,2007 年第 1 期

马萃泽:《〈五经正义〉引〈说文〉考》,《吉林师范大学学报》,2005 年第 5 期

张国刚:《略论唐代学术史的时代特征》,《史学月刊》,2003 年第 6 期

童强:《从注疏之学看唐代学术思想的发展》,《江海学刊》,2002 年第 4 期

秦学颀:《从〈五经正义〉到〈五经大全〉——关于唐、明二代经学统一的比较》,《孔子研究》,2002 年第 1 期

王海英:《孔颖达〈五经正义〉与唐代文论》,《中国文学研究》,2001 年第 2 期

陈磊:《试析隋及唐初的儒学统一》,《孔子研究》,2001 年第 6 期

王绍东:《孔颖达在文献注释方面的成就探析》,《内蒙古大学学报》,2001 年第 4 期

王海英:《孔颖达〈五经正义〉与唐代文论》,《中国文学研究》,2001年第2期

高林广:《〈五经正义〉诗乐思想管窥》,《内蒙古师大学报》,2001年第2期

钟明立:《〈五经正义〉的"对文"和"散文"》,《江西师范大学学报》,1999年第4期

牟钟鉴:《隋与唐初经学》,《孔子研究》,1988年第3期

○《周易正义》

【文献】

《新唐书》卷五十七《艺文志一》(P1426):"《周易正义》十六卷,国子祭酒孔颖达、颜师古、司马才章、王恭,太学博士马嘉运,太学助教赵乾叶、王谈、于志宁等奉诏撰,四门博士苏德融、赵弘智覆审。"《四库全书总目》卷一《易类一》(P3):"《周易正义》十卷,魏王弼、晋韩康伯注,唐孔颖达疏。《易》本卜筮之书,故末派寖流于谶纬。王弼乘其极敝而攻之,遂能排击汉儒,自标新学。然《隋书·经籍志》载晋扬州刺史顾夸等有《周易难王辅嗣义》一卷,《册府元龟》又载顾悦之(案悦之即顾夸之字)《难王弼易义》四十余条,京口闵康之又申王难顾,是在当日已有异同。王俭、颜延年以后,此扬彼抑,互诘不休。至颖达等奉诏作疏,始专崇王注而众说皆废。故《隋志》'易类'称:'郑学寖微,今殆绝矣。'盖长孙无忌等作《志》之时,在《正义》既行之后也。"

参见《郡斋读书志》卷一、《文献通考》卷一百七十五。

【考论】

《周易正义》,《五经正义》之首,著名易学家、经学家孔颖达奉旨撰定。《周易正义》取王弼、韩康伯注本,此本自南朝末已盛行,并从南方流传至北方。唐初,比较完整的注本仅此一家。《周易正义序》(P6):"唯魏世王辅嗣之注,独冠古今,所以江左诸儒并传其学。"孔氏以《易传》为孔子作,因此其对《周易》经文的诠释、《周易》原理的阐

发，尤其是其解《易》体例的确立，皆立足于《易传》，即《周易正义序》(P6)所谓“今既奉敕删定，考察其事，必以仲尼为宗”。《周易正义》在易学史上具有划时代意义，既是对汉魏至隋以来易学演变发展的一次全面、系统的理论总结，又为后世易学的发展导夫先路。《周易正义》调融南北，荟萃诸家，故用王而不固于王；参以玄言，故义理架构颇与老庄相通，渐染于浮屠，故排佛而用佛；发明义例、考辨意旨，自下新义，故有学术价值可言，尤宋人疑古开新之先导，非株守一先生说者可比(参见龚鹏程《〈周易正义〉之编撰》，《周易研究》2006 年第 4 期)。孔疏既从王弼以义理明易学的思路出发，又吸纳汉易象学方法，广泛援引汉代孟喜、马融、郑玄诸家传统《易》说，以取象与取义相结合的鲜明特色，对《周易》的体例、八卦和六十四卦的形成，对《周易》蕴涵的哲理，进行了独特的解释。孔氏以为“易象”内容包含甚广，系指八卦之象、六十四卦卦爻之象、“随义而取象”、“易含万象”。孔氏以灵活多变的阐释原则解释“易象”，以为“不可一例求之，不可一类取之”。此易象观与其象数与义理辩证统一的易学观相一致。孔氏所建构的易象观，在易学发展史上具有不可磨灭的贡献。

这部在易学及易学哲学史上具有划时代意义的易学名著得以问世，乃根源于其特定历史时期的学术及政治背景。其学术及政治视野下的创作历史动因，可析为三个方面，其一是学术与政治走向统一的历史必然产物，其二是立足王注、倡导义理的时代必然选择，其三是博取众家、熔于一炉的学术必然归宿(刘玉建《汉魏易学发展的理论结晶:〈周易正义〉——学术及政治视野下的创作动因审视》，《周易研究》2006 年第 5 期)。

【相关论著举目】

梅强:《〈周易正义〉的刑罚适用原则探源》，《周易研究》，2012 年第 3 期

欧阳小建:《孔颖达〈周易正义〉研究》，《周易研究》，2011 年第 5 期

胡士颖:《关于〈周易正义〉“道”概念的理解与辨析》，《佳木斯教

育学院学报》，2010年第2期

刘顺：《孔颖达〈周易正义〉之“象”论及其美学蕴涵》，《湖北大学学报》（哲学社会科学版），2011年第6期

倪淑娟：《〈周易正义〉的注疏特色》，《周易研究》，2010年第5期

杨天才：《〈周易正义〉研究》，福建师范大学博士学位论文，2007年

赵荣波：《〈周易正义〉思想研究》，山东大学博士学位论文，2006年

刘玉建：《汉魏易学发展的理论结晶：〈周易正义〉——学术及政治视野下的创作动因审视》，《周易研究》，2006年第5期

龚鹏程：《〈周易正义〉之编撰》，《周易研究》，2006年第4期

张克宾：《论孔颖达“备包有无”的易学观》，《周易研究》，2006年第2期

林国兵、江玉娥：《论孔颖达对王弼易学的吸收与超越》，《黄冈师范学院学报》，2006年第1期

刘玉建：《论唐代易学名家孔颖达的易象观》，《社会科学战线》，2004年第3期

刘玉建：《孔颖达易学诠释学原则及意义》，《管子学刊》，2004年第1期

林国兵：《试论孔颖达的易学理论与美学智慧》，安徽师范大学硕士学位论文，2004年

史少博：《〈周易正义〉：“无本论”向“气本论”转化的桥梁》，《周易研究》，2003年第5期

史少博：《孔颖达〈周易正义〉对王弼的超越》，《青岛科技大学学报》，2003年第3期

刘玉平：《孔颖达的易学诠释学》，《周易研究》，2002年第3期

李霞：《易学诠释原则与方法的演变》，《孔子研究》，1999年第4期

宋开素：《孔颖达易学思想研究》，《周易研究》，1995年第4期

张善文:《略论孔颖达对〈周易〉义理学的拓展》,《福建师范大学学报》,1994 年第 1 期

◎《尚书正义》

【文献】

《新唐书》卷五十七《艺文志一》(P1428):"《尚书正义》二十卷,国子祭酒孔颖达、太学博士王德韶、四门助教李子云等奉诏撰。四门博士朱长才、苏德融,太学助教隋德素,四门助教王士雄、赵弘智覆审。太尉扬州都督长孙无忌、司空李勣,左仆射于志宁,右仆射张行成,吏部尚书侍中高季辅,吏部尚书褚遂良,中书令柳奭、弘文馆学士谷那律、刘伯庄,太学博士贾公彦、范义頵、齐威、太常博士柳士宣、孔志约,四门博士赵君赞,右内率府长史弘文馆直学士薛伯珍,国子助教史士弘,太学助教郑祖玄、周玄达,四门助教李玄植、王真儒与王德韶、隋德素等刊定。"《四库全书总目》卷十一《书类一》(P89):"《尚书正义》二十卷,旧本题汉孔安国传,其书至晋豫章内史梅赜始奏于朝。唐贞观十六年孔颖达等为之疏,永徽四年长孙无忌等又加刊定。孔《传》之依托,自朱子以来递有论辩。至国朝阎若璩作《尚书古文疏证》,其事愈明。其灼然可据者:梅鷟《尚书考异》攻其注《禹贡》'瀍水出河南北山'一条、'积石山在金城西南羌中'一条,地名皆在安国后;朱彝尊《经义考》攻其注《书序》'东海驹骊、扶余馯貊之属'一条,谓驹骊王朱蒙至汉元帝建昭二年始建国,安国武帝时人,亦不及见。若璩则攻其注《泰誓》'虽有周亲,不如仁人'与所注《论语》相反。又安国《传》有《汤誓》,而注《论语》'予小子履'一节乃以为《墨子》所引《汤誓》之文(案安国《论语》注今佚,此条乃何晏《集解》所引)。皆证佐分明,更无疑义。至若璩谓定从孔《传》,以孔颖达之故,则不尽然。考《汉书·艺文志叙》,《古文尚书》但称安国献之,遭巫蛊事,未立于学官,不云作《传》。而《经典释文叙录》乃称《艺文志》云安国献《尚书传》,遭巫蛊事,未立于学官,始增入一'传'字,以证实其事。又称今

以孔氏为正，则定从孔《传》者乃陆德明，非自颖达。惟德明于《舜典》下注云：'孔氏《传》亡《舜典》一篇，时以王肃《注》颇类孔氏，故取王《注》从"慎徽五典"以下为《舜典》，以续孔《传》。'又云：'"曰若稽古帝舜曰重华协于帝"十二字，是姚方兴所上，孔氏《传》本无。阮孝绪《七录》亦云，方兴本或此下更有"濬哲文明温恭允塞玄德升闻乃命以位"凡二十八字，异聊出之，于王《注》无施也。'则开皇中虽增入此文，尚未增入孔《传》中，故德明云尔。今本二十八字当为颖达增入耳。梅赜之时，去古未远，其《传》实据王肃之《注》而附益以旧训，故《释文》称王肃亦注今文，所解大与古文相类，或肃私见孔《传》而秘之乎？此虽以末为本，未免倒置，亦足见其根据古义，非尽无稽矣。颖达之《疏》，晁公武《读书志》谓因梁费甝《疏》广之。然颖达原《序》称为《正义》者，蔡大宝、巢猗、费甝、顾彪、刘焯、刘炫六家，而以刘焯、刘炫最为详雅。其书实因二刘，非因费氏。公武或以《经典释文》所列义疏仅甝一家，故云然欤？《朱子语录》谓'《五经》疏《周礼》最好，《诗》、《礼记》次之，《易》、《书》为下'，其言良允。然名物训故究赖之以有考，亦何可轻也！"

参见《郡斋读书志》卷一、《文献通考》卷一百七十七。

【考论】

《尚书正义》是《五经正义》的第二部。《周易》所论皆明天道、通神明之德之意，《尚书》则为用天道以治理民众之书，所以《尚书》中较多地谈到了天人关系，故列《周易正义》之后。《尚书正义》采用当时通行的《古文尚书》本。东晋梅赜伪《尚书孔氏传》传布于世后，南朝经学均依伪《尚书孔氏传》本作义疏，至唐初，《尚书》义疏已达十几家之多。《尚书正义》在底本选择上，一仍伪《尚书孔氏传》之旧，以为此乃出于孔壁孔安国真本，《今文尚书》三十三篇，加上伪《古文尚书》二十五篇，凡计五十八篇；又错把郑玄所述真古文逸十六篇所析二十四篇看作张霸伪书，遂弃郑玄真古文而取"孔氏"伪古文，并弃马融、郑玄、王肃诸家旧注，以国家力量予以颁行，遂使后世学者对《尚书》版本真面目混淆不清。但《尚书正义》保存了伏生所传商周文献孑遗

《今文尚书》,又在《大传》的基础上进行了疏正,使其成为研究中国古史的珍贵资料。

《尚书正义》对《尚书》的注释,依从伪孔氏传,排斥郑玄注,并承诏依此经、注而作义训。在"疏不破注"、"非取臆说"的原则下,《尚书正义》主要依据蔡大宝、巢猗、费甝、顾彪、刘焯、刘炫各家的义疏,而尤以刘焯、刘炫为主(李斌城,《唐代文化》(中)第五编经学篇)。书中对上古社会典章文物的训诂,有很高的学术价值,无论在经学史的研究上,还是在史学史的研究上,都有一定的地位。可参见《新唐书·艺文志》,参见《中国儒学》卷二。

◎《毛诗正义》

【文献】

《新唐书》卷五十七《艺文志一》(P1430):"《毛诗正义》四十卷,孔颖达、王德韶、齐威等奉诏撰,赵乾叶,四门助教贾普曜、赵弘智等覆正。"《四库全书总目》卷十五《诗类一》(P119—120):"《毛诗正义》四十卷,汉毛亨传,郑元笺,唐孔颖达疏。案《汉书·艺文志》:'《毛诗》二十九卷,《毛诗故训传》三十卷。'然但称毛公,不著其名。《后汉书·儒林传》始云:'赵人毛长传《诗》,是为《毛诗》。'其'长'字不从'艸'。《隋书·经籍志》载《毛诗》二十卷,汉河间太守毛苌传,郑氏笺。于是《诗传》始称毛苌。然郑元《诗谱》曰:'鲁人大毛公为训诂,传于其家,河间献王得而献之,以小毛公为博士。'陆玑《毛诗草木虫鱼疏》亦云:'孔子删《诗》授卜商,商为之序,以授鲁人曾申,申授魏人李克,克授鲁人孟仲子,仲子授根牟子,根牟子授赵人荀卿,荀卿授鲁国毛亨,毛亨作《训诂传》以授赵国毛苌。时人谓亨为大毛公,苌为小毛公。'据是二书,则作《传》者乃毛亨,非毛苌,故孔氏《正义》亦云大毛公为其《传》,由小毛公而题毛也。《隋志》所云,殊为舛误。而流俗沿袭,莫之能更。朱彝尊《经义考》乃以《毛诗》二十九卷题毛亨撰,注曰'佚'。《毛诗训故传》三十卷题毛苌撰,注曰'存'。意主调停,尤为于古无据。今参稽众说，定作《传》者为毛亨。以郑氏后汉人，陆氏三国吴人，并传授《毛诗》，渊源有自，所言必不诬也。郑氏发明毛义，自命曰《笺》。《博物志》曰：'毛公尝为北海郡守，康成是此郡人，故以为敬。'推张华所言，盖以为公府用记，郡将用笺之意。然康成生于汉末，乃修敬于四百年前之太守，殊无所取。案《说文》曰：'笺，表识书也。'郑氏《六艺论》云：'注《诗》宗毛为主，毛义若隐略则更表明，如有不同，即下己意，使可识别。'（案此论今佚，此据《正义》所引）然则康成特因《毛传》而表识其傍，如今人之签记，积而成帙，故谓之《笺》，无庸别曲说也。自郑《笺》既行，齐、鲁、韩三家遂废（案此陆德明《经典释文》之说）。然《笺》与《传》义亦时有异同。魏王肃作《毛诗注》、《毛诗义驳》、《毛诗奏事》、《毛诗问难》诸书，以申毛难郑。欧阳修引其释《卫风·击鼓》五章，谓'郑不如王'（见《诗本义》）。王基又作《毛诗驳》以申郑难王。王应麟引其驳《芣苢》一条，谓'王不及郑'（见《困学纪闻》，亦载《经典释文》）。晋孙毓作《毛诗异同评》，复申王说。陈统作《难孙氏毛诗评》，又明郑义（并见《经典释文》）。袒分左右，垂数百年。至唐贞观十六年，命孔颖达等因郑笺为《正义》，乃论归一定，无复岐途。《毛传》二十九卷，《隋志》附以郑笺，作二十卷，疑为康成所并。颖达等以疏文繁重，又析为四十卷。其书以刘焯《毛诗义疏》、刘炫《毛诗述义》为稿本，故能融贯群言，包罗古义。终唐之世，人无异词。惟王谠《唐语林》记刘禹锡听施士匄讲《毛诗》所说'维鹈在梁'、'陟彼岵兮'、'勿翦勿拜'、'维北有斗'四义，称毛未注，然未尝有所诋排也。至宋郑樵，恃其才辨，无故而发难端，南渡诸儒始以掊击毛、郑为能事。元延祐科举条制，《诗》虽兼用古注疏，其时门户已成，讲学者迄不遵用。沿及明代，胡广等窃刘瑾之书，作《诗经大全》，著为令典，于是专宗朱《传》，汉学遂亡。然朱子从郑樵之说，不过攻《小序》耳。至于《诗》中训诂，用毛、郑者居多。后儒不考古书，不知《小序》自《小序》，《传》、《笺》自《传》、《笺》，哄然佐斗，遂并毛、郑而弃之。是非惟不知毛、郑为何语，殆并朱子之《传》亦不辨为何语矣。我国家经学昌明，一洗前明之固陋。乾隆四年皇上特命校刊《十三经注疏》，颁布学宫，鼓箧之儒，皆骎骎乎研求古学。今特录其书与《小序》同冠《诗类》之首，以昭六义渊源，其来有自；孔门师授，端绪炳然，终不能以他说掩也。”

参见《郡斋读书志》卷二、《文献通考》卷一百七十九。

【考论】

《五经正义》第三部是《毛诗正义》。从西汉起《诗经》学即分成今文经学与古文经学，《鲁诗》、《齐诗》、《韩诗》均属今文经学，而《毛诗》则属于古文经学。郑玄为《毛诗》做《笺》后，古文经《毛诗》独兴，今文经“三家《诗》”相继亡佚，正如《隋书·经籍志》(P918)所云：“《齐诗》魏代已亡，《鲁诗》亡于西晋。《韩诗》虽存，无传之者。”自南北朝隋朝以至唐初，《诗经》只有郑玄注本独立于官学，流传于南北，因此《诗经》取郑玄注本。儒家重视《诗》，是因为其“感天地、动鬼神，莫近于诗”的作用，故《毛诗正义》中反复申明了“感天地、动鬼神，莫近于诗”的论断。

《毛诗正义》的主体内容是孔颖达对《毛诗序》、《毛传》与郑《笺》的疏文。在体例上，首先列出郑玄《毛诗谱》及其序，之后分段疏解，使读者对《诗经》总体情况了然于胸；其次分段对《毛诗序》、《毛传》与郑《笺》进行疏解。此种体例，由总体到局部，由局部到每首诗歌、到每首诗歌的每个部分，详细疏解，层次分明，井然有序，其体例设置独具匠心。对《诗经》关键词语的释义周详而精确，不仅旁征博引各家之说，而且全面顾及《诗经》各篇有关词语的内在联系。《毛诗正义》的另一重要内容是所附陆德明《毛诗释文》。《毛诗正义》第三部分内容是对文字的考定，文字以颜师古《五经定本》为准，同时吸收了当时留存的《韩诗》资料以及其他异文，以广见闻。此外，《孔疏》注意版本比较，关注其异同，《毛诗正义》卷一说：“崔(灵恩)《集注》本此序有郑注，检众本并无。”由此，《毛诗正义》做到了说解、文字、音训三方面的统一，集汉魏《诗》学各方面研究之大成，给后人研究提供了极大方便。《毛诗正义》是汉魏六朝以来《诗经》研究的集大成之作，其资料丰富，编排有方，阐述清晰，考辩精审，在《诗经》研究史上具有举足轻重的地位。

孔颖达疏解的原则依然是“疏不破注”，在充分维护《毛诗》、《郑笺》、《诗谱》的权威性时，虽阐述详细周备，能辨别《毛诗》、《郑笺》、王肃等见解之间的差异，或明其所以然，或明其用语的出典，或两者兼备，但在《毛诗》、《郑笺》出现抵牾时，或意主调停，曲为申说，或强毛从郑，依《笺》改经，是其不足之处。另有杂引谶纬之失，附会穿凿之失，引书之误，句读之误，训诂之误，更是屡见不鲜。黄焯先生《诗疏平议》举证详备，揭出误释篇目二百六十篇之多(参见洪湛侯《诗经学史》第二编《诗经》汉学)。

【相关论著举目】

党代莉:《〈毛诗正义〉训诂术语研究》,西北师范大学硕士学位论文,2011 年

卫艳霞:《经学中的文学因素——试析〈毛诗正义〉对〈诗经〉创作艺术的总结》,《山西大同大学学报》,2008 年第 6 期

杨金花、潘桂云:《以文逆意——〈毛诗正义〉解诗特征之一》,《社会科学学辑刊》,2008 年第 3 期

刘挺颂:《〈毛诗正义〉研究》,贵州大学硕士学位论文,2008 年

李金坤:《孔颖达〈毛诗正义〉对经学与诗学的贡献》,《江苏大学学报》(社会科学版),2007 年

王长华、易卫华:《孔颖达〈诗〉学观论略》,《河北师范大学学报》,2007 年第 1 期

韩宏韬:《〈毛诗正义〉研究》,山东大学博士学位论文,2007 年

杨金花:《〈毛诗正义〉研究》,河北大学博士学位论文,2007 年

张立兵:《论〈毛诗正义〉的学术成就》,扬州大学博士学位论文,2007 年

谢建忠:《论〈毛诗正义〉对李益诗歌的影响》,《文学遗产》,2006 年第 1 期

张蕊:《〈诗经〉教本考论》,北京师范大学博士学位论文,2005 年

黄贞权:《孔颖达〈毛诗正义〉的文学阐释思想》,暨南大学硕士学

位论文,2005 年

白长虹:《〈毛诗正义〉撰者及编撰时间考论》,《南京社会科学》,2004 年第 6 期

李建国:《论孔颖达对〈诗经〉创作艺术的理论总结》,《贵州文史丛刊》,2004 年第 4 期

白长虹:《〈毛诗正义〉串讲的体式与方法》,《辽宁大学学报》,2003 年第 5 期

李建国:《试论〈毛诗正义〉之“文势”说》,《北方论丛》,2003 年第 4 期

韩峥嵘:《〈毛诗正义〉“疏不破注”考辨》,《吉林大学社会科学学报》,2000 年第 4 期

陈广恩:《论“疏不破注”——以〈毛诗正义〉为例》,《宁夏大学学报》,1999 年第 4 期

张启成:《论〈毛诗正义〉与诗经学》,《贵州文史丛刊》,1998 年第 5 期

邓国光:《唐代诗论抉原:孔颖达诗学》,唐代文学研究(第七辑)——中国唐代文学学会第八届年会暨国际学术讨论会论文集,1996 年

孙良朋:《孔颖达〈毛诗正义〉中的语法分析》,《古汉语研究》,1992 年第 1 期

冯浩菲:《〈毛诗正义〉通达训释诸例概述》,《山东大学学报》(哲学社会科学版),1989 年第 2 期

○《礼记正义》

【文献】

《新唐书》卷五十七《艺文志一》(P1430):“《礼记正义》七十卷孔颖达,国子司业朱子奢,国子助教李善信、贾公彦、柳士宣、范义頵,魏王参军事张权等奉诏撰,与周玄达、赵君赞、王士雄、赵弘智覆审。”

《四库全书总目》卷二十一《礼类三》(P168—169):“《礼记正义》六十三卷,汉郑元注,唐孔颖达疏。《隋书·经籍志》曰:‘汉初,河间献王得仲尼弟子及后学者所记一百三十一篇献之,时无传之者。至刘向考校经籍,检得一百三十篇,第而叙之。又得《明堂阴阳记》三十三篇、《孔子三朝记》七篇、《王史氏记》二十一篇、《乐记》二十三篇,凡五种,合二百十四篇。戴德删其烦重,合而记之为八十五篇,谓之《大戴记》。而戴圣又删大戴之书为四十六篇,谓之《小戴记》。汉末,马融遂传小戴之学。融又益《月令》一篇、《明堂位》一篇、《乐记》一篇,合四十九篇’云云,其说不知所本。今考《后汉书·桥元传》云:‘七世祖仁,著《礼记章句》四十九篇,号曰桥君学。’仁即班固所谓小戴授梁人桥季卿者,成帝时尝官大鸿胪,其时已称四十九篇,无四十六篇之说。又孔《疏》称《别录》“《礼记》四十九篇,《乐记》第十九”。四十九篇之首,《疏》皆引郑《目录》。郑《目录》之末必云此于刘向《别录》属某门。《〈月令〉目录》云:‘此于《别录》属《明堂阴阳记》。’《〈明堂位〉目录》云:‘此于《别录》属《明堂阴阳记》。’《〈乐记〉目录》云:‘此于《别录》属《乐记》。’盖十一篇今为一篇,则三篇皆刘向《别录》所有,安得以为马融所增。《疏》又引元《六艺论》曰:‘戴德传《记》八十五篇,则《大戴礼》是也。戴圣传《礼》四十九篇,则此《礼记》是也。’元为马融弟子,使三篇果融所增,元不容不知,岂有以四十九篇属于戴圣之理?况融所传者乃《周礼》,若小戴之学,一授桥仁,一授杨荣。后传其学者有刘祐、高诱、郑元、卢植。融绝不豫其授受,又何从而增三篇乎?知今四十九篇实戴圣之原书,《隋志》误也。元延祐中,行科举法,定《礼记》用郑元《注》。故元儒说《礼》,率有根据。自明永乐中敕修《礼记大全》,始废郑《注》,改用陈澔《集说》,《礼》学遂荒。然研思古义之士,好之者终不绝也。为之疏义者,唐初尚存皇侃、熊安生二家(案明北监本以皇侃为皇甫侃,以熊安生为熊安,二人姓名并误,足征校刊之疏。谨附订于此)。贞观中,敕孔颖达等修《正义》,乃以皇氏为本,以熊氏补所未备。颖达《序》称:‘熊则违背本经,多引外义,犹之楚而北行,马虽疾而去愈远。又欲释经文,惟聚难义,犹治丝而棼之,手虽繁而丝益乱也。皇氏虽章句详正，微稍繁广。又既遵郑氏，又时乖郑义。此是木落不归其本，狐死不首其邱。此皆二家之弊，未为得也。'故其书务伸郑《注》，未免有附会之处。然采摭旧文，词富理博，说《礼》之家，钻研莫尽，譬诸依山铸铜，煮海为盐。即卫湜之书尚不能窥其涯涘，陈澔之流益如莛与楹矣。"《经学历史·经学分立时代》(P123)："《礼记疏》本皇、熊二家；熊安生北学，皇侃南学。孔颖达以为熊违经多引外义，释经唯聚难义，此正所谓北学深芜者。又以皇虽章句详正，微稍繁广；以熊比皇，皇氏胜矣；此则皇氏比熊为胜，正所谓南人约简者。"

参见《郡斋读书志》卷二、《文献通考》卷一百八十一。

【考论】

《礼记正义》是《五经正义》的第四部。《礼记正义序》(P1222)申成秦汉以来儒家关于礼仪起源之说："夫礼者，经天纬地，本之则大一之初；原始要终，体之乃人情之欲。"礼从上说体现着天意，从下说是根据于人情，是天意和人情的统一。礼的作用即事天地鬼神，分别上下尊卑："顺之则宗祏固，社稷宁，君臣序，朝廷正；逆之则纪纲废，政教烦，阴阳错于上，人神怨于下。故曰，人之所生，礼为大也。非礼无以事天地之神，辩君臣长幼之位，是礼之时义大矣哉！"

自郑玄注三《礼》以来，《礼记》由附属《仪礼》而独立成书，大行天下。礼学大行于魏晋南北朝，通习《三礼》者比比皆是。《礼记正义》祖本采用《小戴礼记》，注本用东汉郑玄注。南北朝时期，南朝疏《礼记》者有贺循、贺瑒、庾蔚之、崔灵恩、沈重、皇侃，北朝疏《礼记》者有徐道明、李业兴、李宝鼎、侯聪、熊安生等。至唐代，诸家中仅皇、熊两家流传，而皇疏虽尚详正，但多背郑义，熊疏引外义多，又违本经。孔颖达疏以皇疏为本，其不备处，以熊疏补之，删其繁芜，取其机要，采二家之长，去二家之弊，义理精审而证据详实。后人注释《礼记》者，尚无超越孔氏者(李斌城《唐代文化》(中)第五编经学篇)。吴承仕先生评曰："《小戴》四十九篇，杂有古今文说，自郑氏作《注》，条例滋繁，南北章疏，义有多门，甘其臭尚，毕生无厌。孔氏略本熊、皇，博采众说，今欲上窥魏晋六朝旧义，惟恃此编，诚郑学之喉襟、礼家之渊薮也。清儒于各经皆有新疏，唯《礼记》独阙，后儒无以加，意包孕其弘，非一人所能了也。”(《经典释文序录疏证·注解传述人》“郑玄《注》二十”条)。

【相关论著举目】

刘全鑫:《〈礼记正义〉解经研究》,南京师范大学硕士学位论文,2011年

常虚怀:《〈礼记正义〉校读札记》,南京师范大学硕士学位论文,2007年

王锷:《孔颖达〈礼记正义〉及其版本》,《文教资料》,2001年第3期

简硕:《关于〈礼记正义〉的体例》,《编辑学刊》,2000年第5期

○《春秋左传正义》

【文献】

《新唐书》卷五十七《艺文志一》(P1440):“《春秋正义》三十六卷，孔颖达、杨士勋、朱长才奉诏撰。马嘉运、王德韶、苏德融与隋德素覆审。”《四库全书总目》卷二十六《春秋类一》(P210):“《春秋左传正义》六十卷，周左丘明传，晋杜预注，唐孔颖达疏。自刘向、刘歆、桓谭、班固皆以《春秋传》出左丘明，左丘明受经于孔子。魏晋以来儒者，更无异议。至唐赵匡，始谓左氏非丘明。盖欲攻《传》之不合《经》，必先攻作《传》之人非受经于孔子，与王柏欲攻《毛诗》，先攻《毛诗》不传于子夏，其智一也。宋元诸儒，相继并起。王安石有《春秋解》一卷，证左氏非丘明者十一事。陈振孙《书录解题》谓出依托。今未见其书，不知十一事者何据。其余辨论，惟朱子谓‘虞不腊矣’为秦人之语。叶梦得谓纪事终于智伯，当为六国时人，似为近理。然考《史记·秦本纪》，称惠文君十二年始腊。张守节《正义》称秦惠文王始效中国为之，明古有腊祭，秦至是始用，非至是始创。阎若璩《古文尚书疏证》

亦驳此说曰:‘史称秦文公始有史以记事,秦宣公初志闰月,岂亦中国所无,待秦独创哉?’则腊为秦礼之说,未可据也。《左传》载预断祸福,无不征验,盖不免从后传合之。惟哀公九年称赵氏其世有乱,后竟不然,是未见后事之证也。经止获麟,而弟子续至孔子卒。传载智伯之亡,殆亦后人所续。《史记·司马相如传》中有扬雄之语,不能执是一事指司马迁为后汉人也。则载及智伯之说,不足疑也。今仍定为左丘明作,以祛众惑。至其作传之由,则刘知幾‘躬为国史’之言,最为确论。疏称大事书于策者,经之所书;小事书于简者,传之所载。观晋史之书赵盾,齐史之书崔杼及宁殖,所谓载在诸侯之籍者,其文体皆与经合。《墨子》称《周春秋》载杜伯,《燕春秋》载庄子仪,《宋春秋》载祐观辜,《齐春秋》载王里国中里。核其文体,皆与传合。经、传同因国史而修,斯为显证。知说经去传,为舍近而求诸远矣。《汉志》载《春秋古经》十二篇,经十一卷。注曰:‘公羊、穀梁二家。’则左氏经文,不著于录。然杜预《集解序》,称分经之年与传之年相附,比其义类,各随而解之。陆德明《经典释文》曰:‘旧夫子之经与丘明之传各异,杜氏合而释之。’则《左传》又自有经。考《汉志》之文既曰《古经》十二篇矣,不应复云经十一卷。观公、穀二《传》皆十一卷,与经十一卷相配,知十一卷为二《传》之经,故有是注。徐彦《公羊传疏》曰‘《左氏》先著竹帛,故汉儒谓之古学’。则所谓古经十二篇,即《左传》之经,故谓之古,刻《汉书》者误连二条为一耳。今以《左传》经文与二《传》校勘,皆《左氏》义长,知手录之本确于口授之本也。言《左传》者,孔奇、孔嘉之说,久佚不传;贾逵、服虔之说,亦仅偶见他书。今世所传,惟杜注、孔疏为最古。杜注多强经以就传,孔疏亦多左杜而右刘(案刘炫作《规过》以攻杜解,凡所驳正,孔疏皆以为非)。是皆笃信专门之过,不能不谓之一失。然有注、疏而后《左氏》之义明,《左氏》之义明而后二百四十二年内善恶之迹一一有征。后儒妄作聪明,以私臆谈褒贬者,犹得据《传》文以知其谬。则汉晋以来藉《左氏》以知经义,宋元以后更藉《左氏》以杜臆说矣。《传》与注、疏,均谓有大功于《春秋》可也。”

参见《郡斋读书志》卷三、《文献通考》卷一百八十二。

【考论】

《五经正义》最后一部是《春秋左传正义》。孔颖达对《春秋左传正义》所依注本和义疏本进行了严格筛选，注本以杜预《集解》为宗。南北朝时，《左传》学呈南北对立状态，北学遵服虔，南学遵杜预，"至隋，杜氏盛行，服义及《公羊》、《穀梁》浸微，今殆无师说"(《隋书·经籍志》P933)。《春秋左传正义》以盛行于世的杜注为本，其阐释原则依然是"疏不破注"，对杜注进行揭示、补充、引申等；同时兼采服虔之说，并对其说作出了是非评判，此外，《正义》对贾逵、马融、沈文阿、苏宽等人的学说均有涉及，实已将杜注、服义二者融为一炉，集南北《左传》学于一体，体现了唐代注疏兼收并蓄的特点，对前代注疏进行了总结。《正义》保存了珍贵的学术资料，成为后世编纂《左传》学辑佚书的重要资料来源，也成为后世学者研究两汉魏晋南北朝《左传》学的必经之路。正如清人刘文淇所言："六朝诸儒说经之书百不存一，使后人略有所考见者，则以唐人《正义》备载诸儒之说也。"又评曰："然唐制试明经一依《正义》，非是则黜为异端，遂使诸儒原书渐就之佚，故昔人谓唐人《正义》功过相等。"(刘文淇《左传旧疏考证》，王先谦编《皇清经解续编》卷七四七)《春秋左传正义》的思想倾向体现了经世致用的原则，其以"德、礼、法"为基础的治国思想，在政治上极大地迎合了当时统治者的需要。其政治思想突出"经以治世"的特点，概括起来主要表现在三个方面，即崇德、遵礼、重法(赵伯雄《春秋学史》中《左传正义》定杜注于一尊，山东教育出版社 2004 年版)。其所包含的不失客观与理智的朴素的理性主义，抹去了董仲舒赋予儒学的神学化色彩，代表了一种进步的思想。因此，《春秋左传正义》不仅再次确认了儒家学说作为统治思想的崇高地位，而且对唐初儒学复兴事业起到了积极作用。

孔颖达等所撰《春秋左传正义》以兼收并蓄、广采博取的气度使《左传》学第一次实现了真正意义上的统一，自此，《左传》学史上的今古文之争、郑学王学之争、以及南北学之间的对立皆已消歇。虽然

《春秋左传正义》也存在着诸多不足,但在当时代表了《左传》学的最高水平,对《左传》的地位和《左传》学的发展都产生了很大影响。《春秋左传正义》颁行后,此书成为唐代官学之必修课,并成为统治集团商讨国事之重要史实依据,深受唐代君臣的重视,从此身价倍增的《左传》极受青睐,其地位非《公羊》、《穀梁》可以相比。同时从学术发展的角度来讲,这种带有浓厚的政治性、封闭的统一性的特点,也严重束缚了《左传》学的发展。

【相关论著举目】

王宝翠:《〈春秋左传正义〉研究》,山东师范大学硕士学位论文,2011年

武群:《〈春秋左传正义〉训诂方法研究》,兰州大学硕士学位论文,2011年

芮文浩:《〈春秋左传正义〉考校》,《图书馆理论与实践》,2010年第10期

武群:《孔颖达对词义辨析的研究——以〈春秋左传正义〉为例》,《兰州学刊》,2010年第3期

武群:《孔颖达的词类说——以〈春秋左传正义〉为例》,《兰州学刊》,2010年S1期

安敏:《论〈春秋左传正义〉释词的两个维度》,《五邑大学学报》(社会科学版),2009年第4期

郜同麟:《〈春秋左传正义〉引经研究》,浙江大学硕士学位论文,2008年

安敏:《〈春秋左传正义〉研究》,华中师范大学博士学位论文,2008年

马楠:《〈左传正义〉主杜预不主贾服议》,《绥化学院学报》,2007年第4期

芮文浩:《〈春秋左传正义〉校读札记》,《图书馆杂志》,2008年第1期

刘志玲、鲁家亮:《〈春秋左传正义〉校读札记》,《湖北大学学报》(哲学社会科学版),2004年第6期

○经学统一，北学并于南学

【文献】

《经学历史·经学统一时代》(P137—138)："经学统一之后，有南学，无北学。南学北学，以所学之宗主分之，非以其人之居址分之也。当南北朝时，南学亦有北人，北学亦有南人。如崔灵恩本北人，而归南；沈重本南人，而归北。及隋并陈，褚晖、顾彪、鲁世达、张冲皆以南人见重于炀帝。南方书籍，如费甝《义疏》之类，亦流入于北方。人情既厌故喜新，学术又以华胜朴。当时北人之于南学，有如'陈相见许行而大悦，尽弃其学而学焉'矣。《隋书·经籍志》于《易》云：'梁、陈，郑玄、王弼二注，列于国学。齐代，唯传郑义。至隋，王注盛行，郑学浸微。'于《书》云：'梁、陈所讲，有郑、孔二家。齐代，唯传郑义。至隋，孔、郑并行，而郑氏甚微。'于《春秋》云：'《左氏》唯传服义。至隋，杜氏盛行，服义浸微。'是伪孔、王、杜之盛行，郑、服之浸微，皆在隋时。故天下统一之后，经学亦统一，而北学从此绝矣。隋之二刘，冠冕一代。唐人作疏，《诗》、《书》皆本二刘；而孔颖达《书疏》序云：'焯乃组织经文，穿凿孔穴……使教者烦而多惑，学者劳而少功。……炫嫌焯之烦杂，就而删焉。……义既太略，辞又过华。虽为文笔之善，乃非开奖之路。'据孔氏说，是二刘以北人而染南习；变朴实说经之体，蹈华腴害骨之讥；盖为风气所转移，不得不俯从时尚也。"

【考论】

儒家经学从魏晋南北朝到隋、唐经历了一次大的转变，其显著特点，正如皮锡瑞所说：经学乃从分立时代进入了统一时代，以孔颖达《五经正义》为标志，开始了经学发展的新阶段。经学的这种演变，不是偶然发生的，是在前代经学资料积累和社会思潮发展的基础上展开的，同时又是适应政治上重新统一的需要而出现的。

学术一统的趋势是政治统一的必然产物，从隋朝儒学的实际情况来看，学术一统最先发生尚不在儒、释、道三教之间，而是发生在儒学内部南北方的沟通与融汇上。事实上，长达几百年的南北分治久已使儒学形成南北不同的学术风格与学术流派，如何重建统一的儒家学术，实在是隋朝建立之后儒家学者所面临的最为迫切的问题。清代学者江藩在《经解入门》P65—73 中说："六朝经术流派，见于《北史·儒林传序》者甚详，而宗法所在，孰得孰失，学者不可不知。王弼名士也，非经师也；杜预名将也，亦非经师。非经师则学无所授，信心而谈，空疏滉漾，游衍无归，拨弃旧诂，竟标新说，何足称专门之业？……且南北区分，风尚不一，苟非支分派别，兼综条贯，则承学之士，何由考其异同，定其得失耶？"南北朝后期，南北学人交往频繁，南北学术差异日益缩小，预示着统一的趋势即将到来。就经学而言，学者有交流，学术有交叉。如"北儒之来南者，有崔灵恩、卢广、孙详、蒋显，南儒之北往者有沈重，戚衮亦两度入北"，"是南北学之沟通，其来已早"（马宗霍《中国经学史》P90）。

南方儒学经过几百年与释、道二教的冲突与斗争，久已完成三教合流的融汇过程，因此，当隋朝实现政治统一后，以南方儒学为基本框架的隋朝儒学当然不会再与释、道二教发生更为激烈的冲突，而容易趋于调和与融汇。儒家学者不再认为三教之间存在着不可调和的利益冲突，而在相当程度上接受南朝一些名僧的说法，以为三教都是统治阶级的工具，他们从不同的角度、不同层面维系和支持社会发展的正常程序。

儒家经学的南北差异，造成了北学与南学之争，这对隋唐帝国的巩固非常不利。政治上的大一统对思想文化领域内的统一提出了迫切要求，在此形势之下，儒学的统一顺应了历史发展的进程，隋及唐初对汉学的总结最终促进了统一经学的形成。隋唐时期，尽管儒学昌盛，儒典注疏繁多，却仅以王弼及韩康伯的《周易注》，孔安国的《尚书传》，郑玄的《毛诗笺》，郑玄的三《礼》注，杜预的《春秋左传注》，郑玄、孔安国的《孝经注》，郑玄的《论语注》和何晏的《论语集解》为代表。而敦煌现存儒典中，白文本和唐人著述除外，《易》类基本仅有王弼及韩康伯的《周易注》、《书》类基本仅有孔安国的《尚书传》，《诗》类基本仅有郑玄的《毛诗笺》，《礼》类基本仅有郑玄的《礼记注》，《春秋》

类主要为杜预的《春秋左传注》,《孝经》类作者有可能是孔安国传的佚名《孝经注》与郑玄的《孝经注》数量相当,《论语》类郑玄的《论语注》与何晏的《论语集解》数量相去不远。除了未见郑玄的《周礼注》和《仪礼注》外,显然《隋书·经籍志》作为隋唐主流文化的儒典注解,敦煌也大致齐备。就此而言,敦煌儒典与《隋书·经籍志》反映的隋唐主流文化,应是接轨的。唐长孺先生称:"经学注释之舍北从南,是南北朝以来全部学术思想总倾向的基本表现之一。"(《魏晋南北朝隋唐史三论》)伴随着隋唐王朝在政治上的统一,儒家学术逐渐消弭了南北门户的畛域,以南学统一了北学,而《五经正义》的出现即是南学、北学统一的主要标志。

【相关论著举目】

牟发松:《从社会与国家的关系看唐代的南朝化倾向》,《江海学刊》,2005 年第 5 期

王素:《敦煌儒典与隋唐主流文化——兼谈隋唐主流文化的"南朝化"问题》,《故宫博物院院刊》,2005 年第 1 期

于文伟:《略述唐文化的兼容性》,《牡丹江师范学院学报》(哲学社会科学版),2003 年第 2 期

张荣强:《魏晋南朝及唐前期财政困境与制度变迁——兼论中唐前的'南朝化'问题》,武汉大学博士学位论文,2001 年

牟发松:《略论唐代的南朝化倾向》,《中国史研究》,1996 年第 2 期

冯立:《唐文化的特点和现代价值》,《华夏文化》,1995 年第 4 期

◎令狐德棻进爵为公

【文献】

《旧唐书》卷七十三《令狐德棻传》(P2599):"四年,迁国子祭酒,以修贞观十三年以后实录功,赐物四百段,兼授崇贤馆学士。寻又撰《高宗实录》三十卷,进爵为公。"

○赵弘智卒

【文献】

《旧唐书》卷一百八十八《赵弘智传》(P4921—4922):“赵弘智,洛州新安人。……弘智早丧母,事父以孝闻。学通《三礼》、《史记》、《汉书》。隋大业中,为司隶从事。武德初,大理卿郎楚之应诏举之,授詹事府主簿。又预修六代史。初与秘书丞令狐德棻、齐王文学袁朗等十数人同修《艺文类聚》,转太子舍人。贞观中,累迁黄门侍郎,兼弘文馆学士。以疾出为莱州刺史。弘智事兄弘安,同于事父,所得俸禄,皆送于兄处。及兄亡,哀毁过礼。事寡嫂甚谨,抚孤侄以慈爱称。稍迁太子右庶子。及宫废,坐除名。寻起为光州刺史。永徽初,累转陈王师。高宗令弘智于百福殿讲《孝经》,召中书门下三品及弘文馆学士、太学儒者,并预讲筵。弘智演畅微言,备陈五孝。学士等难问相继,弘智酬应如响。高宗怡然曰:‘朕颇耽坟籍,至于《孝经》,偏所习睹。然孝之为德,弘益实深,故云“德教加于百姓,刑于四海”,是知孝道之为大也。’顾谓弘智:‘宜略陈此经切要者,以辅不逮。’弘智对曰:‘昔者天子有诤臣七人,虽无道不失其天下。微臣颛愚,愿以此言奏献。’帝甚悦,赐彩绢二百匹、名马一匹。寻迁国子祭酒,仍为崇贤馆学士。四年卒,年八十二,谥曰宣。有文集二十卷。”

事又见《新唐书》卷一百六《赵弘智传》。

○高季辅卒

【文献】

《旧唐书》卷四《高宗纪上》(P72):“十二月庚子,侍中兼太子少保、蓨县公高季辅卒。”《旧唐书》卷七十八《高季辅传》(P2700—2703):“高季辅,德州蓨人也。祖表,魏安德太守。父衡,隋万年令。季辅少好学,兼习武艺。居母丧以孝闻。兄元道,仕隋为汲令。……二十二年,迁中书令,兼检校吏部尚书、监修国史,赐爵蓨县公。永徽二年，授光禄大夫，行侍中，兼太子少保。以风疾废于家，乃召其兄虢州刺史季通为宗正少卿视其疾，又屡降中使观其进食，问其增损。寻卒，年五十八，帝为之举哀，废朝三日，赠开府仪同三司、荆州都督，谥曰宪。”

〇十一月，《唐律疏议》编成并进上，遂颁行天下

【文献】

《旧唐书》卷五十《刑法志》(P2140—2141)：“永徽初，敕太尉长孙无忌、司空李勣、左仆射于志宁……共撰定律令格式。旧制不便者，皆随删改。……三年，诏曰：‘律学未有定疏，每年所举明法，遂无凭准。宜广召解律人条义疏奏闻，仍使中书、门下监定。’于是太尉赵国公无忌、司空英国公勣，……参撰《律疏》，成三十卷，四年十月奏之，颁于天下。自是断狱者皆引疏分析之。”《旧唐书》卷四《高宗纪上》(P72)：“十一月癸丑，兵部尚书、固安县公崔敦礼为侍中。颁新律疏于天下。”《四库全书》本《唐律疏义》附长孙无忌《进律疏表》(P19)末记有“永徽四年十一月十九日进”。《唐会要》卷三十九(P701)：“武德元年六月一日，诏刘文静与当朝通识之士，因隋开皇律令而损益之，遂制为五十三条。务从宽简，取便于时，其年十一月四日，颁下。仍令尚书令左仆射裴寂、吏部尚书殷开山、大理卿郎楚之、司门郎中沈叔安、内史舍人崔善为等，更撰定律令。十二月十二日，又加内史令萧瑀、礼部尚书李纲、国子博士丁孝乌等同修之，至七年三月二十九日成，诏颁于天下。大略以开皇为准，正五十三条，凡律五百条，格入于新律，他无所改正。贞观十一年正月十四日，颁新格于天下，凡律五百条，分为十二卷，大辟者九十二条，减流入徒者七十一条，分为三十卷，二十七篇，一千五百九十条，格七百条，以为通式。”

又见《册府元龟》卷六百一十二。

【考论】

唐初法律制度基本上沿袭隋朝。唐高祖于武德元年(618)六月

诏废隋《大业律》，暂用《开皇律》，同年十一月颁布五十三条新格，对隋《开皇律》进行修改、补充；同时诏尚书仆射裴寂等，以《开皇律》为基础，更撰新律。至武德七年(624)三月编成，四月颁下施行，此即《武德律》。贞观元年(627)三月，唐太宗李世民令长孙无忌、房玄龄等对《武德律》加以修订，于贞观十一年(637)正月颁行，是为《贞观律》。《贞观律》量刑有所减轻，律条比较完备，一改开皇之旧貌，确立了独立风格和体系，奠定了《唐律》的基础。永徽元年(650)正月，唐高宗命长孙无忌、李勣、于志宁等修《永徽律》。永徽二年(651)闰九月以《贞观律》为基础纂成新律十二卷，奏上颁行天下。为了阐明《永徽律》的立法精神与立法原则，永徽三年(652)年命长孙无忌等人又参撰《律疏》，对律条进行统一的解释，撰成《疏议》三十卷，永徽四年十一月十九日由长孙无忌监修成书并进表，并于此年附于唐律正文之下，颁行全国，“自是断狱者皆引疏分析之”。《旧唐书·经籍志》作《律疏》，史又谓“永徽律”。显庆二年(657)，唐高宗根据实际需要，又进行了一次调整。此后律文无甚改动，诸帝的增损、编纂多为“令”和“格”、“式”，唐律已基本定型。

《唐律疏议》继承以往各朝的立法经验及其司法实践，更趋系统、周密、成熟、完善，立法审慎，内容周详，条目简明，解释确当。其立法依据儒家学说，并以封建伦理道德为其思想基础，因此是维护封建经济基础及其上层建筑、调整各方面社会关系的主要工具，也成为后世制定刑律的蓝本。全书计有名例、卫禁、职制、户婚、厩库、擅兴、贼盗、斗讼、诈伪、杂律、捕亡、断狱凡十二篇计五百条。是书是由国家组织学者，正式以有权解释的方式疏解律文，从而使中国古代的法律释义活动发展到新阶段。是书虽仅是一部具有一定体系和规模的典型的刑法典(尚不具有综合性法典的性质)，然又保存有关唐代社会的等级制度以及不同等级者的不同法律地位等珍贵史料，是研究唐代社会法律制度及社会状况的重要文献。它“既是官方的法律解释，又是法学著作；因其用于法律考试，故还是法律教科书、教材，还作为法学考试的标准答案行用于世”(参见王宏治《从中西立法过程比较

〈唐律〉与〈民法大全〉》,载《比较法研究》,2002 年第 1 期)。唐律是春秋战国以来历代法典相承发展的结果,尤其对隋《开皇律》颇有因循之迹。该律不仅在唐代曾实施,而且后来在宋、元时也仍有效用。通过唐朝与周边各国频繁通使和文化交流,《唐律疏议》对古代亚洲各国法典亦产生重大影响。古代日本、朝鲜、越南等国的立法,大都摹访《唐律》。《唐律疏议》,是中国历史上现存最古老、最完整、最具影响力的封建刑事法典,亦是东亚最早的成文法之一。现存《唐律疏议》的最古刊本,有上海图书馆藏宋刻本残卷,北京图书馆藏宋刻残本,以及吴县滂熹斋藏元刊本,元至正十一年(1351)崇化余志安勤有堂刊本等。敦煌吐鲁番出土文书中有唐写本《律疏》残卷(参见彩图插页第 49 页)。日本藏有文化二年(1805)官版本等多种古写本、刻本。1983 年中华书局出版刘俊文校点的《唐律疏议》。

日学者佐藤诚实 1885 年在《国学院杂志》第五卷第一三号发表《律令考》,对此书为永徽律一说提出怀疑。1931 年仁井田陞、牧野巽在《东方学报》上发表《故唐律疏议制作年代考》,进一步提出此疏系开元二十五年所颁行的《开元律》的律疏。对此,杨廷福在《文史》第五辑发表《唐律疏议制作年代考》以证据不能成立反驳其说。今从杨说。参见《中国学术思想编年》之《隋唐五代卷》。

【相关论著举目】

张硕:《以〈唐律疏议〉为例浅谈儒家思想对中国古代法律的影响》,《管子》与国学——安徽省管子研究会 2011 年年会暨全国第六届管子学术研讨会,2011 年

徐慧娟:《〈唐律疏议〉中的孝伦理思想》,《湖南社会科学》,2011 年第 6 期

刘永锋:《〈唐律疏议·名例律〉儒家法哲学思想研究》,曲阜师范大学硕士学位论文,2011 年

黄修明:《从〈唐律疏议〉看儒家'孝治'施政的司法实践及其影响》,《四川师范大学学报》(社会科学版),2010 年第 2 期

徐慧娟:《〈唐律疏议〉伦理思想研究》,湖南工业大学硕士学位论

文,2010 年

王珍:《〈唐律疏议〉文献学价值新探》,安徽大学硕士学位论文,2010 年

徐华:《儒家思想对〈唐律疏议〉影响之管见》,《宜宾学院学报》,2009 年第 2 期

王宏治:《〈唐律疏议〉与经学的关系探究》,《法律文化研究》,2008 年

王宏治:《经学:中华法系的理论基础——试论〈唐律疏议〉与经学的关系》,中华法系国际学术研讨会,2006 年

陈戍国:《从〈唐律疏议〉看唐礼及相关问题》,《湖南大学学报》(社会科学版),1999 年第 1 期

陈戍国:《从〈唐律疏议〉看唐礼及相关问题》续,《湖南大学学报》(社会科学版),1999 年第 2 期

高宗永徽五年　甲寅(654)

○萧德言卒

【文献】

《旧唐书》卷一百八十九上《萧德言传》(P4952—4953):"萧德言,雍州长安人,齐尚书左仆射思话玄孙也。……德言博涉经史,尤精《春秋左氏传》,好属文。贞观中,除著作郎,兼弘文馆学士。德言晚年尤笃志于学,自昼达夜,略无休倦。每欲开《五经》,必束带盥濯,危坐对之。妻子候间请曰:'终日如是,无乃劳乎?'德言曰:'敬先圣之言,岂惮如此!'时高宗为晋王,诏德言授经讲业。及升春宫,仍兼侍读。寻以年老,请致仕,太宗不许,又遗之书曰:'朕历观前代,详览儒林,至于颜、闵之才,不终其寿;游、夏之德,不逮其学。惟卿幼挺珪璋,早标美誉。下帷闭户,包括《六经》;映雪聚萤,牢笼百氏。自隋季

版荡，庠序无闻，儒道坠泥涂，《诗》《书》填坑穽。眷言坟典，每用伤怀。顷年已来，天下无事，方欲建礼作乐，偃武修文。卿年齿已衰，教将何恃！所冀才德犹茂，卧振高风，使济南伏生，重在于兹日；关西孔子，故显于当今。令问令望，何其美也！念卿疲朽，何以可言。'寻赐爵封阳县侯。十七年，拜秘书少监。两宫礼赐甚厚。二十三年，累表请致仕，许之。高宗嗣位，以师傅恩，加银青光禄大夫。永徽五年，卒于家，年九十七，高宗为之辍朝，赠太常卿。文集三十卷。"《新唐书》卷一百九十八有传。

事又见《太平御览》卷六百一十六、《册府元龟》卷七百六十八、《册府元龟》卷七百九十八、《读书止观录》卷一，参见《全唐文》卷十太宗《遗萧德言书》。

○成玄英约活动于此一时期，著有《老子义疏》、《庄子疏》、《周易流演》等

【文献】

《新唐书》卷五十九《艺文志三》(P1514—P1517)："道士成玄英注《老子道德经》二卷，又《开题序诀义疏》七卷，注《庄子》三十卷，《疏》十二卷。玄英，字子实，陕州人，隐居东海。贞观五年，召至京师。永徽中，流郁州。书成，道王元庆遣文学贾鼎就授大义，嵩高山人李利涉为序，唯《老子注》、《庄子疏》著录。"《旧唐书》卷四十七(P2027、P2029)："《老子》二卷成玄英注，《庄子疏》十二卷成玄英撰。"参见《全唐文》卷九百二十三。

《郡斋读书志》卷一(P26)："《周易流演》五卷，右唐成玄英撰。错综六十四卦，演九宫，以直年月日，推国家之吉凶。玄英，道士也，故《道藏》录之。或云释仁英撰。未知孰是。"《文献通考》卷一百七十五《经籍考二》(P1517)："《周易流演》五卷，晁氏曰：唐成元英撰。错综六十四卦，演九宫，以直年月日，推国家之吉凶。元英，道士也，故《道藏》录之。或云释仁英撰。未知孰是。"《宋史》卷二百二《艺文志一》

(P5035):“成玄英《流演穷寂图》五卷。”《宋史》卷二百六《艺文志五》(P5238):“成玄英《易流演》五卷。”

【考论】

成玄英(生卒年不详),字子实,陕州(今河南陕县)人,曾隐居东海,唐初道士,杰出的道教学者,道教理论家,活跃在唐太宗至高宗时期。贞观五年(631),唐太宗召其至京师,加号“西华法师”。唐高宗永徽(650—655)中,被流放到郁州(今江苏连云港)。在流放期间,注疏《老子》、《庄子》,撰述《周易流演》等著作。成玄英精研《老子》、《庄子》之学,著有《老子道德经开题序诀义疏》和《南华真经疏》,在注疏中着重阐发“重玄”思想,即对老子“玄之又玄”作了颇具特色的解释,深化、扩大了道教的哲理性,是重玄学派的代表人物。“重玄之学”成为唐朝初年道教哲学的一大主流。其“重玄”思想对唐代道家与道教思想发生了深远影响。此外,其所著《庄子注》及《疏》亦畅“重玄”之旨,其《庄子序》谓:“夫庄子者,所以申道德之深根,畅重玄之妙旨。”后世学者认为该《疏》可与郭象《庄子注》相提并论,是研究《庄子》的两部力作之一。自成玄英等人阐发重玄思想以后,道家的思想得到了提升,升华了道教的思辨性、哲理性,从而可以与佛学相抗衡。同时,“重玄之学”对儒家的心性学说之形成亦有启迪。近代学者蒙文通先生称道家之学,“唐代前期,首推成、李”(参见:蒙文通《道德经义疏》、任继愈主编《中国道教史》、卿圣泰主编《中国道教》第一卷)。

成玄英生卒年月不详,新、旧《唐书》无传,唯《新唐书·艺文志》注记有简略行年,云贞观五年(631)应召入京,永徽(650—655)中流郁州,由此可以断定,当活跃于太宗贞观至高宗永徽年间,永徽年间尚在世,故暂志于此。参见《中国学术思想编年》之《隋唐五代卷》。

【相关论著举目】

李雄燕、潘显一:《成玄英“乐音和性”美学观探析》,《宗教学研究》,2012 年第 1 期

郭璞:《成玄英道教伦理思想研究》,河南大学硕士学位论文,

2011 年

武捷:《成玄英重玄思辨心性论思想初探》,上海师范大学硕士学位论文,2009 年

李延仓:《成玄英〈庄子疏〉的易学思想管窥》,《周易研究》,2008 年第 3 期

刘固盛:《唐代重玄学派道论的特点》,《西南民族大学学报》(人文社科版),2007 年第 2 期

强昱:《成玄英评传》,《南京大学出版社》,2006 年版

何德俊:《成玄英重玄思想略论》,安徽大学硕士学位论文,2006 年

成守勇:《成玄英"援佛入道"探》,《宗教学研究》,2005 年第 1 期

魏冬:《成玄英庄学思想管窥》,陕西师范大学硕士学位论文,2005 年

李刚:《成玄英对儒学的价值批判》,《宗教学研究》,2004 年第 2 期

李裴:《论成玄英重玄美学思想》,《四川大学学报》,2002 年第 2 期

李刚:《成玄英的人生哲学评说》,《四川大学学报》,2001 年第 1 期

成守勇:《论成玄英〈道德经义疏〉中的圣人形象》,《宗教学研究》,2001 年第 1 期

董恩林:《唐代老学研究——以成玄英、李荣、唐玄宗、杜光庭〈道德经〉注疏为个案》,华中师范大学博士学位论文,2001 年

李刚:《成玄英的"有无"论》,《社会科学研究》,2000 年第 5 期

李刚:《成玄英的复性论发微》,《世界宗教研究》,2000 年第 2 期

陈红兵:《成玄英道教哲学的认识论分析》,《宗教学研究》,1999 年第 4 期

文睿:《成玄英的美学思想初探》,《宗教学研究》,1999 年第 2 期

强昱:《成玄英重玄学思想述要——以〈庄子疏〉为中心》,《世界

宗教研究》，1998年第3期

李刚：《成玄英的无心论》，《世界宗教研究》，1998年第3期

蔡方鹿：《成玄英〈庄子疏〉"知与不知，通而为一"的思想》，《宗教学研究》，1998年第2期

李叔达：《成玄英"论三一"》，《宗教学研究》，1996年第4期

李刚：《成玄英论"本迹"》，《四川大学学报》，1996年第3期

李刚：《成玄英论"玄"与"又玄"》，《宗教学研究》，1996年第2期

李刚：《论成玄英的重玄思想》，《四川大学学报》，1992年第4期

中嶋隆藏：《成玄英的"一中"思想及其背景——隋唐时期道教的中道观》，《江西社会科学》，1992年第4期

王志忠：《成玄英的重玄之道与佛教中道观》，《宗教学研究》，1989年Z1期

邱坤：《成玄英》，《宗教学研究》，1983年第2期

赵宗诚：《试论成玄英的"重玄之道"》，《宗教学研究》，1982年第1期

高宗永徽六年　乙卯(655)

○贾公彦约活动于此一时期，撰有《周礼义疏》、《仪礼义疏》

【文献】

《旧唐书》卷一百八十九上《贾公彦传》(P4950)："贾公彦，洺州永年人。永徽中，官至太学博士。撰《周礼义疏》五十卷、《仪礼义疏》四十卷。……时有赵州李玄植，又受《三礼》于公彦，撰《三礼音义》行于代。"《日知录集释》卷十八"十三经注疏"(P1029)："永徽中，贾公彦始撰《周礼》、《仪礼义疏》。"《全唐文》卷一百三十六中长孙无忌《进五经正义表》(P1375)"永徽四年二月二十四日，太尉扬州都督上柱国公臣无忌等上"中，有"朝散大夫行太学博士臣贾公彦"，《全唐文》卷一百

六十四(P1671):"公彦,洺州永平人,永徽中官太学博士。"存《周礼正义序》、《仪礼注疏序》。《周礼注疏序》(P633):"唐朝散大夫行太学博士弘文馆学士臣贾公彦等奉敕撰。"《旧唐书》卷四十六《经籍志》(P1972、P1972、P1974、P1981、P1982):"《周礼疏》五十卷贾公彦撰"、"《仪礼疏》五十卷贾公彦撰"、"《礼记疏》八十卷贾公彦撰"、"《孝经疏》五卷贾公彦撰"、"《论语疏》十五卷贾公彦撰。"《新唐书》卷五十七《艺文志》、《宋史》二百二《艺文志》录其著。

【考论】

贾公彦,洺州永年(今河北邯郸东北)人。生卒年不详,活跃于太宗、高宗两朝。唐朝经学家,精于三《礼》学,其弟子李玄植曾受《三礼》于他。据《新唐书·艺文志》载,贾公彦曾参与孔颖达(574—648)所编《五经正义》中《礼记正义》的编撰,当时其职为国子助教。据《旧唐书》卷一百八十九上《贾公彦传》(P4950)中所载,知贾公彦曾在唐高宗永徽(650—655)年间,"官至太常博士,撰《周礼义疏》五十卷、《仪礼义疏》四十卷",故志于此年。

贾公彦精通三《礼》,曾主持编撰《周礼义疏》、《仪礼义疏》。《周礼义疏》,何时所编已不详。据署名"朝散大夫行太学博士弘文馆学士臣贾公彦等奉敕撰",当奉唐高宗之命集体编集而成。他选用郑玄注本十二卷,旨在阐释郑注,同时汇综诸家经说,引据详明,资料丰赡,成《义疏》五十卷。义疏体例基本上仿照《五经正义》。朱熹《朱子语类》以为唐人义疏中贾氏"《周礼疏》最好"。《四库全书总目》卷十九《礼类一》(P149)评曰:"公彦之疏,亦极博核,足以发挥郑学。《朱子语录》称《五经》疏中,《周礼疏》最好。"皮锡瑞《经学历史》亦谓"《周礼疏》尤极博核,为学者所称"。现存本四十二卷,不知何时加以合并。

《仪礼义疏》亦贾公彦等编撰。从署名看,似乎不是奉敕编集,而是贾公彦及其同好者为之。《仪礼义疏》采用北齐黄庆、隋朝李孟悊两家之疏,定为今本,依郑玄之注。清代学者阮元在《仪礼注疏校勘记序》(P942)中指出:"《仪礼》最为难读……贾疏文笔冗蔓,词意郁辖，不若孔氏《五经正义》之畅。”《新唐书·艺文志》、《旧唐书·经籍志》均著录《周礼疏》五十卷、《仪礼疏》五十卷，今本同，《旧唐书》卷一百八十九上《贾公彦传》中《仪礼义疏》作四十卷，“四”当作“五”。

自东汉末郑玄注三《礼》，三《礼》遂得并驾齐驱，同为学者所重，魏晋六朝以至唐初皆重三《礼》之学，盖诸经之中，三《礼》最切实可行。故《廿二史劄记校证》卷二十（P440—441）曰：“六朝人最重《三礼》之学，唐初犹然。张士衡从刘轨思授《毛诗》、《周礼》，又从熊安生、刘焯受《礼记》，皆精究大义。当时受其业者推贾公彦，公彦撰《周礼义疏》五十卷、《仪礼义疏》四十卷。公彦子大隐，亦传其业。又有李元植从公彦授礼学，撰《三礼音义》行于世。王恭精《三礼》，别为义证，甚精博，盖文懿、文达皆当世大儒，每讲必遍举先儒义而畅恭所说。王元感尝撰《礼记绳愆》，徐坚、刘知幾等深叹赏之。王方庆尤精《三礼》，学者有所咨质，必究其微，门人次为杂礼答问。……无不援引该博，证辨确切，可为千百世之准。其后元行冲奉诏，用魏徵《类礼》列于经，与诸儒作疏，成五十篇，将立之学官，为张说所阻，行冲又著论辨之。大历中，尚有仲子陵、袁彝、韦彤、韦茝，以礼名其家学。此可见唐人之究心《三礼》，考古义以断时政，务为有用之学，而非徒以炫博也。”

○《周礼疏》、《仪礼疏》

【文献】

《文献通考》卷一百八十一《经籍考八》（P1557）：“《周礼疏》十二卷，晁氏曰：唐贾公彦撰。公彦，洺州人，永徽中，仕至太学博士。史称著此书四十卷，今并为十二卷。世称其发挥郑学最为详明。陈氏曰：其序《周礼》废兴，起于成帝刘歆，而成于郑玄。又言郑众以为《书·周官》即此《周官》也，失之矣。《书》止一篇，《周礼》乃六篇，文异数万，非《书》类是则然矣。但《周礼》六官实本于《周官》，《周官》举其凡,《周礼》详其目,则郑众之说,未得为失。而其大可疑者,则邦土、邦事之不同也。《馆阁书目》:"按《艺文志》谓之《周官经》,此《礼器》所谓经礼者是也。"《志》有《周官经》六篇,《传》四篇,但曰经传云尔,乃便以为经礼,尤为可笑。《广川藏书志》云:'公彦此《疏》,据陈邵《异同评》及沈重《义》为之。'二书并见《唐·艺文志》,今不复存。"

《四库全书总目》卷十九《礼类一》(P149):"《周礼注疏》四十二卷,汉郑元注,唐贾公彦疏。元有《易注》,已著录。公彦,洺州永年人。永徽中官至太学博士。事迹具《旧唐书·儒学传》。《周礼》一书,上自河间献王。于诸经之中,其出最晚。其真伪亦纷如聚讼,不可缕举。惟《横渠语录》曰:'《周礼》是的当之书,然其间必有末世增入者。'郑樵《通志》引孙处之言曰'周公居摄六年之后,书成归丰,而实未尝行。盖周公之为《周礼》,亦犹唐之显庆、开元礼,预为之以待他日之用,其实未尝行也。惟其未经行,故仅述大略,俟其临事而损益之。故建都之制不与《召诰》、《洛诰》合,封国之制不与《武成》、《孟子》合,设官之制不与《周官》合,九畿之制不与《禹贡》合'云云(案此条所云,惟《召诰》、《洛诰》、《孟子》显相舛异,至《禹贡》乃唐虞之制,《武成》、《周官》乃梅赜《古文尚书》,《王制》乃汉文帝博士所追述,皆不足以为难,其说盖离合参半)。其说差为近之,然亦未尽也。夫《周礼》作于周初,而周事之可考者,不过春秋以后。其东迁以前三百余年,官制之沿革,政典之损益,除旧布新,不知凡几。其初去成、康未远,不过因其旧章,稍为改易。而改易之人,不皆周公也。于是以后世之法窜入之,其书遂杂。其后去之愈远,时移势变,不可行者渐多,其书遂废。此亦如后世律令条格,率数十年而一修,修则必有所附益。特世近者可考,年远者无征,其增删之迹,遂靡所稽,统以为周公之旧耳。迨乎法制既更,简编犹在,好古者留为文献,故其书阅久而仍存。此又如开元《六典》、政和《五礼》,在当代已不行用,而今日尚有传本,不足异也。使其作伪,何不全伪六官,而必阙其一,至以千金购之不得哉?且作伪者必剽取旧文,借真者以实其赝,《古文尚书》是也。刘歆宗《左传》,而《左传》所云《礼经》,皆不见于《周礼》。《仪礼》十七篇,皆在《七略》所载古经七十篇中;《礼记》四十九篇,亦在刘向所录二百十四篇中。而《仪礼·聘礼》宾行饔饩之物、禾米刍薪之数、笾豆簠簋之实、铏壶鼎瓮之列,与《掌客》之文不同。又《大射礼》天子、诸侯侯数、侯制与《司射》之文不同。《礼记·杂记》载子、男执圭与《典瑞》之文不同。《礼器》天子、诸侯席数与《司几筵》之文不同。如斯之类,与二《礼》多相矛盾。歆果赝托周公为此书,又何难牵就其文,使与经传相合,以相证验,而必留此异同,以启后人之攻击?然则《周礼》一书,不尽原文,而非出依托,可概睹矣。《考工记》称郑之刀,又称秦无庐,郑封于宣王时,秦封于孝王时,其非周公之旧典,已无疑义。《南齐书》称:'文惠太子镇雍州,有盗发楚王冢,获竹简书,青丝编,简广数分,长二尺有奇,得十余简,以示王僧虔。僧虔曰:"是科斗书《考工记》。"'则其为秦以前书亦灼然可知。虽不足以当《冬官》,然百工为九经之一,其工为九官之一,先王原以制器为大事,存之尚稍见古制。俞庭椿以下,纷纷割裂五官,均无知妄作耳。郑《注》,《隋志》作十二卷,贾《疏》文繁,乃析为五十卷,新旧《唐志》并同。今本四十二卷,不知何人所并。元于《三礼》之学,本为专门,故所释特精。惟好引纬书,是其一短。《欧阳修集》有《请校正五经札子》,欲删削其书。然纬书不尽可据,亦非尽不可据,在审别其是非而已,不必窜易古书也。又好改经字,亦其一失。然所注但曰'当作某'耳,尚不似北宋以后连篇累牍,动称错简,则亦不必苛责于元矣。公彦之《疏》,亦极博核,足以发挥郑学。《朱子语录》称'《五经》疏中,《周礼疏》最好'。盖宋儒惟朱子深于礼,故能知郑、贾之善云。"

《文献通考》卷一百八十《经籍考七》(P1550):"《仪礼疏》五十卷,晁氏曰:唐贾公彦撰。齐黄庆、隋李孟悊各有《疏义》,公彦删二疏为此书。国朝尝诏邢昺是正之。《朱子语录》曰:《仪礼疏》说得不甚分明。先公《仪礼注疏序》曰:余生五十八年,未尝读《仪礼》之书。一日,从败箧中得景德中官本《仪礼疏》四帙,正经、注语,皆标起止,而疏文列其下,盖古有明经学究专科,如《仪礼经注》,学者童而习之,不待屑屑然登载本文,而已熟其诵数矣。王介甫《新经》既出,士不读书，如余之于《仪礼》者皆是也。然不敢付之茫昧幽冥，将寻访本书传抄，庶几创通大义。然余老矣，惧其费日力而卒无所补也。长儿《跋》曰："家有监本《仪礼经注》，可取而附益之，以便观览。"意欣然，命之整缉，厘为九帙，手自点校，并取朱氏礼书与其门人高弟黄氏、杨氏诸家续补之编，分章析条，题要其上，遂为完书。拊而叹曰：'兹所谓《仪礼》者欤！韩昌黎之言，岂欺我哉！其为书也，于奇辞奥旨中，有精义妙道焉；于纤悉曲折中，有明辨等级焉。不惟欲人之善其生，且欲人之善其死；不惟致严于冠、昏、朝聘、乡射，而尤严于丧、祭。后世徒以其推《士礼》而达之天子，以为残阙不可考之书。徐而观之，一士也，天子之士与诸侯之士不同，上大夫与下大夫不同，等而上之，固有可得而推者矣。周公之经，何制之备也！子夏之传，何文之奇也！康成之注，公彦之疏，何学之博也！小子识之。'"《四库全书总目》卷二十《礼类二》(P158—159)："《仪礼注疏》十七卷，汉郑玄注，唐贾公彦疏。《仪礼》出残阙之余，汉代所传，凡有三本。一曰戴德本，以《冠礼》第一，《昏礼》第二，《相见》第三，《士丧》第四，《既夕》第五，《士虞》第六，《特牲》第七，《少牢》第八，《有司彻》第九，《乡饮酒》第十，《乡射》第十一，《燕礼》第十二，《大射》第十三，《聘礼》第十四，《公食》第十五，《觐礼》第十六，《丧服》第十七。一曰戴圣本，亦以《冠礼》第一，《昏礼》第二，《相见》第三，其下则《乡饮》第四，《乡射》第五，《燕礼》第六，《大射》第七，《士虞》第八，《丧服》第九，《特牲》第十，《少牢》第十一，《有司彻》第十二，《士丧》第十三，《既夕》第十四，《聘礼》第十五，《公食》第十六，《觐礼》第十七。一曰刘向《别录》本，即郑氏所注。贾公彦疏谓：'《别录》尊卑吉凶，次第伦序，故郑用之。二戴尊卑吉凶杂乱，故郑不从之也。'其经文亦有二本。高堂生所传者，谓之今文。鲁恭王坏孔子宅，得亡《仪礼》五十六篇，其字皆以篆书之，谓之古文。元注参用二本。其从今文而不从古文者，则今文大书，古文附注，《士冠礼》'闑西阈外'句注'古文闑为槷，阈为蹷'是也。从古文而不从今文者，则古文大书，今文附注，《士冠礼》'醴辞''孝友时格'句注'今文格为嘏'是也。其书自元以前，绝无注本。元后有王肃注十七卷，见于《隋志》。然贾公彦《序》称‘《周礼》注者则有多门,《仪礼》所注后郑而已’。则唐初肃书已佚也。为之义疏者有沈重,见于《北史》;又有无名氏二家,见于《隋志》;然皆不传。故贾公彦仅据齐黄庆、隋李孟悊二家之《疏》,定为今本。其书自明以来,刻本舛讹殊甚。顾炎武《日知录》曰‘万历北监本《十三经》中,《仪礼》脱误尤多。《士昏礼》脱“婿授绥,姆辞曰:未教,不足与为礼也”一节十四字,赖有长安《石经》,据以补此一节,而其注、疏遂亡。《乡射礼》脱“士鹿中翿旌以获”七字,《士虞礼》脱“哭止,告事毕,宾出”七字。《特牲馈食礼》脱“举觯者祭,卒觯,拜,长者答拜”十一字,《少牢馈食礼》脱“以授尸,坐。取箪,兴”七字。此则秦火之所未亡,而亡于监刻矣’云云,盖由《仪礼》文古义奥,传习者少,注释者亦代不数人,写刻有讹,猝不能校,故纰漏至于如是也。今参考诸本,一一厘正,著于录焉。”参见《郡斋读书志》卷二。

【相关论著举目】

程艳梅:《从〈周礼义疏〉和〈仪礼义疏〉看贾公参对“六书”的分析》,《遵义师范学院学报》,2011年第3期

宋金华:《〈仪礼疏〉的体例及其特点研究》,南京师范大学硕士学位论文,2011年

程艳梅:《从〈周礼义疏〉、〈仪礼义疏〉看贾公彦的语境研究》,《广东教育学院学报》,2010年第6期

程艳梅:《试论贾公彦义疏中的同义词辨析方法》,《阿坝师范专科学校学报》,2010年第1期

程艳梅:《浅析贾公彦〈周礼义疏〉、〈仪礼义疏〉中对修辞手法的阐释》,《古籍整理研究学刊》,2007年第1期

程艳梅:《论〈周礼〉和〈仪礼〉中贾公彦义疏的语法观》,《滁州学院学报》,2006年第4期

程艳梅:《贾公彦语言学研究》,山东师范大学硕士学位论文,2004年

王锷:《〈仪礼注疏〉版本考辨》,《古籍整理研究学刊》,1996年第6期。

孙良朋:《古籍译注释词的一条重要原则——谈贾公彦的“望文为义”说》,《古籍整理研究学刊》,1992年第1期

高宗显庆元年　丙辰(656)

◯皇太子请于崇贤馆置学士

【文献】

《唐会要》卷六十四《崇文馆》(P1117):“显庆元年三月十六日,皇太子弘,请于崇贤馆置学士,并置生徒,诏许之。始置二十员,其东宫三师三少、宾客詹事、左右庶子、左右卫率及崇贤馆三品学士子孙,亦宜通取。至上元二年八月二十七日,改崇贤馆为崇文馆(避章怀太子讳也)。”

◯五月,《五代史志》撰成并进上

【文献】

《旧唐书》卷四《高宗纪上》(P75):“五月己卯,太尉长孙无忌进史官所撰梁、陈、周、齐、隋《五代史志》三十卷。”《旧唐书》卷七十三《令狐德棻传》(P2598):“永徽元年,又受诏撰定律令,复为礼部侍郎,兼弘文馆学士,监修国史及《五代史志》。”《四部丛刊》初编《史通》卷十二《古今正史》(P91—92):“初,太宗以梁、陈及齐、周、隋氏并未有书,仍命学士分修,事具于上。仍使秘书监魏徵总知其务,凡有赞论,徵多预焉。始以贞观三年创造,至十八年方就。(唯姚思廉贞观二年起,功多于诸史一岁。)合为《五代纪传》,并目录凡二百五十二卷。书成,不入史阁。唯有十志,断为三十卷,寻拟续奏,未有其文。又诏左仆射于志宁、太史令李淳风、著作郎韦安仁、符玺郎李延寿同撰。其先撰史人。唯令狐德棻重预其事。太宗崩后,刊勒始成。其篇第虽编入《隋书》,其实别行,俗呼为《五代史志》。”

【考论】

贞观十年(636),修成《五代史》,仅有纪、传,而无书志,未成全史。贞观十七年(643)(一说为十五年),唐太宗诏于志宁、李淳风、韦安仁、李延寿、令狐德棻等撰修五代(梁、陈、齐、周、隋)志,褚遂良监修,当时亦称"《隋书》十志"。永徽元年(650),高宗复命令狐德棻监修。高宗显庆元年(656)成书三十卷,史称《五代史志》,由长孙无忌进上,此志遂后附《隋书》流传。其中《天文》、《律历》、《五行》三志为李淳风独撰。《经籍志》四卷,著录图书6520部,56881卷。《五代史志》汇聚南北朝时典章文物之大全,张舜徽谓:"《隋书》诸志自可补《南北史》之缺,犹之宋书诸志可补《三国志》之缺。赵翼《陔余丛考》卷九,以为'《隋志》应移于《南北史》之后,以成完书',最为有识。"郑樵谓:"《隋志》极有伦理,而本末兼明,可以无憾,迁、固以来,皆不及也。""观《隋志》所以该五代、南北两朝,纷然淆乱,岂易贯穿?而读其书,则了然如在目。"(引自《文献通考》卷十九《经籍考》P1627)参见《中国学术思想编年》之《隋唐五代卷》。

《隋书·经籍志》是继《汉书·艺文志》之后的第二部极为重要的史志目录,继承和发展了汉魏六朝的目录学成果,在分类体系、体例结构和编制方法上都有所创新,在中国目录学史上占有极为重要的地位。《隋书·经籍志》以《隋大业正御书目》为主要依据,参照梁代目录学家阮孝绪《七录》的分类体系撰成(参见何新文《〈隋书·经籍志〉在文学目录学史上的成就和影响》,《湖北大学学报》1997年第3期)。沿用《汉志》体例,前有总序,各部类有小序,总结了东汉以来的学术发展,简要说明诸家学术源流及其演变,其提纲挈领的评价,起到了辨章学术、考镜源流的作用,实质是一部官修的学术史,具有极高的学术价值。《隋书·经籍志》与《汉志》"六略"分类法不同,成熟运用了先前目录学家所创立的经、史、子、集四部分类法,并为后代书目所沿用。它在集部中比较集中地著录各类文学文献,并在集部中又设"总集"一类,反映了私人创作日益繁荣发展的状况。《隋书·经籍志》在著录体例上的另一创新之处是以夹注方式依类附入亡佚书目。《隋书·经籍志》内容翔实，撰作严谨，其《序》(P908)云："其旧录所取，文义浅俗、无益教理者，并删去之"；其"旧录所遗，辞义可采、有所弘益者，咸附入之"。其编撰既有底本依据，又有编撰者的损益取舍；既有对《汉书·艺文志》、《七录》等前代目录学遗产的继承沿袭，又有自己的发展与创造。《隋志》所载为唐初书籍，隋代著作收录不多。清章宗源、姚振宗分别撰有《隋书经籍志考证》，民国张鹏一撰有《隋书经籍志补》，可供参考。三书均收入开明书局出版的《二十五史补编》，1955年中华书局重印。

【相关论著举目】

葛亦陶：《从〈隋书·经籍志〉之经部看南朝经学与士族家门的关系》，《阅江学刊》，2012年第3期

宋效梅：《从"三玄"的时空分布看魏晋南北朝玄学发展及其与儒佛的联系——以〈隋书·经籍志〉中的"三玄"作品为据》，《南京晓庄学院学报》，2011年第2期

王洁：《〈隋书·经籍志〉在图书分类和著录上的创新》，《安顺学院学报》，2011年第1期

周培佩：《〈隋书·经籍志〉与魏晋南北朝学术》，《河南广播电视大学学报》，2010年第2期

曹之、孙文杰：《〈隋书经籍志〉是一部版本目录》，《中国图书馆学报》，2009年第1期

张海亮：《〈汉书·艺文志〉与〈隋书·经籍志〉编辑思想比较研究》，河南大学硕士学位论文，2009年

施宁华：《〈隋书·经籍志〉研究》，郑州大学硕士学位论文，2007年

葛莱云：《〈汉书·艺文志〉与〈隋书·经籍志〉的对比研究》，安徽大学硕士学位论文，2005年

侯延香：《〈隋书·经籍志〉的作者争鸣及其分类沿革》，《中国图书评论》，2004年第3期

葛晓爱：《〈隋书·经籍志〉著录亡书初探》，《图书馆理论与实

践》,2004 年第 2 期

侯延香:《〈隋书·经籍志〉的作者争鸣以及四部分类沿革》,《江西图书馆学刊》,2004 年第 1 期

何晓涛:《〈隋书·经籍志〉史学思想初探》,《北京社会科学》,2002 年第 3 期

张冬云:《〈隋书·经籍志〉对目录学与学术研究之贡献》,《天中学刊》,2000 年第 1 期

黄槐能:《〈隋书·经籍志〉著录数量旧说指误》,《江苏图书馆学报》,1997 年第 6 期

何新文:《〈隋书·经籍志〉在文学目录学史上的成就和影响》,《湖北大学学报》,1997 年第 3 期

黄槐能:《〈隋书·经籍志〉研究歧说辨正三题》,《广西师范大学学报》,1997 年增刊

朱利春:《〈隋书·经籍志〉的编纂特点与贡献》,《周口师专学报》,1995 年第 2 期

吴怀祺:《〈隋书·经籍志〉的史学观》,《史学史研究》,1995 年第 1 期

王炜民:《〈隋书·经籍志〉著录书目考》,《阴山学刊》,1991 年第 1 期

王利:《〈隋书·经籍志〉学术价值》,《四川图书馆学报》,1987 年第 3 期

朱维宁:《〈隋书经籍志〉在我国古代目录学史上的地位和作用》,《图书馆学研究》,1985 年第 6 期;

戴维民:《读《〈隋书·经籍志〉的良师益友——介绍两部〈隋志〉考证著作》,《图书馆理论与实践》,1985 年第 2 期

戴维民:《〈隋书·经籍志〉著者歧说种种》,《图书馆理论与实践》,1984 年第 1 期

曹淑文:《谈谈〈隋书·经籍志〉的作者问题》,《图书馆学研究》,1983 年第 4 期

施丁:《从〈隋书·经籍志〉看汉隋间历史撰述的发展》,《史学史研究》,1980 年第 2 期;

来新夏:《〈隋书经籍志〉——〈目录学浅谈〉之五》,《图书馆工作与研究》,1980 年第 2 期。

○七月,长孙无忌等修撰武德、贞观两朝史

【文献】

《唐会要》卷六十三《修国史》(P1093):"显庆元年七月三日,史官太尉无忌,左仆射于志宁,中书令崔敦礼,国子祭酒令狐德棻,中书侍郎李义府,崇贤学士刘允之,著作郎杨仁卿,起居郎李延寿,秘书郎张文恭等,修国史成,起义宁,尽贞观末,凡八十一卷,藏其书于内府。"

事又见《旧唐书》卷六十五《长孙无忌传》。

○十月,许敬宗等修《东殿新书》

【文献】

《唐会要》卷三十六《修撰》(P656):"显庆元年十月,诏礼部尚书、弘文馆学士许敬宗等,修《东殿新书》。上曰:'略看数卷,全不如抄撮文书,又日月复浅,岂不是卿等用意至此。'因亲制序四百八十字。"

高宗显庆二年　丁巳(657)

○六月,许敬宗请立孔子为先圣

【文献】

《旧唐书》卷二十四《礼仪志》(P918):"高宗显庆二年七月,礼部尚书许敬宗等议:'依令,周公为先圣,孔子为先师。又《礼记》云:"始

立学，释奠于先圣。”郑玄注云：“若周公、孔子也。”且周公践极，功比帝王，请配武王。以孔子为先圣。’”

参见《通典》卷五十三、《全唐文》卷十二《赠孔子为太师诏》。

【考论】

依许敬宗的建议，周公当配享武王，仍以孔子为先圣。从此以后，孔子单独作为先圣的地位就再未动摇过。唐初周公和孔子在先圣位置上时有交替，有的学者曾归为政治原因。虽然不能排除政治因素的影响，但孔子之所以能在此后牢固地被立为先圣，归根结底是由于言《六经》者必须折中于孔子，以及孔子对于儒家形成所起到的开创意义。

○七月，长孙无忌等褒崇先圣

【文献】

《唐会要》卷三十五《褒崇先圣》(P636—637)：“显庆二年七月十一日，太尉长孙无忌等议曰：‘按新礼，孔子为先圣，颜回为先师。又准贞观二十一年，以孔子为先圣，更以左丘明等二十二人，与颜回俱配尼父于太学，并为先师。今据永徽令文，改用周公为先圣，遂黜孔子为先师，颜回、左邱明并为从祀。谨按《礼记》云：“凡学，春，官释奠于其先师。”郑元注曰：“官谓《诗》、《书》、《礼》、《乐》之官也。”先师者，若《礼》有高堂生、《乐》有制氏、《诗》有毛公、《书》有伏生，可以为师者。又《礼记》曰：“始立学，释奠于先圣。”郑元注曰：“若周公、孔子也。”据礼为定，昭然自别。圣则非周即孔，师则偏善一经。汉、魏以来，取舍各异，颜回、孔子，互作先师，宣父、周公，迭为先圣，求其节文，递有得失。所以贞观之末，亲降纶言，依《礼记》之明文，酌康成之奥说，正孔子为先圣，加众儒为先师，永垂制于后昆，革往代之纰缪。而今新令，不详制旨，辄事刊改，遂违明诏。但成王幼年，周公践极，制礼作乐，功比帝王，所以禹、汤、文、武、成王、周公为六君子。又说明王孝道，乃述周公严配，此即姬旦鸿业，合同王者，祀之儒官就享，实贬其功。仲尼生衰周之末，拯文丧之弊，祖述尧、舜，宪章文、武，宏圣教于《六经》，阐儒风于千世，故孟轲称："生民以来，一人而已。"自汉已降，奕叶封侯，崇奉其圣，迄于今日，胡可降兹上哲，俯入先师？且左邱明之徒，见行其学，贬为从祀，亦无故事。今请改令从诏，于义为允。其周公仍依别礼配享武王。'从之。"

高宗显庆三年　戊午(658)

○正月，《永徽五礼》上

【文献】

《新唐书》卷五十八《艺文志二》(P1491)："《永徽五礼》一百三十卷。长孙无忌，侍中许敬宗，兼中书令李义府，黄门侍郎刘祥道、许圉师，太常卿韦琨，博士萧楚材、孔志约等撰。削《国恤》，以为豫凶事，非臣子所宜论次，定著二百九十九篇。显庆三年上。"《旧唐书》卷二十一《礼仪志一》(P817—818)："高宗初，议者以《贞观礼》节文未尽，又诏太尉长孙无忌，中书令杜正伦、李义府，中书侍郎李友益，黄门侍郎刘祥道、许圉师，太子宾客许敬宗，太常少卿韦琨，太学博士史道玄，符玺郎孔志约，太常博士萧楚才、孙自觉、贺纪等重加缉定，勒成一百三十卷。至显庆三年奏上之，增损旧礼，并与令式参会改定，高宗自为之序。时许敬宗、李义府用事，其所损益，多涉希旨，行用已后，学者纷议，以为不及贞观。"《唐会要》卷三十七《五礼篇目》(P670)："永徽二年，议者以《贞观礼》未备，又诏太尉长孙无忌、中书令杜正伦，中书侍郎李义府，中书侍郎李友益，黄门侍郎刘祥道、许圉师，太子宾客许敬宗，太常少卿韦琨，太学博士史道元，符玺郎孔志约，太常博士萧楚材、孙自觉、贺纪等，重加缉定，勒成一百三十卷，二百二十九篇。至显庆三年正月五日，奏上之。高宗自为之序，诏中外颁行焉(初，五礼仪注，自前代相沿，吉凶备举。萧楚材、孔志约，以

《国恤礼》为预凶事，非臣子之宜言，敬宗、义府深然之，于是删而定之。其时以许敬宗、李义府用事，其所损益，多涉希旨，学者纷议，以为不及《贞观礼》）。”《唐会要》卷三十六《修撰》（P656）：“至三年正月五日，修新礼成，一百三十卷，颁于天下。”《唐会要》卷三十七《五礼篇目》（P670）：“至上元三年二月，敕：‘五礼行用已久，并依贞观年礼为定。’至仪凤二年八月，又诏：‘显庆已来新修礼，多不师古，其五礼并宜依《周礼》行事。’自是，礼司益无凭，每有大事，皆参会古今礼文，临时撰定。”

事又见《通典》卷四十一《礼一》。

【考论】

唐贞观年间，由长孙无忌、孔颖达等修成《大唐仪礼》一百卷，于贞观十一年进上。高宗时以《贞观礼》“节文未尽”，诏令长孙无忌、许敬宗、李义府重加修撰，削去原“六礼”中的《国恤》，仍存五礼（吉、宾、军、嘉、凶）之旧，定为二百九十九篇，显庆三年进上，故亦称《显庆礼》。由于“其文杂以式令，而义府、敬宗方得幸，多希旨傅会”，“其所损益，多涉希旨”，因此学者议论纷纷，以为不如《贞观礼》。

○五月，撰《西域图志》

【文献】

《唐会要》卷三十六《修撰》（P656）：“其年五月九日，以西域平，遣使分往康国及吐火罗等国，访其风俗、物产，及古今废置，画图以进。令史官撰《西域图志》六十卷，许敬宗监领之。书成，学者称其博焉。”

○十月，许敬宗修《文馆词林》成

【文献】

《唐会要》卷三十六《修撰》（P656）：“十月二日，许敬宗修《文馆词林》一千卷，上之。”

【考论】

《文馆词林》一千卷，许敬宗等编。唐高宗显庆三年(658)成书，此书收录汉魏至唐初各体文章。《丛书集成》初编据《佚存丛书》、《古逸丛书》二本依卷次先后影印，得十八卷。近年日本古典研究会影印出版社弘仁本《文馆词林》，存三十卷，为收录最多之本。由残卷可推知原书收汉魏至唐初太宗朝诗文，按文体编排，各体之内再分若干门类，由于时代相近，此书所收隋及唐初作品数量当不少，可惜亡佚过甚。它是唐初大型总集之唯一残存者，吉光片羽，弥足珍贵(参见陶敏《隋唐五代文学史料学》)。

【相关论著举目】

林家骊：《日本影弘仁本〈文馆词林〉及其文献价值》，《杭州大学学报》1988 年第 4 期。

高宗显庆四年　己未(659)

○诏改《氏族志》为《姓氏录》

【文献】

《资治通鉴》卷二百《唐纪十六》(P6315—6316)：“(显庆四年)六月，丁卯，诏改《氏族志》为《姓氏录》。初，太宗命高士廉等修《氏族志》，升降去取，时称允当。至是，许敬宗等以其书不叙武氏本望，奏请改之，乃命礼部郎中孔志约等比类升降，以后族为第一等，其余悉以仕唐官品高下为准，凡九等。于是士族以军功致位五品，豫士流，时人谓之‘勋格’。”《新唐书》卷二百二十三(上)《许敬宗传》(P6338)：“然自贞观后，论次诸书，自晋尽隋，及《东殿新书》、《西域图志》、《姓氏录》、《新礼》等数十种皆敬宗总知之，赏赉不胜纪。”

○李延寿撰《南史》、《北史》

【文献】

《新唐书》卷一百二《李延寿传》(P3985—3986):"李延寿者,世居相州。贞观中,累补太子典膳丞、崇贤馆学士。以修撰劳,转御史台主簿,兼直国史。初,延寿父大师,多识前世旧事,常以宋、齐、梁、陈、齐、周、隋天下参隔,南方谓北为'索虏',北方指南为'岛夷'。其史于本国详,佗国略,往往訾美失传,思所以改正,拟《春秋》编年,刊究南北事,未成而殁。延寿既数与论撰,所见益广,乃追终先志。本魏登国元年,尽隋义宁二年,作本纪十二、列传八十八,谓之《北史》;本宋永初元年,尽陈祯明三年,作本纪十、列传七十,谓之《南史》。凡八代,合二书百八十篇,上之。其书颇有条理,删落酿辞,过本书远甚。时人见年少位下,不甚称其书。迁符玺郎,兼修国史,卒。尝撰《太宗政典》,调露中,高宗观之,咨美直笔,赐其家帛五十段,藏副秘阁,仍别录以赐皇太子云。"《北史》卷一百《序传》(P3343—3344):贞观"十七年,尚书右仆射褚遂良时以谏议大夫奉敕修《隋书》十志,复准敕召延寿撰录,因此遍得披寻。时五代史既未出,延寿不敢使人抄录,家素贫罄,又不办雇人书写。至于魏、齐、周、隋、宋、齐、梁、陈正史,并手自写,本纪依司马迁体,以次连缀之。又从此八代正史外,更勘杂史于正史所无者一千余卷,皆以编入。其烦冗者,即削去之。始末修撰,凡十六载。始宋,凡八代,为《北史》、《南史》二书,合一百八十卷。"又《北史》卷一百《序传》之《上南北史表》(P3345)谓:"……从贞观以来,屡叨史局,不揆愚固,私为修撰。……又备得寻闻,私为抄录,一十六年,凡所猎略,千有余卷。连缀改定,止资一手。故淹时序,迄今方就。"又见《全唐文》卷一百五十四李延寿文《上南北史表》。《唐会要》卷六十三《史馆上·修前代史》(P1092):"其年,符玺郎李延寿撮近代诸史,南起自宋,终于陈;北始自魏,卒于隋,合一百八十篇,号为《南北史》,上自制《序》。"《旧唐书》卷四十六《经籍志上》(P1990、P1990、P2008):"《南史》八十卷李延寿撰"、"《北史》一百卷李延寿撰”、“《太宗文皇帝政典》三卷李延寿撰。”《新唐书》卷五十八《艺文志二》(P1467)录:“李延寿《太宗政典》三十卷。”《郡斋读书志》卷六《杂史类》(P241):“《南史》八十卷、《北史》一百卷,右唐李延寿撰。延寿父大师,尝谓宋、齐逮周、隋,南北分隔,南谓北为‘索虏’,北谓南为‘岛夷’,欲改正,拟《吴越春秋》编年,未就而卒。延寿后预修《晋》、《隋书》,因究悉旧事,更依马迁体,总叙八代。北起魏尽隋,二百四十二年;南起宋尽陈,百七十年,为二史。删繁补阙,过本史远甚,至今学者止观其书,沈约、魏收等所撰皆不行。独阙本志而《隋书》有之,故《隋书》亦传于世。”

○《南史》

【文献】

《四库全书总目》卷四十六《正史类二》(P409):“《南史》八十卷,唐李延寿撰。延寿事迹附载《新唐书·令狐德棻传》。延寿承其父大师之志,为《北史》、《南史》。而《南史》先成,就正于令狐德棻,其乖失者尝为改定。宋人称延寿之书删烦补阙,为近世佳史。”

○《北史》

【文献】

《四库全书总目》卷四十六《正史类二》(P409):“《北史》一百卷,唐李延寿撰。延寿表进其书,称《本纪》十二卷、《列传》八十八卷,为《北史》,与今本卷数符合。《文献通考》作八十卷者误也。延寿既与修《隋书》十志,又世居北土,见闻较近。参核同异,于《北史》用力独深。故叙事详密,首尾典赡。”

【考论】

《北史》、《南史》,均李延寿所撰。李延寿生卒年不详,世居相州(今河南安阳),本陇西(治今甘肃临洮)人,字遐龄,贞观中补太子典膳丞、崇贤馆学士。曾参与《晋书》、《隋书》、《五代史志》的编撰。积功转御史台主簿兼直国史。其父李大师对南北八朝所修国史记述本国史虽详，而述他国史尝有阙误之状，颇感遗憾，乃欲仿《吴越春秋》体例，编次南、北史，未成而卒。延寿曾撰修《五代史志》，对典籍遍得披寻，遂承父志，自贞观十七年(643)始撰南、北史，历时十六载而成。《南史》起自宋永初元年(420)，终于陈祯明三年(589)；《北史》起自魏登国元年(386)，终于隋义宁二年(618)，合一百八十篇，含魏、齐、周、隋、宋、齐、梁、陈等八代。延寿取材于八代之史，因见于八代时代割裂，史实乖牾，遂将南朝四史、北朝四史各自贯通，颇便阅读。然史虽分南、北，而以《北史》为正史。该书多致力于纪、列传，而于典章制度则不录，故于史志方面遂成缺憾，幸有《隋志》以补其阙。是书在旧史基础上改编而成，不仅补充了有价值的史料，并且订证了原八代史的歧误，故于南北各朝断代史外，两书仍不可废。司马光《通鉴》采自《南北史》者颇多，评曰："李延寿之书亦近世之佳史也。虽于禨祥诙嘲小事无所不载，然叙事简径，比于南、北正史，无烦冗芜秽之辞。窃谓陈寿之后，惟延寿可以亚之也。"(《贻刘道原书》)《四库全书》第853册《宾退录》卷九(P748)："李延寿《南北史》成，惟《隋书》别行，余七史几废，大抵纪载无法，详略失中，故宜行而不远，且史传、纪事出于一人之手，而自为同异者亦有之矣。未有卷帙联属首尾衡决而不能自觉者也。"《新唐书·李延寿传》亦称"其书颇有条理，删落酿辞"。以上内容参见《中国学术思想编年》之《隋唐五代卷》。

【相关论著举目】

真大成：《〈梁书〉、〈南史〉互勘正讹》，《中国典籍与文化》，2010年第2期

李丽：《〈南史〉复音词研究》，中南大学硕士学位论文，2010年

邓武蓉：《试论〈南史〉与〈北史〉的史传文学成就》，《船山学刊》，2009年第4期

陈冬冬：《〈南史〉、〈北史〉倾向统一的历史观及其得失》，《社科纵横》，2006年第5期

丁福林:《〈南史〉考疑》(一)至(三十)》,《江海学刊》,2002 年第 1 期至 2011 年第 5 期

朱湘云:《〈宋书〉与〈南史〉异文之字词研究》,福建师范大学硕士学位论文,2002 年

谢保成:《倾向统一不是〈南史〉与〈北史〉的主题》,《北京大学学报》,1990 年第 2 期

瞿林东:《评赵翼论〈南史〉与南朝四史之比较》,《东南文化》,1989 年第 2 期

高国抗:《一部倾向统一的正史——唐李延寿的〈南史〉〈北史〉》,《暨南学报》,1989 年第 1 期

穆德全:《唐初河北史家李延寿的南北统一观及其〈南史〉和〈北史〉的修撰》,《河北大学学报》,1986 年第 4 期

瞿林东:《〈南史〉、〈北史〉散论》,《史学月刊》,1981 年第 1 期

◎《图经》撰成

【文献】

《新唐书》卷五十九《艺文志三》(P1570):"《图经》七卷,显庆四年,英国公李勣、太尉长孙无忌,兼侍中辛茂将,太子宾客弘文馆学士许敬宗、礼部郎中兼太子洗马弘文馆大学士孔志约,尚药奉御许孝崇、胡子家、蒋季璋、尚药局直长蔺复珪、许弘直,侍御医巢孝俭,太子药藏监蒋季瑜、吴嗣宗,丞蒋义方,太医令蒋季琬、许弘,丞蒋茂昌,太常丞吕才、贾文通、太史令李淳风,潞王府参军吴师哲,礼部主事颜仁楚,右监门府长史苏敬等撰。"

◎长孙无忌卒,撰有《唐律疏义》

【文献】

《旧唐书》卷六十五《长孙无忌传》(P2446—2456):"长孙无忌字

辅机，河南洛阳人。其先出自后魏献文帝第三兄。初为拓拔氏，宣力魏室，功最居多，世袭大人之号，后更跋氏，为宗室之长，改姓长孙氏。七世祖道生，后魏司空、上党靖王。六世祖旃，后魏特进、上党齐王。五世祖观，后魏司徒、上党定王。高祖稚，西魏太保、冯翊文宣王。曾祖子裕，西魏卫尉卿、平原郡公。祖兕，周开府仪同三司，袭平原公。父晟，隋右骁卫将军。无忌贵戚好学，该博文史，性通悟，有筹略。文德皇后即其妹也。少与太宗友善，义军渡河，无忌至长春宫谒见，授渭北道行军典签。常从太宗征讨，累除比部郎中，封上党县公。武德九年，隐太子建成、齐王元吉谋将害太宗，无忌请太宗先发诛之。于是奉旨密召房玄龄、杜如晦等共为筹略。六月四日，无忌与尉迟敬德、侯君集、张公谨、刘师立、公孙武达、独孤彦云、杜君绰、郑仁泰、李孟尝等九人，入玄武门讨建成、元吉，平之。太宗升春宫，授太子左庶子。及即位，迁左武候大将军。贞观元年，转吏部尚书，以功第一，进封齐国公，实封千三百户。太宗以无忌佐命元勋，地兼外戚，礼遇尤重，常令出入卧内。其年，拜尚书右仆射。……帝竟不亲问无忌谋反所由，惟听敬宗诬构之说，遂去其官爵，流黔州，仍遣使发次州府兵援送至流所。其子秘书监、驸马都尉冲等并除名，流于岭外。敬宗寻与吏部尚书李义府遣大理正袁公瑜就黔州重鞫无忌反状，公瑜逼令自缢而死，籍没其家。无忌既有大功，而死非其罪，天下至今哀之。上元元年，优诏追复无忌官爵，特令无忌孙延主齐献公之祀。"《四库全书总目》卷八十二《政书类二》(P711)："《唐律疏义》三十卷，唐太尉扬州都督赵国公长孙无忌等奉敕撰。"《新唐书》卷五十八《艺文志二》(P1471、P1495、P1495)："长孙无忌《贞观实录》四十卷"，"《律疏》三十卷无忌、李勣……等奉诏撰，永徽四年上"，"《留本司行格》十八卷太尉无忌、司空李勣……等奉诏撰定。"

事又见《旧唐书》卷四十六、本传《唐会要》卷五、《全唐文》卷一百三十六。

【相关论著举目】

徐凤霞：《唐代长孙家族研究》，陕西师范大学硕士学位论文，2004 年

罗春雄:《简评长孙无忌》,《晋阳学刊》,1989 年第 4 期

高宗显庆五年　庚申(660)

○萧钧卒于显庆年间,撰有《韵旨》

【文献】

《旧唐书》卷六十三《萧瑀传》附《萧钧传》(P2405):“瑀兄子钧,隋迁州刺史、梁国公珣之子也。博学有才望。贞观中,累除中书舍人,甚为房玄龄、魏徵所重。永徽二年,历迁谏议大夫,兼弘文馆学士。……显庆中卒。所撰《韵旨》二十卷,有集三十卷行于代。”

高宗龙朔元年(显庆六年)　辛酉(661)

○正月,李善上《注文选》

【文献】

《唐会要》卷三十六《修撰》(P657):“六年正月二十七日,右内率府录事参军、崇贤馆直学士李善上《注文选》六十卷,藏于秘府。”《四库全书总目》卷一百八十六(P1685—1686):“《文选注》六十卷,案:《文选》旧本三十卷,梁昭明太子萧统撰,唐文林郎守太子右内率府录事参军事、崇贤馆直学士江都李善为之注,始每卷各分为二。《新唐书·李邕传》称,其父善始注《文选》,释事而忘义,书成以问邕;邕意欲有所更,善因令补益之,邕乃附事见义。故两书并行。今本事义兼释,似为邕所改定。然《传》称善注《文选》在显庆中,与今本所载进表题‘显庆三年’者合。而《旧唐书·李邕传》称,天宝五载,坐柳勣事杖杀,年七十余。上距显庆三年凡八十九年,是时邕尚未生,安得有助

善注书之事？且自天宝五载，上推七十余年，当在高宗总章、咸亨间，而旧书称，善《文选》之学，受之曹宪，计在隋末，年已弱冠。至生邕之时，当七十余岁，亦决无伏生之寿，待其长而著书。考李匡乂《资暇录》曰：李氏《文选》有初注成者，有覆注，有三注、四注者，当时旋被传写，其绝笔之本皆释音训义，注解甚多。是善之定本，本事义兼释，不由于邕。匡乂唐人，时代相近，其言当必有征，知《新唐书》喜采小说，未详考也。其书自南宋以来，皆与《五臣注》合刊，名曰《六臣注文选》，而善注单行之本，世遂罕传。此本为毛晋所刻，虽称从宋本校正，今考其第二十五卷《陆云答兄机诗》注中，有'向曰'一条，'济曰'一条；又《答张士然诗》注中，有'翰曰'、'铣曰'、'向曰'、'济曰'。各一条。殆因六臣之本，削去五臣，独留善注，故刊除不尽，未必真见单行本也。他如班固《两都赋》，误以注列目录下。左思《三都赋》，善明称刘逵注《蜀都》、《吴都》，张载注《魏都》，乃三篇俱题刘渊林字。又如《楚辞》用王逸注，《子虚》、《上林赋》用郭璞注，《两京赋》用薛综注，《思元赋》用旧注；《鲁灵光殿赋》用张载注，《咏怀诗》用颜延年、沈约注，《射雉赋》用徐爰注，皆题本名。而补注则别称'善曰'，于薛综条下发例甚明。乃于扬雄《羽猎赋》用颜师古注之类，则竟漏本名。于班固《幽通赋》用曹大家注之类，则散标句下。又《文选》之例，于作者皆书其字，而杜预《春秋传序》则独题名。岂非从六臣本中摘出善注，以意排纂，故体例互殊欤？至二十七卷末附载《乐府君子行》一篇，注曰'李善本古词止三首，无此一篇，五臣本有，今附于后'。其非善原书尤为显证。以是例之，其孔安国《尚书序》、杜预《春秋传序》二篇，仅列原文，绝无一字之注，疑亦从五臣本剿入，非其旧矣。惟是此本之外，更无别本，故仍而录之，而附著其舛互如右。"《郡斋读书志》卷二十《总集类》(P1054)："右梁昭明太子萧统纂。前有《序》，述其所以作之意。盖选汉迄梁诸家所著赋、诗、骚、七、诏、册、令、教、策秀才文、表、上书、启、弹事、笺、记、书、移檄、难、对问、议论、序、颂、赞、符命、史论、连珠、铭、箴、诔、哀辞、碑、志、行状、吊、祭文，类之为三十卷。窦常谓统著《文选》，以何逊在世，不录其文，盖其人既往，而后其文克定，然则所录皆前人作也。唐李善集注析为六十卷。善，高宗时为弘文学士，博学，经史百家，无不备览而无文，时人谓之‘书簏’。初为辑注，博引经史，释事而忘其义。书成上进，问其子邕，邕无言。善曰：‘非耶？尔当正之。’于是邕更加以义释，解精于五臣。今释事、加义者两存焉。苏子瞻尝读善注而嘉之，故近世复行。”

【考论】

《文选》被誉为“总集之弁冕”、“文章之渊薮”。编成后，立即受到广泛关注，从事研究者层出不穷。隋唐之际《文选》研究蓬勃兴起，蔚为大观。《廿二史劄记校证》卷二十（P441—442）论曰：“至梁昭明太子《文选》之学，亦自萧该撰《音义》始。入唐则曹宪撰《文选音义》，最为世所重，江淮间为《选》学者悉本之。又有许淹、李善、公孙罗，相继以《文选》教授，由是其学大行。淹、罗各撰《文选音义》行世。善撰《文选注解》六十卷，表上之，赐绢一百二十匹。至今言《文选》者，以善本为定。杜甫诗亦有熟精《文选》理之句，盖此固词学之祖也。”“选学”在隋、唐之际蔚然兴起，殊非偶然，究其原因，主要有三：首先是“《汉书》学”为“选学”开创注释路径，其次是“选学”与“类书学”构成文事之两翼，第三是隋唐科举选士的大力推动。嗣后，“选学”作用于唐宋两代，影响及于后世千百年，绵延不绝（参见许逸民《论隋唐“〈文选〉学”兴起之原因》，《文学遗产》2006年第2期）。

李善，师从曹宪受《文选》之学，所作《文选注》，援引赅博，淹贯古今，不仅推动了“选学”的极大发展，而且其本身也成为“选学”的重要组成部分。李善注所引资料浩博：引用诸经传训一百余种，小学三十七种，纬候图谶七十八种，正史、杂史之类将近四百种，诸子之类一百二十种，兵书二十种，道、释经论三十二种，诏、表、笺、启、诗、赋、颂、赞等文集将近八百种（以上数据参见伏俊连《从敦煌唐写本残卷看李善〈文选注〉的体例》，《社科纵横》1993年第4期）。这些书籍多已亡佚，所以《文选注》成为很重要的文献宝典。

昭明太子萧统撰《文选》本三十卷，李善作注时将每卷析为二卷，凡六十卷。据《李邕传》称，李善之子李邕以其父所注释事忘义，遂加补益。今本事义兼释,可能是李邕改作本。《四库全书总目》卷一百八十六(P1685)提出质疑,谓李善注事义兼具,非由其子补益。唐玄宗时,有吕延祚召集吕延济、刘良、张铣、吕向、李周翰五人撰成《文选注》,于开元六年进上,史称“五臣注”。南宋以来,又将李善注与五臣注合刊,名《六臣注文选》。此后李善之《文选注》单行本罕见流传。后又有人将李善注析出,但因刊除不尽,故今所见单行本并非李善注本之原貌。

考此书最早刻本为北宋真宗景德四年(1007)校刻及仁宗大圣七年(1029)重刻本。今存全帙刻本,则以南宋孝宗淳熙八年(1181)尤袤刻本为最早。清嘉庆十四年(1809)番阳胡克家嘱顾广圻(千里)、彭兆荪据尤本校勘重雕,世称“胡刻”,成为近代《文选》最流行的一个本子。中华书局 1977 年把胡刻本缩小影印出版,加句读,并将尤刻与胡刻较重要的异文校出,和篇目索引、著者索引一起附在书后,以备读者查检。另,哈佛燕京引得编纂处所编《文选注引书引得》(上海古籍出版社 1990 年版)、日本学者斯波六郎编《文选索引》(日本京都大学人文科学研究所 1957—1959 年版,上海古籍出版社 1997 年中文版)也为进一步研究此书提供了便利。

【相关论著举目】

邵秀丽:《李善〈文选注〉引小学类书目考略》,华中师范大学硕士学位论文,2010 年

徐建委:《李善〈文选注〉引书试探》,《长春师范学院学报》(人文社会科学版),2009 年第 7 期

顾双:《李善〈文选注〉的引书及对辑佚的意义》,《时代文学》,2008 年第 3 期

郑莉:《李善〈文选注〉训诂研究》,河北师范大学硕士学位论文,2008 年

顾双:《李善〈昭明文选注〉研究》,山东师范大学硕士学位论文,2008 年

乔俊杰:《李善〈文选注〉‘连言’探析》,《时代文学》,2007 年第

4期

乔俊杰:《由〈文选注〉观照李善的修辞观》,《船山学刊》,2007年第4期

孙文杰:《李善〈文选注〉征引式训诂体式研究》,兰州大学硕士学位论文,2007年

李翔翥:《李善注〈文选〉之方法谫论》,《华中师范大学研究生学报》,2006年第4期

许逸民:《论隋唐"〈文选〉学"兴起之原因》,《文学遗产》,2006年第2期

汪习波:《隋唐文选学研究》,上海古籍出版社,2005年版

乔俊杰:《李善〈文选注〉修辞训诂研究》,安徽大学博士学位论文,2005年

唐普:《〈文选〉所载诸篇序研究》,四川师范大学硕士学位论文,2002年

张文霞:《〈文选〉李善注引〈说文〉资料研究》,河北大学硕士学位论文,2001年

顾农:《李善与文选学》,《齐鲁学刊》,1994年第6期

伏俊连:《从敦煌唐写本残卷看李善〈文选注〉的体例》,《社科纵横》,1993年第4期

○六月,许敬宗等撰《累璧》成

【文献】

《唐会要》卷三十六《修撰》(P657):"龙朔元年六月二十六日,许敬宗等撰《累璧》六百三十卷,上之。"

○刘知幾生

【文献】

《旧唐书》卷一百二《刘子玄传》(P3173):"九年,长子贶为太乐

令，犯事配流。子玄诣执政诉理，上闻而怒之，由是贬授安州都督府别驾。……子玄至安州，无几而卒，年六十一。”

【考论】

刘知幾(661—721)，字子玄，彭城(今江苏徐州)人，唐代著名史学家。因避唐玄宗李隆基讳(“幾”与“基”字音同)，故以字行于世。唐高宗永隆元年(680)举进士。武则天长安二年(702)始任史官，撰起居注，历任著作佐郎、左史、著作郎、秘书少监、太子左庶子、左散骑常侍等职，兼修国史。长安三年与朱敬则等撰《唐书》八十卷，神龙年间与徐坚等撰《武后实录》。玄宗先天元年(712)，始与谱学家柳冲等改修《氏族志》，至开元二年(714)撰成《姓族系录》二百卷，四年与吴兢撰成《睿宗实录》二十卷，重修《则天实录》三十卷、《中宗实录》二十卷。刘知幾于开元九年被贬安州时卒，年六十一，故知其生于是年。

○王勃从曹元学《周易》

【文献】

《王子安集注》卷九《黄帝八十一难经序》(P267—268)：“夫子讳元，字真道。……以大唐龙朔元年，岁次庚申，冬至后甲子，予遇夫子于长安……盖授《周易》章句，及《黄帝素问难经》，乃知三才六甲之事，明堂玉柜之数。十五月而毕。……勃受命伏习，五年于兹矣。”

【考论】

龙朔元年为辛酉，显庆五年为庚申，故知序中文字有误，姑志于本年。

高宗龙朔二年　壬戌(662)

○正月，东都置国子监丞、四门助教博士等

【文献】

《旧唐书》卷二十四《礼仪志四》(P918)：“龙朔二年正月，东都置

国子监丞、主簿、录事各一员，四门助教博士、四门生三百员，四门俊士二百员。”

高宗龙朔三年　癸亥(663)

○敬播卒

【文献】

《旧唐书》卷一百八十九上《敬播传》(P4955)：“永徽初，拜著作郎。与许敬宗等撰《西域图》。后历谏议大夫、给事中，并依旧兼修国史。又撰《太宗实录》，从贞观十五年至二十三年，为二十卷，奏之，赐帛三百段。后坐事出为越州都督府长史。龙朔三年，卒官。播又著《隋略》二十卷。”《全唐文》卷一百五十四有传。事又见《新唐书》卷一百九十八《敬播传》。

【相关论著举目】

张莉：《敬播史学成就探微》，《史学史研究》，2008年第4期

○龙朔年间授刘伯庄崇贤馆学士，撰《续尔雅》、《史记音义》、《汉书音义》等

【文献】

《旧唐书》卷一百八十九上《刘伯庄传》(P4955)：“刘伯庄，徐州彭城人也。贞观中，累除国子助教。与其舅太学博士侯孝遵齐为弘文馆学士，当代荣之。寻迁国子博士，其后又与许敬宗等参修《文思博要》及《文馆词林》。龙朔中，兼授崇贤馆学士。撰《史记音义》、《史记地名》、《汉书音义》各二十卷，行于代。”《旧唐书》卷四十六《经籍志上》(P1984)：“《续尔雅》一卷刘伯庄撰。”《新唐书》卷五十八、九《艺文志》(P1456、P1457、P1457、P1536)：“刘伯庄《史记音义》二十卷”、“刘

伯《史记地名》二十卷”、“刘伯庄又撰《汉书音义》二十卷”、“刘伯庄《群书治要音》五卷。”《新唐书》卷五十七《艺文志》(P1428):“《尚书正义》二十卷……弘文馆学士谷那律、刘伯庄……等刊定。”《文献通考》卷二百(P1675):“《史记音义》二十卷,陈氏曰:唐崇贤馆学士刘伯庄撰。贞观初,奉敕讲授,采邹诞生、徐唐及隋柳愿言《音义》而为此书。”

○唐初《汉书》学之兴

【文献】

《旧唐书》卷七十三《颜师古传》(P2595):“时承乾在东宫,命师古注班固《汉书》,解释详明,深为学者所重。承乾表上之,太宗令编之秘阁,赐师古物二百段、良马一匹。”《旧唐书》卷一百八十九上《敬播传》(P4954):“玄龄以颜师古所注《汉书》,文繁难省,令播撮其机要,撰成四十卷,传于代。”《旧唐书》卷一百八十九上《秦景通传》(P4955—4956):“秦景通,常州晋陵人也。与弟暐尤精《汉书》,当时习《汉书》者皆宗师之,常称景通为大秦君,暐为小秦君。若不经其兄弟指授,则谓之‘不经师匠,无足采也’。景通,贞观中累迁太子洗马,兼崇贤馆学士。为《汉书》学者,又有刘纳言,亦为当时宗匠。纳言,乾封中历都水监主簿,以《汉书》授沛王贤。……后又坐事配流振州而死。”《旧唐书》卷一百八十九上《刘伯庄传》(P4955):“撰《史记音义》、《史记地名》、《汉书音义》各二十卷,行于代。”

【考论】

隋唐之际,《汉书》学成为显学,注释、考辨《汉书》成为风尚,注释《汉书》者,相继不绝,《汉书》学已具规模。故赵翼说:“《汉书》之学,亦唐初人所竞尚。自隋时萧该精《汉书》,尝撰《汉书音义》,为当时所贵。包恺亦精《汉书》,世之为《汉书》学者,以萧、包二家为宗。刘臻精于两《汉书》,人称为汉圣。又有张冲撰《汉书音义》十二卷。于仲文撰《汉书刊繁》三十卷。是《汉书》之学,隋人已究心,及唐而益以考究为业。颜师古为太子承乾注《汉书》,解释详明,承乾表上之,太宗命编之秘阁，时人谓杜征南、颜秘书为左丘明、班孟坚忠臣。其叔游秦先撰《汉书决疑》，师古多取其义。此颜注汉书，至今奉为准的者也。房玄龄以其文繁难省，又令敬播撮其要成四十卷。当时《汉书》之学大行。又有刘伯庄撰《汉书音义》二十卷。秦景通与弟暐皆精《汉书》，号大秦君、小秦君。当时治《汉书》者，非其指授，以为无法。又有刘纳言，亦以《汉书》名家。姚思廉少受《汉书》学于其父察。思廉之孙班，以察所撰《汉书训纂》，多为后之注《汉书》者隐其姓氏，攘为己说，班乃撰《汉书绍训》四十卷，以发明其家学。又顾胤撰《汉书古今集》二十卷。李善撰《汉书辨惑》三十卷。王方庆尝就任希古受《史记》、《汉书》，希古迁官，方庆仍随之卒业。他如郝处俊好读《汉书》，能暗诵。裴炎亦好《左氏传》、《汉书》。此又唐人之究心《汉书》，各禀承旧说，不敢以意为穿凿者也。”(《廿二史劄记校证》卷二十P441)。

高宗麟德二年　乙丑(665)

○吕才卒

【文献】

《旧唐书》卷七十九《吕才传》(P2719—2727)：“吕才，博州清平人也。少好学，善阴阳方伎之书。贞观三年……太宗即征才，令直弘文馆。……太宗以阴阳书近代以来渐致讹伪，穿凿既甚，拘忌亦多，遂命才与学者十余人共加刊正，削其浅俗，存其可用者。勒成五十三卷，并旧书四十七卷，十五年书成，诏颁行之。才多以典故质正其理，虽为术者所短，然颇合经义。……太宗又令才造《方域图》及《教飞骑战阵图》，皆称旨，擢授太常丞。永徽初，预修《文思博要》及《姓氏录》。……才龙朔中为太子司更大夫。麟德二年卒。著《隋记》二十卷，行于时。……吕才核拘忌之曲学，皆有经据，不亦贤乎！”

○李淳风撰《麟德历》

【文献】

《资治通鉴》卷二百一《唐纪十七》(P6344):"秘阁郎中李淳风以傅仁均《戊寅历》推步浸疏,乃增损刘焯《皇极历》,更撰《麟德历》;五月,辛卯,行之。"《旧唐书》卷七十九《李淳风传》(P2719):"龙朔二年,改授秘阁郎中。时《戊寅历法》渐差,淳风又增损刘焯《皇极历》,改撰《麟德历》奏之,术者称其精密。"

【相关论著举目】

纪志刚:《麟德历晷影计算方法研究》,《自然科学史研究》,1994年第4期

刘金沂:《麟德历行星运动计算法》,《自然科学史研究》,1985年第2期

刘金沂:《麟德历交食计算法》,《自然科学史研究》,1984年第3期

○十月,于志宁卒

【文献】

《旧唐书》卷四《高宗纪上》(P87):"庚寅,华州刺史、燕国公于志宁卒。"《旧唐书》卷七十八《于志宁传》(P2693—2700):"于志宁,雍州高陵人,周太师燕文公谨之曾孙也。……高祖将入关,率群从于长春宫迎接,高祖以其有名于时,甚加礼遇,授银青光禄大夫。……志宁以承乾数亏礼度,志在匡救,撰《谏苑》二十卷讽之,太宗大悦。……及高宗为皇太子,复授志宁太子左庶子,未几迁侍中。永徽元年,加光禄大夫,进封燕国公。二年,监修国史。……麟德元年,累转华州刺史,年老请致仕,许之。二年,卒于家,年七十八,赠幽州都督,谥曰定。上元三年,追复其左光禄大夫、太子太师。志宁雅爱宾客,接引忘倦,后进文笔之士,无不影附,然亦不能有所荐达,议者以此少之。

前后预撰格式律令、《五经义疏》及修礼、修史等功，赏赐不可胜计。有集二十卷。"《文献通考》卷一百四十二(P1256)："祀五帝乐章十五。显庆元年，左仆射于志宁撰。""祭太社、太稷，乐章四。贞观十七年，左仆射于志宁撰。"

参见《全唐文卷一七三》令狐德棻《大唐故柱国燕国公于公碑铭》、《新唐书》卷一百四《于志宁传》、《大慈恩寺志》卷十一《于志宁》。

【考论】

于志宁(588—665)，字仲谧，京兆高陵(今属陕西)人，唐代学者、史学家。隋大业末为冠氏县长，因乱弃官归里。唐高祖入关，授银青光禄大夫，历渭北道行军元帅府记室、天策府中郎、文学馆学士。贞观三年，进中书侍郎，加散骑常侍、太子左庶子。十四年，兼太子詹事。太子承乾"数亏礼度"，于志宁屡屡进谏不被采纳，上《谏苑》二十卷以讽，为太宗所赏。承乾被废，晋王李治被立为皇太子，复拜左庶子，不久进侍中。永徽元年，加光禄大夫，封燕国公。二年，监修国史，参与《五代史志》、《高祖实录》、《太宗实录》的撰写，拜尚书左仆射、同中书门下三品，三年以本官兼太子少师。显庆元年，兼太子太师，仍同中书门下三品。因高宗欲废王皇后立武则天为后时，志宁不附武后，故于四年八月出为荣州刺史，徙岐州刺史、华州刺史。麟德二年卒，年七十八岁。赠幽州都督，谥曰"定"。

于志宁秉性刚直，雅爱宾客，接引忘倦，工于诗文，高仲武曰："侍御诗清雅，工于形似。如'风兼残雪起，河带断冰流'，吟之未终，皎然在目。"(《中兴间气集》卷上 P130)胡应麟以此句为"中唐句"之代表(《诗薮》)。《全唐诗》存有其诗。《全唐文》卷一百四十四、一百四十五编文为二卷。《唐文拾遗》卷十四补两篇。所撰《谏苑》二十卷、文集四十卷，已佚。于志宁学识渊博，态度严谨，曾制定令律，修定礼典，编撰史志，先后预修《隋书》、《大唐仪礼》、《留本司行格》、《周易正义》、《尚书正义》、《本草》，堪称良史。

【相关论著举目】

刘敏：《从"匡主失"到"持两端"的于志宁》，《历史教学》，1999 年

第 1 期

高宗乾封元年　丙寅(666)

○正月，祭宣父，赠太师

【文献】

《旧唐书》卷二十四《礼仪志四》(P918)："乾封元年正月，高宗东封还，次邹县顿，祭宣父，赠太师。"《唐会要》卷三十五《褒崇先圣》(P637)："乾封元年正月三十日，追赠孔子为太师。"《资治通鉴》卷二百一《唐纪十七》(P6347)："丙戌，车驾发泰山；辛卯，至曲阜，赠孔子太师，以少牢致祭。"事又见《通典》卷五十三《礼·沿革十三》。

○高宗始封老子为"太上玄元皇帝"

【文献】

《旧唐书》卷五《高宗纪下》(P90)："二月己未，次亳州。幸老君庙，追号曰太上玄元皇帝，创造祠堂；其庙置令、丞各一员。改谷阳县为真源县，县内宗姓特给复一年。"《资治通鉴》卷二百一《唐纪十七》(P6346—6347)："(乾封元年)春，正月，戊辰朔，上祀昊天上帝于泰山南。……癸未，至亳州，谒老君庙(亳州谷阳县，汉苦县也，有老子祠，是年，改为真源县)，上尊号曰太上玄元皇帝。"

【考论】

唐朝推崇道教、尊奉老子虽贯穿始终，不过也有一循序渐进之过程。武德年间，高祖始有扬道倾向，尚未明确以老子为其祖。至贞观十一年(637)二月，太宗颁《道士女冠在僧尼之上诏》"道士女冠，可在僧尼之先"，又修老子庙于亳州，并在贞观十二年(638)诏颁《氏族志》，已经逐渐显露尊老子为祖之意。贞观十六年太宗幸弘福寺为穆太后追福时，更明确表示，“以老子是朕先宗，故令居释氏先”，“朕宗自柱下，故先老子”，阐明以道为先之意。至乾封元年，高宗在亳州幸老君庙，追号老子为太上玄元皇帝，创造祠堂，其庙置令、丞各一员，改谷阳县为真源县，县内宗姓特给复一年，已明确以《新唐书·宗室世系表》老子李姓为据，尊老子为祖，并给老子以至高无上的称呼。至此，朝廷态度已经非常明朗，其推崇道教、尊奉老子已经愈来愈烈。

○十月，刊正四部群书

【文献】

《唐会要》卷三十五《经籍》(P643)：“乾封元年十月十四日，上以四部群书，传写讹谬，并亦缺少，乃诏东台侍郎赵仁本、兼兰台侍郎李怀严、兼东台舍人张文瓘等，集儒学之士，刊正然后缮写。”

○刘讷言等及第

【文献】

《文献通考》卷三十三(P312)：“乾封元年，幽素科，苏瑰、解琬、苗神容、格辅元、徐昭、刘讷言、崔谷神及第。”

事又见《太平御览》卷六百二十九、《册府元龟》卷六百四十五、《唐会要》卷七十六。

○张说生

【文献】

《新唐书》卷一百二十五《张说传》(P4404—4409)：“张说字道济，或字说之，其先自范阳徙河南，更为洛阳人。……(开元)十八年卒，年六十四。”事又见《旧唐书》卷九十七《张说传》、张九龄《燕国公赠太师张公墓志铭》。

○令狐德棻卒

【文献】

《新唐书》卷一百二《令狐德棻传》(P3982—3984):“令狐德棻,宜州华原人。……武德初,为起居舍人,迁秘书丞。……方是时,大乱后,经籍亡散,秘书湮缺,德棻始请帝重购求天下遗书,置吏补录。不数年,图典略备。又建言:‘近代无正史,梁、陈、齐文籍犹可据,至周、隋事多脱捐。今耳目尚相及,史有所凭;一易世,事皆汩暗,无所掇拾。陛下受禅于隋,隋承周,二祖功业多在周,今不论次,各为一王史,则先烈世庸不光明,后无传焉。’帝谓然。于是诏中书令萧瑀、给事中王敬业、著作郎殷闻礼主魏,中书令封德彝、舍人颜师古主隋,大理卿崔善为、中书舍人孔绍安、太子洗马萧德言主梁,太子詹事裴矩、吏部郎中祖孝孙、秘书丞魏徵主齐,秘书监窦琎、给事中欧阳询、文学姚思廉主陈,侍中陈叔达、太史令庾俭及德棻主周。整振论撰,多历年不能就,罢之。贞观三年,复诏撰定,议者以魏有魏收、魏澹二家,书为已详,惟五家史当立。德棻更与秘书郎岑文本、殿中侍御史崔仁师次周史,中书舍人李百药次齐史,著作郎姚思廉次梁、陈二史,秘书监魏徵次隋史,左仆射房玄龄总监。修撰之原,自德棻发之,书成,赐绢四百匹。迁礼部侍郎,兼修国史。……永徽初,复为礼部侍郎、弘文馆学士,监修国史,迁太常卿。高宗尝召宰相及弘文学士坐中华殿,问:‘何修而王?若而霸?又当孰先?’德棻曰:‘王任德,霸任刑。夏、殷、周纯用德而王,秦专刑而霸,至汉杂用之,魏、晋以降,王霸两失。若用之,王为先,而莫难焉。’帝曰:‘今兹何为而要?’对曰:‘古者为政,清心简事为本。今天下无虞,年谷丰衍,惟薄赋敛、省征役为要。’又问禹、汤、桀、纣所以兴亡,对曰:‘《传》称:“禹、汤罪己,其兴也勃焉;桀、纣罪人,其亡也忽焉。”然二主惑嬖色,戮谏者,造炮烙之刑,此所以亡也。’帝悦,厚赐以答其言。迁国子祭酒、崇贤馆学士,爵为公。以金紫光禄大夫致仕。卒,年八十四,谥曰‘宪’。”《旧唐书》卷七十三《令狐德棻传》(P2599):“乾封元年,卒于家,年八十四,谥曰宪。

德棻暮年尤勤于著述,国家凡有修撰,无不参预。"《旧唐书》卷四十六《经籍志上》(P1990、P2009):"《后周书》五十卷令狐德棻撰"、"《皇帝封禅仪》六卷令狐德棻撰。"《全唐文》卷一百三十七有传。

【考论】

令狐德棻(583—666),宜州华原(今陕西耀县东南)人,出身于河西门阀世族,唐代史学家。博贯经史,颇有文名,隋末曾被任为药城令而不就。唐武德初为起居舍人,不久迁秘书丞,其间做了两件极富历史意义的大事。其一,奏请购募天下典籍。时值战乱之后,经籍散亡,秘书湮缺,德棻遂向高祖奏请以重价收购天下遗书,置吏补录。数年"群籍略备",太宗即位时"于宏文殿聚四部群书二十余万卷"(《唐会要》卷六十四《宏文馆》P1114)。其二,奏请编修梁、陈、齐、周、隋五朝史书。隋末战乱之后,周隋文献多有遗缺,其时尚有史料记载可以凭信。购书、修史两条建议均为高祖所纳。高祖诏令萧瑀、王敬业、殷闻礼修魏史,令封德彝、颜师古修隋史,令崔善为、孔绍安、萧德言修梁史,裴矩、祖孝孙、魏徵修齐史,令窦琎、欧阳询、姚思廉修陈史,而由陈叔达、庚俭和令狐德棻修周史。修史之事历数年不成,遂罢。贞观三年(629),太宗复令修撰,令德棻与岑文本修周史,李百药修齐史,姚思廉修梁、陈二史,魏徵修隋史,同左仆射房玄龄为总监。德棻遂奏请崔仁师佐修周史。贞观十年(636)史书撰成。五史之修,德棻首倡,"创修撰之源,自德棻始也"(赵翼《廿二史劄记校证》)。迁为礼部侍郎,兼修国史,累进爵彭城县子。转太子右庶子,不久太子承乾被废,遂坐除为民。曾参与编撰《晋书》。书成,被任为秘书少监。高宗永徽元年(650)又受命定律令,复为礼部侍郎,兼弘文馆学士,监修国史及《五代史志》,迁太常卿。永徽四年(653)迁国子祭酒。撰《高宗实录》三十卷,遂进爵为公。龙朔二年(662)辞官。乾封元年卒于家,终年八十四岁,谥曰"宪"。

令狐德棻在唐初建议朝廷搜求图书和修撰史书,极有见地,为中国学术发展做出了重要贡献。二十四史中与令狐德棻密切相关者就有《梁书》、《陈书》、《北齐书》、《周书》、《隋书》、《晋书》,达六部之多,《南史》、《北史》亦有所关联。令狐德棻所撰《周书》,非常重视史料之搜求、整理，保存了诸多珍贵史料。《四库全书总目》称德棻“旁征简牍，意在摭实”。其对史事之记叙有独到之处，赵翼《陔余丛考》称“《周书》叙事，繁简得宜，文笔亦极简劲”。当然《周书》也有缺点，如照录北周仿先秦文体的诏令文书，叙事记言往往过于文雅，华而失实，不合北周风气，因而刘知幾在《史通》中多所批评。

【相关论著举目】

董晨：《试论唐初史家文学思想中的开放性和包容性——以令狐德棻、李百药、魏征等人为例》，《河北青年管理干部学院学报》，2012年第3期

王彩梅、孙欣欣：《试析初唐史家令狐德棻的“调远”说》，《晋阳学刊》，2009年第1期

秦草：《学富五车书，功垂七部史——唐代史学家令狐德棻》，《西安教育学院学报》2002年第1期

瞿林东：《令狐德棻和唐初史学》，《人文杂志》1982年第1期

高宗乾封二年　丁卯(667)

○祭祀以高祖、太宗并配

【文献】

《新唐书》卷十三《礼乐志三》(P335)：“乾封二年，诏圆丘、五方、明堂、感帝、神州皆以高祖、太宗并配。”

高宗总章元年　戊辰(668)

○二月，赠颜回太子少师，曾参太子少保

【文献】

《旧唐书》卷二十四《礼仪志四》(P918)：“总章元年二月，皇太子

弘幸国学，释奠，赠颜回太子少师，曾参太子少保。”《唐会要》卷三十五《褒崇先圣》(P637)：“总章元年二月一日，颜回赠太子少师，曾参赠太子少保。”

○二月，皇太子释奠于国学

【文献】

《唐会要》卷三十五《释奠》(P641)：“总章元年二月二十九日，皇太子弘释奠于国学。”

【相关论著举目】

白雪松：《浅谈〈大唐开元礼〉中的释奠礼》，《理论界》，2011 年第 3 期

朱溢：《唐代孔庙释奠礼仪新探——以其功能和类别归属的讨论为中心》，《史学月刊》，2011 年第 1 期

范晶晶：《唐代的释奠礼》，《光明日报》，2010 年 12 月 6 日

盖金伟：《论“释奠礼”与唐代学校教育》，《新疆师范大学学报》(哲学社会科学版)，2007 年第 4 期

盖金伟、孙钰华：《论“释奠礼”与唐代文化权威的构建》，《新疆大学学报》(哲学人文社会科学版)，2007 年第 1 期

高宗咸亨元年(总章三年)　庚午(670)

○二月，徐齐聃请修齐献公庙

【文献】

《唐会要》卷五十五省号下(P943)：“咸亨元年二月二十一日，西台舍人徐齐聃上奏曰：‘齐献公，陛下外氏，虽子孙有犯，不合上延于

祖。今周忠孝公庙甚修，而齐献公庙毁坏，不审陛下将何以垂示海内，以彰孝治之风？'上纳之。"《全唐文》卷一百八十六有徐齐聃文《请修齐献公庙奏》。《新唐书》卷一百九十九《徐齐聃传》(P5661)："徐齐聃字将道，湖州长城人，世客冯翊。梁慈源侯整四世孙。八岁能文，太宗召试，赐所佩金削刀。举弘文生，调曹王府参军。高宗时，为潞王府文学、崇文馆学士，侍皇太子讲，修书于芳林门。时姑为帝婕妤，嫌以恩进，故求出为桃林令。召为沛王侍读，再迁司议郎，皆不就。累进西台舍人。咸亨初，诏突厥酋长子弟得事东宫，齐聃上书谏，以为：'氈裘冒顿之裔，解辫削衽，使在左右，非所谓"恭慎威仪，以近有德"、"任官惟贤才，左右惟其人"之义。'又长孙无忌以谗死，家庙毁顿，齐聃言于帝曰：'齐献公，陛下外祖，虽后嗣有罪，不宜毁及先庙。今周忠孝公庙反崇饰逾制，恐非所以示海内。'帝寤，有诏复献公官，以无忌孙延主其祀。齐聃善文诰，帝爱之，令侍皇太子及诸王属文，以职枢剧，许间日一至。坐漏禁中事，贬蕲州司马。又流钦州。卒，年四十四。睿宗时，赠礼部尚书。"《旧唐书》卷一百九十上《徐齐聃传》(P4998)："徐齐聃，湖州长城人也。父孝德，以女为才人，官至果州刺史。齐聃少善属文，高宗时累迁兰台舍人。时敕令有突厥酋长子弟事东宫，齐聃上疏曰：'昔姬诵与伯禽同业，晋储以师旷为友，匪唯专赖师资，固亦详观近习。皇太子自可招集园、绮，寤寐应、刘。阶闼小臣，必采于端士；驱驰所任，并归于正人。方流好善之风，永播崇贤之美。今乃使氈裘之子，解辫而侍春闱；冒顿之苗，削衽而陪望苑。在于道义，臣窃有疑。《诗》云："敬慎威仪，以近有德。"《书》曰："任官惟贤才，左右惟其人。"盖殷勤于此，防微之至也。'齐聃又尝上奏曰：'齐献公即陛下外氏，虽子孙有犯，不合上延于祖。今周忠孝公庙甚修崇，而齐献公庙遽毁坏，不审陛下将何以重示海内，以彰孝理之风？'帝皆纳其言。齐聃善于文诰，甚为当时所称。高宗爱其文，令侍周王等属文，以职在枢剧，仍敕间日来往焉。以漏泄机密，左授蕲州司马。俄又坐事配流钦州。咸亨中卒，年四十余。睿宗即位，追录旧恩，累赠礼部尚书。"《全唐文》卷一百八十六有传。

○王义方卒

【文献】

《旧唐书》卷一百八十七上《王义方传》(P4874—4876):“王义方,泗州涟水人也。少孤贫,事母甚谨,博通《五经》,而謇傲独行。……总章二年卒,年五十五。撰《笔海》十卷、文集十卷。门人何彦光、员半千为义方制师服,三年丧毕而去。”事观《新唐书》卷一百一十二《王义方传》。

《全唐文》卷一百六十一有传。

【考论】

王义方,泗州涟水人,幼年丧父,事母恭谨,博通《五经》,官至御史台侍御史。曾“坐与刑部尚书张亮交通,贬为儋州吉安丞”(《旧唐书》本传),成为被贬海南最早之人,被誉为“开创海南儒学教育的第一人”。他以传播儒学为业,说服黎酋,传授礼乐,使得“黎酋大喜”、“人人悦顺”。

【相关论著举目】

冯兆容、周泉根:《随行施教 明德惟馨——海南教育之初辟者王义方考评》,《新东方》,2009 年第 3 期

陈耿、王俞春:《王义方,不应被海南遗忘》,《海南日报》,2004 年 3 月 16 日

○李淳风卒,撰有《周易元义》等

【文献】

《旧唐书》卷七十九《李淳风传》(P2717—2719):“李淳风,岐州雍人也。其先自太原徙焉。父播,隋高唐尉,以秩卑不得志,弃官而为道士,颇有文学,自号黄冠子。注《老子》,撰《方志图》,文集十卷,并行于代。淳风幼俊爽,博涉群书,尤明天文、历算、阴阳之学。贞观初,以驳傅仁均历议,多所折衷,授将仕郎,直太史局。……十五年,

除太常博士。寻转太史丞，预撰《晋书》及《五代史》，其《天文》、《律历》、《五行志》皆淳风所作也。又预撰《文思博要》。二十二年，迁太史令。……淳风每占候吉凶，合若符契，当时术者疑其别有役使，不因学习所致，然竟不能测也。……显庆元年，复以修国史功封昌乐县男。先是，太史监候王思辩表称《五曹》、《孙子》十部算经理多踳驳。淳风复与国子监算学博士梁述、太学助教王真儒等受诏注《五曹》、《孙子》十部算经。书成，高宗令国学行用。龙朔二年，改授秘阁郎中。时《戊寅历法》渐差，淳风又增损刘焯《皇极历》，改撰《麟德历》奏之，术者称其精密。咸亨初，官名复旧，迁为太史令。年六十九卒。所撰《典章文物志》、《乙巳占》、《秘阁录》，并演《齐民要术》等凡十余部，多传于代。"《旧唐书》卷四十七《经籍志下》(P2038)："《大唐麟德历》一卷。"又见《新唐书》卷二百四《方伎传》、《新唐书》卷二五《历志》等。《新唐书》卷五十九《艺文志三》(1541、1542、1545)："李淳风释《周髀》二卷"、"又《乙巳占》十二卷"、"《天文占》一卷"、"《大象元文》一卷"、"《乾坤秘奥》七卷"、"《法象志》七卷。"《郡斋读书志》卷十四《五行类》(P630)："《占灯法》一卷，右唐李淳风撰。《崇文目》亦有之。《观灯法》一卷，右唐李淳风撰。"《四库全书总目》卷一百十《术数类存目一》P936："《乙巳占略例》十五卷，旧本题唐李淳风撰。皆杂占天文云气风雨并及分野星象之说。按淳风有《乙巳占》十卷，盖以贞观十九年乙巳，在上元甲子中，书作于是时，故以为名。《唐志》、《宋志》所载卷数并同，惟《宋志》别出有《乙巳指占图经》三卷，不言何人所撰，而无此书。尤袤《遂初堂书目》、焦竑《国史经籍志》亦仅载《乙巳占》，不云别有《略例》。检《永乐大典》，绝无一字之征引，可知明以前无此书矣。钱曾《述古堂书目》始以《乙巳占》、《乙巳略例》二书并列，而又不言其所自来。考朱彝尊《曝书亭集》有《乙巳占》跋，是其书近时尚存，今特偶未之见耳。彝尊所论分野，以此本相较，皆参错不合。且所占至于天宝九载，其非淳风所作甚明。书中援引亦多庞杂无绪，疑后人取《开元占经》与《乙巳占》之文参互成书，而别题此名，托之淳风也。"

参见《新唐书》卷二百四《李淳风传》，《文献通考》卷二百十九、卷二百二十、卷二百二十一,《宋史》卷二百六,《清史稿》卷一百四十五。

【考论】

李淳风(602—670),隋唐时道士、天文学家。岐州雍(今陕西凤翔)人。其父名播,隋高唐尉,以秩卑弃官为道士,自号黄冠子,曾注《老子》,撰《方志图》等。李淳风博涉群书,尤明天文、历算及阴阳之学。曾为李世民之谋士,参与反隋起义,成为秦王府记室参军。贞观初,授将士郎,直太史局。曾改造洛下闳所制浑天仪,贞观七年造成,以铜为之,表里三重,下据准基,状如十字,便捷精确,当时极为先进。又著《法象志》七卷,以论前代浑仪得失之差。十五年(641)除为太常博士,后迁太史丞。预撰《晋书》、《五代史》中之《天文》、《律历》、《五行》等诸志,又预撰《文思博要》。《晋书·天文志》被李约瑟誉为“天文学知识的宝库”。其中所总结彗星尾“夕见则东指,晨见则西指”之规律,比西方早九百多年。二十二年(648)迁太史令。显庆元年,与国子监算学博士梁述、太学助教王真儒等受诏所注《五曹》、《孙子》十部算经,在国学行用,是世界上最早的数学教材,对后世东方数学影响深远。李约瑟博士称:“整个中国历史上最伟大的数学著作注解。”龙朔二年(662)改授秘书阁郎中。时《戊寅历法》渐差,淳风增损刘焯的《皇极历》,编制《麟德历》奏上,时人称其精密。咸亨初,官名复旧,仍为太史令。高宗总章三年(亦即咸亨元年,670年)病逝。著有《典章文物志》、《乙巳占》、《秘阁录》等,并有《金锁流珠引》、《太上赤文洞神三箓注》等收入《道藏》。明代杨维贞赞曰:“古今知天文历数者,应首推李淳风。”

【相关论著举目】

刘超:《“盛唐双奇”之李淳风考略》,《兰台世界》,2012年第27期

陈玲:《道教与科技的互动——李淳风道教思想与数学思想探析》,《哲学动态》,2011年第11期

顾建平:《最早给风定级的是唐代天文学家李淳风》,《文史月刊》,2011年第8期

王鹏飞:《评唐代李淳风“占风情”方法》,《自然科学史研究》,

2010 年第 4 期

曾振宇、崔明德:《李淳风“军气占”考论》,《历史研究》,2009 年第 5 期

姬永亮:《李淳风对古代度量衡的考订》,《哈尔滨工业大学学报》(社会科学版),2009 年第 1 期

刘潇:《试论李淳风儒道合一的思想特点》,《经济与社会发展》,2003 年第 12 期

关增建:《李淳风及其〈乙巳占〉的科学贡献》,《郑州大学学报》,2002 年第 1 期

刘敏:《参预修史的科学家李淳风》,《历史教学》,2001 年第 8 期

张利生:《论唐代科学家李淳风生平及其治学思想》,《商洛师范专科学校学报》,1998 年第 2 期

李文新:《李淳风籍里考析》,《陕西档案》,1997 年第 5 期

姚远:《数学家、天文学家李淳风》,《曲阜师范大学学报》(自然科学版),1983 年第 3 期

曾昭磐:《唐代天文数学家李淳风的科学成就》,《厦门大学学报》(自然科学版),1979 年第 4 期

○五月,高宗诏诸州营造孔子庙堂及学馆

【文献】

《旧唐书》卷五《高宗纪下》(P94):“(咸亨元年)五月丙戌,诏曰:‘诸州县孔子庙堂及学馆有破坏并先来未造者,遂使生徒无肄业之所,先师阙奠祭之仪,久致飘露,深非敬本。宜令所司速事营造。’”参见《全唐文》卷十三《营造孔子庙堂及学馆诏》。

【考论】

原有孔子庙堂及学馆有所破坏,另有未修造者,使得生徒无学习之所,阙奠祭之仪。为迫切解决此问题,高宗遂令诸州尽快修造孔子庙堂和学馆。由此可见唐高宗继续其父崇儒政策,对儒学及教育加

以重视。

高宗咸亨三年　壬申(672)

○八月，许敬宗卒

【文献】

《旧唐书》卷五《高宗纪下》(P97)："(咸亨三年)八月壬子，特进、高阳郡公许敬宗卒。"《旧唐书》卷八十二《许敬宗传》(P2761—2764)："许敬宗，杭州新城人，隋礼部侍郎善心子也。……十七年，以修《武德》、《贞观实录》成，封高阳县男。……三年薨，年八十一。高宗为之举哀，废朝三日，诏文武百官就第赴哭，册赠开府仪同三司、扬州大都督，陪葬昭陵。文集八十卷。"

事又见《新唐书》卷二百二十三上《许敬宗传》、《资治通鉴》卷二百二《唐纪十八》。

【考论】

许敬宗(592—672)，字延族，杭州新城人，隋礼部侍郎许善心之子。幼善属文，隋大业中举秀才，授淮阳郡司法书佐，俄直谒者台，奏通事舍人事。江都之难，其父为宇文化及所害，依李密为元帅府记室。武德初，太宗召补秦府学士。贞观八年，累除著作郎，兼修国史，迁中书舍人。十七年，因修《武德》、《贞观实录》成，封高阳县男，赐物八百段，权检校黄门侍郎。高宗在春宫，迁太子右庶子。二十一年，加银青光禄大夫。高宗嗣位，代于志宁为礼部尚书。敬宗嫁女与蛮酋冯盎之子，多纳金宝，为有司所劾，左授郑州刺史。永徽三年，入为卫尉卿，加弘文馆学士，兼修国史。六年，复拜礼部尚书。高宗将废王皇后，立武昭仪，敬宗赞成其计，帝意遂定，其后与李义府诬构直谏者长孙无忌、褚遂良、韩瑗，流死于岭外。显庆元年，加太子宾客，寻册拜侍中，监修国史。三年，进封郡公，寻赠其父善心为冀州刺史。

其年，代李义府为中书令，任遇之重，当朝莫比。龙朔二年，从新令改为右相，加光禄大夫。三年，册拜太子少师、同东西台三品，并依旧监修国史。敬宗掌知国史，记事阿曲，例如为报复封德彝，盛加其罪恶；为提升其婿——本为皇家隶人的钱九陇，曲叙门阀，妄加功绩。又肆意窜改高祖、太宗实录，专出己私，言多诬罔，为世所诟病。贞观已来朝廷所修《五代史》及《晋书》、《东殿新书》、《西域图志》、《文思博要》、《文馆词林》、《累璧》、《瑶山玉彩》、《姓氏录》、《新礼》，皆总知其事。著有文集八十卷（《旧唐书·经籍志》作六十卷。此从《旧唐书》本传及《新唐书·艺文志》），传于世。咸亨初，以特进致仕。

显庆三年卒，年八十一。太常将定谥，博士袁思古因"敬宗位以才升，历居清级，然弃长子于荒徼，嫁少女于夷落。闻《诗》学《礼》，事绝于趋庭；纳采问名，唯闻于黩货"，请谥为"缪"。敬宗之孙、太子舍人彦伯请改谥官。太常博士王福畤以"敬宗忠孝不逮于曾，饮食男女之累，有逾于何氏，而谥之为'缪'，无负于许氏矣"，坚持此谥。礼部尚书袁思敬议称："按谥法'既过能改曰恭'，请谥曰'恭'。"遂从其议，谥曰"恭"。

【相关论著举目】

杨春俏、阙建华：《许敬宗奏请〈切韵〉窄韵"合而用之"考辨》，《山东师范大学学报》（人文社会科学版），2011年第1期

李晓青：《人品与诗品——虞世南、许敬宗诗论》，《华北电力大学学报》（社会科学版），2008年第2期

李晓青：《有所不为和无所不为——许敬宗、李义府论》，《齐齐哈尔大学学报》（哲学社会科学版），2008年第1期

盖金暐：《重评唐代宰相许敬宗》，《陕西师范大学继续教育学报》，2000年第4期

岳纯之：《也谈许敬宗篡改唐代实录、国史问题》，《烟台大学学报》，2000年第1期

盖金：《许敬宗新评价》，《昌吉学院学报》，1998年第1期

王元军：《许敬宗篡改唐太宗实录及国史问题探疑》，《中国史研

究》,1996 年第 1 期

牛致功:《许敬宗对唐代史学的功过》,《史学月刊》,1987 年第 3 期

○邢文伟为太子减膳上书,因此擢拜右史

【文献】

《旧唐书》卷一百八十九下《邢文伟传》(P4959—4960):"邢文伟,滁州全椒人也。少与和州高子贡、寿州裴怀贵俱以博学知名于江、淮间。咸亨中,累迁太子典膳丞。时孝敬在东宫,罕与宫臣接见,文伟辄减膳,上书曰:'臣窃见《礼·戴记》曰:"太子既冠成人,免于保傅之严,则有司过之史,彻膳之宰。史之义,不得不司过;宰之义,不得不彻膳,不彻膳则死。"今皇帝式稽前典,妙简英俊,自庶子已下,至司议、舍人及学士、侍读等,使翼佐殿下,以成圣德。近日已来,未甚延纳,谈议不狎,谒见尚稀,三朝之后,但与内人独居,何由发挥圣智,使睿哲文明者乎?今史虽阙官,宰当奉职,忝备所司,未敢逃死,谨守礼经,辄申减膳。'……其后右史缺官,高宗谓侍臣曰:'邢文伟事我儿,能减膳切谏,此正直人也。'遂擢拜右史。则天临朝,累迁凤阁侍郎,兼弘文馆学士。载初元年,迁内史。"《唐会要》卷六十七(P1171):"咸亨元年,皇太子久在内不出,稀与宫臣接见。典膳丞邢文伟请减膳,上启曰:'窃见《礼·大戴记》曰:"太子既冠成人,免于保傅之严,则有司过之史,亏膳之宰。史之义不得不书过,不书则死之,宰之义不得不彻膳,不彻则死之。"近者以来,未甚延纳,谈义不接,谒见尚稀,参朝之后,但与内人独居。何由发挥圣智,使濬哲文明者乎?今史虽阙官,宰当奉职。忝备所司,不敢逃死,谨守《礼经》,遽申减膳。'其年,右史员阙,宰臣进拟数人。上曰:'邢文伟嫌我儿不读书,不肯与肉吃。此人甚正,宜可为右史。'遂拜。"《资治通鉴》卷二百二《唐纪十八》记此事于"咸亨三年十二月"。

事又见《新唐书》卷一百六《邢文伟传》、《太平御览》卷八百四十

八、《册府元龟》卷七百十四。事又见《通典》卷三十《职官十二》、《文献通考》卷六十《职官考十四》，记咸亨元年。《全唐文》卷一百三十六有邢文伟文《减膳上书》。

高宗上元元年（咸亨五年）　甲戌（674）

○武则天上表请习《道德经》

【文献】

《唐会要》卷七十五《贡举上·明经》（P1373）："上元元年十二月二十七日，天后上表曰：'伏以圣绪出自元元，五千之文，实惟圣教。望请王公以下，内外百官，皆习老子《道德经》。其明经咸令习读，一准《孝经》、《论语》，所司临时策试，请施行之。'至二年正月十四日，明经咸试《老子》策二条，进士试帖三条。"

○武则天建言十二事

【文献】

《新唐书》卷七十六《后妃传》（P3477）："上元元年，进号天后，建言十二事：一、劝农桑，薄赋徭；二、给复三辅地；三、息兵，以道德化天下；四、南北中尚禁浮巧；五、省功费力役；六、广言路；七、杜谗口；八、王公以降皆习《老子》；九、父在为母服齐衰三年；十、上元前勋官已给告身者无追核；十一、京官八品以上益禀入；十二、百官任事久，材高位下者得进阶申滞。帝皆下诏略施行之。"《唐会要》卷三十七《服纪上》（P675—676）："上元元年十二月二十七日。天后上表曰：夫礼缘人情而立制，因时事而为范，变古者未必是，循旧者不足多也。至如父在，为母止服一期，虽心丧三年，服由尊降。窃谓子之于母，慈养特深，生养劳瘁，恩斯极矣。所以禽兽之情，犹知其母，三年在怀，理宜崇报。若父在为母止一期，尊父之敬虽同，报母之慈有缺。且齐斩之制，足为差减，更令周以一期，恐伤人子之志。今请父在为母终三年之服，遂下诏依行焉，当时亦未行用。至垂拱年中，始编入格。至开元五年，左补阙卢履冰上言，准礼。”

【考论】

武则天在精研《帝范》的基础上提出建言十二事的大政方针，其中包涵了有关治理国家的各种重大事务，其宗旨乃在于富民强国。如劝农桑，薄徭赋，乃立国富民之本。从中可以看出武则天在参与政事的历练中日渐成熟，已具备了出色的治国才能。唐高宗诏准实施十二事。这一系列的举措推动了唐王朝继续走向繁荣昌盛。由建言十二事、天后之称等也显露出武则天正在为日后独揽大权做准备。武则天临朝时又将建言十二事编入《垂拱格》，其后被纳入《开元礼》。

【相关论著举目】

刘德明：《武则天“建言十二事”安定社会》，《文史春秋》，2010 年第 4 期

高宗仪凤元年（上元三年）　丙子（676）

○三月，诏令依贞观年礼

【文献】

《旧唐书》卷二十一《礼仪志一》（P818）：“时许敬宗、李义府用事，其所损益，多涉希旨，行用已后，学者纷议，以为不及贞观。上元三年三月，下诏令依贞观年礼为定。”

○八月，王勃卒，撰有《周易发挥》、《次论语》等，有《王子安集》

【文献】

《新唐书》卷二百一《王勃传》（P5739—5740）：“王勃字子安，绛州

龙门人。六岁善文辞,九岁得颜师古注《汉书》读之,作《指瑕》以擿其失。……年未及冠,授朝散郎,数献颂阙下。沛王闻其名,召署府修撰,论次《平台秘略》。书成,王爱重之。……勃往省,度海溺水,痵而卒,年二十九。……勃属文,初不精思,先磨墨数升,则酣饮,引被覆面卧,及寤,援笔成篇,不易一字,时人谓勃为腹稿。尤喜著书。初,祖通,隋末居白牛溪,教授门人甚众。尝起汉、魏尽晋作书百二十篇,以续古《尚书》,后亡其序,有录无书者十篇,勃补完缺逸,定著二十五篇。尝谓人子不可不知医,时长安曹元有秘术,勃从之游,尽得其要。尝读《易》,夜梦若有告者曰:'《易》有太极,子勉思之。'寤而作《易发挥》数篇,至《晋卦》,会病止。又谓:'王者乘土王,世五十,数尽千年;乘金王,世四十九,数九百年;乘水王,世二十,数六百年;乘木王,世三十,数八百年;乘火王,世二十,数七百年。天地之常也。自黄帝至汉,五运适周,土复归唐,唐应继周、汉,不可承周、隋短祚。'乃斥魏、晋以降非真主正统,皆五行沴气。遂作《唐家千岁历》。"《四库全书》第1065册《盈川集》卷三《王勃集序》(P210):"命不与我,有涯先谢。春秋二十八年,唐上元三年秋八月,不改其乐,颜氏斯殂;养空而浮,贾生终逝。呜呼,天道何哉! 所注《周易》,穷乎晋卦。又注黄帝《八十一难》,幸就其功。撰《合论》十篇,见行于代。君平生属文,岁时不倦,缀其存者,才数百篇。……究而序之,分为二十卷。"《旧唐书》卷四十六《经籍志上》(P1981、P1968):"《次论语》五卷王勃撰"、"《周易发挥》五卷王勃撰。"《旧唐书》卷一百九十上《王勃传》(P5006):"勃文章迈捷,下笔则成,尤好著书。撰《周易发挥》五卷及《次论》等书数部,勃亡后,并多遗失。有文集三十卷。勃聪警绝众,于推步历算尤精,尝作《大唐千岁历》,言唐德灵长千年,不合承周、隋短祚。其论大旨云:'以土王者,五十代而一千年;金王者,四十九代而九百年;水王者,二十代而六百年;木王者,三十代而八百年;火王者,二十代而七百年。此天地之常期,符历之数也。自黄帝至汉,并是五运真主。五行已遍,土运复归,唐德承之,宜矣。魏、晋至于周、隋,咸非正统,五行之沴气也,故不可承之。'大率如此。"《册府元龟》卷六百六《学校部

（注释第二）》（P7277）："王勃高宗时为虢州参军。撰《周易发》五卷，《次论》十卷。"《新唐书》卷五十七《艺文志一》亦录其著。《四库全书总目》卷一百四十九（P1277）："《王子安集》十六卷。"

事又见《旧唐书》卷一百九十上《王勃传》。

【考论】

王勃（650—676），字子安，绛州龙门（今山西万荣县）人，王通之孙，唐代文学家。才华早露，《旧唐书》本传谓其"六岁解属文，构思无滞，词情英迈"。唐高宗麟德元年（664），上书右相刘祥道求其表荐，刘表荐于朝。王勃乃应麟德三年（666）制科，对策高第，被授予朝散郎之职。以诗与杨炯、卢照邻、骆宾王齐名，被称为"初唐四杰"。又与于龙以诗文齐名，并称"王于"，亦称"初唐二杰"。乾封初（666）为沛王李贤征为王府侍读，后因戏为《檄英王鸡》文，被高宗怒逐出府，随即出游巴蜀。咸亨三年（672）补虢州参军，因擅杀官奴，罪当诛，遇赦除名。其父受累被贬为交趾令。上元二年（675），南下探望父亲，道经钟陵时正值都督大宴滕王阁，王勃当即一气呵成写下脍炙人口的《滕王阁序》。探父途中渡海溺水受惊而死。

王勃兼取儒、佛及阴阳家思想。深入研究儒家经典，著有《周易发挥》五卷，《次论语》十卷，皆佚亡。明代张燮辑有《王子安集》十六卷。清蒋清翊著《王子安集笺注》二十卷。清姚大荣《惜道味斋集》中有《王子安年谱》。《全唐文》卷一百七十七至一百八十五辑有其文九卷。

关于王勃的生卒年，尚有歧说。一、杨炯《王勃集序》云王勃于高宗上元三年（676）卒，年二十八岁。据此说，王勃应生于唐太宗贞观二十三年（649）。二、王勃《春思赋》："咸亨二年，余春秋二十有二。"咸亨二年即 671 年，据此推断，当生于高宗永徽元年（650）。其生年据其自述，今暂定为永徽元年。其卒年有上元二年卒之说（参见杨殿珣编《中国历代年谱总录》增订本，北京图书馆出版社 1997 年 5 月版，82 页），有上元三年卒之说（杨炯《王勃集序》），上元三年说可从，今从其说，志于此年。参见《中国学术思想编年》之《隋唐五代卷》。

【相关论著举目】

张丽:《诗人王勃论略》,南昌大学硕士学位论文,2006年

刘勇:《儒、道、释思想对王勃的影响》,《商洛师范专科学校学报》,2004年第4期

查正贤:《试论王勃的易学时命观对其文学创作的影响》,《文学遗产》,2002年第2期

王木青:《论王勃的周易美学思想》,《周易研究》,1998年第4期

叶志新:《关于王勃的生卒年》,《文史杂志》,1996年第2期

杜晓勤:《初唐四杰与儒、道思想》,《文学评论》,1995年第5期

何林天:《王勃之死新证》,《晋阳学刊》,1994年第2期

王天海:《王勃生卒年与籍贯考辨》,《贵州民族学院学报》,1994年第1期

姚乃文:《王勃生卒年考辨——兼与何林天同志商榷》,《晋阳学刊》,1984年第2期

何林天:《论王勃》,《晋阳学刊》,1983年第2期

张志烈:《王勃杂考》,《四川大学学报》,1983年第2期

吴稌:《王勃的生卒年》,《社会科学战线》,1979年第3期

贯允修:《王勃》,《山西师大学报》,1978年第1期

○十月,史璨等议祫享于太庙之礼

【文献】

《旧唐书》卷二十六《礼仪志六》(P996—997):"高宗上元三年十月,将祫享于太庙。时议者以《礼纬》'三年一祫,五年一禘',《公羊传》云'五年而再殷祭',议交互莫能断决。太学博士史璨等议曰:'按《礼记正义》引郑玄《禘祫志》云:"《春秋》:僖公三十三年十二月薨。文公二年八月丁卯,大享于太庙。《公羊传》云:大享者何?祫也。"是三年丧毕,新君二年当祫,明年当禘于群庙。僖公、宣公八年皆有禘,则后禘去前禘五年。以此定之,则新君二年祫,三年禘。自尔已后,

五年而再殷祭，则六年当祫，八年当禘。又昭公十年，齐归薨，至十三年丧毕当祫，为平丘之会，冬，公如晋。至十四年祫，十五年禘，《传》云“有事于武宫”是也。至十八年祫，二十年禘。二十三年祫，二十五年禘。昭公二十五年“有事于襄宫”是也。如上所云，则禘已后隔三年祫，已后隔二年禘。此则有合礼经，不违《传》义。’自此依璨等议为定。”

事又见《新唐书》卷一百二十二《韦安石传》。

○十二月，皇太子李贤注《后汉书》

【文献】

《旧唐书》卷八十六《章怀太子贤传》(P2832)：“仪凤元年，手敕褒之曰：‘皇太子贤自顷监国，留心政要。抚字之道，既尽于哀矜；刑纲所施，务存于审察。加以听览余暇，专精坟典。往圣遗编，咸窥壶奥；先王策府，备讨菁华。好善载彰，作贞斯在，家国之寄，深副所怀。可赐物五百段。’贤又招集当时学者太子左庶子张大安，洗马刘讷言，洛州司户格希元，学士许叔牙、成玄一、史藏诸、周宝宁等，注范晔《后汉书》，表上之，赐物三万段，仍以其书付秘阁。”事又见《新唐书》卷八十一《三宗诸子传》。《郡斋读书志》卷五《正史类》(P179)：“《后汉书》九十卷，《志》三十卷，右宋范晔撰。十帝纪，八十列传。唐高宗令章怀太子贤与刘讷言、革希元作注。”《唐会要》卷三十六《修撰》(P657)：“仪凤元年十二月二日，皇太子贤，上所注《后汉书》。初，太子右庶子张太安，洗马刘讷言，洛州司户参军格希元，学士许叔牙、成元一、史藏诸、周宝宁等，同注范晔《后汉书》。诏付秘书省。”《旧唐书》卷八十六《章怀太子贤传》(P2831)：“章怀太子贤，字明允，高宗第六子也。永徽六年，封潞王。显庆元年，迁授岐州刺史。其年，加雍州牧、幽州都督。时始出阁，容止端雅，深为高宗所嗟赏。高宗尝谓司空李勣曰：‘此儿已读得《尚书》、《礼记》、《论语》，诵古诗赋复十余篇，暂经领览，遂即不忘。我曾遣读《论语》，至“贤贤易色”，遂再三覆诵。我问何为如此，乃言性爱此言，方知夙成聪敏，出自天性。'"《新唐书》卷一百九十八《敬播传》(P5656)："房玄龄尝称播：'陈寿之流乎！'玄龄患颜师古注《汉书》文繁，令掇其要为四十篇。是时《汉书》学大兴，其章章者若刘伯庄、秦景通兄弟、刘讷言，皆名家。"《旧唐书》卷一百八十九上《秦景通传附刘纳言传》(P4956)："纳言，乾封中历都水监主簿，以《汉书》授沛王贤。及贤为皇太子，累迁太子洗马，兼充侍读。常撰《俳谐集》十五卷以进太子。及东宫废，高宗见而怒之，诏曰：'刘纳言收其余艺，参侍经史，自府入宫，久淹岁月，朝游夕处，竟无匡赞。阙忠孝之良规，进诙谐之鄙说，储宫败德，抑有所由。情在好生，不忍加戮，宜从屏弃，以励将来。可除名。'后又坐事配流振州而死。"事又见《新唐书》卷一百九十八《刘讷言传》。

事又见《旧唐书》卷一百八十九上《秦景通传》、《新唐书》卷一百九十八《秦景通传》。

【相关论著举目】

戚学民：《〈后汉书〉李贤注与〈文选〉李善注：论李善注影响的扩张》，《社会科学研究》2012年第3期

余琼：《〈后汉书〉李贤注称引〈史记〉考校》，《南京师范大学文学院学报》，2011年第4期

王萍：《〈后汉书〉李贤注训诂研究》，山东师范大学硕士学位论文，2011年

罗曼：《李贤〈后汉书注〉协韵考》，《西南科技大学学报》(哲学社会科学版)，2010年第4期

洪海安：《章注〈后汉书〉的历史贡献》，《社会科学家》，2009年第5期

高明：《〈后汉书〉李贤注引〈说文〉考》，《南京师范大学文学院学报》，2009年第4期

杨柳：《〈后汉书〉、李贤注训诂研究》，复旦大学硕士学位论文，2008年

潘薇妮：《〈后汉书〉李贤注引〈三礼〉研究》，浙江大学硕士学位论

文,2007 年

陈敏祥:《〈后汉书〉李贤注商榷》,湖南师范大学硕士学位论文,2007 年

洪海安:《唐章怀太子研究》,陕西师范大学硕士学位论文,2006 年

郭波:《〈后汉书〉李贤直音释》,《唐都学刊》,2006 年第 1 期

孙良明:《李贤〈后汉书注〉中的语法分析》,《贵州大学学报》(社会科学版),2004 年第 4 期

宋洪民:《李贤的语言观》,山东师范大学硕士学位论文,2001 年

孙玉文:《李贤〈后汉书音注〉的音系研究》上、下,《湖北大学学报》(哲学社会科学版),1993 年第 5、6 期

周晓瑜:《李贤注〈后汉书〉起讫时间考》,《文史哲》1991 年第 5 期

高宗仪凤二年　丁丑(677)

○贞观、显庆二《礼》行用不废

【文献】

《旧唐书》卷二十一《礼仪志一》(P818):“仪凤二年,又诏显庆新修礼多有事不师古,其五礼并依周礼行事。自是礼司益无凭准,每有大事,皆参会古今礼文,临时撰定。然贞观、显庆二《礼》,皆行用不废。时有太常卿裴明礼、太常少卿韦万石相次参掌其事,又前后博士贺敳、贺纪、韦叔夏、裴守真等多所议定。”《旧唐书》卷二十一《礼仪志一》(P827):“仪凤二年七月,太常少卿韦万石奏曰:‘明堂大享,准古礼郑玄义,祀五天帝,王肃义,祀五行帝。《贞观礼》依郑玄义祀五天帝,显庆已来新修礼祀昊天上帝。奉乾封二年敕祀五帝,又奉制兼祀昊天上帝。伏奉上元三年三月敕,五礼并依贞观年礼为定。又奉去年敕,并依周礼行事。今用乐须定所祀之神,未审依古礼及《贞观礼》,为复依见行之

礼?'时高宗及宰臣并不能断,依违久而不决。寻又诏尚书省及学者详议,事仍不定。自此明堂大享,兼用贞观、显庆二《礼》。”

高宗仪凤三年 戊寅(678)

○诏《道德经》并为上经,其余经及《论语》依例程

【文献】

《旧唐书》卷二十四《礼仪志四》(P918):“仪凤三年五月,诏:‘自今已后,《道德经》并为上经,贡举人皆须兼通。其余经及《论语》,任依常式。’”

事又见《唐会要》卷七十五《贡举上》。

【考论】

先前,道先、儒佛在后的先后顺序,使得道家在名分上虽然已经确定其至高地位,但道家经典并未纳入科举考试的科目。自上元元年武则天上表“请王公以下,内外百官,皆习《老子道德经》。其明经咸令习读,一准《孝经》、《论语》,所司临时策试,请施行之”,至二年正月十四日明经咸试《老子》策二条,进士试帖三条,是年又诏《道德经》并为上经、贡举人皆须兼通之。《老子》既作为士子习读精通的必要读本,又作为策试的必考科目。这两条诏令的颁行,使得道家经典与儒家经典取得了平等地位,真正在实质上提高了道家的地位。

高宗调露二年(永隆元年) 庚辰(680)

○二月,高宗褒《正典》

【文献】

《旧唐书》卷七十三《李延寿传》(P2600—2601):“延寿尝撰《太宗

政典》三十卷表上之，历迁符玺郎，兼修国史。寻卒。调露中，高宗尝观其所撰《政典》，叹美久之，令藏于秘阁，赐其家帛五十段。"《旧唐书》卷五《高宗纪下》(P105)："二月丙午，诏曰：'故符玺郎李延寿撰《正典》一部，辞殚雅正，虽已沦亡，功犹可录，宜赐其家绢五十匹。'"《唐会要》卷三十六《修撰》(P657)："调露二年二月一日，诏故符玺郎李延寿，撰《政典》一部，写两本(一本付秘书省，一本赐皇太子)。"

【考论】

李延寿一生的主要事业是修史，参加了唐代官修史书《隋书》、《五代史志》、《晋书》和唐朝当代国史的修撰工作，独立修《南史》和《北史》，同时独自撰写了《太宗政典》三十卷。后来高宗叹美久之，其人虽已卒，仍赏赐其家。由此可见此书分量之重、写作之精。

○十二月，进注释《五曹》等十部算经

【文献】

《唐会要》卷三十六《修撰》(P657)："永隆元年十二月，太史李淳风，进注释《五曹》、《孙子》等十部算经，分为二十卷。"

【考论】

据《旧唐书》卷七十九《李淳风传》(P2719)，李淳风当卒于咸亨初年。永隆元年其人已逝，书未必李淳风所献，《唐会要》所记疑误。

高宗开耀元年(永隆二年)　辛巳(681)

○皇太子亲行释奠之礼

【文献】

《唐会要》卷三十五《释奠》(P641)："永隆二年二月，皇太子亲行

释奠之礼。"《唐会要》卷六十四《崇文馆》(P1118):"永隆二年二月六日,皇太子亲行释奠之礼。礼毕,上表请博延耆硕英髦之士,为崇文馆学士,许之。于是薛元超表荐郑祖元、邓元挺、杨炯、崔融等,并为崇文学士。"

高宗永淳元年　壬午(682)

○李鼎祚上《连珠明镜式经》

【文献】

《新唐书》卷五十九《艺文志三》(P1558):"李鼎祚《连珠明镜式经》十卷。开耀中上之。"《四库全书》第850册《能改斋漫录》卷五《五行无绝理》(P574):"尝考唐左拾遗李鼎祚所修梁元帝、陈乐产、唐吕才六壬书,名《连珠集》。其论五行之所始终:'一曰水,其系包在巳,其胎在午,其养在未,其生在申,其沐浴在酉,其冠带在戌,其临官在亥,其旺在子,其衰老在丑,其病在寅,其死在卯,其入墓在辰。'至于火,则曰'其系包在亥';至于木,则曰'其系包在申';至于金,则曰'其系包在寅'。凡巳申亥寅,各称系包之所在。盖五行既墓,其生也必有萌芽以先之。故始有所系,而继之以胎,以明无绝之之理,其义甚明。"

高宗永淳二年(弘道元年)　癸未(683)

○二月,薛仁贵卒,撰有《周易新注本义》

【文献】

《旧唐书》卷五《高宗纪下》(P110):"二年春正月……己卯,左领军卫大将军薛仁贵卒。”《旧唐书》卷八十三《薛仁贵传》(P2780—2783):“薛仁贵,绛州龙门人。……其年,仁贵病卒,年七十,赠左骁卫将军,官造灵舆,并家口给传还乡。”《旧唐书》卷四十六《经籍志上》(P1968):“《周易新注本义》十四卷薛仁贵撰。”《新唐书》卷五十七《艺文志》(P1426):“薛仁贵《周易新注本义》十四卷。”

事又见《全唐文》卷一百五十九《薛仁贵》、《新唐书》卷一百一十一《薛仁贵传》。

○国子司业李行伟等详定封禅仪注

【文献】

《旧唐书》卷二十三《礼仪志三》(P889—891):“高宗既封泰山之后,又欲遍封五岳。至永淳元年,于洛州嵩山之南,置崇阳县。其年七月,敕其所造奉天宫。二年正月,驾幸奉天宫。至七月,下诏将以其年十一月封禅于嵩岳。诏国子司业李行伟、考工员外郎贾大隐,太常博士韦叔夏、裴守贞、辅抱素等详定仪注。……诏从之。寻属高宗不豫,遂罢封禅之礼。”

事又见《唐会要》卷七《封禅》。

本成果为国家社科基金重点项目“中国儒学学科建设”（批号09AZD051）最终成果之一

本成果为山东大学“985”二期工程资助项目成果之一

国家社科基金重点项目
中国经学学术编年（第四卷）

主编　郑杰文

隋唐五代经学学术编年

（下）

孔德凌　张巍　俞林波　著

凤凰出版社

唐代中期经学学术编年

中宗嗣圣元年（睿宗文明元年、则天光宅元年） 甲申（684）

○罗道琮以明经登第，高宗末官至太学博士

【文献】

《旧唐书》卷一百八十九上《罗道琮传》（P4956—4957）："罗道琮，蒲州虞乡人也。祖顺，武德初为兴州刺史。勤于学业，而慷慨有节义。……道琮寻以明经登第。高宗末，官至太学博士。每与太学助教康国安、道士李荣等讲论，为时所称。寻卒。"

事又见《新唐书》卷一百九十八《罗道琮传》。

则天垂拱元年 乙酉（685）

○七月，郊丘诸祠以三祖配

【文献】

《新唐书》卷十三《礼乐志三》（P335）："则天垂拱元年，诏有司议，而成均助教孔玄义，太子右谕德沈伯仪，凤阁舍人元万顷、范履冰议皆不同，而卒用万顷、履冰之说。由是郊、丘诸祠，常以高祖、太宗、高宗并配。"《旧唐书》卷二十一《礼仪志一》（P828—830）："则天临朝，垂拱元年七月，有司议圆丘、方丘及南郊、明堂严配之礼。成均助教孔玄义奏议曰：'谨按《孝经》云："孝莫大于严父，严父莫大于配天。"明配尊大，昊天是也。物之大者，莫若于天，推父比天，与之相配，行孝之大，莫过于此，以明尊配之极也。又《易》云："先王以作乐崇德，殷荐之上帝，以配祖考。"郑玄注："上帝，天帝也。"故知昊天之祭，合祖考并配。请奉太宗文武圣皇帝、高宗天皇大帝配昊天上帝于圆丘，义

符《孝经》、《周易》之文也。神尧皇帝肇基王业，应天顺人，请配感帝于南郊，义符《大传》之文。又《祭法》云："祖文王而宗武王。"祖，始也；宗，尊也。所以名祭为尊始者，明一祭之中，有此二义。又《孝经》云："宗祀文王于明堂。"文王言祖，而云宗者，亦是通武王之义。故明堂之祭，配以祖考。请奉太宗文武圣皇帝、高宗天皇大帝配祭于明堂，义符《周易》及《祭法》之文也。'

太子右谕德沈伯仪曰：'谨按《礼》："有虞氏禘黄帝而郊喾，祖颛顼而宗尧。夏后氏禘黄帝而郊鲧，祖颛顼而宗禹。殷人禘喾而郊冥，祖契而宗汤。周人禘喾而郊稷，祖文王而宗武王。"郑玄注云："禘、郊、祖、宗，谓祭祀以配食也。禘谓祭昊天于圆丘，祭上帝于南郊曰郊，祭五帝、五神于明堂曰祖、宗。"伏寻严配之文，于此最为详备。虞、夏则退颛顼而郊喾，殷人则舍契而郊冥。去取既多。前后乖次。得礼之序，莫尚于周。禘喾郊稷，不间于二王；明堂宗祀，始兼于两配。咸以文王、武王父子殊别，文王为父，上主五帝；武王对父，下配五神。《孝经》曰："严父莫大于配天，则周公其人也。昔者周公宗祀文王于明堂，以配上帝。"不言严武王以配天，则武王虽在明堂，理未齐于配祭；既称宗祀，义独主于尊严。虽同两祭，终为一主。故《孝经纬》曰"后稷为天地主，文王为五帝宗"也。必若一神两祭便，则五祭十祠，荐献频繁，礼亏于数。此则神无二主之道，礼崇一配之义。窃寻贞观、永徽，共尊专配；显庆之后，始创兼尊。必以顺古而行，实谓从周为美。高祖神尧皇帝请配圆丘、方泽，太宗文武圣皇帝请配南郊、北郊。高宗天皇大帝德迈九皇，功开万宇，制礼作乐，告禅升中，率土共休，普天同赖，窃惟莫大之孝，理当总配五天。'

凤阁舍人元万顷、范履冰等议曰：'伏惟高祖神尧皇帝凿乾构象，辟土开基。太宗文武圣皇帝绍统披元，循机阐极。高宗天皇大帝弘祖宗之大业，廓文武之宏规。三圣重光，千年接旦。神功睿德，罄图牒而难称；盛烈鸿猷，超古今而莫拟。岂徒锱铢尧、舜，糠粃殷、周而已哉！谨案见行礼，昊天上帝等祠五所，咸奉高祖神尧皇帝、太宗文武圣皇帝兼配。今议者引《祭法》、《周易》、《孝经》之文，虽近稽古之辞，殊失因心之旨。但子之事父，臣之事君，孝以成志，忠而顺美。窃以兼配之礼，特禀先圣之怀，爰取训于前规，遂申情于大孝。《诗》云："昊天有成命，二后受之。"《易》曰："殷荐之上帝，以配祖考。"敬寻厥旨，本合斯义。今若远摭遗文，近乖成典，拘常不变，守滞莫通，便是臣黜于君，遽易郊丘之位，下非于上，靡遵弓剑之心。岂所以申太后哀感之诚，徇皇帝孝思之德！慎终追远，良谓非宜。严父配天，宁当若是？伏据见行礼，高祖神尧皇帝、太宗文武圣皇帝，今既先配五祠，理当依旧无改。高宗天皇大帝齐尊曜魄，等邃含枢，阐三叶之宏基，开万代之鸿业。重规叠矩，在功烈而无差；享帝郊天，岂祀配之有别。请奉高宗天皇大帝历配五祠。'制从万顷议。自是郊丘诸祠皆以三祖配。"

又见《全唐文》卷二百八沈伯仪文《郊丘明堂严配议》、《通典》卷四十三《礼·沿革三》、《册府元龟》卷五百八十六。

○八月，李隆基生

【文献】

《旧唐书》卷八《玄宗纪上》(P165)："玄宗至道大圣大明孝皇帝讳隆基，睿宗第三子也，母曰昭成顺圣皇后窦氏。垂拱元年秋八月戊寅，生于东都。性英断多艺，尤知音律，善八分书。仪范伟丽，有非常之表。"

○陈子昂上疏兴太学

【文献】

《唐会要》卷三十五《学校》(P633)："光宅二年，梓州陈子昂上疏曰：'臣窃独有私恨者，陛下方欲兴崇大化，而不知国家太学之废，积以岁月久矣。学堂芜秽，略无人踪，《诗》、《书》、《礼》、《乐》，罕闻习者，陛下明诏，尚未及之，愚臣所以私恨也。臣闻天子立太学，所以聚天下贤英，为政之首。故君臣上下之礼，于是兴焉，揖让樽俎之节，于此生焉，是以天子得贤臣由此也。今则荒废，委而不论，而欲睦人伦，兴礼让，失之于本，而求之于末，岂可得哉？君子三年不为礼，礼必坏，三年不为乐，乐必崩，奈何天子之政，而轻礼乐哉？陛下何不诏天下胄子，使归太学，而习业乎？斯亦国家之大务也。'"

○刘允济此年后不久上《鲁后春秋》

【文献】

《旧唐书》卷一百九十中《刘允济传》(P5013)："弱冠本州举进士，累除著作佐郎。允济尝采摭鲁哀公后十二代至于战国遗事，撰《鲁后春秋》二十卷，表上之，迁左史，兼直弘文馆。"

事又见《新唐书》卷二百二《刘允济传》、《太平御览》卷六百一、《册府元龟》卷五百五十六。

○颜元孙进士考功员外郎此年后不久

【文献】

《全唐文》卷二百三《颜元孙》(P2049)："元孙，琅邪临沂人，垂拱初进士考功员外郎，历官长安尉太子舍人亳州刺史。"

○颜元孙撰《干禄字书》

【文献】

《全唐文》卷三百四十一《颜真卿》(P3458)："广德二年春三月二十有二日制曰：'故濠州刺史上柱国颜元孙，懿道淳茂，宏材特达，传经成业，聚学为文。清白著于家风，问望光于铨选。久膺扬历，爰寄藩条，政有其方，绩宣其用。未登大任，遽迫流年。九原不作，郡邑存其遗爱；二子象贤，艰难立其名节。忠能徇国，孝在荣亲，赠以儒官，扬其盛烈，可赠秘书监。'"

《新唐书》卷五十七《艺文志一》(P1451)："颜元孙《干禄字书》一卷。"《文献通考》卷一百九十《经籍考十七》(P1613)："《干禄字书》一卷，晁氏曰：唐颜元孙撰。以经史所用为'正'，世所行为'俗'，二者之间为'通'，凡三体。"《郡斋读书志》卷四(P154)："《干禄字书》一卷，右唐颜元孙纂。以经史所用为'正'，世所行为'俗'，二者之间为'通'，凡三体。"《四库全书总目》卷四十一《小学类二》(P347)："《干禄字书》一卷，唐颜元孙撰。元孙，杲卿之父，真卿之诸父也。官至滁、沂、濠三州刺史，赠秘书监。大历九年，真卿官湖州时，尝书是编勒石。开成四年，杨汉公复摹刻于蜀中。今湖本已泐阙，蜀本仅存。宋宝祐丁巳，衡阳陈兰孙始以湖本锓木。国朝扬州马曰璐得宋槧翻刻之，即此本也。然证以蜀本，率多谬误。如卷首《序》文本元孙作，所谓'伯祖故秘书监'，乃师古也。兰孙以元孙亦赠秘书监，遂误以为真卿称元孙，而以《序》中元孙二字改为真卿以就之。曰璐亦承其讹，殊为失考。其他阙误，亦处处有之。今以蜀本互校，补阙文八十五字，改讹体十六字，删衍文二字，始稍还颜氏之旧。是书为章表、书判而作，故曰'干禄'。其例以四声隶字，又以二百六部排比字之后先。每字分俗、通、正三体，颇为详核。其中如虫蟲、啚圖、商商、凍湅，截然两字，而以为上俗下正。又如皃，古貌字，而云貌正皃通。韭之作韮，刍之作茎，韮直是俗字，而以为通用。虽皆不免千虑之失，然其书酌古准今，实可行用，非诡称复古，以奇怪钓名。言字体者，当以是为酌中焉。至二百六部之次序，与《广韵》间有不同，或元孙所用乃陆法言之旧第，而《广韵》次序乃宋人所改欤？"《四库全书总目》卷四十三《小学类存目一》(P371)："《别本干禄字书》二卷，唐颜元孙撰。其原本已著录。此本乃柏乡魏裔介所刊，卷端加以考证。其题'炎武按'者，当为顾炎武语。亦有不标姓名者，不知出于谁手，或即裔介所加欤？元孙是书，本依韵编次，而不标韵部之目，石本可据。此依《广韵》加之。然原本与《广韵》次序实不相同。如覃、谈列阳、唐之前，蒸列盐之后，仄声亦并相应。考夏竦《古文四声韵》称用唐韵部分者，其次序亦与此同，知非谬误。盖当时韵书非一本，炎武议其颠倒，亦非通论也。"

（附）《全唐文》卷二百三颜元孙《干禄字书序》（P2049）："史籀之兴，备存往制，笔削所误，抑有前闻，岂惟豕上加三，盖亦马中阙五。迨斯以降，舛谬实繁，积习生常，为弊滋甚。元孙伯祖故秘书监，贞观中刊正经籍，因录字体数纸，以示雠校楷书，当代共传，号为《颜氏字样》。怀铅是赖，汗简攸资，时讹顿迁，岁久还变。后有《群书新定字样》，是学士杜延业续修。虽稍增加，然无条贯，或应出而靡载，或诡众而难依。且字书源流起于上古，自改篆行隶，渐失本真。若总据《说文》，便下笔多碍；当去泰去甚，使轻重合宜。不揆庸虚，久思编辑，顷因闲暇，方契宿心，遂参校是非，较量同异。其有义理全僻，罔弗毕该；点画小亏，亦无所隐。勒成一卷，名曰《干禄字书》。以平、上、去、入四声为次，且言俗、通、正三体。偏旁同者，不复广出，字有相乱，因而附焉。所谓俗者，例皆浅近，唯籍帐文案，券契药方，非涉雅言，用亦无爽，倘能改革，善不可加。所谓通者，相承久远，可以施表奏笺启，尺牍判状，因免诋诃。所谓正者，并无凭据，可以施著述文章，对策牌碣，将为允当。有此区别，其故何哉？夫筮仕观光，惟人所急，循名责实，有国恒规。既考文辞，兼详翰墨，升沉是系，安可忽诸？用舍之间，尤须折衷，目以干禄，义在兹乎！绠短汲深，诚未达于涯涘；歧多路惑，庶有归于适从。如曰不然，请俟来哲。"

【考论】

《干禄字书》，乃颜元孙在颜师古《字样》和杜延业《群书新定字样》的基础上"参校是非，较量同异"著成。《全唐文》卷二百三《干禄字书·序》（P2049）曰："元孙伯祖故秘书监，贞观中刊正经籍，因录字体数纸，以示雠校楷书，当代共传，号为《颜氏字样》。"《颜氏字样》问世后，"时讹顿迁，岁久还变。后有《群书新定字样》，是学士杜延业续修。虽稍增加，然无条贯，或应出而靡载，或诡众而难依"（《全唐文》卷二百三《干禄字书·序》P2049）。此书虽增广字数，扩充篇幅，但拘泥于《说文》，不顾隶变，不合时宜，故流布不广。垂拱年间（685—688），颜元孙继承其伯祖颜师古的旧业，在《字样》、《群书新定字样》

的基础上编定了《干禄字书》一卷。干，求也；禄，禄位。此书的命名表明了其编撰目的主要是为了使求取禄位做官者写章、奏、书、判等公文时用正字，能辨别俗、通、正三体。

《干禄字书》以平、上、去、入四声分部编次，收字 1599 个，分俗、通、正三体，但正体必有，俗、通二体未必有。俗、通、正三体的区分是根据用字范围大小、使用时间长短和有无字理来进行区分。俗字产生的时间短，使用范围小。通字，传承久远，使用范围大，常见于奏笺、表章、尺牍、公文文书。正字，源远流长，并有理据，使用范围最大，常见于著书立说、文章碑铭。颜元孙肯定了三种字体存在的合理性，认为俗字虽非正式字体，但书写方便，适合生活中用，应使之规范；通字，相承已久，约定俗成，不可废弃；正字是规范的标准文字，最应大加提倡，故书中各字皆立正体，从而为求仕做官者写规范字提供依据："夫筮仕观光，惟人所急；循名责实，有国恒规；既考文辞，兼详翰墨；升沉是系，安可忽诸？用舍之间，尤须折衷。目以干禄，义在兹乎！"(《全唐文》卷二百三《干禄字书·序》P2049)立正字为标准正为《干禄字书》撰作用意之所在。《干禄字书》规范文字，提倡标准字体，"去泰去甚，使轻重合宜"，适应了时代之所需，代表了统一的唐王朝在文字上也日趋统一的倾向。此后出现的《五经文字》、《新加九经字样》等一系列正字方面的专著都或多或少受到了它的影响。近人罗振玉曾说："此书当与《仓》、《雅》并重。"(《干禄字书笺证·序》)《干禄字书》能够流传后世，得益于大书法家颜元孙之侄颜真卿，颜真卿在唐代宗大历九年(774)任湖州刺史时，手写此书，刻于石碑，遂得以传世。

【相关论著举目】

赵璐:《浅析〈干禄字书〉中的俗字》,《南昌教育学院学报》,2011 年第 6 期

吴海娟:《从〈干禄字书〉看汉字正俗演变》,《时代文学》(下半月),2010 年第 6 期

纪雅茹:《〈干禄字书〉俗字构形中的声符替换》,《泰安教育学院

学报岱宗学刊》,2008 年第 4 期

唐娟:《〈干禄字书〉字类分析》,《重庆工商大学学报》(社会科学版),2007 年第 3 期

赵璐:《〈干禄字书〉字形整理之研究》,新疆师范大学硕士学位论文,2006 年

方晓:《颜氏干禄字书综述》,《四川文物》,2005 年第 1 期

刘中富:《干禄字书字类研究》,齐鲁书社 2004 年版

刘中富:《〈干禄字书〉字类研究》,华东师范大学博士学位论文,2004 年

刘中富:《试论〈干禄字书〉在正字学史上的地位》,《东岳论丛》2003 年第 4 期

刘中富:《干禄字书》的异体字及其相关问题,《古籍整理研究学刊》2003 年第 4 期

符渝:《〈干禄字书〉的正字观及现实意义》,《北京师范大学学报》2002 年第 4 期

朱葆华:《〈干禄字书〉研究》,《青岛大学师范学院学报》1997 年第 3 期

施安昌:《关于〈干禄字书〉及其刻本》,《故宫博物院院刊》1980 年第 1 期

则天垂拱二年　丙戌(686)

○新罗请经史

【文献】

《唐会要》卷三十六(P667):"垂拱二年二月十四日,新罗王金政明,遣使请《礼记》一部,并杂文章。令所司写《吉凶要礼》,并《文馆词林》,采其词涉规诫者,勒成五十卷,赐之。"《旧唐书》卷一百九十九上

《东夷传》(P5336):“垂拱二年,政明遣使来朝,因上表请《唐礼》一部并杂文章,则天令所司写《吉凶要礼》,并于《文馆词林》采其词涉规诫者,勒成五十卷以赠之。”

则天垂拱四年　戊子(688)

○正月五日,明堂成,刘允济上《明堂赋》

【文献】

《旧唐书》卷一百九十中《刘允济传》(P5013):“垂拱四年,明堂初成,允济奏上《明堂赋》以讽,则天甚嘉叹之,手制褒美,拜著作郎。”《旧唐书》卷二十二《礼仪志二》(P862—864):“则天临朝,儒者屡上言请创明堂。则天以高宗遗意,乃与北门学士议其制,不听群言。垂拱三年春,毁东都之乾元殿,就其地创之。四年正月五日,明堂成。凡高二百九十四尺,东西南北各三百尺。有三层:下层象四时,各随方色;中层法十二辰,圆盖,盖上盘九龙捧之;上层法二十四气,亦圆盖。亭中有巨木十围,上下通贯,栭、栌、欂、棍,藉以为本,亘之以铁索。盖为鸑鷟,黄金饰之,势若飞翥。刻木为瓦,夹纻漆之。明堂之下施铁渠,以为辟雍之象。号万象神宫。因改河南县为合宫县。诏曰:‘黄轩御历,朝万方于合宫;丹陵握符,咨四岳于衢室。有虞辑瑞,总章之号既存;大禹锡珪,重屋之名攸建。殷人受命,置阳馆以辨方;周室凝图,立明堂以经野。用能范围三极,幽赞五神,展尊祖之怀,申宗祀之典。爰从汉、魏,迨及周、隋,经始之制虽兴,修广之规未备。朕以庸昧,虔膺厚托,受寄于缀衣之夕,荷顾于仍几之前。伏以高宗往年,已属意于阳馆,故京辅之县,预纪明堂之名;改元之期,先著总章之号。朕于乾封之际,已奉表上尘,虽简宸心,未遑营构。今以鼎郊胜壤,圭邑奥区,处天地之中,顺阴阳之序,舟车是凑,贡赋攸均,爰藉子来之功,式遵奉先之旨。夫明堂者,天子宗祀之堂,朝诸侯之位也。

开乾坤之奥策，法气象之运行，故能使灾害不生，祸乱不作。眷言盛烈，岂不美欤！比者鸿儒礼官，所执各异，咸以为明堂者，置之三里之外，七里之内，在国阳明之地。今既俯迩宫掖，恐黩灵祇，诚乃布政之居，未为宗祀之所。朕乃为丙巳之地，去宫室遥远，每月所居，因时飨祭，常备文物，动有烦劳，在于朕怀，殊非所谓。今故裁基紫掖，辟宇彤闱，经始肇兴，成之匪日。但敬事天地，神明之德乃彰；尊祀祖宗，严恭之志方展。若使惟云布政，负扆临人，则茅宇土阶，取适而已，岂必劳百姓之力，制九筵而御哉！诚以获执苹蘩，虔奉宗庙故也。时既沿革，莫或相遵，自我作古，用适于事。今以上堂为严配之所，下堂为布政之居，光敷礼训，式展诚敬。来年正月一日，可于明堂宗祀三圣，以配上帝。宜令礼官、博士、学士、内外明礼者，详定仪礼，务从典要，速以奏闻。'"《唐会要》卷十一记载四年正月五日毕功，事又见《册府元龟》卷八百四十。《资治通鉴》卷二百四《唐纪二十》(P6454)："(十二月)辛亥，明堂成，高二百九十四尺，方三百尺。凡三层：下层法四时，各随方色；中层法十二辰；上为圆盖，九龙捧之；上施铁凤，高一丈，饰以黄金。中有巨木十围，上下通贯，栭栌橕槐藉以为本。下施铁渠，为辟雍之象。号曰万象神宫。"

参见《全唐文》卷一百六十四《明堂赋》，事又见《太平御览》卷二百三十四。《全唐文》卷一百六十四刘允济有传。

○高子贡坐诛

【文献】

《资治通鉴》卷二百四《唐纪二十》(P6453)："太后之召宗室朝明堂也，东莞公融密遣使问成均助教高子贡，子贡曰：'来必死。'融乃称疾不赴。越王贞起兵，遣使约融，融苍猝不能应，为官属所逼，执使者以闻，擢拜右赞善大夫。未几，为支党所引，冬，十月，己亥，戮于市，籍没其家。高子贡亦坐诛。"《旧唐书》卷一百八十九下《高子贡传》(P4960—4961)："高子贡者，和州历阳人也。弱冠游太学，遍涉《六经》，尤精《史记》。与（邢）文伟及亳州朱敬则为莫逆之交。明经举，历秘书正字、弘文馆直学士。郁郁不得志，弃官而归。……虢王凤之子东莞公融，曾为和州刺史，从子贡受业，情义特深。及融为申州，阴怀异志，令黄公撰结交于子贡，推为谋主，潜谋密议，书信往复，诸王内外相应，皆出自其策。寻而事发，被诛。”《旧唐书》卷六十四《虢王凤传》（P2431—2432）：“初，黄公撰将与越王贞通谋，深倚仗融以为外助。时诏追诸亲赴都，融私使问其所亲成均助教高子贡曰：‘可入朝以否？’子贡报曰：‘来必取死。’融乃称疾不朝，以俟诸藩期。及得越王贞起兵书，仓卒不能相应，为僚吏所逼，不获已而奏之，于是擢授银青光禄大夫，行太子右赞善大夫。未几，为支党所引，被诛。”

高子贡事又见《册府元龟》卷七百六十八、《册府元龟》卷八百五。

○路敬淳官弘文馆学士

【文献】

《全唐文》卷二百五十九（P2629）：“敬淳，贝州临清人。贞观末官申州刺史，垂拱四年官弘文馆学士。”《旧唐书》卷一百八十九下《路敬淳传》（P4962）：“后举进士。天授中，历司礼博士、太子司议郎，兼修国史，仍授崇贤馆学士。数受诏修缉吉凶杂仪，则天深重之。”

则天永昌元年　己丑（689）

○亲享明堂

【文献】

《旧唐书》卷二十二《礼仪志二》（P864）：“永昌元年正月元日，始亲享明堂，大赦改元。其月四日，御明堂布政，颁九条以训于百官。文多不载。翌日，又御明堂，飨群臣，赐缣纁有差。自明堂成后，纵东都妇人及诸州父老入观，兼赐酒食，久之乃止。吐蕃及诸夷以明堂成，亦各遣使来贺。”

○拜张柬之监察御史

【文献】

《旧唐书》卷九十一《张柬之传》(P2936)：“张柬之字孟将，襄州襄阳人也。少补太学生，涉猎经史，尤好《三礼》，国子祭酒令狐德棻甚重之。进士擢第，累补青城丞。永昌元年，以贤良征试，同时策者千余人，柬之独为当时第一，擢拜监察御史。”

则天天授元年(载初元年)　庚寅(690)

○则天大开三教，邢文伟讲《孝经》

【文献】

《旧唐书》卷二十二《礼仪志二》(P864)：“载初元年冬正月庚辰朔，日南至，复亲飨明堂，大赦改元，用周正。翼日，布政于群后。其年二月，则天又御明堂，大开三教。内史邢文伟讲《孝经》，命侍臣及僧、道士等以次论议，日昃乃罢。”

○封周公为褒德王，封孔子为隆道公

【文献】

《唐会要》卷三十五《褒崇先圣》(P637)：“至天授元年，封孔子为隆道公。”《新唐书》卷四《则天皇后本纪》(P91)：“(天授元年)封周公为褒德王，孔子为隆道公。”《新唐书》卷十五《礼乐志五》(P374)：“武后天授元年，封周公为褒德王，孔子为隆道公。”《旧唐书》卷二十四

《礼仪志四》(P918):"则天天授三年,追封周公为褒德王,孔子为隆道公。"

【考论】

武则天追封孔子、周公一事史载有异,《旧唐书》志之于天授三年,《新唐书》、《唐会要》志之天授元年,今从后者。

○李善卒,著有《文选注》等

【文献】

《旧唐书》卷一百八十九上《李善传》(P4946):"李善者,扬州江都人。方雅清劲,有士君子之风。明庆中,累补太子内率府录事参军、崇贤馆直学士,兼沛王侍读。尝注解《文选》,分为六十卷,表上之,赐绢一百二十匹,诏藏于秘阁。除潞王府记室参军,转秘书郎。乾封中,出为经城令。坐与贺兰敏之周密,配流姚州。后遇赦得还,以教授为业,诸生多自远方而至。又撰《汉书辩惑》三十卷。载初元年卒。子邕,亦知名。"《全唐文》卷一百八十七有其文《进文选表》。《新唐书》卷二百二《李邕传》(P5754):"李邕字泰和,扬州江都人。父善,有雅行,淹贯古今,不能属辞,故人号'书簏'。显庆中,累擢崇贤馆直学士兼沛王侍读。为《文选注》,敷析渊洽,表上之,赐赉颇渥。除潞王府记室参军,为泾城令,坐与贺兰敏之善,流姚州,遇赦还。居汴、郑间讲授,诸生四远至,传其业,号'《文选》学'。邕少知名。始善注《文选》,释事而忘意。书成以问邕,邕不敢对,善诘之,邕意欲有所更,善曰:'试为我补益之。'邕附事见义,善以其不可夺,故两书并行。"今本进表题显庆三年奏上。《旧唐书》卷一百九十中《李邕传》(P5039):"李邕,广陵江都人。父善,尝受《文选》于同郡人曹宪。后为左侍极贺兰敏之所荐引,为崇贤馆学士,转兰台郎。敏之败,善坐配流岭外。会赦还,因寓居汴、郑之间,以讲《文选》为业。年老疾卒。所注《文选》六十卷,大行于时。"

【考论】

李善(约630—689),扬州江都(今江苏扬州)人,郡望江夏平春

(今属湖北),唐代学者。性方正清雅,有士君子之风。初师事曹宪学《文选》,颇能承继其业。显庆中,累补太子内率府录事参军、崇贤馆直学士、兼沛王侍读。后除潞王府记室参军,转秘书郎。乾封中,出为泾城令。咸亨二年,坐与贺兰敏之善,流姚州。遇赦还,寓居汴、郑间,以讲授《文选》为业,并注《文选》。时从其学者甚多,颇能传其业,号"文选学"。其所注《文选》六十卷,系《文选》学史上无与伦比的权威著作,征引繁富,多后人未见之书。虽"释事忘意",为人所嗤,然于语源及典故之注释,极为详尽。学界甚至认为,自从有了此书,《文选学》即为李善《文选注》之学。李善《文选注》之学,则包括《文选注》之文献学、《文选注》之小学、《文选注》之文论学等。此书所引群书,历代文献家都认为是珍本的宝藏、古佚的渊薮。清儒之校勘、辑佚,即大大利用了此书。此书大量引用古代小学典籍,可供辑佚、考异之用,书中专为《文选》中文字所作的音释,也是汉语史上的瑰宝。另外,此书对于文学理论和文学批评也很有见地,启发了后世不少文论家。总之,李善在《文选》学上的成就,不仅超过了同门许淹、魏模和公孙罗等人,而且与其师曹宪相比,也有了一大突变,成为《文选》学史上的集大成者。

【相关论著举目】

王立群:《六臣本〈文选〉李善注研究》,《内江师范学院学报》,2012 年第 5 期

郚国平:《文学训诂与自由释义——以李善注〈文选〉作为考察对象》,《中山大学学报》(社会科学版),2012 年第 3 期

张珊:《〈文选〉赋类李善注所收旧注解题》,《古籍整理研究学刊》,2010 年第 6 期

刘会胜、李娅:《李善、李邕籍贯及世系考辨》,《湖北职业技术学院学报》,2008 年第 1 期

乔俊杰:《由〈文选注〉观照李善的修辞观》,《船山学刊》,2007 年第 4 期

卞仁海:《试论〈文选〉李善注的训诂成就和局限》,《贵州大学学

报》(社会科学版),2006 年第 2 期

冯淑静:《李善〈文选〉诠释——一种与中国经典诠释截然不同的诠释现象》,《山东大学学报》(哲学社会科学版),2006 年第 2 期

王小婷:《李善与五臣注〈文选〉之比较》,《济南大学学报》(社会科学版),2001 年第 6 期

赵福海:《从文选注看李善的美学思想》,《长春师范学院学报》,2000 年第 3 期

罗国威:《李善生平事迹考辨》,《文献》,1999 年第 3 期

顾农:《李善与文选学》,《齐鲁学刊》,1994 年第 6 期

○十月,邢文伟卒

【文献】

《资治通鉴》卷二百四《唐纪二十》(P6469):“辛未,内史邢文伟坐附会宗秦客贬珍州刺史。顷之,有制使至州,文伟以为诛己,遽自缢死。”

则天天授二年　辛卯(691)

○韦叔夏论祭祀之礼

【文献】

《旧唐书》卷二十二《礼仪志二》(P864—865):“天授二年正月乙酉,日南至,亲祀明堂,合祭天地,以周文王及武氏先考、先妣配,百神从祀,并于坛位次第布席以祀之。于是春官郎中韦叔夏奏曰:‘谨按明堂大享,唯祀五帝。故《月令》云:“是月也,大享帝。”则《曲礼》所云“大享不问卜”,郑玄注云“谓遍祭五帝于明堂,莫适卜”是也。又按《祭法》云:“祖文王而宗武王。”郑玄注云:“祭五帝、五神于明堂曰祖、

宗。故《孝经》云：宗祀文王于明堂，以配上帝。”据此诸文，明堂正礼，唯祀五帝，配以祖宗及五帝、五官神等，自外余神，并不合预。伏惟陛下追远情深，崇禋志切，于明堂享祀，加昊天上帝、皇地祇，重之以先帝、先后配享，此乃补前王之阙典，弘严配之虔诚。往以神都郊坛未建，乃于明堂之下，广祭众神，盖义出权时，非不刊之礼也。谨按礼经：其内官、中官、五岳、四渎诸神，并合从祀于二至。明堂总奠，事乃不经。然则宗祀配天之亲，杂与小神同荐，于严敬之道，理有不安。望请每岁元日，惟祀天地大神，配以帝后。其五岳以下，请依礼于冬、夏二至，从祀方丘、圜丘，庶不烦黩。’从之。时则天又于明堂后造天堂，以安佛像，高百余尺。始起建构，为大风振倒。俄又重营，其功未毕。证圣元年正月丙申夜，佛堂灾，延烧明堂，至曙，二堂并尽。寻时又无云而雷，起自西北。则天欲责躬避正殿。宰相姚璹曰：‘此实人火，非是天灾。至如成周宣榭，卜代逾长；汉武建章，盛德弥永。今明堂是布政之所，非宗祀也。’则天乃御端门观酺宴，下诏令文武九品已上各上封事，极言无有所隐。”

事又见《唐会要》卷十二《飨明堂议》、《册府元龟》卷五百八十六，参见《全唐文》卷一百八十九韦叔夏文《明堂大飨议》。

○四月，发布《释教在道法上制》

【文献】

《全唐文》卷九十五《释教在道法上制》(P981)：“朕先蒙金口之记，又承宝偈之文，历教表于当今，本愿标于曩劫。大云阐奥，明王国之祯符；方等发扬，显自在之丕业。驭一境而敦化，宏五戒以训人。爰开革命之阶，方启惟新之运，宜叶随时之义，以申自我之规。虽实际如如，理忘于先后；翘心恳恳，畏展于勤诚。自今已后，释教宜在道法之上，缁服处黄冠之前，庶得道有识以皈依，极群生于回向。布告遐迩，知朕意焉。”《四库全书》第426册《唐大诏令集》卷一百一十三《释教在道法之上制》(P790)：“朕先蒙金口之记，又承宝偈之文，历教表于当今，本愿标于曩劫。大云阐奥，明王国之桢符；方等发扬，显自在之丕业。驭一境而敦化，宏五戒以训人。爰开革命之阶，方启惟新之运。宜叶随时之义，以申自我之规。虽实际如如，理忘于先后；翘心恳恳，畏展于勤诚。自今已后，释教宜在道法之上，缁服处黄冠之前。庶得道有识以归依，极群生于回向，布告遐迩，知朕意焉。天授二年三月。"《旧唐书》卷六《则天皇后本纪》(P121)："天授二年……夏四月，令释教在道法之上，僧尼处道士女冠之前。"《资治通鉴》卷二百四《唐纪二十》(P6473)：天授二年夏四月，"癸卯，制以释教开革命之阶，升于道教之上"。

《全唐文》卷九十五《禁僧道毁谤制》(P983—984)："佛道二教，同归于善，无为究竟，皆是一宗。比有浅识之徒，竞生物我，或因怼怒，各出丑言。僧既排斥老君，道士乃诽谤佛法，更相訾毁，务在加诸，人而无良，一至于此。且出家之人，须崇业行，非圣犯义，岂是法门。自今僧及道士敢毁谤佛道者，先决杖，即令还俗。"

事又见《佛祖统纪》卷三十九等。

【考论】

李唐王朝为巩固其政权，自称是老子李耳之后，遂在三教名位次第上极力抬高老子和道教的地位。高祖武德八年(625)诏谓"老教、孔教此土元基，释教后兴，宜崇客礼，今可老先次孔，末后释宗"，此诏一出，佛、道先后问题便一直争论不休。贞观十一年，太宗又下诏："道士、女道士可在僧尼之前。"终高祖、太宗两朝，此争未曾消歇。高宗时亦继承前制，于乾封元年(666)，为老子加尊号"太上玄元皇帝"。武则天以为佛教"开革命之阶"，为其争夺皇位起过重大作用，于是采取尊佛抑道政策，于此年下诏，令佛教在道教之前，遂改变了初唐以来唐廷重道的基本态度，使唐朝佛教、道教地位有了一次逆转。同时这一举措也从侧面打压了李氏宗室。《唐大诏令集》记此事在三月，《旧唐书》、《资治通鉴》等均记在四月，今从后者。参见《中国学术思想编年》之《隋唐五代卷》。

则天长寿二年　癸巳(693)

○武则天自制《臣轨》两卷,令贡举人为业,并停《老子》

【文献】

《旧唐书》卷二十四《礼仪志四》(P918):"则天长寿二年,自制《臣轨》两卷,令贡举人为业,停《老子》。神龙元年,停《臣轨》,复习《老子》。以邹、鲁百户封隆道公,谥曰文宣。"《旧唐书》卷八十七《刘祎之传》(P2846):"上元中,迁左史、弘文馆直学士,与著作郎元万顷,左史范履冰、苗楚客,右史周思茂、韩楚宾等,皆召入禁中,共撰《列女传》、《臣轨》、《百僚新诫》、《乐书》,凡千余卷。"《旧唐书》卷四十七《经籍志》下(P2026):"《臣轨》二卷天后撰。"《旧唐书》卷七《中宗纪》(P137)神龙元年,二月己未,"令贡举人停习《臣轨》,依旧习《老子》"。

【考论】

先前封老子为"玄元皇帝"、举人习《老子》之主张,均出自武则天。但等到其地位稳固,大权已定,遂弃之不顾。先于天授二年(691)诏《释教在道法之上制》,谓"自今已后,释教宜在道法之上,缁服处黄冠之前,庶得道有识以皈依,极群生以回向",提出佛教"开革命之阶,升于道教之上",其后又于长寿二年"敕僧尼依旧立在道士女冠之上",并取消老子"太上老君"、"玄元皇帝"之尊号,并罢贡举人习《老子》。这些情况表明武则天不论尊道,还是尊佛,都有其深层的政治目的,并非简单的宗教关系之变。佛教在道教之先顺序的确立,遂使武德以来道教为先的方针得以暂时改变。

据《旧唐书》,上元年中武则天始自撰《臣轨》。至是年,《臣轨》两卷成,遂令贡举人为业,并停习《老子》。中宗神龙元年(705),又停《臣轨》,复习《老子》。《臣轨》为臣僚览借之书,共两卷,十篇,上卷有同体、至忠、守道、公正、匡谏五章;下卷有诚信、慎密、廉洁、良将、利人五章。是书之撰写,是为了以儒家道德来规范臣僚行为,从而维护当时中央集权之统治。原书久佚,现有《粤雅堂丛书》本据日本《佚存丛书》本刊行。另有1981年台湾商务印书馆影印阮元编刻《宛委别藏》本;清代鲍廷博《知不足斋丛书》本、《丛书集成新编》本和《续修四库全书》本行世。

【相关论著举目】

裴传永:《唐代官箴名著〈臣轨〉研究》,《理论学刊》,2012年第2期

王双怀:《〈臣轨〉的作者、年代和价值》,《西北第二民族学院学报》,1992年第2期

李荷先:《从〈臣轨〉看武则天的君臣伦理思想》,《华中师范大学学报》,1986年第5期

则天证圣元年(天册万岁元年)　乙未(695)

○以武氏始祖周文王追尊为始祖文皇帝

【文献】

《新唐书》卷十三《礼乐志三》(P342):"则天皇后僭号称周,立周七庙于东都以祀武氏,改西京唐太庙为享德庙。"《旧唐书》卷二十一《礼仪志一》(P830):"及则天革命,天册万岁元年,加号为天册金轮大圣皇帝,亲享南郊,合祭天地。以武氏始祖周文王追尊为始祖文皇帝,后考应国公追尊为无上孝明高皇帝,亦以二祖同配,如乾封之礼。其后长安年,又亲享南郊,合祭天地及诸郊丘,并以配焉。"《新唐书》卷十三《礼乐志三》(P336):"古者祭天于圆丘,在国之南,祭地于泽中之方丘,在国之北,所以顺阴阳,因高下,而事天地以其类也。其方位既别,而其燎坛、瘗坎、乐舞变数亦皆不同,而后世有合祭之文。则天天册万岁元年,亲享南郊,始合祭天地。"

武周万岁登封元年(万岁通天元年)　丙申(696)

○重造明堂成

【文献】

《新唐书》卷十三《礼乐志三》(P338):“至则天始毁东都乾元殿,以其地立明堂,其制淫侈,无复可观,皆不足记。其后火焚之,既而又复立。”《旧唐书》卷二十二《礼仪志二》(P867):“天册万岁二年三月,重造明堂成,号为通天宫。四月朔日,又行亲享之礼,大赦,改元为万岁通天。翼日,则天御通天宫之端扆殿,命有司读时令,布政于群后。”《旧唐书》卷六《则天皇后纪》(P124):“丙申夜,明堂灾,至明而并从煨烬。庚子,以明堂灾告庙,手诏责躬,令内外文武九品已上各上封事,极言正谏。”

事又见《资治通鉴》卷二百五。

则天万岁通天二年(神功元年)　丁酉(697)

○路敬淳卒

【文献】

《旧唐书》卷一百八十九下《路敬淳传》(P4962):“万岁通天二年,坐与綦连耀结交,下狱死。敬淳尤明谱学,尽能究其根源枝派,近代已来,无及之者。撰《著姓略记》十卷,行于时。又撰《衣冠本系》,未成而死。神龙初,追赠秘书少监。”《新唐书》卷一百九十九《路敬淳传》(P5666):“唐初,姓谱学唯敬淳名家。其后柳冲、韦述、萧颖士、孔至各有撰次,然皆本之路氏。”《旧唐书》卷四十六《经籍志》(P2012):“《著姓略记》十卷路敬淳撰、《衣冠谱》六十卷路敬淳撰。”《全唐文》卷三百七十二柳芳《姓系论》(P3780)："唐兴，言谱者，以路敬淳为宗，柳冲、韦述次之。"

【考论】

路敬淳(？—697)，唐颇有影响的谱牒学家，贝州临清(今山东临清)人。贞观末官至申州司马，天授年间(690—692)，历司礼博士、太子司仪郎，兼修国史。垂拱四年，官弘文馆学士。路敬淳"尤精谱学，尽能究其根源枝派，近代已来，无及之者"(《旧唐书》卷一百八十九下《路敬淳传》P4962)，唐初"言谱者，以路敬淳为宗"，"姓谱学唯敬淳名家"。其后柳冲、韦述、萧颖士、孔至等，虽各有撰述，"然皆本之路氏"。撰有《姓略》、《衣冠谱》等百余篇。参见《中国学术思想编年》之《隋唐五代卷》。

则天圣历元年　戊戌(698)

○王方庆问礼于徐坚

【文献】

《旧唐书》卷一百二《徐坚传》(P3175)："圣历中，车驾在三阳宫，御史大夫杨再思、太子左庶子王方庆为东都留守，引坚为判官，表奏专以委之。方庆善《三礼》之学，每有疑滞，常就坚质问，坚必能征旧说，训释详明，方庆深善之。又赏其文章典实，常称曰：'掌纶诰之选也。'再思亦曰：'此凤阁舍人样，如此才识，走避不得。'坚又与给事中徐彦伯、定王府仓曹刘知幾、右补阙张说同修《三教珠英》。时麟台监张昌宗及成均祭酒李峤总领其事，广引文词之士，日夕谈论，赋诗聚会，历年未能下笔。坚独与说构意撰录，以《文思博要》为本，更加《姓氏》、《亲族》二部，渐有条流。诸人依坚等规制，俄而书成，迁司封员外郎。则天又令坚删改《唐史》，会则天逊位而止。"《唐会要》卷三十七《服纪上》(P678—679)："圣历元年，太子左庶子王方庆，书问太子文学徐坚曰:‘女子年幼,稚而早孤,其母贫窭,不能守志,携以适人,为后夫之所鞠养,及长出嫁,不复同居。今母后夫亡,欲制继父服,不知可否?人间世上士庶,此例皆是,至于服纪,有何等差,前代通儒,若为议论?’坚答曰:‘《仪礼·丧服》:“继父同居齐衰期,谓子无大功之亲,与之适人,所适亦无大功之亲。而所适者,以货财为之筑宫庙,岁时使之祀焉者也。”郑元曰:“大功之亲,同财者也。筑宫庙于家门之外,神不歆非族也,以恩服耳。未尝同居,则不服也。”《小戴礼记》,继父服并有明文,斯礼经之正说也。至于马融、王肃、贺循等,并称达礼,更无异文。唯傅元著书,以为父无可继之理,不当制服。此礼焚书之后,俗儒妄造也。袁准作论,亦以为此则自制文乱名之大者。窃以父犹天也,爱敬斯极,岂宜觊貌,继以他人哉。然而藐尔穷孤,不能自立,既随其母,托命他宗。本族无鞠养之人,因托得存其世嗣。在其生也,实赖其长育;及其死也,顿同之行路。重其生而轻其死,笃其始而薄其终,称情立文,岂应如是?故袁、傅之驳,不可为同居者施焉。昔朋友之死,同爨之丧,并制缌麻,详诸经典。比之于此,盖亦何嫌?继父之服,宜依正礼。今女子母携重适人,寄养他门,所适慈流,情均膝下,长而出嫁,始不同居。此则笄总之仪,无不殚备,与筑宫立庙,实无异焉,盖有继父之道也。戴德《丧服记》曰:“女子适人者,为继父服齐衰三月,不分别同居异居。”《梁氏集说》亦云:“女子适人者,为继父服齐衰服,继父与不同居者服同。”今为服齐衰三月,窃为折衷。’方庆深善其答。”《册府元龟》卷七百六十八(P9128):“徐坚少好学,遍览经史,为东都留守,王方庆判官,方庆善《三礼》之学。”

事又见《通典》卷九十《礼五十·沿革五十》,参见《全唐文》卷一百六十九《与徐坚问服制书》。

○王元感始论“丧礼三十六月”,张柬之驳之

【文献】

《旧唐书》卷九十一《张柬之传》(P2936—2939):“圣历初,累迁凤

阁舍人。时弘文馆直学士王元感著论云：‘三年之丧，合三十六月。’柬之著论驳之曰：‘三年之丧，二十五月，不刊之典也。谨案《春秋》：“鲁僖公三十三年十二月乙巳，公薨。”“文公二年冬，公子遂如齐纳币。”《左传》曰：“礼也。”杜预注云：“僖公丧终此年十一月，纳币在十二月。士婚礼，纳采纳征，皆有玄纁束帛，诸侯则谓之纳币。盖公为太子，已行婚礼。”故《传》称礼也。《公羊传》曰：“纳币不书，此何以书？讥丧娶。在三年之外何以讥？三年之内不图婚。”何休注云：“僖公以十二月薨，至此冬未满二十五月，纳采、问名、纳吉，皆在三年之内，故讥。”何休以公十二月薨，至此冬十二月才二十四月，非二十五月，是未三年而图婚也。按《经》书“十二月乙巳公薨”，杜预以《长历》推乙巳是十一月十二日，非十二月，书十二月，是《经》误。“文公元年四月，葬我君僖公”，《传》曰，缓也。诸侯五月而葬，若是十二月薨，即是五月，不得言缓。明知是十一月薨，故注僖公丧终此年，至十二月而满二十五月，故丘明《传》曰，礼也。据此推步，杜之考校，岂公羊之所能逮，况丘明亲受《经》于仲尼乎？且二《传》何、杜所争，唯争一月，不争一年。其二十五月除丧，由来无别。此则《春秋》三年之丧，二十五月之明验也。《尚书·伊训》云：“成汤既没，太甲元年，惟元祀十有二月，伊尹祀于先王，奉嗣王祇见厥祖。”孔安国注云：“汤以元年十一月崩。”据此，则二年十一月小祥，三年十一月大祥。故《太甲》中篇云：“惟三祀十有二月朔，伊尹以冕服奉嗣王归于亳。”是十一月大祥，讫十二月朔日，加王冕服吉而归亳也。是孔言“汤元年十一月”之明验。《顾命》云：“四月哉生魄，王不怿”，是四月十六日也。“翌日乙丑，王崩”，是十七日也。“丁卯，命作册度”，是十九日也。“越七日癸酉，伯相命士须材”，是四月二十五日也。则成王崩至康王麻冕黼裳，中间有十日，康王方始见庙。则知汤崩在十一月，淹停至殡讫，方始十二月，祇见其祖。《顾命》见庙讫，诸侯出庙门俟，《伊训》言“祇见厥祖，侯甸群后咸在’，则崩及见庙，殷、周之礼并同。此周因于殷礼，损益可知也。不得元年以前，别有一年。此《尚书》三年之丧，二十五月之明验也。《礼记·三年问》云：“三年之丧，二十五月而毕，哀痛未尽,思慕未忘,然而服以是断之者,岂不送死有已,复生有节?”又《丧服四制》云:“变而从宜,故大祥鼓素琴,告人以终。”又《间传》云:“期而小祥,食菜果。又期而大祥,有醯酱。中月而禫,食酒肉。”又《丧服小记》云:“再期之丧,三年也。期之丧,二年也。九月七月之丧,三时也。五月之丧,二时也。三月之丧,一时也。”此《礼记》三年之丧,二十五月之明验也。《仪礼·士虞礼》云:“期而小祥。又期而大祥。中月而禫,是月也吉祭。”此礼周公所制,则《仪礼》三年之丧,二十五月之明验也。

此四验者,并礼经正文,或周公所制,或仲尼所述,吾子岂得以《礼记》戴圣所修,辄欲排毁?汉初高堂生传《礼》,既未周备,宣帝时少傅后苍因淹中孔壁所得五十六篇著《曲台记》,以授弟子戴德、戴圣、庆溥三人,合以正经及孙卿所述,并相符会。列于学官,年代已久。今无端构造异论,既无依据,深可叹息。其二十五月,先儒考校,唯郑康成注《仪礼》“中月而禫”,以“中月间一月,自死至禫凡二十七月”。又解禫云:“言澹澹然平安之意也。”今皆二十七月复常,从郑议也。逾月入禫,禫既复常,则二十五月为免丧矣。二十五月、二十七月,其议本同。

窃以子之于父母丧也,有终身之痛,创巨者日久,痛深者愈迟,岂徒岁月而已乎?故练而慨然者,盖悲慕之怀未尽,而踊擗之情已歇;祥而廓然者,盖哀伤之痛已除,而孤邈之念更起。此皆情之所致,岂外饰哉。故《记》曰:三年之丧,义同过隙,先王立其中制,以成文理。是以祥则缟带素纰,禫则无所不佩。今吾子将徇情弃礼,实为乖僻。夫弃缞麻之服,袭锦縠之衣,行道之人,皆不忍也,直为节之以礼,无可奈何。故由也不能过制为姊服,鲤也不能过期哭其母。夫岂不怀,惧名教逼己也。若孔、郑、何、杜之徒,并命代挺生,范模来裔,宫墙积仞,未易可窥。但钻仰不休,当渐入胜境,讵劳终年矻矻,虚肆莠言?请所有掎摭先儒,愿且以时消息。’时人以柬之所驳,颇合于礼典。”

《日知录集释》卷五《唐人增改服制》(P335—336):“唐人所议服制,似欲过于圣人。嫂叔无服,太宗令服小功;曾祖父母旧服三月,增为五月；嫡子妇大功，增为期；众子妇小功，增为大功；舅服缌，增为小功；父在为母服期，高宗增为三年；妇为夫之姨舅无服，玄宗令从夫服；又增舅母缌麻，堂姨舅袒免。而弘文馆直学士王元感，遂欲增三年之丧为三十六月。皆务饰其文，欲厚于圣王之制，而人心弥浇，风化弥薄。不探其本而妄为之增益，亦未见其名之有过于三王也。是故知庙有二主之非，则叔孙通之以益广宗庙为大孝者绌矣。……知亲亲之杀，礼所由生，则太宗、魏徵所加嫂叔诸亲之服者绌矣。《唐书·礼乐志》言：'礼之失也，在于学者好为曲说，而人君一切临时申其私意，以增多为尽礼，而不知烦数之为黩也。'子曰：'道之不明也，贤者过之。'夫贤者率情之偏，犹为悖礼，而况欲以私意求过乎三王者哉。"

事又见《全唐文》卷一百七十五张柬之《驳王元感丧服论》、《唐会要》卷三十七记此事"圣历元年"、《册府元龟》卷五百七十二、《烟屿楼笔记》卷四、《陔余丛考》卷三、卷十一。

○武后诏百官议告朔于明堂

【文献】

《新唐书》卷一百九十九《张齐贤传》(P5672—5674)："张齐贤，陕州陕人。圣历初，为太常奉礼郎。武后诏百官议告朔于明堂，读时令，布政事，京官九品以上、四方朝集使皆列于廷。太常博士辟闾仁谞曰：'经无天子月告朔。唯《玉藻》："天子听朔南门之外。"《周太宰》："正月之吉，布政于邦国都鄙。"干宝曰："建子月告朔日也。"此《玉藻》听朔同谊。今元日读时令，合古听朔事。独郑玄以秦制《月令》有五帝五官，因言"听朔必以特牲告时帝及神，以文王、武王配"。其言非是。《月令》曰"其帝太昊，其神句芒"，谓宣令告人，使奉时务业，月皆有令，故云，非天子月朔以配帝祭也。告朔者，诸侯礼也，《春秋》："既视朔，遂登台。"玄又说人君月告朔于庙，其祭为朝享。鲁自文公始不视朔，明非天子所行。玄谓告帝即人帝，神即重、黎、五官，不言天子拜祭。臣请罢告朔、月祭，以应古礼。’齐贤不韪其说，质曰：‘穀梁氏称“闰月，天子不告朔”，它月故告朔矣。左氏言鲁“不告闰朔，为弃时政”，则诸侯虽闰告朔矣。《周太史》“颁朔于邦国”，《玉藻》“闰月，王居门”，是天子虽闰亦告朔。二家去圣不远，载天子、诸侯告朔事，显显弗缪。今议者乃以《太宰》正月之吉，布治邦国，而言天子元日一告朔，殊失其旨。一岁之元，六官自布所职之典。干宝谓吉为朔，故世人缪吉为告，据缪失经，不得为法。议者又引左氏说，专在诸侯，不知《玉藻》与左说正同，而独于天子言岁首一告，何去取之恣也！又谓时帝，五人帝也。玄于时帝包天人，故以文、武作配，是并告两五帝为不疑。诸侯受朔天子，藏于庙。天子受朔于天，宜在明堂，故告时帝，配祖考。议者曰：“天子月告祭颁朔，则诸侯安得藏之？故太宰岁首布一岁事，太史颁之也。”是不然，《周太史》“颁朔邦国”，是总颁十二朔于诸侯；天子犹月告者，颁官府都鄙也。内外异言之也。礼不可罢。’凤阁侍郎王方庆又推言：‘明堂，布政之宫，所以明天气，统万物也。汉儒以明堂、太庙为一，宗祀其祖，而配上帝。取宗祀曰清庙，正室为太室，向阳为明堂，建学为太学，圜水为辟雍，异名同事，古之制也。天子以正月上辛总受十二月政于南郊，还藏于祖庙，月取一政，班之明堂。诸侯则受于天子，藏之祖庙，月取一政，行之于国。王者以其礼告庙，谓之告朔；视月之政，谓之视朔。《玉藻》：“玄冕而朝日东门之外，听朔南门之外。”郑玄说：“明堂在国阳，就其时之堂而听朔焉。卒事，宿路寝。”今元日通天宫受朝，有司遂读时令、布政，古之礼也。旧说天子岁入明堂者十八：大享，一；月告朔，十二；四时迎气，四；巡狩之岁，一。今议者唯许岁首一入，不亦隘乎？陛下幸建明堂，遵用告朔事，若月一听，则近于烦，每孟月视朔，惟制定其礼，臣下不敢专。’成均博士吴杨吾等共言：‘秦灭学，告朔礼废。今用四孟月、季夏，至明堂告五时帝堂上，请兼如齐贤、方庆议。’不数岁，礼亦废。”

《旧唐书》卷二十二《礼仪志二》(P868—873)：“圣历元年正月，又亲享及受朝贺。寻制：每月一日于明堂行告朔之礼。司礼博士辟闾仁谞奏议曰：‘谨按经史正文，无天子每月告朔之事。惟《礼记·玉藻》云："天子听朔于南门之外。"《周礼·天官·太宰》："正月之吉，布政于邦国都鄙。"干宝注云："周正建子之月，告朔日也。"此即《玉藻》之听朔矣。今每岁首元日，于通天宫受朝，读时令，布政事，京官九品以上、诸州朝集使等咸列于庭，此则听朔之礼毕，而合于《周礼》、《玉藻》之文矣。而郑玄注《玉藻》"听朔"，以秦制月令有五帝五官之事，遂云："凡听朔，必特牲告其时帝及其神，配以文王、武王。"此郑注之误也。故汉魏至今莫之用。按《月令》云"其帝太昊，其神勾芒"者，谓宣布时令，告示下人，其令词云其帝其神耳。所以为敬授之文，欲使人奉其时而务其业。每月有令，故谓之《月令》，非谓天子月朔日以祖配帝而祭告之。其每月告朔者，诸侯之礼也。故《春秋左氏传》曰："公既视朔，遂登观台。"又郑注《论语》云："礼，人君每月告朔于庙，有祭谓之朝享。鲁自文公始不视朔。"是诸侯之礼明矣。今王者行之，非所闻也。按郑所谓告其帝者即太昊等五人帝，其神者即重黎等五行官。虽并功施于人，列在祀典，无天子每月拜祭告朔之文。

臣等谨检《礼论》及《三礼义宗》、《江都集礼》、《贞观礼》、《显庆礼》及祠令，并无天子每月告朔之事。若以为代无明堂，故无告朔之礼，则《江都集礼》、《贞观礼》、《显庆礼》及祠令，著祀五方上帝于明堂，即《孝经》"宗祀文王于明堂"也。此则无明堂而著其享祭，何为告朔独阙其文？若以君有明堂即合告朔，则周、秦有明堂，而经典正文，无天子每月告朔之事。臣等历观今古，博考载籍，既无其礼，不可习非。望请停每月一日告朔之祭，以正国经。窃以天子之尊，而用诸侯之礼，非所谓颁告朔、令诸侯、使奉而行之之义也。'

凤阁侍郎王方庆又奏议曰：'谨按明堂，天子布政之宫也。盖所以顺天气，统万物，动法于两仪，德被于四海者也。夏曰世室，殷曰重屋，姬曰明堂，此三代之名也。明堂，天子太庙，所以宗祀其祖，以配上帝。东曰青阳，南曰明堂，西曰总章，北曰玄堂，中曰太室。虽有五名，而以明堂为主。汉代达学通儒，咸以明堂、太庙为一。汉左中郎将蔡邕立议，亦以为然。取其宗祀，则谓之清庙；取其正室，则谓之太室；取其向阳，则谓之明堂；取其建学，则谓之太学；取其圜水，则谓之辟雍:异名而同事,古之制也。天子以孟春正月上辛日,于南郊总受十二月之政,还藏于祖庙,月取一政班于明堂。诸侯孟春之月,朝于天子,受十二月之政藏于祖庙,月取一政而行之。盖所以和阴阳、顺天道也。如此则祸乱不作,灾害不生矣。故仲尼美而称之曰:"明王之以孝理天下也。"人君以其礼告庙,则谓之告朔;听视此月之政,则谓之视朔,亦曰听朔。虽有三名,其实一也。

今礼官议称"经史正文无天子每月告朔之事"者。臣谨按《春秋》:"文公六年闰十月,不告朔。"《穀梁传》曰:"闰,附月之余日,天子不以告朔。"《左氏传》云:"闰月不告朔,非礼也。闰以正时,时以作事,事以厚生,生人之道,于是乎在矣。不告闰朔,弃时政也。"臣据此文,则天子闰月亦告朔矣。宁有他月而废其礼者乎?博考经籍,其文甚著。何以明之?《周礼·太史》职云:"颁告朔于邦国。闰月,告王居门终月。"又《礼记·玉藻》云:"闰月则阖门左扉,立于其中。"并是天子闰月而行告朔之事也。

礼官又称:"《玉藻》:'天子听朔于南门之外。'《周礼·天官·太宰》:'正月之吉,布政于邦国都鄙。'干宝注云:'周正建子之月,告朔日也。'此即《玉藻》之听朔矣。今每岁首元日,通天宫受朝,读时令,布政事,京官九品以上、诸州朝集使等咸列于庭,此听朔之礼毕,而合于《周礼》、《玉藻》之文矣。《礼论》及《三礼义宗》、《江都集礼》、《贞观礼》、《显庆礼》及祠令,无王者告朔之事"者。臣谨按《玉藻》云:"玄冕而朝日于东门之外,听朔于南门之外。"郑注云:"朝日,春分之时也。东门、南门,皆谓国门也。明堂在国之阳,每月就其时之堂而听朔焉,卒事,反宿于路寝。凡听朔,必以特牲告其时帝及其神,配以文王、武王。"臣谓今岁首元日,通天宫受朝,读时令及布政,自是古礼孟春上辛,受十二月之政藏于祖庙之礼耳,而月取一政,班于明堂,其义昭然,犹未行也。即如礼官所言,遂阙其事。

臣又按《礼记·月令》,天子每月居青阳、明堂、总章、玄堂,即是每月告朔之事。先儒旧说,天子行事,一年十八度入明堂:大享不问卜,一入也;每月告朔,十二入也;四时迎气,四入也;巡狩之年,一入也。今礼官立议，王惟岁首一入耳，与先儒既异，臣不敢同。郑玄云："凡听朔告其帝。"臣愚以为告朔之日，则五方上帝之一帝也。春则灵威仰，夏则赤熛怒，秋则白招拒，冬则叶光纪，季月则含枢纽也，并以始祖而配之焉。人帝及神，列在祀典，亦于其月而享祭之。鲁自文公始不视朔，子贡见其礼废，欲去其羊，孔子以羊存犹可识其礼，羊亡其礼遂废，故云："尔爱其羊，我爱其礼。"

汉承秦灭学，庶事草创，明堂、辟雍，其制遂阙。汉武帝封禅，始造明堂于太山，既不立于京师，所以无告朔之事。至汉平帝元始中，王莽辅政，庶几复古，乃建明堂、辟雍焉。帝袷祭于明堂，诸侯王、列侯、宗室子弟九百余人助祭毕，皆益户、赐爵及金帛、增秩、补吏各有差。汉末丧乱，尚传其礼。爰至后汉，祀典仍存。明帝永平二年，郊祀五帝于明堂，以光武配，祭牲各一犊，奏乐如南郊。董卓西移，载籍湮灭，告朔之礼，于此而坠。暨于晋末，戎马生郊，礼乐衣冠，扫地总尽。元帝过江，是称狼狈，礼乐制度，南迁盖寡，彝曲残缺，无复旧章，军国所资，临事议之。既阙明堂，宁论告朔。宋朝何承天纂集其文，以为《礼论》，虽加编次，事则阙如。梁代崔灵恩撰《三礼义宗》，但捃摭前儒，因循故事而已。隋大业中，炀帝命学士撰《江都集礼》，只抄撮《礼论》，更无异文。《贞观》、《显庆礼》及祠令不言告朔者，盖为历代不传，其文遂阙，各有由绪，不足依据。今礼官引为明证，在臣诚实有疑。陛下肇建明堂，聿遵古典，告朔之礼，犹阙旧章，钦若稽古，应须补葺。若每月听政于明堂，事亦烦数，孟月视朔，恐不可废。'

上又命奉常广集众儒，取方庆、仁谞所奏，议定得失。当时大儒成均博士吴扬吾、太学博士郭山恽曰：'臣等谨按《周礼》、《礼记》及《三传》，皆有天子告朔之礼。夫天子颁告朔于诸侯，秦政焚灭《诗》、《书》，由是告朔礼废。今明堂肇建，总章新立，绍百王之绝轨，树万代之鸿规，上以严配祖宗，下以敬授人时，使人知礼乐，道适中和，灾害不生，祸乱不作。今若因循颁朔，每月依行，礼贵随时，事须沿革。望依王方庆议，用四时孟月日及季夏于明堂修复告朔之礼，以颁天下。其帝及神，亦请依方庆用郑玄义，告五时帝于明堂上。则严配之道，通于神明；至孝之德，光于四海。'制从之。"

参见《全唐文》卷二百八张齐贤《明堂告朔议》、《全唐文》卷一百六十九王绅《明堂告朔议》、《全唐文》卷二百六十七辟闾仁谞《明堂告朔议》。事又见《唐会要》卷三十八、《册府元龟》卷五百八十七、《通典》卷七十《礼·沿革三十》。

则天圣历二年　己亥(699)

○正月，因佛、道二教常相争毁，武则天遂下诏制止

【文献】

《四库全书》第426册《唐大诏令集》卷一百一十三《条流佛道二教制》(P790)："佛道二教，同归于善。无为究竟，皆是一宗。比有浅识之徒，竞于物我，或因怼怨，各出丑言，僧既排斥老君，道士乃诽谤佛法，更相訾毁，务在加诸人，而无知一至于此。且出家之人，须崇业行，非圣犯义，岂是法门。自今僧及道士，敢毁谤佛道者，先决杖，即令还俗。圣历元年正月。"

○韦嗣立上疏言学校之重要性

【文献】

《旧唐书》卷八十八《韦嗣立传》(P2866—2867)："时学校颓废，刑法滥酷，嗣立上疏谏曰：'臣闻古先哲王立学官，掌教国子以六德、六行、六艺，三教备而人道毕矣。《礼记》曰："化人成俗，必由学乎。"学之于人，其用盖博。故立太学以教于国，设庠序以化于邑，王之诸子、卿大夫士之子及国之俊选皆造焉。八岁入小学，十五入太学。春秋教以《礼》、《乐》，冬夏教以《诗》、《书》。是以教洽而化流，行成而不悖。自天子以至于庶人，未有不须学而成者也。国家自永淳已来，二

十余载，国学废散，胄子衰缺，时轻儒学之官，莫存章句之选。贵门后进，竞以侥幸升班；寒族冑流，复因凌替弛业。考试之际，秀茂罕登，驱之临人，何以从政？又垂拱之后，文明在辰，盛典鸿休，日书月至，因藉际会，入仕尤多。加以谗邪凶党来俊臣之属，妄执威权，恣行枉陷，正直之伍，死亡为忧，道路以目，人无固志，罕有执不挠之怀，殉至公之节，偷安苟免，聊以卒岁。遂使纲领不振，请托公行，选举之曹，弥长渝滥。随班少经术之士，摄职多庸琐之才，徒以猛暴相夸，罕能清惠自勖。使海内黔首，骚然不安，州县官僚，贪鄙未息，而望事必循理，俗致康宁，不可得也。陛下诚能下明制，发德音，广开庠序，大敦学校，三馆生徒，即令追集。王公已下子弟，不容别求仕进，皆入国学，服膺训典。崇饰馆庙，尊尚儒师，盛陈奠菜之仪，宏敷讲说之会，使士庶观听，有所发扬，弘奖道德，于是乎在。则四海之内，靡然向风，延颈举足，咸知所向。……'"

《唐会要》卷三十五《学校》(P633—634)："圣历二年十月，凤阁舍人韦嗣立上疏曰：'臣闻《礼记》曰："化民成俗，必由学乎？"学之于人，其用益博。故立太学以教于国，设庠序以化于邑，王之诸子、卿大夫士之子、及国之俊选皆造焉。故自天子至于庶人，未有不须学而成者。国家自永淳以来，二十余载，礼乐废散，胄子弃缺。时轻儒学之官，莫存章句之选。贵门后进，竞以侥幸升班；寒族常流，复因凌替弛业。考试之际，秀茂罕登，驱之临人，何以从政？又垂拱以后，文明在辰，盛典鸿休，日书月至，因藉际会，入仕尤多。陛下诚能下明制，发德音，广开庠序，大敦学校，三馆生徒，即令追集，王公已下子弟，不容别求仕进，皆入国学，服膺训典。崇饰馆庙，尊尚师儒，盛陈奠菜之仪，宏敷讲说之会，使士庶观听，有所发扬。宏奖道德，于是乎在，则四海之内，靡然向风矣。'"《资治通鉴》卷二百六《唐纪二十二》(P6542—6543)："凤阁舍人韦嗣立上疏，以为：'时俗浸轻儒学，先王之道，弛废不讲。宜令王公以下子弟，皆入国学，不听以他歧仕进。又，自扬、豫以来，制狱渐繁，酷吏乘间，专欲杀人以求进。赖陛下圣明，周、丘、王、来相继诛殛，朝野庆泰，若再睹阳和。至如仁杰、元忠，往遭按鞫，亦皆自诬，非陛下明察，则已为菹醢矣;今陛下升而用之,皆为良辅。何乃前非而后是哉?诚由枉陷与甄明耳。臣恐向之负冤得罪者甚众,亦皆如是。伏望陛下弘天地之仁,广雷雨之施,自垂拱以来,罪无轻重,一皆昭洗,死者追复官爵,生者听还乡里。如此,则天下皆知昔之枉滥,非陛下之意,皆狱吏之辜,幽明欢欣,感通和气。'太后不能从。"

参见《全唐文》卷二百三十六《请崇学校疏》,事又见《文献通考》卷四十一、《册府元龟》卷六百四、《资治通鉴》卷二百六。

【考论】

唐朝国学,大约以贞观时为最盛,至武则天当权时一度凋敝,其原因有三:首先,武则天掌权以后,崇信佛教,轻视儒学,使得学校教育不受重视;其次,大量从各地直接征召的文士,来洛阳应试,也造成了学校荒芜;复次,武则天一朝,多任用武氏诸王为国子祭酒,"至于博士、助教,唯有学官之名,多非儒雅之实"(《旧唐书》卷一百八十九上《儒学序》P4942),从而致使国学破落,学生不复习业。凤阁舍人韦嗣立深为忧虑,曾上疏力谏。武则天却不能听从其言。

◎辟闾仁谓官司礼博士

【文献】

《全唐文》卷二百六十七(P2719):"仁谓,圣历中官司礼博士。"

《新唐书》卷五十九《艺文志三》(P1517):"辟闾仁谓注《老子》二卷。圣历司礼博士。"

则天圣历三年(久视元年)　庚子(700)

◎陈子昂卒

【文献】

《新唐书》卷一百七《陈子昂传》(P4067—4077):"陈子昂字伯玉,

梓州射洪人。……文明初，举进士。……武后奇其才，召见金华殿。子昂貌柔野，少威仪，而占对慷慨，擢麟台正字。垂拱初，诏问群臣：'调元气当以何道？'子昂因是劝后兴明堂、大学，即上言：……又言：'陛下方兴大化，而太学久废，堂皇埃芜，《诗》、《书》不闻，明诏尚未及之，愚臣所以私恨也。太学者，政教之地也，君臣上下之取则也，俎豆揖让之所兴也，天子于此得贤臣焉。今委而不论，虽欲睦人伦，兴治纲，失之本而求之末，不可行也。"君子三年不为礼，礼必坏，三年不为乐，乐必崩"？奈何为天下而轻礼乐哉？愿引胄子使归太学，国家之大务不可废已。'……圣历初，以父老，表解官归侍，诏以官供养。会父丧，庐冢次，每哀恸，闻者为涕。……果死狱中，年四十三。"事又见《旧唐书》卷一百九十《陈子昂传》。

○九月，狄仁杰卒

【文献】

《旧唐书》卷八十九《狄仁杰传》(P2885—2894)："狄仁杰字怀英，并州太原人也。……仁杰，仪凤中为大理丞，周岁断滞狱一万七千人，无冤诉者。……则天又将造大像，用功数百万，令天下僧尼每日人出一钱，以助成之。仁杰上疏谏曰：'臣闻为政之本，必先人事。陛下矜群生迷谬，溺丧无归，欲令像教兼行，睹相生善。非为塔庙必欲崇奢，岂令僧尼皆须檀施？得栰尚舍，而况其余。今之伽蓝，制过宫阙，穷奢极壮，画缋尽工，宝珠殚于缀饰，瓌材竭于轮奂。工不使鬼，止在役人，物不天来，终须地出，不损百姓，将何以求？……且一夫不耕，犹受其弊，浮食者众，又劫人财。臣每思惟，实所悲痛。往在江表，像法盛兴，梁武、简文舍施无限。及其三淮沸浪，五岭腾烟。列刹盈衢，无救危亡之祸；缁衣蔽路，岂有勤王之师！比年已来，风尘屡扰，水旱不节，征役稍繁。家业先空，疮痍未复，此时兴役，力所未堪。伏惟圣朝，功德无量，何必要营大像，而以劳费为名。……'则天乃罢其役。是岁九月，病卒，则天为之举哀，废朝三日，赠文昌右相，谥曰文惠。"《新唐书》卷一百一十五《狄仁杰传》(P4214):"圣历三年卒,年七十一。"《旧唐书》卷四十七《经籍志下》(P2075):"《狄仁杰集》十卷。"又见范仲淹《狄仁杰公碑》等。

【考论】

狄仁杰(630—700),字怀英,并州太原(今山西太原)人,唐代政治家。由应试明经科,步入仕途,出任汴州判佐。被吏诬告,河南道黜陟使阎立本受理讯问,还以清白,并发现其才,谓之"河曲之明珠,东南之遗宝",推荐其为并州都督府法曹。仪凤年间(676——679),升任大理丞,刚正廉明,执法不阿,判决积案、疑案,纠正冤案、错案、假案。后加朝散大夫,累迁度支郎中、知顿使、并州长史,天授二年(691)转地官侍郎、判尚书、同凤阁鸾台平章事。因来俊臣陷害入狱,复出后曾为魏州刺史、幽州督都、鸾台侍郎、同凤阁鸾台平章事、银青光禄大夫等。狄仁杰廉洁勤政,不畏权势,体恤百姓,治狱清明,体现了老子"圣人无常心,以百姓心为心"的思想,是武则天最器重的宰相,是推动唐朝走向繁荣的重要功臣,被后人称之为"唐室砥柱"。是年卒,年七十一,赠文昌右相,谥"文惠"。《旧唐书》著录《狄仁杰集》十卷。

【相关论著举目】

高华:《一代名相狄仁杰》,《国学》,2011 年第 1 期

史学兵:《兴复唐皇室的功臣狄仁杰》,《文史天地》,2006 年第 9 期

王京阳、袁宪:《唐狄仁杰卒年考辨》,《故宫博物院院刊》,1995 年第 1 期

张先昌:《狄仁杰生年考》,《晋阳学刊》,1983 年第 6 期

张先昌:《德才兼备的宰相——狄仁杰》,《安阳师专学报》,1983 年第 3 期

武周大足元年(长安元年)　辛丑(701)

○十一月,《三教珠英》撰成进上

【文献】

《旧唐书》卷七十八《张行成传附张宗昌传》(P2707):"以昌宗丑声闻于外,欲以美事掩其迹,乃诏昌宗撰《三教珠英》于内。乃引文学之士李峤、阎朝隐、徐彦伯、张说、宋之问、崔湜、富嘉谟等二十六人,分门撰集,成一千三百卷,上之。"《新唐书》卷五十九《艺文志三》(P1563):"《三教珠英》一千三百卷,目十三卷。张昌宗、李峤、崔湜、阎朝隐、徐彦伯、张说、沈佺期、宋之问、富嘉謩、乔侃、员半千、薛曜等撰。开成初改为《海内珠英》,武后所改字并复旧。"《旧唐书》卷四十七《经籍志下》(P2046):"《三教珠英》并目一千三百一十三卷。张昌宗等撰。"《旧唐书》卷十七下《文宗纪》(P571):开成二年冬十月:"辛卯朔,诏改天后所撰《三教珠英》为《海内珠英》。"《唐会要》卷三十六(P657):"大足元年十一月十二日,麟台监张昌宗,撰《三教珠英》一千三百卷成,上之。初,圣历中,以上《御览》及《文思博要》等书,聚事多未周备,遂令张昌宗召李峤、阎朝隐、徐彦伯、薛曜、员半千、魏知古、于季子、王无竞、沈佺期、王适、徐坚、尹元凯、张说、马吉甫、元希声、李处正、高备、刘知幾、房元阳、宋之问、崔湜、常(《玉海》作韦)元旦、杨齐哲、富嘉谟、蒋凤等二十六人同撰。于旧书外,更加佛道二教,及亲属姓名、方城等部。"《资治通鉴》卷二百六《唐纪二十二》(P6546):"太后每内殿曲宴,辄引诸武、易之及弟秘书监昌宗饮博嘲谑。太后欲掩其迹,乃命易之、昌宗与文学之士李峤等修《三教珠英》于内殿。"《郡斋读书志》卷二十《总集类》(P1059):"右唐武后朝,尝诏武三思等修《三教珠英》一千三百卷,预修书者凡四十七人。"

事又见《唐会要》卷三十五,《新唐书》卷一百四、卷一百九十九等。

【考论】

《三教珠英》,唐武周时官修大型类书,凡一千三百卷,目十三卷。圣历(698—699)中,因所进《御览》、《文思博要》等书聚事未周备,遂令张昌宗、李峤、徐彦伯、张说等二十六人(预修者四十七人)修撰《三教珠英》,于旧书外,加佛、道二教以及亲属姓名、方城等部,是年成书,上之。《三教珠英》完成之日,银青光禄大夫张昌宗,赐爵为邺国公。开成二年十月,改名为《海内珠英》,并将武则天所改字复原其旧。《三教珠英》把儒、释、道三教典籍的精萃悉收入内,保存了大量道教、佛教经典。但是书在流传过程中,卷幅不断亡佚,直至几乎湮灭无闻。

《三教珠英》预修者常游宴赋诗,"游宴以兴其篇,奖赏以激其价",被称为"珠英学士"。诗人崔融把"珠英学士"在这期间及前后所赋之诗,编成《珠英学士集》,汇集四十七个诗人,二百七十六首诗歌,反映了当时诗歌的最高水平,更反映了诗歌律化的进程,弥足珍贵。"珠英学士"显赫一时,为时人仿效,从而形成"律诗"腾踊的局面。

【相关论著举目】

桂罗敏:《〈三教珠英〉考辨》,《图书馆杂志》2008 年第 6 期

聂永华:《"珠英学士"诗歌活动考论》,《郑州大学学报》2004 年第 3 期

刘玉:《珠英学士与〈珠英集〉残卷考论》,南京师范大学硕士学位论文,2003 年

徐俊:《敦煌本〈珠英集〉考补》,《文献》,1992 年第 4 期

则天长安二年　壬寅(702)

○五月,王方庆卒,撰有《礼经正义》、《礼杂问答》、《尚书考功簿》、《魏郑公谏录》等

【文献】

《旧唐书》卷八十九《王方庆传》(P2896—2901):"王方庆,雍州咸

阳人也，周少司空石泉公褒之曾孙也。……长安二年五月卒，赠兖州都督，谥曰贞。中宗即位，以宫僚之旧，追赠吏部尚书。方庆博学好著述，所撰杂书凡二百余卷。尤精《三礼》，好事者多询访之。每所酬答，咸有典据，故时人编次，名曰《礼杂答问》。聚书甚多，不减秘阁，至于图画，亦多异本。诸子莫能守其业，卒后寻亦散亡。"《新唐书》卷五十七《艺文志一》(P1434)："王方庆《礼经正义》十卷、《礼杂问答》十卷。"《新唐书》卷五十八《艺文志二》(P1475—1484)："王方庆又撰《尚书考功簿》五卷"、"又《尚书考功状绩簿》十卷"、"《南宫故事》十二卷"、"《文贞公事录》一卷"、"《宫卿旧事》一卷"、"《友悌录》十五卷"、"又《王氏训诫》五卷"、"《王氏列传》十五卷"、"《王氏尚书传》五卷"、"《魏文贞故书》十卷。"《四库全书总目》卷五十七《传记类一》(P514)："《魏郑公谏录》五卷，唐王方庆撰。方庆名綝，以字行，其先自丹阳徙咸阳。武后时，官至鸾台侍郎、同凤阁鸾台平章事。终于太子左庶子，封石泉县公。谥曰贞。事迹具《新唐书》本传。此书前题'尚书吏部郎中'，盖高宗时所居官。而本传不载，则史文脱略也。《传》称方庆博学练朝章，著书二百余篇，此乃所录魏徵事迹。《唐书·艺文志》以为魏徵谏事，司马光《通鉴书目》以为魏元成故事，标题互异。惟洪迈《容斋随笔》作《魏郑公谏录》，与此相合。方庆在武后时，尝以言悟主，召还庐陵。后建言不斥太子名，以示复位之渐，皆人所难能，盖亦思以伉直自见者。故于徵谏争之语，摭录最详。司马光《通鉴》所记徵事，多以是书为依据。其未经采录者，亦皆确实可信，足与正史相参证。元至顺中，翟思忠又尝作《续录》二卷，世罕流传。明苏州彭年采《通鉴》、《唐书》补为一卷。今思忠所续录二卷已于《永乐大典》内裒辑成编。年书寥寥数条，殊为赘设。今故删年所补，不复附缀此书之末焉。"《全唐文》卷一百六十九王綝《唐魏郑公谏录序》。

事又见《全唐文》卷一百六十九、《旧唐书》卷一百二《徐坚传》、《唐会要》卷三十七、《新唐书》卷一百一十六《王綝传》、《南村辍耕录》卷二十四、《书断列传》卷四、《谭宾录》卷二、《太平广记》卷二百九《书四》、《能改斋漫录》卷十四。

则天长安三年　癸卯(703)

○三月,王元感上《尚书纠谬》、《春秋振滞》、《礼记绳愆》等,与《五经正义》立异

【文献】

《旧唐书》卷一百八十九下《王元感传》(P4963):"长安三年,表上其所撰《尚书纠谬》十卷、《春秋振滞》二十卷、《礼记绳愆》三十卷,并所注《孝经》、《史记》稿草,请官给纸笔,写上秘书阁。诏令弘文、崇贤两馆学士及成均博士详其可否。学士祝钦明、郭山恽、李宪等皆专守先儒章句,深讥元感掎摭旧义,元感随方应答,竟不之屈。凤阁舍人魏知古、司封郎中徐坚、左史刘知幾、右史张思敬,雅好异闻,每为元感申理其义,连表荐之。寻下诏曰:'王元感质性温敏,博闻强记,手不释卷,老而弥笃。掎前达之失,究先圣之旨,是谓儒宗,不可多得。可太子司议郎,兼崇贤馆学士。'魏知古尝称其所撰书曰:'信可谓《五经》之指南也。'中宗即位,以春宫旧僚,进加朝散大夫,拜崇贤馆学士。寻卒。"《新唐书》卷五十七《艺文志一》(P1428、P1434、P1441):"王元感《尚书纠谬》十卷、王元感《礼记绳愆》三十卷、王元感《春秋振滞》二十卷。"《唐会要》卷七十七《贡举下》(P1405)记此事"长安三年三月"。

事又见《新唐书》卷一百九十九《王元感传》、《太平御览》卷二百四十六、《册府元龟》卷六百一、《册府元龟》卷六百六《学校部(注释第二)》。

【考论】

《五经正义》的颁行,使得学术上有了统一的思想,但当时已有马嘉运指出其中的瑕疵。至武周长安中(701—704),继马嘉运后,又有濮州名儒王元感(其生卒年不详)上其所撰《尚书纠谬》、《春秋振滞》、《礼记绳愆》,与《五经正义》立异,武则天遂下诏令弘文馆、崇贤馆学

士以及成均博士详其可否。学士祝钦明、郭山恽、李宪等，恪守先儒章句者，遂讥王元感诋先儒旧义，其时王元感随方应答，众儒皆不能屈。又有魏知古（647—715）、徐坚（661—728）、刘知幾（661—721）、张思敬（生卒不详）等人，从公正立场出发，尊重学术上的不同见解，每为王元感申理其义，继而联疏推荐，于是武则天乃下诏褒美，以为儒者之宗。王元感诸作，魏知古推崇为"《五经》指南"，这说明《五经正义》的确有错可以指摘。唐代虽为经学统一时代，但其学术思想并不完全一致，有着鲜明对立的两种态度。武则天能容纳不同见解，亦足见其政治之开明。

○诏修《唐史》

【文献】

《唐会要》卷六十三《修国史》（P1094）："长安三年正月一日敕：'宜令特进梁王三思与纳言李峤，正谏大夫朱敬则，司农少卿徐彦伯，凤阁舍人魏知古、崔融，司封郎中徐坚、左史刘知幾、直史馆吴兢等修《唐史》，采四方之志，成一家之言，长悬楷则，以贻劝诫。'"

【考论】

武则天曾有意修史，于是年下诏，令武三思及众知名儒者一起撰修《唐史》。神龙元年（705）正月癸卯日，张柬之、桓彦范、崔玄玮等人率羽林兵往迎皇太子李显，并诛杀二张。武则天退位，中宗李显即位，复国号为唐，修《唐史》之事遂废。

中宗神龙元年　乙巳（705）

○正月一日，敕孔子庙堂皆向南

【文献】

《唐会要》卷三十五《褒崇先圣》（P638）："神龙元年正月一日敕

文:‘诸州孔子庙堂,有不向南者,改向正南。’”

○中宗即位,令贡举人复习《老子》

【文献】

《旧唐书》卷七《中宗本纪》(P135—137):“神龙元年正月,凤阁侍郎张柬之、鸾台侍郎崔玄暐、左羽林将军敬晖、右羽林将军桓彦范、司刑少卿袁恕己等定策率羽林兵诛易之、昌宗,迎皇太子监国,总司庶政。大赦天下。……乙巳,则天传位于皇太子。丙午,即皇帝位于通天宫,大赦天下。……令贡举人停习《臣轨》,依旧习《老子》。”

《旧唐书》卷二十四《礼仪志》(P918):“神龙元年,停《臣轨》,复习《老子》。”

○五月,张齐贤与韦叔夏、郭山恽、尹知章论社礼

【文献】

《新唐书》卷一百九十九《张齐贤传》(P5674):“久之,齐贤迁博士。时东都置太社,礼部尚书祝钦明问礼官博士:‘周家田主用所宜木,今社主石,奈何?’齐贤与太常少卿韦叔夏,国子司业郭山恽、尹知章等议:‘《春秋》:“君以军行,祓社衅鼓,祝奉以从。”故曰:“不用命,戮于社。”社稷主用石,以可奉而行也。崔灵恩曰:“社主用石,以地产最实欤!”《吕氏春秋》言“殷人社用石”。后魏天平中,迁太社石主,其来尚矣。周之田主用所宜木,其民间之社欤!非太社也。’于是旧主长尺有六寸,方尺七寸,问博士云何,齐贤等议:‘社主之制,礼无传。天子亲征,载以行,则非过重。《礼》“社祭土,主阴气”。《韩诗外传》:“天子太社方五丈,诸侯半之。”五,土数。社主宜长五尺,以准数五;方二尺,以准阴偶;剡其上,以象物生;方其下,以象地体;埋半土中,本末均也。请度以古尺’云。又问:‘社稷坛随四方用色,而中不数尺,冒黄土,谓何?’齐贤等曰:‘天子太社,度广五丈,分四方,上冒黄

土,象王者覆被四方,然则当以黄土覆坛上。旧坛上不数尺,覆被之狭,乖于古。'于是以方色饰坛四面及陛,而黄土全覆上焉。祭牲皆太牢。其后改先农曰'帝社',又立'帝稷',皆齐贤等参定。"《唐会要》卷二十二《社稷》(P421):"神龙元年五月诏,于东都建置太社。"事又见《新唐书》卷十四《礼乐志》、《唐会要》卷十上《后土(社稷)》、《唐会要》卷十二《庙制度》、《通典》卷四十五《社稷》、《文献通考》卷八十二《右胜国社稷》。

○武则天卒

【文献】

《旧唐书》卷六《则天皇后本纪》(P132):"冬十一月壬寅,则天将大渐,遗制祔庙、归陵,令去帝号,称则天大圣皇后;其王、萧二家及褚遂良、韩瑗等子孙亲属当时缘累者,咸令复业。是日,崩于上阳宫之仙居殿,年八十三,谥曰则天大圣皇后。"

《资治通鉴》卷二百八《唐纪二十四》(P6596):"壬寅,则天崩于上阳宫,年八十二。"

【考论】

武则天(624—705),名曌,并州文水(今山西文水东)人,贞观十一年(637),太宗召入宫中,立为才人,赐号"武媚"。贞观二十三年(649)太宗驾崩后,在感业寺出家为尼。永徽二年(651),高宗李治复迎入宫,永徽五年(654)封为昭仪。永徽六年(655),被高宗立为皇后。麟德元年(664),高宗视朝,武后垂帘于后,并为"二圣"。弘道元年高宗崩,太子李显即位,是为中宗,尊武后为皇太后。光宅元年(684)废中宗为庐陵王,改立相王李旦,为睿宗,改元文明,武则天亲理政事。天授元年(690),武太后登基称帝,大赦天下,降睿宗为皇嗣,赐姓武氏。神龙元年(705),张柬之、崔玄暐等迎太子李显,杀二张,遂令太子李显监国,后传位于太子李显。武则天相继废其两子中宗和睿宗,登基称帝,改国号为"周",史称"武周",是我国历史上第一位也是唯一的一位女皇帝。

【相关论著举目】

冯敏:《武则天时代的经史子集》,《三峡大学学报》(人文社会科学版),2012 年第 2 期

冯敏:《武则天的三教政策与文化发展浅析》,《新乡学院学报》(社会科学版),2011 年第 5 期

路荣:《武则天郊庙类诗歌评析》,2010 年 10 月中华传统文化与新世纪国际学术研讨会论文

李宝玲:《武则天郊庙歌辞的政治观察》,《乐府学》,2010 年第 5 辑

李庆阳:《武则天与忠孝观念》,《西北大学学报(哲学社会科学版),2009 年第 6 期

吴丽娱:《〈显庆礼〉与武则天》,《唐史论丛》,2008 年第 10 辑

赵小华:《武则天时代的礼仪与文学关系论析》,《广东工业大学学报》(社会科学版),2008 年第 3 期

史海威:《雄才大略武则天》,《文史天地》,2007 年第 11 期

于华东:《略述武则天在历史上的积极作用》,《武汉大学学报》(人文科学版),2006 年第 6 期

何磊:《武周年号考析》,《云南师范大学学报》,2006 年第 3 期

闵军:《武则天时期的宫廷佛事活动研究》,西北师范大学硕士学位论文,2006 年

王洪军:《信仰与政治之间——论武则天与中宗、睿宗时期的宗教政策》,《东方论坛》,2003 年第 5 期

马雪芹:《武则天执政时期对儒学的吸收利用》,《唐都学刊》,2000 年第 4 期

孙钰华:《武则天时期儒学教育简论》,《昌吉学院学报》,1998 年第 2 期

赵澜:《武则天时代的礼仪与政治》,《福建学刊》,1998 年第 2 期

陈美林:《周唐政权的更迭与儒道释兴衰》,《河北师院学报》,

1997 年第 3 期

万绳楠:《武则天与进士新阶层》,《中国史研究》,1994 年第 3 期

尚定:《论武则天时代的“诗赋取士”》,《中国社会科学》,1991 年第 6 期

牛志平:《武则天与宗教》,《社会科学战线》,1990 年第 1 期

何磊:《武则天的宗教政策》,《云南教育学院院报》,1989 年第 3 期

何磊:《武则天宗教政策初探》,《曲靖师范学院学报》,1989 年第 2 期

陈美林:《武则天以周代唐与儒道释之争的关系》,《南京师大学报》(社会科学版),1977 年第 1 期

○吐蕃王及可汗子孙附学读书

【文献】

《唐会要》卷三十六《蕃夷请经史》(P667):“神龙元年九月二十一日敕:吐蕃王及可汗子孙,欲习学经业,宜附国子学读书。”

○以邹、鲁百户封隆道公,谥曰“文宣”

【文献】

《旧唐书》卷二十四《礼仪志四》(P918):“神龙元年……以邹、鲁百户封隆道公,谥曰‘文宣’。”

○祝钦明论社稷之礼

【文献】

《新唐书》卷十四《礼乐志四》(P357—358):“垂拱中,武后藉田坛曰先农坛。神龙元年,礼部尚书祝钦明议曰:‘《周颂·载芟》:“春藉

田而祈社稷。”《礼》：“天子为藉千亩，诸侯百亩。”则缘田为社，曰王社、侯社。今曰先农，失王社之义，宜正名为帝社。’太常少卿韦叔夏、博士张齐贤等议曰：‘《祭法》，王者立太社，然后立王社，所置之地，则无传也。汉兴已有官社，未立官稷，乃立于官社之后，以夏禹配官社，以后稷配官稷。臣瓒曰：“《高纪》，立汉社稷，所谓太社也。官社配以禹，所谓王社也。至光武乃不立官稷，相承至今。”魏以官社为帝社，故挚虞谓魏氏故事立太社是也。晋或废或置，皆无处所。或曰二社并处，而王社居西。崔氏、皇甫氏皆曰王社在藉田。按卫宏《汉仪》“春始东耕于藉田，引诗先农，则神农也。”又《五经要义》曰：“坛于田，以祀先农如社。”魏秦静议风伯、雨师、灵星、先农、社、稷为国六神。晋太始四年，耕于东郊，以太牢祀先农。周、隋旧仪及国朝先农皆祭神农于帝社，配以后稷。则王社、先农不可一也。今宜于藉田立帝社、帝稷，配以禹、弃，则先农、帝社并祠，叶于周之《载芟》之义。’钦明又议曰：‘藉田之祭本王社。古之祀先农，句龙、后稷也。烈山之子亦谓之农，而周弃继之，皆祀为稷。共工之子曰后土，汤胜夏，欲迁而不可。故二神，社、稷主也。黄帝以降，不以羲、农列常祀，岂社、稷而祭神农乎？社、稷之祭，不取神农耒耜大功，而专于共工、烈山，盖以三皇洪荒之迹，无取为教。彼秦静何人，而知社稷、先农为二，而藉田有二坛乎？先农、王社一也，皆后稷、句龙异名而分祭，牲以四牢。’钦明又言：‘汉祀禹，谬也。今欲正王社、先农之号而未决，乃更加二祀，不可。’叔夏、齐贤等乃奏言：‘经无先农，《礼》曰：“王自为立社，曰王社。”先儒以为在藉田也。永徽中犹曰藉田，垂拱后乃为先农。然则先农与社一神，今先农坛请改曰帝社坛，以合古王社之义。其祭，准令以孟春吉亥祠后土，以句龙氏配。’于是为帝社坛，又立帝稷坛于西，如太社、太稷，而坛不设方色，以异于太社。”事又见《唐会要》卷十上、《唐会要》卷十下。

◎“国子监”发展和职责

【文献】

《唐会要》卷六十六《国子监》(P1157)：“武德初，为国子学，隶太常寺。贞观元年五月，改为监。龙朔二年，改为司成馆。咸亨元年，复为国子监。光宅元年，改为成均监。神龙元年，复为国子监。"《四库全书》第595册《唐六典》卷二十一《国子监》P198—199："国子监：祭酒一人，从三品；(《周礼》：'师氏以三德、三行教国子：一曰至德，二曰敏德，三曰孝德，一曰孝行，二曰友行，三曰顺行。凡国之贵游子弟学焉。'又：'保氏养国子以道，教之六艺，谓礼、乐、射、御、书、数。'汉官仪云：'汉置博士祭酒一人，秩六百石。'后汉以博士聪明有威重者一人为祭酒。韦昭《辨释名》曰：'祭酒者，凡誠飨必尊长老，以酒祭先，故曰祭酒。'徐广曰：'古人具馔，则宾中长者举酒祭地，示有先也。'魏因之。晋武帝立国子学，置祭酒一人。《晋令》曰：'祭酒博士当为训范，总统学中众事。'傅畅《诸公赞》云：'裴頠为国子祭酒，奏立国子太学，起讲堂，筑门阙，刻石写《五经》。'《百官志》：'祭酒，皂朝服，介帻，进贤两梁冠，佩水苍玉，官品第三。'东晋及宋、齐并同。梁置国子祭酒一人，班第十三，比列曹尚书。陈国子祭酒秩中二千石，品第三。后魏初，第四品上；太和二十二年，增为从第三品。北齐改为国子寺，祭酒一人，从三品。后周阙。隋初，国子寺祭酒隶太常，从三品。开皇十三年复置国子寺。仁寿元年罢国子，唯置太学。大业三年，改为国子监，依旧置祭酒一人。皇朝因之。龙朔二年改为大司成，咸亨中复旧。光宅元年改为成均监祭酒，神龙元年复旧。)司业二人，从四品下。(《礼记》曰：'乐正司业，父师司成。'秦、汉已来无闻。隋大业三年，置司业一人，从四品；皇朝因之。龙朔改为少司成，咸亨中复旧。垂拱中增置二人。)国子监祭酒、司业之职，掌邦国儒学训导之政令，有六学焉：一曰国子，二曰太学，三曰四门，四曰律学，五曰书学，六曰筭学。凡春、秋二分之月，上丁释奠于先圣孔宣父，以先师颜回配，七十二弟子及先儒二十二贤从祀焉。(旧《令》唯祀十哲及二十二贤。开元八年，敕列曾参于十哲之次，并七十二子并许从祀。其名历已具于祠部。)祭以太牢，乐用登歌、轩县、六佾之舞。若与大祭祀相遇，则改用中丁。祭酒为初献，司业为亚献，博士为终献。若皇太子释奠则赞相礼仪，祭酒为之亚献。皇帝视学，皇太子齿胄，则执经讲义焉。凡释奠之日，则集诸生执经论议，奏请京文武七品以上清官并与观焉。凡教授之经，以《周易》、《尚书》、《周礼》、《仪礼》、《礼记》、《毛诗》、《春秋左氏传》、《公羊传》、《穀梁传》各为一经；《孝经》、《论语》、《老子》，学者兼习之。（诸教授正业：《周易》，郑玄、王弼《注》；《尚书》，孔安国、郑玄《注》；《三礼》、《毛诗》，郑玄《注》；《左传》，服虔、杜预《注》；《公羊》，何休《注》；《穀梁》，范宁《注》；《论语》，郑玄、何晏《注》；《孝经》、《老子》，并开元御《注》。旧《令》：《孝经》，孔安国、郑玄《注》；《老子》，河上公《注》。其《礼记》、《左传》为大经，《毛诗》、《周礼》、《仪礼》为中经，《周易》、《尚书》、《公羊》、《穀梁》为小经。）每岁终，考其学官训导功业之多少，而为之殿最。”

又见《通典》卷二十七《国子监》（P763—768）。

【相关论著举目】

董坤玉：《唐代国子监大成考》，《贵州文史丛刊》，2009 年第 2 期

廖健琦：《试论唐代国子监生徒的教育管理》，《历史教学问题》，2006 年第 3 期

廖健琦：《唐代国子监在对外文化教育方面的作用》，《山西师大学报》，2006 年第 1 期

廖健琦：《试论唐代国子监在国家文化礼制建设中的作用》，《河南师范大学学报》2005 年第 1 期

廖健琦：《唐代国子监的学科设置》，《集美大学学报》2002 年第 1 期

○赵冬曦请明律

【文献】

《新唐书》卷二百《赵冬曦传》（P5702）：“赵冬曦，定州鼓城人。进士擢第，历左拾遗。神龙初，上书曰：‘古律条目千余。隋时奸臣侮法，著律曰：“律无正条者，出罪举重以明轻，入罪举轻以明重。”一辞而废条目数百。自是轻重沿爱憎，被罚者不知其然，使贾谊见之，恸哭必矣。夫法易知，则下不敢犯而远机穽；文义深，则吏乘便而朋附

盛。律、令、格、式，谓宜刊定科条，直书其事。其以准加减比附、量情及举轻以明重、不应为之类皆勿用。使愚夫愚妇相率而远罪，犯者虽贵必坐。律明则人信，法一则主尊。’当时称是。”《全唐文》卷二百九十六赵冬曦有文《请明律例奏》。《唐会要》卷三十九(P709)：“神龙元年正月，赵冬曦上书。”《唐会要》卷七十六(P1387)：“先天二年……藻思清华科，赵冬曦及第。”

○王元感卒于此年后不久，其丧礼论遂废

【文献】

《旧唐书》卷一百八十九下《王元感传》(P4963)：“王元感，濮州鄄城人也。少举明经，累补博城县丞。兖州都督、纪王慎深礼之，命其子东平王续从元感受学。天授中，稍迁左卫率府录事，兼直弘文馆。是后则天亲祠南郊及享明堂，封嵩岳，元感皆受诏共诸儒撰定仪注，凡所立议，众咸推服之。转四门博士，仍直弘文馆。元感时虽年老，犹能烛下看书，通宵不寐。……中宗即位，以春宫旧僚，进加朝散大夫，拜崇贤馆学士。寻卒。”《新唐书》卷一百九十九《王元感传》(P5666—5668)：“元感初著论三年之丧以三十有六月，讥诋诸儒。凤阁舍人张柬之破其说曰：‘三年之丧，二十五月，由古则然。《春秋》僖公三十三年十二月“乙巳，公薨”，文公二年冬“公子遂如齐纳币”。左氏曰：“礼也。”杜预谓：“僖丧终是年十一月，纳币在十二月。”故谓之礼。《公羊传》：“纳币不书，此何以书？讥。何以讥？三年之内不图婚。”何休曰：“僖以十二月薨，未终二十五月，故讥云。”杜预推历乙巳乃在十一月，《经》书十二月为误。文公元年四月，葬僖公。《传》曰：“缓。”夫诸侯之葬五月，若十二月薨，五月不得云缓，则十一月明甚。然二家所竞，乃一月，非一岁，则二十五月，其一验也。《书》称成汤既没，太甲元年曰：“惟元祀，十有二月，伊尹祀于先王，奉嗣王祇见厥祖。”孔安国曰：“汤以元年十一月崩。”此则明年祥，又明年大祥，故下言“惟三祀，十有二月朔，尹以冕服，奉嗣王归于亳”。是十一月服除

而冕。《顾命》："四月哉生魄，王不怿。翌日乙丑，王崩。丁卯，命作册度。越七日癸酉，伯相命士须材。"则成王崩至康王麻冕黼裳凡十日，康王始见庙。明汤崩在十一月。比殡讫，以十二月祗见其祖。《顾命》见庙讫"诸侯出庙门俟"，《伊训》言"祗见厥祖，侯甸群后咸在"，则崩及见庙，周因于殷也，非元年前复有一岁，此二十五月之二验。《礼》："三年之丧，二十五月而毕，哀痛未尽，然而以是为断者，送死有已，服生有节。"又曰："期而小祥，食菜果；又期而大祥，有醯酱；中月而禫，食酒肉。"又曰："再期之丧，三年；期之丧，二年；九月、七月之丧，三时；五月之丧，二时；三月之丧，一时。"此二十五月之三验。《仪礼》："期而小祥，又期而大祥，中月而禫，是月也，吉祭。"此二十五月之四验。《书》、《春秋》、《礼》皆周公、尼父所定，敢问此可为法否？昔郑玄以中月而禫者，内容一月，自丧至禫，凡二十七月。今既用之，而二十五月初无疑论。大抵子于亲丧，有终身之痛，创巨者日久，痛深者愈迟，何岁月而止乎？故练而慨然，悲慕未尽，而踊擗之情差末；祥而廓然，哀伤已除，而孤藐之怀更剧。此情之所致，宁外饰哉？故先王立其中制，使情文两称，是以祥则缟带素纰，禫则无不佩。夫去衰麻，袭锦縠，行道之人皆不忍，直为节之以礼，叵如之何。故仲由不能过制为姊服，孔鲤不能过期哭母，彼讵不怀？畏名教之严也。'当世谓柬之言不诡圣人，而元感论遂废。"

《新唐书》五十七《艺文志》（P1428、P1434、P1441、P1443）录其著："王元感《尚书纠缪》十卷"、"王元感《礼记绳愆》三十卷"、"王元感《春秋振滞》二十卷"、"王元感注《孝经》一卷"。

中宗神龙二年　丙午（706）

○五月，修《则天实录》

【文献】

《旧唐书》卷九十二《魏元忠传》（P2953）："神龙二年，元忠与武三思、祝钦明、徐彦伯、柳冲、韦承庆、崔融、岑羲、徐坚等撰《则天皇后实录》二十卷，编次文集一百二十卷奏之。中宗称善，赐元忠物千段，仍封其子卫王府谘议参军升为任城县男。时元忠特承宠荣，当朝用事。”《唐会要》卷六十三（P1094）记此事在“神龙二年五月九日”。

○行束修之礼

【文献】

《唐会要》卷三十五《学校》（P634）：“神龙二年九月，敕学生在学，各以长幼为序。初入学，皆行束修之礼，礼于师。国子、太学，各绢三匹，四门学，绢二匹，俊士及律书、算学，州县各绢一匹，皆有酒酺。其束修三分入博士，二分助教。以每年国子监所管学生，国子监试，州县学生，当州试，并选艺业优长者为试官，仍长官监试。其试者通计一年所受之业，口问大义十条，得八已上为上，得六已上为中，得五已上为下。及其学九年（律生则六年）不贡举者，并解追。其从县向州者，年数下第，并须通计，服阕重仕者，不在计限。不得改业。”

事又见《文献通考·学校考二》。

中宗神龙三年（景龙元年） 丁未（707）

○韦叔夏卒于此年后，撰有《五礼要记》

【文献】

《旧唐书》卷一百八十九下《韦叔夏传》（P4964—4965）：“韦叔夏，尚书左仆射安石兄也。少而精通《三礼》。其叔父太子詹事琨尝谓曰：‘汝能如是，可以继丞相业矣。’举明经。调露年，累除太常博士。后属高宗崩，山陵旧仪多废缺，叔夏与中书舍人贾太隐、太常博士裴守贞等，草创撰定，由是授春官员外郎。则天将拜洛及享明堂，皆别受制，共当时大儒祝钦明、郭山恽撰定仪注。凡所立议，众咸推服之。累迁成均司业。……长安四年，擢春官侍郎。神龙初，转太常少卿，充建立庙社使。以功进银青光禄大夫。三年，拜国子祭酒。累封沛国郡公。卒时年七十余。撰《五礼要记》三十卷，行于代。赠兖州都督、修文馆学士，谥曰文。"《新唐书》卷五十八《艺文志二》(P1491)："韦叔夏《五礼要记》三十卷。"《册府元龟》卷六百七(P7285)："韦叔夏神龙中为国子祭酒，撰《三礼要记》三十卷，行于代。"

事又见《册府元龟》卷八百十九《总录部·知子第二》。《全唐文》卷一百八十九有传。

中宗景龙二年　戊申(708)

○修文馆置学士

【文献】

《新唐书》卷二百二《李适传》(P5748)："初，中宗景龙二年，始于修文馆置大学士四员、学士八员、直学士十二员，象四时、八节、十二月。于是李峤、宗楚客、赵彦昭、韦嗣立为大学士，适、刘宪、崔湜、郑愔、卢藏用、李乂、岑羲、刘子玄为学士，薛稷、马怀素、宋之问、武平一、杜审言、沈佺期、阎朝隐为直学士，又召徐坚、韦元旦、徐彦伯、刘允济等满员。其后被选者不一。凡天子飨会游豫，唯宰相及学士得从。"事又见《全唐诗话》卷一。

○赵冬曦上《王政》

【文献】

《新唐书》卷五十九《艺文志三》(P1513)："赵冬曦《王政》三卷。景龙二年上。"

中宗景龙三年　己酉(709)

○韦嗣立上疏谏造佛寺

【文献】

《唐会要》卷四十八《寺》(P852)："兵部尚书同中书门下三品韦嗣立上疏曰：'臣窃见比者营造寺、观，其数极多，皆务宏博，竞崇瑰丽。大则费一二十万，小则尚用三五万，余略计都，用资财动至千万已上。运转木石，人牛不停，废人功，害农务，事既非急，时多怨咨。故曰："不作无害有益，功乃成；不贵异物贱用物；人乃足。"诚哉此言。且元象秘妙，归于寂灭，苟非修心定慧，诸法皆涉有为。至如土木雕刻等，惟是殚竭人力，但学互相夸丽，岂关降伏身心。凡所兴功，皆须掘凿，蛰虫在土，种类最多，每日杀伤，动即万计，连年如此，损害可知。于至道既有乖，在生人极为损，陛下岂不深思之！'"事又见《唐文拾遗》卷十八《谏造佛寺奏》。

○迁褚无量国子司业

【文献】

《旧唐书》卷一百二《褚无量传》(P3165)："景龙三年，迁国子司业，兼修文馆学士。"

○十一月，诏礼官学士修定仪注

【文献】

《旧唐书》卷二十一《礼仪志一》(P830)："至景龙三年十一月，亲祀南郊，初将定仪注，国子祭酒祝钦明希旨上言后亦合助祭，遂奏议曰：……"《旧唐书》卷一百二《褚无量传》(P3165—3166)："景龙三年，迁国子司业，兼修文馆学士。是岁，中宗将亲祀南郊，诏礼官学士修定仪注。国子祭酒祝钦明、司业郭山恽皆希旨，请以皇后为亚献，无量独与太常博士唐绍、蒋钦绪固争，以为不可。无量建议曰：‘夫郊祀者，明王之盛事，国家之大礼。行其礼者，不可以臆断，不可以情求，皆上顺天心，下符人事，钦若稽古，率由旧章，然后可以交神明，可以膺福佑。然礼文虽众，莫如《周礼》。《周礼》者，周公致太平之书，先圣极由衷之典，法天地而行教化，辩方位而叙人伦。其义可以幽赞神明，其文可以经纬邦国，备物致用，其可忽乎！至如冬至圆丘，祭中最大，皇后内主，礼位甚尊。若合郊天助祭，则当具著礼典。今遍检《周官》，无此仪制。盖由祭天南郊，不以地配，唯将始祖为主，不以祖妣配天，故唯皇帝亲行其礼，皇后不合预也。

谨按《大宗伯》职云：“若王不与祭祀，则摄位。”《注》云：“王有故，代行其祭事。”下文云：“凡大祭祀，王后不与，则摄而荐豆笾，彻。”若皇后合助祭，承此下文，即当云“若不祭祀，则摄而荐豆笾”。今于文上更起凡，则是别生余事。夫事与上异，则别起凡。凡者，生上起下之名，不专系于本职。《周礼》一部之内，此例极多，备在文中，不可具录。又王后助祭，亲荐豆笾而不彻。案《九嫔》职云：“凡祭，赞后荐，彻豆笾。”《注》云：“后进之而不彻。”则知中彻者，为宗伯生文。若宗伯摄祭，则宗伯亲彻，不别使人。又案“外宗掌宗庙之祀，王后不与，则赞宗伯”。此之一文，与上相证。何以明之？案外宗唯掌宗庙祭祀，不掌郊天，足明此文是宗庙祭也。案王后行事，总在《内宰》职中。检其职文，唯云“大祭祀，后裸献则赞，瑶爵亦如之”。《郑注》云：“谓祭宗庙也。”《注》所以知者，以文云“裸献”，祭天无裸，以此得知。又祭天之器，则用陶匏，亦无瑶爵，《注》以此得知是宗庙也。又内司服掌王后六服，无祭天之服；而巾车职掌王后之五辂，亦无后祭天之辂；祭天七献，无后亚献。以此诸文参之，故知后不合助祭天也。

唯《汉书·郊祀志》则有天地合祭，皇后预享之事，此则西汉末代，强臣擅朝，悖乱彝伦，黩神谄祭，不经之典，事涉诬神。故《易传》曰：“诬神者，殃及三代。”《太誓》曰：“正稽古立功立事，可以永年，承天之大律。”斯史策之良诫,岂可不知。今南郊礼仪,事不稽古,忝守经术,不敢默然。请旁询硕儒,俯摭旧典,采曲台之故事,行圆丘之正仪,使圣朝叶昭旷之涂,天下知文物之盛,岂不幸甚。’时左仆射韦巨源等阿旨,叶同钦明之议,竟不从无量所奏。”

《旧唐书》卷一百八十九下《祝钦明传》(P4965—4970):“景龙三年,中宗将亲祀南郊,钦明与国子司业郭山恽二人奏言皇后亦合助祭,遂建议曰:‘谨按《周礼》,天神曰祀,地祇曰祭,宗庙曰享。大宗伯职曰:“祀大神,祭大祇,享大鬼,理其大礼。若王有故不预,则摄位。凡大祭祀,王后不预,则摄而荐豆笾,彻。”又追师职:“掌王后之首服,以待祭祀。”又内司服职:“掌王后之六服。凡祭祀,供后之衣服。”又九嫔职:“大祭祀,后裸献则赞,瑶爵亦如之。”据此诸文,即皇后合助皇帝祀天神、祭地祇,明矣。故郑玄注《内司服》云:“阙狄,皇后助王祭群小祀之服。”然则小祀尚助王祭,中、大推理可知。阙狄之上,犹有两服:第一袆衣,第二揄狄,第三阙狄。此三狄,皆助祭之服。阙狄即助祭小祀,即知揄狄助祭中祀,袆衣助祭大祀。郑举一隅,故不委说。唯祭宗庙,《周礼》王有两服,先王衮冕,先公鷩冕。郑玄因此以后助祭宗庙,亦分两服,云:“袆衣助祭先王,揄狄助祭先公。”不言助祭天地社稷,自宜三隅而反。且《周礼》正文“凡祭,王后不预”,既不专言宗庙,即知兼祀天地,故云“凡”也。又《春秋外传》云:“禘郊之事,天子亲射其牲,王后亲舂其粢。”故代妇职但云:“诏王后之礼事”,不主言宗庙也。若专主宗庙者,则内宗、外宗职皆言“掌宗庙之祭祀”。此皆礼文分明,不合疑惑。旧说以天子父天、母地、兄日、姊月,所以祀天于南郊,祭地于北郊,朝日于东门之外,以昭事神,训人事,君必躬亲以礼之,有故然后使摄,此其义也。《礼记·祭统》曰:“夫祭也者,必夫妇亲之,所以备内外之官也。官备则具备。”又,“哀公问于孔子曰:‘冕而亲迎,不已重乎?’孔子愀然作色而对曰:‘合二姓之好,以继先圣之后,以为天地宗庙社稷之主,君何谓已重焉!’”又《汉书·郊祀志》云:“天地合祭,先祖配天,先妣配地。天地合精,夫妇判合。祭天南郊,则以地配,一体之义也。”据此诸文,即知皇后合助祭,望请

别修助祭仪注同进。’

帝颇以为疑,召礼官亲问之。太常博士唐绍、蒋钦绪对曰:‘皇后南郊助祭,于礼不合。但钦明所执,是祭宗庙礼,非祭天地礼。谨按魏、晋、宋及齐、梁、周、隋等历代史籍,至于郊天祀地,并无皇后助祭之事。’帝令宰相取两家状对定。钦绪与唐绍及太常博士彭景直又奏议曰:‘《周礼》凡言祭、祀、享三者,皆祭之互名,本无定义。何以明之?按《周礼》典瑞职云:“两珪有邸,以祀地。”则祭地亦称祀也。又司筵云:“设祀先王之胙席。”则祭宗庙亦称祀也。又内宗职云:“掌宗庙之祭祀。”此又非独天称祀,地称祭也。又按《礼记》云:“惟圣为能享帝。”此即祀天帝亦言享也。又按《孝经》云:“春秋祭祀,以时思之。”此即宗庙亦言祭祀也。经典此文,不可备数。据此则钦明所执天曰祀,地曰祭,庙曰享,未得为定明矣。又《周礼》凡言大祭祀者,祭天地宗庙之总名,不独天地为大祭也。何以明之?按郁人职云:“大祭祀,与量人授举斝之卒爵。”尸与斝,皆宗庙之事,则宗庙亦称大祭祀。又钦明状引九嫔职:“大祭祀,后祼献则赞瑶爵。”据祭天无祼,亦无瑶爵,此乃宗庙称大祭祀之明文。钦明所执大祭祀即为祭天地,未得为定明矣。

又《周礼》大宗伯职云:“凡大祭祀,王后有故不预,则摄而荐豆笾,彻。”钦明唯执此文,以为王后有祭天地之礼。钦绪等据此,乃是王后荐宗庙之礼,非祭天地之事。何以明之?按此文:“凡祀大神,祭大祇,享大鬼,帅执事而卜日宿,视涤濯,涖玉鬯,省牲镬,奉玉齍,制大号,理其大礼,制相王之大礼。若王不与祭祀,则摄位。”此已上一“凡”,直是王兼祭天地宗庙之事,故通言大神、大祇、大鬼之祭也。已下文云:“凡大祭祀,王后不与,则摄而荐豆笾,彻。”此一“凡”,直是王后祭庙之事,故唯言大祭祀也。若云王后助祭天地,不应重起“凡大祭祀”之文也。为嫌王后有祭天地之疑,故重起后“凡”以别之耳。王后祭庙,自是大祭祀,何故取上“凡”相王之礼,以混下“凡”王后祭宗庙之文?此是本经科段明白。

又按《周礼》“外宗掌宗庙之祭祀,佐王后荐玉豆。凡后之献,亦如之。王后有故不预，则宗伯摄而荐豆笾。”外宗无佐祭天地之礼。但天地尚质，宗庙尚文。玉豆，宗庙之器，初非祭天所设。请问钦明，若王后助祭天地，在《周礼》使何人赞佐？若宗伯摄后荐豆祭天，又合何人赞佐？并请明征礼文，即知摄荐是宗庙之礼明矣。

按《周礼·司服》云：“王祀昊天上帝，则服大裘而冕。享先王，则衮冕。”内司服“掌王后祭服”，无王后祭天之服。按《三礼义宗》明王后六服，谓袆衣、摇翟、阙翟、鞠衣、展衣、褖衣。“袆衣从王祭先王则服之，摇翟祭先公及飨诸侯则服之，鞠衣以采桑则服之，展衣以礼见王及见宾客则服之，褖衣燕居服之”。王后无助祭于天地之服，但自先王已下。又《三礼义宗》明后夫人之服云：“后不助祭天地五岳，故无助天地四望之服。”按此，则王后无祭天之服明矣。《三礼义宗》明王后五辂，谓重翟、厌翟、安车、翟车、辇车也。“重翟者，后从王祭先王先公所乘也；厌翟者，后从王飨诸侯所乘也；安车者，后宫中朝夕见于王所乘也；翟车者，后求桑所乘也；辇车者，后游宴所乘也。”按此，则王后无祭天之车明矣。

又《礼记·郊特牲·义赞》云：“祭天无祼。郑玄注云：‘唯人道宗庙有祼。天地大神，至尊不祼。’圆丘之祭，与宗庙祫同。朝践，王酌泛齐以献，是一献。后无祭天之事，大宗伯次酌醴齐以献，是为二献。”按此，则祭圆丘，大宗伯次王为献，非摄王后之事。钦明等所执王后有故不预，则宗伯摄荐豆笾，更明摄王后宗庙之荐，非摄天地之祀明矣。

钦明建议引《礼记·祭统》曰“夫祭也者，必夫妇亲之”。按此，是王与后祭宗庙之礼，非关祀天地之义。按汉、魏、晋、宋、后魏、齐、梁、周、陈、隋等历代史籍，兴王令主，郊天祀地，代有其礼，史不阙书，并不见往代皇后助祭之事。又高祖神尧皇帝、太宗文武圣皇帝南郊祀天，无皇后助祭处。高宗天皇大帝永徽二年十一月辛酉亲有事于南郊，又总章元年十二月丁卯亲拜南郊，亦并无皇后助祭处。又按《大唐礼》，亦无皇后南郊助祭之礼。

钦绪等幸忝礼官，亲承圣问，竭尽闻见，不敢依随。伏以主上稽

古，志遵旧典，所议助祭，实无明文。’

时尚书左仆射韦巨源又希旨，协同钦明之议。上纳其言，竟以后为亚献，仍补大臣李峤等女为斋娘，以执笾豆。及礼毕，特诏斋娘有夫婿者，咸为改官。”

《新唐书》卷一百一十二《蒋钦绪传》(P4179)：“蒋钦绪，莱州胶水人。颇工文辞，擢进士第，累迁太常博士。中宗始亲郊，国子祭酒祝钦明建言，皇后应亚献，欲以媚韦氏。天子疑之，诏礼官议。众曲意阿徇，钦绪独抗言不可，诸儒壮其节。”

事又见《新唐书》卷一百九《祝钦明传》，《新唐书》卷十三《礼乐志三》、《旧唐书》卷五十一《后妃传》、《资治通鉴》卷二百九、《旧唐书》卷八十八、《册府元龟》卷四百六十、《册府元龟》卷五百九十六、《唐会要》卷九上、《文献通考》卷七十《郊社考三》、《通典》卷四十三《礼三·沿革三》、《新唐书》卷二百《褚无量传》。《全唐文》卷二百七十蒋钦绪文《驳祝钦明请南郊皇后充亚献议》、《全唐文》卷二百九十四褚无量文《皇后不合祭南郊议》。

◎元行冲撰《魏典》

【文献】

《唐会要》卷六十三《修前代史》(P1092)：“景龙三年十二月，太常少卿元行冲以本族出于后魏，未有编年之文，乃撰《魏典》三十卷。事详文简，为学者所称。(初，魏明帝时，西柳谷瑞石，有牛继马后之象。魏收《魏史》以为晋元帝是牛氏之子，因姓司马氏以应石文。行冲难寻事迹，以后魏道武帝名犍，继晋受命，又考校谶符，特著论以明之。)”

事又见《册府元龟》卷五百五十六，《文献通考》卷一百九十五有录。

◎萧颖士约生于此年

【文献】

《新唐书》二百二《萧颖士传》(P5767—5769)：“萧颖士字茂挺，梁鄱阳王恢七世孙。……后客死汝南逆旅，年五十二，门人共谥曰文元先生。”《全唐文》卷三百一十五李华《萧颖士文集序》(P3198)：“君以先世寄殡嵩条，因之迁祔终事，至汝南而殁。”

【考论】

萧颖士(709，一说717—760)子茂挺，江苏常州人，唐学者，约卒于唐乾元三年(上元元年)，年五十二，逆推知当生于此年。《全唐文》卷三百二十一李华《祭萧颖士文》(P3257)，为乾元三年(即上元二年)二月十日作，故陶敏、李一飞、傅璇琮《唐五代文学编年史》(中唐卷)据此，记其卒于乾元三年。姜亮夫《历代人物年里碑传综表》则以为颖士生于玄宗开元五年(717)，卒于代宗大历三年(768)。参见《中国学术思想编年》之《隋唐五代卷》。

【相关论著举目】

乔长阜：《萧颖士事迹系年考辨》，《江南学院学报》，2000年第3期

姜光斗：《萧颖士习籍世系和生平仕履考》，《南通师范学院学报》，1993年第4期

中宗景龙四年(又作少帝唐隆元年)睿宗景云元年庚戌(710)

○刘知幾撰《史通》成

【文献】

《新唐书》卷一百三十二《刘知幾传》(P4520—4521)：“累迁凤阁舍人，兼修国史。中宗时，擢太子率更令，介直自守，累岁不迁。会天子西还，子玄自乞留东都，三年，或言子玄身史臣而私著述，驿召至京，领史事。迁秘书少监。时宰相韦巨源、纪处讷、杨再思、宗楚客、萧至忠皆领监修，子玄病长官多，意尚不一，而至忠数责论次无功，又

仕偃蹇，乃奏记求罢去。……始，子玄修《武后实录》，有所改正，而武三思等不听。自以为见用于时而志不遂，乃著《史通》内外四十九篇，讥评今古。徐坚读之，叹曰：'为史氏者宜置此坐右也。'又尝自比杨雄者四：'雄好雕虫小伎，老而为悔；吾幼喜诗赋而壮不为，期以述者自名。雄准《易》作经，当时笑之；吾作《史通》，俗以为愚。雄著书见尤于人，作《解嘲》；吾亦作《释蒙》。雄少为范逡、刘歆所器，及闻作经，以为必覆酱瓿；吾始以文章得誉，晚谈史传，由是减价。'其自感慨如此。"《旧唐书》卷一百二《刘子玄传》(P3171)："时知幾又著《史通子》二十卷，备论史策之体。太子右庶子徐坚深重其书，尝云：'居史职者，宜置此书于座右。'"《四部丛刊》初编刘知幾《史通》卷十《自叙》(P76)："若《史通》之为书也，盖伤当时载笔之士，其道不纯，思欲辨其指归，殚其体统。夫其书虽以史为主，而余波所及，上穷王道，下探人伦。……盖谈经者恶闻服、杜之嗤，论史者憎言班、马之失；而此书多讥往哲，喜述前非，获罪于时，固其宜矣。"《全唐文卷二百七十四》刘子元《史通序录》(P2789)："长安二年，余以著作佐郎兼修国史，寻迁左史，于门下撰起居注。会转中书舍人，暂停史任，俄兼领其职。今上即位，除著作郎太子中允率更令，其修史皆如故。又属大驾还京，以留后在都，无几，驿征入京，专知史事，仍迁秘书少监。自惟历事二主，从官两京，遍居司籍之曹，久处载言之职。昔马融三入东观，汉代称荣；张华再典史官，晋朝称美。嗟予小子，兼而有之，是用职思其忧，不遑启处。尝以载削余暇，商榷史篇，下笔不休，遂盈筐箧，于是区分类聚，编而次之。昔汉世诸儒，集论经传，定之于白虎阁，因名曰《白虎通》。予既在史馆，而成此书，故便以《史通》为目。且汉求司马迁后封为史通子，是知史之称通，其来自久。博采众议，爰定兹名，凡为廿卷，列之如左，合若干言。于时岁次庚戌景龙四年仲春之月也。"

《四库全书总目》卷八十八《史评类》(P750—751)："《史通》二十卷，唐刘子元撰。子元本名知幾，避明皇嫌名，以字行。彭城人。弱冠擢进士第，调获嘉尉，迁凤阁舍人，兼修国史。中宗时擢太子率更令，累迁秘书监，太子左庶子，崇文馆学士。开元初官至左散骑常侍。

后坐事贬安州别驾，卒于官。事迹具《唐书》本传。此书成于景龙四年。凡内篇十卷，三十九篇；外篇十卷，十三篇。盖其官秘书监时与萧至忠、宗楚客等争论史事不合，故发愤而著书者也。其内篇《体统》、《纰缪》、《弛张》三篇，有录无书。考本传已称著《史通》四十九篇，则三篇之亡，在修《唐书》以前矣。内篇皆论史家体例，辨别是非。外篇则述史籍源流，及杂评古人得失。文或与内篇重出，又或牴牾。观开卷《六家篇》，首称自古帝王文籍，外篇言之备矣。是先有外篇，乃撷其精华以成内篇，故删除有所未尽也。子元于史学最深，又领史职几三十年，更历书局亦最久。其贯穿今古、洞悉利病，实非后人之所及。而性本过刚，词复有激，诋诃太甚，或悍然不顾其安。《疑古》、《惑经》诸篇，世所共诟，不待言矣。即如《六家篇》讥《尚书》为例不纯，《载言篇》讥左氏不遵古法，《人物篇》讥《尚书》不载八元、八恺、寒浞、飞廉、恶来、闳夭、散宜生，讥《春秋》不载由余、百里奚、范蠡、文种、曹沫、公仪休、宁戚、穰苴，亦殊谬妄。至于史家书法，在褒贬不在名号。昏暴如幽、厉，不能削其王号也。而《称谓篇》谓晋康、穆以下诸帝，皆当削其庙号。朱云之折槛，张纲之埋轮，直节凛然。而《言语篇》斥为小辨，史不当书。蘧瑗位列大夫，未尝栖隐。而《品藻篇》谓《高士传》漏载其名。孔子门人，欲尊有若，事出《孟子》，定不虚诬。而《鉴识篇》以《史记》载此一事，其鄙陋甚于褚少孙。皆任意抑扬，偏驳殊甚。其他如《杂说篇》指赵盾鱼飧，不为菲食，议《公羊》之诬。并州竹马，非其土产，讥《东观汉记》之谬，亦多琐屑支离。且《周礼》太史掌国之六典，小史掌邦国之志，则史官兼司掌故，古之制也。子元之意，惟以褒贬为宗，余事皆视为枝赘。故《表历》、《书志》两篇，于班、马以来之旧例，一一排斥，多欲删除，尤乖古法。余如讥《后汉书》之采杂说，而自据《竹书纪年》、《山海经》，讥《汉书·五行志》之舛误，而自以元晖之《科录》为魏济阴王晖业作，以《后汉书·刘虞传》为在《三国志》中。小小疏漏，更所不免。然其缕析条分，如别黑白。一经抉摘，虽马迁、班固几无词以自解免。亦可云载笔之法家，著书之监史矣。自明以来，注本凡三四家，而讹脱窜乱，均如一辙。此本为内府所藏旧刻，未有注文，视诸家犹为近古。其中《点烦》一篇，诸本并佚其朱点，此本亦同。无可校补，姑仍之焉。”

【考论】

刘知幾(661—721)，字子玄，彭城(今江苏徐州)人。出身于唐代名门，以词章知名于世。自幼博览群书，二十岁时中进士，任获嘉(今河南获嘉县)主簿。武则天圣历二年(699)，奉调长安，任王府仓曹，参与编纂《三教珠英》。不久任著作佐郎兼修国史，又迁为左史，先后参与撰修起居注、《唐史》。唐中宗景龙二年(708)，迁为秘书少监，又掌修史，因与史馆萧至忠、宗楚客不合，辞去史官之务，“退而私撰《史通》以见其志”(《史通·自叙》)，以示抗议。景龙四年(710)，《史通》撰成。

随着史学的不断发展，史论随之发展起来。史论发端于秦汉而形成于唐代，以论述史籍得失、评论史学体例、研究撰史方法为主要内容。在史学地位日趋巩固、史论不断发展，“正史”独尊局面形成之后，系统总结史学发展的代表作《史通》应运而生。刘知幾成为中国史学之开拓者，写出我国首部系统性史论专著《史通》。此书“总括万殊，包吞千有”，兼有史学理论和史学批评两方面内容，集唐以前史论之大成。《史通·原序》自称是书“商榷史篇，下笔不休”，《自序》又称自己“多讥往哲，喜述前非”，表现出强烈的史学批评意识。全书共二十卷四十九篇，内篇十卷计三十九篇、外篇十卷计十篇，其内篇《体统》、《纰缪》、《弛张》三篇有录无书(《唐书》本传著录49篇，当时已佚)。内篇评论史书体例、编撰方法和技巧，辨别是非；外篇着重于述史籍源流、杂评古人得失。该书高度概括了史书“使后之学者坐披囊箧而神交万古，不出户庭而穷览千载”、“劝善惩恶”的重要价值，提出史家须具有才、学、识“三长”，并总结了史书类别、源流及体例。此书首次对史学作了一次全面系统的总结，使史学批评、史学理论臻于成熟，标志着中国史学进入了较为自觉的阶段。其所建立的史学理论体系，奠定了中国古代史学理论的基础。今人梁启超对该书做了高度评价，说：“自有史学以来二千年间，得三人焉：在唐则刘知幾，其学说在《史通》;在宋则郑樵,其学说在《通志·总序》及《艺文略》、《校雠略》、《图谱略》;在清则章学诚,其学说在《文史通义》。"又云:"刘氏事理缜密,识力锐敏。勇于怀疑,勤于综核,王充以来,一人而已。"(《中国历史研究法》)傅振伦先生评曰:"盖我国史籍,起于皇古,而历史之学,则始于刘氏《史通》。"(傅振伦《刘知幾年谱·引言》,中华书局1963年版)金毓黻先生以为"回溯清代以往,史学成就综以两端:一曰撰史,始以编年,继以纪传号称'二体'……二曰论史,刘氏《史通》创作于前,章氏《通义》嗣响于后……"(金毓黻《中国史学史·导言》,河北教育出版社2000年版)。刘知幾《史通》堪称中国史学史上的里程碑,首开中国史论之先河,具有划时代的意义。

刘知幾所著《史通》对儒学发展亦有贡献,其敢于冲破传统观念束缚的勇气,敢于冒天下之大不韪怀疑儒家经典的精神,首开"六经皆史"之先河的思想,有助于儒学研究的新发展,开辟了儒学研究的新道路。自西汉中期儒术独尊之后,儒家经书即被赋予了至高无上的神圣地位,学者在研究和整理儒家经典时,不敢越雷池一步。这不仅影响了人们对其进行实事求是的研究和整理,而且也影响人们开拓思维和视野。刘知幾挑战儒学经典权威的勇气,敢于疑古的精神,的确是非常可贵的。

傅振伦认为,《史通》创编于武则天长安二年(702),其中外篇是内篇的底本,全书至唐玄宗开元初尚未搁笔(《刘知幾之史学》)。白寿彝则认为是书于景龙四年(710)写成后仍有修改(见《刘知幾之史学》,载《中国史学史之论集》上海人民出版社1980年版)。此诸说均可备参考。清浦起龙的《史通通释》,黄叔琳的《史通训诂补》,民国时吕思勉的《史通评》等,可以参看。是书有嘉靖间陆严山所刊蜀本,李维桢、郭孔延评释本,纪文达公削繁本,王维俭的训诂本,清有《四库》本、《四部丛刊》本等。参见《中国学术思想编年》之《隋唐五代卷》。

【相关论著举目】

张莉明:《〈史通〉对〈文心雕龙〉宗经史学观的批判》,《江苏广播电视大学学报》,2011年第2期

吕海龙:《论“文史两分”认识的三阶段——兼论〈史通〉在此过程中的理论意义》,《齐鲁学刊》,2011 年第 2 期

王晓敏:《试论〈史通〉对唐代〈左传〉学研究领域的拓展》,《许昌学院学报》,2006 年第 6 期

黎文丽:《刘知幾〈史通〉体现的编辑思想和编辑原则》,《唐都学刊》,2006 年第 5 期

瞿林东:《第七章划时代的史学批评著作——〈史通〉》,《中国史学史(第三卷)》(魏晋南北朝隋唐时期),上海人民出版社 2006 年版

赵俊:《〈史通〉理论体系的结构和逻辑》,《中国社会科学院研究生院学报》,2005 年第 5 期

黄觉弘:《刘知幾论〈左传〉》,《江汉大学学报》,2005 年第 2 期

曾凡英:《论〈史通〉的流传与研究》,《四川理工学院学报》,2003 年第 4 期

吴建伟:《刘知幾经学思想试探》,《钦州师范高等专科学校学报》,2003 年第 2 期

杨艳秋:《刘知幾〈史通〉与明代史学》,《史学史研究》,2002 年第 4 期

邹旭光:《刘知幾文史关系论指要》,《南京社会科学》,2000 年第 6 期

杨绪敏:《刘知幾的史学变革思想及其局限性》,《江海学刊》,2000 年第 4 期

代继华:《〈史通〉研究五十年》,《中国史研究动态》,2000 年第 1 期

周晓瑜:《〈史通〉的撰著指导思想与方法》,《文史哲》,1999 年第 5 期

宋纯路:《从〈史通〉之〈疑古〉、〈惑径〉篇看刘知幾的史学批判精神》,《牡丹江师范学院学报》,1999 年第 4 期

夏祖恩:《刘知幾〈史通〉的卓识与局限》,《福建论坛》,1999 年第 4 期

曾凡英:《〈史通〉撰写时间辨析》,《唐都学刊》,1999年第2期

杨绪敏:《刘知幾疑古思想的形成及考辨儒经、古史之成就》,《中国矿业大学学报》,1999年第1期

许凌云:《谈〈史通〉的整体构思》,《浙江学刊》,1990年第1期

刘文英:《〈史通〉的历史地位》,《文史哲》,1981年第6期

杨翼骧:《刘知幾与〈史通〉》,《历史教学》,1963年第7期

○刘知幾赞美《左传》

【文献】

《四部丛刊》初编《史通》卷十六《杂说上》(P113—114):"《左氏》之叙事也,述行师则簿领盈视,叱聒沸腾,论备火则区分在目,修饰峻整;言胜捷则收获都尽,记奔败则披靡横前;申盟誓则慷慨有余,称谲诈则欺诬可见;谈恩惠则煦如春日,纪严切则凛若秋霜;叙兴邦则滋味无量,陈亡国则凄凉可悯。或腴辞润简牍,或美句入咏歌,跌宕而不群,纵横而自得。若斯才者,殆将工侔造化,思涉鬼神,著述罕闻,古今之卓绝。"

【考论】

刘氏深为《左传》之叙事所折服,"陶醉之余,振笔直书,一气而下,显然已经超越了严肃的理论体系而在书写读后感了"(《春秋左传学史稿》P190)。刘知幾把《左传》从经学纳入史学的范围,开拓了《左传》研究的新视野,在历史观念、史书体裁与编撰、叙事与语言诸方面都对《左传》作了相当精粹的论阐,改变了过去专从微言大义评论《三传》的传统习惯,树立了新的评论标准和方法,对唐以后的《春秋》经传学的研究有不小影响。(参见黄觉弘《刘知幾论〈左传〉》,《江汉大学学报》2005年第2期)我国第一部有详细史料的史书《左传》,其文学价值、史学价值在《史通》一书中受到了高度重视,得到了较为全面的论述,被誉为"著述罕闻,古今之卓绝"(《四部丛刊》初编《史通》卷十六《杂说上》(P114))。此论乃《左传》成书以来之首发,改变了汉代

以来《左传》作为儒家经传的面貌，但《史通》乃私人著述，无政治力量的支持，故其影响难和《春秋左传正义》相比，加上其卓识之超前性难为时人接受，因此没有广泛流传。可见《左传》的多重价值没有被唐人广泛了解或接受，因此《史通》的出现没有形成能撼动当时《左传》学统一地位的潮流。《春秋左传正义》携政治力量所形成的封闭统一性，使《左传》学几乎处于停滞状态，直到“安史之乱”的到来，唐王朝政治力量急剧衰弱，无力再以政治力量来保障其意识形态的统一，各种思想和学说纷现，才打破了唐代前期《左传》学僵化的局面。《史通》对《左传》史学及文学成就的理论阐述，有助于后世更为全面地认识《左传》的多重价值，亦使中国古代史学的理论得到了进一步的完善。

○祝钦明卒于此年后不久

【文献】

《旧唐书》卷一百八十九下《祝钦明传》(P4965—4970)：“祝钦明，雍州始平人也。少通《五经》，兼涉众史百家之说。举明经。长安元年，累迁太子率更令，兼崇文馆学士。中宗在春宫，钦明兼充侍读。二年，迁太子少保。中宗即位，以侍读之故，擢拜国子祭酒、同中书门下三品，加位银青光禄大夫，历刑部、礼部二尚书，兼修国史，仍旧知政事，累封鲁国公，食实封三百户。寻以匿忌日，为御史中丞萧至忠所劾，贬授申州刺史。久之，入为国子祭酒。……景云初，侍御史倪若水劾奏钦明及郭山恽曰：‘钦明等本自腐儒，素无操行，崇班列爵，实为叨忝，而涓尘莫效，谄佞为能。遂使曲台之礼，圜丘之制，百王故事，一朝坠失。所谓乱常改作，希旨病君，人之不才，遂至于此。今圣明驭历，贤良入用，惟兹小人，犹在朝列。臣请并从黜放，以肃周行。’于是左授钦明饶州刺史。后入为崇文馆学士。寻卒。”

事又见《新唐书》卷一百九《祝钦明传》。

◎褚无量约于此年撰《翼善记》以进之

【文献】

《旧唐书》卷一百二《褚无量传》(P3166—3167):“景云初,玄宗在春宫,召拜国子司业,兼皇太子侍读,尝撰《翼善记》以进之,皇太子降书嘉劳,赉绢四十匹。”

睿宗景云二年　辛亥(711)

◎刘知幾累迁太子左庶子,改名子玄

【文献】

《旧唐书》卷一百二《刘子玄传》(P3171):“景云中,累迁太子左庶子,兼崇文馆学士,仍依旧修国史,加银青光禄大夫。时玄宗在东宫,知幾以名音类上名,乃改子玄。”

◎八月丁巳,太子释奠于太学,刘子玄进议

【文献】

《旧唐书》卷二十四《礼仪志四》(P919):“睿宗景云二年八月丁巳,皇太子释奠于太学。”《旧唐书》卷一百二《刘子玄传》(P3171—3173):“二年,皇太子将亲释奠于国学,有司草仪注,令从臣皆乘马著衣冠。子玄进议……皇太子手令付外宣行,仍编入令,以为常式。”《唐会要》卷三十五《释奠》(P641—642):“景云二年七月,皇太子亲释奠于国学,有司草仪注,令从臣皆乘马,著衣冠。太子左庶子刘子元进议曰:“古者自大夫已上,皆乘车马,而以马为騑服。魏、晋已降,迄于隋世,朝士又驾牛车。至如李广北征,解鞍憩息;马援南伐,据鞍盼顾。则鞍马之设,行于军旅;戎服所乘,贵于便习者也。按江左官至

尚书郎，而辄轻乘马，则为御史所弹。又颜延年罢官后，好骑马出入闾里，当世称其放诞。此则专车凭轼，可擐朝衣；单马御鞍，宜从亵服。求之近古，灼然之明验也。褒衣博带，方履高冠，本非马上所施，自是车中之服。且长裾广袖，襜如翼如，鸣佩纡组，锵锵奕奕。驰骤于风尘之内，出入于旌棨之间，倘马有惊逸，人从颠坠，遂使属车之右，遗履不收，清道之傍，絓缕相续，固以受嗤行路，有损威仪。其乘马衣冠，窃谓宜从废改。皇太子令付外宣行，仍编入令，以为常式。”

事又见《旧唐书》卷四十五《舆服志》、《新唐书》卷二十四《车服志》、《通典》卷五十三《礼十三·沿革十三》、《文献通考》卷一百十九、《册府元龟》卷五百八十八。

【考论】

皇太子释奠时按惯例要“褒衣博带，方履高冠，长裾广袖，襜如翼如，鸣佩纡组”，不便于乘马行路，且埋有隐患。刘子玄遂进议“乘马衣冠，窃谓宜从废改”，皇太子依从，此后遂成为常式。

○四月，唐睿宗与群臣重论三教关系，令佛僧、道士“齐行并进”

【文献】

《旧唐书》卷七《睿宗纪》(P157)：“(二年夏四月，癸未)诏以释典玄宗，理均迹异，拯人化俗，教别功齐。自今每缘法事集会，僧尼、道士女冠等宜齐行道集。”《四库全书》第426册《唐大诏令集》卷一百一十三《僧道齐行并进制》(P790)：“朕闻释及玄宗，理均迹异，拯人救俗，教别功齐。岂有于其中间，妄生彼我，不遵善下之旨，相高无上之法，有殊圣教，颇失道源。自今每缘法事集会，僧尼道士女冠等，宜齐行并进。景云二年。”

事又见《隆兴佛教编年通论》卷十五、《全唐文》卷十八《令僧道并行制》。

【考论】

自武德、贞观年间确立“道先、释后”顺序后，道、释之论争未有停息，但终此一政策从未动摇。武则天因特定的政治原因，遂于天授二年(691)重新调整三教秩序，诏令“释先、道后”，僧尼在道士女冠之前。睿宗认为僧道二教“理均迹异”，其社会作用皆为“拯人救俗”，若彼此互争高下，则“有殊圣教，颇失道源”，遂敕僧道“齐行并进”。此诏出后逐渐结束各教排次局面，并终唐一世，遂成定制。睿宗重论三教关系，有效解决了长期以来争执不下的宗教问题，促进了三教在思想文化层面的相互吸收、相互融合，对于此后的思想文化格局影响深远。参见《中国学术思想编年》之《隋唐五代卷》。

睿宗太极元年(玄宗先天元年)　壬子(712)

○正月，修饰孔宣父祠庙

【文献】

《旧唐书》卷二十四《礼仪志四》(P919)：“太极元年正月，诏：‘孔宣父祠庙，令本州修饰，取侧近三十户以供洒扫。’”《旧唐书》卷七《睿宗纪》(P158)：“三年春正月辛未朔，亲谒太庙。……己丑，大赦天下，改元为太极。内外官四品已下加一阶，三品已上加爵一级。孔宣父祠庙，本州取侧近三十户以供洒扫。”

事又见《唐会要》卷三十五《褒崇先圣》、《全唐文》卷十九《孔子赞》。

○二月，追赠颜回为太子太师，曾参为太子太保，并配享孔子庙

【文献】

《唐会要》卷三十五《褒崇先圣》(P637)：“至太极元年二月十六日，追赠颜回为太子太师，曾参为太子太保，并配享孔子庙。”

○二月，褚无量讲《孝经》、《礼记》，进授银青光禄大夫

【文献】

《旧唐书》卷一百二《褚无量传》(P3167)："太极元年，皇太子国学亲释奠，令无量讲《孝经》、《礼记》，各随端立义，博而且辩，观者叹服焉。既毕，进授银青光禄大夫，兼赐以章服，并彩绢百段。"《唐会要》卷三十五《释奠》(P642)："太极元年二月二十八日，皇太子亲释奠，开讲筵，国子司业褚无量执经。"

事又见《册府元龟》卷二百六十《储宫部(讲学)》、《册府元龟》卷六百一《学校部(恩奖)》。

○六月，令搜检经籍

【文献】

《唐会要》卷三十五《经籍》(P644)："景云三年六月十七日，以经籍多缺，令京官有学行者，分行天下，搜检图籍。"

○睿宗劝讲明经

【文献】

《全唐文》卷十九《申劝礼俗敕》(P222—223)一文中有："庠序者，风化之本，人伦之先，仰州县劝导，令知礼节。每年贡明经进士，不须限数，贵在得人。先圣庙及州县学，即令修理。春秋释菜，使敦讲诵之风。天下有奇才异行，沉伏不能自达，及官人百姓，有能谏言时政得失者，并令本州责状封进。乡饮礼废，为日已久，尊德尚齿，宏益极深，宜令诸州，每年遵行乡饮之礼，令有劝慕，王公卿士，务存训奖。子弟成立，则有冠婚。婚礼糟粕或存，冠礼久为废阙。自今以后，并行冠义，责以成人之道，使知负荷之难。食为人天，农为邦本，绥抚萌庶，劝课农桑，牧宰之政，莫过乎此。刺史县令，有课最尤异，委廉察

使名闻。当别加甄擢。县令字人之本，明经为政之先，不稍优异，无以劝奖。县令考满，考词使状有清字，无负犯；明经及第，每至选时，量加优赏，若属停选，并听赴集。……《书》不云乎：'德惟善政，政在养民。'布告天下，咸知朕意。"

【考论】

唐睿宗（662—716），讳旦，又名旭轮，唐高宗第八子，武则天幼子。文明元年、景云元年先后两次称帝，共在位八年。是年，禅位于讨韦氏有功的三子皇太子李隆基，称太上皇，至开元五年而崩，年五十五，葬于桥陵，谥号玄真大圣大兴皇帝。睿宗"谦恭孝友，好学，工草隶，尤爱文字训诂之书"，在位时间虽然短暂，却一直致力于兴儒崇教，实行了劝讲明经、修饰孔庙、搜检经籍等一系列措施。

○玄宗即位，数诏州县及百官荐举经通之士

【文献】

《旧唐书》卷一百八十九上《儒学传序》（P4942）："玄宗在东宫，亲幸太学，大开讲论，学官生徒，各赐束帛。及即位，数诏州县及百官荐举经通之士。又置集贤院，招集学者校选，募儒士及博涉著实之流。以为《儒学篇》。"

【考论】

玄宗于是年即位，改元先天。玄宗在东宫时，就重视儒学和教育，曾亲幸太学，大开讲论。即位之初，更为留意儒学，数诏州县及百官荐举经通之士，并置集贤院，招募儒士及博涉著实者。玄宗于明年改年号开元，由此拉开了大唐开元盛世的序幕。开元盛世与玄宗重儒崇教有着密不可分的关系。

○玄宗以师恩迁褚无量

【文献】

《旧唐书》卷一百二《褚无量传》（P3167）："玄宗即位，迁郯王傅，

兼国子祭酒。寻以师傅恩迁左散骑常侍，仍兼国子祭酒，封舒国公，实封二百户。”《全唐文》卷二十《封张说褚无量制》(P238)：“无量执经传《礼》，敷畅微言，俾予游夫子之门，知先王之道者，侍讲之功也。说又定策监抚，谋始危言，防萌屯难，虑终竭节，以身许国，其诚动天。夫爵有德，封有功，眷彼茂勤，宜宏赏典。以桓荣之稽古，况萧何之指踪，是用钦若朝经，差其井赋。说可封燕国公，食实封二百户。无量可左散骑常侍兼国子祭酒，封舒国公，食实封二百户。”

玄宗开元元年　癸丑(713)

○日本国请儒士授经，遂诏赵玄默教之

【文献】

《旧唐书》一百九十九上《东夷传》(P5341)：“开元初，又遣使来朝，因请儒士授经。诏四门助教赵玄默就鸿胪寺教之，乃遗玄默阔幅布以为束修之礼，题云‘白龟元年调布’。”《新唐书》卷二百二十《东夷日本传》(P6208—6209)：“长安元年，其王文武立，改元曰太宝，遣朝臣真人粟田贡方物。朝臣真人者，犹唐尚书也。冠进德冠，顶有华蘤四披，紫袍帛带。真人好学，能属文，进止有容。武后宴之麟德殿，授司膳卿，还之。文武死，子阿用立。死，子圣武立，改元曰白龟。开元初，粟田复朝，请从诸儒受经。诏四门助教赵玄默即鸿胪寺为师，献大幅布为贽，悉赏物贸书以归。其副朝臣仲满慕华不肯去，易姓名曰朝衡，历左补阙，仪王友，多所该识，久乃还。圣武死，女孝明立，改元曰天平胜宝。”《旧唐书》卷一百八十五下《阳峤传》(P4813)：“入为国子祭酒，累封北平伯，荐尹知章、范行恭、赵玄默等为学官，皆称名儒。”

事又见《太平御览》卷七百八十二《四夷部三(东夷三)》。

○十月，唐绍因讲武失仪被诛

【文献】

《旧唐书》卷二十一《礼仪志一》(P818)："先天二年，绍为给事中，以讲武失仪，得罪被诛。其后礼官张星、王琇又以元日仪注乖失，诏免官归家学问。"

《全唐文》卷二百七十一、《旧唐书》卷八十五有传。事又见《文献通考》卷一百五十七，《太平御览》卷一百一十一，《通典》卷七十六《礼卅六·沿革卅六》，《太平广记》卷一百二十五，《册府元龟》卷一百二十四、卷一百五十二、卷六百二十八，《廿二史札记》卷十六。

【考论】

唐绍，京兆长安人，博学多识，善《三礼》，神龙时历官侍御史员外郎。睿宗即位，累转给事中兼太常少卿。先天二年，玄宗讲武骊山，因典仪失军容不合旨意而被诛。其后礼官张星、王琇又以元日仪注乖失，诏免官归家学问。此举表明玄宗即位之初加强儒学礼制之决心。

○郭山恽卒于此年后不久，撰有《大享明堂仪注》等

【文献】

《旧唐书》卷一百八十九下《郭山恽传》(P4970—4971)："郭山恽，蒲州河东人。少通《三礼》。景龙中，累迁国子司业。时中宗数引近臣及修文学士，与之宴集，尝令各效伎艺，以为笑乐。工部尚书张锡为《谈容娘舞》，将作大匠宗晋卿舞《浑脱》，左卫将军张洽舞《黄麞》，左金吾卫将军杜元琰诵《婆罗门咒》，给事中李行言唱《驾车西河》，中书舍人卢藏用效道士上章。山恽独奏曰：'臣无所解，请诵古诗两篇。'帝从之，于是诵《鹿鸣》、《蟋蟀》之诗。奏未毕，中书令李峤以其词有'好乐无荒'之语，颇涉规讽，怒为忤旨，遽止之。翌日，帝嘉山恽之意，诏曰：'郭山恽业优经史，识贮古今，《八索》、《九丘》，由来遍览；

前言往行，实所该详。昨者因其豫游，式宴朝彦，既乘欢洽，咸使咏歌。遂能志在匡时，潜申规讽，謇謇之诚弥切，谔谔之操逾明。宜示褒扬，美兹鲠直。'赐时服一幅。寻与祝钦明同献皇后助祭郊祀之议。景云中，左授括州长史。开元初，复入为国子司业。卒于官。"《旧唐书》卷四十六《经籍志上》(P2009)："《大享明堂仪注》二卷郭山恽撰、《亲享太庙仪》三卷郭山恽撰。"《新唐书》卷五十八《艺文志二》(P1491)："郭山恽《大享明堂仪注》二卷、《亲享太庙仪注》三卷。"

【考论】

郭山恽，唐蒲州河东(今山西永济西)人，少通《三礼》。景龙中，任国子司业。中宗曾令近臣及修文学士各效伎艺，以为笑乐，独诵《诗》以谏，翌日帝嘉其意，下诏赏赐。景云中，贬为括州长史。开元初，复为国子司业。曾撰有《大享明堂仪注》、《亲享太庙仪》等。大约于是年卒。

○此年后不久，康子元擢累秘书少监

【文献】

《新唐书》卷二百《康子元传》(P5701)："康子元，越州会稽人。仕历献陵令。开元初，诏中书令张说举能治《易》、《老》、《庄》者，集贤直学士侯行果荐子元及平阳敬会真于说，说藉以闻，并赐衣币，得侍读。子元擢累秘书少监，会真四门博士，俄皆兼集贤侍讲学士。"《四库全书》第1036册《南部新书》卷四(P204)："康子元，越人，念《易》数千遍，行坐不释卷。开元中，张说荐为丽正学士。"

【考论】

康子元，会稽(今浙江省)人，官至宗正少卿，唐代经学家，治《易经》、《老》、《庄》之学，以为"受命不于天，于其人"，"是为公是，非为公非，蹈道必赏，违善必罚"，主张改革弊政，创立新制，是历史上有名的改革家。

○七月，柳冲上《姓族录》

【文献】

《唐会要》卷三十六（P665）：“神龙元年五月十八日，左散骑常侍柳冲上表曰：‘臣闻姓氏之初，《世本》著其义；昭穆之序，《周谱》列其风。汉、晋之年，应、挚明宗系之说；齐、梁之际，王、贾述衣冠之源。使夫士庶区分，惩劝攸寄，昭之后世，实为盛典。臣今愿叙唐朝之崇，修氏族之谱，使九围仰止，百代承风，岂不大哉！’上从之。（遂令尚书左仆射魏元忠，工部尚书张锡，礼部侍郎萧至忠、岑羲，兵部侍郎崔湜，刑部侍郎徐坚，工部侍郎刘宪，左补阙吴兢等重修。）至先天二年三月，柳冲奏，所备《姓族录》成，上之，凡二百卷。又于今判定，至开元二年七月二十一日毕，上之。”《旧唐书》卷一百八十九下《柳冲传》（P4971—4972）：“初，贞观中太宗命学者撰《氏族志》百卷，以甄别士庶；至是向百年，而诸姓至有兴替，冲乃上表请改修氏族。中宗命冲与左仆射魏元忠及史官张锡、徐坚、刘宪等八人，依据《氏族志》，重加修撰。元忠等施功未半，相继而卒，乃迁为外职。至先天初，冲始与侍中魏知古、中书侍郎陆象先及徐坚、刘子玄、吴兢等撰成《姓族系录》二百卷奏上。”《旧唐书》卷四十六《经籍志上》（P2012）：“《大唐姓族系录》二百卷柳冲撰。”《旧唐书》卷八《玄宗纪上》（P173）：“丙午，昭文馆学士柳冲、太子左庶子刘子玄刊定《姓族系录》二百卷，上之。”

事又见《新唐书》卷一百九十九《柳冲传》、《册府元龟》卷五百六十。

【考论】

自贞观中太宗命学者撰《氏族志》，中经高宗时许敬宗等十二人重新刊定《氏族志》，成《姓氏录》，至中宗时向百年，其间诸姓变化很大，柳冲乃上表请改修氏族，中宗遂命柳冲等重修。先天二年（713），柳冲上所修《姓族录》成，凡二百卷。这是唐朝建立以来第三次大规模官修谱牒，其宗旨即“叙唐朝之崇，修氏族之谱，使九围仰止，有化承风”，入谱标准为“共取德、功、时望、国籍之家，等而次之”。

自开元二年《姓族系录》修成后，唐朝官修之谱牒，无论在规模上与内容的重要性上，都远不如从前，特别在性质上更加如此。开国以来所修之谱牒，内容都为刊正全国姓氏之等级，辨门弟之高下，协调士、庶斗争之矛盾，拉平士、庶之间的界线，而后来所修，大多仅为皇室之谱。这种现象的出现，正如瞿林东先生所说："曲折地反映出唐代建国以来的近百年中，士庶斗争日益缓和，士、庶界限日渐缩小，唐代谱学作为士、庶斗争的一个工具，已逐步失去它的作用而不断走向衰落。"参见仓修良《作为政治斗争工具的唐代谱学》，《大连图书馆百年纪念学术论文集》。

玄宗开元二年　甲寅(714)

○徐彦伯卒

【文献】

《旧唐书》卷九十四《徐彦伯传》(P3004—3007)："徐彦伯，兖州瑕丘人也。少以文章擅名，河北道安抚大使薛元超表荐之，对策擢第，累转蒲州司兵参军。时司户韦暠善判事，司士李亘工于翰札，而彦伯以文辞雅美，时人谓之'河中三绝'。彦伯圣历中累除给事中。时王公卿士多以言语不慎密为酷吏周兴、来俊臣等所陷，彦伯乃著《枢机论》以诫于代，其辞曰：'《书》曰："唯口起羞，惟甲胄起戎。"又云："齐乃位，度乃口。"《易》曰："慎言语，节饮食。"又云："出其言善，千里应之；出其言不善，千里违之。"《礼》亦云："可言也，不可行也，君子不言也；可行也，不可言也，君子不行也。"呜呼！先圣知言之为大也，知言之为急也，精微以劝之，典谟以告之，礼经以防之。守名教者，何可不修其诂训而服其糟粕乎？故曰：言语者，君子之枢机，动则物应，物应则得失之兆见也。得之者江海比邻，失之者肝胆楚、越，然后知否泰荣辱，系于言乎！夫言者，德之柄也，行之主也，志之端也，身之文也，既可以济身,亦可以覆身。故中庸镂其心,右阶铭其背,南容复于白圭,箕子畴于《洪范》,良有以也。是以掎摭瑕玷,参详躁竞,审无常以阶乱,将不密以致危。利生于口,森然覆邦之说;道不由衷,变彼如簧之刺。可不惧之哉!其有识暗邪正,虑微形朕,破金汤之籥,封祸乱之根,用诂谖为全计,以号诐为令德。至若梧宫问答,荆、齐所以奔命;韩、魏加肘,智伯所以危残。蔡侯绳息妫也,亟招甲兵之罚;郑曼图宗卿也,而受鼎镬之诛。史迁轻议,终下蚕室;张纮诡说,更齿龙渊。凡此过言,其流匪一,或秽犹粪土,或动成刀剑,或苟且其心,或脂膏其吻。挟邪作蛊,守之而不懈;往辄破的,去之而弥远。亦何异韩皋聚音,厖也群吠,得死为幸,何循名之立乎?虽复伯玉沮颜,追谢于元凯,蒋济贻恨,失誉于王陵,犀首没齿于季章,曹瞒齚舌于刘主,当何及哉!孔子曰:"予欲无言。"又云:"终身为善,一言败之,惜也。"老子亦云:"多言数穷。"又云:"聪明深察而近于死者,议人者也。"何圣人之深思伟虑,杜渐防萌之至乎!夫不可言而言者曰狂,可言而不言者曰隐。钳舌拱默,曷通彼此之怀;括囊而处,孰启谟明之训?则上言者,下听也;下言者,上用也。睿哲之言,犹天地也,人覆焘而生焉;大雅之言,犹钟鼓也,人考击而乐焉。作以龟镜,姬公之言也;出为金石,曾子之言也;存其家邦,国侨之言也;立而不朽,臧孙之言也。是谓德音,诣我宗极,满于天下,贻厥后昆。殷宗甘之于酒醴,孙卿谕之以琴瑟,阙里重于四时,郢都轻其千乘。岂不韪哉,岂不休哉!但楙探世猷,克念丕训,审思而应,精虑而动。谋其心以后发,择其交以后谈,不蹙趋于非党,不屏营于诡遇。非先王之至德不敢行,非先王之法言不敢道,翦其谍谍之绪,扑其炎炎之势。自然介尔景福,锡兹纯嘏,则悔吝何由而生,怨恶何由而至哉?孔子曰:"终日行,不遗己患;终日言,不遗己忧。"如此乃可以言也。戒之哉,戒之哉!'神龙元年,迁太常少卿,兼修国史,以预修《则天实录》成,封高平县子,赐物五百段。未几,出为卫州刺史,以善政闻,玺书劳勉。俄转蒲州刺史,入为工部侍郎,寻除卫尉卿,兼昭文馆学士。景龙三年,中宗亲拜南郊,彦伯作《南郊赋》以献,辞甚典美。景云初,加银青光禄大夫，迁右散骑常侍、太子宾客，仍兼昭文馆学士。先天元年，以疾乞骸骨，许之。开元二年卒。"又见《新唐书》卷一百一十四《徐彦伯传》。

【考论】

徐彦伯（？—714），名洪，以字行，兖州瑕丘（今山东兖州）人，唐代学者。七岁能为文，对策高第，调永寿尉，蒲州司兵参军。以属辞与善判之司户韦暠、工书之司士李亘，并称为"河东三绝"。屡迁职方员外郎、给事中、齐州刺史、太常少卿，擢修文学馆学士、工部侍郎等，历太子宾客，是年卒。曾参与撰《三教珠英》，修《武后实录》。推崇儒学，谨守儒家、道家"慎言"之诫，著《枢机论》，主张君子慎言，明哲保身。文章典缛，诗歌清丽，晚年好为强涩之体，颇为后进所效，题材上多闺愁思怨和应制侍宴之诗，有集二十卷，《全唐文》卷二百六十七辑其部分著作。

○正月，姚崇上书请禁度僧

【文献】

《佛祖统纪》卷四十（P543）："二年正月，自中宗以来，贵戚奏度人为僧，富户强丁多削发以避徭役。紫微令姚崇上书请禁度僧，言佛不在外，悟之由心，行事利益使苍生安稳，是谓佛理。上从之，命有司沙汰僧尼伪滥者万二千人，并令还俗。敕百官毋得创寺，民间毋得铸佛写经，须者就寺赎取。"

【考论】

傅奕于武德年间上疏"极诋浮屠法"，数次请除佛法，却未真正实行。唐初虽未曾禁佛，但其时佛教一直未能取得至尊的地位，其发展受到了儒教和道教的限制。武则天时期，因其借助佛教登基，同时也为了打击李唐宗室，褒崇佛教，推为三教之首，使得佛教迅速发展。佛教寺院大兴，僧侣大量增加，有些僧徒兼并土地，逃避税收，作恶多端。开元二年，姚崇上书请禁度僧，玄宗遂下令削减僧尼伪滥者达一万二千人之多。其后，玄宗又下令，禁止再造新寺，禁止铸造佛像，禁止传抄佛经。这些举措使盛极一时的佛教一度受到了很大打击。

○王彦威上《唐典》七十卷

【文献】

《新唐书》卷五十八《艺文志二》(P1467)："王彦威《唐典》七十卷。"《唐会要》卷三十六《修撰》(P662)："开元二年二月，户部侍郎王彦威以所撰《唐典》七十卷，上之。起武德，终永贞。"

玄宗开元三年　乙卯(715)

○唐玄宗令褚无量、马怀素整理经籍

【文献】

《新唐书》卷五十七《艺文志一》(P1422—1423)："玄宗命左散骑常侍、昭文馆学士马怀素为修图书使，与右散骑常侍、崇文馆学士褚无量整比。会幸东都，乃就乾元殿东序检校。无量建议：御书以宰相宋璟、苏颋同署，如贞观故事。又借民间异本传录。及还京师，迁书东宫丽正殿，置修书院于著作院。其后大明宫光顺门外、东都明福门外，皆创集贤书院，学士通籍出入。既而太府月给蜀郡麻纸五千番，季给上谷墨三百三十六丸，岁给河间、景城、清河、博平四郡兔千五百皮为笔材。两都各聚书四部，以甲、乙、丙、丁为次，列经、史、子、集四库。其本有正有副，轴带帙签皆异色以别之。"《旧唐书》卷四十六《经籍志序》(P1962)："开元三年，左散骑常侍褚无量、马怀素侍宴，言及经籍。玄宗曰：'内库皆是太宗、高宗先代旧书，常令宫人主掌，所有残缺，未遑补缉，篇卷错乱，难于检阅。卿试为朕整比之。'至七年，诏公卿士庶之家，所有异书，官借缮写。及四部书成，上令百官入乾元

殿东廊观之，无不骇其广。”

事又见《唐会要》卷三十五《经籍》、《旧唐书》一百二《褚无量传》、《册府元龟》卷六百四《学校部·奏议》、《册府元龟》六百八《学校部·刊校》。

【考论】

开元三年，玄宗见典籍残缺，篇卷错乱，难于检阅，遂令褚无量、马怀素等，聚四部书，查缺补漏，缮写异本，校定群籍。至七年四部书成，群臣百官入乾元殿东廊观之，皆骇其广，可见规模之大，聚书之多，真乃千古盛事。

○十月，命马怀素、褚无量充当侍读

【文献】

《旧唐书》卷八《玄宗纪上》(P175)：“冬十月甲寅，制曰：‘朕听政之暇，常览史籍，事关理道，实所留心，中有阙疑，时须质问。宜选耆儒博学一人，每日入内侍读。’以光禄卿马怀素为左散骑常侍，与右散骑常侍褚无量并充侍读。”《资治通鉴》卷二百一十一《唐纪二十七》(P6711—6712)：“上谓宰相曰：“朕每读书有所疑滞，无从质问；可选儒学之士，日使入内侍读。”卢怀慎荐太常卿马怀素。九月，戊寅，以怀素为左散骑常侍，使与右散骑常侍褚无量更日侍读。每至阁门，令乘肩舆以进；或在别馆道远，听于宫中乘马。亲送迎之，待以师傅之礼。以无量羸老，特为之造腰舆，在内殿令内侍舁之。”

事又见《唐会要》卷二十六、《旧唐书》一百二《褚无量传》、《文献通考》卷五十四《职官考八》、《大唐新语》卷十一《褒锡》。

○陈贞节以诸太子庙不合守供祀享上疏

【文献】

《新唐书》卷二百《陈贞节传》(P5693—5694)：“陈贞节，颍川人。

开元初，为右拾遗。初，隐、章怀、懿德、节愍四太子并建陵庙，分八署，置官列吏卒，四时祠官进飨。贞节以为非是，上言：'王者制祀，以功德者犹亲尽而毁，四太子庙皆别祖，无功于人，而园祠时荐，有司守卫，与列帝侔。金奏登歌，所以颂功德，《诗》曰："钟鼓既设，一朝飨之。"使无功而颂，不曰舞咏非度邪？周制：始祖乃称小庙。未知四庙欲何名乎？请罢卒吏，诏祠官无领属，以应礼典。古者别子为祖，故有大、小宗。若谓祀未可绝，宜许所后子孙奉之。'诏有司博议。驾部员外郎裴子余曰：'四太子皆先帝冢嗣，列圣念懿属而为之享。《春秋》书晋世子曰："将以晋畀秦，秦将祀予。"此不祀也。又言："神不歆非类，君祀无乃殄乎！"此有庙也。鲁定公元年，立炀宫。炀，伯禽子，季氏远祖，尚不为限，况天子笃亲亲以及旁期，谁不曰然？'太常博士段同曰：'四陵庙皆天子睦亲继绝也。逝者锡苹蘩，犹生者之开茅土。古封建子弟，讵皆有功？生无所议，死乃援礼停祠，人其谓何？隐于上，伯祖也，服缌；章怀，伯父也，服期；懿德、节愍，堂昆弟也，服大功。亲未尽，庙不可废。'礼部尚书郑惟忠等二十七人亦附其言。于是四陵庙惟减吏卒半，它如旧。"《全唐文》卷二百八十一《陈贞节》："贞节，颍川人。开元初为右拾遗，迁太常博士。"录其文《明堂议》。

《唐会要》卷十九《诸太子庙》记此事"开元三年"，事又见《通典》卷四十七《礼七·沿革七》、《文献通考》卷九十五《宗庙考五》。

玄宗开元四年　丙辰(716)

○刘子玄、吴兢撰《睿宗实录》二十卷、《则天实录》三十卷、《中宗实录》二十卷成

【文献】

《唐会要》卷六十三《修国史》(P1094—1095)："开元四年十一月十四日，修史官刘子元、吴兢撰《睿宗实录》二十卷、《则天实录》三十

卷、《中宗实录》二十卷成，以闻。又引古义，白于执政。宰相姚崇奏曰：'伏见贞观十七年，监修国史房玄龄与史官给事中许敬宗、著作佐郎敬播，修《高祖实录》二十卷、《太宗实录》二十卷成，制封元龄一子为县男，赐物一千段，封敬宗一子为高阳男，赐物七百段，敬播改授司议郎，赐物五百段，并降玺书褒美。又神龙二年五月，监修国史、中书令魏元忠与史官太常少卿徐彦伯、国子司业崔融等，修《则天实录》三十卷成，封元忠一子为县男，赐物一千段，彦伯等各赐爵二等，物五百段，自余卑官加两阶，物段准处分，仍并降玺书褒美。今史官刘子玄、吴兢等撰《睿宗实录》，又重修《则天》、《中宗实录》，并成，进讫。准撰《太宗实录》例，监修官已下，加爵及赐。今子元援引古今，欲臣闻奏。臣谨寻故实，例有恩赏，事属当时，不可为准。子元等始末修撰，诚亦勤劳。叙事纪言，所录虽重，承恩赐命，固不在多。子元等请各赐物五百段。'许之。"

玄宗开元五年　丁巳(717)

◯颁布《令明经进士就国子监谒先师敕》，谒先师自此始

【文献】

《唐会要》卷七十六《缘举杂录》(P1384)："开元五年九月诏：'诸州乡贡明经、进士见讫，宜令引就国子监谒先师。学官为之开讲，质问疑义，仍令所司优厚设食。两馆及监内得解举人，亦准此。其日，清官五品已上，及朝集使，并往观礼，即为常式。'(谒先师，自此始也。)"《四库全书》第426册《唐大诏令集》卷一百五《令明经进士就国子监谒先师敕》(P722)："重学尊儒，兴贤造士，能美风俗，成教化。""诸州乡贡明经进士，见讫，宜令引就国子监谒先师。"《全唐文》卷二十七《优礼诸州乡贡明经进士诏》(P311)："古有宾献之礼，登于天府，扬于王庭，重学尊儒，兴贤造士，故能美风俗，成教化，盖先王之所繇

焉。朕以寡德，钦若前政，思与大夫群士，复臻于理。故他日访道，有时忘食，乙夜观书，宵分不寐。悟专经之义笃，知学史之文繁，永怀覃思。有足尚者，不示褒崇，孰云奖劝。其诸州乡贡明经进士，见讫宜令引就国子监谒先师。学官为之开讲，质问疑义。仍令所司优厚设食。两馆及监府得举人亦准此。其日朝请官五品以上及朝集使往观礼，即为常式。《易》曰：'学以聚之，问以辩之。'《诗》云：'如切如磋，如琢如磨。'此朕所望于贤才矣。"

【考论】

玄宗即位后，重学尊儒，兴贤造士，移风易俗，敦成教化。开元五年九月，玄宗下诏，诸州乡贡明经、进士见讫后于国子监谒先师，请官五品以上，及朝集使，并往观礼，其后此举形成定制。这一举措大大增强了先师孔子在人们心中的分量，切实提高了先师孔子的地位，从而在实际行动上真正做到了崇儒重教。其尊师重学之举，极大推动了儒学的发展。

○马怀素等编《群书四部录》

【文献】

《旧唐书》卷一百二《马怀素传》(P3164)："怀素虽居吏职，而笃学，手不释卷，谦恭谨慎，深为玄宗所礼，令与左散骑常侍褚无量同为侍读。每次阁门，则令乘肩舆以进。上居别馆，以路远，则命宫中乘马，或亲自送迎，以申师资之礼。是时秘书省典籍散落，条流无叙，怀素上疏曰：'南齐已前坟籍，旧编王俭《七志》。已后著述，其数盈多，《隋志》所书，亦未详悉。或古书近出，前志阙而未编；或近人相传，浮词鄙而犹记。若无编录，难辩淄、渑。望括检近书篇目，并前志所遗者，续王俭《七志》，藏之秘府。'上于是召学涉之士国子博士尹知章等，分部撰录，并刊正经史，粗创首尾。"《旧唐书》卷一百二《韦述传》(P3183)："开元五年，为栎阳尉。秘书监马怀素受诏编次图书，乃奏用左散骑常侍元行冲、左庶子齐澣、秘书少监王珣、卫尉少卿吴兢并述等二十六人，同于秘阁详录四部书。怀素寻卒，行冲代掌其事，五年而成，其总目二百卷。"《通典》卷二十一《职官三》(P567)："初，开元五年十一月，于乾元殿东廊下写四部书，仍令秘书监马怀素、右散骑常侍褚无量总其事，七年，于丽正殿安置，为修书使。"《资治通鉴》卷二百一十一《唐纪二十七》(P6730)："秘书监马怀素奏：'省中书散乱讹缺，请选学术之士二十人整比校补。'从之。于是搜访逸书，选吏缮写，命国子博士尹知章、桑泉尉韦述等二十人同刊正，以左散骑常侍褚无量为之使，于乾元殿前编校群书。"《全唐文》卷二百九十六马怀素有文《请编录典籍疏》。

事又见《文献通考》卷五十一《职官考五》、《册府元龟》卷六百八《学校部·目录》。

【考论】

唐朝建立后日益富强，经济文化迅速发展，典籍积聚日渐繁盛，开元年间达到鼎盛。开元五年，秘书监马怀素受诏编次图书，乃奏用左散骑常侍元行冲、左庶子齐澣、秘书少监王珣、卫尉少卿吴兢并韦述等二十六人，同于秘阁详录四部书。怀素寻卒，元行冲代掌其事，至开元七年(721)撰成《群书四部录》二百卷。

【相关论著举目】

曾贻芬：《隋唐时期四部分类法的确立》，《史学史研究》，1990年第3期

李万健：《从〈群书四部录〉到〈古今书录〉——毋煚目录学生涯的丰碑》，《江苏图书馆学报》，1989年第5期

跃进：《古籍目录四分法是否始于〈群书四录〉》，《读书》，1984年第6期

○卢履冰、元行冲论丧礼

【文献】

《新唐书》卷二百《卢履冰传》(P5698—5699)："卢履冰，幽州范阳

人，元魏都官尚书义僖五世孙。开元五年，仕历右补阙。建言：‘古者父在为母期，彻灵而心丧。武后始请同父三年，非是，请如礼便。’玄宗疑之，又以舅、嫂叔服未安，并下百官议。刑部郎中田再思曰：‘会礼之家比聚讼。循古不必是，而行今未必非。父在为母三年，高宗实行之，著令已久。何必乖先帝之旨，阂人子之情，爱一期服于其亲，使与伯叔母、姑姊妹同？嫂叔、舅甥服，太宗实制之，阅百年无异论，不可改。’履冰因言：‘上元中，父在为母三年，后虽请，未用也，逮垂拱始行之。至有祖父母在而子孙妇没，行服再期，不可谓宜。礼，女子无专道，故曰“家无二尊”。父在为母服期，统一尊也。今不正其失，恐后世复有妇夺夫之败，不可不察。’书留未下。履冰即极陈：‘父在为母立几筵者一期，心丧者再期，父必三年而后娶，以达子之志。夫圣人岂蔑情于所生？固有意于天下。昔武后阴储篡谋，豫自光崇，升期齐，抗斩衰，俄而乘陵唐家，以启衅阶。孝和仅得反正，韦氏复出，酖杀天子，几亡宗社。故臣将以正夫妇之纲，非特母子间也。议者或言：“降母服，非《诗》所谓罔极者，而又与伯叔母、姑姊妹等。且齐、斩已有升降，则岁月不容异也。”此迂生鄙儒，未习先王之旨，安足议夫礼哉？罔极者，春秋祭祀，以时思之，君子有终身之忧之谓，何限一期、二期服哉？圣人之于礼，必建中制，使贤不肖共成文理而后释，彼伯叔、姑姊，乌有筵杖之制、三年心丧乎？母齐父斩，不易之道也。’左散骑常侍元行冲议曰：‘古缘情制服：女天父，妻天夫，斩衰三年，情礼俱尽者，因心立极也。妻丧杖期，情礼俱杀者，远嫌疑，尊乾道也。为嫡子三年斩衰而不去官，尊祖重嫡，崇其礼，杀其情也。孝莫大于严父，故父在为母免官，齐而期，心丧三年，情已申而礼杀也，自尧、舜、周公、孔子所同。而今舍尊厌之重，亏严父之义，谓之礼，可乎？姨兼从母之名，以母之女党，加以舅服，不为无礼。嫂叔不服，则远嫌也。请据古为适。’帝弗报。是时言丧服，各以所见奋，交口纷腾。七年，乃下诏：‘服纪一用古制。’自是人间父在为母服，或期而禫，禫而释，心丧三年。或期而禫，终三年。或齐衰三年。”

《旧唐书》卷二十七《礼仪志七》(P1023—1031)：“开元五年，右补阙卢履冰上言：'准礼，父在为母一周除灵，三年心丧。则天皇后请同父没之服，三年然始除灵。虽则权行，有紊彝典。今陛下孝理天下，动合礼经，请仍旧章，庶叶通典。'于是下制令百官详议；并舅及嫂叔服不依旧礼，亦合议定。刑部郎中田再思建议曰：'乾尊坤卑，天一地二，阴阳之位分矣，夫妇之道配焉。至若死丧之威，隆杀之等，礼经五服之制，齐斩有殊，考妣三年之丧，贵贱无隔，以报免怀之慈，以酬罔极之恩者也。稽之上古，丧期无数，暨乎中叶，方有岁年。《礼》云："五帝殊时，不相沿乐；三王异代，不相袭礼。"《白虎通》云："质文再而变，正朔三而复。"自周公制礼之后，孔父刊经已来，爰殊厌降之仪，以标服纪之节。重轻从俗，斟酌随时。故知礼不从天而降，不由地而出也，在人消息，为适时之中耳。春秋诸国，鲁最知礼，以周公之后，孔子之邦也。晋韩起来聘，言"周礼尽在鲁矣"。齐仲孙来盟，言"鲁犹秉周礼"。尚有子张问高宗谅阴三年，子思不听其子服出母，子游谓同母异父昆弟之服大功，子夏谓合从齐衰之制。此等并四科之数，十哲之人，高步孔门，亲承圣训，及遇丧事，犹此致疑，即明自古已来，升降不一者也。

三年之制，说者纷然。郑玄以为二十七月，王肃以为二十五月。又改葬之服，郑云服缌三月，王云讫葬而除。又继母出嫁，郑云皆服，王云从于继育，乃为之服。又无服之殇，郑云子生一月，哭之一日；王云以哭之一日易服之月。郑、王祖经宗传，各有异同；荀挚采古求遗，互为损益。方知去圣渐远，残缺弥多。故曰会礼之家，名为聚讼，宁有定哉！而父在为母三年，行之已逾四纪，出自高宗大帝之代，不从则天皇后之朝。大帝御极之辰，中宫献书之日，往时参议，将可施行，编之于格，服之已久。前王所是，疏而为律；后王所是，著而为令。何必乖先帝之旨，阻人子之情，亏纯孝之心，背德义之本？有何妨于圣化，有何紊于彝伦，而欲服之周年，与伯叔母齐焉，与姑姊妹同焉？夫三年之丧，如白驹之过隙，君子丧亲，有终身之忧，何况再周乎！夫礼者，体也，履也，示之以迹。孝者，畜也，养也，因之以心。小人不耻不仁，不畏不义。服之有制，使愚人企及；衣之以衰，使见之摧痛。以此防人，人犹有朝死而夕忘者；以此制人，人犹有释服而从吉者。方今渐归古朴，须敦孝义，抑贤引愚，理资宁戚，食稻衣锦，所不忍闻。

若以庶事朝仪，一依周礼，则古之人臣见君也，公卿大夫贽羔雁、珪璧，今何故不依乎？周之用刑也，墨、劓、宫、刖，今何故不行乎？周则侯、甸、男、卫，朝聘有数，今何故不行乎？周则不五十不仕，七十不入朝，今何故不依乎？周则井、邑、丘、甸，以立征税，今何故不行乎？周则分土五等，父死子及，今何故不行乎？周则冠冕衣裘，乘车而战，今何故不行乎？周则三老五更，胶序养老，今何故不行乎？诸如此例，不可胜述。何独孝思之事，爱一年之服于其母乎？可为痛心，可为恸哭者！

《诗》云："哀哀父母，生我劬劳。"《礼》云："父之亲子也，亲贤而下无能；母之亲子也，贤则亲之，无能则怜之。"阮嗣宗晋代之英才，方外之高士，以为母重于父。据齐斩升数，粗细已降，何忍服之节制，减至于周？岂后代之士，尽惭于古。循古未必是，依今未必非也。又同爨服缌，礼经明义。嫂叔远别，同诸路人。引而进之，触类而长。犹子咸衣苴枲，季父不服缌麻.推远之情有余，睦亲之义未足。又母之昆弟，情切渭阳，翟酺讼舅之冤，甯氏宅甥之相，我之出也，义亦殷焉。不同从母之尊，遂降小功之服，依诸古礼，有爽俗情。今贬舅而宗姨，是陋今而荣古。此并太宗之制也，行之百年矣，辄为刊复，实用有疑。'

于是纷议不定。履冰又上疏曰：'《礼》："父在，为母十一月而练，十三月而祥，十五月而禫，心丧三年。"上元中，则天皇后上表，请同父没之服，亦未有行。至垂拱年中，始编入格，易代之后，俗乃通行。臣开元五年，频请仍旧。恩敕并嫂叔舅姨之服，亦付所司详议。诸司所议，同异相参。所司惟执齐斩之文，又曰亦合典礼。窃见新修之格，犹依垂拱之伪，致有祖父母安存，子孙之妻亡没，下房筵几，亦立再周，甚无谓也。据《周易·家人》卦云："利女贞，女正位于内，男正位于外。男女正，天地之大义。家人有严君焉，父母之谓也。父父、子子、兄兄、弟弟、夫夫、妇妇，家道正而天下正矣。"《礼》："女在室，以父为天；出嫁，以夫为天。”又：“在家从父，出嫁从夫，夫死从子。”本无自专抗尊之法。即《丧服四制》云：“天无二日，土无二王，国无二君，家无二尊，以一理之也。故父在为母服周者，避二尊也。”伏惟陛下正持家国，孝理天下，而不断在宸衷，详正此礼，无随末俗，顾念兒女之情。臣恐后代复有妇夺夫政之败者。’

疏奏未报。履冰又上奏曰：‘臣闻夫妇之道，人伦之始。尊卑法于天地，动静合于阴阳，阴阳和而天地生成，夫妇正而人伦式序。自家刑国，牝鸡无晨，四德之礼不愆，三从之义斯在。即《丧服四制》云：“天无二日，土无二王，国无二君，家无二尊，以一理之也。故父在为母服周者，见无二尊也。”准旧仪，父在为母一周除灵，再周心丧。父必三年而后娶者，达子之志焉。岂先圣无情于所生，固有意于家国者矣。原夫上元肇年，则天已潜秉政，将图僭篡，预自崇先。请升慈爱之丧，以抗尊严之礼，虽齐斩之仪不改，而几筵之制遂同。数年之间，尚未通用。天皇晏驾，中宗蒙尘。垂拱之末，果行圣母之伪符；载初之元，遂启易代之深衅。孝和虽名反正，韦氏复效晨鸣。孝和非意暴崩，韦氏旋即称制。不蒙陛下英算，宗庙何由克复？《易》云：“臣弑其君，子弑其父，非一朝一夕之故。”其斯之谓矣。臣谨寻礼意，防杜实深，若不早图刊正，何以垂戒于后？所以薄言礼教，请依旧章，恩敕通明，蒙付所司详议。且臣所献者，盖请正夫妇之纲，岂忘母子之道。诸议多不讨其本源，所非议者，大凡只论罔极之恩；丧也宁戚；禽兽识母而不识父；秦燔书后礼经残缺，后儒缵集，不足可凭；岂得与伯叔母服同，岂得与姑姊妹制等；三王不相袭礼，五帝不相沿乐；齐斩足为升降，岁年何忍不同：此并道听途说之言，未习先王之旨，又安足以议经邦理俗之礼乎？臣请据经义以明之。所云“罔极之恩”者，春秋祭祀，以时思之。君子有终身之忧，霜露之感，岂止一二周之服哉！故圣人恐有朝死而夕忘，曾鸟兽之不若，为立中制，使贤不肖共成文理而已。所云“丧也宁戚”者，孔子答林放之问。至如太奢太俭，太易太戚，皆非礼中。苟不得中，名为俱失，不如太俭太戚焉。毁而灭性，犹愈于朝死夕忘焉。此论临丧哀毁之容，岂比于同宗异姓之服？所云“禽兽识母而不识父”者，禽兽群居而聚麀，而无家国之礼，少虽知亲爱其母，长不解尊严其父。引此为谕，则亦禽兽之不若乎！所云“秦燔书后礼经残缺，后儒缵集，不足可凭”者，人间或有遗逸，岂亦家户到而燔之？假若尽燔，苟不可信，则坟典都谬，庠序徒立，非圣之谈，复云安属？所云“与伯叔姑姊服同”者，伯叔姑姊有筵杖之制、三年心丧乎？所云“五帝不相沿乐，三王不相袭礼”，诚哉是言！此是则天怀私苞祸之情，岂可复相沿乐袭礼乎？所云“齐斩足为升降”者，母齐父斩，不易之礼。按《三年问》云：“将由修饰之君子与，三年之丧，若驷之过隙，遂之，则是无穷也。然则何以周也？曰：至亲以周断。是何也？曰：天地则已易矣，四时则已变矣，其在天地之中者，莫不更始焉，以是象之也。然则何以三年？曰：加重焉耳。”故父加至再周，父在为母加三年心丧。今者还同父没之制，则尊厌之律安施？《丧服四制》又曰：“凡礼之大体，体天地，法四时，则阴阳，顺人情，故谓之礼。”訾之者是不知礼之所由生。非徒不识礼之所由制，亦恐未达孝子之通义。臣谨按《孝经》，以明陛下孝治之合至德要道，请论世俗訾礼之徒。夫至德谓孝悌，要道谓礼乐。“移风易俗，莫善于乐，安上治民，莫善于礼。”又《礼》有“无体之礼，无声之乐”。按《孝经援神契》云：“天子孝曰就，就之为言成也。天子德被天下，泽及万物，始终成就，则其亲获安，故曰就也。诸侯孝曰度，度者法也。诸侯居国，能奉天子法度，得不危溢，则其亲获安，故曰度也。卿大夫孝曰誉，誉之为言名也。卿大夫言行布满，能无恶称，誉达遐迩，则其亲获安，故曰誉也。士孝曰究，究者以明审为义。士始升朝，辞亲入仕，能审资父事君之礼，则其亲获安，故曰究也。庶人孝曰畜，畜者含畜为义。庶人含情受朴，躬耕力作，以畜其德，则其亲获安，故曰畜也。”陛下以韦氏构逆，中宗降祸，宸衷哀愤，睿情卓烈。初无一旅之众，遂殄九重之妖，定社稷于阽危，拯宗枝于涂炭。此陛下孝悌之至，通于神明，光于四海，无所不通。使诸侯得守其法度，卿大夫得尽其言行，士得资亲以事君，庶人得用天而分地。此陛下无体之礼，以安上理人也。上元以来，政由武氏，文明之后，法在凶人。贼害宗亲，诛灭良善，勋阶岁累，酺赦年频。佞之则荣华，正之则迁谪。神龙、景云之际，其事尤繁；先天、开元之间，斯弊都革。此陛下之无声之乐，以移风易俗也。臣前状单略，议者未识臣之恳诚。谨具状重进，请付中书门下商量处分。臣言若说，然敢侧足于轩墀；臣言不忠，伏请窜迹于荒裔。’

左散骑常侍元行冲奏议曰：‘天地之性，惟人最灵者，盖以智周万物，惟睿作圣，明贵贱，辨尊卑，远嫌疑，分情理也。是以古之圣人，征性识本，缘情制服，有申有厌。天父、天夫，故斩衰三年，情理俱尽者，因心立极也。生则齐体，死则同穴，比阴阳而配合，同两仪而成化。而妻丧杖期，情礼俱杀者，盖以远嫌疑，尊乾道也。父为嫡子三年斩衰，而不去职者，盖尊祖重嫡，崇礼杀情也。资于事父以事君，孝莫大于严父。故父在，为母罢职齐周而心丧三年，谓之尊厌者，则情申而礼杀也。斯制也，可以异于飞走，别于华夷。羲、农、尧、舜，莫之易也；文、武、周、孔，同所尊也。今若舍尊厌之重，亏严父之义，略纯素之嫌，贻非圣之责，则事不师古，有伤名教矣。姨兼从母之名，即母之女党，加于舅服，有理存焉。嫂叔不服，避嫌疑也。若引同爨之缌，以忘推远之迹，既乖前圣，亦谓难从。谨详三者之疑，并请依古为当。’自是百僚议竟不决。至七年八月，下敕曰：‘惟周公制礼，当历代不刊；况子夏为《传》，乃孔门所受。格条之内，有父在为母齐衰三年，此有为而为，非尊厌之义。与其改作，不如师古，诸服纪宜一依《丧服》文。’自是卿士之家，父在为母行服不同：或既周而禫，禫服六十日释服，心丧三年者；或有既周而禫，禫服终三年者；或有依上元之制，齐衰三年者。时议者是非纷然，元行冲谓人曰：‘圣人制厌降之礼，岂不知母恩之深也，以尊祖贵祢，欲其远别禽兽，近异夷狄故也。人情易摇，浅识者众。一紊其度，其可止乎！’二十年，中书令萧嵩与学士改修定五礼，又议请依上元敕，父在为母齐衰三年为定。及颁礼，乃一依行焉。”事详见《旧唐书·礼仪志七》，又见《册府元龟》卷五百八十八、《唐会要》卷三十七、《通典》卷八十九《礼四十九·沿革四十九》、《新唐书》卷二十《礼乐志》、《寄园寄所寄》卷七《獭祭寄》。

《资治通鉴》卷二百一十二记此事“开元七年秋”，又详见《全唐文》卷三百三十五中卢履冰文《请复父在为母服期表》、《再请父在为母服期疏》、《三请父在为母服期疏》。

【考论】

父在为母期,彻灵而心丧,此为古礼之制。但武则天却请同父三年,此后成为定制。开元五年卢履冰、元行冲等上奏玄宗,以为当复古制。玄宗于开元七年八月下诏,父在为母行服准依《丧服》之文。此礼在实行的过程中,却更加混乱不堪,议者纷然。直至开元二十年,中书令萧嵩与学士改修定五礼,奏请重依上元敕,以父在为母齐衰三年为定。其后颁礼,于是依行。

○柳冲卒,撰有《姓氏系录》

【文献】

《新唐书》卷一百九十九《柳冲传》(P5676):"柳冲,蒲州虞乡人也,隋饶州刺史庄曾孙。……冲好学,多所研总。天授初,为司府寺主簿,诏遣安抚淮南,使有指,封河东县男。中宗景龙中,迁左散骑常侍,修国史。初,太宗命诸儒撰《氏族志》,甄差群姓,其后门胄兴替不常,冲请改修其书……至先天时,复诏冲及坚、兢与魏知古、陆象先、刘子玄等讨缀,书乃成,号《姓系录》。历太子宾客、宋王师、昭文馆学士,以老致仕。开元初,诏冲与薛南金复加刊窜,乃定。后柳芳著论甚详,今删其要,著之左方。"《唐会要》卷三十六《氏族》(P665):"至先天二年三月,柳冲奏所备《姓族录》成,上之,凡二百卷。"《新唐书》卷一百九十九《路敬淳传》(P5665—5666):"尤明姓系,自魏、晋以降,推本其来,皆有条序,著《姓略》、《衣冠系录》等百余篇。……唐初,姓谱学唯敬淳名家,其后柳冲、韦述、萧颖士、孔至各有所撰次,然皆本之路氏。"《旧唐书》卷一百八十九下《柳冲传》(P4972):"开元二年,又敕冲及著作郎薛南金刊定《系录》,奏上,赐绢百匹。五年卒。"《全唐文》卷二百三十五有传。

【考论】

柳冲(? —717),蒲州虞乡(今山西平陆)人,唐谱牒学家。中宗景龙年间曾任左散骑常侍，修国史。柳冲尤明姓系，魏晋以来的姓系世族，推本溯源，条序井然。其学实本之于精通谱牒的路敬淳，并与路敬淳齐名。中宗神龙元年（705）受命与徐坚、魏知古、刘知幾等开始修撰《姓氏系录》，玄宗先天二年（713）书成，凡二百卷。开元五年卒。

【相关论著举目】

郑敬高：《试论谱学与姓族文化——读〈新唐书·柳冲传〉后》，《华中师范大学学报》，1987 年第 4 期

玄宗开元六年　戊午（718）

○七月，马怀素卒

【文献】

《旧唐书》卷八《玄宗纪上》（P179）："秋七月己未，秘书监马怀素卒。"《唐代墓志汇编》开元零七四《故银青光禄大夫秘书监兼昭文馆学士侍读上柱国常山县开国公赠润州刺史马公墓志铭并序》（P1206）："以开元六年七月廿七日终于河南之毓财里第，春秋六十。"《旧唐书》卷一百二《马怀素传》（P3163—3164）："马怀素，润州丹徒人也。寓居江都，少师事李善。……会怀素病卒，年六十，上特为之举哀，废朝一日，赠润州刺史，谥曰文。"事又见《新唐书》卷一百九十九《马怀素传》，《全唐文》卷二百九十六有传。又存墓志铭（《金石补录》卷十二、《古志石华》卷九、《全唐文》卷九百九十五）。

【考论】

马怀素（659—718），字惟白，一字贞规，润州丹徒人，客居江都（今扬州），少师事李善。家贫苦读，博览经史，善属文。举进士，又应制举，登文学优赡科，拜郿尉，四迁左台监察御史。执法严明平允，为时所称。又任殿中侍御史，转吏部员外郎。景龙中历任礼部员外郎、

考功员外郎、中书舍人。后历虢州刺史。开元初，升任刑部、户部侍郎，徙光禄卿，迁左散骑常侍，累封常山县公。为官清廉，刚正。五年(717)改秘书监，兼昭文馆学士，奉诏编次群书，未成而卒，赠润州刺史，谥曰“文”。《全唐文》存录其《请编录典籍疏》一篇，《唐文拾遗》补一篇。《全唐诗》收录其诗十二首，多为歌功颂德的应制诗。

【相关论著举目】

张琼琼:《唐马怀素墓志铭考》,《吉林广播电视大学学报》,2010年第3期

钱在祥:《不恋礼遇重建树——介绍唐代目录学家马怀素》,《江苏图书馆工作》,1981年第2期

○褚无量缮写《论语》、《孝经》各五本，以献皇太子等五人

【文献】

《旧唐书》卷一百二《褚无量传》(P3167):“无量以内库旧书，自高宗代即藏在宫中，渐致遗逸，奏请缮写刊校，以弘经籍之道。玄宗令于东都乾元殿前施架排次，大加搜写，广采天下异本。数年间，四部充备，仍引公卿已下入殿前，令纵观焉。开元六年驾还，又敕无量于丽正殿以续前功。皇太子及郯王嗣直等五人，年近十岁，尚未就学，无量缮写《论语》、《孝经》各五本以献。上览之曰:‘吾知无量意无量。’遽令选经明笃行之士国子博士郄恒通、郭谦光，左拾遗潘元祚等，为太子及郯王已下侍读。”

事又见《册府元龟》卷七百八。

○吕延济等作《文选注》

【文献】

《全唐文》卷三百《进集注文选表》(P3042):“臣延祚言:臣受之于师曰:‘同文底绩，是将大理，刊书启衷，有用广化。’实昭圣代，辄极鄙

怀，臣延祚诚惶诚恐顿首顿首。臣尝览古集，至梁昭明太子所撰《文选》三十卷，阅玩未已，吟读无斁，风雅其来，不之能尚。则有遗词激切，揆度其事，宅心隐微，晦灭其兆，饰物反讽，假时维情，非夫幽识，莫能洞究。往有李善，时谓宿儒，推而传之，成六十卷。忽发章句，是征载籍，述作之由，何尝措翰？使复精核注引，则陷於末学；质访指趣，则岿然旧文：祇谓搅心，胡为析理？臣惩其若是，志为训释，乃求得衢州常山县尉臣吕延济，都水使者刘承祖男臣良，处士臣张铣、臣吕向、臣李周翰等，或艺术精远，尘游不杂；或词论颖曜，岩居自修：相与三复乃词，周知秘旨，一贯于理，杳测澄怀。目无全文，心无留义，作者为志，森乎可观，记其所善，名曰《集注》，并具字音，复三十卷。其言约，其利博，后事元龟，为学之师，豁若彻蒙，烂然见景，载谓激俗，诚惟便人。伏惟陛下濬德乃文，嘉言必史，特发英藻，允光洪猷，有彰天心，是效臣节，敢有所隐？斯与同进。谨于朝堂拜表以闻，轻渎冕旒，精爽震越，臣诚惶诚恐顿首死罪。谨言。”《新唐书》卷六十《艺文志四》(P1622)：“《五臣注文选》三十卷，衢州常山尉吕延济，都水使者刘承祖男良，处士张铣、吕向、李周翰注。开元六年，工部侍郎吕延祚上之。”

【考论】

开元六年(718)，吕延济等五人共作《文选注》，俗称“五臣注”，上于朝廷，其《进集注文选表》批评李注“忽发章句，是征载集，述作之由，何尝措翰。使复精核注引，则陷于末学，质访指趣，则岿然旧文”。五臣注本努力疏通文章要旨，间有可采，然其中颇多空疏臆测之词，因而为学者所诟病。现在流行的六臣注本乃宋人将五臣注本与李善注合刻而成。唐代《文选》学的繁荣，也影响到对外文化交流，日本、韩国及中国边疆民族政权地区都有《文选》在流行。

【相关论著举目】

孔令刚：《〈文选〉五臣注从单注本到合注本演变过程中出现的问题》，《新乡学院学报》(社会科学版)，2012年第1期

董宏钰：《陈八郎本〈昭明文选〉五臣音注研究》，长春师范学院硕

士学位论文,2012 年

郭宝军:《宋人对〈文选〉李善注、五臣注的评议》,《广西师范大学学报》(哲学社会科学版),2011 年第 6 期

张燕燕:《五臣注〈文选〉注释特点研究》,长春师范学院硕士学位论文,2011 年

刘群栋:《〈文选〉五臣注的评价问题》,《甘肃社会科学》,2009 年第 4 期

刘群栋:《〈文选〉五臣注价值新探》,《中州学刊》,2009 年第 4 期

刘九伟:《五臣注〈文选〉注释体例考》,《天中学刊》,2008 年第 6 期

胡大雷:《〈文选〉六臣注的文体论与〈文心雕龙〉异同》,《广西师范大学学报》,2005 年第 4 期

徐之明:《〈文选〉五臣音特殊音切与〈文选〉解读》,《贵州文史丛刊》,2003 年第 4 期

徐之明:《〈文选〉五臣音声类考》,《贵州大学学报》(社会科学版),2001 年第 6 期

王小婷:《李善与五臣注〈文选〉之比较》,《济南大学学报》,2001 年第 6 期

徐之明:《〈文选〉五臣音钩稽》,《贵州文史丛刊》,1999 年第 5 期

屈守元:《绍兴建阳陈八郎本〈文选五臣注〉跋》,《文学遗产》,1998 年第 5 期

王立群:《从释词走向批评——〈文选五臣注〉研究评析》,《中州学刊》,1998 年第 2 期

陈延嘉:《〈文选〉五臣注的纲领和实践——兼与屈守元先生商榷》,《古籍整理研究学刊》,1998 年第 2 期

曹道衡:《论〈文选〉的李善注和五臣注》,《江海学刊》,1996 年第 2 期

陈延嘉:《〈文选〉五臣注的纲领和实践——再论五臣注的重大贡献》,《长春师范学院学报》,1995 年第 1 期

江庆柏:《〈文选〉五臣注平议》,《郑州大学学报》,1994 年第 4 期
胡双宝:《关于〈文选〉五臣注本》,《北京大学学报》,1990 年第 2 期

○尹知章卒

【文献】

《旧唐书》卷一百八十九下《尹知章传》(P4974—4975):“尹知章,绛州翼城人。少勤学,尝梦神人以大凿开其心,以药内之,自是日益开朗,尽通诸经精义,未几而诸师友北面受业焉。长安中,驸马都尉武攸暨重其经学,奏授其府定王文学。神龙初,转太常博士。中宗初即位,建立宗庙,议者欲以凉武昭王为始祖,以备七代之数。知章以为武昭远世,非王业所因,特奏议以为不可。当时竟从知章之议。俄拜陆浑令,以公坫弃官。时散骑常侍解琬亦罢职归田园,与知章共居汝、洛间,以修学为事。睿宗初即位,中书令张说荐知章有古人之风,足以坐镇雅俗,拜礼部员外郎。俄转国子博士。后秘书监马怀素奏引知章就秘书省与学者刊定经史。知章虽居吏职,归家则讲授不辍,尤明《易》及庄、老玄言之学,远近咸来受业。其有贫匮者,知章尽其家财以衣食之。性和厚,喜愠不形于色,未尝言及家人产业。其子尝请并市樵米,以备岁时之费,知章曰:‘如汝所言,则下人何以取资?吾幸食禄,不宜夺其利也。’竟不从。开元六年卒,时年五十有余。所注《孝经》、《老子》、《庄子》、《韩子》、《管子》、《鬼谷子》,颇行于时。门人孙季良等立碑于东都国子监之门外,以颂其德。”

事又见《新唐书》卷一百九十九《尹知章传》。

【考论】

尹知章(约 669—718),绛州翼城(今属山西)人,儒学大师。少勤于学,博通诸经精义。长安中,擢定王府文学,迁太常博士、陆浑令。睿宗即位,经中书令张说荐举,拜礼部员外郎、国子博士。后经马怀素奏引入秘书省刊定经史。归家则讲学不辍,尤精《易经》、《庄子》、

《老子》及玄学，远近诸生慕名前往受业，有贫者辄以家财资助之，著名弟子有孙季良等。中宗即位，议立始祖七庙，议者欲以凉武昭王为始祖，奏议不可，以为"三昭三穆与太祖为七庙者，礼也"，武昭远世，"非王业所因"，中宗依其所奏。注有《孝经》、《老子》、《韩非子》、《管子》、《鬼谷子》，行于时，今佚。此年卒，卒后，门人孙季良等立碑于东都(洛阳)国子监门外，以颂其德。

【相关论著举目】

郭丽:《房玄龄还是尹知章注释了〈管子〉》,《西安交通大学学报》(社会科学版),2006 年第 3 期

巩日国:《〈管子〉尹知章注二考》,《图书馆杂志》,2004 年第 4 期

玄宗开元七年　己未(719)

○下《令诸儒质定古文〈孝经〉、〈尚书〉诏》

【文献】

《唐会要》卷七十七《论经义》(P1405—1406)："开元七年三月一日敕：'《孝经》、《尚书》，有古文本孔、郑注，其中旨趣，颇多踳驳，精义妙理，若无所归，作业用心，复何所适？宜令诸儒并访后进达解者，质定奏闻。'其月六日，诏曰：'《孝经》者，德教所先。自顷已来，独宗郑氏、孔氏遗旨，今则无闻。又子夏《易传》，近无习者。辅嗣注《老子》，亦甚甄明。诸家所传，互有得失，独据一说，能无短长？其令儒官详定所长，令明经者习读。若将理等，亦可并行。其作《易》者，并帖《子夏易传》，共写一部，亦详其可否奏闻。'时议以为不可，遂停。"《唐会要》卷七十七《论经义》(P1409—1410)："其年五月五日，诏曰：'间者诸儒所传，颇乖通议。敦孔学者，冀郑门之息灭；尚今文者，指古传为诬伪，岂朝廷并列书府，以广儒术之心乎！其河、郑二家，可令依旧行用。王、孔所注，传习者稀，宜存继绝之典，颇加奖饰。《子夏传》逸篇

既广,前令帖《易》者停。'”

事又见《全唐文》卷二十八《令〈孝经〉参用诸儒解易经兼帖〈子夏易传〉诏》、《令诸儒质定〈孝经〉、〈尚书〉古文诏》、《令〈孝经〉并行孔郑帖易停〈子夏传〉诏》。

【考论】

随着唐初《五经定本》、《五经正义》等规范经学文字和注疏著作的出现,《孝经》的整理工作亦提上了日程,而以郑《注》和孔《传》为代表的《孝经》今古文之争遂达至顶峰。开元七年三月一日下“令诸儒并访后进达解者”诏后,同月六日又下诏:“《孝经》者,德教所先。自顷以来,独宗郑氏。孔氏遗旨,今则无闻。”因要求当时诸儒“详其可否奏闻”,从而引起了以司马贞和刘知幾各自为首的今文派和古文派的一场空前大讨论。这次争论,两派大儒及其门生因门户意见太深,互不相让,僵持不下,“敦孔学者,冀郑门之息灭;尚今文者,指古传为诬伪”。同年五月五日,唐玄宗最终下诏,批评文派之争,主张兼收并蓄,郑《注》“依旧行用”,孔《传》“宜存继绝之典”,“其孔、郑二家,可令仍旧行用”(《行孔郑所注书诏》)。至此,孔、郑之争终于结束。

○四月,刘子玄上《孝经注议》

【文献】

《唐会要》卷七十七《贡举下》(P1406—1409):“其年四月七日,左庶子刘子元上《孝经注议》曰:‘谨按今俗所行《孝经》,题曰郑氏注。爰自近古,皆云郑即康成,而魏晋之朝,无有此说。至晋穆帝永和十一年,及孝武帝太元元年,再聚群臣,其论经义,有荀昶者,撰集《孝经》诸说,始以郑氏为宗。自齐、梁以来,多有异论。陆澄以为非玄所注,请不藏于秘省。王俭不依其请,遂得见传于时。魏、齐则立于学官,著在律令。盖由肤俗无识,故致斯讹舛。然则《孝经》非元所注,其验十有二条。据郑君《自序》云“遭党锢之事,逃难注《礼》,党锢事解,注《古文尚书》、《毛诗》、《论语》。为袁谭所逼,来至元城,乃注《周易》。"都无注《孝经》之文，其验一也。郑玄卒后，其弟子追论师所著述，及应对时人，谓之"郑志"。其言郑所注者，惟有《毛诗》、《三礼》、《尚书》、《周易》，都不言郑注《孝经》，其验二也。又《郑志》目录，记郑之所注，五经之外，有《中候书传》、《七政论》、《乾象历》、《六艺论》、《毛诗谱》、《答临硕难礼》、《驳许慎异义》、《发墨守》、《箴膏肓》及《答甄子然》等书，寸纸片札，莫不悉载。若有《孝经》之注，无容匿而不言，其验三也。郑之弟子，分授门徒，各述师言，更相问答，编录其语，谓之"郑志"。唯载《诗》、《书》、《礼》、《易》、《论语》，其言不及《孝经》，其验四也。赵商作《郑先生碑铭》，具称其所注笺驳论，亦不言注《孝经》。《晋中经簿》：《周易》、《尚书》、《尚书中候》、《尚书大传》、《毛诗》、《周礼》、《仪礼》、《礼记》、《论语》，凡九书，皆云郑氏注，名元。至于《孝经》，则称郑氏解，无"名玄"二字，其验五也。《春秋纬演孔图》云："康成注《三礼》、《诗》、《易》、《尚书》、《论语》，其《春秋》、《孝经》，别有评论。"宋均于《诗谱》云："序我先师北海郑司农"，则均是玄之传业子弟也。师所著述，无容不知。而云《春秋》、《孝经》唯有评论，非玄之所著，于此特明，其验六也。宋均《孝经纬注》引郑《六艺论》叙《孝经》云："玄又为之注，司农论如是，而均无闻焉。有义无辞，令余昏惑。"举郑之语，而云无闻，其验七也。宋均《春秋纬注》云"玄为《春秋》、《孝经略说》"，则非注之谓。所言玄又为之注者，泛辞耳，非事实。序《春秋》亦云："玄又为之注也。"宁可复责以实注《春秋》乎？其验八也。后汉史书，存于世者，有谢承、薛莹、司马彪、袁山松等，具为郑玄传者，载其所注，皆无《孝经》，其验九也。王肃《孝经传》首，有司马宣王之奏，并奉诏，令诸儒注述《孝经》，以肃说为长。若先有郑注，亦应言及，而不言郑，其验十也。王肃著书，发扬郑短，凡有小失，皆在《圣证》。若《孝经》此注亦出郑氏，被肃攻击，最应烦多，而肃无言，其验十一也。魏、晋朝贤，辨论时事，郑氏诸注，无不撮引，未有一言引《孝经》之注，其验十二也。凡此证验，易为考核，而世之学者，不觉其非，乘彼谬说，竞相推举，诸解不立学官，此注独行于世。观夫言语鄙陋，固不可示彼后来，传诸不朽。至如《古文孝经孔传》，本出孔氏壁中。语其详正，无俟商榷。而旷代亡逸，不复流行。至隋开皇十四年，秘书学士王孝逸于京市陈人处，置得一本，送与著作郎王劭，以示河间刘炫，仍令校定，而更此书无兼本，难可依凭，炫辄以所见，率意刊改，因著《古文孝经稽疑》一篇。劭以为此书经文尽在，正义甚美，而历代未尝置于学官，良可惜也。然则孔、郑二家，云泥致隔。今纶音发问，校其短长。愚谓行孔废郑，于义为允。又今俗所行《老子》，是河上公注，其序云："河上公者，汉文帝时人，结草庵于河曲，乃以为号。所注《老子》，授文帝，因冲空上天。"此乃不经之鄙言，流俗之虚语。按《汉书・艺文志》，注《老子》者三家，河上所释，无闻焉尔。岂非注者欲神其事，故假造其说耶？其言鄙陋，其理乖讹，岂如王弼所著，义旨为优。必黜河上公，升王辅嗣，在于学者，实得其宜。又按《汉书・艺文志》，《易》有十三家，而无子夏作传者，至梁阮氏《七录》，而有《子夏易》六卷，或云咸婴作，或云丁宽作。然据《汉书・艺文志》，《韩易》有二篇，《丁易》有八篇，求其符合，则事殊隳刺者矣。岁越千龄，诗经百代，其所著述，沈翳不行，岂非后来，假凭先哲，亦犹石崇谬称阮籍，郑璞滥名周宝，必欲行用，深以为疑。臣窃以郑氏《孝经》、河上公《老子》二书讹舛，不足流行，孔、王两家，实堪师授。每怀此意，其愿莫从。伏见去月十日敕，令所司详定四书得失，具状闻奏。臣等寻草议，请行王、孔二书，牒礼部讫。如状为允，请即颁行。'

国子祭酒司马贞议曰：'今文《孝经》是汉河间王所得颜芝本，至刘向以此本参校古文，省除烦惑，定为此一十八章。其注相承云是郑玄所著，而《郑志》及目录等不载，故往贤共疑焉。唯荀昶、范煜以为郑注，故昶集解《孝经》，具载此注，而其序云，以郑为主。是先达博选，以此注为优。且其注纵非郑氏所作，而义旨敷畅，将为得所，其数处小有非稳，实亦非爽经传。其古文二十二章，元出孔壁，先是安国作传，缘遭巫蛊，世未之行。荀昶集注之时，尚有《孔传》，中朝遂亡其本。近儒欲崇古学，妄作此传，假称孔氏，辄穿凿改更，又伪作《闺门》一章。刘炫诡随，妄称其善。且闺门之义，近俗之语，非宣尼之正说。案其文云："闺门之内，具礼矣乎，严兄妻子臣，繇百姓徒役也。"是比妻子于徒役，文句凡鄙，不合经典。又分《庶人》章，从‘故自天子’以下别为一章，仍加“子曰”二字，然“故”者连上之辞，既是章首，不合言“故”。古文既亡，后人妄开此等数章，以应二十二章之数。非但经文不真，抑且传习浅伪。又注“因天之时，因地之利”，其略曰：“脱衣就功，暴其肌体，朝暮从事，露发跣足，少而习之，其心安焉。”此语虽傍出诸子，而引之为注，何言之鄙俚乎！与郑氏所云“分别五土，视其高下，高田宜黍稷，下田宜稻麦”，优劣悬殊，曾何等级？今议者欲取近儒诡说，残经缺传，而废郑注，理实未可。望请准式，《孝经》郑注，与孔传依旧俱行。又注《老子》河上公，盖凭虚立号，汉史实无其人。然其注以养神为宗，以无为为体。其辞近，其理宏，小足以修身洁诚，大可以宁人安国。且河上公虽曰注书，即文立教，皆旨词明近用，斯可谓知言矣。王辅嗣雅善元谈，颇深道要，穷神用于橐籥，守静默于元牝，其理畅，其旨微，在于元学，颇是所长。至若近人立征，修身宏道，则河上为得。今望请王、河二注，令学者俱行。又按刘向《七略》，有子夏《易传》。但此书不行已久，今所存者，多非真本。又荀勖《中经簿》云：“《子夏传》四卷，或云丁宽所作。”是先达疑非子夏矣。又《隋书·经籍志》云：“子夏传残缺，梁时六卷，今三卷。”是知其书错谬多矣，无益后学，不可将帖正经。’”

《新唐书》卷一百三十二《刘子玄传》(P4522)：“开元初，迁左散骑常侍。尝议《孝经》郑氏学非康成注，举十二条左证其谬，当以古文为正；《易》无子夏传，《老子》书无河上公注，请存王弼学。宰相宋璟等不然其论，奏与诸儒质辩。博士司马贞等阿意，共黜其言，请二家兼行，惟子夏《易传》请罢。诏可。”

《册府元龟》卷六百三十九《贡举部(条制第一)》(P7670)：“五月太子左庶子刘子玄奏《孝经注》请废郑依孔。”事又见《大唐新语》卷九《著述》、《册府元龟》卷六百四《贡举部(条制第二)》，参见《全唐文》卷四百二司马贞《孝经老子注易传议》、《全唐文》卷九百六十四《上刘子玄议孝经老子注易传奏》、《全唐文》卷九百六十四《上司马贞等议孝经老子注易传奏》(开元初礼部)。

【考论】

以刘知幾为代表的一派学者力主"行孔废郑"。其"废郑"的理由主要有两点：其一是今文《孝经》郑注非郑玄所作，刘知幾罗列了十二条证据，从郑玄本人文字、其学生追记、后人碑铭、史志记载及后儒经注等诸多方面来驳斥郑玄注《孝经》之说；其二是在内容上郑注"言语鄙陋，义理乖疏"，因此"不可以示彼后来，传诸不朽"。"行孔注"的证据也有两条：其一是今传古文孔传来历可考；其二是在内容上，古文孔传"经文尽正，传义甚美"，与今文郑注相比"云泥致隔"。以司马贞为首的一派儒者则极力为今文郑注辩护。首先，今文《孝经》来历可考，郑注也为学者传习已久。其次，即使郑注非郑玄所作，但"义旨敷畅"，因此"先达博选以此注为优"。复次，古文孔《传》流传无绪，今所见本乃是鄙儒托孔氏名之伪作。考其经文，"文句凡鄙，不合经典"；在篇章结构上为合史志记载《古文孝经》二十二章之数，而对经文妄加割裂，痕迹明显；所谓"孔传"，亦属"浅伪"，郑注与之相较，"优劣悬殊，曾何等级"。最后，司马贞认为应该"《孝经》郑注与孔《传》仍旧俱行"。

相比之下，司马贞的主张更加开通。玄宗斟酌后，更倾向于司马贞的主张，于是下诏"郑仍旧习用"。这表明今文《孝经》文本及其郑注较古文孔《传》取得了决定性的优势。在科举时代，某一部经注成为官方钦定教育习用文本，实际上标志着其权威性的认可和确立，凭依官方的强制推行，将在相当长的时间内影响着学人。玄宗取今文郑注除了司马贞所说的理由之外，一个最重要的原因就是《孝经》今文郑注流传有绪，长期为学者所宗奉、习读。玄宗只是顺应这一现实而已，毕竟做为政治家，处理问题往往以是否能获得普遍的认同为转移，这与纯学者的纯学术追求有所不同（苏莹辉《北魏写本〈孝经〉残叶补校记》，《敦煌论集》学生书局 1983 年），这一点同样体现在玄宗注的具体内容上。古文孔《传》"亦存继绝之典，颇加奖饰"这一行为，显示了玄宗作为一个杰出的领导者兼容的胸怀和气度。这次讨论的结果也意味着玄宗日后为《孝经》作注主要是依据今文《孝经》十八章的文本而行。

○五月，刘子玄请黜《老子》河上公注，升用王弼注

【文献】

《唐会要》卷三十六《修撰》(P657—658)："开元七年五月左庶子刘子元上议：'今之所注《老子》，是河上公注，其序云："河上公者，是汉文帝时人，结草庵于河曲，因以为号。以所注《老子》授文帝，因冲空上天。"此乃不经之鄙言，流俗之虚语。《汉书·艺文志》注《老子》者有三家，河上所释，无处闻焉，王弼义旨为优，请黜河上公，升辅嗣所注。'司马贞亦注云：'汉史实无其人，然所注以养神为宗，以无为为体，请河、王注令学者俱行。'从之。"

【考论】

刘知幾以为《老子》河上注，有"不经之鄙言，流俗之虚语"，而以王弼所注"义旨为优"，绝无其弊，遂请黜河上注，升用王弼注。司马贞则谓汉史虽无河上其人，但所注"以养神为宗，以无为为体"，请以河、王所注"俱行"，玄宗从之。从此，王弼《老子注》受到重视。参见《中国学术思想编年》之《隋唐五代卷》。

○敕令丽正殿与四库书名目不类者之书，依刘歆《七略》排为《七志》

【文献】

《唐会要》卷三十五《经籍》(P644)："七年九月敕：'比来书籍缺亡，及多错乱，良由簿历不明，纲维失错，或须披阅，难可校寻。令丽正殿写四库书，各于本库每部为目录。其有与四库书名目不类者，依刘歆《七略》，排为七志。其经、史、子、集及人文集，以时代为先后，以品秩为次第。其《三教珠英》既有缺落，宜依旧目，随文修补。'"

○十月，褚无量讲《孝经》并《礼记·文王世子》篇

【文献】

《旧唐书》卷一百二《褚无量传》(P3167)："七年，诏太子就国子监行齿胄之礼，无量登座说经，百僚集观，礼毕，赏赐甚厚。"《新唐书》卷十五《礼乐志五》(P375)："玄宗开元七年，皇太子齿胄于学，谒先圣，诏宋璟亚献，苏颋终献。临享，天子思齿胄义，乃诏二献皆用胄子，祀先圣如释奠，右散骑常侍褚无量讲《孝经》、《礼记·文王世子篇》。"《唐会要》卷三十五《释奠》(P642)："开元七年十一月十一日，以贡举人将谒先师，质问疑义，敕皇太子及诸子，宜行齿胄礼。二十一日，皇太子谒先圣，皇太子初献，亚献、终献，并以胄子充。右散骑常侍褚无量讲《孝经》并《礼记·文王世子》篇。初，诏侍中宋璟为亚献，中书侍郎苏颋为终献。及临享，上思齿胄之义，乃改焉。"《旧唐书》卷二十四《礼仪志》(P919)记"开元七年十月戊寅，皇太子诣国学，行齿胄之礼"。

事又见《太平御览》卷五百三十五、《册府元龟》卷六百一、《文献通考》卷四十三。

○韦嗣立卒

【文献】

《全唐文》卷二百三十六(P2380)《韦嗣立》："嗣立字延构，赠秘书监承庆异母弟。第进士，累补双流令，累官凤阁侍郎同凤阁鸾台平章事。会李峤、唐休璟请简台阁，分典大州，乃以嗣立带本官检校汴州刺史。景龙三年转兵部尚书同中书门下三品。嗣立与韦庶人宗属疏远，特诏编入属籍，封逍遥公。睿宗立，拜中书令。开元初为太子宾客，坐宗楚客等削遗制事，不能执正，贬岳州别驾，再徙陈州刺史。七年卒，年六十六，赠兵部尚书，谥曰孝。"

【相关论著举目】

王伟：《韦嗣立东山别业宴饮与中宗朝局之关联性》，《暨南学报》

(哲学社会科学版),2012 年第 2 期

鹿慧:《韦嗣立〈谏滥官疏〉用人思想赏析》,《人才瞭望》,1995 年第 12 期

玄宗开元八年　庚申(720)

◎褚无量卒

【文献】

《资治通鉴》卷二百一十二《唐纪二十八》(P6739):“春,正月,丙辰,左散骑常侍褚无量卒。”《旧唐书》卷一百二《褚无量传》(P3164—3168):“褚无量,字弘度,杭州盐官人也。幼孤贫,励志好学。家近临平湖,时湖中有龙斗,倾里闬就观之,无量时年十二,读书晏然不动。及长,尤精《三礼》及《史记》,举明经,累除国子博士。……七年,诏太子就国子监行齿胄之礼,无量登座说经,百僚集观,礼毕,赏赐甚厚。明年,无量病卒,年七十五。临终遗言以丽正写书未毕为恨。上为举哀,废朝两日,赠礼部尚书,谥曰文。初,无量与马怀素俱为侍读,顾待甚厚;及无量等卒后,秘书少监康子原、国子博士侯行果等又入侍讲,虽屡加赏赐,而礼遇不逮褚焉。”《全唐文》卷二百五十八苏颋《赠礼部尚书褚公神道碑》(P2612):“粤开元庚申岁正月哉生魄,景命不造,遘疾薨于长安崇仁里之赐第,春秋七十有五。”碑本年十一月作。

《全唐诗》卷七十三有苏颋《故右散骑常侍舒国公褚公挽词》。事又见《新唐书》卷二百《褚无量传》、《册府元龟》卷三十八。《全唐文》卷二百九十四有传。

【考论】

褚无量(645—719),字弘度,余杭临平人,精通《三礼》、《史记》,擅长词藻。景龙三年(709),任国子司业,兼修文馆学士。景云初,召拜国子司业兼皇太子侍读。开元元年(713),以师傅恩迁左散骑常侍

兼国子祭酒，封舒国公。在此期间，上书请修缮录补内府旧书被允，遂与卢僎等在东都乾元殿采集遗书，分别部类，查补漏缺，校定群书，其事未毕，抱憾而终。

○正月，元行冲替褚无量充使

【文献】

《唐会要》卷六十四《集贤院》(P1118)："六年，乾元院更号丽正修书院，以秘书监马怀素、右散骑常侍褚无量充使。初置院经始，皆无量处置。至八年正月，以散骑常侍元行冲充使，检校院内修撰官。初，无量奏：'前闻喜县尉卢撰、前江阳县尉陆元泰、前左监门胄曹参军王择从、武陟县尉徐楚璧，分库检校。'至六年已后，秘书丞殷承业，右赞善大夫魏哲，通事舍人陆元悌，右内率府兵曹参军刘怀信、胡履虚，恭陵令陆绍伯、扶风县丞马利贞，并别敕收入院。"《资治通鉴》卷二百一十二《唐纪二十八》(P6739)："春，正月，丙辰，左散骑常侍褚无量卒。辛酉，命右散骑常侍元行冲整比群书。"

《新唐书》卷二百《王择从传》(P5690)："王择从，京兆人，终汜水令。"《新唐书》卷二百《元行冲传》(P5691)："先是，马怀素撰书志，褚无量校丽正四部书，业未卒，相次物故。诏行冲并代之。玄宗自注《孝经》，诏行冲为疏，立于学官。以老罢丽正校书事。"

○三月，李元瓘请图画七十子及二十二贤于庙壁

【文献】

《唐会要》卷三十五《褒崇先圣》(P639)："开元八年三月十八日，国子司业李元瓘奏言：'京国子监庙堂，先圣孔宣父，配坐先师颜子，今其像见在立侍。准礼授坐不立，授立不跪，况颜子道亚生知，才充入室。既当配享，其像见立，请据礼文，合从坐侍。又四科弟子闵子骞等，并伏膺儒术，亲承圣教，虽复列像庙堂，不参享祀。谨按《祠

令》，何休等二十二贤，犹沾从祀，岂有升堂入室之子，独不沾配享之余，望请春秋释奠，列享在二十二贤之上。七十子者，则文翁之壁，尚不阙如，岂有国庠，遂无图绘。请令有司，图形于壁，兼为立赞，庶敦劝儒风，光崇圣烈。曾参孝道可崇，独受经于夫子，望准二十二贤从享。'诏曰：'颜回等十哲，宜为坐像，悉令从祀。曾参大孝，德冠同列，特为塑像，坐于十哲之次。'因图画七十弟子及二十二贤于庙壁上。以颜子亚圣，亲为制赞，书于石；仍令当朝文士，分为之赞题其壁焉。苏氏议曰：'捡贞观显庆年敕，并称二十二贤，又捡太极、开元年敕，即称二十二贤。将前敕及《学令》比类，于服虔之下，有杜、范、贾，未知何年月附入。'"

《旧唐书》卷二十四《礼仪志四》（P919—920）："初，开元八年，国子司业李元瓘奏称：'先圣孔宣父庙，先师颜子配座，今其像立侍，配享合坐。十哲弟子，虽复列像庙堂，不预享祀。谨检祠令：何休、范宁等二十二贤，犹沾从祀，望请春秋释奠，列享在二十二贤之上。七十子，请准旧都监堂图形于壁，兼为立赞，庶敦劝儒风，光崇圣烈。曾参等道业可崇，独受经于夫子，望准二十二贤预飨。'敕改颜生等十哲为坐像，悉预从祀。曾参大孝，德冠同列，特为塑像，坐于十哲之次。图画七十子及二十二贤于庙壁上。以颜子亚圣，上亲为之赞，以书于石。闵损已下，令当朝文士分为之赞。"《全唐文》卷三百四《李元瓘》（P3095）："元瓘，开元八年官国子司业。"《全唐文》卷三百四有文《颜子当设坐像并升四哲奏》（P3095）。

《新唐书》卷十五《礼乐志五》、《文献通考》卷四十三、《册府元龟》卷六百四、《欧阳修集》卷一百四十《集古录跋尾卷七》、《文献通考》卷四十三、《通典》。

【考论】

依照李元瓘所列的规格，则孔庙中，对除孔子以外的其他人的祭祀分为三等：第一等配享，颜回，称先师，坐像；第二等从祀，十哲、左丘明等二十二人加上曾参，视为先贤；第三等孔门七十弟子，不随从享受祭祀，仅图像于壁，并加赞语。唐玄宗将其改为：十哲、曾参塑坐像，从祀孔子；七十弟子和二十二贤哲图像于壁。十哲之中，颜回是亚圣，由天子亲自作赞，其他人则由儒者作赞。所谓“十哲”就是《论语·先进》篇中孔子所提到的当年跟随他到过陈、蔡等国的十个弟子。《论语》的记载，也是后代孔庙祭祀的根据。自汉代起，颜回就被列为七十二贤之首，祭孔时有时独以颜回配享。此后历代统治者不断追加谥号，唐太宗尊之为“先师”，唐玄宗尊之为“兖公”，并且列在第一等中配享，坐像。从此以后，颜回的地位更是不断提高。

曾参年轻，未从孔子出游，本不在“十哲”之列。但曾参积极推行儒家主张，传播儒家思想，上承孔子道统，下启思孟学派，在儒家文化中起着承上启下的重要作用，其修齐治平的政治观，省身慎独的修养观，尤其是其以孝为本、孝道为先的孝道观，极为有利于统治，长期以来其人未被重视，直至唐代这一状况才有了很大改观。总章元年(668)四月，高宗赠曾参为太子少保，是为曾参赠官之始。此举极具开创意义，其后曾参不断受到统治者重视，地位不断得到提高。太极元年(712)，睿宗加赠曾参太子太保，配享孔子庙堂，为曾参配享之始。开元八年(720)，玄宗诏曰“曾子大孝，德冠群列，特为塑像，坐于十哲之次”，定曾参位次，与“十哲”并列，并令礼部尚书苏颋撰《曾子赞》。开元二十七年(739)八月，又赠曾参为郕伯，为曾参赠爵之始。由此可见，曾参的价值是在唐代才逐步被认识的，曾参的地位是在唐代才逐渐提高的。

○七月，李元瓘、杨玚等奏言明经考试应重“四经”(《周礼》、《仪礼》、《公羊》、《穀梁》)

【文献】

《新唐书》卷四十四《选举制上》(P1160—1161)：“凡《礼记》、《春秋左氏传》为大经，《诗》、《周礼》、《仪礼》为中经，《易》、《尚书》、《春秋公羊传》、《穀梁传》为小经。通二经者，大经、小经各一，若中经二。

通三经者，大经、中经、小经各一。通五经者，大经皆通，余经各一，《孝经》、《论语》皆兼通之。凡治《孝经》、《论语》共限一岁，《尚书》、《公羊传》、《穀梁传》各一岁半，《易》、《诗》、《周礼》、《仪礼》各二岁，《礼记》、《左氏传》各三岁。学书，日纸一幅，间习时务策，读《国语》、《说文》、《字林》、《三苍》、《尔雅》。凡书学，石经三体限三岁，《说文》二岁，《字林》一岁。凡算学，《孙子》、《五曹》共限一岁，《九章》、《海岛》共三岁，《张丘建》、《夏侯阳》各一岁，《周髀》、《五经算》共一岁，《缀术》四岁，《缉古》三岁，《记遗》、《三等数》皆兼习之。"《通典》卷十五《选举三》(P355)："开元八年七月，国子司业李元瓘上言：'《三礼》、《三传》及《毛诗》、《尚书》、《周易》等，并圣贤微旨。生人教业，必事资经远，则斯道不坠。今明经所习，务在出身，咸以《礼记》文少，人皆竞读。《周礼》经邦之轨则，《仪礼》庄敬之楷模，《公羊》、《穀梁》，历代崇习，今两监及州县，以独学无友，四经殆绝。事资训诱，不可因循。其学生请各量配作业，并贡人参试之，日习《周礼》、《仪礼》、《公羊》、《穀梁》。并请帖十通五，许其入策。以此开劝，即望四海均习，九经该备。'从之。"

《旧唐书》卷一百八十五下《杨玚传》(P4820)："十六年……玚又奏曰：'窃见今之举明经者，主司不详其述作之意，曲求其文句之难，每至帖试，必取年头月日，孤经绝句。且今之明经，习《左传》者十无二三，若此久行，臣恐左氏之学，废无日矣。臣望请自今已后，考试者尽帖平文，以存大典。又《周礼》、《仪礼》及《公羊》、《穀梁》殆将废绝，若无甄异，恐后代便弃。望请能通《周》、《仪礼》、《公羊》、《穀梁》者，亦量加优奖。'于是下制'明经习左氏及通《周礼》等四经者，出身免任散官'，遂著于式。由是生徒为玚立颂于学门之外。"

事又见《唐会要》卷七十五、《新唐书》一百三十《杨玚传》、《唐会要》卷七十七、《太平御览》卷六百八、《册府元龟》卷六百三十九、《册府元龟》卷六百四、《通典》卷十五《选举典》、《经学历史・经学统一时代》，参见《全唐文》卷三百五李元瓘《请令贡举人习周礼等经疏》。

【考论】

唐代以《易》、《书》、《诗》、“三礼”(《周礼》、《仪礼》、《礼记》)、“三传”(《公羊》、《穀梁》、《左氏》)合为九经,并以此取士。九经之中,又依据经文字数的多少,分为大经、中经、小经三等:《礼记》、《左传》为大经;《毛诗》、《周礼》、《仪礼》为中经;《周易》、《尚书》、《公羊》、《穀梁》为小经。在大经中,《左传》字数多于《礼记》,故参加科举考试的人多习《礼记》而不习《左传》。在中经、小经中,《周礼》、《仪礼》、《公羊》、《穀梁》难于《易》、《书》、《诗》,所以人多习《易》、《书》、《诗》而不习《周礼》、《仪礼》、《公羊》、《穀梁》四经。针对“四经殆绝”的情况,时任国子司业的李元瓘奏言此法“不可因循”,提出停止“量配作业”(依据经书文字的多少让学生搭配学习),建议采取措施,鼓励学生多习“殆绝”的四经。此建议虽得以采纳,但收效不大。开元十六年(728),时任国子祭酒的杨玚又奏言,今明经习《左传》者十不及二、三,并“请量加优奖”。可见唐代“四经殆绝”的形势的确堪忧,科举制度所带来的弊端已经开始显露,故有识者李元瓘、杨玚一再进言。参见《中国学术思想编年》之《隋唐五代卷》。

○诏张说修国史

【文献】

《唐会要》卷六十三《在外修史》(P1098):“开元八年十二月二十日诏:‘右羽林将军、检校并州大都督府长史、燕国公张说,多识前志,学于旧史,文成微婉,词润金石,可以昭振风雅,光扬轨训。可兼修国史,仍赍史本就并州随军修撰。’”参见《全唐文》卷二十八《命张说修国史诏》。

○崔憬贬,撰有《周易探元》

【文献】

《册府元龟》卷七百《牧守部·贪黩》(P8351):“萧执珪为岚州刺

史，卢季珣为复州刺史，崔憬为银州刺史。开元八年并坐贬。”《清史稿》卷一百四十五《艺文志》(P4226)：“唐崔憬《周易探元》三卷。”

事又见《全唐文》卷十八《贬萧执珪、卢季恂、崔憬等诏》一文。

玄宗开元九年　辛酉(721)

○十一月，元行冲等撰成《群书四部录》，奏之

【文献】

《旧唐书》卷四十六《经籍志序》(P1962)：“开元三年，左散骑常侍褚无量、马怀素侍宴，言及经籍。玄宗曰：‘内库皆是太宗、高宗先代旧书，常令宫人主掌，所有残缺，未遑补缉，篇卷错乱，难于检阅。卿试为朕整比之。’至七年，诏公卿士庶之家，所有异书，官借缮写。及四部书成，上令百官入乾元殿东廊观之，无不骇其广。九年十一月，殷践猷、王惬、韦述、余钦、毋煚、刘彦真、王湾、刘仲等重修成《群书四部录》二百卷，右散骑常侍元行冲奏上之。自后毋煚又略为四十卷，名为《古今书录》，大凡五万一千八百五十二卷。禄山之乱，两都覆没，乾元旧籍，亡散殆尽。”《唐会要》卷三十六《修撰》(P658)：“九年十一月十三日，左散骑常侍元行冲，上《群书四部录》二百卷，藏之内府，凡二千六百五十五部，四万八千一百六十九卷，分为经、史、子、集四部。经库是殷践猷、王恢编；史库韦述、余钦；子库毋煚、刘彦直；集库王湾、刘仲。其序例，韦述撰。其后，毋煚又略为四十卷，为《古今书录》。”事又见《旧唐书》卷一百二《马怀素传》等。

《新唐书》卷一百九十九《殷践猷传》(P5683)：“殷践猷字伯起，陈给事中不害五世从孙。博学，尤通氏族、历数、医方。与贺知章、陆象先、韦述最善，知章尝号为‘五总龟’，谓龟千年五聚，问无不知也。初为杭州参军，举文儒异等科，授秘书省学士，用曹州司法参军，兼丽正殿学士。以叔父丧，哀恸欧血而卒，年四十八。”事又见颜真卿所撰墓

志铭(《颜鲁公集》卷十)。

《旧唐书》卷八《玄宗纪上》(P182):“冬十一月丙辰,左散骑常侍元行冲上《群书目录》二百卷,藏之内府。”《资治通鉴》卷二百一十二《唐纪二十八》(P6747):“十一月,丙辰,国子祭酒元行冲上《群书四录》,凡书四万八千一百六十九卷。”《唐会要》卷六十四《集贤院》(P1119):“九年冬,幸东都,时集贤院四库书总八万一千九百九十卷:经库一万三千七百五十三卷,史库二万六千八百二十卷,子库二万一千五百四十八卷,集库一万九千八百六十九卷。至二十四年,车驾还西京,敕百司行从,皆令减省,集书籍三分留一贮在库者。至天宝三载六月,四库更造,见在库书籍,经库七千七百六卷,史库一万四千八百五十九卷,子库一万六千二百八十七卷,集库一万五千七百二十二卷。从天宝三载至十四载,四库续写书又一万六千八百三十二卷。”事又见《旧唐书》卷一百二《韦述传》、《旧唐书》卷一百九十中《齐浣传》、《唐六典》卷九《中书省集贤院史馆匦使》、《册府元龟》卷六百八、《醴泉笔录》卷上。

【考论】

开元三年(715),唐玄宗与褚无量、马怀素言及经籍,深忧内库经籍“所有残缺,未遑补缉,篇卷错乱,难于检阅”,遂令搜集整理。开元五年(717),秘书监马怀素受诏编次图书,乃奏用左散骑常侍元行冲、左庶子齐澣、秘书少监王珣、卫尉少卿吴兢并韦述等二十六人,同于秘阁详录四部书。开元七年(719),因藏书类别繁多,马怀素上疏请求以南齐以前典籍补王俭《七志》之所无,又以《七志》后之著述,补《隋志》之所遗,另撰目录,马氏未竟其业而卒,元行冲继之统领其事,前后共历五年,最终于开元九年撰成《群书四部录》二百卷,奏上。此书以四部分类法编撰,收录经籍凡二千六百五十五部,四万八千一百六十九卷。因其有收书不够完备等缺憾,遂遭致毋煚批评。其后毋煚“积心潜思,审正旧疑,详开新制”,“改旧传之失者三百余条,加新书之目者六千余卷”,另编一部目录,名曰《古今书录》,共四十卷,共收书三千零六十部,五万一千八百五十二卷,是书后来成为编撰《旧唐书·经籍志》的重要蓝本。参见《中国学术思想编年》之《隋唐五代卷》。

○刘知幾卒

【文献】

《新唐书》卷一百三十二《刘知幾传》(P4519—4522):“刘子玄名知幾,以玄宗讳嫌,故以字行。……累迁凤阁舍人,兼修国史。中宗时,擢太子率更令,介直自守,累岁不迁。会天子西还,子玄自乞留东都,三年,或言子玄身史臣而私著述,驿召至京,领史事。迁秘书少监。时宰相韦巨源、纪处讷、杨再思、宗楚客、萧至忠皆领监修,子玄病长官多,意尚不一,而至忠数责论次无功,又仕偃蹇,乃奏记求罢去……始,子玄修《武后实录》,有所改正,而武三思等不听。自以为见用于时而志不遂,乃著《史通》内外四十九篇,讥评今古。……开元初,迁左散骑常侍。……会子贶为太乐令,抵罪,子玄请于执政,玄宗怒,贬安州别驾。卒,年六十一。……对曰:‘史有三长:才、学、识,世罕兼之,故史者少。’……殁后,帝诏河南就家写《史通》,读之称善。追赠工部尚书,谥曰‘文’。”《旧唐书》一百二《刘子玄传》(P3173—3174):“子玄至安州,无几而卒,年六十一。自幼及长,述作不倦,朝有论著,必居其职。预修《三教珠英》、《文馆词林》、《姓族系录》,论《孝经》非郑玄注、《老子》无河上公注,修《唐书实录》,皆行于代,有集三十卷。后数年,玄宗敕河南府就家写《史通》以进,读而善之,追赠汲郡太守;寻又赠工部尚书,谥曰‘文’。”《新唐书》卷五十八《艺文志二》(P1471)著录:“《高宗后修实录》三十卷,初,令狐德棻撰,止乾封,刘知幾、吴兢续成。《则天皇后实录》二十卷。魏元忠、武三思、祝钦明、徐彦伯、柳冲、韦承庆、崔融、岑羲、徐坚撰,刘知幾、吴兢删正。刘知幾《太上皇实录》十卷。”《资治通鉴》卷二百一十二《唐纪二十八》(P6748):“安州别驾刘子玄卒。子玄即知幾也,避上嫌名,以字行。”

《新唐书》卷六十《艺文志》(P1625、P1601):“刘子玄《史通》二十卷"、"《刘子玄集》三十卷"。

【考论】

刘知幾(661—721),字子玄,彭城(今江苏徐州)人,唐代著名史学家、诗人。出身于仕宦之家,少时酷爱史学。年十二,其父藏器为之授《古文尚书》和《左传》等。十余岁时能做诗文,享誉一时,人称"少年才俊"。唐高宗永隆元年(680)二十岁举进士第,调任获嘉县主簿。则天圣历二年(699)入史馆,曾任著作郎、左史、秘书少监等职,参与修撰国史、起居注、实录等,领国史三十余年。因与宗楚客、萧至忠等意见不合,亦对当时史馆监修制度不满,遂辞去史官之职,自撰《史通》。一生著述甚丰,除《史通》外,还有《刘子玄集》三十卷、《睿宗实录》十卷、《刘氏家乘》十五卷、《刘氏谱考》三卷等,与柳冲等撰《姓氏系录》二百卷。此外还有合著的《三教珠英》、《唐书》、《高宗实录》、《则天皇后实录》等,不过大多已佚。《文苑英华》、《唐文粹》、《唐会要》等书中收有其文章诗赋等。开元九年(721)卒,年六十一。后追赠工部尚书,谥曰"文"。

【相关论著举目】

吉家友:《刘知幾在历史编纂学上的创新及贡献》,《中国出版》,2011年第6期

赵海旺:《略论刘知幾史学批判的基本原则》,《徐州师范大学学报》(哲学社会科学版),2011年第2期

吕海龙:《〈史通〉与刘知幾文史观研究》,上海大学博士学位论文,2011年

王安萍:《以道自任》,西北师范大学硕士学位论文,2010年

周文玖:《刘知幾史学批评的特点》,《史学史研究》,2007年第2期

周征:《刘知幾〈史通〉叙事理论研究》,山东大学硕士学位论文,2006年

吴建伟:《浅谈刘知幾对经史的辨伪方法》,《河南图书馆学刊》,2005年第1期

孙小泉:《论刘知幾的学术风格》,曲阜师范大学硕士学位论文,2004年

王庆:《中国古代历史文学理论——论刘知幾与章学诚》,四川师范大学硕士学位论文,2004年

李安:《从"真"到"通":中国古代史学理论的体系化及其终结》,湖南师范大学硕士学位论文,2004年

杨绪敏:《论刘知幾处世思想的成因与史学思想的渊源》,《史学月刊》,2003年第7期

吴建伟:《刘知幾经学思想试探》,《钦州师范高等专科学校学报》,2003年第2期

邹旭光:《刘知幾文史关系论指要》,《南京社会科学》,2000年第6期

杨绪敏:《刘知幾的史学变革思想及其局限性》,《江海学刊》,2000年第4期

杨绪敏:《刘知幾疑古思想的形成及考辨儒经、古史之成就》,《中国矿业大学学报》,1999年第1期

张小乐:《刘知幾辨伪探微》,《山东社会科学》,1998年第4期

王银春:《刘知幾史学中的三个重要命题》,《宁夏大学学报》,1998年第2期

聂中庆:《略论刘知幾的历史观》,《内蒙古民族大学学报》,1997年第3期

张永瑾:《刘知幾史部目录学思想述评》,《大学图书情报学刊》,1995年第4期

许凌云、王学军:《试论刘知幾的史学方法论》,《浙江学刊》,1994年第4期

许凌云:《刘知幾评史馆修史》,《东方论坛》,1994年第3期

耿天勤:《刘知幾对辨伪的贡献》,《山东师范大学学报》,1992年第6期

韩盼山:《刘知幾史传文的写作观念》,《河北大学学报》,1992年

第 4 期

许凌云:《刘知幾的史料学思想》,《史学史研究》,1990 年第 2 期

李少雍:《刘知幾与古文运动》,《文学评论》,1990 年第 1 期

许凌云:《论刘知幾的史家主体意识》,《孔子研究》,1989 年第 3 期

许凌云:《论刘知幾的孔子观》,《齐鲁学刊》,1989 年第 2 期

E. G. 普列布兰克:《中国的史学评论:刘知幾和司马光》,《安徽史学》,1989 年第 1 期

张振佩:《刘知幾史学理论初探》,《贵州文史丛刊》,1986 年第 3 期

步近智:《略论刘知幾的进步史学思想》,《东岳论丛》,1985 年第 3 期

曾庆鉴:《略论刘知幾的史学成就》,《史学史研究》,1981 年第 2 期

邓瑞:《试论刘知幾对史学的贡献》,《学术月刊》,1980 年第 10 期

陈光崇:《论刘知幾的尊法反儒思想》,《辽宁大学学报》,1975 年第 2 期

任继愈:《刘知幾的进步的历史观》,《文史哲》,1964 年第 1 期

侯外庐:《论刘知幾的学术思想——纪念刘知幾诞生一千三百周年》,《历史研究》,1961 年第 2 期

白寿彝:《刘知幾的进步的史学思想》,《北京师范大学学报》,1959 年第 5 期

玄宗开元十年　壬戌(722)

○六月,玄宗自注《孝经》,颁于天下

【文献】

《旧唐书》卷八《玄宗本纪上》(P183):“六月辛丑,上训注《孝经》,

颁于天下。"《新唐书》卷二百《元行冲传》(P5691):"玄宗自注《孝经》,诏行冲为疏,立于学官。"《旧唐书》卷一百二《元行冲传》(P3178):"上又特令行冲撰御所注《孝经》疏义,列于学官。"《唐会要》卷三十六(P658):"十年六月二日,上注《孝经》,颁于天下及国子学。至天宝二年五月二十二日,上重注,亦颁于天下。"《十三经注疏·孝经序》(P2540—2541):"朕闻上古,其风朴略。虽因心之孝已萌,而资敬之礼犹简。及乎仁义既有,亲誉益著。圣人知孝之可以教人也,故因严以教敬,因亲以教爱。于是以顺移忠之道昭矣,立身扬名之义彰矣。子曰:'吾志在《春秋》,行在《孝经》。'是知孝者,德之本欤。《经》曰:"昔者明王之以孝理天下也,不敢遗小国之臣,而况于公侯伯子男乎。"朕尝三复斯言,景行先哲。虽无德教加于百姓,庶几广爱形于四海。嗟乎!夫子没而微言绝,异端起而大义乖。况泯绝於秦,得之者皆煨烬之末;滥觞於汉,传之者皆糟粕之余。故鲁史《春秋》,学开五传,《国风》、《雅》、《颂》,分为四诗。去圣逾远,源流益别。近观《孝经》旧注,踳驳尤甚。至于迹相祖述,殆且百家;业擅专门,犹将十室。希升堂者,必自开户牖;攀逸驾者,必骋殊轨辙。是以道隐小成,言隐浮伪。且传以通经为义,义以必当为主。至当归一,精义无二,安得不翦其繁芜而撮其枢要也?韦昭、王肃,先儒之领袖;虞翻、刘邵,抑又次焉。刘炫明安国之本,陆澄讥康成之注,在理或当,何必求人?今故特举六家之异同,会五经之旨趣,约文敷畅,义则昭然。分注错经,理亦条贯,写之琬琰,庶有补于将来。且夫子谈经,志取垂训,虽五孝之用则别,而百行之源不殊。是以一章之中,凡有数名,一句之内,意有兼明,具载则文烦,略之又义阙,今存于疏,用广发挥。"《孝经注疏序》(P2541):"正义曰:六家即韦昭、王肃、虞翻、刘邵、刘炫、陆澄也,言举此六家,而又会合诸经之旨趣耳。"

《郡斋读书志》卷三(P125):"唐明皇注《孝经》一卷,右汉初颜芝之子贞献于朝,千八百七十二字。唐玄宗注。《序》称取王肃、刘邵、虞翻、韦昭、刘炫、陆澄六家说,约孔、郑旧义为之。何休称:'子曰:"吾志在《春秋》,行在《孝经》。"'信斯言也,则《孝经》乃孔子自著者也。今其首章云："仲尼居，曾子侍。"则非孔子所著明矣。详其文义，当是曾子弟子所为书也。柳宗元谓：'《论语》载弟子必以字，独曾参不然，盖曾氏之徒乐正子春、子思与为之耳。'余于《孝经》亦云。"《文献通考》卷一百八十五《经籍考十二》(P1585)："唐明皇《孝经注》一卷，《崇文总目》：取王肃、刘劭、虞翻、韦昭、刘炫、陆澄六家之说，参仿孔、郑旧义。今行于大学。晁氏曰：何休称：'子曰："吾志在《春秋》，行在《孝经》。"'信斯言也，则《孝经》乃孔子自著者也。今其首章云：'仲尼居，曾子侍。'则非孔子所著明矣。详其文书，当是曾子弟子所为书。柳宗元谓'《论语》载弟子必以字，然曾参不然，盖曾氏之徒乐正子春、子思相与为之耳。'余于《孝经》亦云。陈氏曰：今世所行本也。始刻石太学，御八分书，末有祭酒李齐古所上表及答诏，且具宰相等名衔，实天宝四载，号为《石台孝经》。乾道中，蔡洸知镇江，以其本授教授沈必豫、熊克，使刻石学宫。云欧阳公《集古录》无之，岂偶未之见耶？家有此刻，为四大轴，以为书阁之镇。按《唐志》作《孝经制旨》。"《四库全书总目》卷三十二《孝经类》(P263—264)："《孝经正义》三卷，唐玄宗明皇帝御注，宋邢昺疏。案《唐会要》：'开元十年六月，上注《孝经》，颁天下及国子学。天宝二年五月，上重注，亦颁天下。'《旧唐书·经籍志》：'《孝经》一卷，玄宗注。'《唐书·艺文志》'今上《孝经制旨》一卷'，注曰'玄宗'。其称'制旨'者，犹梁武帝《中庸义》之称'制旨'，实一书也。赵明诚《金石录》载《明皇注孝经》四卷。陈振孙《书录解题》亦称家有此刻，为四大轴。盖天宝四载九月，以《御注》刻石于太学，谓之《石台孝经》。今尚在西安府学中，为碑凡四，故拓本称四卷耳。元宗《御制序》末称：'一章之中凡有数句，一句之内义有兼明，具载则文繁，略之则义阙。今存于《疏》，用广发挥。'《唐书·元行冲传》称'元宗自注《孝经》，诏行冲为《疏》，立于学官。'《唐会要》又载：'天宝五载诏，《孝经书疏》虽粗发明，未能该备，今更敷畅以广阙文，令集贤院写颁中外。是《注》凡再修，《疏》亦再修。'其《疏》《唐志》作二卷，《宋志》则作三卷，殆续增一卷欤？宋咸平中，邢昺所修之《疏》，即据行冲书为蓝本。然孰为旧文，孰为新说，今已不可辨别矣。《孝经》有今文、古文二本。今文称郑元注，其说传自荀昶，而《郑志》不载其名。古文称孔安国注，其书出自刘炫，而《隋书》已言其伪。至唐开元七年三月，诏令群儒质定。右庶子刘知幾主古文，立十二验以驳郑。国子祭酒司马贞主今文，摘《闺门章》文句凡鄙，《庶人章》割裂旧文，妄加'子曰'字及《注》中'脱衣就功'诸语以驳孔。其文具载《唐会要》中。厥后今文行而古文废。元熊禾作董鼎《孝经大义序》，遂谓贞去《闺门》一章，卒启元宗无礼无度之祸。明孙本作《孝经辨疑》，并谓唐宫闱不肃，贞削《闺门》一章乃为国讳。夫削《闺门》一章，遂启幸蜀之衅，使当时行用古文，果无天宝之乱乎？唐宫闱不肃诚有之，至于《闺门章》二十四字，则绝与武、韦不相涉。指为避讳，不知所避何讳也？况知幾与贞两议并上，《会要》载当时之诏，乃郑依旧行用。孔《注》传习者稀，亦存继绝之典。是未因知幾而废郑，亦未因贞而废孔。迨时阅三年，乃有御注太学刻石，署名者三十六人，贞不预列。《御注》既行，孔、郑两家遂并废，亦未闻贞更建议废孔也。禾等徒以朱子《刊误》偶用古文，遂以不用古文为大罪。又不能知唐时典故，徒闻《中兴书目》有'议者排毁，古文遂废'之语，遂沿其误说，愦愦然归罪于贞。不知以《注》而论，则孔佚郑亦佚。孔佚罪贞，郑佚又罪谁乎？以《经》而论，则郑存孔亦存，古文并未因贞一议亡也，贞又何罪焉？今详考源流，明今文之立，自元宗此《注》始。元宗此《注》之立，自宋诏邢昺等修此《疏》始。众说喧呶，皆揣摩影响之谈，置之不论不议可矣。"

【考论】

唐朝一直致力于倡导孝道，所以阐发孝道的《孝经》愈益受到重视，倡导孝道的曾参地位日隆。总章元年(668)四月，高宗始赠曾参为太子少保之官，太极元年(712)，睿宗又加赠曾参太子太保，配享孔子庙堂。开元八年(720)，玄宗定曾参位次，与"十哲"并列，开元二十七年(739)八月，又赠曾参为郕伯。高祖亲临国学释奠，即命儒生徐文远讲《孝经》。唐太宗力倡"忠孝"之道，贞观十三年(639)，扬州总管长史李袭誉献《忠孝图》二十卷，太宗览之甚悦。开元七年(719)，玄宗诏群儒质定《孝经》，其后令“郑仍旧行用，孔注传习者稀，亦存继绝之典”。是年，玄宗参用孔传、郑注以及韦昭、王肃、虞翻、刘劭、刘炫、陆澄等人的注解，以今文为底本，作《孝经注》，并命儒者撰《正义》，称“御注”，该注于是月颁行天下及国子学。天宝二年（743）五月玄宗又重注《孝经》，亦颁行。天宝三年（744），诏天下民间家藏《孝经》一本。《孝经注》以郑《注》为主，取王肃、郑玄、韦昭、孔安国、魏真己诸家之所长，结束了郑《注》、孔《传》之争，巩固了郑《注》作为“经”的地位，并为《孝经》最终跻身《十三经》奠定了基础。

《旧唐书·经籍志》所记“《孝经》一卷，玄宗注”，《新唐书·艺文志》(P1442)记“《今上孝经制旨》一卷，注曰玄宗”，其实二者并非一书。《四库全书总目》(P263)称“《孝经正义》三卷，唐元宗明皇帝御注，宋邢昺疏。……《唐书·艺文志》:《今上孝经制旨》一卷，注曰‘元宗’。其称‘制旨’者，犹梁武帝《中庸义》之称‘制旨’，实一书也。”对此，余嘉锡《四库提要辨证》(卷一)认为此说本于《直斋书录解题》卷三(P70)所说“御注《孝经》一卷，唐孝明皇撰并序，案《唐志》作《孝经制旨》。”据余嘉锡考证，《注》与《制旨》，实非一书，乃先有明皇《制旨》，后有在此基础上而形成的《御注》，因《制旨》早佚，故后人常将二者视为一书。此注今存。余氏引王昶《金石萃编》卷八十七《石台孝经跋》(P12)所考“《新书·艺文志》《今上孝经制旨》一卷，注‘元宗’二字，下又载元行冲《御注孝经疏》二卷，然则《注》与《制旨》，各自为书。……陈直斋未见《制旨》，则宋时其书已佚。然刑氏之疏，大半蓝本元疏，此二条必因行冲之旧，行冲撰疏时，旁引《制旨》以申《御注》，尤非一书之证。”余氏指出:“《注》义出于《制旨》，必先有《制旨》而后有《御注》。盖《制旨》即《讲疏》，明皇先为《讲疏》，敷演其义，然后约其文以为《注》，又命元行冲本《制旨》之意为《注》作《疏》，故曰‘今存于疏，用广发挥’。可见《制旨》与《注》非一书，亦可见元行冲《疏》中特存有《制旨》之意，而非即《制旨》也。”(中华书局，1980年版，第61页)今从余说。参见《中国学术思想编年》之《隋唐五代卷》。

【相关论著举目】

曹月萍:《〈孝经注疏〉再研究》,安徽大学硕士学位论文,2012年

周益民:《唐玄宗〈御注孝经〉思想研究》,湘潭大学硕士学位论文,2011年

陈一风:《论唐玄宗对〈孝经〉文本的整理》,《孝感学院学报》,2009年第5期

史应勇:《传世〈孝经〉郑注的再考察》,《唐都学刊》,2006年第3期

陈一风:《〈孝经注疏〉成书述略》,《孝感学院学报》,2006年第1期

陈一风:《论唐玄宗注〈孝经〉的原因》,《长春师范学院学报》,2005年第10期。

陈一风:《唐玄宗〈孝经御注〉的内容特点——兼与郑注、孔传比较》,《南都学坛》,2005年第2期

朱海:《唐玄宗御注〈孝经〉考》,《魏晋南北朝隋唐史资料》,2003年11月第二十六辑

陈一风:《〈孝经注疏〉研究》,华中师范大学博士学位论文,2003年

朱海:《唐玄宗〈御注孝经〉发微》,《魏晋南北朝隋唐史资料》,2002年12月第十六辑

黄修明:《孝文化与唐代社会政治》,《广西大学学报》,2002年第5期

朱海:《唐代忠、孝问题研究》,武汉大学博士学位论文,2002年

朱明勋:《〈孝经〉研究史简论》,湖北大学硕士学位论文,2001年

沈莉华:《〈孝经〉的结集和汉迄唐的流传》,复旦大学硕士学位论文,1998年

陈萍萍:《唐玄宗御注〈孝经〉始末》,《台州学院学报》,1996年第5期

○诏韦绦为礼仪使

【文献】

《旧唐书》卷二十一《礼仪志一》(P818):"开元十年,诏国子司业韦绦为礼仪使,专掌五礼。"事又见《新唐书》卷十一《礼乐志一》(P309)。

○王志愔表荐白履忠

【文献】

《旧唐书》卷一百九十二《白履忠传》(P5124):"开元十年,刑部尚书王志愔表荐履忠隐居读书,贞苦守操,有古人之风,堪代褚无量、马怀素入阁侍读。"

【考论】

白履忠,生卒年均不详,陈留浚仪人,博涉文史。尝隐居于古大梁城,时号为梁丘子。景云中,征拜校书郎,寻弃官而归。开元十年(722)刑部尚书王志愔表荐其"隐居读书,贞苦守操,有古人之风",征赴京师,辞老病不任职,乞还,诏许游京师,徐还乡里。十七年,国子祭酒杨玚又表荐履忠堪为学官,乃征赴京师。著有《三玄精辩论》一卷,注《老子》及《黄庭内景经》,有文集十卷。

○王志愔卒

《新唐书》卷一百二十八《王志愔传》(P4463—4464):"王志愔,博州聊城人。擢进士第。……开元九年,帝幸东都,诏留守京师。京兆人权梁山妄称襄王子,与左右屯营官谋反,自称光帝,夜犯长乐门,入宫城,将杀志愔,志愔逾垣走,而屯营兵悔,更斩梁山等自归,志愔渐悸卒。"

《旧唐书》卷一百《王志愔传》(P3118—3123):"王志愔,博州聊城人也。少以进士擢第。神龙年，累除左台御史，加朝散大夫，执法刚正，百僚畏惮，时人呼为‘皂雕’。……遂表上所著《应正论》以见志，其词曰：“尝读《易》至：‘萃，利见大人，亨，聚以正也。六二，引吉无咎。’……”中宗览而嘉之。稍迁驾部郎中。……（开元）十年，有京兆人权梁山伪称襄王男，自号光帝……志愔遂以骇卒。”

【考论】

王志愔，博州聊城（今山东聊城）人，官至刑部尚书，执法刚正不阿，被时人呼为“皂雕”。关于其卒年，《旧唐书》系于开元十年，《新唐书》系于开元九年，今从《旧唐书》。

○《贞观政要》撰成并进上

【文献】

《四部丛刊》续编第13册《贞观政要序》(P7)：“有唐良相，曰侍中安阳公、中书令河东公，以时逢圣明，位居宰辅，寅亮帝道，弼谐王政，恐一物之乖所，虑四维之不张，每克己励精，缅怀故实，未尝有乏。太宗时政化，良足可观，振古而来，未之有也。至于垂世立教之美，典谟谏奏之词，可以弘阐大猷，增崇至道者，爰命不才，备加甄录，体制大略，咸发成规。于是缀集所闻，参详旧史，撮其指要，举其宏纲，词兼质文，义在惩劝，人伦之纪备矣，军国之政存焉。凡一帙一十卷，合四十篇，名曰《贞观政要》。”事又见《上〈贞观政要〉表》。

《四库全书总目》卷五十一《杂史类》(P463)：“《贞观政要》十卷，唐吴兢撰。兢，汴州浚仪人。以魏元忠荐，直史馆。累官太子左庶子，贬荆州司马，历洪、舒二州刺史，入为恒王傅。天宝初，年八十卒。事迹具《唐书》本传。宋《中兴书目》，称兢于《太宗实录》外，采其与群臣问答之语，作为此书，用备观戒，总四十篇。《新唐书》著录十卷，均与今本合。考《旧唐书·曹确传》，载确奏臣览《贞观故事》，太宗初定官品云云。其文与此书《择官篇》第一条相同。而《唐志》所录，别无《贞观故事》，岂即此书之别名欤。其书在当时尝经表进，而不著年月。惟兢《自序》所称：侍中安阳公者，乃源乾曜。中书令河东公者，乃张嘉贞。考《元宗本纪》，乾曜为侍中，嘉贞为中书令，皆在开元八年。则兢成此书，又在八年以后矣。书中所记太宗事迹，以《唐书》、《通鉴》参考，亦颇见牴牾。如新、旧《唐书》载太宗作《威凤赋》，赐长孙无忌，而此作赐房玄龄。《通鉴》载张蕴古以救李好德被诛，而此谓其与囚戏博，漏泄帝旨，事状迥异。又《通鉴》载皇甫德参上书赐绢二十四匹，拜监察御史，而此但作赐帛二十段。又《通鉴》载宗室诸王降封，由封德彝之奏；贞观初放宫人，由李百药之奏，而此则谓出于太宗独断，俱小有异同。史称兢叙事简核，号良史，而晚节稍疏牾。此书盖出其耄年之笔，故不能尽免渗漏。然太宗为一代令辟，其良法善政，嘉言嬺行，胪具是编，洵足以资法鉴。前代经筵进讲，每多及之。故《中兴书目》称历代宝传，至今无阙。伏读皇上《御制乐善堂集》，开卷首篇，即邀褒咏。千年旧籍，荣荷表章。则是书之有裨治道，亦概可见矣。书中之注，为元至顺四年临川戈直所作。又采唐柳芳，晋刘昫，宋宋祁、孙甫、欧阳修、曾巩、司马光、孙洙、范祖禹、马存、朱黼、张九成、胡寅、吕祖谦、唐仲友、叶适、林之奇、真德秀、陈惇修、尹起莘、程奇及吕氏《通鉴精义》二十二家之说附之，名曰《集论》。吴澄、郭思贞皆为之序。直字伯敬，即澄之门人也。”

又见《郡斋读书志》卷六、《文献通考》卷二百一。参见《全唐文》卷二百九十八吴兢《上贞观政要表》、《贞观政要序》、《请总成国史奏》。

【考论】

《贞观政要》，吴兢(670—749)撰。吴氏史学著述甚多，然大多散佚，其自著者有《贞观政要》传世。该书“缀集所闻，参详旧史，撮其指要，举其宏纲”，其目的在于“用备劝戒”，也表现出作者对现实政治生活的历史反思。全书十卷，计四十篇，分类编辑唐太宗与魏徵(580—643)、房玄龄(579—648)、杜如晦(585—630)等大臣的问答以及大臣的谏诤、奏疏等，内容涉及为君之道、求贤纳谏、历史鉴戒、教诫太子、道德规范、正身修德、学术文化、刑法贡赋、征伐安边及善始慎终等方面，记录了唐太宗与臣下“贞观论治”的基本情况，是了解唐贞观年间政治思想的重要著作，有一定的史料价值。陈寅恪谓此书实为“《太宗实录》之分类节要本”（《元白诗笺证稿》第五章）。书中所记太宗事与《唐书》、《通鉴》多有出入。《四库全书总目》P463 谓：“此书盖出其耄年之笔，故不能尽免渗漏。”此书旨在歌颂祖德，多用隐恶扬善笔法，故尚不能表现贞观时政治之全貌。版本主要有：民国商务印书馆《四部丛刊续编》影印明成化本、1977 年上海古籍出版社据上海涵芬楼影印戈直注明成化本所出标点本等。1991 年岳麓书社出版有王贵标点本。此外，《全唐文》卷二百九十八辑亦有其部分著文。新、旧《唐书》均未提及吴著《贞观政要》一事。

关于是书编纂时间，有多种说法，主要有：（一）开元八年（720）后说，此说以《四库总目提要》为代表，谓：“其书在当时尝经表进，而不著年月，惟兢自序所称侍中安阳公者乃源乾曜，中书令河东公者乃张嘉贞。考《玄宗本纪》，乾曜为侍中，嘉贞为中书令，皆在开元八年，则兢成此书又在八年以后矣。”（二）景龙三年（709）说。黄永年等所撰《唐史史料学》谓“其实此书本有景龙三年正月上书表，是早在中宗时即已撰成，至开元年间稍事修订重撰序文进上而已。《四库提要》所据元人戈直注本无景龙上书表，所以讲不确切。”（三）撰于神龙元年（705）至开元九年（721）之间。吴枫认为是书乃“吴兢在史馆任职时，即七〇五年到七二一年之间编辑的”（《评〈贞观政要〉》，载《吉林大学学报》1979 年第 1 期）。其所定成书上限是依据吴兢《上〈贞观政要〉表》中有“早居史职，随事载录”的话。（四）成书于唐玄宗开元后期至天宝之间说，此说以瞿林东为代表（参见《论吴兢》，载《唐代史学论稿》北京师范大学出版社 1989 年版）。（五）编辑成书在开元八年至十年（720—722）之间，李万生曾三论《贞观政要》之成书时间，分别见于《贵州文史丛林》1992 年第 4 期，《贵州师范大学学报》1993 年第 1 期、1995 年第 2 期。李氏对此考之尤详，不同意吴说，亦不完全同意《四库全书总目》之说，提出“此书的成书在开元十年（722），编辑时间在开元八年（720）至十年（722）之间”。（《三论〈贞观政要〉的成书时间》,载《贵州师范大学学报》1995年第2期)今从李说,暂志于十年。参见《中国学术思想编年》之《隋唐五代卷》。

【相关论著举目】

陈丛兰:《〈贞观政要〉官德保障机制论要》,《唐都学刊》,2012年第4期

陈丛兰:《〈贞观政要〉伦理思想研究述评》,《理论界》,2012年第4期

陈丛兰:《人性·人格和人文:〈贞观政要〉官德生成的三重伦理向度》,《齐鲁学刊》,2012年第3期

马英俊:《李世民与〈贞观政要〉的和谐思想及现代启示》,《许昌学院学报》,2012年第1期

张强:《〈贞观政要〉中的领导智慧》,《船山学刊》,2011年第2期

何涛:《从〈贞观政要〉看唐太宗的德治思想》,《商丘师范学院学报》,2009年第10期

陈飞:《〈贞观政要〉治国方略产生的社会历史条件》,《中国海洋大学学报》(社会科学版),2009年第3期

赵清文:《〈贞观政要〉中的惠民思想及其借鉴意义》,《河泽学院学报》,2008年第6期

吴成国、邓燕芹:《论〈贞观政要〉的官德思想》,《伦理学研究》,2007年第5期

李万生:《四论〈贞观政要〉之成书时间——与谢保成先生商榷》,《社会科学论坛》,2007年第2期

唐少莲:《唐太宗的治道与实践——以〈贞观政要〉为中心》,《广西大学学报》2007年第1期

许强:《谈吴兢〈贞观政要〉的编撰特色》,《图书馆学刊》,2006年第3期

许强、毕静:《从〈贞观政要〉看文献学家吴兢识见》,《山东图书馆季刊》,2005年第2期

彭忠德:《〈贞观政要〉的版本和佚文》,《历史研究》,2002年第

6期

李万生:《关于〈贞观政要〉材料来源的商讨》,《人文杂志》1999年第2期

闫质杰:《吴兢与〈贞观政要〉》,《辽宁大学学报》1998年第4期

耿余耀:《吴兢与〈贞观政要〉》,《西北大学学报》1997年第2期

○诏两京及诸都各置玄元皇帝庙一所,并置崇玄学

【文献】

《册府元龟》卷五十三《帝王部·尚黄老一》(P589—590):"十年正月己丑,诏两京及诸州各置玄元皇帝庙一所,并置崇玄学,其僧徒令习《道德经》及《庄》、《列》、《文子》等,每年准明经例举送。"

玄宗开元十一年　癸亥(723)

○学士侍讲

【文献】

《四库全书》第943册《玉海》卷二十六引《集贤注记》(P645):"开元十一年夏,诏学士侯行果等,侍讲《周易》、《庄》、《老》,赐衣一副、绢一百匹。又令行果隔日为皇太子讲《易》。"又见《职官分纪》卷十五引《集贤注记》。

《新唐书》卷二百(P5702):"行果者,上谷人,历国子司业,侍皇太子读。卒,赠庆王傅。始,行果、会真及长乐冯朝隐同进讲,朝隐能推索《老》、《庄》秘义,会真亦善《老子》,每启篇,先薰盥乃读。帝曰'我欲更求善《易》者,然无贤行果'云。朝隐终太子右谕德,会真太学博士。"

【考论】

皇太子奏请读《周易》,玄宗以为明《易》无出于侯行果者,遂令侯

行果隔日为皇太子讲《易》，此举可见唐廷对皇家子孙的教育完全是以儒家学说为主要基础的。

○十一月，始罢三祖同配之礼

【文献】

《旧唐书》卷二十一《礼仪志一》(P833)："玄宗即位，开元十一年十一月，亲享圆丘。时中书令张说为礼仪使，卫尉少卿韦绦为副，说建议请以高祖神尧皇帝配祭，始罢三祖同配之礼。"

事又见《新唐书》卷十三《礼乐志》。

【考论】

唐初是按郊祀的不同对象来分别配享，如武德初定景帝、元帝分配天地，贞观诏改高祖与景帝、元帝；高宗增加太宗，取消元帝，乾封中又下令圜丘、明堂、感帝乃至方丘皆以高祖、太宗并配；垂拱元年，武则天依凤阁舍人元万顷、范履冰等之议，始在郊天地中行高祖、太宗、高宗三祖同配之礼。玄宗于开元十一年十一月第一次亲郊，张说建议圆丘以高祖单独配天而终于改变了三祖同配之礼。对于《礼记》所说的太祖，郑玄解释为始封之祖。张说的建议却第一次确立了高祖在宗庙中的独尊地位。虽然《贞观礼》已定冬至祭昊天上帝，但史载此次郊天张说重定郊礼图，是依《显庆礼》而进一步确定了昊天的独尊，其后"诏遂颁于有司，以为常式"。这一决定显然与《显庆礼》定昊天独尊有关，由于天的惟一性对应着人神的惟一性，所以用以配天的宗庙祖宗中的独尊之位也需要随之确立，并且从尊位选择建功立业的开国之君高祖而不是始封之主的太祖来看，也是继续了贞观、显庆两礼主要以高祖祭天，突出唐朝的建立和国家权威的一贯(参见吴丽娱《营造盛世:〈大唐开元礼〉的撰作缘起》，《中国史研究》2005 年第 3 期)。

玄宗开元十二年　甲子(724)

○啖助生

【文献】

《新唐书》卷二百《啖助传》(P5706)："助卒，年四十七。"事又见钱保塘《历代名人生卒录》。

【考论】

啖助(724—770)，字叔佐，祖籍赵州(今属河北赵县)人，唐经学家。啖助大历五年(770)卒，时年四十七岁，逆推当生于是年。参见《中国学术思想编年》之《隋唐五代卷》。

○张说、徐坚等议封禅之礼

【文献】

《旧唐书》卷二十三《礼仪志三》(P891—898)："玄宗开元十二年，文武百僚、朝集使、皇亲及四方文学之士，皆以理化升平，时谷屡稔，上书请修封禅之礼并献赋颂者，前后千有余篇。玄宗谦冲不许。中书令张说又累日固请，乃下制曰：'自古受命而王者，曷尝不封泰山，禅梁父，答厚德，告成功。三代之前，罔不由此。越自魏、晋，以迄周、隋，帝典阙而大道隐，王纲弛而旧章缺，千载寂寥，封崇莫嗣。物极而复，天祚我唐，武、文二后，应图受箓。洎于高宗，重光累盛，承至理，登介丘，怀百神，震六合，绍殷、周之统，接虞、夏之风。中宗弘懿铄之休，睿宗沐粹精之道，巍巍荡荡，无得而称者也。

朕昔戡多难，禀略先朝，虔奉慈旨，嗣膺丕业。是用创九庙以申孝敬，礼二郊以展严禋，宝菽粟于水火，捐珠玉于山谷。兢兢业业，非敢追美前王；日慎一日，实以奉遵遗训。至于巡狩大典，封禅鸿名，顾惟寡薄，未遑时迈，十四载于兹矣。今百谷有年，五材无眚，刑罚不用,礼义兴行,和气氤氲,淳风澹泊。蛮夷戎狄,殊方异类,重译而至者,日月于阙廷;奇兽神禽,甘露嘉醴,穷祥极瑞,朝夕于林籞。王公卿士,罄乃诚于中;鸿生硕儒,献其书于外。莫不以神祇合契,亿兆同心。斯皆烈祖圣考,垂裕余庆。故朕赖宗庙之介福,敢以眇身,颛其克让。是以敬奉群议,弘此大猷,以光我高祖之丕图,以绍我高祖之鸿烈。永言陟配,追感载深。可以开元十三年十一月十日,式遵故实,有事太山。所司与公卿诸儒详择典礼,预为备具,勿广劳人,务存节约,以称朕意。'

于是诏中书令张说、右散骑常侍徐坚、太常少卿韦绦、秘书少监康子元、国子博士侯行果等,与礼官于集贤书院刊撰仪注。玄宗初以灵山好静,不欲喧繁,与宰臣及侍讲学士对议,用山下封祀之仪。于是张说谓徐坚、韦绦等曰:'乾封旧仪,禅社首,享皇地祇,以先后配飨。王者父天而母地,当今皇母位,亦当往帝之母也,子配母飨,亦有何嫌?而以皇后配地祇,非古之制也。天监孔明,福善如响。乾封之礼,文德皇后配皇地祇,天后为亚献,越国太妃为终献。宫闱接神,有乖旧典。上玄不祐,遂有天授易姓之事,宗社中圮,公族诛灭,皆由此也。景龙之季,有事圆丘,韦氏为亚献,皆以妇人升坛执笾豆,渫黩穹苍,享祀不洁。未及逾年,国有内难,终献皆受其咎,掌座斋郎及女人执祭者,多亦夭卒。今主上尊天敬神,事资革正。斯礼以睿宗大圣贞皇帝配皇地祇,侑神作主。'乃定议奏闻。上从之。旧礼:郊祀既毕,收取玉帛牲体,置于柴上,然后燔于燎坛之上,其坛于神坛之左……。

及玄宗将作封禅之礼,张说等参定仪注,徐坚、康子元等建议曰:'臣等谨按显庆年修礼官长孙无忌等奏改燔柴在祭前状称"祭祀之礼,必先降神。周人尚臭,祭天则燔柴"者。臣等按礼,迎神之义,乐六变则天神降,八变则地祇出,九变则鬼神可得而礼矣。则降神以乐,《周礼》正文,非谓燔柴以降神也。案尚臭之义,不为燔之先后。假如周人尚臭,祭天则燔柴,容或燔臭先以迎神。然则殷人尚声,祭天亦燔柴,何声可燔先迎神乎?又按显庆中无忌等奏称"晋氏之前,犹遵古礼。周、魏以降,妄为损益"者。今按郭璞《晋南郊赋》及注《尔雅》:“祭后方燔。”又按《宋志》所论,亦祭后方燔。又检南齐、北齐及梁郊祀,亦饮福酒后方燔。又检后周及隋郊祀,亦先祭后燔。据此,即周遵后燔,晋不先燎。无忌之事,义乃相乖。又按《周礼·大宗伯》职:“以玉作六器,以礼天地四方。”《注》云:“礼为始告神时荐于神座也。”下文云:“以苍璧礼天,以黄琮礼地,皆有牲币,各如其器之色。”又《礼器》云:“有以少为贵者,祭天特牲。”是知苍璧之与苍牲,俱各奠之神座,理节不惑。又云:“四圭有邸,以祀天、旅上帝。”即明祀昊天上帝之时,以旅五方天帝明矣。其青圭、赤璋、白琥、玄璜,自是立春、立夏、立秋、立冬之日,各于其方迎气所用,自分别矣。今按显庆所改新礼,以苍璧与苍牲、苍币,俱用先燔。苍璧既已燔矣,所以遂加四圭有邸,奠之神座。苍牲既已燔矣,所以更加骍牲,充其实俎。混昊天于五帝,同用四圭;失特牲之明文,加为二犊。深乖礼意,事乃无凭。’……玄宗令依后燔及先奠之仪。是后太常卿宁王宪奏请郊坛时祭,并依此先奠璧而后燔柴、瘗埋,制从之。时又有四门助教施敬本驳奏旧封禅礼八条……议奏,玄宗令张说、徐坚召敬本与之对议详定。说等奏曰:‘敬本所议,其中四条,先已改定。有不同者,望临时量事改摄。’制从之。”

事又见《文献通考》卷八十四《郊社考十七》、《新唐书》卷十四《礼乐志》、《唐会要》卷八。

○施敬本驳奏旧封禅礼

【文献】

《旧唐书》卷二十三《礼仪志三》(P896—898):“时又有四门助教施敬本驳奏旧封禅礼八条,其略曰:‘旧礼,侍中跪取匜沃盥,非礼也。夫盥手洗爵,人君将致洁而尊神,故能使小臣为之。今侍中,大臣也,而沃盥于人君;太祝,小臣也,乃诏祝于天神。是接天神以小臣,奉人君以大臣,故非礼。按《周礼·大宗伯》曰:“郁人,下士二人,赞祼事。”则沃盥此职也。汉承秦制,无郁人之职,故使近臣为之。

魏、晋至今，因而不改。然则汉礼，侍中行之则可矣，今以侍中为之，则非也。汉侍中，其始也微。高帝时籍孺为之，惠帝时闳孺为之，留侯子辟强年十五为之。至后汉，楼坚以议郎拜侍中，邵闿自侍中迁步兵校尉，秩千石，少府卿之属也。少府卿秩中二千石，丞秩千石，侍中与少府丞班同。魏代苏则为之。旧侍中亲省起居，故谓之"执兽子"。吉茂见谓之曰，"仕进不止执兽子"，是言其为亵臣也。今侍中，名则古官，人非昔任，掌同燮理，寄实盐梅，非复汉、魏"执兽子"之班，异乎《周礼》郁人之职。行舟不息，坠剑方遥，验刻而求，可谓谬矣。

'夫祝以传命，通主人之意以荐于神明，非贱职也。故两君相见，则卿为上傧。况天人之际，其肃恭之礼，以两君为喻，不亦大乎！今太祝，下士也，非所以重命而尊神之义也。然则周、汉太祝，是礼矣。何者？按《周礼·大宗伯》曰："太祝，下大夫二人，上士四人，掌六祝之辞。"大宗伯为上卿，今礼部尚书、太常卿比也；小宗伯中大夫，今侍郎、少卿比也；太祝下大夫，今郎中、太常丞比也；上士四人，今员外郎、太常博士之比也。故可以处天人之际，致尊极之辞矣。又汉太祝令，秩六百石，与太常博士同班。梁太祝令，与南台御史同班。今太祝下士之卑，而居下大夫之职，斯又刻舟之论，不异于前矣。'

又曰：'旧礼，谒者引太尉升坛亚献，非礼也。谒者已贱，升坛已重，是微者用之于古，而大体实变之于今也。按《汉官仪》：尚书御史台官属有谒者仆射一人，秩六百石，铜印青绶；谒者三十五人，以郎中满岁称给事，未满岁称灌谒者。又按《汉书·百官公卿表》：光禄勋官属有郎中、员外，秩比二千石；有谒者，掌宾赞受事，员七十人，秩比六百石。古之谒者，秩异等，今谒者班微，以之从事，可谓疏矣。'

又曰：'旧礼，尚书令奉玉牒，今无其官，请以中书令从事。按汉武帝时，张安世为尚书令，游宴后宫，以宦者一人出入帝命，改为中书谒者令。至成帝，罢宦者，用士人。魏黄初改秘书，置中书监令。旧尚书并掌制诰，既置中书官，而制诰枢密皆掌焉。则自魏以来，中书是汉朝尚书之职。今尚书令奉玉牒，是用汉礼，其官既阙，故可以中书令主之。'议奏，玄宗令张说、徐坚召敬本与之对议详定，说等奏曰：'敬本所议，其中四条，先已改定。有不同者，望临时量事改摄。'制从之。"《新唐书》卷二百《施敬本传》(P5697—5698)："施敬本，润州丹阳人。开元中，为四门助教。玄宗将封禅，诏有司讲求典仪。旧制，盥手、洗爵，皆侍中主之；诏祀天神，太祝主之。敬本上言曰：'周制，大宗伯郁人，下士二，掌祼事。汉无郁人，用近臣。汉世侍中微甚，籍孺、闳孺等幸臣为之。后汉邵阖自侍中迁步兵校尉，秩千石，其职省起居，执虎子，盖亵臣也。今侍中位宰相，非郁人比。祝者荐主人意于神，非贱职也。古二君相见，卿为上傧，况天人际哉！周太祝，下大夫二，上士四。下大夫，今郎中、太常丞之比；上士，员外郎、博士之比。汉太祝令秩六百石，今太祝乃下士。以下士接天，以大臣奉天子，轻重不伦，非礼也。旧制，谒者引太尉升坛。谒者位下，升坛礼重。汉尚书御史属，有谒者仆射一，秩六百石，铜印青绶；谒者三十五，以郎中满岁称给事中，未满岁称谒者。光禄勋属，有谒者，掌宾赞，员七十，秩比六百石。则古谒者名秩差异等，今谒者班微，循空名，忘实事，非所以事天也。'帝诏中书令张说引敬本熟悉其议，故侍中、祝、谒者，视礼轻重，以它官摄领。"又见《全唐文》卷三百二施敬本文《驳奏旧封禅礼八条》。事又见《唐会要》卷八、《通典》卷五十四《礼十四·沿革十四》、《册府元龟》卷三十六。

玄宗开元十三年　乙丑(725)

○施敬本卒

【文献】

《新唐书》卷二百《施敬本传》(P5698)："敬本以太常博士为集贤院修撰。逾年，迁右补阙、秘书郎，卒。"

○独孤及生

【文献】

《全唐文》卷四百零九崔祐甫《故常州刺史独孤公神道碑铭》(P4195):“奄忽捐馆,其时也,大历十二年夏四月二十九日;其地也,常州之路寝;其寿也,五十有三年。”《新唐书》卷一百六十二本传(P4993):“卒,年五十三。”

【考论】

独孤及(725—777),散文家,字至之,河南洛阳人,梁肃赞其“博究五经,举其大略,而不为章句学,确然有可大之业”(梁肃《独孤及集后序》)。大历十二年(777)卒,时年五十三岁,逆推当生于是年。

○五月,徐坚等撰成《初学记》

【文献】

《新唐书》卷五十九《艺文志三》(P1563):“《初学记》三十卷,张说类集要事以教诸王,徐坚、韦述、余钦、施敬本、张烜、李锐、孙季良等分撰。”《郡斋读书志》卷十四(P651):“《初学记》三十卷,右唐徐坚等撰。初,张说类集事要以教诸王。开元中,诏坚与韦述、余钦、施敬本、张烜、李锐、孙季良分门撰次。”《唐会要》卷三十六(P658):“十五年五月一日,集贤学士徐坚等,纂经史文章之要,以类相从,上制名曰《初学记》,至是上之。”注:“欲令皇太子及诸王检事缀文。”《四库全书》第1036册《南部新书》卷九(P246):“开元十三年五月,集贤学士徐坚等纂经史文章之要,以类相从,上制名曰《初学记》。”《四库全书》第1035册《唐新语》卷九(P366):“玄宗谓张说曰:‘儿子等欲学缀文,须检事及看文体。《御览》之辈,部帙既大,寻讨稍难。卿与诸学士撰集要事并要文,以类相从,务取省便。令儿子等易见成就也。’说与徐坚、韦述等编此进上,诏以《初学记》为名。赐修撰学士束帛有差。其书行于代。”

《四库全书总目》卷一百三十五(P1142—1143):“《初学记》三十卷,唐徐坚等奉敕撰。案《唐书·艺文志》载《元宗事类》一百三十卷,又《初学记》三十卷。注曰:‘张说类集要事,以教诸王,徐坚、韦述、余钦、施敬本、张烜、李锐、孙季良等分撰。’似乎二书皆说总其事,而坚等分修。晁公武《读书志》则曰:‘《初学记》三十卷,唐徐坚等撰。初,张说类集事要,以教诸王,开元中诏坚与韦述等分门撰次。’又似乎《事类》为说撰,而坚等又奉诏择其精粹编为此书。考《南部新书》载开元十三年五月,集贤学士徐坚等纂经史文章之要,以类相从,上制曰《初学记》。则晁氏所言,当得其实。《唐志》所注,叙述未明,偶合两书为一耳。其书分二十三部,三百一十三子目,大致与诸类书相同。惟地部五岳之外载终南山,四渎之外载洛水、渭水、泾水。又骊山汤泉、昆明池别出二条,则唐代两都之故也。其例前为叙事,次为事对,末为诗文。其叙事虽杂取群书,而次第若相连属,与他类书独殊。其诗文兼录初唐,于诸臣附前代后,于太宗御制则升冠前代之首。较《玉台新咏》以梁武帝诗杂置诸臣之中者,亦特有体例。其所采摭,皆隋以前古书,而去取谨严,多可应用。在唐人类书中,博不及《艺文类聚》,而精则胜之。若《北堂书钞》及《六帖》,则出此书下远矣。《春明退朝录》及《温公诗话》并称中山刘子仪爱其书,曰:非止初学,可为终身记。李匡乂《资暇集》则曰:《初学记》月门以吴牛对魏鹊。魏鹊者引曹公歌行‘月明星稀,乌鹊南飞’为据,斯甚疏阔。汉武《秋风辞》云‘草木黄落兮雁南归’,今月门既云魏鹊,则风事亦可用汉雁矣。若是采掇文字,何所不可。东海徐公,硕儒也,何乖之甚云云,其说颇是。后李商隐诗因鲍照《代白头吟》有‘清如玉壶冰’句,遂以鲍壶对王佩,实沿坚之失。然不以一眚掩其全书也。”

事又见《册府元龟》卷六百一、卷六百七《学校部·撰集》,《玉海》卷五十七引韦述《集贤注记》。

【考论】

唐玄宗为方便其子学习,遂命张说、徐坚、韦述等人修书。开元十三年徐坚等奉敕撰成以类相从的大型官修类书《初学记》三十卷,凡二十三部，三百一十三子目，每子目又分叙事、事对、诗文三部分。其“叙事”部分汇集资料，精心编排，把类事连缀起来，以说明子目标题，成为一篇说明文章，与以往类书不同。其“事对”部分以对偶形式列出典故，注明出处，供作诗文时采择。其“诗文”部分类似《艺文类聚》，精选诗文佳作，以作模范，并细分为诗、赋、颂、册、诏、制、奏、表、赞、论、诔、章、箴、歌、碑、墓志等类别。《四库提要》对此书评价甚高，称：“其所采摭皆隋以前古书，而去取谨严，多可应用，在唐人类书中，博不及《艺文类聚》，而精则胜之。若《北堂书钞》及《六帖》，则出此书下远矣。”此书在查找史料、词藻以及校勘古书、辑佚古书等方面有重要作用。此书主要版本有：A、宋绍兴十七年东阳崇川余四十三郎刊本作《新雕初学记》三十卷，日本宫内省书陵部藏。B、明嘉靖十年安国桂坡馆刻本。C、明嘉靖十三年晋府虚益堂刻本。D、清乾隆内府刊《古香斋袖珍十种》本。E、1962 年中华书局排印司义祖点校本，用古香斋本为底本，校以桂坡馆本以及严可均、陆心源校，制成《校勘表》附各卷后，1979 年重印。有许逸民《初学记索引》。

关于此书的总编撰者，《四库总目提要》一百三十五（P1142—1143）谓：“《唐书·艺文志》载《元宗事类》一百三十卷，又《初学记》三十卷。注曰：‘张说类集要事，以教诸王，徐坚、韦述、余钦、施敬本、张烜、李锐、孙季良等分撰。’似乎二书皆说总其事，而坚等分修。晁公武《读书志》则曰：‘《初学记》三十卷，唐徐坚等撰。初，张说类集事要，以教诸王，开元中诏坚与韦述等分门撰次。’又似乎《事类》为说撰，而坚等又奉诏择其精粹，编为此书。”对此，余嘉锡《四库提要辨证》卷十六《子部七》（P954）分辨云：“此书本是张说奉敕撰集，说总其成，而徐坚以下分修耳。《新唐志》所言，正合当日情事，晁公武之言，殊欠分晓，《提要》翻据之以驳《新志》，误矣。”黄永年《唐史史料学》考证曰“《提要》盖误以为《艺文志》此条注文兼苞《玄宗事类》而言，其实仅指《初学记》，与《事类》无关涉”，并引刘肃《唐新语》卷九之语加以证明。黄说可从。关于是书撰成时间，《南部新书》系于开元十三年五月，柳芳《唐历》系于开元十四年四月，《唐会要》系于开元十五年五月,《集贤注记》系于开元十六年正月,余嘉锡以为"当是传写互异"。今据《旧唐书》之《徐坚传》、《张说传》及《南部新书》,志于开元十三年。参见《中国学术思想编年》之《隋唐五代卷》。

【相关论著举目】

蔺华:《〈初学记〉的编纂人员与历代版本考》,《佳木斯教育学院学报》,2011 年第 5 期

黎丽莎:《〈初学记〉诗赋收录分类研究》,广西师范大学硕士学位论文,2011 年

黄俊杰:《从〈艺文类聚〉和〈初学记〉的引文看初唐的文学传播》,《中国韵文学刊》,2010 年第 2 期

李玲玲:《张说与〈初学记〉》,《中国典籍与文化》,2009 年第 4 期

李玲玲:《〈初学记〉引经考》,浙江大学博士学位论文,2009 年

刘张杰:《〈初学记·乐部〉研究》,华中师范大学硕士学位论文,2006 年

蔺华:《〈初学记〉与〈白孔六帖〉比较研究》,华东师范大学硕士学位论文,2006 年

唐雯:《〈艺文类聚〉、〈初学记〉与唐初文学观念》,《西安联合大学学报》,2003 年第 1 期

李步嘉:《〈初学记〉校记》,《文献》1986 年第 4 期

张展舒、钱健:《以〈初学记〉为例剖析分类目录与主题目录结合的类书目录》,《图书馆学研究》,1985 年第五期

○十一月,玄宗幸孔子宅

【文献】

《资治通鉴》卷二百一十二《唐纪二十八》(P6767):"甲午,车驾发泰山;庚申,幸孔子宅致祭。"《全唐诗》卷三有玄宗《经邹鲁祭孔子而叹之》;卷四十八有张九龄《奉和圣制经孔子旧宅》,卷八十七有张说《奉和圣制经邹鲁祭孔子应制》,均为和作。

◯诏康子元等注解《东封仪注》

【文献】

《唐会要》卷三十六《修撰》(P658)："十三年，诏康子元等，注解《东封仪注》以进。"《旧唐书》卷一百二《徐坚传》(P3176)："开元十三年，再迁左散骑常侍。其年，玄宗改丽正书院为集贤院，以坚为学士，副张说知院事，累封东海郡公。以修东封仪注及从升太山之功，特加光禄大夫。坚多识典故，前后修撰格式、氏族及国史等，凡七入书府，时论美之。"《唐会要》卷八《郊议》(P108)："开元十二年，四方治定，岁屡丰稔，群臣多言封禅，中书令张说又固请，乃下制以十三年有事泰山。于是说与右散骑常侍徐坚、太常少卿韦縚、秘书少监康子元、国子博士侯行果，刊定仪注。"《旧唐书》卷二十三《礼仪志三》(P892)："开元十三年十一月十日，式遵故实，有事太山。所司与公卿诸儒详择典礼，预为备具，勿广劳人，务存节约，以称朕意。于是诏中书令张说、右散骑常侍徐坚、太常少卿韦縚、秘书少监康子元、国子博士侯行果等，与礼官于集贤书院刊撰仪注。"

事又见《册府元龟》卷三十六《帝王部·封禅》。

玄宗开元十四年　丙寅(726)

◯六月，玄宗诏访求儒学之士

【文献】

《四库全书》第426册《唐大诏令集》卷一百五《求儒学诏》(P723)："朕闻以道得人者谓之儒，切问近思者谓之学。故以阳礼教让，则下不争；以阴礼教亲，则远无怨。岂无习不利，教所由生者乎！朕所以厚儒林、辟书殿，讨论易象，研核道源，冀淳风大行，华胥非远，而承平日久，趋竞岁积。……天下官人百姓，有精于经史、道德可尊，工于著述、文质兼美者，宜令本司本州长官，指陈艺业，录状送闻。其吏部选人，亦令所由铨择，各以名荐，朕当明试，用观其能。若行业可甄，待以不次。如妄相褒进，必加明罚。开元十四年六月。”

事又见《全唐文》卷三十五《令本州长官举人敕》、《求儒学诏》、《崇太学诏》。

【考论】

玄宗认为要使得在下者不争，使人远离怨恨，只有高扬礼教，广求儒学。于是年下《求儒学诏》，先述儒学之作用，再申儒学之重要性，并令天下凡有精于经史、道德可尊且工于著述、文质兼美者，由本司本州长官录状奏闻，后由皇帝明试，依据其能力和德行加以任用，此举反映了唐廷仍坚持尊儒重学的基本方针。参见《中国学术思想编年》之《隋唐五代卷》。

○吴兢上其所撰《唐书》、《唐春秋》

【文献】

《唐会要》卷六十三《在外修史》(P1098—1099)：“十四年七月十六日，太子左庶子吴兢上奏曰：‘臣往者长安景龙之岁，以左拾遗起居郎兼修国史，时有武三思、张易之、张昌宗、纪处讷、宗楚客、韦温等，相次监领其职。三思等立性邪佞，不循宪章，苟饰虚词，殊非直笔。臣愚以为国史之作，在乎善恶必书。遂潜心积思，别撰《唐书》九十八卷，《唐春秋》三十卷，用藏于私室，虽绵历二十余年，尚刊削未就。但微臣私门凶衅，顷岁以丁忧去官，自此便停知史事。窃惟帝载王言，所书至重，倘有废绝，实深忧惧。于是弥纶旧纪，重加删缉，虽文则不工，而事皆从实。断自隋大业十三年，迄于开元十四年春三月，即皇家一代之典，尽在于斯矣。既将撰成此书于私家，不敢不奏。又卷轴稍广，缮写甚难，特望给臣楷书手三数人，并纸墨等。至绝笔之日，当送上史馆。’于是敕兢就集贤院修成其书。俄又令就史馆。及兢迁荆州司马，其书未能就。兢所修草本，兢亦自将。上令中使往荆州取得五十余卷，其纪事疏略，不堪行用。”

事又见《册府元龟》卷五百五十六《国史部·采撰》。

【考论】

《旧唐书》本传、《唐会要》载“《唐书》九十八卷”，《玉海》卷四十一引《集贤注记》云一百卷，当从《旧唐书》本传及《唐会要》。

○八月，元行冲等奉诏撰《类礼义疏》奏上，竟不得立于学官

【文献】

《新唐书》卷二百《元澹传》(P5691—5693)：“初，魏光乘请用魏徵《类礼》列于经，帝命行冲与诸儒集义作疏，将立之学，乃引国子博士范行恭、四门助教施敬本采获刊缀为五十篇，上于官。于是右丞相张说建言：‘戴圣所录，向已千载，与经并立，不可罢。魏孙炎始因旧书擿类相比，有如钞掇，诸儒共非之。至徵更加整次，乃为训注，恐不可用。’帝然之，书留中不出。行冲意诸儒间己，因著论自辩，名曰《释疑》。曰：‘客问主人：“小戴之学，康成之注，魏氏乃有刊易，二经孰优?”主人曰：“《小戴礼》行于汉末，马融为传，卢植合二十九篇而为之解，世所不传。钩党狱起，康成于窜伏之中，理纷拏之典，虽存探究，咨谋靡所。具《郑志》者百有余科，章句之徒，曾不是省。王肃因之，或多攻诋。而郑学有孙炎，虽扶郑义，条例支分，箴石间起，增革百篇。魏氏病群言之冗脞，采众说之精简，刊正芟砻，书毕以闻，太宗嘉赏，录赐储贰。陛下纂业，宜所循袭，乃制诸儒，甄分旧义。岂悟章句之士，坚持昔言，摈压不申，疑于知新，果于仍故?”客曰：“当局称迷，傍观必审，何所为疑而不申列?”答曰：“改易章句，是有五难：汉孔安国注《古文尚书》，族兄臧与书曰：‘相如常忿俗儒淫词冒义，欲拨乱反正而未能也。浮学守株，众非非正，自古而然，恐此道未信，而独智为谴。’一也。昔孔季产专古学，有孔扶者与俗浮沈，每诫产曰：‘今朝廷率章句内学，君独修古义。古义非章句内学，危身之道也，独善不容于世，君其殆哉!’二也。刘歆好《左氏》，欲建学官，哀帝纳之，诸儒迁

延不肯置对。歆移书诮让，诸博士皆忿恨。龚胜时为光禄大夫，见歆议，乃乞骸骨。司空师丹因大发怒，诋歆改乱前志，非毁先帝所立。歆惧，出为五原太守。以君宾之学，公仲之博，犹迫同门朋党之议，卒令子骏负谤。三也。王肃规郑玄数千百条，郑学马昭诋劾肃短。诏遣博士张融按经问诘，融推处是非，而肃酬对疲于岁时。四也。王粲曰：'世称伊、雒以东，淮、汉以北，康成一人而已。咸言先儒多阙，郑氏道备。'粲窃嗟怪，因求所学，得《尚书注》，退思其意，意皆尽矣，所疑犹未谕焉，凡有二篇。王邵曰：'魏、晋浮华，古道湮替，历载三百，士大夫耻为章句，唯草野生专经自许，不能博究，择从其善，徒欲父康成，兄子慎，宁道孔圣误，讳言郑、服非。'然则郑、服之外，皆雠矣。五也。夫物极则变，比及百年，当有明哲君子，恨不与吾同世者。道之行废，必有其时者欤？何遽速近名之嫌邪？'"《旧唐书》卷一百二《元行冲传》(P3178)："初，有左卫率府长史魏光乘奏请行用魏徵所注《类礼》，上遂令行冲集学者撰《义疏》，将立学官。行冲于是引国子博士范行恭、四门助教施敬本检讨刊削，勒成五十卷，十四年八月奏上之。尚书左丞相张说驳奏曰：'今之《礼记》，是前汉戴德、戴圣所编录，历代传习，已向千年，著为经教，不可刊削。至魏孙炎始改旧本，以类相比，有同抄书，先儒所非，竟不行用。贞观中，魏徵因孙炎所修，更加整比，兼为之注，先朝虽厚加赏锡，其书竟亦不行。今行冲等解徵所注，勒成一家，然与先儒第乖，章句隔绝，若欲行用，窃恐未可。'上然其奏，于是赐行冲等绢二百匹，留其书贮于内府，竟不得立于学官。"《唐会要》卷七十七《论经义》(P1410)："十四年八月六日，太子宾客元行冲等撰《礼记义疏》五十卷成，奏上之。先是，右卫长史魏光乘上言："今《礼记》章句踳驳，故太师魏徵更编次改注，堪立学传授。"上遽令行冲集学者撰义疏，将立学官。行冲于是引国子博士范行恭、四门助教施敬本检讨刊削。及疏成，右丞相张说驳奏曰："今之《礼记》，是前汉戴德、戴圣所编。历代传习，已向千年，著为经教，不可刊削。至魏之孙炎，始改旧本，以类相比，有同抄书。先儒所引，竟不行用。贞观中，魏徵因孙炎所修，更加釐改，兼为之注。虽加赏赐，其书竟亦不行。今行冲等奉敕撰疏,勒成一部,欲与先儒义章句隔绝。若欲行用,窃恐未可。”上然其奏,遂留其书,贮于内府,竟不得立学。行冲怨诸儒排己,退而著论以自释也。”《日知录集释》卷二(P124—125):“愚因叹夫昔之君子,遵守经文,虽章句先后之间犹不敢辄改,故元行冲奉明皇之旨,用魏徵所注《类礼》撰为疏义,成书上进,而为张说所驳,谓章句隔绝,有乖旧本,竟不得立于学官。夫《礼记》二戴所录,非夫子所删,况其篇目之次,元无深义,而魏徵所注则又本之孙炎。以累代名儒之作,申之以诏旨,而不能夺经生之所守,盖唐人之于经传其严也如此。”

事又见《唐新语》卷七《识量》、《太平御览》卷六百十、《全唐文》卷二百七十二元行冲文《释疑》、《经学通论·〈三礼〉》。

【考论】

魏徵以为戴圣《礼记》编次不伦,遂撰成《类礼》二十卷,太宗称善,录数本以赐太子及诸王,并藏之秘府。玄宗时,有左卫率府史魏光乘奏请,主张行用魏徵所注《类礼》,玄宗遂令行冲集诸儒撰《义疏》,勒成五十卷,于是年八月奏上。尚书左丞相张说恪守章句,加以驳斥,谓《礼记》为前汉戴德、戴圣所编,历代传习,不可刊削,且魏徵注亦未行于世,今元行冲之疏解“与先儒第乖,章句隔绝”,不可行于世。玄宗然其奏,贮是书于内府,竟不得立于学官。魏徵、元行冲等治经而不墨守先儒章句,采先儒训注,择善而从,故为张说所非。此事反映了唐时章句之学与经世之学在儒学学术思想上之分歧。参见《中国学术思想编年》之《隋唐五代卷》。

○八月,诏改《尚书·洪范》“颇”为“陂”

【文献】

《唐会要》卷七十七《论经义》(P1410):“其年八月十四日,上读《洪范》,至‘无颇’,以声不协韵,因改‘颇’为‘陂’,诏曰:‘每读《尚书·洪范》,至“遵王之义”,三复兹句,常有所疑,据其下文,并皆协韵，惟“颇”一字，实即不伦。又《周易·泰卦》中“无平不陂”，释文云“陂”有“颇”音，“陂”之与“颇”，训诂无别，为“陂”则文亦会意，为“颇”则声不成文。应由煨烬之余，编简遂缺；传授之际，差舛相沿。原始要终，须有刊革。《洪范》“无颇”字，宜改为“陂”。庶使先儒之义，去彼膏肓；后学之徒，正其鱼鲁。仍宣示国学。’”

玄宗开元十五年　丁卯(727)

○僧一行卒，撰有《周易论》、《开元大衍历》等

【文献】

《旧唐书》卷一百九十一《僧一行传》(P5111—5112)：“僧一行，姓张氏，先名遂，魏州昌乐人，襄州都督、郯国公公谨之孙也。父擅，武功令。……一行尤明著述，撰《大衍论》三卷，《摄调伏藏》十卷，《天一太一经》及《太一局遁甲经》、《释氏系录》各一卷。时《麟德历经》推步渐疏，敕一行考前代诸家历法，改撰新历，又令率府长史梁令瓒等与工人创造黄道游仪，以考七曜行度，互相证明。于是一行推《周易》大衍之数，立衍以应之，改撰《开元大衍历经》。至十五年卒，年四十五，赐谥曰大慧禅师。”《新唐书》卷五十七《艺文志一》(P1426)：“僧一行《周易论》，卷亡。”《新唐书》卷五十九《艺文志三》(P1548)：“僧一行《开元大衍历》一卷。”《郡斋读书志》卷十四(P615)：“《五音地理新书》三十卷，右唐僧一行撰。以人姓五音，验八山、三十八将吉凶之方。其学今世不行。”《清史稿》卷一百四十五(P4226)：“唐僧一行《易纂》一卷。”《四库全书》第1052册《宋高僧传》卷五《一行传》(P408—409)：“释一行，俗姓张，钜鹿人也，本名遂则，唐初佐命郯国公公谨之支孙也。……因遇普寂禅师大行禅要，归心者众，乃悟世幻，礼寂为师，出家剃染。所诵经法，无不精讽。……时邢和璞者，道述人，莫窥其际，尝谓尹愔曰：‘一行和尚真圣人也。汉落下闳造历云：八百岁当

差一日，则有圣人定之。今年期毕矣。属大衍历出，正其差谬，则落下闳之言可信。非圣人孰能预于斯矣！'又于金刚三藏学《陀罗尼秘印》，登前佛坛，受法王宝，复同无畏三藏译《毗卢遮那佛经》，开后佛国，其传密藏，必抵渊府也。睿宗、玄宗并请入内集贤院，寻诏住兴唐寺。所翻之经，遂著《疏》七卷，又《摄调伏藏》六十卷、《释氏系录》一卷、《开元大衍历》五十二卷。其历编入《唐书·律历志》，以为不刊之典。又造游仪，黄赤二道以铁成规，于院制作……开元十五年九月于华严寺疾笃，将舆病入辞，小间而止。……（十月八日）趺坐正念，怡然示灭。……诏葬于铜人原，谥曰大慧禅师。"《佛祖统纪》卷四十（P544）："开元九年诏一行禅师造《大衍历》……后六年亡，谥大慧禅师。"《旧唐书》卷八《玄宗纪上》（P192）："八月己巳，特进张说进《开元大衍历》，诏命有司颁行之。"

事又见《文献通考》卷二百二十、《明皇杂录·补遗》、《旧唐书》卷一百九十一《方伎传》、《旧唐书·天文志》、《新唐书·艺文志》、《唐新语》卷九等。

【考论】

僧一行（673—727，一说生平为683），本名张遂，魏州昌乐人，一说河北巨鹿人，唐代著名僧人、天文学家、易学家。天资聪颖，博览经史，尤精天文历算、阴阳五行之学。曾向道士尹崇出所撰《大衍玄图》及《义决》一卷，崇嗟伏之，谓人曰："此后生颜子也。"武三思请与结交，遂出家为僧，隐于嵩山，师事沙门普寂。睿宗曾遣东都留守韦安石以礼征聘，称病坚辞不就，从师悟真修习律宗经论，并纂集《摄调伏藏》十卷（已佚）。后应玄宗之召入京，致力于历法改革。开元九年至十一年，撰成《大衍历》，开元十六年（728）颁行天下。又运用"不等间距二次内插法"，算出相邻两节气间的太阳运行速度。开元十二年所测量的子午线长度"大率三百五十一里八十步而极差一度"，是世界上第一次较为准确地测量出地球子午线长度，比公元814年回教王阿尔马蒙的实测子午线早九十年。开元十三年（725），受诏制成黄道游仪，测定日、月、五星在自身轨道上的位置，发现恒星位置并不恒定，比欧洲学者的发现早了约一千年。又受诏制造浑天铜仪，铸讫命名为水运浑天仪，不仅能显出日月运行的规律，而且能自动计时。又发明了一种新的测量仪——“复矩”，能够准确测量出冬至、夏至、春分、秋分四天正午时刻的日影长度和漏刻昼夜分差。一行在易学上也很有造诣，著有《易传》十二卷，已佚，现存有其《大衍易义本义》一卷。

僧一行虽在天文学、数学、易学上成就卓越，却只是其为应世方便而作，最主要的成就是在佛学上。僧一行是传承胎藏、金刚两部密法的高僧，为第六代密宗祖师，在中国佛教史上占有重要地位。开元十五年(727)九月，卧病不起，十月八日圆寂，世寿四十五，僧腊二十四。玄宗亲制碑铭，下诏葬于铜人原，谥号“大慧禅师”。

【相关论著举目】

高玉春:《著名天文学家佛学家僧一行》,《高校科研动态》,2010年第5期

吴慧:《僧一行研究》,上海交通大学博士学位论文,2009年

郭可悫:《僧一行:佛教龙象,科技泰斗》,《世界宗教文化》,2008年第4期

倪金荣:《僧一行》,《历史教学》,1982年第7期

玄宗开元十六年　戊辰(728)

○进《开元大衍历》

【文献】

《旧唐书》卷八《玄宗纪上》(P192):“八月己巳，特进张说进《开元大衍历》，诏命有司颁行之。”《唐会要》卷四十二《历》(P751):“开元十六年八月十六日，特进张说进《开元大衍历》，命有司行用之。先是九年，太史频奏日蚀不验，诏沙门一行刊定律历，上本颛顼，下至麟德。洎十五年，一行定草，诏说成之。因编以勒成一部，《经章》十卷，《长

历》五卷,《历议》十卷,《立成法天竺九执历》二卷,《古今》历书二十四卷,《略例奏章》一卷,凡五十二卷。”

张说撰《大衍历》序,见《文苑英华》卷七百三十六,亦撰贺《大衍历》表,见《文苑英华》卷五百七十。

【考论】

开元九年,僧一行初奉诏于光大殿,改撰《历经》。后移在丽正殿,与学士参校历术。至十一年,撰成《大衍历》。开元十六年(728),张说进《开元大衍历》,遂颁行天下。此历较为准确地归纳了地球围绕太阳运行速度的规律,提出了正确划分二十四节气的方法。北宋科学家沈括称:“开元《大衍历》最为精密,历代用其朔法。”(《梦溪笔谈》卷七《象数一》P742)《大衍历》已佚。僧一行又有《历书》廿四卷,参见《玉海》卷十所引《集贤注记》。

【相关论著举目】

钮卫星:《“〈大衍〉与〈九执〉”公案再解读》,《中国科技史杂志》,2009 年第 1 期

吴慧:《沙门一行制历因缘探讨》,《上海交通大学学报》(哲学社会科学版),2007 年第 1 期

钮卫星:《从“〈大衍〉写〈九执〉”公案中的南宫说看中唐时期印度天文学在华的地位及其影响》,《上海交通大学学报》(哲学社会科学版),2006 年第 3 期

○杨玚表荐大儒王迥质、尹子路、白履忠

【文献】

《旧唐书》卷一百八十五下《杨玚传》(P4820):“十六年,迁国子祭酒,表荐‘沧州人王迥质、瀛州人尹子路、汴州人白履忠,皆经学优长,德行纯茂,堪为后生师范,请追授学官,令其教授,以奖儒学之路’。及追至,迥质起家拜谏议大夫,仍为皇太子侍读;履忠以年老,不任职事,拜朝散大夫,放归家;子路直弘文馆教授。”

○十二月，国子祭酒杨玚奏明经应习《左传》，帝从之

【文献】

《唐会要》卷七十五《贡举上·明经》(P1373—1374)："开元十六年十二月，国子祭酒杨玚奏：'今之明经，习《左氏》者十无一二，恐《左氏》之学废。又《周礼》、《仪礼》、《公羊》、《穀梁》，亦请量加优奖。'遂下制：'明经习《左氏》及通《周礼》等四经者，出身免任散官。'至贞元元年五月二日敕：'自今已后，明经习《礼记》及第者，许冬集。'"《唐会要》卷七十五《贴经条例》(P1376)："十六年十二月，国子祭酒杨玚奏：'今之举明经者，主司不详其述作之意，每至帖试，必取年头月尾，孤经绝句。自今已后，考试者尽帖平文，以存大典。'"《旧唐书》卷一百八十五下《杨玚传》(P4820)："玚又奏曰：'窃见今之举明经者，主司不详其述作之意，曲求其文句之难，每至帖试，必取年头月日，孤经绝句。且今之明经，习《左传》者十无二三，若此久行，臣恐左氏之学，废无日矣。臣望请自今已后，考试者尽帖平文，以存大典。又《周礼》、《仪礼》及《公羊》、《穀梁》殆将废绝，若无甄异，恐后代便弃。望请能通《周》、《仪礼》、《公羊》、《穀梁》者，亦量加优奖。'于是下制'明经习左氏及通《周礼》等四经者，出身免任散官'，遂著于式。由是生徒为玚立颂于学门之外。再迁大理卿，以老疾辞职。"《新唐书》卷一百三十《杨玚传》(P4496)："玚奏：'有司帖试明经，不质大义，乃取年头、月尾、孤经、绝句，且今习《春秋》三家、《仪礼》者才十二，恐诸家废无日，请帖平文以存学家，其能通者稍加优宦，奖孤学。'从之，因诏以三家《传》、《仪礼》出身者不任散官，遂著令。生徒为玚立颂太学门。又言：'古者卿大夫子弟及诸侯岁贡小学之异者入太学，渐渍礼乐，知朝廷君臣之序，班以品类，分以师长，三德四教，学成然后爵之。唐兴，二监举者千百数，当选者十之二，考功覆校以第，谓经明行修，故无多少之限。今考功限天下明经、进士岁百人，二监之得无几，然则学徒费官禀，而博士滥天禄者也。且以流外及诸色仕者岁二千，过明经、进士十倍，胥史浮虚之徒，眊先王礼义，非得与服勤道业者挈长短、绝轻重也。国家启庠序，

广化导，将有以用而劝进之。有司为限约以黜退之，欲望俊乂在朝，难矣。’帝然其言。”

【考论】

《新唐书》卷四十四《选举志上》(P1160)曰：“凡《礼记》、《春秋左氏传》为大经，《诗》、《周礼》、《仪礼》为中经，《易》、《尚书》、《春秋公羊传》、《穀梁传》为小经。通二经者，大经、小经各一，若中经二。通三经者，大经、中经、小经各一。通五经者，大经皆通，余经各一，《孝经》、《论语》皆兼通之。凡治《孝经》、《论语》共限一岁，《尚书》、《公羊传》、《穀梁传》各一岁半，《易》、《诗》、《周礼》、《仪礼》各二岁，《礼记》、《左氏传》各三岁。”仅从定制上看，《左传》与《礼记》的地位一样，同属大经，但由于明经科主要是考帖经，《礼记》字数明显少于《左传》，相对容易一些，另外，《左传》年月易混，“《杨玚传》言：‘有司帖试明经，不质大义，乃取年头月日，孤经绝句。’帖试之法，用纸贴其上下文，止留中间一二句，困人以难记。年头如元年、二年之类，月日如十有二月乙卯之类。如此则习《春秋》者益少矣”(《日知录集释》卷二十六“新唐书”条 P1463)，因此在科举制度实际推行过程中，修习《礼记》者更为普遍，修习《左传》者绝少。对于当时明经习《左传》者日渐稀少的状况，时任国子祭酒的杨玚颇为担忧，深恐《左氏》之学日废，遂上奏，请明经应习《左传》。玄宗深以为然，遂从其议，是月遂下制遵行。这表明此时统治者已经意识到了当时《春秋》学已呈颓势，到了不得不极力矫正的程度。

玄宗开元十七年　己巳(729)

○三月，杨玚反对独抑明经进士

【文献】

《唐会要》卷七十五《贡举上·贴经条例》(P1376)：“十七年三月，

国子祭酒杨玚上言曰：'伏闻承前之例，每年应举，常有千数，及第两监，不过一二十人。臣恐三千学徒，虚费官廪；两监博士，滥縻天禄。臣窃见入仕诸色出身，每岁向二千余人，方于明经进士，多十余倍。自然服勤道业之士，不及胥吏，以之效官，岂识先王之礼义。陛下设学校，务以劝进之；有司为限约，务以黜退之。臣之微诚，实所未晓。今监司课试，已退其八九，考功及第，十又不收一二。若长以此为限，恐儒风渐坠，小道将兴。若以出身人多，应须诸色都减，岂在独抑明经进士也。'"《资治通鉴》卷二百一十三《唐纪二十九》(P6784)："丙辰，国子祭酒杨玚上言，以为：'省司奏限天下明经、进士及第，每年不过百人。窃见流外出身，每岁二千余人，而明经、进士不能居其什一，则是服勤道业之士不如胥史之得仕也。臣恐儒风浸坠，廉耻日衰。若以出身人太多，则应诸色裁损，不应独抑明经、进士也。'又奏'诸司贴试明经，不务求述作大指，专取难知，问以孤经绝句或年月日；请自今并贴平文。'上甚然之。"

事又见《通典》卷十七、《文献通考》卷二十九、《册府元龟》卷六百四《学校部》。

○五月，徐坚卒

【文献】

《旧唐书》卷八《玄宗纪上》(P193)："五月癸巳……右散骑常侍徐坚卒。"《旧唐书》卷一百二《徐坚传》(P3175)："徐坚，西台舍人齐聃子也。少好学，遍览经史，性宽厚长者。进士举，累授太子文学。圣历中，车驾在三阳宫，御史大夫杨再思、太子左庶子王方庆为东都留守，引坚为判官，表奏专以委之。方庆善《三礼》之学，每有疑滞，常就坚质问，坚必能征旧说，训释详明，方庆深善之。又赏其文章典实，常称曰：'掌纶诰之选也。'再思亦曰：'此凤阁舍人样，如此才识，走避不得。'"《旧唐书》卷一百二《徐坚传》(P3176)："十七年卒，年七十余。上深悼惜之，遣中使就家吊，内出绢布以赗之，赠太子少保，谥曰文。"

张九龄撰《神道碑》(《曲江集》卷十九、《文苑英华》卷八九三)。《全唐文》卷二百七十二有传。

【考论】

徐坚(659—729),西台舍人齐聃之子,唐代名儒。少好学,遍览经史,性宽厚。进士举,累授太学。圣历中,御史大夫杨再思、太子左庶子王方庆引坚为判官,表奏专以委之。王方庆常向其问《三礼》之学,徐坚必能征引旧说,训释详明。徐坚又与给事中徐彦伯、定王府仓曹刘知幾、右补阙张说同修《三教珠英》。神龙初,迁给事中。睿宗即位,自刑部侍郎加银青光禄大夫,拜左散骑常侍,俄转黄门侍郎。开元十三年,再迁左散骑常侍。其年,玄宗改丽正书院为集贤院,以徐坚为学士,副张说知院事,累封东海郡公。以修《东封仪注》及从升太山之功,特加光禄大夫。徐坚多识典故,前后修撰格式、氏族及国史等。凡七入书府,时论美之。开元十七年卒,年七十余。上深悼惜之,遣中使就家吊,内出绢布以赙,赠太子少保,谥曰"文"。

○十月,元行冲卒,撰有《释疑论》、《孝经疏》等

【文献】

《旧唐书》卷八《玄宗纪上》(P194):"冬十月……庚申,前太子宾客元行冲卒。"《旧唐书》卷一百二《元行冲传》(P3176—3182):"元行冲,河南人,后魏常山王素连之后也。少孤,为外祖司农卿韦机所养。博学多通,尤善音律及诂训之书。举进士,累转通事舍人,纳言狄仁杰甚重之。行冲性不阿顺,多进规诫。……七年,复转左散骑常侍。九迁国子祭酒,月余,拜太子宾客、弘文馆学士。累封常山郡公。……十七年卒,年七十七,赠礼部尚书,谥曰献。"《清史稿》卷一百四十五《艺文志》(P4240):"唐元行冲《释疑论》一卷。"参见《全唐文》卷二百七十二中有元行冲《释疑》一文。《旧唐书》卷四十六《经籍志上》(P1981、P2011):"元行冲撰《孝经疏》三卷、《群书四录》二百卷。"《新唐书》卷五十七《艺文志一》(P1434、P1443):"元行冲《类礼

义疏》五十卷”、“元行冲《御注孝经疏》二卷。”《清史稿》卷一百四十五《艺文志》(P4248):“唐元行冲《御注孝经疏》一卷。”《文献通考》卷一百八十五《经籍考十二》(P1585):“元行冲《孝经疏》,《崇文总目》:明皇既作《注》,故行冲奉诏作《疏》。”事又见《全唐文》卷二百七十二、《新唐书》卷二百《元澹传》。

【考论】

元行冲,名澹,以字行,后魏王室拓跋氏之后,为人“博学多通,尤善音律及诂训之书”。早年担任过行政、司法职务,后因兴趣所向,转任国子祭酒,继拜太子宾客、弘文馆学士。开元十七年卒,年七十七。著作有《御注孝经疏》,还有编年史《魏典》三十卷、奉诏所编《群书四录》和《类礼义疏》。两《唐书》均有传。《御注孝经疏》原貌今不可见,两《唐志》所载共二卷,《宋史·艺文志》则作三卷。《四库全书总目》认为《宋志》所录为天宝重疏本的卷数,但《古逸丛书》所收《覆卷子本唐开元御注》则标《三才章》以下为疏中,《广要道章》以下为疏下,则元氏初疏当为三卷,《唐志》作二卷疑误。今本《孝经注疏》中之疏文,为北宋邢昺以原疏为蓝本所修,故仍保留着原疏的主要面貌。

【相关论著举目】

张宏荣:《谈唐洛阳籍元行冲、毋煚对目录学的贡献》,《河南图书馆学刊》,2004年第5期

玄宗开元十八年　庚午(730)

○三殿侍讲

【文献】

《册府元龟》卷五十三《帝王部·尚黄老一》(P590):“十八年十月,命集贤院学士陈希烈等,於三殿讲《道德经》。……遂命集贤院学士中书舍人陈希烈、谏议大夫王迥质、侍讲学士宗正少卿康子元、赞

善大夫冯朝隐等，于三殿侍讲。”《册府元龟》卷五十三《帝王部·尚黄老》(P591—592)：“(开元二十年)十二月，侍讲学士陈希烈等讲书毕。……尚书左丞相集贤院学士萧嵩奏曰：‘伏见去年以来有敕，令集贤院学士工部侍郎陈希烈、谏议大夫王迥质、膳部郎中冯朝隐等，每日侍讲玄元皇帝《道德经》及《周易》、《尚书》、《庄子》等，以今月二十四日讲毕。’”

○玄宗召释、道论二教优劣，别集《对御论衡》

【文献】

《宋高僧传》卷五《道氤传》(P410)：“开元十八年，于花萼楼对御定二教优劣，氤雄论奋发，河倾海注。道士尹谦对答失次，理屈辞殚，论宗乖舛。帝再三叹羡，诏赐绢伍伯匹，用充法施。别集《对御论衡》一本，盛传于代。”事又见《释氏稽古略》。

【考论】

《宋高僧传》卷五《道氤传》记载了这次关于佛、道二教优劣的论辩，并别集《对御论衡》一书。因其是佛教僧徒所记，因此其中对当时场面的描述，可能更倾向于佛教方面。参见《中国学术思想编年》之《隋唐五代卷》。

○张说卒

【文献】

《旧唐书》卷九十七《张说传》(P3049—3056)：“张说字道济，其先范阳人，代居河东，近又徙家河南之洛阳。弱冠应诏举，对策乙第，授太子校书，累转右补阙，预修《三教珠英》……说又首建封禅之议。十三年，受诏与右散骑常侍徐坚、太常少卿韦縚等撰东村仪注。旧仪不便省，说多所裁正，语在《礼志》。……十八年，遇疾，玄宗每日令中使问疾，并手写药方赐之。十二月薨，时年六十四。”《新唐书》卷一百二十五《张说传》(P4404—4410)："张说字道济，或字说之，其先自范阳徙河南，更为洛阳人。永昌中，武后策贤良方正，诏吏部尚书李景谌糊名较覆，说所对第一，后署乙等，授太子校书郎，迁左补阙。……十八年卒，年六十四，为停正会，赠太师，谥曰'文贞'。……说敦气节，立然许，喜推藉后进，于君臣朋友大义甚笃。帝在东宫，所与秘谋密计甚众，后卒为宗臣。朝廷大述作多出其手，帝好文辞，有所为必使视草。善用人之长，多引天下知名士，以佐佑王化，粉译典章，成一王法。天子尊尚经术，开馆置学士，修太宗之政，皆说倡之。"

玄宗开元十九年　辛未(731)

○正月，命有司抄写《毛诗》、《礼记》、《左传》、《文选》以赐金城公主

【文献】

《旧唐书》卷一百九十六上《吐蕃传》(P5232—5233)："时吐蕃使奏云：'公主请《毛诗》、《礼记》、《左传》、《文选》各一部。'制令秘书省写与之。正字于休烈上疏请曰：'臣闻戎狄，国之寇也；经籍，国之典也。戎之生心，不可以无备；典有恒制，不可以假人。《传》曰："裔不谋夏，夷不乱华。"所以格其非心，在乎有备无患。昔东平王入朝求《史记》、诸子，汉帝不与。盖以《史记》多兵谋，诸子杂诡术。夫以东平，汉之懿戚，尚不欲示征战之书；今西戎，国之寇仇，岂可贻经典之事！且臣闻吐蕃之性，剽悍果决，敏情持锐，善学不回。若达于书，必能知战。深于《诗》，则知武夫有师干之试；深于《礼》，则知月令有兴废之兵；深于《传》，则知用师多诡诈之计；深于《文》，则知往来有书檄之制。何异借寇兵而资盗粮也！臣闻鲁秉周礼，齐不加兵；吴获乘车，楚疲奔命。一以守典存国，一以丧法危邦，可取鉴也。且公主下嫁从人，远适异国，合慕夷礼，返求良书，愚臣料之，恐非公主本意也。

虑有奔北之类，劝教于中。若陛下虑失蕃情，以备国信，必不得已，请去《春秋》。当周德既衰，诸侯强盛，礼乐自出，战伐交兴，情伪于是乎生，变诈于是乎起，则有以臣召君之事，取威定霸之名。若与此书，国之患也。《传》曰："于奚请曲县鞶缨，仲尼曰：'惜也，不如多与之邑。惟名与器，不可假人。'"狄固贪婪，贵货易土，正可锡之锦绮，厚以玉帛，何必率从其求，以资其智。臣忝叨列位，职刊秘籍，实痛经典，弃在戎夷。昧死上闻，惟陛下深察。'疏奏不省。"《唐会要》卷三十六《蕃夷请经史》(P667)："开元十九年正月二十四日，命有司写《毛诗》、《礼记》、《左传》、《文选》各一部，以赐金城公主，从其请也。秘书正字于休烈上表，投招谏匦言曰：'臣闻戎狄，国之寇也；经籍，国之典也。国之利器，不可以示人。昔东平王求《史记》、诸子，汉朝不与，盖以《史记》多兵谋，诸子杂诡术。夫以东平帝之懿戚，尚不欲示征战之书，况西戎国之远蕃，曷可贻经典之事？且鲁秉周礼，齐不加兵；吴获乘车，楚属奔命。《传》曰："惟名与器，不可以假人。"必不得已，请去《春秋》。当周德既衰，诸侯强盛，则有以臣召君之事，取威定霸之谋。若与此书，国之患也。'表入，敕下中书门下议，侍中裴光庭等曰：'西戎不识礼经，心昧德义，频负明约，孤背国恩。今所请诗书，随时给与，庶使渐陶声教，混一车书，文轨大同，斯可使也。休烈虽见情伪变诈于是乎生，而不知忠信节义于是乎在。'上曰：'善。'乃以经书赐与之。"

【考论】

应远嫁吐蕃的金城公主（景龙四年嫁于吐蕃）使者之请，玄宗命秘书省抄《毛诗》、《礼记》、《左传》、《文选》各一部，赐与金城公主。时秘书正字于休烈不主张赐予，以为"经籍，国之典也。国之利器，不可以示人"。玄宗敕下中书门议之后，出于提高其礼仪道德的考虑，同意赐与经书。此后，开元二十六年（738）应渤海国之请，唐玄宗亦诏令写《唐礼》、《三国志》、《晋书》、《三十六国春秋》赐之。此举表明隋唐文明达到较高水平，享誉世界，盛名远播，影响并促进着周边诸国文化的发展。参见《中国学术思想编年》之《隋唐五代卷》。

○二月，徐安贞撰《文府》

【文献】

《唐会要》卷三十六《修撰》(P658)："十九年二月，礼部员外郎徐安贞等，撰《文府》二十卷，上之。"

○授萧昕阳武县主簿

【文献】

《旧唐书》卷一百四十六《萧昕传》(P3961)："萧昕，河南人。少补崇文进士。开元十九年，首举博学宏辞，授阳武县主簿。"

○集贤院四库书，总八万九千卷

【文献】

《唐会要》卷三十五《经籍》(P644)："十九年冬，车驾发京师。集贤院四库书，总八万九千卷，经库一万三千七百五十二卷，史库二万六千八百二十卷，子库二万一千五百四十八卷，集库一万七千九百六十卷。其中杂有梁、陈、齐、周及隋代古书。贞观、永徽、麟德、乾封、总章、咸亨年，奉诏缮写。"

玄宗开元二十年　壬申(732)

○九月，《大唐开元礼》撰成并奏上，颁所司行用

【文献】

《旧唐书》卷八《玄宗纪上》(P198)："九月乙巳，中书令萧嵩等奏上《开元新礼》一百五十卷，制所司行用之。"《资治通鉴》卷二百一十

三《唐纪二十九》(P6798—6799):"初,上命张说与诸学士刊定五礼。说薨,萧嵩继之。起居舍人王仲丘请依《明庆礼》,祈谷、大雩、明堂,皆祀昊天上帝;嵩又请依上元敕,父在为母齐衰三年,皆从之。以高祖配圜丘、方丘,太宗配雩祀及神州地祇,睿宗配明堂。九月,乙巳,新礼成,上之,号曰《开元礼》。"《旧唐书》卷二十一《礼仪志一》(P818—819):"十四年,通事舍人王岩上疏,请改撰《礼记》,削去旧文,而以今事编之。诏付集贤院学士详议。右丞相张说奏曰:'《礼记》汉朝所编,遂为历代不刊之典。今去圣久远,恐难改易。今之五礼仪注,贞观、显庆两度所修,前后颇有不同,其中或未折衷。望与学士等更讨论古今,删改行用。'制从之。初令学士右散骑常侍徐坚及左拾遗李锐、太常博士施敬本等检撰,历年不就。说卒后,萧嵩代为集贤院学士,始奏起居舍人王仲丘撰成一百五十卷,名曰《大唐开元礼》。二十年九月,颁所司行用焉。"《新唐书》卷二百《王仲丘传》(P5700—5701):"王仲丘,沂州琅邪人。祖师顺,仕高宗,议漕输事有名当时,终司门郎中。仲丘开元中历左补阙内供奉、集贤修撰、起居舍人。时典章差驳,仲丘欲合《贞观》、《显庆》二礼,据'有其举之,莫可废之'之谊,即上言:'《贞观礼》,正月上辛,祀感帝于南郊。《显庆礼》,祀昊天上帝于圆丘以祈谷。臣谓《诗》"春夏祈谷于上帝"。《礼》,上辛祈谷于上帝,则上帝当昊天矣。郑玄曰:"天之五帝递王,王者必感一以兴。故夏正月祭所生于郊,以其祖配之,因以祈谷。"感帝之祀,《贞观》用之矣。请因祈谷之坛,遍祭五方帝。五帝者,五行之精,九谷之宗也。请二礼皆用。《贞观礼》,雩祀五方上帝、五人帝、五官于南郊。《显庆礼》,祀昊天上帝于圜丘。臣谓雩上帝,为百谷祈甘雨,故《月令》:"大雩帝,用盛乐。"郑玄说:"帝,上帝也,乃天别号。祀于圆丘,尊天位也。"显庆祀昊天,与《月令》合,而《贞观》尝祀五帝矣,请二礼皆用。《贞观礼》,季秋祀五方帝、五官于明堂。《显庆礼》,祀昊天上帝于明堂。臣谓周郊祀后稷以配天,宗祀文王于明堂以配上帝。先儒以天为感帝,引太微五帝,著之上帝,则属之昊天。郑玄称《周官》旅上帝,祀五帝,各文而异礼,不容并而为一。故于《孝经》

天、上帝，申之曰："上帝亦天也。"神无二主，但异其处，以避后稷。今《显庆》享上帝，合于《经》。然《贞观》尝祀五方帝矣。请二礼皆用。'诏可。迁礼部员外郎。卒，赠秘书少监。"事又见《新唐书》卷十一《礼乐志一》、《通典》卷四十一《礼一》、《旧唐书》卷二十一《礼仪志》。《全唐文》卷三百三十五有传，参见王仲邱文《请祀五方帝议》。《文献通考》卷一百八十七《经籍考十四》(P1596)："《开元礼》一百五十卷，陈氏曰：唐集贤院学士萧嵩、王仲邱等撰。唐初有《贞观》、《显庆礼》，仪注不同，而《显庆》又出于许敬宗，希旨傅会，不足施用。开元十四年，通事舍人王岩请删《礼记》旧文，而益以今事。张说以为《礼记》不可改易，宜折衷《贞观》、《显庆》以为唐礼。乃诏徐坚、李锐、施敬本撰述，萧嵩、王仲邱继之。书成，唐五礼之文始备，于是遂以设科取士。《新史·礼乐志》大略采摭著于篇。然唐初已降凶礼于五礼之末，至显庆遂削去《国恤》一篇，则敬宗谄谀讳恶鄙陋亡稽，卒不正也。"

《文献通考》卷一百八十七(P1596)："《开元礼义鉴》一百卷，《崇文总目》：唐萧嵩撰。既定《开元礼》，又以礼家名物繁夥，更取历代沿革，随文释义，与礼并行。"《新唐书》卷五十八《艺文志二》(P1491)："萧嵩《开元礼义镜》一百卷。"《新唐书》卷五十八《艺文志》(P1491)载："《开元礼》一百五十卷，开元中，通事舍人王岩请改《礼记》，附唐制度，张说引岩就集贤书院详议。说奏：'《礼记》，汉代旧文，不可更，请修贞观、永徽五礼为《开元礼》。'命贾登、张烜、施敬本、李锐、王仲丘、陆善经、洪孝昌撰缉，萧嵩总之。"《四库全书总目》卷八十二《政书类二》(P701—702)："《大唐开元礼》一百五十卷，唐太子太师同中书门下三品兼中书令萧嵩等奉敕撰。杜佑《通典》及新旧《唐书·礼志》称：'唐初礼司无定制，遇有大事，辄制一仪，临时专定。'开元中，通事舍人王岩上疏，请删削《礼记》旧文，益以今事。集贤学士张说奏：'《礼记》不刊之书，难以改易，请取贞观、显庆礼书折衷异同，以为唐礼。'乃诏右散骑常侍徐坚、左拾遗李锐、太常博士施敬本撰述，历年未就。至萧嵩为学士，复奏起居舍人王仲邱等撰次成书，由是唐之五礼始备。即此书也。其书卷一至卷三为《序例》，卷四至七十八为《吉礼》，卷七十九至八十为《宾礼》，卷八十一至九十为《军礼》，卷九十一至一百三十为《嘉礼》，卷一百三十一至一百五十为《凶礼》。凶礼古居第二，而退居第五者，用贞观、显庆旧制也。贞元中，诏以其书设科取士，习者先授太常官，以备讲讨，则唐时已列之学官矣。新、旧《唐书·礼志》皆取材是书，而所存仅十之三四。杜佑撰《通典》，别载《开元礼纂类》三十五卷，比《唐志》差详，而节目亦多未备。其讨论古今，斟酌损益，首末完具，粲然勒一代典制者，终不及原书之赅洽。故周必大《序》称'朝廷有大疑，稽是书而可定；国家有盛举，即是书而可行。诚考礼者之圭臬也'。《新唐书·艺文志》载修《开元礼》者尚有张烜、陆善经、洪孝昌诸人名，而《通典·纂类》中所载五岳、四渎名号，及《衣服》一门，间有与此书相出入者。盖传写异文，不能画一。既未详其孰是，今亦并仍原本录之，不复窜改，庶几不失阙疑之义焉。"

事又见《通典》卷八十九、《玉海》卷六十九引《集贤注记》、《唐会要》卷三十七《五礼篇目》、《册府元龟》卷五百六十四《掌礼部·制礼》。

【考论】

《开元礼》，为唐开元间官修，凡一百五十卷。原唐初礼司无有定制，遇大事常临时议定礼仪，唐初遂撰《贞观礼》、《显庆礼》。在此二礼的基础上，开元盛世之际又纂修了《开元礼》。开元十四年(726)，通事舍人王岩上疏请删削《礼记》旧文，编以今事，集贤院学士张说奏议，取贞观、显庆五礼仪注，依据古今变化加以删改修订。于是令徐坚等撰，历年未就。张说死后，由萧嵩代为集贤院学士监修，由王仲丘具体修撰。开元二十年完成并颁之天下。是书一至三卷为序例，四至七十八卷为吉礼，七十九至八十卷为宾礼，八十一至九十卷为军礼，九十一至一百三十卷为嘉礼，一百三十一至一百五十卷为凶礼。《四库全书总目》卷八十二《政书类二》(P702)谓："贞元中诏以其书设科取士，习者先授太常官，以备讲讨，则唐时已列之学官矣。"该书所记载的唐代礼仪制度多为新、旧《唐书》所本，从中可以了解唐代社会礼仪状况及变迁，亦可了解衣食、器用礼乐文化，“由是，唐之五礼之文始备，而后世用之，虽时小有损益，不能过也”(《新唐书》卷十一《礼乐志一》P309)。有清光绪十二年(1886)洪氏公善堂刻本，另有1972年日本影印公善堂本，池田温解说并编制有《大唐开元礼·通典对照目录》(参见《中国学术思想编年》之《隋唐五代卷》)。

中国历史上，唐玄宗统治的开元时期被称为“开元之治”。“开元之治”对于盛世的追求和相对安定的社会局势，不仅为国家经济的发展提供了机遇，也为制度和礼仪的兴革创造了条件。成书于开元二十年(732)的《大唐开元礼》就是一部与时代同步的礼仪巨著。这部记载着一代国家盛典的传世之作，不但著名于当时，影响于后世，也成为中古时代礼制变迁的见证。故四库馆臣指出《开元礼》“粲然勒一代典制”，清代史学家王鸣盛也认为“唐礼莫著于开元”，《开元礼》无疑是中古礼制完美化的代表。《开元礼》集汉晋以降仪制撰作的大成，确立了中世纪仪制的基本构架，是当时最完备的一部儒教礼典。礼仪的完备，标志着儒教的日益成熟(参见吴丽娱《营造盛世:〈大唐开元礼〉的撰作缘起》,《中国史研究》2005年第3期)。

【相关论著举目】

白雪松:《浅谈〈大唐开元礼〉中的释奠礼》,《理论界》,2011年第3期

罗娟娟:《〈大唐开元礼〉丧葬礼词汇研究》,四川大学硕士学位论文,2007年

刘安志:《关于〈大唐开元礼〉的性质及行用问题》,《中国史研究》,2005年第3期

吴丽娱:《营造盛世:〈大唐开元礼〉的撰作缘起》,《中国史研究》,2005年第3期

杨华论:《〈开元礼〉对郑玄和王肃礼学的择从》,《中国史研究》,2003年第1期

方百寿:《人类学视野下的〈大唐开元礼〉封禅仪式分析》,《甘肃社会科学》,2002年第1期

赵澜:《略论〈开元礼〉的制定与封建礼制的完备化》,《福建教育学院学报》,2002年第1期

赵澜:《〈大唐开元礼〉初探——论唐代礼制的演化过程》,《复旦学报》,1994年第5期

○十二月,玄宗御注《道德真经》成

【文献】

《金石萃编》卷八十三易州所立石刻《元宗御注道德经》前敕文(P2):"敕昔在元圣,强著玄言,权舆贞宗,启迪来裔。遗文诚在,精义颇乖,撮其指归,虽蜀严而犹病,摘其章句,自河公而或略,其余浸微,固不足数,则我玄元妙旨岂其将坠。朕诚寡薄,尝感斯文,猥承有后之庆,恐失无为之理,每因清宴,辄扣玄关,随所意得,遂为笺注。岂成一家之说,但备遗阙之文。今兹绝笔,是询于众,公卿臣庶,道释二门,有能起予类于卜商,针疾同于左氏,渴于纳善,朕所虚怀。苟副斯言,必加厚赏。且如谀神自圣,幸非此流,悬市相矜,亦云小道,既其不讳,咸可直言,勿为来者所嗤,以重朕之不德。开元廿年十二月十四日。"《新唐书》卷五十九《艺文志三》(P1517):"玄宗注《道德经》二卷。"

事又见《新唐书》卷四《选举志》、《唐会要》卷三十六《修撰》、《册府元龟》卷五十四、《通志》卷六十七《艺文》、《道藏》洞神部玉诀类《唐玄宗御注道德真经序》。

【考论】

《御注道德真经》四卷,八十一章,唐玄宗李隆基(685—762)撰。玄宗崇道教,对原有各家《老子》注疏不甚满意,遂亲注《道德经》,于是年完成,并于开元二十一年(733)颁下。该书阐发了老子自然无为的思想,谓"人君以道德清净为教","以无为不言为教",并概括说"其要在理国理身"。因"是时古注俱存",故"有古哲之源流,而无后人之穿凿,五千言中,得者十九"(《金石萃编》卷八十三引《墨林快事》P3)。

《金石萃编》卷八十三 P3:“唐以老子为祖,故尊崇之典特盛。至元宗笃好元学,而老子之书尤行于世。此碑首列敕文,题开元廿年,后列诸臣姓名,题开元廿六年奉敕建。……碑上卷题‘老子道经’,下卷题‘老子德经’,与《经典释文》所题正同。考唐代传注中引老子语,皆道德分见,未尝混而为一,则元宗所注实从古本如此。”开元二十三年(735),玄宗采纳道门威仪司马秀的主张,令天下应修宫斋等州,各于一大道观立石台,刊勒此注,今存有易州(开元二十六年)、刑州(开元二十七年)刊刻本。《金石萃编》卷八十三引《震川集》(P3)云:“右唐元宗注老子《道德经》,开元二十三年,用道门威仪司马秀言,令天下应修宫斋等州,皆于一大观立石台刊勒。刑州故有龙兴观,开元二十七年刺史李质立石摹勒如制。”易州石刻《御注道德真经》碑首敕文末题“开元二十年十二月十四日”,故志于此。

又御撰《御制道德真经疏》(实为诸道士臣僚共同参议而成),于开元二十三年成书。原书作六卷,《道藏》本作十卷,收入洞神部玉诀类。是书不仅疏解原注之义,亦兼采旧解或时义,并对唐初以来佛道二教争论情况有所反映。敦煌文献中存有唐玄宗《道德经》注疏残卷(伯三七二五、伯三五九二、伯二八二三等,据北京图书馆所藏伯希和巴黎敦煌写本显微胶卷)。参见刘学智等主编《中国学术思想编年》之《隋唐五代卷》。

【相关论著举目】

王大宏:《唐玄宗老学思想研究》,安徽大学硕士学位论文,2011 年

王志东:《论唐玄宗的“至道”理想》,《广西社会科学》,2009 年第 9 期

何惠风:《论唐玄宗〈老子注〉中的官德思想》,中南大学硕士学位论文,2009 年

尹振环:《帝王文化与〈老子〉——唐玄宗变〈老子〉南面术为人生哲学》,《中州学刊》,2008 年第 1 期

朱鹏程:《李隆基老学思想浅析》,曲阜师范大学硕士学位论文,

2007 年

王志东:《唐玄宗注〈道德经〉的动机和效果》,《长沙理工大学学报》(社会科学版),2006 年第 3 期

程卫平:《唐玄宗老学思想研究》,西藏民族学院硕士学位论文,2010 年

○司马贞撰《史记索隐》

【文献】

《史记索隐序》(P7—8):"逮至晋末,有中散大夫东莞徐广始考异同,作《音义》十三卷。宋外兵参军裴骃又取经传训释作《集解》,合为八十卷。虽粗见微意,而未穷讨论。南齐轻车录事邹诞生亦作《音义》三卷,音则微殊,义乃更略。尔后其学中废。贞观中,谏议大夫崇贤馆学士刘伯庄达学宏才,钩深探赜,又作《音义》二十卷,比于徐邹,音则具矣。残文错节,异音微义,虽知独善,不见旁通,欲使后人从何准的。贞谀闻陋识,颇事钻研,而家传是书,不敢失坠。初欲改更舛错,裨补疏遗,义有未通,兼重注述。然以此书残缺虽多,实为古史,忽加穿凿,难允物情。今止探求异闻,采摭典故,解其所未解,申其所未申者,释文演注,又重为述赞,凡三十卷,号曰《史记索隐》。"《史记索隐后序》(P10):"前朝吏部侍郎许子儒亦作《注义》,不睹其书。崇文馆学士张嘉会独善此书,而无注义。贞少从张学,晚更研寻,初以残阙处多,兼鄙褚少孙诬谬,因发愤而补《史记》,遂兼注之,然其功殆半。乃自唯曰:'千载古史,良难间然。'因退撰《音义》,重作赞述,盖欲以剖盘根之错节,遵北辕于司南也。凡为三十卷,号《史记索隐》云。"

《新唐书》卷五十八《艺文志二》(P1457):"司马贞《史记索隐》三十卷。开元润州别驾。"《郡斋读书志》卷七(P297):"《史记索隐》三十卷,右唐司马贞撰。据徐、裴注纠正牴牾,援据密致。如东坡辨宰我未尝从田常为乱,盖本诸贞也。"《四库全书总目》卷四十五《正史类

一》(P398—399):"《史记索隐》三十卷,唐司马贞撰。贞,河内人,开元中官朝散大夫、弘文馆学士。贞初受《史记》于崇文馆学士张嘉会,病褚少孙补司马迁书多伤踳驳。又裴骃《集解》旧有《音义》,年远散佚。诸家《音义》延笃音隐,邹诞生、柳顾言等书亦失传,而刘伯庄、许子儒等又多疏漏。乃因裴骃《集解》,撰为此书。首注骃《序》一篇,载其全文。其注司马迁书,则如陆德明《经典释文》之例,惟标所注之字,盖经传别行之古法。凡二十八卷。末二卷为述赞一百三十篇及《补史记条例》。欲降《秦本纪》、《项羽本纪》为系家,而《吕后》、《孝惠》各为《本纪》。补《曹》、《许》、《邾》、《吴芮》、《吴濞》、《淮南》系家,而降《陈涉》于《列传》。《萧何》、《曹参》、《张良》、《周勃》、《五宗》、《三王》各为一传,而附《国侨》、《羊舌肸》于《管晏》,附《尹喜》、《庄周》于《老子》,附《韩非》于《商鞅》,附《鲁仲连》于《田单》,附《宋玉》于《屈原》,附《邹阳》、《枚乘》于《贾生》。又谓《司马相如》、《汲郑传》不宜在《西南夷》后,《大宛传》不合在《游侠》、《酷吏》之间,欲更其次第。其言皆有条理。至谓司马迁《述赞》不安,而别为之,则未喻言外之旨。终以《三皇本纪》,自为之注,亦未合阙疑传信之意也。此书本于《史记》之外别行,及明代刊刻监本,合裴骃、张守节及此书散入句下,恣意删削。如《高祖本纪》'母媪'、'母温'之辨,有关考证者,乃以其有异旧说,除去不载。又如《燕世家》'启攻益事',贞注曰:'经传无闻,未知其由。'虽失于考据《竹书》(案今本《竹书》不载此事,此据《晋书·束皙传》所引),亦当存其原文。乃以为冗句,亦删汰之。此类不一,漏略殊甚。然至今沿为定本,与成矩所刊朱子《周易本义》,人人明知其非,而积重不可复返。此单行之本,为北宋秘省刊板,毛晋得而重刻者,录而存之,犹可以见司马氏之旧,而正明人之疏舛焉。"

又见《文献通考》卷二百,参见《全唐文》卷四百二司马贞《史记索隐序》、《史记索隐后序》、《补史记序》等文。

【考论】

司马贞,字子正,河内(今河南沁阳)人,生卒年不详,唐代著名史学家。少从张嘉会习《史记》,开元中官至朝散大夫,弘文馆学士,主管编纂、撰述和起草诏令等，著《史记索隐》三十卷，世号“小司马”。司马贞因《史记》“古今为注解者绝省，音义亦希”，乃采摭南朝宋徐广《史记音义》、裴骃《史记集解》，齐邹诞生《史记集注》，唐刘伯庄《史记音义》、《史记地名》等诸家的注文，参考韦昭、贾逵、杜预、谯周等人的论著，遂“探求异闻，采摭典故，解其所未解，申其所未申者，释文演注，又重为述赞，凡三十卷，号曰《史记索隐》”（《史记索隐序》P8）。该书音义并重，注文翔实，对疏误缺略补正颇多，引用宋时已佚的《竹书纪年》等典籍，弥足珍贵，具有极高的史学研究价值，与南朝时期宋裴骃的《史记集解》、唐张守节的《史记正义》合称“史记三家注”。后世史学家称誉该书“价值在裴、张两家之上”。《索隐》原作单行，从宋代起始合裴骃、张守节及此书散入《史记》句下，且恣意删削，有失本旨。有明末毛氏汲古阁覆刻本传世。司马贞又撰作《补三皇本纪》。

《新唐书》卷五十八《艺文志二》(P1457)记“司马贞《史记索隐》三十卷。开元润州别驾。”又，《宋高僧传》卷十四《昙一传》(P471)载释昙一开元五年(717)西游长安，除习佛法外，“时兼外学，常问《周易》于左常侍褚无量，论《史记》于国子司业马贞”。由此知其活跃于唐开元年间。据李梅训考，由《旧唐书·经籍志序》“天宝已后，名公各著文章，儒者多有撰述，或记礼法之沿革，或裁国史之繁略，皆张部类，其徒实繁。臣以后出之书，在开元四部之外，不欲杂其本部，今据所闻，附撰人等传。其诸公文集，亦见本传，此并不录”，可知《经籍志》所著录皆为天宝以前书。此序又记“至开元九年十一月，殷践猷等人修成《群书四部录》，右散骑常侍元行冲奏上之”，元行冲奏《群书四部录》事在开元九年后，故《索隐》撰写时间当在其后。张守节《史记正义序》称《正义》“开元二十四年八月，杀青斯竟”，二人同注《史记》，而《正义》亦未提及贞之《索隐》，知二书成书时间相去不远。“参以《索隐》成书在司马贞之晚年，故以在开元二十年左右为宜。司马贞大约在成书后不久去世，终官于润州别驾”（见《安徽师范大学学报》2000年第1期）。又，张志哲《中国史籍概论》提出，《史记》中之《列传》第一篇原为《伯夷列传》，唐玄宗由于崇奉道教，遂令将原在第三篇的

《老子庄周列传》提到《伯夷列传》之前，合为一卷。据《史记正义》注“老子、庄子，开元二十三年奉敕升为列传首，处夷、齐上。”而《索隐》则未“取玄宗改定的形式，说明它的写成是在开元二十三年之前”(《中国史籍概论》，江苏古籍出版社，1988年版第149页)。此可作为该书撰写年代的一个有力旁证。参见刘学智等主编《中国学术思想编年》之《隋唐五代卷》。

【相关论著举目】

范景斌：《略论司马贞〈史记索隐〉的批判精神》，《华北水利水电学院学报》(社科版)，2005年第4期

周振风：《〈史记〉三家注研究》，南昌大学硕士学位论文，2005年

蔡先锋：《关于〈史记索隐〉的几个问题》，安徽大学硕士学位论文，2004年

萧文：《〈史记索隐〉辨误》，《文学遗产》，2004年第2期

张玉春：《论单行本〈史记索隐〉的唐写本特点》，《史学集刊》，2002年第2期

李梅训：《司马贞生平著述考》，《安徽师范大学学报》2000年第1期

游尚功：《司马贞〈史记索隐〉声类》，《贵州大学学报》(社会科学版)，1988年第1期

吴汝煜：《司马贞〈史记索隐〉与〈竹书纪年〉》，《文献》，1983年第2期

玄宗开元二十一年　癸酉(733)

○贡举重《老子》

【文献】

《旧唐书》卷八《玄宗纪上》(P199)：“二十一年春正月庚子朔，制

令士庶家藏《老子》一本，每年贡举人量减《尚书》、《论语》两条策，加《老子》策。”《通典》卷一五《选举三》(P355)：“二十一年，玄宗新注《老子》成，诏天下每岁贡士，减《尚书》、《论语》策，而加《老子》焉。”事又见《唐会要》卷七十五《贡举上·贴经条例》、《登科记考》卷八《刑州龙兴观道德经台》、《金石萃编》卷八十三(P3)：“《封演闻见记》亦云：开元二十一年，明皇亲注老子《道德经》，令学者习之。则是时御注初成，颁诸天下遍令士子传习也。《唐六典》载国学教授之法，《孝经》、《论语》、《老子》皆为大经。注云：老子用开元御注，旧令用河上公注，盖当时选举应制，自开元以后无不用御注矣。”《唐会要》卷七十七《帖经条例》、《册府元龟》卷五三所载略同(惟《册府元龟》将时间记在开元二十年(732)正月)，又见《混元圣纪》卷八。

【考论】

唐廷一贯崇尚道教，因此玄宗亲注《老子》，于开元二十年(732)完成，又令士庶家藏《老子》一本，并在每年贡举时量减《尚书》、《论语》两条策，增加《老子》策。开元二十五年(737)又置玄学博士，每岁依明经举。由这两条诏令，可以看出唐代统治者为了褒崇道教而不遗余力地进行推广的决心。贡举加《老子》策及设玄学博士是最为有效的手段，可谓立竿见影，《老子》一典更加盛行于世。

○许任立私学

【文献】

《唐会要》卷三十五《学校》(P634—635)：“开元二十一年五月敕：‘诸州县学生，年二十五已下，八品九品子，若庶人生年二十一已下，通一经已上，及未通经，精神通悟，有文词史学者，每年铨量举选所司简试，听入四门学，充俊士。即诸州人省试不第，情愿入学者听。国子监所管学生，尚书省补；州县学生，长官补。诸州县学生，专习正业之外，仍令兼习吉凶礼。公私礼有事处，令示仪式，余皆不得辄使。许百姓任立私学，欲其寄州县受业者，亦听。’”

玄宗开元二十二年　甲戌(734)

○王仲丘上疏请行藉田之礼

【文献】

《旧唐书》卷二十四《礼仪志四》(P913):“玄宗开元二十二年冬,礼部员外郎王仲丘又上疏请行藉田之礼。”

玄宗开元二十三年　乙亥(735)

○正月,敕令撰《耤田仪注》,行藉田之礼

【文献】

《唐会要》卷三十六《修撰》(P658):“二十三年正月,敕中书令张九龄、光禄卿韦绦,与礼官就集贤院撰《耤田仪注》。”《旧唐书》卷二十四《礼仪志四》(P913):“二十三年正月,亲祀神龙于东郊,以勾芒配,礼毕,躬御耒耜于千亩之甸。时有司进仪注:‘天子三推,公卿九推,庶人终亩。’玄宗欲重劝耕藉,遂进耕五十余步,尽垅乃止。礼毕,辇还斋宫,大赦。侍耕、执牛官皆等级赐帛。”

○三月,玄宗注《老子》并修《疏义》,制《开元文字音义》

【文献】

《唐会要》卷三十六《修撰》(P658):“其年三月二十七日,上注《老子》,并修《疏义》八卷,并制《开元文字音义》三十卷,颁示公卿。”《四库全书》第1066册张九龄《曲江集》卷十五《贺御制开元文字音义状》(P165)“右:今月日,尹凤祥宣敕旨,示臣等《圣制开元文字音义》三十

卷。义微旨远，文省理该，表隶以训今，存篆以征古。众释大备，取证于前修；片言旁通，去嫌于翻字。信文思之精一，学术之明准，非圣心之善诱，焉降情于豪素？臣等忝居近侍，再抃发蒙，捧戴之诚，实百恒品，望令集贤院更写一本，付外流行，谨奉状陈贺以闻，谨进。”又见《全唐文》卷二百八十九。

【考论】

《开元文字音义》，系玄宗李隆基开元二十三年(735)仿《说文》、《字林》御撰的字书，其《序》云古文字惟《说文》、《字林》最有品式，因备所遗缺，首定隶书，次存篆字，凡三百二十部，合为三十卷。

○玄宗亲注《金刚经》，翌年颁行天下

【文献】

《册府元龟》卷五十一《帝王部·崇释氏一》(P575)：“(开元)二十三年九月，(玄宗)亲注《金刚经》及修《义诀》。”事又见《宋高僧传》卷十四《玄俨传》、同书卷五《道氤传》。

【考论】

玄宗对于儒、释、道三教，不仅大力提倡，而且亲为三教经典作注解，先前注《孝经》、《老子》，又于是年注《金刚经》。注成后，于开元二十四年(736)颁行天下。玄宗以实际行动倡导三教，亲为三教经典作注，极大地推动了三教的发展。

○杜佑生

《旧唐书》卷十五《宪宗纪下》(P444)：“(元和七年)辛未，太保致仕杜佑卒。”

《旧唐书》卷一百四十七《杜佑传》(P3982)：“其年(元和七年)十一月薨，寿七十八。”

【考论】

杜佑字君卿，京兆万年(今陕西西安)人，著名史学家，著有《通

典》。根据《旧唐书》所载，杜佑卒于元和七年(812)，年七十八，逆推当生于是年，故志于此。

○杨玚卒于此年后不久

【文献】

《旧唐书》卷一百八十五下《杨玚传》(P4820)："二十三年，拜左散骑常侍。寻卒，赠户部尚书，谥曰贞。"《新唐书》卷一百三十《杨玚传》(P4496)："再迁大理卿，以疾辞，改左散骑常侍。卒，年六十八，赠户部尚书，谥曰'贞'。玚常叹士大夫不能用古礼，因其家冠、婚、丧、祭，乃据旧典为之节文，揖让威仪，哭踊衰杀，无有违者。在官清白，吏请立石纪德，玚曰：'事益于人，书名史氏足矣。若碑颂者，徒遗后人作碇石耳。'"

【考论】

杨玚，字瑶光，华州华阴人。有感于士大夫不复用古礼，遂在其家行礼无违。开元中历迁国子祭酒，再迁大理卿，拜左散骑常侍，为官清白。卒，年六十八，赠户部尚书，谥曰"贞"。

○吕证撰《春秋音义》

【文献】

《四库全书》第944册《玉海》卷四十二引《集贤注记》(P176)："(开元二十三年)张九龄奏，校理官吕证撰《春秋音义》。"

【考论】

吕证奉敕依《文字音义》改撰《春秋》音，遂成《春秋音义》。

○郑钦说撰《毛诗音义》

【文献】

《新唐书》卷二百《郑钦说传》(P5704—5705)："郑钦说，后魏濮阳太守敬叔八世孙。开元初，繇新津丞请试五经，擢第，授巩县尉、集贤院校理。历右补阙内供奉。通历术，博物。……钦说雅为李林甫所恶，韦坚死，钦说时位殿中侍御史，常为坚判官，贬夜郎尉，卒。"《四库全书》第944册《玉海》卷四十二引《集贤注记》(P176)："(开元二十三年)张九龄奏，校理官……郑钦说撰《毛诗音义》。"

【考论】

郑钦说，唐代荥阳人。天性敏慧，精历术，以博物著于时。开元后累官巩县尉、集贤院校理、右补阙内供奉。奉敕依《文字音义》改撰《毛诗》音，遂成《毛诗音义》。李林甫当政，素与钦说不合，遂遭其诬，贬夜郎尉，卒于任。

○甘晖、卫包撰《庄子音义》

【文献】

《新唐书》卷五十九《艺文志三》(P1518)："甘晖、魏包注《庄子》，卷亡，开元末奉诏注。"《四库全书》第944册《玉海》卷四十二引《集贤注记》(P176)：(开元二十三年)张九龄奏，校理官……甘晖、卫包撰《庄子音义》。"

【考论】

甘晖、卫包奉敕依《文字音义》改撰《庄子》音，遂成《庄子音义》，《新唐书》编撰时其书已经亡佚。

玄宗开元二十四年　丙子(736)

○三月，姚奕请进士帖《左传》、《礼记》，通五及第

【文献】

《旧唐书》卷二十四《礼仪志四》(P919)："二十四年三月，始移贡

举，遣礼部侍郎姚奕请进士帖《左传》、《礼记》通五及第。"《四库全书》第 862 册《封氏闻见记》卷三(P427)："开元二十四年冬，遂移贡举属于礼部。侍郎姚英(一作奕)，颇振纲纪焉。其后明经停墨策，试口义(一作议)，并时务策三道。进士改帖六经，加《论语》。自是举司多有聱牙、孤绝、例拔、筑注之目。举人多于经不精，有白首举场者，故进士以帖经为大。"《四库全书》第 1038 册《唐语林》卷八《补遗四》(P196—197)："开元二十四年冬，遂移贡举属于礼部，侍郎姚奕颇振纲纪焉。后明经停墨策，试口义，并时务策三道。进士改贴大经，加《论语》。自是举司帖经多有聱牙、孤绝、例拔、筑注之目，文士多于经不精，至有白首举场者，故进士以帖经为大厄。"

事又见《唐会要》卷七十六《贡举中(进士)》。

【考论】

帖经是唐代科举考试的一种方法。《旧唐书》卷十七下《文宗纪下》曰(P551)："其进士举宜先试帖经，并略问大义，取经义精通者放及第。"《通典》卷十五《选举三》(P356)曰："帖经者，以所习经掩其两端，中间开唯一行，裁纸为帖。凡帖三字，随时增损，可否不一，或得四、得五、得六者为通。"礼部侍郎姚奕"请进士帖《左传》、《礼记》，通五及第"，由此加强了对进士精熟经典本身的要求，故文学之士以帖经为大厄。

【相关论著举目】

王志东：《略论唐玄宗开元二十四年的科举变革》(上、中、下)，《广西社会科学》，2005 年第 3、4、5 期

○三月，贡举改由礼部管辖

【文献】

《旧唐书》卷八《玄宗纪上》(P203)："三月乙未，始移考功贡举，遣礼部侍郎掌之。"

【相关论著举目】

刘顺：《贞观至开元间的士风失坠与反思》，《西北民族大学学报》

(哲学社会科学版),2012年第4期

周鹭:《唐五代科举习俗研究》,首都师范大学硕士学位论文,2011年

闫廷亮:《唐开元二十四年贡举归礼部刍议》,《河西学院学报》,2008年第4期

王志东:《略论唐玄宗开元二十四年的科举变革》(上、中、下),《广西社会科学》,2005年第3、4、5期

许友根:《唐玄宗开元年间进士科状元再考》,《台州学院学报》,2004年第5期

王志东:《唐代科举的发展》,《湖南工业职业技术学院学报》,2004年第1期

刘海峰:《唐玄宗朝科举管理改革剖析》,《晋阳学刊》,1989年第5期

◎令减省集贤书籍,三分留一,贮在东都

【文献】

《唐会要》卷三十五《经籍》(P644—645):"二十四年十月,车驾从东都还京,有敕:'百司从官,皆令减省集贤书籍,三分留一,贮在东都。'至天宝三载六月,四库更造见在库书目,经库七千七百七十六卷,史库一万四千八百五十九卷,子库一万六千二百八十七卷,集库一万五千七百二十卷。从三载至十四载,库续写又一万六千八百四十三卷。"

◎八月,张守节撰成《史记正义》

【文献】

《新唐书》卷五十八《艺文志二》(P1457):"张守节《史记正义》三十卷。"《文献通考》卷二百《经籍考二十七》(P1675):"《史记正义》二

十卷,陈氏曰:唐诸王侍读张守节撰。开元二十四年作序。《崇文总目》:为《汉书》学者,此最精博。"《四库全书总目》卷四十五《正史类一》(P399):"《史记正义》一百三十卷,唐张守节撰。守节始末未详。据此书所题,则其官为诸王侍读率府长史也。是书据《自序》三十卷,晁公武、陈振孙二家所录则作二十卷。盖其标字列注,亦必如《索隐》。后人散入句下,已非其旧。至明代监本,采附《集解》、《索隐》之后,更多所删节,失其本旨。如守节所长在于地理,故《自序》曰:'郡国城邑,委曲详明。'"

张守节《史记正义序》(P11):"守节涉学三十余年,六籍九流地里苍雅锐心观采,评《史》《汉》诠众训释而作正义,郡国城邑委曲申明,古典幽微窃探其美,索理允惬,次旧书之旨,兼音解注,引致旁通,凡成三十卷,名曰《史记正义》。发挥膏肓之辞,思济沧溟之海,未敢侔诸秘府,冀训诂而齐流,庶贻厥子孙,世畴兹史。于时岁次丙子,开元二十四年八月,杀青斯竟。"《全唐文》卷三百九十七《张守节》(P4053):"守节,开元时官诸王侍读,守右清道率府长史。"《全唐文》卷三百九十七录其《上〈史记正义〉序》(P4053)。

【考论】

张守节生卒年未详.据该书序曾为"诸王侍读宣议郎守右清道率府长史",约为武周到唐开元前后人。是书乃作者沉潜史学三十年后,对"六籍九流地里《苍》、《雅》锐心观采,评《史》《汉》诠众训释"基础上作成,广泛搜集了各家各派的诸多载籍,因此能保持"旧书之旨","索理允惬","兼音解注,引致旁通",虽不及司马贞《索隐》详密,然能纠正《史记》及徐广《音义》之失,保存史迁所依原著文字、古代佚书、古文字、地理及诸多唐人以前见解。张氏作《史记正义》一书之前,不仅参考了裴骃的《史记集解》,而且也应该看到了司马贞的《史记索隐》,并且针对其内容作了疏解,故邵晋涵说,"守节能通裴骃之训辞,折司马贞之同异"(邵晋涵《南江文抄》卷三《史记正义提要》)。参见张国刚《略论唐代学术史的时代特征》,《史学月刊》2003 年第 6 期。

据《自序》，是书凡三十卷，《隋书·经籍志》、《新唐书·艺文志》亦著录为三十卷。晁公武《郡斋读书志》、陈振孙《直斋目录解题》则作二十卷。其书单行本失传，卷帙次第皆无从查考。现存《史记》有刘宋时裴骃《史记集解》、司马贞《史记索隐》及张守节《正义》三家旧注，北宋时割裂散列于《史记》正文下，合为一编，见于南宋黄善夫刻本，经商务印书馆影印，收入百衲本二十四史中，现较通行的有清乾隆时武英殿刻本。《四库全书总目》(P399)谓："后人散入句下，已非其旧。至明代监本，采附《集解》、《索隐》之后，更多所删节，失其本旨。"一九三四年日本学者泷川龟太郎据撰成《史记会注考证》一书，辑出《正义》佚文一千余条。一九五七年日本学者水泽利忠又著《史记会注考证校补》，新辑出《正义》佚文二百余条。两书在保存文化遗产及解决《史记》文字疑难方面，有很高的学术价值，但佚文是否张氏自出，尚有存疑。北京大学张衍田先生近年又辑录了泷川本《正义》佚文，并将《校补》中新辑的佚文补了进去，总辑佚文一千六百四十五条，并明示佚文来源，还对佚文做了一些校勘与辨释，写成《史记正义佚文辑校》一书，由北京大学出版社于一九八五年出版。王利器云是书"虽未敢颂言复张氏之旧，亦云富矣"(参阅王利器《史记正义佚文辑校·序》及张衍田《前言》，北京大学出版社 1985 年版)。参见刘学智等主编《中国学术思想编年》之《隋唐五代卷》。

【相关论著举目】

吴长谦:《从〈史记正义〉看张守节的史识及史观》,《黑龙江史志》,2010 年第 1 期

冯晶:《〈史记正义〉研究》,哈尔滨师范大学硕士学位论文,2009 年

孔晓丽:《〈史记正义〉训诂研究》,河北师范大学硕士学位论文,2009 年

吴长谦:《浅析〈史记正义〉之地理类注释》,郑州大学硕士学位论文,2006 年

东玲:《〈史记正义〉反切研究》,北京师范大学硕士学位论文,

2005 年
周振风:《〈史记〉三家注研究》,南昌大学硕士学位论文,2005 年
王涛:《〈史记〉三家注研究》,山东大学硕士学位论文,2004 年
萧黎明:《张守节〈史记正义〉声类考》,《铜仁学院学报》,2008 年第 5 期
程金造:《〈史记正义〉、〈索隐〉关系证》,《文史哲》,1962 年第 6 期

玄宗开元二十五年　丁丑(737)

○正月,初置玄学博士

【文献】

《资治通鉴》卷二百一十四《唐纪三十》(P6826):"春,正月,初置玄学博士,每岁依明经举。"

【考论】

在唐代,随着道教的地位不断提高,道家经典也愈益引起统治者的重视。玄宗不仅把《老子》作为贴经内容,纳入科举考试的范畴,而且亲注《老子》,颁行天下。是年,又置玄学博士,每岁依明经举,则更把道家经典的地位推崇到了顶点,与儒家经典完全平起平坐,不分轩轾。

○此后明经问大义十条,取通五已上

【文献】

《资治通鉴》卷二百一十四《唐纪三十》(P6826):"二月,敕曰:'进士以声韵为学,多昧古今;明经以贴诵为功,罕穷旨趣。自今明经问大义十条,对时务策三首;进士试大经十贴。'"《旧唐书》卷二十四《礼仪志四》(P919):"二十五年三月,敕:'明经自今已后,贴十通五已上;

口问大义十条，取通六已上；仍答时务策三道，取粗有文理者及第。进士停帖小经，宜准明经例试大经，帖十通四，然后试杂文及策，讫，封所试杂文及策，送中书、门下详覆。’”《唐会要》卷七十五《帖经条例》(P1377)：“二十五年二月敕：‘今之明经、进士，则古之孝廉、秀才。近日以来，殊乖本意，进士以声律为学，多昧古今；明经以帖诵为功，罕穷旨趣，安得为敦本复古，经明行修？以此登科，非选士取贤之道。其明经自今以后，每经宜帖十，取通五已上；免旧试一帖，仍按问大义十条，取通六已上；免试经策十条，令答时务策三道，取粗有文理者，与及第。其进士宜停小经，准明经帖大经十帖，取通四已上，然后准例试杂文及第者，通与及第。其明经中有明五经已上，试无不通者，进士中兼有精通一史，能试策十条得六已上者，委所司奏听进止。其应试进士等唱第讫，具所试杂文及策，送中书门下详覆。其所问明经大义日，须对同举人考试。应能否共知，取舍无愧，有功者达，可不勉欤！’(此诏因侍郎姚奕奏。)”《通典》卷十五《选举三》(P356)：“二十五年二月，制：‘明经每经帖十，取通五以上，免旧试一帖；仍按问大义十条，取通六以上，免试经策十条；令答时务策三道，取粗有文理者与及第。其进士停小经，准明经帖大经十帖，取通四以上，然后准例试杂文及策，考通与及第。其明经中有明五经以上，试无不通者；进士中兼有精通一史，能试策十条得六以上者：奏听进止。其应试进士等，唱第讫，具所试杂文及策，送中书、门下详覆。’(礼部侍郎姚奕奏)”

事又见《册府元龟》卷六百三十九。

○开元末，刘秩撰成《政典》

【文献】

《旧唐书》卷一百二《刘子玄传》(P3174)：“秩，给事中、尚书右丞、国子祭酒。撰《政典》三十五卷、《止戈记》七卷、《至德新议》十二卷、《指要》三卷。论丧纪制度加笾豆，许私铸钱，改制国学，事各在本志。”《旧唐书》卷一百四十七《杜佑传》(P3982—3983)：“初，开元末，刘秩采经史百家之言，取《周礼》六官所职，撰分门书三十五卷，号曰《政典》，大为时贤称赏，房琯以为才过刘更生。”

【考论】

刘知幾第四子刘秩，字祚卿，曾任给事中、尚书右丞、国子祭酒，撰有《政典》三十五卷、《止戈记》七卷、《至德新议》十三卷、《指要》三卷。《政典》是我国最早的政典专书，是作者于开元末年采经史百家之言，按“周礼”六官所职，分门撰写，共三十五卷。此书问世之初，即为时贤赞赏，房琯甚至以为其才超过汉时刘向。杜佑《通典》一书乃是在《政典》的基础上“因而广之”而成，惜其书已佚。

玄宗开元二十六年　戊寅(738)

○鼓励办学，弘扬儒教

【文献】

《唐会要》卷三十五《学校》(P635)：“二十六年正月十九日敕：‘古者乡有序，党有塾，将以宏长儒教，诱进学徒。化民成俗，率由于是。其天下州县，每乡之内，各里置一学，仍择师资，令其教授。’”

○渤海求经史

【文献】

《唐会要》卷三十六《蕃夷请经史》(P667)：“二十六年六月二十七日，渤海遣使求写唐礼及《三国志》、《晋书》、《三十六国春秋》，许之。”

○行释奠礼

【文献】

《唐会要》卷三十五《释奠》(P642)：“二十六年正月敕：‘诸州乡贡

见讫，令引就国子监谒先师，学官为之开讲，质问疑义，有司设食。弘文崇文两馆学生及监内举人，亦听参焉。'遂为常式，每年行之。"《旧唐书》卷二十四《礼仪志四》(P919)："二十六年正月，敕：'诸州乡贡见讫，令引就国子监谒先师，学官为之开讲，质问疑义，有司设食。弘文、崇文两馆学生及监内得举人，亦听预焉。'其日，祀先圣已下，如释奠之礼。青宫五品已下及朝集使，就监观礼，遂为常式，每年行之至今。"

○弘文、崇文生自今已后一依令式考试

【文献】

《唐会要》卷七十七《弘文馆文生举》(P1402)："开元二十六年正月八日敕文：'弘文、崇文生，缘是贵胄子孙，多有不专经业，便与及第，深谓不然。自今已后，一依令式考试。'"

【考论】

弘文、崇文馆学生，因是贵胄子孙，所以多有不专经业，便与及第者。这显然有失公平，且不利于统治，故玄宗"深谓不然。自今已后，一依令式考试"。此举表明唐代的科举考试是在发展过程中不断完善的。

【相关论著举目】

林生海：《唐代两馆生与科举研究》，2010年1月16日"社会、经济、观念史视野中的古代中国"国际青年学术会议论文

彭炳金：《墓志中所见唐代弘文馆和崇文馆明经、清白科及医考》，《中国史研究》，2005年第1期

李锦绣：《试论唐代的弘文、崇文馆生》，《文献》，1997年第2期

○韦縚每月进《月令》

【文献】

《旧唐书》卷二十四《礼仪志四》(P914)："太宗贞观十四年春正月

庚子,命有司读春令,诏百官之长,升太极殿列坐而听之。开元二十六年,玄宗命太常卿韦绦每月进《月令》一篇。是后每孟月视日,玄宗御宣政殿,侧置一榻,东面置案,命韦绦坐而读之。诸司官长,亦升殿列座而听焉。岁余,罢之。"

○二月,中书令张九龄等撰《六典》三十卷成

【文献】

《新唐书》卷五十八《艺文志二》(P1477):"《六典》三十卷,开元十年,起居舍人陆坚被诏集贤院修'六典',玄宗手写六条,曰理典、教典、礼典、政典、刑典、事典。张说知院,委徐坚,经岁无规制,乃命毋煚、余钦、咸廙业、孙季良、韦述参撰。始以令式象《周礼》六官为制。萧嵩知院,加刘郑兰、萧晟、卢若虚。张九龄知院,加陆善经。李林甫代九龄,加苑咸。二十六年书成。"《郡斋读书志》卷七(P309):"《唐六典》三十卷,右唐玄宗撰,李林甫、张说等注。以三公、三师、三省、九寺、五监、十二卫等,列其职司官佐,叙其秩品,以拟《周礼》。虽不能悉行于世,而诸司遵用,殆将过半。观《唐会要》,请事者往往援据以为实。韦述以为书虽成而意不行,过矣。然识者谓自唐虞至周有六官而无寺监,自秦迄陈有寺监而无六官,独此书兼之,故官皆复重也。"《唐会要》卷三十六《修撰》(P659):"二十七年二月,中书令张九龄等,撰《六典》三十卷成,上之,百官称贺。"

《四库全书总目》卷七十九《职官类》(P682):"《唐六典》三十卷,唐元宗明皇帝御撰,李林甫奉敕注。其书以三师、三公、三省、九寺、五监、十二卫列其职司官佐,叙其品秩,以拟《周礼》。《书录解题》引韦述《集贤记》注曰:'开元十年,起居舍人陆坚,被旨修是书。帝手写白麻纸六条,曰理、教、礼、政、刑、事,令以类相从,撰录以进。张说以其事委徐坚,思之经岁莫能定。又委毋煚、徐钦、韦述,始以令式入六司,其沿革并入注中。后张九龄又委苑咸,二十六年奏草上。迄今在直院,亦不行用。'程大昌《雍录》则曰:'唐世制度,凡最皆在《六典》。

或曰:书成未尝颁用。今案《会要》,则牛僧孺奏升谏议为三品,用《六典》也。贞元二年定著朝班次序,每班以尚书省官为首,用《六典》也。又其年窦参论祠祭当以监察莅之,亦援《六典》也。此类殆不胜述。草制之官,每入院,必首索《六典》,则时制尽在故也。'二说截然不同。考《吕温集》有《代陈相公请删定施行六典开元礼状》一篇,称'宣示中外,星纪六周。未有明诏施行,遂使丧祭冠昏家,犹疑礼之等威名分,国靡成规。请于常参官内选学艺优敏者三五人,就集贤院各尽异同,量加删定。然后特降德音,明下有司'云云。与韦述之言相合。唐人所说,当无讹误。大昌所引诸事,疑当时讨论典章,亦相引据。而公私科律,则未尝事事遵用,如明代之《会典》云尔。范祖禹《唐鉴》,论其既有太尉、司徒、司空,又有尚书省,是政出于二也。既有尚书省,又有九寺,是政出于三也。盖自唐虞至周,有六官而无寺监。自秦迄陈,有寺监而无六官。独此书兼之,故官多重复。今考是书,如林甫注中以诸州祥瑞预立条格,以待奏报之类,诚为可嗤。然一代典章,釐然具备,祖禹之所论,或以元丰官制全祖是书,有所激而云然欤?又《唐会要》载开元二十三年九龄等撰是书,而《唐书》载九龄以开元二十四年罢知政事,则书成时九龄犹在位。后至二十七年,林甫乃注成独上之。宋陈骙《馆阁录》,载书局有'经修经进'、'经修不经进'、'经进不经修'三格。说与九龄皆所谓'经修不经进'者。卷首独著林甫,盖即此例。今亦姑仍旧本书之,不复追改焉。"事又见《文献通考》卷二百二、《大唐新语》卷九。

【考论】

《唐六典》,题唐玄宗御撰,李林甫等奉敕注,实为张说(667—730)、张九龄(673—740)、李林甫(?—752)递为监修。"六典"即玄宗所写六条典章:治典、教典、礼典、政典、刑典、事典,其令式象《周礼》六官之制,依此编撰而成的一部职官类书,记述了玄宗以前职官制度及历史沿革,实与唐代实际的职官部门难以相类。开元十年(722)始修,徐坚、毋煚、余钦、咸廙业、孙季良、韦述等参撰,于本年书成,前后历时达十六年之久。唐玄宗先委于徐坚,但是徐坚"思之历年，未知所适”。其后张说令毋煚、余钦、韦述等仿前史职官志而将唐代颁行的令式分入职官名下，按《周礼》之六官名将唐六部比附上去，其余职官与之并列，并入小注加以说明，仍名书为《六典》。此书尝为唐及以后官制设立之所本。该书也涉及到诸多法律方面的内容，标志着中国行政法从刑法中分离出来，成一独立的体系。此后，中国古代有了刑法和行政法两大法典，也表明中国封建法律体系制度趋向完备。《六典》今有 1983 年中华书局《古逸丛书三编》据宋本影印的十五卷本，日本学者曾拍照以与明刊本合校，于 1973 年刊印了《大唐六典》新本。

该书完成及进上时间，《新唐书》记在开元二十六年(738)，韦述《集贤记注》、刘肃《唐新语》同。唯《唐会要》卷三十六记在开元二十七年(739)，陈振孙《直斋书录解题》卷六《唐六典》条(P172)注："案：《唐书·艺文志》：张说以其事委徐坚，经岁无规制，乃命毋煚、余钦、咸廙业、孙季良、韦述参撰。及萧嵩知院，加刘郑兰、萧晟、卢若虚。张九龄知院，加陆善经。李林甫代九龄，加苑咸。委苑咸者，乃李林甫也。至云二十六年奏草上。考新旧《唐书》，九龄以二十四年罢知政事，寻谪荆州，程大昌谓书成于九龄为相之日，当在二十四年。林甫注成奏进，当在二十七年，故是书卷首止列李林甫而不及九龄也。”故姑以二十六年成书，二十七年进上。以上内容参见刘学智等主编《中国学术思想编年》之《隋唐五代卷》。

【相关论著举目】

王淼：《论〈唐六典〉中的法律思想》，青岛大学硕士学位论文，2010 年

关保英：《〈唐六典〉的行政法文化研究》，《社会科学战线》，2009 年第 5 期

王永兴：《读〈唐六典〉的一些体会》，《文史知识》，2009 年第 2 期

汪超：《〈唐六典〉成书问题初探》，《合肥学院学报》(社会科学版)，2008 年第 6 期

徐适端：《略论〈唐六典〉的编纂特色》，《史学史研究》，2007 年第

1 期

钟兴龙:《〈唐六典〉撰修始末考》,《古籍整理研究学刊》,2006 年第 3 期

钟兴龙:《〈唐六典〉撰修研究》,吉林大学硕士学位论文,2004 年

章雪峰:《〈大唐六典〉研究》,华中师范大学硕士学位论文,2004 年

袁文兴:《关于〈唐六典〉的几个争议问题》,《甘肃理论学刊》1998 年第 6 期

钱大群:《〈唐六典〉不是行政法典——答宁志新先生》,《中国社会科学》,1996 年第 6 期

宁志新:《〈唐六典〉性质刍议》,《中国史研究》,1996 年第 1 期

宁志新:《〈唐六典〉仅仅是一般的官修典籍吗》,《中国社会科学》,1994 年第 2 期

钱大群、李玉生:《〈唐六典〉性质论》,《中国社会科学》,1989 年第 6 期

张弓:《〈唐六典〉的编撰刊行和其他》,《史学月刊》,1983 年第 3 期

刘逖:《试说〈唐六典〉的施行问题》,《北京师院学报》(社会科学版),1983 年第 2 期

玄宗开元二十七年　己卯(739)

○八月,诏追谥孔子为"文宣王",并褒赠"十哲"

【文献】

《旧唐书》卷二十四《礼仪志四》(P920—921):"二十七年八月,又下制曰:'弘我王化,在乎儒术。孰能发挥此道,启迪含灵,则生人已来,未有如夫子者也。所谓自天攸纵,将圣多能,德配乾坤,身揭日月。故能立天下之大本,成天下之大经,美政教,移风俗,君君臣臣,

父父子子，人到于今受其赐。不其猗欤！於戏！楚王莫封，鲁公不用，俾夫大圣，才列陪臣，栖迟旅人，固可知矣。年祀浸远，光灵益彰，虽代有褒称，而未为崇峻，不副于实，人其谓何？朕以薄德，祗膺宝命，思阐文明，广被华夏。时则异于今古，情每重于师资。既行其教，合旌厥德。爰申盛礼，载表徽猷。夫子既称先圣，可追谥为文宣王。宜令三公持节册命，应缘册及祭，所司速择日，并撰仪注进。其文宣陵并旧宅立庙，量加人洒扫，用展诚敬。其后嗣可封文宣公。至如辨方正位，著自礼经，苟非得所，何以示则？昔缘周公南面，夫子西坐，今位既有殊，坐岂如旧，宜补其坠典，永作成式。自今已后，两京国子监，夫子皆南面而坐，十哲等东西列侍。天下诸州亦准此。且门人三千，见称十哲，包夫众美，实越等夷。畅玄圣之风规，发人伦之耳目，并宜褒赠，以宠贤明。颜子渊既云亚圣，须优其秩，可赠兖公。闵子骞可赠费侯，冉伯牛可赠郓侯，冉仲弓可赠薛侯，冉子有可赠徐侯，仲子路可赠卫侯，宰子我可赠齐侯；端木子贡可赠黎侯，言子游可赠吴侯，卜子夏可赠魏侯。又夫子格言，参也称鲁，虽居七十之数，不载四科之目。顷虽异于十哲，终或殊于等伦，允稽先旨，俾循旧位。庶乎礼得其序，人焉式瞻，宗洙泗之丕烈，重胶庠之雅范。'又赠曾参、颛孙师等六十七人皆为伯。于是正宣父坐于南面，内出王者衮冕之服以衣之。遣尚书左丞相裴耀卿就国子庙册赠文宣王。册毕，所司奠祭，亦如释奠之仪，公卿已下预观礼。又遣太子少保崔琳就东都庙以行册礼，自是始用宫悬之乐。春秋二仲上丁，令三公摄行事。"《旧唐书》卷九《玄宗本纪下》(P211)："八月……甲申，制追赠孔宣父为文宣王，颜回为兖国公，余十哲皆为侯，夹坐。后嗣褒圣侯改封为文宣公。"《唐会要》卷三十五(P637—638)："乾封元年正月三十日，追赠孔子为太师。至天授元年，封孔子为隆道公。总章元年二月一日，颜回赠太子少师，曾参赠太子少保。至太极元年二月十六日，追赠颜回为太子太师，曾参为太子太保，并配享孔子庙。至开元二十七年八月二十四日，诏曰："宏我王化，在乎师儒。能发明此道，启迪含灵，则生民以来，未有如夫子者也。所谓自天攸纵，将圣多能，德配乾坤，身揭日月。故能立天下之大本，成天下之大经，美政教，移风俗，君君臣臣，父父子子，民到于今受其赐，不其猗欤！呜呼！楚王莫封，鲁公不用，俾夫大圣，才列陪臣，栖遑旅舍，固可叹矣。年祀浸远，光灵益彰，虽代有褒称，而未为崇峻，不副于实，人其谓何？夫子既称先圣，可追谥为文宣王，令三公持节册命。其后嗣褒圣侯，改封嗣文宣王。昔周公南面，夫子西坐，今位既有殊，岂宜仍旧？宜补其坠典，永作成式。其两京国子监及天下诸州，夫子南面坐，十哲等东西行列侍。且门人三千，见称十哲，包夫众美，实越等夷。畅元圣之风规，发人伦之耳目，并宜褒赠，以宠贤明。其颜子既云亚圣，须优其秩。（颜子赠兖国公，闵子骞赠费侯，冉伯牛赠郓侯，仲弓赠薛侯，冉有赠徐侯，子路赠卫侯，宰我赠齐侯，端木子贡赠黎侯，子游赠吴侯，卜子夏赠魏侯。）又夫子格言，参也称鲁，虽居七十之数，不载四科之目。顷虽参于十哲，终未殊于等伦，允稽先旨，俾循旧位。庶乎礼得其序，人焉式瞻。”二十七日，命尚书右丞相裴耀卿，摄太尉持节，就国子庙册命毕。所司奠祭，亦如释奠之礼。又遣太子少保崔琳，往东都就庙行册礼。二十一日，敕两京及兖州旧宅庙像，宜改服冕衮；其诸州及县，庙宇既小，但移南面，不须改其衣服。两京乐用宫悬，春季二仲上丁，令三公摄行事。七十子并宜追赠。”

事又见《新唐书》卷十五、《唐会要》卷三十五《褒崇先圣》、《佛祖历代通载》卷十三、《佛祖统纪》卷四十、《太平御览》卷一百一十一。

【考论】

开元八年，国子司业李元瓘曾奏请以孔子弟子“十哲”列像庙堂。开元二十七年八月，唐玄宗诏令赠孔子为“文宣王”，并赠颜渊为兖公，赠闵子骞、冉伯牛、冉仲弓、冉有、子路、宰我、子贡、子游、子夏等分别为“侯”，是称“十哲”，同时下令国子监以孔子南面而坐，十哲东西列侍。此举对重新发扬儒术起了重要作用，对儒学的宗教化也不无影响。不论是“文宣王”的称号，还是塑像的南面而坐，都把对孔子的尊崇推向了极致，达至顶点。

玄宗开元二十八年　庚辰(740)

○二月，敕群官道俗皆赴监观释奠礼

【文献】

《唐会要》卷三十五《释奠》(P642)："二十八年二月五日敕：'文宣王庙，春秋释奠，宜令三公行礼，著之常式。'二十日，国子祭酒刘瑗奏：'准故事，释奠之日，群官道俗，皆合赴监观礼，依故事著之常式。'制可。"

【考论】

开元二十八年，唐玄宗诏命每年春秋两个仲月的上丁日，由三公代表天子向孔庙行释奠礼。这是祭孔礼仪演进中的重大事件，这更进一步表明，对孔子的祭祀是整个国家的重要礼仪，而不单是儒生们祭祀的神灵。参见李申《中国儒教史》上卷，上海人民出版社2000年版。

【相关论著举目】

白雪松：《浅谈〈大唐开元礼〉中的释奠礼》，《理论界》2011年第3期

朱溢：《唐代孔庙释奠礼仪新探——以其功能和类别归属的讨论为中心》，《史学月刊》2011年第1期

范晶晶：《唐代的释奠礼》，《光明日报》2010年12月6日

盖金伟、孙钰华：《论"释奠礼"与唐代文化权威的构建》，《新疆大学学报》(哲学人文社会科学版)2007年第1期

孔祥林：《文庙释奠历史及现代释奠礼仪》，《国学论衡》第五辑

○张九龄卒

【文献】

《资治通鉴》卷二百一十四《唐纪三十》(P6840)："二月，荆州长史

张九龄卒。上虽以九龄忤旨,逐之,然终爱重其人,每宰相荐士,辄问曰:'风度得如九龄不?'"

【考论】

张九龄(678—740),一名博物,字子寿,韶州始兴(今广东韶关市始兴县)人,是盛唐前期重要诗人。出生于官宦世家,少聪慧能文,神功年间,以弱冠参加科举考试中进士,为秘书省校书郎、右拾遗。先天元年(713)又登"道侔伊吕"制科,为左拾遗,累官至中书侍郎同平章事,迁中书令。开元十九年,玄宗召为秘书少监、集贤院学士,再迁中书侍郎。开元二十一年,被任为中书侍郎、同中书门下平章事(丞相),主理朝政。开元二十四年迁为尚书右丞相,罢知政事,贬为荆州长史。开元二十八年,因病在韶州曲江卒。开元时虽处在全盛时期,但已危机四伏,故张九龄充满忧患意识,提出行"王道",强调保民育人,反对穷兵黩武;主张省刑罚,薄征徭,扶农桑;提出革新吏治,选贤择能。其施政方针,缓解了社会矛盾,维护了"开元盛世"的局面。

其早年之诗词采清丽,情致深婉,被贬后变为质朴遒劲,对扫除唐初所沿习的六朝绮靡诗风,很有贡献。其五言古诗,在唐诗发展中有很高的地位和巨大的影响。宰相张说誉之为"后出词人之冠"。著有《张曲江集》20卷。《全唐诗》编存其诗为3卷,所收较集本为多,但所增者是否张九龄之作,有可疑之处。如卷四十九《答陆澧》五绝一首,即为朱放所作。其卒年,新、旧《唐书》皆同。惟享年68岁之说,徐浩碑铭记为63岁。何格恩著有《张九龄年谱补正》及《曲江年谱拾遗》(《岭南学报》第4卷第1、2期),另外《张曲江诗文事迹编年考》(《广东文物》),可资参考。

【相关论著举目】

顾建国:《张九龄研究》,南京师范大学博士学位论文,2006年

左艳芳:《张九龄诗文研究》,华中科技大学硕士学位论文,2005年

钱志鹏:《张九龄诗歌艺术研究》,南京师范大学硕士学位论文,

2002 年

牛海蓉:《走进盛唐——论张九龄的诗歌创作》,河南大学硕士学位论文,2001 年

顾建国:《张九龄研究百年综论》,《淮阴师范学院学报》,2000 年第 3 期

李锦全:《张九龄思想探微》,《广东社会科学》,1989 年第 1 期

梁健:《张九龄研究资料篇目索引》,《韶关学院学报》,1988 年第 3 期

玄宗开元二十九年　辛巳(741)

○正月,置玄学博士,每岁依明经举

【文献】

《新唐书》卷五《玄宗纪》(P142):二十九年正月"丁酉,立玄元皇帝庙,禁厚葬。……五月庚戌,求明《道德经》及《庄》、《列》、《文子》者。降死罪,流以下原之"。《新唐书》卷四十八《百官志三》(P1252—1253):"崇玄署有府二人,史三人,典事六人,掌固二人,崇玄学博士一人、学生百人。隋以署隶鸿胪,又有道场、玄坛。唐置诸寺观监,隶鸿胪寺,每寺观有监一人。贞观中,废寺观监。上元二年,置漆园监,寻废。开元二十五年,置崇玄学于玄元皇帝庙。天宝元年,两京置博士、助教各一员,学生百人,每祠享,以学生代斋郎。二载,改崇玄学曰崇玄馆,博士曰学士,助教曰直学士,置大学士一人,以宰相为之,领两京玄元宫及道院,改天下崇玄学为通道学,博士曰道德博士,未几而罢。宝应、永泰间,学生存者亡几。大历三年,复增至百人。初,天下僧、尼、道士、女官,皆隶鸿胪寺,武后延载元年,以僧、尼隶祠部。开元二十四年,道士、女官隶宗正寺,天宝二载,以道士隶司封。贞元四年,崇玄馆罢大学士,后复置左右街大功德使、东都功德使、修功德

使，总僧、尼之籍及功役。元和二年，以道士、女官隶左右街功德使。会昌二年，以僧、尼隶主客，太清宫置玄元馆，亦有学士，至六年废，而僧、尼复隶两街功德使。”《旧唐书》卷九《玄宗纪下》(P213)：“二十九年春正月丁丑，制两京、诸州各置玄元皇帝庙并崇玄学，置生徒，令习《老子》、《庄子》、《列子》、《文子》，每年准明经例考试。”《唐会要》卷七十七《崇玄生道举附》(P1404)：“开元二十九年正月十五日，于元元皇帝庙置崇元学，令习《道德经》、《庄子》、《文子》、《列子》，待习成后，每年随举人例，送名至省，准明经考试。通者准及第人处分。其博士置一员。”《唐会要》卷六十四《崇玄馆》(P1121)：“开元二十九年正月三日，于元元皇帝庙置崇元博士一员，令学生习《道德经》、《庄子》、《文子》、《列子》，待习业成后，每年随贡举人例送至省，准明经例考试。”

事又见《新唐书·选举志》、《旧唐书》卷二十四《礼仪志四》、《通典》卷十五。

【考论】

开元二十九年在两京(长安、洛阳)及诸州设置玄元皇帝庙，并设立崇玄学(天宝二年改为崇玄馆)，并设玄学博士(天宝二年改玄学学士)，令生徒皆习《老子》、《庄子》、《列子》、《文子》，此举表明唐廷前期崇道抑佛的思想方针已经日益强化，由原来的给老子上尊号等，转变到科举制度的范畴，这显示了唐玄宗已把崇道的指导政策落到了实处，开始对士子进行思想和精神上的渗透。

《旧唐书·礼仪志》记此事在开元二十年正月，《新唐书·百官志》、《资治通鉴》卷二百一十四均记在开元二十五年，当有误。新、旧《唐书·玄宗纪》均志于开元二十九年，《通典》亦谓：“开元二十九年，始于京师置崇玄馆，诸州置道学，生徒的差，谓之道举。举送、课试之法，与明经同。”此可为《两唐书》本纪之补证。今从二十九年之说，故志于是年。参见刘学智等主编《中国学术思想编年》之《隋唐五代卷》。

○九月，《大唐开元礼》行用

【文献】

《唐会要》卷三十七《五礼篇目》(P670—671)："十四年，通事舍人王岩，疏请撰《礼记》，削去旧文，而以今事编之。诏付集贤院学士详议。右丞相张说奏曰：'《礼记》，汉朝所编，遂为历代不刊之典。今去圣久远，恐难改易。今之五礼仪注，贞观、显庆两度所修，前后颇有不同，其中或未折衷。望与学士等更讨论古今，删改行用。'制从之。初令学士右散骑常侍徐坚、左拾遗李锐、太常博士施敬本等检撰，历年不就。说卒后，萧嵩代为集贤学士，始奏起居舍人王邱，撰成一百五十卷，名曰《大唐开元礼》。二十九年九月，颁所司行用焉。"

【相关论著举目】

刘安志：《关于〈大唐开元礼〉的性质及行用问题》，《中国史研究》，2005 年第 3 期

○尹愔约卒于此年

【文献】

《新唐书》卷二百《尹愔传》(P5703)："尹愔，秦州天水人。父思贞，字季弱。明《春秋》，擢高第。尝受学于国子博士王道珪，称之曰：'吾门人多矣，尹子叵测也。'以亲丧哀毁。除丧，不仕。左右史张说、尹元凯荐为国子大成，每释奠，讲辨三教，听者皆得所未闻。迁四门助教，撰《诸经义枢》、《续史记》皆未就。梦天官、麟台交辟，寤而会亲族叙诀，二日卒，年四十。愔博学，尤通老子书。初为道士，玄宗尚玄言，有荐愔者，召对，喜甚，厚礼之，拜谏议大夫、集贤院学士，兼修国史，固辞不起。有诏以道士服视事，乃就职，颛领集贤、史馆图书。开元末，卒，赠左散骑常侍。"

【相关论著举目】

傅璇琮：《中国最早两位翰林学士考——吕向、尹愔传论》，《文

献》,2002 年第 4 期

◯东乡助开元时官江陵少尹,撰有《周易物象释疑》

【文献】

《全唐文》卷四百二《东乡助》(P4113):“助,开元朝官江陵少尹。”《全唐文》卷四百二有《周易物象释疑叙》一文(P4113)。《文献通考》卷一百七十五《经籍考二》(P1517):“《周易物象释疑》一卷,《崇文总目》:唐东乡助撰。取卦互体,开释言象,盖未始见康成之学,而著此书焉。”《新唐书》卷五十七《艺文志一》(P1426):“东乡助《周易物象释疑》一卷。”

○郭京,开元以后官苏州司户参军,撰有《周易举正》

【文献】

《全唐文》卷九百二《郭京》(P9417):“京,官苏州司户参军。”《全唐文》卷九百二郭京《周易举正序》(P9417):“我唐御注《孝经》,删定《月令》,盖为前儒用意,未及精研。后汉太学刊石,撰集《说文》,虑其日月浸深,转写讹谬。京也历代传授《五经》为业,其于《易》道,讨核偏深,曾得王辅嗣、韩康伯手写注定传授真本读诵。比校今世流行本及国学乡贡学人等本,或将经入注,用注作经。《小象》中间以下句反居其上,爻辞注内移后义却处于前。又兼有脱漏,两字颠倒,谬误增省,义理不通。今并依定本举正其谬,仍于谬误之处,以朱书异之。希好事君子,志学通儒,详而观之。则经注通流,雅郑不紊。都计一部中差谬处总一百三节,列为一部,具述讹舛。因目为《周易举正》,分为上、中、下三卷,传诸志学者云。”《郡斋读书志》卷一(P23):“《周易举正》三卷,右唐郭京撰。京尝任苏州司户。序称:京家藏王弼、韩康伯手札《周易》本及石经,校正一百三十五处、二百七十三字。盖以繇象相证,有阙漏处,可推而知,托云得王、韩手札与石经耳。如:《涣》之繇‘利涉大川’下有‘利贞’字,而象辞无之,则增入;《渐》之繇

‘女归吉’下无‘也’字，而彖辞有之，则削去，他皆此类。”《四库全书总目》卷一《易类一》(P4)：“《周易举正》三卷，旧本题唐郭京撰。京不知何许人。《崇文总目》称其官为苏州司户参军。据《自序》言‘御注《孝经》，删定《月令》’，则当为开元后人。《序》称曾得王辅嗣、韩康伯手写真本，比校今世流行本及国学乡贡人等本，举正其谬。凡所改定，以朱墨书别之。其书《崇文总目》始著录，《书录解题》于宋咸《易补注》条下称‘咸得此书于欧阳修’，是天圣、庆历间乃行于世也。洪迈、李焘并以为信。晁公武则谓以繇彖相正，有阙漏可推而知，托言得王、韩手札及石经。赵汝楳亦诋其挟王、韩之名以更古文。王应麟又援《后汉书·左雄传》‘职斯禄薄’句，证其改《旅卦》斯字为㽧之非。近时惠栋作《九经古义》，驳之尤力。今考是书，《唐志》不载。李焘以为京开元后人，故所为书不得著录(按李焘说见《文献通考》)，然但可以解《旧书·经籍志》耳。若《新书·艺文志》，则唐末之书无不具列，岂因开元以后而遗之。疑其书出宋人依托，非惟王、韩手札不可信，并唐郭京之名亦在有无疑似之间也。顾其所说，推究文义，往往近理。故晁公武虽知其托名，而所进《易解》，乃多引用。即朱子《本义》，于《坤·象传》之‘履霜坚冰’、《贲·象传》之‘刚柔交错’、《震·象传》之‘不丧匕鬯’，亦颇从其说。则亦未尝无可取矣。晁公武《读书志》载京《原序》，称所改正者一百三十五处，二百七十三字。而洪迈《容斋随笔》、赵汝楳《易序丛书》皆作一百三处。今本所载《原序》，亦称差谬处一百三节。则晁氏所云，殆为疏舛。又原本称别以朱墨，盖用《经典释文》之例。今所行本已全以墨书，盖非其旧。以非宏旨之所系，故仍从近刻焉。”《文献通考》卷一百七十五(P1515—1516)：“《易举正》三卷，《崇文总目》：唐苏州司户参军郭京撰。京世授《五经》，得王辅嗣、韩康伯手写《易经》，比世所行，或颇差驳，故举正其讹而著于篇。晁氏曰：京自称家藏王、韩手札《周易》及石经，校正一百三十五处，二百七十三字。盖以爻彖相正，有阙漏处可推而知，托云得王、韩手札与石经耳。容斋洪氏《随笔》曰：《易举正》三卷，云：曾得王辅嗣、韩康伯手写注定传授真本，比校今世流行本及国学、乡贡、举人等本，或将经入注，用注作经。《小象》中，间以下句反居其上，《爻辞》注内，移后义却处于前，兼有脱遗、两字颠倒、谬误者，并依定本举正其讹，凡一百三节。今略取其明白者二十处载于此：《坤》，初六，'履霜，坚冰至。'《象》曰：'履霜，阴始凝也。驯致其道，至坚冰也。'今本于《象》文'霜'字下误增'坚冰'二字。《屯》，六三，《象》曰：'即鹿无虞，何以从禽也。'今本脱'何'字。《师》，六五，'田有禽，利执之，无咎。'元本'之'字误作'言'，观注义亦全不作'言'字释也。《比》，九五，《象》曰：'失前禽，舍逆取顺也。'今本误倒其句。《贲》，'亨不利有攸往。'今本'不'字误作'小'字。'刚柔交错，天文也。'"

【考论】

郭京，唐苏州司户参军。王、韩《易》注大行于世，却颇多舛驳，义理不通，故郭京举正其讹而著成此书。《周易举正》，分为上、中、下三卷，一部中差谬处总一百三节，依定本举正其谬，在其谬误之处，以朱书异之。郭京慎思明辨，论断精审，故其书颇有可取之处。

○开元中，三诏召赵蕤不起

【文献】

《全唐文》卷三百五十八(P3635)："蕤字大宾，盐亭人。后徙居郪，隐居长平山安昌岩。开元中，三诏召之不起，或云以谗死。"有文《关子明易传叙》、《长短经叙》。《新唐书》卷五十九《艺文志三》(P1536—1537)："赵蕤《长短要术》十卷，字太宾，梓州人。开元，召之不赴。"

赵蕤事又见《北梦琐言》卷五。

【相关论著举目】

赵昌平：《鲁仲连、赵蕤与李白——兼论古代文化史、文学史研究的若干问题》，《文学遗产》，2011 年第 1 期

蒋志：《李白与赵蕤》，《绵阳师范高等专科学校学报》，2010 年第 1 期

李梅训：《赵蕤及其〈长短经〉述略》，《齐鲁文化研究》，2010 年

周斌:《〈长短经〉作者赵蕤杂考》,《西华大学学报》(哲学社会科学版),2007年第4期

蒋志:《唐代蜀学的杰出代表——赵蕤》,《西华大学学报》(哲学社会科学版),2004年第5期

沈亦军、杨子林:《赵蕤及其〈长短经〉研究》,西南交通大学出版社,2004年

廖仲宣:《赵蕤与李白》,《文史杂志》,1995年第5期

罗宗强:《也谈李白与赵蕤〈长短经〉》,《唐代文学研究年鉴》,1991年

陈德述、蔡方鹿:《略论赵蕤的思想》,《西南师范大学学报》(人文社会科学版),1984年第4期

○开元年间玄宗立十八学士

【文献】

《四库全书》第866册《湛渊静语》卷二(P318):“玄宗开元中,于上阳宫含象亭以张说、徐坚、贺知章、赵冬曦、冯朝隐、康子元、侯行果、李述、张会真、赵默、毋煚、吕向、成冀真、李子钊、东方颖、陆元泰、余钦、孙季良为十八学士。命董萼画像,御制赞,为千载翰苑盛事。然含象诸儒,视前登瀛知名者,盖鲜矣。”

【相关论著举目】

刘琳:《唐开元十八学士考》,吉林大学硕士学位论文,2008年

玄宗天宝元年 壬午(742)

○二月,为含元殿及庄子、列子、文子、庚桑子御加尊号,改“四子”书为“真经”

【文献】

《旧唐书》卷二十四《礼仪志四》(P926):“二月丁亥,御含元殿,加

尊号为开元天宝圣文神武皇帝。辛卯，亲祔玄元庙。丙申，诏：《古今人表》，玄元皇帝升入上圣。庄子号南华真人，文子号通玄真人，列子号冲虚真人，庚桑子号洞虚真人。改《庄子》为《南华真经》，《文子》为《通玄真经》，《列子》为《冲虚真经》，《庚桑子》为《洞虚真经》。亳州真源县先天太后及玄元庙各置令一人。两京崇玄学各置博士、助教，又置学生一百员。桃林县改为灵宝县。田同秀与五品官。"《唐会要》卷五十《杂记》(P880)："天宝元年二月二十二日敕文，追赠庄子南华真人，所著书为《南华真经》；文子、列子、庚桑子，宜令中书门下更讨论奏闻。至其年三月十九日，宰臣李林甫等奏曰：'庄子既号南华真人，文子请号通元真人，列子号冲虚真人，庚桑子号洞灵真人。其《庄子》、《文子》、《列子》、《庚桑子》并望随号称。从之。'"《四库全书》第1035册《唐新语》卷九《著述》(P366)："道家有庚桑子者，代无其书。开元末，襄阳处士王源撰《亢仓子》两卷以补之。序云：'《庄子》谓之庚桑子，《史记》作亢桑子，《列子》作亢仓子，其实一也。'源又取《庄子·庚桑楚》一篇为本，更取诸子文义相类者，合而成之，亦行于代。"《新唐书》卷五十九《艺文志》(P1518)："王士元《亢仓子》二卷。"又见《旧唐书》卷九《玄宗本纪下》、晁公武《郡斋读书志》卷三上《亢仓子》。

【考论】

二月丁亥，为含元殿御加"开元天宝圣文神武皇帝"。丙申分别加庄子为南华真人、文子为通玄真人、列子为冲虚真人、庚桑子为洞虚真人的尊号，并改《庄子》、《文子》、《列子》、《庚桑子》之名分别为《南华真经》、《通玄真经》、《冲虚真经》、《洞虚真经》(亦称《洞灵真经》)，此后道教遂以此称谓三书。其中前三部相传为先秦人作，《汉书·艺文志》均著录。但亦有学者怀疑《文子》、《列子》为后人伪作。唯《庚桑子》原无书，疑为唐人所作。据《新唐书·艺文志》及《唐新语》所述，是书乃唐天宝年间处士王士元(一说王源)以《庄子》之《庚桑楚》篇为本，杂取其他诸子如《列子》、《文子》、《商君书》、《吕氏春秋》等文义相类者，糅合而撰成是书，凡两卷，主要论述治国安身之道。此次加尊，遂使这些道家著作日渐道教化，成为道教的重要典籍，对中国学术思想史和道教史发生了较大影响。此举反映出唐廷在三教关系上，从原来武则天时的崇佛走向崇道，向唐初高祖时崇道倾向回归。参见刘学智等主编《中国学术思想编年》之《隋唐五代卷》。

○四月，敕应举停习《道德经》，以《尔雅》代之

【文献】

《旧唐书》卷二十四《礼仪志四》(P921)："天宝元年，明经、进士习《尔雅》。"《唐会要》卷七十五《贡举上·明经》(P1374)："天宝元年四月三日敕：'自今已后，天下应举，除崇元学生外，自余所试《道德经》，宜并停，仍令所司更别择一小经代之。'其年加《尔雅》，以代《道德经》。"事又见《通典》卷十五。

【考论】

自神龙元年(705)，敕明经应举加试老子《道德经》以来，已经实行多年。是年四月，敕令停习，以《尔雅》代之。直至德宗贞元元年又敕令停习《尔雅》，习《道德经》。参见《中国学术思想编年》之《隋唐五代卷》。

○崇玄学举人，准开元二十九年敕条考试，其《洞灵真经》，请待业成，然后准式

【文献】

《唐会要》卷六十四《崇元馆》(P1122)："天宝元年五月，中书门下奏：'两京及诸郡崇元馆学生等，准开元二十九年正月十五日制，前件举人合习《道德》、《南华》、《通元》、《冲虚》等四经。又准天宝元年二月十日制，改《庚桑子》为《洞灵真经》，准条补，崇元学生亦合集读。伏准旧制，合通五经。其《洞灵真经》，人间少本，近令诸观寻访，道士等全无习者，本既未广，业实难成。并《通元》、《冲虚》二经，亦恐文字

不定。元教方阐，学者宜精。其《洞灵真经》等三经，望付所司，各写十本，校定讫，付诸道采访使颁行。其贡举司及两京崇元学，亦望各付一本。今冬，崇元学举人，望准开元二十九年敕条考试，其《洞灵真经》，请待业成，然后准式。'从之。"《唐会要》卷七十七《崇元生道举附》(P1404)："天宝元年五月，中书门下奏：'两京及诸郡崇元学生等，伏准开元二十九年正月制，前件人合习《道德》、《南华》、《通元》、《冲虚》等四经。又准天宝元年二月制，改《庚桑子》为《洞灵真经》，准请条补，崇元学亦合习读。伏准后制，合通五经。其《洞灵真经》人间少本，臣近令诸观寻访，道士全无习者，本既未广，业实难成。并《冲虚》、《通元》二经，亦恐文字不定。元教方阐，学者宜精。其《洞灵》等三经，望付所司，各写十本，校定讫，付诸道采访使颁行。其贡举司及两京崇元学生，亦望各付一本。今冬崇元学人，望且准开元二十九年正月制考试，其《洞灵真经》，请待业成后准式。'从之。"

○十月，玄宗命于骊山秦坑儒之所立祠宇，贾至作《旌儒庙颂》

【文献】

《旧唐书》卷二十四《礼仪志四》(P926)："十月，改新丰骊山为会昌山，仍于秦坑儒之所立祠宇。"《旧唐书》卷九《玄宗纪下》(P216)："冬十月丁酉，幸温泉宫。辛丑，改骊山为会昌山，仍于秦坑儒之所立祠宇，以祀遭难诸儒。新成长生殿名曰集灵台，以祀天神。"《四库全书》第1343册《唐文粹》卷二十二《旌儒庙颂》(P314—315)："昔秦灭羲轩之制，废唐虞之则，大搜学徒，竭索儒党，怀书捧檄者，鳞集麏至。然后罪九流之异论，尤百氏之殊术，无辜杀身，有道并命。冤骸积于坑谷，流血染于泉壤。蹈仁义而死者，不可胜纪。开元末，天子在骊山之宫，登集灵之台，考图验记，周览原隰，见乡名坑儒，颓堑犹在，慨然感亡秦之败德，哀先儒之道丧，强死千载，游魂无依，乃诏有司，是作新庙，牲币有数，以时飨祀。"

【相关论著举目】

阎万方、刘志发、林和生:《〈旌儒庙碑〉和唐玄宗》,《山西师学》,1974年第3期

○刘餗《隋唐嘉话》约撰于此一时期

【文献】

《旧唐书》卷一百二《刘子玄传》(P3174):"餗,右补阙,集贤殿学士、修国史。著《史例》三卷、《传记》三卷、《乐府古题解》一卷。"《新唐书》卷一百三十二《刘子玄传》附《刘餗传》(P4523):"餗字鼎卿。天宝初,历集贤院学士,兼知史官。终右补阙。父子三人更莅史官,著《史例》,颇有法。"刘餗《隋唐嘉话》(P1)卷首述曰:"余自髫丱之年,便多闻往说,不足备之大典,故系之小说之末。"《新唐书》卷五十九《艺文志》(P1541):"刘餗《传记》三卷。"下注:"一作《国史异纂》。"《四库全书》第1035册李肇《唐国史补自序》(P417):"昔刘餗集小说,涉南北朝至开元,著为《传记》。"

【考论】

刘餗,彭城(今江苏徐州)人,史学家刘知幾之子,生卒年不详。天宝初官集贤殿学士,兼史官,修国史,终右补阙。史载著有《史例》、《传记》及《乐府古题解》等。《隋唐嘉话》,不见两《唐书》著录。《新唐书·艺文志》在注中称《传记》,一作《国史异纂》。《直斋书录解题》小说类著录《刘餗小说》三卷。据程毅中所考,李肇《唐国史补·自序》(P417)"昔刘餗集小说,涉南北朝至开元,著为《传记》"即指此书,"所谓《国朝传记》、《国史异纂》、《小说》的佚文,绝大多数都见于今本《隋唐嘉话》",因此"今本《隋唐嘉话》,实即《传记》(亦即《国史异纂》)及《小说》的异名。"(《隋唐嘉话·点校说明》,中华书局1979年版P3—4)该书为唐代笔记小说集,所涉均为南北朝至唐开元间人物的言行事迹,以唐太宗和武后两朝为多,亦杂有因果报应、鬼神占卜之类的内容,曾为新、旧《唐书》和《资治通鉴》所取资,可补正史之阙。书中

有关文学艺术的材料，如薛道衡作《人日》诗、宋之问赋诗夺东方虬锦袍等事，常为后人称引，又如高齐代面舞、隋末踏摇娘等事，于戏曲史研究亦有参考价值。今中华书局 1979 年出版有程毅中据《顾氏文房小说》等版本的点校本，与《朝野佥载》合印，可参考。是书撰写年代不详，暂志于此。参见《中国学术思想编年》之《隋唐五代卷》。

玄宗天宝二年　癸未(743)

○正月，改崇玄学为崇玄馆，陈希烈兼崇玄馆学士，尊老子为“大圣祖玄元皇帝”

【文献】

《唐会要》卷六十四《崇元馆》(P1122)：“二年正月十五日，改崇元学为崇元馆，博士为学士，助教为直学士，置大学士二员。天下诸郡崇元学，改为通道学，博士为学士。二月四日，以门下侍郎陈希烈兼崇元馆学士。”事又见《全唐文》卷三百四十五陈希烈文《请以南华真经宣付史官奏》。

《旧唐书》卷九《玄宗纪下》(P216)：“二年春正月丙辰，追尊玄元皇帝为大圣祖玄元皇帝，两京崇玄学改为崇玄馆，博士为学士。三月壬子，亲祀玄元庙以册尊号。制追尊圣祖玄元皇帝……改西京玄元庙为太清宫，东京为太微宫，天下诸郡为紫极宫。”《旧唐书》卷二十四《礼仪志四》(P926)：“二年正月丙辰，加玄元皇帝尊号‘大圣祖’三字，崇玄学改为崇玄馆，博士为学士，助教为直学士，更置大学士员。”

【考论】

乾封元年(666)高宗追老子为“太上玄元皇帝”，上元元年(674)肃宗令习《老子》，“每岁明经”。开元二十九年(741)置崇玄学，天宝二年(743)改两京崇玄学为崇玄馆，改博士为学士，提升玄元“庙”为“宫”，两京及亳州的称太清宫，东京的称太微宫，天下诸郡的称紫极宫，并追尊老子为“圣祖玄元皇帝”。由此可见，从唐初至盛唐，唐代统治者崇道的氛围日益浓重，崇道的手段愈益多样化，老子的封号也逐渐升级。

○三月，《礼·月令》篇宜冠众篇之首

【文献】

《唐会要》卷七十五《贡举上·明经》(P1374)：“二年三月，《礼·月令》篇宜冠众篇之首，余旧次之。”《全唐文》卷三百四十五李林甫有文《进御刊定礼记月令表》(P3508)：“乃命集贤院学士尚书左仆射兼右相吏部尚书李林甫、门下侍郎陈希烈、中书侍郎徐安贞、直学士起居舍人刘光谦、宣城郡司马齐光乂、河南府仓曹参军陆善经、修撰官家令寺丞兼知太史监事史元晏、待制官安定郡别驾梁令瓒等为之注解。臣等虔奉纶音，极思何有，愧无演畅之能，谬承载笔之寄。义深罕测，学浅无能，莫副天心，空尘圣意。谨上。”《新唐书》卷五十七《艺文志一》(P1434)：“《御刊定礼记月令》一卷，集贤院学士李林甫、陈希烈、徐安贞，直学士刘光谦、齐光乂、陆善经，修撰官史玄晏，待制官梁令瓒等注解。自第五易为第一。”

【考论】

玄宗虽删定《月令》，并“自第五，易为第一”，冠之于《礼记》卷首，其实注文“仍多袭郑氏之旧”，“盖其所重在变易章句次序，以符合当代之时令也”(陈铁凡:《敦煌本礼记、左、谷考略》)。《御刊定月令进书表》曰“陛下悬法授人，顺时设教”，揭示出当时唐玄宗稳定社会秩序之努力的另一面，即通过删定重颁《月令》，教臣民恪遵守四时十二月之新礼。参见张弓《敦煌典籍与唐五代历史文化》(P10)。

○五月，唐玄宗重注《孝经》成，颁行天下，谓《孝经正义》

【文献】

《唐会要》卷三十六(P658)：“十年六月二日，上注《孝经》，颁于天

下及国子学。至天宝二年五月二十二日，上重注，亦颁于天下。”《孝经注疏序》(P2538)：“夫《孝经》者，孔子之所述作也。述作之旨者，昔圣人蕴大圣德，生不偶时，适值周室衰微，王纲失坠，君臣僭乱，礼乐崩颓。居上位者赏罚不行，居下位者褒贬无作。孔子遂乃定礼、乐，删《诗》、《书》，赞《易》道，以明道德仁义之源；修《春秋》，以正君臣父子之法。又虑虽知其法，未知其行，遂说《孝经》一十八章，以明君臣父子之行所寄。知其法者修其行，知其行者谨其法。故《孝经纬》曰：“孔子云：‘欲观我褒贬诸侯之志，在《春秋》；崇人伦之行，在《孝经》。’”是知《孝经》虽居六籍之外，乃与《春秋》为表矣。先儒或云“夫子为曾参所说”，此未尽其指归也。盖曾子在七十弟子中，孝行最著，孔子乃假立曾子为请益问答之人，以广明孝道。既说之后，乃属与曾子。洎遭暴秦焚书，并为煨烬。汉膺天命，复阐微言。《孝经》河间颜芝所藏，因始传之于世。自西汉及魏，历晋、宋、齐、梁，注解之者迨及百家。至有唐之初，虽备存秘府，而简编多有残缺，传行者唯孔安国、郑康成两家之注，并有梁博士皇侃《义疏》，播于国序。然辞多纰缪，理昧精研。至唐玄宗朝，乃诏群儒学官，俾其集议。是以刘子玄辨郑注有十谬七惑，司马坚斥孔注多鄙俚不经。其余诸家注解，皆荣华其言，妄生穿凿。明皇遂于先儒注中，采摭菁英，芟去烦乱，撮其义理允当者，用为注解。至天宝二年注成，颁行天下，仍自八分御扎，勒于石碑，即今京兆石台《孝经》是也。”《旧唐书》卷一百二《元行冲传》(P3178)：“上又特令行冲撰御所注《孝经》疏义，列于学官。”《全唐文》卷三十二唐玄宗《颁重注孝经诏》(P354)：“化人成俗，率繇于德本，移忠教敬，实在于《孝经》。朕思畅微言，以理天下，先为注释，寻亦颁行。犹恐至赜难明，群疑未尽，近更探讨，因而笔削。兼为叙述，以究源流，将发明於大顺，庶开悟于来学。宜付所司，颁示中外。”

【考论】

自汉迄隋，学者对《孝经》不太重视，因此对《孝经》的注解并不多见，仅孔安国、郑玄二家注流行于世，其他多残缺不全。这种沉寂的局面到了唐代开始打破。唐代政治开明，但统治者却均大倡孝道，尤其是唐玄宗在位的时期更是对《孝经》格外青睐。开元十年(722),玄宗亲为《孝经》作注,颁行天下及国学。天宝二年重加增补,于五月注成,遂重新颁行天下。其注主要参用孔、郑之注,亦杂用韦昭、王肃、刘劭、刘炫、陆澄诸家之注,并辨其异同,列于经文之后。天宝三年,"其载十二月敕:自今以后,宜令天下家藏《孝经》一本,精勤教习,学校之中,倍加传授,州县官长,申劝课焉"(《唐会要》卷三十五 P645)。天宝四年九月,刻石于太学,即"石台《孝经》",今存于西安碑林博物馆;宋咸平二年,邢昺为之作疏,注与疏并存于今本《十三经注疏》中。唐玄宗两次注《孝经》,以实际行动昭示了《孝经》不可撼动的经典价值,极大提高了《孝经》在儒家经典中的地位,并且加强了儒家伦理思想的政治影响。

玄宗天宝三年　甲申(744)

○四库更造见在库书目

【文献】

《唐会要》卷三十五《经籍》(P644—645):"至天宝三载六月,四库更造见在库书目,经库七千七百七十六卷,史库一万四千八百五十九卷,子库一万六千二百八十七卷,集库一万五千七百二十卷。从三载至十四载,库续写又一万六千八百四十三卷。"《唐会要》卷六十四《集贤院》(P1119):"至天宝三载六月,四库更造见在库书籍,经库七千七百六卷,史库一万四千八百五十九卷,子库一万六千二百八十七卷,集库一万五千七百二十二卷。"

事又见《玉海》卷五十二引《集贤注记》。

【考论】

随着隋唐统一天下,社会日益繁荣昌盛,典籍之收藏亦愈来愈丰富。至盛唐之天宝年间,典籍聚集之多达致鼎盛,四库更造见在库书目，经库七千七百七十六卷，史库一万四千八百五十九卷，子库一万六千二百八十七卷，集库一万五千七百二十卷；从三载至十四载，库续写又一万六千八百四十三卷。由此可以看出书运与国运的确紧密相联，国家强盛，书籍亦相应比较丰富。

○七月，唐玄宗诏改《洪范》“无偏无颇”从《今文尚书》

【文献】

《新唐书》卷五十七《艺文志》(P1428)：“《今文尚书》十三卷，开元十四年，玄宗以《洪范》‘无偏无颇’声不协，诏改为‘无偏无陂’。天宝三载，又诏集贤学士卫包改古文从今文。”《唐会要》卷七十五《贡举上·明经》(P1374)：“三年七月，诏曰：‘《尚书》古先所制，有异于当今，抄写渐讹，转疑于后学。永言刊革，必在从宜，《尚书》应是古字体，并依今文。’”《唐会要》卷三十五《经籍》(P645)：“天宝三载七月敕：‘先王令范，莫越于唐虞；上古遗书，并称于训诰。虽百篇奥义，前代或亡；而六体奇文，旧规尤在。其《尚书》应古体文字，并依今字缮写施行，其旧本仍藏书府。’”《全唐文》卷三十二唐玄宗《以今文缮写尚书诏》(P355)：“朕钦惟载籍，讨论坟典，以为先王令范，莫越于唐虞，上古遗书，实称于训诰。虽百篇奥义，前代或亡，而六体奇文，旧规犹在。但以古先所制，有异于当今，传写浸讹，转疑于后学。永言刊革，必在从宜。《尚书》应是古体文字，并依今字缮写施行。永念典谟，无乖于古训，庶遵简易，有益于将来。其旧本仍藏之书府。”

事又见《册府元龟》卷五十《帝王部·崇儒术》、《封氏闻见记》卷二《石经条》。

【考论】

天宝三年(744)，唐玄宗有鉴于孔安国传古文《尚书》不便于识读，诏集贤学士卫包改《古文尚书》为今文。这是对《尚书》传统文本的又一项改革之举，影响深远。卫包改字以后，《尚书》便以楷字正式流通，《古文尚书》便仅存于陆德明《经典释文》之《音义》中。宋开宝五年(972),陈鄂更删定《经典释文》,别为今字《音义》,古文本不复得见,逐渐失传。参见张弓《敦煌典籍与唐五代历史文化》(P11)。

○玄宗重《孝经》,令天下家藏一本

【文献】

《唐会要》卷三十五《经籍》(P645):"其载十二月敕:'自今已后,宜令天下家藏《孝经》一本,精勤教习,学校之中,倍加传授,州县官长,明申劝课焉。'"

玄宗天宝四年　乙酉(745)

○九月,刻《石台孝经》

【文献】

《四库全书总目》卷三十二《孝经类》(P263):"《孝经正义》三卷,……盖天宝四载九月,以《御注》刻石于太学,谓之《石台孝经》。今尚在西安府学中,为碑凡四,故拓本称四卷耳。"《金石萃编》卷八十七(P1):"《石台孝经》,……天宝四载九月一日银青光禄大夫国子祭酒上柱国臣李齐古上表。孝者,德之本,教之所由生也,故亲自训注,垂范将来,今石台毕功,亦卿之善职,览所进本,深嘉用心。特进行尚书左仆射兼右相吏部尚书集贤院学士修国史上柱国晋国公臣林甫。"

○十月,诏以《道德经》为诸经之首,其《南华经》等不须编在子书

【文献】

《唐会要》卷五十《杂记》(P880):"(天宝)四载十月二十三日诏,

其坟籍中有载元元皇帝及南华真人旧号者，并宜改正，其余编录经义等书，宜以《道德经》在诸经之首，《南华》等经，不宜编列子书。”《全唐文》卷三十二唐玄宗《尊道德南华经诏》(P356—357)：“王者天其祖，学者父其师。义有尊崇，情归孝敬。况我元宗，道要无名，象先犹龙莫测。昔尝问礼，烹鲜有论，历代攸尊，永惟重元，众教之父者也。朕缵承圣绪，祗服元言，乙夜观书，将求于道。虽理归绝学，信无取于筌蹄，然垂代作程，义必存乎文字。俾之大顺，亦合礼经。其坟籍中有载元元皇帝、南华等真人犹称旧号者，并宜改正。其余编录经义等书，亦宜以《道德经》列诸经之首。其《南华经》等不须编在子书。仍即令集贤院审详改定应旧号并科目讫，具宣付所司，仍颁示中外。”

又见《册府元龟》卷五十四《帝王部·尚黄老》。

玄宗天宝五年　丙戌(746)

◎《礼记·月令》改为《时令》

【文献】

《唐会要》卷七十七《论经义》(P1410)：“天宝五载正月二十三日，诏曰：‘《礼记》垂训，篇目攸殊，或未尽于通体，是有乖于大义。借如尧命四子，所授惟时；周分六官，曾不系月；先王行令，盖取于斯。苟分、至之可言，可弦、望之足举。其《礼记·月令》，宜改为《时令》。’”

事又见《册府元龟》卷五十《帝王部·崇儒术》。

◎下《颁示道德经注、孝经疏诏》

【文献】

《唐会要》卷七十七《论经义》(P1411)：“其载二月二十四日，诏曰：‘朕钦承圣训，覃思元经，顷改《道德经》“载”字为“哉”，仍隶属上句。及乎廷议，众以为然。遂错综真铨，因成注解。又《孝经》书疏，虽粗发明，幽赜无遗，未能该备，今更敷畅，以广阙文。仍令集贤院具写，送付所司，颁示中外。'"《全唐文》卷三十二唐玄宗《颁示道德经注、孝经疏诏》(P360)："道为理本，孝实天经，将阐教以化人，必深究于微旨。朕钦承圣训，覃思元宗，顷改《道德经》'载'字为'哉'，仍隶属上句，及乎议定，众以为然。遂错综真诠，因成注解。又《孝经》旧疏，虽粗发明幽晦，探赜无遗，犹未能备，今敷畅以广阙文。且妙本逾元，微言久绝，或怡然独得，或参以诸家，庶宏圣哲之规，用叶君亲之义。仍令集贤院具写，送付所司，颁示中外。"

事又见《册府元龟》卷四十《帝王部·文学》。

○陆善经注《孟子》

【文献】

《新唐书》卷五十九《艺文志三》(P1512)："陆善经注《孟子》七卷。"《郡斋读书志》卷十四(P646)："《同姓名录》三卷，右梁元帝撰。纂类历代同姓名人，成书一卷。唐陆善经续增广之。齐梁间士大夫之俗，喜征事以为其学浅深之候，梁武帝与沈约征栗事是也。类书之起，当在是时，故以此录为首。"《文献通考》卷一百八十四《经籍考十一》(P1583)："陆善经注《孟子》七卷，《崇文总目》：善经，唐人。以轲书初为七篇，因删去赵岐章指与其注之繁重者，复为七篇云。"又见《文献通考》卷二百二十八。《四库全书总目》卷一百三十五《类书类》(P1141)："《古今同姓名录》二卷，梁孝元皇帝撰。是书见于《梁书》本纪及《隋书·经籍志》者皆作一卷。唐陆善经续而广之，故《读书志》、《书录解题》皆作三卷，其本皆不传。此本为《永乐大典》所载，又元人叶森所增补者也。虽辗转附益，已非其旧，然幸其体例分明，不相淆杂。凡善经及森所缀入者，皆一一标注，尚可考见元帝之原本。则类事之书，莫古于是编矣。《史记·淮阴侯列传赞》称两韩信，此辨同姓名之始。然刘知幾《史通》犹讥司马迁全然不别，班固曾无更张。至迁不知有两子我，故以宰予为预田恒之乱；不知有两公孙龙，故以坚白同异之论傅合于孔门之弟子，其人相混，其事俱淆，更至于语皆失实。则辨析异同，殊别时代，亦未常非读书之要务，非但缀琐闻，供谈资也。明万历中，余寅别撰《同姓名录》十二卷，周应宾又补一卷，国朝王廷灿又补八卷，所录比此本加详。然发凡起例，终以此本为椎轮之始焉。”

【考论】

陆善经，吴郡（今苏州）人，唐学者，博通经史。玄宗开元年间，萧嵩荐之入集贤院，预修国史及《开元礼》。受张九龄之荐与修《唐六典》。开元二十年，受命注《文选》，未成。二十七年迁集贤院直学士。天宝年间官至国子司业，天宝二年与注《礼记·月令》。

陆善经所作《孟子注》七卷，在经学史上有重要意义。从汉至唐，《孟子》一书仅被列入子部儒家类，其地位较之经部诸书相差甚远，故《孟子》一直未入官学范畴，故其研究一直比较寂寞。隋唐五代仅有五部研究著作：陆善经《孟子注》、张镒《孟子音义》、丁公《孟子手音》、刘轲《翼孟》、林慎思《续孟子》。在这种情况下，陆善经的《孟子注》就显得弥足珍贵。但由于不受关注的大环境使然，其注不久亦亡佚。宋时书目有著录，明焦竑《国史经籍志》卷二亦著录“《孟子》七卷，陆善经注”，不过皆有可能据其他目录转录，其佚于何时已不可考。清马国翰爬疏正义，辑有佚文十六条。

梁元帝撰《古今同姓名录》二卷，陆善经在其基础上撰《续古今同姓名录》，元叶森又有补缀，见《四库全书》。《会稽掇英总集》卷二及同治《平江志》卷五十四录存其诗二首，《全唐诗续拾》据此录收之。《全唐诗补编》卷十二《全唐诗续拾》载：“善经，吴郡人。官河南府仓曹参军，开元末为集贤学士。天宝五载刊定《月令》，时为集贤直学士。官至国子司业、集贤殿学士。有《续古今同姓名录》，又注《孟子》七卷。诗一首。”其卒当于天宝五年(744)以后不久，暂志于此年。

玄宗天宝八年　己丑(749)

○六月，萧嵩卒

【文献】

《旧唐书》卷九《玄宗纪下》(P223)："戊辰，太子太师、徐国公萧嵩薨。"《旧唐书》卷九十九《萧嵩传》(P3095)："天宝八年薨，年八十余，赠开府仪同三司。"《全唐文》卷二百七十九《萧嵩传》(P2831)："嵩，左仆射宋国公瑀曾孙。景云初擢殿中侍御史，开元十五年为兵部尚书河西节度使，封兰陵县子，以破吐蕃功加同中书门下三品。十七年兼中书令，加金紫光禄大夫，进封徐国公。二十四年拜太子太师。天宝八载薨，年八十余，赠开府仪同三司。"

【考论】

萧嵩(668—749)，萧梁后裔，早年未仕。神龙元年(705)，始任洺州参军事。开元初，拜为中书舍人，姚崇许其致远。十四年(726)，任朔方节度使。次年，任河西节度等副大使，任用裴宽、牛仙客为判官，掌军政；任张守珪为瓜州刺史，整顿防务，数次大胜吐蕃，为大唐王朝历练出了一批精兵强将。开元十六年(728)拜相，十七年兼中书令，仍遥领河西节度，进封徐国公。二十一年，因屡与同僚韩休争执，与休同时罢相。开元二十四年拜太子太师。一度因李林甫之谗，贬青州刺史，不久仍为太子太师，致仕。年八十余岁卒。

○吴兢卒

【文献】

《旧唐书》卷一百二《吴兢传》(P3182)："吴兢，汴州浚仪人也。励志勤学，博通经史。宋州人魏元忠、亳州人朱敬则深器重之，及居相辅，荐兢有史才，堪居近侍，因令直史馆，修国史。……兢尝以梁、陈、齐、周、隋五代史繁杂，乃别撰《梁》、《齐》、《周史》各十卷、《陈史》五卷、《隋史》二十卷，又伤疏略。兢虽衰耗，犹希史职，而行步伛偻，李林甫以其年老不用。天宝八年，卒于家，时年八十余。兢卒后，其子进兢所撰《唐史》八十余卷，事多纰缪，不逮于壮年。兢家聚书颇多，尝目录其卷第，号《吴氏西斋书目》。"《新唐书》卷一百三十二《吴兢传》(P4525—4529)："吴兢，汴州浚仪人，少厉志，贯知经史，方直寡谐比，惟与魏元忠、朱敬则游。二人者当路，荐兢才堪论撰，诏直史馆，修国史。迁右拾遗内供奉。神龙中，改右补阙。……累迁洪州刺史，坐累下除舒州。天宝初，入为恒王傅。……卒，年八十。兢叙事简核，号良史。"事观《十七史商榷》卷八十八、《唐会要》卷六十三《史馆上·修国史》。《新唐书》卷五十八《艺文志》(P1458)："吴兢又《齐史》十卷、《梁史》十卷、《陈史》五卷、《周史》十卷。"(P1461)："吴兢《唐春秋》三十卷。"(P1467)："吴兢《唐书备阙记》十卷吴兢《太宗勋史》一卷。"(1471)："吴兢《中宗实录》二十卷、《睿宗实录》五卷。"(P1498)："《吴氏西斋书目》一卷，吴兢。"

【考论】

吴兢(670—749)，汴州浚仪(今河南开封)人。仕途一直顺畅，武周长安年间时因"有史才"，被荐入史馆，修国史，迁右拾遗内供奉。唐中宗时，改右补阙，累迁起居郎，水部郎中。唐玄宗时，为谏议大夫，修文馆学士，卫尉少卿兼修国史，太子左庶子，也曾任台、洪、饶、蕲等州刺史，加银青光禄大夫，迁相州，封襄垣县子，后改邺郡太守，回京又任恒王傅。李林甫以其年老不用。《新唐书》称天宝八年卒于家，时年八十。《旧唐书》称其卒时年八十余。今姑两存其说以俟考。今从《旧唐书》卒于是年，故志于此。兢卒后，其子进兢所撰《唐史》八十余卷。

吴兢忠于职守，敢于犯颜直谏，如保存至今的《上中宗皇帝疏》劝中宗珍惜与相王"亲莫加焉"的兄弟之情，"若信任邪佞，委之于法，必伤陛下之恩，失天下之望"。吴兢颇有保相王之功。吴兢所上谏疏皆关乎国家统治之大事，如《谏十铨试人表》反对当时选用官员时，皇帝绕开吏部而在禁中做出决定，以为"上自天子，至于卿士，守其职分，而不可辄有侵越也"。吴兢对史官一职高度推崇，曾说"史官之任，为代准的"，"定一代之是非，为百王之准的"。然而其为史臣近四十年，在史馆修史并不顺遂其意。因其时之史馆每况愈下，俸禄不高，庸才充斥，监修弄权，故吴兢曰："臣自掌史东观十有七年，岁序徒淹，勤劳莫著，不能勒成大典……乞罢今职。"吴兢消极抵抗的方式之一是辞史官之职，史料载有几次其请求调离史职的奏表。方式之二是自撰本朝国史，开元十四年(726)上奏唐玄宗，展露了从武后末期及唐中宗时私撰两种国史的经过，并云"皇家一代之典，尽在于斯矣"。其中《唐书》为纪传体，《唐春秋》为编年体。吴兢撰史秉笔直书，认为"国史之作，在乎善恶必书"，自撰国史"虽文则不工，而事皆从实"。

吴兢所撰史书中最为卓著的是《贞观政要》，王鸣盛《十七史商榷》以为两《唐书》均不言及此事，姑存疑。其《序》云侍中安阳公、中书令河东公"每克己励精，缅怀故实"，"太宗时政化良足可观，振古而来，未之有也"，授意编撰本书，以继承唐太宗的优良传统和致治方略。该书显著特色之一是布局精巧，《贞观政要》分门别类编排，共十卷，分为四十篇，每篇篇名综括该篇主旨，若干篇内容相近者合一卷，每卷大体反映一类问题。以《君道》开篇，以《慎终》居末，前后呼应，独具匠心，寓有深意。该书显著特色之二是周详扼要，全书仅八万字左右，简明扼要之极，反映了吴兢撰史尚简的风格。故《旧唐书·吴兢传》称其"叙事简要，人用称之"，《新唐书·吴兢传》誉其"叙事简核，号良史"。此书内容丰富，记载了唐太宗与群臣对话、诏书、奏表、史事、传记，以宣扬唐太宗的德政与治术，总结能使国家长治久安的经验教训。《贞观政要》问世后，立刻就受到重视，被历代皇帝当作瑰宝，"书之屏帷，铭之几案"(戈直:《贞观政要序》)。

根据《旧唐书·经籍志》、《新唐书·艺文志》、两《唐书》中《吴兢传》、《唐会要》、《宋史·艺文志》等典籍著录，吴兢独撰有十六种，计二百一十六卷，与人合撰有八种，计七百二十五卷。独撰有《梁史》、《齐史》、《周史》各十卷，《陈史》五卷，《隋史》二十卷，《唐书》一百卷，

《唐书备阙记》十卷,《唐春秋》三十卷,《贞观政要》十卷,《太宗勋史》一卷,《开元升平源》一卷,《开元名臣奏》三卷,《吴氏西斋书目》一卷,《乐府古题要解》一卷(或作二卷),《保圣长生纂要坐隅障》三卷,《五藏论应象》一卷。合撰有《唐书》一百三十卷(与韦述、柳芳、令狐垣、于休烈等合撰),《国史》一百零六卷,《唐高宗实录》十九卷,《睿宗实录》二十卷,《则天实录》三十卷,《中宗实录》二十卷,《姓族系录》二百卷(与柳冲、徐坚、魏知古、刘知幾等合撰),《群书四部录》二百卷(与马怀素、元行冲、韦述等合编)。

【相关论著举目】

李娜:《吴兢〈乐府古题要解〉研究》,郑州大学博士学位论文,2012 年

陈金庄、董文武:《论唐朝史家吴兢的民族观》,《廊坊师范学院学报》(社会科学版),2010 年第 2 期

孙尚勇:《吴兢〈乐府古题要解〉的体例及影响》,《中华文史论丛》,2006 年

成明明、孙尚勇:《吴兢〈乐府古题要解〉略考》,《文献》,2004 年第 4 期

姬建敏:《吴兢的文章实践和理论》,《河南师范大学学报》(哲学社会科学版),2001 年第 1 期

李万生:《新旧唐书〈吴兢传〉史实辨证》,《贵州师范大学学报》(社会科学版),1989 年第 4 期

铮甫、杨肃:《评〈资治通鉴〉褒美吴兢直笔写史》,《西南师范大学》(人文社会科学版),1989 年第 1 期

戴文葆:《历代编辑列传(十六)——吴兢(670 年—749 年)》,《出版工作》,1987 年第 4 期

张琪湘、张兆峰:《吴兢拒不改史》,《山西档案》,1985 年第 6 期

玄宗天宝九年　庚寅(750)

○国子监置广文馆

【文献】

《旧唐书》卷二十四《礼仪志四》(P921):“九载七月,国子监置广文馆,知进士业,博士、助教各一人,秩同太学博士。”

事又见《唐会要》卷六十六、《册府元龟》卷五百九十七《学校部·总序》、《唐摭言》卷一《广文》、《旧唐书》卷九《玄宗纪》、《新唐书·选举志》、《唐语林》卷二《文学》、《唐语林》卷五《补遗》。

玄宗天宝十一年　壬辰(752)

○敕秘书省检覆四库书

【文献】

《唐会要》卷三十五《经籍》(P645):“十一载十月,敕秘书省检覆四库书,与集贤院计会填写。”

玄宗天宝十二年　癸巳(753)

○四门俊士停

【文献】

《旧唐书》卷二十四《礼仪志四》(P921):“十二载七月,诏天下举人不得充乡贡,皆补学生。四门俊士停。”

◯梁肃生

【文献】

《全唐文》卷五百二十三崔元翰《右补阙翰林学士梁君墓志》(P5322):"唐右补阙翰林学士皇太子诸王侍读史馆修撰梁君讳肃,字宽中……(贞元)九年冬十有一月旬有六日,寝疾于万年之永康里,享年四十有一。"

玄宗天宝十三年　甲午(754)

◯道举停习《道德经》,加《周易》

【文献】

《唐会要》卷七十七《崇元生道举附》(P1404):"二年三月十六日制:'崇元生试及帖策,各减一条。三年业成,始依常式。'七载五月十三日,崇元生出身,至选时,宜减于常例一选,以为留放。十三载十月十六日,道举停习《道德经》,加《周易》,宜以来载为始。"

◯玄宗尊崇道教

【文献】

《唐会要》卷五十《尊崇道教》(P865):"武德三年五月,晋州人吉善,行于羊角山,见一老叟,乘白马朱鬣,仪容甚伟,曰:'谓吾语唐天子,吾汝祖也。今年平贼后,子孙享国千岁。'高祖异之,乃立庙于其地。乾封元年三月二十日,追尊老君为太上元元皇帝。至永昌元年,却称老君。至神龙元年二月四日,依旧号太上元元皇帝。至天宝二年正月十五日,加太上元元皇帝号为大圣祖元元皇帝。八载六月十五日,加号为大圣祖大道元元皇帝。十三载二月七日,加号大圣高上大道金阙元元皇帝。"

○二月七日，玄宗上"玄元皇帝"尊号为"大圣祖高上大道金阙玄元天皇大帝"

【文献】

《旧唐书》卷九《玄宗纪下》(P227—228)：天宝十三载，"二月癸酉，上亲朝献太清宫，上玄元皇帝尊号曰大圣祖高上大道金阙玄元天皇大帝。甲戌，亲飨太庙，上高祖谥曰神尧大圣大光孝皇帝，太宗谥曰太宗文武大圣大广孝皇帝，高宗谥曰高宗天皇大圣大弘孝皇帝，中宗谥曰中宗太和大圣大昭孝皇帝，睿宗谥曰睿宗玄真大圣大兴孝皇帝"。《唐会要》卷五十《尊崇道教》(P865)："乾封元年三月二十日，追尊老君为太上元元皇帝。至永昌元年，却称老君。至神龙元年二月四日，依旧号太上元元皇帝。至天宝二年正月十五日，加太上元元皇帝号为大圣祖元元皇帝。八载六月十五日，加号为大圣祖大道元元皇帝。十三载二月七日，加号大圣高上大道金阙元元皇帝。"

【考论】

随着唐代统治者尊祖敬祖情绪的日益高涨，老子的地位也愈来愈尊贵，高宗于乾封元年(666)追老子为"太上玄元皇帝"，玄宗于天宝二年(743)在玄元皇帝前加"大圣祖"三字，称"大圣祖玄元皇帝"。天宝八年(749)又封"玄元皇帝"为"圣祖大道玄元皇帝"。天宝十三年，又封为"大圣祖高上大道金阙玄元天皇大帝"。按：《旧唐书》、《犹龙传》、《混元圣记》等均称"玄元天皇大帝"，惟《资治通鉴》称"玄元大皇太帝"。

○六月，群臣上皇帝尊号为"开元天地大宝圣文神武应道皇帝"

【文献】

《旧唐书》卷九《玄宗纪下》(P223)："六月……丙寅，上亲谒太清宫,册圣祖玄元皇帝尊号为圣祖大道玄元皇帝。高祖、太宗、高宗、中宗、睿宗五帝,皆加‘大圣皇帝’之字;太穆、文德、则天、和思、昭成皇后,皆加‘顺圣皇后’之字。群臣上皇帝尊号为开元天地大宝圣文神武应道皇帝。”

【相关论著举目】

王卉、刘振文:《唐代崇道历史事件的考察》,《社会科学论坛》,2009年第11期

王志东:《论唐玄宗的“至道”理想》,《广西社会科学》,2009年第9期

余功超、黄鑫:《崇道集儒与修道好仙——唐玄宗信仰的两个阶段》,《沧桑》,2007年第6期

刘亦刚:《儒释道三教与初唐政治》,《南华大学学报》(社会科学版),2006年第3期

刑学敏、王洪军:《论唐玄宗时期的宗教政策》,《北方论丛》,2006年第1期

薛平拴:《论唐玄宗的宗教政策》,《兰州大学学报》,2001年第4期

陈海岭:《唐玄宗的崇道抑佛政策及其社会影响》,《河南大学学报》(社会科学版),1999年第6期

龙晦:《敦煌文献所见唐玄宗的宗教活动》,《扬州大学学报》,1997年第1期

房晓军:《唐前期王朝崇抑佛道政策浅析》,《淮阴师专学报》,1996年第4期

薛平拴:《论唐玄宗与道教》,《陕西师范大学学报》(哲学社会科学版),1993年第3期

高世谕:《唐玄宗崇道浅论》,《历史研究》,1985年第4期

李斌诚:《试论唐代的道教》,《山东师范大学学报》(人文社会科学版),1978年第6期

○进《群书政要》

【文献】

《四库全书》第944册《玉海》卷五十四(P449)引:"《集贤注记》:天宝十三载十月,敕院内别写《群书政要》,刊出所引《道德经》文。先是院中进魏文正所撰《群书政要》。上览之称善,令写十数本,分赐太子以下。"

玄宗天宝十四年　乙未(755)

○弘文馆学生依国子监学生例帖试,明经、进士帖经并减半

【文献】

《唐会要》卷七十七《弘文馆文生举》(P1402):"至天宝十四载二月十日,弘文馆学生,自今已后,宜依国子监学生例帖试,明经、进士帖经并减半,杂文及策皆须粗通,仍永为恒式。"

○四月,唐玄宗撰《韵英》成

【文献】

《唐会要》卷三十六《修撰》(P659):"天宝十四载四月,内出御撰《韵英》五卷,付集贤院行用。"《四库全书》第944册《玉海》卷四十五引韦述《集贤注记》(P230—231):"《集贤注记》上以自古用韵不甚区分,陆法言《切韵》又未能厘革,乃改撰《韵英》,仍旧为五卷。旧韵四百三十九,新加一百五十一,合五百八十韵,一万九千一百七十七字,分析至细。广开文路,兼通用韵,以示宰臣等。上表陈贺,付诸道,令诸郡传写。"

【相关论著举目】

许启峰、陈大伟:《〈韵英〉考》,《宁夏大学学报》(人文社会科学

版),2010 年第 5 期

○十月,颁御注《道德经》并疏义

【文献】

《旧唐书》卷九《玄宗纪下》(P230):“冬十月壬辰,幸华清宫。甲午,颁《御注老子》并《义疏》于天下。”《唐会要》卷三十六《修撰》(P659):“其年十月八日,颁御注《道德经》并疏义,分示十道,各令巡内传写,以付宫观。”《郡斋读书志》卷十一(P462):“明皇《老子注》二卷,疏六卷,右唐玄宗撰。玄宗既为《注》二卷,又为《疏》六卷。天宝中,加号《玄迈道德经》,世不称焉。又颇增其辞,如‘而贵食母’作‘儿贵求食于母’之类。‘贵食母’者,婴儿未孩之义。诸侯之子,以大夫妻为食母增之赘矣。”又见《文献通考》卷二百十一、《册府元龟》卷五十四《帝王部·尚黄老》。

○安史之乱爆发

【文献】

《旧唐书》卷九《玄宗纪下》(P230):“丙寅,范阳节度使安禄山率蕃、汉之兵十余万,自幽州南向诣阙,以诛杨国忠为名,先杀太原尹杨光翙于博陵郡。壬申,闻于行在所。癸酉,以郭子仪为灵武太守、朔方节度使。封常清自安西入奏,至行在。甲戌,以常清为范阳、平卢节度使、兼御史大夫,令募兵三万以御逆胡。戊寅,还京。”

《资治通鉴》卷二百一十七《唐纪三十三》(P6934):“安禄山专制三道,阴蓄异志,殆将十年,以上待之厚,欲俟上晏驾然后作乱。……十一月,甲子,禄山发所部兵及同罗、奚、契丹、室韦凡十五万众,号二十万,反于范阳。”

【考论】

安史之乱是发生于公元 755 年至 763 年间的一场叛乱,是唐朝由盛而衰的转折点。八年战乱，致使持续一个世纪的太平盛世转衰。唐玄宗天宝年间，政治愈加腐败。唐玄宗耽于享乐，政治败乱，皇权衰微，藩镇割据，内忧外患，整个社会动荡不安，国政先后由李林甫、杨国忠把持，又放任边地将领拥兵自重，安禄山任三道节度使（平卢、范阳、河东），军权在握。天宝十四载（755），安禄山趁唐朝内部空虚腐败，发动叛乱，翌年攻入都城长安，安氏称帝。安西节度使封常清、高仙芝、哥舒翰皆采以守势，但不为杨国忠所接受，将领们被迫出战，最后以失败收场。唐玄宗逃入四川，到了马嵬坡六军不发，有将领请杀杨国忠与杨贵妃，之后兵分二路，玄宗遂入蜀。太子李亨在灵武自行登基，是为唐肃宗，后世史家认为“马嵬之变”是一场“有计划的兵变”。郭子仪被封为朔方节度使（治今宁夏灵武西），奉诏讨伐，次年郭子仪上表推荐李光弼担任河东节度使，联合李光弼击败史思明，收复河北一带。其后安禄山被其子安庆绪所杀，另一叛将史思明投降。

在此之后，“贞观之治”、“开元盛世”已经一去难返，从盛世跌入乱世，这一社会巨变导致了社会思想危机的产生。被唐太宗、唐玄宗奉为治国之道的儒学，难保社稷的长治久安，这一现实导致了先前儒家的“经典”说教丧失了神圣性，甚至唐宪宗亦心生怀疑，云：“汉元优游于儒学，盛业竟衰……予心浩然，盖所疑惑。”（《全唐文》卷六百五十二元稹《对才识兼茂明于体用策》，P6624）另外，随着政权的衰弱及儒学思想对社会控制力的减弱，唐代前期就与儒家呈鼎足之势的佛、道思想乘隙而入，尤其是佛教，其出发点就是教人如何解脱生之痛苦，并虚构出一个和人世此岸世界相对的彼岸之“极乐世界”，被很多士大夫看成弥补心理落差的精神家园，冀望在佛教宣扬的彼岸世界获得精神解脱。因此，“安史之乱”后，佛教吸引了很多儒士，“儒释交游广泛铺开”（郭绍林：《唐代士大夫与佛教》，河南大学出版社 1987 年版）。这使儒学面临着严峻的考验，刘肃曾言：“自微言既绝，异端斯起……圣人遗训，几乎息矣！”（《全唐文》卷六百九十五 P7139 刘肃《大唐新语后总论》）吕温亦为此感叹曰：“儒风不振久矣。”（《全唐文》卷六百二十七吕温《与族兄皋请学春秋书》，P6332）刘肃及吕温之语是当时儒家思想陷入危机的真实写照。

【相关论著举目】

张天虹:《从新刊唐代〈李仲昌墓志铭〉看安史之乱后士人“北走河朔”》《河北大学学报》(哲学社会科学版),2011 年第 3 期

史有仓:《浅析安史之乱对中唐士人观念的影响》,《牡丹江师范学院学报》(哲学社会科学版),2007 年第 2 期

陈铁民:《安史之乱前后的儒学复兴思潮与文体革新》,《东南大学学报》,2002 年第 5 期

刘后滨:《安史之乱与唐代政治体制的演进》,《中国史研究》,1999 年第 2 期

玄宗天宝十五年　丙申(756)

○此年前后,啖助调临海尉、丹阳主簿

【文献】

《新唐书》卷二百《啖助传》(P5705):“啖助字叔佐,赵州人,后徙关中。淹该经术。天宝末,调临海尉、丹杨主簿。秩满,屏居,甘足疏糗。”

○李含光天宝时道士,撰《老子、庄子、周易学记》

【文献】

《全唐文》卷九百二十七《李含光》(P9660):“含光,扬州江都人。天宝时道士。”《新唐书》卷五十九《艺文志三》(P1518):“道士李含光《老子、庄子、周易学记》三卷。又《义略》三卷。含光,扬州江都人,本姓弘,避孝敬皇帝讳改焉,天宝间人。”

唐代后期经学学术编年

肃宗至德二年　丁酉(757)

○十一月,韦述卒,曾修国史

【文献】

《旧唐书》卷一百二《韦述传》(P3184—3185):"述在书府四十年,居史职二十年,嗜学著书,手不释卷。国史自令狐德棻至于吴兢,虽累有修撰,竟未成一家之言。至述始定类例,补遗续阙,勒成《国史》一百一十三卷,并《史例》一卷,事简而记详,雅有良史之才,兰陵萧颖士以为谯周、陈寿之流。述早以儒术进,当代宗仰,而纯厚长者,澹于势利,道之同者,无间贵贱,皆礼接之。家聚书二万卷,皆自校定铅椠,虽御府不逮也。兼古今朝臣图,历代知名人画,魏、晋已来草隶真迹数百卷,古碑、古器、药方、格式、钱谱、玺谱之类,当代名公尺题,无不毕备。及禄山之乱,两京陷贼,玄宗幸蜀,述抱《国史》藏于南山,经籍资产,焚剽殆尽。述亦陷于贼庭,授伪官。至德二年,收两京,三司议罪,流于渝州,为刺史薛舒困辱,不食而卒。其甥萧直为太尉李光弼判官,广德二年,直因入奏言事称旨,乃上疏理述于苍黄之际,能存《国史》,致圣朝大典,得无遗逸,以功补过,合沾恩宥。乃赠右散骑常侍。议者云自唐已来,氏族之盛,无逾于韦氏。其孝友词学,承庆、嗣立为最;明于音律,则万石为最;达于礼义,则叔夏为最;史才博识,以述为最。所撰《唐职仪》三十卷、《高宗实录》三十卷、《御史台记》十卷、《两京新记》五卷,凡著书二百余卷;皆行于代。"《唐会要》卷六十三《修国史》(P1095):"至德二载十一月二十七日,修史官太常少卿于休烈奏曰:'《国史》一百六卷,《开元实录》四十七卷、《起居注》并余书三千六百八十二卷,在兴庆宫史馆,并被逆贼焚烧。且国史、实录,圣朝大典,修撰多时,今并无本。望委御史台推勘史馆所由,并令府县搜访,有人收得国史、实录,能送官司,重加购赏。若是官书,并舍其罪。得一部超授官,一卷赏绢十匹。'数月惟得一两卷。前修史官工部侍郎韦述，贼陷入东京，至是，以其家先藏《国史》一百一十三卷送官。”《新唐书》卷五十八《艺文志二》(P1461、P1471、P1477、P1477、P1498、P1500、P1507)：“韦述撰《唐春秋》三十卷”、“《高宗实录》三十卷”、“《御史台记》十卷”、“又《集贤注记》三卷”、“《集贤书目》一卷”、“《开元谱》二十卷”、“《两京新记》五卷。”

《全唐文》卷三百二《韦述传》(P3063)：“述，京兆万年人。举进士，天宝初历左、右庶子，加银青光禄大夫，迁工部侍郎，封方城县侯。居史职二十年。禄山之乱，抱国史藏于南山。后陷贼，逼授伪官。至德二载，三司议罪，流渝州，为刺史薛舒困辱，不食而卒。广德二年，其甥萧直上疏理述，于苍黄之际，能存国史，以功补过，合沾恩宥。乃赠右散骑常侍。”《文献通考》卷一百九十二《经籍考十九》(P1627)：“《唐书》一百三十卷，《崇文总目》：唐韦述撰。初，吴兢撰《唐史》，自创业讫于开元，凡一百一十卷。述因兢旧本，更加笔削，刊去《酷吏传》，为纪、志、列传一百一十二卷。至德、乾元以后，史官于休烈又增《肃宗纪》二卷，而史官令狐峘等复于纪、志、传后随篇增缉，而不知卷帙。今书一百三十卷，其十六卷未详撰人名氏。”《郡斋读书志》卷七(P317)：“《集贤注记》二卷，右唐韦述撰。述在集贤四十年。天宝丙申，摭院中故事、修撰书史之次及孝明时学士名氏。颇善叙事。”

【考论】

韦述(？—757)，京兆府杜陵(今陕西省西安市东南)人，唐代诗人、史学家、谱牒学家。幼聪敏，家中两千卷书，记览皆遍，缀文操牍立刻便就。中宗景龙三年(709)举进士，考功郎宋之问曰：“本求异才，果得迁、固。”开元五年(717)任栎阳尉，与元行冲、齐浣、王珣、吴兢等人，同于秘阁为知史馆事，详录四部书。开元七年(719)与毋煚、余钦三人担任总编辑，五年辑书而成。开元二十七年(739)升任国子司业，张说引为集贤院直学士，累迁尚书工部侍郎。在书府四十年，居史职二十年，勤奋著史，坚持直书。在令狐德棻和吴兢草修的基础上，撰成了《国史》一百一十三卷，“事简而记详”，为五代后晋刘煦等撰《旧唐书》提供了丰富的材料。另著有《唐职仪》三十卷、《高宗实录》三十卷、《西京新记》五卷、《御史台记》十卷等，传于世。好谱学，并颇有成就，撰有《开元谱》二十卷，“百氏源流，转益详悉”（《旧唐书》卷一百二《韦述传》P3183），又撰有《百家类例》等谱学著作，萧颖士以为谯周、陈寿之流。其诗今仅存4首。后署安禄山伪职，其后因此流渝州，为刺史薛纾所困辱，不食而卒。傅璇琮等《唐五代文学编年史》以为“不食而卒”当在至德三年（辽海出版社1998年版）。今依《旧唐书》，暂志于至德二年，俟考。

【相关论著举目】

荣新江、王静：《韦述及其〈两京新记〉》，《文献》2004年第2期

牛致功：《有功于唐代史学的韦述》，《史学史研究》1986年第2期

○陈希烈卒

【文献】

《旧唐书》卷九十七《陈希烈传》（P3059）：“陈希烈者，宋州人也。精玄学，书无不览。开元中，玄宗留意经义，自褚无量、元行冲卒后，得希烈与凤翔人冯朝隐，常于禁中讲《老》、《易》。……玄宗凡有撰述，必经希烈之手。……禄山之乱，与张垍、达奚珣同掌贼之机衡。六等定罪，希烈当斩，肃宗以上皇素遇，赐死于家。”《资治通鉴》二百二十《唐纪三十六》（P7049）记“陈希烈等七人赐自尽于大理寺”事于“至德二年”。

事又见《旧唐书》卷十《肃宗纪》。《全唐文》卷三百四十五有传。

肃宗乾元元年　戊戌（758）

○李吉甫生

【文献】

《旧唐书》卷一百四十八《李吉甫传》（P3992、3996）：“李吉甫字弘

宪,赵郡人。……元和九年冬,暴病卒,年五十七。"《新唐书》卷七《宪宗纪》(P214):"(元和九年)十月……丙午,李吉甫薨。"

肃宗乾元二年　己亥(759)

○十一月,沈若进《广孝经》

【文献】

《唐会要》卷三十六《修撰》(P659):"乾元二年十一月,四明山人沈若,进《广孝经》十卷。(制授秘书郎集贤院待诏。)"《新唐书》卷五十七《艺文志》(P1443):"徐浩《广孝经》十卷,浩称四明山人,乾元二年上,授校书郎。"

【考论】

关于《广孝经》的作者,《唐会要》著录为沈若,《新唐书》著录为徐浩。今从《唐会要》,暂定为沈若,以俟考。

肃宗上元元年　庚子(760)

○正月,萧颖士卒

【文献】

《新唐书》卷二百二《萧颖士传》(P5767—5770):"萧颖士字茂挺,梁鄱阳王恢七世孙。……颖士四岁属文,十岁补太学生,观书一览即诵,通百家谱系、书籀学。开元二十三年,举进士,对策第一。……天宝初,颖士补秘书正字。于时裴耀卿、席豫、张均、宋遥、韦述皆先进,器其材,与钧礼,由是名播天下。奉使括遗书赵、卫间,淹久不报,为有司劾免,留客濮阳。于是尹征、王恒、卢异、卢士式、贾邕、赵匡、阎士和、柳并等皆执弟子礼，以次授业，号萧夫子。召为集贤校理。……尝谓：'仲尼作《春秋》，为百王不易法，而司马迁作本纪、书、表、世家、列传，叙事依违，失褒贬体，不足以训。'乃起汉元年讫隋义宁编年，依《春秋》义类为传百篇。在魏书高贵崩，曰：'司马昭弑帝于南阙。'在梁书陈受禅，曰：'陈霸先反。'又自以梁枝孙，而宣帝逆取顺守，故武帝得血食三纪；昔曲沃篡晋，而文公为五伯，仲尼弗贬也。乃黜陈闰隋，以唐土德承梁火德；皆自断，诸儒不与论也。有太原王绪者，僧辩裔孙，撰《永宁公辅梁书》，黜陈不帝，颖士佐之，亦著《梁萧史谱》及作《梁不禅陈论》以发绪义例，使光明云。……崔圆闻之，即授扬州功曹参军。至官，信宿去。后客死汝南逆旅，年五十二，门人共谥曰文元先生。颖士乐闻人善，以推引后进为己任，如李阳、李幼卿、皇甫冉、陆渭等数十人，由奖目，皆为名士。天下推知人，称萧功曹。尝兄事元德秀，而友殷寅、颜真卿、柳芳、陆据、李华、邵轸、赵骅，时人语曰'殷、颜、柳、陆，李、萧、邵、赵'，以能全其交也。所与游者，孔至、贾至、源行恭、张有略、族弟季遐、刘颖、韩拯、陈晋、孙益、韦建、韦收。独华与齐名，世号'萧、李'。尝与华、据游洛龙门，读路旁碑，颖士即诵，华再阅，据三乃能尽记。闻者谓三人才高下，此其分也。有奴事颖士十年，笞楚严惨，或劝其去，答曰：'非不能，爱其才耳。'颖士数称班彪、皇甫谧、张华、刘琨、潘尼能尚古，而混流俗不自振，曹植、陆机所不逮也。又言裴子野善著书。所许可当世者，陈子昂、富嘉谟、卢藏用之文辞，董南事、孔述睿之博学而已。"《旧唐书》卷一百九十下《萧颖士传》(P5048—5049)："是时外夷亦知颖士之名，新罗使入朝，言国人愿得萧夫子为师，其名动华夷若此。终以诞傲褊忿，困踬而卒。"《新唐书》卷六十《艺文志四》(P1603)："萧颖士《游梁新集》三卷。"《全唐文》卷三百二十一李华《祭萧颖士文》，乾元三年二月十日作，其卒当在正月。

【考论】

萧颖士(709—760)，字茂挺，郡望兰陵(今江苏常州)，家居汝、颍间，中唐学者。开元二十三年进士及第，曾任广陵参军、河南府参军。

安史之乱起曾避乱江南，为山南节度使掌书记、扬州功曹参军。以“推引后进为己任”，与李华齐名，世号“萧、李”。天宝中曾聚众讲授，时称“萧夫子”，其影响及于华夷。后客死汝南，卒年五十二。立志“以名教为己任，著一家之言”(《赠韦司业书》)。其成就表现在编年体史书的创制上，谓“仲尼作《春秋》，为百王不易法，而司马迁作本记、书、表、世家、列传，叙事依违，失褒贬体，不足为训”，遂“依《春秋义类》为传百篇”(《新唐书》卷二百二《萧颖士传》P5768)，其所撰百篇编年体史书久佚。对谱学相当精熟，曾著《萧梁史谱》、《百家类例》等。文学上重视文章经世致用的作用，为唐代古文运动的先驱之一。有文集十卷，《全唐文》收其文两卷。萧颖士卒于汝南逆旅，然为何年，史说不一。据《全唐文》卷三百二十一李华《祭萧颖士文》，祭文写于乾元三年二月十日。陶敏、李一飞、傅璇琮《唐五代文学编年史》谓“其卒当在正月”，今从。

【相关论著举目】

张卫宏:《论萧颖士在唐代古文运动中的地位和贡献》,《西安电子科技大学学报》(社会科学版),2008 年第 2 期

司马周:《萧颖士与中唐文风》,《船山学刊》,2007 年第 2 期

张卫宏:《萧颖士研究》,西北大学博士学位论文,2007 年

乔长阜:《萧颖士事迹系年考辨》,《江南学院学报》2000 年第 3 期

姜光斗:《萧颖士习籍世系和生平仕履考》,《南通师范学院学报》1993 年第 4 期

○孙强增字释《玉篇》

【文献】

《四库全书总目》卷四十一《小学类二》(P347):“《重修玉篇》三十卷，梁大同九年黄门侍郎兼太学博士顾野王撰，唐上元元年富春孙强增加字，宋大中祥符六年陈彭年、吴锐、邱雍等重修。凡五百四十二部。……案《文献通考》载《玉篇》三十卷，引晁公武《读书志》曰：‘梁

顾野王撰，唐孙强又尝增字释，神珙《反纽图》附于后。’”《文献通考》卷一百八十九《经籍考十六》(P1610)：“《说文解字系传》四十卷……唐上元末，处士孙强复修野王《玉篇》，愈增多其文，今行于俗间者，强所修也。”参见《文献通考》卷一百八十九《玉篇》。

【相关论著举目】

魏现军：《孙强〈玉篇〉引〈方言〉考察，《宁夏大学学报》(人文社会科学版)，2012 年第 3 期

杨正业、冯舒冉、魏现军：《孙强〈玉篇〉辑校论》，《辞书研究》，2009 年第 6 期

陈建裕《〈玉篇〉研究二题》，《平顶山师专学报》，2002 年第 3 期

姚永铭：《孙强增字在哪一年》，《辞书研究》，1995 年第 2 期

肃宗上元二年(是年九月壬寅去年号，但称元年)辛丑(761)

○权德舆生

【文献】

《旧唐书》卷一百四十八《权德舆传》(P4001—4005)：“权德舆字载之，天水略阳人。……(元和)十三年八月，有疾，诏许归阙，道卒，年六十。”事又见《新唐书》卷一百六十五《权德舆传》。

○啖助集三《传》释《春秋》

【文献】

《四库全书》第 1076 册《柳河东集注》卷九《表铭碣诔》中《唐故给事中皇太子侍读陆文通先生墓表》(P539)：“有吴郡人陆先生质，以其师友天水啖助，洎赵匡，能知圣人之旨，故《春秋》之言及是而光明，使

庸人小童皆可积学以入圣人之道，传圣人之教，是其德岂不侈大矣哉。”《全唐文》卷三百五十三啖助文《春秋统例序》（P3582）：“孔子修《春秋》，意以为夏政忠，忠之敝野，商人承之以敬；敬之敝鬼，周人承之以文；文之敝塞，救塞莫若忠。夫文者，忠之末也。设教于本，其敝且末；设教于末，敝将奈何？武王、周公承商之敝，不得已用之。周公没，莫知所以改，故其敝甚于二代。孔子伤之曰：‘虞夏之道，寡怨于民。商周之道，不胜其敝。’故曰：‘后代虽有作者，虞帝不可及已。’盖言唐虞之化，难行于季世，而夏之忠，当变而致焉。故《春秋》以权辅用，以诚断礼，而以忠道原情云，不拘空名，不尚狷介，从宜捄乱，因时黜陟。古语云：‘商变夏，周变商，《春秋》变周。’而《公羊子》亦言：‘乐道尧舜之道以拟后圣。’是知《春秋》用二帝三王法，以夏为本，不壹守周典明矣。又言：‘幽厉虽衰，《雅》未为《风》。逮平王之东，人习余化。苟有善恶，当以周法正之。’故断自平王之季，以隐公为始，所以拯薄勉善，捄周之敝，革礼之失也。”《全唐文》卷三百五十三《春秋统例自序》（P3582）：“三《传》分流，其源则同，择善而从，且过半矣。予考核三《传》，舍短取长，又集前贤注释，亦以愚意裨补阙漏，商榷得失，研精宣畅，期于浃洽，尼父之志，庶几可见。疑殆则阙，以俟君子。谓之《春秋集传集注》。又撮其纲目，撰为《统例》三卷，以辅《集传》，通经意焉。”

代宗宝应元年　壬寅（762）

○四月，唐玄宗李隆基卒

【文献】

《旧唐书》卷八《玄宗纪上》（P165）：“玄宗至道大圣大明孝皇帝讳隆基，睿宗第三子也，母曰昭成顺圣皇后窦氏。垂拱元年秋八月戊寅，生于东都。”《旧唐书》卷九《玄宗纪下》（P235）：“乾元三年七月丁末,移幸西内之甘露殿。时阉宦李辅国离间肃宗,故移居西内。高力士、陈玄礼等迁谪,上皇浸不自怿。上元二年四月甲寅,崩于神龙殿,时年七十八。”

【考论】

李隆基,垂拱元年(685)生,宝应元年(762)卒,唐睿宗第三子,史称唐玄宗、唐明皇。先天元年(712)至天宝十四年(755)在位,开创了历史上著名的“开元盛世”。是年卒,时年七十八。唐玄宗既亲注儒学经典《孝经》,又诠释道、佛二教经典《道德经》及《金刚经》,其思想兼容并蓄,故在其统治时期,道、儒、佛三教均得到发展。

在思想上,改变了武则天制定的尊佛政策,承继高祖、太宗、高宗时期一贯的宗教政策,尤尊崇老子道家学说和道教,重新置之于三教之首。开元二十五年(737)设玄学博士,招收生徒,令习《老子》、《庄子》、《文子》、《列子》,每年准明经例考试。开元二十九年(741)在两京及各地设立玄元皇帝庙。天宝元年(742),为庄子、列子、文子、庚桑子其人其书分别加尊号,称“四子”真经。天宝二年(743),尊老子为大圣祖玄元皇帝,后又数次加封号。亲注老子《道德经》,令士庶家藏一本,并实行贡举加《老子》策。天宝十四年(755)颁御注《老子》并《义疏》于天下。借尊崇老子、褒扬《道德经》,将道教国教化,其实质是为了抬高李氏集团的门第。

在政治上,提倡儒学,弘扬王化。曾亲注《孝经》,颁行天下,又追谥孔子为“文宣王”,亦褒赠“十哲”。但玄宗并未真正从学术层面恢复汉儒传统,仅仅是将其作为政治手段,利用儒学来达到政治教化的目的,因而更侧重儒学中的政治伦理观念。如其《追谥孔子十哲并升曾子四科诏》云:“宏我王化,在乎儒术,能发挥此道,启迪含灵,则生人以来,未有如夫子者也。……故能立天下之大本,成天下之大经,美政教,移风俗,君君臣臣,父父子子,人到于今受其赐。”(《全唐文》卷三十一 P347)但是,任何一种意识形态要发挥其现实功能,除了以政治手段保证其权威性地位之外,更主要的是凭其内在的学理引起人们的兴趣,否则只能是沦于一种政治口号,而难以成为维系统治秩序的精神支柱。与此相比,玄宗时期的经学在学术上只守汉儒残绪,没有开拓出发挥个人才思的空间,其文化的中心地位则为诗赋之学所取代。科举的发达带来了经学的普及,但并没有带来经学内在的发展。在开放活跃的开元、天宝文化中保守的经学并没有找到自身合适的位置,它在政治上是玄宗用来装饰自己的一种文化形式,在社会中也只是士人求取功名的一个手段。玄宗越是强调依经立制,经学离现实政治越远;越是重视经术之教,经学离士人的人生信仰越远。造成这一矛盾的根本原因在于保守的学术观念已使经学失去了发展动力与创造性,它在政治上的形式化也使其在士人社会中大为贬值。这表明传统经学已走入困境,急待于新发展,否则难以承当其精神支柱的作用。从其与后期儒学的关系看,这些因素正是唐代儒学新变的一个反作用力。以上内容参见查屏球《盛唐经学的窘境——论开、天文化特点与经学发展关系》,《中国文化研究》2000 年秋之卷。

【相关论著举目】

邢学敏:《论唐玄宗时期的宗教政策》,《北方论丛》,2006 年第 1 期

查屏球:《盛唐经学的窘境——论开、天文化特点与经学发展关系》,《中国文化研究》,2000 年秋之卷

龙晦:《敦煌文献所见唐玄宗的宗教活动》,《扬州大学学报》,1997 年第 1 期

郑英德:《唐玄宗年表》,《四平师院学报》,1983 年第 1 期

○李鼎祚《周易集解》撰成并进上

【文献】

《新唐书》卷五十七《艺文志一》(P1426):“李鼎祚《集注周易》十七卷。”《宋史》卷二百二《艺文志一》(P5035):“李鼎祚《集解》十卷。”《文献通考》卷一百七十五《经籍考二》(P1515):“李鼎祚《周易集解》

十卷，晁氏曰：鼎祚，唐人。《集解》经皆避唐讳，又取《序卦》，各冠逐卦之首。所集有子夏、孟喜、京房、马融、荀爽、郑康成、刘表、何晏、宋衷、虞翻、陆绩、干宝、王肃、王辅嗣、姚信、王廙、张璠、向秀、王凯冲、侯果、蜀才、翟元、韩伯、刘瓛、何妥、崔憬、沈麟士、卢氏、崔觐、孔颖达三十余家，又引《九家易》、《乾凿度》义。所谓蜀才者，人多不知，按颜之推云，范长生也。其序云：'自卜商之后，传注百家，唯王、郑相沿，颇行于代。郑则多参天象，王乃全释人事，《易》之道，岂偏滞于天人哉！而天象难寻，人事易习，《折杨黄华》，学徒多从之。今集诸家，刊辅嗣之野文，辅康成之逸象，以贻同好。'盖宗郑学者也。《隋书·经籍志》所录《易》类六十九部，公武今所有，五部而已。关朗不载于目，《乾凿度》自是纬书，焦赣《易林》又属卜筮，子夏书或云张弧伪为，然则《隋志》所录，舍王弼书，皆未得见也。独鼎祚所集诸家之说，时可见其大旨。唐录称鼎祚书十七卷，今所有止十卷，而始末皆全，无所亡失，岂后人并之邪？陈氏曰：隋、唐以前，《易》家诸书逸不传者，赖此书犹见其一二，而所取于荀、虞者尤多。九家者，汉淮南王所聘明《易》者九人，荀爽尝为之集解，陆氏《释文》所载《说卦》逸象，本于《九家易》。"《郡斋读书志》卷一(P18—19)："《李氏集解》十卷，右唐李鼎祚集解。经皆避唐讳，又取《序卦》各冠逐卦之首。所集有子夏、孟喜、京房、马融、荀爽、郑康成、刘表、何晏、宋衷、虞翻、陆绩、干宝、王肃、王辅嗣、姚信、王廙、张璠、向秀、王凯冲、侯果、蜀才、翟玄、韩康伯、刘瓛、何妥、崔憬、沈麟士、卢氏、崔觐、孔颖达三十余家，又引《九家易》、《乾凿度》义。所谓蜀才者，人多不知。按颜之推云范长生也。其序云：'自卜、商之后，传注百家，惟王、郑相沿，颇行于代。郑则多参天象，王乃全释人事，《易》之道岂偏滞于天人哉！而天象难寻，人事易习，《折杨黄华》，学徒多从之。今集诸家，刊辅嗣之野文，补康成之逸象，以贻同好。'盖宗郑学者也。《隋书·经籍志》所录《易》类六十九部，公武今所有五部而已。关朗《易》不载于目，《乾凿度》自是纬书，焦赣《易林》又属卜筮，子夏书或云张弧伪为。然则《隋志》所录，舍王弼书，皆未得见也。独鼎祚所集诸家之说，时可见其大旨。唐录称鼎祚书十七卷，今所有止十卷，而始末皆全，无所亡失，岂后人并之耶？”

《四库全书总目》卷一《易类一》（P3—4）：“《周易集解》十七卷，唐李鼎祚撰。鼎祚《唐书》无传，始末未详。惟据《序》末结衔，知其官为秘书省著作郎。据袁桷《清容居士集》载‘资州有鼎祚读书台’，知为资州人耳。朱睦㮮《序》称为秘阁学士，不知何据也。其时代亦不可考。《旧唐书·经籍志》称录‘开元盛时四部诸书’，而不载是编，知为天宝以后人矣。其书《新唐书·艺文志》作十七卷，晁公武《读书志》曰：‘今所有止十卷而始末皆全，无所亡失。’岂后人并之耶？《经义考》引李焘之言，则曰：‘鼎祚《自序》止云十卷，无亡失也。’朱睦㮮《序》作于嘉靖丁巳，亦云《自序》称十卷，与焘说同。今所行毛晋汲古阁本乃作一十七卷，《序》中亦称王氏《略例》附于卷末，凡成一十八卷。与诸家所说截然不同，殊滋疑窦。今考《序》中称‘至如卦爻彖象，理涉重元，经注《文言》，书之不尽，别撰《索隐》，错综根萌，音义两存，详之明矣’云云，则《集解》本十卷，附《略例》一卷为十一卷，尚别有《索隐》六卷，共成十七卷。《唐志》所载盖并《索隐》、《略例》数之，实非舛误。至宋而《索隐》散佚，刊本又削去《略例》，仅存《集解》十卷，故与《唐志》不符。至毛氏刊本，始析十卷为十七卷，以合《唐志》之文。又改《序》中一十卷为一十八卷，以合附录《略例》一卷之数，故又与朱睦㮮《序》不符。盖自宋以来，均未究《序》中‘别撰《索隐》’一语，故疑者误疑，改者误改。即辨其本止十卷者，亦不能解《唐志》称十七卷之故，致愈说愈讹耳。今详为考正，以祛将来之疑。至十卷之本，今既未见，则姑仍以毛本著录。盖篇帙分合，无关宏旨，固不必一一追改也。其书仍用王弼本，惟以《序卦传》散缀六十四卦之首，盖用《毛诗》分冠《小序》之例。所采凡子夏、孟喜、焦赣、京房、马融、荀爽、郑元、刘表、何晏、宋衷、虞翻、陆绩、干宝、王肃、王弼、姚信、王廙、张璠、向秀、王凯冲、侯果、蜀才、翟元、韩康伯、刘瓛、何妥、崔憬、沈驎士、卢氏（案卢氏《周易注》，《隋志》已佚其名）、崔觐、伏曼容、孔颖达（案以上三十二家，朱睦㮮序所考）、姚规、朱仰之、蔡景君（案以上三家，朱彝尊《经义考》所补考)，等三十五家之说。《自序》谓‘刊辅嗣之野文，补康成之逸象’。盖王学既盛，汉《易》遂亡，千百年后学者，得考见画卦之本旨者，惟赖此书之存耳。是真可宝之古笈也。”《四库全书总目》卷三《周易义海撮要》(P12)：“自唐以来，唯李鼎祚《周易集解》合汉后三十五家之说，略称该备，继之者审权《义海》而已。”《四库全书总目》卷三《周易象义》(P21)：“其于前人旧说，大抵以李鼎祚《周易集解》、朱震《汉上易传》为宗。而又谓李失之泥，朱伤于巧，故不主一家。”《全唐文》卷二百二《李鼎祚》(P2041)：“鼎祚，资州人，开耀时官秘书省著作郎。”

《全唐文》卷二百二中有李鼎祚《周易集解序》一文。

【考论】

李鼎祚，《唐书》无传，生卒年不详，曾为秘书省著作郎，肃宗时曾任左拾遗，代宗宝应初献《周易集解》。据集解标题，又据袁桷《清容居士集》载资州有鼎祚读书台，知其为资州人。《周易集解》又名《李氏周易集解》、《李氏易传》，网罗众家之说，择善而从之，故名“集解”，是继《周易正义》后的又一部集大成之作，汇集了两汉以来的《易》学成果。该书释《周易》经传文时，主要汇集前说，《中兴书目》谓集子夏、孟喜、焦赣、京房、马融、荀爽、郑康成、刘表、何晏、宋衷、虞翻、陆绩、干宝、王肃、王辅嗣、姚信、王廙、张璠、向秀、王凯、冲仲侯、果蜀才、翟玄、韩康伯、刘瓛、何妥、崔憬、沈麟士、卢氏(按：据马国翰《目耕帖》卷六，当为卢景裕)、崔觐、孔颖达等凡三十余家；朱睦㮮《周易集解序》谓三十二家，增伏曼容、焦贡二人；朱彝尊《经义考》补姚规、朱仰之、蔡景君三人，为三十五家。李鼎祚将当时的各种《易》著总汇集一编，实为一次《易》学之大总结，故陈振孙曰：“隋唐以前《易》家诸书逸不传者，赖此书犹见其一二。”(《经义考》卷十四引)该书主要收录汉《易》象数之学代表荀爽、虞翻、干宝的注释，亦兼采玄学义理派王弼、何晏、韩康伯及孔颖达的注释，可谓兼收并蓄。汉代以来，形成了以汉末郑玄象数解《易》和魏王弼义理解《易》两大传统，《周易集解》“刊辅嗣(王弼)之野文，补康成(郑玄)之逸象”，尤其侧重于以象数解

《易》的荀爽、虞翻两家，发扬了汉《易》系统的《易》学，一定程度上改变了孔颖达《周易正义》"专崇王注，而众说皆废"一派专行的局面，独标一帜，故《中兴艺文志》云："李鼎祚《易》，宗郑康成，排王弼。"《四库全书总目》(P4)亦云："盖王学既盛，汉《易》遂亡。千百年后学者得考见画卦之本旨者，惟赖此书之存耳。是真可宝之古笈也。"

一、关于李鼎祚生平，唐书无传。据《周易集解》题"资州李鼎祚辑"、袁桷《清容集》载资州有鼎祚读书台，知为资州人。明人朱睦㮮《周易集解序》亦作资州人。《四库总目提要》云"始末未详"，余嘉锡《四库提要辨证》卷一《经部一》(P16—18)："刘毓崧《通义堂集》卷一有此书跋云：'新、旧《唐书》无李鼎祚，据集解标题，知为资州人，而蜀中志乘，亦罕见其名氏。今以《自序》及《元和志》、《寰宇记》、《舆地纪胜》，参之《通志》、《能改斋漫录》等书，其事迹官阶，尚可考见大略。盖鼎祚系资州盘石县人，盘石即资州治所(《旧唐书·地理志》云，资州盘石，汉资中县，今州治。)州东有四明山，鼎祚兄弟读书于山上，后人名其地为读书台。明皇幸蜀，鼎祚进《平胡论》，后召为左拾遗。肃宗乾元元年，奏以山川阔远，请割泸、普、渝、合、资、荣等六州界，置昌州，是时仍官左拾遗。尝充内供奉，曾辑梁元帝及陈乐产、唐吕才之书，以推演六壬五行，成《连珠明镜式经》十卷，又名《连珠集》，上之于朝，其事亦在乾元间。代宗登极后，献《周易集解》，其时为秘书省著作郎，仕至殿中侍御史。'刘氏之考鼎祚仕履，至为详悉。《提要》以为始末未详者，固由未见《舆地纪胜》，然于《元和郡县志》等书，亦未引证，则未免太疏略矣。至朱睦㮮称为秘阁学士者，即指秘书郎言之。"据余氏之说，知李鼎祚活跃于中唐肃宗、代宗时。故志于此年，以俟新考。

二、关于《周易集解》的卷数，《周易集解序》开篇称十卷，末尾又云"别撰《索隐》，错综根萌，义音两存，详之明矣。其王氏《略例》，得失相参。采葑采菲，无以下体，仍附经末，式广未闻，凡成一十八卷"。《新唐书·艺文志》著录十七卷。朱睦㮮曰："据李鼎祚《自序》云十卷，而首尾俱全，初无亡失，不知唐史何所据云十七卷也。"《四库全书总目》(P3)考证云:"今所行毛晋汲古阁本,乃作一十七卷。序中亦称王氏《略例》,附于卷末,凡一十八卷,与诸家所说,截然不同,殊滋疑窦。今考《序》中称'至如卦爻彖象,理涉重元,经注文言,书之不尽。别撰《索隐》,错综根萌,音义两存,详之明矣'云云。则《集解》本十卷,附《略例》一卷,为十一卷,尚有《索隐》六卷,共成十七卷,故与《唐志》不符。至毛氏刊本,始析十卷为十七卷,以合唐志之文。又改序中一十卷为一十八卷,以合附录《略例》之数,故又与朱睦㮮序不符。盖自宋以来,均未究序中别撰《索隐》一语,故疑者误疑,改者误改。"此说可从。今中华书局出《丛书集成初编》本即为十七卷。以上内容参见《中国学术思想编年》之《隋唐五代卷》。

【相关论著举目】

谷继明:《论李鼎祚〈周易集解〉的流传》,《周易研究》,2012 年第 3 期

李致忠:《唐李鼎祚〈周易集解〉略考》,《文献》,2010 年第 4 期

高雨:《论李鼎祚的〈周易集解〉》,《周易研究》,2007 年第 6 期

陈克明:《唐代〈易〉学的比较研究》,《中国哲学史》,1993 年第 1 期

○史徵撰《周易口诀义》

【文献】

《郡斋读书志》卷一(P21):"《周易口诀义》七卷,右唐史徵撰。钞注、疏以便讲习,田氏乃以为魏郑公撰,误也。"校证云:"《经籍考》卷二作六卷,盖从《崇文总目》。《崇文总目》卷一、《书录解题》卷一、《宋志》卷一、《四库总目》卷一著录《大典》辑本及今本俱作六卷。"《四库全书总目》卷一《易类一》(P4):"《周易口诀义》六卷,唐史徵撰。《崇文总目》曰:'河南史徵,不详何代人。'晁公武《读书志》曰:'田氏以为魏郑公撰,误。'陈振孙《书录解题》曰:'三朝史志有其书,非唐则五代人。'避讳作证字。《宋史·艺文志》又作'史文徽',盖以徵、徵二字相

近而讹。别本作'史之徵',则又以之、文二字相近而讹耳。今定为史徵,从《永乐大典》;定为唐人,从朱彝尊《经义考》也。《永乐大典》载徵《自序》云:'但举宏机,纂其枢要,先以王注为宗,后约孔疏为理。'故《崇文总目》及晁氏《读书志》皆以为'直钞注疏,以便讲习,故曰口诀'。今详考之,实不尽然。如《乾·象》引周氏说,《大象》引宋衷说,《屯·象》引李氏说,《师·象》引陆绩说,六五引庄氏说,《谦》六五引张氏说,《贲·大象》引王廙说,《颐·大象》引荀爽说,《坎·大象》引庄氏说,上六引虞氏说,《咸·大象》引何妥说,《萃·象》引周宏正说,《升·象》引褚氏说,《井·大象》引何妥说,《革·象》引宋衷说,《鼎·象》引何妥说,《震》九四引郑众说,《渐·象》引褚氏说,《大象》引侯果说,《困·大象》引周宏正说,《兑·大象》引郑众说,《渐》九五引陆绩说,多出孔颖达《疏》及李鼎祚《集解》之外。又如《贲·大象》所引王氏说,《颐·大象》所引荀爽说,虽属集解所有,而其文互异。《坎》上六所引虞翻说,则《集解》删削过略,此所载独详。盖唐去六朝未远,《隋志》所载诸家之书犹有存者,故徵得以旁搜博引。今阅年数百,旧籍佚亡,则遗文绪论,无一非吉光片羽矣。近时惠栋作《九经古义》,余萧客葺《古经解钩沈》,于唐以前诸儒旧说,单辞只义,搜采至详,而此书所载,均未之及,信为难得之秘本。虽其文义间涉拙滞,传写亦不免讹脱,而唐以前解《易》之书,《子夏传》既属伪撰,王应麟所辑郑元注,姚士粦所辑陆绩注,亦非完书。其实存于今者,京房、王弼、孔颖达、李鼎祚四家,及此书而五耳。固好古者所宜宝重也。徵《自序》作六卷,诸家书目并同。今仅阙《豫》、《随》、《无妄》、《大壮》、《晋》、《睽》、《蹇》、《中孚》八卦,所佚无多。仍编为六卷,存其旧焉。"事又见《文献通考》卷一百七十五。

《全唐文》卷九百二史徵《周易口诀义序》(P9414—9415):"乾象既分,苍牙应运,三才阐位,八卦昭彰,故能道济不通,人用无极。自兹已降,视述多家,田何传于丁宽,京房得之焦赣。遂使异闻竞起,踳驳纷多,深乖述作之由,全误圣人之见。若使广求文句,博引证验,浮诞日兴,华伪滋蔓,诚谓周鼠终亏于郑璞,鱼目以混于隋珠。今则但举宏机,纂其枢要，先以王注为宗，后约孔疏为理。至于卦繇六位，并备而释之。象以详略，阙而不叙。大抵举其六卷，分为上下两经，直以口诀为名义，决要为旨。或经象未显，辄提纬以证文；传疏未明，将考名以消义，遂使疑祛理悟，还希述作之功。学寡难周，耻腾波于瀚海云尔。”

【考论】

史徵，新、旧《唐书》无传。书目家所载史徵姓名殊异，或作史证，或云魏郑公传（见《郡斋书目》引田氏），或云史之徵（见《直斋书目解题》），或云史文徽（见《宋史・艺文志》），或云不知何代人，或云非唐即五代人，清儒孙星衍《序》推定："徵"、"证"属于音同而字异，"徽"是宋人避讳，"当以为徵是"，最终确定为史徵。又据《四库全书总目》考证，《周易口诀义》撰著者亦当为史徵。其生存年代，当与李鼎祚相距不远。史氏在《自序》里对书稿编写经过和目的论述较详，深感《易》自丁宽、焦贡等人以后，尤其进入魏晋各代，异文奇说竞起，驳杂议论增多，实际有悖于述作，又常致误于圣训。加上旁征博引，搜集有关验证，又使浮夸诞妄频添，华丽虚伪屡见。史氏有见及此，思欲纠正，故撰此书。《周易口诀义》同李鼎祚《周易集解》一样，同遵王《注》、孔《疏》，以王弼《注》为宗旨，用孔颖达《疏》作补充，举其宏纲要领，编撰枢义精华，串讲各卦爻辞，有时阐释全卦，有时旁引纬书。共计六卷，分为上下两经，采用通俗口说，力求文从字顺。其突出特点，是熔经、传、注、疏于一炉，对卦、爻串讲说明，使《周易》广泛普及。参见李斌城《唐代文化》第五编。

○李阳冰官当涂令，撰有《翰林禁经》、《广〈说文解字〉》等

【文献】

《全唐文》卷四百三十七《李阳冰》(P4459)："阳冰字少温，赵郡人，宝应元年官当涂令，终将作少监。"《郡斋读书志》卷四(P157)："《翰林禁经》八卷，右唐李阳冰撰。论书势笔法所禁，故以名书。"又见《文献通考》卷一百九十。《文献通考》卷一百八十九《经籍考十六》

(P1609):"《说文解字》三十卷,晁氏曰:汉许慎纂,李阳冰刊定。伪唐徐铉再是正之,又增加其阙字。陈氏曰:凡十四篇,并序目一篇,各分上下卷,凡五百四十部,九千三百五十三文,重一千一百六十三。雍熙中,右散骑常侍徐铉奉诏校定。以唐李阳冰排斥许氏为臆说,未有新定字义三条。其音切则以唐孙愐《韵》为定。"《文献通考》卷二百三十一《经籍考五十八》(P1846):"《李翰林集》二十卷,晁氏曰:唐李白太白也。《白集》旧十卷,唐李阳冰序。……陈氏曰:《唐志》有《草堂集》二十卷,李阳冰所录也。"

【考论】

李阳冰,字少温,生卒年不详,是年官当涂令。善辞章,工书法,尤精小篆。李阳冰曾刊定东汉许慎《说文解字》,撰成《广〈说文解字〉》二十卷,对许氏之篆法及说法大量刊改。书成之后,盛行于世,凡取许氏之书而代之,以致于许氏原本几近佚失。其书实为"一部有创见的、全面的对《说文》加以肯定、订正、补充和发展的文字学著作"参见田耕渔《〈六书故〉所引〈广《说文解字》〉辑论一文。

【相关论著举目】

田耕渔:《〈六书故〉所引李阳冰〈广《说文解字》〉辑论》,《古籍整理研究学刊》,2011 年第 6 期

史文磊、金硕:《李阳冰刊改〈说文〉之统计分析》,《宜宾学院学报》,2006 年第 3 期

熊飞:《关于李阳冰生平的几个问题》,《咸宁师专学报》,1991 年第 2 期

○李阳冰从子李腾撰《说文字源》

【文献】

《新唐书》卷五十七《艺文志一》(P1451):"李腾《说文字源》一卷,阳冰从子。"《文献通考》卷一百八十九《经籍考十六》(P1610):"《说文字源》一卷,《崇文总目》:唐李腾集。初,李阳冰为滑州节度使李勉篆

新驿记，贾耽镇滑州，见阳冰书，叹其精绝，因命阳冰侄腾集许慎《说文》目录五百余字，刊于石，以为世法云。”

代宗广德元年（宝应二年） 癸卯（763）

○六月，以《五经》试秀才孝廉所通之学

【文献】

《旧唐书》卷二十四《礼仪志四》（P921—922）：“宝应二年六月，敕令州县每岁察秀才孝廉，取乡闾有孝悌廉耻之行荐焉。委有司以礼待之，试其所通之学，《五经》之内，精通一经，兼能对策，达于理体者，并量行业授官。其明经、进士并停。国子学道举，亦宜准此。因杨绾之请也。诏下朝臣集议，中书舍人贾至议，请依绾奏。有司奏曰：‘窃以今年举人等，或旧业既成，理难速改，或远州所送，身已在途，事须收奖。其今秋举人中有情愿旧业举试者，亦听。明年已后，一依新敕。’后绾议竟不行。自至德后，兵革未息，国学生不能廪食，生徒尽散，堂墉颓坏，常借兵健居止。”事又见《通典》卷十五《选举三》。

○杨绾奏进士试之弊

【文献】

《旧唐书》卷一百一十九《杨绾传》（P3430—3434）：“再迁礼部侍郎，上疏条奏贡举之弊曰：‘国之选士，必藉贤良。盖取孝友纯备，言行敦实，居常育德，动不违仁。体忠信之资，履谦恭之操，藏器则未尝自伐，虚心而所应必诚。夫如是，故能率已从政，化人镇俗者也。自叔叶浇诈，兹道浸微，争尚文辞，互相矜炫。马卿浮薄，竟不周于任用；赵壹虚诞，终取摈于乡闾。自时厥后，其道弥盛，不思实行，皆徇空名，败俗伤教，备载前史，古人比文章于郑、卫，盖有由也。近炀帝

始置进士之科，当时犹试策而已。至高宗朝，刘思立为考功员外郎，又奏进士加杂文，明经填帖，从此积弊，浸转成俗。幼能就学，皆诵当代之诗；长而博文，不越诸家之集。递相党与，用致虚声，《六经》则未尝开卷，《三史》则皆同挂壁。况复征以孔门之道，责其君子之儒者哉！祖习既深，奔竞为务。矜能者曾无愧色，勇进者但欲凌人，以毁讟为常谈，以向背为己任。投刺干谒，驱驰于要津；露才扬己，喧腾于当代。古之贤良方正，岂有如此者乎！朝之公卿，以此待士，家之长老，以此垂训。欲其返淳朴，怀礼让，守忠信，识廉隅，何可得也！譬之于水，其流已浊，若不澄本，何当复清。方今圣德御天，再宁寰宇，四海之内，颙颙向化，皆延颈举踵，思圣朝之理也。不以此时而理之，则太平之政又乖矣。凡国之大柄，莫先择士。自古哲后，皆侧席待贤；今之取人，令投牒自举，非经国之体也。望请依古制，县令察孝廉，审知其乡闾有孝友信义廉耻之行，加以经业，才堪策试者，以孝廉为名，荐之于州。刺史当以礼待之，试其所通之学，其通者送名于省。自县至省，不得令举人辄自陈牒。比来有到状保辩识牒等，一切并停。其所习经，取《左传》、《公羊》、《穀梁》、《礼记》、《周礼》、《仪礼》、《尚书》、《毛诗》、《周易》，任通一经，务取深义奥旨，通诸家之义。试日，差诸司有儒学者对问，每经问义十条，问毕对策三道。其策皆问古今理体及当时要务，取堪行用者。其经义并策全通为上第，望付吏部便与官；其经义通八、策通二为中第，与出身；下第罢归。其明经比试帖经，殊非古义，皆诵帖括，冀图侥幸。并近有道举，亦非理国之体，望请与明经、进士并停。其国子监举人，亦请准此。如有行业不著，所由妄相推荐，请量加贬黜。所冀数年之间，人伦一变，既归实学，当识大猷。居家者必修德业，从政者皆知廉耻，浮竞自止，敦庞自劝，教人之本，实在兹焉。事若施行，即别立条例。'诏左右丞、诸司侍郎、御史大夫、中丞、给、舍同议奏闻。给事中李廙、给事中李栖筠、尚书左丞贾至、京兆尹兼御史大夫严武所奏议状与绾同。尚书左丞至议曰：'……今试学者以帖字为精通，不穷旨义，岂能知迁怒贰过之道乎？考文者以声病为是非，唯择浮艳，岂能知移风易俗化天下之事乎？是以上失其源而下袭其流，波荡不知所止，先王之道，莫能行也。夫先王之道消，则小人之道长；小人之道长，则乱臣贼子生焉。臣弑其君，子弑其父，非一朝一夕之故，其所由来者渐矣。渐者何？谓忠信之凌颓，耻尚之失所，末学之驰骋，儒道之不举，四者皆取士之失也。……'李廙等议与绾协，文多不载。宰臣等奏以举人旧业已成，难于速改，其今岁举人，望且许应旧举，来岁奉诏，仍敕礼部即具条例奏闻。代宗以废进士科问翰林学士，对曰：'进士行来已久，遽废之，恐失人业。'乃诏孝廉与旧举兼行。绾又奏岁贡孝悌力田及童子科等，其孝悌力田，宜有实状，童子越众，不在常科，同之岁贡，恐长侥幸之路。诏停之。再迁吏部侍郎，历典举选，精核人物，以公平称。”

《新唐书》卷四十四《选举志上》(P1166—1168)：“宝应二年，礼部侍郎杨绾上疏言：'进士科起于隋大业中，是时犹试策。高宗朝，刘思立加进士杂文，明经填帖，故为进士者皆诵当代之文，而不通经史，明经者但记帖括。又投牒自举，非古先哲王仄席待贤之道。请依古察孝廉，其乡闾孝友信义廉耻而通经者，县荐之州，州试其所通之学，送于省。自县至省，皆勿自投牒，其到状、保辨、识牒皆停。而所习经，取大义，听通诸家之学。每问经十条，对策三道，皆通，为上第，吏部官之；经义通八，策通二，为中第，与出身；下第，罢归。《论语》、《孝经》、《孟子》兼为一经，其明经、进士及道举并停。'诏给事中李栖筠、李廙、尚书左丞贾至、京兆尹兼御史大夫严武议。栖筠等议曰：'夏之政忠，商之政敬，周之政文，然则文与忠敬皆统人行。且谥号述行，莫美于文，文兴则忠敬存焉。故前代以文取士，本文行也，由辞观行，则及辞焉。宣父称颜子“不迁怒，不贰过”，谓之“好学”。今试学者以帖字为精通，不穷旨义，岂能知迁怒贰过之道乎？考文者以声病为是非，岂能知移风易俗化天下乎？是以上失其源，下袭其流，先王之道莫能行也。夫先王之道消，则小人之道长，乱臣贼子由是生焉！今取士试之小道，而不以远大，是犹以蜗蚓之饵垂海，而望吞舟之鱼，不亦难乎？所以食垂饵者皆小鱼，就科目者皆小艺。且夏有天下四百载，禹之道丧而商始兴；商有天下六百祀，汤之法弃而周始兴；周有天下八百年，文、武之政废而秦始并焉。三代之选士任贤，皆考实行，是以风俗淳一，运祚长远。汉兴，监其然，尊儒术，尚名节，虽近戚窃位，强臣擅权，弱主外立，母后专政，而亦能终彼四百，岂非学行之效邪？魏、晋以来，专尚浮俊，德义不修，故子孙速颠，享国不永也。今绾所请，实为正论。然自晋室之乱，南北分裂，人多侨处，必欲复古乡举里选，窃恐未尽。请兼广学校，以明训诱。虽京师州县皆有小学，兵革之后，生徒流离，儒臣、师氏，禄廪无向。请增博士员，厚其禀稍，选通儒硕生，间居其职。十道大郡，置太学馆，遣博士出外，兼领郡官，以教生徒。保桑梓者，乡里举焉；在流寓者，庠序推焉。朝而行之，夕见其利。'而大臣以为举人循习，难于速变，请自来岁始。帝以问翰林学士，对曰：'举进士久矣，废之恐失其业。'乃诏明经、进士与孝廉兼行。"

《唐会要》卷七十六《孝廉举》(P1395—1396)："宝应二年六月二十日，礼部侍郎杨绾奏：'请每岁举人，依乡举里选，察秀才孝廉。'敕令公卿以下集议。中书舍人贾至议曰：'杨绾所奏，实为正论。然衣冠迁徙，人多侨寓；士居乡土，百无一二。今依古制，恐取士之道未尽。今礼部每岁擢甲乙之科，只足长浮薄之风，开侥幸之路矣。其国子博士等，望加员数，十道大郡，量置大学馆，令博士出外兼领。郡官召致生徒，依乎故事。保桑梓者，乡里举焉，在流寓者，庠序推焉。如此则青青不复兴刺，扰扰由其归本焉。'敕旨：'每州每岁察孝廉，取在乡闾有孝弟廉耻之行荐焉，委有司以礼待之，试其所通之学。五经之内，精通一经，兼能对策，达于治体者，并量行业授官。其明经、进士并停，道举亦宜准此，况所司作条件处分。'"《资治通鉴》卷二百二十二《唐纪三十八》(P7143—7144)："六月，癸酉，礼部侍郎华阴杨绾上疏，以为：'古之选士必取行实，近世专尚文辞。自隋炀帝始置进士科，犹试策而已；至高宗时，考功员外郎刘思立始奏进士加杂文，明经加帖，从此积弊，转而成俗。朝之公卿以此待士，家之长老以此训子，其明经则诵贴括以求侥幸。又，举人皆令投牒自应，如此，欲其返淳朴，崇廉让，何可得也！请令县令察孝廉，取行著乡闾，学知经术者，荐之于州。刺史考试，升之于省。任各占一经，朝廷择儒学之士，问经义二十条，对策三道，上第即注官，中第得出身，下第罢归。又道举亦非理国，望与明经、进士并停。'上命诸司通议，给事中李栖筠、左丞贾至、京兆尹严武并与绾同。至议以为：'今试学者以帖字为精通，考文者以声病为是非，风流颓弊，诚当厘改。然自东晋以来，人多侨寓，士居乡土，百无一二；请兼广学校，保桑梓者乡里举焉，在流寓者庠序推焉。'敕礼部具条目以闻。绾又请置五经秀才科。"《通典》卷十五《选举三》(P358)："宝应二年六月，礼部侍郎杨绾奏，诸州每岁贡人，依乡举里选，察秀才、孝廉。敕旨：'州县每岁察孝廉，取在乡闾有孝悌、廉耻之行荐焉。委有司以礼待之，试其所通之学。五经之内，精通一经，兼能对策，达于理体者，并量行业授官。其明经、进士、道举，并停。'旋复故矣。"

事又见《文献通考》卷二十九《选举考二》、《册府元龟》卷六百四十、《登科记考》卷十、《资治通鉴》卷二百二十三《唐纪三十九》、《文献通考》卷二十九。

【考论】

唐天宝十四年十月，安禄山起兵反叛朝廷，直到代宗李豫继位后第二年即广德元年，史朝义兵败自杀，长达七年又三个月的安史之乱才彻底平息。四个月以后，杨绾向朝廷上疏要求科举变革。在总结安史之乱的深刻原因时，杨绾等人首先想到的是科举取士之弊端，并由此坚决要求实行科举变革。杨绾认为现行的科举有三大弊端：其一，投刺干谒，露才扬己；其二，不穷旨义，唯择浮艳；其三，科举与入仕分离。要克服上述科举之弊，首先必须"自县至州不得令举人辄自陈牒。比来有到状、保辩、识牒等，一功并停"；其次是取消明经科、进士科（以及道举科，因道举科亦非理国之体）；其三是将科举与入仕直接联系起来。只要金榜题名"便与官"，甚至"超与处分"。杨绾提出，总体的根本的解决办法是"依古制"，实行乡举里选制度。其实杨绾的观点是行不通的，历史事实早已证明了此路不通，但其分析出的科举的弊端还是可取的，的确切中时弊，因此，值得当权者深思和改进。

【相关论著举目】

张宏梅：《试论唐代科举制度的利与弊》，《山西广播电视大学学报》，2009 年第 6 期

翁俊雄：《唐代科举制度及其运作的演变》，《中国史研究》，1998 年第 1 期

陶嘉：《唐代科举考试的特色探讨》，《教育科学》，1992 年第 1 期

魏明孔：《唐代科举考试的特点及利弊》，《理论学习》，1987 年第 5 期

乌廷玉：《唐代的科举制度》，《社会科学战线》，1987 年第 1 期

杨荫楼：《唐代科举制度的意义及流弊》，《齐鲁学刊》，1986 年第 1 期

○杨绾上《贡举条目疏》，未被采纳

【文献】

《唐会要》卷七十六《孝廉举》(P1396)："七月二十六日，礼部侍郎杨绾奏贡举条目曰：'孝廉各令精通一经，其取《左氏传》、《公羊》、《穀梁》、《礼记》、《周礼》、《仪礼》、《毛诗》、《尚书》、《周易》，任通一经。每经问义二十条，皆取旁通诸义，务穷根本。试格策三道，问古今治体及当今时务，要取堪行用者，仍每日问一道，频三日毕。经义及策全通为上第，其上第者，望付吏部，便与官。其问义每十条通七，策通二为中第，与出身。下者罢之。又《论语》、《孝经》皆圣人深旨，孟子亦儒门之达者，其学官望兼习此三者，共为一经，其试如上。秀才举人，望令精通五经。问义二十条，对策五道，全通者为上第，上第者送名中书门下，请超与处分。问义十条通七，策通四为中第，中第者送吏部与官。下者罢之。孝弟力田，但能熟读一经，言音典切，即令所司举送，试通，使与出身。其今年举人，或旧业既成，理难速改；或远州所送，身已在途。事须收奖，不可中废。其今秋举人中，有情愿依旧

举业者,亦听。今年之后,一依新敕。'敕旨:'进士、明经,置来日久,今顿令改业,恐难其人。诸色举人,宜与旧法兼行。'至建中元年六月九日,敕:'孝廉科宜停。'"事又见《文献通考》卷三十四《选举考七》、《太平御览》卷六百二十九。

《全唐文》卷三百三十一《上贡举条目疏》(P3357—3358):"孝廉举人,请取精通一经。每经问义二十条,皆须旁通诸义,深识微言;试策三道,每日问一道,问古今理体。取堪行用者,经义及策全通为上第,望付吏部便与官;义通七、策通二为中第,与出身;下第者罢之。《论语》、《孝经》,圣人深旨,《孟子》儒门之达者,望兼习此三者为一经,其试如上。先取在家有孝义廉耻谦恭之行,好学不倦,精通经义,并堪对策者,县令征于乡里,送名于州。刺史与曹官对试,以其通者送省。既是贡士,刺史、县令不得以部人待之,加其礼数,随朝集使以十月二十五日到省。其乡饮酒及至上都朝见,并谒先师,并依旧式。又以寇难之故,衣冠多去故乡,所居必闻,才行斯在,望许所在州县,且举所谙知者。秀才举人,准旧格惟试方略策五条,望令精通《五经》。每经准孝廉例,问义二十条,对策五条,每日试一道。全通为上第,送中书门下超与处分;十条通七、策通四为中第,送吏部与官;下者罢之。又国子监举人,亦请每岁本业博士推择才行,送名与祭酒,依乡贡例试,通者送省。举人自县至州,皆不得辄自陈牒。比来有到状保辨识牒等,请并停。明法举人,望付刑部考试。"事又见《全唐文》卷三百三十一《条奏贡举疏》。

【考论】

杨绾第一次上疏是广德元年六月二十日,当时在朝廷引起极大反响,得到了给事中李廙、给事中李栖筠、尚书左丞贾至、京兆尹兼御史大夫严武等人的明确支持。尤其是贾至,又上疏朝廷,支持杨绾所议,代宗亦下诏纳杨绾所议。在这种情形下,杨绾又于七月二十六日上疏,距离第一次上疏仅一个月零六天,不过,形式却急转直下,代宗不再在朝中讨论,而是向翰林学士们私下里征求意见。翰林学士都指出:"进士行来已久,遽废之恐失人业。"最终的结果,是代宗接受翰林学士的意见，又下诏否定了杨绾之议。杨绾的科举变革主张从根本上说并未在实际中施行，就此宣告失败。

○杨绾上疏以《孟子》与《论语》、《孝经》为“兼经”，拟增为明经考试科目

【文献】

《新唐书》卷四十四《选举志上》(P1166—1167)：“宝应二年，礼部侍郎杨绾上疏言：‘……每问经十条，对策三道，皆通，为上第，吏部官之；经义通八，策通二，为中第，与出身；下第，罢归。《论语》、《孝经》、《孟子》兼为一经，其明经、进士及道举并停。……’”事又见《唐会要》卷七十六《孝廉举》、《全唐文》卷三百三十一《上贡举条目疏》、《旧唐书》卷二十四《礼仪志》。

【考论】

继承、发扬孔子学说的大儒孟子，在宋代以前始终未受到足够的重视。《孟子》一书自《汉书·艺文志》以来也一直被列入子部儒家类，未跻身于四部之首“经”。杨绾是年上疏请将《孟子》与《论语》、《孝经》一样同列为“兼经”，拟增为明经考试科目。遗憾的是，他的意见未被统治者采纳。杨绾推尊孔、孟，开启了《论语》经典地位回升以及《孟子》由子入经的先声，具有深远的历史意义。随后不久，韩愈撰《原道》，提出“道统说”，推崇孟子，将其地位提升到仅次于孔子，皮日休进一步提高了《孟子》的地位。通过三位儒者的不懈努力，《孟子》开始为时人所重，孟子的地位开始逐渐上升，为后来宋儒将《孟子》列入“经”奠定了基础。参见《中国学术思想编年》之《隋唐五代卷》。

【相关论著举目】

肖永明：《汉唐〈论语〉〈孟子〉学流变及特点》，《湖南大学学报》(社会科学版)，2007 年第 2 期

徐洪兴：《孟子的升格运动》，《中国社会科学》，1993 年第 5 期

○杜鸿渐充礼仪使

【文献】

《唐会要》卷三十七(P672):"广德元年,太常卿杜鸿渐,充礼仪使。"

代宗广德二年　甲辰(764)

○正月,杜鸿渐请依唐礼

【文献】

《旧唐书》卷二十一《礼仪志一》(P843):"广德二年正月十六日,礼仪使杜鸿渐奏:'郊、太庙,大礼,其祝文自今已后,请依唐礼,板上墨书。其玉简金字者,一切停废。如允臣所奏,望编为常式。'敕曰:'宜行用竹简。'"《资治通鉴》卷二百二十三《唐纪三十九》(P7160):"甲寅,礼仪使杜鸿渐奏:'自今祀圜丘、方丘请以太祖配,祈谷以高祖配,大雩以大宗配,明堂以肃宗配。'从之。"

事又见《唐会要》卷九下、《册府元龟》卷五百六十四、《册府元龟》卷五百九十。

○四月,元载请撰《历代书志》

【文献】

《册府元龟》卷五百五十六《国史部·采撰二》(P6685):"(广德二年四月)元载代宗朝为相,广德二年四月,诏集贤院撰《历代书志》,从载所请也。"

○五月，第一次诏停童子科

【文献】

《册府元龟》卷六百四十《贡举部·条制二》(P7677—7678)："二年五月，罢岁贡孝悌力田及童子科，从礼部侍郎杨绾奏也。绾以孝悌之行，宜有实状，童子越众，不在尝(当作常)科，同之岁贡，恐成侥幸之路。"《唐会要》卷七十六《童子》(P1399)："广德二年五月二十四日敕：'孝弟力田科，其每岁贡宜停，童子每岁贡者亦停，童子仍限十岁以下者。'"

【相关论著举目】

洪咏梅：《唐代童子科举特点刍议》，《山东教育学院学报》，2009年第5期

朱红梅、王凤朔：《童子科考试在唐宋时期的发展与变化》，《邢台学院学报》，2008年第1期

金滢坤：《唐五代童子科与儿童教育》，《西北师大学报》(社会科学版)，2002年第4期

马秀勇、王永平：《论唐代童子科》，《齐鲁学刊》，2001年第3期

代宗大历元年(永泰二年)　丙午(766)

○正月，国子祭酒萧昕上书请崇儒学，修学校，以正风教

【文献】

《旧唐书》卷二十四《礼仪志四》(P922—923)："自至德后，兵革未息，国学生不能廪食，生徒尽散，堂墉颓坏，常借兵健居止。至永泰二年正月，国子祭酒萧昕上言：'崇儒尚学，以正风教，乃王化之本也。'其月二十九日，敕曰：'理道同归，师氏为上，化人成俗，必务于学。俊造之士，皆从此途，国之贵游，罔不受业。修文行忠信之教，崇祗庸孝

友之德，尽其师道，乃谓成人。兼复扬于王廷，考以政事，征之以礼，任之以官。寘于周行，莫匪邦彦，乐得贤也，其在兹乎！朕志求理体，尤重儒术，先王大教，敢不底行。顷以戎狄多难，急于经略，太学空设，诸生盖寡。弦诵之地，寂寥无声，函丈之间，殆将不扫。上庠及此，甚用悯焉。今宇县攸宁，文武兼备，方投戈而讲艺，俾释菜而行礼。四科咸进，六艺复兴，神人以和，风化浸美。日用此道，将无间然。其诸道节度、观察、都防御使等，朕之腹心，久镇方面。眷其子弟，各奉义方，修德立身，事资括羽。恐干戈之后，学校尚微，僻居远方，无所谘禀。山东寡学，质疑必就于马融；关西盛名，尊儒乃称于杨震。负经来学，当集京师。并宰相、朝官及神策六军军将子弟欲习业者，自今已后，并令补国子生。欲其业重籯金，器成琢玉，日新厥德，代不乏贤。其中身虽有官，欲附学读书者，亦听。其学官，委中书、门下即简择行业堪为师范者充。学生员数多少，所习经业，考试等第，并所供粮料，及学馆破坏，要量事修理，各委本司作条件闻奏。务须详悉，称朕意焉。'及二月朔上丁释奠，萧昕又奏：诸宰相元载、杜鸿渐、李抱玉及常参官、六军军将就国子学听讲论，赐钱五百贯。令京兆尹黎干造食。集诸儒、道、僧，质问竟日。此礼久废，一朝能举。"《资治通鉴》卷二百二十四《唐纪四十》(P7188)："自安、史之乱，国子监室堂颓坏，军士多借居之。祭酒萧昕上言：'学校不可遂废。'"《唐会要》卷三十六《附学读书》(P668)记此事"永泰二年正月十四日"，事又见《旧唐书》卷十一《代宗纪》、《通典》卷五十三《礼十三·沿革十三》。

【考论】

唐初至天宝末年，唐廷一直致力于崇儒兴教，儒学教育开始复兴。然天宝之后，兵革未息，生徒尽散，堂墉颓坏，国学教育遭受重创。永泰二年正月，国子祭酒萧昕遂上言"崇儒尚学，以正风教"。其月二十九日，有敕重兴太学，要使"四科咸进，六艺复兴"，"学馆破坏，要量事修理"，并行释奠之礼。

○八月，国学祠堂成，萧昕奏释奠

【文献】

《新唐书》卷十五《礼乐志五》(P376)："永泰二年八月，修国学祠堂成，祭酒萧昕始奏释奠，宰相元载、杜鸿渐、李抱玉及常参官、六军将军就观焉。自复二京，惟正会之乐用宫县，郊庙之享，登歌而已，文、武二舞亦不能具。至是，鱼朝恩典监事，乃奏宫县于论堂，而杂以教坊工伎。"

事又见《旧唐书》卷二十四、《文献通考》卷四十三。

代宗大历二年　丁未(767)

○杜鸿渐论祭祀之礼

【文献】

《唐会要》卷十二《飨明堂议》(P291—292)："永泰三年正月，礼仪使杜鸿渐等奏：'孟春祈谷昊天上帝，孟冬祀神州，请以高祖神尧大圣大光孝皇帝配；孟夏雩祀昊天上帝，请以太宗文武大圣大广孝皇帝配；季秋大享明堂，祀昊天上帝，请以肃宗文明武德大圣大宣孝皇帝配享。臣与礼官学官，凭据经文，讲求正义，事皆明白，理无可疑。去年又与薛颀、归崇敬同见延英，备承圣旨，祖宗配祭，宜以殷、周为法，昊天时祀，一遵皇唐之礼，德音详定，久未施行。'制曰：'可。'"

代宗大历三年　戊申(768)

○童子科的发展

【文献】

《唐会要》卷七十六《童子》(P1399)："至大历三年四月二十五日，

敕：'童子举人，取十岁以下者，习一经，兼《论语》、《孝经》。每卷诵文十科全通者，与出身。仍每年冬本贯申送礼部，同明经举人例，考试讫闻奏。'至十年五月二十五日，敕：'童子科宜停。'开成三年十二月敕：'诸道应荐万言童子等，朝廷设科取士，门目至多，有官者合诣吏曹，未仕者即归礼部。文词学艺，各尽其长，此外更或延引，则为冗长。起今以后，不得更有闻荐，俾由正路，禁绝幸门。虽有是命，而以童子为荐者，比比有之。'"

【考论】

唐代实行科举后，童子科亦随之正式成为常科之一。童子科自唐高祖武德七年(624)创立以来，中间虽偶有停科整顿，但绝大部分时间都正常进行，这就为唐朝中小地主阶级的后代步入仕途增加了一条捷径，而由此也带来了弊端，故代宗试图完善此制，于大历三年敕"童子举人，取十岁以下者，习一经，兼《论语》、《孝经》。每卷诵文十科全通者，与出身"。但最终发现于事无补，故于十年五月二十五日敕停童子科。马秀勇等学者论述了童子科的发展历程，可参见马秀勇等《论唐代童子科》，《齐鲁学刊》2001年第3期。

在唐代科举制度中，童子科是和进士、明经并列为"岁举之常选"的重要科目。

【相关论著举目】

洪咏梅：《唐代童子科举特点刍议》，《山东教育学院学报》，2009年第5期

朱红梅、王凤朔：《童子科考试在唐宋时期的发展与变化》，《邢台学院学报》，2008年第1期

朱红梅：《唐宋童子科研究》，陕西师范大学硕士学位论文，2005年

金滢坤：《唐五代童子科与儿童教育》，《西北师大学报》，2002年第4期

马秀勇、王永平：《论唐代童子科》，《齐鲁学刊》，2001年第3期

○韩愈生

【文献】

《旧唐书》卷一百六十《韩愈传》(P4195—4203):“韩愈字退之,昌黎人。……长庆四年十二月卒,时年五十七,赠礼部尚书,谥曰文。”《新唐书》卷一百七十六(P5255、5264):“韩愈字退之,邓州南阳人。……长庆四年卒,年五十七,赠礼部尚书,谥曰文。”《四部丛刊》初编《朱文公校昌黎先生集》李汉《昌黎先生集序》(P3):“先生生于大历戊申。幼孤,随兄播迁韶岭。”

事又见《李文公集》卷十一《韩愈行状》。

【考论】

韩愈(768—842),字退之,昌黎(今属河南)人。文学家、思想家,古文运动的倡导者之一。

关于韩愈故里,史上记载多有歧异。其一,李翱之《行状》谓昌黎人,《旧唐书》曰“韩愈字退之,昌黎人”,同李说。韩愈本人数次自称昌黎人。如《汴州东西水门记》、《送陆歙州诗序》、《送愿归盘谷序》、《上巳日燕太学弹琴序》等皆自称“昌黎韩愈”。其二,皇甫湜《韩文公神道碑》谓其祖上曾“居南阳,又隶延州之武阳”,李白《武昌宰韩君去思颂碑》亦谓南阳人,《新唐书》采皇、李之说,谓愈为“邓州南阳人”。洪兴祖《韩子年谱》考证曰:“以退之为河内南阳人,非也。余考《元和姓纂》云:南阳赭阳,颓当玄孙骞,避王莽乱,因居之;又‘晋员外郎韩安之生潜、恬,随司马休之入后魏;恬子都为玄菟太守,因居昌黎’。《唐书·宰相世系表》亦云河南尹骞居赭阳,九世孙河东太守术,生河东太守纯。纯四世孙安之,晋员外郎,二子潜、恬。恬玄菟太守,二子都、偃。偃生后魏中郎颖。颖生播,徙昌黎棘城。然则韩氏初徙南阳之赭阳,后徙昌黎之棘城。《汉书·地理志》有两南阳:一曰河内修武,即晋启南阳是;一曰南阳赭阳,即韩骞所徙南阳郡,在唐属邓州,故《新史》以为邓州南阳人,别于河内之南阳。然赭阳在唐乃属均州,李太白以为南阳人是矣。《新史》近之。”洪说赞同《新唐书》之说。其三，朱熹《昌黎先生集考异》卷十引方崧卿之言说："今孟、怀州皆春秋南阳之地。自汉至隋，二州皆属河内郡，唐显庆中，始以孟州隶属河南府，建中中，乃以河南之四县入河阳三城使，其后又改为孟州。今河内有河阳县，韩氏世居之，故公每自言归河阳省坟墓，而《女挐之铭》亦曰：'归骨于河南之河阳韩氏墓'。张籍《祭公诗》亦云：'旧茔盟津北。'则知公为河内之南阳人。其说独为得之。公诗所谓'旧籍在东都，我家本瀍谷。'则必以地近而后尝徙居耳。"韩愈诗文中多次提到长兄韩会死后葬于河阳之事，如《祭十二郎文》曰："从嫂归葬河阳。"又如《祭老成文》："中年兄没南方，从嫂归葬河阳。"韩愈本人死后亦葬河阳，故皇甫湜《韩文公墓铭》曰："三月癸酉，葬河南河阳。"（参见刘国盈《韩愈评传》，北京师范学院出版社 1991 年版）朱熹谓韩愈籍里为河南河阳，其说可从。参见《中国学术思想编年》之《隋唐五代卷》。

○令狐峘修《玄宗实录》

【文献】

《唐会要》卷六十三《修国史》（P1095）："大历三年，起居舍人兼修史令狐峘，修《元宗实录》一百卷，峘著述虽精，属丧乱之后，起居注亡失，纂开元、天宝间事，唯得诸家文集编，其诏、册、名臣传记，十无三四，后人以漏略讥之。"

代宗大历四年　己酉（769）

○十一月，杜鸿渐卒

【文献】

《旧唐书》卷一百八《杜鸿渐传》（P3282—3284）："杜鸿渐，故相暹之族子。……四年十一月卒，赠太尉，谥曰文宪。辍朝三日，赐物五百匹，粟五百石。"《旧唐书》卷十一《代宗纪》(P294)："乙亥，门下侍郎、同中书门下平章事、卫国公杜鸿渐卒。"

◯啖助卒

【文献】

《新唐书》卷二百《啖助传》(P5705—5706)："啖助字叔佐，赵州人，后徙关中。淹该经术。天宝末，调临海尉、丹杨主簿。秩满，屏居，甘足疏糗。善为《春秋》，考三家短长，缝綻漏阙，号《集传》，凡十年乃成，复摄其纲条，为例统。其言孔子修《春秋》意，以为：'夏政忠，忠之敝野；商人承之以敬，敬之敝鬼；周人承之以文，文之敝僿。救僿莫若忠。夫文者，忠之末也。设教于本，其敝且末；设教于末，敝将奈何？武王、周公承商之敝，不得已用之。周公没，莫知所以改，故其敝甚于二代。孔子伤之曰："虞、夏之道，寡怨于民；商、周之道，不胜其敝！"故曰："后代虽有作者，虞帝不可及已。"盖言唐、虞之化，难行于季世，而夏之忠，当变而致焉。故《春秋》以权辅用，以诚断礼，而以忠道原情云。不拘空名，不尚狷介，从宜救乱，因时黜陟。古语曰："商变夏，周变商，春秋变周。"而公羊子亦言："乐道尧、舜之道，以拟后圣。"是知《春秋》用二帝、三王法，以夏为本，不壹守周典明矣。'又言：'幽、厉虽衰，《雅》未为《风》。逮平王之东，人习余化，苟有善恶，当以周法正之。故断自平王之季，以隐公为始，所以拯薄勉善，救周之敝，革礼之失也。'助爱公、穀二家，以左氏解义多谬，其书乃出于孔氏门人。且《论语》孔子所引，率前世人老彭、伯夷等，类非同时；而言'左丘明耻之，丘亦耻之'。丘明者，盖如史佚、迟任者。又《左氏传》、《国语》，属缀不伦，序事乖刺，非一人所为。盖左氏集诸国史以释《春秋》，后人谓左氏，便傅著丘明，非也。助之凿意多此类。助门人赵匡、陆质，其高第也。助卒，年四十七。质与其子异裒录助所为《春秋集注总例》，请匡损益，质纂会之，号《纂例》。"《旧唐书》卷一百八十九下《陆质传》(P4977):“质有经学,尤深于《春秋》,少师事赵匡,匡师啖助。助、匡皆为异儒,颇传其学,由是知名。”《经学通论·〈春秋〉》有文《论啖助说左氏具有特识说公穀得失参半公穀大义散配经文以传考之确有可征》。

【考论】

啖助(724—770),字叔佐,祖籍唐赵州(治所在今河北赵县),后迁关中,唐代经学家。天宝末,曾历任临海尉、丹杨主簿。任满后,居家著述,专治经学,尤长于《春秋》之学,与其弟子赵匡、陆淳(因避宪宗讳而改名陆质)等一起主治《春秋》,形成深具创新意义的《春秋》学派,与传统治经方式迥异,倾向于经世致用,认为“《春秋》者,救时之弊,革礼之薄”,孔子作《春秋》乃是“以权辅正,以诚断礼,正以忠道,原情为本”,“实为宋人言学志在经世之先驱”(吕思勉《隋唐五代史》下册,上海古籍出版社)。主张为学不必严守“家法”、“师法”,应变《春秋》之专学为通学。好标新立异,以为《春秋三传》亦有不可信之处,怀疑《左传》作者左丘明,谓“盖左氏集诸国史以释《春秋》,后人谓左氏,便傅著丘明,非也(《新唐书》卷二百本传 P5706)”,亦疑公羊名为高、穀梁名为赤,未必为实,开学术疑经辨伪之先声。啖助所开中唐经世辨伪之《春秋》学,以一种全新的治学方式,开当时经学变古的先声,并下启宋明理学,“宋人说《春秋》,本啖、赵、陆一家”(皮锡瑞《经学通论·春秋》),故深受宋代理学家首肯。邵雍曰:“《春秋》三传而外,陆淳、啖助可兼治”,皮锡瑞《经学通论·春秋》引吴澄说:“唐啖助、赵匡、陆淳三子,始能信经驳传,以驿人书法纂而为例,得其义者十七八,自汉以来,未闻或之先也。”自魏晋南北朝以来,随着道教的建立和佛教的广传,儒学受到了严峻挑战,必须变新,才能发展。啖助之治学,正适应了儒学变化的趋向,对宋代经学变古和理学的兴起影响深远。但其观点新异,后世亦不乏批评者,如《新唐书》卷二百《儒学传》(P5708)谓:“啖助在唐,名治《春秋》,摭诎三家,不本所承,自用名学,凭私臆决,尊之曰‘孔子意也’,赵、陆从而唱之,遂显于时。”此种批评有失片面。啖助历十年撰成《春秋集传》和《春秋统例》

二书，后又由其弟子赵匡和陆淳加以补充完善，赵匡增删修定。其书已佚。其主要思想保存在陆淳所编《春秋集传纂例》中，已非其原著。清马国翰《玉函山房辑佚书》中辑有啖助《春秋集传》一卷。

○啖助深忧《公羊》、《穀梁》诵习者殆绝

【文献】

《四库全书》第146册陆淳《春秋集传纂例》卷一《啖氏集传注义第三》(P382)："今《公羊》、《穀梁》二传殆绝，习《左氏》者皆遗经存传，谈其事迹，玩其文彩，如览史籍，不复知有《春秋》微旨。"

【考论】

由于唐代科举把《左氏》纳为大经之一，故世人多习《左氏》，从而导致了《公羊》、《穀梁》二传殆绝，《春秋》微旨不复有人关注。习《左氏》者亦仅限于"谈其事迹，玩其文彩，如览史籍"。啖助深为担忧，长此以往二《传》殆绝，由此开启了新《春秋》学。新《春秋》学有其政治价值，它维护了以郡县制为特征的大一统国家政体，反对分封；维护中央皇权，反对分裂割据；注意强调王德、民本，它所倡导的改革思想就是实现以上主张的途径之一。

【相关论著举目】

齊木哲郎、曹峰：《永贞革新与啖助、陆淳等春秋学派的关系——以大中之谈为中心》，《西北大学学报》(哲学社会科学版)，2008年第1期

付丽敏：《中晚唐(春秋)学研究》，吉林大学硕士学位论文，2008年

高明峰：《试论啖、赵〈春秋〉学派的学术贡献》，《宜宾学院学报》，2007年第9期

葛焕礼：《谈啖助、赵匡和陆淳〈春秋〉学的学术转型意义》，《文史哲》，2005年第5期

黄觉弘：《啖赵〈春秋〉学派略论》，《江西教育学院学报》，2005年第2期

吴海兰:《唐代新春秋学与政治》,《人文杂志》,2003 年第 4 期
杨新勋:《唐代啖赵陆的〈春秋〉学》,《殷都学刊》,2002 年第 3 期
杨世文:《啖助学派通论》,《中国史研究》,1996 年第 3 期
杨世文:《经学的转折:啖助赵匡陆淳的新春秋学》,《孔子研究》,1996 年第 3 期

代宗大历五年　庚戌(770)

○八月,归崇敬请改国学之制

【文献】

《旧唐书》卷一百四十九《归崇敬传》(P4016—4019):“时皇太子欲以仲秋之月,于国学行齿胄之礼。崇敬以国学及官名不称,请改国学之制,兼更其名,曰:‘《礼记·王制》曰,天子学曰辟雍。又《五经通义》云:辟雍,养老教学之所也。以形制言之,雍,壅也;辟,璧也,壅水环之,圆如璧形。以义理言之,辟,明也;雍,和也,言以礼乐明和天下。《礼记》亦谓之泽宫。《射义》云:天子将祭,必先习射于泽宫。故前代文士,亦呼云璧池,亦曰璧沼,亦谓之学省。后汉光武立明堂、辟雍、灵台,谓之三雍宫。至明帝躬行养老于其中。晋武帝亦作明堂、辟雍、灵台,亲临辟雍,行乡饮酒之礼。又别立国子学,以殊士庶。永嘉南迁,唯有国子学,不立辟雍。北齐立国子寺,隋初亦然。至炀帝大业十三年,改为国子监。今国家富有四海,声明文物之盛,唯辟雍独阙,伏请改国子监为辟雍省。’又以:‘祭酒之名,非学官所宜。按《周礼》:“师氏掌以美诏王,教国子。”请改祭酒为太师氏,位正三品。又司业者,义在《礼记》,云“乐正司业”。正,长也,言乐官之长,司主此业。《尔雅》云:“大板谓之业。”按《诗·周颂》:“设业设虡,崇牙树羽。”则业是悬钟磬之栒虡也。今太学既不教乐,于义则无所取,请改司业一为左师,一为右师,位正四品上。’又以:‘《五经》六籍,古先哲

王致理之式也。国家创业，制取贤之法，立明经，发微言于众学，释回增美，选贤与能。自艰难已来，取人颇易，考试不求其文义，及第先取于帖经，遂使专门业废，请益无从，师资礼亏，传受义绝。今请以《礼记》、《左传》为大经，《周礼》、《仪礼》、《毛诗》为中经，《尚书》、《周易》为小经，各置博士一员。其《公羊》、《穀梁》文疏少，请共准一中经，通置博士一员。所择博士，兼通《孝经》、《论语》，依凭章疏，讲解分明，注引旁通，问十得九，兼德行纯洁，文词雅正，仪形规范，可为师表者，令四品以上各举所知。在外者给驿，年七十已上者蒲轮。其国子、太学、四门、三馆，各立五经博士，品秩上下，生徒之数，各有差。其旧博士、助教、直讲、经直及律馆、算馆助教，请皆罢省。其教授之法，学生至监，谒同业师。其所执贽，腩修一束、清酒一壶，衫布一段，其色随师所服。师出中门，延入与坐，割修斟酒，三爵而止。乃发箧出经，抠衣前请。师为依经辨理，略举一隅，然后就室。每朝、晡二时请益，师亦二时居讲堂，说释道义，发明大体，兼教以文行忠信之道，示以孝悌睦友之义。旬省月试，时考岁贡。以生徒及第多少，为博士考课上下。其有不率教者，则榎楚扑之。国子不率教者，则申礼部，移为太学。太学之不变者，移之四门。四门之不变者，归本州之学。州学之不变者，复本役，终身不齿。虽率教九年而学不成者，亦归之州学。其礼部考试之法，请无帖经，但于所习经中问大义二十，得十八为通；兼《论语》、《孝经》各问十得八，兼读所问文注义疏，必令通熟者为一通。又于本经问时务策三道，通二为及第。其中有孝行闻于乡闾者，举解具言于习业之下。省试之日，观其所实，义少两道，亦请兼收。其天下乡贡，亦如之。习业考试，并以明经为名。得第者，授官之资与进士同。若此，则教义日深，而礼让兴；礼让兴，则强不犯弱，众不暴寡。此由太学而来者也。'诏下尚书集百僚定议以闻。议者以为省者，禁也，非外司所宜名。《周礼》代掌其职者曰氏，国学非代官，不宜曰太师氏。其余大抵以习俗既久，重难改作，其事不行。"《唐会要》卷六十六《东都国子监》(P1157—1159)记此事于"大历五年八月"，"疏奏不从"。

事又见《新唐书》卷一百六十四《归崇敬传》、《全唐文》卷三百七十九中归崇敬《辟雍议》、《文献通考》卷四十一《学校考二》、《册府元龟》卷六百四。

代宗大历七年　壬子(772)

○白居易生

【文献】

《旧唐书》卷一百六十六《白居易传》(P4340—4356):"白居易字乐天,太原人。北齐五兵尚书建之仍孙。……大中元年卒,时年七十六,赠尚书右仆射。"

○刘禹锡生

【文献】

《旧唐书》卷一百六十《刘禹锡传》(P4210—4213):"刘禹锡字梦得,彭城人。……会昌二年七月卒,时年七十一,赠户部尚书。"《四库全书》第1077册《刘宾客外集》卷九《子刘子自传》(P584—585):"子刘子名禹锡,字梦得,其先汉景帝贾夫人子胜,封中山王,谥曰靖,子孙因封为中山人也。……行年七十有一。"事又见《新唐书》卷一百六十八等。

【考论】

刘禹锡(772—842),字梦得,唐著名文学家、哲学家。

(一)关于刘禹锡之生年。《旧唐书》云"会昌二年七月卒,时年七十一",《疑年录》卷一考证曰:"刘梦得七十二,生大历七年壬子,卒会昌二年壬戌。据《唐诗纪事》梦得与乐天俱生壬子,刘以会昌二年卒,当为七十一也。白乐天诗:'何事同生壬子岁,老于崔相及刘郎。

自注:予与苏州刘郎中同生壬子岁。'"(参见《杜佑年谱》)刘禹锡在《酬喜相遇同州与乐天替代》、《元日乐天见过因举酒为贺》等诗中谓与白居易同岁,在《和乐天耳顺吟兼寄敦诗》、《乐天示过敦诗旧宅有感一篇吟之泫然追想昔事因成继和以寄苦怀》等诗中又谓与崔群同岁,而白、崔皆生于大历七年,可证《唐书》所记其年岁不谬。

(二)关于刘禹锡之籍贯和郡望,文献所载有分歧。一说洛阳(今属河南)人,又一说系出中山(今河北定县),韩愈《柳子厚墓志铭》、柳宗元《亡友故秘书省校书郎独孤君墓碣》等文皆称禹锡为中山人,另一说则谓彭城人,见《旧唐书》。岑仲勉《元和姓纂四校记》卷五十八谓"禹锡……自传称中山,旧传称彭城,殆皆指其郡望耳。"今人卞孝萱《刘禹锡年谱》称:"在汉代,郡望与籍贯,是一非二。后世乃渐分离,至唐极糅错之奇。禹锡的郡望是中山,籍贯是洛阳,他自己说得很清楚。"并指出:"称中山刘禹锡者,是指其郡望而言。""称彭城刘禹锡者,乃误以彭城为禹锡之郡望。"(中华书局 1963 年版)以上内容参见《中国学术思想编年》之《隋唐五代卷》。

○啖助卒

【文献】

《新唐书》卷二百《啖助传》(P5705—5706):"啖助字叔佐,赵州人,后徙关中。淹该经术。天宝末,调临海尉、丹杨主簿。秩满,屏居。……助卒,年四十七。"

代宗大历八年　癸丑(773)

○十一月,柳宗元生

【文献】

《旧唐书》卷一百六十《柳宗元传》(P4213—4214):"柳宗元字子

厚，河东人。后魏侍中济阴公之系孙。曾伯祖奭，高宗朝宰相。父镇，太常博士，终侍御史。……元和十四年十月五日卒，时年四十七。”《四部丛刊》初编《朱文公校昌黎先生集》卷三十二《柳子厚墓志铭》(P215)：“子厚以元和十四年十一月八日卒，年四十七。”其生平又见《新唐书》卷一百六十八《柳宗元传》。

【考论】

柳宗元(773—819)，唐文学家、思想家。字子厚，河东解(今山西运城解州镇)人，世称柳河东。柳宗元之生年，新、旧《唐书》均未载。今据韩愈《柳子厚墓志铭》，柳宗元卒于元和十四年(819)十一月八日，年四十七，逆推其生当于是年。又据《与杨诲之第二书》“吾年十七求进士，四年乃得举”，柳宗元求进士是在贞元五年(789)，亦可推知其生于此年。宋文安礼所撰《柳先生年谱》亦作“大历八年癸丑，子厚生，代宗之十一年也”。参见《中国学术思想编年》之《隋唐五代卷》。

代宗大历九年　甲寅(774)

○李翱约生于此年

【文献】

《旧唐书》卷一百六十《李翱传》(P4205—4209)：“李翱字习之……会昌中，卒于镇，谥曰文。”《新唐书》卷一百七十七《李翱传》(P5280—5282)：李翱字习之，后魏尚书左仆射冲十世孙。中进士第，始调校书郎，累迁，元和初，为国子博士、史馆修撰。……后历迁桂管湖南观察使、山南东道节度使，卒。”

【考论】

李翱(774—836，一说772—841)，字习之，陇西成纪(今甘肃秦安东)人，唐代哲学家、文学家。其生年无确切记载，学界说法不一。李恩溥《李翱年谱》(载1948年5月17日《南京日报》)认为翱生于大历七年(772),学界亦多持此说。李光富《〈李翱年谱〉订补》(载《四川大学学报》1985年第4期)对是说作了补证。卞孝萱、张清华、阎琦《韩愈评传》附《李翱评传》(南京大学出版社1998年版),提出翱生于大历九年(774)之说,今从。参见《中国学术思想编年》之《隋唐五代卷》。

○韩愈七岁,始读书,并于此年离开洛阳而居秦

【文献】

《四库全书》第1078册皇甫湜《皇甫持正集》卷六《韩文公神道碑》(P94):"七岁属文,意语天出。长悦古学,业孔子、孟轲而侈其文。"又《皇甫持正集》卷六《韩文公墓志铭》(P97):"先生七岁好学,言出成文。"

○五月,李华卒于此前不久,著有《卜论》、《质文论》等

【文献】

《旧唐书》卷一百九十下《李华传》(P5047—5048):"李华字遐叔,赵郡人。开元二十三年进士擢第。天宝中,登朝为监察御史。累转侍御史,礼部、吏部二员外郎。华善属文,与兰陵萧颖士友善。……华著论言龟卜可废,通人当其言。禄山陷京师,玄宗出幸,华扈从不及,陷贼,伪署为凤阁舍人。收城后,三司类例减等,从轻贬官,遂废于家,卒。华尝为《鲁山令元德秀墓碑》,颜真卿书,李阳冰篆额,后人争模写之,号为'四绝碑'。有《文集》十卷,行于时。"《新唐书》卷二百三《李华传》(P5776):"安禄山反,上诛守之策,皆留不报。玄宗入蜀,百官解窜,华母在邺,欲间行辇母以逃,为盗所得,伪署凤阁舍人。贼平,贬杭州司户参军。华自伤践危乱,不能完节,又不能安亲,欲终养而母亡,遂屏居江南。上元中,以左补阙、司封员外郎召之。华喟然

曰：'乌有隳节危亲，欲荷天子宠乎？'称疾不拜。……晚事浮图法，不甚著书，惟天下士大夫家传、墓版及州县碑颂，时时赍金帛往请，乃强为应。大历初，卒。"《四库全书》第1343册《唐文粹》卷三十三下梁肃《为常州独孤使君祭李员外文》(P496)："大历九年五月日，朝散大夫、守常州刺史、赐紫金鱼袋独孤某谨以清酌之奠，祭于故尚书吏部郎、赵郡李遐叔三兄之灵。"

【考论】

李华(696—774)，字遐叔，赵郡人，唐代中叶著名文学家，古文运动的先驱人物。开元二十三年进士，官至监察御史、右补阙。安禄山陷长安时，曾受职，乱平贬官，后起官至检校吏部员外郎。李华为唐时著名文学家，与兰陵萧颖士友善，善属文，"文体温丽，少宏杰之气"，尤以擅写传记、行状而著称。其《吊古战场文》为其代表作之一。曾作《鲁山令元德秀墓碑》，颜真卿书，李阳冰篆额，后人争摹写之，称为"四绝碑"。有《李遐叔文集》传世。关于其生卒年月，《旧唐书》本传和独孤及序皆未涉及，《新唐书》本传只言其"大历初卒"，故仅据上述三种典籍实无从得知李华的生卒时间。今据《唐文粹》卷三十三下梁肃《为常州独孤使君祭李员外文》，定其卒年于此年。参见唐华全《李华生卒年考》，《历史教学》2005年第4期。

【相关论著举目】

赵殷尚：《论萧颖士、李华的文学思想》，《唐都学刊》，2008年第6期

李辉：《李华交游考略》，《和田师范专科学校学报》，2007年第4期

李辉：《李华古文理论试论》，《河南教育学院学报》(哲学社会科学版)，2007年第3期

赵殷尚：《"厅壁记"的源流以及李华、元结的革新》，《文献》，2006年第4期

熊礼汇、刘燕：《李华的思想及创作》，《长春师范学院学报》，2005年第10期

唐华全:《李华生卒年考》,《历史教学》2005 年第 4 期
张思齐:《在比较的视野中看李华的骈文成就》,《安徽理工大学学报》(社会科学版),2005 年第 1 期
汪晚香:《李华卒年考》,《湖北师范学院学报》,1989 年第 2 期
尹仲文:《李华卒年考辨》,《河北大学学报》,1979 年第 2 期

代宗大历十一年　丙辰(776)

○六月,张参纂成《五经文字》

【文献】

《新唐书》卷五十七《艺文志一》(P1451):"张参《五经文字》三卷。"《文献通考》卷一百八十五《经籍考十二》(P1587):"《五经文字》三卷,陈氏曰:唐国子司业张参撰。大历中,刻石长安太学。《崇文总目》:初,参拜诏与儒官校正经典,乃取汉蔡邕《石经》、许慎《说文》、吕忱《字林》、陆德明《释文》,命孝廉生颜传钞撮疑互取,定儒师部为一百六十,非缘经见者,皆略而不集。"《四库全书总目》卷四十一《小学类二》(P347—348):"《五经文字》三卷,唐张参撰。参里贯未详。《自序》题'大历十一年六月七日',结衔称'司业',盖代宗时人。《唐书·儒学传序》,称文宗定《五经》劖之石,张参等是正讹文,误也。考《后汉书》熹平四年春三月,诏诸儒正《五经》文字,刻石立于太学门外。参书立名,盖取诸此。凡三千二百三十五字,依偏旁为百六十部。刘禹锡《国学新修五经壁记》云:'大历中名儒张参,为国子司业,始详定《五经》,书于讲论堂东、西厢之壁。积六十余载,祭酒皞、博士公肃再新壁书,乃析坚木负墉而比之。其制如版牍而高广,背施阴关,使众如一。'观此言,可以知《五经文字》初书于屋壁,其后易以木版,至开成间乃易以石刻也。朱彝尊《跋》云:'《五经文字》独无雕本,为一阙事。'考《册府元龟》,称周显德二年尚书左丞兼判国子监事田敏献印

版书《五经文字》,奏称‘臣等自长兴三年校勘雕印《九经》书籍。’然则此书刻本在印版书甫创之初已有之,特其本不传耳。今马曰璐《新刻版本跋》云:‘旧购宋拓石经中有此,因旧样缮写,雕版于家塾。’然曰璐虽称摹宋拓本,今以石刻校之,有字画尚存而其本改易者。又下卷《幸部》脱去‘睪’字注十九字,‘盩’字并注凡八字。今悉依石刻补正,俾不失其真焉。”《四库全书》第1035册《唐国史补》卷下(P443):“张参为国子司业,年老,常手写九经,以谓‘读书不如写书’。”《全唐文》卷四百五十八(P4676):“参,大历朝官户部郎中,历国子司业。”

《全唐文》卷四百五十八张参《五经文字序例》(P4676—4677):“王者制天下,必使车同轨,书同文。故教人八岁入小学,文有疑者,则必阙而求之。春秋之末,保氏教废,无所取正,各遂其私。故孔子曰:“吾犹及史之阙文也,今亡矣。”盖夫子少时,人犹有阙疑之问,后亡斯道,叹其不知而作之也。萧何《汉制》,亦有著法,太史试学童,讽书九千字,乃得为吏,以六体试之。吏人上书,字或不正,辄有举劾,皆正史遗文,可得焯知者也。刘子政父子校中秘书,自《史籀》以下凡十家,序为小学,次于六艺之末。后汉许叔重收集籀篆古文诸家之学,就隶为训注,谓之《说文》,时蔡伯喈亦以灭学之后,经义分散,儒者师门,各滞所习,传记交乱,讹伪相蒙。乃请刊定《五经》,备体刻石,立于太学之门外,谓之《石经》,学者得以取法焉。遭离变难,仅有存者。后有吕忱,又集《说文》之所漏略,著《字林》五篇以补之。今制国子监置书学博士,立《说文》、石经、《字林》之学,举其文义,岁登下之,亦古之小学也。自顷考功礼部课试贡举,务于取人之急,许以所习为通,人苟趋便,不求当否,字失六书,犹为壹事,《五经》本文荡而无守矣。十年夏六月,有司以职事之病,上言其状,诏委国子儒官勘校经本,送尚书省。参幸承诏旨,得与二三儒者,分经钩考而共决之,互发字义,更相难极。又以前古字少,后代稍益之,故经典音字,多有假借(谓若借后为後、辟为避、大为太、知为智之类,经典通用)。陆氏《释文》,自南徂北,遍通众家之学,分析音训,特为详举,固当以此正之(唯今文《尚书》改就今字,删定《月令》,依其时进本,与《释文》音训，颇有不同)。卒以所刊，书于屋壁，虽未如蔡学之精密，石经之坚久，慕古之士，且知所归。……犹虑岁月滋久，官曹代易，傥复芜污，失其本真。乃命孝廉生颜传经收集疑文互体，受法师儒，以为定例，凡一百六十部，三千二百三十五字，分为三卷。《说文》体包古今，先得六书之要。有不备者，求之字林。其或古体难明，众情惊懵者，则以石经之余，比例为助。石经湮没，所存者寡，通以经典及《释文》相承隶省，引而申之，不敢专也。近代字样，多依四声，传写之后，偏傍渐失。今则采《说文》、《字林》诸部，以类相从，务于易了，不必旧次，自非经典文义之所在，虽切于时，略不集录，以明为经不为字也。其字非常体，偏有所合者，详其证据，各以朱字记之，俾夫观省，无至多惑。大历十一年六月七日，司业张参序。"《日知录集释》卷十八"张参《五经文字》"条(P1034)："唐人以《说文》、《字林》试士。其时去古未远，开元以前未改经文之日，篆籀之学，童而习之。今西安府所存唐睿宗书景龙观钟，犹带篆、分遗法。至于宋人，其去古益远，而为说日以凿矣。大历中，张参作《五经文字》，据《说文》、《字林》刊正谬失，甚有功于学者。开成中，唐玄度增补，复作《九经字样》，石刻在关中。向无板本，间有残缺，无别本可证。近代有好事者刻《九经补字》，并属诸生补此书之阙，以意为之。乃不知此书特《五经》之文，非经所有者不载，而妄添经外之字，并及字书中泛博之训。予至关中，洗刷元石，其有一二可识者，显与所补不同，乃知近日学者之不肯阙疑而妄作如此。"参见《书林清话》卷一、《全唐文》卷六百六刘禹锡《国学新修五经壁本记》。

【考论】

关于张参的生卒年，史籍中无确切记载，约生于唐开元二年(714)，卒于贞元二年(786)。据《新唐书·宰相世系表》记载，其为汉朝常山景王张耳之后，祖籍河间郑县(今河北省)，一说泾州(今甘肃泾川县)。大历朝官户部郎中，历国子司业，著有《五经文字》。

《五经文字》分为三卷，凡一百六十部，三千二百三十五字。安史之乱使唐王朝盛极而衰，国力大伤。中唐以后，外忧内患不绝，唐帝国由开放转向封闭，科举考试中加大了经学的力度，重新制定经书用字标准迫在眉睫。在这种背景下，代宗大历十年夏六月张参奉诏勘校《五经》文字，分经钩考，以类相从，大历十一年成书。《五经文字》是针对时人用字"趋便不求当否"，以致"《五经》本文荡而无守"的混乱情况，为考证《五经》中文字形体变化及音义变化而作。对《五经》中的疑文互体，首先依据《说文》，其次则是《字林》，凡《说文》不备者，则以《字林》补充；再次是采用汉熹平石经、魏正始三体石经里的字来代替不通用的古体字；复次，以经书和陆德明《经典释文》相承使用的隶体省文来引申参证。从整体上看，《五经文字》的辨证、分析，侧重于对不同经籍出现的异体字出处的说明，同时也对异体字、形似字、讹字、俗字、假借字作出了指正。《五经文字》的编排体例与此前的《字样》不同，采用《说文》、《字林》的部首，以类相从，加以合并减省，便于查阅，故全书只有160部，其收字原则是"自非经典文义之所在，虽切于时，略不集录，以明为经，不为字也"。因是明经为用，所以收字以单字为主，兼列异文，或标注音读，或简列释义，或说明字的出处，并标示字体流变。因《五经》是经典之首，为规范字体，故不分俗、通、正，只有正体与非正体的对立，以唐代通行的今隶（楷书）为正体，与此不同的称"俗作"、"讹"、"误"，俱加排斥。此书为强化和巩固楷体正字的地位做出了积极贡献。清顾炎武《日知录》卷十八P1034评价说："张参作《五经文字》，据《说文》、《字林》刊正谬失，甚有功于学者。"为了传之久远，宪宗元和十四年（819），《五经文字》先刊于屋壁，称为"壁经"。因不耐久，其后改成木版。文宗开成二年（837）政府大规模镂刻石经时，将《五经文字》附于《唐开成石经》之后。

【相关论著举目】

唐娟：《〈干禄字书〉与〈五经文字〉异同比较》，《文教资料》，2007年第6期

何继军：《唐代"三书"俗字的诸种类型》，《上海师范大学学报》，2006年第3期

赵海燕：《〈五经文字〉的正字观及其现实意义》，《达县师范高等

专科学校学报》,2005 年第 4 期

石磊:《〈五经文字〉音注反映的中唐语音现象》,《古籍整理研究学刊》,2000 年第 4 期

魏励:《张参的〈五经文字〉》,《辞书研究》,1984 年第 5 期

代宗大历十二年　丁巳(777)

◎四月,独孤及卒

【文献】

《新唐书》卷一百六十二《独孤及传》(P4990—4993):"独孤及字至之,河南洛阳人。为儿时,读《孝经》,父试之曰:'儿志何语?'对曰:'立身行道,扬名于后世。'宗党奇之。天宝末,以道举高第补华阴尉,辟江淮都统李峘府,掌书记。代宗以左拾遗召……卒,年五十三,谥曰宪。及喜鉴拔后进,如梁肃、高参、崔元翰、陈京、唐次、齐抗皆师事之。性孝友。其为文彰明善恶,长于论议。晚嗜琴,有眼疾,不肯治,欲听之专也。"《旧唐书》卷一百六十八《独孤郁传》(P4381):"独孤郁,河南人。父及,天宝末与李华、萧颖士等齐名,善为文,所著《仙掌铭》,大为时流所赏,位终常州刺史。"《新唐书》卷六十《艺文志四》(P1605):"独孤及《毗陵集》二十卷。"《直斋书录解题》卷十六(P472—473):"《独孤常州集》二十卷,唐常州刺史洛阳独孤及至之撰。"《全唐文》卷五百一十八梁肃《常州刺史独孤及集后序》(P5260):"大历丁巳岁夏四月,有唐文宗常州刺史独孤公薨于位。……洎公为之,于是操道德为根本,总礼乐为冠带,以《易》之精义,《诗》之雅兴,《春秋》之褒贬,属之于辞。故其文宽而简,直而婉,辩而不华,博厚而高明,论人无虚美,比事为实录,天下凛然,复睹两汉之遗风。"

事又见梁肃《独孤公行状》及《祭独孤常州文》等。

【考论】

独孤及(725—777),字至之,河南洛阳人,唐朝散文家。幼有"立

身行道，扬名于后世”之志，遍读《五经》，重其大义而不为章句之学。天宝十三载(754)，举洞晓玄经科，授华阴尉。房绾许为非常之才，李华、苏源明许为词宗。安史之乱起，避难江南。唐代宗时，召为左拾遗，历任礼部、吏部员外郎，出为濠、舒两州刺史，终于常州刺史任上。谥曰“宪”。独孤及以文与李华、萧颖士齐名，为古文运动之先驱。其文以儒家经典为立论依据，长于论辩，褒贤贬恶，立法诫世，不以词采取胜。韩愈之古文，深受其影响，以其为法。《新唐书·艺文志》著录有《毘陵集》二十卷，其中诗三卷，文十七卷，为其弟子梁肃所编，权德舆作序。有《四部丛刊》影印本传世。

【相关论著举目】

郭树伟:《沉雄劲健:唐代诗人独孤及诗歌艺术散论》,《河南师范大学学报》(哲学社会科学版),2011 年第 3 期

郭树伟:《唐文学家独孤及生平考证一则》,《河南教育学院学报》(哲学社会科学版),2010 年第 4 期

罗芳芳、方胜:《独孤及与唐代古文运动》,《西北工业大学学报》(社会科学版),2010 年第 4 期

卢新燕:《独孤及文系年续补》,《河南师范大学学报》(哲学社会科学版),2010 年第 2 期

郗涛:《唐代古文运动中的独孤及和韩愈》,《安徽文学》(下半月),2009 年第 2 期

魏丽萍:《论独孤及的古文革新理论及影响》,《唐山师范学院学报》,2009 年第 1 期

魏丽萍:《试论独孤及的奏议文——兼论独孤及古文创作的贡献及地位》,《太原大学学报》,2009 年第 1 期

刘鹏:《独孤及行年及作品系年再补正》(上、下),《南阳师范学院学报》,2007 年第 2、4 期

蒋寅:《独孤及文系年补正》,《太原师范学院学报》(社会科学版),1996 年第 1 期

○七月，杨绾卒

【文献】

《旧唐书》卷十一《代宗纪》(P312)："秋七月……己巳，中书侍郎、同中书门下平章事、集贤殿崇文馆大学士、兼修国史杨绾卒。"《旧唐书》卷一百一十九《杨绾传》(P3429—3430)："杨绾字公权，华州华阴人也。祖温玉，则天朝为户部侍郎、国子祭酒。父侃，开元中醴泉令，皆以儒行称。绾生聪惠，年四岁，处群从之中，敏识过人。……及长，好学不倦，博通经史，九流七略，无不该览，尤工文辞，藻思清赡。而宗尚玄理，沉静寡欲，常独处一室，左右经书，凝尘满席，澹如也。含光晦用，不欲名彰，每属文，耻于自白，非知己不可得而见。早孤家贫，养母以孝闻，甘旨或阙，忧见于色。亲友讽令干禄，举进士，调补太子正字。天宝十三年，玄宗御勤政楼，试博通坟典、洞晓玄经、辞藻宏丽、军谋出众等举人，命有司供食，既暮而罢。取辞藻宏丽外，别试诗赋各一首。制举试诗赋，自此始也。时登科者三人，绾为之首，超授右拾遗。"《旧唐书》卷一百一十九《杨绾传》(P3435—3437)："绾有宿痼疾，居职旬日，中风，优诏令就中书省摄养，每引见延英殿，特许扶入。时厘革旧弊，唯绾是瞻，恩遇莫二。绾累抗疏辞位，频诏敦勉不许。及绾疾亟，上日发中使就第存问，尚药御医，旦夕在侧，上闻其有间，喜见容色。数日而薨，中使在门，驰奏于上，代宗震悼久之，辍朝三日。……宜谥曰文简。……绾俭薄自乐，未尝留意家产，口不问生计，累任清要，无宅一区，所得俸禄，随月分给亲故。清识过人，至如往哲微言，《五经》奥义，先儒未悟者，绾一览究其精理。雅尚玄言，宗释道二教，尝著《王开先生传》以见意，文多不载。凡所知友，皆一时名流。或造之者，清谈终日，未尝及名利。或有客欲以世务干者，见绾言必玄远，不敢发辞，内愧而退。大历中，德望日崇，天下雅正之士争趋其门，至有数千里来者。以清德坐镇雅俗，时比之杨震、邴吉、山涛、谢安之俦也。"《资治通鉴》卷二百二十五《唐纪四十一》(P7246)："上方倚杨绾，使厘革弊政，会绾有疾，秋，七月，己巳，薨。

上痛悼之甚，谓群臣曰：'天不欲朕致太平，何夺朕杨绾之速！'"《全唐文》卷三百三十一、《新唐书》卷一百四十二有传。

【考论】

杨绾（？—777），字公权，华州华阴人。少年失父，侍母至孝。性沉静，好读书，不好立名，有所论著，不炫耀于人。举进士，补太子正字。天宝十三载举词藻宏丽科，擢右拾遗。肃宗即位，擢起居舍人、知制诰，累拜中书侍郎、同中书门下平章事、集贤殿崇文馆大学士。杨绾平素患有痼疾，旬日浸剧，不久病卒，谥文简。其思想深受三教影响，览究《五经》奥义之精理，又雅尚玄言，宗释、道二教。曾著《王开先生传》。有人造访，清谈终日，不及荣利。其知友，皆一时名流。杨绾为人俭约，俸禄尽散给亲朋戚友。其品格影响世风甚巨，始为宰相时，御史中丞崔宽立即拆毁城南别墅，京兆尹黎干出入跟随车马减至十余骑，中书令郭子仪在邠州行营将乐队去五分之四。天下靡然向风而化者，不可胜记。因此人们把他比做杨震、山涛、谢安一类的清官廉吏，深受时人敬仰。

【相关论著举目】

沙金：《从杨绾拜相说开去》，《同舟共进》，1998 年第 7 期

王振芳：《杨绾与〈郭夫人碑〉》，《山西大学学报》（自然科学版），1996 年第 1 期

○十一月，萧昕为工部尚书

【文献】

《旧唐书》卷十一《代宗纪》（P313）："十一月……癸酉，以右散骑常侍萧昕为工部尚书。"

○颜真卿撰《韵海镜源》，表献之

【文献】

《新唐志》卷五十七《艺文志一》（P1451）："颜真卿《韵海镜源》三百

六十卷。”《唐会要》卷三十六《修撰》(P659):“大历十二年十一月二十五日,刑部尚书颜真卿,撰《韵海镜原》三百六十卷,表献之。诏付集贤院。”《四库全书》第862册《封氏闻见记》卷二(P426):“天宝末,平原太守颜真卿撰《韵海镜源》二百卷,未毕,属蕃寇凭陵,拔身济河,遗失五十余卷。广德中,为湖州刺史,重加补葺,更于正经之外,加入子史释道诸书,撰成三百六十卷。其书于陆法言《切韵》外,增出一万四千七百六十一字。先起《说文》为篆字,次作今文隶字,仍具别体为证,然后注以诸家字书,解释既毕,征《九经》两字以上,取其句末字,编入本韵。爰及诸书,皆仿此。自有声韵以来,其撰述该备,未有如颜公此书也。大历二年,入为刑部尚书,诣银台门进上之,奉敕宣付秘阁,赐绢五百匹。”

事又见《旧唐书》卷十一《代宗纪》、唐令狐晅《颜鲁公神道碑》。

【考论】

《韵海镜源》三百六十卷,颜真卿撰。始撰于天宝末年,完成于代宗大历十二年,历二十余年。书成后真卿表献其书,诏藏秘阁。《通志·艺文略》、《曲阜志》均作《韵海鉴源》,避讳也。是书《新唐书》、《旧唐书》著录为三百六十卷,《宋志》、《崇文总目》仅著录十六卷,绝大部分已经亡佚。《小学考》谓:“《韵海镜原》,《崇文总目》仅存十六卷,知亡佚已多。《通志》作《鉴原》,避翼祖讳也。是书为后人韵府之滥觞,本无关小学,以自来著录皆列小学中,姑仍其旧。”其后此十六卷亦随世事迁移而亡佚。清黄奭辑诸书所引,凡为一卷,见《汉学堂丛书》及《黄氏逸书考》,稿本《续修四库提要》据以著录。

德宗建中元年　庚申(780)

○二月,归崇敬请定皇太子释奠仪

【文献】

《唐会要》卷四《杂录》(P45—46):“建中元年二月,国子司业归崇敬上言：'准制，皇太子时幸太学，行齿胄之礼者，伏请每至春秋国学释奠之时，所司先奏听进止。其释奠齿胄之礼，如《开元礼》，或有未尽，请委礼仪使更以古议详定闻奏。'"

参见《全唐文》卷三百七十九归崇敬《请定皇太子释奠仪注奏》。

○十月，张镒撰《三礼图》、《五经微旨》、《孟子音义》，上之

【文献】

《旧唐书》卷一百二十五《张镒传》(P3545—3546)："张镒，苏州人，朔方节度使齐丘之子也。……交游不杂，与杨绾、崔佑甫相善。大历五年，除濠州刺史，为政清净，州事大理。乃招经术之士，讲训生徒，比去郡，升明经者四十余人。撰《三礼图》九卷、《五经微旨》十四卷、《孟子音义》三卷。"《唐会要》卷三十六《修撰》(P659)："建中元年十月，濠州刺史张镒，撰《五经微旨》十四卷、《孟子音义》三卷，上之。"《新唐书》卷五十七、五十八《艺文志》(P1434、P1446、P1512)："张镒《三礼图》九卷"、"张镒《五经微旨》十四卷"、"张镒《孟子音义》三卷。"

【考论】

由汉至唐，出现了汉郑玄、晋阮谌、唐张镒等人所撰多种《三礼图》。清人马国翰所辑《玉函山房辑佚书》中，收入东汉郑玄、阮谌合撰《三礼图》一卷，共分冕服、冠冕、宫室、乐器、射侯、弓矢、旌旗、祭玉、匏爵、鼎器、丧器十一类。又有梁正《三礼图》九卷，至唐代，张镒又撰《三礼图》九卷，梁氏、张氏《三礼图》均佚，现有马国翰《玉函山房辑佚书》辑佚本，图均佚。这些著作"大抵皆约略传注之文，揣摩形似，多不免于失真"(参见《四库全书总目》卷八十二 P707)。

汉唐之际，《孟子》被列入"子"类，不受重视，故唐陆德明《经典释文》于群经皆有《音义》，独缺《孟子》。但一些有识之士已经认识到了《孟子》一书的价值，陆善经率先作《孟子注》，张镒继其踵而作《孟子音义》三卷，从而弥补了陆德明《经典释文》的缺憾。宋代孙奭所撰《孟子音义》二卷，即以张镒《孟子音义》为本，又及丁公《孟子手音》、

陆善经《孟子注》以成。

德宗建中二年 辛酉(781)

○十月,敕明经义策全通者,令所司具名闻奏,续商量处分

【文献】

《唐会要》卷七十五《贡举上》(P1374—1375):"建中二年十月,中书舍人、权知礼部贡举赵赞奏:'应口问大义明经等,举人明经之目,义以为先。比来相承,唯务习帖,至于义理,少有能通。经术浸衰,莫不由此。今若顿取大义,恐全少其人;欲且因循,又无以劝学。请约贡举旧例,稍示考义之难。承前问义,不形文字,落第之后,喧竞者多。臣今请以所问,录于纸上,各令直书其义,不假文言,既与策有殊,又事堪征证。凭此取舍,庶归至公。如有义策全通者,《五经》举人,请准广德元年七月敕,超与处分,明经请减二选。伏请每岁甄奖,不过数人,庶使经术渐兴,人知教本。'敕旨:'明经义策全通者,令所司具名闻奏,续商量处分。余依。'"

德宗建中三年 壬戌(782)

○正月,以文宣王三十七代孙齐卿为兖州司马

【文献】

《唐会要》卷三十五《褒崇先圣》(P639):"建中三年闰正月,以文宣王三十七代孙齐卿,为兖州司马,袭文宣王。"

○二月，释奠请准旧例

【文献】

《唐会要》卷三十五《释奠》(P642)："建中三年二月，国子司业归崇敬奏：'上丁释奠，其日准旧例，合集朝官讲论《五经》文义。自大历五年以前，常行不绝，其年八月以后，权停讲论。今既日逼，恐须复依旧奏。'"

德宗建中四年　癸亥(783)

○冯伉登博学三史科

【文献】

《旧唐书》卷一百八十九下《冯伉传》(P4978)："冯伉，本魏州元城人。父玠，后家于京兆。少有经学。大历初，登《五经》秀才科，授秘书郎。建中四年，又登博学《三史》科。"

事又见《册府元龟》卷六百五十。

○十月，张镒卒

【文献】

《旧唐书》卷十二《德宗纪上》(P337)："上以奉天隘，欲幸凤翔，壬子，凤翔军乱，杀节度使张镒，乃止。"《旧唐书》卷一百二十五《张镒传》(P3545—3549)："张镒，苏州人，朔方节度使齐丘之子也。……德宗将幸奉天，镒窃知之，将迎銮驾，具财货服用献行在。李楚琳者，尝事朱泚，得其心。军司马齐映等密谋曰：'楚琳不去，必为乱。'乃遣楚琳屯于陇州。楚琳知其谋，乃托故不时发。镒始以迎驾心忧惑，以楚琳承命去矣，殊不促其行。镒修饰边幅，不为军士所悦。是夜，楚琳遂与其党王汾、李卓、牛僧伽等作乱。镒夜缒而走，判官齐映自水窦出，齐抗为佣保负荷而逃，皆获免。镒出凤翔三十里，及二子皆为候骑所得，楚琳俱杀之；判官王沼、张元度、柳遇、李溆被杀。寻赠太子太傅，葬事官给。”

事又见《新唐书》卷七《德宗纪》、《新唐书》卷一百五十二《张镒传》、《资治通鉴》卷二百二十八《唐纪四十四》、《册府元龟》卷五百五十二。

【考论】

张镒(？—783)，字季权，一字公度，吴郡昆山人，唐经学家。以父荫授左卫兵曹参军，郭子仪表为元帅府判官，累迁殿中侍御史。肃宗乾元初贬抚州司户参军，徙晋陵令，后迁屯田右司二员外郎。居母忧，以孝闻。代宗大历初为濠州刺史。政务清简，结交儒士，教授生徒。李灵耀反，守御甚严，擢侍御史，迁寿州刺史，历江西河中观察使，改汴滑节度使，以病辞。建中二年，拜中书侍郎，同中书门下平章事，以中书侍郎为凤翔、陇右节度使。是年楚琳作乱，被杀。曾撰有《三礼图》九卷、《五经微旨》十四卷、《孟子音义》三卷。

德宗兴元元年　甲子(784)

○颜真卿卒

【文献】

《旧唐书》卷一百二十八《颜真卿传》(P3589—3596)：“颜真卿字清臣，琅邪临沂人也。五代祖之推，北齐黄门侍郎。真卿少勤学业，有词藻，尤工书。开元中，举进士，登甲科。事亲以孝闻。四命为监察御史，充河西陇右军试覆屯交兵使。五原有冤狱，久不决，真卿至，立辩之。天方旱，狱决乃雨，郡人呼之为‘御史雨’。又充河东朔方试覆屯交兵使。有郑延祚者，母卒二十九年，殡僧舍垣地，真卿劾奏之，兄弟三十年不齿，天下耸动。迁殿中侍御史、东都畿采访判官，转侍御史、武部员外郎。杨国忠怒其不附己，出为平原太守。安禄山逆节颇著……无几，禄山果反，河朔尽陷，独平原城守具备，乃使司兵参军李平驰奏之。……十七郡同日归顺，共推真卿为帅，得兵二十余万，横绝燕、赵。诏加真卿户部侍郎，依前平原太守。……至德元年十月，弃郡渡河，历江淮、荆襄。二年四月，朝于凤翔，授宪部尚书，寻加御史大夫。……军国之事，知无不言。为宰相所忌，出为同州刺史，转蒲州刺史。为御史唐旻所构，贬饶州刺史。旋拜升州刺史、浙江西道节度使，征为刑部尚书。李辅国矫诏迁玄宗居西宫，真卿乃首率百僚上表请问起居，辅国恶之，奏贬蓬州长史。代宗嗣位，拜利州刺史，迁户部侍郎，除荆南节度使，未行而罢，除尚书左丞。……会李希烈陷汝州，杞乃奏曰：'颜真卿四方所信，使谕之，可不劳师旅。'上从之，朝廷失色。李勉闻之，以为失一元老，贻朝廷羞，乃密表请留。又遣逆于路，不及。……德宗复宫阙，希烈弟希倩在朱泚党中，例伏诛。希烈闻之怒，兴元元年八月三日，乃使阉奴与景臻等杀真卿。先曰：'有敕。'真卿拜，奴曰：'宜赐卿死。'真卿曰：'老臣无状，罪当死，然不知使人何日从长安来？'奴曰：'从大梁来。'真卿骂曰：'乃逆贼耳，何敕耶！'遂缢杀之，年七十七。"《新唐书》卷五十八《艺文志二》(P1491)："颜真卿《礼乐集》十卷，礼仪使所定。"《新唐书》卷六十《艺文志四》(P1604)："颜真卿《吴兴集》十卷"、"又《庐陵集》十卷"、"《临川集》十卷。"

【考论】

颜真卿(709—785)，字清臣，琅琊人，唐代杰出书法家。生性正直，笃实纯厚，忠贞义烈。开元年间中举进士，登甲科，曾四次被任命为监察御史，迁殿中侍御史。因受权臣杨国忠排斥，被贬为平原太守，人称颜平原。肃宗时至凤翔授宪部尚书，迁御史大夫。代宗时官至吏部尚书、太子太师，封鲁郡公，又称"颜鲁公"。天宝十四年(755)，安禄山叛乱，联络从兄颜杲卿起兵抵抗，合兵二十万，阻止安禄山急攻潼关。德宗兴元元年(784)，淮西节度使李希烈叛乱，奸相卢杞图谋不轨，请派颜真卿前往劝谕，不幸被李希烈缢死。半年后叛乱平定，其灵柩才得以护送回京厚葬。著有《吴兴集》、《卢陵集》、《临川集》,北宋时均亡佚,“有吴兴沈氏者,采掇遗佚,编为十五卷。刘敞为之序,但称沈侯而不著名字。嘉祐中,又有宋敏求编本,亦十五卷,见《馆阁书目》。……嘉定间,留元刚守永嘉,得敏求残本十二卷,失其三卷,乃以所见真卿文别为补遗,并撰次年谱附之,自为后序”(《四库全书总目》卷一百四十九《集部》P1284)。又著有《礼乐集》十卷,礼仪使所定。

颜真卿是书法史上极富影响力的书法大师之一,其字丰腴雄浑,气势恢宏,骨力遒劲,气概凛然,人称“颜体”,与柳公权并称“颜柳”。欧阳修赞曰:“颜公书如忠臣烈士,道德君子,其端严尊重,人初见而畏之,然愈久而愈可爱也。其见宝于世者有必多,然虽多而不厌也。”苏轼曾云:“诗至于杜子美,文至于韩退之,画至于吴道子,书至于颜鲁公,而古今之变,天下之能事尽矣。”(见《东坡题跋》)一生书写碑石极多,流传至今的有《多宝塔碑》、《东方朔画赞碑》、《谒金天王神祠题记》、《臧怀恪碑》、《郭家庙碑》、《麻姑仙坛记》、《勤礼碑》等。

【相关论著举目】

桂定仁:《宁死不屈的颜真卿》,《文史天地》,2006 年第 1 期

严杰:《颜真卿杂考》,《古典文献研究》,2006 年

王建乐:《忠义名臣颜真卿》,《中州今古》,1999 年第 1 期

喻国伟:《儒、释、道观点的感性显现——论颜真卿楷书风格之成因》,《柳州师专学报》,1994 年第 2 期

德宗贞元元年　乙丑(785)

○柳冕请准《开元礼》

【文献】

《旧唐书》卷二十一《礼仪志一》(P843—844):“贞元元年十一月十一日,德宗亲祀南郊。有司进图,敕付礼官详酌。博士柳冕奏曰:

‘开元定礼，垂之不刊。天宝改作，起自权制。此皆方士谬妄之说，非礼典之文，请一准《开元礼》。’从之。其年十月二十七日，诏：‘郊祀之义，本于至诚。制礼定名，合从事实，使名实相副，则尊卑有伦。五方配帝，上古哲王，道济烝人，礼著明祀。论善计功，则朕德不类，统天御极，朕位攸同。而于祝文称臣以祭，既无益于诚敬，徒有渎于等威。前京兆府司录参军高佩上疏陈请，其理精详。朕重变旧仪，访于卿士，申明大义，是用释然。宜从改正，以敦至礼。自今已后，祀五方配帝祝文，并不须称臣。其余礼数如旧。’”

事又见《唐会要》卷九下。

○四月，敕明经复习《道德经》以代《尔雅》

【文献】

《唐会要》卷七十五《明经》(P1374)：“至贞元元年四月十一日敕：比来所习《尔雅》，多是鸟兽草木之名，无益理道。自今已后，宜令习老子《道德经》，以代《尔雅》。其进士亦宜同大经略例帖试。至十二年三月十七日，国子司业裴肃奏：‘《尔雅》博通诂训，纲维《六经》，为文字之楷范，作诗人之兴咏；备详六亲九族之礼，多识鸟兽草木之名。今古习传，儒林遵范。其《老子》是圣人元微之言，非经典通明之旨，为举人所习之书，伏恐稍乖本义。伏请依前加《尔雅》。’奉敕：‘宜准天宝元年四月三日敕处分。’”

【考论】

开元年间，玄宗曾敕应举加习老子《道德经》，至天宝元年(742)四月，又敕停习《道德经》，以《尔雅》代之。贞元元年(785)四月，德宗敕《尔雅》多鸟兽之名，无益理道，遂令停习《尔雅》，复习《道德经》。至贞元十二年(796)三月，时为国子司业的裴肃，奏请复天宝元年(742)之敕，仍习《尔雅》，认为该书“博通诂训，纲维六经，为文字的楷模，作诗人之兴咏”，而老子《道德经》并“非经典通明之旨”。德宗宜准前敕。参见《中国学术思想编年》之《隋唐五代卷》。

德宗贞元二年　丙寅(786)

○二月释奠，学官升讲座，陈《五经》大义

【文献】

《唐会要》卷三十五《释奠》(P643)："贞元二年二月，释奠。自宰臣已下，毕集于国学。学官升讲座，陈《五经》大义及先圣之道。"

○六月，明经举人习律一部，以代《尔雅》者，于本色减两选

【文献】

《唐会要》卷七十五《贡举上》(P1375)："贞元二年六月诏：'其明经举人，有能习律一部，以代《尔雅》者，如帖经俱通，于本色减两选，合集日与官。'"

○开元礼设科

【文献】

《唐会要》卷七十六《开元礼举》(P1396—1397)："贞元二年六月十一日敕：'《开元礼》，国家盛典，列圣增修，今则不列学科，藏在书府。使效官者昧于郊庙之仪，治家者不达冠婚之义，移风固本，合正其源。自今已后，其诸色举人中，有能习《开元礼》者，举人同一经例，选人不限选数许习，但问大义一百条，试策三道，全通者超资与官。义通七十条，策通两道已上者，放及第。已下不在放限，其有散官能通者，亦依正官例处分。'至贞元九年五月二十日，敕：'其习《开元礼》人，问大义一百条，试策三道，全通者为上等。大义通八十条已上，策两道以上，为次等。余一切并准《三礼》例处分，仍永为常式。元和八年四月，吏部奏：'应《开元礼》及学究一经登科人等，旧例据等第高

下，量人才授官。近日缘校书正字等，名望稍优，但沾科第，皆求注拟，坚待员阙，或至逾年，若无科条，恐长侥幸。起今已后，等第稍高，文学兼优者，伏请量注校正。其余署《开元礼》人，太常寺官有阙，相当注、通经人，国子监官阙，相当者，并请先授，以备讲讨。如不情愿，即通注他官。庶名实有名，纪律可守。其今年以前待阙人，亦请依此条限，使为常制。'敕旨：'依奏。'"

【考论】

据《唐会要》，开元礼设科即在贞元二年(786)，至贞元九年(793)又重申考核办法，至此此科已定型。到了元和八年又做了进一步调整，使之更加完善。"学究一经"本属于明经科，而开元礼亦设科，可见开元礼的考核实与明经相近，而凡应开元礼及第的，大多授予太常寺之职。由开元礼设科可见，唐代极为重视礼。参见傅璇琮《唐代科举与文学》。

德宗贞元三年　丁卯(787)

○正月，宇文炫请废寺并为乡学

【文献】

《唐会要》卷三十五《学校》(P635)："贞元三年正月，右补阙宇文炫上言，请京畿诸县乡村废寺，并为乡学，并上制置事二十余件。疏奏，不报。"

德宗贞元四年　戊辰(788)

○四月，崔元翰等及第，其父崔良佐著有《尚书演范》、《周易忘象》等

【文献】

《文献通考》卷三十三《选举考六》(P313)："四年四月，贤良方正

能直言极谏科，崔元翰、裴次元、李彝、崔丰、史牟、陆震、柳公绰、赵参、徐弘毅、韦彭寿、邹儒立、王乃、杜伦、元易、王真及第。”事又见《唐会要》卷七十六《贡举中》。《旧唐书》卷一百三十七有崔元翰传，《全唐文》卷五百二十三有崔元翰传。《新唐书》卷二百三《崔元翰传》(P5783)："崔元翰名鹏，以字行。父良佐，与齐国公日用从昆弟也。擢明经甲科，补湖城主簿，以母丧，遂不仕。治《诗》、《易》、《书》、《春秋》，撰《演范》、《忘象》、《浑天》等论数十篇。隐共北白鹿山之阳。卒，门人共谥曰贞文孝父。”《全唐文》卷四百八十九权德舆《比部郎中崔君元翰集序》(P4998)："考某，以经明历卫州汲县尉、虢州湖城县主簿，亲殁遂不复仕。探古先微言，著《尚书演范》、《周易忘象》及三国春秋幽观之书，门人诸儒易其名曰贞文孝文。”《新唐书》卷五十七《艺文志一》(P1426、P1428)："崔良佐《易忘象》卷亡"，"崔良佐《尚书演范》卷亡。"《新唐书》卷五十八《艺文志二》(P1467)："崔良佐《三国春秋》卷亡。良佐，深州安平人，日用从子。居共白鹿山，门人谥曰贞文孝父。"

德宗贞元六年　庚午(790)

○正月，诏开迎法门寺佛骨，二月送归

【文献】

《旧唐书》卷十三《德宗纪下》(P369)："二月戊辰朔……岐州无忧王寺有佛指骨寸余，先是取来禁中供养，乙亥，诏送还本寺。"《佛祖统纪》四十一卷(P556)："(贞元)六年正月，诏迎凤翔法门寺释迦佛骨，入禁中供养，传至诸寺瞻礼。二月迎佛骨归寺。"《资治通鉴》卷二百三十三《唐纪四十九》(P7520)："春，诏出岐山无忧王寺佛指骨迎置禁中，又送诸寺以示众，倾都瞻礼，施财巨万；二月，乙亥，遣中使复葬故处。"

【考论】

贞元六年正月,诏迎岐山无忧王(即阿育王)寺佛指骨,置禁中供养。至二月又送还佛指骨归寺,并遣中使复葬故处。此为唐廷第五次开迎佛骨。关于此次迎还的具体时间,《旧唐书》云“先是取来禁中供养”,二月诏还,《佛祖统纪》记正月诏迎释迦佛骨,二月迎佛骨归寺,一般来说要供养一月左右,因此二者记载是一致的,并不矛盾,故记为“正月,诏开迎法门寺佛骨,二月送归”。

○十一月八日,有事于南郊,准《开元礼》

【文献】

《旧唐书》卷二十一《礼仪志一》(P844):“六年十一月八日,有事于南郊。诏以皇太子为亚献,亲王为终献。上问礼官:‘亚献、终献合受誓诫否?’吏部郎中柳冕曰:‘准《开元礼》,献官前七日于内受誓诫。辞云:“各扬其职,不供其事,国有常刑。”今以皇太子为亚献,请改旧辞,云“各扬其职,肃奉常仪”。’从之。”《旧唐书》卷一百四十九《柳冕传》(P4032):“六年十一月,上亲行郊享。上重慎祀典,每事依礼。时冕为吏部郎中,摄太常博士,与司封郎中徐岱、仓部郎中陆质、工部郎中张荐,皆摄礼官,同修郊祀仪注,以备顾问。初,诏以皇太子亚献,亲王终献,上令问柳冕当受誓戒否,冕对曰:‘准《开元礼》有之,然誓词云“不供其职,国有常刑”,今太子受誓,请改云“各扬其职,肃奉常仪”。’上又问升郊庙去剑履及象剑尺寸之度,祝文轻重之宜,冕据礼经沿革闻奏,上甚嘉之。”

事又见《册府元龟》卷五百九十、《新唐书》卷一百三十二《柳冕传》。

德宗贞元七年　辛未(791)

○四月，萧昕卒

【文献】

《旧唐书》卷十三《德宗纪下》(P371)："夏四月庚子，太子少师致仕萧昕卒。"《旧唐书》卷一百四十六《萧昕传》(P3962)："贞元初，兼礼部尚书，寻复知贡举。五年，致仕。七年，卒于家，年九十，废朝，谥曰懿。"

事又见《新唐书》卷一百五十九《萧昕传》、《册府元龟》卷七百八十四，《全唐文》卷三百五十五有传。

○十二月，包佶奏选通儒详定《开元礼》所与《月令》相涉者

【文献】

《唐会要》卷七十七《贡举下·论经义》(P1411)："贞元七年十二月，秘书监包佶奏：'开元删定《礼记·月令》为《时令》，其音及义疏，并未刊正。其《开元礼》所与《月令》相涉者，请选通儒详定。'从之。"《唐会要》卷三十五《经籍》(P645)："贞元七年十二月，秘书监包佶奏：'《开元礼》所与月令相涉者，请选通儒详定。'从之。"《四库全书》第451册《唐才子传》卷二(P422)："佶(按《唐诗纪事》，佶字幼正)，天宝六年杨护榜进士。累迁秘书监。未几，迁刑部侍郎、太常少卿，拜谏议大夫、御史中丞。居官谨确，所在有声。佶天才赡逸，气宇清深，心醉古经，神和大雅，诗家老斫轮也。与刘长卿、窦叔向诸公皆莫逆之爱。晚岁沾风痹之疾，辞宠乐高，不及荣利。卒封丹阳郡公。有诗集行于世。"

事又见《册府元龟》卷六百八。

【相关论著举目】

张强：《包佶诗作年略考》，《东山师范学院学报》，2008年第4期

张强:《包佶交游考》,《西南交通大学学报》(社会科学版),2008年第2期

张强:《包佶诗文辑补辨正》,《中南大学学报》(社会科学版),2008年第2期

张强:《包佶行年述考》,《温州大学学报》,2007年第1期

蒋寅:《大历诗人札记(续)——包佶》,《漳州师范学院学报》,1994年第3期

陶敏:《〈唐才子传校笺〉包佶等传补笺》,《湘潭师范学院学报》,1992年第1期

德宗贞元八年　壬申(792)

○春,韩愈及进士第,是年二十五岁

【文献】

《唐科名记》(P115):“贞元八年,陆贽主司,试《明水赋》、《御沟新柳诗》,其人贾棱、陈羽、欧阳詹、李博、李观、冯宿、王涯、张季友、齐孝若、刘遵古、许季同、侯继、穆贽、韩愈、李绛、温商、庾承宣、员结、胡谅、崔群、邢册、裴光辅、万珰。”《韩文类谱》吕大防《年谱》:“是年进士及第,年二十五。”

事又见《登科记考》卷十三、《新唐书》卷二百三《欧阳詹传》、《韩愈集·外集》卷一、祝穆《古今事文类聚·龙虎榜》。

【考论】

贞元二年,十九岁的韩愈始至京师,贞元五年至七年,曾三次应进士试,均名落孙山。贞元八年,韩愈第四次应试,时值陆贽为主司,又经梁肃推荐,终得中选。其《与祠部陆员外书》对此事叙述颇详:“往者陆相公司贡士,考文章甚详,愈时亦幸在得中,而未知陆之得人也。其后一二年,所与及第者皆赫然有声,原其所以,亦由梁补阙肃,

王郎中础佐之，梁举八人无有失者，其余则王皆与谋焉。”由此可知，其得以中第，与司贡士陆贽“考文章甚详”，补阙梁肃的荐举有莫大关联。此年一榜多天下奇伟之士，故号为“龙虎榜”（参见宋洪兴祖《韩子年谱》、祝穆《古今事文类聚·龙虎榜》），韩愈在列。

德宗贞元九年　癸酉（793）

○设立“三礼”科

【文献】

《唐会要》卷七十六《贡举·三礼举》（P1397—1398）：“贞元九年五月二日敕：‘王者设教，劝学攸先；生徒肄业，执礼为本。然则礼者务学之本，立身之端，居安之大猷，致治之要道。顷有司定议，习礼经者，独授散官，颇乖指要。姑务宏奖，以广儒风，自今已后，诸色人中，有习《三礼》者，前资及出身人，依科目例选。吏部考试白身人，依贡举例。吏礼部考试，每经问大义三十条，试策三道。所试大义，仍委主司于朝官、学官中，拣选精通经术三五人闻奏。主司于同试问义策全通为上等，特加超奖。大义每经通二十五条以上，策通两道已上，为次等，依资与官。如先是员外、试官者，听依正员例。其诸馆学生，愿习《三礼》及《开元礼》者，并听。仍永为常式。’”

【相关论著举目】

黄牧航：《论唐代的经学和史学考试》，《华南师范大学学报》，1998 年第 5 期

○仲子陵上《五服图》

【文献】

《新唐书》卷五十八《艺文志二》（P1493）：“仲子陵《五服图》十卷，

贞元九年上。”

○梁肃卒

【文献】

《新唐书》卷二百二《苏源明传》附《梁肃传》(P5774):“肃字敬之,一字宽中,隋刑部尚书毗五世孙,世居陆浑。建中初,中文辞清丽科,擢太子校书郎,萧复荐其材,授右拾遗,修史,以母羸老不赴。杜佑辟淮南掌书记,召为监察御史,转右补阙、翰林学士、皇太子诸王侍读。卒,年四十一。赠礼部郎中。”《旧唐书》卷一百六十《韩愈传》(P4195):“大历、贞元之间,文字多尚古学,效杨雄、董仲舒之述作,而独孤及、梁肃最称渊奥,儒林推重。愈从其徒游,锐意钻仰,欲自振于一代。”《四库全书》第1344册《唐文粹》卷九十二崔恭《唐右补阙梁肃文集序》(P381):“公早从释氏,义理生知,结意为文,志在于此。言谈语笑,常所切劘,心在一乘,故叙释氏最为精博,与皇甫士安之所素尚,亦相放焉,则今天台大师元浩之门弟子也。抠衣捧席,与余同焉。故能知其景行,收其制作,编成二十轴,以为儒林之纲纪云。若夫明是非,探得失,乃作《西伯称王议》。宗道德,美功成,作《磻溪铭》、《四皓赞》、《钓台碑》、《圯桥碑》。当世,激清风,作《先贤赞》、《独孤常州集序》、《观讲论语序》。美艺文,善章句,作《李补阙集序》、《隐士李君遗文序》。备教化,彰讽咏,作《中书侍郎赠太子太傅李公集序》。”《新唐书》卷六十《艺文志四》(P1605):“《梁肃集》二十卷。”

【考论】

梁肃(753—793),字敬之,一字宽中,安定(今甘肃泾川)人,世居陆浑(今河南嵩县东北),又迁新安(今属河南),唐代散文家。幼逢安史之乱,“因窜身东下,旅于吴越,转徙厄难之中者,垂二十年”(《过旧园赋序》)。建中初登文辞清丽科,授太子校书郎,复授右拾遗,修史,以母羸老不赴。复受荐为右拾遗,以母老病辞。贞元五年(789),召为监察御史,转右补阙、翰林学士、皇太子诸王侍读、史馆修撰。贞元八年，梁肃以补阙之职，助陆贽主试，举荐韩愈、欧阳詹等登第。贞元九年卒，年四十一，赠礼部郎中。

梁肃师事古文运动先驱独孤及，为文尚古朴，并明确提出“文本于道”（《补阙李君前集序》）的主张，开韩愈、柳宗元等人所兴起的古文运动之先河。代表作有《过旧园赋》、《代太常答苏端驳杨绾谥议》、《常州刺史独孤及集后序》、《兵箴》、《台州隋故智者大师修禅道场碑铭》等。《新唐书·艺文志》著录《梁肃集》二十卷，已佚，《全唐文》存其文六卷。

【相关论著举目】

俞学明：《梁肃与天台宗——唐代儒释交游的一个范例》，《佛教文化》，2005 年第 4 期

胡大浚：《梁肃的文学观》，《甘肃广播电视大学学报》，2002 年第 3 期

胡大浚：《梁肃交游考》，《甘肃广播电视大学学报》，2000 年第 2 期

胡大浚：《梁肃事迹考辨》，《社科纵横》，1997 年第 1 期

胡大浚：《梁肃年谱稿（上）（下）》，《甘肃社会科学》，1996 年第 6 期、1997 年第 1 期

姜光斗：《论梁肃的佛学造诣及其对唐代古文运动的贡献》，《南通师范学院学报》，1993 年第 2 期

○元稹以明经登第

【文献】

《全唐文》卷六百五十《同州刺史谢上表》（P6596）：“年十有五，得明经出身。”《旧唐书》卷一百六十六《元稹传》（P4327）：“元稹字微之，河南人。……稹九岁能属文。十五两经擢第。”

○王泾上《大唐郊祀录》

【文献】

《新唐书》卷十一《礼乐志一》(P309):"贞元中,太常礼院修撰王泾考次历代郊庙沿革之制及其工歌祝号,而图其坛屋陟降之序,为《郊祀录》十卷。"《新唐书》卷五十八《艺文志二》(P1492):"王泾《大唐郊祀录》十卷,贞元九年上,时为太常礼院修撰。"《全唐文》卷六百九十三《王泾传》(P7112):"泾官河南府密县尉,元和元年入为太常博士。"《全唐文》卷六百九十三有王泾文《大唐郊祀录序》(P7113)。参见《文献通考》卷一百八十七。

德宗贞元十年　甲戌(794)

○成伯玙撰《毛诗指说》、《礼记外传》、《毛诗断章》等

【文献】

《全唐文》卷四百二(P4114)记"伯瑜,开元时人",录其《经义考》一文,详见下。《新唐书》卷五十七《艺文志一》(P1430、P1430、P1434):"成伯玙《毛诗指说》一卷","又《断章》二卷","成伯玙《礼记外传》四卷。"《文献通考》卷一百七十九《经籍考六》(P1546):"《毛诗断章》,《崇文总目》:唐成伯玙撰。大抵取《春秋》赋《诗》断章之义,钞取《诗》语,汇而出之。"《郡斋读书志》卷二(P77):"《礼记外传》四卷,右唐成伯玙撰。《义例》两卷,五十篇;《名数》两卷,六十九篇。虽以《礼记》为目,通以《三礼》言之。刘明素序,张幼伦注。"《文献通考》卷一百八十一《经籍考八》(P1559):"《礼记外传》四卷,晁氏曰:唐成伯玙撰。《义例》两卷,五十篇;《名数》两卷,六十九篇。虽以《礼记》为目,通以《三礼》言之。刘明素序,张幼伦注。"《四库全书》第 944 册《玉海》卷三十八(P83):"唐《毛诗指说》,志成伯玙《毛诗指说》一卷。

书目有《指说统论》一卷，凡四篇，略叙作《诗》大旨及师承次序。《毛诗断章》二卷，取春秋赋《诗》断章之义，钞诗语汇而出之，凡百门，序云：贞元十年撰。”

《文献通考》卷一百七十九《经籍考六》（P1546）：“《毛诗指说》，《崇文总目》：唐成伯玙撰。略序作《诗》大指及师承次序。”《四库全书总目》卷十五《诗类一》（P121）：“《毛诗指说》一卷，唐成伯玙撰。伯玙爵里无考。书凡四篇。一曰《兴述》，明先王陈《诗》观风之旨，孔子删《诗》正雅之由。二曰《解说》，先释《诗》义，而《风》、《雅》、《颂》次之，《周南》又次之，诂《传》、《序》又次之，篇章又次之，后妃又次之，终以《鹊巢》、《驺虞》。大略即举《周南》一篇，隐括论列，引申以及其余。三曰《传受》，备详齐、鲁、毛、韩四家授受世次及后儒训释源流。四曰《文体》，凡三百篇中句法之长短，篇章之多寡，措辞之异同，用字之体例，皆胪举而详之，颇似刘氏《文心雕龙》之体。盖说经之余论也。然定《诗序》首句为子夏所传，其下为毛苌所续，实伯玙此书发其端，则决别疑似，于说《诗》亦深有功矣。伯玙尚有《毛诗断章》二卷，见《崇文总目》，称其取《春秋》断章之义，钞取《诗》语，汇而出之。盖即李石《诗如例》之类。宋熊克尝与毗陵沈必豫欲合二书刻之，而《断章》一书，竟求之不获，乃先刻《指说》。此本末有克《跋》，盖即从宋本传刻也。克尝著《中兴小历》，别见《史部・编年类》。其刻此书时，方分教于京口，故《跋》称刻之泮林云。”《全唐文》卷四百二成伯瑜《经义考》（P4114—4115）：“学者以《诗》大小《序》皆子夏所作，未能无惑。如《关雎》之序，首尾相结，冠束二《南》，故昭明太子亦云：大序是子夏全制，编入文什，其余众篇之小序，子夏惟裁初句耳，至也字而止。《葛覃》后妃之本也，《鸿雁》美宣王也，如此之类是也。其下皆是大毛公自以诗中之意而系其辞也。后人见序下有注，又曰东海卫宏所作，事虽两存，未为允当。是郑元于毛公传下，即得称笺，于毛公序末，略而为注耳。毛公作传之时，汉兴已亡其六篇，但据亡篇之小序惟有一句，毛既不见诗体，无由得措其辞也。又高子是战国时人，在子夏之后，当子夏之世，祭皆有尸，灵星之尸，子夏无为取引，一句之下，多是毛公，非子夏明矣。”

【考论】

唐代《毛诗正义》定于一尊，故《诗经》研究日渐僵化，无所创新。成伯玙撰《毛诗指说》、《毛诗断章》，不依传统，怀疑经典，以为《毛诗序》首句为子夏所传，其下为毛苌所续，始打破了之前研究如死水一潭的局面。《毛诗指说》，仅一卷，凡四编，第一编阐述陈《诗》观风与孔子删《诗》正乐等事，第二编解说诗义，第三编叙述四家《诗》传受世次和说《诗》源流，第四编研究《诗经》文体。《毛诗指说》最特别的地方，在于对《诗序》作者突破性的看法及《文体》篇以文学的观点说《诗》，此是其自出心裁的创见，亦是《毛诗指说》最有价值之处。《毛诗指说》是唐代后期《诗经》学唯一的见证，也是汉、宋学转承时期的代表著作之一，有重要的历史地位。《毛诗指说》不仅能对《诗序》提出突破性的看法，启迪宋学疑古之风；又能于千载之前，专篇讨论《诗三百》的文学性，此皆发人所未发。参见侯美珍《成伯玙〈毛诗指说〉之研究》，《河北学刊》1997 年第 2 期。

成伯玙生平已不可考，《全唐文》云伯玙为开元时人，未知何据。《毛诗指说》作于何时不详，宋王应麟《玉海》称《毛诗断章》序云“正元十年撰”，因避仁宗讳改“贞”为“正”，可知《毛诗断章》当成于德宗贞元十年(794)，故志于此年。

【相关论著举目】

陈岳圆、李晶晶:《成伯玙〈毛诗指说〉之渊源考论》,《湖北成人教育学院学报》,2011 年第 1 期

张启成:《成伯玙〈毛诗指说〉新探》,《贵州教育学院学报》,1997 年第 4 期

侯美珍:《成伯玙〈毛诗指说〉之研究》,《河北学刊》,1997 年第 2 期

德宗贞元十一年　乙亥(795)

○诸州荐蔡广成等九人,各授试官

【文献】

《旧唐书》卷十三《德宗纪下》(P381):"三月……丙申,诸州准例荐隐居丘园不求闻达蔡广成等九人,各授试官,令给公乘,到京日量才叙用。"

○蔡广成撰《周易启源》、《周易外义》等

【文献】

《新唐书》卷二百《啖助传》(P5707):"大历时,助、匡、质以《春秋》,施士匄以《诗》,仲子陵、袁彝、韦彤、韦茝以《礼》,蔡广成以《易》,强蒙以《论语》,皆自名其学,而士匄、子陵最卓异。"《文献通考》卷一百七十六《经籍考三》(P1525):"《周易外义》三卷,陈氏曰:不知何人作,载于《三朝史志》,则其来亦久矣。大抵于《易》中所言及于制度、名物者,皆详注之,于《易》之本旨,无所发明,故曰'外义'。"《郡斋读书志》卷一(P26):"《周易启源》十卷,右蔡广成撰。李邯郸云唐人,田伟置于王昭素之下。今从李说。有《德恒》、《德言》、《德肤》、《德翰》四目,皆作问对。凡三十六篇。"《文献通考》卷一百七十五《经籍考二》(P1517):"《周易启源》十卷,晁氏曰:蔡广成撰。李邯郸云唐人,田伟置于王昭素之下,今从李说。卷首《德恒》、《德言》、《德肤》、《德翰》四篇,皆设为问对。凡三十六篇。"事又见《宋史》卷二百二《艺文志一》、《唐国史补》卷下、《唐语林》卷二《文学》。

【考论】

安史之乱爆发以后,唐王朝由盛而衰。随着其衰落的国运而起的,则是经学上新风气的出现,并且形成了一股潮流,因此《新唐书》卷二百

《啖助传》(P5707)说“大历时,助、匡、质以《春秋》,施士匄以《诗》,仲子陵、袁彝、韦彤、韦茝以《礼》,蔡广成以《易》,强蒙以《论语》,皆自名其学”。所谓“自名其学”,也即抛弃原来固守的成说、官方所指定的注疏之学,另辟蹊径。其怀疑创新精神,开启了经学新风。蔡广成就是以上诸人中的一员,其所撰《周易启源》和《周易外义》,为唐代《易》学研究注入了新的活力。

○七月二十六日,陆淳论礼仪

【文献】

《旧唐书》卷二十六《礼仪志六》(P1008—1009):“至十一年七月十二日,敕:‘于颀等议状,所请各殊,理在讨论,用求精当。宜令尚书省会百僚与国子监儒官,切磋旧状,定可否,仍委所司具事件闻奏。’其月二十六日,左司郎中陆淳奏曰:‘臣寻七年百僚所议,虽有一十六状,总其归趣,三端而已。于颀等一十四状,并云复太祖之位。张荐状则云并列昭穆,而虚东飨之位。韦武状则云当祫之岁,献祖居于东向,行禘之礼,太祖复筵于西。谨按礼经及先儒之说,复太祖之位,位既正也,义在不疑。太祖之位既正,懿、献二主,当有所归。详考十四状,其意有四:一曰藏诸夹室,二曰置之别庙,三曰迁于园寝,四曰祔于兴圣。藏诸夹室,是无飨献之期,异乎周人藏于二祧之义,礼不可行也。置之别庙,始于魏明之说,实非《礼经》之文。晋义熙九年,虽立此义,已后亦无行者。迁于园寝,是乱宗庙之仪,既无所凭,殊乖经意,不足征也。惟有祔于兴圣之庙,禘祫之岁乃一祭之,庶乎亡于礼者之礼,而得变之正也。’”《新唐书》卷十三《礼乐志三》(P345):“十一年,左司郎中陆淳曰:‘议者多矣,不过三而已。一曰复太祖之正位,二曰并列昭穆而虚东向,三曰祫则献祖,禘则太祖,迭居东向。而复正太祖之位为是。然太祖复位,则献、懿之主宜有所归。一曰藏诸夹室,二曰置之别庙,三曰迁于园寝,四曰祔于兴圣。然而藏诸夹室,则无飨献之期;置之别庙,则非《礼经》之文;迁于寝园,则乱宗庙之仪。唯祔于兴圣为是。’”

事又见《新唐书》卷二百《儒学传》、《唐会要》卷十三、《通典》卷五十《礼十·沿革十》、《文献通考》卷一百一《宗庙考十一》、《全唐文》卷四百八十八。

○八月，裴澄撰《乘舆月令》

【文献】

《唐会要》卷三十六《修撰》(P659)："贞元十一年八月，国子司业裴澄，撰《乘舆月令》十二卷，上之。"

德宗贞元十二年　丙子(796)

○三月，裴肃请习《尔雅》

【文献】

《唐会要》卷七十五《贡举上》(P1374)："天宝元年四月三日敕：'自今已后，天下应举，除崇元学生外，自余所试《道德经》，宜并停。仍令所司更别择一小经代之。'其年，加《尔雅》，以代《道德经》。至贞元元年四月十一日敕：'比来所习《尔雅》，多是鸟兽草木之名，无益理道。自今已后，宜令习老子《道德经》，以代《尔雅》，其进士亦宜同大经略例帖试。'至十二年三月十七日，国子司业裴肃奏：'《尔雅》博通诂训，纲维《六经》，为文字之楷范，作诗人之兴咏，备详六亲九族之礼，多识鸟兽草木之名。今古习传，儒林遵范。其《老子》是圣人元微之言，非经典通明之旨，为举人所习之书，伏恐稍乖本义。伏请依前加《尔雅》。'奉敕：'宜准天宝元年四月三日敕处分。'"

○四月，唐德宗令给事中徐岱等与沙门覃延、道士葛参成讨论三教

【文献】

《旧唐书》卷十三《德宗纪下》(P383)："庚辰，上降诞日，命沙门、道士加文儒官讨论三教，上大悦。"《新唐书》卷一百六十一《徐岱传》(P4984)："贞元初，为太子、诸王侍读，迁给事中、史馆修撰。帝以诞日岁岁诏佛、老者大论麟德殿，并召岱及赵需、许孟容、韦渠牟讲说。始三家若矛楯然，卒而同归于善。帝大悦，赉予有差。"《旧唐书》卷一百三十五《韦渠牟传》(P3728)："贞元十二年四月，德宗诞日，御麟德殿，召给事中徐岱、兵部郎中赵需、礼部郎中许孟容与渠牟及道士万参成、沙门谭延等十二人，讲论儒、道、释三教。"《佛祖统纪》卷四十一(P556)："四月诞节御麟德殿，敕给事中徐岱等与沙门覃延、道士葛参成讲论三教。"《资治通鉴》卷二百三十五《唐纪五十一》(P7571)："庚辰，上生日，故事，命沙门、道士讲论于麟德殿，至是，始命以儒士参之。四门博士韦渠牟嘲谈辩给，上悦之，旬月，迁右补阙，始有宠。"事又见《僧史略》卷下、《唐语林》卷六、《南部新书》乙、《全唐文》卷四百六十七崔损文《祭成纪公文》。

【考论】

是月于德宗诞日，令沙门覃延、鉴虚，道士葛参成、郗维素等与徐岱、韦渠牟等儒士讨论三教，"始三家若矛楯然，卒而同归于善"。此次讲论，首先并非采取高宗以来内殿三教对论的方式，而是于其诞节三教讲论；其次，并非依惯例佛道二家争胜、佛教独显，开始令儒士参加。由于四门博士韦渠牟嘲谈辩给，德宗欣然大悦，旬月即迁右补阙，并宠信有加。参见《中国学术思想编年》之《隋唐五代卷》。

○九月，授苏弁度支郎中

【文献】

《唐会要》卷五十九《尚书省诸司下·度支员外郎》(P1020)："贞

元十二年九月，以仓库郎中、判度支案苏弁授度支郎中，副知度支事，仍命立于正郎之首。有副知之号，自弁始也。”《旧唐书》卷一百八十九下有传。

○韦彤精通礼学，与裴堪奏请罢朔望食，撰有《五礼精义》

【文献】

《新唐书》卷二百《韦彤传》(P5708—5709)：“韦彤，京兆人。四世从祖方质为武后时宰相。彤名治《礼》，德宗时为太常博士。先此，天宝中，诏尚食朔望进食太庙，天子使中人侍祠，有司不与也。贞元十二年，帝始诏朔望食，畀宗正、太常合供。于是彤与博士裴堪议曰：‘礼，宗庙朔望不祭，园寝则有之。贞观、开元间，在礼若令，不敢变古。天宝中，始有进食事，殆王玙缘生事亡，用燕具亵馔，参渎礼荐，不可示远。传曰：“祭非外至，生于心者也。”是故圣人等牲牢，布笾豆，昆虫、草木可荐者，莫不咸在，所以享宗庙，交神明，全孝敬也。洁膳羞，八珍百品，可嗜之馔，美臑甘旨，谓之亵味，所以燕宾客，接人情，示慈惠也。是则荐与宴，圣人判为二物，不可乱也。今若熟饔而享，非以异为敬之意。且祭不欲数，亦不欲疏，感时致享，以制中也。今园寝月二祭，不为疏，庙岁五享，不为数，有司奉承，得尽其恭。若又加盛馔于朔望，是失礼之中，有司不得尽其恭也。故王者稽古，弗敢以孝思之极而溢礼，弗敢以肴品之多而剩味。愿罢天宝所增，奉园寝以珍，奉宗庙以礼，两得所宜。’帝曰：‘是礼先帝裁定，遽更之，其谓朕何？徐议其可。’而朔望食卒不废。”《新唐书》卷五十七《艺文志一》(P1434)：“韦彤《五礼精义》十卷。”《文献通考》卷一百八十七《经籍考十四》(P1597)：“《五礼精义》十卷，《崇文总目》：唐太常博士韦彤撰。首载唐礼，参引古义，申释其文。”

事又见《全唐文》卷五百一十五韦彤《太庙朔望进食议》、《册府元龟》卷五百九十一。

【相关论著举目】

吴羽：《今佚唐代韦彤〈五经精义〉的学术特点及影响——兼论中

晚唐礼学新趋向对宋代礼仪的影响》,《魏晋南北朝隋唐史资料》,2009 年

德宗贞元十三年　丁丑(797)

○十二月,请以口问经义录于纸上,以便依经疏对奏

【文献】

《唐会要》卷七十五《贡举上》(P1375):"十三年十二月,尚书左丞、权礼部知贡举顾少连奏:'伏以取士之科,以明经为首,教人之本,则义理为先。至于帖书及以对策,皆形文字,并易考寻。试义之时,独令口问,对答之失,覆视无凭,黜退之中,流议遂起。伏请准建中二年十二月敕,以所问录于纸上,各令直书其义,不假文言,仍请依经疏对。'奉敕宜依。"参见《全唐文》卷五百一十四《顾少连》《请以口问经义录于纸上以便依经疏对奏》。

德宗贞元十四年　戊寅(798)

○李翱登进士第、授校书郎

【文献】

《旧唐书》卷一百六十《李翱传》(P4205—4206):"李翱字习之,凉武昭王之后。父楚金,贝州司法参军。翱幼勤于儒学,博雅好古,为文尚气质。贞元十四年登进士第,授校书郎。三迁至京兆府司录参军。元和初,转国子博士、史馆修撰。"

○吕温中进士

【文献】

《文献通考》卷二百三十二《经籍考五十九》(P1853):"《吕衡州集》十卷,晁氏曰:唐吕温和叔也。一字化光。河中人。贞元十四年进士。以善韦执谊、王叔文起家,再命左拾遗,同张荐使吐蕃,元和初使还,累迁知御史杂事,再贬道州刺史,徙衡州。温从梁肃,为文章规摹左氏,藻赡精富,流辈推尚。刘禹锡为编次其文,序之云:古之为书,先立言而后体物,贾生之书首《过秦》,而荀卿亦后其赋。故断自《人文化成论》至《诸葛武侯庙记》为上篇。今集先赋诗,后杂文,非禹锡本也。"事又见《全唐文》卷六百二十五。

【考论】

陆质曾勉励吕温学习《春秋》,希望其能以此辅佐有德君主以致太平。吕温亦以振兴儒学为志,曾代陆质撰《进注春秋表》,又在《与族兄皋请学春秋书》中表达了自己立志学习《春秋》,追求孔门之道的志向。吕温早逝,其友刘禹锡哀悼:"以谪似贾生,能明王道似荀卿。"见《四库全书》第1077册刘禹锡《吕衡州集原序》(P597)。

德宗贞元十五年　己卯(799)

○四月,归崇敬卒

【文献】

《旧唐书》卷十三《德宗纪下》(P390):"四月……乙未,特进、兵部尚书归崇敬卒。"《旧唐书》卷一百四十九《归崇敬传》(P4019):"贞元十五年卒,时年八十,废朝一日,赠左仆射。"《新唐书》卷一百六十四《归崇敬传》(P5035—5038):"归崇敬字正礼,苏州吴人。治礼家学,多识容典,擢明经。……年老,以兵部尚书致仕。卒,年八十八,赠尚书左仆射,谥暄。"《全唐文》卷三百七十九(P3847):"崇敬字正礼,苏州吴郡人。擢明经,调四门助教。天宝中举博通坟典科高第,累迁膳部郎中。大历中为国子司业兼集贤学士,贬饶州司马。建中时累授光禄大夫,加特进检校户部尚书,改兵部致仕。贞元十五年卒,年八十八,赠左仆射,谥曰宣。"

【考论】

归崇敬(712—799),字正礼,苏州吴人,唐代经学家。以治礼名学,博通经典,擢明经。遭父丧,孝闻乡里。调国子直讲。天宝中,举"博通坟典"科,对策第一,迁四门博士。有诏举才,复策高等,授左拾遗。代宗幸陕,召问得失,崇敬极陈生民疲敝,当以俭化天下,累迁工部尚书。年老,以兵部尚书致仕。德宗贞元十五年卒,年八十八,谥宣。《旧唐书》作年八十,此从《新唐书》。著有文集二十卷。

【相关论著举目】

方亚光:《外交廉吏归崇敬》,《江苏地方志》,2004 年第 2 期

○李翱论史官职责,六月,授李翱考功员外郎,并兼史职

【文献】

《旧唐书》卷一百六十《李翱传》(P4207—4208):"翱性刚急,论议无所避。执政虽重其学,而恶其激讦,故久次不迁。翱以史官记事不实,奏状曰:'臣谬得秉笔史馆,以记注为职。夫劝善惩恶,正言直笔,纪圣朝功德,述忠贤事业,载奸臣丑行,以传无穷者,史官之任也。凡人事迹,非大善大恶,则众人无由得知,旧例皆访于人,又取行状谥议,以为依据。今之作行状者,多是其门生故吏,莫不虚加仁义礼智,妄言忠肃惠和。此不唯其处心不实,苟欲虚美于受恩之地耳。盖为文者,又非游、夏、迁、雄之列,务于华而忘其实,溺于文而弃其理。故为文则失《六经》之古风,纪事则非史迁之实录。臣今请作行状者,但指事实,直载事功。假如作《魏徵传》,但记其谏诤之辞,足以为正直;段秀实但记其倒用司农印以追逆兵,以象笏击朱泚,足以为忠烈。若

考功视行状，不依此者不得受。依此则考功下太常，牒史馆，然后定谥。伏乞以臣此奏下考功。’从之。寻权知职方员外郎。十五年六月，授考功员外郎，并兼史职。”

德宗贞元十六年　庚辰(800)

○韩愈、李翱撰《论语笔解》

【文献】

《新唐书》卷五十七《艺文志一》(P1444)："韩愈注《论语》十卷。"《文献通考》卷一百八十四《经籍考十一》(P1579)："韩、李《论语笔解》十卷，晁氏曰：唐韩愈退之、李翱习之撰。前有秘书丞许勃序，云韩、李相与讲论，共成此书。按唐人通经者寡，独两公名冠一代，盖以此。然《四库》、《邯郸书目》皆无之，独《田氏书目》有韩愈《论语》十卷，《笔解》两卷。此书题曰《笔解》，而两卷亦不同。"《郡斋读书志》卷四(P134)："韩、李《论语笔解》十卷，右唐韩愈退之、李翱习之撰。前有秘书丞许勃序，云韩、李相与讲论，共成此书。按唐人通经者寡，独两公名冠一代，盖以此。然《四库》、《邯郸书目》皆无之，独《田氏书目》有韩愈《论语》十卷，《笔解》两卷。此书题曰《笔解》，而十卷亦不同。"《四库全书总目》卷三十五《四书类一》(P291)："《论语笔解》二卷，旧本题唐韩愈、李翱同注。中间所注，以‘韩曰’、‘李曰’为别。考《张籍集·祭韩愈》诗，有‘《论语》未讫注，手迹今微茫’句。邵博《闻见后录》遂引为《论语注》未成之证。而李汉作《韩愈集序》，则称有《论语注》十卷，与籍诗异。王楙《野客丛谈》又引为已成之证。晁公武《读书志》称《四库》、《邯郸书目》皆无之，独《田氏书目》有韩氏《论语》十卷，《笔解》两卷。是《论语注》外别出《笔解》矣。《新唐书·艺文志》载愈《论语注》十卷，亦无《笔解》。惟郑樵《通志》著录二卷，与今本同。意其书出于北宋之末。然唐李匡乂，宣宗大中时人也，所作《资暇录》一条云:'《论语》"宰予昼寝",梁武帝读为寝室之寝。昼作胡卦反,且云当为画字,言其绘画寝室。今人罕知其由,咸以为韩文公所训解。'又一条云:'"伤人乎不问马",今亦谓韩文公读不为否。'然则大中之前已有此本,未可谓为宋人伪撰。且'昼寝'一条,今本有之;'厩焚'一条,今本不载,使作伪者剽掇此文,不应两条相连,摭其一而遗其一。又未可谓因此依托也。以意推之,疑愈注《论语》时,或先于简端有所记录,翱亦间相讨论,附书其间。迨书成之后,后人得其稿本,采注中所未载者,别录为二卷行之。如程子有《易传》,而《遗书》之中又别有论《易》诸条;朱子有《诗传》,而朱鉴又为《诗传遗说》之例。题曰《笔解》,明非所自编也。其今本或有或无者,则由王存以前世无刊本,传写或有异同。邵博所称三月字作音一条,王楙所见本亦无之,则诸本互异之明证矣。王存本今未见。魏仲举刻《韩文五百家注》,以此书附末,今传本亦稀。此本为明范钦从许勃本传刻,前载勃《序》,仍称《笔解论语》一十卷,疑字误也。又赵希弁《读书附志》曰:'其间"翱曰"者,李习之也。'明旧本愈不著名,而翱所说则题名以别之。此本改称'韩曰'、'李曰',亦非其旧矣。"《郡斋读书志·读书附志》(P1097):"《论语笔解》十卷,右唐昌黎先生韩文公之说也。其间'翱曰'者,李习之也。始,愈笔大义以示翱,翱从而交相明辨,非独文公制此书也。"

【考论】

韩愈、李翱是汉学向宋学转变的关键人物,《论语笔解》真正表明了经学的转折,宋学的开启。《论语笔解》二卷,系韩愈、李翱同著,曾与韩愈《论语注》并行于世。后《论语注》渐佚,而《论语笔解》独存,并非伪作。宋陈振孙《直斋书录解题》、赵希弁《读书附志》、郑樵《通志》均著录。《论语》原篇章节不全,如有韩、李不同于先贤之解释则录之于文,先述《论语》原文,再引马融、孔安国、包咸等人之注解,而后韩、李各发己见,或论道、或考据、或改字、或修改前人注释,断以己意,彼此相互发明,宛如理学家款款而谈性理之道(参见金圣叹《天下才子必读书》,中国国际广播出版社 1997 年版),极力褒奖孔子及其弟子,真正表明了经学的转折。如明人郑鄤所言“夫文之至者，必究观乎其本，本苟不立，枝将安附？昌黎文启八代之衰，李习之一时齐名。读《论语笔解》，始知其原。圣人既往，微言犹存，参而究之，若破坚壁，亦何妨互有出入；乃其得处，已如见圣人之心于千百载之上矣。”（郑鄤《论语笔解小序》，P1419，《古经解汇函》第二册，广陵书社 2012 年出版）许勃《论语笔解序》云：“昌黎文公著《笔解论语》一十（当为‘二’之误）卷，其间‘翱曰’者，盖李习之同与切磨，世所传率多讹舛。始，愈笔大义则示翱，翱从而交相明辨，非独韩制此书也。噫，齐鲁之门人，所记善言，既有同异，汉魏学者，注集繁阔，罕造其精。今观韩李二学勤拳渊微，可谓窥圣人之堂奥矣，岂章句之技所可究极其旨哉！予缮校旧本数家，得其纯粹，欲以广传，故序以发之。”（《全唐文》卷六百二十二许勃《论语笔解序》P6284）

《论语笔解》的写作时间不可确考。但李翱解释《论语·阳货》“性相近也，习相远也”条的议论，似李翱《复性书》之提纲，由此可以推知《论语笔解》大概写于《复性书》成书前后，即唐德宗贞元十六年（800）。参见李光富《李翱著作年代及版本考》，《四川大学学报》1996 年第 1 期。

【相关论著举目】

唐继添：《〈论语笔解〉的学术思想研究》，《徐州师范大学学报》（哲学社会科学版），2011 年第 3 期

向世陵：《从〈论语笔解〉看唐儒对汉儒的超越与儒学的革新》，《河南师范大学学报》（哲学社会科学版），2009 年第 1 期

李最欣：《〈论语笔解〉提要补正》，《古籍整理研究学刊》，2008 年第 3 期

唐明贵：《论韩愈、李翱之〈论语笔解〉》，《孔子研究》2005 年第 6 期

王宏海：《韩愈、李翱的经学思想透析》，《河北师范大学学报》2005 年第 2 期

唐明贵：《试论中国古代的〈论语〉学》，《聊城大学学报》2003 年

第 5 期

徐雁:《论语笔解》,《书屋》,2001 年第 4 期

查屏球:《韩愈〈论语笔解〉真伪考》,《文献》,1995 年第 2 期

德宗贞元十七年　辛巳(801)

○崔氏撰《唐显庆登科记》

【文献】

《四库全书》第 946 册《玉海》卷一百一十五《选举》引《中兴书目》载有崔氏《登科记》(P115)云:"贞元十七年三月丁亥校书郎赵傪序曰:'武德五年,诏有司特以进士为选士之目,仍古道也。'"《新唐书》卷五十八《艺文志二》(P1485):"崔氏《唐显庆登科记》五卷。"下注:"失名。"

【考论】

《文苑英华》卷七百三十七有赵傪《李奕登科记序》(P3842):"自武德至乎贞元,阅崔氏本记,前后嗣续者在我公为多焉。顾惟寡昧,获与斯文,因濡翰而为之序。七(原注:一有十字)年春三月丁亥序。"几乎相同的文章,《全唐文》卷五百三十六李奕《登科记序》,作《序》者则变为李奕,两者皆误。南宋洪迈藏有崔氏《登科记》一书,云"正元中校书郎赵傪为之序"(《四库全书》第 1158 册《盘洲文集》卷三十四《重编唐登科记序》P477),可见此《序》为赵傪所作,其所序之书则为崔氏的《唐显庆登科记》,而非李奕的《登科记》。又据赵傪此《序》,崔氏书所录为唐高祖武德至德宗贞元时的进士登第者,《玉海》引《中兴书目》作一卷,可见宋时已经亡佚大半。据《玉海》所记,其书本来是专载进士登科的,前后嗣续补充,则"自元和方列制科,起武德五年,迄周显德六年"。参见傅璇琮《唐代科举与文学》(陕西人民出版社 1986 年版)。

○七月，太常寺进《大唐贞元新集开元复礼》

【文献】

《唐会要》卷三十六《修撰》(P659)："十七年七月，太常寺进《大唐贞元新集开元复礼》二十卷。"

○十月，杜佑进《通典》

【文献】

《旧唐书》卷十三《德宗纪下》(P395)："冬十月……淮南节度使杜佑进《通典》，凡九门，共二百卷。"《旧唐书》卷一百四十七《杜佑传》(P3982—3983)："佑性敦厚强力，尤精吏职，虽外示宽和，而持身有术。为政弘易，不尚皦察，掌计治民，物便而济，驭戎应变，即非所长。性嗜学，该涉古今，以富国安人之术为己任。初开元末，刘秩采经史百家之言，取《周礼》六官所职，撰分门书三十五卷，号曰《政典》，大为时贤称赏，房琯以为才过刘更生。佑得其书，寻味厥旨，以为条目未尽，因而广之，加以《开元礼》、《乐》，书成二百卷，号曰《通典》。贞元十七年，自淮南使人诣阙献之，曰：'臣闻太上立德，不可庶几；其次立功，遂行当代；其次立言，见志后学。由是往哲递相祖述，将施有政，用乂邦家。臣本以门资，幼登官序，仕非游艺，才不逮人，徒怀自强，颇玩坟籍。虽履历叨幸，或职剧务殷，窃惜光阴，未尝轻废。夫《孝经》、《尚书》、《毛诗》、《周易》、《三传》，皆父子君臣之要道，十伦五教之宏纲，如日月之下临，天地之大德，百王是式，终古攸遵。然多记言，罕存法制，愚管窥测，莫达高深，辄肆荒虚，诚为亿度。每念懵学，莫探政经，略观历代众贤著论，多陈紊失之弊，或阙匡拯之方。臣既庸浅，宁详损益，未原其始，莫畅其终。尚赖周氏典礼，秦皇荡灭不尽，纵有繁杂，且用准绳。至于往昔是非，可为来今龟镜，布在方册，亦粗研寻。自顷缵修，年逾三纪，识寡思拙，心昧辞芜。图籍实多，事目非少，将事功毕，罔愧乖疏，固不足发挥大猷，但竭愚尽虑而已。书凡九门，计贰百卷，不敢不具上献，庶明鄙志所之，尘渎圣聪，兢惶无措。’优诏嘉之，命藏书府。其书大传于时，礼乐刑政之源，千载如指诸掌，大为士君子所称。”《唐会要》卷三十六《修撰》(P660)：“十九年二月，淮南节度使杜佑，撰《通典》二百卷上之。其书凡九门，取食货十二篇，选举六篇，职官二十二篇，礼一百篇，乐七篇，兵六篇，刑十七篇，州郡十四篇，边防十六篇。佑多该涉，尤精历代之要，修《通典》，识者知其必登公辅之位。其书既出，遂行于时。”《通典》附《进通典表》(P1)：“自顷缵修，年涉三纪……贞元十年月日表上。”

【考论】

《通典》，乃杜佑在《政典》基础上撰成，是中国历史上第一部专述历代典章制度的巨著。该书保存了极其丰富的历代典章制度史料，从传说时代的黄帝开始记起，直至德宗时，尤以唐代最为丰富详实，“凡历代沿革，悉为记载，详而不烦，简而有要，元元本本，皆为有用之实学，非徒资记问者可比。考唐以前之掌故者，兹编其渊海矣”(《四库全书总目》卷八十一 P694)。全书共分食货、选举、职官、礼、乐、兵、刑、州郡、边防九类。其编排次序完全按照儒家思想来进行设计：“既富而教……是以食货为之首，选举次之，职官又次之，礼又次之，乐又次之，刑又次之，州郡又次之，边防末之。”(《自序》P1)。

杜佑推重儒学经世致用的作用，致力于从制度沿革变迁中探讨经验教训、治乱得失，由纪传体史书之书志，发展为典章制度专史，开辟了史书著述的新途。故李翰《通典序》(P1—2)曰：“今《通典》之作，昭昭乎其警学者之群迷欤！以为君子致用在乎经邦，经邦在乎立事，立事在乎师古，师古在乎随时；必参今古之宜，穷始终之要，始可以度其古，终可以行于今。……若使学者得而观之，不出户知天下，未从政达人情，罕更事知时变，为功易而速，为学精而要；其道甚直而不径，其文甚详而不烦。推而通，放而准。语备而理尽，例明而事中。举而措之，如指诸掌，不假从师聚学，而区以别矣。非聪明独见之士，孰能修之？”他深入研究中国古代政治、经济、军事、文化等制度，详述其沿革损益，议论其是非得失，并不是为了“好古”，而是为了“经世致用”，‘“将施有”，“度其古”而“行于今”。用现在的话说，就是“古为今用”，总结历史上的经验教训以为解决现实问题的参考。这种历史研究为政治服务并与现实密切结合的精神，至今仍是值得批判继承的。当中唐社会和学术都出现转折之际，首先为史学展示新途的是，一改以叙治乱兴替为重点的做法，将反映体制变化的历代制度和社会结构作为着眼点，通过上千年“礼法刑政”的演变，探寻施政之道，寻出“政理”以救时弊，挽救危乱。《通典》的应运而生，使史学发展步入一个新的阶段。参见谢保成《中国史学史》第五编《〈通典〉展示的史学趋势》及《〈通典〉的旨趣》。

一、关于《通典》书成时间，一说在贞元十九年，《唐会要》卷三十六谓“贞元十九年二月，淮南节度使杜佑撰《通典》二百卷上之”。郑鹤声《杜佑年谱》持此说，谓“据《唐会要》进书在贞元十九年（803）二月，与余拟定以大历三年（768）为《通典》撰著之始，亦恰得三纪之数也”。另一说在贞元十七年。王鸣盛持《旧唐书》之说，《十七史商榷》卷九十谓：“左补阙李翰撰杜佑《通典》序云：‘以大历之始，实纂斯典，累年而成。’案《旧唐书》佑传，总论佑生平为人，因及作《通典》事，则云贞元十七年自淮南使人诣阙献之，并载其进表云‘自顷缵修，年逾三纪’云云，考佑以大历之始纂斯典。大历元年，佑三十二，贞元十七年（801）进书，佑年六十七，相距恰三十六年，故云三纪。翰作序之时，佑为淮南幕僚，及书成上进，则自为淮南主帅矣。实更三纪，而但云累年而成者，其实官使府时，但粗就初稿而已，尚未成也。……其节度淮南，大约在贞元七八年，或十余年，自此以后，在淮南甚久，合兼濠泗观察，共有十余年，进书在此年中。直至贞元十九年，方复入为宰相，自是不复出矣。”日本学者玉井是博提出：《通典》当始撰于大历初年，不出六年即成书，贞元十七年（801）进书，三十余年间不断补充、修订，且在进奏后仍有补笔（参见《〈通典〉的撰述与流传》，《史学史资料》，1980 年第 6 期）。今从《旧唐书》之说。

二、关于《通典》纂述渊源，据其《自序》，五代以来多以为《通典》以刘秩《政典》为蓝本。章学诚始发新论，谓该书“统前史之书志，而撰述取法乎官礼”(《文史通义·释通》),梁启超亦谓其“统括史志”(《中国历史研究法》,商务印书馆1933年版)今人瞿林东亦持此说:“这个论点,打破了五代以来人们关于《通典》和《政典》之间关系的传统看法,揭示了《通典》在历史编纂上的真正渊源。”(参阅《论〈通典〉在历史编纂上的创新》,载《唐代史学论稿》,北京师范大学出版社1989年版)此说比较合理。参见张岂之、刘学智等主编《中国学术思想编年》之《隋唐五代卷》。

【相关论著举目】

李妮:《略论〈通典·乐典〉与治学价值》,《音乐时空》(理论版),2012年第2期

赵伟:《浅论〈通典〉对管子的继承》,《阜阳师范学院学报》(社会科学版),2011年第1期

黄露:《〈通典〉与中国古代的典章制度》,《文学界》(理论版),2010年第11期

黎文丽:《杜佑〈通典〉体现的编辑思想》,《谓南师范学院学报》(综合版),2009年第3期

赵东:《略论〈通典〉所体现的思想》,《西安欧亚学院学报》,2008年第1期

袁雪丽:《杜佑〈通典·选举典〉研究》,西北师范大学硕士学位论文,2008年

骆玉安:《从〈通典〉看杜佑的编辑思想》,《河南社会科学》,2007年第5期

丁俊丽:《杜佑〈通典〉的民本思想》,《湖北广播电视大学学院》,2007年第3期

彭笑远:《在儒法之间——杜佑礼乐思想论略》,《集宁师专学报》,2007年第1期

瞿林东:《第八章第一部宏伟的典章制度史——〈通典〉》,《中国史学史(第三卷)》(魏晋南北朝隋唐时期),上海人民出版社2006年版

张影:《〈通典·礼典·吉礼〉研究》,东北师范大学硕士学位论文,2006 年

邓国光:《杜佑〈通典〉的经学本质》,2001 年中华传统文化与新世纪国际学术研讨会论文

张凤英:《略论杜佑的〈通典〉》,《湘潭师范学院学报》,2000 年第 1 期

郑祖襄:《〈通典·乐典〉述评》,《音乐艺术》,1996 年第 3 期

瞿林东:《重读〈通典〉史论》,《史学理论研究》,1996 年第 2 期

章见、郭伟:《杜佑史学思想述论》,《北华大学学报》(社会科学版),1995 年第 7 期

郝润华:《简论〈通典〉的产生与唐中叶的著政典之风》,《甘肃理论学刊》,1993 年第 1 期

廖晓晴:《杜佑与〈通典〉》,《社会科学辑刊》,1991 年第 6 期

王锦贵:《试论〈通典〉的问世及其经世致用思想》,《北京大学学报》,1987 年第 4 期

曾贻芬:《论〈通典〉自注》,《史学史研究》,1985 年第 3 期

瞿林东:《论〈通典〉的方法和旨趣》,《历史研究》,1984 年第 5 期

曾贻芬:《〈通典·食货典〉与正史〈食货志〉比较研究》,《史学史研究》,1981 年第 3 期

玉井是博:《〈通典〉的撰述和流传》,《史学史研究》,1980 年第 6 期

陶悫炳:《杜佑和〈通典〉》,《史学史研究》,1980 年第 3 期

李之勤:《论杜佑〈通典〉与刘秩〈政典〉》,《西北大学学报》(哲学社会科学版),1978 年第 3 期

德宗贞元十八年　壬午(802)

○规定明经、进士人数

【文献】

《唐会要》卷七十六《缘举杂录》(P1384—1385)："十八年五月敕：'明经、进士，自今已后，每年考试所拔人，明经不得过一百人，进士不得过二十人。如无其人，不必要补此数。'"

○韩愈授四门博士

【文献】

《四部丛刊》初编《朱文公校昌黎先生集》卷十七《与祠部陆员外书》注(P140)："正元十八年，权德舆典举，傪佐之。公时为四门博士，荐侯喜等十人于傪。"

○李翱《复性书》于是年撰成

【文献】

《全唐文》卷六百三十七李翱《复性书》上、中、下三篇(P6433—6437)：

(一)《复性书》上：人之所以为圣人者性也，人之所以惑其性者情也。喜怒哀惧爱恶欲，七者皆情之所为也。情既昏，性斯匿矣。非性之过也，七者循环而交来，故性不能充也。水之浑也，其流不清，火之烟也，其光不明，非水火清明之过，沙不浑，流斯清矣，烟不郁，光斯明矣。情不作，性斯充矣，性与情不相无也。

虽然，无性则情无所生矣。是情由性而生，情不自情，因性而情，性不自性，由情以明。性者，天之命也，圣人得之而不惑者也；情者，性之动也，百姓溺之而不能知其本者也。圣人者岂其无情耶？圣人者，寂然不动，不往而到，不言而神，不耀而光，制作参乎天地，变化合乎阴阳，虽有情也，未尝有情也。然则百姓者，岂其无性耶？百姓之性与圣人之性弗差也，虽然，情之所昏，交相攻伐，未始有穷，故虽终身而不自睹其性焉。火之潜于山石林木之中，非不火也；江河淮济之未流而潜于山，非不泉也。石不敲，木不磨，则不能烧其山林而燥万物；泉之源弗疏，则不能为江为河，为淮为济，东汇大壑，浩浩荡荡，为弗测之深。情之动静弗息，则不能复其性而烛天地，为不极之明。

故圣人者，人之先觉者也。觉则明，否则惑，惑则昏，明与昏谓之不同。明与昏性本无有，则同与不同二皆离矣。夫明者所以对昏，昏既灭，则明亦不立矣。是故诚者，圣人性之也，寂然不动，广大清明，照乎天地，感而遂通天下之故，行止语默，无不处于极也。复其性者贤人，循之而不已者也，不已则能归其源矣。《易》曰："夫圣人者，与天地合其德，日月合其明，四时合其序，鬼神合其吉凶，先天而天不违，后天而奉天时。天且勿违，而况于人乎？况于鬼神乎？"此非自外得者也，能尽其性而已矣。子思曰："惟天下至诚为能尽其性，能尽其性，则能尽人之性；能尽人之性，则能尽物之性；能尽物之性，则可以赞天地之化育；可以赞天地之化育，则可以与天地参矣。其次致曲，曲能有诚，诚则形，形则著，著则明，明则动，动则变，变则化，唯天下至诚为能化。"圣人知人之性皆善，可以循之不息而至于圣也，故制礼以节之，作乐以和之。安于和乐，乐之本也；动而中礼，礼之本也。故在车则闻鸾和之声，行步则闻佩玉之音，无故不废琴瑟，视听言行，循礼法而动，所以教人忘嗜欲而归性命之道也。道者至诚而不息者也，至诚而不息则虚，虚而不息则明，明而不息则照天地而无遗，非他也，此尽性命之道也。哀哉！人皆可以及乎此，莫之止而不为也，不亦惑耶？

昔者圣人以之传于颜子，颜子得之，拳拳不失，不远而复其心，三月不违仁。子曰："回也其庶乎屡空。"其所以未到于圣人者一息耳，非力不能也，短命而死故也。其余升堂者，盖皆传也，一气之所养，一雨之所膏，而得之者各有浅深，不必均也。子路之死也，石乞盂黶以戈击之，断缨，子路曰：“君子死，冠不免。”结缨而死。由非好勇而无惧也，其心寂然不动故也。曾子之死也，曰：“吾何求焉，吾得正而毙焉，斯已矣。”此正性命之言也。子思，仲尼之孙，得其祖之道，述《中庸》四十七篇，以传于孟轲。轲曰“我四十不动心”，轲之门人达者公孙丑、万章之徒，盖传之矣。遭秦灭书，《中庸》之不焚者，一篇存焉。于是此道废缺，其教授者，惟节文、章句、威仪、击剑之术相师焉，性命之源，则吾弗能知其所传矣。

道之极于剥也必复，吾岂复之时耶？吾自六岁读书，但为词句之学，志于道者四年矣，与人言之，未尝有是我者也。南观涛江入于越，而吴郡陆傪存焉，与之言之，陆傪曰：“子之言，尼父之心也。东方如有圣人焉，不出乎此也；南方如有圣人焉，亦不出乎此也。惟子行之不息而已矣。”於戏！性命之书虽存，学者莫能明，是故皆入于庄、列、老、释。不知者谓夫子之徒不足以穷性命之道，信之者皆是也。有问于我，我以吾之所知而传焉，遂书于书，以开诚明之源，而缺绝废弃不扬之道，几可以传于时，命曰《复性书》，以理其心，以传乎其人。於戏！夫子复生，不废吾言矣。

（二）《复性书》中：或问曰：“人之昏也久矣，将复其性者，必有渐也，敢问其方。”曰：“弗虑弗思，情则不生，情既不生，乃为正思。正思者，无虑无思也。《易》曰：‘天下何思何虑。’又曰：‘闲邪存其诚。’《诗》曰：‘思无邪。’”

曰：“已矣乎？”曰：“未也，此斋戒其心者也，犹未离于静焉。有静必有动，有动必有静，动静不息，是乃情也。《易》曰：‘吉凶悔吝，生于动者也。’焉能复其性耶？”

曰：“如之何？”曰：“方静之时，知心无思者，是斋戒也。知本无有思，动静皆离，寂然不动者，是至诚也。《中庸》曰：‘诚则明矣。’《易》曰：‘天下之动，贞夫一者也。’”

问曰：“不虑不思之时，物格于外，情应于内，如之何而可止也？以情止情，其可乎。”曰：“情者性之邪也，知其为邪，邪本无有。心寂然不动，邪思自息。惟性明照，邪何所生？如以情止情，是乃大情也，情互相止，其有已乎？《易》曰：'颜氏之子，其殆庶几乎？有不善未尝不知，知之未尝复行也。'《易》曰：'不远复，无祇悔，元吉。'"

问曰："本无有思，动静皆离。然则声之来也，其不闻乎？物之形也，其不见乎？"曰："不睹不闻，是非人也，视听昭昭而不起于见闻者，斯可矣。无不知也，无弗为也。其心寂然，光照天地，是诚之明也。《大学》曰：'致知在格物。'《易》曰：'易无思也，无为也，寂然不动，感而遂通天下之故。非天下之至神，其孰能与于此？'"

曰："敢问'致知在格物'何谓也？"曰："物者，万物也；格者，来也，至也。物至之时，其心昭昭然明辨焉，而不应于物者，是致知也，是知之至也。知至故意诚，意诚故心正，心正故身修，身修而家齐，家齐而国理，国理而天下平。此所以能参天地者也。《易》曰：'与天地相似，故不违；知周乎万物，而道济天下，故不过；旁行而不流，乐天知命，故不忧；安土敦乎仁，故能爱；范围天地之化而不过，曲成万物而不遗，通乎昼夜之道而知，故神无方而易无体。一阴一阳之谓道。'此之谓也。"

曰："生为我说《中庸》。"曰："不出乎前矣。"

曰："我未明也，敢问何谓'天命之谓性'？"曰："人生而静，天之性也，性者天之命也。"

"'率性之谓道'何谓也？"曰："率，循也，循其源而反其性者，道也。道也者，至诚也。至诚者，天之道也。诚者，定也，不动也。"

"'修道之谓教'何谓也？"故曰："诚之者，人之道也。诚之者，择善而固执之者也。修是道而归其本者明也。教也者，则可以教天下矣，颜子其人也。'道也者，不可须臾离也，可离非道也。'说者曰：其心不可须臾动焉故也。动则远矣，非道也。变化无方，未始离于不动故也。'是故君子戒慎乎其所不睹，恐惧乎其所不闻，莫见乎隐，莫显乎微，故君子慎其独也。'说者曰：不睹之睹，见莫大焉，不闻之闻，闻莫甚焉。其心一动，是不睹之睹，不闻之闻也，其复之不远矣。故君子慎其独，慎其独者，守其中也。"

问曰:“昔之注解《中庸》者,与生之言皆不同,何也?”曰:“彼以事解者也,我以心通者也。”

曰:“彼亦通于心乎?”曰:“吾不知也。”

曰:“如生之言,修之一日,则可以至于圣人乎?”曰:“十年扰之,一日止之,而求至焉,是孟子所谓以杯水而救一车薪之火也。甚哉!止而不息必诚,诚而不息则明,明与诚终岁不违,则能终身矣。造次必于是,颠沛必于是,则可以希于至矣。故《中庸》曰:‘至诚无息,不息则久,久则征,征则悠远,悠远则博厚,博厚则高明。博厚所以载物也,高明所以覆物也,悠久所以成物也。博厚配地,高明配天,悠久无疆。如此者,不见而章,不动而变,无为而成,天地之道,可一言而尽也。’”

问曰:“凡人之性,犹圣人之性欤?”曰:“桀纣之性,犹尧舜之性也。其所以不睹其性者,嗜欲好恶之所昏也,非性之罪也。”

曰:“为不善者非性耶?”曰:“非也,乃情所为也。情有善有不善,而性无不善焉。孟子曰:‘人无有不善,水无有不下。夫水,搏而跃之,可使过颡,激而行之,可使在山,是岂水之性哉?其所以导引之者然也。人之性皆善,其不善亦犹是也。’”

问曰:“尧舜岂不有情耶?”曰:“圣人至诚而已矣。尧舜之举十六相,非喜也。流共工,放驩兜,殛鲧,窜三苗,非怒也。中于节而已矣。其所以皆中节者,设教于天下故也。《易》曰:‘知变化之道者,其知神之所为乎?’《中庸》曰:‘喜怒哀乐之未发谓之中,发而皆中节谓之和。中也者,天下之大本也。和也者,天下之达道也。致中和,天地位焉,万物育焉。’《易》曰:‘唯深也,故能通天下之志;唯几也,故能成天下之务;唯神也,故不疾而速,不行而至。’圣人之谓也。”

问曰:“人之性犹圣人之性,嗜欲爱憎之心,何因而生也?”曰:“情者,妄也,邪也。邪与妄则无所因矣。妄情灭息,本性清明,周流六虚,所以谓之能复其性也。《易》曰:‘乾道变化,各正性命。’《论语》曰:‘朝闻道,夕死可矣。’能正性命故也。”

问曰:“情之所昏,性即灭矣,何以谓之犹圣人之性也?”曰:“水之性情澈，其浑之者沙泥也。方其浑也，性岂遂无有耶？久而不动，沙泥自沉。清明之性，鉴于天地，非自外来也。故其浑也，性本勿失，及其复也，性亦不生。人之性，亦犹水之性也。”

问曰：“人之性本皆善，而邪情昏焉，敢问圣人之性，将复为嗜欲所浑乎？”曰：“不复浑矣。情本邪也，妄也，邪妄无因，人不能复。圣人既复其性矣，知情之为邪，邪既为明所觉矣，觉则无邪，邪何由生也？伊尹曰：‘天之道，以先知觉后知，先觉觉后觉者也。予，天民之先觉者也，予将以此道觉此民也，非予觉之而谁也？’如将复为嗜欲所浑，是尚不自觉者也，而况能觉后人乎？”

曰：“敢问死何所之耶？”曰：“圣人之所明书于策者也，《易》曰‘原始反终’，故知死生之说，‘精气为物，游魂为变’，是故知鬼神之情状，斯尽之矣。子曰：‘未知生，焉知死？’然则原其始而反其终，则可以尽其生之道。生之道既尽，则死之说不学而自通矣。此非所急也，子修之不息，其自知之，吾不可以章章然言且书矣。”

（三）《复性书》下：昼而作，夕而休者，凡人也。作乎作者，与万物皆作；休乎休者，与万物皆休。吾则不类于凡人，昼无所作，夕无所休。作非吾作也，作有物；休非吾休也，休有物。作耶休耶，二者皆离而不存。予之所存者，终不亡且离矣。人之不力于道者，昏不思也。天地之间，万物生焉，人之于万物，一物也，其所以异于禽兽虫鱼者，岂非道德之性全乎哉？受一气而成形，一为物而一为人，得之甚难也。生乎世，又非深长之年也。以非深长之年，行甚难得之身，而不专专于大道，肆其心之所为，则其所以自异于禽兽虫鱼者亡几矣。昏而不思，其昏也终不明矣。吾之生二十有九年矣，思十九年时如朝日也，思九年时亦如朝日也。人之受命，其长者不过七十、八十年，九十年、百年者则稀矣。当百年之时，而视乎九年时也，与吾此日之思于前也，远近其能大相悬耶？其又能远于朝日之时耶？然则人之生也，虽享百年，若雷电之惊相激也，若风之飘而旋也，可知矣。况千百人而无一及百年之年者哉！故吾之终日志于道德，犹惧未及也。彼肆其心之所为者，独何人耶！

【考论】

在陆傪鼓励下，李翱于贞元十六年始作《复性书》，是年前后完成，分为上、中、下三篇。上篇论述性与情的联系与区别，指出“人之所以为圣人者，性也；人之所以惑其性者，情也”，主张“复性”须“灭情”；中篇论述“复性”即排解情欲，以复人之本性，并提出其法为“弗思弗虑”、“格物”、“致知”；下篇谈论人生短暂，强调应努力修行道德。李翱主张“性善情邪”，认为“人之性皆善”，而“情者，妄也，邪也”，成圣途径只有“灭情复性”。

李翱《复性书》以孟子的“性善说”、《中庸》的“至诚”论作为其理论根据，提出一套以《中庸》为中心的“道统”，以达到归复本性的终极目的。儒家思想“教人忘嗜欲而归性命之道也”，而性命之说遭秦焚书失传，李翱不由得发出慨叹：“於戏！性命之书虽存，学者莫能明，是故皆入庄列老释，不知者谓夫子之徒不足以穷性命之道，信者皆是也。”李翱之文，准之《中庸》，使儒家的心性论重新得到了关注。其“灭情复性”说是理学家“存天理，灭人欲”的思想渊源；其对性、情之分别亦是理学家所谓“天地之性”与“气质之性”及“心统性情”思想的重要来源。李翱于孔子与孟子外加上子思，以为子思把圣人相传的性命之道写成《中庸》传给孟子，由此提高了《中庸》的地位。《四部丛刊》初编欧阳修《欧阳文忠公文集》卷七十三《读李翱文》(P544)亦云：“予始读翱《复性书》三篇，曰：此《中庸》之义疏尔。”清人全祖望《李习之论》曰：“自秦汉以来，《大学》、《中庸》杂入《礼记》之中，千有余年，无人得其藩篱。而首见及之者，韩、李也。退之作《原道》，实阐正心诚意之旨，以推本于《大学》。而习之论《复性》，则专以羽翼《中庸》。观其发明至诚尽性之道，自孟子推之子思，自子思推之孔子，而超然有以见夫颜子三月不违仁之心。”(《鲒琦亭集外编》卷三十七，《鲒琦亭集》四，四部丛刊本，上海书店 1989 年版)李翱著《复性书》三篇，其中亦引用《大学》纲领条目，开启后世尊崇《大学》之绪。此为后世将《大学》、《中庸》尊为“四书”之重要经典的滥觞，是宋明理学特别是二程理学之先声。其后宋代的理学家们同时接受了韩、李之论，推尊子思、孟子在道统中的地位，并把《大学》、《孟子》、《论语》、《中庸》并称为“四书”。

李氏之说又“以佛理证心”(《与本使杨尚书请修寺观钱状》)为特点，吸收禅宗“见性成佛”说，建立起儒、佛合一的人性论和“成圣”理论，以此完善了先秦儒家的心性学说。故叶梦得《避暑录话》卷下(P674—675)曰：“李翱《复性书》即佛氏所常言，而一以吾儒之说文之……《复性书》上篇，儒与佛者之常言也。其中篇以斋戒其心为未离乎静，知本无有思则动静皆离，视听昭昭不起于闻见，而其心寂然，光照天地，此吾儒所未尝言，非自佛发之乎？末篇论鸟兽虫鱼之类，谓受形一气，一为物，一为人，得之甚难，生乎世又非深长之年，使人知年非深长而身为难得，则今释氏所谓人身难得、无常迅速之二言也。翱言之何伤，而必欲操释语以诲人？宜其从之者既不自觉，而诋之者亦不悟其学之所同也。”章太炎《国学讲演录·诸子略说》(P181)亦曰：“今观《复性书》虽依《中庸》立论，其实阴袭释家之旨。”由于李翱受佛教思想影响较大，使得他多受到后世诟病。但其思想之敏锐与深度，是不可否认的。

关于《复性书》的写作时间，有李恩溥《李翱年谱》(见 1948 年 5 月 17 日《南京日报》)等均作贞元十六年(800)之论；又有卞孝萱、张清华、阎琦《韩愈评传》附《李翱评传》(南京大学出版社 1998 年版)所提新说，以为成书于贞元十八年。翱生于大历九年(774)，又据《复性书(下)》“吾之生二十有九年矣”，知此文当成于是年。今从卞说。参见《中国学术思想编年》之《隋唐五代卷》。

【相关论著举目】

韩丽华：《佛教对李翱复性思想的影响》，《临沂大学学报》，2012 年第 2 期

韩丽华：《李翱的性善情恶复性思想》，《临沂大学学报》，2011 年第 6 期

李小山：《从古文运动看李翱的文学理论》，《中州学刊》，2011 年第 5 期

赵静:《李翱的佛教观》,《合肥学院学报》(社会科学版),2011 年第 4 期

王明聚:《李翱〈复性书〉心性思想研究》,曲阜师范大学硕士学位论文,2011 年

卢旭:《李翱〈复性书〉心性思想与〈中庸〉渊源考略》,《知识经济》,2010 年第 14 期

王心义:《李翱〈复性书〉研究》,云南大学硕士学位论文,2010 年

郑宏颖:《试析李翱〈复性书〉之"性"的来源》,兰州大学硕士学位论文,2010 年

黄爱平:《〈复性书〉主题再探——与当时文人学者之人性论比较》,《兰州学刊》,2009 年第 5 期

吴丹:《李翱"诚"的思想及意义》,《南通大学学报》(社会科学版),2009 年第 3 期

李小山:《从古文运动看李翱的礼学思想》,《郑州大学学报》(哲学社会科学版),2009 年第 1 期

吴丹:《试论李翱〈复性书〉的心性思想》,《苏州大学学报》(哲学社会科学版),2008 年第 2 期

王洪军、杲元祥:《李翱复性思想简论》,《济宁学院学报》,2008 年第 1 期

高明峰:《论韩愈、李翱的经学贡献》,《周口师范学院学报》,2008 年第 1 期

杲元祥:《李翱〈复性书〉心性思想研究》,曲阜师范大学硕士学位论文,2008 年

强昱:《儒学在中唐时期的新动向:权德舆的问题与李翱的答案》,《哲学动态》,2007 年第 8 期

刘新峰:《李翱生卒年考辨》,《社科纵横》,2006 年第 8 期

李最欣:《李翱是韩愈弟子吗》,《文学遗产》,2005 年第 3 期

王宏海、曹清林:《韩愈、李翱的经学思想透析》,《河北师范大学学报》(哲学社会科学版),2005 年第 2 期

吴丹:《试论李翱〈复性书〉的心性思想》,苏州大学硕士学位论文,2004 年

王宏海:《李翱思想研究》,河北大学硕士学位论文,2004 年

林耘:《李翱论"诚"》,《孔子研究》,2003 年第 3 期

林耘:《李翱复性学说及其思想来源》,《船山学刊》,2002 年第 1 期

王锟:《试论李翱心性论思想体系》,《西安电子科技大学学报》,2002 年第 1 期

郭应传:《李翱〈复性书〉思想研究》,云南师范大学硕士学位论文,2002 年

何智慧:《李翱年谱稿》,四川师范大学硕士学位论文,2002 年

李晓春:《再论李翱的人性论》,《甘肃理论学刊》,2001 年第 3 期

杨世文:《论李翱对传统儒学的继承与改造》,《中华文化论坛》,2001 年第 2 期

贾志:《浅谈李翱"复性说"对宋代理学形成的影响》,《河北师范大学》,2001 年第 1 期

李晓春、武玉鹏:《试论李翱的人性论对性二元论的影响》,《兰州大学学报》,2000 年第 6 期

贾志:《浅谈李翱"复性说"对宋代理学形成的影响》,《贵州文史丛刊》,2000 年第 3 期

李晓春:《试论李翱的人性论》,《兰州大学学报》,1997 年第 1 期

李光富:《李翱著作年代及版本考》,《四川大学学报》,1996 年第 1 期

马良怀:《论韩愈、李翱思想的历史位置》,《华中师范大学学报》,1995 年第 1 期

郝润华:《李翱交游考》,《社科纵横》,1994 年第 2 期

郝润华:《李翱与〈李文公集〉》,《西北师大学报》,1992 年第 1 期

郝润华:《李翱史学观初探》,《兰州学刊》,1991 年第 6 期

黄开国:《李翱的复性说》,《甘肃社会科学》,1990 年第 2 期

马积高:《李翱生平仕履考略》,《湖南师范大学社会科学学报》,1980年第3期

杨荣国:《李翱思想批判》,《哲学研究》,1959年Z1期

○十月,施士丐卒

【文献】

《新唐书》卷二百《施士丐传》附《啖助传》(P5707):"士丐,吴人,兼善《左氏春秋》,以二经教授。繇四门助教为博士,秩满当去,诸生封疏乞留,凡十九年,卒于官。弟子共葬之。士丐撰《春秋传》,未甚传。后文宗喜经术,宰相李石因言士丐《春秋》可读。帝曰:'朕见之矣,穿凿之学,徒为异同,但学者如浚井,得美水而已,何必劳苦旁求,然后为得邪?'"《全唐文》卷五百六十六《施先生墓铭》(P5731):"贞元十八年十月十一日,太学博士施先生士丐卒。其寮太原郭伉买石志其墓,昌黎韩愈为之辞。"

事又见《韩愈集》卷二十四《碑志一》。

【考论】

施士丐(734—802),吴人,善《左氏春秋》,并以二经教授,执经问难者踵于门。曾撰《春秋传》,其传未广,文宗以为"穿凿之学,徒为异同",并不认同此书。施氏亦明毛、郑《诗》,《朱文公校昌黎先生集》卷二十四《施先生墓铭》(P178)云:"先生明毛、郑《诗》,通《春秋左氏传》,善讲说,朝之贤士大夫从而执经考疑者,继于门。"施士丐曾公开讲授《诗经》,士大夫纷纷前去听讲,刘禹锡、柳宗元、韩泰皆在其中。施氏解《诗》异于汉代经师拘泥古训、墨守师说的章句之学,往往另立新说,自由发挥,易于致用,开创新风。《新唐书》卷二百《儒学下》(P5707)称:"大历时,助、匡、质以《春秋》,施士丐以《诗》……皆自名其学,而士丐、子陵最卓异。"这种学风对刘禹锡、柳宗元、韩愈等影响颇深。由四门助教升为博士,在秩满当去时,诸生封疏乞留,凡十九年,后卒于官,弟子共葬之。

○仲子陵卒

【文献】

《新唐书》卷二百《儒学下》(P5707):“大历时,助、匡、质以《春秋》,施士匄以《诗》,仲子陵、袁彝、韦彤、韦茝以《礼》,蔡广成以《易》,强蒙以《论语》,皆自名其学,而士匄、子陵最卓异。”《全唐文》卷五百一十五《仲子陵》(P5237):“子陵,蜀人,大历十三年进士。贞元十年举贤良方正,擢太常博士,转主客司门二员外郎。十八年卒,年五十九。”仲子陵“举贤良方正”事又见《唐会要》卷七十六《贡举中·制科举》、《太平御览》卷六百二十九《治道部十》、《册府元龟》卷六百四十五《贡举部·科目》、《文献通考》卷三十三《选举考六·唐制科名目及中制科人姓名》。

【考论】

仲子陵,蜀人,中唐时代著名文学家、礼学家。大历十三年进士,贞元十年举贤良方正,擢太常博士,后转主客司门二员外郎。仲子陵的赋作由于受经学倾向的影响,典雅而平实;与中唐其他赋家所作赋的丰瞻华美相异,启中晚唐律赋散化的先声。他曾以地方官身份入朝与“京官”同议“禘祫”大礼。其礼学成就,为时人所共赞。仲子陵精通后苍、大小戴《礼》,对后来学界所谓“蜀学”的兴盛所起作用,不可小觑(参见何易展:《中唐“禘祫”之议与巴蜀文人仲子陵》,《文史杂志》2008年第2期)。十八年卒,年五十九。

【相关论著举目】

何易展:《中唐“禘祫”之议与巴蜀文人仲子陵》,《文史杂志》,2008年第2期

何易展:《唐代巴蜀文人仲子陵生平考述》,《西华大学学报》,2006年第6期

德宗贞元十九年　癸未(803)

○秋，韩愈拜监察御史

【文献】

《四库全书》第1078册唐皇甫湜《皇甫持正集》卷六《韩文公神道碑》(P94—95)："十九年，关中旱饥，人死相枕藉，吏刻取怨。先生列言天下根本，民急如是，请宽免民徭而免田租之弊。专政者恶之，贬为连州阳山令。"《四部丛刊》初编《朱文公校昌黎先生集》卷二十二《祭河南张员外文》(P169)："贞元十九，君为御史，余以无能同诏并跱。……余戆而狂，年未三纪。……我落阳山，以尹鼯猱，君飘临武，山林之牢，岁弊寒凶，雪虐风饕。"

【考论】

韩愈贞元十七年(801)任四门博士，任满后，经李汶推荐，任监察御史。冬，贬为连州阳山(今广东阳山)令。关于韩愈此次被贬的原因，一说以为上疏所致。此年冬韩愈与张署、李方叔上疏《御史台论天旱人饥状》，因关中饥馑，请宽民徭、免田租等，德宗不悦，遂被贬。另一说盖因幸臣李实之谗言所致，非干上疏之事。《四部丛刊》初编《朱文公校昌黎先生集》卷二《岳阳楼别窦司直》(P31)云："前年出官由，此祸最无妄。……奸猜畏弹射，斥逐恣欺诳。"韩愈自认为被贬盖由永贞革新派王叔文、韦执谊等辈排斥所致。宋洪兴祖《韩子年谱》云："德宗晚年，韦、王之党已成，韦执谊以恩幸，时时召见问外事。贞元十九年，补阙张正买疏谏他事，得召见，与正买相善者数人皆往贺之。王叔文、韦执谊疑其言己朋党事，诬以朋党尽谴斥之。意公之出，有类此也。"《朱文公校昌黎先生集》卷一《赴江陵途中寄赠王二十补阙、李十一拾遗、李二十六员外翰林三学士》(P24)云"或自疑上疏，上疏岂其由"，言其并非由于上疏所致。又一说柳宗元、刘禹锡泄密所致。《寄赠三学士》(P24)云："同宫尽才俊，偏善柳与刘。或虑语言泄，传之落冤仇。二子不宜尔，将疑断还不。”韩愈自疑柳宗元、刘禹锡泄露秘密而致，但是又认为柳、刘不可能做出此事，故柳、刘“传之落冤仇”之说不可靠。综合考察其被贬之因，上疏引祸与谗言中伤当兼而有之。参见《中国学术思想编年》之《隋唐五代卷》。

○柳宗元为监察御史里行

【文献】

《新唐书》卷一百六十八《柳宗元传》(P5132)：“宗元少精敏绝伦，为文章卓伟精致，一时辈行推仰。第进士、博学宏辞科，授校书郎，调蓝田尉。贞元十九年，为监察御史里行。善王叔文、韦执谊，二人者奇其才。及得政，引内禁近，与计事，擢礼部员外郎，欲大进用。”

○陆淳上《集注春秋》、《君臣图翼》

【文献】

《旧唐书》卷一百八十九下《陆质传》(P4977—4978)：“陆质，吴郡人，本名淳，避宪宗名改之。质有经学，尤深于《春秋》……质著《集注春秋》二十卷，《类礼》二十卷，《君臣图翼》二十五卷，并行于代。”《新唐书》卷五十七、五十九《艺文志》(P1441、P1513)：“陆质《集注春秋》二十卷、陆质《君臣图翼》二十五卷。”《唐会要》卷三十六《修撰》(P660)：“十九年二月……给事中陆贽，著《集注春秋》二十卷、《君臣图翼》三十五卷，上之。”

【考论】

《君臣图翼》一书已佚，《旧唐书》本传、《新唐书·艺文志》均载二十五卷，独《唐会要》载《君臣图翼》三十五卷，当误。《旧唐书》、《新唐书》皆云陆质，《唐会要》误为陆贽，盖与苏州嘉兴著名儒者陆贽相混而致误。

○苏冕撰成《会要》四十卷,始创史书会要体

【文献】

《唐会要》卷三十六《修撰》(P660):"(贞元)十九年二月,又杭州刺史苏弁撰《会要》四十卷。弁与兄冕,缵国朝故事为是书。弁先聚书至二万卷,皆手自刊正。今言苏氏书,次于集贤芸阁焉。"《旧唐书》卷一百八十九下《苏弁传》附记(P4977):"冕缵国朝政事,撰《会要》四十卷,行于时。"《新唐书》卷五十九《艺文志三》(P1563)记:"苏冕《会要》四十卷。"《郡斋读书志》卷十四(P658):"《唐会要》一百卷,右皇朝王溥撰。初,唐苏冕叙高祖至德宗九朝沿革损益之制。大中七年,诏崔铉等撰次德宗以来事,至宣宗大中七年,以续冕书。溥又采宣宗以后事,共成百卷。"

【考论】

《会要》四十卷,苏冕撰,我国历史上第一部会要体史书,叙述唐高祖至唐德宗九朝典章制度之沿革损益。此前之史学题材,多纪传体、编年体、起居注、实录等,苏冕首创会要体,专记某一朝代典章制度之兴废变迁,开此体之先河。关于《会要》的作者,新、旧《唐书》均著录为苏冕,《唐会要》著录为"弁与兄冕"。目前学者多从新、旧《唐书》之说,黄永年、谢保成则以为苏弁、苏冕兄弟两人共撰。今从新、旧《唐会》之说。该书撰成后即行于世,对中国史学发生了较大影响。宣宗大中七年(853),尚书左仆射、门下省侍郎平章事崔铉继之修成《续会要》四十卷。至宋,王溥在此二书基础上增修而成《唐会要》一百卷。

苏氏撰《会要》的时间,史无明载。《唐会要》将此书与杜佑《通典》并提于贞元十九年,故志于此。参见《中国学术思想编年》之《隋唐五代卷》。

【相关论著举目】

卓越:《〈唐会要〉的成书及改作析因》,《淮北师范大学学报》(哲学社会科学版),2011 年第 3 期

董兴艳:《〈会要〉撰者、成书时间考》,《唐史论丛》第十二辑

邢永革:《〈唐会要〉成书考略》,《古籍整理研究学刊》,2004 年第 4 期

瞿林东:《苏冕与〈会要〉——为会要体史书创立 1200 周年而作》,《安徽大学学报》,2003 年第 5 期

鲁勇、鲁军:《谈"会要"》,《图书馆工作与研究》,1989 年第 4 期

周少川:《约论会要体史籍》,《北京师范大学学报》,1989 年第 5 期

德宗贞元二十一年(顺宗永贞元年) 乙酉(805)

○刘禹锡奏记宰相罢天下州县牲牢衣币,籍其资半畀所隶州增学校,举半归太学

【文献】

《新唐书》卷一百六十八《刘禹锡传》(P5130—5131):"禹锡尝叹天下学校废,乃奏记宰相曰:'言者谓天下少士,而不知养材之道,郁堙不扬,非天不生材也。是不耕而叹廪庾之无余,可乎?贞观时,学舍千二百区,生徒三千余,外夷遣子弟入附者五国。今室庐圮废,生徒衰少,非学官不振,病无赀以给也。凡学官,春秋释奠于先师,斯止辟雍、泮宫,非及天下。今州县咸以春秋上丁有事孔子庙,其礼不应古,甚非孔子意。汉初群臣起屠贩,故孝惠、高后间置原庙于郡国,逮元帝时,韦玄成遂议罢之。夫子孙尚不敢违礼飨其祖,况后学师先圣道而欲违之。《传》曰:"祭不欲数。"又曰:"祭神如神在。"与其烦于荐飨,孰若行其教?今教颓靡,而以非礼之祀媚之,儒者所宜疾。窃观历代无有是事。

武德初,诏国学立周公、孔子庙,四时祭。贞观中,诏修孔子庙兖州。后许敬宗等奏天下州县置三献官,其他如立社。玄宗与儒臣议,

罢释奠牲牢，荐酒脯。时王孙林甫为宰相，不涉学，使御史中丞王敬从以明衣牲牢著为令，遂无有非之者。今夔四县岁释奠费十六万，举天下州县岁凡费四千万，适资三献官饰衣裳，饴妻子，于学无补也。请下礼官博士议，罢天下州县牲牢衣币，春秋祭如开元时，籍其资半畀所隶州，使增学校，举半归太学，犹不下万计，可以营学室，具器用，丰馔食，增掌故，以备使令，儒官各加稍食，州县进士皆立程督，则贞观之风，粲然可复。'当时不用其言。"

【考论】

唐代开国后，就一直奉行崇儒兴学的政策，天下州、县皆立官学。武德元年(618)，唐高祖下令恢复国学和州、县学。次年，在国子学立庙祭孔子。武德二年(619)诏国子学立周公、孔子庙，四时致祭，于是重行释奠之礼。武德九年(626)，诏封孔子后人为褒圣侯。太宗于贞观四年诏州、县学作孔子庙。安史之乱后文庙独存，祭礼犹行，但学校已经有名无实，教养废弛，人才寥落，几近废绝，此皆由于"无赀以给"，因此刘禹锡奏记宰相罢天下州县牲牢衣币，籍其资半畀所隶州增学校，举半归太学。值得注意的是，刘禹锡反对每年耗资祭祀孔子，并非反孔，但每年要花费四千万钱祭祀实在浪费，故建议用此钱之半去兴办学校，资助教育。此事当在被贬前，其年不可考，暂志于此年。

○柳宗元、刘禹锡被贬

【文献】

《旧唐书》卷十四《宪宗纪上》(P412)："九月丁卯朔。……己卯，京西神策行营节度行军司马韩泰贬抚州刺史，司封郎中韩晔贬池州刺史，礼部员外郎柳宗元贬邵州刺史，屯田员外郎刘禹锡贬连州刺史，坐交王叔文也。"

【考论】

顺宗即位，擢任王叔文、王伾等，实行改革，即"永贞革新"。改革失败后，旧派官僚与宦官对参与其事者皆予以斥逐。永贞元年九月，柳、刘因参与王叔文集团的“永贞革新”失败，被贬为连、邵二州刺史；十月，改贬永、朗二州。当时被贬为司马者，有韦执谊、韩泰、陈谏、韩晔、凌准、程异，加上柳、刘共八人，时称“八司马”。

○陆贽卒

【文献】

《旧唐书》卷一百三十九《陆贽传》(P3791—3818)：“陆贽字敬舆，苏州嘉兴人。父侃，溧阳令，以贽贵，赠礼部尚书。贽少孤，特立不群，颇勤儒学。年十八登进士第，以博学宏词登科……顺宗即位，与阳城、郑余庆同诏征还。诏未至而贽卒，时年五十二，赠兵部尚书，谥曰宣。”《新唐书》卷一百五十七《陆贽传》(P4911—4931)：“德宗立，遣黜陟使庾何等十一人行天下。贽说使者，请以五术省风俗，八计听吏治，三科登隽乂，四赋经财实，六德保罢瘵，五要简官事。五术曰：听谣诵审其哀乐，纳市贾观其好恶，讯簿书考其争讼，览车服等其俭奢，省作业察其趣舍。八计曰：视户口丰耗以稽抚字，视垦田赢缩以稽本末，视赋役薄厚以稽廉冒，视案籍烦简以稽听断，视囚系盈虚以稽决滞，视奸盗有无以稽禁御，视选举众寡以稽风化，视学校兴废以稽教导。三科曰：茂异、贤良、干蛊。四赋曰：阅稼以奠税，度产以衰征，料丁壮以计庸，占商贾以均利。六德曰：敬老、慈幼、救疾、恤孤、赈贫穷、任失业。五要曰：废兵之冗食，蠲法之桡人，省官之不急，去物之无用，罢事之非要。时皆韪其言，迁监察御史。帝在东宫，已闻其名矣，召为翰林学士。……顺宗立，召还。诏未至，卒，年五十二，赠兵部尚书，谥曰宣。”《新唐书》卷五十八、卷五十九、卷六十《艺文志》(P1485、P1563、P1616)：“陆贽《遣使录》一卷”、“陆贽《备举文言》二十卷”、“陆贽《论议表疏集》十二卷。”

【考论】

陆贽(754—805)，字敬舆，苏州嘉兴人，唐代政治家、思想家。

771年登进士，以博学鸿词登科，授华州郑县尉，后改任渭南县主簿。德宗即位，由监察御史召为翰林学士。适逢动乱，陆贽随德宗避乱奉天，转为考功郎中。军阀李怀光叛乱后，又扈从德宗逃往梁州，转为谏议大夫。在动荡不安的局势下，协助德宗运筹帷幄，克平大难。在政治上，有远见卓识，公忠体国，励精图治，曾提出"五术"、"八计"、"三科"、"四赋"、"六德"、"五要"等治国思想，主张强兵固本，备边御戎，赏罚分明，尚贤任能，按名责实等。《旧唐书》卷一百三十九《陆贽传》(P3818)史臣曰："近代论陆宣公，比汉之贾谊，而高迈之行，刚正之节，经国成务之要，激切仗义之心，初蒙天子重知，末涂沦踬，皆相类也。"在天人关系上，重人事，轻天命，指出"则天所视听，皆因于人，非人事外自有天命也"，"此天命在人，盖昭昭矣。人事治而天降乱，未之有也；人事乱而天降康，亦未之有也"。著有《遣使录》一卷、《备举文言》二十卷、《论议表疏集》十二卷等。

【相关论著举目】

王素：《陆贽评传》，南京大学出版社，2001年

宁薇：《论陆贽的文学思想》，《牡丹江大学学报》，2010年第12期

陈小英：《从〈翰苑集〉看陆贽的为文之道》，《集美大学学报》(哲学社会科学版)，2010年第4期

雷恩海：《论韩愈对陆贽的认同与接受》，《西北师大学报》(社会科学版)，2008年第4期

田恩铭：《陆贽生平事迹考辨二题》，《唐都学刊》，2008年第3期

田恩铭：《"龙虎榜"事件与陆贽仕宦生涯的政治选择》，《唐都学刊》，2007年第5期

高洁：《陆贽公文研究》，南京师范大学硕士学位论文，2006年

王朝源：《试论陆贽的公文写作》，《四川师范大学学报》(社会科学版)，2005年第5期

田恩铭：《陆贽进士及第时间辨说》，《红河学院学报》，2005年第1期

田恩铭：《陆贽与中唐文学》，陕西师范大学硕士学位论文，

2005 年
刘京:《〈陆宣公集〉研究》,首都师范大学硕士学位论文,2004 年
赵亚丽:《陆贽民为邦本思想初探》,《河泽师专学报》,2000 年第 1 期
郑力戎:《治乱之龟鉴,政论之典范——论陆贽的骈体奏议》,《浙江学刊》,1996 年第 3 期
郑力戎:《陆贽与唐宋古文大家》,《文史哲》,1996 年第 3 期
傅震杰:《陆贽奏议及其理乱观初探》,《晋阳学刊》,1993 年第 2 期
沈时蓉:《试论陆贽对韩愈及唐古文运动的影响》,《四川师范大学学报》,1991 年第 1 期
李春光:《论陆贽的治国思想》,《辽宁大学学报》,1981 年第 1 期
董克昌:《论陆贽》,《学习与探索》,1980 年第 6 期
唐泽钰:《唐代杰出的政治家陆贽》,《学习与探索》,1980 年第 5 期

○九月,陆淳(后避讳改名陆质)卒

【文献】

《旧唐书》卷十四《宪宗纪上》(P412):"九月丁卯朔。……辛巳,给事中陆质卒。"《旧唐书》卷一百八十九下《陆质传》(P4977—4978):"陆质,吴郡人,本名淳,避宪宗名改之。质有经学,尤深于《春秋》,少师事赵匡,匡师啖助,助、匡皆为异儒,颇传其学,由是知名。陈少游镇扬州,爱其才,辟为从事。后荐于朝,拜左拾遗。转太常博士,累迁左司郎中,坐细故,改国子博士,历信、台二州刺史。顺宗即位,质素与韦执谊善,由是征为给事中、皇太子侍读,仍改赐名质。时执谊得幸,顺帝寝疾,与王叔文等窃弄权柄。上在春宫,执谊惧,质已用事,故令质入侍,而潜伺上意,因用解。及质发言,上果怒曰:'陛下令先生与寡人讲义,何得言他。'质惶惧而出。未几病卒。质著《集注春

秋》二十卷,《类礼》二十卷,《君臣图翼》二十五卷,并行于代。贞元二十一年卒。”《新唐书》卷二百《儒学下》(P5707):“大历时,助、匡、质以《春秋》……皆自名其学。”《四部丛刊》初编《注释音辩唐柳先生集》卷九《陆文通先生墓表》(P49):“有吴郡人陆先生质,以其师友天水啖助洎赵匡,能知圣人之旨,故《春秋》之言及是而光明,使庸人、小童,皆可积学以入圣人之道,传圣人之教,是其德岂不侈大矣哉!”《四部丛刊》初编《注释音辩唐柳先生集》卷九《唐故给事中皇太子侍读陆文通先生墓表》(P49—50):“(陆淳,字元冲,后避宪宗讳,改赐名质。门人私谥曰文通先生。)孔子作《春秋》千五百年,以名为传者五家,今用其三焉。秉觚牍,焦思虑,以为论注疏说者百千人矣。攻讦狠怒,以辞气相击排冒没者,其为书,处则充栋宇,出则汗牛马,或合而隐,或乖而显。后之学者,穷老尽气,左视右顾,莫得而本。则专其所学,以訾其所异,党枯竹,护朽骨,以至于父子伤夷、君臣诋悖者,前世多有之,甚矣圣人之难知也。有吴郡人陆先生质,以其师友天水啖助洎赵匡能知圣人之旨。故《春秋》之言,及是而光明,使庸人小童,皆可积学以入圣人之道,传圣人之教,是其德岂不侈大矣哉!先生字某,既读书,得制作之本,而获其师友。于是合古今,散同异,联之以言,累之以文。盖讲道者二十年,书而志之者又十余年,其事大备,为《春秋集注》十篇、《辩疑》七篇、《微指》二篇。明章大中,发露公器。其道以生人为主,以尧、舜为的,苞罗旁魄,胶轕下上,而不出于正。其法以文武为首,以周公为翼,揖让升降,好恶喜怒,而不过乎物。既成,以授世之聪明之士,使陈而明之,故其书出焉,而先生为巨儒。用是为天子争臣,尚书郎、国子博士、给事中、皇太子侍读,皆得其道。刺二州,守人知仁。永贞年,侍东宫,言其所学,为《古君臣图》以献,而道达乎上。是岁,嗣天子践祚而理,尊优师儒,先生以疾闻,临问加礼。某月日,终于京师。某月日,葬于某郡某里。呜呼!先生道之存也以书,不及施于政;道之行也以言,不及睹其理。门人世儒,是以增恸。将葬,以先生为能文,圣人之书通于后世,遂相与谥曰文通先生。后若干祀,有学其书者过其墓,哀其道之所由,乃作石以表碣。”《四库全书总目》卷二十六《春秋类》(P213):“案《二程遗书》、陈振孙《书录解题》及朱临作是编《后序》皆云‘淳师助、匡’,《旧唐书》云:‘淳师匡,匡师助。’《新唐书》则云‘赵匡、陆淳,皆助高弟。’案《吕温集》有《代淳进书表》称:‘以啖助为严师,赵匡为益友。’”《经学历史·经学统一时代》(P152):“唐人经说传今世者,惟陆淳本啖助、赵匡之说,作《春秋纂例》、《微旨》、《辨疑》。谓:左氏,六国时人,非《论语》之丘明;杂采诸书,多不可信。《公》、《穀》口授,子夏所传;后人据其大义,散配经文,故多乖谬,失其纲统。此等议论,颇能发前人所未发。惟《三传》自古各自为说,无兼采《三传》以成一书者;是开通学之途,背颛门之法矣。”

事又见《吕和叔文集》卷四、卷八,《册府元龟》卷七百六十八《总录部·儒学第二》,吕温《祭陆给事文》。

【考论】

陆淳(? —806)字伯冲,号文通,唐吴郡(今江苏苏州)人,避宪宗讳改名陆质,唐代经学家。曾任左拾遗,转太常博士,后迁左司郎中,改国子博士,历任信州、台州刺史。与柳宗元、韦执谊、吕温等友善,曾参与永贞革新运动。以治《春秋》之学的啖助、赵匡为师友,综合各家之学,撰成《春秋集传纂例》十卷、《春秋集传辩疑》十卷、《春秋微旨》三卷。史称“助、匡皆为异学”,陆淳“颇传其学”,有经世之旨。宋韩琦称《读刘易春秋新解》“有唐名儒陆淳者,始开奥壤窥源泉”(傅璇琮主编《全宋诗》,卷三百一十八,第965页)。《四库全书总目》卷二十六《春秋类一》(P213)谓:“助之说《春秋》,务在考三家得失,弥缝漏阙,故其论多异先儒。”陆淳深受其影响,实开宋儒疑经风气。朱熹称其“推言治道,直是凛凛然可畏,终是得圣人个意思”(《朱子语类》卷八十三 P2174)。此外,尚著《类礼》、《君臣图翼》以及《祀武成王议》、《定祧献懿二祖议》等奏议和杂文《删东皋子集序》、《印信》等。《全唐文》卷六百一十八载其部分著作。

唐代《春秋》学发生新变,其转折点即“安史之乱”,不过其新变真正形成风气要等到啖助、赵匡、陆淳为代表的“新春秋学”派出现。在治学方法上，首先，他们率先突破唐代官学义疏的樊篱，反对专守章句训诂，主张治世致用，从而开辟了经学研究的新思路；其次，他们认为《三传》皆离圣意，若要真正领会《春秋》义旨，不能全依《三传》，正如《啖氏集传集注义》中言："微言久绝，通儒不作，遗文所存，《三传》而已。《传》已互失经指，注又不尽传意，《春秋》之意几乎泯灭。"（《春秋集传纂例》卷一 P381）这与唐代前期孔颖达专依《左传》解《春秋》的作法完全相悖，否定了《三传》的权威地位，认为前世学者各本所学，以《三传》为媒介解经的作法是舍本逐末之举。啖助、陆淳、赵匡以研究《春秋》独标一帜，闻名于世，其大胆怀疑经传的治学思想迥异于当时儒者，已下开宋儒疑经疑传之风。但因其观点新异，不守经传，难为人接受，亦招来非议。《新唐书》卷二百《儒学传》赞曰（P5708）："啖助在唐，名治《春秋》，摭诎三家，不本所承，自用名学，凭私臆决，尊之曰'孔子意也'，赵、陆从而唱之，遂显于时。呜呼！孔子没乃数千年，助所推著果其意乎？其未可必也。以未可必而必之，则固；持一己之固而倡兹世，则诬。诬与固，君子所不取。助果谓可乎？徒令后生穿凿诡辨，诟前人，舍成说，而自为纷纷，助所阶已。"

○《春秋集传纂例》

【文献】

《新唐书》卷五十七《艺文志一》（P1441）："又集传《春秋纂例》十卷。"《郡斋读书志》卷三（P110）："《春秋纂例》十卷，右唐陆淳撰。其序云：'啖氏制《统例》，分别疏通会其义，赵氏损益，多所发挥，今纂而合之，凡四十篇。'"《全唐文》卷六百一十八陆淳《春秋集传纂例序》（P6239）："啖子所撰《统例》三卷，皆分别条疏，通会其义；赵子损益，多所发挥。今故纂而合之，有辞义难解者，亦随加注释，兼备载经文于本条之内，使学者以类求义，昭然易知。其《三传》义例，可取可舍，啖、赵俱已分析，亦随条编附，以祛疑滞，名《春秋集传纂例》。凡四十篇，分为十卷云。"《四库全书总目》卷二十六《春秋类一》（P212—

213)："《春秋集传纂例》十卷，唐陆淳撰。盖释其师啖助并赵匡之说也。助字叔佐，本赵州人，徙关中。官润州丹阳县主簿。匡字伯循，河东人。官洋州刺史。淳字伯冲，吴郡人。官至给事中。后避宪宗讳，改名质。事迹具《唐书·儒学传》。案《二程遗书》、陈振孙《书录解题》及朱临作是编《后序》，皆云淳师助、匡。《旧唐书》云：'淳师匡，匡师助。'《新唐书》则云：'赵匡、陆淳皆助高弟。'按《吕温集》有《代淳进书表》，称以啖助为严师，赵匡为益友。又淳自作《修传始终记》，称助为啖先生，称匡为赵子。余文或称为赵氏。《重修集传义》又云'淳秉笔执简，侍于啖先生左右十有一年'，而不及匡。又柳宗元作淳《墓表》，亦称助、匡为淳师友。当时序述，显然明白。刘昫以下诸家，并传闻之误也。助之说《春秋》，务在考三家得失，弥缝漏阙，故其论多异先儒。如论《左传》非丘明所作，《汉书》丘明授鲁曾申、申传吴起、自起六传至贾谊等说，亦皆附会。公羊名高，穀梁名赤，未必是实。又云：'《春秋》之文简易，先儒各守一传，不肯相通，互相弹射，其弊滋甚。《左传》序周、晋、齐、宋、楚、郑之事独详，乃后代学者因师授衍而通之，编次年月，以为传记。又杂采各国诸卿家传及卜书、梦书、占书、纵横、小说。故序事虽多，释经殊少，犹不如《公》、《穀》之于经为密。'其论未免一偏。故欧阳修、晁公武诸人皆不满之。而程子则称其绝出诸家，有攘异端、开正途之功。盖舍传求经，实导宋人之先路。生臆断之弊，其过不可掩；破附会之失，其功亦不可没也。助书本名《春秋统例》，仅六卷。卒后淳与其子异裒录遗文，请匡损益，始名《纂例》。成于大历乙卯，定著四十篇，分为十卷。《唐书·艺文志》亦同。此本卷数相符，盖犹旧帙。其第一篇至第八篇为全书总义，第九篇为鲁十二公并世绪，第三十六篇以下为经传文字脱谬，及人名、国名、地名。其发明笔削之例者，实止中间二十六篇而已。袁桷《后序》称此书废已久，所得为宝章桂公校本。闻蜀有小字本，惜未之见。吴莱、柳贯二《后序》，皆称得平阳府所刊金泰和三年礼部尚书赵秉文家本。是元时已为难得，其流传至今，亦可谓岿然独存矣。"

【考论】

《春秋集传纂例》十卷,陆淳撰。此书为陆氏阐发其师啖助、其友赵匡关于《春秋》经说之作。啖氏曾撰《春秋统例》六卷,经陆氏、赵匡整理修订,定为四十篇,勒为十卷。此书对啖氏《春秋统例》及《春秋》学的主要观点作了详细阐发,考究《春秋》三传得失,以为《左传》长于叙事,《公羊传》及《穀梁传》则长于发明《春秋》"大义",指出《公羊传》、《穀梁传》与《春秋》关系尤其紧密。其论皆不袭前说,多具新义,已开宋儒怀疑经传之风气。《四库全书总目》指出:"舍传求经,实导宋人先路。"因其臆断之弊,亦招来欧阳修、晁公武等人之贬议。传本有《五玲珑阁丛书》本、《古经解汇函》本及《四库全书》本等。

○《春秋微旨》

【文献】

《新唐书》卷五十七《艺文志》(P1441):"《春秋微旨》二卷。"《郡斋读书志》卷三(P109):"《春秋微旨》六卷,《春秋辨疑》一卷。右唐陆淳伯同撰。淳,吴人,纂《三传》不同,择其善者,质以啖助、赵匡之说。助,字叔佐,闽人。匡,字伯修,天水人。《微旨》自为序。公武尝学《春秋》,阅古今诸儒之说多矣。大抵啖、赵以前学者,皆颛门名家,苟有不通,宁言经误,其失也固陋;啖、赵以后学者,喜援经系传,其或未明,则凭私臆决,其失也穿凿。均之失圣人之旨而穿凿之害为甚。"

《四库全书总目》卷二十六《春秋类一》(P213):"《春秋微旨》三卷,唐陆淳撰。案陈振孙《书录解题》称《唐志》有淳《春秋集传》二十卷,今不存。又有《微旨》一卷,未见。袁桷作淳《春秋纂例后序》,称来杭得《微旨》三卷,乃皇祐间汴本。盖其书刻于开封,故南渡之后,遂罕传本。至桷得北宋旧椠,乃复行于世也。柳宗元作淳《墓表》,称《春秋微旨》二篇。《唐书·艺文志》亦作二卷。此本三卷,不知何时所分。然卷首有淳《自序》,实称总为三卷。或校刊柳集者误三篇为二篇,修《唐书》者因之欤?是书先列三《传》异同,参以啖、赵之说而断其是非,《自序》谓事或反经而志协乎道,迹虽近义而意实蕴奸,或本正而末邪,或始非而终是,介于疑似之间者,并委曲发明,故曰'微旨'。其书虽淳所自撰,而每条必称'淳闻之师曰',不忘本也。《自序》又谓三《传》旧说亦并存之,其义当否则以朱墨为别。今所行本,于应用朱书者皆以方匡界画其起讫。意皇祐旧椠,以木本不能具朱墨,故用嘉祐《本草》之例,以阴文、阳文为别。后人传写,又艰于双钩,遂以界画代之。以非大旨所系,今亦姑仍其式,而附著旧例于此焉。"

《全唐文》卷六百一十八陆淳《春秋集传微旨序》(P6239—6240):"传曰:'惟天为大,惟尧则之。《韶》尽美矣,又尽善也;《武》尽美矣,未尽善也。'又曰:'禹吾无间然矣。'推此而言,宣尼之心,尧舜之心也;宣尼之道,三王之道也。故《春秋》之文,通于《礼经》者,斯皆宪章周典,可得而知矣。其有事或反经,而志协乎道,迹虽近义,而意实蕴奸;或本正而末邪;或始非而终是,贤智莫能辨,彝训莫能及,则表之圣心,酌乎皇极。是生人已来,未有臻斯理也。岂但拨乱反正,使乱臣贼子知惧而已乎!今故掇其微旨,总为三卷。《三传》旧说,亦备存之,其义当否,则以朱墨为别。其有与我同志,思见唐虞之风者,宜乎齐心极虑于此,得端本清源之意;而后周流乎二百四十二年褒贬之义,使其道贯于灵府,其理浃于事物;则知比屋可封,重译而至,其犹指诸掌尔。宣尼曰:'如有用我者,期月而已可也。'岂虚言哉!岂虚言哉!"

【考论】

《春秋微旨》三卷,陆淳撰。其《自序》称《三传》叙事,有事或反经而志协乎道者,有迹虽近义而意实蕴奸者,有本正而末邪者,有始非而终是者等,因此探赜索隐,委曲发明,故名其书曰"春秋微旨"。书中先列《左传》、《公羊传》、《穀梁传》异同,次参以啖助、赵匡之说,而后断其是非。陆氏每条必称"淳闻之师曰",以示其渊源所自。作者为方便起见,用朱、墨两色分别标出《三传》旧义当与否。此书为陆氏系统研究《春秋》三传著作之一,与陆氏《春秋集传纂例》、《春秋集传辨疑》等著作相辅相成，互为补充，是现今保存较为完整的唐代《春秋》学著作之一。此书《自序》谓三卷，袁桷《春秋集传纂例》后序亦云三卷，《新唐书》卷五十七《艺文志》作二卷，陈振孙《直斋书录解题》作一卷，疑误。传本有《五玲珑阁丛书》本、《古经解汇函》本、《学海类编》本及《学津讨原》本及《四库全书》本等。

○《春秋集传辨疑》

【文献】

《新唐书》卷五十七《艺文志》(P1441)："《春秋辨疑》七卷。"《文献通考》卷一百八十二《经籍考九》(P1568)："《春秋集传》、《纂例》、《辨疑》共十七卷，《崇文总目》：唐给事中陆淳纂。初，淳以三家之《传》不同，故采获善者，参以啖助、赵匡之说，为《集传春秋》。又本褒贬之意，更为《微旨》，条别三家，以朱墨记其胜否。又摭三家得失，与经戾者，以啖、赵之说订正之，为《辩疑》。"《四库全书总目》卷二十六《春秋类一》(P213—214)："《春秋集传辨疑》十卷，唐陆淳所述啖、赵两家攻驳三《传》之言也。柳宗元作淳《墓志》，称《辨疑》七篇。《唐书·艺文志》同。吴莱作《序》，亦称七卷。此本十卷，亦不知何人所分。刊本于莱《序》之末附载延祐五年十一月集贤学士克酬(原作曲出，今改正)，言'唐陆淳所著《春秋纂例》、《辨疑》、《微旨》三书，有益后学。请令江西行省锓梓'云云，其分于是时欤？淳所述《纂例》一书，盖啖助排比科条，自发笔削之旨。其攻击三《传》，总举大意而已。此书乃举《传》文之不入《纂例》者，缕列其失，一字一句而诘之，故曰《辨疑》。所述赵说为多，啖说次之。冠以《凡例》一篇，计十七条，但明所以删节经文、《传》文之故。其去取之义，则仍经文年月以次说之。中如'郑伯克段'传，啖氏谓郑伯必不囚母，殊嫌臆断。以是为例，岂复有可信之史？况'大隧'故迹，《水经注》具有明文，安得指为左氏之虚撰？如斯之类，不免过于疑古。又如'齐卫胥命'传，其说与《荀子》相符。当时去圣未远，必有所受，而赵氏以为讥其无礼。如斯之类，多未免有意求瑕。又如‘叔姬归于纪’传，《穀梁》以为不言逆，逆之道微。淳则谓不言逆者，皆夫自逆。夫礼闻送媵，不闻逆媵，《传》固失之；礼闻亲迎妻，不闻亲迎娣侄，淳说亦未为得。如斯之类，亦不免愈辨而愈非。然《左氏》事实有本，而论断多疏。《公羊》、《穀梁》每多曲说，而《公羊》尤甚。汉以来各守专门，论甘者忌辛，是丹者非素。自是书与《微旨》出，抵隙蹈瑕，往往中其窾会。虽瑕瑜互见，要其精核之处，实有汉以来诸儒未发者，固与凿空杜撰、横生枝节者异矣。”

【考论】

《春秋集传辨疑》十卷，陆淳撰。此书撰于《春秋集传纂例》之后，一一列举传文中之不入《纂例》者，条分缕析，罗列其失，并一一诘之，故名其书曰“辨疑”。其说多本赵匡，次本啖助，多数论点既精审，又新颖，发汉以来诸儒所未发。书前有凡例一篇，计十七条，言其删节经传之故以及去取之义。传本有明嘉靖刻本、汪文藻刊小字本、《玉玲珑阁丛书》本、海昌陈氏巾箱本、《四库全书》本及《养和堂丛书》本、《丛书集成》本等。

【相关论著举目】

宋淑华：《陆淳〈春秋〉三书研究》，山东师范大学硕士学位论文，2012 年

刘宁：《论中唐春秋学的义例思想》，《中国哲学史》，2011 年第 3 期

王晓敏：《论唐代“新春秋学”对〈左传〉的贬抑》，《南阳师范学院学报》，2008 年第 11 期

李福长：《3—9 世纪“春秋学”的整合与蜕变》，《许昌学院学报》，2008 年第 6 期

李伏清：《中唐解经范式变革发微——以新〈春秋〉学派为中心》，《华东师范大学学报》，2008 年第 3 期

齋木哲郎、曹峰：《永贞革新与啖助、陆淳等春秋学派的关系——以大中之说为中心》，《西北大学学报》（哲学社会科学版），2008 年第 1 期

李海燕、乔东:《异代知音的有意误读:陆淳删节〈东皋子集略〉解析》,《晋阳学刊》,2006 年第 3 期

刘成荣:《疑经、古文:〈左传〉文学接受之完成》,《北京大学研究生学志》,2006 年第 3 期

葛焕礼:《论啖助、赵匡和陆淳〈春秋〉学的学术转型意义》,《文史哲》,2005 年第 5 期

黄觉弘:《啖赵〈春秋〉学派略论》,《江西教育学院学报》,2005 年第 2 期

杨世文:《宋代经学怀疑思潮研究》,四川大学博士学位论文,2005 年

吴海兰:《唐代新春秋学与政治》,《人文杂志》,2003 年第 4 期

葛焕礼:《八世纪中叶至十二世纪初的"新〈春秋〉学"》,山东大学博士学位论文,2003 年

杨新勋:《唐代啖赵陆的〈春秋〉学》,《殷都学刊》,2002 年第 3 期

江海:《唐代儒学的新变与唐宋转型》,《淮北煤师院学报》,2002 年第 3 期

杨世文:《啖助学派通论》,《中国史研究》,1996 年第 3 期

杨世文:《经学的转折:啖助赵匡陆淳的新春秋学》,《孔子研究》,1996 年第 3 期

谢保成:《中唐〈春秋〉学对史学发展的影响》,《社会科学研究》,1991 年第 3 期

杨慧文:《陆质生平事迹考——柳宗元交游考》,《山东大学学报》(哲学社会科学版),1988 年第 3 期

刘乾:《论啖助学派》,《西南师范大学学报》,1984 年第 1 期

◯韩愈《原道》、《原性》、《原毁》、《原人》、《原鬼》等约著于此年前后

【文献】

《新唐书》卷一百七十六《韩愈传》(P5265):"每言文章自汉司马相如、太史公、刘向、杨雄后,作者不世出,故愈深探本元,卓然树立,成一家言。其《原道》、《原性》、《师说》等数十篇,皆奥衍闳深,与孟轲、杨雄相表里而佐佑《六经》云。"《苏东坡全集·论扬雄》(P28):"愈之说,以为性之无与乎情,而喜、怒、哀、乐皆非性者,是愈流入于佛老而不自知也。"

【考论】

韩愈所著《原性》、《原道》、《原毁》、《原人》、《原鬼》,合称"五原",是其论辩文的名篇。《原性》,探讨心性问题,旨在批判当时杂佛、老而言人性者。在《原性》中,韩愈正式提出"性三品"说,以为"性"有上、中、下三品,"情"也相应具有上、中、下三品,人性天生,情则后起,"性也者,与生俱生也……直情而行者也"。韩愈提出了"三品"的概念,在实质内容上未有大的创新和发展,只是具体指出了性、情的具体内容,并具体指出了这些内容在不同品级中的不同表现。在儒学对心性问题的讨论长期沉寂之后,《原性》与李翱《复性书》差不多同时出现,引发后人对心性问题继续深入探讨。"五原"中,以《原道》最为著名。在《原道》中,韩愈论"道"的本源即儒家之"道",因此立足儒家的仁义,以阐述儒家道统,层层驳斥道家和佛家。韩愈所提倡的"道统说"不仅解决了儒学的传承问题,而且对宋明理学有直接的启发,成为宋明儒学与释道进行斗争的有力武器。《原毁》先列举世上毁誉之事,再追寻毁誉产生的根源,乃在于"怠"与"忌"。文章写法独特,对比鲜明。《原人》论证华夷之别,以贬斥佛教,提出"人者夷狄禽兽之主也"的观点。"五原"主旨明确,立意新颖,结构严谨,逻辑严密,说理透彻,是韩愈的重要哲学论著,也是古文运动的代表作品,均收入《昌黎先生集》。

关于“五原”的著作年代，史无定论，主要有以下三说：(一) 永贞元年前说。旧注谓《原道》写于贞元二十一年(805)以前，此年韩愈三十八岁。南宋樊汝霖《韩文公年谱》说：“此五原，篇目既同，当是一时之作。《上兵部李侍郎书》所谓‘旧文一卷，扶树教道，有所明白’者，疑即此诸篇也。然则皆是江陵以前所作。”愈自阳山令改江陵法曹参军，正在德宗贞元二十一年，亦即顺宗永贞元年(805)。永贞元年以前说多被历代注家沿袭。清人方成珪《昌黎先生诗文年谱》将其列入“无年可考附”，并在《原道》下云：“《举正》：此卷多不得其年月。程伊川曰《原性》等文多少时作。按公上李巽书曰‘谨献旧文一卷，扶树教道，有所明白’。或曰此语当指《原道》等文也。公上书之日正在江陵，年未四十，以《原道》等为旧文，盖所作旧矣。”既谓旧文，所成当早，而且《原道》、《原性》等篇确有“扶树教道”之意，多排佛老之词。此年，正好发生果州南充县学仙之女谢自然在金泉山“轻生学其术”之怪事，韩愈还专门写了《谢自然诗》予以揭露。今人李长之《韩愈》一书断定作于永贞元年：“永贞元年的春天，韩愈遇赦，到了春夏之交，离开阳山，这时曾在湖南的南部郴县，待命三个月之久。”并根据愈所著《李员外寄纸笔》诗“莫怪殷勤谢，虞卿正著书”之句提出此时正著“五原”(重庆胜利出版社 1945 年版，第 39—40 页)。今从此说，志于是年。(二) 贞元二年至十一年间(786—795)说。刘国盈《韩愈评传》引张芸叟“张籍尝劝愈排佛老不若著书。愈亦以书反复之。既而《原道》、《原性》等篇，皆激籍而作”的观点后，认为事实与此正相反，“不是韩愈激籍而作，而是张籍由于见到‘五原’之后，才向韩愈提出‘排佛老不若著书’”。在《五原的写作时间》一文中否定“五原”作于郴州，同时认为：“没有证据证明五原是‘激籍而作’。倒是可以找到许多证据证明五原作于贞元二年至十一年之间。因此，我以为把五原定为韩愈自宣城到长安的八九年的作品，比较实事求是。”该文对此作了较为详密地考证，可备一说。(参见《韩愈丛考》，文化艺术出版社 1999 年版第 96 页)(三) 元和八年至十二年之间(813—817)说。邓小军《唐代的中国文化宣言——韩愈〈原道〉论考》一文，据元和八年(813)愈任国子博士时所作《进学解》"寻坠绪之茫茫,独旁搜而远绍",认为此时韩愈道统说尚未成熟,故不可能于永贞元年(805)前写"五原";又据元和十五年(820)愈任袁州刺史时所写《与孟尚书书》提出:"第一,以孟子为道统最后传人,汉后道统微灭,是与《原道》相合。第二,'愈乃欲全之于已坏之后','使其道由愈而粗传'二语,非《原道》一文莫属。第三,'见身之危,莫之以救以死'二语,是指元和十四年(819)谏迎佛骨触怒宪宗几乎被杀之事。由上三点,可以断定《原道》至迟作于元和十四年谏迎佛骨以前";另据皇甫湜《韩文公墓志铭并序》"常惋佛老氏法,溃圣人之堤,乃唱而筑之。及为刑部侍郎,遂章言宪宗迎佛骨非是",及《旧唐书》卷一百六本传所称元和十二年(817)为刑部侍郎,认为《原道》之著作时间"在元和八年至元和十二年(817)之间,即韩愈四十六岁至五十岁之间"。此可备一说。参见邓小军《唐代的中国文化宣言——韩愈〈原道〉论考》,《孔子研究》1991 年第 4 期。参见《中国学术思想编年》之《隋唐五代卷》。

【相关论著举目】

张冬冬、高明雪:《韩愈"五原"思想旨归论辨》,《商洛学院学报》,2012 年第 1 期

汪荣、郭炯:《韩愈〈原性〉篇思想渊源探析》,《求索》,2011 年第 7 期

王黎燕:《韩愈〈原道〉中的尊儒思想》,《焦作大学学报》,2010 年第 2 期

刘真伦:《五〈原〉的创作与道统的确立——兼论韩愈阳山之贬与文风之变》,《周口师范学院学报》,2006 年第 1 期

张清华:《韩愈的道、道统说及〈五原〉的写作时间辨析》,《韩山师范学院学报》,2005 年第 4 期

薛亚康:《论韩愈的〈原道〉》,《周口师范学院学报》,2005 年第 4 期

李峻岫:《试论韩愈的道统说及其孟学思想》,《孔子研究》,2004 年第 6 期

苏荟敏:《天道、政道、人道——从刘勰、韩愈、章学诚的〈原道〉的比较中看儒“道”的流变》,《玉溪师范学院学报》,2002 年第 2 期

陆德阳:《从〈原道〉到〈辨道〉——韩愈和荻生徂徕关于道的学说的比较》,《上海师范大学学报》,2001 年第 5 期

徐中原:《略论韩愈的“文以明道”》,《大庆师范学院学报》,2001 年第 4 期

薛亚康:《试论〈原道〉的时代意义及其在儒学发展中的地位》,《解放军外国语学院学报》,2000 年第 3 期

何俊:《论韩愈的道统观及宋儒对他的超越》,《孔子研究》,2000 年第 2 期

单芳:《略谈唐代的科举状况与韩愈的原毁》,《甘肃广播电视大学学报》,1999 年第 2 期

和向朝:《从圣坛到人间——从刘勰、韩愈、章学诚之〈原道〉看儒家之道的发展》,《学术探索》,1998 年第 4 期

孙秋克:《原道理论与原道文学》,《昆明师专学报》,1998 年第 3 期

章权才:《韩愈道论在经学史上的地位》,《广东社会科学》,1996 年第 1 期

张跃:《唐代后期儒学》,上海人民出版社,1994 年

邓小军:《唐代的中国文化宣言——韩愈〈原道〉论考》,《孔子研究》,1991 年第 4 期

李教练:《试论韩愈的“道”》,《唐都学刊》,1989 年第 3 期

党天正:《韩愈与儒家道统》,《宝鸡文理学院学报》,1989 年第 3 期

蒋凡:《韩愈〈原道〉篇新证》,《学术月刊》,1985 年第 8 期

陈守元:《韩愈道学批判》,《重庆师范大学学报》,1983 年第 2 期

来盛福:《试论韩愈的“道”》,《青海师范大学学报》,1981 年第 4 期

◯贞元年间末期,殷侑以五经登第

【文献】

《旧唐书》卷一百六十五《殷侑传》(P4320):"殷侑,陈郡人。父怿。侑为儿童时,励志力学,不问家人资产。及长,通经,以讲习自娱。贞元末,以五经登第,精于历代沿革礼。元和中,累为太常博士。"

事又见《新唐书》卷一百六十四《殷侑传》。

宪宗元和元年　丙戌(806)

◯冯伉上《科处应解补学生奏》

【文献】

《全唐文》卷四百三十八冯伉《科处应解补学生奏》(P4472):"应解补学生等。国家崇儒,本于劝学,既居庠序,宜在交修。其有艺业不勤,游处非类,樗蒲六博,酗酒喧争,凌慢有司,不修法度。有一于此,并请解退。又有文章帖义,不及格限,频经五年,不堪申送者,亦请解退。其礼部所补学生,到日亦请准格帖试,然后给厨。后每月一度试,经年等第不进者,停厨。庶以止奸,示其激劝。又准格,九年不及第者,即出监。访闻比来多改名却入,起今已后,如有此类,请送法司准式科处。"《唐会要》卷六十六《东都国子监》(P1159):"元和元年正月敕:'自今以后,国子祭酒司业及学官,并须取有德望学识人充。'四月,国子祭酒冯伉奏:'应解学生等,国家崇儒,本于勤学,既居庠序,宜在交修。其有艺业不勤,游处非类,樗蒱六博,酗酒喧争,凌慢有司,不修法度,有一于此,并请解退。又有文章帖义,不及格限,频经五年,不堪申送者,亦请解退。其礼部所补生,到日,亦请准格帖试,然后给厨役,每日一度。试经一年,等第不进者,停厨。庶以上功,示其激劝。又准格,九年不及第者,即出监。闻比来多改名却入,起今以后，如有此类，请退送法司，准式科处。’敕旨：‘依奏。’”

○六月，召韩愈为国子博士

【文献】

《旧唐书》卷一百六十《韩愈传》(P4196)：“元和初，召为国子博士，迁都官员外郎。”《四部丛刊》初编《朱文公校昌黎先生集》卷十三《释言》(P107)：“元和元年六月十日，愈自江陵法曹，诏拜国子博士。”

○以“才识兼茂，明于体用科”策试诸儒，元稹、白居易同登第

【文献】

《旧唐书》卷一百六十六《白居易传》(P4340)：“元和元年四月，宪宗策试制举人，应才识兼茂、明于体用科，策入第四等，授盩厔县尉、集贤校理。”《旧唐书》卷一百六十六《元稹传》(P4327)：“二十八应制举才识兼茂、明于体用科，登第者十八人，稹为第一，元和元年四月也。制下，除右拾遗。”

参见《全唐文》卷六百六十九白居易《对才识兼茂明于体用策》、《全唐文》卷六百五十二元稹《对才识兼茂明于体用策》。

【考论】

以“才识兼茂，明于体用科”策试诸儒，显然是对安史之乱以后宗教、政治生活的全面反省，表现出唐宪宗企图彻底改变这种局面的热切期望。经过代宗、德宗时期社会经济的逐步恢复，到了宪宗时唐王朝的政治经济力量不断加强，恢复开元、中兴政治成为了时代的必然要求，进而由此影响了进士考试的内容和录取的标准。策问内容一变开元时“所问既不切于时宜，所对亦何关于政事”的情况，转而策问古今理体及当时要务，侧重于经世致用，务取真才实学。进士科之变化，使得一大批经世治国之才应运而生，并且担任要职，发挥才能，政治风气至此一变。白居易与元稹自贞元十八年结交后曾同为校书

郎，元和元年又同登“才识兼茂、明于体用科”，两人可以说是此次科举制变革所推出的重要治国之才。

宪宗元和二年　丁亥(807)

○令狐丕进其父令狐峘所撰《代宗实录》

【文献】

《唐会要》卷六十三《修国史》(P1097)：“元和二年七月，太仆寺丞令狐丕进亡父故史官峘所撰《代宗实录》四十卷，诏付史馆。”

○礼部举人，罢试口义，试墨义十条，五经通五，明经通六，即放进士

【文献】

《唐会要》卷七十五《贡举上》(P1375)：“元和二年十二月，礼部贡举院奏：‘五经举人，请罢试口义。准旧试墨义十余条，五经通五，明经通六，便放入第。’诏从之。”《旧唐书》卷十四《宪宗纪上》(P423)：“壬申，礼部举人，罢试口义，试墨义十条，五经通五，明经通六，即放进士。举人曾为官司科罚，曾任州县小吏，虽有辞艺，长吏不得举送，违者举送官停任，考试官贬黜。”

○慧琳《一切经音义》编成

【文献】

《四库全书》1052册《宋高僧传》卷五《慧琳传》(P413)：“内持密藏，外究儒流，印度声明，支那诂训，靡不精奥。尝谓翻梵成华，华皆典故，典故则西乾细语也。遂引用《字林》、《字统》、《声类》、《三苍》、

《切韵》、《玉篇》、诸经杂史，参合佛意，详察是非，撰成《大藏音义》一百卷。起贞元四年迄元和五载，方得绝笔，贮其本于西明藏中。……殆大中五年，有奏请入《藏》流行。近以海中高丽国，虽三韩夷族，偏尚释门，周显德中，遣使赍金入浙中求慧琳《经音义》，时无此本，故有阙如。”《佛祖统纪》卷四十一(P558)：“(元和)二年……河中府沙门慧琳撰《一切经音义》一百三卷，诣阙进上，敕入大藏，赐紫衣缣币茶药。”

【考论】

《一切经音义》，是慧琳所撰关于佛教文字音义的注释之作。慧琳(737—820)鉴于以前佛教音义类书籍虽然数量众多，如有南朝齐时释道慧撰《一切经音义》、唐释玄应撰《众经音义》(二十五卷)、云公撰《涅槃经音义》(一卷)、窥基撰《法华经音训》(一卷)等，但多限于一经，且多有讹误，于是在诸家音义基础上，依据《韵英》、《考声》、《切韵》等音韵，加以释音，又据《说文》、《字林》、《字统》、《三苍》、《玉篇》等文字著述加以释义，并采集经史百家之说，参合佛意，详加考订，撰成是书。自唐德宗贞元四年(788)始撰，中经二十三年，至唐宪宗元和五年(810)毕成。该书在学术上有多方面贡献：一是纠正了已往佛教学者在译经时易犯的“妄益偏旁，率情用字”以及在展转传抄时所造成的讹误，从而助人准确地理解经义；二是在文字学方面，对许慎《说文解字》中一些遗漏伪误之处做了许多重要的增补订正；对于音韵学，其更有特出的贡献，它保存了诸多唐代以前的古音，对于研究中国古代音韵学有重要的学术价值。此外，该书还保存了一些失书目录。是书在国内久已失传，清光绪初年方得之于日本，立即引起学术界之重视。参阅《中国佛教》，田光烈文，东方出版社 1989 年版第 220 页。

关于《一切经音义》的撰成时间，《宋高僧传》记为元和五年，《佛祖统纪》卷四十一则记为元和二年，与《一切经音义序》正同。《序》曰：“师二十余载，傍求典籍，备讨经论，孜孜不倦，修缉为务。以建中末年创制，至元和二祀方就，凡一百轴，具释众经，始于《大般若》，终于《护命法》，总一千三百部，五千七百余卷。旧两家《音义》合而次之，标名为异(两家谓玄应、慧苑等)，浩然如海吞众流以成深，皎然若镜照群物以无倦。元和十二年二月三十日，绝笔于西明寺。"以元和二年撰成，元和十二年绝笔。今从《序》说，志于此年。参见张岂之、刘学智等主编《中国学术思想编年》之《隋唐五代卷》。

【相关论著举目】

金雪莱:《慧琳〈一切经音义〉语音研究》，浙江大学博士学位论文，2005年

王剑:《慧琳〈一切经音义〉研究》，《中国典籍与文化》，2004年第2期

文亦武:《慧琳〈一切经音义〉成书年代考实及其他》，《古籍整理研究学刊》，2000年第4期

徐时仪:《慧琳〈一切经音义〉版本流传考》，《古籍整理研究学刊》，1989年第6期

徐时仪:《慧琳〈一切经音义〉评述》，《上海师范大学学报》，1989年第3期

严承钧:《慧琳生平考略》，《法音》，1988年第8期

严承钧:《慧琳〈一切经音义〉论略》，《湖北大学学报》，1988年第5期

◯《大唐新语》成

【文献】

《全唐文》卷六百九十五刘肃《大唐新语序》(P7138)："自庖羲画卦，文字聿兴，立记注之司，以存警诫之法。《传》称左史记言，《尚书》是也；右史记事，《春秋》是也。洎唐虞氏作，木火递兴，虽戢干戈，质文或异，而九邱八索，祖述莫殊。宣文删落其繁芜，丘明捃拾其疑阙，马迁创变古体，班氏遂业前书。编集既多，省览为殆，则拟虞卿、陆贾之作，袁宏、荀氏之录，虽为小学，抑亦可观。迩来记注，不乏于代矣。

圣唐御宇，载几二百，声明文物，至化元风，卓尔于百王，辉映于前古。肃不揆庸浅，辄为纂述。备书微婉，恐贻床屋之尤；全采风谣，惧招流俗之说。今起自国初，迄于大历，事关政教，言涉文词，道可师模，志将存古，勒成十三卷，题云《大唐新语》，聊以宣之开卷，岂敢传诸奇人。时元和丁亥岁，有事于圜丘之月序，登仕郎守江州浔阳县主簿刘肃撰。”

【考论】

《大唐新语》，笔记小说集，刘肃撰，载唐初至大历期间历史人物的言行故事，以记言为主，言行兼载，多取材于《朝野佥载》、《隋唐嘉话》等书，仿《世说新语》体例，分匡赞、规谏、极谏等 30 门类，共 13 卷。其内容多涉及政治事件、道德教化及社会风尚，据书后总论，知其意在谏戒，其资料有助于弥补两《唐书》缺漏。书中所载有关诗文尚多，为后来编集和研究唐诗者所取资。据其自序“元和丁亥岁”撰，志于此年。

【相关论著举目】

王澧华：《〈大唐新语〉编纂考略》，《阴山学刊》，1996 年第 1 期

牛致功：《刘肃与〈大唐新语〉》，《史学月刊》，1989 年第 5 期

孙永如：《刘肃的〈大唐新语〉及其史料价值》，《扬州大学学报》，1984 年第 3 期

○令郡国上明经者，口十万以上五人，不满十万三人

【文献】

《文献通考》卷二十八(P265)：“元和二年，令郡国上明经者，口十万以上五人，不满十万三人。”

宪宗元和三年　戊子(808)

○柳宗元为尚书郎,是年著《贞符》(并序)、《非国语》

【文献】

《新唐书》卷一百六十八《柳宗元传》(P5132):"俄而叔文败,贬邵州刺史,不半道,贬永州司马。既窜斥,地又荒疠,因自放山泽间,其堙厄感郁,一寓诸文,仿《离骚》数十篇,读者咸悲恻。"《新唐书》卷一百六十八《贞符序》(P5136—5137):"宗元久汩振,思益深,尝著书一篇,号《贞符》,曰:臣所贬州流人吴武陵为臣言:'董仲舒对三代受命之符,诚然?非耶?'臣曰:'非也。何独仲舒尔,司马相如、刘向、扬雄、班彪、彪子固皆沿袭嗤嗤,推古瑞物以配受命,其言类淫巫瞽史,诳乱后代,不足以知圣人立极之本,显至德,扬大功,甚失厥趣。臣为尚书郎时,尝著《贞符》,言唐家正德受命于生人之意,累积厚久宜享无极之义,本末闳阔。会贬逐中辍,不克备究。'武陵即叩头邀臣:'此大事,不宜以辱故休缺,使圣王之典不立,无以抑诡类、拔正道、表核万代。'臣不胜奋激,即具为书。"《郡斋读书志》卷三(P121):"《非国语》二卷,右唐柳宗元子厚撰。序云:'左氏《国语》,其文深闳杰异,而其说多诬淫。惧学者溺其文采,而沦于是非,本诸理作《非国语》。'上卷三十一篇,下卷三十六篇。"又见《文献通考》卷一百八十三。《新唐书》卷五十七《艺文志一》(P1441):"柳宗元《非国语》二卷。"

【考论】

《贞符》、《非国语》两文为柳宗元的重要哲学著作。"贞符",即帝王受命的真正依据。《贞符》以向皇帝上书的形式写成,对祥瑞现象进行了理论总结和深刻批判,其评判是非的基本依据是儒家经典。《贞符》的写作动机即"言唐家正德,受命于生人之意",针对汉代董仲舒所说"三代受命之符"以及"降符瑞"等神学思想作了批判,指出"其言类淫巫瞽史,诳乱后代,不足以知圣人之极之本"。此文在一定程度上否定了汉儒“君权神授”的观念，强调了人君行为和仁德的重要性，如说“受命不于天，于其人；休符不于祥，于其仁”。在《非国语》中，则对元气运动的规律作了探讨，认为元气是宇宙万物的本原，元气为其内部的矛盾所推动，乃“自动自休”、“自峙自流”，没有外有的神秘力量所支配。两文均载《柳宗元集》。

柳宗元于永贞元年为尚书郎时，已动笔作《贞符》，因被贬而中辍。据《旧唐书》本传在贬永州期间，“为骚文十数篇”。《贞符序》言所贬州有流人吴武陵为其言董仲舒三代受命之符事。元和四年(809)所作《与杨京兆书》提到去年吴武陵曾来永州。因有吴武陵谈及董仲舒三代受命之符，显然此文是系针对董仲舒言“三代受命之符”而作，亦可知其文完成于此年。清人文安礼《柳先生年谱》谓“元和三年戊子，有《贞符》、《非国语》”等。故志于是年。参见张岂之、刘学智等主编《中国学术思想编年》之《隋唐五代卷》。

宪宗元和四年　己丑(809)

○二月，以文宣王三十八代孙惟昉为兖州参军

【文献】

《唐会要》卷三十五《褒崇先圣》(P639)：“元和四年二月，以文宣王三十八代孙惟昉，为兖州参军。”

○四月，冯伉卒，著有《三传异同》

【文献】

《旧唐书》卷十四《宗宪纪上》(P427)：“夏四月丙子朔。戊寅，国子祭酒冯伉卒。”《旧唐书》卷一百八十九下《冯伉传》(P4978)：“冯伉，本魏州元城人。父玠，后家于京兆。少有经学。大历初，登《五经》秀

才科，授秘书郎。建中四年，又登博学《三史》科。三迁尚书膳部员外郎，充睦王已下侍读。泽潞节度使李抱真卒，为吊赠使，抱真男遗伉帛数百匹，不纳。又专送至京，伉因表奏，固请不受。属醴泉缺县令，宰臣进人名，帝意不可，谓宰臣曰：'前使泽潞不受财帛者，此人必有清政，可以授之。'遂改醴泉令。县中百姓多猾，为著《谕蒙》十四篇，大略指明忠孝仁义，劝学务农，每乡给一卷，俾其传习。在县七年，韦渠牟荐为给事中，充皇太子及诸王侍读。召见于别殿，赐金紫。著《三传异同》三卷。顺宗即位，拜尚书兵部侍郎。改国子祭酒，为同州刺史。入拜左散骑常侍，复领太学。元和四年卒，年六十六，赠礼部尚书。"《唐会要》卷三十六《修撰》(P660)："(元和)四年四月，给事中冯伉，著《三传异同》三卷。"《新唐书》卷五十七《艺文志一》(P1441)："冯伉《三传异同》三卷。"《文献通考》卷一百八十二《经籍考九》(P1563)："《唐志》又有李铉《春秋二传异同》十一卷，李氏《三传异同例》十三卷，冯伉《三传异同》三卷，元和国子监修定《春秋加减》一卷，士燮、贾逵、宋及李、冯元和诸书，今皆不存，独抱遗经者，莫适为正。"《册府元龟》卷六百六《学校部(注释第二)》(P7278)："冯伉元和初为国子祭酒，著《三传异同》三卷。"

事又见《全唐文》卷四百三十八、《新唐书》卷一百六十一《冯伉传》、《太平御览》卷六百一、《册府元龟》卷五百九十七、《册府元龟》卷六百四。

○七月，制《君臣事迹》

【文献】

《旧唐书》卷十四《宪宗纪上》(P428)："秋七月乙巳朔，御制《前代君臣事迹》十四篇，书于六扇屏风。是月，出书屏以示宰臣，李藩等表谢之。"《唐会要》卷三十六《修撰》(P660—661)："其年七月，制《君臣事迹》十四篇。上以天下无事，留意典文，每览前代兴亡得失之事，皆三复其言。又读《贞观》、《开元实录》，见太宗撰《金镜书》

及《帝范》上下篇，元宗撰《开元训诫》，思维前躅，遂采《尚书》，《春秋后传》，《史记》，班、范《汉书》，《三国志》，《晏子春秋》，《吴越春秋》，《新序》，《说苑》等书，君臣行事可为龟鉴者，集成十四篇：一曰《君臣道合》，二曰《辨邪正》，三曰《诫权诤》，四曰《戒微行》，五曰《任贤臣》，六曰《纳忠谏》，七曰《慎征伐》，八曰《慎刑法》，九曰《去奢泰》，十曰《崇节俭》，十一曰《奖忠直》，十二曰《修政教》，十三曰《谏畋猎》，十四曰《录勋贤》。分为上下卷。上自制其序曰：'前代君臣事迹。"至是以其书写于屏风，列之御座之右。书屏风六扇于中书，宣示宰臣李藩、裴垍曰："朕近撰此屏风，亲所观览，故令示卿。'藩等进表称贺。"

宪宗元和五年　庚寅(810)

○十月，献《德宗实录》

【文献】

《唐会要》卷六十三《修国史》(P1097)："五年十月，宰臣裴垍与史官蒋乂等，撰《德宗实录》五十卷，献之。"

○韦公肃请详定藉田仪注

【文献】

《唐会要》卷十下(P255—256)："宪宗元和五年，诏以来岁正月藉田。太常修撰韦公肃言：'藉田礼废久矣，有司无可考。'乃据礼经，参采开元、乾元故事，为先农坛于藉田，皇帝夹侍二人，正衣二人，侍中一人，奉耒耜……是时虽草具其仪如此，以水旱用兵而止。"

事又见《全唐文》卷七百一十三韦公肃文《请详定藉田仪注奏》、《册府元龟》卷一百十五。

宪宗元和六年 辛卯(811)

○七月,高郢卒

【文献】

《旧唐书》卷一百四十七《高郢传》(P3975—3977):“高郢字公楚,其先渤海蓨人。九岁通《春秋》,能属文。天宝末,盗据京邑,父伯祥先为好畤尉,抵贼禁,将加极刑。郢时年十五,被发解衣,请代其父,贼党义之,乃俱释。后举进士擢第,应制举,登茂才异行科,授华阴尉。尝以鲁不合用天子礼乐,乃引《公羊传》著《鲁议》,见称于时,由是授咸阳尉。……元和元年冬,复拜太常卿,寻除御史大夫。数月,转兵部尚书。逾月,再表乞骸,不许。又上言曰:‘臣闻劳生佚老,天理自然,蠕动翾飞,日入皆息。自非贡禹之守经据古,赵喜之正身匪懈,韩暨之志节高洁,山涛之道德模表,纵过常期,讵为贪冒。其有当仁不让,急病忘身,岂止君命,犹宜身举。臣郢不才,久辱高位,无任由衷沥恳之至。’乃授尚书右仆射致仕。六年七月卒,年七十二。赠太子太保,谥曰贞。”

事又见《旧唐书》卷十四《宪宗纪》。《全唐文》卷四百四十九、《新唐书》卷一百六十五高郢有传。

○高郢之子高定,撰有《周易外传》

【文献】

《旧唐书》卷一百四十七《高郢传》(P3977):“定,幼聪警绝伦,年七岁时,读《尚书·汤誓》,问郢曰:‘奈何以臣伐君?’郢曰:‘应天顺人,不为非道。’又问曰:‘用命赏于祖,不用命戮于社,是顺人乎?’父不能对。仕至京兆参军。小字董二,人以幼慧,多以字称之。尤精《王氏易》,尝为《易图》,合八出以画八卦,上圆下方,合则重,转则演,七转而六十四卦六甲八节备焉。著《易外传》二十二卷。”《新唐书》五十七《艺文志一》(P1426)：“高定《周易外传》二十二卷，郢子，京兆府参军。”《四库全书》第1035册《唐国史补》卷下(P443)：“高定，贞公郢之子也。为《易》，合八出以画八卦，上圆下方，合则为重，转则为演，七转而六十四卦，六甲八节备焉。著《外传》二十三篇。定，小字董二，时人多以小字称。年七岁，读书至《牧誓》，问父曰：‘奈何以臣代君？’答曰：‘应天顺人。’又问曰：‘用命赏于祖，不用命戮于社，岂是顺人？’父不能对。年二十三，为京兆府参军，卒。”

宪宗元和七年　壬辰(812)

○林宝撰《元和姓纂》

【文献】

《全唐文》卷七百二十二林宝《元和姓纂序》(P7431—7432)：“元和壬辰岁，诏加边将之封，酬屯戍之绩。朔方之别帅天水阎者，有司建苴茅之邑于太原列郡焉。主者既行其制，阎子上言曰：‘特蒙涣汗，恩沾爵土，乃九族之荣也。而封乖本郡，恐非旧典。’翼日，上谓相国赵公：‘有司之误，不可再也，宜召通儒硕士，辩卿大夫之族姓者，综修《姓纂》，署之省阁。始使条其原系，考其郡望，子孙职位，并宜总缉，每加爵邑，则令阅视，庶无遗谬者矣。’宝末学浅识，首膺相府之命，因案据经籍，穷究旧史，诸家图牒，无不参详。凡二十旬，纂成十卷，自皇族之外，各依四声韵类集，每韵之内，则以大姓为首焉。”《唐会要》卷三十六《氏族》(P666)：“元和七年七月，尚书兵部员外郎、知制诰王涯撰《姓纂》十卷，上之。”《四库全书总目》卷一百三十五(P1143)：“《元和姓纂》十八卷，唐林宝撰。宝，济南人。官朝议郎，太常博士。序称元和壬辰岁，盖宪宗七年也。宝，《唐书》无传，其名见于《艺文志》。诸家书目所载并同。惟《唐会要》称王涯撰，盖以涯曾作序而讹。郑樵《通志》又称李林宝撰，则因李吉甫命宝作是书，当日二名连书，传写脱去吉甫字，遂并为一人。观樵《姓氏略》中讥宝作《姓纂》，而不知林姓所自出，则《艺文略》中本作林宝可知也。焦竑《国史经籍志》亦因之作李林宝，误之甚矣。其论得姓受氏之初，多原本于《世本》、《风俗通》。其他如《世本》、《族姓记》，《三辅决录》以及《百家谱》、《英贤传》、《姓源韵谱》、《姓苑》诸书，不传于今者，赖其征引，亦皆班班可见。郑樵作《氏族略》，全祖其文，盖亦服其该博也。但宝以二十旬而成书，援引间有讹谬。且当矜尚门第之时，各据其谱牒所陈，附会攀援，均所不免。观《白居易集》自叙家世，以白乙丙为祖，而云出自白公胜。颠倒时代，悖谬显然，其他可知。洪迈《容斋随笔》称《元和姓纂》诞妄最多，盖有由也。然于唐人世系则详且核矣。书至宋，已颇散佚。故黄伯思《东观余论》称得富弼家本，已阙数卷。陈振孙《书录解题》亦称绝无善本，仅存七八。此本在《永乐大典》中，皆割裂其文，分载于太祖《御制千家姓》下，又非其旧第。幸原序犹存，可以考见其体例。今仍依《唐韵》，以四声二百六部次其后先，又以宋邓名世《古今姓氏辨证》所引各条补其阙佚。仍厘为一十八卷。其字句之讹谬，则参校诸书，详加订正，各附案语于下方。至原序称皇族之外各以四声类集，则李姓必居首卷。今独无一字之存，殆修《永乐大典》时已佚其第一册欤？然残编断简，究为文献之所征也。”事又见《文献通考》卷二百七、《直斋书录解题》卷八。

【考论】

《元和姓纂》十卷，谱牒学类专著，唐林宝撰。唐人所撰姓氏谱牒，绝大多数已失传，现存者仅此一部。据原书自序，元和七年(812)，因有司之误，德宗令李吉甫“不可再也”，宜召通儒学士且能辨卿大夫之族姓者，重修《姓纂》，使条其原系，考其郡望、子孙、职位，并辑录之。李吉甫遂命通氏族之学的林宝修《姓纂》一书，其体例“自皇族之外，各依四声韵类集，每韵之内，则以大姓为首焉”。林于是“案据经籍，穷究旧史，诸家图牒，无不参详，凡二十旬，撰成十卷。”(《全唐文》卷七百二十二《自序》，P7431)此书当时的作用在于“每加爵邑，则令阅视”，即备以封爵之用，今已成为唐代重要史料，可藉以补充正史列传未载的人物及世系。是书明初后失传，今有《四库全书》中辑《永乐大典》本，仍作十卷，《四库全书总目》作十八卷，误。又有民国三十四年商务印书馆出版的岑仲勉《元和姓纂四校记》等。

关于是书作者，《唐会要》卷三十六《氏族》谓王涯，考其《自序》及王涯《序》，知当为林宝撰，而王涯为之序。

○唐代谱牒学

【文献】

《新唐书》卷一百九十九《柳冲传》(P5676—5680)：“柳冲，蒲州虞乡人，隋饶州刺史庄曾孙。父楚贤，大业中为河北县长。高祖兵兴，尧君素据郡固守，楚贤说曰：‘隋之亡，天下共知。唐公名在图箓，动以诚信，豪英景赴，天所赞也。君子见几而作，俟终日邪？’君素不从，楚贤潜行自归，授侍御史。贞观中，持节册拜突厥，辞其遗不受。历交、桂二州都督，杭州刺史，皆有名。冲好学，多所研总。天授初，为司府寺主簿，诏遣安抚淮南，使有指，封河东县男。中宗景龙中，迁左散骑常侍，修国史。初，太宗命诸儒撰《氏族志》，甄差群姓。其后门胄兴替不常，冲请改修其书，帝诏魏元忠、张锡、萧至忠、岑羲、崔湜、徐坚、刘宪、吴兢及冲共取德、功、时望、国籍之家，等而次之。夷蕃酋长袭冠带者，析著别品。会元忠等继物故，至先天时，复诏冲及坚、兢与魏知古、陆象先、刘子玄等讨缀，书乃成，号《姓系录》。历太子宾客、宋王师、昭文馆学士，以老致仕。开元初，诏冲与薛南金复加刊窜，乃定。……唐兴，言谱者以路敬淳为宗，柳冲、韦述次之，李守素亦明姓氏，时谓‘肉谱’者。后有李公淹、萧颖士、殷寅、孔至，为世所称。初，汉有邓氏《官谱》，应劭有《氏族》一篇，王符《潜夫论》亦有《姓氏》一篇，宋何承天有《姓苑》二篇。谱学大抵具此。魏太和时，诏诸郡中正，各列本土姓族次第为举选格，名曰‘方司格’，人到于今称之。”又见《旧唐书》之《高士廉传》、《李义府传》、《经籍志上》、《儒学传》、《萧至忠传》,《唐会要》卷三十六《氏族》以及郑樵《通志》卷二十五《氏族略》等。

【考论】

姓氏学是关于各个家族姓氏起源、世系的学问,谱牒则是记载某一家族世系的表谱。魏、晋以来,实行九品中正制,以门第取士,因此谱牒学在社会政治生活以及婚姻关系中发挥着重要作用,谱牒的大量修撰就成为必然。郑樵《通志·氏族序》(P1)谓:"自隋、唐而上,官有簿状,家有谱系。官之选举必由于簿状,家之婚姻必由于谱系。"隋、唐时期,由于统治集团内部各阶层的迫切需要,谱牒学再度勃兴。虽然推行科举取士制度,门第的观念削弱,但是门荫仍然与科举同为入仕的重要途径,家世的贵贱,门地的高低,在社会政治生活和家族婚姻关系中都还起着十分重要的作用。故隋、唐时期的谱牒学继汉、魏以来又有了进一步的发展。贞观五年太宗命诸儒撰《氏族志》,显庆四年高宗又命重修为《姓氏录》,神龙元年(705)中宗再命柳冲等重修成《姓氏系录》,乾元元年贾至撰《百家类例》,元和七年,林宝又撰成《元和姓纂》。唐代后期,"至中叶,风教又薄,谱录都废,公靡常产之拘,士亡旧德之传,言李悉出陇西,言刘悉出彭城,悠悠世胙,讫无考按,冠冕皂隶,混为一区,可太息哉"(《新唐书》卷九十五《高俭传赞》P3843—3844),谱牒之学遂渐衰微。郑樵《通志·氏族序》(P1)概括了五代以前谱牒之作用及修撰概况:"自隋、唐而上,官有簿状,家有谱系。官之选举必由于簿状,家之婚姻必由于谱系。历代并有图谱局,置郎、令史以掌之,仍用博古通今之儒知撰谱事。凡百官族姓之有家状者则上之,官为考定详实,藏于秘阁,副在左户。若私书有滥,则纠之以官籍;官籍不及,则稽之以私书。此近古之制,以绳天下,使贵有常尊、贱有等威者也。所以人尚谱系之学,家藏谱系之书。自五季以来,取士不问家世,婚姻不问阀阅,故其书散佚而其学不传。"

【相关论著举目】

彭清深:《传统谱学在晚唐党争结局中的衰落》,《咸阳师范学院

学报》,2006 年第 1 期

郭峰:《晋唐时期的谱牒修撰》,《中国社会经济史研究》,1995 年第 1 期

彭清深:《对传统谱学在晚唐衰落的历史考察》,《图书与情报》,1994 年第 2 期

孙永如:《论唐代谱学》,《陕西师范大学学报》,1987 年第 4 期

魏明孔:《唐代〈氏族志〉与〈姓氏录〉比较刍议》,《西北师大学报》,1987 年第 3 期

宪宗元和八年　癸巳(813)

○三月,韩愈作《进学解》

【文献】

《四库全书》第 1074 册《五百家注昌黎文集》卷十二《杂著》二(P236):"据本传云,再为国子博士。既才高数黜,官又下迁,乃作《进学解》以自喻。执政奇其才,改比部郎中、史馆修撰,元和八年三月二十三日也。"事又见洪兴祖《年谱》引《宪宗实录》、方成珪《昌黎先生诗文年谱》。

○四月,《开元礼》举

【文献】

《唐会要》卷七十六《贡举中》(P1397):"元和八年四月,吏部奏:'应《开元礼》及学究一经登科人等,旧例据等第高下,量人才授官。近日缘校书正字等名望稍优,但沾科第,皆求注拟,坚待员阙,或至逾年,若无科条,恐长侥倖。起今已后,等第稍高,文学兼优者,伏请量注校正。其余署《开元礼》人,太常寺官有阙,相当注。通经人,国子

监官阙，相当者，并请先授，以备讲讨。如不情愿，即通注他官。庶名实有名，纪律可守。其今年以前待阙人，亦请依此条限，使为常制。’敕旨依奏。”

【相关论著举目】

刘安志:《关于〈大唐开元礼〉的性质及行用问题》,《中国史研究》,2005 年第 3 期

○六月，韩愈作《答刘秀才论史书》

【文献】

《四部丛刊》初编《朱文公校昌黎先生集·外集》卷二《答刘秀才论史书》(P256)：“六月九日，韩愈、白秀才：辱问见爱教勉以所宜务，敢不拜赐？愚以为凡史氏褒贬大法，《春秋》已备之矣。从之作者，在据事迹实录，则善恶自见。然此尚非浅陋偷惰者所能就，况褒贬邪？孔子圣人，作《春秋》，辱于鲁、卫、陈、宋、齐、楚，卒不遇而死。……宰相知其无他才能，不足用，哀其老穷，龃龉无所合，不欲令四海内有戚戚者，猥言之上苟加一职荣之耳，非必督责迫蹙令就功役也。……”方成珪《昌黎先生诗文年谱》：“《答刘秀才论史书》。书首云六月九日，中有‘宰相知其无他才能’云云，当系是年初为史馆修撰时作。”吕大防《年谱》亦以为是年作。方崧卿《年谱》谓元和九年作。

【考论】

是年，韩愈任史馆修撰，秀才刘柯(字希仁)致书韩愈，望其有志于史学，在史学上有所建树。韩愈遂复信刘秀才，列举历代史家如孔子、齐太史、左丘明、司马迁、班固、陈寿等数人，都因作史而未有好报，极言“作史者不有人祸，必有天刑，岂可不畏惧而轻为之哉”。韩愈还指出“传闻不同，善恶随人所见，甚者附党，憎爱不同，巧造语言，凿空构立”，提出“善恶事迹，于今何所承受取信，而可草草作传记，令传万世乎”，提出作史有主观随意性，谓“凡史氏褒贬大法，《春秋》已备矣”。此信一出，遂引发了一场有关史家信念和职责的大讨论，第

二年正月，柳宗元致书韩愈，提出质疑和批评，此即《与韩愈论史官书》。方成珪《昌黎先生诗文年谱》根据此信首云“六月九日”及“宰相知其无他才能”系于元和八年，吕大防《年谱》同；方崧卿《年谱》系于元和九年。今从方成珪、吕大防之说，系于是年。

【相关论著举目】

秦蓁：《韩愈修史——以〈答刘秀才论史书〉为中心》，《史林》，2003 年第 2 期

马俊鹰：《读韩愈〈答刘秀才论史书〉札记》，《北京广播电视大学学报》，2003 年第 1 期

宪宗元和九年　甲午(814)

○正月，柳宗元撰《与韩愈论史官书》

【文献】

《四部丛刊》初编《注释音辩唐柳先生集》卷三十一《与韩愈论史官书》(P150)：“正月二十一日，某顿首十八丈退之侍者前：获书言史事，云具《与刘秀才书》，及今乃见书稿，私心甚不喜，与退之往年言史事甚大谬。……且退之以为纪录者有刑祸，避不肯就，尤非也。史以名为褒贬，犹且恐惧不敢为；设使退之为御史中丞大夫，其褒贬成败人愈益显，其宜恐惧尤大也，则尤又扬扬入台府，美食安坐，行呼唱于朝廷而已耶？在御史犹尔，设使退之为宰相，生杀出入，升黜天下士，其敌益众，则又将扬扬入政事堂，美食安坐，行呼唱于内庭外衢而已耶？何以异不为史而荣其号、利其禄者也？又言‘不有人祸，则有天刑’。若以罪夫前古之为史者，然亦甚惑。凡居其位，思直其道。道苟直，虽死不可回也；如回之，莫若亟去其位。”《四部丛刊》初编《注释音辩唐柳先生集》卷三十一《与史官韩愈致段秀实太尉逸事书》(P151)：“太史迁死，退之复以史道在职，宜不苟过日时。昔与退之期

为史，志甚壮，今孤囚废锢，连遭瘴疠羸顿，朝夕就死，无能为也。第不能竟其业！”

【考论】

对于韩愈元和八年所撰《答刘秀才论史书》，身在被谪地永州的柳宗元极其不满，于元和九年致书韩愈，此即《与韩愈论史官书》。此信对韩愈的观点提出了批评，先指出看法“与退之往年言史事甚大谬”，指出自己前后言论有自相矛盾处；又分析前代一些史家的悲惨结局，并非由其作史所造成，“若以罪夫前古之为史者然，亦甚惑”；后中肯地点出这是鬼神事在无形中影响的结果，“凡鬼神事，眇茫荒惑无可准，明者所不道，退之之智而犹惧于此”。信中格外强调史官要“居其位而直其道”，继承史官的传统精神，秉笔直书，无所畏惧。同年，又作《与史官韩愈致段秀实太尉逸事书》，见《注释音辩唐柳先生集》卷三十一、《唐文粹》卷八十二。

○柳宗元《天说》、《天对》、《封建论》及《答刘禹锡〈天论〉书》约撰于此一时期

【文献】

《旧唐书》卷一百六十《柳宗元传》(P4214)：“元和十年，例移为柳州刺史。”《四部丛刊》初编刘禹锡《刘梦得文集》卷十四《答道州薛郎中论书仪》(P99)：“及谪官十年，居僻陋，不闻世论。所以书相问讯，皆昵亲密友，不容变更。”此当言与柳宗元等之书信来往，此多篇论文有可能写于此一时期。

【考论】

柳宗元(773—819)在贬永州十余年后，迁柳州(今属广西)刺史。不久刘禹锡亦迁连州(今属广东)刺史，再贬朗州。二人为挚友，来往密切，常以书信切磋学术，以上诸文当为此时所作。其《天对》以回答战国时屈原《天问》的形式，主要阐述有关元气论的思想，认为“庞昧革化，唯元气存”，以元气为宇宙万物的本源，并指出那些关于宇宙起

源的神秘传说不足信。《天说》是回答韩愈的天人关系论而作，进一步阐述元气是一种客观的物质存在，宇宙万物都统一于元气。并提出元气受阴阳的相互作用而“自动自休”，“自崩自竭”，不受某种神秘的力量所支配。《封建论》提出重“势”的观点，认为社会制度的形成是由客观的规律和历史的必然趋势造成的，而不取决于某些圣人的意志。参见张岂之、刘学智等主编《中国学术思想编年》之《隋唐五代卷》。

【相关论著举目】

朱璐:《柳宗元对儒家天论思想的完善与创新》,《西南民族大学学报》(人文社会科学版),2011 年第 10 期

朱璐:《论柳宗元“天论”思想的时代意义与理论影响》,《江淮论坛》,2011 年第 6 期

翟满桂:《略论屈原〈天问〉与柳宗元〈天对〉》,《文学遗产》,2009 年第 2 期

刘春霞、蔡红:《从〈天对〉看柳宗元的科学思想》,《东华大学学报》(社会科学版),2008 年第 2 期

张国栋:《从〈天问〉〈天对〉看屈原与柳宗元的贬谪心态》,《甘肃广播电视大学学报》,2007 年第 3 期

郑晔、杨世文:《论柳宗元对儒学发展新方向的探索》,《西南民族大学学报》(人文社科版),2003 年第 7 期

邹旭光:《论韩柳〈天说〉的自然天道观》,《南京社会科学》,2002 年第 2 期

霍旭东:《柳宗元与儒学》,《社科纵横》,1994 年第 4 期

刘光裕:《柳宗元与儒学革新》,《孔子研究》,1994 年第 3 期

李塞夫:《从〈天对〉看柳宗元的哲学思想》,《广西大学学报》(哲学社会科学版),1986 年第 1 期

吴乃恭:《柳宗元的天人论》,《东北师大学报》(哲学社会科学版),1986 年第 1 期

聂思彦:《〈天问〉和〈天对〉》,《山西师大学报》(社会科学版),

1985年第1期

周桂钿、郭绍昭:《柳宗元天论研究》,《中国社会科学》,1984年第3期

黄钊:《柳宗元的〈天说〉与刘禹锡的〈天论〉》,《湘潭大学社会科学学报》,1984年第3期

薛原:《从〈天对〉看柳宗元的自然观》,《安徽师范大学学报》(自然科学版),1974年第2期

周一良:《读柳宗元的〈封建论〉》,《北京大学学报》(哲学社会科学版),1973年第4期

○刘禹锡《天论》约撰于是年

【文献】

《四部丛刊》初编《刘梦得文集》卷十二《天论》上(P83):"余之友河东解人柳子厚作《天说》,以折韩退之之言,文信美矣,盖有激而云,非所以尽天人之际。故余作《天论》,以极其辩云。"《四部丛刊》初编柳宗元《注释音辩唐柳先生集》卷三十一《答刘禹锡〈天论〉书》(P152):"发书得《天论》三篇……凡子之论,乃《天说》传疏耳,无异道焉。"

【考论】

《天论》分上、中、下三篇,是继柳宗元《天说》之后有感而发。柳宗元《天说》中提出"天人其事不相预",刘禹锡则认为此"有激而云","非所以尽天人之际"(《天论》上),有鉴于此,遂再撰《天论》以"极其辩",以求彻底解决问题,解释清楚。刘禹锡把历史上的天人关系学说分为两种,一种是传统的天人感应说,另一种是"自然之说",而这两种学说皆未穷尽天人关系,因而提出了自己的"天人交相胜"说。刘禹锡以为:"大凡入形器者,皆有能有不能。天,有形之大者也;人,动物之尤者也。天之能,人固不能也;人之能,天亦有所不能也。故余曰:天与人交相胜尔。"(《刘梦得文集》卷十二《天论》上 P83)又云:

"天之道在生植，其用在强弱；人之道在法制，其用在是非。"(《刘梦得文集》卷十二《天论》上 P83）刘禹锡认为，在天人交相胜中，人理务求战胜天理，而天理却并不追求战胜人理。《天论》下篇总结说，事物千差万别，但"以理之，万物一贯也"。此文继柳氏《天说》后作，补论柳氏之说，并超越了柳氏《天说》。韩愈、柳宗元和刘禹锡对天人关系的讨论，最重要的历史作用，就是在新的历史条件下，从崭新的视角，否定了董仲舒以来的天人感应观念，并在否定天人感应和天人不相预观点后，进而提出天与人两者其实交相胜，既相互纠缠，不可分割，又不断冲突，互有胜负。韩愈、柳宗元和刘禹锡共同推动了关于天人关系的深入探讨，达到了中国哲学的一个高峰。刘禹锡尤其突出，对此前中国古代哲学关于天人关系问题完满地进行了总结，一时无人能再超越其说。

关于此文撰写的时间，由韩愈首发引起这场争论，柳宗元继之而起，作《与韩愈论史官书》，论争由此深入展开。柳再撰《天说》"以折韩退之之言"，主题进而从"史官"问题转到天人关系，刘禹锡亦加入这场论争。刘禹锡《天论》(P83）谓："余之友河东解人柳子厚作《天说》以折韩退之之言，文信美矣，盖有激而云，非所以尽天人之际。故余作《天论》，以极其辩云。"侯外庐《中国思想通史》第四册第七章云："我们从这些著作来看：一则说'有激而云'，再则说'今以一己之穷通而欲质天之有无'，断之为刘、柳永贞贬谪后的'孤愤之书'是合乎历史实际的。"据刘禹锡《答道州薛郎中论书仪》(P99)："及谪官十年，居僻陋，不闻世论，所以书相问讯，皆昵亲密友，不容变更。"关于柳宗元所作《答刘禹锡天论书》的时间，卞孝萱《刘禹锡年谱》谓："宗元此《书》作于永州，禹锡《天论》三篇当作于朗州。"（中华书局 1963 年版）因此是作当在刘禹锡郎州任上，即元和九年前后。参见张岂之、刘学智等主编《中国学术思想编年》之《隋唐五代卷》。

【相关论著举目】

高永旺：《柳刘天人之学及其人性思想之比较》，《东方论坛》，2004 年第 1 期

赵俊:《中唐的天人关系论》,《中国社会科学院研究生院学报》,1998 年第 2 期

汪益民:《浅谈柳宗元和刘禹锡的天论》,《浙江大学学报》(社会科学版),1993 年第 1 期

黄钊:《柳宗元的〈天说〉与刘禹锡的〈天论〉》,《湘潭大学社会科学学报》,1984 年第 3 期

罗炽:《刘禹锡、柳宗元唯物主义自然观探胜》,《湖北大学学报》(哲学社会科学版),1983 年第 6 期

李炳庠、李秀莲、殷素菊:《唐中叶柳、刘和韩愈在天人关系的一场大论战》,《河北师范大学学报》(哲学社会科学版),1975 年第 2 期

袁德金、王义库、卞敏:《评刘禹锡的〈天论〉》,《中山大学学报》(哲学社会科学版),1974 年第 5 期

○韦公肃请无忌月禁乐

【文献】

《唐会要》卷二十三《忌日》(P449—450):"元和九年正月,修撰官太学博士韦公肃上疏曰:'准礼,无忌月禁乐。今太常及教坊,以正月是国家忌月,停习郊庙享宴之音,中外士庶,咸罢庆乐,伏寻经典,切恐乖宜。臣谨按《礼记》,有忌日不乐,无忌月之文。汉魏以降,世袭斯旨。惟晋穆帝将纳后,以康帝忌月,下议。礼官荀讷、王洽、曹耽、王彪之,并当时知礼者,皆称"礼有忌日无忌月,若有忌月,即有忌时忌岁,益无礼据"。时从其议。伏以仍前所禁,皆在二十五月之中,今既世远,礼须改革。臣又闻统人立法,必守先王之常经;企及俯就,不违圣哲之明训。下尽群言,上留元鉴,不以私怀,而逾于礼节。又《记》曰:"禫月从乐。"明王制礼,渐去其情,不应以追远而立礼反重也。今太常停习郊庙之乐,是反重而慢神;有司禁中外之音,是无故而去乐。详其前典,情礼不伦;考其沿袭,又无所据。倘陛下正因循之越度,法经典之明文,约礼之仪,传于史册,天下幸甚。'诏付中书门

下，令召太常卿与礼官、学官等详议可否。中书门下奏曰：'忌日，太常寺及教坊，悉停阅习，中外士庶，亦皆禁断。准礼文及历代典故，并无忌月禁乐，请依常教习者。'敕旨：'宜依，其士庶之家，亦宜准此。'"事又见《新唐书》卷二百《韦公肃传》。

○十月，李吉甫卒，撰有《易象异义》、《元和郡国图》、《百司举要》等

【文献】

《旧唐书》卷一百四十八《李吉甫传》(P3992—3997)："李吉甫字弘宪，赵郡人。父栖筠，代宗朝为御史大夫，名重于时，国史有传。吉甫少好学，能属文。年二十七，为太常博士，该洽多闻，尤精国朝故实，沿革折衷，时多称之。迁屯田员外郎，博士如故，改驾部员外。……元和九年冬，暴病卒，年五十七。宪宗伤悼久之，遣中使临吊，常赠之外，内出绢五百匹以恤其家，再赠司空。……吉甫尝讨论《易象》异义，附于一行集注之下；及缀录东汉、魏、晋、周、隋故事，讫其成败损益大端，目为《六代略》，凡三十卷；分天下诸镇，纪其山川险易故事，各写其图于篇首，为五十四卷，号为《元和郡国图》；又与史官等录当时户赋兵籍，号为《国计簿》，凡十卷；纂《六典》诸职为《百司举要》一卷。皆奏上之，行于代。"《旧唐书》卷十五《宪宗纪下》(P450)："冬十月甲辰朔。丙午，金紫光禄大夫、中书侍郎、同平章事、集贤大学士、监修国史、上柱国、赵国公李吉甫卒。"《新唐书》卷五十七《艺文志一》(P1426)："李吉甫注《一行易》，卷亡。"《册府元龟》卷六百六《学校部(注释第二)》(P7278)："李吉甫为相，尝讨论《易象异义》，附于僧一行《集注》之下。"

事又见《新唐书》卷七《宪宗纪》、《旧唐书》卷一百五十八《武元衡传》、《资治通鉴》卷二百三十九、《太平御览》卷七、《全唐文》卷五百十二《李吉甫传》、《全唐文》卷五百三十一中有武元衡《祭李吉甫文》。

【相关论著举目】

王进常：《李吉甫与〈元和郡县图志〉研究》，河北师范大学硕士论

文,2010年

李玉峰:《试述李吉甫父子的改革措施》,《山西师大学报》(社会科学版),2009年S1期

李文才:《试析唐代赞皇李氏之门风——以李栖筠、李吉甫、李德裕政风之比较为中心》,《扬州大学学报》(人文社会科学版),2005年第5期

陈素清:《李吉甫与〈元和郡县图志〉》,《四川图书馆学报》,2003年第4期

李志庭:《李吉甫与〈元和郡县志〉》,《史学史研究》,1984年第2期

吕志毅:《李吉甫及其〈元和郡县图志〉》,《河北大学学报》,1984年第2期

○窦群卒,撰有《史记名臣疏》

【文献】

《旧唐书》卷一百五十五《窦群传》(P4120—4121):"窦群字丹列,扶风平陵人。祖亶,同昌郡司马。父叔向,以工诗称,代宗朝,官至左拾遗。群兄常、牟,弟巩,皆登进士第,唯群独为处士,隐居毗陵,以节操闻。及母卒,啮一指置棺中,因庐墓次终丧。后学《春秋》于啖助之门人卢庇者,著书三十四卷,号《史记名臣疏》。……九年,诏还朝,至衡州病卒,时年五十。"《新唐书》卷五十八《艺文志二》(P1457):"窦群《史记名臣疏》三十四卷。"

《唐才子传》卷四、《全唐文》卷六百一十二、《新唐书》卷一百七十五有传。

【相关论著举目】

刘兴超:《中唐诗人窦群生平及著述补正》,《乐山师范学院学报》,2011年第10期

刘兴超:《两〈唐书〉〈窦群传〉官职辨识》,《广西民族大学学报》

（哲学社会科学版），2010 年第 2 期

刘兴超：《唐人窦群为右拾遗辨》，《史学月刊》，2010 年第 2 期

宪宗元和十年　乙未（815）

○三月，柳宗元出为柳州刺史，刘禹锡出为播州刺史，后迁连州

【文献】

《旧唐书》卷一百六十《柳宗元传》（P4214）："元和十年，例移为柳州刺史。时朗州司马刘禹锡得播州刺史，制书下，宗元谓所亲曰：'禹锡有母年高，今为郡蛮方，西南绝域，往复万里，如何与母偕行。如母子异方，便为永诀。吾与禹锡为执友，胡忍见其若是？'即草章奏，请以柳州授禹锡，自往播州。会裴度亦奏其事，禹锡终易连州。"《旧唐书》卷十五《宪宗纪下》（P452）："乙酉，以虔州司马韩泰为漳刑刺史，以永州司马柳宗元为柳州刺史，饶州司马韩晔为汀州刺史，朗州司马刘禹锡为播州刺史，台州司马陈谏为封州刺史。御史中丞裴度以禹锡母老，请移近处，乃改授连州刺史。"《新唐书》卷一百六十八《柳宗元传》（P5141—5142）："元和十年，徙柳州刺史。时刘禹锡得播州，宗元曰：'播非人所居，而禹锡亲在堂，吾不忍其穷，无辞以白其大人，如不往，便为母子永决。'即具奏欲以柳州授禹锡而自往播。会大臣亦为禹锡请，因改连州。"

事又见《新唐书·宪宗纪》、《刘禹锡传》，《韩昌黎集》卷三十二《柳子厚墓志铭》、《资治通鉴》卷二百三十九《唐纪五十五》等。

宪宗元和十一年　丙申(816)

○韦公肃撰《礼阁新仪》

【文献】

《新唐书》卷十一《礼乐志》(P309):“元和十一年,秘书郎、修撰韦公肃又录开元已后礼文,损益为《礼阁新仪》三十卷。”《文献通考》卷一百八十七《经籍考十四》(P1596—1597):“《礼阁新仪》三十卷,陈氏曰:唐太常修撰韦公肃撰。录开元以后礼文损益,至元和十年。其一卷为目录。按《馆阁书目》云:‘卷数虽存,而书不全,又复差互重出。’今本不尔,但目录稍误。南丰曾氏《序》曰:‘《礼阁新仪》三十篇,韦公肃撰。记开元以后至元和之变礼。史馆、秘阁及臣书皆三十篇,集贤院书二十篇,以参相校,史馆及秘阁及臣书多复重,其篇少者入,集贤院书独具。然臣书有目录一篇,以考其次序,盖此书本三十篇,则集贤院书虽具,然其篇次亦乱。既正其脱谬,因定著从目录,而《礼阁新仪》三十篇复完。夫礼者,其本在于养人之性,而其用在于言动视听之间。使人之言动视听一于礼,则安有放其邪心而穷于外物哉?不放其邪心,不穷于外物,则祸乱可息,而财用可充,其立意微,其为法远矣。故设其器,制其物,为其数,立其文,以待其有事者,皆人之起居出入、吉凶哀乐之具,所谓其用在乎言动视听之间者也。然而古今之变不同,而俗之便习亦异,则法制度数,其久而不能无弊者,势固然也。故为礼者其始莫不宜于当世,而其后多失而难遵,亦其理然也。失则必改制,以求其当,故羲、农以来,至于三代,礼未尝同也。后世去三代,盖千有余岁,其所遭之变、所习之便不同,固已远矣,而议者不原圣人制作之方,乃谓设其器,制其物,为其数,立其文,以待其有事,而为其起居出入、吉凶哀乐之具者,当一二以追先王之迹,然后礼可得而兴也。至其说之不可求,其制之不可考,或不宜于人,不合于用,则宁至于漠然而不敢为,使人之言动视听之间,荡然莫之为节,至患夫为罪者之不止，则繁于为法以禁之，故法至于不胜其繁，而犯者亦至于不胜其众，岂不惑哉！盖上世圣人，有为耒耜者或不为宫室，为舟车者或不为棺椁，岂其智不足为哉？以谓人之所未病者，不必改也。至于后圣，有为宫室者，不以土处为不可变也；为棺椁者，不以衣薪为不可易也，岂好为相反哉？以谓人之所以既病者，不可因也。又至于后圣，则有设两观而更采椽之质，攻文梓而易瓦棺之素，岂不能从俭哉？以谓人情之所好者，能为之节而不能变也。由是观之，古今之变不同，而俗之便习亦异，则亦屡变其法以宜之，何必一一以追先王之迹哉！其要在于养民之性，防民之欲者，本末先后，能合乎先王之意而已。此制作之方也。故元樽之尚而薄酒之用，太羹之先而庶羞之饱，一以为贵本，一以为亲用，则知有圣人作，而为后世之礼者，必贵俎豆，而今之器用不废也；先弁冕，而今之衣服不禁也，其推之皆然。然后其所改易更革，不至乎拂天下之势，骇天下之情，而固已合乎先王之意矣。是以羲、农以来，至于三代，礼未尝同，而制作之如此者，未尝异也。后世不推其如此，而或至于不敢为；或为之者特出于其势之不得已，故苟简而不能备，希阔而不常行，又不过用之于上，而未有加之于民者也。故其本在于养人之性，而其用在于言动视听之间者，历千余岁，民未尝得接于其耳目，况于服习而安之者乎？至其陷于罪戾，则繁于为法以御之，其亦不仁也哉。此书所纪，虽其事已浅，然凡世之记礼者，亦皆有所本，而一时之得失具焉。昔孔子于告朔，爱其礼之存，况著于一代之典籍哉！故其书不得不贵，因为之定著，以俟夫论礼者考而择焉。”

宪宗元和十二年　丁酉(817)

○韩愈为刑部侍郎

【文献】

《旧唐书》卷十五《宪宗纪下》(P462)：“十二月……丙子，以右庶子韩愈为刑部侍郎。”

○十二月，沈传师等奏《元和辨谤略》

【文献】

《唐会要》卷三十六《修撰》(P661)：“十二年十二月，翰林学士沈传师等，奏《元和辨谤略》两部，各十卷，一部进上，一部请付史馆。从之。”

○李肇《唐国史补》约撰于此一时期

【文献】

《新唐书》卷五十八《艺文志二》(P1467)：“李肇《国史补》三卷，翰林学士，坐荐柏耆，自中书舍人左迁将作少监。”李肇《四库全书》第1035册《唐国史补・自序》(P417)：“《公羊传》曰：‘所见异辞，所闻异辞。’未有不因见闻而备故实者。昔刘竦集小说，涉南北朝至开元，著为《传记》。予自开元至长庆撰《国史补》，虑史氏或阙则补之意，续《传记》而有不为。言报应，叙鬼神，征梦卜，近帷箔，悉去之；纪事实，探物理，辨疑惑，示劝戒，采风俗，助谈笑，则书之。”《四库全书》第1035册《唐摭言》卷一《述进士下篇》(P698)：“元和中，中书舍人李肇撰《国史补》。”

【考论】

李肇，《唐史》无传，曾任翰林学士，宪宗元和时任中书舍人，左迁将作少监，撰有《翰林志》传世。李肇接续刘竦小说集《传记》(后称《隋唐嘉话》)，又记开元至长庆年间之事，撰成《国史补》三卷。据其《序》，李肇悉去刘书报应、鬼神、梦卜等荒诞不经之事，采史实习俗、辨惑劝戒等内容，实“虑史氏或阙则补之意”。全书共记三百零八条，每条皆以五字标题概括，卷首有目录，前二卷记事大多按时间顺序排列，其后则杂记各类典故制度，如唐代官场制度、风俗习惯、科举制度、仕宦名流轶闻、各地物产、流行游戏等，内容庞杂，取材多样，对全面了解唐代社会具有重要价值，可补史书之阙。传世单刻本有明汲古阁刊影宋本，丛书本有《津逮秘书》、《学津讨原》、《得月簃丛书》、《笔记小说大观》等。现有上海古籍出版社排印本。

宪宗元和十三年　戊戌(818)

○孔子三十八代孙惟晊袭文宣王

【文献】

《唐会要》卷三十五《褒崇先圣》(P639—640)："十三年正月，以文宣王三十八代孙惟晊，袭文宣王。

○八月，权德舆卒

【文献】

《旧唐书》卷一百四十八《权德舆传》(P4001—4005)："权德舆字载之，天水略阳人。……十五为文数百篇，编为《童蒙集》十卷，名声日大。韩洄黜陟河南，辟为从事，试秘书省校书郎。贞元初，复为江西观察使李兼判官，再迁监察御史。……德宗雅闻其名，征为太常博士，转左补阙。……十年，迁起居舍人，岁中，兼知制诰。……寻以检校吏部尚书为东都留守，后拜太常卿，改刑部尚书。先是，许孟容、蒋乂等奉诏删定格敕，孟容等寻改他官，乂独成三十卷，表献之，留中不出。德舆请下刑部，与侍郎刘伯刍等考定，复为三十卷奏上。十一年，复以检校吏部尚书出镇兴元。十三年八月，有疾，诏许归阙，道卒，年六十。赠左仆射，谥曰文。德舆自贞元至元和三十年间，羽仪朝行，性直亮宽恕，动作语言，一无外饰，蕴藉风流，为时称向。于述作特盛，《六经》百氏，游泳渐渍，其文雅正而弘博，王侯将相洎当时名人薨殁，以铭纪为请者什八九，时人以为宗匠焉。尤嗜读书，无寸景暂倦，有文集五十卷，行于代。”《新唐书》卷一百四十八《权德舆传》略同。《新唐书》卷六十《艺文志四》(P1606)：“权德舆《童蒙集》十卷，又《集》五十卷。”

【考论】

权德舆(759—818)，字载之，天水略阳(今甘肃秦安东北)人，唐代学者。以孝闻，年十五为文章数百篇，编成《童蒙集》十卷。历官校书郎、监察御史兼判官、太常博士转左补阙、起居舍人兼知制诰、礼部尚书平章事、山南西道节度史等。生平与梁肃、崔元翰友善，著作颇丰，“《六经》百氏，游泳渐渍，其文雅正而弘博”(《旧唐书》卷一百四十八《权德舆传》P4005)。其基本思想是儒、释、道三教兼收并蓄，以为“派分示三教，理诣无二名”(《与道者同守庚申》)。尤其于儒家思想有所发扬，曾在《明经策问七道》云：“《大学》有明明德之道，《中庸》有尽性之术，阙里宏教，微言在滋。”将《大学》之“明明德”与《中庸》之“尽性”看作是儒家的精妙之言，很有见地，实为宋学路径之先声。权德舆推崇道家虚静、淡泊和知足的人生态度，倡导清静无为的治国之道。是年八月卒，谥曰“文”。其著有《童蒙集》十卷、《权载之文集》五十卷。

【相关论著举目】

陈江英：《权德舆策问思想内容论析》，西北师范大学硕士学位论文，2011年

陈江英：《权德舆的散文成就》，《甘肃高师学报》，2010年第6期

殷承校：《权德舆与韩愈关系探微》，《西安联合大学学报》，2000年第3期

方丽萍：《权德舆诗文风格成因辨析》，《唐山师范学院学报》，2008年第3期

郑韬：《中唐文人士大夫对洪州宗的接受——以白居易、权德舆为例》，《安徽广播电视大学学报》，2008年第3期

强昱：《儒学在中唐时期的新动向：权德舆的问题与李翱的答

案》,《哲学动态》,2007 年第 8 期

王相飞:《权德舆诗歌艺术研究》,南京师范大学硕士学位论文,2005 年

严国荣:《权德舆研究》,陕西师范大学博士学位论文,2005 年

王红霞:《试论权德舆的古文创作》,《西南民族大学学报》,2003 年第 11 期

严国荣:《权德舆诗歌"承中有变"的历史功绩》,《北京大学学报》,2003 年第 3 期

王红霞:《论权德舆的儒、释、道观》,《四川师范大学学报》,2002 年第 2 期

严国荣:《权德舆与古文运动——兼论权德舆的文论主张》,《唐都学刊》,1998 年第 4 期

严国荣:《权德舆生平与交游考略》,《唐都学刊》,1997 年第 4 期

王红霞:《权德舆先世及行事系谱》,《四川师范大学学报》,1996 年第 3 期

郭广伟:《权德舆年谱简编》及(续),《徐州师范大学学报》,1994 年第 3、4 期

中原健二:《权德舆年谱初稿》,《西北大学学报》,1993 年第 4 期

○柳仲郢进士擢第,曾著有《尚书二十四司箴》

【文献】

《旧唐书》卷一百六十五《柳仲郢传》(P4305—4307):"仲郢字谕蒙,元和十三年进士擢第,释褐秘书省校书郎。牛僧孺镇江夏,辟为从事。仲郢有父风,动修礼法,僧孺叹曰:'非积习名教,安能及此!'入为监察御史。……仲郢以礼法自持,私居未尝不拱手,内斋未尝不束带。三为大镇,厩无名马,衣不薰香。退公布卷,不舍昼夜。《九经》、《三史》一钞,魏、晋已来南北史再钞,手钞分门三十卷,号《柳氏自备》。又精释典,《瑜伽》、《智度大论》皆再钞,自余佛书,多手记要

义。小楷精谨，无一字肆笔。撰《尚书二十四司箴》，韩愈、柳宗元深赏之。有文集二十卷。”《全唐文》卷七百三十有传。

◯王彦威撰成《曲台新礼》，另撰有《续古今谥法》

【文献】

《唐会要》卷三十七《五礼篇目》(P671)：“元和十三年八月，礼官王彦威，集开元二十一年已后，至元和十三年，五礼裁制敕格，为《曲台新礼》。上疏曰：‘臣闻礼之所始，及损益之文，布于前书，不敢悉数。开元中，命礼官大臣，改撰新礼，五礼之仪始备。又按自开元二十一年已后，迄于圣朝，垂九十余年矣。法通沿革，礼有废兴，或后敕已更裁成，或当寺别禀诏命，贵从权变，以就便宜。又国家每有礼仪大事，则命礼官博士，约旧为之损益，修撰仪注，以合时变，然后宣行。即臣今所集开元以后，至元和十三年，奏定仪制，不惟与古礼有异，与开元仪礼已自不同矣。又检修礼官故事，每详定仪制讫，则约文为之礼科，以移责于百司，又约之以供备，然后礼事毕举。礼科者，名数之总，与仪注相扶而行者也，阙一不可。臣今所集，备礼科之单复，具供给之司存，欲使谒者赞引之徒，官长辟除之吏，开卷尽在，按文易征。其他五礼之仪式，或旧仪所不载，而与新创不同者，莫不次第编录。窃以圣朝典礼，于元和中集录，又曲台者，实礼之义疏，故名曰《元和曲台新礼》，并目录勒成三十卷，谨诣光顺门奉表以闻，伏乞裁下。’从之。”《旧唐书》卷一百五十七《王彦威传》(P4154)：“王彦威，太原人。世儒家，少孤贫，苦学，尤通《三礼》。无由自达，元和中游京师，求为太常散吏。卿知其书生，补充检讨官。彦威于礼阁掇拾自隋已来朝廷沿革、吉凶五礼，以类区分，成三十卷献之，号曰《元和新礼》，由是知名，特授太常博士。”《新唐书》卷十一《礼乐志一》(P309)：“十三年，太常博士王彦威为《曲台新礼》三十卷，又采元和以来王公士民昏祭丧葬之礼为《续曲台礼》三十卷。呜呼，考其文记，可谓备矣，以之施于贞观、开元之间，亦可谓盛矣，而不能至三代之隆者，具其文而意不在焉，此所谓‘礼乐为虚名’也哉！”《文献通考》卷一百八十七《经籍考十四》(P1597)：“《续曲台礼》三十卷，陈氏曰：唐太常博士太原王彦威撰。元和十三年，尝献《曲台新礼》三十卷，至长庆中，又自元和之末次第编录，下及公卿、士庶婚姻丧祭之礼，并目录为三十卷。通前为六十一卷。按此惟续书，而亦无目录，前书则未之见也。《馆阁书目》亦无之。文宗朝，彦威仕为尚书、节度使。”《文献通考》卷一百八十八《经籍考十五》(P1603)：“《续古今谥法》十四卷，《崇文总目》：唐户部郎中王彦威撰。因旧谥品，援集故事，依沈约谥例，记梁已来至唐得谥官称姓名，又以单、复谥为别。”

事又见《册府元龟》卷五百六十四。

○十二月，杨倞撰成《荀子注》

【文献】

《新唐书》卷五十九《艺文志三》(P1512)：“杨倞注《荀子》二十卷。汝士子，大理评事。”《诸子集成》本《荀子集解》杨倞《序》(P2)：“以文字繁多，故分旧十二卷三十二篇为二十卷，又改《孙卿新书》为《荀卿子》，其篇第亦颇有移易，使以类相从云。时岁在戊戌，大唐睿圣文武皇帝元和十三年十二月也。”

宪宗元和十四年　己亥(819)

○二月，郑覃迁谏议大夫

【文献】

《旧唐书》卷一百七十三《郑覃传》(P4489)：“郑覃，故相珣瑜之子。以父荫补弘文校理，历拾遗、补阙、考功员外郎、刑部郎中。元和十四年二月，迁谏议大夫。宪宗用内官五人为京西北和籴使，覃上疏论罢。”

○四月，李翱论礼

【文献】

《旧唐书》卷一百六十《李翱传》(P4206—4207)："十四年，太常丞王泾上疏请去太庙朔望上食，诏百官议。议者以《开元礼》，太庙每岁礿、祠、蒸、尝、腊，凡五享。天宝末，玄宗令尚食每月朔望具常馔，令宫闱令上食于太庙，后遂为常。由是朔望不视朝，比之大祠。翱奏议曰：'《国语》曰：王者日祭。《礼记》曰：王立七庙，皆月祭之。《周礼》时祭，礿祠蒸尝。汉氏皆杂而用之。盖遭秦火，《诗》、《书》、《礼经》烬灭，编残简缺，汉乃求之。先儒穿凿，各伸己见，皆托古圣贤之名，以信其语，故所记各不同也。古者庙有寝而不墓祭，秦、汉始建寝庙于园陵，而上食焉。国家因之而不改。《贞观》、《开元礼》并无宗庙日祭月祭之礼，盖以日祭月祭，既已行于陵寝矣，故太庙之中，每岁五飨六告而已。不然者，房玄龄、魏徵辈皆一代名臣，穷极经史，岂不见《国语》、《礼记》有日祭月祭之词乎？斯足以明矣。

伏以太庙之飨，笾豆牲牢，三代之通礼，是贵诚之义也。园陵之奠，改用常馔，秦、汉之权制，乃食味之道也。今朔望上食于太庙，岂非用常亵味而贵多品乎？且非《礼》所谓"至敬不飨味而贵气臭"之义也。《传》称：屈到嗜芰，有疾，召其宗老而属之曰："祭我必以芰。"及祭荐芰，其子违命去芰而用羊馈笾豆脯醢，君子是之。言事祖考之义，当以礼为重，不以其生存所嗜为献，盖明非食味也。然则荐常馔于太庙，无乃与芰为比乎？且非三代圣王之所行也。况祭器不陈俎豆，祭官不命三公，执事者唯宫闱令与宗正卿而已。谓之上食也，安得以为祭乎？且时享于太庙，有司摄事，祝文曰："孝曾孙皇帝臣某，谨遣太尉臣名，敢昭告于高祖神尧皇帝、祖妣太穆皇后窦氏。时惟孟春，永怀罔极。谨以一元大武、柔毛刚鬣、明粢芗萁、嘉蔬嘉荐醴齐，敬修时享，以申追慕。"此祝辞也。前享七日质明，太尉誓百官于尚书省曰："某月某日时享于太庙，各扬其职。不供其事，国有常刑。"凡陪享之官，散斋四日，致斋三日，然后可以为祭也。宗庙之礼，非敢擅议，虽有知者，其谁敢言？故六十余年，行之不废。今圣朝以弓矢既櫜，礼乐为大，故下百僚，可得详议。臣等以为《贞观》、《开元礼》并无太庙上食之文，以礼断情，罢之可也。至若陵寝上食，采《国语》、《礼记》日祭月祭之词，因秦、汉之制，修而存之，以广孝道可也。如此，则经义可据，故事不遗。大礼既明，永息异论，可以继二帝三王，而为万代法。与其渎礼越古，贵因循而惮改作，犹天地之相远也。'知礼者是之，事竟不行。"

事又见《唐会要》卷六十四、《册府元龟》卷五百九十一、《文献通考》卷九十七、《唐会要》卷十八。

○韩愈极陈迎佛骨之弊

【文献】

《旧唐书》卷十五《宪宗纪下》(P465—470)："十四年春正月……迎凤翔法门寺佛骨至京师，留禁中三日，乃送诣寺，王公士庶奔走舍施如不及。刑部侍郎韩愈上疏极陈其弊。癸巳，贬愈为潮州刺史。……冬十月丙午朔。……潮州刺史韩愈为袁州刺史。"《新唐书》卷一百七十六《韩愈传》(P5258—5261)："宪宗遣使者往凤翔迎佛骨入禁中，三日，乃送佛祠。王公士人奔走膜呗，至为夷法灼体肤，委珍贝，腾沓系路。愈闻恶之，乃上表曰：'佛者，夷狄之一法耳。自后汉时始入中国，上古未尝有也。昔黄帝在位百年，年百一十岁；少昊在位八十年，年百岁；颛顼在位七十九年，年九十岁；帝喾在位七十年，年百五岁；尧在位九十八年，年百一十八岁；帝舜在位及禹年皆百岁。此时天下太平，百姓安乐寿考，然而中国未有佛也。其后，汤亦年百岁，汤孙太戊在位七十五年，武丁在位五十年，书史不言其寿，推其年数，盖不减百岁。周文王年九十七岁，武王年九十三岁，穆王在位百年。此时佛法亦未至中国，非因事佛而致然也。汉明帝时始有佛法，明帝在位才十八年。其后乱亡相继，运祚不长。宋、齐、梁、陈、元魏以下，事佛渐谨，年代尤促。唯梁武帝在位四十八年，前后三舍身施佛，宗庙祭不用牲牢，昼日一食，止于菜果，后为侯景所逼，饿死台城，国亦寻灭。事佛求福，乃更得祸。由此观之，佛不足信，亦可知矣。高祖始受隋禅，则议除之。当时群臣识见不远，不能深究先王之道、古今之宜，推阐圣明，以救斯弊，其事遂止。臣常恨焉！伏惟睿圣文武皇帝陛下，神圣英武，数千百年以来，未有伦比。即位之初，即不许度人为僧尼、道士，又不许别立寺观。臣当时以为高祖之志，必行于陛下。今纵未能即行，岂可恣之令盛也？今陛下令群僧迎佛骨于凤翔，御楼以观，舁入大内，又令诸寺递加供养。臣虽至愚，必知陛下不惑于佛，作此崇奉以祈福祥也。直以丰年之乐，徇人之心，为京都士庶设诡异之观、戏玩之具耳。安有圣明若此，而肯信此等事哉？然百姓愚冥，易惑难晓，苟见陛下如此，将谓真心信佛，皆云："天子大圣，犹一心信向；百姓微贱，于佛岂合更惜身命？"以至灼顶燔指，十百为群，解衣散钱，自朝至暮，转相放效，唯恐后时，老幼奔波，弃其生业。若不即加禁遏，更历诸寺，必有断臂脔身以为供养者。伤风败俗，传笑四方，非细事也。佛本夷狄之人，与中国言语不通，衣服殊制，口不道先王之法言，身不服先王之法服，不知君臣之义、父子之情。假如其身尚在，奉其国命来朝京师，陛下容而接之，不过宣政一见，礼宾一设，赐衣一袭，卫而出之于境，不令贰于众也。况其身死已久，枯朽之骨，凶秽之余，岂宜以入宫禁？孔子曰："敬鬼神而远之。"古之诸侯吊于其国，必令巫祝先以桃茢祓除不祥，然后进吊。今无故取朽秽之物，亲临观之，巫祝不先，桃茢不用，群臣不言其非，御史不举其失，臣实耻之。乞以此骨付之水火，永绝根本，断天下之疑，绝前代之惑，使天下之人知大圣人之所作为出于寻常万万也。佛如有灵，能作祸祟，凡有殃咎，宜加臣身。上天鉴临，臣不怨悔。'表入，帝大怒，持示宰相，将抵以死。裴度、崔群曰：'愈言讦牾，罪之诚宜。然非内怀至忠，安能及此？愿少宽假，以来谏争。'帝曰：'愈言我奉佛太过，犹可容；至谓东汉奉佛以后，天子咸夭促，言何乖剌邪？愈，人臣，狂妄敢尔，固不可赦！'于是中外骇惧，虽戚里诸贵，亦为愈言，乃贬潮州刺史。"《资治通鉴》卷二百四十《唐纪五十六》(P7758—7759)："中使迎佛骨至京师，上留禁中三日，乃历送诸寺，王公士民瞻奉舍施，惟恐弗及，有竭产充施者，有然香臂顶供养者。刑部侍郎韩愈上表切谏……上得表，大怒，出示宰相，将加愈极刑。裴度、崔群为言：'愈虽狂，发于忠恳，宜宽容以开言路。'癸巳，贬愈为潮州刺史。"

事又见《佛祖统纪》卷四一，《唐会要》卷四十七，《太平御览》卷六百五十三、卷六百五十四，《册府元龟》卷五百四十六、卷九百十六，《韩昌黎文集校注》卷一《论佛骨表》。

【考论】

是年正月，敕迎法门寺佛指舍利至长安宫中，礼敬三日后历送京城十寺。对此，王公士庶奔走相告，瞻奉施舍，惟恐不及，百姓士庶至于灼肤炼顶，断臂残身以为供养。韩愈对此极感愤慨和痛心，出于维护儒家纲常及保持社会经济秩序的愿望，愤然写了《论佛骨表》，指斥迎佛骨及宫中"供养"，乃"伤风败俗，传笑四方"，认为佛教"不道先王之法言"，"不服先王之法服，不知君臣之义、父子之情"，主张将其"骨付之水火，永绝根本"。由此触怒宪宗，本将以处死，在裴度等大臣力谏下方免，遂贬愈为潮州（今属广东）刺史，十月，又准例量移改授袁州（今江西宜春）。见《中国学术思想编年》之《隋唐五代卷》。

【相关论著举目】

徐东海：《解析〈论佛骨表〉中的论证方法》，《时代文字》（上半月），2011年第12期

赵平略：《枪与场——韩愈〈论佛骨表〉与王阳明〈谏迎佛疏〉比较》，《贵阳学院学报》（社会科学版），2011年第3期

沈文凡、张德恒：《韩愈贬潮心迹考论——从比较昌黎〈论佛骨表〉与傅奕〈请除释教书〉展开》，《兰州大学学报》（社会科学版），2011年第1期

冯念华、邵宗艳：《再论韩愈排佛及其与僧人交往的诗文》，《周口师范学院学报》，2007年第6期

刘尊明：《韩愈贬谪潮州的人生体验与诗文创作》，《湖北大学学报》（哲学社会科学版），2001年第3期

李玉福:《韩愈谏书〈论佛骨表〉评析》,《承德民族职业技术学院学报》,2000 年第 4 期

张小慰:《读韩愈的〈论佛骨表〉》,《名作欣赏》,2000 年第 2 期

程显平:《深沉的忧患意识和强烈的社会责任感——从韩愈上〈论佛骨表〉谈开去》,《辽宁教育学院学报》,2000 年第 2 期

马兰州:《韩愈崇儒反佛思想论析》,《天津外国语学院学报》,2000 年第 2 期

锐声:《排斥与兼容——从韩愈的〈论佛骨表〉说起》,《殷都学刊》,1997 年第 3 期

悲心:《〈论佛骨表〉与韩愈排佛心态》,《五台山研究》,1995 年第 1 期

梁倩筠:《论韩愈的佛教观及其对文学创作的影响》,暨南大学硕士学位论文,2002 年

○柳宗元作《与刘禹锡论周易九六说书》、《论语辩》二篇、《答元饶州论〈春秋〉书》等文

【文献】

《四部丛刊》初编《注释音辩唐柳先生集》卷三十一(P152)《与刘禹锡论周易九六说书》:"见与董生论《周易》'九六'义,取老而变以为毕,中和承一行僧得此说,异孔颖达疏而以为新奇。彼毕子、董子何肤末于学而遽云云也,都不知一行僧承韩氏、孔氏说,而果以为新奇,不亦可笑矣哉?韩氏注乾之策二百一十有六……观足下出入筮数,考校左氏,今之世罕有如足下求《易》之悉者也。然务先穷昔人书,有不可者而后革之,则大善,谨之勿遽,宗元白。"《四部丛刊》初编《注释音辩唐柳先生集》卷三十一《答元饶州论〈春秋〉书》(P153):"辱复书,教以《报张生书》及《答衢州书》言《春秋》,此诚世所希闻,兄之学为不负孔氏矣。"《刘梦得集》有《与董生言易》(P372)、《辨易九六论》(P369—370)二篇。

《四部丛刊》初编《注释音辩唐柳先生集》卷四(P31):《论语辩》二篇

△上篇

或问曰:儒者称《论语》孔子弟子所记,信乎?曰:未然也。孔子弟子,曾参最少,少孔子四十六岁。(夫子生于周灵王二十年,曾子生于周敬王十五年。)曾子老而死。是书记曾子之死,则去孔子也远矣。曾子之死,孔子弟子略无存者矣,吾意曾子弟子之为之也,何哉?且是书载弟子必以字,独曾子、有子不然。由是言之,弟子之号之也。然则有子何以称子?曰:孔子之殁也,诸弟子以有子为似夫子,立而师之。其后不能对诸子之问,乃叱避而退,则固尝有师之号矣。今所记独曾子最后死,余是以知之。盖乐正子春、子思之徒与为之尔。或曰:孔子弟子尝杂记其言,然而卒成其书者,曾氏之徒也。

△下篇

尧曰:"咨,尔舜!天之历数在尔躬,四海困穷,天禄永终。"舜亦以命禹:"余小子履,敢用玄牡,敢昭告于皇天后土,有罪不敢赦。万方有罪,罪在朕躬。朕躬有罪,无以尔万方。"或问之曰:《论语》书记问对之辞尔。今卒篇之首章然有是,何也?柳先生曰:《论语》之大,莫大乎是也。是乃孔子常常讽道之辞云尔。彼孔子者,覆生人之器也。上言尧、舜之不遭,而禅不及己;下之无汤之势,而己不得为天吏。生人无以泽其德,日视闻其劳死怨呼,而己之德涸焉无所依而施,故于常常讽道云尔而止也。此圣人之大志也,无容问对于其间。弟子或知之,或疑之不能明,相与传之,故于其为书也,卒篇之首,严而立之。

○十月五日,柳宗元卒

【文献】

《旧唐书》卷一百六十《柳宗元传》(P4213—4214):"柳宗元字子厚,河东人。后魏侍中济阴公之系孙。曾伯祖奭,高宗朝宰相。父镇,太常博士,终侍御史。宗元少聪警绝众,尤精西汉诗骚。下笔构思,与古为侔。精裁密致,璨若珠贝。当时流辈咸推之。登进士第,应举宏辞,授校书郎、蓝田尉。贞元十九年,为监察御史。顺宗即位,王叔文、韦执谊用事,尤奇待宗元。与监察吕温密引禁中,与之图事。转尚书礼部员外郎。叔文欲大用之,会居位不久,叔文败,与同辈七人俱贬。宗元为邵州刺史,在道,再贬永州司马。既罹窜逐,涉履蛮瘴,崎岖堙厄,蕴骚人之郁悼,写情叙事,动必以文。为骚文十数篇,览之者为之凄恻。……柳州土俗,以男女质钱,过期则没入钱主,宗元革其乡法。其已没者,仍出私钱赎之,归其父母。江岭间为进士者,不远数千里皆随宗元师法;凡经其门,必为名士。著述之盛,名动于时,时号柳州云。有文集四十卷。元和十四年十月五日卒,时年四十七。"《新唐书》卷一百六十八《柳宗元传》(P5142):"……南方为进士者,走数千里从宗元游,经指授者,为文辞皆有法。世号柳柳州。十四年卒,年四十七。"

《四部丛刊》初编《注释音辩唐柳先生集》卷三十三《与杨诲之疏解车义第二书》(P160—161):"吾年十七求进士,四年乃得举。二十四求博学宏词科,二年乃得仕。其间与恒人为群辈数十百人。当时志气类足下,时遭讪骂诟辱,不为之面,则为之背。积八九年,日思摧其形,锄其气,虽甚自折挫,然已得号为狂疏人矣。及为蓝田尉,留府庭,旦暮走谒于大官堂下,与卒伍无别。居曹则俗吏满前,更说买卖,商算赢缩。又二年为此,度不能去,益学《老子》'和其光,同其尘',虽自以为得,然已得号为轻薄人矣。及为御史郎官,自以登朝廷,利害益大,愈恐惧,思欲不失色于人。虽戒砺加切,然卒不免为连累废逐。犹以前时遭狂疏轻薄之号,既闻于人,为恭让未洽,故罪至而无所明之。到永州七年矣,蚤夜惶惶,追思咎过,往来甚熟,讲尧、舜、孔子之道亦熟,益知出于世者之难自任也。"《四部丛刊》初编《朱文公校昌黎先生集》卷三十二《柳子厚墓志铭》(P215):"子厚讳宗元。七世祖庆,为拓跋魏侍中,封济阴公。……子厚少精敏,无不通达。逮其父时,虽少年,已自成人,能取进士第,崭然见头角,众谓柳氏有子矣。……

贞元十九年，由蓝田尉拜监察御史。顺宗即位，拜礼部员外郎。遇用事者得罪，例出为刺史。未至，又例贬州司马。……子厚以元和十四年十一月八日卒，年四十七。以十五年七月十日，归葬万年先人墓侧。"事又见《刘禹锡集》卷十九《唐故尚书礼部员外郎柳君集纪》、《全唐文》卷八百七司空图《题柳柳州集后序》。

【考论】

柳宗元(773—819)，字子厚，河东解(今山西运城解州镇)人，世称柳河东，唐文学家、思想家。贞元九年(793)中进士第，又中博学宏词科，授校书郎。后任兰田尉、监察御史里行。顺宗永贞元年(805)任礼部员外郎，参加王叔文革新集团，改革政治，事败后被贬为邵州刺史，后又贬永州司马，元和十年(815)迁柳州(今属广西)刺史，是年十月五日卒于此，故又称柳柳州。在政治上主张巩固皇权，抑制割据，打击宦官，任人唯贤，赏罚分明等。在文学上主张"文以明道"，与韩愈一起倡导古文运动，被列为"唐宋八大家"之一。刘禹锡编集其诗文成四十五卷，《旧唐书》作四十卷，《新唐书》卷六十《艺文志》作三十卷。宋以后为四十三卷，又增《外集》、《别集》，合为《柳宗元集》四十五卷，又名《唐柳先生集》、《唐柳河东集》、《柳河东集》。《全唐文》卷五百六十九至五百九十三辑有其文。

柳宗元对佛教义理有着切身的心得体会，云："吾自幼好佛，求其道，积三十年。世之言者罕能通其说，于零陵，吾独有得焉。且佛之言，吾不可得而闻之矣。其存于世者，独遗其书。不于其书而求之，则无以得其言。言且不得，况其意乎？今是上人穷其书，得其言，谕其意。推而大之，逾万言而不烦；总而括之，立片辞而不遗。与夫世之析章句，征文字，言至虚之极则荡而失守，辩群有之夥则泥而皆存者，其不以远乎？"(《送巽上人赴中丞叔父召序》P128)正是基于数十年对佛教义理的精心研究，以及与佛教中人的友好往来，从而使他在儒学的基础和框架内融合释老，兼采百家，重建新说，与韩愈对待佛教的态度迥异。

柳宗元对儒学极为关切，认为儒学危机的主要根源，在于儒学自身的神学化和自身的封闭性，以明经为基本特征的经学化儒学，除了为儒生提供食禄外，似乎无助于道德教化和解决社会问题，而严峻的社会现实使他意识到，儒学复兴，必须走出自身的封闭与僵化，在保持儒学人道思想主体的前提下，必须能够容纳百家学说中一切"有以佐世"的思想理论，才能使儒学摆脱历史的困境，获得新生和发展。柳宗元在总结其创作经验时即提到其运用儒家经典的经验："本之《书》以求其质，本之《诗》以求其恒，本之《礼》以求其宜，本之《春秋》以求其断，本之《易》以求其动。"(《注释音辩唐柳先生集》卷三十四《答韦中立论师道书》P164)他出入佛、道，"通合儒释"，吸引佛教思想理论成果，走了一条儒学发展的新路子，并提出"天人不相预"说。在《百丈碑铭》中提出统合儒释的见解："儒以礼立仁义，无之则坏；佛以律持定慧，长之则丧。"柳宗元的统合儒释，是儒释道三教合流的表现。

【相关论著举目】

郝晓玲：《浅论柳宗元的辨伪思想》，《时代教育》(教育教学刊)，2012 年第 5 期

柳英英：《韩愈、柳宗元与古文运动》，《太原理工大学学报》(社会科学版)，2012 年第 2 期

朱璐：《柳宗元对儒家天论思想的完善与创新》，《西南民族大学学报》(人文社会科学版)，2011 年第 10 期

朱桃文：《柳宗元的儒家精神》，《中国电子商务》，2011 年第 8 期

朱璐：《论柳宗元"天论"思想的时代意义与理论影响》，《江淮论坛》，2011 年第 6 期

尚永亮：《柳宗元古近体诗与表述类型之关联及其创作动因》，《文学遗产》，2011 年第 3 期

高会霞：《柳宗元的"统合儒佛"思想及其复性路向》，《天津大学学报》(社会科学版)，2011 年第 2 期

袁广华：《柳宗元"统合儒佛"思想再探》，《湖南科技学院学报》，2011 年第 1 期

郑建钟:《论柳宗元天人观的政治逻辑——以“大中之道”为线索》,《重庆理工大学学报》(社会科学版),2011年第1期

张勇:《柳宗元儒佛道三教观研究》,黄山书社2010年出版

李伏清:《再论柳宗元与儒学复兴》,《湘潭大学学报》(哲学社会科学版),2010年第6期

关永利:《柳宗元抑周尊孔思想成因试探》,《河南科技大学学报》(社会科学版),2010年第5期

李芳民:《礼、法冲突与柳宗元的理性精神——以〈驳复仇议〉为中心的考察》,《西北大学学报》(哲学社会科学版),2010年第3期

张勇:《柳宗元:唐代三教融合思潮中的儒家代表》,《孔子研究》,2010年第3期

陈雄:《亦儒亦佛柳宗元》,《国学》,2010年第2期

李伏清:《柳宗元:唐宋思想转型与宋明儒学复兴的先驱》,《河南师范大学学报》(哲学社会科学版),2010年第1期

郑建忠:《“同道”:柳宗元“统合儒释”之儒佛差异与矛盾的线索》,《云南民族大学学报》(哲学社会科学版),2010年第1期

李伏清:《柳宗元论左氏与〈左传〉、〈国语〉及〈春秋〉之关系》,《湘潭大学学报》(哲学社会科学版),2009年第6期

翟满桂:《统合儒释的文化贯通——柳宗元与佛教论略》,《湖南文理学院学报》(社会科学版),2009年第5期

郑建钟:《论柳宗元的“儒佛同道”思想》,《西北大学学报》(哲学社会科学版),2009年第5期

翟满桂:《略论屈原〈天问〉与柳宗元〈天对〉》,《文学遗产》,2009年第2期

张勇:《论柳宗元的孔子观及其时代意义》,《孔子研究》,2008年第6期

李伏清:《论柳宗元与儒学复兴》,华东师范大学博士学位论文,2008年

杨文榜:《论柳宗元在儒学复兴中的独特贡献》,《山西师大学

报》,2007 年第 2 期

毕宝魁、任树民:《韩柳与佛学》,《辽宁大学学报》,2007 年第 1 期

叶志衡:《援佛入儒、以佛疗伤——论柳宗元习佛的动因与目的》,《南京师大学报》,2007 年第 1 期

康建强:《论柳宗元开放的儒学思想》,《北京大学研究生学志》,2006 年第 3 期

张曙霞:《柳宗元与永贞革新》,首都师范大学博士学位论文,2006 年

王娜:《柳宗元诗歌研究》,辽宁大学硕士学位论文,2006 年

唐小薇:《柳宗元诗研究》,江西师范大学硕士学位论文,2006 年

陈辉:《柳宗元的古代理论研究》,新疆大学硕士学位论文,2006 年

张铁夫:《柳宗元与佛教》,《求索》,2005 年第 11 期

王洪臣:《柳宗元佛教思想对其诗文创作的影响》,《湖南科技学院学报》,2005 年第 9 期

佘正松:《柳宗元的墨学观》,《齐鲁学刊》,2005 年第 3 期

贾名党:《论柳宗元的经学思想》,《山西师大学报》,2005 年第 1 期

袁茹:《柳宗元的学术研究与散文创作》,安徽师范大学硕士学位论文,2005 年

赵彦霞:《论柳宗元贬谪时期的思想及文学创作》,内蒙古师范大学硕士学位论文,2005 年

汤军:《柳宗元诗文中的佛禅意趣》,《江淮论坛》,2004 年第 6 期

杜寒风:《柳宗元"统合儒释"思想新论——兼及对冯友兰、孙昌武、郭绍林等先生观点的质疑》,《中国文化研究》,2004 年夏之卷

郑晓春:《柳宗元山水文学的艺术特点与文化意蕴》,福建师范大学硕士学位论文,2004 年

李丹:《柳文与〈国语〉》,华中师范大学硕士学位论文,2004 年

郑晔、杨世文:《论柳宗元对儒学发展新方向的探索》,《西南民族大学学报》,2003 年第 7 期

卢宁:《论柳宗元的佛教信仰》,《中州学刊》,2003 年第 5 期

严寿澂:《韩柳与佛教——兼论二人思想所代表的文化意义》,《史林》,2003 年第 2 期

张君梅:《以儒解佛——柳宗元的佛学思想》,《华南理工大学学报》,2003 年第 1 期

王德春:《柳宗元的贬谪生涯与他的山水文学》,安徽大学硕士学位论文,2003 年

陈琼光:《柳宗元诗文佛学渗透探析》,《广西社会科学》,2002 年第 4 期

孙利:《柳宗元与理学的关系》,《北京理工大学学报》,2002 年第 4 期

于海平:《柳宗元与中唐儒学》,曲阜师范大学硕士学位论文,2002 年

朱国能:《柳宗元"统合儒释"的文化理想》,唐代文学研究(第九辑)——中国唐代文学学会第十届年会暨国际学术研讨会论文集,2000 年

寇养厚:《中唐新〈春秋〉学对柳宗元与永贞革新集团的影响》,《东岳论丛》,2000 年第 1 期

杨荫楼:《儒家思想在柳宗元世界观中的地位》,《齐鲁学刊》,1998 年第 4 期

王一民:《柳宗元"统合儒释"的历史背景》,《零陵师专学报》,1995 年第 1 期

彭建、邢凤麟:《柳宗元是儒学的伟大改革者》,《中国哲学史》,1994 年第 6 期

霍旭东:《柳宗元与儒学》,《社科纵横》,1994 年第 4 期

刘光裕:《柳宗元与儒学革新》,《孔子研究》,1994 年第 3 期

尤骥:《柳宗元在儒学复兴运动中的地位》,《孔子研究》,1994 年第 2 期

乔长路:《柳宗元的儒家风范》,《孔子研究》,1994 年第 1 期

谢重光:《中唐儒学发展的机遇与迷误——对韩、柳思想斗争的新观察》,《福建论坛》,1993 年第 3 期

郎宝如:《柳宗元“统合儒释”思想评价》,《内蒙古大学学报》,1992 年第 3 期

刘兴邦:《从柳宗元好佛看儒释价值取向的认同》,《长沙理工大学学报》,1991 年第 2 期

李锦全:《柳宗元与“统合儒释”思潮》,《晋阳学刊》,1990 年第 6 期

张武:《论柳宗元“好佛”的两重性特征及其评价问题》,《广西社会科学》,1987 年第 4 期

段景莲:《柳宗元与佛教关系浅议》,《河北大学学报》,1987 年第 2 期

孙以楷:《柳宗元与佛教及佛学的关系》,《安徽师范大学学报》,1986 年第 2 期

景凯旋:《柳宗元的山水诗与其儒佛思想》,《学术月刊》,1985 年第 5 期

陈国钧:《柳宗元“好佛”并不“佞佛”》,《学术论坛》,1984 年第 4 期

徐远和:《柳宗元与儒学复兴》,《哲学研究》,1984 年第 3 期

张立文:《论柳宗元对宋明理学的影响》,《学术论坛》,1984 年第 2 期

唐志敬:《柳宗元“统合儒释”论初探》,《广西民族学院学报》,1983 年第 2 期

孙昌武:《柳宗元传论》,人民文学出版社 1982 年版

刘建国:《柳宗元在文以明道运动中的理论、实践和遭遇》,《湘潭大学社会科学学报》,1982 年第 3 期

王春庭:《韩柳与佛老》,《重庆师范大学学报》,1982 年第 1 期

冯友兰:《柳宗元与唐代的儒法斗争》,《人民教育》,1974 年第 6 期

○十二月，郑余庆奏请“国子监修造文宣王庙及诸屋宇并修理经壁”之费用

【文献】

《唐会要》卷六十六《东都国子监》(P1160)：“十四年十二月，郑余庆又奏：‘京见任文官一品以下、九品以上，并外使兼京正员官，每月所请料钱，请每贯抽一十文，以充国子监修造文宣王庙及诸屋宇，并修理经壁。监中公廨杂用，有余，添充本钱，及诸色，随便宜处置。’敕旨：‘宜依。’”

宪宗元和十五年　庚子(820)

○九月，韩愈召拜国子祭酒。是年著《与孟尚书书》等

【文献】

《旧唐书》卷十六《穆宗纪》(P481)：元和十五年九月，“以袁州刺史韩愈为朝散大夫、守国子祭酒，复赐金紫”。《旧唐书》卷十六《穆宗纪》(P490)长庆元年秋七月乙未朔，“以国子祭酒韩愈为兵部侍郎”。《四部丛刊》初编《朱文公校昌黎先生集》卷二十三《祭湘君夫人文》(P172)：“维元和十五年岁次庚子十月某日，朝散大夫、守国子祭酒护军赐紫金鱼袋韩愈……”宋吕大防《韩吏部文公集年谱》在此年下系曰：“移袁州刺史，召拜国子祭酒。有《与孟尚书书》。”《与孟尚书书》载《昌黎先生集》卷十八(P145—146)，又载《全唐文》卷五百五十三。

【考论】

是年正月，宪宗崩，穆宗即位。韩愈于是年春移袁州刺史，九月召拜国子祭酒，于是年冬至达京师。因韩愈与佛僧大颠有过交往，有人传愈“少信奉释氏”，其友孟简闻知后，致信韩愈询问“信佛”之事，韩愈遂写了《与孟尚书书》。书中解释他与大颠交往的情况和被妄传

的原因，并且表明了对佛、儒的态度，指出“释老之害过于杨墨”，声称排佛之必要性，同时肯定孟子“拒杨墨”的立场，说：“且愈不助释氏而排之者，其亦有说。孟子云：今天下不之杨，则之墨，杨墨交乱。……故曰：‘能言拒杨墨者，皆圣人之徒也。’”其中暗指自己可接绪儒家道统：“孟子不能救之于未忘之前……虽然，使其道由愈而粗传，虽灭死万万无恨！”韩愈高扬孟子，使汉唐以来经学学术向先秦孔孟之学回归，表现出一种学术转变的新动向，对宋代理学发生了较大的影响。钱穆氏评韩愈说：“经学非其所长，史学非其所愿。乃所愿者则在孟子。……于是而下开宋儒。”(《孔子与论语》，联经事业出版公司，1974年版)该文对研究韩愈的儒学思想有重要价值。吕大防、洪兴祖、方崧卿《年谱》均系《与孟尚书书》于此年，今从。

○拜韦表微监察御史，撰有《春秋三传总例》

【文献】

《旧唐书》卷一百八十九下《韦表微传》(P4979)：“韦表微，始举进士登第，累佐藩府。元和十五年，拜监察御史。逾年，以本官充翰林学士。迁左补阙、库部员外郎、知制诰。满岁，擢迁中书舍人。俄拜户部侍郎，职并如故。时自长庆、宝历，国家比有变故，凡在翰林，迁擢例无满岁，由是表微自监察六七年间，秩正贰卿，命服金紫，承遇恩渥，盛于一时。卒年六十。表微少时，克苦自立。著《九经师授谱》一卷，《春秋三传总例》二十卷。”《新唐书》卷一百七十七《韦表微传》(P5274—5275)：“韦表微字子明，隋鄘城公元礼七世孙。……尤好《春秋》，病诸儒执一概，是非纷然，著《三传总例》，完会经趣。又以学者薄师道，不如声乐贱工能尊其师，著《九经师授谱》诋其违。”《全唐文》卷六百三十三《韦表微》(P6387)：“表微，字子明，隋鄘城公元礼七世孙。累擢中书舍人知制诰，拜户部侍郎。卒年六十，赠礼部尚书。”《册府元龟》卷六百六《学校部(注释第二)》(P7278)：“韦表微为翰林学士、户部侍郎，少时克苦自立，著《九经师授讲》一卷、《春秋三传总例》二十卷。”《新唐书》卷五十七《艺文志》(P1441):“韦表微《春秋三传总例》二十卷。”

○六月,李翱为朗州刺史,寻转为华州刺史

【文献】

《旧唐书》卷十六《穆宗纪》(P478):元和十五年六月辛未朔,“以考功员外郎、史馆修撰李翱为朗州刺史,坐与李景俭相善故也”。(P483)十一月乙亥朔,“以宗正卿李翱为华州刺史、潼关防御、镇国军使”。《旧唐书》卷一百六十《李翱传》(P4208):“翱与李景俭友善。初,景俭拜谏议大夫,举翱自代。至是,景俭贬黜,七月出翱为朗州刺史。俄而景俭复为谏议大夫,翱亦入为礼部郎中。”

○此年以前,国子监修定《春秋加减》一卷

【文献】

《文献通考》卷一百八十二《经籍考九》(P1568):“《春秋加减》一卷,《崇文总目》:唐元和时国子监承诏修定,以此经字文多少不同,故志其增损,以防差驳。陈氏曰:称元和十三年国子监奉敕定,不著人名。校定偏旁,若《五经文字》之类。此本作小缋册,财十余板,前有睿思殿书籍印,末称臣雩校定。盖承平时禁中书也,不知何为流落在此。”

○刘轲元和末进士

【文献】

《全唐文》卷七百四十二《刘轲》(P7669):“轲字希仁,元和末进士。文宗朝弘文馆学士。出为洺州刺史。”《冷庐杂识》卷七(P379):“唐刘轲行藏最奇,初为僧,继为道士,后进士登第,以能文章名。所

作《农夫祷》有云:'农人不饥而天下肥,蚕妇不寒而天下安。'语特精妙。轲为僧时,因葬遗骸感梦而精儒学,策名任史官,见《南部新书》。"

○刘轲撰《翼孟》

【文献】

《宋史》卷二百八《艺文志七》(P5333):"刘轲《翼孟》三卷。"《四库全书》第1035册《唐摭言》卷十一《反初及第》(P776):"刘轲,慕孟轲为文,故以名焉。少为僧,止于豫章高安县南果园;后求黄老之术,隐于庐山;既而进士登第。文章与韩、柳齐名。"《全唐文》卷六百七十七白居易《代书》(P6920):"庐山自陶、谢洎十八贤已还,儒风绵绵,相续不绝。贞元初,有符载、杨衡辈隐焉,亦出为文人。今其读书属文,结草庐于岩谷间者,犹一二十人。即其中秀出者,有彭城人刘轲。轲开卷慕孟子为人,轲秉笔慕扬雄、司马迁为文,故著《翼孟》三卷、《豢龙子》十卷、杂文百余篇,而圣人之旨,作者之风,虽未臻极,往往而得。予佐浔阳郡三年,轲每著文,辄来示予。予知轲志不息,异日必能跨符、杨而攀陶、谢。轲一旦尽赍所著书及所为文,访予告行,欲举进士。予方沦落江海,不足以发轲事业,又羸病无心力,不能遍致书于台省故人,因援纸引笔,写胸中事授轲。且曰:子到长安,持此札为予谒集贤庾三十二补阙、翰林杜十四拾遗、金部元八员外、监察牛二侍御、秘书萧正字、蓝田杨主簿兄弟,彼七八君子,皆予文友,以予愚直,尝信其言,苟于今不我欺,则子之道庶几光明矣。又欲使平生故人知我形体已悴,志气已惫,独好善喜才之心未死去矣,持此代书。三月三日,乐天白。"《文献通考》卷一百八十四《经籍考十一》(P1584):"昔唐彭城刘轲慕《孟子》而命名,著《翼孟》三卷,白乐天记其事,赖以不朽。嘉材视刘何愧,特予非乐天比,其能使嘉材不朽乎!"

○刘轲撰《三传指要》

【文献】

《新唐书》卷五十七《艺文志一》(P1441):"刘轲《三传指要》十五卷。"《全唐文》卷七百四十二《三传指要序》(P7678):"先儒以《春秋》之有《三传》,若天之有三光然。然则《春秋》盖圣人之文乎?圣人之文,天也,天其少变乎?故《诗》有变风,《易》有变体,《春秋》有变例。变之为义也,非介然温习之所至,赜乎其粹者也。轲尝病先儒各固所习,互相矛盾,学者准裁无所。岂先圣后经以辟后生者邪,抑守文持论败溃失据者之过邪?次又病今之学者,涉流而迷源,舍经以习传,摭直言而不知其所以言。此所谓去经纬而从组缋者矣。既传生于经,亦所以纬于经也。三家者,盖同门而异户,庸得不要其终以会其归乎!愚诚颛蒙,敢会三家必当之言,列于经下,撰成十五卷,目之曰《三传指要》。冀始涉者开卷有以见圣贤之心焉。俾《左氏》富而不诬,《公羊》裁而不俗,《穀梁》清而不短。幸是非殆乎息矣,庶儒道君子有以相期于孔氏之门。"

○刘轲撰《帝王镜略》、《牛羊日历》

【文献】

《郡斋读书志》卷五(P203):"《帝王镜略》一卷,右唐刘轲撰。自开辟迄唐初帝王世次,缀为四言,以训童蒙。伪蜀冯鉴续之,至唐末。"《文献通考》卷一百九十八《经籍考二十五》(P1662):"《牛羊日历》一卷,陈氏曰:唐刘轲撰。牛指僧儒,羊谓虞卿、汉公也。"事又见《文献通考》卷一百九十三。《新唐书艺文志》、《宋史艺文志》录其著。

【相关论著举目】

黄莲:《中唐散文家刘轲研究》,华中科技大学硕士学位论文,2010年

毛庆耆:《论刘轲其人其学》,《岭南文史》,1998年第2期

汤擎民:《刘轲生平及著述考略》,《学术研究》,1988 年第 4 期

李贵录:《中唐的历史学家——刘轲》,《韶关学院学报》,1987 年第 4 期

穆宗长庆元年　辛丑(821)

○七月,韩愈因违格式被罚一季俸

【文献】

《唐会要》卷十八《缘庙裁制下》(P367):"长庆元年七月,监察御史路群奏:'今月九日孟秋,享太庆庙,摄太尉国子祭酒韩愈,准式于太庙致斋,今于本寺监省,有违格式。'敕:'宜罚一季俸。'"

穆宗长庆二年　壬寅(822)

○二月,殷侑论《三传》(《三传》举)

【文献】

《唐会要》卷七十六《贡举中·三传(三史附)》(P1398):"长庆二年二月,谏议大夫殷侑奏:'谨按《春秋》二百四十二年行事,王道之正,人伦之纪备矣。故先师仲尼称志在《春秋》。历代立学,莫不崇尚其教。伏以《左传》卷轴文字,比《礼记》多校一倍,《公羊》、《穀梁》与《尚书》、《周易》多校五倍。是以国朝旧制,明经授散,若大经中能习一传,即放冬集。然明经为传学者,犹十不一二。今明经一例冬集,人之常情,趋少就易,《三传》无复学者。伏恐周公之微旨,仲尼之新意,史官之旧章,将坠于地。伏请置《三传》科以劝学者。《左传》问大义五十条,《公羊》、《穀梁》各问大义三十条,策三道。义通七以上,策

通二以上，与及第。其白身应者，请同《五经》例处分。其先有出身及前资官应者，请准学究一经例处分。'又奏：'历代史书，皆记当时善恶，系以褒贬，垂裕劝戒。其司马迁《史记》，班固、范煜两《汉书》，音义详明，惩恶劝善，亚于《六经》，堪为世教。伏惟国朝故事，国子学有文史直者，弘文馆宏文生，并试以《史记》、两《汉书》、《三国志》，又有一史科。近日以来，史学都废。至于有身处班列，朝廷旧章，昧而莫知，况乎前代之载，焉能知之？伏请置前件史科，每史问大义一百条，策三道。义通七，策通二以上，为及第。能通一史者，请同《五经》、《三传》例处分。其有出身及前资官应者，请同学究一经例处分。有出身及前资官，优稍与处分。其三史皆通者、请录奏闻，特加奖擢。仍请颁下两都国子监，任生徒习读。'敕旨：'宜依，仍付所司。'"

事又见《册府元龟》卷六百四十。

○四月，韦处厚、路随撰《六经法言》成

【文献】

《唐会要》卷三十六《修撰》(P661)："二年四月，翰林侍讲学士韦处厚、路随，撰《六经法言》三十卷成，上之。"

○修《宪宗实录》

【文献】

《唐会要》卷六十三《修国史》(P1097)："长庆二年十月，敕翰林侍讲学士、谏议大夫路随，中书舍人韦处厚兼充史馆修撰，修《宪宗实录》。仍分日入史馆修实录，未毕之间，且许不入内署，仍放朝参。"

○拜韦乾度国子祭酒

【文献】

《全唐文》卷七百二十四《韦乾度》(P7451)："乾度，元和中官吏部

郎中，守江州刺史。长庆二年拜国子祭酒。”

○每年请补学生者先经监司陈状，监司先考试通毕，然后具姓名申礼部

【文献】

《唐会要》卷六十六《东都国子监》(P1160—1161)：“长庆二年闰十月，祭酒韦乾度奏：‘当监四馆学生，每年有及第阙员，其四方有请补学生人，并不曾先于监司陈状，便自投名礼部，计会补署。监司因循日久，官吏都不检举，但准礼部关牒收管，有乖大学引进之路。臣忝守官，请起今已后，应四馆有阙，其每年请补学生者，须先经监司陈状，请替某人阙。监司则先考试通毕，然后具姓名申礼部，仍称堪充学生。如无监司解申，请不在收管之限。旧例，每给付厨房，动多喧竞。请起今已后，当监进士、明经等，待补署毕，关牒到监司，则重考试。其进士等若重试及格，当日便给厨房。其明经等考试及格后，待经监司牒送，则给厨房。庶息喧争。当监四馆学生，有及第出监者，便将本任房转与亲故，其合得房学生，则无房可给。请起今已后，学生有及第出监者，仰馆子先通收纳房，待有新补学生公试毕后，便给令居住。当监承前并无专知馆博士，请起今已后，每馆众定一人知馆事。如生徒无故喧竞者，仰馆子与业长，通状领过，知馆博士则准监司条流处分。其中事有过误，众可容恕，监司自议科决。自有悖慢师长，强暴斗打，请牒府县锢身，递送乡贯。’敕旨：‘宜依。’”

《全唐文》卷七百二十四有文《条制四馆学生补阙等奏》。事又见《册府元龟》卷六百四。

穆宗长庆三年　癸卯(823)

○二月,置《三传》、《三史》科

【文献】

《旧唐书》卷十六《穆宗纪》(P502):"(长庆三年)二月……谏议大夫殷侑奏礼部贡举请置《三传》、《三史》科,从之。"《新唐书》卷四十四《选举志》(P1165—1166):"长庆三年,侍郎王起言:'故事,礼部已放榜,而中书门下始详覆。今请先详覆,而后放榜。'议者以起虽避嫌,然失贡职矣。谏议大夫殷侑言:'《三史》为书,劝善惩恶,亚于《六经》。比来史学都废,至有身处班列,而朝廷旧章莫能知者。'于是立史科及三传科。"

事又见《日知录》卷十六《史学》、《文献通考》卷二十九《举士》、《册府元龟》卷六百四十《贡举部·条制第二》。参见《全唐文》卷七百五十七殷侑文《请试史学奏》、《请试三传奏》。

【相关论著举目】

雷闻:《唐代的"三史"与三史科》,《史学史研究》,2001年第1期

高明士:《唐代"三史"的演变——兼述其对东亚诸国的影响》,台湾《大陆杂志》第五十四卷第一期,1977年,第7—16页

○十月,京兆尹韩愈为兵部侍郎

【文献】

《旧唐书》卷十六《穆宗纪》(P503):"十月,以京兆尹韩愈为兵部侍郎,以御史中丞李绅为江西观察使。宰相李逢吉与李绅不协,绅有时望,恐用为相。及绅为中丞,乃除韩愈为京兆尹、兼御史大夫,仍放台参。绅性峭直,屡上疏论其事,遂与愈辞理往复,逢吉乃两罢之,然绅出而愈留。"

○樊宗师卒于此年前后，撰有《春秋集传》

【文献】

《新唐书》卷一百五十九《樊泽传附樊宗师》(P4953)："子宗师，字绍述。始为国子主簿，元和三年，擢军谋宏远科，授著作佐郎。历金部郎中、绵州刺史。徙绛州，治有迹。进谏议大夫，未拜卒。始，宗师家饶于财，悉散施姻旧宾客，妻子告不给，宗师笑不答。然力学多通解，著《春秋传》、《魁纪公》、《樊子》凡百余篇，别集尚多。韩愈称宗师论议平正有经据，尝荐其材云。"《全唐文》卷七百三十《樊宗师》(P7523)："宗师字绍述，河中宝鼎人。始为国子主簿。元和三年擢军谋宏远科，授著作佐郎。历金部郎中纾州刺史，徙绛州。进谏议大夫，未拜卒。"《新唐书》卷五十七《艺文志一》(P1441)："樊宗师《春秋集传》十五卷。"

事又见《文献通考》卷三十三《选举考六》、《太平御览》卷六百二十九、《册府元龟》卷六百四十五。

【相关论著举目】

李光富：《樊宗师生卒年考》，《四川大学学报》，1990 年第 3 期

兰光民：《谈韩愈推崇樊宗师苦涩文章的原因及其影响》，《山西师大学报》，1989 年第 3 期

穆宗长庆四年　甲辰(824)

○十二月，韩愈卒，注《论语》、《孟子》等

【文献】

《旧唐书》卷一百六十《韩愈传》(P4195—4204)："韩愈字退之，昌黎人。父仲卿，无名位。愈生三岁而孤，养于从父兄。愈自以孤子，幼刻苦学儒，不俟奖励。大历、贞元之间，文字多尚古学，效杨雄、董

仲舒之述作，而独孤及、梁肃最称渊奥，儒林推重。愈从其徒游，锐意钻仰，欲自振于一代。洎举进士，投文于公卿间，故相郑余庆颇为之延誉，由是知名于时。寻登进士第。……长庆四年十二月卒，时年五十七，赠礼部尚书，谥曰'文'。愈性弘通，与人交，荣悴不易。少时与洛阳人孟郊、东郡人张籍友善。……常以为自魏、晋已还，为文者多拘偶对，而经诰之指归，迁、雄之气格，不复振起矣。故愈所为文，务反近体，抒意立言，自成一家新语。后学之士，取为师法。当时作者甚众，无以过之，故世称'韩文'焉。然时有恃才肆意，亦有盭孔、孟之旨。若南人妄以柳宗元为罗池神，而愈撰碑以实之；李贺父名晋，不应进士，而愈为贺作《讳辨》，令举进士；又为《毛颖传》，讥戏不近人情：此文章之甚纰缪者。时谓愈有史笔，及撰《顺宗实录》，繁简不当，叙事拙于取舍，颇为当代所非。穆宗、文宗尝诏史臣添改，时愈婿李汉、蒋系在显位，诸公难之。而韦处厚竟别撰《顺宗实录》三卷。有文集四十卷，李汉为之序。"《新唐书》卷一百七十六《韩愈传》(P5265—5269)："每言文章自汉司马相如、太史公、刘向、杨雄后，作者不世出，故愈深探本元，卓然树立，成一家言。其《原道》、《原性》、《师说》等数十篇，皆奥衍闳深，与孟轲、杨雄相表里而佐佑《六经》云。至他文造端置辞，要为不袭蹈前人者。然惟愈为之，沛然若有余，至其徒李翱、李汉、皇甫湜从而效之，遽不及远甚。从愈游者，若孟郊、张籍，亦皆自名于时。……赞曰：唐兴，承五代剖分，王政不纲，文弊质穷，䵷俚混并。天下已定，治荒剔蠹，讨究儒术，以兴典宪，薰醲涵浸，殆百余年，其后文章稍稍可述。至贞元、元和间，愈遂以《六经》之文为诸儒倡，障堤末流，反刓以朴，刬伪以真。然愈之才，自视司马迁、杨雄，至班固以下不论也。当其所得，粹然一出于正，刊落陈言，横骛别驱，汪洋大肆，要之无抵捂圣人者。其道盖自比孟轲，以荀况、杨雄为未淳，宁不信然？至进谏陈谋，排难恤孤，矫拂媮末，皇皇于仁义，可谓笃道君子矣。自晋汔隋，老佛显行，圣道不断如带。诸儒倚天下正议，助为怪神。愈独喟然引圣，争四海之惑，虽蒙讪笑，跲而复奋，始若未之信，卒大显于时。昔孟轲拒杨、墨，去孔子才二百年。愈排二家，乃去千余岁，拨衰反正，功与齐而力倍之，所以过况、雄为不少矣。自愈没，其言大行，学者仰之如泰山、北斗云。"对其事迹和著述，李汉《昌黎先生文集序》、《韩文公神道碑》，李翱《祭韩吏部文》、《韩吏部行状》，皇甫湜《韩文公墓铭》，张籍《上韩昌黎书》、《祭韩退之诗》等所记行状大致相同。此外吕大防《韩吏部评论以集年谱》、洪兴祖《韩子年谱》、樊汝霖《韩文公年谱》、方崧卿《韩文年表》及所撰《举正》、顾嗣立《昌黎先生年谱》、方成珪《昌黎先生诗文年谱》亦可参阅。其交友情况，近人钱基博《韩愈志》中有《韩友四子传》、《韩门弟子记》可参阅(中国图书出版社 1988 年版)。《刘禹锡集》卷四十《祭韩吏部文》。《新唐书》卷五十七《艺文志一》(P1444)："韩愈注《论语》十卷。"《宋史》卷二百二《艺文志一》(P5067)："韩愈《笔解》二卷。"《旧唐书》卷十七上《敬宗文宗纪》(P513)："十二月乙亥朔……吏部侍郎韩愈卒。"《全唐文》卷五百四十七有传。《全唐文》卷七百四十四李汉《唐吏部侍郎昌黎先生讳愈文集序》(P7697)记："长庆四年冬，先生殁。"《宋史》卷二百五《艺文志》(P5172)："《四注孟子》十四卷(扬雄、韩愈、李翱、熙时子四家注)。"

《唐才子传》卷五韩愈有传。

【考论】

韩愈(768—824)，字退之，昌黎人，世称韩昌黎，唐代著名文学家、思想家，古文运动的倡导者。生三岁而孤，赖兄嫂养育成人。幼刻苦勤学，通《六经》、百家。从独孤及、梁肃游，锐意钻仰，欲自振于一代，立"扶树教道"之志。贞元八年(792)登进士第，十九年(803)拜监察御史，不久因直言被贬为阳山县令。永贞元年(805)赦还，迁江陵掾曹，又任国子博士、中书舍人、刑部侍郎等。元和十四年(819)，因谏阻宪宗迎佛骨而上《论佛骨表》，被贬至潮州刺史，翌年春移袁州刺史。后召拜国子祭酒、兵部侍郎、吏部侍郎。长庆四年卒，谥曰"文"。在政治上，主张礼法兼备，提倡忠君，除弊抑暴，反对割据。

韩愈是当时恢复古文运动的积极倡导者。在文学上，主张"文以明道"、"不平则鸣"，倡导三代两汉以来的"古文"，反对魏晋以来的骈文。实质上，韩愈提倡恢复古文的目的在于恢复儒家的“道”，即“文以明道”，“所志于古者，不惟其辞之好，好其道焉尔”(《朱文公校昌黎先生集》卷十六《答李秀才书》)。其所著“五原”和《师说》、《读荀》、《处州孔子庙碑》、《与孟尚书书》、《论佛骨表》等文章成为当时的典范，起到了引领风尚的作用。其后颇受宋代学者的推崇，被列为“唐宋八大家”之首。张籍说：“西域浮图之法，入于中国……黄老之术，相沿而炽，天下之言善者，惟二者而已矣。今近千载，莫有言圣人之道者，言之者惟愈。”(《上韩昌黎书》)欧阳修在《新唐书》卷一百七十六(P5269)曰：“自愈没，其言大行，学者仰之如泰山北斗云。”苏轼《韩文公庙碑》称其“匹夫而为百世师，一言而为天下法”、“文起八代之衰，道济天下之溺”(见《苏东坡全集》P359—360)。韩愈对古文的提倡具有重要意义，陈寅恪《论韩愈》一文总结了韩愈在思想文化上“建立道统证明传授之渊源”、“直指人伦扫除章句之繁琐”、“排斥佛老匡救政俗之弊害”、“呵诋释迦申明夷夏之大防”、“改进文体广收宣传之功效”和“奖掖后进期望学说之流传”六方面的贡献。其著名弟子有李翱等。其著述由婿李汉编为《昌黎先生集》，合四十一卷。

韩愈的儒学理论，首先表现在建构儒家道统学说上。魏晋南北朝以来，儒学在佛、道二教的兴盛局面下不复独尊，日趋衰微。在唐代统治者尊崇佛、道二教的情况下，韩愈深为担忧，遂以复兴儒学为己任，力排佛、道，为中国儒学发展起到了重要作用。其撰作名篇“五原”的根本目的，即辟佛教。为排佛家思想，韩愈不仅继承夷夏之辨、浮图害政等前说，而且构建了儒家“道统”体系，来与佛教的“法统”相抗衡。韩愈以孟子“五百年必有王者兴”、“当今之世，舍我其谁也”之论为基点，建立了由尧、舜至孔子再到孟子的传授渊源系统，建构了儒家的“道统”：“尧以是传之舜，舜以是传之禹，禹以是传之汤，汤以是传之文、武、周公，文、武、周公传之孔子，孔子传之孟轲。轲之死，不得其传焉。”(《朱文公校昌黎先生集》卷十一《原道》P96)“道统”自孟子以后失传，韩愈便以继承“道统”自任：“释老之害，过于杨墨；韩愈之贤，不及孟子。孟子不能救之于未亡之前，而韩愈乃欲全之于已坏之后，呜呼，其亦不量其力，且见其身之危，莫之救以死也。虽然，使其道由愈而粗传，虽灭死，万万无恨！”(《朱文公校昌黎先生集》卷十八《与孟尚书书》P146)韩愈认为古圣相传之“道”乃儒家文化之核心，“斯吾所谓道也，非向所谓老与佛之道也”(《朱文公校昌黎先生集》卷十一《原道》P96)。韩愈所构筑的儒家“仁义之道”传授统绪，包含着一整套的原则，如仁义道德原则、儒家经典体系、礼乐政治制度、儒家分工结构、伦理秩序、社会仪俗等，旨在对传统的儒家思想正本清源，并在这个基础上试图构架一套适应封建社会后期需要的经学理论体系。韩愈构筑的儒家道统，用以区别于佛教，并以此为工具向佛教论争。韩愈明道理论的提出，促进了宋代以后明道思想的泛起。

其道统论的提出，使孟子地位得以提升，拉开了唐宋间“孟子升格运动”的序幕。韩愈的理论体系归根揭底源于孟子，其推尊孟子首先是由于孟子得孔子“真传”，“孟轲师子思，子思之学，盖出曾子。自孔子没，群弟子莫不有书，独孟轲氏之传得其宗，故吾少而乐观焉”(《朱文公校昌黎先生集》卷二十《送王秀才序》P158)。其次是由于孟子力抵异端杨墨的“卫道”精神(《朱文公校昌黎先生集》卷十八《与孟尚书书》P145—146)。韩愈推崇孟子，主要出于与他所认为的异端佛老斗争的需要，“杨墨行、正道废”，“其祸出于杨墨肆行而莫之禁故也”，“故愈尝推尊孟氏，以为功不在禹下者，为此也”，“释老之害，过于杨墨，韩愈之贤，不及孟子”。战国时排斥异端的孟子，成为韩愈拿来与异端之学斗争的武器。因此韩愈与后来的理学从精神修养方面吸收孟子的思想有所不同。孟子在中唐以前地位不高，《孟子》其书仅被归于“子部”一类。大约从中唐以后起，情况开始发生了变化，经过韩愈等人的大力推崇，孟子后来成为仅次于孔子的“贤人”，也同颜子、曾子一样被统治者封上了爵号，并从祀孔庙；孟子其书由“子部”跃入“经部”，并进而凌驾《五经》之上，跻身《四书》之列。

韩愈推崇和发扬《大学》旨意，为该书在宋代成为《四书》之一奠定了基础，对两宋以后退《五经》尊《四书》局面的形成起了很大作用。《大学》本为《礼记》中的一篇，汉唐时少有人重视，韩愈始从政治伦理哲学层面来阐扬《大学》的思想，重视《大学》维护社会的宗法秩序与伦理纲常，强调齐家、治国、平天下的社会义务的特点。韩愈把儒家“正心诚意”的“内圣之学”与“修齐治平”的“外王之道”相结合的“治心”，作为批判佛教舍离“此世”讲“治心”的思想武器。在这方面，韩愈弟子李翱及宋明理学家补充、继续了儒学复兴中精神发展方面的研究。韩愈的这些思想，促进了宋代以后明道思想的泛起，为后来的理学家所吸收、发展。当然与宋明理学诠释《大学》时关注“格物”“致知”还有所区别。

韩愈的儒学理论，其次表现在否定汉唐时期儒生的治学风格，倡导儒学发展的创新上。韩愈认为佛、道二教之所以能够在魏晋以后盛行不衰，并与儒学分庭抗礼，其内在原因就在于汉唐时期儒生丢弃了孔孟儒学的精髓，“《春秋》三传束高阁，独抱遗经究始终”(《朱文公校昌黎先生集》卷五《寄卢仝》)，“汉氏以来，群儒区区修补，百孔千疮，随乱随失。其危如一发引千钧，绵绵延延，浸以微灭。于是时，而唱佛老于其间，鼓天下之众而从之，呜呼，其亦不仁甚矣”(《朱文公校昌黎先生集》卷十八《与孟尚书书》P145—146)。要复兴儒学，就应该抛弃汉唐儒生之学风。这一思想对北宋儒者反对传统的章句训诂之学有相当影响。

韩愈的儒学理论，复次表现在提倡“师道”上。尊师重教，是儒家的传统，孔子、孟子、荀子皆提倡。两汉经学昌明，博士讲学之风极盛，师道不堕。至魏晋乱世，此风始坏，这与当时的政治分裂、战争频仍、世家大族等有相当关系(参见陈寅恪《隋唐制度渊源略论稿》，上海古籍出版社 1982 年版)。隋唐时期“师道”不兴，韩愈遂作《师说》、《进学解》，抨击当时不重师道的现状，提出“师”应具有“传道、授业、解惑”三方面的作用。并且大胆指出不应以地位、资历、贵贱、长幼来确定“师”，“弟子不必不如师，师不必贤于弟子”。宋代开始，教育事业有很大发展，与韩愈提倡儒家“师道”有一定关系。

韩愈于儒学衰微的形势下，以复兴儒学为毕生追求，建立了儒家道统，故史书曰：“韩、李二文公，于陵迟之末，遑遑仁义，有志于持世范，欲以人文化成，而道未果也。至若抑杨、墨，排释、老，虽于道未弘，亦端士之用心也。”韩愈是汉唐儒学向宋明儒学转折时期的一个十分关键的人物，“治宋学必始于唐，而以昌黎韩氏为之率”（钱穆《中国近三百年学术史》，中华书局 1987 年版第 1 页）。参见陈来《宋明理学》、庞朴《中国儒学》。

【相关论著举目】

李平：《浅议韩愈反佛原因与影响》，《安徽广播电视大学学报》，2012 年第 2 期

柳英英：《韩愈、柳宗元与古文运动》，《太原理工大学学报》（社会科学版），2012 年第 2 期

张冬冬、高明雪：《韩愈“五原”思想旨归论辩》，《商洛学院学报》，2012 年第 1 期

张文利：《宋代理学视域中的韩愈道统——以〈原道〉为中心的考察》，《孔子研究》，2012 年第 1 期

冯健：《韩愈“明道”与“行道”的背离》，《文学界》（理论版），2011 年第 9 期

宁俊红：《散文与经学关联视野中韩愈文道观的本体论内涵及意义》，《兰州大学学报》（社会科学版），2011 年第 5 期

郭畑：《试论唐代孔庙祭祀系统对韩愈道统思想的影响》，《孔子研究》，2011 年第 4 期

谢建忠、李林齐：《论〈毛诗〉影响韩愈诗歌的得失》，《重庆师范大学学报》（哲学社会科学版），2011 年第 2 期

兰翠：《韩愈尊崇孟子探因——兼论唐人对孟子的接受》，《烟台大学学报》（哲学社会科学版），2011 年第 2 期

孔沫人：《韩愈道统观思想研究》，曲阜师范大学硕士学位论文，2011 年

陈培文：《美国汉学界的韩愈研究》，华东师范大学硕士学位论文，2011 年

崔胜强：《韩愈与佛教关系研究》，陕西师范大学硕士学位论文，

2011 年

冯杰:《试比较孟子的“养气”说和韩愈的“气盛言宜”说》,《沈阳大学学报》,2010 年第 2 期

贾发义:《韩愈、李翱的道统说和性情论》,《四川大学学报》(哲学社会科学版),2010 年第 2 期

王征:《韩愈道统说研究》,中国政法大学硕士学位论文,2010 年

方浩然:《韩愈道德思想研究》,哈尔滨工程大学硕士学位论文,2010 年

史月梅:《论韩愈的“〈易〉奇而法”》,《周易研究》,2009 年第 5 期

任树民:《韩柳与佛学》,《辽宁师范大学学报》,2007 年第 4 期

赵源一:《韩愈的天命论探微》,《船山学刊》,2007 年第 1 期

高建立:《论韩愈的反佛兴儒及其对儒学南传的贡献》,《河南师范大学学报》,2006 年第 6 期

王文元:《“尊孔”与“释孔”的悖论——兼及韩愈与道统》,《辽宁大学学报》,2006 年第 4 期

刘宁:《韩愈“博爱之谓仁”说发微——兼论韩愈思想格局的一些特点》,《中国典籍与文化》,2006 年第 3 期

金基元:《韩愈、白居易比较研究——以处世观与交游为中心》,复旦大学硕士学位论文,2006 年

柳娜:《韩愈政治观浅论》,辽宁大学硕士学位论文,2006 年

侯步云:《韩愈的儒学思想》,西北大学硕士学位论文,2006 年

朱正西:《韩愈的世界观对伦理思想的影响》,云南师范大学硕士学位论文,2006 年

赵洪奎:《韩愈碑志散文的思想性》,《学术交流》,2005 年第 11 期

卓希惠:《韩愈对儒家思想的遵循与违逆》,《福州大学学报》,2005 年第 4 期

王宏海、曹清林:《韩愈、李翱的经学思想透析》,《河北师范大学学报》,2005 年第 2 期

黄洁洁:《韩门弟子研究》,华东师范大学硕士学位论文,2005 年

潘昱州:《韩愈反佛思想溯源——“惠民”的“有为之道”》,西南师范大学硕士学位论文,2005 年

王世红:《论韩愈对“文以明道”的探索与倡扬》,重庆师范大学硕士学位论文,2005 年

张镭:《论韩愈诗歌的新变》,云南大学硕士学位论文,2005 年

刘金柱:《唐宋八大家与佛教》,河北大学博士学位论文,2004 年

成守勇:《韩愈复兴儒学探析》,《淮阴师范学院学报》,2003 年第 2 期

刘晖:《韩、柳古文运动的理论贡献及历史启示》,华中师范大学硕士学位论文,2003 年

殷海卫:《试论韩愈的散文创作理论》,河南大学硕士学位论文,2003 年

党天正:《韩愈道统论与传统文化心理》,《宝鸡文理学院》,2002 年第 2 期

周敏:《韩愈诗文研究》,南京师范大学博士学位论文,2002 年

梁倩筠:《论韩愈的佛教观及其对文学创作的影响》,暨南大学硕士学位论文,2002 年

尚永亮:《专制政治压力下的生命体验和心性变化——以韩愈的潮州之贬为中心》,《武汉大学学报》,2001 年第 5 期

祁雪芬:《韩愈交往诗文研究》,辽宁大学硕士学位论文,2001 年

马奔腾:《道教与韩愈的诗歌创作》,《文史哲》,2000 年第 4 期

何俊论:《韩愈的道统观及宋儒对他的超越》,《孔子研究》,2000 年第 2 期

唐琳:《韩愈伦理思想基本范畴剖析》,湖北大学硕士学位论文,2000 年

李保林:《韩愈的易学思想与其诗文》,《华夏文化》,1999 年第 4 期

崔际银:《韩愈成为文坛领袖原因试绎》,《沈阳师范学院学报》,1999 年第 4 期

郭伟川:《韩愈政治哲学的核心思想在于儒家礼治——兼谈韩学启于唐而盛于宋的历史背景》,《周口师范高等专科学校学报》,1999年第3期

杨子怡:《"韩愈现象"及其文化解读》,《嘉应大学学报》,1999年第1期

段承校:《论韩愈在经学史上的地位》,《怀化师专学报》,1999年第1期

彭全德:《论韩愈、柳宗元"文""道"的异同点》,《山西大学师范学院学报》,1998年第2期

刘海峰:《"韩门弟子"与中唐科举》,《漳州师院学报》,1997年第3期

刘文斌:《韩愈兴复古文的利与弊》,《沈阳师范学院学报》,1997年第3期

郭真义:《混沌的新儒学——韩愈思想小议》,《嘉应大学学报》,1997年第2期

许凌云:《论韩愈的社会历史观》,《孔子研究》,1997年第1期

张一平:《韩、柳、刘、白与佛释》,《山西师大学报》,1996年第4期

叶赋桂:《韩愈之道:社会政治与人生的统一》,《清华大学学报》,1996年第1期

寇养厚:《韩愈古代理论中的"道"》,《文史哲》,1996年第1期

黄永年:《论韩愈在中国思想史上的地位》,《陕西师范大学学报》,1996年第1期

章权才:《韩愈道论在经学史上的地位》,《广东社会科学》,1996年第1期

孙金荣:《韩愈散文与政治》,《山东社会科学》,1995年第5期

季镇淮:《韩愈论》,《文学遗产》,1995年第2期

杨翰卿:《韩愈建立儒学道统的意义及现代启示》,《中国哲学史》,1994年第6期

邓小军:《韩愈散文的艺术境界》,《人文杂志》,1994年第1期

邓小军:《理学本体—人性论的建立——韩愈人性思想研究》,《孔子研究》,1993年第2期

晓磊:《韩愈国际学术研讨会述要》,《中州学刊》,1992年第4期

林方直:《韩愈和古文运动》,《语文学刊》,1991年第1期

邹进先:《论韩愈反佛老对其文学思想及诗文创作的影响》,《社会科学辑刊》,1990年第5期

党天正:《韩愈与儒家道统》,《宝鸡文理学院学报》,1989年第3期

李教练:《试论韩愈的"道"》,《唐都学刊》,1989年第3期

张惠民:《"五四"后至建国前韩愈研究述评》,《汕头大学学报》,1989年第1期

隗芾:《韩愈攘斥佛教的动机与效果》,《汕头大学学报》,1988年Z1期

黄挺:《韩愈与孟子——儒学史转变期的一个关键》,《韩山师范学院学报》,1988年第2期

陈国平:《韩愈"疑经"问题试探》,《唐都学刊》,1987年第4期

吕美生:《韩愈"文以载道"新探》,《安徽大学学报》,1985年第1期

何寅:《韩愈倡导古文运动是为了复兴儒学》,《天津师范大学学报》,1983年第6期

孙昌武:《韩愈重"文"尚"奇"的"古文"论》,《天津社会科学》,1983年第5期

陈守元:《韩愈道学批判》,《重庆师范大学学报》,1983年第2期

丘陶常:《简论韩愈》,《暨南学报》,1983年第1期

饶德江:《试论韩愈所谓的道》,《四川师范大学学报》,1982年第4期

吴文治:《韩愈研究述评》,《苏州大学学报》,1982年第2期

来盛福:《试论韩愈的"道"》,《青海师范大学学报》,1981年第4期

施富文:《一九七八年至一九八〇年九月关于韩愈、柳宗元的讨论综述》,《重庆师范大学学报》,1981年第1期

王春庭:《韩愈与永贞革新》,《江西师范大学学报》,1980年第4期

徐克文:《论韩愈维护"三统"的斗争》,《辽宁大学学报》,1979年第6期

王昌猷:《韩愈生平及其思想的评价——兼论董仲舒对儒学的改造与沿袭》,《湖南师范大学社会科学学报》,1979年第2期

刘国盈:《韩愈和柳宗元》,《首都师范大学学报》,1979年第1期

商聚德:《韩愈的唯物主义思想不容忽视》,《河北大学学报》,1979年第1期

蹇长春:《论韩愈》,《西北师大学报》,1975年第4期

卫仲璠:《韩愈古文运动的进步性》,《江淮论坛》,1963年第1期

杨荣国:《韩愈思想批判(上)、(下)》,《学术研究》,1958年第11、12期

季镇淮:《韩愈的"古文"理论和实践》,《北京大学学报》,1958年第2期

黎国昌:《试论韩愈》,《江西师范大学学报(自然科学版)》,1958年第1期

黄云眉:《韩愈文学的评价(上)、(下)》,《文史哲》,1956年第11、12期

〇韩愈参撰《顺宗实录》

【文献】

《新唐书》卷五十八《艺文志二》(P1472):"《顺宗实录》五卷,韩愈、沈传师、宇文籍撰,李吉甫监修。"《郡斋读书志》卷六《实录类》(P220):"《唐顺宗实录》五卷,右唐韩愈撰。起贞元二十一年乙酉正月,止永贞元年丙戌八月。初,韩愈撰录禁中事为切直,阉官不喜,訾其非实。文

宗时，诏路隋刊正。隋建言：'众议以刊修非是，李宗闵、牛僧孺谓史官李汉、蒋系皆愈之婿，不可参撰，俾臣下笔。臣谓不然，且愈之所书，非己自出，元和以来，相循逮今。汉等以嫌，无害公议，请条其甚谬误者，付史官刊定。'诏擿去元和、永贞间数事为失实，余不复改。"

参见《文献通考》卷一百九十四。

○冬，《韩昌黎集》编成

【文献】

《四部丛刊》初编《朱文公校昌黎先生集》李汉《昌黎先生集序》(P4)："长庆四年冬，先生殁。门人陇西李汉，辱知最厚且亲，遂收拾遗文，无所失坠。得赋四，古诗二百一十，联句十一，律诗一百六十，杂著六十五，书启序九十六，哀辞祭文三十九，碑志七十六，笔砚《鳄鱼文》三，表状五十二，总七百，并目录合为四十一卷，目为《昌黎先生集》，传于代。又有《注论语》十卷，传学者；《顺宗实录》五卷，列于史书，不在集中。"《郡斋读书志》卷十七《别集类上》(P876)："《韩愈集》四十卷，集外文一卷，右唐韩愈退之也。南阳人。贞元八年进士，累擢知制诰，进中书舍人，迁吏部侍郎。为京兆尹与李绅不协，绅出，愈罢为兵部，俄复旧。刘昫《唐书》称愈'恃才肆意，盩孔孟之旨。若南人妄以柳宗元为罗池神，而愈作碑以实之。李贺父名晋肃，不应进士，而愈为作《讳辨》。又为《毛颖传》，讥戏不近人情。此文章之甚纰缪者。'《新书》称：'愈三岁而孤，自知读书。比长，尽通《六经》、百家学。''性明锐，不诡随。''每言文章自相如、子长后，作者不世出，故深探本原，卓然树立，成一家言。造端置辞，要为不袭蹈前人者。'"又见《读书附志》卷下。

【考论】

《旧唐书》本传称"有文集四十卷，李汉为之序"，而李汉《序》谓"并目录合为四十一卷，目为《昌黎先生集》"，疑李汉所编诗文实为四十卷，其余一卷为其目录。

○唐代的古文运动

【文献】

《旧唐书》卷一百六十《韩愈传》(P4195):“大历、贞元之间，文字多尚古学，效杨雄、董仲舒之述作，而独孤及、梁肃最称渊奥，儒林推重。愈从其徒游，锐意钻仰，欲自振于一代。”《四部丛刊》初编《朱文公校昌黎先生集》卷二十二《题哀辞后》(P168):“愈之为古文，岂独取其句读不类于今者耶?思古人而不得见，学古道则欲兼通其辞。通其辞者，本志乎古道者也。”苏轼《潮州韩文公庙碑》(P360):“自东汉以来，道丧文弊，异端并起，历唐贞观、开元之盛，辅以房、杜、姚、宋而不能救。独韩文公起布衣，谈笑而麾之，天下靡然从公，复归于正，盖三百年于此矣。文起八代之衰，而道济天下之溺，忠犯人主之怒，而奋勇三军之师。此岂非参天地，关盛衰，浩然而独存者乎?”曾国藩《求阙斋经史百家杂钞序》:“溯古文所以立名之始，乃由屏弃六朝骈俪之文而返之于三代两汉。”

【考论】

唐代中叶出现了一次以韩愈、柳宗元为代表的影响深远的文体改革运动。六朝以来，骈俪之风盛行，文风萎靡，形式僵化。初唐魏徵、令狐德棻、陈子昂等始批判华靡之风。开元、天宝间的元结、独孤及、梁肃、萧颖士、李华等一批主张文体革新的学者，成为古文运动的先驱。韩愈、柳宗元继之而起，古文运动至此形成规模，达到极盛。韩愈首先提出“古文”这一概念，把六朝以来讲求声律及辞藻、排偶的骈文视为“俗下文学”，认为自己的散文继承了先秦、两汉文章的传统，所以称“古文”。柳宗元反对浮藻的华靡文风，首次明确提出“文者以明道”的思想(见《注释音辨唐柳先生集》卷三十四《答韦中立论师道书》P163—164)。古文运动提倡恢复先秦、两汉文章传统，开创了文学发展的新局面。但究其实是借提倡古文，恢复古代儒家道统，所以兼有社会思想斗争的性质。

【相关论著举目】

郝润华、王福元:《史官及史学影响下的唐代古文运动》,《湖南师范大学社会科学学报》,2012 年第 5 期

李建华:《唐代河东柳氏与古文运动》,《北方论丛》,2012 年第 2 期

张瑜:《论中唐古文运动之于儒学体系的重建》,《文学界》(理论版),2011 年第 6 期

刘成国:《论唐宋间的"尊扬"思潮与古文运动》,《文学遗产》,2011 年第 3 期

鞠岩:《唐代制诰文改革与古文运动之关系》,《文艺研究》,2011 年第 5 期

邬春芳:《唐宋古文运动的比较》,《学理论》,2011 年第 2 期

童岳敏:《唐代古文运动的家学渊源及师承关系》,《安庆师范学院学报》(社会科学版),2011 年第 1 期

肖艳华:《道统文统语境下研讨唐代古文运动的特征》,《文学界》(理论版),2010 年第 8 期

张海鹏、姜黎梅:《唐代古文运动与进士科举》,《赤峰学院学报》(哲学社会科学版),2009 年第 5 期

童岳敏:《唐代古文运动与〈春秋〉学派》,《兰州学刊》,2009 年第 4 期

李建华:《唐代科场"通榜"之风与古文运动》,《北方论丛》,2009 年第 1 期

孙丽丽:《韩愈、柳宗元古文运动的社会背景探析》,《赤峰学院学报》(汉文哲学社会科学版),2008 年第 11 期

史秦昭:《唐初八史与古文运动的兴起》,《船山学刊》,2008 年第 4 期

田耕宇:《"古文运动"与"新乐府运动"创作的致用务实精神》,《西南民族大学学报》,2007 年第 5 期

郝润华:《韩愈"以文为诗"与唐代古文运动》,《首都师范大学学

报》,2006 年第 5 期

陈友冰:《论唐代科举制度在古文运动中的作用》,《安徽大学学报》,2006 年第 3 期

宋娟:《古文运动、科举与“唐宋八大家”》,《北方论丛》,2005 年第 2 期

朱国华:《文学与符号权力:对中唐古文运动的另一种解读》,《天津社会科学》,2002 年第 1 期

张国俊:《古文运动是形成艺术散文的运动——对唐宋古文运动的再认识》,《陕西师范大学学报》,2000 年第 1 期

林继中:《文化视野中的古文运动》,《辽宁师范大学学报》,1998 年第 5 期

李子广:《唐代古文运动与进士科举》,《广播电视大学学报》,1998 年第 2 期

陶新民:《唐代古文运动再审视》,《学术界》,1997 年第 2 期

陈平原:《唐宋古文运动述略》(上)、(下),《浙江社会科学》,1996 年第 1、2 期

龙异腾:《从语言角度看韩愈和古文运动》,《贵州师范大学学报》,1996 年第 1 期

李少雍:《刘知幾与古文运动》,《文学评论》,1990 年第 1 期

王春庭:《浅论唐代古文运动与新乐府运动的关系》,《江西社会科学》,1989 年第 3 期

刘国盈:《皮日休和古文运动》,《云南师范大学学报》,1983 年第 1 期

刘国盈:《唐代古文运动和佛教》,《首都师范大学学报》,1982 年第 1 期

顾易生:《唐宋古文运动》,《语文教学通讯》,1980 年第 6 期

黄海澄:《柳宗元与唐代的古文运动》,《广西师范大学学报》,1975 年第 8 期

敬宗宝历元年　乙巳(825)

○李翱为庐州刺史

【文献】

《旧唐书》卷十七上《敬宗纪》(P514):“辛卯,以前礼部郎中李翱为庐州刺史,以求知制诰,面数宰相李逢吉过故也。”

○殷侑为卫尉卿

【文献】

《旧唐书》卷一百六十五《殷侑传》(P4320—4321):“宝历元年,检校右散骑常侍、洪州刺史,转江西观察使。所至以洁廉著称。入为卫尉卿。”

○七月,侍讲学士崔郾、高重进《诸经纂要》

【文献】

《旧唐书》卷十七上《敬宗纪》(P516):“乙丑,侍讲学士崔郾、高重进《纂要》十卷,赐锦采二百匹。”《唐会要》卷三十六《修撰》(P661):“宝历元年三月,翰林侍讲学士崔郾与高重进《纂要》十卷。”《旧唐书》卷一百五十五《崔邠传》(P4118):“郾退与同列高重抄撮《六经》嘉言要道,区分事类,凡十卷,名曰《诸经纂要》,冀人主易于省览。上嘉之,赐锦彩二百匹、银器等。”《新唐书》卷五十七《艺文志一》(P1446):“高重《经传要略》十卷。”事又见《册府元龟》卷六百七、《新唐书》卷一百六十三《崔邠传附郾传》。

〇韦顗卒，著有《易蕴解》

【文献】

《旧唐书》卷一百八《韦见素传》(P3278—3279)："益子顗，字周仁，生一岁而孤，事姊称为恭孝。性嗜学，尤精阴阳、象纬、经略、风俗之书。善持论，有清誉。……著《易蕴解》，推演潜亢终始之义，甚有奥旨。宝历元年七月卒，赠礼部尚书。"

事又见《册府元龟》卷六百六《学校部(注释第二)》。

敬宗宝历二年　丙午(826)

〇五月，韦公肃注《帝范》

【文献】

《唐会要》卷三十六《修撰》(P662)："二年五月，秘书省著作郎韦公肃，注太宗文皇帝《帝范》一十二篇，上之。"《旧唐书》卷十七上《敬宗纪》(P519—520)："五月……辛未，秘书省著作郎韦公肃注太宗所撰《帝范》十二篇进，特赐锦彩百匹。"

文宗大和元年　丁未(827)

〇六月，徐郾上《周易新义》

【文献】

《唐会要》卷三十六《修撰》(P662)："太和元年六月，国子直讲徐郾，上《周易新义》三卷。"

○太常博士崔龟从奏大臣薨辍朝礼

【文献】

《旧唐书》卷一百七十六《崔龟从传》(P4572—4573):"龟从又以大臣薨谢,不于闻哀日辍朝,奏议曰:'伏以废朝轸悼,义重君臣,所贵及哀,尤宜示信。自顷已来,辍朝非奏报之时,备礼于数日之外。虽遵常制,似不本情。臣不敢远征古书,请引国朝故事:贞观中任瑰卒,有司对仗奏闻,太宗责其乖礼;岑文本既殁,其夕为罢警严;张公谨之亡,哭之不避辰日。是知闵悼之意,不宜过时。臣谓大臣薨,礼合辍朝。纵有机务急速,便殿须召宰臣,不临正朝,无爽事体。如此,则由衷之信,载感于幽明,称情之文,无亏于典礼。'又奏:'文武三品官薨卒辍朝。有未经亲重之官,今任又是散列者,为之变礼,诚恐非宜。自今后,文武三品以上官,非曾任将相及曾在密近,宜加恩礼者,余请不在辍朝之限。'从之。"《唐会要》卷二十五《辍朝》(P471—473):"太和元年七月,太常博士崔龟从奏大臣薨辍朝曰:伏以废朝轸悼,义重君臣,所贵及哀,尤宜示信。自顷以来辍朝,非奏报之时,备礼于数日之外,虽遵常制,似不本情,臣不敢远征古书,请引国朝故事。贞观中,任瑰卒,有司对仗奏闻,太宗责其乖礼,岑文本既殁,其夕为罢警严,张公谨之亡,哭之不避辰日。是知悯悼之意,不宜过时。臣谓大臣薨,礼合辍朝,纵有疑务急速,便殿须召宰臣。不临正朝,无爽事体。如此,则由衷之信,载感于幽明;弥情之文,无亏于礼典。太常寺参定上言曰:伏以近日文武三品以上官薨卒,皆为辍朝,其间有未经亲重之官,今任是列散者,为之变礼,诚恐非宜。自今以后,文武三品以上,非曾任将相及曾在密近,宜加恩礼者,余请不在辍朝例。其余并请依元敕。又中书门下奏覆:古有当祭告丧,义在申情同体,过时而哭,于理为乖,礼院所请合辍朝者,各以闻丧之时明日,请依。余约太常寺所奏,别具品列轻重进定,谨按仪制令。百官正一品丧,皇帝不视事一日。……依奏,敕。应官至丞郎亡殁,合有废朝,况班在诸司三品之上,自今以后,宜准诸司三品官例处分(因尚书左丞庾敬休薨,乃降是敕也)。”

事又见《全唐文》卷七百二十九《请定辍朝例奏》、《册府元龟》卷五百九十一。

○十月，中书门下奏吏部赴科目选检勘出身

【文献】

《唐会要》卷七十七《贡举下·科目杂录》(P1401)：“太和元年十月，中书门下奏：‘凡未有出身未有官，如有文学，只合于礼部应举。有出身有官，方合于吏部赴科目选。近年以来，格文差误，多有白身及用散试官并称乡贡者，并赴科目选。及注拟之时，即妄论资次，曾无格例，有司不知所守。其有宏辞拔萃、《开元礼》、学究一经，则有定制，然亦请不任用在散试官限。其《三礼》、《三传》、一史、三史、明习律令等，如白身，并令国学及州府，同明经一史、《三礼》、《三传》同进士三史，当年关送吏部，便授第二任官。如有出身及有正员官，本是吏部常选人，则任于吏部不限选数，应科目选仍须检勘出身及授官无逾滥否，缘取学艺，其余文状错缪，则不在驳放限。如考试登科，并依资注与好官。唯三史则超一资授官。如制举人暨诸色人皆得选试，则无出身无官人并可，亦请不用散试官。伏以散试偶于诸道甄录处得便第二第三任官，既用虚衔，及授官则胜进士及诸色及第登科人授官，实恐侥幸。’敕旨依奏。”

文宗大和二年　戊申(828)

○崔龟从奏议享敬宗庙，宜去“孝弟”两字

【文献】

《唐会要》卷十八《缘庙裁制下》(P367—368)：“太和二年，享敬宗

皇帝祝文，称皇孝弟。太常博士崔龟从奏议曰：'臣审详孝字，载在礼文，议本主于子孙，理难施于兄弟。按《礼记》卜虞之文"子孙曰哀，兄弟曰某。"然则虞之称哀，与祭之称孝，其义一也。于祖祢则礼宜称孝，于伯仲则止可称名。又东晋温峤议宗庙祝词，言孝字非子孙则不称，若旁亲则言敢告。故当时朝议，咸以为宜。今臣上考礼经，无兄弟称孝之义，下征《晋史》，有不称旁亲之文。臣谓享敬宗庙，宜去孝弟两字。'从之。"

《旧唐书》卷一百七十六《崔龟从传》(P4572)："崔龟从字玄告，清河人。祖璜，父诚，官微。龟从，元和十二年擢进士第，又登贤良方正制科及书判拔萃二科，释褐拜右拾遗。大和二年，改太常博士。龟从长于礼学，精历代沿革，问无不通。时飨宗庙于敬宗室，祝板称皇帝孝弟。龟从议曰：'臣审详孝字，载考礼文，义本主于子孙，理难施于兄弟。按《礼记》卜虞之文，子孙曰哀，兄弟曰某。然则虞之称哀，与祭之称孝，其义一也。于祖祢则理宜称孝，于伯仲则止可称名。又东晋温峤议宗庙祝辞，于孝字非子者则不称，傍亲直言敢告。当时朝议，咸以为宜。今臣上考礼经，无兄弟称孝之义；下征晋史，有不称傍亲之文。臣谓飨敬宗庙，宜去孝弟两字。'"事又见《全唐文》卷七百二十九《祭敬宗庙祝板不宜称孝第议》。

《唐会要》卷七十六(P1390)："长庆元年十二月，贤良方正能直言极谏科……崔龟从及第。"两《唐书》、《全唐文》卷七百二十九有传。

文宗大和三年　己酉(829)

○拜李翱中书舍人

【文献】

《旧唐书》卷一百六十《李翱传》(P4208)："大和初，入朝为谏议大夫，寻以本官知制诰。三年二月，拜中书舍人。"

○十一月，下诏推崇经学

【文献】

《登科记考》卷二十本年十一月甲午（P749）：“南郊礼毕，御丹凤楼大赦天下。制曰：‘量能受用，允属于郡材；举善推贤，是先乎公族。经学可以弘教本，高尚可以观时风。宗子中有才行著明、文学优异者，委宗正寺具名闻荐，比类加奖。诸色人中，有精究经术、洞该今古，求志不期闻达，委所在长吏具以名闻。’”《全唐文》卷七十五《南郊赦文》（P794）：“《礼》著从人，《诗》称下嫁，义当选尚，俾各有行。其六宅十宅诸王女县主，宜令每年于选人中，择其情愿者配尚。授官之日，量加优赏，罢秩之后，仍减两选。其初婚者，更有赐与，使备行礼。如非士类，不在选限。其该载未尽处，委中书门下别条疏闻奏。量能授用，允属于群材，举善推贤，是先乎公族。经学可以宏教本，高尚可以观时风，宗子中有才行著明、文学优异者，委宗正寺具名闻荐，比类加奖。诸色人中，有精究经术，洞该今古，求志不期闻达，委所在长吏具以名闻。国家与吐蕃，甥舅之好，彼此无虞。自今已后，边上不得受纳投降人，并擒获生口。缔构兴运，翼赞昌期，勋镂鼎彝，名光简册，载怀夙烈，何日忘之？武德已来配享功臣及将相，名迹尤著，节义显闻，而子孙陵替，官阀废坠，未经甄录者，委中书门下搜访允嗣，特加优异。故尚父汾阳王、赠太师晟、赠太尉秀实，子孙中未经甄奖者，每家与一人正员官。”

文宗大和四年　庚戌（830）

○李绛卒

【文献】

《旧唐书》卷十七下《文宗纪下》（P536）：“二月丙午朔。戊午，兴元军乱，节度使李绛举家被害，判官薛齐、赵存约死之。”事又见《新唐书》卷八。

《全唐文》卷六百四十五《请崇国学疏》(P6529—6530)：“自三代哲王已降，奄有天下者，未尝不崇建太学，尊重名儒，习干戚羽籥之容，盛樽俎揖让之礼，以兴教化，以致太平。天子亲入视学，皇太子行齿胄之礼，斯所以化成天下也。故《记》曰：‘如欲化民成俗，必由学乎？’当征讨之急，则先武事；丁治平之运，则尚文德。二柄相须，百王不易。故汉光武于兵革之中，投戈讲艺；魏太祖于扰攘之际，崇立学校。历代之于儒道，如此急也。后汉儒学之盛，太学至有三万人，讽先圣之言，酌当代之务，鸿名硕德，匡国济时，未有不游于太学，以跻于显位者也。国家自高祖初立，关中便修太学，并为功臣、宗室子弟别立小学，建黉舍，大加儒训，增置生徒，各立博赡，鸿儒硕学，盛于朝列，质疑应问，酌古辨今，咸征经据，并传师法。故朝廷无不根之论，蕃夷有慕义之名，风教大成，礼乐咸备，贞观之理，谓之太平。至于开元中，亦宏国学之制，复睹儒道之盛。故太学兴废，从古及今，皆兴于理化之时，废于衰乱之代。所以俾风俗趋末而背本，好虚而忘实，盖由国学废讲论之礼，儒者靡师资之训。自是以降，不本经义，不识君臣父子之道，不知礼乐制度之方，和气不流，悖乱遂作。其师氏之废，如是之害也。

今天下遭逢圣明，荡除瑕秽，前代所不能举，而陛下举之，百王所不能行，而陛下行之，万方倾耳，兆人企踵，思望圣化，希承德风。而德盛道隆，阙弦歌之雅咏；政流化洽，鲜儒学之高风。顷自羯胡乱华，乘舆避狄，中夏凋耗，生人流离，儒硕解散，国学毁废，生徒无鼓箧之志，博士有倚席之讥，马厩园蔬，殆恐及此。伏惟陛下挺超代之姿，发振俗之令，复崇太学，重延硕儒，精选生徒，奖宠博士，备征天下名德专门之士，增饰学中屋室厨馔之制，殿最讲习之优劣，彰明义训之得失，明立科品，使有惩劝，拔萃出群者縻之以禄，废业怠教者置之以刑，自然儒雅日兴，典坟日重，先王之道日盛，太学之训日崇。陛下垂拱明庭，受厘清禁，使师氏教德，不独美于周时，桥门观礼，岂复谢于汉日？伏希天造，特鉴愚言，起兹废坠，宏于教化，冀裨圣教，以助皇风。”

【考论】

李绛(764—830)，字深之，赞皇人。擢进士，补渭南尉，拜监察御史。元和二年授翰林学士，六年，迁户部侍郎，判本司。因与权贵有隙，以足疾求免，罢为礼部尚书，后入为兵部尚书。文宗时，召为太常卿，以检校司空为山南西道节度使。大和四年，李绛奉旨募兵赴四川讨逆，被杨叔元乱军所害，年六十七，谥曰贞。著有文集二十卷，《论事集》二卷。

李绛生逢国势衰颓、藩镇势大、朋党争权之时，心存匡时济世之志，屡屡上疏，以“治生于忧危，乱生于放肆”、“贤则当任，任则当久”劝谏宪宗，并曾多次建议与谋划削藩平党，在一定程度上消弱了藩镇势力。李绛勇于犯颜直谏，宪宗帝赞曰：“绛言骨鲠，真宰相也！”李绛《请崇国学疏》一文，指出崇尚儒学是历代国家之“急务”，如今风气败坏，“盖由国学废讲论之礼，儒者靡师资之训”，以致“和气不流，悖乱时作”，因此提出整顿社会秩序，必须从崇尚儒学开始。

【相关论著举目】

冶艳杰：《李绛〈李相国论事集〉研究》，华中科技大学博士学位论文，2012 年

叶虹：《〈李相国论事集〉研究》，华东师范大学硕士学位论文，2009 年

赵强：《李绛与“元和中兴”》，《烟台师范学院学报》，1999 年第 3 期

罗春雄：《试论李绛谏唐宪宗》，《广西师范大学学报》，1992 年第 1 期

◯四月，郑覃奏请校定《六经》

【文献】

《旧唐书》卷一百七十三《郑覃传》(P4490—4491)：“四年四月，拜

工部侍郎。覃长于经学，稽古守正，帝尤重之。覃从容奏曰：‘经籍讹谬，博士相沿，难为改正。请召宿儒奥学，校定六籍，准后汉故事，勒石于太学，永代作则，以正其阙。’从之。……覃虽精经义，不能为文。嫉进士浮华。开成初，奏礼部贡院宜罢进士科。”《旧唐书》卷四十六《经籍志序》(P1962)：“禄山之乱，两都覆没，乾元旧籍，亡散殆尽。肃宗、代宗崇重儒术，屡诏购募。文宗时，郑覃侍讲禁中，以经籍道丧，屡以为言。诏令秘阁搜访遗文，日令添写。”

【考论】

太和四年，因为“经籍刊缪，博士陋浅不能正”，郑覃上疏文宗，奏请“与巨学鸿生，共力雠刊，准汉旧事，镂石太学，示万世法”。唐文宗接受了郑覃之议，令艾居晦、陈王介、段绛等四人楷书经籍于石上。此举颇为费时、费力，前后历经七年，直至开成二年始刻成，《石壁九经》共计一百六十卷。

【相关论著举目】

张爱华：《唐代〈开成石经〉研究》，首都师范大学硕士学位论文，2009 年

吴丽君：《〈唐开成石经〉刊刻的社会背景综述》，《河北民族师范学院学报》，2005 年第 1 期

路远：《唐国学〈五经壁本〉考——从〈五经壁本〉到〈开成石经〉》，《文博》，1997 年第 2 期

文宗大和五年　辛亥(831)

○元稹卒

【文献】

《旧唐书》卷一百六十六《元稹传》(P4327—4336)：“元稹字微之，河南人。……稹九岁能属文。十五两经擢第。二十四调判入第四

等，授秘书省校书郎。二十八应制举才识兼茂、明于体用科，登第者十八人，稹为第一，元和元年四月也。制下，除右拾遗。……大和初，就加检校礼部尚书。三年九月，入为尚书左丞。……四年正月，检校户部尚书，兼鄂州刺史、御史大夫、武昌军节度使。五年七月二十二日暴疾，一日而卒于镇，时年五十三。……所著诗赋、诏册、铭诔、论议等杂文一百卷，号曰《元氏长庆集》。又著古今刑政书三百卷，号《类集》，并行于代。"《新唐书》卷五十九《艺文志》(P1564)："《元氏类集》三百卷。"

○裴通奏科举事宜

【文献】

《唐会要》卷六十六《东都国子监》(P1161—1162)："太和五年十二月，国子祭酒裴通奏：'当司所授丞、簿及诸馆博士、助教、直讲等，谨按《六典》云：丞掌判监事，凡六学生每岁月业成，上于监者，以其业与司业、祭酒试之。明经帖经，口试，策经义。进士帖一中经，试杂文，策时务，征故事。注云：其试法皆依考功口试，明经帖限通八以上，明法等皆通九以上。主簿掌印勾检，凡学生有不率师教者，则举而免之。其频三年下第，九年在学无成者，亦如之。注云：假如违程限，及作乐杂戏者，亦同，唯弹琴习射不禁。诸博士、助教皆分经教授学者，每授一经，必令终讲，所讲未终，不得改业。诸博士、助教皆计当年讲授多少，以为考课等级。应补当司诸学生等，按《学令》云：诸生先读经文通熟，然后授文讲义。每旬放一日休假，前一日，博士考试。其试读每千言，内试一帖，帖三言；讲义者，每二千言内问大义一条，总试三条，通二为及第。通一及不全通者，酌量决罚。谨具当司官吏及学生令典条件如前。伏望敕下有司，允臣所奏。'敕旨宜依。"事又见《册府元龟》卷六百四。

○裴通大和时为国子祭酒，撰有《易玄解》、《易御寇》、《易洗心》

【文献】

《全唐文》卷七百二十九《裴通》(P7520)：“通，穆宗朝官少府监。大和时为国子祭酒。”《册府元龟》卷六百六《学校部（注释第二）》(P7278)：“裴通为詹事，著《易玄解》并总论二十卷，《易御寇》十三卷，《易洗心》二十卷。”《新唐书》卷五十七《艺文志一》(P1426)：“裴通《易书》一百五十卷，字又玄，士淹子，文宗访以《易》义，令进所撰书。”事又见《太平御览》卷六百九。

文宗大和七年　癸丑(833)

○郑覃为御史大夫

【文献】

《旧唐书》卷一百七十三《郑覃传》(P4490)：“五年，李宗闵、牛僧孺辅政。宗闵以覃与李德裕相善，薄之。时德裕自浙西入朝，复为闵、孺所排，出镇蜀川，宗闵恶覃禁中言事，奏为工部尚书，罢侍讲学士。文宗好经义，心颇思之。六年二月，复召为侍讲学士。七年春，德裕作相。五月，以覃为御史大夫。文宗尝于延英谓宰相曰：‘殷侑通经学，为人颇似郑覃。’宗闵曰：‘覃、侑诚有经学，于议论不足听览。’李德裕对曰：‘殷、郑之言，他人不欲闻，唯陛下切欲闻之。’覃尝嫉人朋党，为宗闵所薄故也。”

事又见《资治通鉴》卷二百四十四。

○八月，令公卿士族子弟先入国学习业后才可应明经、进士

【文献】

《唐会要》卷三十五《学校》(P635)：“太和七年八月敕节文：‘应公卿士

族子弟，取来年正月以后，不先入国学习业者，不在应明经、进士之限。'"

○八月，国子监请立《五经》博士

【文献】

《唐会要》卷六十六《东都国子监》(P1162)："七年八月，国子监起请：'准今月九日德音节文，令监司于诸道搜访名儒，置《五经》博士一人者，伏以劝学专门，复古之制，博采儒术，以备国庠。作事之初，须有奖进。伏请《五经》博士秩比国子博士，今《左氏春秋》、《礼记》、《周易》、《尚书》、《毛诗》为《五经》，若《论语》、《尔雅》、《孝经》等，编简既少，不可特立学官，便请依旧附入中经。'敕旨依奏。"《册府元龟》卷六百四《学校部·奏议三》(P7255)："七年八月国子监起请：准今月九日德音节文，令监司于诸道搜访名儒，置《五经》博士一人者，伏以劝学专门，复古之制。"

○十二月，敕于国子监立石壁九经及《论语》、《孝经》、《尔雅》等儒家经典(十二经)

【文献】

《旧唐书》卷一百七十三《郑覃传》(P4491—4492)："时太学勒石经，覃奏起居郎周墀、水部员外郎崔球、监察御史张次宗、礼部员外郎温业等校定《九经》文字，旋令上石。加门下侍郎、弘文馆大学士、监修国史。上尝于延英论古今诗句工拙，覃曰：'孔子所删，三百篇是也。降此五言七言，辞非雅正，不足帝王赏咏。夫《诗》之《雅》、《颂》，皆下刺上所为，非上化下而作。王者采诗，以考风俗得失。仲尼删定，以为世规。近代陈后主、隋炀帝皆能章句，不知王者大端，终有季年之失。章句小道，愿陛下不取也。'覃以宰相兼判国子祭酒，奏太学置《五经》博士各一人，缘无职田，请依王府官例，赐禄粟，从之。又进《石壁九经》一百六十卷。"《唐会要》卷六十六《东都国子监》(P1162)：

“其年十二月，敕于国子监讲论堂两廊，创立石壁《九经》，并《孝经》、《论语》、《尔雅》，共一百五十九卷，字样四十卷。”《册府元龟》卷六百四(P7255)：“太和七年二月五日，敕：覆九经字体者，今所详覆，多依司业张参《五经字》为准，其旧字样，岁月将久，画点参差，传写相承，渐致乖误。今并依字书与较勘，同商较是非，取其适中，纂录为《新加九经字样》一卷，请附于《五经样》之末，用证纰误。敕旨依奏。”

事又见《全唐文》卷七百五十九、《觚剩》卷六《秦觚》、徐松《登科记考》卷二十一。

【相关论著举目】

路远：《唐国学〈五经壁本〉考——从〈五经壁本〉到〈开成石经〉》，《文博》，1997年第2期

文宗大和八年　甲寅(834)

○裴潾撰《通选》

【文献】

《唐会要》卷三十六《修撰》(P662)：“八年四月，集贤学士裴潾，撰《通选》三十卷。”

文宗大和九年　乙卯(835)

○五月，御集《春秋左氏列国经传》

【文献】

《唐会要》卷三十六《修撰》(P662)：“九年五月，御集《春秋左氏列国经传》三十卷。”

○撰《五常传》并目录

【文献】

《唐会要》卷三十六《修撰》(P662):"其年,宰臣兼集贤大学士李宗闵,准宣与校理、修撰等,撰《五常传》二十卷并目录一卷,进上。"

○十一月,郑覃判国子祭酒事

【文献】

《旧唐书》卷十七下《文宗纪》(P562):"十一月壬寅朔。……癸丑,以左仆射令狐楚判太常卿事,右仆射郑覃判国子祭酒事。"

○许康佐等集《左氏传》

【文献】

《册府元龟》卷六百七《学校部(撰集)》(P7287):"许康佐为翰林学士,太和九年进纂集《左氏传》三十卷。"《新唐书》卷五十七《艺文志一》(P1440):"许康佐等集《左氏传》三十卷,一作文宗御集。"

○高重进《春秋纂要》四十卷

【文献】

《册府元龟》卷六百七《学校部·撰集》(P7287):"高重为国子祭酒,太和九年进《春和(当作秋)纂集》四十卷。"《新唐书》卷五十七《艺文志一》(P1440):"高重《春秋纂要》四十卷。字文明,士廉五代孙,文宗时翰林侍讲学士。帝好《左氏春秋》,命重分诸国各为书,别名《经传要略》。历国子祭酒。"

○卢仝卒,撰有《春秋摘微》,另有《卢仝集》一卷

【文献】

《新唐书》卷一百七十六《韩愈传附卢仝传》(P5268):"卢仝居东都,愈为河南令,爱其诗,厚礼之。仝自号玉川子,尝为《月蚀诗》以讥切元和逆党,愈称其工。"卢仝事参见《昌黎先生集》卷五《寄卢仝》、《唐才子传》卷五。

《文献通考》卷一百八十二《经籍考九》(P1568):"《春秋摘微》四卷,晁氏曰:唐卢仝撰。其解《经》不用《传》,然旨意甚疏。韩愈谓'《春秋三传》束高阁,独抱遗经究终始。'盖实录也。祖无择得之于金陵。《崇文总目》所不载。巽岩李氏曰:仝治《春秋》,不以《传》害《经》,最为韩愈所称。今观其书,亦未能度越诸子,不知愈所称果何等义也。旧闻仝解惠公、仲子曰'圣辞也',而此乃无之,疑亦多所亡逸云。"又见《郡斋读书志》卷三。

《文献通考》卷二百四十二《经籍考六十九》(P1917):"《卢仝集》一卷,晁氏曰:唐卢仝,范阳人。隐少室山,号玉川子。征谏议不起。《唐史》称韩愈为河南令,爱其诗,厚礼之。尝作《月蚀》诗以讥元和逆党,愈称其工。按其诗云'元和庚寅',盖五年也。宪宗遇弑在十五年,后十岁也。岂追托庚寅岁事为诗乎?不然,则史诬也。后死于甘露之祸。"又见《郡斋读书志》卷十八。

【考论】

卢仝(795—835),自号玉川子,性格狷介,博览经史,工诗精文,是韩孟诗派代表作家之一。朝廷曾两度征为谏议大夫,均不就。曾作《月蚀诗》讽刺当时宦官专权,受到时为河南令的韩愈称赞。是年卒,其卒年参见杨殿珣编《中国历代年谱总录》、孔庆茂《卢仝行年考》(《南京师大学报》社科版 1990 年第 4 期)等。其著有《春秋摘微》四卷,已佚,《四库全书总目》卷二十八《春秋类三》(P226)谓:"盖不信《三传》之说创于啖助、赵匡。(案韩愈《赠卢仝》诗,有'《春秋》三《传》束高阁,独抱遗经究终始'之句,仝与啖、赵同时,盖亦宗二家之说者。

以所作《春秋摘微》已佚，故今据现存之书惟称啖、赵。）其后析为三派。”卢仝在《春秋》学上颇有研究，所作《春秋摘微》，与啖助、赵匡、陆淳“舍传求经”相似，亦不守《三传》成说，韩愈赞其“《春秋》三传束高阁，独抱遗经究终始”。另有《卢仝集》一卷。

【相关论著举目】

郑慧霞：《卢仝〈春秋摘微〉流传与著录研究》，《河南教育学院学报》（哲学社会科学版），2009 年第 4 期

郑慧霞：《卢仝研究》，华东师范大学博士学位论文，2007 年

王天恒：《卢仝诗歌研究》，河北大学硕士学位论文，2007 年

聂桂菊：《卢仝诗歌研究》，南京师范大学硕士学位论文，2007 年

李晓宇：《论“卢仝体”》，新疆师范大学硕士学位论文，2005 年

张清华：《韩愈弟子——济源卢仝行年新考》，《周口师范学院学报》，2004 年第 4 期

佘才林：《〈纂异记〉和卢仝死因》，《文学遗产》，2004 年第 1 期

卢嗣仝：《卢仝之死疑案探真》，《河北学刊》，2002 年第 2 期

孔庆茂：《卢仝行年考》，《南京师大学报》，1990 年第 4 期

刘曾遂：《卢仝生平事迹杂考》，《浙江师范大学学报》，1985 年第 2 期

王骧：《试评中唐诗人卢仝江》，《江苏大学学报（高教研究版）》，1983 年第 4 期

刘曾遂：《卢仝不死于“甘露之变”辨——兼考卢仝生卒年》，《杭州大学学报》，1983 年第 3 期

陈振鹏：《卢仝生年解疑》，《辞书研究》，1981 年第 2 期

阎琦：《卢仝生年质疑》，《辞书研究》，1981 年第 2 期

文宗开成元年　丙辰（836）

○五月，郑覃奏太学新置五经博士各一人，并奏秘阁搜访遗文

【文献】

《旧唐书》卷一百七十三《郑覃传》（P4491—4492）：“覃以宰相兼

判国子祭酒，奏太学置《五经》博士各一人，缘无职田，请依王府官例，赐禄粟，从之。又进《石壁九经》一百六十卷。”《旧唐书》卷十七下《文宗纪》(P565)：开成元年五月，“庚申，判国子祭酒宰臣郑覃奏：‘太学新置《五经》博士各一人，请依王府官例，赐以禄粟。’从之”。《唐会要》卷六十六《东都国子监》(P1162)：“开成元年，宰相兼国子祭酒郑覃奏：‘请置《五经》博士各一人，缘无禄俸，请依王府官例给禄粟。’从之。”事又见《册府元龟》卷五百七。

《旧唐书》卷四十六《经籍志序》(P1962)：“文宗时，郑覃侍讲禁中，以经籍道丧，屡以为言。诏令秘阁搜访遗文，日令添写。”

【考论】

是年，国子祭酒郑覃奏请于太学新置五经博士各一人，又奏言经籍丧失较多，应搜访遗文，文宗皆从之。郑覃之奏，得以实施，在一定程度上推动了儒学的发展和文化的繁盛。

○六月，准新罗留住学生员

【文献】

《唐会要》卷三十六《附学读书》(P668)：“开成元年六月，敕新罗宿卫生王子金义宗等，所请留住学生员，仰准旧例留二人，衣粮准例支给。”

○七月，秘书省四库见在新旧书籍共五万六千四百七十六卷

【文献】

《唐会要》卷三十五《经籍》(P645)：“开成元年七月，分察使奏：‘秘书省四库，见在新旧书籍，共五万六千四百七十六卷，并无文案及新写文书。自今已后，所填补旧书，及别写新书，并随日校勘，并勒创立文案，别置纳历，随月申台。并外察使每岁末，计课申数，具状闻

奏。'从之。"《唐会要》卷三十五《经籍》(P645):"开成元年七月敕:'应写书及校勘书籍,至岁末闻奏者,令勒楷书等,从今年正月后,应写书四百一十七卷。'"《旧唐书》卷四十六《经籍志序》(P1962):"禄山之乱,两都覆没,乾元旧籍,亡散殆尽。肃宗、代宗崇重儒术,屡诏购募。文宗时,郑覃侍讲禁中,以经籍道丧,屡以为言,诏令秘阁搜访遗文,日令添写。开成初,四部书至五万六千四百七十六卷。"

○郑覃奏请罢进士科,并与帝论进士科时弊,未从

【文献】

《旧唐书》卷一百七十三《郑覃传》(P4491):"覃虽精经义,不能为文,嫉进士浮华,开成初,奏礼部贡院宜罢进士科。初,紫宸对,上语及选士,覃曰:'南北朝多用文华,所以不治。士以才堪即用,何必文辞?'帝曰:'进士及第人已曾为州县官者,方镇奏署即可之,余即否。'覃曰:'此科率多轻薄,不必尽用。'帝曰:'轻薄敦厚,色色有之,未必独在进士。此科置已二百年,亦不可遽改。'覃曰:'亦不可过有崇树。'帝尝谓宰臣曰:'百司弛慢,要重条举。'因指前香炉曰:'此炉始亦华好,用之既久,乃无光彩。若不加饰,何由复初?'覃对曰:'丕变风俗,当考实效。自三十年已来,多不务实,取于颜情。如嵇、阮之流,不摄职事。'李石云:'此本因治平,人人无事,安逸所致。今之人俗亦慕王夷甫,耻不能及之。'上曰:'卿等辅朕,在振举法度而已。'"

【考论】

从主观上来说,作为经学之士,郑覃虽精经义,却不能为文,因此嫉妒进士浮华。从客观上来说,郑覃以为因南北朝以来,文尚浮华,所以不治,进士科的设置更使得士子"多不务实,取于颜情",从而助长了轻薄之风,因此主张"士以才堪即用,何必文辞",要求罢除进士科。唐文宗以进士科已置二百年,不能遽变为由,未纳其议。

○李翱卒，撰有《易诠》、《四注孟子》

【文献】

《旧唐书》卷一百六十《李翱传》(P4209)："会昌中，卒于镇，谥曰文。"《新唐书》卷二百一《文艺传》(P5725—5726)："大历、贞元间，美才辈出，擩哜道真，涵泳圣涯，于是韩愈倡之，柳宗元、李翱、皇甫湜等和之，排逐百家，法度森严，抵轹晋、魏，上轧汉、周，唐之文完然为一王法，此其极也。"《全唐文》卷六百三十四《李翱》(P6397)："会昌中卒，谥曰文。"事又见《新唐书》卷一百七十七《李翱传》、《刘禹锡集》卷十九《唐故中书侍郎平章事韦公集纪》。

《文献通考》卷一百八十四《经籍考十一》(P1583)："《四注孟子》，《中兴艺文志》：题扬雄、韩愈、李翱、熙时子四家注。旨意浅近，盖依托者。"《宋史》卷二百二(P5035)："李翱《易诠》七卷。"《宋史》卷二百五(P5172)："《四注孟子》十四卷(扬雄、韩愈、李翱、熙时子四家注)。"《四库全书总目》卷五十七《传记类一》(P518)："《卓异记》一卷，旧本题唐李翱撰。《唐书·艺文志》作陈翱。注曰：'宪、穆时人。"案李翱为贞元、会昌间人，陈翱为宪、穆间人，何以纪及昭宗？其非李翱亦非陈翱甚明。《四库全书总目》卷一百十四《艺术类存目》(P981)："《五木经》一卷，唐李翱撰。"

《文献通考》卷二百三十三《经籍考六十》(P1855)："《李文公集》十八卷。"《四库全书总目》卷一百五十(P1291)："《李文公集》十八卷。唐李翱撰。翱字习之，陇西成纪人。凉武昭王暠之裔也。贞元十四年进士。官至山南东道节度使、检校户部尚书。事迹具《唐书》本传。其集《唐·艺文志》作十八卷。赵汸《东山存稿》有《书后》一篇，称《李文公集》十有八卷，百四篇，江浙行省参政赵郡苏公所藏本。与《唐志》合。陈振孙《书录解题》则云蜀本分二十卷。近时凡有二本。一为明景泰间河东邢让钞本，国朝徐养元刻之，讹舛最甚。此本为毛晋所刊，仍十八卷，或即苏天爵家本欤？考阎若璩《潜邱劄记》有《与戴唐器书》曰'特假《旧唐书》参考，李浙东不知何名。或李翱习之全集出，尚可得其人。然老矣，倦于寻访矣’云云。则似尚不以为足本，不知何所据也。翱为韩愈之侄婿，故其学皆出于愈。集中载《答皇甫湜书》，自称高愍女、杨烈妇传不在班固、蔡邕下。其自许稍过。然观《与梁载言书》，论文甚详。至《寄从弟正辞书》，谓人号文章为一艺者，乃时世所好之文。其能到古人者，则仁义之词，恶得以一艺名之？故才与学虽皆逊愈，不能镕铸百氏皆如己出，而立言具有根柢。大抵温厚和平，俯仰中度，不似李观、刘蜕诸人有矜心作意之态。苏舜钦谓其词不逮韩，而理过于柳，诚为笃论。郑獬谓其尚质而少工，则贬之太甚矣。集不知何人所编。观其有《与侯高第二书》，而无第一书，知其去取之间，特为精审。惟集中《皇祖实录》一篇，立名颇为僭越。夫皇祖、皇考，文见《礼经》。至明英宗时，始著为禁令。翱在其前，称之犹有说也。若《实录》之名，则六代以来，已定为帝制。《隋志》所载，班班可稽。唐、宋以来，臣庶无敢称者。翱乃以题其祖之行状，殊为不经。编集者无所刊正，则殊失别裁矣。陈振孙谓集中无诗，独载《戏赠》一篇，拙甚。叶适亦谓其不长于诗，故集中无传。惟《传灯录》载其《赠药山僧》一篇。韩退之《远游》联句记其一联。振孙所谓有一诗者，盖蜀本。适所谓不载诗者，盖即此本。毛晋跋谓迩来钞本，始附《戏赠》一篇，盖未考振孙语也。然《传灯录》一诗，得于郑州石刻。刘攽《中山诗话》云：‘唐李习之不能诗，郑州掘石刻，有郑州刺史李翱诗云云。此别一李翱，非习之。《唐书》习之传不记为郑州，王深甫编习之集，乃收此诗，为不可晓。’《苕溪渔隐丛话》所论亦同。惟王楙《野客丛书》独据僧录叙翱仕履，断其实尝知郑州，诸人未考。考开元寺僧尝请翱为钟铭，翱答以书曰：‘翱学圣人之心焉，则不敢逊乎知圣人之道者也。吾之铭是钟也，吾将明圣人之道焉，则于释氏无益；吾将顺释氏之教而述焉，则给乎下之人甚矣。何贵乎吾之先觉也。’观其书语，岂肯向药山问道者？此石刻亦如韩愈《大颠三书》，因其素不信佛，而缁徒务欲言其皈依，用彰彼教耳。楙乃以翱尝为郑州信之，是知其一，不知其二也。至《金山志》载翱五言律诗一篇，全剿五代孙鲂作，则尤近人所托，不足与辨。叶梦得《石林诗话》曰：‘人之材力有限，李翱、皇甫湜皆韩退之高弟，而二人独不传其诗，不应散亡无一篇者。计或非其所长，故不作耳。二人以非所长而不作，贤于世之不能而强为之者也。'斯言允矣。"

【考论】

李翱(772—836)，字习之，陇西成纪(今甘肃秦安)人，思想家、文学家。早年师于梁肃，被梁赞为"得古人之遗风"。贞元十二年(796)与韩愈结识，其后紧随韩愈，积极倡导古文运动。贞元十四年(798)登进士第，任校书郎，三迁至京兆府司录参军。宪宗元和初，转国子博士、史馆修撰，后迁考功员外郎，不久多次被贬。文宗时征为刑部侍郎，检校户部尚书，襄州刺史，官至山南东道节度使。是年卒，谥曰"文"。

李翱与韩愈一样，以发扬孔孟之道为己任，极力排佛。在思想上，以孟子的"性善说"、《中庸》的"性命"说为基础，与《大学》的"修齐治平"思想相结合，吸取《易传》和佛学的形上思维和修养方法，提出"复性"说，建立了内外统一、有体有用、以诚为主体的心性论思想体系。李翱特别推崇《礼记》中的《中庸》篇，以其"性命之学"融入己说，开宋儒风气之先。李翱的思想，打破了汉唐经学的桎梏，开启了宋明理学的端绪，成为汉唐经学向宋明理学过渡的重要环节。宋濂谓："习之识高志伟，不在退之下。"(《〈胡仲子文集〉序》)其代表作《复性书》、《从道论》、《答侯高第二书》、《去佛斋》等文，加上诸多碑、志、行状等，后人编为《李文公集》十八卷，或谓王深甫编(参见宋刘攽《中山诗话》)，有《四部丛刊》影印明成化冯氏刻本。另有与韩愈合著的《论语笔解》二卷。

韩愈、李翱的经学思想既有相同之处，又有相异之处，可谓大同小异。他们同样张扬儒学价值系统的"道"，努力重建儒家知识系统的"学"。其学术观点，同样主要来自于儒学经典《孟子》、《中庸》、《大学》等，并同样体现出新思想。李翱与韩愈同样倡导古文运动，在文学方面成就卓著，其目的也同样是宣扬儒家的"道统"。因此，他们所要复兴的儒学，不但与两汉时期的官方儒学——经学不同，也与先秦原始儒学有着很大的不同。韩愈、李翱以"原道"、"复性"为旗帜而倡导复兴儒学，引发了一场深刻的儒学复兴运动。但两人的关注点还是有差异的。韩愈一度身居显位，注重儒家等级制度建设，发挥其社会政治之功能；李翱注重道德形上学的建设，希冀从人的终极意义上，以儒家的积极入世的人生态度恢复人的主体地位。二人的经学思想真正为宋代理学的到来做了思想准备，宋代理学即渊源于此。《四库全书总目》谓“其学皆出于愈”，有失偏颇。全祖望曰：“习之之学，未尝尽本于退之，或者不察，竟以为韩门籍、湜之流。盖退之实欲致之于门下，特习之不屈耳！”(《李习之论》)。

关于李翱卒年，史说不一。《旧唐书》本传谓卒于“会昌中”，姜亮夫《历代人物年里碑传综录》等皆作会昌元年(841)。李恩溥《李翱年谱》(《南京日报》1948 年 5 月 17 日)定翱卒于唐文宗开成四年(839)至武宗会昌二年(842)间。李光富《〈李翱年谱〉订补》(载《四川大学学报》1985 年第 4 期)以为翱卒于开成三年(838)。陈尚君在《李翱卒年订误》(载《中华文史论丛》1981 年第 1 辑)一文中提出，翱卒年“应在开成元年七月殷侑继任之前”，吴在庆、傅璇琮《唐五代文学编年史》(晚唐卷)及卞孝萱、张清华、阎琦《李翱评传》(《韩愈评传》附传)皆同，今从。

【相关论著举目】

黄颖：《李翱对韩愈古文理论的接受与发展》，《湖北师范学院学报》(哲学社会科学版)，2011 年第 4 期

李小山：《从古文运动看李翱的礼学思想》，《郑州大学学报》(哲学社会科学版)，2009 年第 1 期

李小山：《李翱生平与思想新论》，西北大学博士学位论文，2009 年

刘金芳：《三教会通视域下的李翱心性论》，山东大学硕士学位论文，2009 年

崔发展：《汉宋之争与经典解释——以阮元、李翱的“性命”为例》，《四川大学学报》(哲学社会科学版)，2008 年第 3 期

高明峰：《论韩愈、李翱的经学贡献》，《周口师范学院学报》，2008 年第 1 期

黄爱平:《李翱研究》,复旦大学博士学位论文,2007年

刘新峰:《李翱生卒年考辨》,《社科纵横》,2006年第8期

唐明贵:《论韩愈、李翱之〈论语笔解〉》,《孔子研究》,2005年第6期

王宏海、曹清林:《韩愈、李翱的经学思想透析》,《河北师范大学学报》(哲学社会科学版),2005年第2期

王宏海:《李翱思想研究》,河北大学硕士学位论文,2004年

何智慧:《李翱年谱稿》,四川师范大学硕士学位论文,2002年

杨世文:《论李翱对传统儒学的继承与改造》,《中华文化论坛》,2001年第2期

杨立华:《论宋学禁欲取向的根源及其在思想史上的结果——从韩、李异同说起》,《中国哲学史》,2000年第2期

李光富:《李翱著作年代及版本考》,《四川大学学报》(哲学社会科学版),1996年第1期

马良怀:《论韩愈、李翱思想的历史位置》,《华中师范大学学报》(哲学社会科学版),1995年第1期

李光富:《〈李翱年谱〉订补》,《四川大学学报》,1985年第4期

马积高:《李翱生平仕履考略》,《湖南师范大学社会科学学报》,1980年第3期

杨荣国:《李翱思想批判》,《哲学研究》,1959年Z1期

文宗开成二年　丁巳(837)

○王彦威进《唐典》

【文献】

《旧唐书》卷十七下《文宗纪下》(P568):二月,“戊申,王彦威进所撰《唐典》七十卷,起武德,终永贞”。《唐会要》卷三十六《修撰》

(P662):“开元二年二月，户部侍郎王彦威，以所撰《唐典》七十卷，上之。”事又见《册府元龟》卷五百五十四。《旧唐书》卷一百五十七《王彦威传》(P4154—4157):“王彦威，太原人。世儒家，少孤贫，苦学，尤通《三礼》。无由自达，元和中游京师，求为太常散吏，卿知其书生，补充检讨官。彦威于礼阁掇拾自隋已来朝廷沿革、吉凶五礼，以类区分，成三十卷献之，号曰《元和新礼》，由是知名，特授太常博士。……以本官兼史馆修撰。彦威通悉典故，宿儒硕学皆让之……又纂集国初已来至贞元(据《进书表》当为永贞)帝代功臣，如《左氏传》体叙事，号曰《唐典》，进之。”《全唐文》附《唐文拾遗》卷二十九《进〈唐典〉表》(P10698):“臣于大和六年伏蒙圣恩，擢授谏官，又叨史职，注记之暇，尝览国史。臣辄略其繁文，举其机要，起自武德，终于永贞，撰《唐典》一部，凡七十卷，谨诣右银台门奏进。”

【考论】

王彦威，太原人，唐代经学家。孤贫苦学，精于古今典礼。举明经甲科，撰《元和新礼》上之，拜博士，累擢司封郎中、弘文馆学士。所撰《元和新礼》三十卷，“通悉典故，宿儒硕学皆让之”，为礼学史上一部力作，极受推重。文宗大和五年(831)授谏议大夫，大和六年擢授谏官，身兼史职，注记暇余，遍览国史，始撰《唐典》。开成二年(837)书成，共七十卷，进上。据其《进〈唐典〉表》，该书“略其繁文，举其机要，起自武德，终于永贞”，《旧唐书》称此书“如《左氏传》体叙事”，知为编年体史书。该书已佚。王彦威会昌中卒。

○三月，渤海、新罗附学读书

【文献】

《唐会要》卷三十六(P668):“二年三月，渤海国随贺正王子大俊明，并入朝学生，共一十六人。敕：‘渤海所请生徒习学，宜令青州观察使放六人到上都，余十人勒回。’又新罗差入朝宿卫王子，并准旧例，割留习业学生，并及先住学生等，共二百十六人，请时服粮料，又请旧住学习业者，放还本国。敕：'新罗学生内，许七人，准去年八月敕处分。余时十马畜粮料等，既非旧例，并勒还蕃。'"

◎五月，郑覃请赐五经博士以禄粟

【文献】

《唐会要》卷九十二《内外官料钱下》(P1672)："开成二年五月，判国子祭酒事、门下侍郎、平章事郑覃奏：'太学新置五经博士各一人，屯田素无职田，请依王府官品秩例，赐以禄粟。'从之。"事又见《册府元龟》卷六百四。

◎八月，唐玄度纂录《新加九经字样》

【文献】

《新唐书》卷五十七《艺文志一》(P1451)："唐玄度《九经字样》一卷，文宗时待诏。"《唐会要》卷七十七《贡举下》(P1411)："开成二年八月敕：《新加九经字样》一卷，国子监奏定。得覆定石经字体翰林待诏唐元度状：'伏准太和七年二月敕，覆定《九经》字体者。令所详覆，多依司业张参《五经字》为准。其旧字样，岁月将久，画点参差，传写相承，渐致乖误。今并依字样书参详，改邪就正讫。诸经之中，分别疑阙，旧字样未载者，古今体异，隶篆不同。如总据《说文》，即古体惊俗；若近代之文字，或传写乖讹。今与校勘官同商较是非，取其适中，纂录为《新加九经字样》一卷。或经典相承，与字义不同者，引文以注解。今刊削成，请附于《九经字样》之末。'敕旨：'宜依。'"《唐会要》卷六十六《东都国子监》(P1162)："(开成)二年八月，国子监奏：'得覆定石经字体官翰林待诏唐元度状，伏准太和七年二月五日敕，覆《九经》字体者。今所详覆，多依司业张参《五经字》为准。其旧字样，岁月将久，画点参差，传写相承，渐致乖误。今并依字书与较勘，同商较是非，取其适中，纂录为《新加九经字样》一卷。请附于《五经样》之末，用证缪误。'敕旨:'依奏。'"

《四库全书总目》卷四十一《小学类二》(P348):"《九经字样》一卷,唐唐元度撰。元度里籍未详。惟据此书,知其开成中官翰林待诏。考《唐会要》称:'大和七年二月,敕唐元度覆定石经字体。十二月,敕于国子监讲论堂两廊创立石《九经》。'元度《字样》,盖作于是时。凡四百二十一字,依仿《五经文字》为七十六部。前载开成二年八月牒云:'准大和七年十二月敕覆《九经》字体者。今所详覆,多依司业张参《五经文字》为准。诸经之中,别有疑阙,古今体异,隶变不同。如总据《说文》,即古体惊俗。若依近代文字,或传写乖讹。今与校勘官同商较是非,取其适中。纂录《新加九经字样》一卷,请附于《五经文字》之末。'盖二书相辅而行。当时即列石壁《九经》之后。明嘉靖乙卯地震,二书同石经并损阙焉。近时马曰璐得宋拓本而刊之,犹属完善。其间传写失真及校者意改,往往不免。今更依石刻残碑,详加覆订,各以案语附之下方。《五经文字》音训多本陆德明《经典释文》,或注某反,或注音某。元度时避言'反'字,无同音字可注者,则云某平某上,就四声之转以表其音。是又二书义例之异云尔。"又见《册府元龟》卷六百八《学校部(小学目录刊校雠小学)》、《文献通考》卷一百八十五。

《全唐文》卷七百五十九唐玄度《九经字样序表》(P7889):"臣闻秦焚《诗》《书》,塞人视听;汉兴典籍,以广聪明。伏以龟鸟之文,去圣弥远,点画讹变,遂失本源。今陛下运契黄虞,道从经籍,观人文以成俗,念鸟迹之乖方。繇是遂微臣之上请,许于国学创立石经。仍令小臣覆定字体,谬当刊校,誓尽所知。大历中,司业张参掇众字之谬,著为定体,号曰《五经文字》。专典学者,实有赖焉。臣今参详,颇有条贯。传写岁久,或失旧规。今删补冗漏,一以正之。又于五经文字本部之中,采其疑误旧未载者,撰成《新加九经字样》一卷,凡七十六部四百二十一文。其偏傍上下本部所无者,乃纂为杂辨部以统之。若体画全亏者,则引文以证解。于雅言执礼,诚愧大儒。而辨体观文,式遵小学。其声韵谨依开元文字,避以反言,但纽四声,定其音旨。

今条目已举，刊削有成。愿竭愚衷，以资后学。当开成丁巳岁序谨上。”

《全唐文》卷七百五十九唐玄度《奏九经字样状》(P7889)：“准太和七年十二月五日敕，覆定九经字体者。今所详覆，多依司业张参《五经文字》为准。其旧字样，岁月将久，点画参差，传写相承，渐致乖误。今并依字书，参详改正讫。诸经之中，别有疑阙，旧字样未载者，古今体异，隶变不同。如总据《说文》，即古体惊俗；若依近代文字，或传写乖讹。今与校勘官同商较是非，取其适中，纂录为《新加九经字样》一卷。或经典相承，与字义不同者，具引文以注解。今刊削有成，请附于《五经字样》之末，用证纰误。”

《全唐文》卷七百五十九唐玄度《九经字样牒文》(P7889)：“右国子监奏，得覆定石经字体官翰林待诏朝议郎权知沔王友上柱国赐绯鱼袋唐元度状，准大和漆年拾贰月伍日敕，覆定九经字体者，今所详覆，多依司业张参《五经文字》为准。其旧字样，岁月将久，点画参差，传写相承，渐致乖误。今并依字书，参详改正讫。诸经之中，别有疑阙，旧字样未载者，古今体异，隶变不同。如总据《说文》，即古体惊俗；若依近代文字，或传写乖讹。今与校勘官同商较是非，取其适中，纂录为《新加九经字样》壹卷。或经典相承，与字义不同者，具引文以注解。今刊削有成，请附于《五经字样》之末，用证纰误者。其字样谨随状进上，谨具如前。中书门下牒国子监牒，奉敕宜依，牒至准敕故牒。开成二年八月十二日牒。”

【考论】

隋代曹宪著有《文字指归》四卷，唐代贞观年间颜师古校正经籍作《字样》一卷，以刊订字体，其后颜元孙又作《干禄字书》，分为正、通、俗三体，提倡高文典册应用正体。再后唐玄宗有《开元文字音义》一书，以隶书居首，而以篆书附下，以确定楷体的写法。张参又著《五经文字》一书，根据《说文》、《字林》、《经典释文》等书审定字体。文宗年间唐玄度又作《新加九经字样》，补充《五经文字》之所不备。

唐文宗诏刻石经既成，于太和七年(833)敕唐玄度复校九经字体。是年，书成，即《新加九经字样》一卷。此书主要以张参《五经文字》为据，对于传写相承乖误之字，则以字书参详改正，复从经书中采录张参未收之字编成。《新加九经字样》收字 421 个，目的在于辨正经传文字形体的规范，其编写体例与《五经文字》同，分 76 部，考定形体，注释音义。为避“反言”，注音不用反切，只取直音；无同音字可注，即以四声之转来标音。玄度审定字形规范的原则是“古今异体，隶变不同，如总据《说文》，即古体惊俗；若依近代文字，或传写乖讹。今与校勘官商较是非，取其适中”，注意篆、楷字体间的差异，既不完全采用《说文》，也不完全采用俗体，而是从切实可行的原则出发，在楷书中排除不规则的俗体，而取合于六书或有字理可说的隶变字。这种折衷古今，尊重六书理论而又不违背文字发展规律的原则，使楷体正字地位进一步得到巩固。是书乃《五经文字》的补编，当时即与《五经文字》一起刻在《唐开成石经》之末。

【相关论著举目】

刘元春：《唐代字样学研究》，华东师范大学博士学位论文，2009 年

欧阳妃：《唐代正字法研究》，南昌大学硕士学位论文，2009 年

齐艳艳：《〈新加九经字样〉研究》，河南大学硕士学位论文，2008 年

何继军：《唐代“三书”俗字的诸种类型》，《上海师范大学学报》，2006 年第 3 期

张喆：《唐代汉字规范研究》，陕西师范大学硕士学位论文，2006 年

孙雍长、李建国：《南北朝隋唐时期的汉字规范》，《学术研究》，2005 年第 5 期

陆锡兴：《唐代的文字规范和楷体正字的形成》，《语文建设》，1992 年第 6 期

○十月，《开成石经》成

【文献】

《旧唐书》卷十七下《文宗纪》(P571)：开成二年十月，"癸卯，宰臣判国子祭酒郑覃进《石壁九经》一百六十卷。时上好文，郑覃以经义启导，稍折文章之士，遂奏置五经博士，依后汉蔡伯喈刊碑列于太学，创立《石壁九经》，诸儒校正讹谬。上又令翰林勒字官唐玄度复校字体，又乖师法，故石经立后数十年，名儒皆不窥之，以为芜累甚矣"。《新唐书》卷一百六十五《郑覃传》(P5068)："始，覃以经藉刓缪，博士陋浅不能正，建言：'愿与巨学鸿生共力雠刊，准汉旧事，镂石太学，示万世法。'诏可。覃乃表周墀、崔球、张次宗、孔温业等是正其文，刻于石。"《唐会要》卷六十六(P1162)："二年八月，国子监奏：得覆定石经字体官翰林待诏唐玄度状。伏准太和七年二月五日敕：覆《九经》字体者，今所详覆，多依司业张参《五经字》为准。其旧字样，岁月将久，画点参差，传写相承，渐致乖误。今并依字书与较勘，同商较是非，取其适中，纂录为《新加九经字样》一卷，请附于《五经样》之末，用证缪误。敕旨，依奏。"

《日知录集释》卷二十一"说文长笺"(P866)："《旧唐书·文宗纪》：'开成二年，宰臣判国子监祭酒，郑覃进《石壁九经》一百六十卷。'九经者，《易》、《书》、《诗》、《三礼》、《春秋》三传，又有《孝经》、《论语》、《尔雅》，其实乃十二经。又有张参《五经文字》，唐玄度《九经字样》，皆刻之于石，今现在西安府学，凡夫乃指此为《蜀本石经》。又云：'张参《五经文字》、唐彦升《九经字样》亦附蜀本之后，但可作蜀经字法。'今此石经末有年月一行，诸臣姓名十行，大书'开成二年丁巳岁'。凡夫岂未之见而妄指为孟蜀邪？"

【考论】

唐文宗励精图治，崇尚儒术，为复兴儒学从多个方面作出努力，规范经典文字即是其中之一。太和四年(830)，工部侍郎郑覃奏请立石壁九经于太学，正定经籍文字，文宗从之，令郑覃等人校正经文。

太和七年(833)二月刻成九经,立于国子监讲堂两廊。开成二年(837)又增刻《孝经》、《论语》、《尔雅》成十二经,一百九十九卷,此即著名的《开成石经》。此石经立后,一时之间影响颇大,“由京师而风天下,覃及九泽,咸知宗师”(刘禹锡《国学新修五经壁本记》)。由于石经乃官定经本,为群经之遗则,其刊定功不可没,王国维曰:“唐时所写本经传,致不画一。今日所传唐写本足以证之。自开成石经出,而经文始有定本。”(《五代监本考》)皮锡瑞《经学历史》认为石经为“一代之盛举,群经之遗则也”,“自熹平石经散亡之后,惟开成石经为完备,以视两宋刻本,尤为近古”。宋代以降,经书刻本渐多,文字讹误,多可据开成石经考证其误。顾炎考监本《仪礼》,脱误尤多,皆“赖有长安石经可据以补。此《开成石经》有功经学之一证也”。据学者考证,《开成石经》共二百二十七块,字体为唐代楷书,现仅存一百十四块,计 600252 字,并且是碑经历多次改刻、补刻。此碑是保存完整的最古碑刻经书,现存于西安碑林博物馆。

【相关论著举目】

吴丽君:《〈唐开成石经〉在汉字发展史上的作用》,《承德民族师专学报》,2011 年第 4 期

张爱华:《唐代〈开成石经〉研究》,首都师范大学硕士学位论文,2009 年

杨丽君:《历代石经〈论语〉考》,曲阜师范大学硕士学位论文,2007 年

吴丽君:《〈唐开成石经〉刊刻的社会背景综述》,《承德民族师专学报》2005 年第 1 期

吴丽君:《〈唐开成石经〉研究》,北京师范大学硕士学位论文,2004 年

曾昭聪:《中国古代的石经及其文献学价值》,《华夏文化》,2002 年第 1 期

路远:《唐国学〈五经壁本〉考——从〈五经壁本〉到〈开成石经〉》,《文博》1997 年第 2 期

萧东发:《儒家石经及其影响》,《紫禁城》,1995年第4期
吴辽东:《唐开成石经〈论语〉拓本考略》,《档案》,1993年第5期
刘起釪:《〈尚书〉与历代“石经”》及(续完),《史学史研究》1983年第3期、1984年第1期

○十月,改《三教珠英》为《海内珠英》

【文献】

《旧唐书》卷十七下《文宗纪下》(P571)开成二年:“冬十月辛卯朔,诏改天后所撰《三教珠英》为《海内珠英》。”《唐会要》卷三十六《修撰》(P662):“其年十月,敕改天后朝所撰《三教珠英》为《海内珠英》。”

文宗开成三年　戊午(838)

○二月,许康佐卒

【文献】

《旧唐书》卷十七下《文宗纪下》(P573):“二月己丑朔。……乙酉,礼部尚书许康佐卒。”《旧唐书》卷一百八十九下《许康佐传》(P4979):“许康佐,父审。康佐登进士第,又登宏词科。以家贫母老,求为知院官,人或怪之,笑而不答。及母亡,服除,不就侯府之辟,君子始知其不择禄养亲之志也,故名益重。迁侍御史,转职方员外郎,累迁至驾部郎中,充翰林侍讲学士,仍赐金紫。历谏议大夫、中书舍人,皆在内庭。为户部侍郎,以疾解职。除兵部侍郎,转礼部尚书。卒年七十二,赠吏部尚书。撰《九鼎记》四卷。”

事又见《新唐书》卷二百《许康佐传》、《全唐文》卷六百三十三。

○七月，殷侑卒

【文献】

《旧唐书》卷一百六十五《殷侑传》(P4322—4323)："二年三月，以病求代，以太子宾客分司东都。十一月，复检校右仆射，出为忠武节度、陈许蔡观察等使。三年七月，卒于镇，时年七十二，赠司空。侑以通经入仕，观风抚俗，所莅有声。而晚年急于大用，稍通权幸，物望减于往时。"《旧唐书》卷十七下《文宗纪》(P574)："壬戌，陈许节度使殷侑卒。"《全唐文》卷七百五十七有传。

○王彦威代殷侑

【文献】

《旧唐书》卷一百五十七《王彦威传》(P4157)："三年七月，检校礼部尚书，代殷侑为许州刺史，充忠武军节度、陈许溵观察等使。会昌中，入为兵部侍郎，历方镇，检校兵部尚书。卒，赠仆射，谥曰靖。"

○杨嗣复、张次宗上《毛诗草木虫鱼图》于此年前后

【文献】

《新唐书》卷五十七《艺文志一》(P1430)："《毛诗草木虫鱼图》二十卷。开成中，文宗命集贤院修撰并绘物象，大学士杨嗣复、学士张次宗上之。"

文宗开成四年　己未(839)

○敕每年明经及第宜更与十人

【文献】

《唐会要》卷七十五《贡举上》(P1375)："开成四年十月敕：'每年

明经及第，宜更与十人。’”

○五经博士定为五品俸入

【文献】

《唐会要》卷六十六《东都国子监》(P1162)：“四年二月，中书门下奏：‘伏以朝廷兴复古制，置五经博士，以奖颛门之学，为训胄之资。必在得人，不限官次。今定为五品俸入，四方有经术相当，而秩卑身贱者，不可以超授。有官重而通《诗》达《礼》者，不可以退资。从今已后，并请敕本色人中选择，据资除授，令兼博士。其见任博士，且仍旧。’敕旨宜依。”

武宗会昌二年　壬戌(842)

○五月，郑覃卒

【文献】

《旧唐书》卷一百七十三《郑覃传》(P4489—4492)：“郑覃，故相珣瑜之子。……四年五月，罢相，守左仆射。武宗即位，李德裕用事，欲援为宰相，固以足疾不任朝谒。会昌二年，守司徒致仕，卒。”《旧唐书》卷十八上《武宗纪》(P591)：“五月……太子太师致仕郑覃卒。”

【考论】

郑覃，字季厚，明州人，唐代经学家。精于经术，谆笃守正，很受皇帝器重。李宗闵、牛僧孺掌朝政，迁工部尚书，罢侍讲学士。李德裕为相，擢为御史大夫。后历任户部尚书、刑部尚书兼国子祭酒，复拜同中书门下平章事，封荥阳郡公。后迁门下侍郎，再迁太子太师，开成三年(838)因病去位。武宗初，李德裕复用，欲援覃共同辅政，力辞不就，乃授司空。是年卒。

○七月，刘禹锡卒

【文献】

《旧唐书》卷一百六十《刘禹锡传》(P4210—4213)："刘禹锡字梦得，彭城人。祖云，父溆，仕历州县令佐，世以儒学称。禹锡贞元九年擢进士第，又登宏辞科。禹锡精于古文，善五言诗，今体文章复多才丽。从事淮南节度使杜佑幕，典记室，尤加礼异。从佑入朝，为监察御史。与吏部郎中韦执谊相善。贞元末，王叔文于东宫用事，后辈务进，多附丽之。禹锡尤为叔文知奖，以宰相器待之。顺宗即位，久疾不任政事，禁中文诰，皆出于叔文，引禹锡及柳宗元入禁中，与之图议，言无不从。转屯田员外郎、判度支盐铁案，兼崇陵使判官。……会昌二年七月卒，时年七十一，赠户部尚书。"又见《新唐书》卷一百六十八。《全唐文》卷五百九十九《刘禹锡》(P6053)："禹锡，字梦得，彭城人。贞元九年进士，又登博学宏词科。顺宗朝擢屯田员外郎。宪宗立，贬连州刺史。开成中，官至太子宾客分司。会昌二年卒，年七十一，赠户部尚书。"事又见《自传》、《唐才子传》卷五《刘禹锡》。

《四库全书总目》卷一百五十(P1290)："《刘宾客文集》三十卷、《外集》十卷，唐刘禹锡撰。《唐书》禹锡本传称为彭城人，盖举郡望，实则中山无极人。是编亦名《中山集》，盖以是也。陈振孙《书录解题》称原本四十卷，宋初佚其十卷。"

【考论】

刘禹锡(772—842)，字梦得，洛阳(今属河南)人，又自言出自中山(今河北定县)，唐代文学家、思想家。贞元年间，登进士、宏辞二科。永贞间(805)，为监察御史，受王叔文之荐任屯田员外郎，判度支盐铁事，仍兼崇陵使判官。与柳宗元一起参加王叔文等人倡导的革新运动，反对宦官和藩镇割据势力。失败后，贬朗州司马，迁连州、和州刺史。大和年间为主客郎中、任礼部郎中、集贤学士。由裴度荐，迁太子宾客。于是年卒。一生著述甚丰，写下大量诗词、文章，著有《刘禹锡集》四十卷（其中正集 30 卷，外集 10 卷），又名《刘梦得文集》、《刘宾客文集》。有清代《四库全书》本等，又有上海人民出版社 1975 年《刘禹锡集》单行本。

刘禹锡与僧人交往甚密，与佛教的因缘，贯穿其一生。佛家思想对刘禹锡影响很大，不仅表现在其著述中、文学理论中阐发佛教义理上，而且也表现在生活中以之作为人生践履的指导。佛家的理论既渗透进刘禹锡的作品，又为其文学理论主张提供了方法依据。“刘禹锡的文学理论描述了文学创作过程中的构思和欣赏的特点……明确地把禅宗修行的禅定和妙悟方法运用到艺术创作中，更深入地阐释了虚静理论和境生象外说”（参见龚玉兰博士《刘禹锡的文学理论与禅之关系》，《广西社会科学》2001 年第 5 期）。刘禹锡与柳宗元、元稹、白居易、孟郊、李德裕等人一样，会通儒释的观念，并把二者有机结合起来，代表了中唐文人的普遍看法。贬谪之后，刘禹锡奉佛更盛。有关刘禹锡信仰佛教并与僧人交游的资料，可参阅卞孝萱先生《刘禹锡年谱》。

关于刘禹锡卒年，《旧唐书》谓“会昌二年七月卒，时年七十一”，《新唐书》谓“会昌时，加检校礼部尚书。卒，年七十二”，所记有别。《丛书集成初编》钱大昕《疑年录》卷一（P33）谓：“刘梦得七十二：生大历七年壬子，卒会昌二年壬戌。据《唐诗纪事》，梦得与乐天俱生壬子，刘以会昌二年卒，当为七十一也。白乐天诗：‘何事同生壬子岁，老于崔相及刘郎。’自注：‘予与苏州刘郎中，同生壬子岁。’”《全唐诗》卷四百五十九白居易《感旧》序亦曰：“刘尚书梦得，会昌二年秋薨。”卞孝萱《刘禹锡年谱》考之尤详。今从《旧唐书》，志于是年。参见《中国学术思想编年》之《隋唐五代卷》。

【相关论著举目】

于俊利：《刘禹锡的礼官经历及期间文学创作分析》，《安康学院学报》，2012 年第 2 期

吴洪成、寇文亮：《“请减繁费，增设学校”——唐代文学家刘禹锡

的教育改革观及其现实启示》,《保定学院学报》,2011 年第 2 期

洪迎华、尚永亮:《20 世纪以来刘禹锡思想、文学研究述论》,《广东技术师范学院学报》,2010 年第 8 期

苏文根:《刘禹锡的文道观》,《湖南科技学院学报》,2010 年第 2 期

吴宝明:《试论刘禹锡无缘于唐宋八大家之列的原因》,《辽宁行政学院学报》,2010 年第 2 期

洪迎华、尚永亮:《20 世纪以来刘禹锡研究综述——以生平、作品及文集的文献学考索为中心》,《文献》,2009 年第 2 期

孙明慧:《论刘禹锡的乐府诗》,中央民族大学硕士学位论文,2006 年

王琳:《刘禹锡乐府诗研究》,首都师范大学硕士学位论文,2006 年

李志强:《刘禹锡与佛教关系原论》,复旦大学博士学位论文,2005 年

姚雪红:《刘禹锡对贬谪文学传统的超越》,东北师范大学硕士学位论文,2005 年

万伯江:《刘禹锡的贬谪心路探析》,北京语言大学硕士学位论文,2005 年

何剑平:《刘禹锡与佛教》,《唐都学刊》,2003 年第 3 期

傅明善:《十年来刘禹锡研究综述》,《湖州师范学院学报》,2001 年第 2 期

马现诚:《刘禹锡与佛教及其诗论》,《广西民族学院学报》,1999 年第 1 期

卞孝萱、卞敏:《刘禹锡评传》,南京大学出版社,1996 年

汪益民:《浅谈柳宗元和刘禹锡的天论》,《浙江大学学报》,1993 年第 1 期

杨鸿雁:《刘禹锡与佛教》,《贵州大学学报》,1992 年第 2 期

吴汝煜:《刘禹锡传论》,陕西人民出版社,1988 年

高志忠:《刘禹锡诗文系年》,广西人民出版社,1988 年

张碧波、吕世纬:《论刘禹锡和佛教禅宗》,《学术交流》,1988 年第 6 期

黄钊:《柳宗元的〈天说〉与刘禹锡的〈天论〉》,《湘潭大学社会科学学报》,1984 年第 3 期

卞孝萱、吴汝煜:《刘禹锡评传》及(续),《江苏大学学报(高教研究版)》,1983 年第 1、2 期

卞孝萱、吴汝煜:《刘禹锡》,上海古籍出版社,1980 年

卞孝萱:《刘禹锡年谱(增订本)》:《扬州大学学报(自然科学版)》,1978 年 Z1 期

卞孝萱、吴汝煜:《刘禹锡》(连载)、(之二)、(之三)、(续完),《徐州师范大学学报》,1978 年第 3、4 期,1979 年第 1、2 期

蔺茹萱:《关于刘禹锡的籍贯问题》,《郑州大学学报》,1975 年第 1 期

袁德金:《评刘禹锡的〈天论〉》,《中山大学学报》,1974 年第 5 期

萧学鹏:《诗人刘禹锡》,《中山大学学报》,1963 年 Z1 期

◎十月,以文宣王三十九代孙荣为国子监丞

【文献】

《唐会要》卷三十五《褒崇先圣》(P640):“会昌二年十月,以文宣王三十九代孙荣为国子监丞,袭文宣王。”

武宗会昌四年　甲子(844)

◎武宗崇道毁佛

【文献】

《旧唐书》卷十八上《武宗本纪》(P599—600):“四年春正月……

敕：'斋月断屠，出于释氏，国家创业，犹近梁、隋，卿相大臣，或沿兹弊。鼓刀者既获厚利，纠察者潜受请求。正月以万物生植之初，宜断三日。列圣忌断一日。仍准开元二十二年敕，三元日各断三日，余月不禁。'""三月……以道士赵归真为左右街道门教授先生。时帝志学神仙，师归真。归真乘宠，每对，排毁释氏，言非中国之教，蠹耗生灵，尽宜除去，帝颇信之。"《资治通鉴》卷二百四十七《唐纪六十三》(P8000)："以道士赵归真为右街道门教授先生。"《佛祖统纪》卷四十二(P570)："四年正月，上以斋月断屠出自释教，嫌之，敕今后唯禁岁旦三元日国忌日。"事又见《入唐求法巡礼记》、《唐会要》卷十四等。

【考论】

武宗毁佛，其来有渐。敬宗信道教，崇信道士赵归真。文宗时已有毁法之议。开成五年(840)，武宗即位，亦好道术，年末召赵归真入禁中，会昌元年(841)六月又召道士刘玄靖入内。二年(842)三月，因宰相李德裕奏，敕下发遣保外无名僧，并不许置童子沙弥，此已见毁法端倪。同年十月，令天下所有僧尼解烧练、咒术、禁气，曾犯淫、养妻、不修戒行者，并勒还俗。三年(843)二月，令僧尼还俗者辄不得入寺及停留。外教如摩尼教亦受牵连，敕下杀天下摩尼师。四年(844)正月，中书奏定断屠日。三月，以赵归真为左右街教授先生。赵归真极抵佛法，言其蠹害生灵，宜除，武宗信之。时宰相李德裕亦痛恶佛法，遂使毁佛之事加剧。同月，敕不许供养佛牙。七月、八月，敕令毁拆天下山房、兰若、普通佛堂义井、村邑斋堂，未满二百间不入寺额者其僧尼等尽勒还俗，毁佛之事升级。十月，又敕令毁拆天下小寺，经佛移入大寺，钟送道观。其被拆寺僧尼凡不依戒行者，不论老少尽令还俗，递归本贯。长安城坊佛堂亦毁三百余所，天下无数。至此，毁佛之事达到顶点。此是自北周武帝以后中国佛教史上又一次大规模的毁佛法事件。参见刘学智等主编《中国学术思想编年》之《隋唐五代卷》。

深入考察此次灭佛的原因，首先是佛、道、儒三教矛盾的加剧所致。武宗崇道，偏信道士赵归真，又重用反佛的儒者李德裕，导致佛教僧徒失势，最终酿成灭佛事件。其次是佛教势力过于强大，加上侵占良田，逃避赋税，掠夺财源，甚至到了“十分天下财，而佛有七八”的境地。武宗为加强朝廷经济与政治实力，抑制佛教过于强盛的局面，制裁寺院经济的恶性膨胀，遂采取灭佛措施。

自东汉末年佛教传入以后，发展很快，势头很盛，由此产生了很多矛盾和弊端，诸如佛道二教的矛盾、佛儒之间的矛盾，另有逃避赋税、不事生产、不守伦理等弊端。当矛盾慢慢积累、愈益激化时，当弊端日益严重、比较突出时，统治者都会对佛教加以限制，甚至采用灭佛这种极端手段。中国历史上影响最大的灭佛运动有三次，分别由魏武帝拓跋焘、北周武帝宇文邕、唐武宗李炎实行，即“三武灭佛”。“三武灭佛”都是采用粗暴简单的手段强令僧尼还俗，拆毁寺院，焚毁经像等，都对佛教予以沉重打击，但佛教并未从根本上被毁灭。

武宗会昌五年　乙丑(845)

○修明经、进士业者宜隶于太学

【文献】

《唐会要》卷三十五《学校》(P635)：“会昌五年正月制：‘公卿百官子弟及京畿内士人寄客，修明经、进士业者，并宜隶于太学。外州县寄学及士人，并宜隶各所在官学。’”

○正月，佛、道论辩于麟德殿

【文献】

《佛祖统纪》卷四十二(P570)：“五年正月，赵归真请与释氏辨论，诏僧道会麟德殿。上手付《老子》，论‘治大国若烹小鲜’义，知玄法师登论座，大陈帝王理道教化根本。辩说精壮，道流不能屈，因为上言：

神仙羽化，山林匹夫独善之事，非帝王所宜留神。帝色不平，放还桑梓，帝作望仙台于南郊。归真乘宠排毁佛道，非中国所当奉，宜从除削。臣僚皆言归真奸邪不宜亲信。”《宋高僧传》卷六《知玄传》(P418)：“武宗御宇，初尚钦释氏，后纳蛊惑者议，望祀蓬莱山，筑高台以祈羽化。虽谏官抗疏，宰臣屡言，终不回上意。因德阳节，缁黄会麟德殿，独诏玄与道门敌言，神仙为可学不可学邪？帝义手付老氏中理大国若烹小鲜义，共黄冠往复。玄陈帝王理道、教化根本，言神仙之术，乃山林间匹夫独擅高尚之事业，而又必资宿因，非王者所宜。”

【考论】

是月，赵归真(？—846)请与释氏辩论，于是武宗令僧、道会于麟德殿论辩。武宗手付《老子》，论“治大国若烹小鲜”之义，而沙门知玄则讲帝王理道教化之根本，称神仙之术为山林匹夫之事，帝王不宜留神。此论不能迎合其意，武宗一怒之下令知玄回乡。此后武宗更崇道教，而赵归真乘机排毁佛教，此为灭佛之导火索。

○武宗陈佛教之弊

【文献】

《旧唐书》卷十八上《武宗纪》(P605—606)：“八月，制：‘朕闻三代已前，未尝言佛，汉、魏之后，像教浸兴。是由季时，传此异俗，因缘染习，蔓衍滋多。以至于蠹耗国风，而渐不觉；诱惑人意，而众益迷。洎于九州山原，两京城阙，僧徒日广，佛寺日崇。劳人力于土木之功，夺人利于金宝之饰，遗君亲于师资之际，违配偶于戒律之间。坏法害人，无逾此道。且一夫不田，有受其饥者；一妇不蚕，有受其寒者。今天下僧尼，不可胜数，皆待农而食，待蚕而衣。寺宇招提，莫知纪极，皆云构藻饰，僭拟宫居。晋、宋、齐、梁，物力凋瘵，风俗浇诈，莫不由是而致也。况我高祖、太宗，以武定祸乱，以文理华夏，执此二柄，足以经邦，岂可以区区西方之教，与我抗衡哉！贞观、开元，亦尝厘革，划除不尽，流衍转滋。朕博览前言，旁求舆议，弊之可革，断在不疑。

而中外诚臣，协予至意，条疏至当，宜在必行。惩千古之蠹源，成百王之典法，济人利众，予何让焉。其天下所拆寺四千六百余所，还俗僧尼二十六万五百人，收充两税户，拆招提、兰若四万余所，收膏腴上田数千万顷，收奴婢为两税户十五万人。隶僧尼属主客，显明外国之教。勒大秦穆护、祆三千余人还俗，不杂中华之风。於戏！前古未行，似将有待；及今尽去，岂谓无时。驱游惰不业之徒，已逾十万；废丹雘无用之室，何啻亿千。自此清净训人，慕无为之理；简易齐政，成一俗之功。将使六合黔黎，同归皇化。尚以革弊之始，日用不知，下制明廷，宜体予意。'"

《资治通鉴》卷二百四十八《唐纪六十四》（P8017—8018）："八月，李德裕等奏：'东都九庙神主二十六，今贮于太微宫小屋，请以废寺材复修太庙。'壬午，诏陈释教之弊，宣告中外。凡天下所毁寺四千六百余区，归俗僧尼二十六万五百人，大秦穆护、祆僧二千余人，毁招提、兰若四万余区。收良田数千万顷，奴婢十五万人。所留僧皆隶主客，不隶祠部。百官奉表称贺。寻又诏东都止留僧二十人，诸道留二十人者减其半，留十人者减三人，留五人者更不留。"

○三月至八月，武宗毁佛法逐渐进入高潮

【文献】

《旧唐书》卷十八上（P604—605）："夏四月……敕祠部检括天下寺及僧尼人数，大凡寺四千六百，兰若四万，僧尼二十六万五百。""秋七月庚子，敕并省天下佛寺。……敕曰：'上州合留寺，工作精妙者留之；如破落，亦宜废毁。其合行香日，官吏宜于道观。其上都、下都每街留寺两所，寺留僧三十人；上都左街留慈恩、荐福，右街留西明、庄严。'中书又奏：'天下废寺，铜像、钟磬委盐铁使铸钱，其铁像委本州铸为农器。金、银、鍮石等像销付度支。衣冠士庶之家所有金、银、铜、铁之像，敕出后限一月纳官，如违，委盐铁使依禁铜法处分。其土、木、石等像合留寺内依旧。'又奏：'僧尼不合隶祠部，请隶鸿胪

寺。……’八月，制：‘朕闻三代已前，未尝言佛，汉、魏之后，像教浸兴。是由季时，传此异俗，因缘染习，蔓衍滋多。以至于蠹耗国风，而渐不觉；诱惑人意，而众益迷。洎于九州山原，两京城阙，僧徒日广，佛寺日崇。劳人力于土木之功，夺人利于金宝之饰，遗君亲于师资之际，违配偶于戒律之间。坏法害人，无逾此道。……’”《旧唐书》卷十八上《武宗纪》(P606)并记其时“其天下所拆寺四千六百余所，还俗僧尼二十六万五百人，收充两税户，拆招提、兰若四万余所，收膏腴上田数千万顷，收奴婢为两税户十五万人。”《唐会要》卷四十八《寺》(P853)：“会昌五年七月中书门下奏……每寺各留三十人。”《资治通鉴》卷二百四十八《唐纪六十四》(P8015—8016)：秋，七月，“敕：‘上都、东都两街各留二寺，每寺留僧三十人；天下节度、观察使治所及同、华、商、汝州各留一寺，分为三等：上等留僧二十人，中等留十人，下等五人。余僧及尼并大秦穆护、祆僧皆勒归俗。寺非应留者，立期令所在毁撤，仍遣御史分道督之。财货田产并没官，寺材以葺公廨驿舍，铜像、钟磬以铸钱”。

每寺留僧尼数所记各不相同，详见《通鉴考异》及《唐会要》卷四十八所载会昌五年七月中书门下之毁寺奏，又见《唐大诏令集》卷一百一十三《拆寺制》。此外，日僧圆仁《入唐求法巡礼行记》对会昌五年毁佛事述之甚详。

【考论】

毁佛之事愈演愈烈，逐渐升级，达到高峰。是年三月，敕不许天下寺庙置庄园，并令检括天下寺舍奴婢数量以及财物等，并分城中寺舍奴婢为三等，分别收遣。继之敕令天下僧尼凡年四十以下者尽令还俗，回归本贯。自四月一日起，每日有三百僧还俗，十五日方讫。十六日起，令五十以下僧尼还俗，至五月十日方尽。十一日起，无牒者还俗，最后有牒者亦须还俗。五月终，长安僧尼尽。凡外国无祠部牒者，亦面还俗，送归本贯。八月诏书言，天下所拆寺四千六百余所，还俗僧尼二十六万五百人。收充两税户，拆招提、兰若四万余所。收膏腴上田数千万顷，收奴婢为两税户十五万人。此次毁佛，为北周武帝之后对佛教打击最大的一次，佛教徒大量还俗，很多寺庙被毁，使佛教遭受到一次重创。事后不久，宣宗李忱即位，毁佛之事遂废，又仍其旧。

【相关论著举目】

魏晓燕：《“达玛灭佛”与“会昌法难”比较研究》，《青海民族学院学报》，2007 年第 1 期

姚毅：《从武宗灭佛看宗教宽容》，《华侨大学学报》，2006 年第 4 期

张箭：《唐武宗禁佛之经济成效探讨》，《中国社会经济史研究》，2006 年第 1 期

崔北京：《武宗灭佛原因新探》，《绥化学院学报》，2005 年第 5 期

黄楼：《唐代宣宗朝政治史研究》，武汉大学硕士学位论文，2005 年

张建华：《隋唐时期佛教寺院经济的膨胀与“会昌废佛”》，《天中学刊》，2002 年第 6 期

杨文炯：《达玛灭佛与武宗灭佛的比较研究——兼论宗教之社会功能的值域》，《西藏研究》，2000 年第 1 期

封野：《论李德裕与会昌灭佛之关系》，《江苏社会科学》，1998 年第 3 期

李文才：《会昌毁佛原因之再认识》，《淮阴师范学院学报》，1997 年第 2 期

于辅仁：《唐武宗灭佛原因新探》，《烟台师范学院学报》，1991 年第 3 期

曹旅宁：《论李德裕与会昌灭佛之关系——读〈隋唐佛教史稿〉札记》，《青海师范大学学报》，1989 年第 3 期

何灿浩：《会昌朝省官、废佛与大中朝增官、兴佛析论》，《宁波大学学报(教育科学版)》，1986 年第 2 期

田廷柱：《李德裕和会昌禁佛》，《辽宁大学学报》，1980 年第 5 期

武宗会昌六年　丙寅(846)

○五月,宣宗李忱即位,"反会昌之政",调整对佛教政策

【文献】

《旧唐书》卷十八下《宣宗纪》(P615):"五月,左右街功德使奏:'准今月五日赦书节文,上都两街旧留四寺外,更添置八所。两所依旧名兴唐寺、保寿寺。六所请改旧名,宝应寺改为资圣寺,青龙寺改为护国寺,菩提寺改为保唐寺,清禅寺改为安国寺,法云尼寺改为唐安寺,崇敬尼寺改为唐昌寺。右街添置八所。西明寺改为福寿寺,庄严寺改为圣寿寺,旧留寺。二所旧名,千福寺改为兴元寺,化度寺改为崇福寺,永泰寺改为万寿寺,温国寺改为崇圣寺,经行寺改为龙兴寺,奉恩寺改为兴福寺。'敕旨依奏。诛道士刘玄靖等十二人,以其说惑武宗,排毁释氏故也。"《唐会要》卷四十八(P854):"五年正月诏:京畿及郡县士庶,要建寺宇村邑,勿禁,兼许度僧尼,住持营造。"《资治通鉴》卷二百四十八《唐纪六十四》(P8024):"杖杀道士赵归真等数人……所度僧、尼仍令祠部给牒。"

【考论】

宣宗即位,对道士蛊惑武宗、排毁佛教极为愤怒,于是恢复先前的对佛政策,诛道士数人,"反会昌之政"。此后又下令准许还俗僧尼再度,许度僧尼,废寺恢复,新寺重建。

【相关论著举目】

吕颖辉:《大中朝"政治二题"研究》,河北大学硕士学位论文,2005年

○八月,白居易卒

【文献】

《旧唐书》卷一百六十六《白居易传》(P4340—4356):"白居易字

乐天,太原人。北齐五兵尚书建之仍孙。……季庚生居易。初,建立功于高齐,赐田于韩城,子孙家焉,遂移籍同州。至温徙于下邽,今为下邽人焉。居易幼聪慧绝人,襟怀宏放。……贞元十四年,始以进士就试,礼部侍郎高郢擢升甲科,吏部判入等,授秘书省校书郎。元和元年四月,宪宗策试制举人,应才识兼茂、明于体用科,策入第四等,授盩厔县尉、集贤校理。居易文辞富艳,尤精于诗笔。自雠校至结绶畿甸,所著歌诗数十百篇,皆意存讽赋,箴时之病,补政之缺,而士君子多之,而往往流闻禁中。……居易儒学之外,尤通释典,常以忘怀处顺为事,都不以迁谪介意。……仍自为墓志,病中吟咏不辍。自言曰:'……予栖心释梵,浪迹老、庄,因疾观身,果有所得。何则?外形骸而内忘忧患,先禅观而后顺医治。旬月以还,厥疾少间,杜门高枕,澹然安闲。吟咏兴来,亦不能遏,遂为《病中诗》十五篇以自谕。'……自称香山居士。大中元年卒,时年七十六,赠尚书右仆射。有文集七十五卷,《经史事类》三十卷,并行于世。"《四库全书》第 1054 册《佛祖历代通载》卷十六(P562—563):"(大中元年),是年,尚书白居易卒,年七十有五。赠尚书左仆射。上以诗吊之。居易被遇宪宗,时事无不言。湔剔抉摩多见听可,然为当路所忌,遂摈斥所蕴不得施,乃放意文酒。能顺适所遇,托释氏死生之说,若忘形骸者。后复进用,又皆幼君,偃蹇益不合。居官辄病去,遂无立功名意。与弟行简及从祖弟敏中友爱。东都所居履道里疏沼种树架石楼,香山凿八节滩,号醉吟先生。自为之传,晚节好佛尤甚,至经月不食荤。称香山居士。……居易于文章精切,然最工于诗,当时士人争传诵之。……自为之记曰……弟子居易焚香稽首跪于佛前,起慈悲心,发弘誓愿,愿此功德回施一切众生。"又见《景德传灯录》卷十、《隆兴佛教编年通论》卷二六等。

【考论】

白居易(772—846),字乐天,晚年自号香山居士,下邽(今陕西渭南)人,唐代著名文学家。贞元十六年(800)中进士,贞元十八年(802)举书判拔萃科,被授秘书省校书郎。元和元年(806),罢校书郎，撰《策林》，登“才识兼茂明于体用科”，授盩厔(今陕西周至)县尉。元和二年十一月任翰林学士，次年任左拾遗等。元和四年，与元稹等倡导新乐府运动。五年，改京兆府户曹参军，仍充翰林学士，草拟诏书，参与国政。元和六年，母丧居家，服满，应诏回京。元和十年(815)因直谏得罪权贵，被贬官为江州司马。元和十五年穆宗继位，曾任司门员外郎、主客郎中知制诰、中书舍人等。因官场黑暗，请求外放，长庆二年出任杭州刺史，任满后任苏州刺史。太和元年(827)，拜秘书监，明年转刑部侍郎，四年，定居洛阳。后历太子宾客、河南尹、太子少傅等职。会昌二年(842)，以刑部尚书致仕。是年卒，年七十五，谥号“文”，世称白傅、白文公。

其思想以被贬江州司马为界，分为前后两期。前期推崇儒学，主张“安上尊君，礼为本焉”，怀着兼济天下的志向，思想进取，敢于直谏。在文学上积极倡导新乐府运动，继承并发展了儒家有关诗乐的理论，主张“文章合为时而著，歌诗合为事而作”，“为君、为民、为物、为事而作，不为文而作也”(《新乐府序》)，强调诗歌要“质而径”、“直而切”、“核而实”、“顺而肆”。白居易倡导新乐府运动，目的即是补察时政。其诗文皆触及当时社会现实的黑暗面，表现了其关心现实政治、关怀社会问题的积极人生态度。如七十五篇“对策”，讽喻诗代表作《秦中吟》十首和《新乐府》五十首等，皆有为而作。后期遭贬，转向独善其身，意志消沉，开始“吏隐”，倾心于佛、道，与释僧交游。著有《白氏长庆集》七十一卷。白居易的思想，以儒家“达则兼济天下，穷则独善其身”为基础，融合儒、释、道三家。

关于白居易卒年，有两种说法，一说为《旧唐书》本传所记“大中元年卒，时年七十六”，《佛祖历代通载》亦云大中元年卒，但说其时年七十五，异于《旧唐书》七十六之说。另一说为《新唐书·白居易传》(P4305)谓“会昌初，以刑部尚书致仕。六年，卒，年七十五，赠尚书右仆射，宣宗以诗吊之”，李商隐《刑部尚书致仕赠尚书右仆射太原白公墓碑铭》(P436)亦谓“公以致仕刑部尚书，年七十五，会昌六年八月薨东都，赠右仆射”。今从《墓志铭》及《新唐书》，志于是年。参见《中国学术思想编年》之《隋唐五代卷》。

【相关论著举目】

李晓黎:《从〈新乐府〉小序看白居易的〈诗序〉观》,《中南大学学报》(社会科学版),2011年第1期

肖伟韬:《白居易诗学思想的儒家经典来源》,《河南理工大学学报》(社会科学版),2010年第2期

刘铭、徐传武:《白居易〈井底引银瓶〉诗主旨新解——以〈周易·井卦〉为坐标》,《周易研究》,2009年第3期

陈龙:《唐代三教融合思潮对白居易思想的影响》,《暨南学报》(哲学社会科学版),2009年第1期

肖伟韬:《试论白居易对〈周易〉的受容》,《殷都学刊》,2008年第4期

张煜:《白居易〈新乐府〉创作目的、原型等考论》,《北京大学学报》(哲学社会科学版),2007年第5期

左汉林:《唐代采诗制度及其与元白新乐府创作的关系》,《山东大学学报》(哲学社会科学版),2006年第6期

李娟:《略论白居易前期的"兼济"思想》,《吉林省教育学院学报》,2006年第4期

吴加才:《简论白居易的诗歌理论》,《扬州教育学院学报》,2005年第4期

马现诚:《论白居易的人生态度与儒道佛的交融》,《学术论坛》,2005年第1期

简德彬:《白居易"诗道崩坏"论》,《常德师范学院学报》(社会科学版),2000年第4期

朱宏恢:《从〈诗大序〉到〈与元九书〉——略论白居易对儒家传统诗歌理论的继承和发展》,《徐州师范学院学报》,1983年第4期

宣宗大中元年　丁卯(847)

○宣宗令复修会昌年间所废佛寺,并杖杀道士赵归真

【文献】

《旧唐书》卷十八下《宣宗纪》(P617):"闰三月,敕:'会昌季年,并省寺宇。虽云异方之教,无损致理之源。中国之人,久行其道,厘革过当,事体未弘。其灵山胜境、天下州府,应会昌五年四月所废寺宇,有宿旧名僧,复能修创,一任住持,所司不得禁止。'"《资治通鉴》卷二百四十八《唐纪六十四》大中元年(P8029—8030):"闰(三)月,敕:'应会昌五年所废寺,有僧能营葺者,听自居之,有司毋得禁止。'是时君、相务反会昌之政,故僧、尼之弊皆复其旧。"《四库全书》第370册《东观奏记》卷上(P615):"(大中元年)武宗好长生久视之术,大明宫筑望仙台,势侵天汗,上始即位,道士赵归真杖杀之,罢望仙台院。大中八年,复命缉之。"

宣宗大中二年　戊辰(848)

○杨嗣复卒,撰有《九征心戒》

【文献】

《旧唐书》卷一百七十六《杨嗣复传》(P4560):"宣宗即位,征拜吏部尚书。大中二年,自潮阳还,至岳州病,一日而卒,时年六十六。赠左仆射,谥曰孝穆。"《新唐书》卷五十九《艺文志三》(P1522):"杨嗣复《九征心戒》一卷。"《新唐书》卷一百七十四、《全唐文》卷六百十一有传。

宣宗大中三年　己巳(849)

○李德裕卒

【文献】

《旧唐书》卷一百七十四《李德裕传》(P4509—4528):"李德裕字文饶,赵郡人。……德裕幼有壮志,苦心力学,尤精《西汉书》、《左氏春秋》,耻与诸生从乡赋,不喜科试。……德裕既贬,大中二年,自洛阳水路经江、淮赴潮州。其年冬,至潮阳,又贬崖州司户。至三年正月,方达珠崖郡。十二月卒,时年六十三。……有文集二十卷。记述旧事,则有《次柳氏旧闻》、《御臣要略》、《伐叛志》、《献替录》行于世。"

宣宗大中五年　辛未(851)

○崔龟从撰《续唐历》

【文献】

《旧唐书》卷十八下《宣宗纪》(P629):"七月,宰相监修国史崔龟从续柳芳《唐历》二十二卷上之。"《唐会要》卷六十三《修国史》(P1098):"大中五年七月,宰臣崔龟从等撰《续唐历》三十卷。"《旧唐书》卷一百七十六《崔龟从传》(P4573):"五年七月,撰成《续唐历》三十卷,上之。"《文献通考》卷一百九十三《经籍考二十》(P1632):"《续唐历》二十二篇,陈氏曰:唐监修国史崔龟从元吉撰。起大历十三年春,尽元和十五年,以续柳芳之书也。《艺文志》载韦澳、蒋偕、李荀、张彦远、崔瑄等撰,实大中时。"事又见《册府元龟》卷五百五十六。

○十一月，冯审请删《孔子庙堂碑》中“大周”两字

【文献】

《旧唐书》卷十八下《宣宗纪》(P630)：“五年十一月……国子祭酒冯审奏：‘文宣王庙，始太宗立之，睿宗书额，武后窃政之日，改篆题“大周”二字，请削之。’从之。”《唐会要》卷六十六《东都国子监》(P1162—1163)：“大中五年十一月，国子祭酒冯审奏：‘《孔子庙堂碑》是太宗皇帝建立，睿宗皇帝书额，备称唐德，具赞鸿猷，染翰显然，贞石斯在。洎武后权政，国号僭窃，于篆额中间，谬加‘大周’两字。今岂可尚存伪号，以紊清朝，疑误将来，流传僭谬。其“大周”两字，伏望天恩，许令琢去，谨录奏闻。’敕旨：“冯审所请刊正讹文，颇协事体，宜依。”《唐会要》卷三十五《褒崇先圣》(P640)：“大中三年十一月，国子祭酒冯审奏：‘文宣王庙，始太宗立之，睿宗书额，武后初政之日，改篆题“大周”二字，请削去。’从之。”事又见《册府元龟》卷六百四。《全唐文》卷六百三十三有文《请琢去孔子庙堂碑篆额中大周字奏》。

【考论】

关于冯审奏请删《孔子庙堂碑》中“大周”两字的时间，《旧唐书》卷十八下《宣宗纪》和《唐会要》卷六十六《东都国子监》所记相同，皆为大中五年。《唐会要》卷三十五《褒崇先圣》独载大中三年，“三”当为“五”之讹。今从五年之说，志于是年。

○十一月，姚思廉撰《通史》

【文献】

《唐会要》卷三十六《修撰》(P662)：“大中五年十一月，太子詹事姚思廉，撰《通史》三百卷，上之。(《通史》，自开辟至隋末，编年纂帝王美政善事，诏令可利于时者必载。于时政、盐铁、筦榷、和籴、赈贷、钱陌、兵数虚实、贮粮、用兵利害、边事戎狄，无不备载。下至

释、道、烧炼、妄求无验，皆叙之矣。）十二月，又撰《帝王政统》十卷，上之。”

宣宗大中七年　癸酉(853)

○十月，崔铉撰成《续会要》四十卷，进上

【文献】

《新唐书》卷五十九《艺文志三》(P1563)：“苏冕《会要》四十卷。《续会要》四十卷，杨绍复、裴德融、崔瑑、薛逢、郑言、周肤敏、薛廷望、于珪、于求等撰，崔铉监修。”《旧唐书》卷一百六十三《崔元略传》附《崔铉传》(P4262)：“七年，以馆中学士崔瑑、薛逢等撰《续会要》四十卷，献之。”《唐会要》卷三十六《修撰》(P662—663)：“七年十月，尚书左仆射门下侍郎平章事崔铉，上《续会要》四十卷，修撰官杨绍复、崔瑑、薛逢、郑言等，赐物有差。”又见《旧唐书》卷十八下《宣帝纪》。《郡斋读书志》卷十四(P658)称：“《唐会要》一百卷……大中七年诏崔铉等撰次德宗以来事，至宣宗大中七年，以续冕书。”

【考论】

贞元末，苏弁、苏冕兄弟撰成《会要》四十卷，叙述高祖至德宗九朝“损益沿革之制”，首创史书之会要体。是年十月，崔铉等撰成《续会要》四十卷，亦沿用苏氏会要体，接续《会要》时限，记述德宗以后至宣宗大中七年之事。该书由杨绍复、裴德融、崔瑑、薛逢、郑言、周肤敏、薛廷望、于珪、于求等撰，崔铉监修而成。此后宋代王溥以苏冕《会要》与崔铉等撰《续会要》二书为基础，采择唐宣宗以后故事加以续补，又撰成《唐会要》。

宣宗大中八年　甲戌(854)

○雍陶自国子《毛诗》博士出为简州刺史

【文献】

《新唐书》卷六十《艺文志四》(P1612)："《雍陶诗集》十卷，字国钧，大中八年自国子《毛诗》博士出为简州刺史。"《唐诗纪事》卷五十六所记略同。

○三月，修成《文宗实录》

【文献】

《唐会要》卷六十三《修国史》(P1098)："八年三月，宰臣监修国史魏謩修成《文宗实录》四十二卷，上之。史馆给事中卢耽、太常少卿蒋偕、司勋员外郎王沨、右补阙卢告，颁赐银器锦采有差。"

宣宗大中十年　丙子(856)

○五月，奏九科停三年

【文献】

《唐会要》卷七十七《贡举下·科目杂录》(P1401—1402)："大中十年五月，中书门下奏：'据礼部贡院见置科目内，《开元礼》、《三礼》、《三传》、三史、学究、道举、法、算、童子等九科，近年取人颇滥。曾无实艺可采，徒添入仕之门，须议条流，俾精事业。臣等已于延英面奏，伏奉圣旨，将文字奏来者。其前件九科，臣等商量，望起大中十年，权停三年。满后，至时，赴科试者，令有司据所举人先进名，令中书舍人重覆问过。如有本业稍通,堪备朝廷顾问,即作等第进名,候敕处分。如事业荒芜,不合送名而妄送者,考官先议朝责。其童子近日诸道所荐送者,多年齿已过,考其所业,又是常流。起今已后,望令天下州府,荐童子并须实年十一、十二已下,仍须精熟,经旨全通,兼自能书写者。如违条例,本道长吏,亦宜议惩罚。'从之。"

宣宗大中十三年　己卯(859)

○孔纬进士擢第

【文献】

《旧唐书》卷一百七十九《孔纬传》(P4648—4649):"孔纬字化文,鲁曲阜人,宣尼之裔。曾祖岑父,位终秘书省著作佐郎,谏议大夫巢父兄也。祖戣,位终礼部尚书,自有传。父遵孺,终华阴县丞。纬少孤,依诸父温裕、温业,皆居方镇,与名公交,故纬声籍早达。大中十三年,进士擢第,释褐秘书省校书郎。"

宣宗大中十四年　庚辰(860)

○卢行超大中六合丞,撰有《易义》

【文献】

《新唐书》卷五十七《艺文志一》(P1426):"卢行超《易义》五卷,字孟起,大中六合丞。"

○裴安时大中江陵少尹，撰有《左氏释疑》

【文献】

《新唐书》卷五十七《艺文志一》(P1441)："裴安时《左氏释疑》七卷，字适之，大中江陵少尹。"

懿宗咸通三年　壬午(862)

○萧倣上疏懿宗奉佛太过

【文献】

《旧唐书》卷一百七十二《萧倣传》(P4480—4482)："懿宗怠临朝政，僻于奉佛，内结道场聚僧念诵。又数幸诸寺，施与过当。倣上疏论之曰：臣闻玄祖之道，由慈俭为先；而素王之风，以仁义为首。……疏奏，帝甚嘉之。"《资治通鉴》卷二百五十《唐纪六十六》(P8097—8098)："夏，四月，己亥朔，敕于两街四寺各置戒坛，度人三七日。上奉佛太过，怠于政事，尝于咸泰殿筑坛为内寺尼受戒，两街僧、尼皆入预；又于禁中设讲席，自唱经，手录梵夹；又数幸诸寺，施与无度。吏部侍郎萧倣上疏，以为：'玄祖之道，慈俭为先，素王之风，仁义为首，垂范百代，必不可加。佛者，弃位出家，割爱中之至难，取灭后之殊胜，非帝王所宜慕也。愿陛下时开延英，接对四辅，力求人瘼，虔奉宗祧。思缪赏与滥刑，其殃必至；知胜残而去杀，得福甚多。罢去讲筵，躬勤政事。'上虽嘉奖，竟不能从。"

懿宗咸通四年　癸未(863)

◎二月,皮日休上书请以《孟子》为学科

【文献】

《文献通考》卷二十九(P276):"懿宗咸通四年,进士皮日休上疏,请以《孟子》为学科,曰:'臣闻圣人之道不过乎经,经之降者不过乎史,史之降者不过乎子,子不异乎道者《孟子》也。今国家有业《庄》、《列》之书者,亦登于科,其诱善也则深,而悬科也未正。伏望命有司去《庄》、《列》之书,以《孟子》为主,有能精通其义者,其科选视明经同。'不报。"《唐会要》卷七十七《贡举下·科目杂录》(P1402):"咸通四年二月,进士皮日休上疏,请以《孟子》为学科,曰:'臣闻圣人之道……其科选视明经同。'疏奏不答。"《四库全书》第1343册《唐文粹》卷二十六上《请孟子为学科书》(P375):"圣人之道不过乎经,经之降者不过乎史,史之降者不过乎子。子不异乎道者,《孟子》也。舍是子者必戾乎经史。又率于子者,则圣人之盗也。夫孟子之文,灿若经传,天惜其道不烬于秦,自汉氏得之,常置博士以专其学,故其文继乎六艺、光乎百氏,真圣人之微旨也。……由是观之,孟子功利于人亦不轻矣。今有司除茂才明经外,其次有熟庄周、列子书者,亦登于科,其诱善也,虽深而悬科也未正,夫庄、列之文,荒唐之文也,读之可以为方外之士,习之可以为鸿荒之民,有能汲汲以救时补教为志哉!伏请命有司去庄、列之书,以孟子为主。有能精通其义者,其科选视明经。"

事又见《全唐文》卷七百九十六皮日休《请孟子为学科疏》,《皮子文薮》卷三、卷九,又见《册府元龟》卷六百四、《文献通考》卷二十九、《陔余丛考》卷四、《北梦琐言》卷二、《瓯北诗话》卷十一。

【考论】

《孟子》在汉代曾一度立博士(事见赵岐《孟子题辞》"孝文皇帝欲

广游学之路,《论语》、《孝经》、《孟子》、《尔雅》皆置博士,后罢传记博士"),但不久即罢,此后《孟子》一直不受官方重视。唐宝应二年(763),杨绾曾提出将《孟子》与《论语》、《孝经》并列为"兼经"。至韩愈著《原道》,《孟子》开始得以倡扬,受到关注。皮氏继韩愈之后亦高扬孟子,于是年上疏,因"孟子功利于人亦不轻矣",请以《孟子》为学科,为此后将《孟子》从"子"入"经"做了舆论准备,亦对宋明理学有重要影响。

【相关论著举目】

肖永明:《汉唐〈论语〉〈孟子〉学流变及特点》,《湖南大学学报》,2007年第2期

尉利工:《〈孟子〉由子学到经学的变迁》,《安徽师范大学学报》,2006年第5期

王铭:《唐宋间"四书"的升格过程》,《咸阳师范学院学报》,2004年第5期

龚来国:《试述唐宋间的"疑孟"、"非孟"思想》,《史学月刊》,2003年第10期

王铭:《论唐宋间"四书"升格为儒经的原因》,《人文杂志》,2003年第6期

李传印:《孟子在唐宋时期社会和文化地位的变化》,《中国文化研究》,2001年第3期

懿宗咸通七年　丙戌(866)

◎《文薮》撰于此年

【文献】

《四库全书》第1083册《文薮原序》(P159):"咸通丙戌中,日休射策不上第,退归州来别墅,编次其文,复将贡于有司。发箧丛萃,繁如

薮泽，因名其书曰《文薮》焉。……赋者，古诗之流也。伤前王太佚，作《忧赋》；虑民道难济，作《河桥赋》；念下情不达，作《霍山赋》；悯寒士道壅，作《桃花赋》。《离骚》者，文之青英者，伤于宏奥，今也不显《离骚》，作《九讽》。文贵穷理，理贵原情，作《十原》。太乐既亡，至音不嗣，作《补周礼九夏歌》。两汉庸儒，贱我左氏，作《春秋决疑》。其余碑、铭、赞、颂、论、议、书、序，皆上剥远非，下补近失，非空言也。较其道，可在古人之后矣。古风诗，编之文末，俾视之粗俊于口也。亦由食鱼遇鲭，持肉偶膳。《皮子世录》著之于后，亦《大史公自序》之意也。凡二百篇，为十卷，览者无诮矣。皮日休序。"

《新唐书》卷六十《艺文志四》(P1608)："《皮日休集》十卷，又《胥台集》七卷，《文薮》十卷，《诗》一卷。"《四库全书总目》卷一百五十一《别集类四》(P1300)："《皮子文薮》十卷，唐皮日休撰。日休字袭美，襄阳人。居于鹿门山，自号醉吟先生。登咸通八年进士。官太常博士。《唐书》称其降于黄巢，后为所害。尹洙《河南集》有《大理寺丞皮子良墓志》，则称'日休避广明之难，奔钱氏。子光业，为吴越丞相。生璨，为元帅判官。子良即璨之子'。陆游《老学菴笔记》亦据皮光业碑以为日休终于吴越，并无陷贼之事。皆与史全异，未知果谁是也。是编乃其文集。自序称'咸通丙戌不上第，退归州墅，编次其文。发箧丛萃，繁如薮泽，因名《文薮》。凡二百篇'。宋晁公武谓其尤善箴铭。今观集中书序论辨诸作，亦多能原本经术。其《请孟子立学科》、《请韩愈配飨太学》二书，在唐人尤为卓识，不得仅以词章目之。集中诗仅一卷。盖已见《松陵唱和集》者不复重编，亦如《笠泽丛书》之例耳。王士祯《池北偶谈》尝摘其中《鹿门隐书》一条、《与元徵君书》一条，皆'世民'二字句中连用，以为不避太宗之讳。今考之信然。然后人传写古书，往往改易其讳字。安知日休原本非'世'本作'代'、'民'本作'人'而今本易之耶？是固未足为日休病也。"又见《文献通考》卷二百三十三、《郡斋读书志》卷十八。

【考论】

《文薮》十卷，凡二百篇，皮日休撰。书中虽有诗赋，亦多渗透对时弊的针砭，故自称其文“发箧丛萃，繁如薮泽”，故名“文薮”。皮日休为晚唐儒学家，身处唐末动荡不宁的社会中，以犀利的笔锋，揭露了社会种种弊端，并以传统儒家的仁政王道思想批判现实。书中推崇古代圣贤，倡导儒家的道德仁义学说，谓：“圣人之化，出于三皇，成于五帝，定于周孔。其质也，道德仁义；其文也，《诗》《书》礼乐。此万代王者未有易是而能理者也。”（《文薮》卷三《原化》P172）皮日休亦推崇隋代王通（约584—617）和唐代韩愈（768—824），并提出了自孔子、孟子、荀子至王通、韩愈的道统说，说“孟子、荀子，翼传孔道，以至于文中子”，而韩愈则“身行圣人之道，口吐圣人之言。行如颜、闵，文若游、夏”，“吾唐以来，一人而已”（《文薮》卷九《请韩文公配飨太学书》P212）。《新唐书·艺文志》著录《文薮》十卷，今存。该书版本有《四部丛刊》影印明刻本、中华书局据《四部丛刊》点校本等。

【相关论著举目】

商爱玲、张鸿：《为了仁政理想的批判：皮日休政治思想解析》，《前沿》，2011年第5期

赵鹏鸽：《皮日休的〈诗经〉阐释》，《河北师范大学学报》（哲学社会科学版），2009年第5期

高徽征：《皮日休对儒家传统的继承与突破》，《太原科技大学学报》，2009年第2期

张平：《〈皮子文薮〉分体研究》，四川大学硕士学位论文，2006年

高徽征：《皮日休杂文研究》，山西大学硕士学位论文，2006年

李福标：《论皮陆齐名与皮陆文集编纂之间的关系》，《中国典籍与文化》，2005年第10期

亢巧霞、吴在庆：《皮日休及第前后思想和创作特色及原因》，《厦门大学学报》，2005年第5期

彭庭松：《〈文薮〉道统观新论》，《山东省经济管理干部学院学报》，2003年第1期

刘艳萍：《皮日休及其诗文研究》，辽宁大学硕士学位论文，2003年

赵荣蔚:《论皮日休尊儒重道思想的时代内涵》,《南京师大学报》(社会科学版),2000 年第 2 期

赵俊:《晚唐思想界三杰》,《中国社会科学院研究生院学报》,1999 年第 6 期

陈启智:《论皮日休、柳开的儒学与道统思想》,《湛江师范学院学报》,1997 年第 2 期

马丕环:《皮日休年谱会笺》(上、下),《宝鸡文理学院学报》,1996 年第 1、2 期

张明:《皮陆小品文浅论》,《江苏大学学报》,1988 年第 2 期

许苏民:《一塌糊涂的泥塘里的光彩和锋芒——论皮日休的思想及其历史地位》,《江汉论坛》1987 年第 6 期

刘国盈:《皮日休和古文运动》,《云南师范大学学报》,1983 年第 1 期

李菊田:《皮日休生平事迹考(并与缪彦威先生及萧涤非先生商榷)》,《河北师范大学学报》,1958 年第 1 期

缪钺:《皮日休的事迹思想及其作品》,《四川大学学报》,1955 年第 2 期

懿宗咸通十四年　癸巳(873)

○懿宗崇佛

【文献】

《旧唐书》卷十九上《懿宗纪》(P683):三月,“庚午,诏两街僧于凤翔法门寺迎佛骨,是日天雨黄土遍地。四月八日,佛骨至京,自开远门达安福门,彩棚夹道,念佛之音震地。上登安福门迎礼之,迎入内道场三日,出于京城诸寺。士女云合,威仪盛饰,古无其比。制曰:‘朕以寡德,缵承鸿业,十有四年。顷属寇猖狂,王师未息。朕忧勤在

位，爱育生灵，遂乃尊崇释教，至重玄门，迎请真身，为万姓祈福。今观睹之众，隘塞路歧。载念狴牢，寝兴在虑，嗟我黎人，陷于刑辟。况渐当暑毒，系于缧绁，或积幽凝滞，有伤和气，或关连追扰，有妨农务。京畿及天下州府见禁囚徒，除十恶忤逆、故意杀人、官典犯赃、合造毒药、放火持仗、开发坟墓外，余罪轻重节级递减一等。其京城军镇，限两日内疏理讫闻奏；天下州府，敕到三日内疏理闻奏'”。《资治通鉴》卷二百五十二《唐纪六十八》(P8165)：“夏，四月，壬寅，佛骨至京师，导以禁军兵仗、公私音乐，沸天烛地，绵亘数十里。仪卫之盛，过于郊祀，元和之时不及远矣。富室夹道为彩楼及无遮会，竞为侈靡。上御安福门，降楼膜拜，流涕沾臆，赐僧及京城耆老尝见元和事者金帛。迎佛骨入禁中，三日，出置安国崇化寺。宰相已下竞施金帛，不可胜纪。因下德音，降中外系囚。”《杜阳杂编》卷下(P622—623)：“(咸通)十四年春，诏大德僧数十辈，于凤翔法门寺迎佛骨。百官上疏谏，有言宪宗故事者。上曰：‘但生得见，殁而无恨也。’遂以金银为宝刹，以珠玉为宝帐、香舁，仍用孔雀氄毛饰其宝刹。小者高一丈，大者二丈。刻香檀为飞帘花槛瓦木阶砌之类，其上遍以金银覆之。舁一刹，则用夫数百。其宝帐香舁，不可胜纪。工巧辉焕，与日争丽。又悉珊瑚、马瑙、真珠瑟瑟缀为幡幢。计用珍宝，则不啻百斛。其剪彩为幡为伞，约以万队。四月八日，佛骨入长安。自开远门安福楼，夹道佛声振地。士女瞻礼，僧徒道从。上御安福寺，亲自顶礼，泣下沾臆。……长安豪家，竞饰车服，驾肩弥路。四方挈老扶幼，来观者莫不蔬素，以待恩福。……上迎佛骨入内，道场即设金花帐，温清床，龙麟之席，凤毛之褥，焚玉髓之香，荐琼膏之乳，皆九年诃陵国所贡献也。……是岁秋七月，天子晏驾(识者以为物极为妖)，公主薨而上崩，同昌之号明矣。僖宗皇帝即位，诏归佛骨于法门。其道从威仪，十无其一，具体而已。然京城耆耋士女，争为送别，执手相谓曰：‘六十年一度迎真身，不知再见复在何时！’即俯首于前，呜咽流涕。”

事又见《全唐诗·贯休》卷八百三十六《闻迎金身》、《佛祖统纪》卷三十九、《资治通鉴》卷二百四十。

【考论】

是年春，懿宗敕使诣法门寺迎佛骨，群臣力谏不从。懿宗此次迎佛骨极为隆重，广造浮图、宝帐、香舆、幢、幡、盖等，饰以金玉、绵绣珠翠。自京城至寺三百里间，道路车马，昼夜不绝，京畿道旁香刹高筑。四月，佛骨至京师，置禁中三日，后出置安国寺、崇化寺。十二月，送佛骨还法门寺，于僖宗乾符元年(874)正月四日归安于法门寺塔下石室。此为唐廷最后一次迎佛骨。此次迎佛骨后，僖宗乾符元年(874)正月，佛骨及诸供养物被安置于地下。1987 年考古队发现了地宫，“5 月 2 日至 6 月中旬，对出土遗物作室内处理，进行清点、建帐、立卡等工作;在开启灵帐、阿育王塔及宝函时，发现了四枚佛指舍利”(《文物》1988 年第 10 期《扶风法门寺塔唐代地宫发掘简报》)。据《大唐咸通启送歧阳真身志文》碑刻的描述佛骨“长一寸二分，上齐下折，高下一等，三面俱平，一面捎高，中有隐迹，色白如玉，少青，细密而泽，髓穴方大，上下俱通，二角有文，文并不彻”。发掘出的佛骨正与《志文》所载相合。

史书上至少载有七次大规模迎佛骨事，分别发生在太宗贞观五年(631)、高宗显庆四年(659)、则天长安四年(704)、肃宗上元元年(760)、德宗贞元六年(790)、宪宗元和十四年(819)、懿宗咸通十四年。迎佛骨最主要的目的在于崇扬佛教，以“灭怨障之心”,“有助王化”。但大量的舍财投宝，讲究排场，靡费空前，已经与其初衷相背。但从客观上说，七迎佛骨，在很大程度上推动了佛教在中土的流传，提高了佛教的地位。

【相关论著举目】

李晓敏:《造像记:隋唐民众佛教信仰初探》,《郑州大学学报》2007 年第 1 期

僖宗乾符三年　丙申(876)

○八月,《杜阳杂编》撰成

【文献】

《新唐书》卷六十《艺文志四》(P1541):“苏鹗《演义》十卷,又《杜阳杂编》三卷,字德祥,光启中进士第。”《宋史》卷二百六《艺文志五》(P5226):“苏鹗《杜阳杂编》二卷。”《四库总目提要》卷一百四十二《子部·小说家类三》(P1209):“此编所记,上起代宗广德元年,下尽懿宗咸通十四年,凡十朝之事,皆以三字为标目。其中述奇技宝物,类涉不经。大抵祖述王嘉之《拾遗》、郭子横之《洞冥》,虽必举所闻之人以实之,殆亦俗语之为丹青也。所称某物为某年某国所贡者,如日林、大林、文单、吴明、拘弭、大轸、南昌、浉东、条支、鬼谷、河陵、兜离,《唐书·外国传》皆无此名,诸帝本纪亦无其事。即如夫余国久并于渤海大氏,而云武宗会昌元年夫余来贡;罽宾地接葱岭,《汉书》、《唐书》均有明文,而云在西海,尤舛迕之显然者矣。然铺陈缛艳,词赋恒所取材,固小说家之以文采胜者。读者挹其葩藻,遂亦忘其夸饰,至今沿用,殆以是欤。其曰《杜阳杂编》者,晁公武《读书志》谓鹗居武功之杜阳,盖因地以名其书云。”《全唐文》卷八百一十三《杜阳杂编序》(P8563):“予髫年好学,长而忘倦……而复访问博文强记之士或潜夫辈,颇得国朝故实,始知天地之内,无所不有。……屡接朝事,同人语事,必三复其言,然后题于简册,藏诸箧笥,暇日阅所纪之事,逾数百纸,中仅繁鄙者,并弃而弗录。精实者,编成上、中、下三卷,自代宗广德元年癸卯,讫懿宗咸通癸巳,合一百一十载,盖耳目相接,庶可传焉。知我者谓稍以补东观缇油之遗阙也。今武功县有杜阳城、杜阳水,予武功人,故以为名,觊厕于谈薮之下者。时乾符三年秋八月编次焉。”

【考论】

《杜阳杂编》三卷，苏鹗（字德祥）撰，记录上起唐代宗广德元年、下至唐懿宗咸通十四年共一百一十年之间的历史事件。书中所载宦官鱼朝恩、仇士良之专权跋扈，咸通间迎佛骨之愚昧举动等，皆可补正史之阙，故多为《新唐书》、《资治通鉴》等史书所取。书中关于海外珍奇宝物的叙述，颇为荒诞，《四库全书总目》以所载进贡国名未见《唐书》，指为舛迕。此书的语言特点和写作特色，《四库全书总目》概括为"铺陈缛艳，词赋恒所取材，固小说家之以文采胜者。读者挹其葩藻，遂亦忘其夸饰"，故《新唐书》、《宋史》等皆列入子部小说家类。胡玉缙《四库全书总目提要补正》引张荫桓《三洲日记》辨之曰："苏鹗所记，当系南洋群岛之与中国近者，译音互异，《唐书》偶失载，未可概目为夸饰也。"因作者系武功之杜阳人，故《四库全书总目》以为盖因地以名其书。传本有明《稗海》本、清《学津讨原》本《四库全书》本及1958年中华书局上海编辑所排印本。

关于是书的卷数，《新唐书·艺文志》著录为三卷，《宋史·艺文志》著录为二卷，周中孚《郑堂读书记》以为当是传刻之误，周说可从。

【相关论著举目】

邬宗玲：《试论〈杜阳杂编〉的价值》，《乐山师范学院学报》，2008年第4期

邬宗玲：《〈杜阳杂编〉研究》，四川大学硕士学位论文，2005年

卞孝萱：《晚唐小说与政治——从〈杜阳杂编〉等看"甘露之变"后的唐文宗》，《宁波大学学报》（人文科学版），2002年第2期

僖宗广明元年　庚子（880）

○十二月，黄巢即帝位

【文献】

《资治通鉴》卷二百五十四《唐纪七十》（P8241）："庚寅，黄巢杀唐

宗室在长安者无遗类。辛卯，巢始入宫。壬辰，巢即皇帝位于含元殿，画皂缯为衮衣，击战鼓数百以代金石之乐。登丹凤楼，下赦书；国号大齐，改元金统。”

【相关论著举目】

李珺平：《关于黄巢起义诸问题的冷思考——晚唐五代文学思想背景研究之一》，《社会科学论坛》，2011年第8期

袁文良：《黄巢错杀儒生3000人始末》，《知识窗》，2008年第3期

俞兆鹏：《黄巢生平事迹考异》，《南昌大学学报》，2001年第2期

俞兆鹏：《论黄巢起义的历史作用》，《南昌大学学报》，2000年第3期

韩国磐：《黄巢起义事迹考》，《厦门大学学报》，1956年第5期

○皮日休为翰林学士

【文献】

《旧唐书》卷十九下《僖宗纪》（P709）：十二月，“壬辰，黄巢据大内。……以太常博士皮日休、进士沈云翔为学士”。《资治通鉴》卷二百五十四《唐纪七十》（P8241）：“以太常博士皮日休为翰林学士。”

○林慎思死于此年后不久，撰有《续孟子》、《伸蒙子》

【文献】

《全唐文》卷八百二《林慎思》（P8433）：“慎思字虔中，长乐人，咸通中进士，复中宏词科。历校书郎、水部郎中、万年县令。黄巢入长安，迫以伪官，不屈，骂贼死。”《新唐书》卷五十九《艺文志》（P1514）：“林慎思《伸蒙子》三卷，咸通中人。”《宋史》卷二百五《艺文志四》（P5172、P5209）：“林慎思《续孟子》二卷、《伸蒙子》三卷。”《文献通考》卷一百八十四《经籍考十一》（P1583）：“《续孟子》二卷，《崇文总目》：林慎思撰。慎思以为《孟子》七篇非轲著书，而弟子共记其言，不

能尽轲意，因传其说，演而续之。”《孟子注疏·序》亦提及此事。《四库全书总目》卷九十一《儒家类一》(P774—775)：“《续孟子》二卷，唐林慎思撰。慎思字虔中，长乐人。咸通十年进士。十一年又中宏词拔萃魁，授秘书省校书郎，兴平尉。寻除尚书水部郎中，守万年县令。黄巢之乱，抗节不屈死。《崇文总目》及郑樵《通志·艺文略》皆载是书二卷，与今本合。《崇文总目》载慎思之言曰：《孟子》七篇，非轲自著书，而弟子共记其言，不能尽轲意，因传其说演而续之。今观其书十四篇，大抵因《孟子》之言，推阐以尽其义。独其不自立论，而必假借姓氏，类乎《庄》、《列》之寓言。又如与民同乐本《庄》暴齐王之事，而移于隔章之乐正子、鲁君，义颇无取。然其委曲发明，亦时有至理，不可废也。昔扬雄作《太元》以拟《易》，王通作《中说》以拟《论语》，儒者皆有僭经之讥，蔡沈作《洪范九畴数》，《御纂性理精义》亦以其僭经，斥之不录。慎思此书，颇蹈此弊。然唐时《孟子》不号为经，故马总《意林》与诸子之书并列，而韩愈亦与荀、扬并称，固不能以后来论定之制为慎思责矣。”《四库全书总目》卷九十一《儒家类一》(P775)：“《伸蒙子》三卷，唐林慎思撰。前有慎思自序曰：旧著《儒范》七篇，辞艰理僻，不为时人所知。复研精覃思，一旦斋沐祷心灵，是宵梦有异焉。明日召蓍祝之，得蒙之观，曰伸蒙入观，通明之象也。因自号伸蒙子。又曰：尝与二三子辨论兴亡，敷陈古今，编成上、中、下三卷。《槐里辨》三篇，象三才，叙天、地、人之事。《泽国纪》三篇，象三人，叙君、臣、人之事(按唐人避太宗讳，故以君臣民为君臣人)。《时喻》二篇象二教，叙文武之事。今观其书，上卷设为干禄先生、知道先生、求己先生问答；中卷设为弘文先生、如愚子、卢乳子问答；下卷则自抒己说。惟上卷喻时一篇，释仲尼小天下之义，词不近理。其余皆持论醇正，非唐时天隐、无能诸子所可仿佛。”

【考论】

林慎思(844—880)，字虔中，号伸蒙子。自幼好学，唐咸通十年中进士，复中宏词拔萃魁，历任秘书省校书郎、兴平县尉，执法甚严。后升为尚书水部郎中。时僖宗不理朝政，慎思屡谏，不被采纳。外放任长安万年县令,吏治清明。广明元年(880 年),黄巢攻占长安,慎思领官兵迎战,力尽被擒,委官不受而死。

林慎思的思想博采儒、道、法诸家,独成一家之言。其政治观宗儒家,认为儒家学说是治国的指导原则,"其言式万代,其政训百王,譬日月不可掩,山川不可迁也",并指出统治阶级的奢侈、酷暴、荒淫等行为违背了儒家学说,是导致亡国的决定性因素。其历史进化论承袭法家,自然观与荀子相通,又从道家吸取了朴素的辩证法思想。在治民上,主张须用"恩刑"两手。在科举上,主张惟贤是举。传世著作有《伸蒙子》三卷、《续孟子》二卷。参见《诸子百家大辞典》。

【相关论著举目】

赵清文:《林慎思的天道观及其教化意义》,《郑州轻工业学院学报》(社会科学版),2009 年第 5 期

赵清文:《林慎思的政治伦理思想初探》,《辽宁工程技术大学学报》(社会科学版),2008 年第 4 期

赵清文:《林慎思的人性论及其教化意义》,《长安大学学报》(社会科学版),2008 年第 2 期

李葆华:《林慎思〈续孟子〉对孟子的解读》,《北方论丛》,2005 年第 3 期

杨雅文:《浅议林慎思的人才学思想》,《烟台师范学院学报》,1997 年第 2 期

施光明:《林慎思及其〈伸蒙子〉述论》,《福建论坛》,1989 年第 4 期

僖宗中和元年　辛丑(881)

◎陆龟蒙约卒于是年

【文献】

《新唐书》卷一百九十六《陆龟蒙传》(P5612—5613):"陆龟蒙字

鲁望，元方七世孙也。父宾虞，以文历侍御史。龟蒙少高放，通《六经》大义，尤明《春秋》。举进士，一不中，往从湖州刺史张抟游，抟历湖、苏二州，辟以自佐。……居松江甫里，多所论撰，虽幽忧疾痛，赀无十日计，不少辍也。……乐闻人学，讲论不倦。……时谓江湖散人，或号天随子、甫里先生，自比涪翁、渔父、江上丈人。后以高士召，不至。李蔚、卢携素与善，及当国，召拜左拾遗。诏方下，龟蒙卒。光化中，韦庄表龟蒙及孟郊等十人，皆赠右补阙。"《四库全书》第1035册《唐摭言》卷十(P774)："陆龟蒙，字鲁望，三吴人也。幼而聪悟，文学之外，尤善谈笑，常体江谢赋事，名振江左。居于姑苏，藏书万余卷。诗篇清丽，与皮日休为唱和之友，有集十卷，号曰《松陵集》。中和初，遘疾而终。"《四库全书》第1479册《唐诗纪事》卷六十四(P912)："(龟蒙)中和初遇疾而卒。"《新唐书》卷五十八、卷六十《艺文志二、四》(P1484、P1608)："陆龟蒙《小名录》五卷。""陆龟蒙《笠泽丛书》三卷。又《诗编》十卷，《赋》六卷。"又有《耒耜经》一卷，原载《笠泽丛书》中。据《四库总目提要》卷一百二(P854)："《耒耜经》一卷。唐陆龟蒙撰。……是编记犁制特详。犁与耒耜，今古异名也。次及镵，因又及爬与砺碎，而以碌碡终焉。叙述古雅，其词有足观者。旧载《笠泽丛书》中，故唐、宋《艺文志》皆不载，陈振孙《书录解题》始自出一条，意宋末乃别行也。"

【考论】

陆龟蒙(？—881)，字鲁望，号江湖散人、天随子、甫里先生，吴郡(今江苏苏州)人，晚唐学者、文学家。举进士不第后，隐居不仕。虽隐居不出，仍关注社会生活，强调诗文的讽劝作用，写下了很多讽世短文。著有《笠泽丛书》三卷、《甫里先生文集》、《小名录》等。其著专门记述农具的《耒耜经》，在中国农业科技史上有重要的价值。该书原载《笠泽丛书》中，后陈振孙《书录解题》自出一条，说明宋代可能已单独成书。其生卒年不详，史载其"中和初卒"，暂志于此。参见刘学智等主编《中国学术思想编年》之《隋唐五代卷》。

【相关论著举目】

李福标:《皮陆唱和与唐代苏州藏书》,《中国典籍与文化》,2007年第2期

李福标:《论皮陆齐名与皮陆文集编纂之间的关系》,《中国典籍与文化》,2005年第1期

李福标:《皮陆唱和的心理分析》,《学术研究》,2002年第4期

高林广:《陆龟蒙诗学思想论略》,《集宁师专学报》,2000年第3期

孙桂平:《〈松陵集〉的思想底蕴:儒、释、道并存与疏离》,《集美大学学报》,2002年第1期

孙桂平:《〈松陵集〉中皮陆的生活理想:闲隐雅三位一体》,《集美大学学报》,2001年第2期

钟德恒:《关于陆龟蒙的考辨》,《贵州民族学院学报》,1994年第1期

李锋:《陆龟蒙生卒年考》,《古籍整理研究学刊》,1989年第3期

韩云波:《陆龟蒙的隐逸及其与文学的关系》,《西南师范大学学报》,1987年S2期

僖宗中和四年　甲辰(884)

○皮日休约卒于此年

【文献】

《四库全书》1083册皮日休《文薮原序》(P159):"咸通丙戌中,日休射策不上第,退归州来别墅,编次其文,复将贡于有司。发箧丛萃,繁如薮泽,因名其书曰《文薮》焉。……《皮子世录》著之于后,亦《大史公自序》之意也。凡二百篇,为十卷,览者无诮矣。"《四库总目提要》卷一百五十一《集部·别集类》(P1300):"日休字袭美,襄阳人,居于鹿门山,自号醉吟先生,登咸通八年进士,官太常博士。""今观集中

书序论辨诸作，亦多能原本经术，其《请孟子立学科》、《请韩愈配飨太学》二书，在唐人尤为卓识，不得仅以词章目之。”事又见《唐才子传》卷八《皮日休》，《全唐文》卷七百九十六有传。

《经学通论·〈三礼〉》(P4)：“唐皮日休有补《大戴礼·祭法》。”《全唐文》卷七百九十八有其《补〈大戴礼·祭法〉》，卷七百八十九有其文《春秋决疑十篇》。

【考论】

皮日休(约834—约884，一说880)，先字逸少，后改袭美，居鹿门山，自号鹿门子，又号间气布衣、醉吟先生，襄阳(今属湖北)人，唐儒者、文学家。少年读书于鹿门山并从事农耕。咸通七年(866)应进士，未第，自编诗文集，名《文薮》。咸通八年(867)登进士第，咸通十年为苏州刺史从事，与陆龟蒙相识，并以诗唱和。十三年(872)擢为著作佐郎、太常博士，后任毗陵副使。《新唐书·艺文志》著录有《皮日休集》十卷，《胥台集》七卷，《文薮》十卷，《诗》一卷。

皮日休继王通、韩愈之后，又一次张扬儒家道统，试图以此挽救晚唐颓败的国势。在文学上继承了中唐乐府运动的现实主义传统，推崇韩愈的“文以载道”。其诗文直陈时弊，揭露统治者昏庸残暴，批判官吏贪赃枉法、割据称雄，同情百姓之肉袒受笞，指斥“古之置吏也，将以逐盗；今之置吏也，将以为盗”(《文薮》卷九《鹿门隐书》P219)，“君为秽壤，臣为贼尘”(《文薮》卷六《心箴》P193)，把矛头直接指向统治阶级。为解决社会种种难题，皮日休提出了复兴儒家的仁政王道的主张，推崇圣贤尧、舜、禹、汤、周公、孔子、孟子、荀子等，另加扬雄、王通、韩愈续其道统。以孟子、韩愈来重续儒家道统，对宋明理学有一定影响。皮日休于国家危难之际倡扬儒家道统，追求理想的王道政治，试图改革社会现实，挽救衰世乱政，体现了儒者的济世情怀。

关于其卒年，一说因皮日休降于黄巢，黄巢兵败后为唐王朝所杀，见《唐书》、陆游《老学庵笔记》引《该闻录》，则当卒于中和四年。又一说因故为巢所杀，见孙光宪《北梦琐言》、钱易《南部新书》、辛文房《唐才子传》等，则当卒于广明元年至中和四年之间。另一说尹洙《河南集》中《大理寺丞皮子良墓志》谓日休奔钱氏，“避广明之难，徙籍会稽，及钱氏王其地，遂依之，官太常博士，赠礼部尚书。”《四库全书》第 865 册陆游《老学庵笔记》卷十(P88)亦谓：“《该闻录》言：‘皮日休陷黄巢为翰林学士，巢败被诛。’今《唐书》取其事。按：尹师鲁作《大理寺丞皮子良墓志》称：‘曾祖日休，避广明之难，徙籍会稽，依钱氏，官太常博士，赠礼部尚书。祖光业，为吴越丞相。父璨，为元帅府判官。三世皆以文雄江东。’据此，则日休未尝陷贼为其翰林学士被诛也。光业见《吴越备史》颇详。”则日休终于吴越，其卒年更不可考。还有一说姜亮夫《唐代人物年里碑传综表》以为皮卒年为公元 880 年，云“日休撰文中小碑自言后通二百五十岁生，则生文宗太和中”。还有认为唐会昌元年(841)生，天复二年(902)卒之说，兹不备举。因史料匮乏，难以详考，暂志于中和四年黄巢兵败之时。《中国学术思想编年》之《隋唐五代卷》。

【相关论著举目】

亢巧霞：《皮日休生平事迹辨补》，《湖南科技学院学报》，2011 年第 9 期

商爱玲、张鸿：《为了仁政理想的批判：皮日休政治思想解析》，《前沿》，2011 年第 5 期

王锡九：《“皮陆”小考》，《古典文学知识》，2010 年第 1 期

赵鹏鸽：《皮日休的〈诗经〉阐释》，《河北师范大学学报》(哲学社会科学版)，2009 年第 5 期

高徽征：《皮日休对儒家传统的继承与突破》，《太原科技大学学报》，2009 年第 2 期

张丽：《百年皮日休研究综述》，《安徽文学》(下半月)，2006 年第 10 期

李妍：《20 世纪皮日休研究述略》，《牡丹江师范学院学报》，2006 年第 6 期

亢巧霞：《皮日休及第前后思想和创作特色及原因》，《厦门大学

学报》,2005 年第 5 期
王辉斌:《皮日休行事探说》,《太原师范学院学报》,2005 年第 1 期
赵荣蔚:《论皮日休尊儒重道思想的时代内涵》,《南京师大学报》,2000 年第 2 期
陈启智:《论皮日休、柳开的儒学与道统思想》,《湛江师范学院学报》,1997 年第 2 期
马丕环:《皮日休年谱会笺(上)、(下)》,《宝鸡文理学院学报》,1996 年第 1、2 期
李福标:《皮日休诸问题探讨》,《延安大学学报》,1994 年第 4 期
王国轩:《皮日休与晚唐儒学》,《孔子研究》,1989 年第 1 期
郭义淦:《皮日休籍贯考》,《湖北大学学报》,1984 年第 5 期
刘国盈:《皮日休和古文运动》,《云南师范大学学报》,1983 年第 1 期
黄保真:《论皮日休的文学思想》,《学术月刊》,1982 年第 5 期
步近智:《唐末五代皮日休、无能子、谭峭的进步思想》,《历史教学》,1980 年第 12 期
唐玲玲:《皮日休简论》,《华中师范大学学报》,1978 年第 4 期
李菊田:《皮日休生平事迹考(并与缪彦威先生及萧涤非先生商榷)》,《河北师范大学学报》,1958 年第 1 期
缪钺:《皮日休的事迹思想及其作品》,《四川大学学报》,1955 年第 2 期

○《历代崇道记》成

【文献】

《全唐文》卷九百三十三《历代崇道记》:“中和四年十二月十五日,上都太清宫文章应制弘教大师赐紫道士臣杜光庭上讲。谨记。”《宋史》卷二百五《艺文志》(P5190):“杜光庭《历代帝王崇道记》一卷。”《通志·

艺文略》(P1616):"《历代帝王崇道记》一卷,杜光庭撰。"

【考论】

《历代崇道记》,杜光庭撰,成于僖宗中和四年,一卷,论述了周穆王以来历代帝王崇奉道教,建立宫观,开度道士之事,尤详于唐代,其中唐代明皇朝和僖宗朝事更详。书中纂录周秦汉魏历代崇道之事有乖史实,唐代帝室崇道则较为可信,仍不免有虚夸之处,据此可见唐代道教之盛。书末称"大道垂休,圣祖昭佑,洪图延永,唐祚无疆",可见其取媚统治者之意。《通志·艺文略》、《宋史·艺文志》著录作一卷,题为《历代帝王崇道记》。《道藏》收入洞玄部记传类,题作《历代崇道记》。

僖宗光启二年　丙午(886)

○苏鹗登进士第,撰有《周易开玄关》等

【文献】

《郡斋读书志》卷一(P25):"《周易开玄关》一卷,右唐苏鹗撰。鹗《自序》云:'五代祖晋,官至吏部侍郎,学兼天人,尝著《八卦论》,为世所传,遭乱遗坠,而编简尚有存者,鹗乃略演其旨于此。'"《文献通考》卷一百七十五(P1517)录:"《周易开元关》一卷,晁氏曰:唐苏鹗撰。自序云:五代祖晋,官至吏部侍郎,学兼天人,尝制《八卦论》,为世所传,遭乱遗坠,而编简尚有存者,鹗乃略演其旨于此。"《四库全书总目》卷一百十八《杂家类二》(P1016):"《苏氏演义》二卷,唐苏鹗撰。鹗字德祥,武功人。宰相颋之族也。光启中登进士第。仕履无考。尝撰《杜阳杂编》,世有传本。此书久佚,今始据《永乐大典》所引裒辑成编。杂编特小说家言,此书则于典制名物具有考证。书中所言,与世传魏崔豹《古今注》、马缟《中华古今注》多相出入,已考证于《古今注》条下。然非《永乐大典》幸而仅存,则豹书之伪犹可考见,缟书之剿袭竟无由证明。此固宜亟为表章,以明真赝。况今所存诸条为二

书所未刺取者，尚居强半。训诂典核，皆资博识。陈振孙《书录解题》称其考究书传，订正名物，辨证讹缪，可与李涪《刊误》、李济翁《资暇集》、邱光庭《兼明书》并驱，良非溢美，尤不可不特录存之，以备参稽也。原书十卷。今掇拾放佚，所得仅此。古书亡失，愈远愈稀，片羽吉光，弥足珍贵。是固不以多寡论矣。"《四库全书总目》卷一百四十二(P1209)："《杜阳杂编》三卷，唐苏鹗撰。鹗有《演义》，已著录。此编所记，上起代宗广德元年，下尽懿宗咸通十四年，凡十朝之事，皆以三字为标目。其中述奇技宝物，类涉不经。大抵祖述王嘉之《拾遗》、郭子横之《洞冥》，虽必举所闻之人以实之，殆亦俗语之为丹青也。所称某物为某年某国所贡者，如日林、大林、文单、吴明、拘弭、大轸、南昌、渤东、条支、鬼谷、河陵、兜离，《唐书·外国传》皆无此名，诸帝本纪亦无其事。即如夫余国久并于渤海大氏，而云武宗会昌元年夫余来贡；罽宾地接葱岭，《汉书》、《唐书》均有明文，而云在西海，尤舛迕之显然者矣。然铺陈缛艳，词赋恒所取材，固小说家之以文采胜者。读者挹其葩藻，遂亦忘其夸饰，至今沿用，殆以是与。其曰《杜阳杂编》者，晁公武《读书志》谓鹗居武功之杜阳，盖因地以名其书云。"

僖宗光启四年　戊申(888)

○昭宗好文重儒

【文献】

《旧唐书》卷二十上《昭宗纪》(P735—736)："文德元年二月，僖宗暴不豫。……三月六日，宣遗诏立为皇太弟。八日，柩前即位，时年二十二。以司空韦昭度摄冢宰。己丑，见群臣，始听政。帝攻书好文，尤重儒术，神气雄俊，有会昌之遗风。以先朝威武不振，国命浸微，而尊礼大臣，详延道术，意在恢张旧业，号令天下。即位之始，中外称之。"事又见《资治通鉴》卷二百五十七《唐纪七十三》。

昭宗大顺元年　庚戌(890)

○二月,孔纬请助修国学

【文献】

《旧唐书》卷二十上《昭宗纪》(P740):"二月丁巳,宰臣兼国子祭酒孔纬以孔子庙经兵火,有司释奠无所,请内外文臣自观察使、制使下及令佐,于本官料钱上缗抽十文,助修国学,从之。"《唐会要》卷三十五《褒崇先圣》(P640):"大顺元年二月,宰臣兼国子祭酒孔纬奏:'文宣王祠庙,经兵火焚毁,有司释奠无所,请内外文臣,各于本官料钱上,每一缗抽十文,助修国学。'从之。"

事又见《旧唐书》卷一百七十九《孔纬传》、《册府元龟》卷六百四、《全唐文》卷八百四《请助修孔子庙奏》。

昭宗乾宁元年　甲寅(894)

○李蹊约卒于此年前后,撰有《易之心要》、《注论语》等

【文献】

《旧唐书》卷一百五十七《李鄘传》附传(P4149—4150):"(李鄘之子)柱子蹊,字景望,博学多通,文章秀绝。大中十三年,一举登进士第。……至乾宁初,又上第十一表,乃复命为相。数月,与昭度同为王行瑜等所杀。蹊自在台省,聚书至多,手不释卷,时人号曰'李书楼'。所撰文章及注解书传之阙疑,仅百余卷。经乱悉亡。王行瑜死,德音昭雪,赠司徒,谥曰文。"《北梦琐言》卷六《李公蹊行状》(P116):"其平生著文,有《百家著诸心要文集》三十卷,《品流志》五卷,《易之心要》三卷,《注论语》一部,《明无为》上下二篇,《义说》一

篇。仓卒之辰，毁于贼火，时人无所闻也，惜哉！”

昭宗乾宁二年　乙卯(895)

○正月，陆希声为户部侍郎

【文献】

《新唐书》卷六十三《宰相表下》(P1750)：“正月己巳，给事中陆希声为户部侍郎，同中书门下平章事。”《新唐书》卷十《昭宗纪》(P291)：“二年正月己巳，给事中陆希声为户部侍郎、同中书门下平章事。”《资治通鉴》卷二百六十《唐纪七十六》(P8462)：“己巳，以给事中陆希声为户部侍郎、同平章事。希声，元方五世孙也。”

○陆希声撰有《周易传》、《春秋通例》等

【文献】

《新唐书》卷五十七《艺文志》(P1426)：“陆希声《周易传》二卷。”《宋史》卷二百二《艺文志一》(P5035)：“陆希声《传》十三卷。”《文献通考》卷一百七十五《经籍考二》(P1516)：“陆希声《易传》，《崇文总目》：唐右拾遗陆希声撰。希声作《易传》十篇，《易图》、《指说》、《释变》、《微旨》四篇。初，陇西李阮学其说，以为上、下《经传》二篇，思属近妙，故希声自为之解；余篇差显，不复为注。盖近世之名家欤？今二篇外，余篇逸。晁氏曰：《微旨》三卷，皆设问答。陈氏曰：按《唐志》有《易传》二卷，《中兴书目》作六卷，别出《微旨》三卷。今所谓《解说》者，上、下经共一册，不分卷。有《序》，言著《易传》十篇。七篇以上，解《易》义之渊微；八篇以下，广《易》道之旁行，第为六卷；又撰《易图》、《指说》、《释变》、《微旨》各一卷，通为十卷。其上、下《经》，盖第一、第二篇。经文一句，传亦一句。门人以为难晓，故复为之解。然

则其全书十卷,不尽传矣。家旧惟有《微旨》,续得《解说》一编,始知其详。"《郡斋读书志》卷一(P22):"《周易微指》三卷,右唐陆希声撰。希声仕至右拾遗。大顺中,弃官居阳羡,自号君阳遁叟。著《传》十卷,别撰《易图》一,《指说》一,《释变》一,《微旨》一,通十卷。此《微旨》也,皆设问答。《崇文总目》止有二篇。"《资治通鉴》卷二百六十《唐纪七十六》(P8467):"户部侍郎、同平章事陆希声罢为太子少师。"《文献通考》卷一百八十二《经籍考九》(P1568):"《春秋通例》,《崇文总目》:唐陆希声撰。因三家之例,裁正其冗,以通《春秋》之旨。"《新唐书》卷五十七《艺文志》(P1441):"陆希声《春秋通例》三卷。"《宋史》卷二百二《艺文志一》(P5057):"陆希声《春秋通例》三卷。"《清史稿》卷一百四十五《艺文志》(P4247):"唐陆希声《春秋通例》一卷。"《新唐书》卷五十九《艺文志三》(P1517):"陆希声《道德经传》四卷。"参见《全唐文》卷八百十三《道德真经传序》。《文献通考》卷二百十一《经籍考三十八》(P1730):"《道德经传》四卷,《崇文总目》:唐陆希声撰。传疏道德二经义。"

《全唐文》卷八百一十三陆希声《周易传序》(P8553):"予乾符初任右拾遗,岁莫端居,梦在大河之阳,旷野数百里,有三人偃卧东首,长各数十丈。有告者曰:"上伏羲,中文王,下孔子也。"三圣皆无言,意中甚愕,寤而震悸。伏而思之,河与天通,图之自出。三圣衡列,乾之象也。天道无言,示人以象。天将以易道畀予乎?由是考核少小以来所集诸家注说,贯以自得之理,著《易传》十篇。传上经为第一,下经为第二,所以列彖象之微辞,测卦爻之奥义。第三篇演文言之纯粹,以显圣人之赜。第四篇伸系辞之微意,以彰《易》道之神。第五篇原作《易》之始,述列卦之序。第六篇释说卦之义,辨反对之相资。第七篇穷画卦象之由,生蓍奇耦之极。第八篇明权舆律吕之末,制作礼乐之原。第九通天下之理,第十成天下之务。别撰《作易图》一卷,《指说》一卷,《释变》一卷,《微旨》一卷。又以《易经》文字古今谬误,又《撰证》一卷。"

○陆希声约卒于此年

【文献】

《新唐书》卷一百一十六《陆希声传》(P4238):“希声博学善属文,通《易》、《春秋》、《老子》,论著甚多。商州刺史郑愚表为属。后去,隐义兴。久之,召为右拾遗。时俭腐秉权,岁数歉,梁、宋犹甚。希声见州县刓敝,上言当谨视盗贼。明年,王仙芝反,株蔓数十州,遂不制。擢累歙州刺史。昭宗闻其名,召为给事中,拜户部侍郎、同中书门下平章事。在位无所轻重,以太子少师罢。李茂贞等兵犯京师,舆疾避难。卒,赠尚书左仆射,谥曰文。”《全唐文》卷八百一十三(P8550)所述略同,并谓:“希声,苏州吴人。”《新唐书》卷六十三《宰相表下》(P1750):“正月己巳,给事中陆希声为户部侍郎、同中书门下平章事。”《新唐书》卷五十九、卷六十、卷五十七《艺文志》(P1517、P1605、P1426):“陆希声《道德经传》四卷。”“《李观集》三卷。陆希声纂。”“陆希声《周易传》二卷。”

【考论】

陆希声(约828—约895,一说约901),苏州吴(今江苏吴县)人,晚唐学者。昭宗乾宁二年(895)拜户部侍郎,同中书门下平章事,以太子太师罢。博学多识,尤善属文,著有《道德真经传》。此书旨在调和儒家与道家思想,其序言称:“仲尼之术兴于文,文以治情;老子之术本于质,质以复性。”又云:“仲尼阐三代之文,以扶其衰;老子据三皇之质,以救其乱,其揆一也。盖仲尼之术兴于文,文以治情;老氏之术本于质,质以复性。”(《道德真经传序》)陆希声以为道家学说与儒家学说二者相辅相成,是“质”与“文”的关系,“质”之用在于“复性”,“文”之用在于“治情”,因此可以“化情复性”、“以性正情”。与此相应,其文学思想提出“文以理为本,而辞、质在所尚”(《李观集序》),强调文质统一。大顺元年(890)将李观之文编为《李观集》(存《四库全书》),并为之序(见《全唐文》)。又著有《道德真经补》四卷(存《道藏》),见《唐书·艺文志》著录。《全唐文》卷八百一十三辑有《道德真经序》、《北户录序》、《李观集序》等。

陆希声之生卒年，史书不详。《四库全书》葛立方《韵语阳秋》卷八(P129—130)曰："(陆希声)尝著《易传》十卷。观其自序，以谓梦在大河之阳，有三人偃卧东首，上伏羲，中文王，下孔子，下以《易》道畀余。……且云：今年四十有七，已及圣人之年，于是作《易传》。"王运熙、顾易生《中国文学批评通史》卷三据此谓：陆在《周易传序》中"言其梦伏羲、文王、孔子，在乾符初(874)任右拾遗时，而无'今年四十有七'语。葛立方犹及见其书，所云年纪当不误。今据乾符元年年四十七推之，其生年当在文宗大和元年(828)(按：公元828年当为文宗大和二年，此有误)。又《新唐书》卷一百一十六《陆希声传》云李茂贞等犯京师，陆希声舆疾避难，卒。按李茂贞等逼京师、士民亡匿，事在昭宗乾宁二年及三年。陆希声乾宁二年三月已病(见其《仰山通智大师塔铭》)，今姑以乾宁二年为其卒年。又南唐刘崇远《金华子杂编》卷上云陆希声'昭宗朝登庸，辞疾不就，出游江外，获全危难'，其说与史传不同，录以备考。"(上海古籍出版社1996年版第603页注)今从其说，志于此年。参见《中国学术思想编年》之《隋唐五代卷》。

【相关论著举目】

许浩然：《吴融、陆希声交游考述》，《牡丹江师范学院学报》(哲学社会科学版)，2009年第6期

金林：《陆希声的〈道德真经传〉》(一)、(二)，《中国道教》，1999年第1期、第2期

张成权：《〈道德真经传〉：陆希声对儒道沟通的探索》，《合肥联合大学学报》，1998年第3期

刘固盛：《陆希声〈道德真经传〉简论》，《古籍整理研究学刊》，1998年Z1期

○九月，孔纬卒

【文献】

《旧唐书》卷二十上《昭宗纪》(P756)："癸亥，司空、门下侍郎、平

章事、太清宫修奉太庙等使、弘文馆大学士、延资库使、上柱国、鲁郡开国公孔纬卒，赠太尉。"《旧唐书》卷一百七十九《孔纬传》(P4651—4652)："乾宁二年五月，三镇入京师，杀宰相韦昭度、李谿。帝以大臣朋党，外交方镇，思用骨鲠正人，遣中使趋华州召纬入朝，以疾未任上路。六月，授太子宾客。其日之夕，改吏部尚书。翌日，拜司空，兼门下侍郎、同平章事、太清宫使，修奉太庙、弘文馆大学士、延资库使。阶爵、功臣名、食邑并如故。……孔氏自元和后，昆仲贵盛，至正卿方镇者六七人，未有为宰辅者，至纬始在鼎司。"

事又见《资治通鉴》卷二百六十。

◎晚唐历史笔记的勃兴

历史笔记的出现由来已久，而唐代则蓬勃发展，走向成熟。刘知幾说："偏记小说，自成一家。而能与正史参行，其所从来尚矣。"(《史通》卷十《杂述》P75)其作者初"始有意为小说"，逐渐形成一种"以备史官之阙"的历史意识，即为历史笔记。晚唐历史笔记勃兴，鲁迅《中国小说史略》及刘叶秋《历史笔记概述》所列举的诸多笔记小说，多出于晚唐人之手。如刘悚的《隋唐嘉话》、张鷟的《朝野佥载》、刘肃的《大唐新语》、李肇的《唐国史补》、韦绚的《刘宾客嘉话录》、封演的《封氏闻见记》、李德裕的《次柳氏旧闻》、郑处诲的《明皇杂录》、赵璘的《因话录》、李绰的《尚书故实》、范摅的《云溪友议》及高彦休的《唐阙史》等。作为历史琐闻笔记，这些多是作者根据自己的闻见来记述，站在不同的立场来评价，故较为真切。所以所记年代也不尽相同，如《朝野佥载》，记唐初至开元间事，《国史补》记开元至长庆年间事，《云溪友议》、《唐阙史》等则记唐末之事。书中涉及名人轶事、重要事件以及典章制度、社会风情、时尚所好等，虽难以入大典，但亦可从一个侧面反映中国封建社会在重要的历史转折时期之面貌，可起到为正史拾遗补缺之作用。如司马光《资治通鉴》等就广泛采用了这些书中的材料。历史笔记小说的勃兴，反映出中唐以后官修史书的效能减弱，遂使私家修史盛兴的学术动向。故胡三省说："盖中唐以后，家有私史。"(《资治通鉴》卷二百五十，咸通元年七月注)其所言私史，可能多指此类历史笔记。此学术风气也影响到五代，如王定保所撰《唐摭言》、孙光宪的《北梦琐言》等。(参见陶敏《隋唐五代文学史料学》P178—194)

【相关论著举目】

李彬：《从唐人笔记看唐代的新闻传播》，《新闻大学》1998 年夏

昭宗光化二年　己未(899)

○司空图作《疑经》、《疑经后述》二文

【文献】

《全唐文》卷八百九(P8502)司空图有《疑经》、《疑经后述》二文，《疑经后述》文末署"时光化中兴二年"。

○此年前后，以蒲帛征陈岳，不果

【文献】

《全唐文》卷八百二十九《陈岳》(P8731)："岳，吉州庐陵人。十举进士不第，江西钟传辟为从事。光化中议以蒲帛征之，不果，卒。"

○陈岳撰有《春秋折衷论》、《大唐统纪》等

【文献】

《四库全书》第 1035 册《唐摭言》卷十(P773)："陈岳，吉州庐陵人也，少以辞赋贡于春官氏，凡十上，竟抱至冤。晚年从豫章钟传，复为同舍所谮；退居南郭，以坟典自娱。因以博览群籍，尝著书商较前史

得失，尤长于班、史之业，评《三传》是非，著《春秋折衷论》三十卷；约《大唐实录》，撰《圣纪》一百二十卷。以所为述作，号《陈子正言》十五卷。其辞、赋、歌、诗，别有编帙。光化中，执政议以蒲帛征；传闻之，复辟为从事。后以谗黜，寻遘病而卒。”

《全唐文》卷八百二十九陈岳《春秋折衷论序》（P8731—8732）：“圣人之道，以《春秋》而显；圣人之文，以《春秋》而高；圣人之文，以《春秋》而微；圣人之旨，以《春秋》而奥。入室之徒，既无演释，故后之学者，多失其实。是致三家之《传》，并行于后，俱立学官焉。噫！绝笔之后，历战国之艰梗，经暴秦之焚荡。大汉初兴，未暇崇儒术。至武帝方设制策，延天下英隽。有董仲舒应谶记而通《春秋》，仲舒所业惟《公羊传》。仲舒既殁，则有刘向父子。向受业《穀梁》，歆业《左氏》。《左氏》之道，假歆而振。自斯学者愈茂，欲存《左氏》而废《公》、《穀》，则西汉鸿儒向歆。欲存《公》、《穀》而废《左氏》，则邱明与圣人同代。是以皆各专一《传》。夫经者本根也，传者枝叶也。本根正则枝叶固正矣，本根非则枝叶曷附焉？矧《公羊》、《穀梁》，第直释经义而已，无他蔓延。苟经义是，则传文亦从而是矣。经义非，则传文亦从而非矣。《左氏》释经义之外，复广记当时之事，备文当时之辞，与二《传》不类。或谓邱明受经于仲尼，岂其然欤？苟亲受之经，则当横经请问，研究深微，间不容发，安得时有谬误，致二《传》往往出其表邪？盖业《左氏》者以二《传》为证。以斯为证，谓与圣人同时，接其闻见可也，谓其亲受之经则非矣。闻不如见，见不如受。邱明得非见欤？公羊、穀梁得非闻欤？故《左氏》多长，《穀梁》多短，然同异之理，十之六七也。郑元、何休、贾逵、服虔、范宁、杜元凯，皆深于《春秋》者也，而不簸穅荡秕，芟稂抒莠，掇其精实，附于麟经。第各酿其短，互斗其长，是非千种，惑乱微旨，其弊由各执一家之学。学《左氏》者则訾《公》、《穀》，学《公》、《穀》者则诋左氏，乃有膏肓、废疾、墨守之辨设焉。谓之膏肓、废疾者，则莫不弥留矣，亡一可砭以药石者也。谓之墨守，则莫不坚劲矣，亡一可攻以利者也。”

《新唐书》卷五十七《艺文志一》（P1441）：“陈岳《折衷春秋》三十

卷，唐末钟传江西从事。”《新唐书》卷五十八《艺文志二》(P1461)：“陈岳《唐统纪》一百卷。”《宋史》卷二百二《艺文志一》(P5057)：“陈岳《春秋折衷论》三十卷。”《宋史》卷二百三《艺文志》(P5057)：“陈岳《唐统纪》一百卷。”《文献通考》卷一百八十二《经籍考九》(P1568)：“《春秋折衷论》三十卷，《崇文总目》：唐陈岳撰。以三家异同三百余条，参求其长，以通《春秋》之义。”《郡斋读书志》卷三(P111)：“《春秋折衷论》三十卷，右唐陈岳撰。以《左氏传》为上，《公羊传》为中，《穀梁传》为下，比其异同而折衷之。岳，唐末从钟传，辟为江西从事。”《清史稿》卷一百四十五《艺文志》(P4247)：“唐陈岳《春秋折衷论》一卷。”《文献通考》卷一百九十三《经籍考二十》(P1632)：“《大唐统纪》四十卷，陈氏曰：唐江南西道观察判官陈岳撰。用荀、袁体，起武德，尽长庆，为一百卷。今止武后如意，非全书也。”

【考论】

“光化”是昭宗年号，则陈岳当主要活动于僖宗、昭宗年间。其《春秋折衷论》已佚，仅存其《序》及辑佚本(见《玉函山房辑佚书》)，来于自宋人章如愚《山堂考索·续集》所录共二十七条，体例都是先列举《三传》异同，然后以“折衷曰……某某得其旨”作出裁决。作为《春秋》学史上继唐代“新春秋学”派之后出现的一部专著，其影响力不及“新春秋学”派，但亦有重要价值。

其价值首先表现在尊经上。陈岳以为《春秋》对于《三传》来讲具有至高无上的地位，其《折衷论序》言：“圣人之道，以《春秋》而显；圣人之文，以《春秋》而高；圣人之文，以《春秋》而微；圣人之旨，以《春秋》而奥。……故后之学者，多失其实。”(《全唐文》卷八百二十九《春秋折衷论序》P8731)又言：“夫经者，本根也；传者，枝叶也。”(《全唐文》卷八百二十九《春秋折衷论序》P8732)圣人之旨，惟在《春秋》，不应该舍经求传。由其对《春秋》经的无比推崇，可知他们继承了“新春秋学”尊崇《春秋》的观点。其次表现在融合《三传》之说解经上。在尊经的同时并不排斥《三传》，《三传》仍是其解经所依。陈岳有感于《三传》以门户互争长短之弊，从而另辟蹊径，力图融合《三传》来解经。陈岳在《折衷论序》中对两汉以来的《春秋》学进行了评价，言“郑玄、何休、贾逵、服虔、范宁、杜元凯皆深于《春秋》者也，而不簸粿荡秕，芟稂抒莠，掇其精华，各醜其短，互斗其长，是非千种，惑乱微旨，其弊由各执一家之学……”，意即《左氏》、《公》、《穀》各有短长，各家经解亦优缺互见，应该取各家之长。

陈岳“折衷说”得到了后人的高度评价，元代吴莱曾作《春秋折衷论后序》曰：“幸三家之说尚未泯，则唐陈岳之折衷此也，庶有得乎。”（吴莱：《春秋折衷论后序》，《玉函山房辑佚书》卷三十九）清代马国翰在《函山房辑佚书》中为其作序，言其“足与啖、赵、陆三家抗衡唐代矣。”（清马国翰：《春秋折衷论·马国翰序》，《玉函山房辑佚书》卷三十九）清朱彝尊评曰：“考岳书凡三十卷，十不有一，唐人说《春秋》者，啖、赵、陆三家而外传者罕矣，虽断圭零璧，亦足宝也。”（清朱彝尊：《经义考》卷一百七十八，《四部备要》本）另外，陈岳之说在唐代亦得到了肯定，司空图曾作《疑经》一文与陈岳《折衷论》互补，他在《疑经后述》中说“钟陵秀士陈用拙出其宗人岳所作《春秋折衷论》数十篇，赡博精致，足以下视两汉迂儒矣。”（唐司空图《疑经后述》，《全唐文》卷八百九第8502页）均给予陈岳《折衷论》以高度评价。

【相关论著举目】

陈光崇：《记晚唐史家姚康和陈岳》，《史学史研究》，1984年第2期

○钟传卒

【文献】

《新五代史》卷四十一《钟传传》（P446）：“钟传，洪州高安人也。……传居江西三十余年，累拜太保、中书令，封南平王。天祐三年，传卒，子匡时自称留后，请命于唐。”

昭宗光化三年　庚申(900)

○柳璨纂《柳氏释史》

【文献】

《新唐书》卷二百二十三下《柳璨传》(P6359):"柳璨字炤之,公绰族孙也。为人鄙野,其家不以诸柳齿。少孤贫,好学,昼采薪给费,夜然叶照书,强记,多所通涉。讥诃刘子玄《史通》,著《析微》,时或称之。颜荛判史馆,引为直学士,由是益知名。迁左拾遗。昭宗好文,待李磎最厚,磎死,内常求似磎者。或荐璨才高,试文,帝称善,擢翰林学士。"《新唐书》卷六十《艺文志四》(P1625):"《柳氏释史》十卷,柳璨。一作《史通析微》。"《唐会要》卷六十三《修前代史》(P1092):"光化三年,直史馆柳璨,以刘子元所撰《史通》,议驳经史过当,纪子元之失,别纂成十卷,号《柳氏释史》,又号《史通析微》。"《郡斋读书志》卷七(P296):"《史通析微》十卷,右唐柳璨昭之撰。璨以刘子玄《史通》妄诬圣哲,评汤之德为伪迹,论桀之恶为厚诬,谤周公云不臣,褒武庚以殉节,其甚至于弹劾仲尼,因讨论其舛谬,共成五十篇。萧统云:'论则析理精微。'故以为名。乾宁四年书成。《唐史》云:璨,公绰族孙。少孤贫,好学,著《史通析微》,时或称之。起布衣,至为相,不四岁。按《唐纪》,相璨在天祐改元,则书成时,犹未仕也。"《郡斋读书后志》卷一《史评类》又录《史通析微》十卷。

【考论】

关于《柳氏释史》的撰作时间,有两种说法,一说以为入仕前的乾宁四年;一说以为入史馆后的光化三年。《新唐书》曰:"少孤贫,好学,昼采薪给费,夜然叶照书,强记,多所通涉。讥诃刘子玄《史通》,著《析微》,时或称之。"《郡斋读书后志》曰:"乾宁四年书成",《唐史》云:"灿公绰族孙。少孤贫,好学,著《史通析微》,时或称之。起布衣。"两书皆以为仕前,其书已成。《旧唐书》卷一百七十九《柳璨传》

曰"尤精汉史,鲁国颜荛深重之。荛为中书舍人,判史馆,引为直学士。璨以刘子玄所撰《史通》讥驳经史过当,璨纪子玄之失,别为十卷,号《柳氏释史》,学者伏其优赡",《唐会要》亦称"光化三年,直史馆柳璨",皆谓书成于柳璨入史馆后光化三年作成。两说相差四年左右。今从《唐会要》,志于此年。

五代经学学术编年

五代后梁太祖开平元年（唐哀帝天祐四年） 丁卯（907）

○《唐登科记总目》载唐初至哀帝天祐四年历年登科人数

【文献】

《文献通考》卷二十九《选举考二》（P276—280）："《唐登科记》总目：高祖武德元年上书拜官一人，二年、三年、四年，不贡举。……天祐二年，进士二十三人，诸科二人。三年，进士二十五人，诸科四人。四年，进士二十人，诸科二人。右唐二百八十九年逐岁所取进士之总目。"

【考论】

此处的"进士之总目"，实际所载不限于进士。列《总目》之后，马端临《文献通考》卷二十九《选举考二》（P280）又加按语云："按：昌黎公《赠张童子序》言：'天下之以明二经举，其得升于礼部者，岁不下三千人，谓之乡贡；又第其可进者，属之吏部，岁不及二百人，谓之出身。'然观《登科记》所载，虽唐之盛时，每年礼部所放进士及诸科，未有及五七十人者，与昌黎所言不合。又开元十七年，限天下明经、进士及第每年不过百人，又太和敕进士及第不得过四十人，明经不得过百一十人。然记所载逐年所取人数如此，则元未尝过百人，固不必为之限也。又明经及第者，姓名尤为寥寥，今曰不得过百一十人，则是每科尝过此数矣，岂《登科记》所载未备而难凭邪？《唐史》、《摭言》载华良夫为京兆解不第，以书让考官曰：'圣唐有天下垂二百年，登进士科者三千余人。'以此证之，则每岁所放不及二十人也，《登科记》不误矣。"按语数次提及《登科记》，则马端临亲见《唐登科记考》，此总目应是根据他所见的登科记而编制。（参见傅璇琮《唐代科举与文学》）

○敕举士

【文献】

《文献通考》卷三十《选举考三》(P281):"梁太祖开平元年,敕:'近年举人,当秋荐之时,不亲试者号为"拔解",今后宜止绝。'又敕:'礼部贡院每年所放明经及第,不得过二十人。'"

事又见《登科记考》卷二十五。

后梁太祖开平三年　己巳(909)

○每年放明经及第不得超过二十人

【文献】

《登科记考》卷二百五十五(P937):"三年己巳,是年,敕条流礼部贡院,每年放明经及第不得过二十人。"

【相关论著举目】

赵荣蔚:《南唐登科记考》,《盐城师范学院学报》(人文社会科学版),2003 年第 2 期

○十二月,国子监奏克留俸钱以修建文宣王庙

【文献】

《五代会要》卷十六《国子监》(P275):"梁开平三年十二月,国子监奏:'修建文宣王庙,请率在朝及天下见任官,俸钱每贯克留一十五文。'"

后唐同光二年　甲申(924)

○四月,敕进书官纳书

【文献】

《五代会要》卷十八《史馆杂录》(P302):"后唐同光二年四月,史馆司四库书,自广明年后散失,伏乞许人进纳,仍中书门下降敕条件。敕:'进书官纳到四百卷以下,皆成部帙,不是重叠及纸墨书写精细,已在选门未合格人,每一百卷与减一选;无选减者,注官日优与处分。无官者,纳书及三百卷,特授试衔。'"

【考论】

史馆所司四库书,自广明年后多有散失。是年,敕令进书官纳到四百卷书,否则加以处分。如果无官,纳书到三百卷,特授试衔。此举乃统治者为恢复文化事业而为,表明了统治者对文化事业的重视。

后唐同光三年　乙酉(925)

○七月,奏改弘文馆为崇文馆,从之

【文献】

《旧五代史》卷三十三《庄宗纪七》(P453):"丁未,弘文馆上言:'请依《六典》,改弘文馆为崇文馆。'从之。时枢密使郭崇韬亡父名弘,豆卢革希崇韬指,奏而改之。"《五代会要》卷十八《弘文馆》(P305):"后唐同光三年七月,弘文馆奏:'请依六典故事,改弘文馆为崇文馆。'敕:'崇文馆比与弘文馆并置,今请改称,颇协旧典。'从之。"

○敕礼部所试委中书门下细详覆奏

【文献】

《文献通考》卷三十《选举考三》(P281):“后唐庄宗同光三年,敕:‘今年新及第进士符蒙正等,令翰林院覆试。升王徽、桑维翰居魁、亚,降符蒙正第四。今后礼部所试,委中书门下子细详覆奏闻。’”

后唐明宗天成元年　丙戌(926)

○马缟请别立亲庙

【文献】

《旧五代史》卷一百四十二《礼志上》(P1894):“天成元年,中书舍人马缟奏曰:‘伏见汉、晋已来,诸侯王宗室承袭帝统,除七庙之外,皆别追尊亲庙。汉光武皇帝立先四代于南阳,其后桓帝已下,亦皆上考前修,追崇先代。乞依两汉故事,别立亲庙。’诏下尚书省,集百官定议。礼部尚书萧顷等议曰:‘伏见方册所载,圣概所存,将达蘋藻之诚,宜有棨棁之制。臣等集议,其追尊位号及建庙都邑,乞特降制命,依马缟所议。’”事又见《全唐文》卷八百四十九马缟文《请依两汉故事别立亲庙议》。

《旧五代史》卷一百四十二《礼志上》(P1894—1895):“刑部侍郎、权判太常卿马缟复议曰:‘伏准两汉故事,以诸侯王宗室入承帝统,则必追尊父祖,修树园陵,西汉宣帝、东汉光武,孝飨之道,故事具存。自安帝入嗣,遂有皇太后令,别崇谥法,追曰某皇,所谓孝德、孝穆之类是也。前代惟孙皓自乌程侯继嗣,追封父和为文皇帝,事出非常,不堪垂训。今据礼院状,汉安帝以下,若据本纪,又不见“帝”字。伏以谥法“德象天地曰帝”。伏缘礼院已曾奏闻,难将两汉故事,便述尊名,请诏百官集议。’”

事又见《全唐文》卷八百四十九马缟文《追尊不宜兼用帝字议》。

后唐明宗天成三年　戊子(928)

○崔协为国子祭酒

【文献】

《旧五代史》卷三十九《明宗纪五》(P534)："己未，中书门下奏，国子祭酒，望令宰相兼判。[案《五代会要》载原奏云：祭酒之资，历朝所贵，爰从近代，不重此官。况属圣朝，方勤庶政，须宏雅道，以振时风。望令宰臣一员，兼判国子祭酒。(《旧五代史考异》)]乃诏崔协判之。"事又见《五代会要》卷十六《国子监》。《文献通考》卷四十一《学校考二》(P394)："后唐天成三年正月，中书门下奏：'伏以祭酒之资，历朝所贵，爰从近代，不重此官。况属圣朝，方勤庶政，须弘雅道，以振儒风。望令宰臣一员兼判国子祭酒。'敕：'宜令宰臣崔协兼判。'其年八月十一日，宰臣兼判国子祭酒崔协奏：'请国子监每年只置监生二百员，候解送至十月三十日满数为定。又请颁下诸道州府，各置州学。如有乡党备谙、文行可举者，录其事实申监司，方与解送。但一身就业，不得影庇门户。兼太学书生，亦依此例，不得因此便取公牒，辄免本户差役。又每年于二百人数内，不系时节，有投名者，先令学官考试，校其学业深浅，方议收补姓名。'敕：'宜依。'"《文献通考》卷四十六《学校考七》(P431)："后唐天成三年，宰臣兼判国子祭酒崔协奏：'请颁下诸道州府，各置官学。如有乡党备谙、文行可举者，录其事实申监司，方与解送。但一身就业，不得影庇门户。'"

事又见《全唐文》卷八百三十九崔协文《请令国子监学生束修光学等钱充公使奏》、《旧五代史》卷五十八《崔协传》。

○博士吕朋龟请立景宗皇帝庙于园所，命使奉册书宝绶，上谥于庙

【文献】

《旧五代史》卷一百四十三《礼志下》(P1916)："天成三年十一月，太常定唐少帝为昭宣光烈孝皇帝，庙号景宗。博士吕朋龟奏：'谨按礼经，臣不诔君，称天以谥之，是以本朝故事，命太尉率百僚奉谥册告天于圜丘，回读于灵座前，并在七月之内，谥册入陵。若追尊定谥，命太尉读谥册于太庙，藏册于本庙。伏以景宗皇帝，顷负沉冤，岁月深远，园陵已修，不祔于庙，则景宗皇帝亲在七庙之外。今圣朝申冤，追尊定谥，重新帝号，须撰礼仪。又，《礼》云：君不逾年不入宗庙。且汉之殇、冲、质，君臣已成，晋之惠、怀、愍，俱负艰难，皆不列庙食，止祀于园寝。臣等切详故实，欲请立景宗皇帝庙于园所，命使奉册书宝绶，上谥于庙，便奉太牢祀之，其四时委守奉荐。请下尚书省集三省官详议施行。'右散骑常侍萧希甫等议请依礼院所奏。奉敕：宜令本州城内选地起庙。乃于曹州立庙。"

事又见《全唐文》卷八百四十八吕朋龟文《少帝谥号议》。

○十二月，史馆奏请张昭远修史

【文献】

《五代会要》卷十八《修国史》(P298—299)："后唐天成三年十二月，史馆奏：'据左补阙张昭状："尝读国书，伏见懿祖昭烈皇帝自元和之初，献祖文景皇帝于太和之际，立功王室，陈力国朝。太祖武皇帝自咸通后来，勤王戮力，翦平多难，频立大功，三换节旄，再安京国。庄宗皇帝终平大憝，奄有中原。倘阙编修，遂成湮坠。伏请与当馆修撰，参序条纲，撰太祖、庄宗实录者。"伏见前代史馆，归于著作，国初分撰五代史，方委大臣监修。自大历后来，始奏两员修撰，当时选任，皆取良能，一代之书，便成于手。其后源流失绪，波荡不远，冒当修撰

之名，曷扬褒贬之职。及乎编修大典，即云别访通才，况当馆职在编修，合令撰述。'敕：'宜依。'"

【考论】

是年史馆以太祖平难立功、庄宗建国统一，厥功甚伟，奏请张昭远为前朝皇帝太祖、庄宗修史，以颂其功绩。得以应准后，张昭远等于明年即撰成懿祖、太祖《纪年录》二十卷、《庄宗实录》三十卷。

后唐明宗天成四年　己丑(929)

○二月，崔协卒

【文献】

《旧五代史》卷四十《明宗纪》(P548)："丁卯，宰相崔协卒，诏赠尚书右仆射。"《旧五代史》卷五十八《崔协传》(P781)："四年春，驾自夷门还京，从至须水驿，中风暴卒。诏赠尚书左仆射，谥曰恭靖。"《全唐文》卷八百三十九有传。

○田敏请祭斋室

【文献】

《旧五代史》卷四十《明宗纪》(P551)："六月……国子博士田敏请葺四郊祠祭斋室。"

○七月，监修国史赵凤奏自庄宗一朝名为实录，其太祖以上并目为纪年录

【文献】

《旧五代史》卷四十《明宗纪六》(P552)："史馆上言：'所编修庄宗

一朝事迹，欲名为实录，太祖、献祖、懿祖名为纪年录。'从之。"《五代会要》卷十八《修国史》(P298—299)："四年七月，监修国史赵凤奏：'当馆奉敕修懿祖、献祖、太祖、庄宗四帝实录，自今年六月一日起手，旋具进呈。伏以凡关纂述，务合品题。承乾御宇之君，行事方云实录；追尊册号之帝，约文只可纪年。所修前件史书，今欲自庄宗一朝，名为实录，其太祖以上，并目为纪年录。'从之。"

○十一月，张昭远等上新修献祖、懿祖、太祖《纪年录》、《庄宗实录》

【文献】

《旧五代史》卷四十《明宗纪六》(P555)十一月："史官张昭远等以新修献祖、懿祖、太祖《纪年录》共二十卷，《庄宗实录》三十卷上之，赐器帛有差。"

【相关论著举目】

张明华：《张昭华与五代史籍》，《史学史研究》，2007年第2期

后唐明宗长兴元年　庚寅(930)

○国子监请以监学生束修备监中修葺公用

【文献】

《旧五代史》卷四十一《明宗纪七》(P559)："长兴元年春正月丙寅朔，帝御明堂殿受朝贺，仗卫如常仪。乙亥，国子监请以监学生束修及光学钱备监中修葺公用，从之。"事详见《五代会要》卷十六《国子监》。

○田敏请依旧典

【文献】

《旧五代史》卷四十一《明宗纪七》(P569):冬十月,“尚书博士田敏请依旧典藏冰、颁冰,以销阴阳愆伏之沴,诏从之。[案,《五代会要》载原敕云:藏冰之制,载在前经,献庙之仪,废于近代,既朝臣之特举,案典礼以宜行。田敏所奏祭司寒献羔事宜依。其桃弧棘矢,事久不行,理难备创。其诸侯亦宜准往制藏冰。(《旧五代史考异》)]”

○八月,贡举引就国子监谒先圣先师复行

【文献】

《五代会要》卷八《褒崇先圣》(P127):“后唐长兴元年八月六日,尚书比部员外郎、知制诰崔棁奏:‘臣伏见开元五年敕:“每年贡举人见讫,宜令引就国子监谒先圣先师,学者谓之开讲质疑义。所司设食。其监内得举人,亦准此例。其日,清资官五品已上并朝集使并往观礼,永为常式。”自经多故,其礼久废,请再举行。’从之。”

后唐明宗长兴二年　辛卯(931)

○和凝请减明法科

【文献】

《全唐文》卷八百五十九和凝《请减明法科选限奏》(P9005):“臣窃见明法一科,久无人应。今应令请减其选限,必当渐举人。谨案考课令诸明法试律令十条,以识达义理问无疑滞者为通,所贵悬科待士,自勤讲学之功。为官择人,终免旷遗之咎,况当明代,宜举此科。”

《册府元龟》卷六百四十二《贡举部·条制四》(P7696):“(长兴二

年)六月刑部员外郎和凝奏:'臣窃见明法一科久无人应,今应令请减其选限,必当渐举人。……况当明代,宜举此科。'敕旨:'宜升明法一科开同元礼(当作同《开元礼》),选数兼赴举之时,委贡院别奏。请会刑法试官依格例考试。'"

◯林罕撰《林氏小说》

【文献】

《郡斋读书志》卷四(P155):"《林氏小说》三卷,右唐林罕撰。凡五百四十一字。其说颇与许慎不同,而互有得失。邵必缘进《礼记石经》陛对,仁宗顾问:'罕之书如何?'必曰:'虽有所长,而微好怪。《说文》归字从堆、从止、从帚,以堆为声,罕云从追,于声为近。此长于许氏矣。《说文》哭从吅、从狱省,罕乃云象犬嗥,此怪也。'有石刻在成都,公武尝从数友就观之,其解字殊可骇笑者,不疑好怪之论诚然。"又见《文献通考》卷一百九十。

《全唐文》卷八百八十九(P9291)有林罕传:"罕字仲缄,西江人。事蜀后主,除温江主簿,迁太子洗马。"《全唐文》卷八百八十九林罕《林氏字源编小说序》(P9291—9293):"罕长兴二年岁在戊子,时年三十有五,疾病逾时,闲坐思书之点画,莫知所以。乃搜阅今古篆隶,始见源由。旋观近代以来,篆隶多失。始则茫乎不知,终则惜其错误。欲求端正,将示同人。病间有事,其志不遂。至明德二年乙未复病,迄于丁酉冬不瘳,病中无事,得遂前志。与大理少卿赵崇祚讨论,成一家之书。昔孔安国《尚书序》云:'古者伏羲氏之王天下也,始画八卦,造书契,以代结绳之政,由是文籍生焉。'贾耽镇滑州时,作《偏傍字源序》云:'降及夏殷周,通谓之古文。'至宣王太史史籀,著大篆十五篇,与古文小异。七国分裂,篆与古文,随其所尚。始皇兼并海内,丞相李斯遂收拾遗逸,作《苍颉》七章。中车府令赵高作《爰历》七章,太史胡母敬作《博学》七章,并约籀文。篆体转工,世即谓之小篆。属秦政滋烦,人趋简易,故军正程邈变古文大小篆作隶书。然书之所兴，莫定何代；隶之所起，始自秦时。篆者取虫篆之形，隶者便徒隶之用。汉初有书师，以隶合小篆为五十五章，教于乡里。平帝元始中，征通书会京师者百有余人，方立小学之科。扬雄采掇其可用者，作训纂八十九章。至东汉班固，加十三章，共一百二章，二千一百二十字。虽群书并载，而目录不分。惟太尉祭酒许慎，取其形类，作偏傍条例十五卷，名之曰《说文》，颇有遗漏。吕忱又作《字林》五卷，以补其阙。洎三国之后，历晋魏陈隋，书甚行，篆书殆将泯灭。至唐将作少监李阳冰，就许氏《说文》复加刊正，作三十卷，今之所行者是也。其时复于《说文》篆字下，便以隶书照之，名曰《字统》。开元中，以隶体不定，复于隶书《字统》下录篆文，作四十卷，名曰《开元文字》。自此隶体始定矣。兼改古文《尚书》及"无平不陂"字，即其类也。先已有《九经音义》及《切韵玉篇》行焉。大历中，司业张参作《五经文字》三卷，凡一百六十部。其《序略》云：'以类相从，务以易了，不必旧诀。自非经典文义之所在，虽切于时，略不集录，以明为经不为字也。'开成中，唐元度以《五经文字》有所不载，复作《新加九经字样》一卷，凡七十六部。其《序略》云：'有偏傍上下本所无者，纂为杂辨部以统之。'然九经所有之字，即加训切。况是隶书，莫知篆意。其字注解，或云说文者，即前来两说文也。或云石经者，即蔡邕于国学所立石经也。或云隶省者，即隶减也。唐立石经，乃蔡邕之故事也。

周礼，保氏掌养国子以道，教之六书，谓象形、指事、会意、谐声、转注、假借。六者造字之本也。篆虽一体，而隶变数般。篆隶即兴，讹舛相错。非究于篆，无由晓隶。六书者，非止著一意而属一字，一字之内，有占六书二、三、四者，大都造字皆包含六意。字有正者、倒者，横而在上、中、下者，竖而在左、右、中者，向者、背者，并者、重者，顺者、逆者，左者、右者，俯者、仰者，横坼而里别字者，竖开而夹别字者，有一字成者，有全二字、三字、四字、五字合成者，有省二字、三字、四字合成者。隶书有不抛篆者，有全违篆者，有减篆者，有添篆者，有篆隶同文者。在篆体则可辨，变隶体则多有义异而文同，篆亦有之。今悉解之于后文，此不同例。俗有《隶书赋》者，假托许慎为名，颇乖经史。据《颜氏家训》云:'斯实陶先生弟子杜道士所为,大误时俗。吾家子孙,不得收写。'又有《古今隶书端字决疑赋》,更不经于《隶书赋》。当今之世,不可学之。又有文下作子为学,更旁作生为苏,凡数十百字,谓之野书。唐有敕文,明加禁断。今往往见之,亦不可辄学。颜真卿撰《干禄字书》一卷,每一字作三般,即注云'上正,中通,下俗。'既合标题,合有褒贬。全无与夺,亦无取焉。其道书、鬼书、天篆、章草、八分、飞白、破体、行书,无益于字,此亦不录。篆、隶有笔力遒健,字势妍丽,斯乃意巧之人。临文改易,或参差之,长短之,屈曲之,拗捩之,务于奇怪,以媚一时。后习之人,性有利钝,致与元篆隶不同。盖病由此起。今之学者,但能明知八法,洞晓六书,道理既全,体格自贵,亦何必踵欧虞褚柳之惑乱哉!

罕今所篆者,则取李阳冰《重定说文》;所隶者,则取《开元文字》。虽知鲁钝,不失源流。所贵讲说皆有依凭,点画自无差误。杜征南注《左氏春秋》,以经杂传,谓之'集解'。何都尉《论语序》云:'今集诸家之善,亦谓之集解。'罕以隶书解于篆字之下,故效之亦曰集解。今以《说文》浩大,备载群言,卷轴烦多,卒难寻究,翻致懵乱,莫知指归。是以翦截浮辞,撮其机要,于偏傍五百四十一字,各随字训释。或有字关起字者,省而难辨者,须见篆方晓隶者,虽在注中,亦先篆后隶,各随所部,载而明之。其余形声易会,不关造字者,则略而不论。其篆文下及注中易字,便以隶书为音。如稍难者,则纽以四声。四声不足,乃加切韵。使学者简而易从,涣然冰释。于《说文》中已十得其八九矣。名之曰《林氏字源编小说》。古人穷困湮厄而述作兴,罕也卧疾数年,饱食终日,思有开悟,贻厥将来,非欲独藏私家,实冀遍之天下。乃手书刻石,期以不朽。一免传写之误,二免翰墨之劳。或有索之,易为脱本。审篆隶无纤毫之失,质人神无愧耻之心。古今所疑,坦然明白。如其漏略,以俟君子。"

【考论】

《林氏小说》三卷,唐林罕撰,共录五百四十一字。林罕解说字义与许慎有所不同,两家互有得失。林罕之失在于好发怪论,有可骇笑之处，故为人所诟病。

【相关论著举目】

顾宏义：《五代林罕及其〈字源偏旁小说〉考略》，《辞书研究》，2010年第1期

后唐明宗长兴三年（吴越武肃王宝正七年） 壬辰（932）

○二月，中书奏请依唐石经文字刻《九经》印板，行之，是为五代监本

【文献】

《旧五代史》卷四十三《明宗纪九》（P588—589）："辛未，中书奏：'请依石经文字刻《九经》印板。'从之。案《五代会要》：'长兴三年二月，中书门下奏请依石经文字刻《九经》印板。敕令国子监集博士儒徒，将西京石经本，各以所业本经，广为抄写，仔细看读，然后雇召能雕字匠人，各部随帙刻印板，广颁天下。如诸色人要写经书，并请依所印刻本，不得更使杂本交错。'盖刻板之流行，实始于此。《爱日斋丛钞》云：《通鉴》载：'后唐长兴三年二月辛未，初令国子监校定《九经》，雕印卖之。'又曰：'自唐末以来，所在学校废绝。蜀毋昭裔出私财百万营学馆，且请板刻《九经》，蜀主从之。由是蜀中文学复盛。'又曰：'唐明宗之世，宰相冯道、李愚请令判国子监田敏校定《九经》，刻板印卖，从之。后周广顺三年六月丁巳，板成，献之。由是虽乱世，《九经》传布甚广。'王仲言《挥麈录》云：'毋昭裔贫贱时，尝借《文选》于交游间，其人有难色，发愤，异日若贵，当板以镂之遗学者。后仕王蜀为宰相，遂践其言，刊之，印行书籍，创见于此。事载陶岳《五代史补》。后唐平蜀，明宗命太学博士李锷书《五经》，仿其制作，刊板于国子监，为监中刻书之始。'《猗觉寮杂记》云：'雕印文字，唐以前无之，

唐末，益州始有墨板，后唐方镂《九经》，悉收人间所有经史，以镂板为正。见《两朝国史》。'此则印书已始自唐末矣。案《柳氏家训》序：'中和三年癸卯夏，銮舆在蜀之三年也，余为中书舍人，旬休，阅书于重城之东南，其书多阴阳杂记、占梦相宅、九宫五纬之流。又有字书小学，率雕板，印纸浸染，不可尽晓。'叶氏《燕语》正以此证刻书不始于冯道，而沈存中又谓板印书籍，唐人尚未盛行为之，自冯瀛王始印《五经》，自后典籍皆为板本。大概唐末渐有印书，特未盛行，后人遂以为始于蜀也。当五季乱离之际，经籍方有托而流布于四方，天之不绝斯文，信矣。"(《旧五代史考异》)《旧五代史》卷一百二十六《冯道传》(P1658)："时以诸经舛缪，与同列李愚委学官田敏等，取西京郑覃所刊石经，雕为印板，流布天下，后进赖之。"《五代会要》卷八《经籍》(P128)："后唐长兴三年二月，中书门下奏：'请依石经文字刻《九经》印板。'敕：'令国子监集博士儒徒，将西京石经本，各以所业本经句度抄写注出，子细看读，然后顾召能雕字匠人，各部随帙刻印板，广颁天下。'"《资治通鉴》卷二百七十七《后唐纪六》(P9065)：长兴三年"辛未，初令国子监校定《九经》，雕印卖之"。事又见《册府元龟》、《登科记考》卷二十五引《册府元龟》。

【考论】

宰相冯道、李愚判令国子监田敏校定《九经》之后，二月唐明宗准依唐石经刻《易》、《诗》、《书》,《三礼》、《三传》共九经，周广顺三年(953)六月版成，世称《九经》监本，此为有监本之始，实为一代盛事。此后《九经》广为流布，于儒学传播、理学发展皆有裨益。长兴监本经、注合刊，故王国维谓："自五代监本出，而注文始有定本。"(《王国维文集·五代监本考》P230)

王仲言谓版刻书籍创始于毋昭裔："毋昭俭贫贱时，尝借《文选》于交游间，其人有难色，发愤异日若贵，当板以镂之遗学者。后仕王蜀为宰，遂践其言刊之。印行书籍，创见于此。事载陶岳《五代史补》。后唐平蜀，明宗命太学博士李锷书《五经》，仿其制作，刊板于国子监。监中印书之始。"(《挥麈录余话》卷二 P240—241)王国维驳之云："昭裔相蜀在孟昶明德二年(后唐清泰二年)，至广政十六七年尚在相位。仲言谓其相王蜀，已非事实。其刊《文选》在相蜀后，自不得在长兴之前，至昭蜀刊九经，则更在其后。孔平仲珩璜《新论》云：'周广顺中，蜀毋昭裔请刊印板九经。'《通鉴》载昭裔开学馆刻九经，在广政十六年，即周广顺三年，正田敏九经板成之岁，昭裔所作，当放其制。近人或广王仲言之说谓蜀本九经先于监本，尤乖事实。"(《五代监本考》P229—230)今从王说，以长兴三年(932)后唐印监本《九经》为监本之始。

【相关论著举目】

陈隆予：《冯道刻印九经及其重要意义》，《兰台世界》，2011 年第 16 期

黄权才、崔蕾：《论冯道对图书文化事业的历史贡献》，《图书馆界》，2009 年第 1 期

王志国：《五代国子监刻书及对后世的深远影响》，《新世纪图书馆》，2008 年第 3 期

彭燕：《"五代"绍兴雕版印刷探源》，《图书馆研究与工作》，2007 年第 1 期

温雪芳：《五代十国时期书籍刊刻及其影响》，《图书与情报》，2006 年第 6 期

耿相新：《五代雕版印刷图书述考》，《编辑之友》，2004 年第 5 期

王亚勇：《浅议"监本"》，《图书馆理论与实践》，2003 年第 3 期

那世平：《五代监本刻书事业述论》，《辽宁工程技术大学学报》(社会科学版)，2002 年第 1 期

李明杰：《五代国子监刻书》，《图书馆理论与实践》，2001 年第 5 期

◎五月，蔡同文奏释奠礼

【文献】

《五代会要》卷八《释奠》(P127—128)："后唐长兴三年五月七日，

国子博士蔡同文奏：'伏见每年春秋二仲月上丁，释奠于文宣王，以兖国公颜子配座，以闵子骞等为十哲排祭奠。其有七十二贤图形于四壁，面前皆无酒脯。自今后，乞准本朝旧规，文宣王四壁诸英贤画像面前，请各设一豆一爵祠飨。'中书贴太常礼院，检讨礼例分析申者。今礼院检《郊祀录》，释奠文宣王并中祀例，祭以少牢，其配座十哲，见今行释奠之礼。伏自丧乱以来，废祭四壁英贤。今准贴，为国子博士蔡同文所奏，文宣王四壁诸英贤，各设一豆一爵祠享。当司详《郊祀录》，文宣王从祀诸座，各笾二，实以栗、黄牛脯；豆二，实以葵菹、鹿醢；簠、簋各一，实以黍、稷饭；酒爵一。礼文所设，祭器无一豆一爵之仪者。奉敕：'其文宣王四壁英贤，自此每释奠，宜准《郊祀录》，各陈脯、醢等诸物以祭。'"事又见《文献通考》卷四十三。

参见《全唐文》卷八百四十八蔡同文文《请增七十二贤酒脯奏》。

○文宣王四十三代孙孔仁玉为兖州龚邱令

【文献】

《旧五代史》卷四十三《明宗纪九》(P591)：……"五月，甲辰，以文宣王四十三代孙曲阜县主簿孔仁玉为兖州龚邱令，袭文宣公。"

○邱光庭吴越时官国子博士，撰有《兼明书》

【文献】

《全唐文》卷八百九十九《邱光庭》(P9379)："光庭，吴兴人。吴越时官国子博士。"

《四库全书总目》卷一百一十八《杂家类二》(P1016—1017)："《兼明书》五卷，五代邱光庭撰。光庭，乌程人。官太学博士。陈振孙《书录解题》称光庭为唐人，《续百川学海》及《汇秘笈》则题曰宋人。考书中世字皆作代，当为唐人。然《罗隐集》有赠光庭诗，则当已入五代。其为唐讳，犹孟昶石经'世民'等字犹沿旧制阙笔耳。是书皆考证之文。《宋史·艺文志》作十二卷,《书录解题》作二卷,此本五卷,疑后人所更定。首为诸书二十二条。次为《周易》五条,《尚书》四条,《毛诗》十三条。次为《春秋》十条,《礼记》五条,《论语》十三条,《孝经》二条,《尔雅》三条。次为《文选》二十二条。次为杂说十八条,字书十二条。其字书十二条中,耻字、鳏字、明字、朴字四条有录无书,系传写脱佚。起字一条,语不相属,详其大义,盖说起字者佚其下段,说朴字者佚其上段,传写误合为一也。其中如诸书门,据《山海经》凤凰之文,《管子》、《韩诗外传》封禅之记,谓作字不始于仓颉,不知百氏杂说,不足为据。《春秋》门,讥刘知幾论春秋诸侯用夏正之非,不知《左传》记晋事,经传皆差两月,有用夏正之明征。《论语》请车为椁一条,谓毁车为椁、非卖车市椁,不知一车之材,毁之岂能为椁,殊不近事理。杂说门,七夕一条尤杜撰。《尚书》门,论周康王当名钊。《孝经》门,谓仲尼之尼当作𡰥,为古夷字。《春秋》门,谓卫桓公当名皃,更臆断无所依据。然如论《史记》误以放勋、重华、文命为尧、舜、禹名,毛苌误以垤为蚁冢,孔安国误解菁茅,颜师古误以鸤鸠为白鹭,孔颖达误以鸱鸮为巧妇,又误以占书为龟策同衅,公羊、穀梁误以荆人为贬词,杜预误以文马为画马,赵匡误以诸侯无两观,郭璞误以窃脂为盗肉,应劭误以丘氏为出左丘明,皆引据辨驳,具有条理。所记社稷诸条,多得礼意,驳五臣《文选注》诸条,亦皆精核。谓春秋之例,有褒而书者,有贬而书者,有讥而书者,有非褒非贬非讥国之大事法合书者,尤为卓识。在唐人考证书中,与颜师古《匡谬正俗》可以齐驱。苏鹗之《演义》、李涪之《刊误》、李匡义之《资暇集》,抑亦其次。封演《见闻记》颇杂琐事,又其次矣。"又见《文献通考》卷二百十四。

《文献通考》卷二百二十八《经籍考五十五》(P1827):"《古今姓字相同录》,晁氏曰:唐邱光庭撰。光庭中进士第。"又见《郡斋读书志》卷十四。

《全唐文》卷八百九十九邱光庭《新添毛诗序》(P9387):"大中年中,《毛诗》博士沈朗进新添《毛诗》四篇云:'《关雎》后妃之德,不可为三百篇之首。盖先儒编次不当尔。今别撰二篇为尧舜诗,取虞人之箴为禹诗，取《大雅·文王》之篇为文王诗，请以此四诗置《关雎》之前，所以先帝王而后后妃，尊卑之义也。'朝廷嘉之。夫沈朗论《诗》，一何狂谬。新添四诗，为《风》乎？为《雅》乎？为《风》也，则不宜歌帝王之道。为《雅》也，则不可置《关雎》之前。非唯首尾乖张，实亦自相矛盾。其为妄作，毋乃甚乎？"《全唐文》卷八百九十九《诗序不作于毛公辨》(P9387)："先儒言《诗序》并《小序》子夏所作，或曰毛苌所作，明曰非毛苌所作也。何以知之？按《郑风·出其东门》序云：'民人思保其室家。'经曰：'缟衣綦巾，聊乐我员。'《毛传》曰：'愿其室家，得相乐也。'据此传意，与序不同，自是又一取义也。何者？以'有女如云'者，皆男女相弃，不能保其室家，即'缟衣綦巾'，是作诗者之妻也。既不能保其妻，乃思念之言，愿更得聊且与我为乐也。如此则与序合。今毛以'缟衣綦巾'为他人之女，愿为室家得与相乐，此与序意相违，故知序非毛作也。此类实繁，不可具举。或曰：'既非毛作，毛为传之时，何不解其序也？'答曰：'以序文明白，无烦解也。'"

后唐明宗长兴四年　癸巳(933)

○七月，尹拙为左拾遗

【文献】

《旧五代史》卷四十四《明宗纪十》(P605)："秋七月丁丑，以著作佐郎尹拙为左拾遗，直史馆。国朝旧制，皆以畿赤尉直史馆，今用谏官自拙始，从监修李愚奏也。"

○礼部贡院奏新立条件

【文献】

《文献通考》卷三十《选举考三》(P281)："长兴四年，礼部贡院奏新立条件如后：‘一、九经、五经、经明呈帖由之时，试官书“通”、“不”后，有不及格者，唱落后，请置笔砚，将所纳帖由分明，却令自阅，或者试官错书“通”、“不”，当与改正。如怀疑者，便许请本经当面检对，如实是错，即于帖由上书名而退。一、五科常年驳榜出，多称屈塞。今年并明书所对经书墨义，云第几道“不”，第几道“粗”，第几道“通”，任将本经书疏照证。如考试官去留不当，许将状陈诉，当再加考较。如合黜落，妄有披述，当行严断。一、今年举人有抱屈落第者，许将状披诉于贡院，当与重试。如贡院不理，即诣御史台论诉。请自试举人日，令御史台差人受举人诉屈文状，并引本身勘问所论事件。或知贡举官及考试官已下敢受货赂，升擢亲朋，屈抑艺能，阴从请托，及不依格去留，一事有违，请行朝典。一、怀挟书策，旧例禁止。请自今后入省门搜得文书，不计多少，准例扶出，殿将来两举。一、遥口受人、回换试处及抄义题帖书时诸般相救，准例扶出，请殿将来三举。一、艺业未精，准格落下，耻见同人，妄扇屈声，拟为将来基址；及他人帖对过场数多者，便生诬玷，或罗织诟骂者，并当收禁，牒送御史台，请赐敕鞫。如知贡举官及考试官事涉私徇，屈塞艺士，请行朝典。若虚妄者，请严行科举，牒送本道重处色役，仍永不得入举场，同保人亦请连坐，各殿三举。’奉敕：‘宜依。’又奏：‘准《会要》：贡人至元日列在方物之前，以备充庭之礼。近来直至临锁院前，赴应天门外朝见。今后请令举人复赴正仗如旧法。或以人数不少，请只取诸科解头一人就列，其余续到者俟齐日别令朝见。’奉敕：‘依。’石林叶氏曰：‘唐末，礼部知贡举，有得程文优者，即以已登第时名次处之，不以甲乙为高下也，谓之“传衣钵”。和凝登第，名在十三，后得范鲁公质，遂处以十三。其后范登相位，官至太子太傅，封国于鲁，与凝皆同，世以为异也。’”

后唐末帝清泰元年(应顺元年、后蜀高祖明德元年)甲午(934)

○孟知祥称帝

【文献】

《旧五代史》卷一百三十六《孟知祥传》(P1823):“应顺元年,以剑南东西川节度使、蜀王称帝于蜀,改元明德。七月卒,年六十一。”事又见《旧五代史》卷四十六《末帝纪上》、《新五代史》卷六十四《孟知祥传》。

○张德钊书《石经论语》、《石经尔雅》于此年前

【文献】

《郡斋读书志》卷四(P132):“《石经论语》十卷,右伪蜀张德钊书。阙唐讳,立石当在孟知祥未叛之前。其文脱两字,误一字,又《述而》第七‘举一隅’下有‘而示之’三字,‘三人行必有我师焉’上又有‘我’字,《卫灵公》第十五‘敬其事而后其食’,作‘后食其禄’,与李鹗本不同者此也。”《郡斋读书志·读书附志》卷上(P1086):“《石经论语》,右《论语》十卷。经注并序三万五千三百六十八字。将仕郎前守简州平泉县令兼殿中侍御史赐绯鱼袋张德钊书,颍川郡陈德谦镌字。”《郡斋读书志·读书附志》卷上(P1087):“《石经尔雅》,右《尔雅》三卷。将仕郎前守简州平泉县令赐绯鱼袋张德钊书,武令昇镌。”

后唐末帝清泰二年　乙未(935)

○十二月,以兵部侍郎马缟兼国子祭酒

【文献】

《旧五代史》卷四十七《末帝纪中》(P654):“己丑,以前同州节度

使冯道为司空，以尚书右仆射刘昫为左仆射，以太子少师卢质为右仆射，以兵部侍郎马缟兼国子祭酒。（《永乐大典》卷七千一百七十四。）”《旧五代史》卷七十一《马缟传》（P942）：“马缟，少嗜学儒，以明经及第，登拔萃之科。仕梁为太常修撰，累历尚书郎，参知礼院事，迁太常少卿。梁代诸王纳嫔，公主下嫁，皆于宫殿门庭行揖让之礼，缟以为非礼，上疏止之，物议以为然。长兴四年，为户部侍郎。缟时年已八十，及为国子祭酒，八十余矣［案：《马缟传》，原本残阙。《欧阳史》云：卒年八十，赠兵部尚书。据《薛史》，缟为国子祭酒已八十余矣，与《欧阳史》异。又《直斋书录解题》云：《中华古今注》，后唐太学博士马缟撰。考《欧阳史·杂传》亦不载马缟为太学博士。（《旧五代史考异》）］，形气不衰，于事多遗忘，言元稹不应进士，以父元鲁山名进故也，多如此类。又上疏：‘古者无嫂叔服，文皇创意，以兄弟之亲，不宜无服，乃议服小功。今令文省服制条为兄弟之妻大功，不知何人议改，而置于令文。’诸博士驳云：‘律令，国之大经。马缟知礼院时，不曾论定，今遽上疏驳令式，罪人也。’（《册府元龟》卷九百五十四。）”

后唐末帝清泰三年　丙申（936）

○五月，马缟卒，撰有《中华古今注》

【文献】

《旧五代史》卷四十八《末帝纪下》（P660）：“丁酉，以国子祭酒马缟卒废朝。”《全唐文》卷八百四十九有传。《新五代史》卷五十五《马缟传》（P633—635）：“马缟，不知其世家，少举明经，又举宏词。事梁为太常少卿，以知礼见称于世。唐庄宗时，累迁中书舍人、刑部侍郎、权判太常卿。……刘岳修《书仪》，其所增损，皆决于缟。缟又言：‘缞麻丧纪，所以别亲疏，辨嫌疑。礼，叔嫂无服，推而远之也。唐太宗时，有司议为兄之妻服小功五月，今有司给假为大功九月，非是。’废帝下其议，太常博士段颙议：‘嫂服给假以大功者，令文也，令与礼异者非一，而丧服之不同者五。礼，姨舅皆服小功，令皆大功。妻父母婿外甥皆服缌，令皆小功。礼、令之不可同如此。’右赞善大夫赵咸又议曰：‘丧，与其易也，宁戚。《仪礼》五服，或以名加，或因尊制，推恩引义，各有所当。据礼为兄之子妻服大功，今为兄之子母服小功，是轻重失其伦也。以名则兄子之妻疏，因尊则嫂非卑，嫂服大功，其来已久。令，国之典，不可灭也。’司封郎中曹琛，请下其议，并以礼、令之违者定议。诏尚书省集百官议。左仆射刘昫等议曰：‘令于丧服无正文，而嫂服给大功假，乃假宁附令，而敕无年月，请凡丧服皆以《开元礼》为定，下太常具五服制度，附于令。’令有五服，自缟始也。缟明宗时尝坐覆狱不当，贬绥州司马。复为太子宾客，迁户部、兵部侍郎。卢文纪作相，以其迂儒鄙之，改国子祭酒。卒，年八十，赠兵部尚书。”

《文献通考》卷二百十四《经籍考四十一》(P1751)：“《中华古今注》三卷，陈氏曰：后唐太学博士马缟撰。盖惟广雀（当作崔）豹之书也。”

《四库全书总目》卷一百十八《杂家类二》(P1015—1016)：“《古今注》三卷、附《中华古今注》三卷。《古今注》三卷，旧本题晋崔豹撰。《中华古今注》三卷，旧本题后唐太学博士马缟撰。豹书无序跋。缟书前有自序，称晋崔豹《古今注》博识虽广，殆有阙文，洎乎黄初，莫之闻见。今添其注，以释其义。然今互勘二书，自宋、齐以后事二十九条外，其魏、晋以前之事，豹书惟草木一类，及鸟兽类‘吐绶鸟一名功曹’七字为缟书所无，缟书惟服饰一类及开卷宫室一条、封部兵陈二条、马鹼犬二条为豹书所阙，其余所载，并皆相同，不过次序稍有后先，字句偶有加减，缟所谓增注释义，绝无其事。又缟书中卷云：棒，崔正熊注车辐也。使全袭豹语，不应此条独著豹名。考《太平御览》所引书名，有豹书而无缟书，《文献通考·杂家类》又只有缟书而无豹书，知豹书久亡，缟书晚出，后人摭其中魏以前事赝为豹作。又检校《永乐大典》所载苏鹗《演义》与二书相同者十之五六，则不特豹书出于依托，即缟书亦不免于剿袭。特以相传既久，姑存以备一家耳。考刘孝标《世说注》载豹字正能，晋惠帝时官至太傅，马缟称为正熊，二字相近，盖有一误。新、旧《五代史》均有缟传，载其明经及第，登拔萃科，仕梁为太常修撰，累历尚书郎，参知理院事，迁太常少卿。唐庄宗时为中书舍人、刑部侍郎、权判太常卿。明宗时贬绥州司马，复为太子宾客，迁户部兵部侍郎，终于国子祭酒。今本题唐太学博士，盖据《书录解题》。然称为太学博士，实振孙之误。至其时代，则振孙亦称后唐，不专称唐，实明人刊本以意改之也。”

【考论】

马缟，字、里均不详，少嗜学儒，以知礼见称于世。唐末明经及第，举拔萃科。仕梁为太常修撰，累历尚书郎、参知礼院事，又迁太常少卿。梁代诸王纳嫔及公主下嫁，皆于宫殿门庭行揖让之礼，马缟以为非礼，上疏止之，众人皆以为然。后唐同光中迁中书舍人，明宗时坐覆狱不当，贬绥州司马，复为太子宾客。长兴四年迁户部兵部侍郎，清泰初改国子祭酒。三年卒，年八十，赠兵部尚书。

马缟所著《中华古今注》三卷，是一部以考证名物制度为主的著作。《古今注》是崔豹所撰诠释古代和当时各类事物之作，虽识见广博，但有阙文，到广初时，已经不见记录。马缟添其注，释其义，成《中华古今注》。二书体例相同，内容亦有所重复，但《中华古今注》内容更丰富。此书版本甚多，主要有《百川学海》本、《古今逸史》本、《说郛》本、《丛书集成初编》本、《古今逸史》本等。

○撰《明宗实录》

【文献】

《旧五代史》卷四十八《末帝纪下》(P657)：“庚午，监修国史姚顗，史官张昭远、李祥、吴承范等修撰《明宗实录》三十卷上之。(案《五代会要》：同修撰官中书舍人张昭远、李祥，直馆左拾遗吴承范，右拾遗杨昭俭等各颁赉有差。《旧五代史考异》。)”

后晋高祖天福四年　己亥(939)

○贡举暂停

【文献】

《旧五代史》卷七十七《高祖纪三》(P1016):六月,“诏贡举宜权停一年,以员阙少而选人多,常调有淹滞故也”。

后晋高祖天福五年　庚子(940)

○《道德经》颁行天下

【文献】

《旧五代史》卷七十九《高祖纪五》(P1041):六月,“癸亥,道士崇真大师张荐明赐号通玄先生。是时帝好《道德经》,尝召荐明讲说其义,帝悦,故有是命。寻令荐明以《道》、《德》二经雕上印板,命学士和凝别撰新序,冠于卷首,俾颁行天下”。《册府元龟》卷五十四《帝王部·尚黄老》(P609):“五年十一月赐张荐明号通玄先生,令以《道》、《德》二经雕上印板,命学士和凝别撰新序,冠于卷首,俾颁行天下。”

○王定保卒,撰有《唐摭言》

【文献】

《资治通鉴》卷二百八十二《后晋纪三》(P9219):“以宁远节度使南昌王定保为中书侍郎、同平章事,不逾年亦卒。”《直斋书录解题》卷十一(P323):“《摭言》十五卷,唐王定保撰,专记进士科名事。定保,光化三年进士,为吴融子华婿。丧乱后入湖南,弃其妻弗顾,士论不齿。”参见《唐五代文学编年史·五代卷》(P131)。

【考论】

王定保(？—940)，字翊圣，南昌(今属江西)人，笔记小说家。自幼刻苦读书，光化三年(900)登进士第。丧乱后入湖南，弃其妻不顾，为士论不齿。不久避难广州，为节度使刘隐幕客。生于唐末，藩镇割据，四海丧乱，王定保一片忠心，极力维护其统治，常劝刘隐兄弟固守藩节，效忠大唐。时刘隐弟刘龑称帝，建立南汉，曾任南汉宁远军节度使，天福五年任中书侍郎同平章事等职，不逾年卒。

王定保“雅好著述，老而弥笃”，《南汉书》载：“高祖尝作南宫，土木华丽，聚珠饰之，定保献《七奇赋》，同朝叹赏称绝伦。”嗜好咨访典故，结交名士，以所积累的资料，编撰成《唐摭言》十五卷，传于世。该书详载大量唐代诗人文士的遗闻佚事，多正史所不详述者。由于所载多亲见、亲闻之事，并一一考证，故史料翔实可靠。李慈铭《越缦堂读书记》云：“唐人登科记等尽佚，仅存此书，故为考科名者所不可少。”《四库全书总目》卷一百四十《子部五十·小说家类》(P1186)亦云：“是书述有唐一代贡举之制特详，多史志所未及。其一切杂事，亦足以觇名场之风气，验士习之淳浇。法戒兼陈，可为永鉴。”《唐摭言》为我们研究唐代科举制度提供了弥足珍贵的资料。

【相关论著举目】

陶绍清、阮璐：《〈唐摭言〉本事嬗变考》，《井冈山大学学报》(社会科学版)，2012 年第 3 期

邱昌员、赖思颖：《王定保〈唐摭言〉述论》，《广东技术师范学院学报》，2010 年第 10 期

陶绍清：《〈唐摭言〉的研究与利用》，《古典文学知识》，2009 年第 4 期

陶绍清：《〈唐摭言〉编纂体例析论》，《焦作大学学报》，2009 年第 2 期

陶绍清：《〈唐摭言〉的编纂思想》，《信阳师范学院学报》(哲学社会科学版)，2009 年第 1 期

陶绍清:《〈唐摭言〉的科举礼仪文献价值》,《长春师范学院学报》(人文社会科学版),2009年第1期

陶绍清:《〈唐摭言〉的研究与利用》,《辽东学院学报》(社会科学版),2008年第6期

刘心:《贤者芳名落谁家——〈唐摭言〉所载三贤论“刘君”之考辨》,《中国典籍与文化》,2004年第1期

吴在庆:《〈唐摭言〉、〈唐才子传〉所记李洞事迹考》,《周口师范学院学报》,2002年第4期

祝鸿杰:《〈唐摭言〉语词札记》,《语言研究》,1993年第2期

陶绍清:《唐摭言研究》,复旦大学博士论文,2007年

○敕明经、童子等科并停

【文献】

《旧五代史》卷一百四十八《选举志》(P1979—1980):“四月,礼部侍郎张允奏曰:‘明君侧席,虽切旁求;贡士观光,岂宜滥进。窃窥前代,未设诸科,始以明经,俾升高第。自有《九经》、《五经》之后,及《三礼》、《三传》已来,孝廉之科,遂因循而不废,搢绅之士,亦缄默而无言,以至相承,未能改作。每岁明经一科,少至五百以上,多及一千有余,举人如是繁多,试官岂能精当。况此等多不究义,唯攻帖书,文理既不甚通,名第岂可妄与。且常年登科者不少,相次赴选者甚多,州县之间,必无遗阙,辇毂之下,须有稽留,怨嗟自此而兴,谤讟因兹而起。但今广场大启,诸科并存,明经者悉包于《九经》、《五经》之中,无出于《三礼》、《三传》之内,若无厘革,恐未便宜,其明经一科,伏请停废。’又奏:‘国家悬科待士,贵务搜扬;责实求才,须除讹滥。童子每当就试,止在念书,背经则虽似精详,对卷则不能读诵。及名成贡部,身返故乡,但克日以取官,更无心而习业,滥蠲徭役,虚占官名,其童子一科,亦请停废。’敕明经、童子、宏词、拔萃、明算、道举、百篇等科并停。”

后晋高祖天福六年　辛丑(941)

○二月，诏令纂修唐史，《旧唐书》于是年始撰

【文献】

《旧五代史》卷七十九《晋高祖纪五》(P1045—1046)："己亥，诏户部侍郎张昭远、起居郎贾纬、秘书少监赵熙、吏部郎中郑受益、左司员外郎李为光等同修《唐史》，仍以宰臣赵莹监修。壬寅，以三白渠制置使张瑑为给事中。戊申，诏侯伯来朝，君臣相见，赏宴贡奉，今后宜停。起居郎贾纬以所撰《唐年补录》六十五卷上之，[案《五代会要》：起居郎贾纬奏曰：'伏以唐高祖至代宗已有纪传，德宗亦存实录，武宗至济阴废帝凡六代，惟有《武宗实录》一卷，余皆阙略。臣今搜访遗闻及耆旧传说，编成六十五卷，目为《唐朝补遗录》，以备将来史馆修述。'(《旧五代史考异》)]帝览之嘉叹，赐以器币，仍付史馆。"事又见《册府元龟》卷五百五十四。

《五代会要》卷十八《前代史》(P294—295)："晋天福六年二月敕：'有唐远自高祖，下暨明宗，纪传未分，书志咸阙。今耳目相接，尚可询求，若岁月浸深，何由寻访？宜令户部侍郎张昭、起居郎贾纬、秘书少监赵熙、吏部郎中郑受益、左司员外郎李为先(按"先"应为"光")等修撰唐史，仍令宰臣赵莹监修。'其年四月，监修国史赵莹奏：'奉敕同撰唐史起居郎贾纬丁忧，请以刑部侍郎吕琦、侍御史尹拙同修。'从之。"

《全唐文》卷八百五十四赵莹有传。参见《全唐文》卷八百五十四文《请令吕琦尹拙修唐史奏》、《论修唐史奏》。

【考论】

是月，高祖诏张昭远、贾纬、赵熙及郑受益、李为光等同修唐史，宰臣赵莹监修。不久贾纬因居丧而停职，后增吕琦、尹拙。历时五年，于开运二年(945)全书修成，并由宰相刘昫领衔进上，此即《旧唐书》。参见《中国学术思想编年》之《隋唐五代卷》。

○二月，贾纬撰《唐年补录》

【文献】

《旧五代史》卷一百三十一《贾纬传》(P1727)："贾纬，真定获鹿人也。[案宋祁《景文集·贾令君墓志铭》：贾氏自唐司空魏国公耽，世贯沧州南皮，子孙稍稍徙真定。五世祖谅，高祖瑾。曾祖处士讳初，有至性，疾世方乱，守乡里，不肯事四方。祖讳纬。(《旧五代史考异》)]少苦学为文，唐末举进士不第，遇乱归河朔，本府累署参军、邑宰。唐天成中，范延光镇定州，表授赵州军事判官，迁石邑县令。纬属文之外，勤于撰述，以唐代诸帝实录，自武宗已下，阙而不纪，乃采掇近代传闻之事及诸家小说，第其年月，编为《唐年补录》，凡六十五卷，案[《景文集》：纬博学善词章，论议明锐，一时诸儒皆屈。唐自武宗后，史录亡散，君掇拾残余，为《唐年补录》数十万言，叙成败事甚悉，书显于时。(《旧五代史考异》)]识者赏之。"《文献通考》卷一百九十三《经籍考二十》(P1632)："《唐年补录》六十五卷，陈氏曰：后晋起居郎、史馆修撰巨鹿贾纬以武宗后无实录，故为此书。终唐末，其实补实录之阙也。唯论次多阙误，而事迹粗存，亦有补于史氏。"

○十一月，田敏以本官兼户部侍郎

【文献】

《旧五代史》卷八十《晋高祖纪六》(P1054)："甲子，以御史中丞王松为尚书右丞，中书舍人、史馆修撰判馆事王易简为御史中丞，户部侍郎张昭远为兵部侍郎，国子祭酒田敏以本官兼户部侍郎。"

后晋出帝天福八年　癸卯(943)

○田敏上印本《五经》

【文献】

《旧五代史》卷八十一《晋少帝纪一》(P1076):三月,"国子祭酒兼户部侍郎田敏以印本《五经》书上进,[以印本《五经》书上进,考唐天成二年已开雕,至此始得印本书也。今附识于此。(影库本粘签)]赐帛五十段。"参见《全唐文》卷八百五十六田敏文《进印板书奏》。

○十月,田敏充弘文馆学士

【文献】

《旧五代史》卷八十二《晋少帝纪二》(P1083):"甲寅,以国子祭酒兼户部侍郎田敏充弘文馆学士,判馆事;以吏部侍郎张昭远充史馆修撰,判馆事;以给事中司徒诩充集贤殿学士,判院事。"

后晋出帝开运元年　甲辰(944)

○八月,复置明经、童子二科

【文献】

《旧五代史》卷一百四十八《选举志》(P1980):"开运元年八月,诏曰:'明经、童子之科,前代所设,盖期取士,良谓通规。爰自近年,暂从停废,损益之机未见,牢笼之义全亏。将阐斯文,宜依旧贯,庶臻至理,用广旁求。其明经、童子二科,今后复置。'"

后晋出帝开运二年　乙巳(945)

○田敏为国子祭酒

【文献】

《旧五代史》卷八十四《晋少帝纪四》(P1107—1108):"开运二年夏五月丙申朔……以兵部侍郎、弘文馆学士、判馆事田敏为国子祭酒。"

○六月,《旧唐书》撰成

【文献】

《五代会要》卷十八(P298):"其月,起居郎贾纬奏曰:'伏以唐高祖至代宗已有纪、传,德宗至文宗亦存实录。武宗至济阴废帝凡六代,唯有《武宗实录》一卷,余皆阙略。臣今搜访遗文及耆旧传说,编成六十五卷,目为《唐朝补遗录》,以备将来史官条述。'至开运二年六月,史馆上新修前朝李氏书,纪、志、列传共二百二十卷,并《目录》一卷,都计二十帙。赐监修宰臣刘昫、修史官张昭远、直馆王伸等缯彩银器各有差。"《旧五代史》卷八十四《晋少帝纪四》(P1108):"六月乙丑朔,帝御崇元殿,百官入阁。监修国史刘昫、史官张昭远[张昭远,原本作'张昭'。考《宋史·张昭传》:昭初名昭远,汉避高祖讳去'远'字。《薛史·晋纪》不宜预称为'张昭',当传写脱落,今增入。(影库本粘签)]等以新修《唐书》纪、志、列传并目录凡二百三卷上之,[案:《郡斋读书志》、《直斋书录解题》并作二百卷,《五代会要》作二百二卷,目录一卷。(《旧五代史考异》)]赐器帛有差。"

《郡斋读书志》卷五(P192—193):"《唐书》二百卷,右石晋刘昫、张昭远等撰。因韦述旧史增损以成,繁略不均,校之实录,多所漏阙,又是非失实,其甚至以韩愈文章为大纰缪,故仁宗时删改,盖亦不得已焉。"《文献通考》卷一百九十二《经籍考十九》(P1627):"《唐书》二百卷,晁氏曰:石晋宰相刘昫等撰。因韦述旧史增损以成,为帝纪二十、列传一百五十。繁略不均,校之实录,多所阙漏;又是非失实,其甚至以韩愈文章为大纰缪,故仁宗时删改焉。"《四库全书总目》卷四十六《正史类二》(P410):"《旧唐书》二百卷,晋刘昫等奉敕撰。《五代史记》昫本传,不言昫撰此书,史漏略也。自宋嘉祐后,欧阳修、宋祁等重撰新书,此书遂废。然其本流传不绝。儒者表昫等之长以攻修、祁等之短者亦不绝。今观所述,大抵长庆以前,《本纪》惟书大事,简而有体;《列传》叙述详明,赡而不秽。颇能存班、范之旧法。长庆以后,《本纪》则诗话、书序、婚状、狱词委悉具书,语多支蔓。……盖李崧、贾纬诸人各自编排,不相参校。昫掌领修之任,曾未能钩稽本末,使首尾贯通,舛漏之讥,亦无以自解。平心而论,盖瑕瑜不掩之作。党新书者必谓事事胜旧书,党旧书者又必谓事事胜新书,皆偏见也。我皇上独秉睿裁,定于正史之中二书并列,相辅而行。诚千古至公之道。论史诸家可无庸复置一议矣。"

【考论】

《旧唐书》,原名《唐书》,后因北宋欧阳修、宋祁等别修《唐书》,遂改称《旧唐书》。今人常将《旧唐书》与《新唐书》并提,称为"两唐书"。五代后晋刘昫等撰,赵莹监修,共二百卷,包括本纪二十卷、志三十卷、列传一百五十卷。经过唐末五代的战乱,图书档案大量散毁,但前代历朝一直致力于征寻史料,为是书的编撰准备了丰富的资料。加上后晋去唐未远,唐代史官令狐德棻、吴兢、韦述、柳芳等陆续修撰的纪传体《唐史》尚存,柳芳和崔龟从先后撰写的编年史《唐历》、《续唐历》亦在,朝廷又派人从成都搜回高祖至文宗的列朝实录,下令保护各地的碑碣,征集唐代的公文、奏疏、官吏的家传,搜集到较为丰富的史料,又进行了精心的组织撰写,故成就了一部可信的断代史《旧唐书》。因是书本纪部分主要根据起居注及日历编写,故史料价值很高。《旧唐书》中武宗朝以前的本纪,基本上是根据各朝实录写成,中唐以前的列传则大多采用实录所附传记和《唐史》中原有的列传,这些即便是在当时也很难一见的资料因此得以基本保存下来。但《唐史》仅修到肃宗朝,《续唐历》只修到宪宗朝,《武宗实录》当时仅残存一卷,宣宗以后实录则完全散失或根本未曾修撰,由于史料的缺失,《旧唐书》宣宗以后各纪十分简略,许多重要人物未曾立传,一些传记与本纪有矛盾之处。志包括礼仪志、音乐志、历志、天文志、五行志、地理志、职官志、舆服志、经籍志、食货志、刑法志等十一类,其资料多源自诸司所送史馆事例及部门编录的原始资料及《唐六典》,故比较可信。其《经籍志》由于完全采用开元中毋煚所撰《古今书录》,不能反映唐代著作的全貌。其列传部分,多采自实录中人物小传、国史中的旧传、私家传记、行状、谱牒等,极具史料价值。

《旧唐书》题"臣刘昫等奉敕修",而《五代史记》刘昫本传不言昫撰《唐书》之事,《四库全书总目》以为:"《五代史记》刘昫本传不言昫撰此书,史漏略也。"对此,余嘉锡《四库提要辨证》卷四(P214)考曰:"《旧唐书》虽提刘昫撰,然详考之,昫实无功于《唐书》,故本传不言,非漏略也。""但宰相监修国史,沿唐故事,虽有监修之名,初无撰述之实。昫之监修,不过宰相兼衔而已。"又引赵翼《廿二史劄记》卷十六(P340—341)云:"薛、欧二史(指旧、新《五代史》)《刘昫传》俱不载其有功于《唐书》之处,但书其官衔监修国史而已。盖为相时,《唐书》适讫功,遂由昫表上,其实非昫所修也……今据薛、欧二史及《五代会要》诸书考之,晋天福五年诏张昭远、贾纬、赵熙、郑受益、李为光同修唐史,宰臣赵莹监修。……是此事赵莹为监修,综理独周密,故莹本传谓《唐书》二百卷,莹首有力焉。……今人但知《旧唐书》为昫所撰,而不知成之者乃赵莹、张昭远、贾纬、赵熙等也。"余说可从,主修者乃张昭远、贾纬、赵熙、郑受益、李为光,监修者为赵莹,刘昫不过以宰相身份兼衔而已。参见刘学智、张岂之等主编《中国学术思想编年》之《隋唐五代卷》。

【相关论著举目】

王申:《〈旧唐书·高祖本纪〉与〈大唐创业起居注〉之差异》,《苏州教育学院学报》,2012 年第 2 期

刘喜国:《〈旧唐书〉和〈新唐书〉“乐志”研究》,《温州大学学报》(社会科学版),2009 年第 2 期

武秀成:《〈旧唐书〉辨证》,上海古籍出版社 2003 年出版

张晚霞:《〈旧唐书·经籍志〉经部脱漏书考证》,《淮北煤炭师范学院学报》,2003 年第 2 期

周艳梅:《〈旧唐书〉词汇研究》,四川大学硕士学位论文,2002 年

牛继清:《〈旧唐书·经籍志〉史部脱漏书钩沉》,《史学史研究》,2001 年第 3 期

马俊民:《中华书局校点本〈旧唐书〉质疑五十五则》,《天津师大学报》,1999 年第 1 期

武秀成:《〈旧唐书〉辨讹》,《东南文化》,1996 年第 2 期

武秀成:《〈旧唐书〉勘误(一)——(十五)》,《江海学刊》,1994 年第 6 期至 1998 年第 1 期

阎质杰:《〈旧唐书〉的编纂经过及作者》,《辽宁大学学报》,1994 年第 1 期

阎质杰:《〈旧唐书〉史料来源论证》,《辽宁大学学报》,1992 年第 6 期

张朝发:《〈旧唐书〉所载佛教史料及评介》,《古籍整理研究学刊》,1991 年第 6 期

刘节:《〈旧唐书〉的修订与研究》,《中山大学学报》,1981 年第 4 期

◎《旧唐书》之《经籍志》

【文献】

《旧唐书》卷四十六《经籍志序》(P1962—1966):“贞观中,令狐德棻、魏徵相次为秘书监,上言经籍亡逸,请行购募,并奏引学士校定,群书大备。开元三年,左散骑常侍褚无量、马怀素侍宴,言及经籍,玄宗曰:‘内库皆是太宗、高宗先代旧书,常令宫人主掌,所有残缺,未遑

补缉,篇卷错乱,难于检阅。卿试为朕整比之。'至七年,诏公卿士庶之家,所有异书,官借缮写。及四部书成,上令百官入乾元殿东廊观之,无不骇其广。九年十一月,殷践猷、王惬、韦述、余钦、毋煚、刘彦真、王湾、刘仲等重修成《群书四部录》二百卷,右散骑常侍元行冲奏上之。自后毋煚又略为四十卷,名为《古今书录》,大凡五万一千八百五十二卷。……煚等《四部目》及《释道目》,并有小序及注撰人姓氏,卷轴繁多,今并略之,但纪篇部,以表我朝文物之大,其《释道录目》附本书,今亦不取,据开元经籍为之志。天宝已后,名公各著文章,儒者多有撰述,或记礼法之沿革,或裁国史之繁略,皆张部类,其徒实繁。臣以后出之书,在开元四部之外,不欲杂其本部,今据所闻,附撰人等传。其诸公文集,亦见本传,此并不录。四部区分,详之于下。"

【考论】

开元三年(715),马怀素、褚无量等奉玄宗之命整理内库藏书。开元七年(719),马怀素上疏请修书目以补《隋书·经籍志》之所遗。马怀素卒后,元行冲继其事,撰成《群书四部录》二百卷。参修者毋煚对是书重新修订,撰成《古今书录》四十卷。《旧唐书·经籍志》即是删节唐开元毋煚《古今书录》编成。毋煚所撰原书四十卷,共著录书籍三千六十部,五万一千八百五十二卷,分为四部、四十二类,后附《开元内外经录》,著录佛道二氏书二千五百余部、九千五百余卷。《旧唐书·经籍志》删去了《古今书录》所附《经录》以及原有的"小序及注撰人姓氏","但纪部帙";至天宝以后著作,则附见《旧唐书》作者本传,不列入《志》中,故不能反映唐代著作的全貌。《新唐书·艺文志》为欧阳修所撰,他充分利用北宋时所存唐五代典籍,对《旧志》作了很多的补充。《新志》在书名、作者、卷数之外,间或据当时可见到的书籍如韦述《集贤注记》等注出作者生平等情况,亦有裨考证。两志所记,或有参差,1956 年商务印书馆将其对照排印为《唐书经籍艺文合志》出版,甚便省览。

【相关论著举目】

赵士东:《〈旧唐书·经籍志〉与〈新唐书·艺文志〉著录体例比较》,《绥化学院学报》,2011 年第 3 期

徐进:《〈旧唐书·经籍志〉和〈新唐书·艺文志〉小考》,《内蒙古农业大学学报》(社会科学版),2009年第2期

智晓静、胡旭:《〈旧唐书·经籍志〉别集集名正误》,《图书情报工作》,2008年第10期

郑旭东:《〈旧唐书·经籍志〉和〈新唐书·艺文志〉比较研究》,《湖南工业大学学报》(社会科学版),2008年第2期

牛继清:《〈旧唐书·经籍志〉增补〈古今书录〉考》,《中国典籍与文化》,2006年第1期

武秀成:《〈旧唐书·经籍志〉"补充说"辨正》,《古典文献研究》,2005年

牛继清:《〈旧唐书·经籍志〉集部脱漏书十三种》,《文学遗产》,2004年第4期

张晚霞:《〈旧唐书·经籍志〉经部脱漏书考证》,《淮北煤炭师范学院学报》(哲学社会科学版),2003年第2期

武秀成:《〈旧唐书·经籍志〉著录书名考误》,《古籍整理研究学刊》,2002年第4期

牛继清:《〈旧唐书·经籍志〉史部脱漏书钩沉》,《史学史研究》,2001年第3期

后汉高祖天福十二年　丁未(947)

○刘昫卒

【文献】

《旧五代史》卷八十九《刘昫传》(P1171—1173):"刘昫,字耀远,涿州归义人也。……庄宗即位,授太常博士,寻擢为翰林学士,继改膳部员外郎,赐绯;比部郎中,赐紫。丁母忧,服阕,授库部郎中,依旧充职。明宗即位,拜中书舍人,历户部侍郎、端明殿学士。明宗重其

风仪，爱其温厚，长兴中，拜中书侍郎兼刑部尚书、平章事。……开运初，授司空、平章事，监修国史，复判三司。契丹主至，不改其职。昫以眼疾乞休致，契丹主降伪命授昫守太保。契丹主北去，留于东京。其年夏，以病卒，年六十。汉高祖登极，赠太保。”又见《新五代史》卷五十五等。

【考论】

刘昫(888—947)，字耀远，五代时涿州归义(今河北雄县西北)人，五代史学家，后晋政治家。幼居涿州，天祐间为契丹俘至新州，逃居大宁山，以吟诵自娱，后居浮阳，幽州节度使李存审辟为从事。后唐时，授太常博士，擢为翰林学士、守膳部员外郎。同光元年为比部郎中、知制诰，改库部郎中。天成元年为中书舍人，三年为户部侍郎。长兴元年为兵部侍郎。二年为端明殿学士。四年为中书侍郎、平章事，加刑部尚书。闵帝应顺元年加吏部尚书。末帝清泰元年兼判三司，加门下侍郎。十月，罢相，守右仆射。二年改左仆射。后晋高祖天福二年充东都留守，兼判河南府事，兼盐铁转运等使。四年封谯国公。出帝天福八年为太子太傅。开运元年守司空兼门下侍郎平章事、监修国史、判三司。二年五月进新修《唐书》二百卷。实由赵莹、贾纬、张昭等撰修，书成时，赵莹罢相，由刘昫继领其事，并领衔奏进，故署其名。《全唐文》卷八百五十三收其文七篇，《唐文拾遗》卷四十六补二篇。三年，以眼疾罢相，守太保。后汉高祖天福十二年夏卒，年六十。

后汉隐帝乾祐元年　戊申(948)

○五月，国子监奏请雕印《周礼》、《仪礼》、《公羊》、《穀梁》四经

【文献】

《旧五代史》卷一百一《汉隐帝纪上》(P1348)：“五月己酉朔，国子

监奏,《周礼》、《仪礼》、《公羊》、《穀梁》四经未有印板,欲集学官考校雕造。从之。"《五代会要》卷八《经籍》(P129):"汉乾祐元年闰五月,国子监奏:'见在雕印板九经,内有《周礼》、《仪礼》、《公羊》、《穀梁》四经未有印本,今欲集学官校勘四经文字镂板。'从之。"

后汉隐帝乾祐二年　己酉(949)

◯十月,撰《高祖实录》

【文献】

《旧五代史》卷一百二《汉隐帝纪中》(P1357):二月,"庚子,诏左谏议大夫贾纬等修撰高祖实录"。《旧五代史》卷一百二《汉隐帝纪中》(P1362):"癸未,监修国史苏逢吉、史官贾纬以所撰《高祖实录》二十卷上之。"《文献通考》卷一百九十四《经籍考二十一》(P1643):"《汉高祖实录》十七卷,陈氏曰:监修苏逢吉、史官贾伟等撰。乾祐二年上。书本二十卷,今阙末三卷。《中兴书目》作十卷。"

◯十二月,诏撰《晋朝实录》

【文献】

《旧五代史》卷一百二《汉隐帝纪中》(P1363):十二月,"戊寅,司徒、门下侍郎、平章事窦贞固奏,请修晋朝实录,诏史官贾纬、窦俨、王伸等修撰"。

◯此年前后,聂崇义至国子《礼记》博士,校定《公羊春秋》

【文献】

《宋史》卷四百三十一《聂崇义传》(P12793):"聂崇义,河南洛阳人。少举《三礼》，善《礼》学，通经旨。汉乾祐中，累官至国子《礼记》博士，校定《公羊春秋》，刊板于国学。”

后汉隐帝乾祐三年　庚戌(950)

○田敏为尚书右丞

【文献】

《旧五代史》卷一百三《汉隐帝纪下》(P1368)：“六月庚子，以国子祭酒田敏为尚书右丞。”

○汉隐帝被弑，苏逢吉、郭允明自杀

【文献】

《旧五代史》卷一百三《汉隐帝纪下》(P1372)：“乙酉旦，帝策马至玄化门，刘铢在门上，问帝左右：‘兵马何在？’乃射左右。帝回，与苏逢吉、郭允明诣西北村舍，郭允明知事不济，乃剸刃于帝而崩，时年二十。苏逢吉、郭允明皆自杀。”《旧五代史》卷一百八苏逢吉有传。

后周太祖广顺元年　辛亥(951)

○贾纬撰《晋高祖实录》、《少帝实录》

【文献】

《旧五代史》卷一百一十一《周太祖纪二》(P1473—1474)：七月，“壬申，史官贾纬等以所撰《晋高祖实录》三十卷、《少帝实录》二十卷上之。”事又见《五代会要》卷十八《修国史》。

○孙逢吉撰《石经周易》

【文献】

《郡斋读书志》卷一(P5):"《石经周易》十卷,《周易指略例》一卷,右伪蜀广政辛亥孙逢吉书。广政,孟昶年号也。《说卦》'乾,健也'以下有韩康伯注,《略例》有唐四门助教邢琇注。此与国子监本不同者也。以蜀中印本校邢琇注《略例》,不同者,又百余字。详其意义,似石经误,而无他本订正,姑两存焉。"又见《文献通考》卷一百七十五。《宋史》卷四百四有传。

【考论】

孙逢吉,字彦同,成都人,博学多文,习于典故,为国子博士,善书。毋昭裔性好藏书,令门人勾中正、孙逢吉书《文选》、《初学记》、《白氏六帖》,镂版行于世。逢吉又曾书成都《石本周易》,此外还有多部经典,据《七修类稿》卷二十八《辩证类》云:"后蜀孟昶时,孙逢吉等五人书刻七经《周易》、《尔雅》、《毛诗》、《尚书》、《仪礼》、《礼记》、《周礼》于益都。"孙逢吉还撰有《职官分纪》五十卷,《四库全书总目》卷一百三十五《子部·类书类一》(P1147)曰:"《职官分纪》五十卷,宋孙逢吉撰。……其书每官先列周官典章,次叙历代制度沿革、名姓故事,根据经注,沿考史传,搜采颇为繁复。"此书是研究宋以前各代及宋前期职官制度沿革的重要资料。

【相关论著举目】

罗袆楠:《孙逢吉〈职官分纪〉成书史事考略》,《史学月刊》2002年第9期

后周太祖广顺二年　壬子(952)

○六月,太祖郭威谒孔子祠,称孔子为"百世帝王之师"

【文献】

《资治通鉴》卷二百九十《后周纪一》(P9478—9479):"六月,乙酉

朔，帝如曲阜，谒孔子祠。既奠，将拜，左右曰：'孔子，陪臣也，不当以天子拜之。'帝曰：'孔子百世帝王之师，敢不敬乎！'遂拜之。又拜孔子墓，命葺孔子祠，禁孔林樵采。访孔子、颜渊之后，以为曲阜令及主簿。"《五代会要》卷八《褒崇先圣》(P127)："周广顺二年六月，以文宣王四十三代孙前曲阜县令孔仁玉复为曲阜县令，仍赐绯鱼袋；以亚圣颜渊裔孙颜涉为曲阜县主薄。仍敕兖州修葺祠宇，墓侧禁樵采。（时车驾亲征，兖州初平，遂幸曲阜谒孔子祠。既奠，将致敬，左右曰：'仲尼，人臣也，无致敬之礼。'上曰：'文宣百代帝王师，得无拜之。'即拜奠祠前。）"

【考论】

是月，太祖郭威至曲阜，拜谒孔子祠。奠后将致敬时，侍从以孔子是臣，天子"无致敬之礼"，太祖以为"孔子是百世帝王之师"，故拜之，并拜孔子墓，命葺孔子祠，禁孔林樵采。又访孔子、颜渊之后，任之为曲阜令及主簿。

○贾纬卒

【文献】

《旧五代史》卷一百三十一《贾纬传》(P1729)："广顺二年春，纬卒。及讣至，妻一恸而终，果双柩北归，闻者叹之。纬有集三十卷，目曰《草堂集》，并所撰《唐年补录》六十五卷，皆传于世。"《旧五代史》卷一百三十一《贾纬传》(P1727)："纬属文之外，勤于撰述，以唐代诸帝实录，自武宗已下，阙而不纪，乃采掇近代传闻之事及诸家小说，第其年月，编为《唐年补录》，凡六十五卷，识者赏之。"郑樵《通志》卷六十七《艺文五·释家》(P1648)："《祖堂集》一卷。"《全唐文》卷八百五十六、《新五代史》卷五十七有传。

【考论】

贾纬，真定获鹿人。唐末举进士不第，后唐天成中为石邑令。晋天福中入为监察御史，改起居郎史馆修撰。开运初累迁中书舍人。

汉乾祐二年授左谏议大夫，后充史馆修撰判馆事。周祖即位，出为平卢军行军司马。广顺二年卒。著有《草堂集》、《唐年补录》六十五卷。

后周太祖广顺三年　癸丑(953)

○三月，蜀毋昭裔出私财营造学馆，并请刻板印《九经》传布，曾撰《尔雅音略》

【文献】

《挥麈录余话》卷二(P240—241)："毋昭俭贫贱时，尝借《文选》于交游间。其人有难色，发愤异日若贵，当板以镂之遗学者。后仕王蜀为宰，遂践其言刊之。印行书籍，创见于此。"《资治通鉴》卷二百九十一《后周纪二》(P9495)：广顺三年，"自唐末以来，所在学校废绝，蜀毋昭裔出私财百万营学馆，且请刻板印《九经》。蜀主从之。由是蜀中文学复盛。"

《郡斋读书志》卷四(P147)："《尔雅音略》三卷，右伪蜀毋昭裔撰。《尔雅》旧有释智骞及陆元朗释文，昭裔以一字有两音，有或音，后生疑于呼读，今释其文义最明者为定。"又见《文献通考》卷一百八十九。

【考论】

毋昭裔出私财百万营学馆，又请刻板印《九经》，从而带动了蜀中学术的发展与繁盛。

【相关论著举目】

陈隆予：《略论后蜀毋昭裔的刻经活动》，《兰台世界》(下旬)，2012年第1期

汤洪：《蜀石经产生原因试探》，《四川师范大学学报》(社会科学版)，2006年第4期

马明霞：《古代家刻本先驱毋昭裔刻书事略考》，《图书与情报》，

2004 年第 2 期

○六月，田敏进印板《九经》、《五经文字》、《九经字样》各二部（一百三十册）

【文献】

《新唐书》卷五十七《艺文志一》(P1451)："张参《五经文字》三卷。唐玄度《九经字样》一卷。文宗时待诏。"《唐会要》卷七十七(P1411)："开成二年八月敕：新加《九经字样》一卷。国子监奏定。得覆定石经字体翰林待诏唐元度状：伏准太和七年二月敕，覆定九经字体者，令所详覆，多依司业张参《五经字》为准。"《资治通鉴》卷二百九十一《后周纪二》(P9495)："初，唐明宗之世，宰相冯道、李愚请令判国子监田敏校正《九经》，刻板印卖，朝廷从之。（广顺三年）丁巳，板成，献之。由是，虽乱世，《九经》传布甚广。"《五代会要》卷八《经籍》(P129)："周广顺三年六月，尚书左丞兼判国子监事田敏进印板《九经》书：《五经文字》、《九经字样》各二部，共一百三十册。"事又见《册府元龟》卷六百一、《册府元龟》卷六百八、《池北偶谈》卷十七《谈艺七》、《书林余话》卷上、《陔余丛考》卷三十三。

【考论】

唐明宗长兴三年(932)，宰相冯道、李愚判令国子监田敏依唐石经校定《九经》，刻版印行，于是年六月版成献之，《五经文字》、《九经字样》各两部，共一百三十册。所刻印之书皆属正字类著作，目的在于统一和规范文字。书刻成后，虽值乱世，但《九经》传布甚广。

【相关论著举目】

朱廷位：《后蜀的石质图书馆——〈孟蜀石经〉》，《兰台世界》，2011 年第 31 期

陈隆予：《冯道刻印九经及其重要意义》，《兰台世界》，2011 年第 16 期

程苏东：《蜀石经〈孟子〉刊刻者考辨》，《中华文化研究》，2010 年

第1期

黄权才、崔蕾:《论冯道对图书文化事业的历史贡献》,《图书馆界》,2009年第1期

王志国:《五代国子监刻书及对后世的深远影响》,《新世纪图书馆》,2008年第3期

舒大刚:《“蜀石经”与〈十三经〉的结集》,《周易研究》,2007年第6期

彭燕:《“五代”绍兴雕版印刷探源》,《图书馆研究与工作》,2007年第1期

温雪芬:《五代十国时期书籍刊刻及其影响》,《图书与情报》,2006年第6期

杨洪:《蜀石经产生原因试探》,《四川师范大学学报》,2006年第4期

耿相新:《五代雕版印刷图书述考》,《编辑之友》,2004年第5期

马明霞:《古代家刻本先驱毋昭裔刻书事略考》,《图书与情报》,2004年第2期

李明杰:《五代国子监刻书》,《图书馆理论与实践》,2001年第5期

李均惠:《孟蜀石经与蜀文化》,《文史杂志》,1998年第6期

王家祐、李复华:《孟蜀石经》,《四川文物》,1992年第6期

顾廷龙:《唐宋蜀刻本简述》,《四川图书馆学报》,1979年第3期

○十二月,贬徐锴校书郎

【文献】

《资治通鉴》卷二百九十一《后周纪二》(P9498):“唐主又命少府监冯延鲁巡抚诸州,右拾遗徐锴表延鲁无才多罪,举措轻浅,不宜奉使。唐主怒,贬锴校书郎、分司东都。锴,铉之弟也。”《全唐文》卷八百八十八徐锴有传。

○徐锴撰《说文解字韵谱》、《说文解字系传》等

【文献】

《郡斋读书志》卷四(P151)："《说文解字韵谱》十卷，右南唐徐锴撰。锴以许慎学绝，取其字分谱四声，殊便检阅，然不具载其解为可恨，颇有意再编之。"又见《文献通考》卷一百八十九。

《四库全书总目》卷四十一《小学类二》(P346)："《说文解字篆韵谱》五卷，南唐徐锴撰。其书取许慎《说文解字》，以四声部分，编次成书。凡小篆皆有音训，其无音训者，皆慎书所附之重文。注'史'字者籀书，注'古'字者古文也。所注颇为简略。盖六书之义已具于《说文系传》中，此特取便检阅，故不更复赘耳。据李焘《说文五音韵谱序》，此书篆字皆其兄铉所书。铉集载有此书《序》二篇。后篇称：'《韵谱》既成，广求余本，孜孜雠校，颇有刊正。今承诏校定《说文》，更与诸儒精加研核。又得李舟所著《切韵》，殊有补益。其间有《说文》不载而见于序例、注义者，必知脱漏，并从编录。疑者则以李氏《切韵》为正。'是此书铉又更定，不仅出锴一手。其以序例、注义中字添入，亦铉所为也。前《序》称'命锴取叔重所记，以《切韵》次之，声韵区分，开卷可睹'云云，考后《序》称又得李舟《切韵》，则所谓《切韵》次之者当即陆法言书，即《唐韵》、《广韵》所因也。然锴所编部分，与《广韵》稍异，又上平声内《痕部》并入《魂部》，下平声内《一先》、《二仙》后别出《三宣》一部。然《魂部》之下注《痕部》附字，而《宣部》则不著别分。似乎《切韵》原有此部，殆不可晓。或此书部分，铉亦以李舟《切韵》定之，非陆法言之《切韵》，故分合不同欤？是书传本甚少。此为明巡抚李显所刻。《寒部》'籣澜涟灡阑'五字当在'乾兰谰讕'四字之后……盖刻其书者失于校核。其后《序》一篇亦佚去不载，今从铉《骑省集》录出补入，以成完帙焉。"

《文献通考》卷一百八十九《经籍考十六》(P1610—1611)："《说文解字系传》四十卷，陈氏曰：'南唐校书郎广陵徐锴楚金撰。为《通释》三十篇，《部叙》二篇，《通论》三篇，《袪妄》、《类聚》、《错综》、《疑义》、

《系述》各一篇。锴至集贤学士、右内史舍人，不及归朝而卒。锴与兄铉齐名，或且过之，而铉归朝通显，故名出锴上，此书援引精博，小学家未有能及之者。’巽岩李氏序曰：……南唐二徐兄弟，实相与反正由旧，故锴所著书四十篇，总名《系传》，盖尊许氏若经也，惜其书未布而锴亡。本朝雍熙三年，锴兄铉初承诏，与句中正、葛湍、王惟恭等详校《说文》，今三十卷内，《系传》往往错见，岂其家学同源，果无异派欤？锴亡恙时，铉苦许氏偏旁奥密，不可意知，因令锴以《切韵》谱其四声，庶几检阅力省功倍，又为锴篆名曰《说文韵谱》，其书当与《系传》并。今《韵谱》或刻诸学宫，而《系传》讫莫光显。余搜访岁久，仅得其七八，阙卷误字，无所是正，每用太息。盖尝谓小学放绝久矣，欲崇起之，必以许氏为宗，而铉、锴兄弟最其亲近者，如阳冰、林罕、郭忠恕等辈，俱当收拾采掇，聚为一书，使学者复睹纯全，似非小补，顾力有所不及耳。《韵谱》仍便于检阅，然局以四声，则偏旁要未易见，乃因司马光所上《类篇》，依五音先后，悉取《说文》次第安排，使若鱼贯然，开编即可了也。《说文》所无，而《类篇》新入者，皆弗取。若有重音，则但举其先，而略其后，虽许氏本在上去入声，而《类篇》在平声，亦移载平声，大抵皆以《类篇》为定。《类篇》者，司马光治平末所上也。先是，景祐初，宋祁、郑戬建言‘见行《广韵》乃陈彭年、邱雍等景德末重修，繁省失当，有误科试，乞别刊定’，即诏祁、戬与贾昌朝同修，而丁度、李淑典领之。宝元二年，书成，赐名《集韵》。度等复奏《集韵》添字极多，与彭年、雍等前所修《玉篇》不相参协，乞别为《类篇》，即以命洙。洙寻卒，命胡宿代之。宿奏委掌禹锡、张次立同加校雠。宿迁，又命范镇代之。镇出，而光代之，乃上其书。自《集韵》、《类篇》列于学宫，而《广韵》、《玉篇》微矣。然小学放绝，讲习者寡，独幸其书具存耳。所谓《广韵》则隋仁寿初陆法言等所共纂次，而唐仪凤后郭知元等又附益之，时号《切韵》。天宝末，陈州司法孙愐者以《切韵》为谬，略复加刊正，别为《唐韵》之名。在本朝太平兴国及雍熙、景德，皆尝命官讨论，大中祥符元年，改赐新名曰《广韵》。今号《集韵》，则又宝元改赐也。《切韵》、《广韵》皆不如《集韵》之最详，故司马光因以修

《类篇》。《集韵》部叙，或与《广韵》不同，锴修《韵谱》尚因之，今五音先后并改从《集韵》，盖《类篇》亦以《集韵》为定故也。呜呼！学无小，而古则谓字书之学为小，何哉？亦志乎学当由此始尔。凡物虽微，必有理存，何况斯文。幼而讲习，磨硫浸灌之久，逮其长也，于穷理乎何有？不则躐等陵节，君子不贵也。今学者以利禄之路初不假此，遂一切弃捐不省；喜字书者，求其心画端方，已绝不可得，但肆笔趁姿媚耳！偏旁横竖，且昏不知，矧其文之理邪！先儒解经，固未始不用此，匪独王安石也。安石初是《说文》，覃思颇有所悟，故其解经合处亦不为少，独恨求之太凿，所失更多，不幸骤贵，附和者益众，而凿愈甚。盖字有六义，而彼乃一之，虽欲不凿，得乎？科试竞用其说，元祐尝禁之，学官导谀，绍圣复用，嗜利禄者靡然风从，凿说横流，汩丧道真，此吾苏氏所以力攻王氏而不肯置也。若一切置此弗道，则又非是。夫国家既不以此试士，为士者可以自学矣，乃未尝过而问焉。余窃哀之。虽老矣，犹欲与后生共讲习此，故先为此《五音韵谱》，且叙其指意云。”

《四库全书总目》卷四十一《经部·小学类二》(P345—346)：“《说文系传》四十卷，南唐徐锴撰。锴字楚金，广陵人。官至右内史舍人。宋兵下江南，卒于围城之中。事迹具《南唐书》本传。是书凡八篇。首《通释》三十卷，以许慎《说文解字》十五篇，篇析为二。凡锴所发明及征引经传者，悉加‘臣锴曰’及‘臣锴案’字以别之。继以《部叙》二卷，《通论》三卷，《祛妄》、《类聚》、《错综》、《疑义》、《系述》各一卷。《祛妄》斥李阳冰臆说。《疑义》举《说文》偏旁所有而阙其字及篆体笔画相承小异者。《部叙》拟《易序卦》传，以明《说文》五百四十部先后之次。《类聚》则举字之相比为义者，如一、二、三、四之类。《错综》则旁推六书之旨，通诸人事，以尽其意。终以《系述》，则犹《史记》之《自叙》也。锴尝别作《说文篆韵谱》五卷，宋孝宗时李焘因之作《说文解字五音谱》。焘《自序》有曰：‘《韵谱》当与《系传》并行。今《韵谱》或刻诸学官，而《系传》迄莫光显。余搜访岁久，仅得其七八阙卷。误字无所是正，每用太息。’则《系传》在宋时已残阙不完矣。今相传仅有钞本，钱曾《读书敏求记》至诧为'惊人秘笈'，然脱误特甚。卷末有熙宁中苏颂记云：'旧阙二十五、三十共二卷，俟别求补写。'此本卷三十不阙，或续得之以补入。卷二十五则直录其兄铉所校之本，而去其所附之字。殆后人求其原书不获，因摭铉书以足之。犹之《魏书》佚《天文志》，以张太素书补之也。其余各部阙文，亦多取铉书窜入。考铉书用孙愐《唐韵》，而锴书则朝散大夫行秘书省校书郎朱翱别为反切。铉书称'某某切'，而锴书称'反'。今书内音切与铉书无异者，其训释亦必无异。其移掇之迹，显然可见。至《示部》窜入铉新附之'祧、祆、祚'三字，尤凿凿可证者。错编篇末，其文亦似未完，无可采补，则竟阙之矣。此书成于铉书之前，故铉书多引其说，然亦时有同异。如铉本'福，祐也'，此作'备也'。铉本'莱，耕多草'，此作'耕名'。铉本'迶，前颉也'，此作'前顿也'。铉本'鷚，大雏也'，此从《尔雅》作'天鸙也'，又铉本'禜'字下引《礼记》、'裯'字下引《诗》之类，此作'臣锴按《礼记》曰'，'臣锴按《诗》曰'，则锴所引，而铉本淆入许氏者甚多。……其凭臆删改，非赖此书之存，何以证之哉？此书本出苏颂所传篆文，为监察王圣美，翰林祗候刘允恭所书。卷末题'子容'者，即颂字也。乾道癸巳，尤袤得于叶梦得家，写以与李焘。详见袤《跋》。书中有称'臣次立案'者，张次立也。次立官至殿中丞，尝与写《嘉祐二字石经》，陶宗仪《书史会要》载其始末云。案：是书在徐铉校《说文》之前，而列其后者，铉校许慎之原本，以慎为主，而铉附之。此书锴所论著，以锴为主，故不得而先慎也。"《宋史·艺文志》录其著。

【考论】

在唐代，《说文》是参加"书学"考试者所必读之书，但因有《玉篇》、《切韵》可以检字，所以很少有人关注《说文》的价值。南唐徐铉、徐锴兄弟二人精究许书，而徐锴尤为精通。徐铉入宋后曾与句中正等校订《说文》，使《说文》流传至今。徐锴著有《说文解字系传》四十卷，此为《说文》最早注本。《系传》主要是疏证许说，引书以证古义，并且从文字的谐声偏旁和字音上推寻语义的本源，有很多创见，在文字方面特别说明古书中有假借，并且由于时代变迁，字有古今之异。

其书在文字学史和训诂学史上都有很重要的地位。此外徐锴又有《说文解字韵谱》十卷，把《说文》的字按韵书的韵部来排列，检索十分方便。

【相关论著举目】

张秋娥:《徐锴的语言文字观》,《殷都学刊》,2011 年第 4 期

白举:《徐锴〈说文解字系传〉对六书研究的贡献》,《牡丹江教育学院学报》,2011 年第 3 期

刘晓颖:《〈说文解字系传·部叙〉初探》,《吉林省教育学院学报》(学术版),2010 年第 3 期

黎千驹:《证明、阐释、补充、订正——论徐锴〈说文解字系列〉对〈说文解字〉词义的研究》,《辞书研究》,2010 年第 1 期

张秋霞:《论徐锴〈系传〉改订〈说文〉形声字及对徐铉的影响》,《南阳师范学院学报》,2009 年第 7 期

卫燕红:《试论徐锴对李阳冰的批驳》,《文教资料》,2008 年第 28 期

张秋霞:《论徐锴〈系传〉对六书的开创性研究及其影响》,《乐山师范学院学报》,2008 年第 7 期

邵敏:《徐锴〈说文解字系传〉版本考》,《信阳师范学院学报》(哲学社会科学版),2007 年第 6 期

郭剑英:《论徐锴对词义引申的贡献》,《湖南工业大学学报》(社会科学版),2007 年第 4 期

王艳:《徐锴〈说文解字系传〉新义研究》,山东大学硕士学位论文,2007 年

邵敏:《〈说文解字〉系传研究》,山东大学硕士学位论文,2006 年

刘晓刚:《〈说文解字系传〉的部首研究》,陕西师范大学硕士学位论文,2006 年

曾昭聪:《徐锴〈说文解字系传〉中的词源探讨述评》,《绵阳师范学院学报》,2005 年第 6 期

李计伟:《〈说文解字系传〉解说语词语拾零》,《河南科技大学学

报》(社会科学版),2005 年第 4 期

李计伟、王芳:《徐锴语法意识考论》,《周口师范学院学报》,2005 年第 4 期

李计伟:《徐锴古音观考论》,《古籍整理研究学刊》,2005 年第 4 期

张秋霞、刘黎:《论徐锴〈说文解字系传〉中的引文》,《河南纺织高等专科学校学报》,2005 年第 2 期

韩伟:《徐锴〈说文解字系传〉及其字形文化研究》,《海南师范学院学报》,2004 年第 4 期

赵铮:《〈说文解字系传〉在〈说文〉研究中的开创性意义》,《襄樊职业技术学院学报》,2004 年第 1 期

王广杰:《〈说文系传〉声训体例与价值研究》,北京师范大学硕士学位论文,2004 年

张秋霞:《徐锴论〈说文〉形声字亦声字为会意字及形声字为亦声字考辨》,陕西师范大学硕士学位论文,2004 年

刘晓晖:《〈说文解字系传〉对段玉裁、桂馥〈说文〉研究的影响举例》,陕西师范大学硕士学位论文,2004 年

孙艳红:《徐锴卒年考》,《南京师范大学文学院学报》,2003 年第 3 期

杨玉飞:《徐锴〈说文解字系传〉古文研究》,天津师范大学硕士学位论文,2003 年

张社列:《徐锴〈系传〉对字义的再阐释》,河北大学硕士学位论文,2003 年

刘晓颖:《〈说文解字系传·部叙〉研究》,河北大学硕士学位论文,2003 年

杨恒平:《〈说文解字系传〉征引文献考》,河南师范大学硕士学位论文,2002 年

张庆绵:《略述徐锴〈说文解字系传〉》,《辽宁大学学报》,1992 年第 1 期

锐声:《徐锴〈说文解字系传〉的学术成就》,《天津师范大学学

报》,1989 年第 5 期

世宗显德元年　甲寅(954)

○四月,冯道卒

【文献】

《旧五代史》卷一百二十六《冯道传》(P1655—1665):"冯道,字可道,瀛州景城人。其先为农为儒,不恒其业。道少纯厚,好学能文,不耻恶衣食,负米奉亲之外,唯以披诵吟讽为事……及山陵礼毕,奉神主归旧宫,未及祔庙,一夕薨于其第,时显德元年四月十七日也,享年七十有三。世宗闻之,辍视朝三日,册赠尚书令,追封瀛王,谥曰文懿。"《资治通鉴》卷二百九十一《后周纪二》(P9510):显德元年四月,"庚申,太师、中书令瀛文懿王冯道卒。道少以孝谨知名,唐庄宗世始贵显,自是累朝不离将、相、三公、三师之位,为人清俭宽弘,人莫测其喜愠,滑稽多智,浮沉取容,尝著《长乐老叙》,自述累朝荣遇之状,时人往往以德量推之。欧阳修论曰:……予读冯道《长乐老叙》,见其自述以为荣,其可谓无廉耻者矣,则天下国家可从而知也"。

【考论】

冯道(882—954),字可道,自号长乐老。五代时瀛州景城(今河北交河东北)人。五代时历仕后唐、后晋、后汉、后周和辽,不离将、相、三公高位,容身保位,未尝谏诤,晚年自称长乐老,曾作《长乐老自叙》以述其荣遇之状。后世因其仕五朝、八姓、十一帝,多有贬损,如欧阳修谓其"无廉耻",司马光评其:"道之为相,历五朝、八姓,若逆旅之视过客,朝为仇敌,暮为君臣,易面变辞,曾无愧怍,大节如此,虽有小善,庸足称乎!"后唐长兴三年(932),曾提议在国子监取郑覃所刊石经加以校定,雕版印刷,至后周时完成,即"五代监本"。自此中国古代官府始大规模刻书。因此冯道是举极大推动了五代乱世时期文化的大发展，为其后宋朝的文化繁荣奠定了基础。是年卒，赠尚书令，追封瀛王，谥曰“文懿”。《全唐文》卷八百五十七辑其文。

【相关论著举目】

张明华:《论冯道“不知廉耻”历史形象的塑造与传播》,《史学月刊》,2012 年第 5 期

陈隆予:《冯道刻印九经及其重要意义》,《兰台世界》(下旬),2011 年第 7 期

刘振修:《六度为相的“长乐老”冯道》,《文史天地》,2011 年第 1 期

唐织辉:《冯道的为官之道》,《国学》,2010 年第 6 期

陈晓莹:《历史与符号之间——试论两宋对冯道的研究》,《史学集刊》,2010 年第 2 期

黄权才、崔蕾:《论冯道对图书文化事业的历史贡献》,《图书馆界》,2009 年第 1 期

陈毓文:《从李建勋、冯道看五代儒学的新变》,《湖州师范学院学报》,2007 年第 5 期

严修:《重新审视冯道》,《复旦学报》,2006 年第 1 期

郝兆矩:《论冯道》,《浙江学刊》,1996 年第 4 期

秦新林:《冯道新论》,《殷都学刊》,1996 年第 2 期

张杰:《历仕四姓十一帝的冯道》,《辽宁大学学报》,1989 年第 5 期

任崇岳:《略论冯道》,《史学月刊》,1985 年第 5 期

李少军:《冯道的做官之道》,《读书》,1980 年第 1 期

○八月，尹拙为国子祭酒

【文献】

《旧五代史》卷一百一十四《周世宗纪一》(P1520):“甲寅，以兵部郎中兼太常博士尹拙为国子祭酒。”

世宗显德二年　乙卯(955)

○二月，尹拙状校勘《经典释文》

【文献】

《五代会要》卷八《经籍》(P129)："显德二年二月，中书门下奏：'国子监祭酒尹拙状称：准敕校勘《经典释文》三十卷，雕造印板，欲请兵部尚书张昭、太常卿田敏同校勘。'敕：'其《经典释文》已经本监官员校勘外，宜差张昭、田敏详校。'"《册府元龟》卷六百八《学校部·刊校》(P7305)："尹拙为国子监祭酒，显德二年二月中书奏拙状称准敕较勘《经典释文》三十卷，雕造印板，伏以陆氏《释文》唐初撰集，绵历岁月，传写失真，非多闻博识之人，通幽洞微之士，重共商确，必致乖讹，况今朝廷富有鸿硕，如兵部尚书张昭、太常卿田敏，皆文儒之领袖也。或家藏万卷，或手较《六经》，实后学之宗师，为当今之雄。尚伏乞察，以事继垂教，情非属私，时赐敷欤，俾同雠校。敕曰：经典之来，训释为重，须资鸿博，共正疑讹，庶使文字精研，免至传习眩惑，其《经典释文》已经本监官员较勘外，宜差兵部尚书张昭、太常卿田敏详较。"

事又见《池北偶谈》卷十七《谈艺七》、《书林清话》卷一，参见《全唐文》卷八百六十五尹拙文《请令张昭田敏等校勘经典释文状》。

○五月，周世宗毁佛

【文献】

《旧五代史》卷一百一十五《周世宗纪二》(P1529—1531)：五月，"甲戌，诏曰：'释氏贞宗，圣人妙道，助世劝善，其利甚优。前代以来，累有条贯，近年已降，颇紊规绳。……诸道州府县镇村坊，应有敕额寺院，一切仍旧，其无敕额者，并仰停废，所有功德佛像及僧尼，并腾并于合留寺院内安置。天下诸县城郭内,若无敕额寺院,只于合停废寺院内,选功德屋宇最多者,或寺院僧尼各留一所,若无尼住,只留僧寺院一所。……僧尼俗士,自前多有舍身、烧臂、炼指、钉截手足、带铃挂灯、诸般毁坏身体、戏弄道具、符禁左道、妄称变现还魂坐化、圣水圣灯妖幻之类,皆是聚众眩惑流俗,今后一切止绝。如有此色人,仰所在严断,递配边远,仍勒归俗,其所犯罪重者,准格律处分。每年造僧帐两本,其一本奏闻,一本申祠部,逐年四月十五日后,勒诸县取索管界寺院僧尼数目申州,州司攒帐,至五月终以前文帐到京,僧尼籍帐内无名者,并勒还俗。其巡礼行脚,出入往来,一切取便。'是岁,诸道供到帐籍,所存寺院凡二千六百九十四所,废寺院凡三万三百三十六,僧尼系籍者六万一千二百人。"《资治通鉴》卷二百九十二《后周纪三》(P9527):"(显德二年)敕天下寺院,非敕额者悉废之。禁私度僧尼,凡欲出家者必俟祖父母、父母、伯叔之命。唯两京、大名府、京兆府、青州听设戒坛。禁僧俗舍身、断手足、炼指、挂灯、带钳之类幻惑流俗者。令两京及诸州每岁造僧帐,有死亡、归俗,皆随时开落。是岁,天下寺院存者二千六百九十四,废者三万三百三十六,见僧四万二千四百四十四,尼一万八千七百五十六。"《新五代史》卷十二《世宗纪》(P119)显德二年五月:"甲戌,大毁佛寺,禁民亲无侍养而为僧尼及私自度者。"

【考论】

佛教传入中国,无论佛学理论还是信徒的修行实践,均得到了长足的发展变化。但佛教的极度繁盛也带来了一系列非常严重的社会问题,因此历史上有"三武灭佛"之事。

唐武宗会昌五年毁佛,使得佛教的发展在一定程度上受到影响。宣宗李忱即位,"反会昌之政",佛教复倡。但此后主张沙汰佛教者仍大有人在。如贞明六年三月李枢曾上言"请禁天下私度僧尼"(《旧五代史·梁末帝纪》)。至周世宗时再一次大规模沙汰佛教,但与"三武灭佛"相比,这一次是较为理性的,例如天下寺院非敕额者皆废之、禁私度僧尼、凡欲出家者必俟祖父母等人之命、禁僧俗毁坏身体以幻惑流俗者等举措，的确是针对社会上现实存在的弊端而为之。此次周世宗沙汰佛教之举与此前北魏太武帝、北周武帝、唐武宗的“三武毁佛”，并称为“三武一宗”。

【相关论著举目】

张箭：《后周世宗文明限佛析论》，《文史哲》，2003 年第 4 期

○七月，和凝卒

【文献】

《旧五代史》卷一百一十五《周世宗纪二》(P1531)：“戊辰，太子太傅、鲁国公和凝卒。”《旧五代史》卷一百二十七《和凝传》(P1671—1673)：“和凝，字成绩，汶阳须昌人也。……少好学，书一览者咸达其大义。年十七举明经，至京师，忽梦人以五色笔一束以与之，谓曰：‘子有如此才，何不举进士？’自是才思敏赡，十九登进士第。……显德二年秋，以背疽卒于其第，年五十八。辍视朝两日，诏赠侍中。”事又见《全唐文》卷八百五十九。

【考论】

和凝(898—955)，字成绩，郓州须昌(今山东东平)人，五代时文学家、法医学家。幼而颖敏好学，十七岁举明经，梁贞明二年(916)进士。后唐时官至中书舍人，工部侍郎。后晋天福五年(940)拜中书侍郎同中书门下平章事。后汉为太子太保，封鲁国公。后周时为太子太傅，赠侍中。一生历仕梁、唐、晋、汉、周五代。周世宗显德二年(955)秋，和凝背长疽疮而卒，年五十八。和凝少时好曲子词，时称“曲子相公”。平生所作短歌艳曲，多浮艳清靡之作，内容多为春情闺怨，格调不高。据说今所传《香奁集》，实为和凝作，嫌艳歌有辱其声誉，遂嫁名韩偓。《花间集》存其词二十首，《全唐诗》存其诗一卷，存词二十四首。近人刘毓盘辑得二十九首，编为《红叶稿》一卷，有北京大学排印本。和凝著述甚富，史书称：“有集百卷，自篆与板，模印数百帙，分惠于人焉。”其著述分为演纶、游艺、孝悌、疑狱、香奁、篋金六

集。其集已散佚。和凝搜集古今史传所讼断狱、辨冤等案例，著为《疑狱集》两卷。子和山蒙增订两卷，合成四卷。《疑狱集》涉及诸多法医知识，为平反冤狱提供了资料，也为宋慈著《洗冤集录》创造了条件。

世宗显德三年　丙辰(956)

○张昭修太祖实录等

【文献】

《旧五代史》卷一百一十六《周世宗纪三》(P1551)："癸亥，诏兵部尚书张昭纂修太祖实录及梁均王、唐清泰帝两朝实录。[案《五代会要》云：同修撰官委张昭定名奏请，至四年正月，张昭奏请国子祭酒尹拙、太子詹事刘温叟同编修。(《旧五代史考异》)]"《旧五代史》卷一百一十七《周世宗纪四》(P1555)："壬寅，兵部尚书张昭上言：'奉诏编修太祖实录及梁、唐二末主实录。伏以撰《汉书》者先为项籍，编《蜀记》者首序刘璋，贵神器之传授有因，历数之推迁得序。伏缘汉隐帝君临在太祖之前，历试之绩，并在隐帝朝内，请先修隐帝实录，以全太祖之事功。又以唐末主之前有闵帝，在位四月，出奔于卫，亦未编纪，请修闵帝实录。其清泰帝实录，请书为废帝实录。'从之。(案：自'唐末主'以上，原文疑有脱误。据《五代会要》云：梁末主之上，有郢王友珪，篡弑居位，未有纪录，请依《宋书》刘劭例，书为'元凶友珪'，其末主请依古义书曰后梁实录。又，唐末主之前，有应顺帝，在位四月出奔，亦未编纪，请书为前废帝，清泰主为后废帝，其书并为实录。)"

○十二月，诏访求史馆所少书籍

【文献】

《旧五代史》卷一百一十六《周世宗纪三》(P1551—1552)：十二

月,“又诏曰:‘史馆所少书籍,宜令本馆诸处求访补填。如有收得书籍之家,并许进书人据部帙多少等第,各与恩泽;如是卷帙少者,量给资帛。如馆内已有之书,不在进纳之限。仍委中书门下,于朝官内选差三十人,据见在书籍,各求真本校勘,署校官姓名,逐月具功课申报中书门下’”。《五代会要》卷十八记此事在显德二年(955)。

○聂崇义始撰《三礼图集注》

【文献】

《郡斋读书志》卷二(P77—78):“《三礼图》二十卷,右聂崇义周世宗时被旨纂辑,以郑康成、阮谌等六家图刊定。皇朝建隆二年奏之,赐紫绶犀带,奖其志学。窦俨为之序,有云:周世宗暨今皇帝,恢尧、舜之典则,总夏、商之礼文。命崇义著此书,不以世代迁改,有所抑扬,近古云。”《四库全书总目》卷二十二《礼类四》(P176):“《三礼图集注》二十卷,宋聂崇义撰。崇义,洛阳人,周显德中累官国子司业。世宗诏崇义参定郊庙祭玉,因取三《礼》旧图,凡得六本,重加考订。宋初上于朝,太祖览而嘉之,诏颁行。考礼图始于后汉侍中阮谌。其后有梁正者,题谌图云:‘陈留阮士信受学于颍川綦母君,取其说为图三卷。多不案礼文,而引汉事与郑君之文违错。’正称《隋书·经籍志》列郑元及阮谌等《三礼图》九卷。《唐书·艺文志》有夏侯伏朗《三礼图》十二卷,张镒《二礼图》九卷。《崇文总目》有梁正《三礼图》九卷。《宋史》载吏部尚书张昭等奏云:‘《四部书目》内有《三礼图》十二卷,是开皇中敕礼部修撰。其图第一、第二题云梁氏,第十后题云郑氏。今书府有《三礼图》,亦题梁氏、郑氏。’则所谓六本者,郑元一,阮谌二,夏侯伏朗三,张镒四,梁正五,开皇所撰六也。然勘验《郑志》,元实未尝为图,殆习郑氏学者作图,归之郑氏欤?今考书中宫室车服等图,与郑《注》多相违异。即如《少牢馈食》‘敦皆南首’,郑《注》云:‘敦有首者,尊者器饰也。饰盖象龟。周之制,饰器必以其类。龟有上、下甲,此言敦之上、下象龟上、下甲。’盖者意拟之辞,而是书敦与簠簋皆作小龟，以为盖顶。是一器之微，亦失郑意。沈括《梦溪笔谈》讥其牺象尊、黄目尊之误。欧阳修《集古录》讥其簋图与刘原甫所得真古簋不同。赵彦卫《云麓漫钞》讥其爵为雀背承一器，牺象尊作一器绘牛象。林光朝亦讥之曰：'聂氏《三礼图》全无来历，谷璧则画谷，蒲璧则画蒲，皆以意为之。不知谷璧止如今腰带铐上粟文耳。'是宋代诸儒亦不以所图为然。然其书钞撮诸家，亦颇承旧式，不尽出于杜撰。淳熙中陈伯广尝为重刻，题其后云：'其图度未必尽如古昔，苟得而考之，不犹愈于求诸野乎？'斯言允矣。今姑仍其旧帙录之，以备一家之学。此书世所行者为通志堂刊本。或一页一图，或一页数图，而以说附载图四隙。行款参差，寻览未便。惟内府所藏钱曾也是园影宋钞本，每页自为一图，而说附于后，较为清整易观。今依仿缮录焉。"又见《文献通考》卷一百八十一。《资治通鉴》卷二百九十三《后周纪四》(P9563)："(显德四年二月)庚午，诏有司更造祭器、祭玉等，命国子博士聂崇义讨论制度，为之图。"

《全唐文》卷八百六十五聂崇义有传。

【考论】

《三礼图》二十卷，聂崇义奉旨纂辑，以郑康成、阮谌等六家图进行刊定，从而成为一部综括前贤成果的集大成之作。《三礼图》把古代礼器的形状用图形描绘下来，使后人在制作祭祀礼器时有所遵循，因而是一部重要的儒学著作，对于保持儒教礼仪的连续性以及儒教信仰的稳固性，具有重要意义。

【相关论著举目】

聂崇义著、丁鼎点校：《新定三礼图》，清华大学出版社，2006年出版

王锷：《宋聂崇义〈新定三礼图〉的价值和整理——兼评丁鼎先生整理的〈新定三礼图〉》，《孔子研究》，2008年第2期

后周世宗显德四年　丁巳(957)

○聂崇义上郊庙祭器规式

【文献】

《宋史》卷四百三十一《聂崇义传》(P12793):"周显德中,累迁国子司业兼太常博士。先是,世宗以郊庙祭器止由有司相承制造,年代浸久,无所规式,乃命崇义检讨摹画以闻。四年,崇义上之,乃命有司别造焉。"

○四月,尹拙、聂崇义论祭器制度

【文献】

《旧五代史》卷一百四十三《礼志下》(P1911—1912):"显德四年夏四月,礼官博士等准诏,议祭器、祭玉制度以闻。时国子祭酒尹拙引崔灵恩《三礼义宗》云:'苍璧所以祀天,其长十有二寸,盖法天之十二时。'又引《江都集》、《白虎通》等诸书所说,云:'璧皆外圆内方。'又云:'璜琮所以祀地,其长十寸,以法地之数。其琮外方内圆,八角而有好。'国子博士聂崇义以为璧内外皆圆,其径九寸。又按阮氏、郑玄图皆云九寸,《周礼·玉人》职又有九寸之璧。及引《尔雅》云:'肉倍好谓之璧,好倍肉谓之瑗,肉好若一谓之环。'郭璞注云:'好,孔也;肉,边也。'而不载尺寸之数。崇义又引《冬官·玉人》云'璧好三寸',《尔雅》云'肉倍好谓之璧',两边肉各三寸,通好共九寸,则其璧九寸明矣。崇义又云:'璜琮八方以象地,每角各剡出一寸六分,共长八寸,厚一寸。按《周礼疏》及阮氏图并无好。'又引《冬官·玉人》云:'琮八角而无好。'崇义又云:'琮璜珪璧,俱是祀天地之器,而《尔雅》唯言璧环瑗三者有好,其余璜琮诸器,并不言之,则璜琮八角而无好明矣。'太常卿田敏以下议,以为尹拙所说虽有所据,而崇义援《周礼》

正文,其理稍优,请从之。其诸祭器制度,亦多以崇义所议为定。”

事又见《册府元龟》卷五百九十四。

○八月,田敏为工部尚书

【文献】

《旧五代史》卷一百一十七《周世宗纪四》(P1561):“丙辰,以太常卿田敏为工部尚书,以太子宾客司徒诩为太常卿。”

后周世宗显德五年　戊午(958)

○聂崇义论礼

【文献】

《宋史》卷四百三十一《聂崇义传》(P12793—12794):“五年,将禘于太庙,言事者以宗庙无祧室,不当行禘祫之礼。崇义援引故事上言,其略曰:‘魏明帝以景初三年正月上仙,至五年二月祫祭,明年又禘,自兹后以五年为禘。且魏以武帝为太祖,至明帝始三帝,未有毁主而行禘祫。其证一也。宋文帝元嘉六年,祠部定十月三日大祠,其太学博士议云:案禘祫之礼,三年一,五年再。宋高祖至文帝裁亦三帝,未有毁主而行禘祫。其证二也。梁武帝用谢广议,三年一禘,五年一祫,谓之大祭,禘祭以夏,祫祭以冬。且梁武乃受命之君,裁追尊四朝而行禘祫,则知祭者是追养之道,以时移节变,孝子感而思亲,故荐以首时,祭以仲月,间以禘祫,序以昭穆,乃礼之经也。非关宗庙备与未备。其证三也。’终从崇义之议。”

《文献通考》卷一百二《宗庙考十二》记此事于“六月”,又见《全唐文》卷八百五十六聂崇义《论禘祫疏》。

○尚书张昭等撰《太祖实录》成

【文献】

《旧五代史》卷一百一十八《周世宗纪五》(P1574):六月,"乙亥,兵部尚书张昭等撰《太祖实录》三十卷成,上之,赐器帛有差"。

○十一月,敕窦俨编集《大周通礼》、《大周正乐》

【文献】

《资治通鉴》卷二百九十三《后周纪四》(P9571):显德四年"九月,中书舍人窦俨上疏请令有司讨论古今礼仪,作《大周通礼》;考正钟律,作《大周正乐》。"同书卷二百九十四《后周纪五》(P9588):显德五年,"十一月,庚戌,敕窦俨编集《大周通礼》、《大周正乐》"。

○田敏请老

【文献】

《宋史》卷四百三十一《田敏传》(P12818—12820):"田敏,淄州邹平人。少通《春秋》之学。梁贞明中登科,调补淄州主簿,不令之任,留为国子四门博士。后唐天成初,改《尚书》博士,赐绯。满岁,为国子博士。上言请四郊置斋宫,不报。秩满,转屯田员外郎,以详明典礼兼太常博士。建议请依《春秋》每岁藏冰荐宗庙,颁公卿,如古礼。奉诏与太常卿刘岳,博士段颙、路航、李居浣、陈观等删定唐郑余庆《书仪》,又诏与马镐等同校《九经》。改户部员外郎,赐金紫。清泰初,迁国子司业。

晋天福四年授祭酒,仍检校工部尚书,俄兼户部侍郎。开运初,迁兵部侍郎,充弘文馆学士、判馆事。议者以敏止可任学官,宰相桑维翰闻之,即改授检校右仆射,复为祭酒。汉乾祐中,拜尚书右丞,判国子监。

周广顺初，改左丞，遣使契丹，将岁赂钱十万贯，止其侵剽，契丹不许。周祖将亲郊，命权判太常卿事。世宗即位，真拜太常卿、检校左仆射，加司空。显德五年，上章请老，赐诏曰：'卿详明礼乐，博涉典坟，为儒学之宗师，乃荐绅之仪表。朕方资旧德，以访话言，遽览封章，愿致官政。引年之制虽著旧文，尊贤之心方深虚伫，所请宜不允。'迁工部尚书。俄再上表愿归故乡，以遂首丘之志，改太子少保致仕，归淄州别墅。恭帝即位，加少傅。开宝四年，卒，年九十二。

敏解官归乡，有良田数十顷，多酿美酒待宾客。体强少疾，徒步往来闾巷间不以杖。每日亲授诸子经。自作父墓碑，辞甚质。敏尝使湖南，路出荆渚，以印本经书遗高从诲，从诲谢曰：'祭酒所遗经书，仆但能识《孝经》耳。'敏曰：'读书不必多，十八章足矣。如《诸侯章》云"在上不骄，高而不危，制节谨度，满而不溢"，皆至要之言也。'时从诲兵败于郢，故敏以此讽之，从诲大惭。敏虽笃于经学，亦好为穿凿，所校《九经》，颇以独见自任，如改《尚书·盘庚》'若网在纲'为'若纲在纲'，重言'纲'字。又《尔雅》'椴，木槿'注曰'日及'，改为'白及'。如此之类甚众，世颇非之。"

后周世宗显德六年　己未(959)

◯正月，枢密使王朴论礼乐作用，诏许王朴依古法定新律则

【文献】

《旧五代史》卷一百一十九《周世宗纪六》(P1579)："枢密使王朴详定雅乐十二律旋相为宫之法，并造律准，上之。诏尚书省集百官详议，亦以为可。语在《乐志》。"《资治通鉴》卷二百九十四《后周纪五》(P9591—9593)："初，有司将立正仗，宿设乐县于殿庭，帝观之，见钟磬有设而不击者，问乐工，皆不能对。乃命窦俨讨论古今，考正雅乐。王朴素晓音律，帝以乐事询之，朴上疏，以为：'礼以检形，乐以治心；

形顺于外，心和于内，然而天下不治者未之有也。是以礼乐修于上，万国化于下，圣人之教不肃而成，其政不严而治，用此道也。……陛下武功既著，垂意礼乐，以臣尝学律吕，宣示古今乐录，命臣讨论。臣谨如古法……乃作律准。……'诏从之，百官皆以为然，乃行之。"

【考论】

最初有司将立正杖，宿设乐悬于殿庭，周世宗观之，见钟磬有设而不击者，问乐工，都不能答，于是命窦俨讨论古今，考正雅乐。王朴素晓音律，周世宗以乐事询之，朴遂上疏，以为"礼以检形，乐以治心；形顺于外，心和于内，然而天下不治者未之有也"。周世宗于是诏王朴依古法，定乐律，王朴谨依古法，乃作律则，百官皆以为然，行之于世。

【相关论著举目】

朱燕芝、刘东兴、武少颖：《王朴律之我见》，《保定师范专科学校学报》，2007 年第 4 期

赵荣织：《后周王朴略论》，《新疆师范大学学报》（哲学社会科学版），1994 年第 1 期

刘勇：《倍半关系在王朴律中的作用》，《黄钟》，1990 年第 3 期

郑荣达：《王朴密律解》，《黄钟》，1989 年第 3 期

陈应时：《王朴律究竟是一种什么律》，《交响》，1985 年第 2 期

○七月，聂崇义议礼

【文献】

《旧五代史》卷一百四十二《礼志上》（P1905—1906）："显德六年七月，诏以大行皇帝山陵有期，神主将祔太庙，其庙殿室宇合添修否？国子司业兼太常博士聂崇义奏议曰：'奉敕，为大行皇帝山陵有期，神主祔庙，恐殿室间数少，合重添修。今诣庙中相度，若是添修庙殿一间至两间，并须移动诸神门及角楼宫墙仗舍，及堂殿正面檐栿阶道，亦须东省牲立班位，直至斋宫，渐近迫窄。今重拆庙殿，续更添修，不

唯重劳，兼恐未便。窃见庙殿见虚东西二夹室，况未有祧迁之主，欲请不拆庙殿，更添间数，即便将夹室重安排六室位次。所有动移神主，若准旧礼，于殿庭权设行庙幕殿，即恐雨水犹多，难于陈设。伏请权于太庙斋宫内奉安神主，至修奉毕日，庶为宜称。又，按《礼记》云：庙成则于中屋刲羊以衅之，夹室则用鸡。又，《大戴礼》及《通典》亦有夹室，察文观义，乃是备庙之制。况新主祔庙，诸经有迁易之文，考古沿今，庶合通礼。伏请递迁诸室奉安大行皇帝神主，以符礼意。'敕依典礼。"

〇五代登科总目

【文献】

《文献通考》卷三十《选举考三》(P282)："《五代登科记》总目：'梁太祖开平二年，进士十八人，诸科五人。三年，进士十九人，诸科四人。四年，进士十五人，诸科一人。五年，进士二十人，诸科十人。……世宗显德元年，进士二十人，诸科一百二十一人。……六年，进士十人，诸科五十人。'"《文献通考》卷三十《选举考三》(P282—283)："按：五代五十二年，其间惟梁与晋各停贡举者二年，则降敕以举子学业未精之故，至于朝代更易，干戈搶攘之岁，贡举未尝废也。然每岁所取进士，其多者仅及唐盛时之半，土宇分割，人士流离，固无怪其然。但《三礼》、《三传》、学究、明经诸科，唐虽有之，然每科所取甚少，而五代自晋、汉以来，明经诸科中选者，动以百人计。盖帖书、墨义，承平之时，士鄙其学而不习，国家亦贱其科而不取，故惟以攻诗赋中进士举者为贵。丧乱以来，文学废坠，为士者往往从事乎帖诵之末习，而举笔能文者固罕见之，国家亦姑以是为士子进取之涂，故其所取反数倍于盛唐之时也。国初，诸科取人亦多于进士，盖亦承五季之弊云。"

南唐元宗交泰元年　戊午(958)

○姜虔嗣撰《春秋纂例》

【文献】

《文献通考》卷一百八十二《经籍考九》(P1569)："《春秋纂例》，《崇文总目》：伪唐人姜虔嗣撰。以《春秋·左氏》、《公》、《穀》三家之传学者钞集之文。"《宋史》卷二百二《艺文志一》(P5060)："姜虔嗣《春秋三传纂要》二十卷。"

后蜀后主广政二十八年　乙丑(965)

○冯继先撰《春秋名号归一图》、《尚书广疏》、《春秋名字同异录》等

【文献】

《文献通考》卷一百八十二《经籍考九》(P1569)："《春秋名号归一图》二卷，《崇文总目》：伪蜀冯继元撰。以《春秋》官谥名字，裒附初名之左。晁氏曰：'《左氏》所书人，不但称其名，或字，或号，或爵、谥，多互见，学者苦之。继元皆取以系之名下云。'巽岩李氏曰：'昔丘明传《春秋》，于列国君臣之名字不一其称，多者或至四五，始学者盖病其纷错难记。继元集其同者，为一百六十篇，音同者附焉，于《左氏》抑亦微有所助云。宋大夫庄堇，秦右大夫詹，据《传》未始有"父"字，而继元辄增之，所见异本；若子韩晰者，盖齐顷公孙，《世族谱》与《传》同，而继元独以为韩子晰，与楚、郑二公孙黑共篇，盖误也。'陈氏曰：'《左传》所载君臣名氏字谥互见错出，故为此图以一之。周一、鲁二、齐三、晋四、楚五、郑六、卫七、秦八、宋九、陈十、蔡十一、曹十二、吴十

三、邾十四、杞十五、莒十六、滕十七、薛十八、许十九、杂小国二十。'"《郡斋读书志》卷三(P121):"《春秋名号归一图》二卷,右伪蜀冯继先撰。《左氏》所书人,不但称其名,或字,或号,或爵、谥,多互见,学者苦之。继先皆取以系之名下云。"《宋史》卷二百二《艺文志一》(P5058):"冯继先《春秋名号归一图》。又《春秋名字同异录》五卷。"《四库全书总目》卷二十六《春秋类一》(P214):"《春秋名号归一图》二卷,蜀冯继先撰。陈振孙《书录解题》载是书所列人名,周一、鲁二、齐三、晋四、楚五、郑六、卫七、秦八、宋九、陈十、蔡十一、曹十二、吴十三、邾十四、杞十五、莒十六、滕十七、薛十八、许十九、杂小国二十。《崇文总目》谓其以官谥、名字裒附初名之左。《文献通考》引李焘云:'昔丘明传《春秋》,于列国君臣之名字,不一其称,多者或至四五。始学者盖病其纷错难记,继先集其同者为一百六十篇。'以是二端推之,是继先旧本本为旁行斜上,如表谱之体,故以图为名,而分至一百六十篇也。今本目次与振孙所言合。其每一人为一条,既非裒附初名之左,亦无所谓一百六十篇者,与《崇文总目》及李焘所说迥异。案岳珂《雕印相台九经例》云'《春秋名号归一图》二卷,刻本多讹错。尝合京、杭、建、蜀本参校,有氏名异同,实非一人,而合为一者。有名字若殊,本非二人,而析为二者。有自某国适他国,而前后互见者。有称某公与某年而经传不合者,或以传为经,或以注为传,或偏旁疑似而有亥豕之差,或行款牵连而无甲乙之别。今皆订其讹谬,且为分行,以见别书。'然则今本盖珂所刊定移易,非复李焘以前之旧本。观焘所称宋大夫庄堇、秦右大夫詹传,未始有父字,而继先辄增之。若子韩晰者,盖齐顷公孙,《世族谱》与《传》同。而继先独以为韩子晰,与楚、郑二公孙黑共篇。今检验此本,皆无此文,则为珂所削改明矣。"

《文献通考》卷一百七十七《经籍考四》(P1532):"《尚书广疏》,《崇文总目》:伪蜀冯继先撰。以颖达《正义》为本,小加己意。"《宋史》卷二百二《艺文志一》(P5042):"冯继先《尚书广疏》十八卷,又《尚书小疏》十三卷。"

【考论】

冯继先，五代时人，生平居里皆不详，著名经学家，著有《尚书广疏》十八卷、《尚书小疏》十三卷、《春秋名号归一图》、《春秋名字同异录》五卷等。由于《左传》所载君臣名、氏、字、号、爵、谥等互见错出，学者每每苦其纷错难记，故冯继先集其同者，为此图以一之，共一百六十篇，音同者附之，于《左氏》有所帮助。此书有国家图书馆馆藏宋刻本，北京图书馆出版社 2002 年据以影印。又有《四库全书》本、《四库备要》本、《通志堂经解》本等传于世。

主要参考文献

二画

《十三经概论》，蒋伯潜，上海古籍出版社 1983 年版

《十三经注疏》，阮元，中华书局 1980 年版

《九经字样》，唐玄度，上海古籍出版社 1987 年文渊阁四库全书影印本

三画

《干禄字书》，颜元孙，上海古籍出版社 1987 年文渊阁四库全书影印本

《三国志》，陈寿，中华书局 1982 年版

《士大夫政治演生史稿》，阎步克，北京大学出版社 2003 年版

《大一统与儒家思想》，杨向奎，中国友谊出版公司 1989 年版

《大唐西域记校注》，玄奘，中华书局 2000 年版

《大慈恩寺三藏法师传》，慧立本、彦悰，中华书局 2000 年版

《大慈恩寺志》，陈景富主编，三秦出版社 2000 年版

《广弘明集》，释道宣，上海古籍出版社 1987 年文渊阁四库全书影印本

四画

《五代会要》，王溥，上海古籍出版社 1978 年版

《元史》，宋濂，中华书局 1976 年版

《元和姓纂》，林宝，上海古籍出版社 1987 年文渊阁四库全书影印本

《开元释教录》，智升，上海古籍出版社 1987 年文渊阁四库全书影印本

《廿二史劄记校证》，赵翼，中华书局 1984 年版

《中说》，王通，上海古籍出版社 1987 年文渊阁四库全书影印本

《日知录集释》，顾炎武，黄汝成集释，栾保群、吕宗力校点，上海古籍出版社 2006 年版

《文薮》，皮日休，上海古籍出版社 1987 年文渊阁四库全书影印本

《艺文类聚》，欧阳询，上海古籍出版社 1987 年文渊阁四库全书影印本

《王国维文集》，中国文史出版社 1997 年版

《五十年来的经学研究》，林庆彰，学生书局 2003 年版

《五经文字》，张参，上海古籍出版社 1987 年文渊阁四库全书影印本

《五经哲学及其文化学的阐释》，严正，齐鲁书社 2001 年版

《中华道统思想发展史》，蔡方鹿，四川人民出版社 2004 年版

《中国历史研究法》，梁启超，商务印书馆 1947 年版

《中国历代人物年谱考录》，谢巍，华书局 1992 年版

《中国历代书目丛刊》，许逸民、常振国编，现代出版社 1987 年版

《中国历代年谱总录》，杨殿珣，书目文献出版社 1980 年版

《中国历代年谱总录续录》，杨殿珣，《文献》第十三辑

《中国文学批评史》，罗根泽，上海古籍出版社 1984 年版

《中国古代政治思想史》，柳泽华主编，南开大学出版社 1992 年版

《中国古代思想史论》，李泽厚，人民文学出版社 1985 年版

《中国古代音乐史简述》，刘再生，人民音乐出版社 1982 年版

《中国古代教育史》，毛永锐，人民教育出版社 1983 年版

《中国目录学史》,姚名达,商务印书馆 1998 年影印本
《中国目录学史论丛》,王重民,中华书局 1984 年版
《中国史学史》,谢保成,商务印书馆 2006 年版
《中国史学史》,瞿林东,上海人民出版社 2006 年版
《中国史学史纲》,瞿林东,北京出版社 1999 年版
《中国考试制度史》,沈兼士,台湾商务印书馆 1980 年版
《中国传统文化中的儒道释》,汤一介,中国和平出版社 1998 年版
《中国传统哲学的现代诠释》,方克立,商务印书馆 2003 年版
《中国传统思想文化渊源》,谢承仁,人民出版社 2004 年版
《中国佛教》,田光烈文,东方出版社 1989 年版
《中国佛教与传统文化》,方立天,上海人民出版社 1988 年版
《中国佛教史》,蒋维乔,上海古籍出版社 2004 年版
《中国佛教简史》,郭朋,福建人民出版社 1990 年版
《中国的国教——从上古到东汉》,张荣明,中国社会科学出版社 2001 年版
《中国法制通史》先秦、隋唐卷,张晋藩,法律出版社 1999 年版
《中国官僚政治研究》,王亚南,中国社会科学出版社 1981 年版
《中国学术史讲话》,杨东莼,江苏教育出版社 2005 年版
《中国学术思想编年·隋唐五代卷》,张岂之、刘学智等主编,陕西师范大学出版社 2006 年版
《中国学术思潮史》,夏金华、徐洪兴,上海社会科学院出版社 2006 年版
《中国经学史》,马宗霍,上海书店 1984 年版
《中国经学史》,许道勋、徐洪兴,上海人民出版社 2006 年版
《中国经学史》,吴雁南主编,福建人民出版社 2001 年版
《中国经学史十讲》,朱维铮,复旦大学出版社 2002 年版
《中国经学思想史》,姜广辉,中国社会科学出版社 2003 年版
《中国思想史》,韦政通,海书店出版社 2003 年版

《中国思想史》,葛兆光,复旦大学出版社1998年版
《中国思想史参考资料集》,刘国忠、黄振萍,清华大学出版社2004年版
《中国思想通史》,侯外庐,中国人民出版社1957年版
《中国科举史》,刘海峰、李兵,东方出版中心2004年版
《中国科举制度研究》,王炳照、徐勇,河北人民出版社2002年版
《中国哲学发展史》,任继愈,人民出版社1983年版
《中国教育史》,孙培青,华东师大出版社1992年版
《中国隋唐五代政治史》,谢保成,人民出版社1994年版
《中国道教史》,任继愈,上海人民出版社1990年版
《中国禅思想史——从6世纪到9世纪》,葛兆光,北京大学出版社1995年版
《中国儒教史》,李申,上海人民出版社2006年版
《中国儒学》,谢祥皓、刘宗贤,四川人民出版社1993年版
《中国儒学》,庞朴,东方出版中心1997年版
《中国儒学史》,赵吉惠,中州古籍出版社1991年版
《中国儒学史》,韩钟文,广东教育出版社1998年版
《中国儒学史·隋唐卷》,许凌云,广东教育出版社1998年版
《中国儒学导论》,顾士敏,云南大学出版社2001年版
《中国儒家学术思想史》,刘蔚华、赵宗正,山东教育出版社1996年版
《中晚唐社会与政治研究》,黄正建,中国社会科学出版社2006年版
《从经学到美学:中国近代文论知识话语的嬗变》,马睿,四川民族出版社2002年版
《今古文经学新论》,王葆玹,中国社会科学出版社1997年版
《文史探微》,周勋初,上海古籍出版社1987年版
《文坛佛影》,孙昌武,中华书局2001年版
《六朝经学与玄学》,田汉云,南京出版社2003年版

《文献通考》，马端临，浙江古籍出版社 2000 年版
《孔子评传》，匡亚明，齐鲁书社 1985 年版
《孔子思想研究》，潘富恩、徐洪兴、朱志凯主编，上海古籍出版社 1999 年版
《孔子与论语》，钱穆，联经出版事业公司 1974 年版
《文苑英华》，李昉等编，中华书局 1966 年版
《文中子世家》，上海古籍出版社 1987 年文渊阁四库全书影印本
《王子安集注》，王勃，上海古籍出版社 1995 年版

五画

《玉海》，王应麟，上海古籍出版社 1987 年文渊阁四库全书影印本
《东观奏记》，上海古籍出版社 1987 年文渊阁四库全书影印本
《旧五代史》，薛居正，中华书局 1982 年版
《旧唐书》，刘昫，中华书局 1975 年版
《北史》，李延寿，中华书局 1974 年版
《北梦琐言》，孙光宪，三秦出版社 2003 年版
《龙川集》，陈亮，上海古籍出版社 1987 年文渊阁四库全书影印本
《古经解汇函》，钱谦钧，广陵书社 2012 年出版
《北齐书》，李百药，中华书局 1972 年版
《北宋中期儒学复兴运动》，刘复生，文津出版社 1991 年版
《四库全书总目》，永瑢等，中华书局 1965 年版
《四库提要辨证》，余嘉锡，中华书局 1980 年版
《史记》，司马迁，中华书局 1959 年版
《史学经学与思想》，刘家和，北京师范大学出版社 2005 年版
《史通》，刘知幾，上海商务印书馆 1986 年四部丛刊初编影印版
《册府元龟》，李昉等，中华书局 1960 年版

《汉书》,班固,中华书局 1962 年版

《汉代文学思想史》,许结,南京大学出版社 1990 年版

《汉代经学文论叙述研究》,程勇,齐鲁书社 2005 年版

《汉代学术史略》,顾颉刚,东方出版社 1996 年版

《汉代思想史》,金春峰,中国社会科学出版社 1997 年版

《汉代诸子与经学》,王继训,陕西人民出版社 2003 年版

《汉晋学术编年》,刘汝霖,中华书局 1987 年版

《玄奘年谱》,杨廷福,中华书局 1988 年版

《辽史》,脱脱,中华书局 1974 年版

《汉书新证》,陈直,天津人民出版社 1979 年版

六画

《老学庵笔记》,陆游,上海古籍出版社 1987 年文渊阁四库全书影印本

《曲江集》,张九龄,上海古籍出版社 1987 年文渊阁四库全书影印本

《先秦汉魏晋南北朝诗》,逯钦立辑校,中华书局 1983 年版

《朱子语类》,黎靖德,中华书局 2004 年版

《朱熹的历史世界:宋代士大夫政治文化的研究》,余英时,三联书店 2004 年版

《朱熹诗经诠释学美学研究》,邹其昌,商务印书馆 2004 年版

《刘梦得文集》,刘禹锡,上海商务印书馆 1936 年四部丛刊初编影印本

《吕衡州集》,吕温,上海古籍出版社 1987 年文渊阁四库全书影印本

《刘宾客嘉话录》,刘禹锡,上海古籍出版社 1987 年文渊阁四库全书影印本

《朱文公校昌黎先生集》,朱熹,上海商务印书馆 1936 年四部丛

刊初编影印版

《朱熹经学与中国经学》，蔡方鹿，人民出版社 2004 年版

《朱熹思想研究》，张立文，中国社会科学出版社 1981 年版

《后汉书》，范晔，中华书局 1965 年版

《全唐文》，董诰等辑，中华书局 1983 年版

《全隋文》，严可均，商务印书馆 1999 年版

《刘师培论学论证》，刘师培著、李妙根编，复旦大学出版社 1990 年版

《刘知幾年谱》，傅振伦，中华书局 1963 年版

《刘知幾评传》，许凌云，南京大学出版社 1994 年版

《观堂集林》(外二种)，王国维，中华书局 1959 年版

《贞观政要》，吴兢，上海书店 1984 年四部丛刊续编影印版

七画

《杜阳杂编》，上海古籍出版社 1987 年文渊阁四库全书影印本

《苏东坡全集》，黄山书社 1997 年版

《走出疑古时代》，李学勤，辽宁大学出版社 1997 年版

《走向心学之路—陆象山思想的足迹》，张立文，中华书局 1992 年版

《两汉五经博士考》，张金吾，商务印书馆 1938 年版

《两汉经学与社会》，孙筱，中国社会科学出版社 2002 年版

《两汉经学与中国文学》，刘松来，百花洲文艺出版社 2001 年版

《两汉经学今古文平议》，钱穆，商务印书馆 2001 年版

《两汉思想史》，徐复观，华东师范大学出版社 2001 年版

《两宋道学命运的历史考察》，关长龙，学林出版社 2001 年版

《佛学与隋唐社会》，张国刚，河北人民出版社 2002 年版

《佛学与儒学》，赖永海，浙江人民出版社 1992 年版

《佛祖历代通载》，念常，上海古籍出版社 1987 年文渊阁四库全

书影印本

《佛祖统纪》,志磐,上海古籍出版社1991年续修四库全书版

《佛教与中国文学》,孙昌武,人民文学出版社1988年版

《宋史》,脱脱,中华书局1977年版

《宋初经学发展述论》,冯晓庭,万卷楼图书公司2001年版

《宋明经学史》,章权才,广东人民出版社1999年版

《宋明思想和中华文明》,祝瑞开,学林出版社1995年版

《宋明理学》,陈来,辽宁教育出版社1991年版

《宋明理学与中国文学》,许总,百花洲文艺出版社1989年版

《宋明理学心性论》,蔡方鹿,巴蜀书社1997年版

《宋明理学史》,侯外庐、邱汉生、张岂之,人民出版社1997年版

《宋明理学研究》,张立文,中国人民大学出版社1985年版

《宋学与宋代文学观念》,李春青,北京师范大学出版社2001年版

《宋学的发展和演变》,漆侠,河北人民出版社2002年版

《宋高僧传》,赞宁,上海古籍出版社1987年文渊阁四库全书影印本

《陈书》,姚思廉,中华书局1972年版

《冷庐杂识》,陆以湉,中华书局1984年版

八画

《现代中国学术论衡》,钱穆,三联书店2001年版

《现代精神与儒家传统》,杜维明,北京三联书店1997年版

《柳宗元传论》,孙昌武,人民文学出版社1982年版

《柳宗元评传》,孙昌武,南京大学出版社1998年版

《柳河东集注》,柳宗元,上海古籍出版社1987年文渊阁四库全书影印本

《明史》,张廷玉等,中华书局1974年版

《明堂制度研究》，张一兵，中华书局2005年版
《国史大纲》，钱穆，商务印书馆1994年版
《国学讲演录》，章太炎，华东师范大学出版社1995年版
《国学举要》，汤一介，湖北教育出版社2002年版
《欧阳文忠公文集》，欧阳修，上海书店1936年四部丛刊影印版
《注释音辨唐柳先生集》，柳宗元，上海书店1936年四部丛刊影印版
《国学概论》，钱穆，商务印书馆1997年版
《制度化的儒家及其解体》，干春松，中国人民大学出版社2003年版
《徂徕集》，石介，上海古籍出版社1987年文渊阁四库全书影印本
《金楼子》，萧绎，上海古籍出版社1987年文渊阁四库全书影印本
《金石萃编》，王昶，北京市中国书店1985年版
《金史》，脱脱等，中华书局1975年版
《金明馆丛稿初编》，陈寅恪，三联书店2001年版
《周予同经学史论著选集》，周予同，上海人民出版社1996年版
《周予同经学史论著选集》，朱维铮，上海人民出版社1996年版
《周书》，令孤德棻，中华书局1971年版
《周易与中国文学》，陈良运，百花洲文艺出版社1999年版
《郑玄与今古文经学》，王承略，山东文艺出版社2004年版
《宗周社会与礼乐文明》，杨向奎，人民出版社1997年版
《诗史之际——唐代文学发微》，李浩，商务印书馆2000年版
《诗经宗教文化探微》，樊树云，南开大学出版社2001年版
《诗经学史》，洪湛侯，中华书局2002年版
《诗经要籍提要》，夏传才、董治安主编，学苑出版社2003年版
《诗经研究史概要》，夏传才，中州书画社1982年版
《屈服史及其他：六朝隋唐道教的思想史研究》，葛兆光，三联书

店 2003 年版

《经与经学》,蒋伯潜,上海书店出版社 1997 年版

《经典释文》,陆德明,中华书局 1983 年版

《经学与汉代社会》,张涛,河北人民出版社 2001 年版

《经学历史》,皮锡瑞,中华书局 2004 年版

《经学今诠三编》,姜广辉主编,辽宁教育出版社 2002 年版

《经学今诠续编》,姜广辉主编,辽宁教育出版社 2001 年版

《经学志》,许道勋、徐洪兴,上海人民出版社 1998 年版

《经学研究论文选》,彭林编,上海书店出版社 2002 年版

《经学通论》,皮锡瑞,中华书局 1954 年版

《经学概论》,陈延杰,商务印书馆 1930 年版

《经学概说》,何耿镛,湖北人民出版社 1984 年版

《经学辞典》,黄开国,四川人民出版社 1993 年版

《经学源流》,刘晓东,山东人民出版社 1992 年版

《闻见后录》,邵博,上海古籍出版社 1987 年文渊阁四库全书影印本

《盈川集》,杨炯,上海古籍出版社 1987 年文渊阁四库全书影印本

九画

《春秋左传人物谱》,方朝晖,齐鲁书社 2001 年版

《春秋左传注》,杨伯峻,中华书局 1990 年版

《春秋左传学史稿》,沈玉成、刘宁,江苏古籍出版社 1992 年版

《春秋集传纂例》,陆淳,上海古籍出版社 1987 年文渊阁四库全书影印本

《研经室外集》,阮元等,台湾新文丰出版公司 1984 年版

《挥麈录》,王明清,《历代笔记丛刊》,上海,上海书店 2009 年版

《南史》,李延寿,中华书局 1975 年版

《南齐书》,萧子显,中华书局 1972 年版
《南宋儒学建构》,何俊,上海人民出版社 2004 年版
《南部新书》,钱易,上海古籍出版社 1987 年文渊阁四库全书影印本
《封氏闻见记》,封演,上海古籍出版社 1987 年文渊阁四库全书影印本
《思想的转型一理学发生过程研究》,徐洪兴,上海人民出版社 1996 年版
《科举史话》,王道成,中华书局 1988 年版
《科举制度与中国文化》,金诤,上海人民出版社 1990 年版
《皇甫持正集》,皇甫湜,上海古籍出版社 1987 年文渊阁四库全书影印本
《郡斋读书志》,晁公武,上海古籍出版社 1990 年版
《春秋学史》,赵伯雄,山东教育出版社 2004 年版

十画

《诸子集成》,中华书局 1954 年版
《秦汉士史》,于迎春,北京大学出版社 2000 年版
《秦汉齐鲁经学》,张涛、项永琴,山东文艺出版社 2004 年版
《秦汉思想史》,周桂钿,河北人民出版社 2000 年版
《晋书》,房玄龄、褚遂良、许敬宗,中华书局 1974 年版
《原始儒家考述》,吴龙辉,中国社会科学出版社 1996 年版
《晓传书斋集》,王利器,华东师范大学出版社 1997 年版
《徐复观论经学史二种》,徐复观,上海书店出版社 2002 年版
《续高僧传》,释道宣,上海古籍出版社 1991 年影印本
《唐才子传》,辛文房,上海古籍出版社 1987 年文渊阁四库全书影印本
《唐大诏令集》,宋敏求,上海古籍出版社 1987 年文渊阁四库全

书影印本

《唐文粹》，姚铉，上海古籍出版社 1987 年文渊阁四库全书影印本

《唐代士大夫与佛教》，郭绍林，河南大学出版社 1987 年版

《唐代五大文豪》，李浩，上海古籍出版社 1996 年版

《唐代文化》，李斌城，中国社会科学出版社 2002 年版

《唐代文学的文化精神》，邓小军，文津出版社 1993 年版

《唐代古文运动通论》，孙昌武，百花文艺出版社 1984 年版

《唐代史学论稿》，翟林东，北京师范大学出版社 1989 年版

《唐代后期儒学》，张跃，上海人民出版社 1994 年版

《唐代佛教》，范文澜，人民出版社 1979 年

《唐代政治史述论稿》，陈寅恪，上海古籍出版社 1982 年版

《唐代科举制度研究》，吴宗国，辽宁大学出版社 1997 年版

《唐代科举与文学》，傅璇琮，陕西人民出版社 1986 年版

《唐代教育与选举制度综论》，刘海峰，文津出版社 1991 年版

《唐代墓志汇编》，周绍良，上海古籍出版社 1992 年版

《唐礼摭遗》，吴丽娱，商务印书馆 2002 年版

《唐国史补》，李肇，上海古籍出版社 1987 年文渊阁四库全书影印本

《唐学与唐诗——中晚唐诗风的一种文化考察》，查屏球，商务印书馆 2000 年版

《唐五代文学编年史》，傅璇琮等，辽海出版社 1998 年版

《唐诗纪事》，计有功，上海古籍出版社 1987 年文渊阁四库全书影印本

《唐音佛教辨思录》，陈允吉，上海古籍出版社 1988 年版

《唐前生命观和文学生命主题》，钱志熙，东方出版社 1997 年版

《唐语林》，上海古籍出版社 1987 年文渊阁四库全书影印本

《唐科名记》，高似孙，上海古籍出版社 1987 年文渊阁四库全书影印本

《通典》，杜佑，中华书局1988年版
《宾退录》，赵与时，上海古籍出版社1987年文渊阁四库全书影印本
《唐新语》，刘肃，上海古籍出版社1987年文渊阁四库全书影印本
《能改斋漫录》，吴曾，上海古籍出版社1987年文渊阁四库全书影印本
《唐摭言》，王定保，上海古籍出版社1987年文渊阁四库全书影印本
《通志》，郑樵，中华书局1995年版
《资治通鉴》，司马光，中华书局1956年版

十一画

《理学文化与文学思潮》，韩经太，中华书局1997年版
《梦逝难寻——唐代文人心态史》，池万兴、刘怀荣，河北教育出版社2001年版
《梁书》，姚思廉，中华书局1973年版
《清史稿》，赵尔巽，中华书局1976年版
《隋书》，魏徵，中华书局1973年版
《隋唐人物述评》，牛致功，陕西师范大学出版社1989年版
《隋唐五代文学史料学》，陶敏、李一飞，中华书局2001年版
《隋唐五代文学思想史》，罗宗强，中华书局1999年版
《隋唐五代史》，吕思勉，上海古籍出版社1984年版
《隋唐五代史论文集》，韩国磐，三联书店1979年版
《隋唐五代史学》，谢保成，商务印书馆2007年版
《隋唐贡举制度》，高明士，文津出版社1999年版
《隋唐佛教史稿》，汤用彤，中华书局1982年版
《隋唐制度渊源略论稿（外二种）》，陈寅恪，河北教育出版社2002

年版

《隋唐嘉话》，刘悚，中华书局 1979 年版

《续谈助》，晁载之，中华书局 1985 年版

《象山集》，陆九渊，上海古籍出版社 1987 年文渊阁四库全书影印本

《盘洲文集》，洪适，上海古籍出版社 1987 年文渊阁四库全书影印本

十二画

《韩愈评传》，卞孝萱、张清华、阎琦，北京大学出版社 1998 年版

《韩愈述评》，陈克明，中国社会科学出版社 1985 年版

《韩愈柳宗元文学评价》，黄云眉，山东人民出版社 1957 年版

《韩愈研究》，邓潭洲，湖南教育出版社 1991 年版

《湛渊静语》，白珽，上海古籍出版社 1987 年文渊阁四库全书影印本

《韩愈资料汇编》，吴文治，中华书局 1983 年版

《敦煌古籍叙录》，王重民，中华书局 1979 年版

《敦煌典籍与唐五代历史文化》，张弓主编，中国社会科学出版社 2006 年版

《道家文化研究》第三辑，上海古籍出版社 1993 年版

《道教与中国文化》，葛兆光，上海人民出版社 1987 年版

《道教与唐代文学》，孙昌武，人民文学出版社 2001 年版

《道教哲学》，卢国龙，北京华夏出版社 1997 年版

《湛渊静语》，白珽，上海古籍出版社 1987 年文渊阁四库全书影印本

《禅宗与中国文化》，葛兆光，上海人民出版社 1986 年版

《登科记考》，徐松，中华书局 1984 年版

《焦氏笔乘》，焦竑，上海古籍出版社 1986 年版

十三画

《新五代史》,欧阳修,中华书局1974年版

《新唐书》,宋祁、欧阳修,中华书局1975年版

《韵语阳秋》,葛立方,上海古籍出版社1987年文渊阁四库全书影印本

《群经要略》,黄寿祺,华东师范大学出版社2000年版

《群经概论》,范文澜,上海书店1990年版

《群书治要》,魏徵,上海商务印书馆1936年四部丛刊初编影印本

十四画以上

《颜鲁斋集》,上海古籍出版社1987年文渊阁四库全书影印本

《儒学与汉代社会》,刘厚勤,齐鲁书社2002年版

《儒学引论》,崔大华,人民出版社2001年版

《儒学地域化的近代形态——三大知识群体互动的比较研究》,杨念群,三联书店1997年版

《儒家心性论》,韩强,经济科学出版社1998年版

《儒家经典与中国文化》,褚斌杰等,湖北教育出版社2000年版

《儒道哲学阐释》,刘学智,中华书局2002年版

《魏书》,魏收,中华书局1974年版

《魏晋玄学论稿》,汤用彤,上海古籍出版社2001年版

《魏晋南北朝隋唐史三论》,唐长孺,武汉大学出版社1993年版

《魏晋南北朝隋唐经学史》,章权才,广东人民出版社1996年版

《谶纬论略》,钟兆鹏,辽宁教育出版社1991年版

《疑年录》,钱大昕,中华书局1991年丛书集成初编影印本